HISTORISCHER VEREIN BAMBERG
120. Bericht 1984

Historischer Verein

für die Pflege der Geschichte
des ehemaligen Fürstbistums

Bamberg

120. Bericht

Festschrift
Gerd Zimmermann

Bamberg 1984

Im Auftrag des Vereinsausschusses herausgegeben
von
Franz Bittner und Lothar Bauer
in Verbindung mit Ulrich Knefelkamp

Für das Mitlesen der Korrekturen
danken wir herzlich Frau Therese Bauer

Zu den Herstellungskosten dieses Bandes trugen durch Zuschüsse bei:
Erzbistum Bamberg,
Bayerisches Staatsministerium für Unterricht und Kultus,
Bezirk Oberfranken,
Stadt Bamberg
Landkreis Bamberg,
Kreissparkasse Bamberg

ISBN Nr. 3 - 87 735 - 099 - 2

Für Inhalt und Form der Beiträge sowie für die Veröffentlichungsrechte
an Bildmaterial sind die Verfasser verantwortlich

Selbstverlag des Historischen Vereins Bamberg e.V.

Postfach 1624, 8600 Bamberg 1

Bankverbindung: Kto. 96966 Kreissparkasse Bamberg (BLZ 770 501 10)

Kto. 13224-853 Postscheckamt Nürnberg (BLZ 760 100 85)

Auslieferung: Verlag H. O. Schulze Lichtenfels

Gesamtherstellung: Verlagsdruckerei Schmidt GmbH, Neustadt an der Aisch

ZUM GELEIT

Sehr geehrter, lieber Herr Zimmermann!

Einem alten Brauch folgend, haben Freunde, Kollegen und Schüler aus Ihrem Arbeitsfeld, der Universität, und aus dem Historischen Verein Bamberg, Ihrer bedeutenden ehrenamtlichen Tätigkeit, Ihren 60. Geburtstag zum willkommenen Anlaß genommen, mit Aufsätzen aus allen Bereichen der Geschichte Dank zu sagen und Glück zu wünschen. Der weite Kreis der Mitarbeiter, vom fachkompetenten Universitätsprofessor bis zum aufmerksamen Geschichtsfreund, brachte eine reiche Vielfalt an Themen vor, die sich nicht ängstlich an die Grenzen unserer Region halten, sondern weite Perspektiven aufzeigen. Daß Arbeiten über das Hochstift Bamberg und darüber hinaus, über Franken, dominieren, verdeutlicht das Zentrum Ihrer Forschungsarbeit mit vielen Anregungen, die weit über die Universität hinausreichen. Die Festschrift zeigt, wie sehr Landesforschung von der Mitarbeit interessierter Gebildeter abhängt. Die Einladung zu Beiträgen hatte ein starkes Echo, – ein Beweis für die Sympathie, die man Ihnen entgegenbringt. Da sich die Themen von der Vorgeschichte bis in die 30er Jahre des 20. Jahrhunderts erstrecken, kommen viele unterschiedliche Meinungen zu Wort. Die Herausgeber hoffen, daß dadurch neue Standpunkte vermittelt werden und in der Auseinandersetzung damit weitere Arbeiten entstehen.

Erlauben Sie nun einige persönliche Bemerkungen. Die lebhafteste Erinnerung möge der unmittelbaren Nachkriegszeit gelten, als wir uns in Bamberg und Würzburg um Professor Otto Meyer versammelten und hier Bildung und Lebensmut erhielten, wie es heute oft undenkbar scheint. Viele unserer Studienfreunde gingen mit Dissertationen über fränkische Klöster oder mittellateinische Poesie in die Wirtschaft und bekleiden dort angesehene Positionen. Aus dem kleinen Kreis der „Altkolloquisten" gingen Universitätsprofessoren und einige einflußreiche Persönlichkeiten in der Bibliotheks- und Archivverwaltung hervor. Sie selbst haben in Ihrer akademischen Tätigkeit in Bamberg und Würzburg der Landesgeschichte den Zusammenhang mit den anderen Disziplinen der Geschichtswissenschaft bewahrt und können nun auf Ihre eigenen Veröffentlichungen und auf Ihre Tätigkeit als Hochschullehrer befriedigt zurückblicken. Seit dem 4. März 1977 sind Sie 1. Vorsitzender des Historischen Vereins Bamberg. Zwei Ereignisse seien hervorgehoben: die festliche Matinee zum 200. Todestag des Fürstbischofs Adam Friedrich von Seinsheim in Schloß Seehof (17. 6. 1979) und die Feiern zum 150jährigen Vereinsjubiläum, deren Höhepunkt der Festakt im Kaisersaal der Neuen Residenz wurde (6. 7. 1980). Die Leitung des Forschungskreises Ebrach und die Beratung von Behörden zeigt Ihr breites Engagement. Daß Sie die wissenschaftliche Forschung und die Initiativen interessierter Bürger – zwei Aufgaben von allgemeiner gesellschaftlicher Bedeutung – weiter fördern, ist der Wunsch aller, die mit Ihnen zusammenarbeiten. Zum Schluß gilt es, allen Institutionen zu danken, die Druck und Erscheinen der Festschrift ermöglicht haben. Der Schriftführer des Vereins, Herr Braun, hat unermüdlich um Unterstützung geworben.

Franz Bittner

VERZEICHNIS DER VERÖFFENTLICHUNGEN VON GERD ZIMMERMANN

Zusammengestellt von IRMGARD HOFMANN

Patrozinienwahl und Frömmigkeitswandel im Mittelalter. Dargestellt an Beispielen aus dem alten Bistum Würzburg. Phil. Diss. Würzburg 1951. XV, 377 Bl. [Maschinenschr.] — Druck vgl. 1958.

Vom Symbolgehalt der Bamberger Domweihe (6. Mai 1012). In: Fränkische Blätter 3 (1951) 37—38 mit Abb.

Die mittelalterliche Anlage des Klosters Theres. Nach einem neuaufgefundenen Stich. In: Fränkische Blätter 4 (1952) 1—3.20 mit Abb.

Wie die Bamberger Stephanskirche hätte aussehen sollen. — Ein Nachtrag zur Baugeschichte der Stephanskirche. In: Fränkische Blätter 4 (1952) 85—88 mit Abb. u. 100.

Die Schweinfurter Kilianskirchen. In: Schweinfurter Heimatblätter 1953, Nr. 3, S. [1—3]; Nr. 8, S. [4].

St. Johannes in Großbirkach. In: Fränkisches Land 1 (1953/54) 7 mit Abb.

Der heilige Kaiser. [Zur Miniatur Heinrichs II. aus Msc. Lit. 53]. In: Fränkisches Land 1 (1953/54) 12 mit Abb.

Versprengte Ausstattungsstücke der ehemaligen Abteikirche Theres. In: Schweinfurter Heimatblätter 1953, Nr. 13, S. [3—4] mit Abb.

Andachtsbildchen des Heiligen Nagels. In: Fränkische Blätter 5 (1953) 77 mit Abb.

Das Wappen der Abenberger. In: Fränkische Blätter 5 (1953) 85—86 mit Abb.

Die Löwen von Abenberg und Johannes der Täufer. Das neue Wappen d. Gemeinde Frensdorf. In: Fränkisches Land 1 (1953/54) 78 mit Abb.

Das alte Wappen der Stadt Hallstadt. In: Fränkische Blätter 6 (1954) 49 mit Abb.

Die St. Anna-Kapelle am Hauptsmoorwald. Eine vergessene Bamberger Wallfahrt. In: Fränkisches Land 2 (1954/55) 7—8.

„Bewährte Mittel", um „Besserung zu spüren". Einige Bamberger Hausrezepte d. 18. Jh. In: Fränkische Blätter 6 (1954) 62.

Conrad Geigers Bilder zur Geschichte des Klosters Theres. In: Die Mainleite 5 (1954) 221—222.

St. Andreas als Kirchenheiliger in der Stadt Würzburg. In: Heiliges Franken 2 (1954) 42. — Auch in: Fränkische Heimat. Würzburg 1954, S. 103.

Das Rathaus von Dürrfeld. Vorbildliche Denkmalspflege einer Dorfgemeinde. In: Fränkische Blätter 6 (1954) 95.100 mit Abb.

Das Diarium des Abtes Gregor Fuchs über den Bau der Klosterkirche zu Theres (1716—26). In: Würzburger Diözesangeschichtsblätter 16/17 (1954/55) 295—318 mit Abb.

Der hl. Anno als Verehrer St. Georgs. Nachtrag zu: Die Erinnerung an Erzbischof Anno von Köln in Bamberg. Von Renate Klauser. In: Fränkische Blätter 7 (1955) 7.

Der Brunnen im Maierhof Obertheres. In: Die Mainleite 6 (1955) 45—46 mit Abb.

Barocke Frömmigkeit im Bamberger Klarissen-Kloster. [„Der clarissische Liliengarten". Perg.-Blatt v. 1746]. In: Fränkische Blätter 7 (1955) 27—28 mit Abb.

Das erweiterte Stadtwappen von Herzogenaurach. In: Fränkische Blätter 7 (1955) 45—46 mit Abb.

Eine ungewöhnliche Heiligenfigur im Antonistift zu Bamberg [hl. Katharina v. Bologna, Gliederfigur]. In: Fränkische Blätter 7 (1955) 81 mit Abb.

St. Martin als Patron hochmittelalterlicher Stadtkirchen. In: Fränkische Blätter 7 (1955) 92.

Johannes von Nepomuk — Erzmartyrer des Beichtgeheimnisses oder ein böhmischer Thomas Becket. In: Fränkisches Volksblatt, Würzburg, vom 18. 5. 1957, S. 11 mit Abb.

Patrozinienwahl und Frömmigkeitswandel im Mittelalter. Dargestellt an Beispielen aus dem alten Bistum Würzburg. T. 1.2. In: Würzburger Diözesangeschichtsblätter 20 (1958) 24—126; 21 (1959) 5—124. — Zugl. Phil. Diss. Würzburg 1951, überarb. für d. Druck.

Bamberg als königlicher Pfalzort. In: Jahrbuch für fränkische Landesforschung 19 (1959) 203—222.

Patrozinienkunde. In: Die Religion in Geschichte und Gegenwart. 3., völlig neu bearb. Aufl. Bd. 5. Tübingen 1961, Sp. 159—161.

Ausdruck unserer Zeit — St. Kilian zu Schweinfurt. In: Die Mainleite 1961, H. 2, S. 7—10 mit Abb.

Das Wappen des Trebnitzer Meranierbildes. In: Fränkische Blätter 14 (1962) 17—18 mit Abb.

Sankt Gangolfs Weg von Lothringen nach Bamberg. Studie zur Gründung u. frühen Geschichte d. Stiftes in d. Theuerstadt zu Bamberg. In: Jahrbuch für fränkische Landesforschung 22 (1962) 443—461.

Consuetudines. — Heraldik. — Patrozinien. In: Clavis mediaevalis. Kleines Wörterbuch d. Mittelalterforschung in Gemeinsch. mit Renate Klauser hrsg. v. Otto Meyer. Wiesbaden 1962, S. 56—57.99—100.188—189.

Die 900jährige St. Gangolfskirche und das Entstehen ihrer Umgebung. In: 900 Jahre St. Gangolf. [Beilage zum] Bamberger Volksblatt 1963, Nr. 117 vom 22. 5., mit Abb.

Vergebliche Ansätze zu Stammes- und Territorialherzogtum in Franken. In: Jahrbuch für fränkische Landesforschung 23 (1963) 379—408.

Die Klosterrestitutionen Ottos III. an das Bistum Würzburg, ihre Voraussetzungen und Auswirkungen. In: Studia Suarzacensia = Würzburger Diözesangeschichtsblätter 25 (1963) 1—28.

Wilhelm von Hirsau. Um 1030—1091. In: Lebensbilder aus Schwaben und Franken 9 (1963) 1—17, 1 Taf.

Franken. In: Geschichte der deutschen Länder. „Territorien-Ploetz". 1. Bd.: Die Territorien bis zum Ende des alten Reiches. Würzburg 1964, S. 211—244.

St. Martin — Schutzheiliger der Franken. In: Heimatpflege in Unterfranken 6 (1964) 11—12.

Die Verehrung der böhmischen Heiligen im mittelalterlichen Bistum Bamberg. In: BHVB 100 (1964) 209—239, 2 S. Taf.

Raumgliederung und Ausstattung der Klosterkirche Theres. In: Fränkische Vergangenheit = Würzburger Diözesangeschichtsblätter 26 (1964) 325—333.

Neubrunn — Holzkirchen — Fulda. Zur ältesten Erwähnung Neubrunns im Retzbacher Vertrag von 815. In: 1150 Jahre Neubrunn. Ein Heimatbuch, hrsg. v. August Gehrsitz u. Johannes Schreiber. Neubrunn 1965, S. 19—31.

Ulrich von Augsburg. In: Die Heiligen in ihrer Zeit. Hrsg. v. Peter Manns. Bd. 1. Mainz 1966, S. 483—486 — [Sonderausg. m. d. T.:] Reformer der Kirche. Mainz 1970, S. 483—486. — Auch in: Die Heiligen. Alle Biographien zum Regionalkalender f. d. dt. Sprachgebiet. Mainz 1975, S. 277—279 — 2. Aufl. 1976, S. 277—279. — Auch in: Heilige des Regionalkalenders. Bd. 2. Leipzig 1979, S. 16—20.

BHVB 102 (1966). Hrsg. v. Fridolin Dreßler u. Gerd Zimmermann unter Mitw. v. Ludwig Helldorfer.

Karlskanonisation und Heinrichsmirakulum. Ein Reliquienzug d. Barbarossazeit von Aachen über Doberlug/Lausitz nach Plozk. In: BHVB 102 (1966) 127—148.

Johannes von Nepomuk — Patron der Brücken und Lichter. In: Würzburger katholisches Sonntagsblatt 114 (1967) Nr. 21, S. 7 mit Abb.

Die Cyriakus-Schlacht bei Kitzingen (8. 8. 1266) in Tradition und Forschung. In: Jahrbuch für fränkische Landesforschung 27 (1967) 417—425.

[Wappen ritterschaftlicher, freiherrlicher, gräflicher, standesherrlicher bzw. fürstlicher Geschlechter in Franken. Anfangs m. d. T.:] Reichsritterschaftliche Geschlechter in Franken. In: Altfränkische Bilder und Wappenkalender 68 (1969) bis 83 (1984) jeweils S. 9 u. 12 mit 4 Wappen.

Ebrach und seine Stifter — Die fränkischen Zisterzen und der Adel. In: Mainfränkisches Jahrbuch für Geschichte und Kunst 21 (1969) 162—182.

Dörfliche Heraldik des 17. Jahrhunderts. Die Bildstockwappen im Gebiet von Aschach an der Saale. In: Volkskultur und Geschichte. Festgabe für Josef Dünninger zum 65. Geburtstag. Hrsg. v. Dieter Harmening, . . . Berlin 1970, S. 330—346, 1 Taf.

Zur Bedeutung der Wappen unter der Orgelempore der Stadtpfarrkirche Münnerstadt. Nachwort zu: Münnerstädter Stadträte der Julius-Echter-Zeit und ihre Wappen unter der Orgelempore der Stadtpfarrkirche. Von Leonhard Rugel. In: Mainfränkisches Jahrbuch für Geschichte und Kunst 22 (1970) 185—186.

Otto Meyer zum 65. Geburtstag. In: Scriptorum opus. Schreiber-Mönche am Werk. Wiesbaden 1971, S. 15—18.

Wolfgang von Regensburg und die Gründung des Bistums Prag. In: Beiträge zur Tausendjahrfeier des Bistums Prag. Bd. 2. München 1972, S. 38—60. — Auch in: Tausend Jahre Bistum Prag 973—1973. München 1974, S. 70—92. (= Veröffentlichungen des Institutum Bohemicum. Bd. 1.)

Mainz, Würzburg, Bamberg. Fürstbischöfliche „Großraumpolitik" an Main u. Rhein im Zeitalter d. Barocks. In: St. Heinrichs-Kalender. Bamberg 48 (1973) 36—40 mit Abb.

Ordensleben und Lebensstandard. Die Cura Corporis in d. Ordensvorschriften d. abendländischen Hochmittelalters. 1. T.: Darstellung. 2. T.: Texte und Erläuterungen. Münster/Westf.: Aschendorff 1973. XVI, 577 S. (= Beiträge zur Geschichte des alten Mönchtums und des Benediktinerordens. H. 32). — Zugl. Phil. Habil.-Schr. Würzburg 1960.

Heiligenkalendar und Allerheiligenlitanei des „Bamberger Psalters". Historisch-hagiologische Untersuchung. In: Der Bamberger Psalter. Msc. Bibl. 48 der Staatsbibliothek Bamberg. Teil-Faksimile. Wiesbaden 1973, S. 79—113.

Franken. In: Geschichte Bayerns. Würzburg 1975, S. 44—88 mit Abb. (= Geschichte der deutschen Länder. Territorien-Ploetz: Sonderausgaben.)

Strukturen der fuldischen Heiligenverehrung. In: Studien und Mitteilungen zur Geschichte des Benediktiner-Ordens und seiner Zweige 86 (1975) 816—830.

Das Wappen des neuen Bamberger Erzbischofs [Dr. Elmar Maria Kredel]. In: St. Heinrichsblatt 84 (1977) Nr. 27, S. 6 mit Abb.

Festschrift Ebrach 1127—1977. Hrsg. v. Gerd Zimmermann. Volkach 1977. 344, XXIV S. mit Abb., 1 Kt. — Darin: Ebrachs Geschichte im Spiegel der Wappen. S. 11—27 mit Abb., Taf. VIII.

Medicina nel monachesimo medievale. In: Dizionario degli istituti di perfezione. Dir. da Guerrino Pelliccia. T. 5. Roma 1978, S. 1129—1134.

Die Entwicklung des Stadtwappens von Zeil am Main. In: Fränkischer Tag. Bamberg. Ausg. E: Haßfurt-Ebern-Hofheim 1979, Nr. 154 vom 7. 7., S. 20 mit Abb.

Grundlagen und Wandlungen der politischen Landschaft. In: Oberfranken im Spätmittelalter und zu Beginn der Neuzeit. Hrsg. v. Elisabeth Roth. Bayreuth 1979, S. 11—51 mit Abb.

Lamprecht von Brunn. Nürnberg u. Zeil feierten 1379/1979. In: St. Heinrichsblatt 86 (1979) Nr. 46, S. 24 mit Abb.

150 Jahre Historischer Verein Bamberg. In: Bamberg heute 1980, H. 1, S. 5—8 mit Abb.

Das Marktprivileg von 1130 im Rahmen der Staffelsteiner Geschichte. In: Staffelstein. Die Geschichte e. fränk. Stadt. [Umschlagtit.:] 850 Jahre Marktrecht Staffelstein. Staffelstein 1980, S. 11—22 mit Abb. — Auch als S.-Dr.

Das alte Siegel der Universität Bamberg. In: Die Aula 1980, Nr. 9, S. 63—64.

Bischof Suidger von Bamberg — Papst Clemens II. In: Sorge um den Menschen. Festschrift zum 25jähr. Bischofsjubiläum von Alterzbischof Josef Schneider. Bamberg 1980, S. 125—135 mit Abb.

Ein Bamberger Klosterinventar von 1483/86 als Quelle zur Sachkultur des Spätmittelalters. In: Klösterliche Sachkultur des Spätmittelalters. Wien 1980, S. 225—245. (= Österreichische Akademie der Wissenschaften, Philos.-Histor. Klasse. Sitzungsberichte. 367.)

Das Ebracher Wappen von 1539 am Mönchshof zu Schwabach. In: Lebendige Volkskultur. Festgabe für Elisabeth Roth zum 60. Geburtstag, hrsg. v. Klaus Guth u. Thomas Korth. Bamberg 1980, S. 99—104 mit Abb.

Zum 150-Jahres-Jubiläum des Historischen Vereins Bamberg. In: BHVB 116 (1980) 5—6.

Gedanken zum älteren Prager Gebet an den heiligen Johann von Nepomuk. In: Im Geiste des „Ackermann aus Böhmen". Hrsg. v. Franz Kubin. Bamberg 1981, S. 60—66 mit Abb.

Meyer, Otto: Varia Franconiae historica. Aufsätze, Studien, Vorträge zur Geschichte Frankens. Hrsg. v. Dieter Weber u. Gerd Zimmermann. Bd. 1.2. Würzburg 1981. (= Mainfränkische Studien. 24.) (= HVB Beih. 14.) — Darin: Zum Geleit: Ein Skizzenbuch zur fränkischen Landesgeschichte. Bd. 1, S. XI—XV.

Bischof Suidger von Bamberg — Papst Clemens II. † 1047. In: Fränkische Lebensbilder 10 (1982) 1—19, 1 Taf. — Erw. Fassung d. Festschrift-Beitrags nach Vorarbeiten v. Reinhard Timmel.

Der Raum Homburg am Main — Marktheidenfeld in der Geschichte des hohen Mittelalters. Fünf Skizzen aus fünf Jahrhunderten. Marktheidenfeld 1982. 30 S. mit Abb. (= Historischer Verein Marktheidenfeld und Umgebung. [Veröffentlichungen]. Nr. 5.)

Sankt Gangolf in Bamberg. 1. Aufl. München: Schnell & Steiner 1982. 13 S. mit Abb. [Umschlagtit.:] Bamberg, St. Gangolf. (= Kleine Kunstführer. 1172.)

Frühes Zisterziensertum als „alternative" Lebenshaltung. Vortrag am 25. 6. 1982 anl. d. 850jähr. Jubiläums d. Gründung d. Klosters Langheim. In: Geschichte am Obermain 14 (1983/84) 38—52 mit Abb.

Medaillenserie Die Fürstbischöfe von Bamberg von 1503 bis 1802. [Texte]. Bamberg: Stadtsparkasse 1983—1984.

Oberfranken als geschichtlicher Raum. In: (Vollet, Hans): Oberfranken im Bild alter Karten. Ausstellung des Staatsarchivs Bamberg. Bamberg, Histor. Museum. Neustadt a. d. A. 1983, S. 13—18. (= Ausstellungskataloge der staatlichen Archive Bayerns. Nr. 15.)

Konrad Arneth. Ein Nachruf von Franz Bittner/Gerd Zimmermann. In: BHVB 119 (1983) 5—8, 1 Portr.

Lang, Andreas, OSB, Abt des Klosters Michelsberg bei Bamberg. In: Die deutsche Literatur des Mittelalters. Verfasserlexikon. 2., völlig neu bearb. Aufl. Bd. 5, Lfg. 1/2. Berlin 1984, Sp. 572—578.

Abkürzungen:

BHVB:
Bericht des Historischen Vereins für die Pflege der Geschichte des ehemaligen Fürstbistums Bamberg. [Ab 115 (1979):] Historischer Verein für die Pflege der Geschichte des ehemaligen Fürstbistums Bamberg. Bericht.

HVB Beih.:
Historischer Verein für die Pflege der Geschichte des ehemaligen Fürstbistums Bamberg. Beiheft.

Fränkische Blätter:
Fränkische Blätter für Geschichtsforschung und Heimatpflege. Wiss. Beilage zur Heimatzeitung „Fränkischer Tag". Bamberg.

Fränkisches Land:
Fränkisches Land in Kunst, Geschichte und Volkstum. Beilage zum Neuen Volksblatt. Bamberg.

ZUR EISENZEIT IN OBERFRANKEN

von

Björn-Uwe Abels

Oberfranken bildet in den meisten vorgeschichtlichen Perioden eine Einheit. Im Westen, Norden und Osten ist der Regierungsbezirk durch die stark bewaldeten Mittelgebirge Steigerwald, Haßberge, Frankenwald und Fichtelgebirge begrenzt, so daß die kulturellen Einflüsse im wesentlichen aus dem Südosten nach Oberfranken gelangten.

Bestimmend für die Siedeltätigkeit waren und sind zum einen die Flußläufe von Main, Regnitz, Wiesent und Itz, zum anderen die Hochfläche des Fränkischen Jura.

Im Gegensatz zu manchen anderen bayerischen Landschaften bewirkte das relativ rauhe Klima eine geringere Besiedlungsdichte, was sich besonders stark im östlichen Oberfranken auswirkte, da dieser Raum bereits zur kontinentalen Klimazone gehört. Die nicht sehr ertragreichen Böden und das weitgehende Fehlen von Erzen (die des Fichtelgebirges wurden erst im Mittelalter ausgebeutet) ermöglichten es offensichtlich der vorgeschichtlichen Bevölkerung Oberfrankens nicht, zu größerem Wohlstand zu gelangen, was seinen Niederschlag in einem relativ ärmlichen archäologischen Fundgut hat.

Dennoch enthält der Regierungsbezirk mit über 50 vorgeschichtlichen Befestigungen und mehr als 3000 Grabhügeln eine stattliche Anzahl vorchristlicher Bodendenkmäler[1], die zum Teil besonders durch das verstärkte Tiefpflügen in der Landwirtschaft, aber auch durch Baumaßnahmen jeglicher Art gefährdet sind, so daß sich die Anzahl der unerläßlichen Ausgrabungen von Jahr zu Jahr erhöht.[2]

Hiervon sind in besonderem Maße die frühe und späte Eisenzeit betroffen, also die sechs bis sieben vorchristlichen Jahrhunderte, die weitgehend mit der keltischen Zivilisation in Zusammenhang gebracht werden.

Ab wann es Kelten in Oberfranken gibt, läßt sich, wie auch anderswo, wegen fehlender schriftlicher Quellen nicht sagen.[3] Somit kann die ethnische Zuordnung einer vorgeschichtlichen Kultur nur mit Hilfe archäologischer Quellen versucht werden, was deshalb so problematisch ist, weil sich beispielsweise hinter einer materiellen Kultur durchaus verschiedene Völkerschaften verbergen können.

Bekanntlich erwähnt Herodot, daß Kelten im Quellgebiet der Donau, ohne deren Lage genau zu kennen, ansässig seien.

---

[1] K. Schwarz, Die vor- und frühgeschichtlichen Geländedenkmäler Oberfrankens, 1955 (abgekürzt: Schwarz, Oberfranken).

[2] B.-U. Abels, Ausgrabungen und Funde in Oberfranken 1 ff., 1977—1978 ff. Geschichte am Obermain 12 ff., 1978/79 ff. (abgekürzt: Abels, A. u. F. 1 ff.). Fast das gesamte hier vorgestellte Material wurde in den vergangenen sechs Jahren vom Bayer. Landesamt für Denkmalpflege, Archäologische Außenstelle für Oberfranken, ausgegraben, von ehrenamtlichen Mitarbeitern gefunden, in unserem Amt restauriert und gezeichnet (die technische Leitung der größeren Ausgrabungen hatten W. Auer, D. Klonk, Th. Kubiczek, M. Knipping, G. Olbrich und D. Schmudlach; die Funde wurden von E. Voss restauriert und gezeichnet). Die Masse des Materials gelangte in die oberfränkischen Museen, ein Teil in die Prähistorische Staatssammlung München und das Germanische Nationalmuseum Nürnberg. Diese Ausgrabungen wurden großzügig gefördert durch den Bezirkstag von Oberfranken, die Oberfrankenstiftung, die Landkreise Kronach, Kulmbach und Lichtenfels sowie die Städte Staffelstein und Kulmbach.

[3] Die Kelten in Mitteleuropa. Salzburger Landesausstellung 1. Mai—30. September 1980 im Keltenmuseum Hallein, Österreich.

Hierbei muß es sich um Träger der späten Hallstattkultur (6. Jh. v. Chr.) gehandelt haben. Es besteht also die Wahrscheinlichkeit, daß zumindest in einem Teil des Verbreitungsgebiets der späten Hallstattkultur keltische Dialekte gesprochen wurden.

Die deutliche Kontinuität in der Belegung von Grabhügelfeldern ab Frühhallstatt (Ende 8.—7. Jh. v. Chr.) und von Höhlen und Burgen von Späthallstatt bis Frühlatène (6.—Beginn 4. Jh. v. Chr.) sowie die verwandte Sozialstruktur der späteren beiden Zeitabschnitte machen es wahrscheinlich, daß es sich in beiden Stufen um die gleiche Bevölkerung, also um Kelten handelte. Deshalb soll die Hallstattkultur Oberfrankens in meine Betrachtungen mit eingeschlossen werden.

Kenntnisse über die materielle Kultur während des 7. bis 5. Jh. v. Chr. in Oberfranken sind im wesentlichen aus den Bestattungsplätzen zu gewinnen.[4] Siedlungen, außer einigen Befestigungen, auf die wir weiter unten zu sprechen kommen werden, sind bisher unbekannt geblieben. Daß diese aber überall vorhanden gewesen sein müssen, beweisen die zahlreichen hallstattzeitlichen Grabhügelfelder abseits dieser Befestigungen.[5] Auch hier dürfte es eine Rolle gespielt haben, wie bei einem Großteil der unentdeckten Siedlungen der Bronze- und Urnenfelderzeit (18.—8. Jh. v. Chr.), daß die über Jahrtausende auf der Oberfläche liegenden Keramikbruchstücke (im Gegensatz zur Grabkeramik, die ja im Boden geschützt ist) sehr stark der Verwitterung anheimgefallen sind. Obwohl natürlich ein Großteil der Grabhügel im Verlauf der Zeit der Bodenumgestaltung zum Opfer gefallen ist, dürfte das Gesamtbild der Verbreitung dieser Begräbnisstätten etwa dem besiedelten Raum während der frühen Eisenzeit entsprechen. Demzufolge ergibt sich ein Siedlungsbild, das sich, abgesehen von einer erheblichen Verdichtung und einer stärkeren Besiedlung des Main-Regnitz-Tales nicht wesentlich von dem der mittleren Bronzezeit (16.—14. Jh. v. Chr.) unterscheidet. Die Fundlandschaft konzentriert sich auf die Randzonen der Fränkischen Alb, streut über die ganze Alb hinweg bis ins Maintal hinein, eine kleine Siedlungskammer läßt sich im Coburger Gebiet nachweisen, wenige Fundkomplexe stammen aus dem Osten des Regierungsbezirks. Die Bonität der meisten besiedelten Böden ist jedoch relativ gering, so daß mit einer stärkeren Weidewirtschaft gerechnet werden muß.

Westlich der Mittelgebirge Steigerwald und Haßberge setzt ein neuer Siedelraum ein, der an die unterfränkische Gäulandschaft anschließt und im Gegensatz zu Oberfranken stärker nach Südwestdeutschland orientiert ist.[6] Bezeichnenderweise liegen die extrem großen Grabhügelfelder in Unterfranken, wo auf den besonders fruchtbaren Gäuböden sich bereits in vorgeschichtlicher Zeit größere Siedlungsaktivität und größerer Wohlstand entfalten konnte.[7]

Aus zahlreichen Grabhügelplätzen ist hallstattzeitliches Material ergraben worden. Diese beachtliche Zunahme im Vergleich zur Hügelgräberbronzezeit spiegelt einen erheblichen Bevölkerungszuwachs wider, ohne daß Rückschlüsse auf die tatsächliche Einwohnerzahl auch nur annähernd gestattet wären.

---

[4] N. HAAS, Ueber die heidnischen Grabhuegel bey Scheßlitz, 1829. L. HERRMANN, Die heidnischen Grabhügel Oberfrankens in den Landgerichtsbezirken Lichtenfels, Scheßlitz und Weismain. 5. BHVB (1842), 41 ff. Die erste zusammenfassende Arbeit: W. KERSTEN, Die Späthallstattzeit in Nordostbayern. BVbl. 12, 1934, 12 ff.

[5] SCHWARZ, Oberfranken, 23 ff. u. Karte 3.

[6] CHR. PESCHECK, Vor- und Frühzeit Unterfrankens, 1975. L. Wamser, Ausgrabungen und Funde in Unterfranken, 1978 ff. Frankenland NF 30 ff.

[7] B.-U. ABELS, Die vor- und frühgeschichtlichen Geländedenkmäler Unterfrankens, 1979, 19 ff. u. Karte 2 (abgekürzt: ABELS, Unterfranken).

Auf der Albhochfläche, wo Juragestein leicht zugänglich in reichem Maße zur Verfügung steht, wurden die Hügel, deren zentrale Kammern z. T. von einer Steinsetzung eingefaßt waren, aus einer Erd-Stein-Packung aufgebaut und von einem Steinkranz umschlossen.[8] Im Maintal, mit seinen sandigen Böden, errichtete man die Hügel aus Sand und umgab sie mit einem Kreisgraben. Gelegentlich wurde in Dünen von der Kuppe her eine Primärbestattung wie eine Nachbestattung eingesenkt, weil man in ihnen wohl ältere Begräbnisplätze zu erkennen glaubte.[9] Neue Untersuchungen in den verschleiften Grabhügelfeldern von Prächting, Tannfeld und Wichsenstein haben gezeigt, daß zwischen den einzelnen Grabhügeln und unter einigen Steinkränzen größerer Hügel kaum erkennbare Brandbestattungen lagen, mit denen einerseits vielleicht eine sozial tieferstehende Bevölkerungsschicht erfaßt wird, die in Abhängigkeit zu dem in dem Zentralgrab Bestatteten stand (Abb. 1, Nr. 2, 4, 8, 12, 17, 19, 20). Die bis in das Mittelalter hineinreichende ungeheure Kindersterblichkeit (in karolingischen Gräberfeldern sind etwa 50% der Bestatteten Kinder) hatte natürlich in gleichem Maße während der Hallstattzeit ihre Opfer gefordert. Die bislang fehlenden Kindergräber lassen sich z. T. nun auch in diesen kleinen Brandbestattungen nachweisen, wobei man sehr wohl davon ausgehen kann, daß von den zarten Kinderknochen nur ein Bruchteil aus dem Scheiterhaufen ausgelesen und dieser vielleicht in organischen Behältern ohne Beigaben bestattet wurde, so daß sich Kindergräber auch in Zukunft weitgehend der Forschung entziehen werden, ohne daß man hieraus unbedingt den Schluß ziehen müßte, Kinder seien nicht oder abseits der Gräberfelder bestattet worden (Abb. 2).

Während der ganzen Hallstattzeit fällt in Oberfranken die relative Metallarmut in den Gräbern auf. Vereinzelt finden sich in frühhallstattzeitlichen Gräbern Toilettebestecke, Nadelbüchsen oder Bronzenadeln (Abb. 3,1—4). Typischer Frauenschmuck läßt sich für diese Periode kaum aussondern. Hals- und Armringschmuck, Fibeln und gelegentlich Ohrringe treten in späthallstattzeitlichen Gräbern auf (Abb. 3,5—14). Beigaben aus Gold fehlen, mit Ausnahme eines kleinen Ringes aus Demmelsdorf und aus Berndorf, gänzlich.[10] Ähnlich wie der Wechsel von Brand- zu Körpergrab sind auch der Wechsel von Gewandnadel zu Fibel einerseits und Schwert zu Dolch andererseits Belege für den Übergang von der frühen zur späten Hallstattzeit (um 600 v. Chr.). Auch die einzelnen Waffentypen sind nicht gerade zahlreich vertreten. Aus der Frühstufe der Hallstattzeit sind wenige bronzene und eine Reihe eiserner Schwerter zutage getreten. Hinzu kommen zwei **Nachen-** und zwei **Ankerortbänder aus Bronze**[11] (Abb. 4,1.3—4). Die Eisenschwerter reichen in Oberfranken bis in das 6. Jh. hinein, wie ein Grab aus Hirschaid mit einer Schlangenfibel zeigt. Das auf der Fränkischen Alb reich vorhandene Raseneisenerz wurde sicherlich genutzt, bot aber wegen seiner geringen Qualität bestimmt keine Basis für einen intensiven Tauschhandel, da Importgüter fehlen. Immerhin sei erwähnt, daß östlich des Vorkommens von Eisenerz keine eisenzeitliche Befestigung anzutreffen ist. Die einzigen bis jetzt bekannten späthallstattzeitlichen Waffen Oberfrankens sind die Antennendolche aus Morschreuth und Wattendorf, eine eiserne Messerklinge aus Eggolsheim, eine Lanzenspitze und zwei Tüllenbeile (Abb. 4,2.5).

---

[8] B.-U. ABELS, Die größeren Ausgrabungen der Jahre 1977—1979 in Oberfranken. 116.BHVB (1980), Abb. 11—13.

[9] ABELS, Unterfranken, 22.

[10] D. SCHMUDLACH, Die Ausgrabungen im hallstattzeitlichen Grabhügelfeld bei Berndorf, Landkreis Kulmbach. Archiv für Geschichte von Oberfranken 56, 1977, 44 f. u. Tafel 17.

[11] Ankerortbänder sind auch auf assyrischen Reliefs des 9. Jh. v. Chr. dargestellt, so daß beide wohl eine gemeinsame Entstehungsquelle haben müssen.

In krassem Gegensatz zu dieser Metallarmut steht der Keramikreichtum mit einer Fülle verschiedenartiger Verzierungselemente[12], deren Wurzeln zum Teil in der Urnenfelderzeit liegen, wie z. B. die Girlanden- und Kannelurenzier. Die in jüngerer Zeit untersuchten Gräberfelder zeigten, daß in den etwas reicher ausgestatteten Gräbern mit einem Durchschnitt von 20—25 Gefäßen zu rechnen ist (Abb. 5). Die zwei bis vier Vorratsgefäße, in denen gelegentlich Schöpftassen gefunden wurden, standen meist getrennt vom Eßservice auf der östl. Seite der Grabkammer. Das Eßservice setzte sich aus zahlreichen Schüsseln, Tellern, Tassen und Schalen (darunter kleine Trinkschalen) zusammen, die dem Toten mitgegeben wurden, um ein Gastmahl im Jenseits halten zu können. Die Gefäße waren fast immer sorgfältig mit geometrischen Mustern verziert und graphitiert, teilweise weiß inkrustiert, mit Graphit oder mit Pech bemalt (Abb. 6). Seltene hallstatt-D-zeitliche Gefäße, wie aus dem Wagengrab von Demmelsdorf, weisen weiße Bemalung auf rotem Untergrund auf. Bei den noch gut erhaltenen Gefäßen konnten in den meisten Fällen keine Gebrauchsspuren nachgewiesen werden, so daß man den Eindruck gewinnt, sie seien neuwertig in das Grab gestellt worden. Beachtung verdient das Gräberfeld von Prächting, das während der ganzen Hallstattzeit durchgehend belegt war.[13] Eine Schale mit anthropomorphen Füßen, eine Schale mit schräg eingezapften Füßen, die Schalen mit Kreuzzier auf dem Boden und die Tassen mit aufgemalten, stark stilisierten Klageweibern, wurden sicher ausschließlich für die Grablege angefertigt (Abb. 7). Die Klageweiber haben möglicherweise nur noch rein ornamentalen Charakter, zumal sie in unterschiedlichster Ausführung auf den Tassen vorkommen. Hingegen scheinen sich hinter den Kreuzornamenten noch reale Sonnensymbole zu verbergen, wie das meines Erachtens bei den tönernen Wirbeln und Rädchen zum Ausdruck kommt. Diese, wie die tönerne Hand und das Dreieck aus Prächting, sind wegen ihrer sorgfältig geglätteten und leicht gewölbten Außenseite wohl als Farbstempel anzusprechen (Abb. 8, 3—5).

Ebenfalls nur für die Grablege wurde eine Schale gefertigt, in deren Rand Binsen hineingesteckt worden waren (Abb. 8,6). In dieser Schale stand ein 18 cm hohes tönernes Pferd, das in der Qualität seinesgleichen sucht (Abb. 8,2). Vielleicht symbolisiert es eine Gottheit, vielleicht sollte hier das Reitpferd des Verstorbenen symbolisch mitbegraben werden.[14]

Ein Teil dieser Grabhügelfelder lassen sich nun naheliegenden vorgeschichtlichen Befestigungen zuordnen, die aufgrund von Grabungen oder zahlreichen Bodenfunden in die Hallstattzeit datiert werden können. So gruppieren sich drei Grabhügelfelder um den Staffelberg[15], zwei Gräberfelder liegen unterhalb der Ehrenbürg[16]. Das Grabhügelfeld von Neudorf-Görau, aus dem u. a. zwei der drei Wagengräber Oberfrankens stam-

---

[12] E. Voss, Beobachtungen zur Herstellungs- und Dekorationstechnik hallstattzeitlicher Keramik. Arbeitsblätter für Restauratoren 2, 1981, 60 ff.

[13] L. Herrmann, Die heidnischen Grabhügel bei Görau, Kümmersreuth, Prächting, Kutzenberg etc. 19. BHVB (1856), 159 ff. Schwarz, Oberfranken, 158 u. Beilage 29, 5.

[14] B.-U. Abels, Ein hallstattzeitlicher Grabfund aus Prächting, Lkr. Lichtenfels. Geschichte am Obermain 11, 1977/78, 57 ff. B.-U. Abels, Vorbericht zu einer Grabung hallstattzeitlicher Grabhügel bei Prächting, Ldkr. Lichtenfels, Oberfranken. Archäologisches Korrespondenzblatt 8, 1978, 203 ff. Hierzu ausführlich: W. Torbrügge, Bilder und Zeichen der Hallstattzeit in Nordostbayern. Festvortrag zum 100jährigen Bestehen der Abteilung für Vorgeschichte der Naturhistorischen Gesellschaft Nürnberg am 27. 10. 1982.

[15] Prächting und Stublang, Ldkr. Lichtenfels — Schwarz, Oberfranken 158 und 160 f.

[16] Kirchehrenbach, Ldkr. Forchheim — Schwarz, Oberfranken 92 f.

men, liegt unweit der vorgeschichtlichen Befestigung von Neudorf-Niesten[17], das Grabhügelfeld von Wichsenstein nahe dem Heidelberg bei Zaunsbach[18], das Grabhügelfeld im Pfarrwald unterhalb vom Turmberg bei Kasendorf[19], und das Gräberfeld von Demmelsdorf liegt unweit von der Giechburg, aus deren Bereich ebenfalls Hallstattkeramik stammt. Dort konnte kürzlich ein späthallstattzeitliches Wagengrab, als Nachbestattung in einem älteren Schwertgrab der Stufe Hallstatt C, ausgegraben werden, in dem eine reich geschmückte Frau beigesetzt worden war. Man hatte ihr, abgesehen von dem Keramiksatz mit z. T. weiß auf rot gemalter Keramik, einen Wagen mitgegeben, von dem sich eiserne Felgen, eiserne Naben und kleine Teile der mit Pferdchen und Männchen verzierten bronzenen Wagenbeschläge erhalten haben. Darüber hinaus trug die Dame fünf bronzene Halsringe, ein punzverziertes bronzenes Gürtelblech, zehn bronze Armringe, 12 bronzene Ohrringe, eine Bernsteinperle, einen goldenen Spiralring und zwei mit Korallen eingelegte Paukenfibeln — eine für Oberfranken wahrhaft fürstliche Ausstattung.

Derartig große Gräberfelder, wie dasjenige vom Hauptsmoorwald bei Bamberg[20], lassen ebenfalls eine Befestigung in ihrer Nähe vermuten. Da sich hierfür aber nur der Domberg anbietet, könnte eine solche Anlage auch in dem seit vielen Jahrhunderten bewirtschafteten Ackerland oder im heutigen Wald gelegen haben, so daß sich diese erst wieder mittels der bereits so erfolgreichen Luftarchäologie zu erkennen geben könnte.

Ein Beleg für das Errichten von Burgen in der frühen Hallstattzeit (7. Jh. v. Chr.) fehlt. Aber das trifft auch für andere Gebiete zu und verdeutlicht nur den politischen Wandel, der Mitte des 6. Jh.s v. Chr. stattgefunden haben muß, denn ab der späten Hallstattzeit treten plötzlich zahlreiche kleine, stark umwehrte Befestigungen auf, in denen an Hallstattfibeln nur Pauken- oder Fußzierfibeln gefunden wurden. In Neudorf, auf dem Staffelberg, auf dem Schloßberg bei Burggaillenreuth und auf der Ehrenburg z. B. ist eindeutig späthallstattzeitliche und anschließend frühlatènezeitliche (6.—5. Jh. v. Chr.) Besiedelung nachgewiesen. All diesen Anlagen ist gemeinsam, daß sie während der späten Hallstattzeit erheblich kleinere Flächen bedecken (zwischen 0,5 und 3,5 ha), als es in der Urnenfelderzeit üblich war. Dieses Verhältnis wird an zwei Beispielen besonders deutlich. Die Ehrenbürg bei Forchheim[21] war wahrscheinlich bereits in der Urnenfelderzeit ganz umwehrt, in der Hallstattzeit zog man sich, dem Fundanfall zufolge, auf das südliche Drittel des Berges zurück und befestigte diesen Abschnitt. Der Große Knetzberg in Unterfranken[22] war sicher in der Urnenfelderzeit umwehrt. Der trapezförmige Grundriß des Plateaus machte es aber im Gegensatz zu der langgestreckten Ehrenbürg fast unmöglich, einen kleinen Ausschnitt aus der Gesamtanlage sinnvoll zu befestigen. Deshalb wich man, vielleicht in der Hallstattzeit, sicher aber in der Frühlatènezeit auf den nahegelegenen Kleinen Knetzberg aus. Im Gegensatz zu vielen frühmittelalterlichen Anlagen nützten die keltischen Burgenbauer das zur Verfügung stehende Gelände ideal aus. Die übliche Torform bei späthallstattzeitlichen, aber auch bei vielen frühlatènezeitlichen Anlagen scheint aus zwei sich überlappenden Mauerenden zu bestehen (Burggaillenreuth und Staffelberg)[23] (Abb. 9), wobei der Zugang

---

[17] K. Radunz, Vor- und Frühgeschichte im Landkreis Lichtenfels, 1969, 92 ff., 99 u. Taf. 11ff. Zur Bedeutung von Wagengräbern s. L. Wamser, Wagengräber der Hallstattzeit in Franken, Frankenland, NF 33, 1981, 225 ff.
[18] Abels, A. u. F. 2, 1979—1980, 20 u. Abb. 24.
[19] Schwarz, Oberfranken, 111 ff.
[20] Schwarz, Oberfranken, 46.
[21] Schwarz, Oberfranken, 93 ff. u. Beilage 2.
[22] Abels, Unterfranken, 95 ff. u. Beilage 3 u. 6.
[23] Abels, Unterfranken, 32.

zur Wehranlage so angelegt war, daß man beim Aufstieg die ungeschützte rechte Seite der Mauer, also dem Verteidiger, zuwenden mußte. Die großen urnenfelderzeitlichen Wehranlagen waren in der Regel nur mit Holz-Erde-Mauern befestigt. Diejenigen der Hallstatt- und Latènezeit mit steinernen Pfostenschlitzmauern. Daraus ergibt sich, daß eine kleinere vorgeschichtliche Wehranlage mit Steinwall (also einer verstürzten Pfostenschlitzmauer) wohl in die Hallstatt- oder die Frühlatènezeit datiert werden kann. Die einzige, bisher untersuchte Anlage ist der Staffelberg[24] (Abb. 10). Die Ausgrabung auf dem 3 ha großen Hochplateau im Jahre 1967 und 1982 hat dort im Befestigungsbereich bestätigt, was sich bei einem Großteil anderer Anlagen im Fundspektrum immer wieder zeigt, daß nämlich späthallstattzeitliche Befestigungen in der Frühlatènezeit wieder Verwendung fanden. Eine im Gegensatz zur Urnenfelderzeit, aber auch zur Spätlatènezeit große Anzahl kleiner Burgen zeigt, daß es sich um relativ kleinräumige Herrschaftsbereiche gehandelt haben muß. Die differenziertere Sozialstruktur spricht auch bei uns für ein sich herausbildendes Häuptlingstum während des 6. Jh.s, was besonders durch die drei hallstattzeitlichen Wagengräber von Neudorf-Görau und Demmelsdorf unterstrichen wird. Können wir in den großen Befestigungen der Urnenfelderzeit vielleicht Stammeszentren mit einer größeren aristokratischen Führungsschicht fassen, so vermitteln unsere kleinen, späthallstattzeitlichen Burgen eher den Eindruck einer monokratischen Kleinstaatlichkeit, die sich bis in die Frühlatènezeit erhält. Die soziale Differenzierung kann mit derjenigen in Südwestdeutschland und auch in Unterfranken jedoch kaum verglichen werden.[25] Ist doch der Fernhandel Voraussetzung für den besonders krassen Unterschied, der sich in ungeheuer reich ausgestatteten, gewaltigen Grabhügeln dokumentiert. Hierin dürfte sich aber lediglich ein Unterschied im Reichtum und der daraus resultierenden Machtfülle der Häuptlinge innerhalb ihrer Kulturkreise ablesen lassen, nicht aber ein Unterschied in ihrem politischen Stand, profitiert doch Südwestdeutschland durch den Handel mit der griechischen Welt, der von Massilia über die Rhône floß. Die Armut Oberfrankens, bedingt durch seine randliche Lage, das rauhere Klima und das weitgehende Fehlen von Bodenschätzen, aber auch die Zugehörigkeit zu einem nach SO orientierten Kulturkreis, macht sich auch hier wieder deutlich bemerkbar.

Während der späten Hallstatt- und der Frühlatènezeit bilden im Norden der Thüringer- und der Frankenwald und im Osten das Fichtelgebirge eine natürliche Grenze. Erstaunlicherweise sind der relativ flache Steigerwald und die gleichermaßen flachen Haßberge im Westen ebenfalls Grenzen. Jenseits dieser Mittelgebirge orientiert sich, wie gesagt, die hallstattzeitliche Kulturlandschaft nach Südwestdeutschland, diesseits stärker nach der Oberpfalz, nach Böhmen und bis hinunter zur Kalenderberggruppe Österreichs. Als Beispiel für diese südöstliche Orientierung seien hier genannt Schalen mit Mäanderzier (Abb. 8, 7), Hand-, Rad- und Wirbelplastik, die Schale mit anthropomorphen Füßen aus Prächting, zu der es nur noch fünf Vergleichsstücke aus dem österreichisch-slowakisch-ungarischen Grenzdreieck gibt. Auch die tönernen Pferdedarstellungen, von einem württembergischen Fundplatz abgesehen, sind im nordostbayerisch-tschechoslowakischen Raum verbreitet (Abb. 11). Die Verehrung der Pferde (nicht ihre

---

[24] SCHWARZ, Oberfranken, 162 ff. u. Beilage 1. U. OSTERHAUS, Vorgeschichtliche Befestigungen auf dem Staffelberg. Probleme der Zeit, Neue Ausgrabungen in Bayern, 1970, 18 ff. B.-U. ABELS u. U. OSTERHAUS, Ausgrabungsnotizen aus Bayern, 1975/1. ABELS, A. u. F. 3, 1981—1982, 25 ff.

[25] Hierzu besonders G. MILDENBERGER, Griechische Scherben vom Marienberg in Würzburg. Germania 41, 1963, 103 f. und L. WAMSER, Wagengräber der Hallstattzeit in Franken, Frankenland, NF 33, 1981, 225 ff.

Gestaltung, die Verbindung zum mediterranen Raum erkennen läßt) scheint ähnlich der Herkunft bronzener Ortbänder (s. Anm. 11) auf den Einfluß östlicher Reiternomaden zurückzuführen sein zu.[26] Ähnlich wie bei einigen Befestigungen und Grabhügelfeldern zeichnet sich eine Kontinuität bis in die Frühlatènezeit in der Sitte, Höhlen aufzusuchen, ab. 50% aller vorgeschichtlich begangenen Höhlen enthalten, wenn auch in geringen Spuren, hallstatt- und frühlatènezeitliches Material. Die seit dem Neolithikum kontinuierlich begangene Jungfernhöhle bei Tiefenellern[27] dürfte auch für die Hallstattzeit eine kultische Nutzung dieser Höhle wahrscheinlich machen, ähnlich wie es bei einer Höhle im Veldensteiner Forst nachgewiesen werden konnte.[28] Die Zunahme an Höhlenfunden in der Hallstattzeit, besonders aber in der folgenden Frühlatènezeit, ist eklatant und läßt sich nicht nur auf eine Bevölkerungszunahme zurückführen, sondern verdeutlicht, daß diese Höhlen bevorzugt als Kultplätze genutzt wurden.

Wie in der Hallstattzeit stammen frühlatènezeitliche Funde im wesentlichen aus Grabhügeln, aus Höhlen und von Höhensiedlungen. Von ca. 20 Grabhügelfeldern mit frühlatènezeitlichen Funden enthalten 10 hallstattzeitliche Primärbestattungen. Da all diese Gräber im vergangenen Jahrhundert „ausgegraben" wurden, sind fast alle Inventare so stark vermischt, daß ein den Beigaben nach typisches Grabinventar kaum noch vorgestellt werden kann.[29] Qualitätvoll gearbeitete, mit Stempeln verzierte Drehscheibenkeramik[30] (Abb. 12), Bronzeschmuck (Abb. 13,1.6—7) sowie kunstvoll gearbeitete Fibeln treten nur vereinzelt auf[31] — besonders sei auf eine Pferdchenfibel vom Staffelberg sowie je eine Maskenfibel vom Staffelberg und der Ehrenbürg hingewiesen (Abb. 13,8—15).

Hingegen sind in den vergangenen Jahren eine ganze Reihe von Siedlungsspuren auch aus unbefestigten Arealen nachgewiesen worden. Neben diesen Plätzen, die nur Keramikbruch erbrachten, gibt es nun aber zehn vorgeschichtliche Befestigungen mit frühlatènezeitlichen Funden, unter denen besonders der Staffelberg, der Turmberg bei Kasendorf und die Ehrenbürg genannt seien. Einige, wie bereits weiter oben erwähnt, wurden schon in der Späthallstattzeit besiedelt und wohl auch befestigt, was auf dem Staffelberg durch drei Ausgrabungen bewiesen werden konnte, wo eine doppelte, 4 m breite, frühlatènezeitliche Mauer unmittelbar auf die späthallstattzeitliche aufgesetzt worden war.

Diese Kontinuität läßt sich bei den Grabhügelfeldern, die zweifelsfrei zu den jeweiligen Befestigungen gehören, lediglich im Falle des Staffelberges (Grabhügelfeld Stublang-Dornig, Abb. 14) und der Ehrenbürg (Grabhügelfeld Kirchehrenbach) belegen. Fast alle Befestigungen sind relativ kleine Anlagen, ähnlich wie die Burgen der Hall-

---

[26] ABELS, s. Anm. 14. Auf diese Beziehungen verwies bereits W. KERSTEN: Der Beginn der Latènezeit in Nordostbayern. PZ 24, 1933, 109 ff.

[27] O. KUNKEL, Die Jungfernhöhle bei Tiefenellern, 1955.

[28] R. A. MAIER, Urgeschichtliche Opferreste aus einer Felsspalte und einer Schachthöhle der Fränkischen Alb. Germania 55, 1977, 21 ff.

[29] S. a. Anm. 4. LUKAS HERRMANN hat Funde aus Prächting und aus Stublang miteinander vermischt; später (wohl noch im 19. Jh.) wurden Scherben mit den Ortsangaben Prächting und Stublang versehen, bei denen M. KNIPPING 1980 feststellen mußte, daß sie aneinander passen!

[30] Bogenzierelemente auf der Keramik zeigen wieder deutliche Orientierung zu einem östlichen Kulturkreis. Hierzu: F. SCHWAPPACH, Ostkeltisches und westkeltisches Ornament auf einem älterlatènezeitlichen Gürtelhaken von Mühlacker, Kreis Vaihingen. Fundber. aus Baden-Württ. 1, 1974, 337 ff.

[31] Erster zusammenfassender Überblick bei W. KERSTEN, Der Beginn der Latènezeit in Nordostbayern. PZ 24, 1933, 96 ff.; ein Spektrum der Fibeln bietet die Abb. 8. KERSTEN glaubte jedoch noch in der späten Hallstattkultur und der Frühlatènekultur unseres Raumes Illyrer nachweisen zu können.

stattzeit. So hat sich ganz offensichtlich die soziale und die herrschaftliche Struktur in der Frühlatènezeit gegenüber der Hallstattzeit nicht gewandelt.

Einen ganz anderen Eindruck vermittelt die Ehrenbürg (Abb. 15), die während der Frühlatènezeit ganz umwehrt war — dafür sprechen die Funde sowie die Befunde. Hier deutet sich ein Wandel an, der die Entwicklung zu den spätlatènezeitlichen Oppida vorwegzunehmen scheint. Denn diese gewaltige, 35 ha große Anlage mit ihrer sicher dichten Besiedlung dürfte stadtähnlichen Charakter gehabt haben, die somit eine ganz andere Rolle spielte als die zahlreichen, wesentlich kleineren Häuptlingsburgen. Hierfür sprechen eine Fülle von Keramik- und Bronzefunden sowie zahlreiche Eisenschlackestücke, die auf eine intensive Eisenverarbeitung innerhalb der Befestigung schließen lassen. Die Bedeutung der Anlage wird durch ein Henkelbruchstück einer vielleicht aus dem Rheinland importierten Situla unterstrichen. Die Toranlagen der frühlatènezeitlichen Burgen bestehen, wie diejenigen der späten Hallstattzeit, aus zwei überlappenden Wallenden. Auch hier macht die Ehrenbürg eine Ausnahme: das im Westen gelegene Tor wird von zwei leicht nach innen gezogenen Wallschenkeln gebildet, die zu den

FLÄCHE	SPÄTE HALLSTATTZEIT	FRÜHE LATÈNEZEIT	SPÄTE LATÈNEZEIT
0,5 - 1,5 ha	WATTENDORF ZAUNSBACH BURGGAILLENREUTH RABENECK	BURGGAILLENREUTH RABENECK LOCH MARKTGRAITZ TIEFENELLERN	
2,5 - 3,5 ha	EHRENBÜRG (Rodenstein) KASENDORF KORDIGAST STAFFELBERG (Hochplateau) ZOGGENDORF	KORDIGAST STAFFELBERG (Hochplateau) ZOGGENDORF	
14,5 ha		KASENDORF	
35 ha		EHRENBÜRG	
49 ha			STAFFELBERG

Größe und Besiedlungsabfolge eisenzeitlicher Burgen in Oberfranken.

großen spätlatènezeitlichen Zangentoren überleiten.[32] Eine weitere, 23 ha große Befestigung im südlichen Kreis Forchheim, der Lindelberg, weist ein ähnlich gestaltetes Tor auf, so daß auch diese Anlage mit einiger Wahrscheinlichkeit in die Frühlatènezeit datiert werden kann.[33] Diese Datierung wird durch zwei nahegelegene Grabhügelfelder gestützt, aus denen zahlreiche frühlatènezeitliche Funde stammen.[34] Alle drei großen frühlatènezeitlichen Befestigungen, die Ehrenbürg, der Lindelberg und der Turmberg, liegen in der Randzone der Alb, in einer strategisch und verkehrsmäßig äußerst günstigen Lage. Interessanterweise scheint auch der Greinberg bei Miltenberg eine ähnliche Funktion einzunehmen: eine für die Frühlatènezeit in Nordbayern selten große Anlage, mit noch nicht voll ausgereiften Zangentoren.[35]

Auf die bemerkenswerte Kontinuität bei den Höhlenfunden wurde bereits hingewiesen. Aus 11 Höhlen stammt frühlatènezeitliches Fundgut. Sechs davon waren bereits in der Hallstattzeit begangen. Von den 11 Höhlen liegen einige so nahe bei Befestigungen mit Frühlatènefunden, daß sie diesen wohl zugeordnet werden müssen: wie z. B. die Befestigung in Rabeneck — in der Nähe eine Spaltenhöhle, die Befestigung in Tiefenellern — in der Nähe die Jungfernhöhle (Schachthöhle)[36], die Befestigung in Burggaillenreuth — in der Nähe die Zoolithenhöhle (Hallenhöhle mit Schacht)[37]. Die Höhlen am Staffelberg haben bisher leider noch keine entsprechenden Funde erbracht und im Umland des Turmberges sowie des Kleinen Knetzberges sind keine Höhlen nachgewiesen. Die Hallenhöhlen mögen auch als Rastplätze gedient haben, das trifft aber natürlich für Schacht- und Spaltenhöhlen nicht zu. Diese Höhlen müssen als Kultplätze angesprochen werden, was ja bereits durch die Untersuchungen in der Jungfernhöhle bei Tiefenellern mit ihren zahlreichen Opferfunden, im Veldensteiner Forst und der Dietersberghöhle bei Egloffstein[38] nachgewiesen ist. In der Schachthöhle bei Rabeneck wurden Skelettreste, eine Augenperle, eine Kaurischnecke und eine dreifach durchbohrte Trepanationsscheibe gefunden. Aus dem Schacht der Zoolithenhöhle stammt eine weitere Augenperle, und in einer weiteren Schachthöhle konnte eine Bernsteinperle mit einer dreifach durchbohrten Trepanationsscheibe entdeckt werden[39] (Abb. 13,2—5). Auch die Dietersberghöhle enthielt neben Skelettresten (darunter ein trepanierter Schädel), Kaurischnecken sowie 13 Augenperlen.[40] Augenperlen, Kaurischnecken und auch Bernsteinperlen wurden in der Frühlatènezeit als Amulette getragen.[41] Besonders deutlich wird aber der Amulettcharakter bei den zwei Trepanationsscheiben, die zusammen mit Augenperlen oder Bernsteinperlen gefunden wurden. Eine dritte Scheibe stammt aus einem möglichen Männergrab in Köttel (Ldkr. Lichtenfels)[42], eine vierte vom Staffelberg und eine fünfte konnte in der späthallstatt-frühlatènezeitlichen Befestigung von Wiesentfels gefunden werden[43]. Solche Schädeloperationen, die ja bereits seit dem Neo-

---

[32] SCHWARZ, Oberfranken, Beilage 2.
[33] ABELS, A. u. F. 3, 19.
[34] SCHWARZ, Oberfranken, 91 (Igensdorf) u. 96 (Pommer).
[35] ABELS, Unterfranken, 137 f. u. Beilage 4.
[36] SCHWARZ, Oberfranken, 58 f.
[37] SCHWARZ, Oberfranken, 72.
[38] J. R. ERL, Die Dietersberghöhle bei Egloffstein, 1953. L. PAULI, Keltischer Volksglaube, 1975, 173.
[39] ABELS, A. u. F. 1, 178 f. u. Abb. 15, 24—25. A. u. F. 3, 23 u. Abb. 34, 9—10.
[40] W. AUER, Die frühlatènezeitlichen Schichtaugenperlen in Nordbayern. Festschr. zum 100jährigen Bestehen d. Abt. f. Vorgesch. d. Nat. Ges. Nürnberg 1982, 215 ff.
[41] L. PAULI, Keltischer Volksglaube, 1975, 118 f. 128. 131. 132.
[42] K. RADUNZ, Vor- und Frühgeschichte im Landkreis Lichtenfels, 1969, 73 ff. u. Taf. 24, 7—8.
[43] ABELS, A. u. F. 3, 17 f. 20 u. Abb. 25—27, bes. 27, 5.

lithikum bekannt sind, wurden vielleicht durchgeführt, um Menschen von bösen Dämonen zu befreien. Vielleicht diente dann die Trepanationsscheibe als Schutzamulett gegen eben diese Dämonen. Andererseits mag eine solche Scheibe, die ja in einem möglichen Männergrab nachgewiesen ist, auch aus dem Schädel eines getöteten Gegners stammen, dessen Kraft auf den Träger des Amuletts übergehen sollte (wie z. B. beim Skalpieren). Derart urtümlich anmutende Praktiken lassen sich sogar bis hin zur Anthropophagie nachweisen.[44] In Mistelfeld (Ldkr. Lichtenfels) konnte eine frühlatènezeitliche Abfallgrube ausgegraben werden, die neben Keramikresten und Tierknochen die Skelette dreier Männer enthielt. Die Schnittspuren an einigen Knochen bewiesen, daß Kannibalismus im 5. vorchristlichen Jahrhundert noch praktiziert wurde. Aber auch hierbei handelte es sich um rituellen Kannibalismus, bei dem die Kraft der Opfer auf die an der Mahlzeit Teilnehmenden übergehen sollte.

Unsere Schachthöhlen und vielleicht auch einige andere Höhlen, aus denen solche Funde stammen, sind wahrscheinlich als religiöse Kultplätze zu deuten, die zu den nahegelegenen frühlatènezeitlichen Befestigungen gehören.

In diesem Rahmen sei auch der erst 1970 entdeckte Kultschacht auf dem Pensen bei Seulbitz (Ldkr. Bayreuth) erwähnt, der stark an die Kultschächte in spätlatènezeitlichen Viereckschanzen erinnert[45] (Abb. 16). Der 4,3 m tiefe Schacht liegt im Randbereich eines größeren Grabhügels, der älter sein muß, da der Schacht die Steinpackung des Hügels erheblich gestört hat. Aus der Hügelschüttung stammt eine Paukenfibel, so daß der Schacht jünger als Hallstatt-D sein könnte. Holzkohlespuren und chemisch nachgewiesene organische Reste weisen auf eine Opferhandlung hin, die ebenfalls an diejenigen in Viereckschanzen erinnert.[46] Aus der oberen Schachtverfüllung — dieser wurde absichtlich wieder mit Steinmaterial aus dem Grabhügel zugeschüttet — stammt ein Sandstein mit geringen Bearbeitungsspuren, der aber wohl als Stele angesprochen werden muß. Da die Stele aber nicht im unteren Schachtbereich gefunden wurde, woraus man hätte schließen können, daß sie geopfert werden sollte, im Sinne einer Entdämonisierung des Platzes, dürfte sie bereits seit einiger Zeit am Hügelfuß gelegen haben und später unerkannt als Füllmaterial verwandt worden sein. Somit erhalten wir zur Datierung leider nur einen terminus post quem für den Schacht. Das Fehlen von Spätlatène in dem ganzen Gebiet, im Gegensatz zu Frühlatène, spricht jedoch am ehesten für eine Datierung in die Frühlatènezeit.

Haben wir in manchen Bereichen eine Kontinuität von der Hallstattzeit in die Latènezeit erkennen können, so trifft das auch in starkem Maße für den Siedlungsraum zu. Auch hier ist die Fränkische Alb und das Coburger Land bevorzugt besiedelt worden.

Dieses Bild scheint sich während des 4.—2. Jh. v. Chr. völlig zu verändern. Aus der späten Früh- und der Mittellatènezeit sind archäologische Spuren in Oberfranken kaum vorhanden.[47] Der Grund hierfür wird vielfach darin gesehen, daß die Keltenwanderungen (bis hin nach Galatien) unseren Raum weitgehend entvölkerten, was sicherlich zum großen Teil eine Rolle gespielt haben wird. Erschwerend für das Auffinden materieller Hinterlassenschaften kommt hinzu, daß in der Mittellatènezeit die Toten nicht mehr in Grabhügeln — unserer reichhaltigsten Fundquelle — beigesetzt wurden, sondern in

---

[44] B.-U. ABELS, Spuren von Anthropophagie an hallstattzeitlichen Skelettresten. 75 Jahre Anthropologische Staatssammlung, München 1902—1977, 113 ff.

[45] CHR. PESCHECK, Neue Bodenfunde und Ausgrabungen in Mainfranken. Frankenland, NF 22, 1970, 246 ff. u. Abb. 21—22.

[46] K. SCHWARZ, Die Geschichte eines keltischen Temenos im nördlichen Alpenvorland. Ausgrabungen in Deutschland, Teil 1, 1975, 324 ff.

[47] Seltene Funde dieser Stufe sind zwei im Hist. Mus. Bamberg ausgestellte Hohlbuckelringe. H. FÖDISCH, Bamberg und sein Umland in ur- und frühgeschichtlicher Zeit, 1953, 58 u. Abb. 20.

nur schwer auffindbaren Flachgräbern. Uns fehlen eben diese Gräber mit ihren typischen Schmuck- und Waffenformen.

In Gebieten, die, wie die unterfränkische Gäulandschaft, durch sehr fruchtbare Böden begünstigt sind, und der Bevölkerung einen größeren Wohlstand ermöglichten, ist zwar Material dieses Zeitraumes auch nicht sehr reichhaltig anzutreffen, aber dennoch mit zeittypischen Formen vertreten.[48]

Im Gegensatz zur Mittellatènezeit sind nun aus der Spätlatènezeit (Ende 2.—1. Jh. v. Chr.) wieder eine ganze Reihe von Funden vorhanden, die auf ein Anwachsen bzw. eine Rückkehr der keltischen Bevölkerung auch in unserem Raum schließen lassen. Leider fehlen auch in dieser Periode die Friedhöfe. Möglicherweise sind die Bestattungen bisher noch nicht gefunden worden. Andererseits wurden die Gräber vielleicht in so geringer Tiefe angelegt, daß sie schon längst dem Ackerbau zum Opfer gefallen sind und, weil es sich um Brandgräber mit geringen Beigaben handelte, nicht wahrgenommen wurden. Bedenkt man, daß auf dem Staffelberg eine bedeutende keltische Siedlung gelegen hat und daß fast das ganze Umland heute landwirtschaftlich genutzt wird, so bleibt für das Fehlen eines dazugehörigen Friedhofes eigentlich kaum eine andere Erklärung.

Anders als in der Frühlatènezeit scheinen die spätlatènezeitlichen Siedlungen die Mittelgebirge zu meiden. Gleichzeitig haben wir bisher relativ wenige Siedlungen von allerdings erheblichem Umfang. Auf die Siedlung Altendorf bei Bamberg sei hier kurz eingegangen.[49] Zahlreiche Oberflächenfunde, darunter ein Silberquinar vom Büschel-Typ[50], ähnlich demjenigen aus dem Hauptsmoorwald bei Bamberg[51], machten eine Ausgrabung im Jahre 1980 notwendig, die leider wegen der starken Überpflügung keine Hausgrundrisse mehr erbracht hat[52]. Neben einer Anzahl von Eisengerätschaften, mehreren Glasschmuckbruchstücken, 44 Eisen- und Bronzefibeln (Abb. 17) wurde eine Fülle von typischer Keramik gefunden (Graphitton-, Kammstrich- und glatte Drehscheibenkeramik und eine bemalte Scherbe), die große Übereinstimmung mit dem Material aus Manching aufweist (Abb. 18). Unter den Fibeln herrschen solche vom Mittellatèneschema sowie Nauheimer Fibeln vor. Die Siedlung datiert also in die Spätlatènezeit. Ihr Anfang ist am Ende der Mittellatènezeit wahrscheinlich. Zwischen dem Ende des keltischen Dorfes um die Mitte des letzten vorchristlichen Jahrhunderts und den frühesten germanischen Gräbern gegen Ende des Jahrhunderts kann augenblicklich noch kein ursächlicher Zusammenhang nachgewiesen werden.[53] Nur 4000 m nö von Altendorf liegt die Seigendorfer Warte (Friesen, Ldkr. Bamberg), die, wie unsere Ausgrabungen im vergangenen Jahr zeigten, durch eine zweifrontige Pfostenschlitzmauer mit vorgelagertem Graben im Norden bewehrt war[54] (Abb. 19). Der antike Zugang erfolgte durch ein im Osten gelegenes Zangentor. Bei dieser Anlage scheint es sich um ein spätlatènezeitliches Refugium zu handeln, das möglicherweise zum Schutz gegen nahende Germanen oder andere keltische Stämme aus dem Norden (worauf eine Fibel der

---

[48] Z. Bsp. L. WAMSER, Ausgrabungen und Funde in Unterfranken 1978. Frankenland, NF 30, 1978, 351 u. Abb. 29. Ders., Ausgrabungen und Funde in Unterfranken 1979. Frankenland, NF 32, 1980, 136 ff. u. Abb. 37 sowie 130 ff. u. Abb. 40.

[49] W. E. STÖCKLI, Die Keltensiedlung von Altendorf (Landkreis Bamberg). BVbl. 44, 1979, 27 ff.

[50] CHR. PESCHECK, Bodenfunde und Ausgrabungen in Franken. Frankenland, NF 19, 1967, Abb. 19, 2.

[51] ABELS, A. u. F. 1, 178 u. Abb. 19, 1.

[52] ABELS, A u. F. 2, 21 u. Abb. 25—28.

[53] CHR. PESCHECK, Die germanischen Bodenfunde der Römischen Kaiserzeit in Mainfranken, 1978, 133 ff.

[54] ABELS, A. u. F. 2, 22 u. Abb. 29.

Variante Beltz J hinweisen könnte) durch die Bevölkerung der Altendorfer Siedlung errichtet wurde. In diesem Zusammenhang muß auch ein Münzdepot aus Neuses (Ldkr. Forchheim) erwähnt werden (Abb. 20,1—3). Das Depot besteht aus 430 Silbermünzen des sogenannten Büschel-Typs, deren größter Teil prägefrisch ist, und aus vier goldenen Regenbogenschüsselchen. Die Vergrabung an einem Ort, wo keine spätlatènezeitliche Besiedlung nachgewiesen ist, der aber nur unweit von Altendorf entfernt ist, macht es wahrscheinlich, daß hier der „Dorfschatz" vergraben wurde.[55]

Im Gegensatz zu diesen Refugien stehen nun die großen Oppida[56], die als zentrale städtische Ansiedlungen und Verwaltungsmittelpunkte für den gallischen Bereich bereits bei Caesar Erwähnung finden. Das einzige Oppidum unseres Raumes ist der Staffelberg, das mit großer Wahrscheinlichkeit mit dem von C. Ptolemäus überlieferten Menosgada identisch ist.[57] Das zweigegliederte, 49 ha große Oppidum besteht aus der mauerumwehrten, akropolisartig überhöhten Anlage auf dem Gipfelplateau (der gleiche Bereich, wo auch die hallstatt- und die frühlatènezeitliche Burg lag) und einem großen, mit einer Pfostenschlitzmauer bzw. einer Holzerdemauer umwehrten Suburbium, das sicherlich auch der Bevölkerung umliegender dörflicher Siedlungen mit ihrem Vieh in Notzeiten Unterschlupf gewährte[58] (Abb. 10).

Neben einer Fülle von spätlatènezeitlichen Keramikscherben, darunter auch eine hohe Flasche (Abb. 21), konnte nun auch durch starke Konzentrationen von Eisenfunden und deren Halbfabrikate mit einiger Wahrscheinlichkeit eine Werkstatt auf dem Hochplateau nachgewiesen werden[59] (Abb. 20,7—19). Zu zwei am Anfang unseres Jahrhunderts gefundenen keltischen Münzen[60], die leider verschollen sind, tritt ein 1983 gefundener Kaleten-Aeduer Quinar (Abb. 20,4). Außerdem stammt aus unserem Grabungsschnitt von 1974 eine kappadokische Silberdrachme aus dem Jahre 171 v. Chr., die ein Schlaglicht auf die weitreichenden Beziehungen des nordalpinen Keltentums wirft.[61] Sie ist neben einer karthagischen Münze der Zeit zwischen 221 und 210 v. Chr.[62] der einzige mediterrane vorrömische Münzfund Oberfrankens.

Der bedeutende Neufund zweier Münzstempel[63] (Abb. 20,5—6) zeigt, daß auf dem Staffelberg Goldmünzen, ähnlich derjenigen aus Wattendorf, geprägt wurden — ein weiteres Indiz für ein klassisches Oppidum. Diese Stadt, die wohl gegen Ende des 2. Jahrhunderts gegründet wurde und bis um die Mitte des 1. vorchristlichen Jahrhunderts bestanden hat, dürfte als Folge einer Neuzuwanderung, ähnlich der Siedlung in Alten-

---

[55] B.-U. ABELS u. B. OVERBECK, Ein Schatzfund keltischer Münzen aus Neuses, Gemeinde Eggolsheim, Landkreis Forchheim, Oberfranken. Das Archäologische Jahr in Bayern, 1981, 126 f.

[56] P. REINECKE, Spätkeltische Oppida im rechtsrheinischen Bayern. Bayer. Vorgeschichtsfreund 9, 1930, 50 f.

[57] Hierauf verwies bereits als erster A. NEUBIG: A. NEUBIG, Neuer Versuch über die ptolemäische Stadt Mänosgada in Oberfranken. Arch. Hist. Ver. Oberfranken 5, 1851, 1 ff.

[58] B.-U. ABELS, Neue Ausgrabungen auf dem Staffelberg. Jahresber. d. Bayer. Bodendenkmalpflege 21, 1980, 62 ff. ABELS, Die größeren Ausgrabungen der Jahre 1977—1979 in Oberfranken. 116. BHVB (1980), 61 ff.

[59] ABELS, A. u. F. 3, 25 ff. u. Abb. 30—32.

[60] A. STUHLFAUTH, Vor- und Frühgeschichte Oberfrankens, 1927, Abb. auf S. 48.

[61] G. KREUTER, Münzfund auf dem Staffelberg. Geschichte am Obermain 19, 1975/76, 57 ff. Die Bestimmung führte dankenswerterweise Dr. H.-J. Kellner, Prähist. Staatsslg., München durch.

[62] Die Bestimmung führte freundlicherweise Dr. B. Overbeck, Staatl. Münzslg., München durch.

[63] ABELS, A. u. F. 3, 19 f. u. Abb. 32, 14 — frdl. Bestimmung Dr. B. Overbeck, Staatl. Münzslg., München. Der 2. Stempel stammt aus der Grabung von 1982.

dorf, aufgelassen worden sein. Im Gegensatz zu dem großen Oppidum Manching[64], das wohl kurz vor der Mitte des 1. Jh.s v. Chr. zerstört wurde, gibt es zur Zeit keinen Hinweis auf ein gewaltsames Ende der Anlage auf dem Staffelberg. Dafür müßte allerdings auch noch wesentlich mehr gegraben werden. Es läßt sich auch hier noch kein ursächlicher Zusammenhang zwischen dem Ende des Oppidums und der frühgermanischen Siedlung zu Füßen des Staffelberges in Staffelstein herstellen.[65]

Etwa 70 km sw liegt das nächste Oppidum auf dem Schwanberg[66] und 45 km nw das Oppidum auf dem Kleinen Gleichberg[67]. Diese Städte, die am Rande der Mittelgebirge, unweit größerer Wasserstraßen, errichtet wurden, sind wohl als Stammeszentren anzusprechen, von denen aus eine aristokratische Oberschicht das Umland beherrschte, was besonders durch die akropolisartige Zentralbefestigung auf dem Staffelberg verdeutlicht wird. Der Raum, der zu einem solchen Oppidum gehört hat, dürfte etwa die Größe eines halben modernen Regierungsbezirkes umfaßt haben, wenn man die Entfernungen der einzelnen Anlagen zueinander berücksichtigt.

Die für die Spätlatènezeit in Süddeutschland typischen Viereckschanzen als religiöse Mittelpunkte fehlen in unserem Raum bisher völlig.[68] Ihre Funktion könnten Schachthöhlen übernommen haben. Hierfür böte sich vielleicht eine der Höhlen vom Staffelberghang an.

Über das Ende der keltischen Besiedelung wissen wir noch relativ wenig. Sie erfolgte sicherlich durch die Landnahme elbgermanischer Stämme, die sich kurz vor Christi Geburt an mehreren Plätzen voll etabliert hatten. Inwieweit dieser Landnahme Wanderbewegungen innerhalb des keltischen Siedlungsraumes um die Mitte des 1. Jh.s v. Chr. vorangegangen sind, bedarf noch einer eingehenden Untersuchung.[69] Immerhin ist bemerkenswert, daß auf dem Großen Knetzberg kürzlich drei geschweifte Fibeln gefunden wurden, die in die Stufe Latène D 2 datiert werden[70], so daß mit einer elbgermanischen Zuwanderung im östlichen Unterfranken vielleicht schon kurz nach der Mitte des 1. Jh.s v. Chr. zu rechnen ist, während sie im oberfränkischen Raum erst etwas später zu erfolgen scheint, wie das die germanische Siedlung in Staffelstein und das germanische Brandgräberfeld von Altendorf andeuten könnten.[71] Sofern nicht andere Gründe für den Unterschied Unterfranken/Oberfranken nachgewiesen werden können, ließe sich hieraus die Stoßrichtung der germanischen Landnahme ablesen, im Verlauf derer aus Sicherheitsgründen erst einmal Höhensiedlungen, wie der Große Knetzberg, in Besitz genommen werden. Es ist sehr aufschlußreich, daß in unmittelbarer Nähe der beiden bedeutendsten Siedlungen in Oberfranken, dem Staffelberg und Altendorf, frühe

---

[64] W. KRÄMER, Zwanzig Jahre Ausgrabungen in Manching, 1955—1974. Ausgrabungen in Deutschland, Teil 1, 1975, 287 ff.

[65] CHR. PESCHECK, Die germanischen Bodenfunde der Römischen Kaiserzeit in Mainfranken, 1978, 276 ff.

[66] CHR. PESCHECK, Der Schwanberg im Steigerwald, Wegweiser zu vor- und frühgeschichtlichen Stätten Mainfrankens, 1, 1968. ABELS, Unterfranken 34. 111 f. u. Beilage 12.

[67] K. PESCHEL, Bemerkungen zur eisenzeitlichen Besiedlung der Steinsburg bei Römhild, Kr. Meiningen. Zeitschrift für Archäologie 16, 1982, 23 ff.

[68] S. Anm. 46 und K. SCHWARZ, Atlas der spätkeltischen Viereckschanzen Bayerns, 1959.

[69] R. CHRISTLEIN, Zu den jüngsten keltischen Funden Südbayerns. BVbl. 47, 1982, 275 ff.

[70] L. WAMSER, Ausgrabungen und Funde in Unterfranken 1979. Frankenland, NF 32, 1980, 153. 156 u. Abb. 42, 3—5.

[71] CHR. PESCHECK, Die germanischen Bodenfunde der Römischen Kaiserzeit in Mainfranken, 1978, 133 ff. u. 276 ff. und CHR. PESCHECK, Zum Bevölkerungswechsel von Kelten und Germanen. BVbl. 25, 1960, 75 ff. bes. 97 f.

Germanen nachgewiesen werden konnten, die, außer in Hallstadt bei Bamberg, sonst fehlen. Hieraus könnte geschlossen werden, daß die landnehmenden Germanen gezielt zu großen keltischen Mittelpunktssiedlungen vorstießen, um die Zentren keltischer Macht auszuschalten. Das wiederum würde bedeuten, daß zwischen dem Ende der beiden genannten spätkeltischen Siedlungen und der germanischen Zuwanderung doch ein ursächlicher Zusammenhang zu sehen ist. Das Überdauern keltischer Keramikformen und Zierelemente sowie das Weiterleben keltischer bzw. vorkeltischer Flußnamen wie Regnitz und Main machen es wahrscheinlich, daß die keltische Restbevölkerung Oberfrankens allmählich assimiliert, also in der germanischen Bevölkerung aufging bzw. germanisiert wurde.

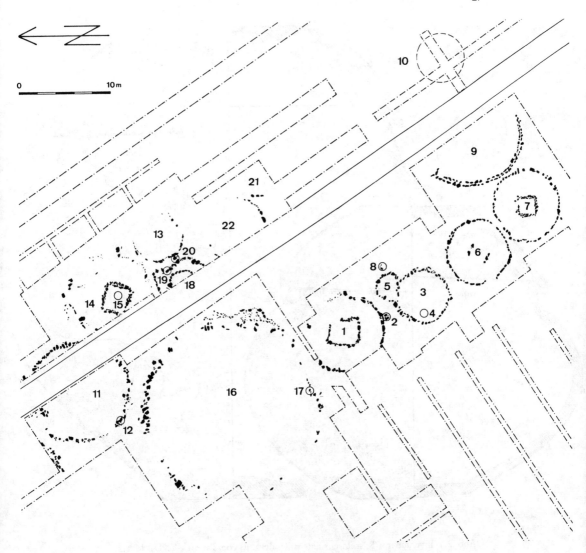

Abb. 1: Ausgrabungsplan des Grabhügelfeldes von Tannfeld (KU).

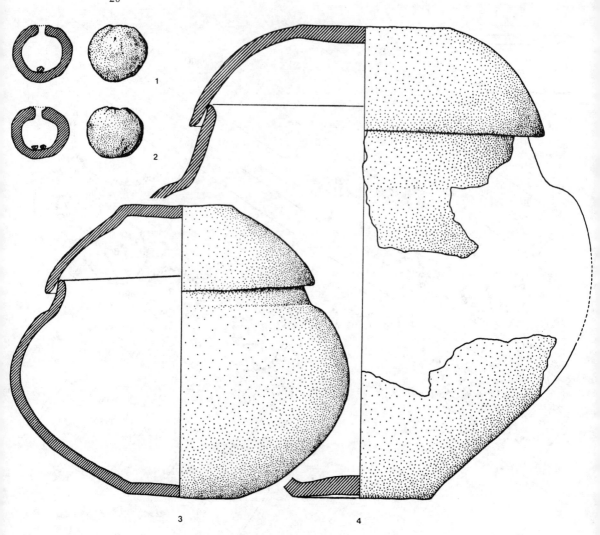

Abb. 2: Inventar mit Rasseln aus einem Kindergrab von Tannfeld (KU). M 1:2.

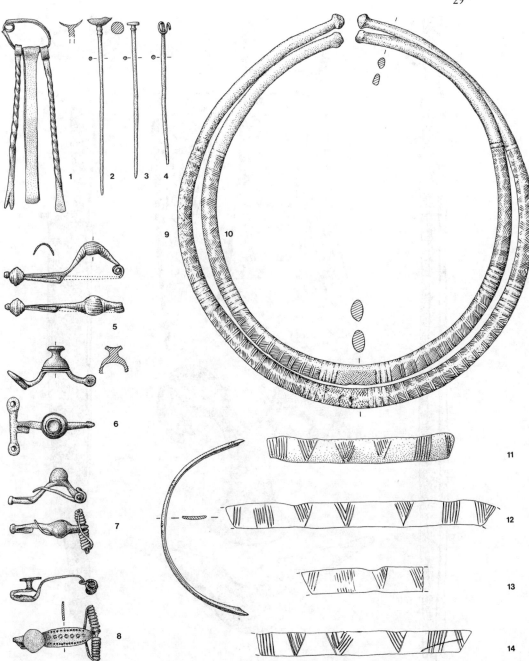

Abb. 3: 1.—4. Wichsenstein (FO), 5.—8. Stechendorf (BT), Burggaillenreuth (FO), Seulbitz (BT), Rabeneck (BT), 9.—10. Tannfeld (KU), 11.—14. Wichsenstein (FO). Bronze. M 1:2.

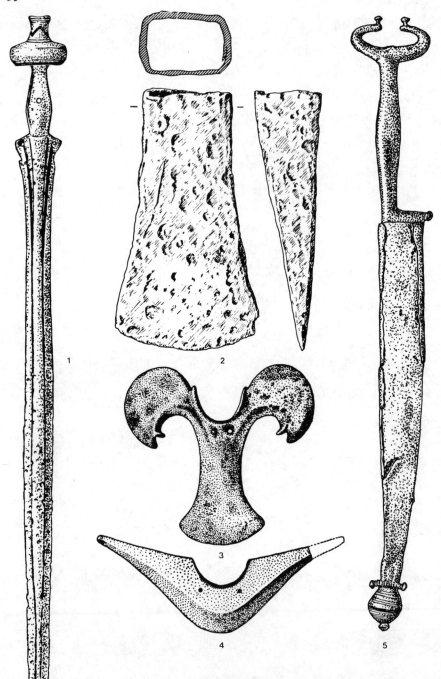

Abb. 4: 1. Neuensee (LIF), 2. Limmersdorf (KU), 3. Prüllsbirkig (BT), 4. Demmelsdorf (BA), 5. Wattendorf (BA). 1.3.—5. Bronze, 2. Eisen. 1. M 1:5, 2.—5. M 1:2.

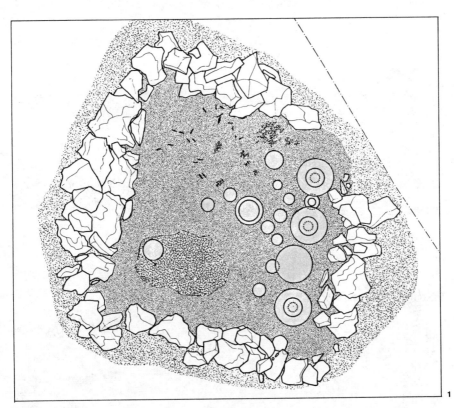
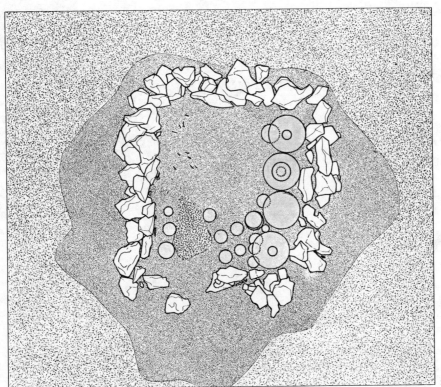

Abb. 5: Pläne der Kammern von Grab 14 (1) und Grab 7 (2) aus Tannfeld (KU). M 1:60.

Abb. 6: 1.6. Wichsenstein (FO), 2. Eggolsheim (FO), 3.5. Tannfeld (KU), 4.7. Prächting (LIF), 8.9. Demmelsdorf (BA). M 1:2.

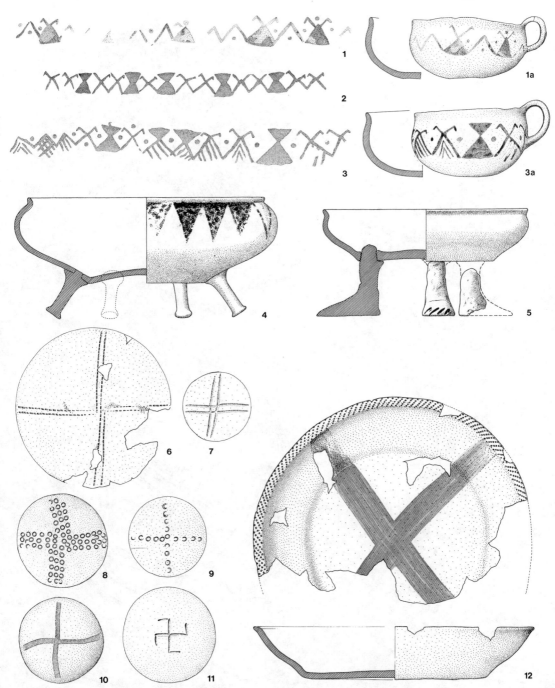

Abb. 7: Prächting (LIF). 1.—3. Abrollung von Tassenbemalungen, M 1:2.

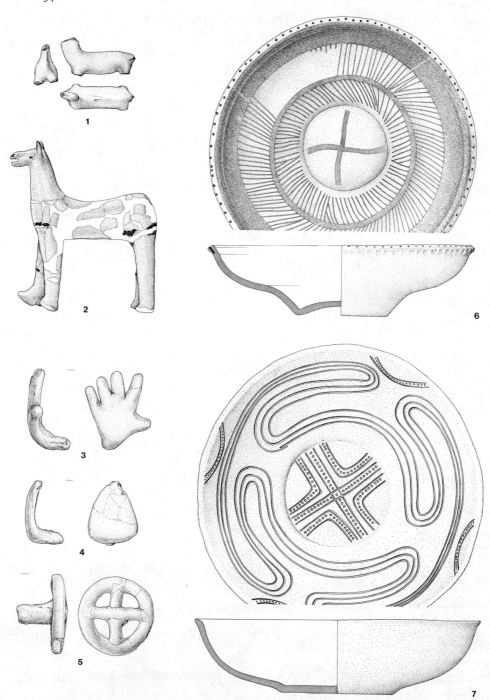

Abb. 8: 1. Forchheim (FO), 2.—6. Prächting (LIF), 7. Tannfeld (KU). M 1:2.

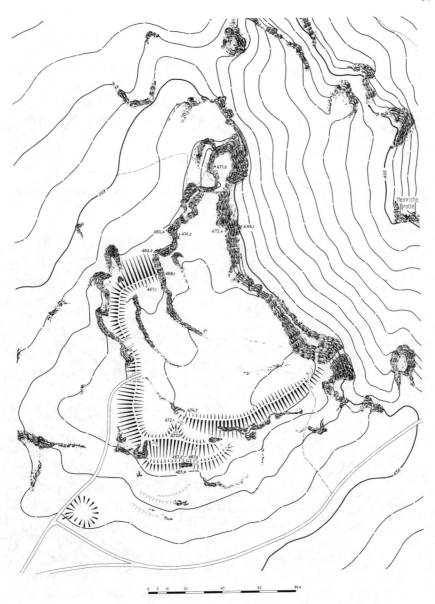

Abb. 9: Plan des Schloßberges bei Burggaillenreuth (FO), nach K. Schwarz.

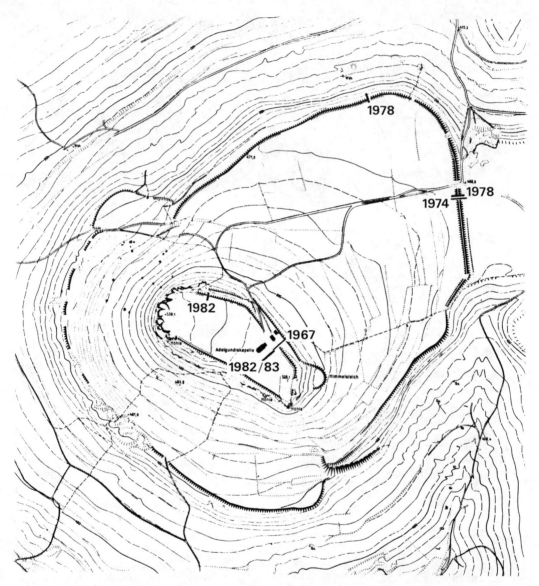

Abb. 10: Plan des Staffelberges bei Staffelstein (LIF) mit Eintragung der Grabungsjahre. M 1:8000.

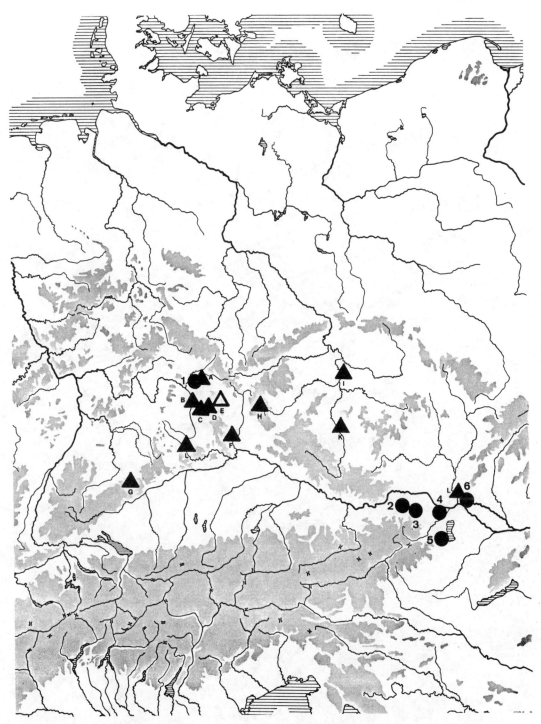

Abb. 11: Verbreitungskarte der Pferdeplastiken (Dreiecke) und der anthtropomorphen Fußschalen (Kreise).

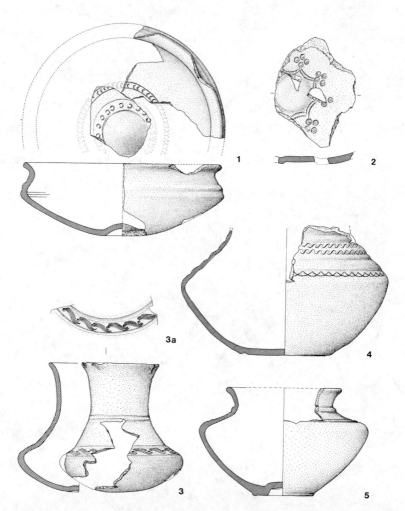

Abb. 12: 1. Wüstenstein (FO), 2.—4. Wiesentfels (BT), 5. Staffelberg (LIF). M 1:2.

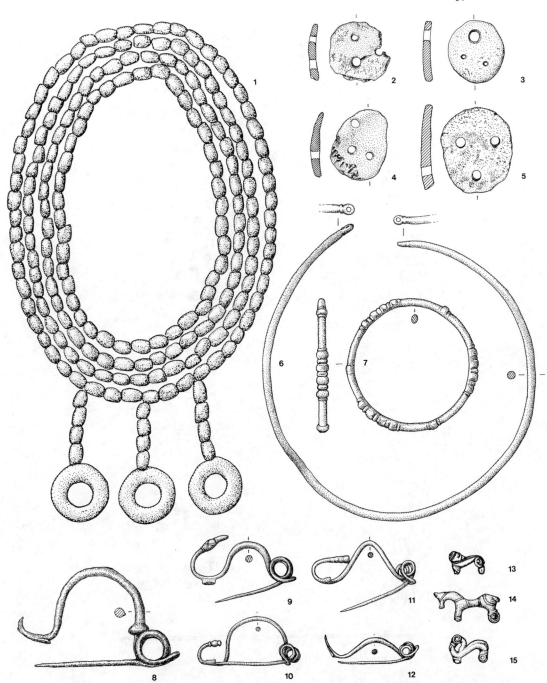

Abb. 13: 1. 9. 11. 12. Ehrenbürg (FO), 2. Wiesentfels (BT), 3. 8. 10. 13.—15. Staffelberg (LIF), 4. Rabeneck (BT), 5. Siegritz (BA), 6. Schwabthal (LIF), 7. Oberfellendorf (FO). 1. 6. 7. 9.—15. Bronze, 2.—5. Knochen, 8. Eisen. M 1:2.

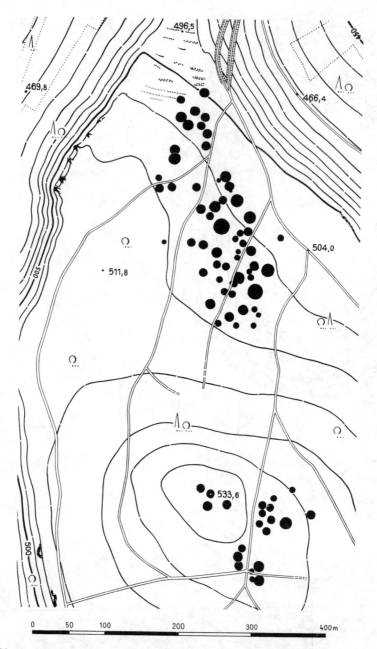

Abb. 14: Plan des Grabhügelfeldes auf dem Dornig, Stublang (LIF), nach K. Schwarz.

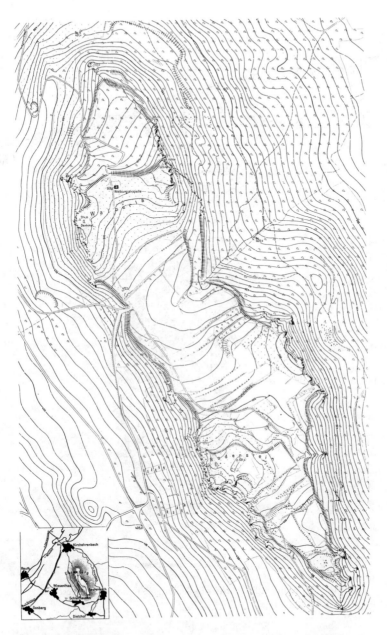

Abb. 15: Plan der Ehrenbürg (FO), nach K. Schwarz. M 1:10000.

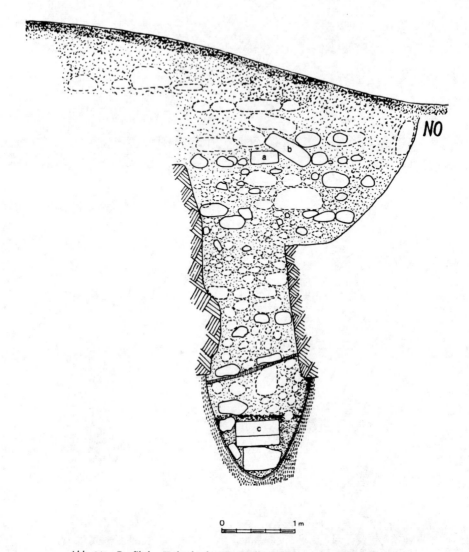

Abb. 16: Profil des Kultschachtes in Seulbitz (BT), nach Chr. Pescheck.

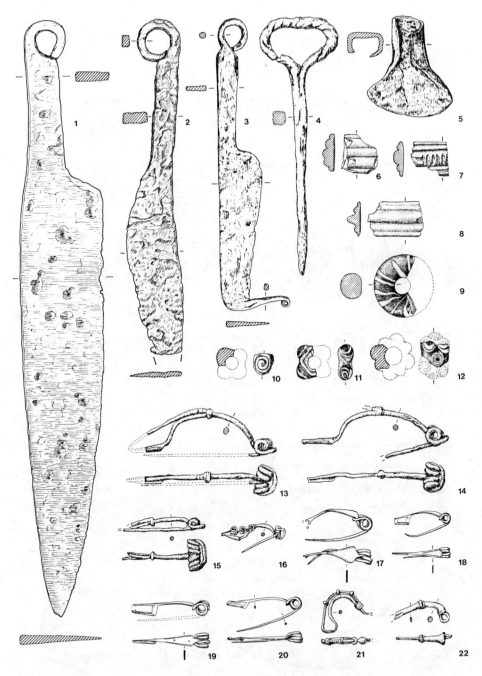

Abb. 17: Altendorf (BA). 1.—5. 13.—15. 22. Eisen, 6.—12. Glas, 16.—21. Bronze. M 1:2.

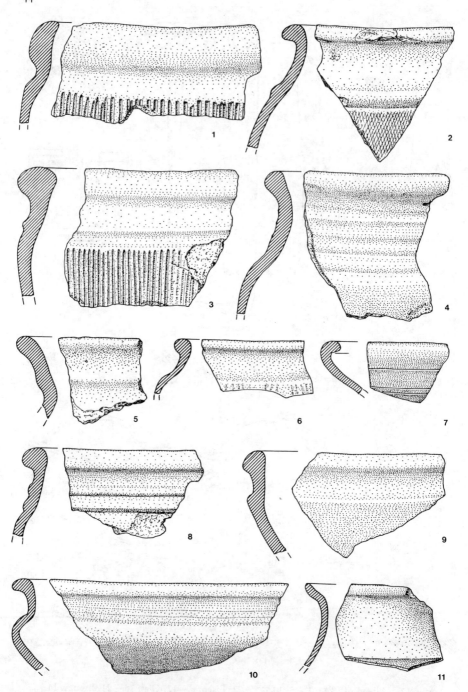

Abb. 18: Altendorf (BA). 1. 3. Graphitton, 8. 9. graphitiert, 11. rot auf weiß bemalt. M 1:2.

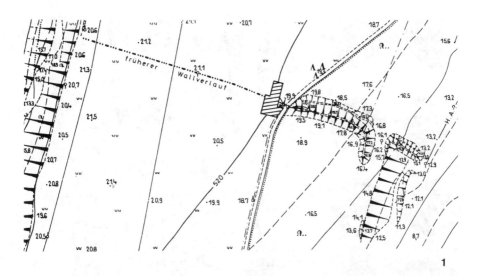

Abb. 19: Friesen (BA). 1. Plan des Zangentores mit Grabungsfläche. M 1:1000. 2. Rekonstruktion der zweifrontigen Pfostenschlitzmauer.

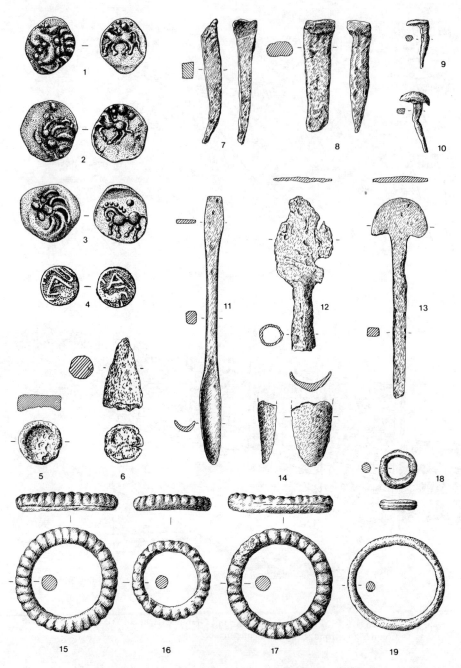

Abb. 20: 1.—3. Neuses (FO), 4.—19. Staffelberg (LIF). 1—3. Silber, 4. Billon, 5.—19. Eisen. M 1:2.

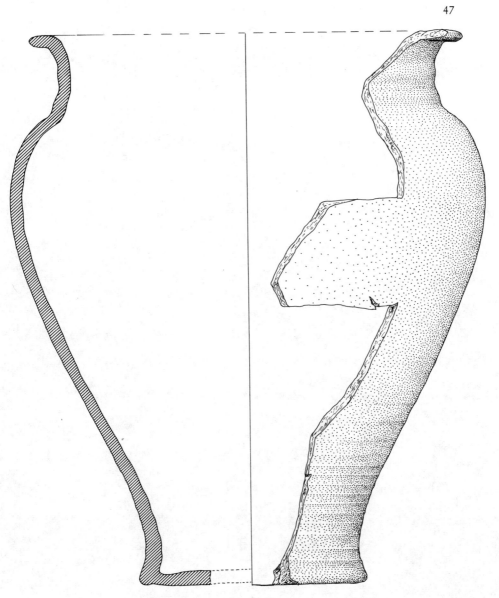

Abb. 21: Staffelberg (LIF). M 1:2.

DIE WÜSTUNGEN DES FRÜHMITTELALTERLICHEN HERRSCHAFTSGUTES DÖRINGSTADT/OFR.

von

HANS JAKOB

Durch Schenkungen der fränkischen Gentilaristokratie an das Kloster Fulda tritt auch am Obermain ein Tradentenkreis ins historische Blickfeld, mit dem sich zuletzt R. KONRAD ausführlich befaßt hat.[1]

Bereits am 12. 9. 791 schenken Hiltrih und Hruadun Eigentum in *(D)Uringosteti*, um 800 tradiert die Gräfin Blitrud dem hl. Bonifatius u. a. *Durngestat* und schließlich schenkt auch Marpburc *in uilla que dicitur Duringestat* Besitztum an den Heiligen. Es handelt sich also dabei um Döringstadt (Staffelstein) im alten Banzgau, *inter Itesam et Mogum*, dessen Geschichte bereits P. OESTERREICHER behandelt hat[2], während H. KUNSTMANN kürzlich den Ortsnamen Banz philologisch würdigte.[3]

E. SCHWARZ führt Döringstadt auf einen Personennamen *Durinc* — nicht Stammesnamen — zurück und rechnet diesen Ort zu den alten Siedlungsgründungen des 7./8. Jh.[4]

Die für unsere Themastellung wichtige Schenkungsurkunde ist von Hand als Traditionsnotiz im 11. Jh. in die sog. „Alkuinbibel" eingetragen[5], wobei der Schenkungsvorgang nicht lange vor dem 28. 9. 1057, dem Tode Ottos, Herzog von Schwaben, stattgefunden haben dürfte.

Der Text der lateinischen Eintragung (siehe Abb. 1) lautet verdeutscht wie folgt:

Bekannt gemacht sei allen Getreuen, Gegenwärtigen wie auch Zukünftigen, daß ein gewisser Otto sein Herrschaftsgut seiner Tochter Albrata und deren Dienstmann Bero übergeben hat. Einen Wirtschaftshof, welcher *Duringesstat* genannt wird, mit den dortigen Orten *Vuison. Muselendorf. Adeoltesdorf. Gozenniuseza. Beierzeha. Criszenbach. Metilici. Cigendorf. Vursenfelt.* Die Waldungen *Vrberch, Ciginuorst. Ramuoltesforst.* Das neue Fang und das Holz, das man rodet. Dies sind die Zeugen, die dies gesehen und gehört haben. Gebehart usw.

Die Identifizierung und Lokalisierung mancher dieser Orts- und Waldnamen war nicht einfach und muß zum Teil noch offenbleiben, weil auch die Germanistik nicht immer eine Erklärung parat haben kann. Gerade Dr. K. ARNETH war es, der immer wieder als Germanist und Historiker davor gewarnt hat, die Sprachgesetze zu mißachten und

---

[1] R. KONRAD, Früher Adel am Obermain, in: AGO 60. Bd. 1980, S. 19—43. — Ders.: Adel und Herrschaft im frühmittelalterlichen Nordbayern, Habil.-Schrift, Univ. Bayreuth 1984 (Prof. Dr. Herrmann).

[2] P. OESTERREICHER, Geschichte der Herrschaft Banz, Bamberg 1833.

[3] H. KUNSTMANN, Der oberfränkische Ortsname Banz, in: Die Welt der Slaven, 26, 1981, S. 62 ff. — DERS.: Nocheinmal Banz, in: WdS 27, 1982, S. 352 ff. Kunstmann leitet den Namen von slaw. pǫtb = Weg, Straße ab. Somit ist der Banzgau der ‚Straßen'gau, da sich bei Banz alte, verkehrswichtige West-Ost- und Nord-Süd-Straßen kreuzten.

[4] E. SCHWARZ, Sprache und Siedlung in Nordostbayern, Nürnberg 1960, S. 72.

[5] Staatsbibliothek Bamberg, Bibel 1, f. 379′ — dazu auch E. v. GUTTENBERG: Regesten 1932 ff., hier Reg. Nr. 286; auf dessen z. T. unzutreffende ON-Identifizierung wird bei den einzelnen Wüstungen eingegangen.

sich eine Namenserklärung zu leicht zu machen, zumal ja leider auch Laien sich häufig in dieser Sparte versuchen. Der Verfasser hat noch kurz vor dessen Tode mit ihm über Ortsnamensprobleme des Untersuchungsraumes diskutiert und wertvolle Anregungen erhalten, welche zeigen, daß auch die Mundartformen ihre Eigengesetzlichkeit haben und zur Deutung mit herangezogen werden müssen.

Als historische Quellen dienten die Fuldaer Traditionen[6], die ältesten Bischofsurbare von Würzburg (um 1270)[7] und Bamberg (1323/28[8] und 1348)[9], die Urbare und Zinsbücher des Klosters Banz und des Dompropsteiamtes Döringstadt[10], das ja durch das Alberada-Erbe in den Besitz des *prediums Duringesstat* kam, sowie Einzelurkunden und gedruckte Bistumsquellen und schließlich die entsprechenden Grundsteuerkataster und Extraditionspläne aus der Mitte des 19. Jhs. Letztlich wurden bei Feldbegehungen auch Befragungen von älteren Leuten der wüstungsverdächtigen Gemeinden vorgenommen. Gerade die Lias-Insel zwischen Itz und Main war aufgrund der fruchtbaren Böden ein sehr altes Siedlungsland mit großbäuerlicher Struktur. Ihre wechselvolle Geschichte brachte aber auch Lokalisationsprobleme mit sich. So wird z. B. in den Fuldaer Traditionen eine Wüstung im 9. Jh. ein einziges Mal genannt, und es ist mühevoll, deren Standort zu ermitteln. Umgekehrt hat man in einer Dorfgemarkung siedlungshinweisende Flurnamen, wie Hofstatt etc. oder auch Keramik, aber man weiß nicht, welche der überlieferten Wüstungen diesen Plätzen zuzuordnen ist. Aus diesem Grunde hat Verfasser Methoden zur ethnischen Wüstungsforschung entwickelt, über die an anderer Stelle berichtet wird. Doch nun zurück zur Schenkung von 1057: *Duringesstat* = Döringstadt, *Vuison* = Wiesen, und hier haben wir schon ein Beispiel für einen Ort, der im 9. Jh. nur einmal als *iagereffeldorf* bzw. *Iageresfelt* überliefert ist[11], aber bereits vor 1057 wieder wüst wurde. Dieses Iageresfeld konnte nach langwierigen Überprüfungen sämtlicher Gemarkungen im ehemaligen Banzgau identifiziert werden mit der Flur „Im Jägersfeld" der Gemarkung Wiesen. Sie liegt dicht nordöstlich des Ortes am alten Flußbett des Mains auf der Vorterrasse. Eine Quelle mit Bächlein fließt dort. 1961 bestand die Flur aus Wiesen und Äckern. Laut freundlicher Mitteilung des Lehrers Andreas Stretz wurde zu dieser Zeit ganz in der Nähe auch ein neolithisches Steinbeil gefunden.

Aber noch eine weitere Wüstung liegt bei Wiesen, nämlich der Ort *Mittelau*, am 10. 7. 1240 als *Mitelouwe* erstmals genannt.[12] Er bestand aus 5 Huben und dürfte erst nach 1057 gegründet worden sein. Nach F. GELDNER ist er im 30jährigen Krieg zerstört worden.[13] Aber er muß wenigstens teilweise wieder aufgebaut worden sein; denn J. ROPPELT berichtet 1801[14]:

---

[6] E. F. J. DRONKE, Traditiones et Antiquitates Fuldenses, 1844 (TAF). Ders. Codex Diplomaticus Fuldensis, 1850 (CDF). E. E. STENGEL, Urkundenbuch des Klosters Fulda, 1956 (FUB).

[7] W. ENGEL, Das älteste Urbar der Würzburger Dompropstei, in: WDGB 18./19. Jg., 1956: 57, S. 20—32.

[8] W. SCHERZER, Das älteste Bamberger Bischofsurbar 1323/28 (Urbar A), in: 108. BHVB, 1972, S. 5—170 plus Register.

[9] C. HÖFLER, Friedrich's von Hohenlohe, Bischof's von Bamberg Rechtsbuch (1348), Bamberg 1852.

[10] Staatsarchiv Bamberg, Urbar und Zinsbuch der Dompropstei Bamberg, Stb. Nr. 3001 v. J. 1468, zitiert UDB 1 und Stb. Nr. 3100 v. J. 1516 = UDB 2.

[11] TAF, cap. 10 u. 11.

[12] J. LOOSHORN, Die Geschichte des Bistums Bamberg, 2. Bd., 1888, S. 696.

[13] F. GELDNER, Wüstungen im Obermaingebiet, in: Heimat und Volkstum, Heft 11, 1938, S. 170.

[14] J. B. ROPPELT, Historisch-topographische Beschreibung des Kaiserlichen Hochstifts und Fürstenthum Bamberg, 1. Abt., Nürnberg 1801, S. 172.

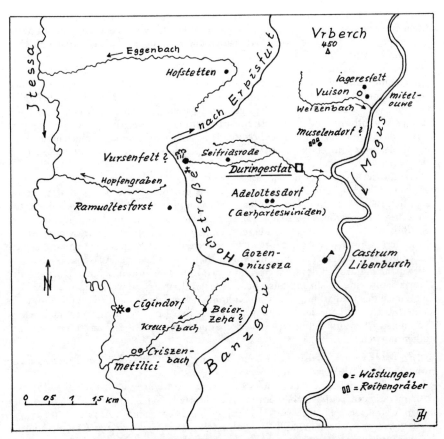

Das Herrschaftsgut Döringstadt

Mittelau — Besteht nur in einigen häuslichen Lehen, welche unweit Döringstadt an dem Maynfluß liegen und mit der Gerichtsbarkeit dem Amt Döringstadt unterworfen sind. Zufolge W. SCHERZER bildet die ehemalige selbständige Siedlung infolge Verlagerung des Mainbettes jetzt einen Ortsteil von Wiesen, die „Insel" genannt.[14a]

Muselendorf — Wüstung, vielleicht zum Gräberfeld auf dem Döringstadter Berg, Höhe 330, Lias Epsilon, gehörig.

Da dieser Ort gleich hinter Wiesen aufgeführt wird und der Schreiber, wie wir sehen werden, eine bestimmte Reihenfolge von etwa Nord nach Süd im Uhrzeigersinn einhält, ist es sehr wahrscheinlich, denselben in der Gem. Döringstadt finden zu können.

Laut dankenswerter Mitteilung von Oberkonservator Dr. B. U. Abels vom Bayerischen Landesamt für Denkmalspflege, Außenstelle für Oberfranken in Schloß Seehof, sind in der archäologischen Fundort-Kartei 3 Gräber aus karolingisch-ottonischer Zeit festgehalten, welche 1954 etwa 750 m nordöstlich der Kirche von Döringstadt auf der Flur Lindach (volkstümlich) oder Hainach, Plan Nr. 283, ausgegraben wurden.

[14a] SCHERZER, S. 80.

Der Flurname Hainach — 1468 als Heynech bezeugt — kommt von ahd. hagan = mit einem Hag umgebener, eingefriedeter Raum. Die gleiche Bedeutung hat das Wort heien (haien).[15] Es gibt auch viele Ortsnamen auf -hain oder, wie das Urbar von 1348 zeigt, bloß Hain — Heyn.[16]

Nun erhebt sich die Frage, ist damit nur das wohl ursprünglich eingefriedete Gräberfeld gemeint, von welchem ein ganzer Topf aus dem frühen 8. Jh. sich im Historischen Museum Bamberg befindet, oder könnte in der Nähe auch ein Einzelhof oder Weiler gewesen sein, zu dem das Gräberfeld gehört. Dasselbe ist immerhin einen ³/₄ km von Döringstadt entfernt, und man hätte einen Bestattungsplatz eigentlich bei der einstigen Curtis, die ja nur ein Wirtschaftshof mit landwirtschaftlichen Nebengebäuden war, oder in nächster Umgebung erwarten können. Auch die Wüstung *Adeloltesdorf* ist ja nur 1 km von der Kirche entfernt.

Personifizierte -dorf- Orte, wie *Muselendorf.* können sehr wohl ins 8. Jh. zurückgehen.[17] Die Gleichsetzung dieses Ortsnamens mit Busendorf, wie es E. v. GUTTENBERG getan hat, ist sprach- und lautgesetzlich unzulässig. Busendorf — um 1270 im ältesten Würzburger Dompropstei-Urbar schon so geschrieben[18] — ist auch nicht identisch mit dem *Bunselesdorf* des Fuldaer Güterverzeichnisses vom 9. Jh.[19] Die Schwierigkeit der Namenserklärung hat wohl E. SCHWARZ bewogen, diesen Ort in seinem umfangreichen Werk über Sprache und Siedlung in Nordostbayern einfach wegzulassen.

Etwa 250 m nördlich des Gräberfeldes verläuft die Gemarkungsgrenze Döringstadt/Wiesen. Es ist eine Erfahrungstatsache, daß fast durchwegs die Wüstungen an den Außengrenzen der Gemarkungen liegen. So könnte es durchaus der Fall sein, daß das gesuchte Muselendorf auf der Verebungsfläche des Lias Epsilon unweit des Gräberfeldes gelegen hat. Aber zum definitiven Nachweis sind weitere Feldbegehungen und Archivstudien notwendig.

Adeloltesdorf = Wüstung in Gem. Döringstadt, Flur Gehäg am Teufelsgraben, Höhe 290, Lias Alpha 1 + 2 und Beta.

Dieser abgegangene Ort liegt links des Weges von Döringstadt nach Neudorf am Osthang des vom Teufelsgraben umflossenen Flurteils Gehäg. Bereits im sog. Bischofsurbar A vom Jahre 1323/28 wird der Ort als wüst aufgeführt[20]: *Absdorf (Alsdorf) est desolatum.* Der ursprüngliche PN Adelolt ist durch Kontraktion und Abschleifung zu Als- verkürzt. Interessanterweise heißt aber diese Wüstung im Volksmund G o l s-dorf. Wie dies sprachlich zu erklären sein könnte, wird weiter unten gezeigt.

Das Urbar B von 1348 gibt Auskunft über die Wüstungsflur, welche weiterbebaut wurde[21]: *Item nota quod desolatum alsdorf. est domini prepositi Ecclesie kathedralis in babenberg. Sed aduocatia est domini Episcopi. huius medietatem colit Chunradus Kut-*

---

[15] R. VOLLMANN, Flurnamen Sammlung, München 1926, S. 47 — J. Schnetz, Flurnamenkunde, München 1963, S. 71.

[16] ROPPELT, S. 126, 128, 131, 136, 145, 181 — siehe auch ROPPELT, S. 210, Hof Heinach bei Weingarten, 1801 Schäferei.

[17] Vgl. Wüstung Schlammersdorf bei Rattelsdorf, erst um ca. 1050 als *Slagamaresdorf* mit 5 Huben überliefert; aber hier fand Verfasser Keramik aus dem 8. Jh. und älter. Dazu neuerdings H. LOSERT, Die früh- bis hochmittelalterliche Keramik von drei ausgewählten Fundplätzen im Bamberger Land (Bamberg—Dom, Hallstadt—Ortskern, Wüstung Schlammersdorf), Magister-Arbeit, Univ. Bamberg 1984 (Prof. Dr. Sage).

[18] ENGEL, S. 32.

[19] TAF, cap. 11.

[20] SCHERZER, S. 76.

[21] HÖFLER, S. 110.

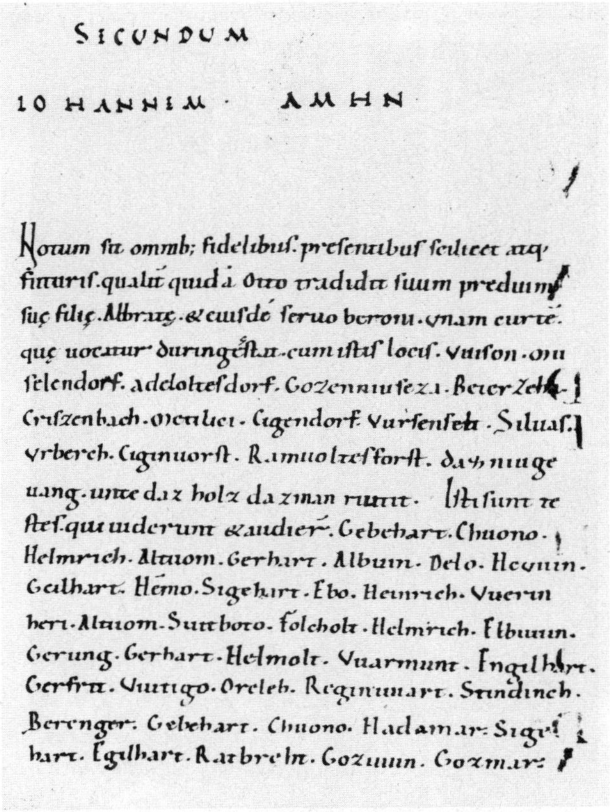

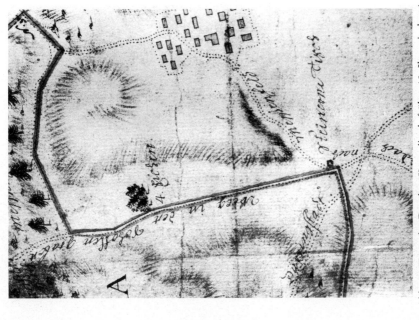

Abb. 2 Karte der Domkap.Kuppeljagd, frühes 18. Jh., mit den 4 Eichen und Steinernen Tisch bei Messenfeld — Foto: H. Jakob, Hist. Verein, Rep. 29 I Nr. 50.

SICUNDUM

10 HANNIM ΛΨΗΝ

Notum fit omnib; fidelibus; presentibus scilicet atq; futuris, qualit' quidã Otto tradidit suum predium suę filię Albirag; et eiusde seruo berou. vnam curtẽ. quę uocatur duringeshu. cum tñs locis. vaxon. ou silendorf. adolatesdorf. Gozenrautzi. beutzelı.] Grizenhach. Oeraler. Gigendorf vurteneti. Siluaſ. vrberch. Gignuorſt. Rimtolzesdorf. das nuue uang. unte daz holz dazmã ruort.   ist sunt te stes qui uiderunt ɛaudier̄. Gebehart. Chuono. Helmrich. Altuom. Gerhart. Albuin. Delo. Heouin. Gothart. Hêmo. Sigehart. Ebo. Heinrich. Vuern her. Altuom. Surtboro. Folchoh. Helmrich. Ethuam. Gerung. Gerhart. Helmolt. Vuarmunt. Engilbret. Gerha. Guttigo. Oreleh. Reginuuart. Sendinch. Berenger. Gebehart. Chuono. Hadam. 1ʳ Sigıſ hart. Egilbart. Ruebreht. Gozuum. Gozmar.

Abb. 1 Traditionsnotiz Herzog Ottos für seine Tochter Alberada in der Alkuinbibel — Foto: Staatsbibliothek Bamberg.

Abb. 3 Die 3 Eichen (ehemals 4) bei Messenfeld an der Banzgau-Hochstraße — Foto: H. Jakob.

Abb. 4 Der Steinerne Tisch an der Hohen Straße bei Messenfeld — Foto: H. Jakob.

zenberger. et aliam medietatem colunt rustici in Duringstat. Isti dant Episcopo tantum III. libr. hall. medietatem walp. et medietatem Mart. aliud non dant. preposito vero dant duplum. Das Urbar und Zinsbuch über das Amt Döringstadt vom Jahre 1516 weist unter dem Abschnitt *Alßdorff die wustung* 61 Teilhaber an der Flur aus.[22] Es war also damals schon eine weitgehende Zersplitterung der ursprünglichen Besitzgrößen eingetreten. Auf Folio 24' wird ein Acker *zue Ober Alßdorff* erwähnt. Hierdurch wird eine Teilung des Dorfes offenkundig. Tatsächlich gibt es im Grundsteuerkataster zwei Gruppen von Plan-Nummern, welche die Bezeichnung *im Alsdorf* tragen.

Laut dankenswerter Mitteilung von Pfarrer Johann Vitzthum, Döringstadt, vom 16. 3. 1961 war *Adeloltesdorf*, heute Golsdorf genannt, ursprünglich eine Slavensiedlung und hieß *Gerhartswind*. Tatsächlich kommt in einem Güterverzeichnis des Klosters Fulda im 9. Jh. hinter den Orten *Nusezi et Birchehe* = Wüstung Neuses und Birkach, ein *Gerharteswiniden* vor[23], das im Bischofsurbar B von 1348 unter Birkach neben der Wüstung *Newsezz* als *Gerhartsbin* bezeugt ist.[24] Ist nun *Adeloltesdorf*, welches im Güterverzeichnis fehlt, jünger als *Gerharteswiniden*? Ein Graf Gerhart hat auch 804 in der Ebinger Mark Güter in Baunach und Daschendorf ans Kloster Fulda tradiert.[25] Wir meinen, daß beide Orte eine Zeitlang als deutsch-slawische Doppelsiedlung nebeneinander bestanden haben; denn von Alsdorf haben wir Keramik aus dem 9. Jh. vorliegen. Ein gleichbedeutender PN zu Gerhart ist Gerold, siehe Geroldswind bei Maroldsweisach (Haßberge). Nun zurück zur mundartlichen Bezeichnung *im Golsdorf*. Wenn später an Stelle von ,Gerhard' ein ,Gerold' getreten ist, dann lautete der ON *Geroldeswiniden* oder in Anlehnung an Adeloltesdorf *Geroldesdorf*. Dieses wurde durch Kontraktion zu *Golsdorf*. Eine andere Erklärung zum anlautenden G bei Alsdorf gibt es sprachlich nicht. In der Bevölkerung muß aber die Tradition von *Geroldeswind* oder -dorf bis zum heutigen Tage dominiert haben. Dies zeigt trefflich folgender Vorfall. Als Verfasser mit Prof. Dr. W. Sage eine Ortsbesichtigung der Wüstung Alsdorf vornahm, die übrigens ins archäologische Forschungsprogramm aufgenommen wurde, und derselbe in Birkach einen alten Bauern interessehalber fragte, wo denn die Wüstung Alsdorf läge, sagte dieser, eine solche kenne er nicht. Trotz der Beteuerung, daß wirklich in der Nähe dieser Ort sein müsse, schüttelte der Bauer den Kopf und ging weiter. Plötzlich kam er zurück und sagte, er kenne eine Wüstung im Golsdorf und nannte genau den Platz, wo Verfasser Alsdorf schon 1958 lokalisiert hatte. Wir meinen, daß dadurch die Identifizierung und Lokalisierung des vermutlichen Doppel-Weilers *Adeloltesdorf-Gerharteswiniden* gesichert sein dürfte. Die Wüstungsursache ist unbekannt.

Im übrigen sind deutsch-slawische Doppelsiedlungen keine Seltenheit. Sehr anschaulich hat ANNELIESE KRENZLIN solche Siedlungsformen und Siedlungsstrukturen in deutsch-slawischen Kontaktzonen beschrieben[26], besonders in der Mark Brandenburg

---

[22] UDB 2, f. 21'.
[23] TAF, cap. 11.
[24] HÖFLER, S. 112 — siehe auch die Urkunde vom 10. 4. 1151, in der *Erimbertus de chluobisdorf* u. a. sein *predium gerhartiswinidin* dem Altare St. Peter in Bamberg übergibt (HStA München, HSt. Bamberg U255). Hierdurch wird erklärlich, auf welchem Wege der einstige Fuldaer Besitz zu Bamberg kam.
[25] CDF, Nr. 219.
[26] ANNELIESE KRENZLIN, Deutsche und slawische Siedlungen im inneren Havelland, in: Ausgrabungen und Funde, Heft 4, 1956, S. 1—12. DIES.: Siedlungsformen und Siedlungsstrukturen in deutsch-slawischen Kontaktzonen (mit besonderer Berücksichtigung Brandenburgs und angrenzender Gebiete), in: Berliner historische Studien, FUB, Bd. 1, S. 239—275. DIES.: Die Siedlungsstrukturen in der Mark Brandenburg als Ergebnis grundherrschaftlicher Aktivitäten, in: Westfälische geographische Studien, Bd. 23, 1976, S. 131—145. DIES.: Das hannoversche Wendland als Zentrum der Rundlinge, in: Lüneburger Blätter, 19/20, 1968/69, S. 87—93.

und im hannoverschen Wendland. Aber auch bei uns gibt es solche, wo entweder ein Ort in den anderen aufging oder wüst wurde. BARBARA NAUS brachte bereits das Beispiel Ützing-Teissenort[27], der Verfasser Stublang—Rostock[28] und W. SCHERZER verwies auf die Doppelsiedlungen Pausdorf-Pauster, Lopp-Schlopp sowie Zaupenberg-Zultenberg.[29] Wir werden auch in unserem Untersuchungsraum weiter unten eine weitere Doppelsiedlung namhaft machen können.

Gozenniuseza alias Nusezi = Wüstung Neuses, Gem. Birkach, Flur Ortäcker, Höhe 335, sandiger Lehm auf Lias Alpha 1 + 2.

Bereits W. METZ hat betont, daß für die im Codex Eberhardi aufgeführten Kapitel 9—12 hinsichtlich ihrer Entstehung nur die Karolingerzeit mit der Vereinigung von Banzgau und Staffelstein als Reichsgut in Betracht kommt.[30] Zu den im Kap. 11 unter den *predia ministrorum* aufgeführten Orten gehört auch *Nusezi et Birchhehe*, also eine Art Doppelsiedlung, wobei bemerkenswert ist, daß auch Neu-sitz Siedlungen sehr alt sein können. Noch älter, sicherlich 8. Jh., muß Birkach, mda. *Berkich*, somit der Pluralis von Birke, sein, in dessen Gemarkung im 9. Jh. *Nusezi*, mda. Neusig, gegründet wurde.

Das Urbar A von 1323/28 berichtet von der wüsten Siedlung: *Newsezz est desolatum.*[31] Im Dompropstei-Urbar von 1468 lesen wir, daß Newses aus 4 Gütern bestand. Es bebauten zu dieser Zeit der Steib von Mirspach 1 Gut sowie Herman Loley, Hanns Tawerer und Jacob Lantman von Birkach je 1 Gut.[32] 1516 waren die einstigen Besitzungen des Weilers noch weiter aufgeteilt; es sind nun 9 *possessores* aufgeführt. Für dessen Lage ist nachstehende Notiz aufschlußreich: *Neusses die wustung vor dem Ortt gelegen vund gehordt in das dorff gen Birkeich.*[33] In der Steuer-Fassion von 1808 wird bei Haus-Nr. 25 ein Feld von 2³/₄ Tagw. in der Neusiger Wüstung aufgeführt.[34] Diese liegt etwa 1200 m südöstlich von Birkach auf der Lias-Insel an der Nordspitze des großen Abtenberg-Waldes, Abt. III Brunnenschrot, wo die Nord-Süd-Altstraße bzw. Banzgau-Hochstraße in die Maintalebene hinabsteigt. Ort bedeutet flurnamenkundlich keine Siedlung, sondern Spitze, Ende, Rand, also eine Bezeichnung von Grenzen.[35] In der Tat verläuft am Wüstungsplatz die Flurgrenze Birkach/Oberbrunn. Daß der Schreiber der Traditionsnotiz den PN *Gozo* voransetzte, beweist seine Lokalkenntnis.

Beierzeha, Name noch nicht erklärt, Wüstung vermutlich in Raume Birckach-Medlitz.

Das genaue topographische Studium der in der Schenkung genannten Orte zeigt, daß dieselben von Nord nach Süd im Uhrzeigersinne aufgezählt sind. Leider wird aber *Beierzeha* nur ein einziges Mal erwähnt, und es gibt auch keinerlei Felderbezeichnungen, die auf diese Wüstung hinweisen. Zunächst stellt der ON selbst den Namensforscher vor große Probleme. Wenn es sich um einen Familiennamen handeln würde, wäre der

---

[27] BARBARA NAUS, Ortskunde des Dorfes Ützing, Zulassungsarbeit der PH Bamberg, 1969, S. 19.
[28] H. JAKOB, Der Klotzgau — ein slawischer Kleingau am Rande der Fränkischen Alb, in: Zeitschrift für Archäologie, 16, Berlin 1982, S. 99 f.
[29] SCHERZER, S. 24.
[30] W. METZ, Zur Geschichte der fränkischen Reichsgutverwaltung, in: Deutsches Archiv, 11/1954, S. 218.
[31] SCHERZER, S. 76.
[32] UDB 1, f. 100.
[33] UDB 2, f. 28.
[34] StAB, K 235, Nr. 48.
[35] VOLLMANN, S. 48. — An der Hochstraße hat H. Mauer 1951 einen Ringwall entdeckt.

Fall klar. Aus *Beierzeha* wird lautgesetzlich *Beierzech,* in der Mundart auch *Beierzig.* Nun hat K. ARNETH in seinem bahnbrechenden Werk über die Familiennamen des Hochstifts Bamberg in ihrer geschichtlichen Entwicklung[36] gezeigt, daß es Doppelnamen gibt, auch mit Beier-Beuer, z. B. Beiergrößlein, Beierköhler, Beierkuhnlein, Beierlipp, Beierlorzer, Beierschoder, Beierwaltes u. a. Als Familienname und als Übername in Verbindung mit einem FN kommt auch Zech oder Zehe vor, entweder von der körperlichen Eigenschaft „zähe" oder auch Zehe. Also, als Familienname wäre Beierzech sprachlich und sachlich durchaus denkbar, als Siedlungsname aber mehr als fraglich. Es fehlt das hinweisende Grundwort. Oder hieß das Gehöft kurz *zum Beierzech*? Vergleiche 1348 die Wüstungen *zem Perger* (Kronach) oder *zem Wellings* (Teuschnitz)[37]! Was außer den Stammesnamen Baier — könnte dieses Wort noch bedeuten? M. R. BUCK führt Baier auf den mhd. und ahd. Begriff bur = Haus zurück.[38] R. VOLLMANN denkt bei Baier an ahd. bêr = Zuchteber, vgl. bairisch Saubär.[39] Die Klärung muß offenbleiben. Aber auf keinen Fall kann diese Wüstung mit dem Ort Speiersberg — um 1270 *Spirberg* — identifiziert werden, wie es E. v. GUTTENBERG erwogen hat. Ebenfalls scheidet eine Verschreibung des ON aus, da der Schreiber auch alle anderen Orte völlig korrekt wiedergegeben hat und, wie schon oben erwähnt, genaue Ortskenntnisse besessen haben muß; denn auch im Mittelalter machte man keine Schenkung, ohne Lage und Wert der Objekte genau gekannt zu haben.

Zwei Flurnamen könnten evtl. auf den Standort einer abgegangenen Siedlung in der Gem. hinweisen: Die Flur „Mühlleite" am oberen Kreuzbach oder 1808 *die Hofstadt in der Wart*[40], das ist die Flur „Wartäcker" südwestlich von Birkach, Höhe 380.

Criszenbach = Wüstung dicht bei Medlitz, Flur Gries, Höhe 265.

Von deutsch-slawischen Doppelsiedlungen wurde schon weiter oben gesprochen. Eine solche liegt auch hier vor, wenn es sich bei dieser Wüstung wohl nur um ein Einzelgehöft handeln dürfte. Am Südhang der überschotterten Flur Gries künden dicht östlich an Medlitz anschließend die Plan-Nr. *beim alten Haus, hinter dem alten Haus, am alten Haus, alte Hausleite* von dessen einstigen Standort (jetzt wieder bebaut).

Den eigentlichen Beweis für die richtige Lokalisierung von Grießbach liefert die Erklärung des Namens Kreuzbach, an dem dieser Ort und Medlitz liegen. 1460 schreibt sich der Bach *Kreitzpach,* 1666 *Creutzerbach*[41], was besagt, daß diese Bezeichnung nicht von „Kreuz" kommen kann, sondern eine andere Wurzel haben muß. Eine Nebenform von mhd. griez = sandiges Kies- oder Uferland ist nach R. VOLLMANN das ahd. grûz, griuz, aus welchem sich über „Grüz- oder Greuz-" volksethymologisch „Kreuz" bilden konnte.[42] Es gibt genügend Beispiele, wo Ortsname und Bachname identisch sind.

Die vermeintliche Lokalisierung E. v. GUTTENBERGS mit der Flur „Muckengries", südöstlich von Döringstadt, ist aus dem Gesagten unzutreffend. Im übrigen schreibt sich dieser Flurteil bereits 1516 *der Muckhengrieß*.[43] Ein Bach ist dort nirgends zu finden.

---

[36] K. ARNETH, Die Familiennamen des ehemaligen Hochstifts Bamberg in ihrer geschichtlichen Entwicklung, in: JbFL 16/1956, S. 314 u. 279.
[37] HÖFLER, S. 133 u. 137.
[38] M. R. BUCK, Oberdeutsches Flurnamenbuch, Bayreuth 1931.
[39] VOLLMANN, S. 36.
[40] StAB, K 235, Nr. 48.
[41] StAB, Stb. Nr. 4405, f. 78 u. 4413, f. 246.
[42] VOLLMANN, S. 24.
[43] UDB 2, f. 3.

Im Anschluß an *Criszenbach* wird 1057 *Metilici* = Medlitz (zum slaw. PN Metbla)[44] genannt. Die Frage drängt sich auf, welcher von beiden Orten der ältere ist; denn Medlitz war eine alte Würzburger Cent, wo sich bis heute noch der steinerne Gerichtstisch erhalten hat. Andererseits haben wir mit *Criszenbach* einen alten deutschen Bachnamen. Normalerweise werden ja Bäche und Flüsse von denen benannt, die sich hier zuerst ansiedeln. Demzufolge dürfte das Einzelgehöft, das in Medlitz aufging, doch das primäre gewesen, aber schon relativ bald als selbständiger Name verschwunden sein.

Das beste Beispiel für eine slawisch-deutsche Doppelsiedlung hat J. B. MÜLLER mit der Gegenüberstellung von Lovecilove — Lützelau — Lichtenfels gebracht, wichtig und lesenswert deshalb, weil hier näher auf das Banzer Reichsurbar eingegangen wird und die Blätter des Codex Eberhardi 171 b, 172 a und b abgebildet sind, worin auch Orte unseres Untersuchungsraumes im frühen 9. Jh. bezeugt werden.[45]

Cigendorf, Wüstung Gem. Mürsbach, Flur Gries, Höhe 270. Mittlerer Burgsandstein und

Ziegenmul, Wüstung Gem. Mürsbach, Flur Ziegenmühle, Höhe 248, Talfüllung.

Diese beiden Örtlichkeiten müssen als Siedlungseinheit betrachtet werden, wobei Ziegendorf lange vor 1323/28 wieder verschwunden sein dürfte. Als einen Hinweis auf dessen Standort kann man die Plan-Nr. 670 *Der Ziegenstein am See* ansehen, die etwa 100 m östlich der Ziegenmühle auf der Burgsandsteinverebnung liegt.

Der Lage nach wäre auch folgender urbariale Eintrag von 1468 für das abgegangene *Cigendorf* ein Hinweis[46]: *Item Ell von Gich hat ein wustung gelegen vntter dem vmersperg dauon gibt sie Jerlichen ein vaßnachthun eim Tumprobst von Bamberg allein, vnd geet auch von einem Tumprobst zu lehen vnd hat sunst neyemant nichtz domit zuschikken.*

Eindeutig kann dagegen die wüste Mühlstatt lokalisiert werden; denn auf dem Extraditionsplan vom 8. 2. 1868 der Gemeinde Medlitz sind auf den Plan-Nr. 1032 und 1033 die beiden Mühlen mit eigenem Flurbereich eingetragen. Sie liegen an dem Mühlgraben, der einen Mäander der Itz durchtrennt. Interessant ist, daß dieselben schon einmal wüst waren. Im Bischofsurbar A von 1323/28 steht lapidar: *Ziegenmul est desolatum.*[47] Anno 1468 heißt es aber unter Zigenmüll: *Item der Zigennmüllner gibt Jerlichen von der Zigenmüll vnd von Siben Waldeckern* entsprechende Zinse. *Item zu derselben Zigenmüll gehört ein vischwasser dobey gelegen . . .*[48] Das ist die Itz. Die Waldäcker werden aus dem 1057 genannten *Ciginuorst* gerodet worden sein. 1801 berichtet ROPPELT in seiner Beschreibung des Hochstifts und Fürstenthums Bamberg folgendes: *Ziegemühl, zwey Mühlen, die obere und die untere, davon jede zwei Mahlgänge und einen Schneidegang hat, die von dem Itzfluß getrieben werden, wozu noch Felder, Wiesen und Holz gehören. Sie liegen auf dem Territorium der Mettlitzer Zehend (Cent) und sind dem Amte Döringstadt steuerbar. Die Domprobstei übt das Lehen und die niedere Gerichtsbarkeit darüber aus.*[49]

Der Mühlgraben, welcher durch den Eisenbahnbau zum Teil verschüttet wurde, ist heute noch sichtbar. Laut mündlicher Überlieferung sollen 1887 die Mühlenbesitzer ausgestorben sein, wodurch die Mühlen veröden und einfielen.

---

[44] SCHWARZ, S. 300.

[45] J. B. MÜLLER, Von der slawischen Ursiedlung über den Königshof Lovecilove zur spätmittelalterlichen Stadt Lichtenfels, in: Geschichte am Obermain, Bd. 12, 1979/80, S. 23—39.

[46] UDB 1, f. 111'.

[47] SCHERZER, S. 76.

[48] UDB 1, f. 109'.

[49] ROPPELT, S. 174.

Vursenfelt, Wüstung — Identifizierung und Lokalisierung schwierig, da sehr wahrscheinlich zwei Orte gleichen Namens, einmal bei Neundorf, dann entweder bei Messenfeld oder bei Eggenbach, wo durch Flurnamen bzw. Keramikfunde Wüstungen unbekannten Namens belegt sind.

In einer Urkunde vom 9. 7. 1286 heißt es: ... *Ea propter nos Otto et Gotfridus fratres dicti de Sletin presentibus profitemur et ad noticiam transmittimus futurorum quod ... villulam nostram Vursenfelt que contigua est villule Nuwendorf quam Arnoldus Gerwe an nobis in feodo tenuit ... dedimus et appropauimus ecclesie beate virginis in Lancheym ...*[50]

Die Bamberger Ministerialen de Sletin (Kirchschletten) sind eines Geschlechts mit denen von Wüstenrode (Roth bei Zapfendorf) und von Helfenrode (Helfenroth bei Mürsbach). Ihr Dörfchen Ursenfeld, das sie dem Kloster Langheim geschenkt haben, liegt dicht bei Neundorf, östlich von Dietersdorf, wie bereits F. GELDNER nachgewiesen hat.[51]

Nun ist aber Neundorf ca. 20 km von dem Wirtschaftshof *Duringesstat* entfernt, und es ist daher sehr unwahrscheinlich, daß dieses Ursenfeld identisch ist mit dem der Schenkung von 1057, da alle aufgezählten Orte einen geschlossenen Bezirk zwischen Itz und Main bilden.

E. v. GUTTENBERG meinte, daß Ursenfeld vielleicht das heutige Messenfeld wäre. Dies kann aber nicht stimmen, da Messenfeld in der Schreibung *Nessenfelt* bereits im Reichsurbar des 9. Jh. aufgeführt ist.[52] Um 1270 gehörte *Misenvelt* und das benachbarte *Nuvendorf* zu den Zehntorten der Dompropstei Würzburg.[53] Übrigens war Neudorf nie im Langheimer Besitz, so daß es nicht identisch mit Neundorf bei Dietersdorf sein kann. Aber es ist nun doch möglich, daß ein zweites Ursenfeld bei dem heutigen Messenfeld gelegen hat; denn nach Pfarrer Vizthum, Döringstadt, sagt die Tradition, daß bei den „Drei Eichen" — laut beigefügter Karte des 18. Jhs. ehemals „4 Eichen" (Abb. 2) — an der alten Banzgau-Hochstraße in der Flur *Alte Hofstatt* Ursenfeld gestanden hätte. 1961 war dort noch ein Brunnen zu sehen, und hier entspringt auch ein Bächlein. Diese Meinung hat sehr viel für sich, wie ein Studium des Katasterplanes zeigt. Was bei Wüstungen normal ist, nämlich ihre Lage an Gemarkungsgrenzen, ist bei Messenfeld eine Singularität; denn genau hinter den letzten Häusern des Breitstraßendorfes verläuft die Grenze zur Gemarkung Döringstadt. Wie der Verfasser 1948 bei der Kartierung der Wirtschaftsfläche feststellen konnte, deutet die ganze Flureinteilung darauf hin, daß an den „Drei Eichen" (Abb. 3), zentral auf der Hochfläche an alter Straße gelegen, sich eine abgegangene Siedlung befunden haben muß.[54] Nur sagt eben die *Alte Hofstatt* leider nichts über den Namen dieser Siedlung aus. Weiterhin kann gefolgert werden, daß diese Siedlung, sehr wahrscheinlich unser gesuchtes Ursenfeld, älter ist bzw. früher gegründet wurde als das heutige Messenfeld, sonst würde es ja nicht am Rande der Gemarkung liegen. Als Altstraßen-Relikt ist der „Steinerne Tisch" (Abb. 4) anzusehen.

Sollte aber diese Lokalität nicht unser Ursenfeld sein, so bietet sich die Wüstung *Hofstetten* in der Gemarkung Eggenbach an, wo wir auch nicht den eigentlichen Namen wissen.

---

[50] BHStA München, Abt. 1, HSt.Bbg. U 1005.
[51] GELDNER, S. 178.
[52] TAF, cap. 11.
[53] ENGEL, S. 30.
[54] H. JAKOB, Agrargeographische Untersuchungen im Itz-Baunach-Hügelland, Diss. Erlangen, 1949, siehe farbige Karte Ortsflur Messenfeld. — Jetzt stehen dort nur noch 2 alte Eichen, 2 neue sind gepflanzt.

Hofstetten, Gem. Eggenbach (Staffelstein), Flur Obere und Untere Höchstätten, Höhe 310, Löß.

Um 1460 werden im *Verzeichnuß der gekawfften gerechtigkeit zu Echerbach von Marschalk zu Raweneck 100 Acker Baufelds in drei Zelgen geschoren* aufgeführt.[55] In der ersten Zelge lagen u. a. *4 ecker zu Hofsteten*. Anno 1666 besitzt Hannß Göpner *Ein Eckerlein zue 1/2 Sra. in der Höchstatten bey der Staffelgasß;* ferner wird das Schultheißen Gütlein erwähnt, *darein gehört Ein öthe Hoffstatt*.[56] Dann sind noch 1745 *5/8 Morgen Velds in der oberen Höchsteten* bezeugt, die nördlich an die Staffelgaß angrenzen.[57]

Wir müssen 2 Hofstellen voraussetzen: Eine unten im Winkel des Eggenbaches und der Staffelgasse bei der Marter, die andere mehr auf der Höhe, etwas südlich der Gasse. Scherbenfunden zufolge geht dieses Doppelgehöft bis in die Karolingerzeit zurück. Es dürfte im 13. Jh. verödet sein. Ob aber dieser Weiler unser gesuchtes Ursenfeld war, läßt sich mit letzter Sicherheit nicht sagen.

Archäologisch von größer Bedeutung ist die Tatsache, daß diese frühmittelalterliche Siedlung zum Teil eine ausgedehnte Ansammlung linearbandkeramischer Wohnstellen überlagert, wohl die größte Oberfrankens.

Nun zu einigen Wüstungen, die offenkundig erst **nach 1057** vom Wirtschaftshof Döringstadt aus gegründet wurden:

Ramuoltesforst, Wüstung in Gem. Messenfeld, Flur Ramersforst, Höhe 350, Lehmiger Sand auf Unterem Lias.

1057 lag genau wie heute über dem ca. 500 m mördlich von Gut Ummersberg (9. Jh. *Vmannenberc*) befindlichen Wüstungsplatz noch Wald *(silua Ramuoltesforst)*. Hier entstand ein Einzelhof, der aber keine große Lebensdauer hatte; denn 1348 wird vom *Redditus desolati Raboltzrode* berichtet[58]: *Item Raboltzrod. est noua cultura agrorum ... sed nota quod predictus census potest de anno in annum augementari pro eo quod et agri per estirpationem continuam similiter augmentantur*. Die Größe der Wüstung geht aus dem vielzitierten Dompropstei-Urbar von 1468 hervor[59]: *Ramelsforst ist ein wustung vnd pawen die hernachgeschriben vnd ist alles nit mer dann ein Hube*. Es werden 42 1/2 Äcker aufgeführt mit 12 Teilhabern, u. a. aus Lahm, Birkach und Döringstadt.

Auf eine Ausbausiedlung von Döringstadt aus weist auch ein Urbar-Eintrag von 1516 hin[60]: *Romersforst die wustung So auch gein Dhuringsstadtt gehörig vellich stuck die vonn Massaueldtt zum theil Itzvnnd das mehrer theil Innen haben*. Interessant ist der Umstand, daß die Wüstung 1348 erst wieder gerodet werden mußte — für den Untersuchungsraum eine Seltenheit — und daß darüber hinaus von einer Vergrößerung der einstigen Wüstungsflur gesprochen wird. Heute allerdings ist wieder der größte Teil der einstigen Hofflur mit Wald bestockt. Der Volksmeinung nach war *Rapoldrode* das alte Neudorf und stand etwa 500 m westlich auf der Höhe 330 bei der *Hofstatt*. Dieser Platz liegt aber ca. 1,5 km von der Flur Ramersforst entfernt, so daß irgend eine Namensverwechslung vorliegen dürfte. Allerdings muß es auf der Höhe 330 ein „Altes Dorf" gegeben haben, sonst könnte kein ON Neudorf entstanden sein.

---

[55] StAB, Stb. Nr. 4405, f. 230'.
[56] StAB, Stb. Nr. 4413, f. 267.
[57] StAB, Stb. Nr. 4415/4.
[58] HÖFLER, S. 111.
[59] UDB 1, f. 99.
[60] UDB 2, f. 25.

Seifridsrode, Wüstung in Gem. Döringstadt, am Bernhardsgraben dicht östlich Messenfeld, Höhe 280, Lias Alpha 1 + 2.

Nota quod desolatum seifridsrode colit Gotz steger et socii sui.[61] Mit diesem lapidaren Satz beginnt und endet 1348 die Geschichte dieser Wüstung.

Aus dem Urbar von 1468 erfahren wir noch, daß *Seyfridßrode* 23 Acker, 1 Waldacker und 1 Wiese beinhaltete, die damals 12 Teilhaber aus den umliegenden Ortschaften bebauten.[62] Es war also eine halbe Hube groß. Anno 1516 wird bezeugt, daß dieser Ort ehedem von Döringstadt aus angelegt wurde[63]: *Seydtwalds Rode die wustung, So auch in das dorff vnnd Fleckenn Dhuringstadtt gehorig, haben auch ettliche von massaueldtt vnnd der Simen Hack zu melz, Sollicher stuck Itziger Zeitt vnnd die von Döringstadt Innen.* Im vorgenannten Urbar wird durch Ackernamen die Lage der Wüstung offenkundig; so treten z. B. folgende Bezeichnungen auf: *vnter der Stigell zu Massauelt — die Sorg vor dem Dhuringstatter Gehege — vnnter Massaueldtt — acker der Eissenmann — acker am lorsauelt Inn Berurtter wustung gelegen.* Genau wie *Ramuoltesforst* ist auch *Seifridsrode* erst nach 1057 gegründet worden, wohl um die Ackerflächen und damit Zinseinkünfte zu vergrößern, wobei es sich aber in beiden Fällen nur um Einzelhöfe gehandelt haben kann.

Von den in der Traditionsnotiz benannten Wäldern wurden unter den Wüstungen der *Ciginuorst* und der *Ramuoltesforst* bereits lokalisiert, bleibt also noch die Waldung *Vrberch.* Zweifelsohne steckt in *Vrberch* sprachlich das Wort „Auerberg". Wo dieser nun liegt, lesen wir im Urbar von 1516: *. . . Weyters hatt ein thumbrobst zw Bamberg . . . denn wießner vnnd Dreßdorffer Auerberg durch auß zu Jagenn . . .*[64] Damit sind die beiden Eierberge zwischen Wiesen, Draisdorf, Herreth und Nedensdorf gemeint. Durch Entrundung wurde aus Auerberg = Euerberg = Eierberg, eine sehr häufige Erscheinung in der fränkischen Mundart (ahd. ûr = Auerochse).

Zusammenfassung

Gerade der Historiker Prof. Dr. GERD ZIMMERMANN hat durch seine zahlreichen Einzeluntersuchungen, und zuletzt besonders am Beispiel des Döringstadt gegenüberliegenden Herrschaftsgutes Staffelstein[65], deutlich gemacht, daß ein echter Forschungsfortschritt nur dann zu erzielen ist, wenn man kleinräumige Bereiche exakt analysiert. Dies wird zwar manchmal herablassend als „Heimatkunde" abqualifiziert, ist aber in der Tat die Grundlage jeglicher fortschrittlichen Landeskunde. Natürlich ist es leichter, großräumig und generalisierend historische oder geographische Arbeiten zu verfassen, die aber dann bei strenger Nachprüfung Mängel und erhebliche Lücken mitunter erkennen lassen.

Eine exakte Wüstungsforschung ist ohne die Mitwirkung von Sprach- und Geschichtswissenschaft sowie Archäologie schlechthin unmöglich. Dies dürfte die vorliegende Untersuchung des bis zum Frühmittelalter zurückreichenden Herrschaftsgutes Döringstadt, welches der letzte Schweinfurter Otto seiner Tochter Alberada als Mitgift vermachte, gezeigt haben.

---

[61] HÖFLER, S. 111.
[62] UDB 1, f. 101.
[63] UDB 2, f. 26.
[64] UDB 2, f. 3.
[65] G. ZIMMERMANN, Das Marktprivileg von 1130 im Rahmen der Staffelsteiner Geschichte, in: 850 Jahre Marktrecht der Stadt Staffelstein, 1980, S. 11—22.

Nach dem vorherrschenden Villikationsprinzip galt der jeweilige Fronhof samt Zubehör als Wirtschaftseinheit. Aus dem Umgriff desselben wurde durch Schenkung das Dompropsteiamt Döringstadt und das bischöfliche Amt Brunn mit dem 1268 zerstörten, aber wieder aufgebauten *castrum Libenburch*[66] — 1348 *castrum Hohenbrunne* = Oberbrunn[67] — gebildet. Laut G. ZIMMERMANN zählt Staffelstein und Döringstadt zu den Päbendalgütern mittlerer Größe.[68]

Wie die siedlungsgeographische Analyse zeigt, sind von den ehemals zur *curtis Duringesstat* gehörigen 9 Orten 7 wüst geworden, und nur Wiesen und Medlitz haben überdauert. Außerdem verödeten auch die nach 1057 gegründeten Gehöfte *Ramuoltesforst* und *Seifridsrode*. Der karolingerzeitliche Ort *Iageresfelt* muß sogar vor 1000 aufgelassen bzw. mit Wiesen vereinigt worden sein. Grundsätzlich handelt es sich dabei aber nur um Ortswüstungen; denn die Fluren wurden von Bauern benachbarter Orte weiterbebaut. Die Wüstungsursachen sind zwar nicht überliefert, aber von Fehlsiedlungstheorie und Agrarkrise kann keine Rede sein. Da die wüst gewordenen Siedlungen meist Einzelgehöfte oder Weiler bzw. Doppelsiedlungen gewesen waren und ihr Abstand zu den heutigen Orten kaum 1 km überschritten hat, darf die Ursache der Dorfverödung nur in Ballungsvorgängen gesehen werden. Ob hier auch das Sicherheitsbedürfnis mit eine Rolle spielte, ist anzunehmen. Maßgebend für diesen Vorgang war aber, wie Verfasser für das Hochstift Bamberg bereits darlegte[69], die vom jeweiligen Landes- oder Grundherren verfolgte Agrar- und Siedlungspolitik.

---

[66] P. OESTERREICHER, Die Burg Liebenburg, in: Die geöffneten Archive, 3. Jg. 1923/24, 1. Heft, S. 64 ff.
[67] HÖFLER, S. 106.
[68] ZIMMERMANN, S. 15.
[69] H. JAKOB, Wüstungstendenzen und Wüstungsursachen im ehemaligen Hochstift Bamberg Anno 1348, in: Berichte zur deutschen Landeskunde, Bd. 41, 1968, S. 251—260.

NOTUNTERSUCHUNGEN IM BEREICH DER EHEMALIGEN MARTINSKIRCHE AM MAXIMILIANSPLATZ ZU BAMBERG IM JAHR 1969

von

WALTER SAGE

Zu den zahlreichen Verlusten an kirchlichem Kulturgut, die im frühen 19. Jahrhundert als Folge der Säkularisation auch im Frankenland zu verzeichnen waren, zählt die alte Martinspfarrkirche in Bamberg. Man kann sich sogar des Eindrucks nicht ganz erwehren, daß es alle Beteiligten recht eilig hatten, gerade diese bis dahin so bedeutende Kirche dem Erdboden gleich zu machen. Schon im August 1803 wurde von der neuen bayerischen Landesdirektion die Schließung des Gotteshauses verfügt, am 22. September des gleichen Jahres fand das letzte feierliche Hochamt statt, und anschließend erfolgte die Übertragung des Allerheiligsten und des Gnadenbildes in die Kirche des ehemaligen Jesuitenkollegs, die fortan den Namen der Martinskirche tragen und deren Aufgaben als Pfarrmittelpunkt übernehmen sollte. Wenig später billigte man den Eigentümern von Grabstätten innerhalb des bisherigen Gotteshauses eine Frist von 4 Wochen zum Abbau von Denkmälern zu, und 1804 *legte man die Kirche ein*. Nachdem im Juli 1805 der Abbruch vollständig abgeschlossen war, konnte man den durch die Beseitigung der Kirche und die schon etwas früher erfolgte Auflassung des zugehörigen Friedhofes gewonnenen Platz neu gestalten. Vielleicht war gerade der Wunsch nach einem solchen relativ großen Freiraum nahe dem Stadtzentrum eine der Triebfedern für den ganzen Vorgang gewesen, mit dem nicht nur ein bedeutendes Beispiel fränkischer Baukunst aus der Spätgotik unterging, sondern auch eine lange kirchliche Tradition an diesem Platz ihr Ende fand[1].

Über die Anfänge eben dieser Tradition freilich gingen die Meinungen der Forschung auseinander. Das späte Auftauchen der Martinskirche in der schriftlichen Überlieferung gegen Ende des 12. Jhs. konnte bedeuten, daß St. Martin erst im Zuge des an die Bistumsgründung anschließenden Aufschwunges der Stadt Bamberg entstanden sei, zumal die Pfarrei St. Martin selbst sogar noch viel später, nämlich erst 1271 faßbar wird[2]. Das Patrozinium andererseits, die möglicherweise von Beziehungen auf wichtige Fernwege geprägte Lage auf der Insel zwischen den Regnitzarmen und schließlich auch die Tatsache, daß später regelmäßige Wallfahrten von Hallstadt, Amlingstadt und einigen anderen Orten auch zur Martinskirche stattfanden, veranlaßten manche Historiker, eine

---

[1] Zum Ende von Alt St. Martin vgl. vor allem N. HAAS, Geschichte der Pfarrei St. Martin zu Bamberg und sämtlicher milden Stiftungen der Stadt (1845) 564 ff. — An dieser Stelle muß sich Verfasser bei Herrn Landeskonservator Dr. T. Breuer herzlich bedanken, der ihm das ganze im Rahmen der Vorbereitungen für das Kunstdenkmäler-Inventar von Bamberg gesammelte Quellenmaterial zu Alt St. Martin zur Verfügung gestellt hat. Dieses ungewöhnliche kollegiale Entgegenkommen hat das Zustandekommen des vorliegenden Berichts ganz besonders gefördert. Im Hinblick darauf, daß das von T. BREUER zusammengestellte Material wohl in absehbarer Zeit erscheinen wird, können wir uns im Rahmen des vorliegenden Aufsatzes mit den notwendigsten Hinweisen begnügen.

[2] Die erste sichere Erwähnung einer Martinskirche findet sich 1194 im Stiftungsbuch von St. Jakob: Ber. Hist. Ver. Bamberg 21, 1858, 44. Eine *curia parochialis Sti. Martini* erscheint dann zu 1271: E. v. GUTTENBERG und A. WENDEHORST, Das Bistum Bamberg 2. Germania Sacra (1966) 75.

sehr frühe, wohl fränkisch-karolingische Gründung anzunehmen[3]. Wenn dabei St. Martin wirklich die Rolle der Mutterpfarrei für Hallstadt und Amlingstadt zugefallen wäre, dann müßte diese Bamberger Kirche in der Tat besonders früh angesetzt werden[4].

Ist die Quellenlage zur Entstehung und Frühzeit von St. Martin also mehr als dürftig zu nennen, so werden wir über den lange Zeit beanspruchenden Neubau am Ende des Mittelalters erheblich besser unterrichtet. Ab 1351 sind Stiftungen bezeugt, die man natürlich gern mit dem Baubeginn in Verbindung bringen möchte[5], und bald gibt es auch direkte Baunachrichten. Nach einer überlieferten Bauinschrift waren 1452 *6 Gewölbe fertig*, 1453 hieß es, *die Kirche sei vollbracht*, und 1456 wird die Fertigstellung der Empore überliefert. Bis dahin waren also bereits über 100 Jahre seit den ersten bezeugten Zuwendungen vergangen. Die Aufstockung des Turmes schließlich nahm man erst 1480 in Angriff, und dementsprechend hat der Westturm auf dem Tafelbild des Apostelabschieds von 1483 in den Städtischen Kunstsammlungen die Firsthöhe des Langhauses noch nicht überschritten[6]. Hier wie so oft in jener Zeit hatten sich Geistlichkeit und Bürgerschaft mit ihrem Bauvorhaben offenbar bis an die Grenze der eigenen Leistungsfähigkeit gewagt, doch führte man das Werk schließlich zu einem guten Ende.

Als im Sommer 1969 die Firma Hertie mit den Ausschachtungen für eine Tiefgarage unter dem Maximiliansplatz begann, mußten zwangsläufig die noch im Boden steckenden Überreste der gotischen Martinskirche und ihrer Vorgänger der Zerstörung anheimfallen. Es war also die letzte Gelegenheit zu einer — womöglich alle offenen Fragen klärenden — archäologischen Untersuchung; dies aber leider zu einem Zeitpunkt, zu dem einerseits die bayerische Bodendenkmalpflege personell wie finanziell völlig unzureichend ausgestattet war, andererseits Erfahrungen mit Kirchengrabungen großen

---

[3] Für N. HAAS a.a.O. 6 ff. war es selbstverständlich, daß St. Martin die älteste Kirche, in ihrer Umgebung die erste mittelalterliche Ansiedlung im späteren Stadtgebiet zu suchen war. Ähnlich sah auch G. GOEPFERT, Die Anfänge der Stadt Bamberg. Ber. Hist. Ver. Bamberg 77, 1919—21, 3 ff., bes. 15 ff., die Entwicklung, eine Meinung, die in verschiedenen Varianten vielfach vertreten wurde, so auch durch E. v. GUTTENBERG, Die Territorienbildung am Obermain (1927). — GUTTENBERG-WENDEHORST a.a.O. 75 faßten die für ein hohes Alter speziell der Martinskirche sprechenden Gründe schließlich zusammen: 1. Das Patronzinium, 2. Filialprozessionen von der Oberen Pfarre und aus umliegenden Kirchen wie Hallstadt, Amlingstadt usw., 3. „Tradition" unter Beziehung auf einen Brief des Weihbischofs Förner von 1623, nach dem gewisse Nachrichten für die Gründung der Martinskirche durch den hl. Kilian sprächen. — Sehr klar sprach sich auch H. WEIGEL in einem Vortrag — Bericht des FT vom 2. 4. 1966 — für eine fränkisch-karolingische Gründung aus, was ja seinen allgemeineren Darlegungen in: Straße, Königscentene und Kloster in Ostfranken. Jahrb. Fränk. Landesforschung 13, 1953, 7 ff., bes. 15 ff. entspricht. — Für die „Gegenseite" mag der Hinweis auf E. HERZOG, Die ottonische Stadt (1964) 174, genügen. Er meinte, die Gründung von St. Martin könne nach der Quellenlage keinesfalls vor dem 12. Jahrhundert angesetzt werden.

[4] Hallstadt und seine Kirche sind bekanntlich zu 741 als Königsgut zu fassen: E. v. GUTTENBERG, Kirchenzehnten als Siedlungszeugnisse im oberen Maingebiet. Jahrb. Fränk. Landesforschung 6—7, 1941, 55 ff. — Die Kirche von Amlingstadt wurde inzwischen auch durch Grabungen als Gründung der Zeit gegen oder um 800 bestätigt: K. SCHWARZ, Der frühmittelalterliche Landesausbau in Nordost-Bayern archäologisch gesehen. Ausgrabungen in Deutschland 1950—1975. Monogr. d. RGZM 1 (1975) Teil 2, 338 ff., bes. 364 ff.

[5] Vgl. dazu das Ergebnis der dendrochronologischen Bestimmung von Hölzern aus dem Pfahlrost unter dem gotischen Westturm durch B. BECKER, S. 72 ff.

[6] Zur Baugeschichte der gotischen Martinskirche, resp. damit zusammenhängenden Stiftungen, Nachrichten usw. vgl. N. HAAS a.a.O., bes. 54 ff. 106 ff. — GUTTENBERG-WENDEHORST a.a.O. 75. 76. 77. — J. LOOSHORN, Geschichte des Bistums Bamberg IV (1880) 407. — Komplette Zusammenstellung bei T. BREUER (vgl. Anm. 1).

Umfangs in Bayern noch kaum vorlagen[7]. Das erst 1966 eingerichtete und nur aus dem Berichterstatter und seinem technischen Mitarbeiter Wilhelm Charlier bestehende Referat für Mittelalter-Archäologie hatte soeben mit planmäßigen Ausgrabungen im Dom begonnen[8]; mangels weiterer erfahrener Mitarbeiter war es jedoch außerstande, zugleich eine zweite Untersuchung größeren Umfangs systematisch zu betreiben, was nur wenige Jahre später ohne weiteres möglich gewesen wäre.

Unter den 1969 gegebenen Umständen mußten wir uns auf eine bloße Überwachung der Baustelle und die Einmessung der wichtigsten Baubefunde beschränken, die nach Absprache mit der Bauleitung lediglich durch eine räumlich eng begrenzte genauere Teiluntersuchung ergänzt wurde[9]. Letztere führte Th. Kubiczek vom Landesamt für Denkmalpflege in der Zeit vom 25. August bis 5. September 1969 durch. Die Arbeitsbedingungen waren für den Archäologen auch da zu keinem Zeitpunkt günstig; die geringe Standfestigkeit des auszuschachtenden Bodens machte ein rasches Vorrücken der Maschinen notwendig, und senkrechte Bodenprofile größerer Höhe ließen sich überhaupt nicht erstellen. Gerade sie aber sind eines der wichtigsten Mittel, um über die Schichtenabfolge zur relativen und bei geeigneten Kleinfunden auch absoluten Chronologie des untersuchten Platzes vorzustoßen.

Trotzdem brauchen wir die Ungunst äußerer Bedingungen nicht als „Entschuldigung" für die Dürftigkeit der schließlich gewonnenen Ergebnisse heranzuziehen, denn allzuviel mehr als das auch so Erreichte wäre wohl selbst bei der sorgfältigsten Plangrabung nicht herausgekommen. Die inner- wie außerhalb der gotischen Martinskirche zu verzeichnende intensive Nutzung des Geländes als Bestattungsplatz über viele Jahrhunderte hin hatte nämlich den Boden in einer auch für den erfahrenen Kirchenarchäologen überraschenden Vollständigkeit und Tiefe derart verändert, daß nur noch minimale Rudimente unberührter Schichten aus älterer Zeit erhalten geblieben waren. Der brutale Abbruch von 1804 hatte andererseits auch alle Fußböden, Altarsubstruktionen und die gesamte Sockelzone der gotischen Kirche beseitigt und in dieser Hinsicht ebenfalls die Grundlage zu weiterführenden Beobachtungen entzogen. Die von Personalnot erzwungene Beschränkung des archäologischen Einsatzes wurde in diesem Fall durch den angetroffenen Befund letzten Endes sogar gerechtfertigt.

Betrachten wir nun das Ergebnis unserer Notuntersuchungen: Die Pflasterung des Maximiliansplatzes lag 1969 mit geringen Unebenheiten bei durchschnittlich 238,70—75 + NN. Darunter hob sich stellenweise eine bis 1,00 m starke Schuttzone ab, die überwiegend mit dem Abbruch der gotischen Martinskirche in Zusammenhang stand. Sonst aber fand sich fast ausnahmslos eine homogene, größtenteils bis unmittelbar in den gewachsenen Boden reichende sandig-humose Schicht, die neben vielen kleinen Steinen, Ziegelbrocken und anderen Einschlüssen insbesondere zahllose verworfene Reste menschlicher Skelette enthielt. Es handelte sich also um einen typischen „Friedhofshorizont", wie er nur bei lange dauernder intensiver Belegung entsteht. Neben total zerstörten, nur an den verstreuten Knochen kenntlichen Begräbnissen zeich-

---

[7] Als Großgrabung nach modernem Zuschnitt konnten damals nur die von K. Schwarz geleiteten Untersuchungen im Niedermünster zu Regensburg gelten; vgl. K. Schwarz, Das spätmerowingerzeitliche Grab des hl. Bischofs Erhard im Niedermünster zu Regensburg. Ausgrabungen in Deutschland (vgl. Anm. 4) Teil 2, 129 ff.

[8] W. Sage, Die Ausgrabungen in den Domen zu Bamberg und Eichstätt. Jahresber. d. Bayer. Bodendenkmalpflege 17/18, 1976/77, 178 ff.

[9] Ziel dieser Aktion war es, erstens ein Längsprofil durch die gotische Kirche zu vermessen, was sich wegen der Bodenverhältnisse nicht ganz erreichen ließ, zweitens die sorgfältige Untersuchung der ältesten angetroffenen Gebäudereste (Kirche 1, vgl. unten S. 66 f.) durchzuführen.

64

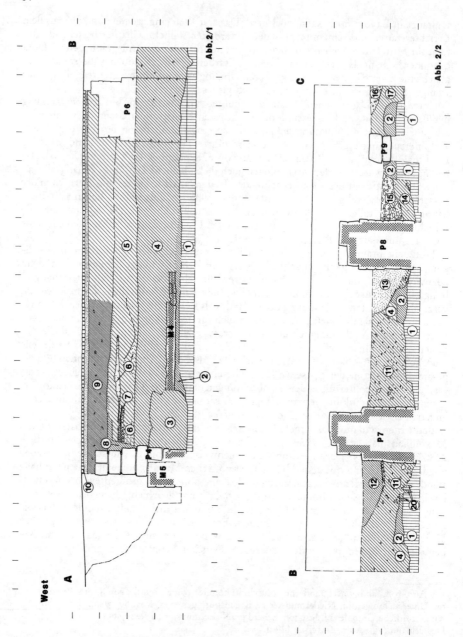

Abb. 2 Bamberg, Maxplatz. Längsprofil durch die ehemalige Martinskirche.
Zur Lage vgl. Abb. 1. Maßstab etwa 1:130.

1) Gewachsener Boden
2) Schwach humoser brauner Boden, wahrscheinlich alte Oberflächenschicht
3) Wegen Schräglage des Profils vor dem spätgotischen Pfeilerfundament P 4 belassenes Erdreich ähnlich (2)
4) Bestattungshorizont, sandig-humos, mit vielen Skelettresten und mehr oder minder erhaltenen Bestattungen durchsetzt
5) Bestattungshorizont ähnlich (4), etwas lockerer
6) Stärkere Mörteleinlagerungen, von (5) undeutlich abgegrenzt
7) Rest eines wohl zu Kirche 2 gehörenden Fußbodens aus Bruchsteinstickung und Mörtelestrich
8) Baugrube vor Fundament P 4
9) Stark mit Abbruchschutt durchsetzte Zone, nur im Westteil des Profils deutlich faßbar, sonst wegen dessen Abschrägung im oberen Drittel nicht meßbar
10) Modernes Pflaster auf Sandbettung
11) Schutgefüllte Baugrube beidseits des Fundaments P 7, nicht deutlich vom Friedhofshorizont (4) abgesetzt
12) Dunkel humos gefüllte Mulde vor Pfeilerfundament P 7; über einer Schuttanreicherung an der Oberfläche von (11) wie Spur eines sekundären Eingriffs wirkend
13) Baugrube westlich des Pfeilerfundaments P 8, mit reinem Sand gefüllt, nur am Boden etwas umgelagerter Schutt und Humus
14) Baugrube östlich P 8, Unterteil mit umgelagertem Friedhofsboden gefüllt
15) Baugrube wie (14), im Oberteil jedoch mit Abbruchschutt der Kirche 2 verfüllt
16) Schutt wie in (15)
17) Boden wie Friedhofshorizont (4); Baugrube westlich M 10 nicht auszusondern
18) Baugrube östlich vor M 10, umgelagerter Friedhofsboden und Mörtel
19) Baugrube zu M 10, umgelagerter Friedhofsboden und Schutt
20) Pfostenspuren

M 4   Südfundament der Kirche 1
M 5   Westfundament der Kirche 1. Die Kreuzschraffur markiert quer zum Profil verlaufende Mauersubstanz
M 10   Ostfundament des nördlichen Seitenschiffs von Kirche 3
M 12   Zwischenwandfundament der Sakristei von Kirche 3
P 4   Emporenfundament im Mittelschiff der Kirche 3
P 6—7—8 Fundamente für die nördlichen Mittelschiffsstützen der Kirche 3
P 9   Einzelfundament zwischen Apsis und Seitenschiffstirn der Kirche 2

Nordteil des Profils siehe Abb. 2/3 auf S. 69.

neten sich auch besser erhaltene Grabstellen ab, sei es in Form von einzeln in den Untergrund reichenden Schächten, sei es als mehr oder minder intakt angetroffene Skelette — wie sie noch in großer Zahl vom Bagger aus dem Boden gerissen wurden. Gemauerte Grüfte ließen sich dagegen nicht feststellen; sie waren hier entweder nicht üblich oder sind schon 1803/04 völlig beseitigt worden.

Aus diesem Friedhofshorizont konnten wir eine gewisse Zahl von Fundstücken sicherstellen. Sie umfassen neben Keramik auch Kreuze, Teile von Rosenkränzen und sogar den kunstvoll verzierten Korb eines barocken Degens, sind also für sich genommen nicht ohne jedes Interesse. Da sie aber in keinem Fall aus einem gesicherten Grabzusammenhang stammen, helfen sie in den uns hier beschäftigenden Fragen nicht weiter und werden deshalb auch nicht eingehender behandelt[10].

Wie schon vermerkt, unterschied sich der Innenraum der spätmittelalterlichen Martinskirche hinsichtlich seiner Nutzung als Bestattungsplatz kaum vom eigentlichen Friedhof außerhalb des Gebäudes. Auch hier reichte die für den Archäologen letztlich unergiebige Gräberzone meist bis 235,20—50 + NN auf bzw. in den gewachsenen Boden; nur wenige Stellen waren nicht total zerstört. Das gilt für die Nordostecke des gotischen Langhauses, wo man vielleicht auf einen Altar Rücksicht nehmen mußte, vielleicht aber auch die im Boden steckenden massiven Reste der Kirche 2 scheute[11]. Wie stark sonst die tiefreichende Zerstörung durch Gräber war, verdeutlichen vor allem die minimalen Reste, die von Fußböden und Umfassungsmauern der ältesten Kirche unter dem Westteil des gotischen Langhauses erhalten geblieben waren. An anderen Stellen wurde aber auch deutlich, daß der Friedhof um St. Martin hohes Alter besessen haben muß. Die Baugruben für einige Pfeilerfundamente des gotischen Mittelschiffs waren zumindest teilweise mit umgelagertem Friedhofsboden gefüllt, und unter dem Apsisansatz der gleich zu beschreibenden Kirche 2 lag in noch wenig durchmischtem bräunlichem Boden ein Skelett in situ. Dieses Grab kann demnach nur zu einem Friedhof gehört haben, der schon um die älteste Kirche unter dem Maxplatz angelegt worden war. Und dieser Kirche wollen wir uns nun zuwenden.

Da die Umfassungsmauern der Kirche 1 überwiegend nicht im Bereich der durchschnittlich auf 234,90—235,00 + NN hinabreichenden gotischen Fundamente lagen, hatten sie sich trotz der geringeren Gründungstiefe (Sohle meist bei 235,30—40, Chorostwand bei 235,50 + NN) relativ vollständig erhalten, wenn auch überwiegend nur noch in den untersten 1—3 Steinlagen, so daß keinerlei direkter Zusammenhang mit vermutlich zugehörigen Fußbodenresten in 1,0—1,50 m Höhe über Fundamentsohle bestand. Die Fundamente waren bis zur Sohle hinab vermörtelt und offenbar voll gegen die Grubenwände gemauert, wie das in vorgotischer Zeit der Regelfall war.

Sie zeigen uns ein Gebäude an, das bei durchschnittlicher Fundamentstärke um 0,90 m aus einem im Lichten 10,00 m langen und 6,70 m breiten Saal und einem Rechteckchor im Osten bestand. Letzterer war im Lichten 4,50 m tief und 5,70 m breit. Der Saalbau mit meist eingezogenem Rechteckchor ist ein seit den Anfängen frühmittelalterlichen Sakralbaus nordwärts der Alpen bis in die Frühgotik weit verbreiteter Kirchentyp, der sich zeitlich leider überhaupt nicht enger eingrenzen läßt[12]. Auch der mit

---

[10] Die vom Landesamt für Denkmalpflege geborgenen und konservierten Funde sollen ihren endgültigen Platz im Historischen Museum Bamberg finden.

[11] Vgl. unten, S. 67 ff.

[12] Zur Häufigkeit dieses Typs allein in der Zeit vor etwa 1050 vgl. die zahlenmäßig inzwischen längst überholte Zusammenstellung von F. Oswald, L. Schaefer und H. R. Sennhauser, Vorromanische Kirchenbauten (1966). Die Saalkirche mit Rechteckchor blieb darüber hinaus bis in die Spätromanik allgemein, stellenweise sogar bis in die Gotik hinein gebräuchlich. Mittlerweile kennen wir eine große Zahl derartiger Bauten auch in Holzkonstruktion, ohne daß sich freilich am

einiger Wahrscheinlichkeit zu Kirche 1 gehörende unterste von uns gefundene Fußboden war gewissermaßen „zeitlos" und bestand aus einer Steinpackung (Stickung) als Grundlage sowie einem darüber gebreiteten Estrich aus Kalk-Sandmörtel mit Lauffläche bei durchschnittlich 236,82 + NN (etwa 1,90 m unter dem Pflaster von 1969). Er war in einer Restfläche innerhalb des Altarraumes und in zwei Fragmenten im Kirchenschiff erhalten. Unter dem Fußboden lag eine um 0,10 m starke sandig-lehmige Schicht unmittelbar auf dem gewachsenen Boden. Eine gleichartige Schicht wurde auch außerhalb der Kirche 1 an einigen Stellen beobachtet, die nicht völlig durch Gräber verändert waren. Es könnte sich also um eine alte (natürliche) Oberflächenschicht handeln. Da sie wie der Fußboden selbst keinerlei Einschlüsse wie Scherben oder dgl. enthielt, hilft sie in Datierungsfragen freilich nicht weiter, dürfte immerhin aber so viel anzeigen, daß die erste Martinskirche nur schwerlich innerhalb eines schon länger besiedelten Areals entstanden ist[13].

Obwohl von Kirche 2 nur mehr minimale Fragmente feststellbar waren, müssen wir annehmen, daß es sich bei ihr um ein Bauwerk von respektabler Größe und sehr solider Ausführung gehandelt hat. Die erhaltenen Reste sprechen nämlich dafür, daß die nahezu vollständige Zerstörung der Fundamente von Bau 2 vor allem deshalb erfolgte, weil seine Längs- und vielleicht auch die westliche Quermauer genau dort lagen, wo sie den Substruktionen für die spätgotische Nachfolgerin weichen mußten. Kirche 2 dürfte demnach etwa ebenso breit wie die spätmittelalterliche Martinskirche und ebenfalls dreischiffig gewesen sein; nur im Osten reichte sie mit Sicherheit nicht ganz so weit wie ihr Nachfolger, und deshalb konnten sich hier ein paar Mauerreste halten, die letzte Zeugen für eine als Neubau überhaupt nicht in den Quellen faßbare hochmittelalterliche Kirche waren.

Zu diesen Fragmenten zählt ein nordsüdlich gerichteter Mauerzug, der offenbar den Ostabschluß für ein nördliches Seitenschiff bildete. Dieses Fundament war an der schwächsten Stelle etwa 2,10 m stark, bildete aber bei Verstärkung bis auf 3,00 m eine unklare Ecke (?) nach Osten. Südlich im Anschluß an diesen Mauerstumpf hatte sich übrigens um das gotische Pfeilerfundament P 8 und bis an den gleich zu beschreibenden Apsisrest eine schuttgefüllte Ausbruchgrube erhalten, die uns den Zusammenhang der beiden durch das jüngere Fundament getrennten Bauteile bestätigt. Der nur auf maximal 4,60 m Länge erhaltene Mauerzug M 9 scheint von einer vielleicht etwas gestelzten Apsis zu stammen, deren Durchmesser ungefähr der Breite des gotischen Mittelschiffs entsprochen haben muß. Ihr innerer Ansatz dürfte 6,00—6,50 m westlich der gotischen Chorbogenkante gelegen haben; um so viel war das ältere Langhaus also (mindestens) kürzer als das spätgotische.

An der Außenkante des Apsisfundamentes hatte sich dicht vor dessen östlicher Ausbruchkante eine Rechteckvorlage von rund 1,50 m Breite und 0,50 m Tiefe erhalten. Das läßt auf eine verhältnismäßig kräftige Gliederung der aufgehenden Choraußenwand schließen und bietet uns wenigstens einen gewissen Anhalt für die zeitliche Ein-

---

Maxplatz ebenfalls Hinweise auf eine derartige, noch über Bau 1 zurückreichende Kirche eingestellt hätten, wie es — um nur ein Beispiel aus der weiteren Umgebung zu nennen — in Kleinlangheim, Lkr. Kitzingen, der Fall war: K. SCHWARZ a.a.O. (Anm. 4) 374 ff. mit Abb. 34 ff.

[13] Als Siedlungsspuren könnte man allenfalls die „Pfostenlöcher" im Längsprofil (Abb. 2) bei Pfeiler P 7 ansehen. Bei ihnen handelt es sich freilich nicht um Reste eines regulären Gebäudes, sondern um Spuren eines Zaunes, einer Grubenausteifung o. dgl. Wegen mangelnden Schichtzusammenhangs ist auch ihre zeitliche Einordnung erschwert.

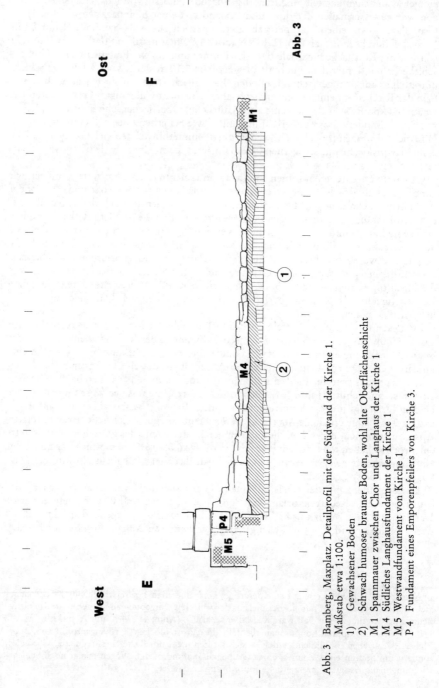

Abb. 3 Bamberg, Maxplatz. Detailprofil mit der Südwand der Kirche 1.
Maßstab etwa 1:100.
1) Gewachsener Boden
2) Schwach humoser brauner Boden, wohl alte Oberflächenschicht
M 1 Spannmauer zwischen Chor und Langhaus der Kirche 1
M 4 Südliches Langhausfundament der Kirche 1
M 5 Westwandfundament von Kirche 1
P 4 Fundament eines Emporenpfeilers von Kirche 3.

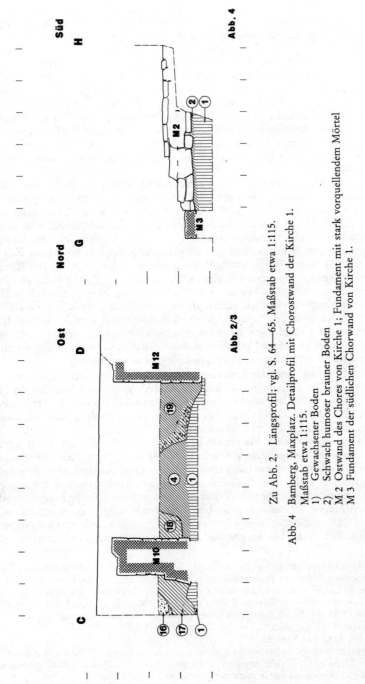

Zu Abb. 2. Längsprofil; vgl. S. 64—65. Maßstab etwa 1:115.

Abb. 4 Bamberg, Maxplatz. Detailprofil mit Chorostwand der Kirche 1. Maßstab etwa 1:115.
1) Gewachsener Boden
2) Schwach humoser brauner Boden
M 2 Ostwand des Chores von Kirche 1; Fundament mit stark vorquellendem Mörtel
M 3 Fundament der südlichen Chorwand von Kirche 1.

ordnung des offenbar auch in seiner Wandgestaltung aufwendigeren Baues 2; er wird jedenfalls in die Spätromantik, also das späte 12. oder frühere 13. Jh. zu datieren sein[14].

Wegen seiner den bereits beschriebenen Rudimenten gleichartigen Bauweise aus überwiegend sorgfältig bearbeiteten großformatigen Steinen mit dünnen Mörtelfugen und wegen der übereinstimmenden Sohltiefe ist auch der eigenartige quadratische Pfeiler P 9 zu Kirche 2 zu rechnen. Sein Zweck bleibt allerdings unklar; um die Gründung für eine Treppenspindel kann es sich kaum handeln, da zwar die beschriebene nordöstliche Abschlußwand von Kirche 2 einen Vorsprung nach Osten zeigte, an der hier sehr gut erhaltenen Außenfront der Apsissubstruktion dagegen jede Spur eines einbindenden oder auch nur stumpf anlaufenden Mauerwinkels fehlte. Deshalb können wir nicht ohne weiteres einen Treppenturm im Winkel zwischen Chor und Langhaus annehmen, wie er später am gotischen Bau, allerdings an der südlichen Chorseite, tatsächlich vorhanden war[15].

Im Innern der Kirche 2 hatten sich nur zwei vielleicht zugehörige Fußbodenreste geringer Ausdehnung erhalten. Ein Stück fand sich im von Th. Kubiczek eingemessenen Längsprofil nahe dem gotischen Pfeiler P 4, also im Nordwestteil des Langhauses. Seine Oberfläche lag bei 237,28 + NN. Und da dieser Estrich offensichtlich über die viel tiefer ausgebrochene Umfassungsmauer von Kirche 1 hinweglief, ist seine Zuordnung zu Bau 2 sogar ziemlich sicher; er markiert also jedenfalls das Laufniveau zur Zeit der Spätromantik. Die zweite Fußbodenfläche war nur innerhalb des Chores von Kirche 1 erhalten, dort aber fast auf ganze Chorlänge. Da sie nur rund 0,25 m höher als die im Zusammenhang mit Bau 1 beschriebenen Fußbodenreste lag, ist in diesem Fall zu überlegen, ob es sich nicht um einen sekundär als Reparatur oder Umbau in das erste Gotteshaus eingebrachten Boden handelte. Alle Fußböden bestanden im übrigen aus Kalkmörtelestrich auf einer Steinsetzung; sie unterschieden sich weder untereinander noch von den wohl sicher zu Kirche 1 gehörenden Bodenrelikten, so daß auch Materialunterschiede als Kriterium für eine zeitliche Zuweisung ausscheiden.

Bleibt abschließend darauf hinzuweisen, daß Bau 2 nach dem Befund an der Apsis durchaus in jener Zeit entstanden sein könnte, aus der uns die erste Nennung der Martinskirche erhalten ist[16]. Ob zwischen dem Neubau und dem Auftauchen der Kirche in der schriftlichen Überlieferung tatsächlich irgendein Zusammenhang bestanden haben mag, wagen wir jedoch nicht zu entscheiden.

Das Bild der spätgotischen Martinskirche schließlich hätte man bei einem weniger tiefreichenden und konsequenten Abbruch, als er 1804 erfolgte, in Verbindung mit den schon erwähnten Baunachrichten und einer Reihe verschiedenartiger Abbildungen und Ansichten aus dem Grabungsbefund sicher recht genau wiedergewinnen können. Angesichts der eingangs geschilderten Verhältnisse aber müssen fast alle baugeschichtlich interessanten Fragen unbeantwortet bleiben. Eine bescheidene Ergänzung zum bisher Bekannten[17] mögen die folgenden — zwangsläufig natürlich auch unvollständigen — und ausschließlich in der Fundamentzone gewonnenen Maßangaben bieten:

---

[14] Nach ihrer Höhenlage und der Beschaffenheit können auch die einzigen drei bei der Detailuntersuchung aus gesichertem Zusammenhang geborgenen Scherben in Zusammenhang mit Kirche 2 stehen. Es handelt sich um Ware, wie sie vor allem im 13. Jahrhundert häufig ist. Ob auch der 1969 gefundene und schon vor längerer Zeit ins Historische Museum gelangte Löwe aus Sandstein ursprünglich zu Kirche 2 oder ihrer Ausstattung gehörte, müßte noch untersucht werden.

[15] Vgl. unten, S. 71 und Abb. 7.

[16] Vgl. oben S. 62 mit Anm. 6.

[17] Maßangaben sind überliefert auf der Lithographie von C. EHRHARDT (Abb. 7) und ausführlicher bei N. HAAS a.a.O. 57. Die Angaben für Länge und Breite (177 und 70 Fuß) weichen nicht einmal so stark von den bei der Notuntersuchung gewonnenen Maßen ab.

Langhaus: lichte Länge im nördlichen Seitenschiff 42,70—80 m
lichte Länge im Mittelschiff (einspringendes Turmfundament) 42,20—40 m
lichte Breite insgesamt: 20,90—21,10 m
lichte Breite des Mittelschiffs: 9,10—30 m
lichte Breite des nördlichen Seitenschiffs: etwa 4,00—4,20 m
lichte Breite des südlichen Seitenschiffs: 4,30—40 m

Chor: lichte Länge: 13,00 m
lichte Breite: 9,15—30 m

Turm: Länge der Nordseite + Stärke eines Strebepfeilers, eingestellt in die Ecke Turm-Kirchenwestwand: 7,45 m + 1,25 m.
Weitere Maße zum Turm waren nicht feststellbar, da sein Fundament zum Teil außerhalb der Tiefgaragenbaugrube blieb.

Wandstärken: Im Chor 1,55—60 m
Im Langhaus überwiegend 1,35—40 m
Westwand 1,95 m
Nördliche Seitenschiffswand im Westjoch 1,60—65 m
Stärke der Mittelschiffsstützen um 1,70 × 1,90 m
Stärke der Strebepfeiler: am Chor und an der Südostecke des Schiffs 1,60—65 m, sonst um 1,35—40 m.

Die Kirche besaß einen dreischiffigen Grundriß mit einschiffigem, dreiseitig polygonal gebrochen endendem Chor und einem im Westen leicht schiefwinkelig vorgelagerten Mittelturm. Sollte die gegen das Schiffsinnere leicht vorspringende Substruktion des Turmes dessen Breite anzeigen und sie auch im Süden mit der Seitenschiffsfront der Obergadenstützen gefluchtet haben (was aus Symmetriegründen durchaus wahrscheinlich ist), dann dürfte der Turm bei einer Breite um 12 Meter einen merklich querrechteckigen Grundriß besessen haben.

Im Winkel zwischen südlicher Chorwand und Ostabschluß des Langhauses fand sich das polygonale Fundament für einen engen Treppenturm; das entspricht ebenso wie der nicht ganz achsiale Ansatz des Westturmes dem auf verschiedenen alten Ansichten wiedergegebenen Zustand[18]. Auch die Existenz einer zweijochigen oder zweiräumigen Sakristei an der Nordflanke des Chores ist in Plänen überliefert[19]; von ihr waren uns je-

---

[18] Neben Darstellungen auf älteren Stadtansichten interessieren vor allem die beiden Lithographien mit der Südansicht der Kirche von S. B. DILGER nach G. S. HAAS (SBB V B 192) und C. EHRHARDT nach J. G. STAHL (SBB V B 191), hier Abb. 7. — Die Schrägstellung des Turmes wird vor allem auf der zweiten Abbildung deutlich, ebenso auf den in der folgenden Anm. genannten Plänen.

[19] Der Grundriß der Kirche mit den beiden Pfeilerreihen des Langhauses, einer allerdings über die volle Langhausbreite geführten Empore und quergeteilter Sakristei an der Chornordseite findet sich in *Die Bischöfl. Residenz- und Hauptstadt Bamberg in einem Plan und Prospect entworffen und ediret von J. G. Endres* (18. Jahrhundert): Slg. Hist. Ver. Bamberg in der Staatsbibliothek G 1/8. — Der Westturm wirkt dort nicht nur extrem schiefwinklig, sondern auch gegenüber dem Grabungsbefund nach der falschen (Süd-)Seite verschoben. Auf dem Stadtplan von J. ROPPELT 1803 (Städt. Kunstsammlungen Bamberg, Graphik Nr. 944) findet sich nur ein viel schematischer erfaßter Grundriß der alten Martinskirche.

doch nur die Ansätze des westlichen Teiles zugänglich, der Rest lag außerhalb der Baugrube.

Zwischen den westlichsten Stützenfundamenten des Langhauses und mit deren Ostkante fluchtend, waren zwei pfeilerartige Fundamente eingestellt, die wie alle Substruktionen dieses Baus sehr gut aus meist großformatigen Steinblöcken mit Mörtel gefügt waren, aber nur eine Grundfläche von je etwa 0,90 × 1,00 m bedeckten. Sie dürften die Freistützen für die 1456 als fertig genannte Empore getragen haben, die demnach vermutlich nur das Westjoch des Mittelschiffs überspannt hat[20]. Das ist der einzige Aufschluß über die innere Einrichtung von Alt-St. Martin, der sich 1969 noch gewinnen ließ.

Interessante bautechnische Details waren dagegen noch am Turmfundament und an der westlichen Langhauswand zu bemerken: Während die Substruktion der Umfassungsmauern und Mittelschiffsstützen zwar solide ausgeführt und durchweg auf anstehenden Boden gegründet, aber nicht noch zusätzlich gesichert waren, fanden sich unter Turm und Langhauswestwand Roste aus Eichenpfählen. Dabei hatte man sich unter dem Turmfundament selbst nicht mit dem eigentlichen Rost aus dicht nebeneinander in den Boden getriebenen Pfählen begnügt, der wohl die gesamte Grundfläche des Turmes einnahm, sondern auf diesen als weitere Sicherung eine Lage vierkantig zugehauener Eichenbalken aufgelegt; erst auf diesen Horizontalhölzern ruhte das eigentliche Mauerwerk. So viel Sorgfalt hielt man schon bei der Westwand des Kirchenschiffs offenbar nicht mehr für notwendig, hier genügte die einfache Pfahlgründung. Wohl aber hütete man sich, die Kirchenfundamente mit dem mächtigen Klotz der Turmsubstruktion im Verband zu mauern; zwischen beiden verblieb vielmehr im Süden und Norden eine „Naht" — gewiß, um Schäden bei einer ungleichen Setzung beider Baukörper vorzubeugen. Eine solche Vorsorge scheint vernünftig und ist auch bei anderen Bauwerken festzustellen[21]. Insgesamt zeigt uns dieser Befund, daß man beim Bau von St. Martin von vornherein einen auf größere Höhe berechneten Westturm mit eingeplant hatte. Darüber hinaus boten uns die gut erhaltenen Eichenpfähle eine Möglichkeit, naturwissenschaftliche Bestimmungsmethoden als Datierungshilfe einzusetzen. 10 Proben von Eichenpfählen wurden deshalb zur dendrochronologischen Altersbestimmung an Herrn Dr. B. Becker, damals am Forstbotanischen Institut der Universität München, übergeben. Sein Gutachten wird nachfolgend in den betreffenden Abschnitten abgedruckt:

Die Synchronisierung der 10 Eichenpfostenabschnitte aus dem Turmfundament von St. Martin in Bamberg war bei dem guten Erhaltungszustand der Hölzer ohne Schwierigkeiten durchzuführen. 8 Proben ließen sich zu einer 139jährigen Mittelkurve zusammenfassen, zu der sich anschließend eine weitere Probe synchronisieren ließ, lediglich ein restlicher Pfostenabschnitt war infolge zu geringer Jahrringzahl nicht sicher einzuordnen.

Die acht Einzelproben umfassende Mittelkurve datiert sich nach der süddeutschen Eichenstandardkurve von 1199—1337, die Übereinstimmung ist bei einer Gleichläufigkeit von 84% ausgezeichnet, wie aus der beiliegenden Zeichnung zu ersehen ist.

---

[20] Das deckt sich mit den Mitteilungen bei N. Haas a.a.O. 55. — Ein interessantes bautechnisches Detail wurde von Th. Kubiczek nur für eines der Langhausstützenfundamente festgehalten: Hier waren in allen Lagerfugen regelmäßig dünne Ziegelplattenstücke eingelegt, die offensichtlich die großen Natursteinblöcke bis zum Abbinden des Mörtels in der richtigen Distanz halten sollten.

[21] Beispielsweise waren Westkrypta und Westchor des Heinrichsdomes unterhalb der Sockelzone unabhängig vom Querhaus mit seinen wesentlich flacheren und leichteren Mauern gegründet; vgl. W. Sage a.a.O. (Anm. 8) 185 ff.

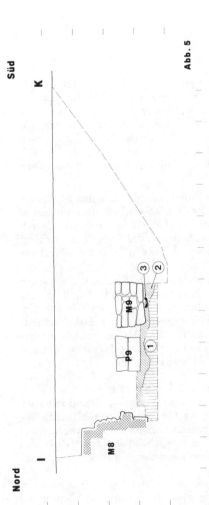

Abb. 5 Bamberg, Maxplatz. Detailprofil mit den Fundamentresten der Kirche 2.
Maßstab etwa 1:120.
1) Gewachsener Boden
2) Schwach humoser brauner Boden
3) in situ angetroffenes Skelett aus dem Friedhof zu Kirche 1
M 8 Ostabschluß des nördlichen Seitenschiffs von Kirche 2
M 9 Apsisfundament der Kirche 2
P 9 Einzelfundament, zu Kirche 2 gehörig, jedoch außerhalb des Chores.

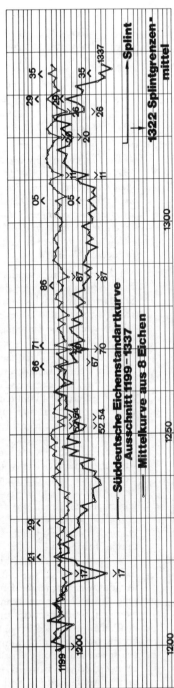

Abb. 6 Bamberg, Maxplatz. Graphische Darstellung der Standard-Eichenkurve und der Jahrringkurve der Proben aus dem Pfahlrost unter dem Westturm der gotischen Martinskirche. Nach B. Becker.

Dabei verteilen sich die einzelnen Pfosten wie folgt:

Nr. 1	1256—1326,	Splintgrenze 1324
Nr. 2	1247—1323,	Splintgrenze 1322
Nr. 3	1220—1337,	Splintgrenze 1319
Nr. 5	1232—1316	
Nr. 6	1199—1304	
Nr. 7	1262—1332,	Splintgrenze 1324
Nr. 8	1259—1323,	Splintgrenze 1324
Nr. 9	1263—1320	
Nr. 10	1256—1325	

Die fünf splintführenden Proben erreichen die Kern-Splintgrenze in den Jahren 1319, 1320, 1322, 1324, 1324. Dies ergibt eine mittlere Splintgrenze von 1322. Bei mehreren gleichzeitig gefällten Eichenproben erscheint die Waldkante 20 ± 6 Jahre nach dem Splintgrenzenmittel. Dabei errechnet sich für die Eichenpfosten von St. Martin eine Zeitspanne zwischen 1336—1348 um das vermutliche Fällungsjahr 1342. Der terminus ante quem non nach dem jüngsten erhaltenen Splintring (Probe Nr. 3) liegt bei 1337.

Die jahrringchronologische Datierung für den Pfahlrost ergibt demnach zusammenfassend 1337—1348.

Für uns ist von besonderem Interesse, daß das Fällungsjahr der zum Bau bestimmten Bäume auf alle Fälle vor dem ersten nachrichtlichen Hinweis auf ein Bauvorhaben bei St. Martin liegt, auch wenn die Zahl der Jahrringe im Splintholz höher als beim Durchschnittswert von 20 liegen sollte. Und da man im Mittelalter das Bauholz in aller Regel alsbald nach dem Einschlag verwendete, gilt dies auch für den Beginn des Neubaues von St. Martin selbst.

Die datierten Hölzer stammen aus dem Westfundament der Kirche, also aus jenem Teil, der bei der Erneuerung einer Kirche in der Regel nicht zuerst in Angriff genommen wurde. Üblicherweise begann man einen solchen Neubau mit dem Chor. Das kann auch in unserem Fall mit einiger Wahrscheinlichkeit so gewesen sein, wie das Verhältnis zwischen gotischen und romanischen Sanktuariumsfundamenten zeigen: Die ersteren schließen so an die romanischen Ostteile an, daß eine Vollendung des neuen Altarhauses ohne weiteres möglich scheint, ehe man den Abbruch des älteren Chores beginnen mußte. Auf solche Weise war es möglich, nahezu ohne Unterbrechung in der vom Neubau betroffenen Kirche Gottesdienste abzuhalten, und darauf kam es ja an. Ganz sicher ist es freilich nicht, daß man auch bei St. Martin auf diese Weise verfuhr und zuerst das neue Altarhaus baute, was dann wohl schon ab etwa 1340 geschehen sein mußte. Wir wissen ja nicht genau, wo der Westabschluß der romanischen Kirche zu suchen ist. Lag er nur ein wenig weiter östlich als die Westwand des gotischen Langhauses, dann wäre zumindest auch ein gleichzeitiger Baubeginn an den Westteilen und am Chor technisch durchführbar gewesen.

Wir wollen uns aber nicht in Spekulationen verlieren, die letzten Endes nur noch einmal demonstrieren, wie unzulänglich die Befunde selbst für eine genauere Beurteilung der jüngsten Kirche auf dem Maxplatz waren. Viel schlimmer steht es um die romanische Kirche 2, von der man doch wenigstens gerne wüßte, in welchem zeitlichen und womöglich auch werkstattmäßigen Zusammenhang sie mit dem Meranierdom gestanden haben mag. Die Frage nach dem Gründungsdatum der Martinskirche schließlich konnte trotz der Entdeckung des Baues 1 auch durch den Einsatz der Archäologie nicht gelöst werden. Kirche 1 ist ein Vertreter eines langlebigen „Allerweltstyps", und kein einziger Kleinfund aus sicherem Zusammenhang gibt uns einen Fingerzeig auf den Zeitpunkt ihrer Gründung. Sollte der obere der beiden im Chor von Kirche 1 angetroffenen

Fußböden wirklich zu diesem ältersten Bau gehören, dann könnte man dies wenigstens als Beweis für dessen längeres Bestehen ansehen. Ob darunter aber nun 100, 200 oder noch mehr Jahre zu verstehen sind, kann niemand entscheiden.

Zusammen mit dem Gründungsdatum der Martinskirche bleibt auch die Frage nach dem Altar der mittelalterlichen Siedlung auf der Insel zwischen beiden Regnitzarmen offen. Ob sie wirklich aus einer schon in karolingischer Zeit entstandenen Kaufmannsniederlassung im Bereich des heutigen Fischerviertels entstanden ist, wie gelegentlich vermutet wird[22], dürfte sich ebenso wie andere Probleme der frühen Bamberger Stadtentwicklung allenfalls im Zuge langfristig und konsequent betriebener archäologischer Stadtkernforschungen klären lassen.

Abbildungsnachweis:

Fotos: Bayer. Landesamt für Denkmalpflege.
Zeichnungen: W. Feil nach Originalaufmessungen von W. Charlier und Th. Kubiczek.

---

[22] Der alte Gedanke, auf der Regnitzinsel habe eine besonders früh zu datierende Ansiedlung existiert, wurde vom Leiter des Deutschen Schiffahrtsmuseums Bremerhaven, Dr. D. Ellmers, bei einem Vortrag am 22. 11. 1983 wieder aufgegriffen. Er hält es für möglich, daß sich schon in karolingischer Zeit im Bereich der heutigen Fischerei eine Kaufmannsniederlassung mit Lände und Straßenverbindung entwickelt hat, die dann aber keinesfalls bis in die Gegend der alten Martinskirche gereicht haben kann.

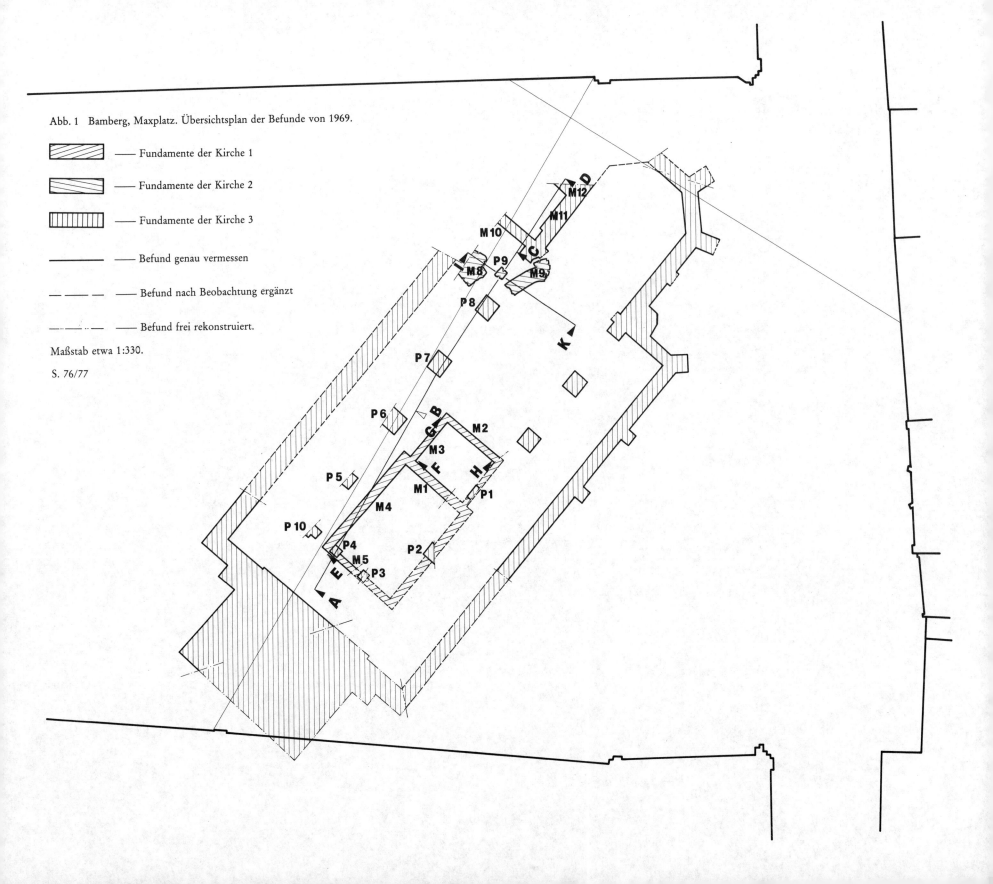

Abb. 1 Bamberg, Maxplatz. Übersichtsplan der Befunde von 1969.

— Fundamente der Kirche 1
— Fundamente der Kirche 2
— Fundamente der Kirche 3
— Befund genau vermessen
— Befund nach Beobachtung ergänzt
— Befund frei rekonstruiert.

Maßstab etwa 1:330.

S. 76/77

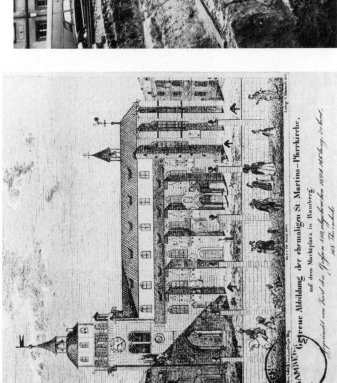

Abb. 7 Bamberg. Südansicht der ehemaligen Martinskirche, nach der Zeichnung von J. G. Stahl 1804 lithographiert von C. Ehrhardt 1841. Original im Archiv des Hist. Ver. Bamberg.

Abb. 8 Bamberg, Maxplatz. Blick von Westen auf das Nordprofil des Suchschnitts von 1969 mit den Fundamenten der nördlichen Langhausarkaden und dem nördlichen Choransatz der spätgotischen Martinskirche.

Abb. 10 Bamberg, Maxplatz. Turmfundament der gotischen Martinskirche mit Gründung aus Eichenpfählen.

Abb. 9 Bamberg, Maxplatz. Apsisansatz der Kirche 2 vor dem nördlichen Choransatz der gotischen Martinskirche, von Süden gesehen.

OTTO IV. IN BAMBERG

Beobachtungen zur Stellung des Welfenkaisers im ostfränkischen Raum (1208—1214)

von

BERND ULRICH HUCKER

Als König Philipp der Staufer am 21. Juni 1208 in der bischöflichen Pfalz zu Bamberg[1] einem Attentat erlag, hatte dieses völlig unerwartete Ereignis fast ebenso überraschende Folgen: Das Doppelkönigtum wurde nicht etwa durch die Bestimmung eines Thronanwärters seitens der staufischen Partei erneuert, sondern von ihr dadurch beseitigt, daß sie in einem bemerkenswerten Zusammenspiel mit den Anhängern des Welfen Otto IV. diesem zur allgemeinen Anerkennung verhalf.[2]

Gewissermaßen über Nacht war aus dem eben noch gänzlich unterlegenen Gegenspieler der Staufer der alleinige Thronkandidat geworden, denn die Bemühungen des Königs von Frankreich, ihm Herzog Heinrich von Brabant entgegenzusetzen, fanden nirgends Unterstützung.[3] Schon am 11. November 1208 wurde Otto in Frankfurt am Main abermals zum römisch-deutschen König gewählt. Zu dem Frankfurter Tag kamen auch, wie der Chronist Arnold von Lübeck ausdrücklich berichtet, *die Fürsten aus Franken* neben denen aus Bayern und Schwaben.[4] Hier ächteten König und Reichsfürsten den Mörder Philipps, den Pfalzgrafen Otto von Wittelsbach, sowie die der Mittäterschaft beschuldigten Brüder aus dem Herzogshaus der Meranier Heinrich, Mark-

---

[1] Der Kardinallegat Hugo nennt in seinem Bericht an Innocenz III. ausdrücklich das *palatium episcopi* (1208 Juli — *Regestum Innocentii III papae super negotio Romani imperii* Nr. 152, ed. FRIEDRICH KEMPF, Rom 1947 S. 349); weitere chronikalische Belege hierzu bei OTTO SPÄLTER, Verschiedene Bauphasen in den ältesten Abbildungen der Bamberger Pfalzanlagen? In: Jahrb. f. fränk. Landesf. 19, 1959, 223—240 dort S. 239 f. sowie allgemein zum Mord EDUARD WINKELMANN, Philipp von Schwaben und Otto IV. von Braunschweig, Lpz. 1873—78 (Neudruck Darmstadt 1963) (= Jahrbücher d. dt. Gesch.) Bd. 1 S. 536 f. und J. F. BOEHMER-J. FICKER, Regesta Imperii V Bd. 1, Innsbruck 1881 (Neudruck Hildesh. 1971) Nr. 185 a — Hingegen spricht der wohlinformierte Arnold von Lübeck vom *atrium regalis* (VII, 12) und an anderer, bisher übersehener Stelle ganz deutlich von des Königs eigenem Haus (VII c.14: *in propria domo occidit*, MGH SSrerGerm. ed G. H. PERTZ, Hann. 1868 S. 286). GERD ZIMMERMANN, Bamberg als königlicher Pfalzort, in: Jahrb. f. fränk. Landesf. 19, 1959, 203—222 (dort S. 217) hat nachdrücklich darauf hingewiesen, daß eine eigene königliche Pfalz zu dieser Zeit nicht mehr bestand. Doch besaßen die Staufer (aus dem Erbe der Grafen von Sulzbach?) einen Hof auf dem Domberg, die *Curia sancti Pauli* (vgl. WILHELM AMENT, Bamberg — Die fränkische Kaiser- und Bischofsstadt, Bamb. 1929 S. 148, der den Königsmord an diese Stelle verlegt, ohne dies jedoch zu begründen).

[2] Grundlegend hierzu ED. WINKELMANN, wie Anm. 1, Bd. 2 S. 99—130.

[3] ED. WINKELMANN, wie Anm. 1, Bd. 2 S. 118. — WALTHER KIENAST, Deutschland und Frankreich in der Kaiserzeit, Lpz. 1943 S. 157—159. — Der Papst stellte sich gegen die Pläne Philipps von Frankreich, vgl. sein Schreiben vom 17. Sept. 1208 an diesen, *Regestum Innocentii super negotio imperii*, wie Anm. 1, Nr. 165.

[4] ARNOLD v. LÜBECK, Chronica Slavorum, ed. PERTZ, MGH SSrerGerm. S. 286 (lib. VII c.14): *principes Frankonie, Bauwarie, Suevie.* — Vgl. Regesta Imperii, wie Anm. 1, V Nr. 240 d.

graf von Istrien, und Ekbert, Bischof von Bamberg.[5] Überdies nahm Otto IV. die Töchter Philipps in seinen Schutz und versprach der Ältesten, Beatrix, die Ehe.[6]

Damit waren bereits die Positionen für Ottos IV. Stellung in Ostfranken unübersehbar markiert, denn kraft seiner *procuratio* über die Töchter Philipps konnte er sich des staufischen Hausgutes in Franken bemächtigen, das dort seit den Tagen Konrads III. einen bedeutenden Herrschaftskomplex um Rotenburg bildete.[7] Und durch die Ächtung der Brüder Heinrich und Ekbert von Meranien hatte er zugleich die konkurrierende Macht der Herzöge von Andechs-Meranien geschwächt, die auf dem besten Wege zur völligen Beherrschung Oberfrankens waren — seit 1203 wurde der Bamberger Bischofsstuhl bereits zum zweiten Male innerhalb kurzer Zeit von einem Mitglied der Familie eingenommen! Otto Meyer spricht geradezu von einem *einheitlichen andechsischen Regiment in Oberfranken*[8].

Neben den beiden Herzögen von Meranien und Rothenburg (denn der jeweilige Inhaber des staufischen Besitzes in Franken nannte sich *dux de Rothenburg*[9]) gab es in Ostfranken noch eine dritte herzogliche Gewalt, nämlich den Bischof von Würzburg, dessen *ducatus orientalis Franciae* seit 1168 reichsrechtlich anerkannt war.[10] In dieser Hinsicht besaß der Bischof sicherlich einen Vorteil gegenüber Meraniern und Staufern, deren herzogähnliche Stellung in Franken bloß Auswirkung ihrer Eigenschaft als Reichsfürsten war — der „Herzöge" von Rothenburg als Herzöge von Schwaben und der Andechs-Meranier als Markgrafen von Istrien und als Inhaber von Reichsrechten in

---

[5] Belege zur Ächtung Ottos Regesta Imperii, wie Anm. 1, V Nr. 240 d. — Egbert und Heinrich: MGH SS 9 S. 591 *Continuatio Admontensis . . . Epus quoque Bab(enbergensis) et frater ejus H(enricus) marchio, qui super hoc facto suspecti habebantur, tam a principibus quam a ministerialibus imperii proscribuntur.* Unmittelbare Beteiligung am Mord drückt die Urkunde Bischof Konrads von Brixen aus, mit der er die Heinrich v. Istrien aberkannte Hochstiftsvogtei weiterverlieh: *. . . quod cum beneficium Hainrici quondam marchionis Istrie nobis vacare cepisset, quia ei propter mortem inclite recordationis Philippi gloriosi regis per sententiam principum sicut et cetera abiudicatum fuerat* (Tiroler UB I, 2 Nr. 594 S. 71). Auch die Belehnungsurkunde Ottos IV. für den Herzog v. Bayern spricht von Otto v. Wittelsbach und Heinrich als *interfectores regi Philippi!* (Monumenta Boica Bd. XXIX, 1 Nr. 593 S. 542).

[6] ARNOLD V. LÜBECK a.a.O.: *Rex igitur reginam adolescentulam in sua procuratione suscepit, . . . uxorem ducere spopondit* — auch ihre Schwester nahm Otto zu sich, Braunschweig. Reimchronik ed. LUDWIG WEILAND, MGH Dt. Chroniken Bd. 2, Hann. 1877 S. 541 V. 6576—6579.

[7] WERNER GOEZ, Konrad III., der fränkische Stauferkönig, in: Jahrb. d. Histor. Ver. f. Mittelfranken 89, 1977/81, 17—34 — Ders., König Konrad III., in: Gestalten des Hochmittelalters, Darmstadt 1983 S. 205—218 — KARL BOSL, Rothenburg im Stauferstaat, Würzb. 1947 (= Neujahrsbll. hrg. v. d. Gesellsch. f. Fränk. Gesch. XX).

[8] OTTO MEYER, Oberfranken im Hochmittelalter. Politik — Kultur — Gesellschaft (hrg. von) ELISABETH ROTH und KLAUS GUTH, Bayreuth 1973, Kapitel *Beginn der Bipolarität Oberfrankens unter den Grafen von Andechs-Meranien* S. 133—172, dort S. 152.

[9] KARL BOSL, wie Anm. 7, S. 17 — FERDINAND GELDNER, Um die frühen Staufer-Gräber in Ebrach, Lorch und Bamberg, in: Festschrift Ebrach 1127—1977 hrg. v. GERD ZIMMERMANN, Volkach 1977 S. 38—52.

[10] Die Studie von MARIE-LUISE CRONE, Der Ducatus orientalis Franciae, in: Jahrb. f. fränk. Landesf. 41, 1981, 1—21, läßt hinsichtlich der Entstehung manche Fragen offen — Zur Territorialisierung in Franken vgl. GERD ZIMMERMANN, Vergebliche Ansätze zu Stammes- und Territorialherzogtum in Franken, in: Jahrb. f. fränk. Landesf. 23, 1963, 379—408, zuletzt STUARTS JENKS, Die Anfänge des Würzburger Territorialstaates in der späteren Stauferzeit, in: Jahrb. f. fränk. Landesf. 43, 1983, S. 103—116.

Dalmatien *(ducatus Meraniae*[11]*).* Andererseits konkurrierte der Drittel-Dukat des Bischofs mit den Herrschaftsrechten der Grafen von Henneberg, deren Eigengüter, Reichs- und Kirchenlehen sich vom südlichen Thüringer Wald bis nach Mainfranken hinein erstreckten, und die zudem die Burggrafschaft Würzburg mit der Verfügungsgewalt über das Reichsgut um die Bischofsstadt innehatten.[12]

Derzeitiger Bischof-Herzog war Otto I. von Lobdeburg, der seit seiner Wahl (Juli/August 1207[13]) der welfischen Partei nahestand.[14] Die thüringisch-ostfränkische Edelherrenfamilie von Lobdeburg war verschwägert mit dem Grafen Adolf von Dassel, einem Heerführer Ottos IV.[15] Daß auch die Familie Bischof Ottos zum engeren Kreis der Welfenanhänger gehörte, zeigt das Auftauchen ihres Wappens, des silbernen Flügelfisches auf blauem Feld, an dem Wappenkästchen Ottos IV.[16] Der Erwählte Otto von Würzburg stand Philipp von Schwaben so deutlich distanziert gegenüber, daß dieser zögerte, ihm die Regalien zu verleihen. Die Verleihung ist vermutlich erst durch Otto IV., und zwar in Frankfurt nach der Königswahl vorgenommen worden.[17] Vorher schon war Otto, ausgestattet mit Briefen und Vollmachten Papst Innocenz III., für die Anerkennung des Welfen tätig gewesen, so daß seine Zuverlässigkeit vom König vor-

Wappen der Edelherren v. Lobdeburg auf dem Kästchen Ottos IV. um 1209

---

[11] EDMUND FRHR. V. OEFELE, Geschichte der Grafen von Andechs, Innsbruck 1877 (mit Regesten S. 105 ff. und Urkunden S. 221 ff.), dort S. 72 f. über Meranien — ERWIN HERRMANN, Die Grafen von Andechs und der ducatus Meraniae, in: Archiv f. Gesch. v. Oberfranken 55, 1975, 5—35.

[12] ECKART HENNING, Genealogische und sphragistische Studien zur Herrschaftsbildung der Grafen von Henneberg im 11. und 12. Jahrhundert, in: Festschr. z. 100jähr. Bestehen d. Herold zu Berlin, Bln. 1969 S. 33—57.

[13] ALFRED WENDEHORST, Das Bistum Würzburg. Teil 1: Die Bischofsreihe bis 1254, Bln. 1962 (= Germania Sacra N. F. 1: Die Bistümer der Kirchenprovinz Mainz) S. 204.

[14] FRANZ HERBERHOLD, Otto von Lobdeburg, Bischof von Würzburg 1207—1223. Beiträge zur Geschichte seines Lebens mit besonderer Berücksichtigung seiner Stellung zum Reiche, in: Arch. d. Histor. Ver. v. Unterfranken u. Aschaffenburg 70, 1935, 1—152, dort S. 22.

[15] BERENT SCHWINEKÖPER, Eine unbekannte heraldische Quelle zur Geschichte Ottos IV. und seiner Anhänger, in: Festschr. f. Hermann Heimpel, Bd. 2, Gött. 1972, 959—1022, dort S. 986, 989.

[16] B. SCHWINEKÖPER, wie Anm. 15, Tafl. 12 Fig. 11 u. S. 986.

[17] F. HERBERHOLD, wie Anm. 14, S. 16.

ausgesetzt werden konnte.[18] Er wurde auch sogleich in dessen Dienste genommen und gehörte, wie Otto IV. später ausdrücklich bezeugte, zum engeren Rate.[19]

Die Treue des Lobdeburgers erklärt, warum der König zunächst Würzburg ausläßt, als er im Februar 1209 nach Franken zieht, um hier seine Herrschaft aufzurichten: Nur in Nürnberg, Bamberg und Rothenburg hält er Hof. Würzburg bleibt für einen wichtigen Staatsakt aufgespart. Werfen wir einen Blick auf das Itinerar des Königs. Am 5. Februar ist Otto IV. mit seinem mobilen Hofstaat in Aufkirchen (westlich von Dinkelsbühl) nachweisbar.[20] Dieser damalige Reichsministerialensitz war gewiß nur Station auf dem Weg des Königs von Schwaben nach Nürnberg. In Nürnberg urkundete er bereits am 9. Februar[21], so daß für den Reiseweg nur drei oder knapp vier Tage bleiben. Die mittelalterliche Reisegeschwindigkeit bewegte sich zwischen 20 und 30 km pro Tag.[22] Für das Königsgefolge wird man unter Berücksichtigung zahlreicher unterwegs zu besorgender Hoheits-, Gerichts- und Verwaltungsakte eher einen niedrigeren Schnitt annehmen dürfen, so daß ein Umweg etwa über Weißenburg und Ellingen schwerlich zu realisieren gewesen wäre. Vielmehr muß der Reiseweg durch die dichten Stauferbesitzungen südwestlich Nürnbergs geführt haben. Ob die Route über Kammerstein und Schwabach ging, oder ob der König in Ansbach und dann in der Zisterze Heilsbronn Station machte, muß freilich offenbleiben.

In Nürnberg, dem *kaiserlichen Ort*, wie es in einer Urkunde Ottos IV. heißt, wurde ein *feierlicher Hoftag* abgehalten.[23]. Hier verweilte man zehn Tage. Nürnberg war nicht nur als Pfalzort und Zentrum massierten Reichsbesitzes in Mittelfranken von Bedeutung, sondern besaß auch eine zahlreiche stadtsässige Reichsdienstmannschaft, an deren Spitze 1200 und 1213 Reimar von Mögeldorf stand (1213 *provisor de Nurnberc*).[24] Otto IV. übertrug hier dem Deutschen Orden die Kirche St. Jakob samt Zubehör sowie das Reichsgut *Karlishouin* (Schallershof, Stadtkreis Nürnberg). Die Ausfertigung der Urkunde erfolgte nicht mehr in Nürnberg, sondern erst in Bamberg.[25] Intervenienten sind *ministeriales ac cives ... de Nurenberg* und der Schallershof war dem König von Otnant IV. von Eschenau aufgelassen worden. Otnant war Reichsministeriale, der sich

---

[18] Ebend. S. 29.

[19] Urk. 1209 Nov. 20, Regesta Imperii, wie Anm. 1, V Nr. 327: genannt mit den Erzbischöfen von Köln und Trier und dem Bischof von Speyer, *qui nostrum moderabantur consilium tam in eundo nobiscum pro imperatorie consecrationis obtentu quam domi manendo* — F. HERBERHOLD, wie Anm. 14, S. 46 f. liest *moderabuntur*, dagegen WENDEHORST, wie Anm. 13, S. 205.

[20] Regesta Imperii, wie Anm. 1, V Nr. 15045: *villa ufchirche*.

[21] Regesta Imperii V Nr. 267.

[22] Vgl. HEDWIG HEGER, Das Lebenszeugnis Walthers von der Vogelweide. Die Reiserechnungen des Passauer Bischofs Wolfger von Erla, Wien 1970 S. 200 f. — HERBERT KRÜGER, Das Stader Itinerar des Abtes Albert aus der Zeit um 1250, Stade 1958 (= Einzelschr. d. Stader Gesch. u. Heimatver. 12).

[23] Urk. 1209 Febr. 20, Nürnberger UB I Nr. 126: ... *cum apud Norimberc, imperialem locum, sub frequentia principum curiam sollempnem celebraremus*.

[24] Nürnberg. UB I Nr. 107 (u. Anm. 1) u. Nr. 135 — vgl. Gustav VOIT, Der Adel an der Pegnitz 1100 bis 1400, Neustadt a. d. Aisch 1979 (= Freie Schriftenfolge d. Gesellsch. f. Familienforschg. in Franken 20) S. 159 Anm. 1497.

[25] Nürnberg. UB I Nr. 127 — Regesta Imperii V Nr. 270 (Original nicht erhalten, kopiale Überlieferung im StA Dresden XIV a, 64 Bl. 7 a von 1392) — Die Schenkung wurde wörtlich übereinstimmend erneuert von Otto IV. 1212 Mai 10 (Original HStA München, Kaiserselekt Nr. 599 — Nürnberg. UB I Nr. 128 — Regesta Imperii V Nr. 477 — Monumenta Boica XXIX, 1 S. 558 ff.) und von Friedrich II. 1216 August 18 (Nürnb. UB I Nr. 143 — Regesta Imperii V Nr. 875).

auch nach der Reichsburg Schellenberg östlich von Erlangen nannte.[26] St. Jakob *cum omnibus bonis*, das war der bedeutende Nürnberger Königshof, der einer ansprechenden Vermutung KARL BOSLS zufolge von der Reichsdienstmannenfamilie Stromeir *Forestarii* (Waldstromer) verwaltet worden ist.[27] Wir sehen den Welfenkönig hier also eng mit der Reichsministerialität im „Reichsland" Nürnberg zusammenwirken.

Nach Bamberg kam Otto IV. am 20. Februar. Doch kann er hier kaum länger als einen Tag und eine Nacht geweilt haben, da er am 19. wohl noch in Nürnberg war[28] und wir ihn am 24. bereits in Rothenburg ob der Tauber finden. Von Nürnberg her waren zwei Tagesreisen (mit Station in Forchheim) erforderlich, nach Rothenburg benötigte man drei, wenn nicht vier Tagesreisen (Stationen in Höchstadt, Neustadt a. d. Aisch, Windsheim). Dem König und seinem Gefolge standen nicht nur die alte staufische Kurie auf dem Domberg (heutiges Gelände des erzbischöflichen Palais) zur Verfügung — auch die Bischofspfalz (Alte Hofhaltung) war verwaist, da der Bamberger Oberhirte zu seiner Schwester, der Königin von Ungarn, geflohen war.[29]. Folglich gab es genügend zu regeln; ob die noch frische Erinnerung an den ermordeten König Philipp, der hier im Dom beigesetzt worden war[30], zur Eile antrieb? In Bamberg wurde die Urkunde über die Nürnberger Deutschordensstiftung ausgestellt, und hier werden Abt und Brüder von Ebrach, die gemeinsam mit den Zisterzen Langheim und Heilsbronn auf dem Domberg einen Stadthof besaßen[31], zwecks Privilegierung ihres Klosters an den König herangetreten sein. Die erhaltene Originalurkunde für Ebrach ist ein abermaliges Zeichen der großen Eile, mit der Otto IV. aus Bamberg fortstrebte: Denn obgleich alles vorbereitet war (die Urkunde ist eine Empfängerherstellung!), kam es erst nach der Ankunft in Rothenburg zur Ausfertigung des Schriftstücks durch den König.[32]

Rothenburg ob der Tauber, das alte Zentrum des Drittel-Dukats der Staufer in Franken, sah den Welfen länger in seinen Mauern. Erst am 4. März ist er nämlich in Esslingen nachweisbar, dessen Entfernung von Rothenburg nicht viel größer ist als die Distanz zwischen Bamberg und Rothenburg! In der Stauferburg über dem Taubertal scharten sich die Ministerialen der Herzöge von Rothenburg um ihren neuen Herrn, der als Prokurator der Töchter ihres ermordeten Herrn Philipp von dem „Herzogtum" Rothenburg Besitz ergriff, und von dem der Eingeweihte bereits wußte, daß er die versprochene Verlobung mit Beatrix von Staufen in der Nachpfingstwoche in Würzburg

---

[26] G. VOIT, wie Anm. 24, S. 61 u. 64.

[27] KARL BOSL, Die Reichsministerialität als Träger staufischer Staatspolitik in Ostfranken und auf dem bayerischen Nordgau, in: Jahresber. d. Histor. Ver. f. Mittelfranken 1940/41, 1—103, dort S. 62 — GERHARD PFEIFFER, Studien zur Geschichte der Pfalz Nürnberg, in: Jahrb. f. fränk. Landesf. 19, 1959, 303—366, dort S. 359.

[28] Regesta Imperii V Nr. 269 hat Otto IV. zwar noch am 20. Februar eine Urk. in Nürnberg ausgefertigt, doch hat bereits JULIUS FICKER, Beiträge zur Urkundenlehre, Innsbruck 1877 Bd. 1 S. 204 festgestellt, daß Einzelheiten des Textes auf nachträgliche Beurkundung *an anderem Orte* schließen lassen, also wohl in Bamberg. Dies wiederum wäre plausibel, wenn das *actum* kurz vor dem *datum*, also etwa am 18./19., stattgefunden hätte.

[29] MGH SS 17 S. 171 *Annales Marbacense: ... qui commigrans in Pannoniam* — vgl. ED. WINKELMANN, wie Anm. 1, Bd. 1 S. 477 u. Anm. 3.

[30] Schon am Tag nach dem Attentat MGH SSrerGerm. *Chronica regia Coloniensis* ed. GEORG WAITZ, Hann. 1880 S. 226: *Sepultus est ibidem (.. Bavinberh) sequenti die, 10. Kal. Iulii scilicet in festo sancti Albini.*

[31] Schenkungsurk. 1154 Juni, Original HStA München, Bamberger Urkunden Nr. 276; FERDINAND GELDNER, Langheim. Wirken und Schicksal eines fränkischen Zisterzienserklosters, Kulmbach 1966 (= Die Plassenburg 25) S. 19 u. Abb. 2. — Vgl. W. AMENT, wie Anm. 1, S. 150.

offiziell feiern würde. Die führenden Reichsministerialen des Rothenburger Raumes können jetzt bei Otto IV. nachgewiesen werden. An ihrer Spitze der Reichsküchenmeister Heinrich von Rothenburg, der oberste Beamte des Königs in Rothenburg[33], sodann Siegfried von Rothenburg, Konrad von Stolberg und dessen Brüder Heinrich und Ludwig von Nordenberg, Albert von Endsee und Ulrich von Ergersheim[34]. Jener sonst nicht bekannte Siegfried von Rothenburg war vielleicht zum Stellvertreter des Reichsküchenmeisters im „Herzogtum" bestimmt, da dieser am Romzug des Königs teilnehmen sollte. In Rothenburg wurde schließlich das Privileg für die Zisterzienserabtei Ebrach ausgefertigt, durch das Otto IV. die Abtei unter seinen Schutz stellte, ihr Vogtfreiheit gewährte und den Besitz von Gut und Pfarrei Schwabach bestätigte, das der Abtei einst von Herzog Friedrich von Rothenburg geschenkt und nach erfolgtem Verlust von Heinrich VI. wieder zurückgegeben worden war (s. Abb. 1). Bemerkenswert ist dieser Vorgang nicht allein dadurch, daß der König sich damit eine der wichtigsten Zisterzienserniederlassungen in Franken verpflichtete, sondern auch durch die Tatsache, daß er sich durch das Eintreten für die Besitzrechte des Klosters in eine Reihe mit seinen staufischen Vorgängern in Franken stellte: Konrad III. galt (wenn auch historisch nicht zutreffend) als Mitbegründer, Herzog Friedrich als Wohltäter des Klosters. Friedrich fand sein Grab in der Klosterkirche.[35]

Nach Würzburg ging Otto IV., wie schon erwähnt, im Februar nicht mehr. Er durchmaß, von Rothenburg kommend, Schwaben, das Elsaß und Thüringen, um dann zu Pfingsten einen großen Hoftag in Braunschweig abzuhalten. Von dort zog er über Goslar und Walkenried nach Würzburg, das er am 24. Mai 1209 erreichte. Die Kombination des Hoftages in Würzburg mit dem Besuch des Königs in der Zisterzienserabtei Walkenried, wo das Definitorium des Zisterzienserordens (ein Seitenstück zum alljährlichen Generalkapitel im Herbst) ihn in die Brüderschaft des Ordens aufnahm, erlaubt den Schluß, daß auch der Würzburger Termin seit längerem geplant war. An Feierlichkeit ließ der Hoftag denn auch nichts zu wünschen übrig: Außer zahlreichen Reichsfürsten und den Kardinallegaten Hugo und Leo waren auch die 53 Zisterzienseräbte der Walkenrieder Versammlung erschienen, die dem König stehenden Fußes gefolgt waren. Die Legaten waren beauftragt, den Dispens für die Ehe Ottos IV. mit Beatrix zu überbringen. Die Reichsfürsten berieten die Angelegenheit mit den Legaten, wobei Bischof Otto von Würzburg als Übersetzer diente.[36] Der Dispens für die Ehe (wegen der Ver-

---

[32] Urk. 1209 Febr. 24, Original HStA München, Kaiserselekt Nr. 596 — Regesta Imperii V Nr. 271 — Monumenta Boica XXIX, 1 S. 551.

[33] Zeugenliste der Urk. 1209 Febr. 24, wie Anm. 32 — über Heinrich s. KARL BOSL, Die Reichsministerialität der Salier und Staufer. Ein Beitrag zur Geschichte des hochmittelalterlichen deutschen Volkes, Staates und Reiches, 2 Teile, Sttgt. 1950—51 (= Schriften der Monumenta Germaniae historica 10), dort S. 386—388; Ders., Rothenburg, wie Anm. 7, S. 26, 29 f.; MARTIN WEIGEL, Alt-Rothenburgs Wappen und Siegel im Zusammenhang mit seiner Geschichte dargestellt, Rothenburg o. d. T. 1941, S. 23 f.

[34] Zeugenliste d. Urk. 1209 Febr. 24, wie Anm. 32, die Konrad, *H.* und Ludwig *de Stolberg* nennt, von denen sich Heinrich und Ludwig sonst gewöhnlich nach der älteren Stammburg der Familie von Nordenberg nennen, vgl. K. BOSL, Reichsministerialität, wie Anm. 33, S. 389—391; M. WEIGEL, wie Anm. 33, S. 25 ff.

[35] GERD ZIMMERMANN, Ebrachs Geschichte im Spiegel der Wappen, in: Festschrift Ebrach 1127—1977, Volkach 1977 S. 11—27, dort S. 18 f. — FERD. GELDNER, Staufergräber, wie Anm. 9, S. 38 ff.

[36] ARNOLD V. LÜBECK, wie Anm. 1, VII c.17 S. 289 f. — OTTO V. ST. BLASIEN, *Chronica*, ed. ADOLF HOFMEISTER MGH SSrerGerm, Hann. u. Lpz. 1912, S. 85 Z. 23 f.: *. . . interpretem habens Wirziburgensem episcopum*.

wandtschaft des Paares) wurde unter Zustimmung der Fürsten erteilt, und der König gelobte, auf eigenem Grund und Boden ein Zisterzienserkloster zu bauen.[37] Damit war die Ehe kirchen- und reichsrechtlich nicht mehr anfechtbar. Die Verlobung konnte vollzogen werden.

Otto IV. ist schon im Sommer 1209 nach Rom aufgebrochen. Franken, wo er wie überall im Reich den Landfrieden wiederherstellte, hat ihn erst als Kaiser wiedergesehen. Die Bilanz des ersten Jahres Ottos IV. als allgemein anerkannter König ist recht positiv: Der Welfe hat sich rasch und umsichtig auf die neue Konstellation nach der Ermordung Philipps von Schwaben eingestellt.[38] Wir sehen nicht nur den Bischof-Herzog von Würzburg auf seiner Seite, sondern auch die Grafen von Henneberg (von denen Berthold die Burggrafschaft Würzburg innehat), den Burggrafen von Nürnberg[39], die Grafen von Hohenlohe und andere Herren[40]. Das unbestrittene Haupt der Reichsministerialität, Marschall Heinrich von Kalden, dessen Familie reichen Besitz im Raum von Weißenburg und Pappenheim verfügte[41], hatte Otto IV. schon im Herbst 1208 anerkannt und ihm Burgen und Städte des Reichs ausgeliefert[42]. Im Januar 1209 war Kalden die Wahrung des Landfriedens in Schwaben und benachbarten Gebieten übertragen worden.[43] Die Instrumente staufischer Herrschaftspolitik (Ministerialität, Schutzherrschaft über die Zisterzienserklöster) hatte Otto IV. übernommen und ein neues, nämlich die Ansiedlung der Deutschordensritter seitens des Reiches, hinzugefügt.

Problematisch war jedoch das Vorgehen gegen die Andechs-Meranier als (wirkliche oder vermeintliche) Helfer des Königsmörders Pfalzgraf Otto von Wittelsbach. Otto IV. und die Reichsfürsten hatten kurzen Prozeß gemacht und nicht nur den Mörder selbst, sondern auch Heinrich von Istrien und Bischof Ekbert von Bamberg geächtet (11. Nov. 1208). Der Wittelsbacher war sofort von Heinrich von Kalden aufgegriffen und exekutiert worden. Daß Heinrich und Ekbert nur geringe Chancen für einen fairen Prozeß sahen und die Flucht ins Ausland vorzogen, ist nur allzu verständlich. Wenigstens war nicht auszuschließen, daß die Konkurrenten der Meranier, aber auch die Reichsgewalt selbst, einen Anlaß zur Beseitigung der meranischen Vormachtstellung in Bayern und Franken suchten. Sicher jedenfalls ist, in welchem Umfang sie von der Äch-

---

[37] Otto v. St. Blasien, wie Anm. 36, S. 86.

[38] Daß überdies nicht Otto, sondern erst Friedrich II. als Verschleuderer des Reichsgutes gelten muß, zeigt die unter Anleitung von Gerd Zimmermann entstandene Studie über die Abnahme des Reichsgutes von Andreas Schlunk, Der Verfall der Stauferherrschaft — Königsgut und Reichsministerialität in Süddeutschland, Magisterarbeit Univ. Bamberg, Typoskript 1983, dort insbes. die Zusammenfassung S. 77 ff.

[39] Henneberger: B. Schwineköper, wie Anm. 15, S. 993, ebend. Taf. 13 Fig. 15 das Wappen der Henneberger auf dem sogen. Minnekästchen Ottos IV., das Schwineköper auf den Braunschweiger Hoftag Pfingsten 1209 datiert. — Burggrafen von Nürnberg: Regesta Imperii V Nr. 433 u. 437 (Burggf. Konrad auf dem Romzug).

[40] Urk. 1209 Febr. 24, wie Anm. 32, Brüder Heinrich u. Albrecht v. Hohenlohe — Noch 1212 Sept. 5 läßt der Kaiser die Zisterze Bildhausen durch den Grafen Poppo v. Henneberg und die Edelherren v. Wildberg, v. Trimberg, v. Sternberg und v. Lichtenberg in Schutz nehmen, Monumenta Boica XXXI, 1 Nr. 251.

[41] Wilhelm Kraft, Das Urbar der Reichsmarschälle von Pappenheim, München 1929 (Neudruck Aalen 1974) (= Schriftenreihe z. bayer. Landesgeschichte 3).

[42] Cronica S. Petri Erfordensis, ed. Oswald Holder-Egger MGH SSrerGerm, Hann. u. Lpz. 1899, S. 206 Z. 4—7.

[43] Burchard und Konrad v. Ursberg, Chronicon, ed. Georg H. Pertz, MGH SSrerGerm. Hann. 1874, S. 90 bezeugt es für Alemannia — Daß sich der Aufgabenbereich Kaldens noch viel weiter erstreckte, geht daraus hervor, daß 1209 in Nürnberg auch niederbayrische Güter des Klosters Admont unter seinen Schutz gestellt werden (Nürnb. UB I Nr. 125).

tung profitierten: Schon vor der endgültigen Verurteilung auf bayrischem Boden bei Augsburg verlieh der König dem Herzog Ludwig von Bayern die Reichslehen Ottos von Wittelsbach und Heinrichs von Istrien.[44] Inhaber der bayerischen Pfalzgrafschaft wurde dann allerdings wenig später Graf Rabodo von Ortenburg, während die Markgrafschaft Istrien an den Patriarchen Wolfger von Aquileia gelangte. Die Grafschaft im Unterinntal und die Hochstiftsvogtei fiel dem Hochstift Brixen heim, das die Vogtei an Graf Albert von Tirol verlieh.[45] Der älteste Bruder der Meranier, Otto, blieb ungeschoren, da er ein gutes Alibi hatte: Am Mordtage war er nach Beendigung seiner Hochzeitsfeier in seine Pfalzgrafschaft Burgund aufgebrochen! Er schloß sich dem Welfenkönig an und behielt die Eigengüter des Hauses Andechs-Meranien. Im Herbst 1209 finden wir ihn auf der Romfahrt Ottos IV.[46]

Hinsichtlich der oberfränkischen Besitzungen der Meranier stellt sich nun die Frage, was gehörte davon Otto, was Heinrich? Nach dem Tode ihres Vaters, Herzog Berthold († 1204) hatte offensichtlich eine Teilung stattgefunden, bei der Otto das „Herzogtum" Meranien und Heinrich die Mark Istrien sowie die bayrischen Stammlande mit der Grafschaft Andechs erhalten hatte, denn Otto erschien in der Folgezeit nur noch als *dux Meranie*, Heinrich als *marchio Istrie* (1228 auch als *marchio de Andehsen*).[47] Dafür, daß beide Besitztitel nicht als einheitliches Reichsfürstentum angesehen worden sind und damit ihrer Aufteilung unter zwei Brüder reichsrechtlich nichts im Wege stand, spricht eine Urkunde König Philipps von 1205, in der Herzog Otto von Meranien und Markgraf Heinrich von Istrien nebeneinander genannt werden.[48] Aber auch Kirchenlehen und Eigengüter sind geteilt worden, denn nur Otto verfügt über Besitz im Obermainbereich und nur Heinrich über Güter in Tirol und Andechs[49]. Wahrscheinlich ist der oberfränkische Besitz der Meranier also von der Ächtung Heinrichs gar nicht berührt worden. Dennoch springt es ins Auge, daß für die Jahre 1208 bis 1215 Beurkundungen Ottos für seinen oberfränkischen Besitz völlig fehlen. Da sie vor 1208 und nach 1215 überaus zahlreich sind, wird man kaum an einen Zufall glauben dürfen[50].

---

[44] Regesta Imperii V Nr. 243; die endgültige Ächtung nach bayrischem Recht bei Augsburg (wohl auf dem Gerichtsplatz *Gunzenle* am östlichen Lechufer, also auf bayrischem Boden) Nr. 251 a.

[45] Tiroler UB I, 2 Nr. 594.

[46] E. v. OEFELE, wie Anm. 11, S. 100 und Regesten Nr. 453—458. — Auf der Rückreise, am 1. Nov. 1209 nahm Otto v. Meranien ein Darlehen von 150 Mark guten ungarischen Silbers bei Bernardus Theotonicus in Venedig auf. Diese bei v. OEFELE fehlende Nachricht und weiteres über Bernardus, den Finanzier der Staufer und möglicherweise des Dritten und des Vierten Kreuzzuges bei WOLFGANG VON STROMER, Bernardus Teotonicus und die Geschäftsbeziehungen zwischen den deutschen Ostalpen und Venedig etc., in: Grazer Forschungen z. Wirtschafts- u. Sozialgesch. 3, 1978 S. 1—15, dort S. 10.

[47] E. v. OEFELE, wie Anm. 11, Regesten Nr. 442 ff., 621 ff. *de Andehsen* 623.

[48] Regesta Imperii V Nr. 111.

[49] E. v. OEFELE, wie Anm. 11, S. 97.

[50] Erklären läßt sich das höchstens teilweise durch die lückenhafte Überlieferung; immerhin klafft auch bei den Veräußerungen der Ministerialen des Bistums zwischen 1207 und 1215 eine auffällige Lücke (ERICH FRHR. VON GUTTENBERG, Die Territorienbildung am Obermain, in: Bericht d. Histor. Ver. Bamberg 79, 1926 S. 1—539, dort S. 403 u. 423), ebenso fehlen für die Jahre 1208 bis 1214 Übertragungen an Langheim, FERDINAND GELDNER, Das älteste Urbar des Cistercienserklosters Langheim um 1390) etc., Würzb. u. Lichtenfels 1952 (= Veröff. d. Gesellsch. f. fränk. Gesch. X, 3) S. 193. Vermutlich hat Otto IV. seine Hand auf die Bamberger Kirchenlehen der Meranier gelegt.

Das Bistum war durch die Flucht und Ächtung seines Oberhirten verwaist. Daß der König geplant hat, ihn durch einen Mann seiner Wahl zu ersetzen, kann kaum zweifelhaft sein. Wenn nicht alles täuscht, haben uns die Quellen den Namen dieses Mannes sogar überliefert: Es ist der Protonotar Ottos IV., Walter von Biesenrode. Der König hatte ihm eine Domherrenstelle in Bamberg verschafft, aus der man ihn nach dem Erscheinen Friedrichs II. in Deutschland 1212 wieder verdrängen wollte.[51] Die Bamberger Stelle ist ihm sicher im Hinblick auf die nach der Ächtung Bischof Ekberts erwartete Bischofswahl übertragen worden. Der Aufstieg eines Protonotars der königlichen Kanzlei zum Reichsbischof hatte fast etwas Laufbahnmäßiges — Heinrichs VI. Protonotar Rudolf und Philipps Protonotar Konrad von Scharfenberg waren noch vor kurzem auf diese Weise zu Reichsfürsten avanciert. Außerdem war der Protonotar Ottos IV. nicht irgendwer, sondern der Sohn eines der vermögendsten Prälaten jener Zeit, des Magdeburger Domdechanten Albert von Biesenrode.[52] Dieser war derart liquide, daß er dem Bischof von Halberstadt 1202 die Teilnahme am Kreuzzug finanzieren konnte (dieser Zug endete mit der Eroberung Konstantinopels — die vom Bischof heimgebrachten Beutestücke bilden heute den Grundstock des Halberstädter Domschatzes). 1207 spendete Albert die gewaltige Summe von hundert Mark Silberpfennigen für den Neubau des Magdeburger Domes. Durch seine Spende wurden Fürsten und Bürger zur weiteren Unterstützung des Dombaus angeregt. Der Erzbischof von Magdeburg hat 1208 bei Otto IV. durchgesetzt, daß der Sohn seines Dechanten Protonotar werden solle und — daß der König sich zur Förderung des Magdeburger Dombaus verpflichtete.[53] Gewiß ist bei den damaligen Verhandlungen auch die weitere Karriere Walters besprochen worden. Vielleicht haben wir hier den politisch-personellen Rahmen nicht nur des Magdeburger, sondern auch des diesem so nahestehenden Bamberger Domneubaues vor uns!

Kurz, aus den Bamberger Plänen der Magdeburger wurde nichts. Innocenz III. wollte sich trotz der Ächtung nicht so ohne weiteres zur Absetzung Ekberts verstehen. Im Gegenteil, er machte Bedenken gegen den Prozeß geltend und ließ die Angelegenheit aufs neue untersuchen.[54] Eine Bischofsneuwahl war damit vereitelt, wohl aber blieben die *temporalia* dem König. So ist Otto IV. vom Tag der Ächtung der Königsmörder an als faktischer Machthaber im Hochstift zu betrachten.[55] Es spricht einiges dafür, daß er nicht nur die Kirchenlehen der Meranier (das waren *comitatus et iudicium provinciale* im Bistum sowie die Burgen Giech, Kronach, Lichtenfels, Rosenberg, Niesten und die halbe Plassenburg[56]), sondern auch die Lehen Kaiser Friedrichs I. und seiner Söhne (die später sogenannten *Truchseßlehen*) eingezogen hat. Der Staufer hatte 1174 seine Belehnung mit den wichtigen Bamberger Besitzungen in Amberg, Hersbruck, Velden, Pegnitz, Vilseck, Auerbach samt der Burg Hohenstein erreicht.[57] Als letzter Inhaber die-

---

[51] Regesta Imperii V Nr. 6119 u. 6122: Papstbriefe von 1212 Apr. 3 und Apr. 8.

[52] MGH SS 23 *Chronicon montis Sereni* S. 175, 178.

[53] Über Albert und Walter von Biesenrode eingehend Kap. III2b (Kanzleibeamte) in meiner Arbeit „Die neue Politik Ottos IV. — Studien zu Politik und Machtbasis des Welfenkaisers", von der Fakultät für Geschichts- u. Geowissenschaften der Univ. Bamberg angenommene Habilitationsschrift, Typoskript 1983.

[54] Regesta Imperii V Nr. 6051, 6058, 6153 — ERICH FRHR. V. GUTTENBERG, Das Bistum Bamberg, T. 1, Bln. u. Lpz. 1937 (= Germania Sacra, 2. Abt. Die Bistümer der Kirchenprovinz Mainz 1) S. 165. [55] Vgl. auch oben Anm. 50.

[56] E. v. OEFELE, wie Anm. 11, S. 73 f. u. 76 Anm. 8, die zahlreichen dort S. 75 f. aufgezählten Besitzungen als „Eigen" sind meist nicht als solche nachgewiesen. Auch wenn die Hze. später frei über sie verfügten, können es allodifizierte Lehen gewesen sein. Vgl. oben Anm. 50.

[57] Monumenta Boica XXIX, 1 S. 417 ff.

ser Kirchenlehen erscheint dann Barbarossas Sohn Otto, Pfalzgraf von Burgund, der jedoch am 13. Januar 1200 ohne männlichen Erben verstarb.[58] Wer Pfalzgraf Ottos Erbtochter Beatrix heimführen würde, erwarb sicherlich einen Anspruch auf die Belehnung mit jenem Besitz in dem erzreichen Gebiet. König Philipp verlobte seine Nichte schließlich mit Herzog Otto von Meranien. Doch nicht der 1234 verstorbene Meranier verfügte später über den Besitz, sondern Friedrich II.[59], so daß offensichtlich seit 1200 die Könige ununterbrochen die Kirchenlehen in ihrer Hand behalten haben. Für das Verhältnis der Meranier zu Otto IV. war dieser Punkt neben der Entmachtung Bischof Ekberts, der Vertreibung Heinrichs von Istrien und der mutmaßlichen Einziehung der Kirchenlehen am Obermain gewiß ein Grund zur Opposition! So geht dann auch die Fürstenerhebung gegen Otto IV., die zur Wahl eines Gegenkönigs führte, aus einer Verschwörung vom August 1210 hervor, an der sich Herzog Otto, Bischof Ekbert und der mit ihnen verschwägerte Landgraf Hermann von Thüringen maßgeblich beteiligen.[60]

Der Machtausbau Ottos IV. im Hochstift Bamberg, begünstigt zudem durch das Fehlen einer Burggrafschaft und einer Stiftsvogtei, belastete letztendlich die Zukunft seiner Herrschaft im gesamten Reich mit einer schweren Hypothek, der zum Teil konspirativen Feindschaft der Meranier. Es bleibt die Frage zu klären, wen der Welfe mit der Wahrnehmung von Hoheits- und Verwaltungsfunktionen im Hochstift betrauen konnte. Wie das Beispiel Ottos von Schletten zeigt, der noch 1212 im Gefolge des Kaisers auftaucht[61], hat er sich auf die Stiftsministerialität oder doch Teile derselben gestützt. In den Oberpfälzer Besitzungen wird ihm die dortige Dienstmannschaft willig gefolgt sein; ging es für sie doch darum, endgültig in die Reichsministerialität eingegliedert zu werden. Doch daneben benötigte der König erfahrene, im Reichsdienst geschulte Beamte. Diese könnte er, wie später noch Friedrich II., aus Nürnberg hierhergesetzt haben.[62] In der Tat gibt es darauf Hinweise. Beginnen wir bei dem Besuch Ottos IV. in Bamberg: Die hier ausgefertigte Urkunde über die Niederlassung des Deutschen Ordens auf dem Nürnberger Königshof war — wie schon erwähnt — von der stadtsässigen Ministerialität vom König erbeten worden. Es ist sehr wahrscheinlich, daß ihm einige Dienstmannen von Nürnberg nach Bamberg herab gefolgt waren. Sie konnten die Urkunde dann nach Nürnberg schaffen und Bamberger Angelegenheiten betreffende Aufträge entgegennehmen. Das kann aber nur der Auftakt gewesen sein, denn mindestens für eine Nürnberger Ministerialenfamilie läßt sich aus in ihrer Hand befindlichen, höchst eigentümlichen Hoheits- und Besitzrechten schließen, daß sie mit den verschiedensten hoheitlichen und militärischen Funktionen in Bamberg beauftragt gewesen sein müssen. Lupold Rindsmaul, Bamberger Domherr und Propst von St. Jakob (1215—1255), besaß zusammen mit Bamberger stadtsässigen Ministerialen (Kämmerer

---

[58] Friedrich GRÜNBECK, Die weltlichen Kurfürsten als Träger der obersten Erbämter des Hochstifts Bamberg, in: Jahrb. d. Histor. Ver. Bamberg 1922/23/24, 1—187, dort S. 58.

[59] Ebend. S. 60 f.

[60] OTTO DOBENECKER, Regesta diplomatica necnon epistolaria historiae Thuringiae, Bd. 2, Jena 1900 Nr. 1664 a u. 1668.

[61] Regesta Imperii V Nr. 251 f. — über ihre Eigenschaft als Ministerialen des Bischofs s. E. v. OEFELE, wie Anm. 11, Regest Nr. 503 a — Otto v. S. erscheint 1207 noch im Gefolge Hz. Ottos v. Meranien, ebend. Regest Nr. 447. — Vgl. über die v. (Kirch-)Schletten E. v. GUTTENBERG, wie Anm. 50, S. 434.

[62] G. VOIT, wie Anm. 24, S. 127 u. 223 — K. BOSL, Reichsministerialität als Träger, wie Anm. 27, S. 31 zeigen dichte Beziehungen der Nürnberger Ministerialität zum Hochstift — 1242 beauftragte der Kaiser den Reichsbutigler v. Nürnberg und die Reichsministerialen v. Kammerstein damit, im Hochstift zu intervenieren, K. BOSL, wie Anm. 27, S. 51.

Abb. 1   Urkunde Ottos IV. für Ebrach vom 24. Februar 1209 (Foto HStA München).

Wappen derer von Grünsberg, Wappenfries in der Klosterkirche Kastl

und Münzmeister!) eine Kurie in der Domburg und Anteile an Zoll und Münze. Ferner gehörten ihm Teile der Altenburg über der Bischofsstadt.[63] Eine Generation früher erscheint Albert Rindsmaul auf Ottos IV. Italienzug.[64] Möglicherweise ist dieser bedeutende Reichsministeriale, der 1191 bis 1237 fünf Königen diente[65], identisch mit dem sonst nicht unterzubringenden Kämmerer Albert, der 1210 und 1211 bei Otto IV. auftauchte, denn nach 1232 ist Albert Rindsmaul Kämmerer Friedrichs II.[66] Mehr Gewißheit gibt die Erwähnung eines *bos teutonicus*, der als *missus* König Philipps in der Toskana tätig wurde — Name und Wappen Alberts, der sich auch *von Nürnberg* oder nach seiner Burg bei Altdorf *von Grundesperc* nannte, lassen kaum einen Zweifel an seiner Identität mit diesem „deutschen Rind" zu.[67] Während Albert Otto IV. auf dem Italienfeldzug begleitete, kann ihn auf der Altenburg und der Bamberger Domburg Hermann, sein mutmaßlicher Bruder, vertreten haben. Hermann Rindsmaul (1199—1234) gilt als Vater des Domherren Lupold.[68]

Die Verfügungsgewalt Ottos IV. in Bamberg geriet ins Wanken, als der Erzbischof von Mainz 1211 im Verein mit dem König von Böhmen, dem Landgrafen von Thüringen und den „Fürsten und Edlen des Landes" Ekbert wieder als Bischof einsetzte.[69] Daß dies gegen den Willen des Kaisers geschah, ergibt sich aus dem Kreis der Beteiligten — sämtlich Mitglieder der Fürstenopposition — und der Tatsache, daß sich Ekbert

---

[63] G. Voit, wie Anm. 24, S. 209 — Erich Frhr. v. Guttenberg/Alfred Wendehorst, Das Bistum Bamberg, T. 2, Berlin 1966 (= Germania Sacra, 2. Abt. Die Bistümer der Kirchenprovinz Mainz 1) S. 69 — Johann Looshorn, Das Bisthum Bamberg von 1102—1303. Nach den Quellen bearbeitet. München 1888 (= Die Geschichte d. Bisthums Bamberg II) S. 708, 716, 718, (die Kurie gehörte vormals denen v. Grundlach, die aber auch z. Nürnberger Reichsministerialität gehörten, vgl. K. Bosl, wie Anm. 27, S. 29—33).

[64] Regesta Imperii V Nr. 338 f. u. 342.

[65] D. v. d. Nahmer, Albert Rindsmaul, in: Lexikon d. Mittelalters 1 Sp. 289 — G. Voit, wie Anm. 24, S. 206 — Kap. IIIa (Reichshofbeamte) meiner Anm. 54 zit. Habilitationsschrift — K. Bosl, wie Anm. 27, S. 50.

[66] Regesta Imperii V Nr. 433 u. 454; 1232: Liv-, Est- u. Kurländ. Urkundenbuch I Nr. 127.

[67] D. v. d. Nahmer, wie Anm. 65, Sp. 289 — Wappenabbildungen bei G. Voit, wie Anm. 24, S. 204 — Die Kastler Wappenmalerei zeigt den Ochsenkopf rot auf silbernem Feld.

[68] Über Hermann vgl. G. Voit, wie Anm. 24, S. 206 — wohl für ihn stiftete Lupold Rindsmaul eine Memorie, v. Guttenberg/Wendehorst, wie Anm. 63, S. 69.

[69] *Chronica regia Coloniensis*, wie Anm. 30, S. 232: *Ipso etiam anno Syfridus Mogonciensis archiepiscopus cum Herimanno lantgravio et rege Boemiae et quibusdam principibus et nobilibus terrae apud Bavinberg colloquium habuit, ubi episcopum ipsius civitatis propter necem Philippi regis expulsum restituerunt.*

und Otto von Meranien sofort nach der Rückkunft Ottos IV. aus Italien darum bemühten, dessen „Gnade wiederzuerlangen". Die Versöhnung hat auf dem Nürnberger Hoftag (10.—21. Mai 1212) stattgefunden. Die Kölner Königschronik berichtet außerdem, Ekbert sei zum Kanzler des Kaisers bestellt worden.[70] Das mag er immerhin einige Monate gewesen sein, wenn sich auch keine einzige Rekognition einer Urkunde Ottos IV. durch ihn erhalten hat.

Die Frage, ob es während Ottos IV. Abwesenheit in Italien einen hochadligen Verwalter des Hochstifts gegeben hat, soll wenigstens aufgeworfen werden. Leider besitzen wir zu diesem Punkt keine unmittelbaren Zeugnisse, wissen aber, daß Herzog Bernhard von Sachsen neben Pfalzgraf Heinrich Stellvertreterfunktionen im Reich ausgeübt hat (So führte er 1211 im Auftrag des Kaisers einen Erzbischof gewaltsam in Bremen ein). Andeutungen auf eine ehemals bevorrechtigte Stellung der askanischen Herzöge im Hochstift enthalten die Verhältnisse der fürstlichen Erbämter, die im Spätmittelalter mit den vier weltlichen Kurfürsten in Verbindung gebracht wurden. Tatsächlich gehen zwei der Erbämter samt den damit verbundenen Lehen auf die Herzöge von Sachsen-Wittenberg zurück und das Truchsessenamt bekam erst insofern eine Beziehung zu den Kurfürsten, als die Wittelsbacher Erben der staufischen Kirchenlehen wurden. Das vierte Amt ist möglicherweise überhaupt erst aus den spätmittelalterlichen Anschauungen entwickelt worden, da sein „Inhaber", der König von Böhmen, im Gegensatz zu den anderen drei Lehnsträgern stets Amtsausübung und Lehnsnahme zurückwies[71]. Mehr als ein Fingerzeig auf Herzog Bernhard und dessen Sohn Albrecht (der allerdings 1212 in Nürnberg beim König erschien) kann dies mangels weiterer Nachrichten über die Tätigkeit der Askanier in Bamberg jedoch nicht sein.

Im Jahre 1213 war der Abfall von Otto IV. allgemein. Am 26. Februar sehen wir Herzog Otto von Meranien auf Seiten Friedrichs II., gleichzeitig erscheinen die Rothenburger Ministerialen Albert von Endsee und Ludwig von Stolberg sowie der Provisor Reimar von Nürnberg bei ihm[72]. Bischof Otto von Würzburg ist am 12. Juli am Hofe des Staufers in Eger[73]. Noch 1212 hat eine Gruppe staufischer Parteigänger versucht, den Bischof zu vertreiben. Das scheiterte am Widerstand der Stiftsritterschaft und wohl auch der Grafen von Henneberg, die erst 1215 zu Friedrich II. übergingen[74]. Ekbert von Bamberg hingegen hat mit dem endgültigen Übertritt zum Staufer lange gezögert; erst Ende 1213 erblicken wir ihn bei einer gemeinsamen Aktion mit dem Gegenkönig: Der Leichnam König Philipps wird in Bamberg exhumiert und feierlich im Kaiserdom zu Speyer beigesetzt — ein politischer Akt, mit dem gleichsam ein Schlußstrich unter den Dynastiewechsel infolge des Königsmordes gesetzt und zugleich die Unschuld Ekberts und seiner Familie öffentlich demonstriert werden sollte[75].

---

[70] Ebend. a. 1212 S. 233: *Ibi eciam episcopus de Bavinberg cum fratre suo duce Meraniae in gratiam imperatoris venit, qui et cancellarius eius constituitur.*

[71] Zu den Erbämtern eingehend F. GRÜNBECK, wie Anm. 58.

[72] E. v. OEFELE, wie Anm. 11, Regest Nr. 461 a u. 462 — noch im Sept. 1212 war er bei Otto IV. in Würzburg, Regesta Imperii V Nr. 487, 488.

[73] F. HERBERHOLD, wie Anm. 14, S. 82 — A. WENDEHORST, wie Anm. 13, S. 206.

[74] MGH SS 23 *Chronicon montis Sereni* S. 170, dazu F. HERBERHOLD, wie Anm. 14, S. 70—78 und A. WENDEHORST, wie Anm. 13, S. 206. — Graf Poppo von Henneberg, im September 1212 von Otto IV. noch als dessen „Getreuer" mit dem Schutz der Zisterze Bildhausen betraut (oben Anm. 40), hat gewiß zu den Stützen der Partei des Kaisers in Franken gehört.

[75] E. v. GUTTENBERG, wie Anm. 54, S. 165; Regesta Imperii V Nr. 714 (1213 Dez. 30). — Noch später erst erscheint Poppo v. Henneberg am Hof des Staufers, nämlich am 22. Dezember 1215 (O. DOBENECKER, wie Anm. 60, Nr. 1643).

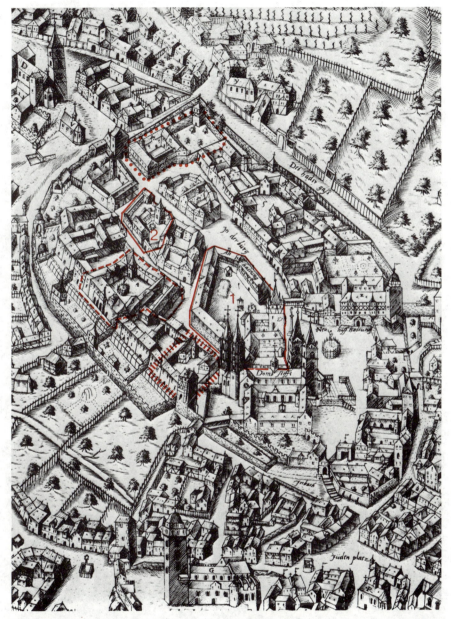

	1	Bischofspfalz (Alte Hofhaltung)
	2	Kurie der Staufer (curia St. Pauli – heute erzbischöfliches Palais)
– – – –		curia ducis (Kurie der Burggrafen, dann bis 1248 der Herzöge v. Meranien – Elisabethhof, heute Domgasse 9)
‖‖‖‖‖‖‖		curia St. Cunegundis (s. 1215 im Besitz des Domherrn Ulrich v. Gindlach, s. 1231 Lupold Rindsmauls – heute Dompfarrei, Domgasse 1–3)
• • • • •		Kurie der Zisterzienserklöster Ebrach und Langheim (später Langheimer Hof)

Abb. 2: Die wichtigsten Kurien der Bamberger Domburg zur Staufenzeit (Auf der Grundlage des Plans von Zweidler, 1602, Foto Staatsbibl. Bamberg).

REICHSHEROLD UND REICHSREFORM

GEORG RIXNER UND DIE SOGENANNTE „REFORMATION KAISER FRIEDRICHS III."

von

KLAUS ARNOLD

In der Bamberger Offizin des Druckers Georg Erlinger erschien zwischen 1522 und 1541 eine Reihe von Schriften reformerischen und reformatorischen Inhalts. Unter ihnen findet sich — neben solchen des reformatorischen Predigers Johannes Schwanhausen am Bamberger Gangolfsstift — ein Text, der ohne Angabe eines Autors, des Druckers oder des Druckortes, Gedanken zu einer politischen Neuordnung des Reiches vorträgt.

Das Titelblatt des zwanzig Blätter im Quartformat umfassenden Drucks trägt in einer von Putti und Rankenwerk gebildeten Einrahmung die Aufschrift: *Teütscher Nation / nodturfft. // Die Ordnung vnnd / Reformation aller Stend / im Römischen Reich. Durch / Keyser Fridrich den driten / Gott zů lob / der gantzen / Christenheit zů nutz / vnd seligkeyt für / genōmen.* Die Titeleinfassung und die verwendeten Lettern lassen den Drucker dieser anonymen Schrift, die vorgeblich auf Kaiser Friedrich den Dritten zurückgeht, — Georg Erlinger — zweifelsfrei erschließen. Das Erscheinungsjahr 1523 hingegen ist in die Titeleinrahmung eingedruckt. Schließlich findet sich am Ende des Textes, am Fußende von Blatt E$_{iij}$v, vor dem Schlußwort, doch ohne erkennbare Verbindung zum Text ein Eintrag: *Georg Rixner genannt Jherusalem Römischer Keiser = / licher mayestat vnd des heyligen reychs Ernhalt.*[1] — Hinweis auf den Autor der Schrift?

Georg Rixner (oder Rüxner) ist bisher vor allem als Verfasser eines Turnierbuches bekannt, das bereits im 16. Jahrhundert mehrfach nachgedruckt wurde und dessen Nachrichten über die Teilnehmer an den bedeutenden mittelalterlichen Turnieren und über Rittergesellschaften bis in das 19. Jahrhundert hinein handschriftlich überliefert werden.[2] Dieses *Thurnier-Buch. Von Anfang/Vrsachen/vrsprung, vnd herkomen/ der Thurnier im heyligen Römischen Reich Teutscher Nation* erschien, dem Pfalzgrafen Johannes bei Rhein, Herzog in Bayern und Graf von Sponheim gewidmet, zuerst 1530 in Simmern und beschreibt insgesamt 36 Turniere.[3] Ein Drittel von ihnen, beginnend mit dem ersten, angeblich im Jahr 938 in Magdeburg veranstalteten, sind zum mindesten bis

---

[1] Exemplar der Staatsbibliothek Bamberg Misc. q. 30, 4 (ein weiteres ebd. Ic, V, 47). Von dem Erlinger-Druck existieren zwei leicht abweichende Druckzustände (Bayerische Staatsbibliothek München J. publ. G. 1239, 2 und 3) sowie ein (undatierter) Nachdruck von Jörg Gastel in Zwickau: KARL SCHOTTENLOHER, Die Buchdruckertätigkeit Georg Erlingers in Bamberg von 1522 bis 1541 (1543). Ein Beitrag zur Geschichte der Reformationszeit, Leipzig 1907 (Sammlung bibliothekswissenschaftlicher Arbeiten, Heft 21), S. 29 f., 67 ff.

[2] Handschriften des Historischen Vereins in der Staatsbibliothek Bamberg: HV Misc. 413 (Auszüge aus Rixners Turnierbuch, 32 Bll., 19. Jh.) und HV Misc. 460 (Verzeichnisse von Besuchern der 36 deutschen Turniere, 50 Bll., 19. Jh.; beide von der Hand *Cuno Kortaus* mit dem Exlibris *Fridericus Groß von Trockau*. — Die entsprechenden Hinweise verdanke ich der Bearbeiterin des im Druck befindlichen Katalogs, Frau Dr. K. Dengler-Schreiber/Bamberg.

[3] Von der Ausgabe Frankfurt am Main 1566 erschien, hrsg. von KARL R. PAWLAS, ein Faksimile-Nachdruck Burgpreppach 1964 in limitierter Auflage.

ins 13. Jahrhundert hinein dem Bereich der Legende zuzuordnen. So hat schon der zeitgenössische Schweizer Geschichtsschreiber Aegidius Tschudi in seinem 1572 beendeten *Chronicon Helveticum* den Verfasser des Turnierbuchs einen *Märli-Dichter* genannt.[4]

Wer war Georg Rixner? Was war die Reichsreform und welches der Inhalt der in Bamberg 1523 gedruckten Reformschrift? Und kommt *Georg Rúxner/ genannt Hierusalem Eraldo vnd kúndiger der Wappen* als Verfasser einer solchen Schrift in Frage?

Die Reichsreform

Die Einsicht in die Notwendigkeit einer durchgreifenden Reform der kirchlichen wie auch der weltlichen Strukturen war im späten Mittelalter allgemein vorhanden und seit den Reformkonzilen des 15. Jahrhunderts in Konstanz und Basel noch gewachsen. Seit dem Auftreten der großen Pestzüge in der zweiten Hälfte des 14. Jahrhunderts machte sich unter den Zeitgenossen große Verunsicherung breit, das Bewußtsein, in einem krisenhaften Zeitalter des Umbruchs zu leben. Jeder auf seine Weise wünschte eine Umkehr, sehnte die große Wende herbei in Gestalt einer *reformatio,* der Wiederherstellung eines vornehmlich im Wunschdenken wurzelnden Idealzustandes. Kirche und Reich wurden dabei als Einheit gedacht; die über diese Reform nachdachten, gingen, wie Nikolaus von Cues, von einer Reform der Kirche aus, die auf den weltlichen Bereich übergreifen und sich dort vollenden sollte.[5]

Rückblickend muß man feststellen, daß die Reichsreform des 15. Jahrhunderts nicht zuletzt daran scheiterte, daß die notwendige Reform der kirchlichen Ordnung nicht gelang. Die Krise der Kirche ist gekennzeichnet durch das große abendländische Schisma, die Schwäche des Papsttums, die Wirkungen der Irrlehren von Wyclif und Hus, den sittlichen Verfall der Weltgeistlichen und der Ordensdisziplin und allgemein von einer unchristlichen Vermischung von weltlichen Interessen und geistlichen Ämtern. Dem Ungenügen der Kirche und dem weitverbreiteten Unbehagen an ihren äußeren Erscheinungsformen suchten Reformkongregationen der Orden, die Bewegung der Devotio moderna und weitere Formen der Laienfrömmigkeit, vor allem aber die großen Reformkonzile von Konstanz und Basel zu begegnen.

---

[4] GUSTAV A. SEYLER, Geschichte der Heraldik, Nürnberg 1885—1889, Ndr. Neustadt/Aisch 1970 (J. SIEBMACHER's Großes Wappenbuch, Band A), S. 37.

[5] Einen knappen Überblick über die Reichsreformbestrebungen des 15. Jahrhunderts vermittelt zuletzt HERMANN WIESFLECKER in seiner Biographie Kaiser Maximilians I., Band 2, München 1975, S. 201 ff. Weitere Literatur: ERNST MOLITOR, Die Reichsreformbestrebungen des 15. Jahrhunderts bis zum Tode Kaiser Friedrichs III., Breslau 1921 (Untersuchungen zur deutschen Staats- und Rechtsgeschichte, 132). ERIK HÜHNS, Theorie und Praxis in der Reichsreform des 15. Jahrhunderts, in: Wissenschaftliche Zeitschrift der Humboldt-Universität Berlin, gesellschafts- und sprachwissenschaftliche Reihe 1 (1951/52), S. 17—34. HEINZ ANGERMEIER, Begriff und Inhalt der Reichsreform, in: Zeitschrift für Rechtsgeschichte, Germanistische Abteilung 75 (1958), S. 181—205; ders., Reichsreform und Reformation, in: Historische Zeitschrift 235 (1982), S. 529—604. HERMANN HEIMPEL, Das deutsche fünfzehnte Jahrhundert in Krise und Beharrung, in: Die Welt zur Zeit des Konstanzer Konzils. Reichenau-Vorträge im Herbst 1964, Konstanz-Stuttgart 1965 (Vorträge und Forschungen 9), S. 9—29; ders., Studien zur Kirchen- und Reichsreform des 15. Jahrhunderts II, in: Sitzungsberichte der Akademie der Wissenschaften Heidelberg, phil.-hist. Klasse 1, 1974. HEINRICH KOLLER, Kaiserliche Politik und die Reformpläne des 15. Jahrhunderts, in: Festschrift für Hermann Heimpel zum 70. Geburtstag am 19. September 1971, Bd. 2, Göttingen 1972 (Veröffentlichungen des Max-Planck-Instituts für Geschichte 36/II), S. 61—79.

Aus dem Umfeld des Konstanzer Konzils stammt die früheste Reformschrift, die neben einer Reform der Kirche auch die Reform des Reiches zum Gegenstand hat. Die Schwäche des Reiches hatte vor allem im Inneren Friedlosigkeit zur Folge, die sich in einem auch durch die Vemegerichtsbarkeit nicht zu steuernden Fehdewesen und in Mängeln der Gerichtsorganisation äußerte. In Konstanz entstand bald nach dem 29. Mai 1417 eine Denkschrift *über die Wahl des Papstes und der Kardinäle nach den gegenwärtigen Erfordernissen der Kirche,* in die ein Abschnitt über die Reform des Kaisertums eingeschlossen ist. Als Verfasser dieses *Avisamentum pro reformacione sacri imperii* hat HERMANN HEIMPEL den kaiserlichen Rat Job Vener namhaft machen können.[6]

Die Denkschrift des Jahres 1417 geht bei der Reform des *sacrum imperium* von den gleichen Voraussetzungen aus wie bei jener des Papsttums: Die den Reichsrat bildenden kaiserlichen Räte *(conciliarii)* sollen aus denselben „Provinzen" gewählt werden wie die Kardinäle. Diese Wahl soll durch die drei Stände einer jeden Provinz erfolgen: durch die geistlichen Fürsten und Prälaten, die weltlichen Fürsten und Adligen und die Ratsleute der Reichs- und anderer bedeutender Städte. Aufgabe dieser kaiserlichen Räte — eines erst nahezu ein Jahrhundert später verwirklichten Reichsregiments — ist es, dem Herrscher einstimmig oder mit Mehrheit in voller Unabhängigkeit *(liberrime)* Rat zu erteilen zum Wohl des ganzen Gemeinwesens und zum Gemeinwohl des Menschengeschlechts; ein Gedanke, der später als der *gemeine Nutzen* umschrieben wird. Weiterhin sollen sie den Kaiser bei den Reichsgeschäften unterstützen, Funktionen in der Verwaltung übernehmen und für eine Verbesserung des Gerichtswesens sorgen. So sollen sie dafür Sorge tragen, daß in jeder Stadt die kaiserlichen Mandate in der Volkssprache zur Verfügung stehen. Die Städte sollten zudem Rechtskundige besolden und als Beisitzer oder Anwälte zu jenen Fürsten oder Adligen delegieren, die in kaiserlichem Auftrag weltliche Streitsachen verhandelten. Diese gelehrten Räte sollten auch für die verschiedenen Rechtsfälle und die Angelegenheiten der armen Leute Richtsteige, Anleitungen *(ordines iudiciarios)* verfassen, mit deren Hilfe Streitsachen durch kaiserliche Beauftragte rasch zu Ende geführt werden könnten.

Sie sollen auch die Gewalt künftiger Herrscher dahingehend einschränken, daß diese gegen den Willen ihrer Mehrheit Fürsten und Gemeinden nicht ihrer Freiheit berauben können. Mit eindrücklichen Worten mahnt der Autor zur Umkehr: *Denn wenn nicht auf diese oder bessere Weise das Reich* (imperium) *reformiert wird, so ist zu fürchten, daß es in Kürze untergeht.* Die Schuld gibt der Verfasser, Vener, dem Partikularismus — spätere Zeugnisse werden sagen: Eigennutz — der geistlichen und weltlichen Fürsten, die ein starkes Kaisertum fürchten. Ursache ist die in der Welt stets vorhandene Furcht der Unteren vor den Oberen; und daher ist auch kein Friede von Dauer, ehe sich nicht Papsttum und Kaisertum zusammenfinden, das Gute im Menschengeschlecht zu regieren und zu schützen. Nahe der Residenz des Kaisers und mitten im Reich soll den Räten schließlich eine Stadt als fester Sitz zugewiesen werden.[7] Schon mit dem ersten Reformprogramm vom Jahr 1417 wird also eine Reihe von Punkten angesprochen, die

---

[6] Herausgegeben von HEINRICH FINKE in den Acta concilii Constanciensis 3, 1926, Nr. 264, S. 624—645 und, nunmehr maßgeblich, von HERMANN HEIMPEL, Die Vener von Gmünd und Straßburg 1162—1447. Studien und Texte zur Geschichte einer Familie sowie des gelehrten Beamtentums in der Zeit der abendländischen Kirchenspaltung und der Konzilien von Pisa, Konstanz und Basel, Göttingen 1982 (Veröffentlichungen des Max-Planck-Instituts für Geschichte 52), Bd. 3, S. 1290 ff. bes. S. 1309—1311.

[7] Übertragung und eingehende Interpretation des Textes bei HEIMPEL (wie Anm. 6), S. 830—876.

auch für das folgende Jahrhundert ihre Gültigkeit behielten — weil sie auch am Ende dieses Zeitraums noch unerfüllte Wünsche darstellten.

Denn unmittelbare Wirkung auf den Gang der Dinge haben weder diese frühe noch die späteren Reichsreformschriften ausüben können. Vielmehr kehren einzelne Themen oder Themenkomplexe wieder; wie in den Traktaten des Magdeburger Domherrn Heinrich Toke: In den *Concepta pro reformatione status ecclesiastici in Alamania* von 1430 sind Vorschläge zur lokalen Gerichtsorganisation enthalten, wonach vom Kaiser deputierte Richter in den Bezirken die Strafgerichtsbarkeit ausüben sollen. Und in der 1442 verfaßten Schrift Tokes *Concilia wie man die halten soll* wird ein zentrales, vom König möglichst unabhängiges Gericht an einem festen Ort vorgeschlagen.[8]

Als der bestdurchdachte und weitblickendste Entwurf einer Reichsreform gilt die Schrift *De concordantia catholica* des Nikolaus von Cues, die er 1433 auf dem Baseler Konzil als Plan einer umfassenden Kirchen- und Reichsreform konzipierte.[9] Oberstes Ziel ist die umfassende Übereinstimmung und Harmonie aller Teile mit dem Ganzen: zwischen Untertanen und Herrscher, Reichsständen und Kaiser, Konzil und Papst, die Einheit von Reich und Kirche, Kaiser und Papst, schließlich der ganzen christlichen Welt.[10] Diese Reformgedanken des Cusanus sind ein letzter Versuch, den Universalismus des mittelalterlichen Kaisertums mit reichsständischem Partikularismus zu vereinen.

Wie der Verfasser des *Avisamentum* spricht Nikolaus von Cues von einer unausweichlich scheinenden Gefährdung des Reiches: *denn eine tödliche Krankheit hat das deutsche Reich befallen, die, wenn nicht alsbald ein heilsames Gegenmittel gefunden wird, zweifellos zu seinem Tod führen wird. Und man wird das Imperium in Deutschland suchen und es dort nicht finden* ... Bei der Suche nach Heilmitteln erweist der Kusaner sich als durchaus konservativer Reformer: *Am besten wird man aber daran tun, auf den schon ausgetretenen und bewährten Wegen und zwar notwendigerweise mit Hilfe einer Neuordnung* (per reformationem) *voranzuschreiten.*[11]

Unter den Reformvorschlägen des Nikolaus von Cues findet sich der einer jährlich in Frankfurt zusammentretenden Reichsversammlung, an der neben den Kurfürsten, Adligen und Räten auch das Bürgertum der größeren Städte beteiligt werden soll. Ein ewiger Landfriede soll an die Stelle von Fehde und Selbsthilfe treten; zu seiner Durchset-

---

[8] HANSGEORG LOEBEL, Die Reformtraktate des Magdeburger Domherrn Heinrich Toke. Ein Beitrag zur Geschichte der Reichs- und Kirchenreform im 15. Jahrhundert, Diss. Göttingen 1949 (Maschr.).

[9] Nicolai de Cusa De Concordantia Catholica libri tres, ed. GERHARD KALLEN, Hamburg 1963 (Nicolai de Cusa Opera Omnia, vol. XIV), bes. S. 435 ff.

[10] Zum Inhalt (mit weiterer Literatur) WIESFLECKER (wie Anm. 5), S. 202 f., HEIMPEL (wie Anm. 6), S. 859 ff. MOLITOR (wie Anm. 5), S. 52 ff. FRIEDRICH BAETHGEN in: GEBHARDT, Handbuch der deutschen Geschichte, Bd. 1, hrsg. von HERBERT GRUNDMANN, Stuttgart 1970⁹, S. 658 f. MORIMICHI WATANABE, The Political Ideas of Nicholas of Cusa with Special Reference to his De Concordantia Catholica, Genf 1963 (Travaux d'humanisme et renaissance 58). BERNHARD TÖPFER, Die Reichsreformvorschläge des Nikolaus von Cues, in: Zeitschrift für Geschichtswissenschaft 13 (1965), S. 617—637. Neben der Literatur zum Thema Reichsreform wichtig als Einführung in das Denken des Cusanus: MICHAEL SEIDLMAYER, Nikolaus von Cues und der Humanismus, in: ders., Wege und Wandlungen des Humanismus, Göttingen 1965, S. 75—106; und: *Una religio in rituum varietate.* Zur Religionsauffassung des Nikolaus von Cues, ebd. S. 215—272.

[11] De Concordantia Catholica, lib. III, cap. XXXII, § 507 ed. G. KALLEN, S. 438: ... *quia mortalis morbus imperium Germanicum invasit, cui, nisi subito salutari antidoto subveniatur, mors indubie sequetur. Et quaeretur imperium in Germania, et non invenietur ibi ... Non potest autem melius provideri, quam per iam tritas et expertas antiquas vias, ad quas per reformationem accedere necesse habemus.*

zung wird die Einrichtung von zwölf Reichskreisen empfohlen, in denen jeweils ein Kreisgericht mit drei Kreisrichtern aus Adel, Geistlichkeit und Bürgertum zu bilden ist. Daneben aber soll die Stellung der Zentralgewalt gestärkt werden: In einem neuen Wahlgesetz muß der Kaiser vor demütigenden Wahlkapitulationen bewahrt werden; zugleich sollen ein stehendes Reichsheer und eine jährliche Reichssteuer seiner Autorität vermehrt Geltung verschaffen.

Aus dem Besitz des Kardinals (und des von ihm in Berncastel-Cues gestifteten Spitals) sind Vorschläge zur Reform des geistlichen und weltlichen Standes aus der Feder des Bischofs Johannes Schele von Lübeck auf dem Basler Konzil überliefert, die in einigen Punkten auch die *reformacio in secularibus* behandeln.[12] Neben recht allgemein gehaltenen Formulierungen — so werden Kleiderluxus und die Unsitte des Zutrinkens gegeißelt — stehen die Forderungen nach Rechtssicherheit, dem Schutz von Geistlichen, Witwen und Waisen, das Verbot des Wuchers für Fürsten und Ritter, der Selbstjustiz, des weltlichen Gerichts über geistliche Angelegenheiten, der Blutrache nach sächsischem Gewohnheitsrecht und des „Überzeugens" selbst gegen sichere Beweise im Gerichtsverfahren. In Reichsangelegenheiten soll dem Königtum das entfremdete Reichsgut restituiert werden; städtische Statuten, die kirchlichen Freiheiten zuwiderlaufen, sollen für ungültig erklärt werden; schließlich wird ein Kreuzzug unter kaiserlicher und päpstlicher Beteiligung zur Befreiung des Heiligen Landes gefordert. Ein weiteres Postulat gilt einer Reform des Münzwesens: Gefordert wird eine einheitliche Münze *(moneta generalis)* mit festen Paritäten.

Es fällt auf, daß bei den bisher behandelten Reformprogrammen ebenso wie bei den nachfolgenden eine Reihe von Forderungen zum immer wiederkehrenden Bestand dieser Texte gehören; darunter etwa der Wunsch nach einem ewigen Landfrieden, einem Ausgleich der geistlichen und weltlichen Interessen in der Politik und Rechtsprechung dieses 15. Jahrhunderts, Bekämpfung des Wuchers sowie eine Reform des Münz- und des Gerichtswesens. Vieles in diesen Reformtraktaten ist über ein skizzenhaftes Stadium nicht hinausgelangt; insbesondere die den weltlichen Bereich der Reform enthaltenden Teile umfassen meist nur wenige Seiten.[13] Wenn sich Argumente und Forderungen in diesen Schriften so häufig wiederholen, so ist dies einerseits ein Zeichen, daß man sich im Lager der Reformer darin einig war, daß die beklagten Mißstände ohne Besserung geblieben waren; zum anderen deutet diese Tatsache auch darauf hin, daß diesen Texten keine öffentliche Resonanz beschieden war: die Schriften entstanden zumeist in fürstlichem Dienst und Auftrag und waren oft nur späteren Autoren der gleichen Literaturgattung zugänglich.

So ist denn auch die Frage von Abhängigkeit und Nachwirkung und insbesondere der Verbreitung und Rezeption dieser Schriften in der Forschung häufig diskutiert worden. Dies ist in besonderem Maße bei der sogenannten Reformation Kaiser Siegmunds[14] — auch *Reformatio Sigismundi* — der Fall, die in Wahrheit von einem bis heute unbe-

---

[12] Hrsg. von H. WEIGEL als Anhang II der Arbeit von HANS AMMON, Johannes Schele, Bischof von Lübeck, auf dem Basler Konzil. Ein Beitrag zur Reichs- und Kirchengeschichte des 15. Jahrhunderts, Lübeck 1931 (Veröffentlichungen zur Geschichte der Freien und Hansestadt Lübeck, Bd. 10), S. 91—110, bes. 107 ff. und: Concilium Basiliense. Studien und Quellen zur Geschichte des Konzils von Basel, hrsg. von JOHANNES HALLER u. a., Bd. 8 (1936), S. 109—130. Vgl. GÜNTHER HÖDL, Zur Reichspolitik des Basler Konzils: Bischof Johannes Schele von Lübeck (1420—1439), in: Mitteilungen des Instituts für österreichische Geschichtsforschung 75 (1967), S. 46—65.

[13] KOLLER, Kaiserliche Politik und die Reformpläne (wie Anm. 5), S. 66 f.

[14] Maßgebliche Edition: Reformation Kaiser Siegmunds, hrsg. von HEINRICH KOLLER, Stuttgart 1964 (MGH Staatsschriften des späteren Mittelalters VI).

kannten Verfasser im Herbst oder gegen Ende des Jahres 1439 in Basel unter Kenntnis von Scheles Traktat konzipiert wurde.[15] 16 Handschriften und acht Drucke von 1476 bis 1522 sind bekannt; zum Vergleich: 19 Handschriften und sieben Fragmente sind von der 1514 erstmals gedruckten *Concordantia Catholica* überliefert.[16] Es fällt schwer, dem ersten deutschsprachigen Text dieser Gattung mit seinen eingestreuten sozialkritischen Anmerkungen und Aufrufen, von dem in den folgenden Jahren mehrere Umredaktionen der Urfassung hergestellt und verbreitet wurden, keine breite Wirkung zuzugestehen.[17]

In unserem Zusammenhang ist bedeutsam, daß aufgrund des Versagens der „Häupter" eine Neuordnung des staatlichen zusammen mit dem kirchlichen Bereich erfolgen mußte, sollte der Untergang des Reiches vermieden werden: *Aber eins sol man wissen, das es nit mer woll gen mag, man hab dan ein rechte ordenung deß geistlichen und weltlichen standes, wann dye stend ploß on alle lidmaße; darumb so seint ermant alle fursten und herren, alle ritterschefft und yr werden reichstet gemeinglich, wan dye grossen heupter thun gemach, zü einer rechten ordenung zü haben, wann sy furen das unrecht vtzunt fast mit gewalt . . .*[18]

ein recht reformatz geystlichs und weltlichs stats fordert als Heilmittel der anonyme Autor der Schrift, an die sich unberechtigt, doch beabsichtigt, der Name Kaiser Sigmunds heftete. Träger dieser Reform sollen vornehmlich die niederen Stände sein, die „Kleinen". Der durch die Habgier der geistlichen und weltlichen Fürsten entmachtete Kaiser soll ein starkes Regiment aufrichten, den Frieden schützen und regelmäßige Steuern erheben. Den Geistlichen aber soll alle weltliche Gewalt genommen werden, die Leibeigenschaft soll aufgehoben werden, die Nutzung von Wald, Weide und Wasser soll frei sein. Aus der Tiefe des Volkes wird der *kleine Geweihte* erstehen, der, notfalls mit Gewalt, die *Reformation* vollenden wird.[19]

---

[15] Aus der andauernden Diskussion über Entstehung, Verbreitung, Nachwirkung und Interpretation der Reformatio Sigismundi seien hier nur die neueren Beiträge angeführt: KARL MOMMSEN, Die „Reformatio Sigismundi", Basel und die Schweiz, in: Schweizerische Zeitschrift für Geschichte 20 (1970), S. 71—91. CLEMENS BAUER, Der Wucher-Begriff der Reformatio Sigismundi, in: Aus Stadt- und Wirtschaftsgeschichte. Festschrift für Erich Maschke (Veröffentlichungen der Kommission für geschichtliche Landeskunde in Baden-Württemberg, Reihe B 85, 1975), S. 110—117. FRANZ IRSIGLER, Die „Kleinen" in der sogenannten Reformatio Sigismundi, in: Saeculum 27 (1976), S. 248—255. TILMAN STRUVE, Reform oder Revolution? Das Ringen um eine Neuordnung in Reich und Kirche im Lichte der „Reformatio Sigismundi" und ihrer Überlieferung, in: Zeitschrift für die Geschichte des Oberrheins 126 (1978), S. 73—129. MICHAEL HIERSEMANN, Der Konflikt Papst — Konzil und die Reformatio Sigismundi im Spiegel ihrer Überlieferung, in: Zeitschrift für Historische Forschung 9 (1982), S. 1—13.

[16] HARTMUT BOOCKMANN, Zu den Wirkungen der „Reform Kaiser Siegmunds", in: Deutsches Archiv 35 (1979), S. 514—541; mit Ergänzungen wieder abgedruckt in: Studien zum städtischen Bildungswesen des späten Mittelalters und der frühen Neuzeit. Bericht über Kolloquien der Kommission zur Erforschung der Kultur des Spätmittelalters 1978 bis 1981, hrsg. von BERND MOELLER, HANS PATZE UND KARL STACKMANN, redigiert von LUDGER GRENZMANN, Göttingen 1983, S. 112—135, bes. S. 114 ff., 119 ff. — Reformation Kaiser Siegmunds (wie Anm. 14), S. 10 ff., 33 ff.

[17] Insofern vermag ich den Schlußfolgerungen von BOOCKMANN, Zu den Wirkungen (wie Anm. 16) nicht zu folgen. — Vgl. STRUVE, Reform oder Revolution (wie Anm. 15), passim, und Reformation Kaiser Siegmunds (wie Anm. 14), S. 21 ff.

[18] Reformation Kaiser Siegmunds (wie Anm. 14), S. 52.

[19] IRSIGLER, Die „Kleinen" (wie Anm. 15). TILMAN STRUVE, Utopie und gesellschaftliche Wirklichkeit. Zur Bedeutung des Friedenskaisers im späten Mittelalter, in: Historische Zeitschrift 225 (1978), S. 65—95.

Unter den in den Reichsreformschriften des deutschen Spätmittelalters wiederholt auftauchenden Forderungen finden wir in der *Reformatio Sigismundi* jene nach Aufhebung der allenthalben übermäßig ins Kraut geschossenen Zölle, die zum mindesten zum Straßenbau bestimmt sein sollten, das Verbot der großen Handelsgesellschaften mit ihren übermäßigen Gewinnen sowie des spekulativen *Fürkaufs*, schließlich Vorschläge zu einer längst überfälligen Münzreform: das Münzrecht soll neu verliehen werden und der Münzort oder -herr durch sein Zeichen erkennbar sein, während auf der anderen Seite das Zeichen des Reichs stehen soll, und nurmehr Gulden, Schillinge und Pfennige sollen ausgemünzt werden. Die Vorschläge zu einer Neuordnung des Gerichtswesens mit einer eindeutigen Scheidung geistlicher und weltlicher Angelegenheiten und einer Absage an außergerichtliche Selbsthilfe gipfeln in der Ermahnung *kriege zü wenden, frid zü halten.*[20]

In unmittelbare Nähe zu unserem Thema und zu dem eingangs erwähnten Text gelangen wir bei näherer Betrachtung des Überlieferungszusammenhangs, in dem die *Reformatio Sigismundi* in Handschriften oder Drucken steht. Sie bezeugen, daß die *Reformatio* als das Werk Kaiser Siegmunds und als Bestandteil des Reichsrechts galt: Vier Handschriften überliefern ihren Text gemeinsam mit dem der Goldenen Bulle von 1356 und neun der 16 Codices, die die Reformatio enthalten, sowie die drei frühesten Drucke (Johannes Bämler, Augsburg 1476; Antonius Sorg, Augsburg 1480; Johann Schönsperger, Augsburg 1484) tradieren auch den Frankfurter Reichslandfrieden vom 14. August 1442, die sogenannte „echte" Reformation Friedrichs III.[21] Dieses Reformgesetz, das Fragen der Gerichtsordnung und der Kreiseinteilung aussparte und in erster Linie eine Einschränkung des Fehdewesens zum Ziel hatte, wird bereits in der sehr breiten Überlieferung teilweise als *reformacion* bezeichnet.[22] Es mutet wie eine Ironie des Schicksals an, wenn heute eher die „unechte" Reformation Friedrichs III. aus späterer Zeit unter die Reichsreformschriften gerechnet wird, nicht aber, was die Zeitgenossen als zugehörig empfanden: die Goldene Bulle und der Landfriede von 1442.

In erster Linie jedoch empfanden die politisch denkenden Zeitgenossen den Fortgang der Reform des Reiches als ungenügend; dies bezeugen sowohl die in diesen Jahrzehnten entstandenen staatsrechtlichen Traktate wie die theoretischen Schriften und gelegentlich auch Versuche, auf dem Verhandlungswege bei Reichstagen die Reform voranzutreiben.[23] Einer der Pläne zu einer Reform des Reiches entstammt dem Kreis der Kurfürsten: Im Jahre 1464 schlug Dr. Martin Meier, Rat Herzog Ludwigs des Reichen von Bayern-Landshut, zu einer Reform des Reiches vor *einen gemeynen fride und bestendig müntz im heiligen Reich machen, auch die gericht ordentlich zu besetzen und zu*

---

[20] Reformation Kaiser Siegmunds (wie Anm. 15), S. 256 ff., 274, 298, 310, 312, 314 ff., 344 ff.
[21] BOOKMANN, Zu den Wirkungen (wie Anm. 16), S. 120 f. STRUVE, Reform oder Revolution (wie Anm. 15), S. 126 f. Reformation Kaiser Siegmunds (wie Anm. 15) S. 21 f.
[22] Deutsche Reichstagsakten 16 (1928), Nr. 209, S. 401—407 (dazu die Einleitung von H. HERRE, S. 239); auszugsweise jetzt in: Quellen zur Verfassungsgeschichte des römisch-deutschen Reiches im Spätmittelalter (1250—1500), ausgewählt und übersetzt von LORENZ WEINRICH, Darmstadt 1983 (Ausgewählte Quellen zur deutschen Geschichte des Spätmittelalters. Freiherr vom Stein-Gedächtnisausgabe, Bd. 33), Nr. 126, S. 491—497. In späteren Ausfertigungen, u. a. 1454, 1462, 1465, wird der Landfrieden *gemein reformation und ordnunge* genannt; bis zum Ende des 15. Jahrhunderts erschienene Drucke und Sammlungen der Reichstagsakten nennen ihn *reformacion*. Vgl. HEINZ ANGERMEIER, Königtum und Landfriede im deutschen Spätmittelalter, München 1966, bes. S. 378 ff. HEINRICH KOLLER, Die Aufgaben der Städte in der Reformatio Friderici (1442), in: Historisches Jahrbuch 100 (1980), S. 198—216.
[23] Ein Überblick über die verschiedenen Reichsreformbestrebungen bei WIESFLECKER, Maximilian (wie Anm. 5), S. 201—217.

hanthaben. Im einzelnen findet sich unter Meiers Propositionen der Vorschlag, daß zur Erreichung dieses Zieles, *nachdem das reich kein gelt vnd nutzung hat ... ein yeder Mensch im reich der viertzehn jar alt ist, des jars ein groschen geben sol.*[24] Ein spezielles Anliegen Meiers ist die Münzreform — ein Anliegen, das auch ein halbes Jahrhundert später, wie wir sehen werden, noch nichts von seiner Aktualität und Notwendigkeit verloren hat: *Item fürter soll der keyser furnemen einen gemein gulden vnd silbern müntz, die er jnn dem reich an dreyssig oder viertzig enden schlagen ließ, ... denn haben die fürsten macht in jren lannden zu müntzen, so hat auch der keyser voran macht jm reich zu müntzen, angesehen das die müntz ein regal vnd von keyser vnd reich kommen ist. Item es sollen auch groß penn darauff gesetzt werden gen den die die müntz felschen oder seygerten; so sind auch weg fürzunemen, dadurch ein yeder fürst vnd stet, die sunst macht haben zu müntzen, auff daselb Korn jr brech auch münzen möchten, auff das dem keyser in solcher müntz kein eintrag noch irrung beschee.*[25]

In der zweiten Hälfte und gegen Ende des 15. Jahrhunderts schlüpften viele Reformvorstellungen in das Gewand der Traumerzählung und der Prophetie.[26] Möglicherweise im Umkreis Kaiser Maximilians I. selbst entstanden ist der *Traum des Hans von Hermansgrün*, eine politische Denkschrift aus dem Jahre 1495.[27] Sie nimmt ihren Ausgang von der düsteren Vision des drohenden Reichsuntergangs und warnt vornehmlich vor dem Eigennutz der Fürsten. Ganz im Sinne Maximilians ist das Reformprogramm: Stärkung der königlichen Zentralgewalt, ein allgemeiner Landfriede, eine Steuer- und Rechtsordnung. Bei der vor allem außenpolitischen Ausrichtung des Autors tritt freilich der Aspekt der Reichsreform in den Hintergrund.

Von besonderem Interesse ist, daß der Verfasser seine Vorstellungen einem Kaiser mit dem Namen Friedrich in den Mund gelegt hat. Friedrich sollte auch der Priesterkönig heißen, auf dem als messianische Führergestalt und Friedensbringer die Hoffnungen der *Reformatio Sigismundi* ruhten: *Er soll heyssen Friderich, er soll auch alle reich zü fride bringen zü lande und zü auen.* Friedrich und Friedensbringer — diese Gleichsetzung findet sich schon bei Otto von Freising und bei vielen der spätmittelalterlichen Chronisten.[28] Der Traum des Hans von Hermansgrün setzt Friedrich Barbarossa mit Friedrich II. gleich als den Kaiser, der auf dem ganzen Erdkreis das Reich gegen seine Feinde verteidigt und wiederhergestellt hat: *Ego quoque sum Federicus secundus Roma-*

---

[24] CONSTANTIN HÖFLER, Ueber die politische Reformbewegung in Deutschland im XV. Jahrhunderte und den Antheil Bayerns an derselben, München 1850; der Text S. 37—43 und Fontes Rerum Austriacarum, II. Abt. Bd. 20, S. 313 ff. — MORIMICHI WATANABE, Imperial Reform in the Mid-Fifteenth Century: Gregor Heimburg and Martin Mair, in: The Journal of Medieval and Renaissance Studies 9 (1979), S. 209—235.

[25] HÖFLER (wie vorige Anm.), S. 41.

[26] Übersicht mit weiterführenden Literaturhinweisen: KLAUS ARNOLD, Niklashausen 1476, Baden-Baden 1980, S. 41 ff.

[27] HEINRICH ULMANN, Der Traum des Hans von Hermansgrün. Eine politische Denkschrift aus dem Jahre 1495, in: Forschungen zur deutschen Geschichte 20 (1880), S. 67—92 (Abdruck S. 78—92). HERMANN WIESFLECKER, Der Traum des Hans von Hermansgrün aus dem Lager des Königs Maximilian I., in: Festschrift Karl Eder zum 70. Geburtstag, Innsbruck 1959, S. 13—32; ders., Maximilian (wie Anm. 5), S. 216 f.

[28] Reformation Kaiser Siegmunds (wie Anm. 15), S. 342. Vgl. hierzu STRUVE, Reform oder Revolution (wie Anm. 15), S. 107, 127; ders., Utopie und gesellschaftliche Wirklichkeit (wie Anm. 19), S. 68 f., 84 f. KLAUS SCHREINER, Die Staufer in Sage, Legende und Prophetie, in: Die Zeit der Staufer. Geschichte — Kunst — Kultur. Katalog der Ausstellung Stuttgart 1977, Bd. 3. Aufsätze, S. 249—262; ders., Friedrich Barbarossa — Herr der Welt, Zeuge der Wahrheit, die Verkörperung nationaler Macht und Herrlichkeit, ebd. Bd. 5 Supplement: Vorträge und Forschungen, Stuttgart 1979, S. 521—579.

norum imperator Barbarossa cognominatus, qui labentem rempublicam Germanorum restitui, contemptores simul et hostes imperii Romani fugavi, fudi, vici, et victrices aquilas terra marique per mundi circulum tuli.[29]

Ein künftiger Endkaiser *Friedrich, ein kunig vom Schwartzwald . . . wirt mit frummen cristen ein reformation machen* ist auch die Überzeugung eines als „Oberrheinischer Revolutionär" bekannten elsässischen Anonymus, die er in seinem zwischen 1490 und 1509 niedergeschriebenen *Buch der hundert Kapitel und der vierzig Statuten* niederlegte. Dieser in seiner radikalen Haltung sehr bestimmte politische Wirrkopf hatte — wenn auch vergeblich — auf dem Wormser Reichstag 1495 versucht, Kaiser Maximilian von seinen Vorstellungen zu überzeugen; nun setzte er seine Hoffnung auf die Ankunft eines endzeitlichen Kaisers, der den gemeinen Nutzen über den Eigennutz stellen und ein Reich des Friedens und der Gerechtigkeit aufrichten würde.[30]

Teütscher Nation nodturfft

Der 1523 gedruckte Text gibt vor, *Die Ordnung vnnd Reformation aller Stend im Römischen Reich. Durch Keyser Fridrich den driten Gott zů lob / der gantzen Christenheit zů nutz vnd seligkeyt für genommen* zu sein. Die Tradition der spätmittelalterlichen Reichsreformschriften und Kaiserprophetien macht wahrscheinlich, daß der Verfasser sich ganz bewußt für seine Botschaft der mit dem Namen „Friedrich" verbundenen Hoffnungen bedient hat.[31]

Die den *zwölff hauptartickeln* und dem dreizehnten *beschluß artickel* vorangestellte Vorrede läßt die Kenntnis und Benutzung der *Reformatio Sigismundi* deutlich werden: Gottes Schöpfung und die Erlösungstat Christi bilden den Ausgangspunkt aller irdischen Ordnung. Wie die Reformschrift von 1439 beginnt auch der Text des 16. Jahrhunderts mit einer Anrufung des allmächtigen Gottes; diese Vorrede gemahnt in ihren Formulierungen an einen theologischen Traktat. Zugleich läßt dieser Passus deutliche Einflüsse reformatorischen Denkens erkennen — und liefert nicht zuletzt dadurch einen Hinweis auf seine Entstehungszeit —, wenn die Tag-Nacht-Metapher zur Differenzierung der eigenen Gegenwart von einer finsteren Vergangenheit verwandt wird. Im Zusammenhang der göttlichen Gnade und Barmherzigkeit ist die Rede von einer Befreiung *von dem trachen der finsternuß . . . darinn wir so lang mit vnsern voreltern vnwissent gelegen sind*. Um sich der göttlichen Gnade auf Erden würdig und teilhaftig zu erweisen, bedarf es: der brüderlichen (Nächsten-)Liebe, des Gehorsams gegen die Obrigkeit und *Das dryt ist die bewarung vnd hanthabung aller rechten auch gůt ordnung vnd statuten*. Deutlich wird hier ein Festhalten an Ordnung und Reform formu-

---

[29] ULMANN, Der Traum (wie Anm. 27), S. 81.

[30] Verfügbar ist nur die ungenügende Ausgabe: Das Buch der hundert Kapitel und der vierzig Statuten des sogenannten Oberrheinischen Revolutionärs. Edition und textliche Bearbeitung von ANNELORE FRANKE. Historische Analyse von GERHARD TSCHÄBITZ, Berlin 1967 (Leipziger Übersetzungen und Abhandlungen zum Mittelalter, Reihe A, Band 4). — Zur Verfasserfrage zuletzt KLAUS ARNOLD, „Oberrheinischer Revolutionär" oder „Elsässischer Anonymus"? Zur Frage nach dem Verfasser einer Reformschrift vom Vorabend des deutschen Bauernkriegs, in: Archiv für Kulturgeschichte 58 (1976), S. 410—431.

[31] Das folgende zitiert nach dem in Anm. 1 genannten Exemplar des Erlinger-Druckes der Staatsbibliothek Bamberg; die römischen Ziffern kennzeichnen dabei die einzelnen Artikel, die arabischen die zugehörigen Deklarationen. — Die beste Analyse des Textes stellt die leider ungedruckt gebliebene Dissertation von HEINRICH ANGERMEIER dar: Der Ordnungsgedanke in den Reichsreformbestrebungen der sog. „Reformatio Sigismundi" und der sog. „Reformation Kaiser Friedrichs III.", phil. Diss. München 1954 (Maschr.)

liert; verglichen mit dem revolutionären Geist, von dem die Reformatio Sigismundi so offenkundig beseelt ist: *Gehorsamkeyt ist tod, gerechtigkeyt leyt not, nichts stet in rechter ordenung.*[32]

Der erste Hauptartikel der sogenannten Reformation Friedrichs III. befaßt sich mit dem Klerus: Alle Geistlichen sollen *im gantzen römischen reich teutscher nation in jren rechten standt geordnet vnd bestant werden.* Auch hier wird lutherischer Einfluß erkennbar: *damit die wort christi dem gemein man recht eroffnet, auch klar vnd lauter fürgehalten werden.* Ansonsten aber wird anders als in den Reformschriften des 15. Jahrhunderts nicht mehr die Reform von Reich und Kirche ins Auge gefaßt, sondern lediglich eine Neuordnung innerhalb des *römischen reichs teutscher nation.*

Reformiert werden sollen in erster Linie die Prälaten, Bischöfe und Domkapitel in ihrem Stand (I, 1); weiterhin wird gefordert, jede Pfarrei mit einem Pfarrer zu besetzen und auch die Vikare ihre Pflichten wahrnehmen zu lassen (I, 2), schließlich daß die Angehörigen der verschiedenen Orden ihrer Regel gemäß leben und daß alle Geistlichen den Laien mit gutem Beispiel vorangehen (I, 3, 4).

Die adeligen Reichsstände werden zur Sicherung von Ordnung und Recht herangezogen mit dem Ziel, daß *sich ein yeder in seinem standt selbs erkenne/ vnd der arm man vff dem lannde vnbeschwerdt bleybe/ vnd im sein menschlich freyheyt auch gehalten werde* (II, 1). Der in diesem Zusammenhang immer wieder auftauchende Begriff ist der des „gemeinen Nutzens", des Gemeinwohls – oder wie wir vielleicht heute sagen würden: der sozialen Gerechtigkeit. In diesem Sinn taucht der *gemein nucz* auch in der „echten" Reformation Friedrichs III., dem Landfrieden von 1442, und als Leitbegriff in vielen anderen spätmittelalterlichen Texten auf.[33]

Während Fürsten, Grafen, Freiherrn und Ritter im zweiten Hauptartikel an ihre Aufgaben für Recht und Frieden gemahnt werden, *wie das einem jeden seyns standes gebüret . . . damitt für baß hynn niemant rechtloß erfunden werde,* ist der folgende Artikel (III) den Städten und Gemeinden gewidmet. Alle Maßnahmen hinsichtlich des Handels, der bürgerlichen Freiheiten, des gerechten Lohns, der Gülten (Naturalabgaben) und Geldzinse sollen für Arm und Reich gerecht gehandhabt werden, auf daß der gemeine Nutzen über den Eigennutz zugunsten bürgerlicher Freiheit und brüderlicher Einigkeit herrsche *dem heyligen Römischen Reich zů eern/ teütscher nation zů gůt/ vnd gemeinen nucz zů besserung* (III, 4).

Alle Stände des Reichs sollen nach der Forderung des vierten Abschnitts *nach eyns jeden nodturfft versehen werden;* dazu rechnen insbesondere Rechtssicherheit, Almosen für die Armen, die Verkündung des Wortes Gottes durch die Geistlichen, Sicherheit auf den Straßen, der Schutz von Witwen und Waisen, schließlich *die christliche freyheyt/ brüderlich lieb vnd menschliches weßen,* welche wiederum den *gemein nucz* fördern (IV, 1—4).

Die Gerichtsordnung ist Thema des fünften Hauptartikels. In erster Linie sollen keine Doktoren des geistlichen oder weltlichen Rechts bei Gericht zugelassen werden. Vielmehr sollten an allen deutschen Universitäten drei Juristen innerhalb Monatsfrist in letzter Instanz Recht sprechen (V, 1). Denn die Prozesse dienen nach der Auffassung des Autors zuvörderst der Bereicherung der Anwälte selbst. Wie die Juristen, so sollen auch alle Geistlichen von weltlichen Ratsgremien ferngehalten werden (VI). Ihr Geiz und Eigennutz werden vom Verfasser, der auch hier aus seiner antiklerikalen Haltung kein Hehl macht, als Gründe angeführt.

---

[32] Reformation Kaiser Siegmunds (wie Anm. 14), S. 50.
[33] Belege bei ADOLF DIEHL, Gemeiner Nutzen im Mittelalter. Nach süddeutschen Quellen, in: Zeitschrift für württembergische Landesgeschichte 1 (1937), S. 296—315.

Der siebte Hauptartikel beschäftigt sich gleichfalls mit der Reform des Rechtswesens: Das Reichskammergericht soll mit 16 erfahrenen Richtern besetzt werden, die von den einzelnen Ständen bestimmt werden (VII, 1). Ihm nachgeordnet sind vier Hofgerichte (VII, 2), 16 Landgerichte (VII, 3) sowie 64 „freie" Gerichte mit der jeweils gleichen Besetzung (VII, 4).

Zölle und Steuern sind Gegenstand des folgenden Abschnitts (VIII). Dies gibt dem Autor Veranlassung, sich angesichts immer neuer Beschwerungen und Lasten unmittelbar an die Verursacher — Fürsten, Grafen, Ritter, Prälaten, Städte — zu wenden, weil sie *damit den gemein man so hart vberladen/ das jr jn dazů notten wollen/ das er euch ewers bosen regimennts entsetzen solle* . . . (VIII, 1). Zölle sollten allein zur Erhaltung von Wegen, Brücken etc., nicht zum Eigennutz der Fürsten dienen (VIII, 2), Verbrauchssteuern *(ungelt)* und andere Sondersteuern sind aufzuheben; nur dem Kaiser wird eine in zehnjährigem Abstand zu erhebende Steuer zugestanden (VIII, 2, 4).

Der Neündt hauptartikel befaßt sich mit der Neuordnung des Münzwesens. Anstelle der bisherigen Münzvielfalt soll nurmehr eine gültige Reichsmünze geprägt werden. Hierzu ist es notwendig, die Gewinnung aller Edelmetalle in die Zuständigkeit des Reiches zu überführen (IX, 1). Aus diesem Münzschatz dürfen dann Landesfürsten, die ihre Privilegierung von altersher nachzuweisen vermögen, Münzen mit ihrem Wappen neben dem des Reiches ausprägen (IX, 2). Dies soll Aufgabe von 21 über das Land verteilten Münzstätten sein (IX, 3). In diesem Zusammenhang wird deutlich, daß das Interesse des Verfassers ausschließlich Oberdeutschland gilt, wenn er als die fünf Gebiete mit einheitlichen Münzparitäten nur Baiern, Schwaben, Franken, die Oberrheinlande und Österreich namentlich anführt: 64 Kreuzer gehen auf den Goldgulden, der Heller soll in *Örtlein*, der Pfennig in Heller, das Zweipfennigstück in Pfennig umbenannt werden (IX, 4).

Maße und Gewichte bedürfen gleichfalls einer durchgreifenden Reform. Einheitlich groß sollen fürderhin Fuder, Zentner, Malter und Elle im gesamten Reich sein; Einzelheiten für Hohl- und Längenmaße und Gewichte werden in den vier Unterabschnitten gegeben. Wie im vorausgehenden Kapitel sind hier Überlegungen zu finden, die zum Teil erst im 19. Jahrhundert in die Tat umgesetzt wurden (X, 1—4).

Ein eigener Abschnitt ist der Neuordnung des Handels gewidmet. Vor allem die großen Handelsgesellschaften sind dem Verfasser der Reformschrift ein Dorn im Auge: ihr Kapital soll auf maximal 10 000 Gulden beschränkt werden. Wer überschüssiges Geld anlegen will, der soll es Rat und Bürgermeister der Städte um vier Prozent leihen, damit diese es gegen fünf vom Hundert *armen geschicktenn gesellen, die sich mit eim ringenn hauptgůt wol zů nern wüßten* verleihen (XI, 1). Weitere Einzelbestimmungen betreffen den Geldwechsel, die Konkurrenz unter den Einzelhändlern sowie die Preisgestaltung (XI, 2—4).

Straßen, Verkehr und Zölle sind Gegenstand des zwölften Hauptartikels. Alle Reichsstraßen sollen frei von Zoll und Geleitspflicht bleiben und Sonderbündnisse zur Erlangung von Schutz und Schirm überflüssig werden; Freizügigkeit soll *im gantzen reich Teutscher nationn* herrschen, Maut und Zölle sind allein zur Erhaltung der Wege und Straßen bestimmt (XII, 1—4).

Der 13. und Beschlußartikel faßt das Vorhergehende unter dem Aspekt des gemeinen Nutzens noch einmal zusammen, *auff das der Christlich glaub in rechter brüderlicher lieb erhalten vnd gemeret werden möge*. Dem Ungehorsam im Reich soll ein Ende bereitet werden, *damit die menschlich freyheyt Christlicher ordnung wider auffgericht werde* (XIII, 1). Zur Friedenssicherung wird schließlich die Aufstellung eines stehenden Reichsheeres empfohlen unter dem Kommando eines obersten Feldhauptmanns und vier weiterer Hauptleute, die in fünf Lagern eine funktionsfähige Artillerie und die notwendigen Haufen zu Pferd und zu Fuß mit dem Ziel, daß das *heilig römisch reich in ruw vnd guten friden gehalten werden möcht,* bereithalten sollen (XIII, 1—4).

Vom Kaiser ist im übrigen in der gesamten Schrift kaum die Rede; Generationen hatten vergeblich von ihm eine Reform des Reiches erhofft; alle Hoffnung ruht nun auf seinen Ständen. Noch einmal wird im Beschluß — bei dem ebenso wie schon bei der Vorrede auffällt, daß beide exakt in den Satzspiegel einer Seite eingepaßt erscheinen — darauf verwiesen, *das vnns die geweychten mit guten worten vmb vnser recht patrimonium bracht haben.* Diesem unchristlichen Treiben der Geistlichen wird die neue Ordnung ein Ende bereiten: *Welcher orn hab zu hörn der hör!*

Das detailliert ausgearbeitete Programm einer Reform ersteht hier vor uns — und bei allem Konservatismus nicht ohne revolutionären Impetus! Die offenkundige Stoßrichtung gegen die Geistlichkeit läßt allein an einen Laien als Verfasser denken. Ansonsten jedoch fällt schwer, den Autor einem bestimmten Stand oder Standort zuzurechnen; am ehesten könnte man noch an ritterliche oder städtische Herkunft denken. Auch zu den Schriften Martin Luthers scheint kein direkter Bezug nachweisbar.[34]

Damit *alle stend im reich/ jr erlich außkommen vnd auffnemen erlangen* (III, 4) ist eine Reform vonnöten, die eine Reinigung und Bewahrung des historisch Gewordenen darstellt, *das der gemein nucz vnd der arm man sein freyen fürgang habe* (XII, 3). Die Ordnung besteht in der Einhaltung von Recht und Stand; ihre materielle Basis wird nicht im Reichsgut gesehen, sondern in der Säkularisierung des Kirchengutes. Wie die anderen Stände soll der seiner Macht entkleidete Klerus dann nach seiner Notdurft versorgt und dem ständischen Gesellschaftssystem eingegliedert werden.[35]

So ist die Kirchenreform in keiner Weise mehr Gegenstand der geplanten Neuordnung. Angestrebt wird eine Ordnung, die Freiheit in einer gegliederten Gesellschaft garantiert. Mit Gottes Willen entsteht aus dieser Freiheit die Ordnung des gemeinen Nutzens: *Wann die christliche freiheyt/ brüderlich lieb vnd menschlichs weßen/ allen gemein nutz fürdert.../ wann er bessert in gemein/ alle glider im gantzen römischen reich/ dar vmb ir frummen vnnd gemein christen/ laßt jn euch trewlich befolhen seyn* (IV, 4)[36].

Während man bei den Reformschriften des Spätmittelalters — und nicht allein dort — recht häufig mit dem Problem konfrontiert wird, welche Resonanz sie gefunden und welche Wirkung sie ausgeübt haben, wissen wir von der Schrift *Teütscher Nation nodturfft* Genaueres: 1525, auf dem Höhepunkt der Erhebung des gemeinen Mannes in Stadt und Land, diente sie einem ihrer Protagonisten, Friedrich Weygandt, weitgehend wörtlich als Textvorlage für den Reformentwurf der Aufständischen.[37]

---

[34] ANGERMEIER, Der Ordnungsgedanke (wie Anm. 31), S. 62.

[35] ANGERMEIER (wie Anm. 31), S. 72, 77 f. — Demgegenüber meint HEINZ MICHAELIS, Die Verwendung und Bedeutung der Bibel in den Hauptschriften der Bauern von 1525/26 (unter Berücksichtigung der bedeutendsten Reformentwürfe aus der Zeit des 15. Jahrhunderts), theol. Diss. Greifswald 1953, S. 48—53, S. 53 die Pfaffenfeindschaft der Schrift begründe „sich gerade in dem religiösen Ansatz des Verfassers".

[36] ANGERMEIER (wie Anm. 31), S. 89 f.

[37] KLAUS ARNOLD, *damit der arm man vnnd gemainer nutz iren furgang haben...* Zum deutschen „Bauernkrieg" als politischer Bewegung: Wendel Hiplers und Friedrich Weygandts Pläne einer „Reformation" des Reiches, in: Zeitschrift für Historische Forschung 9 (1982), S. 257—313; dort S. 296—307 Edition des Weygandtschen Textes mit Nachweis der Übernahmen.

Die Verfasserfrage

Nahezu ein Jahrhundert nach ihrer Entstehung und ihrer Erstveröffentlichung wurde *Kayser Friderichs deß Dritten Reformation Jm Hayligen Römischen Reich Teutscher Nation fürgenommen/ vnd proponiert auff dem Reichstag zu Meyntz Anno Domini M.CCCC.XLI.* ein weiteres und zugleich zum letzten Mal gedruckt.[38] Der Herausgeber MELCHIOR GOLDAST, der den Text 1609 in seine „Reichssatzung" aufgenommen hat, ging hierbei jedoch nicht auf den Druck von 1523 zurück, sondern auf *Originalia, so bey den Churfürstlichen Canzleyen noch vorhanden* waren und gab seiner Überzeugung Ausdruck, daß *diese Reformation nicht erdicht,* vielmehr von Friedrich III. wirklich dem Mainzer Reichstag vorgelegt worden sei.[39] Die handschriftliche Vorlage des Goldastschen Druckes hat sich in einem Archivale kurpfälzischer Provenienz erhalten.[40]

Gegen gelegentliche Zweifel hielt GEORG WILHELM BÖHMER noch 1818 daran fest, daß in diesem Text „Kaiser Friedrichs III. Entwurf einer Magna Charta für Deutschland" vorliege.[41] Doch in den fünfziger Jahren des vorigen Jahrhunderts intensivierte sich die Diskussion um die Autorfrage und das Problem der Priorität im Zusammenhang mit den Plänen für das Heilbronner „Bauernparlament" vom Sommer 1525. Dabei kristallisierte sich allmählich Übereinstimmung dahingehend heraus, daß Weygandts Reichsreformentwurf eine weitgehend wörtliche Übernahme des Druckes der vorgeblichen Reformation Friedrichs III. von 1523 darstellt.[42]

1856 äußerte sich C. F. HOMEYER in einer Berliner Akademieabhandlung „über die unächte Reformation Kaiser Friedrichs des Dritten".[43] Er verglich erstmals die Bamberger und Zwickauer Drucke untereinander und mit dem Abdruck bei Goldast — unter Verweis auf einige gravierende textliche Abweichungen[44] und dem Hinweis darauf, daß

---

[38] MELCHIOR VON HAIMINSFELDT / genannt GOLDAST, Reichssatzung Deß heiligen Römischen Reichs..., Hanau 1609, S. 166—180 (Exemplar der Stadt- und Staatsbibliothek Augsburg, 4° HV 145).

[39] GOLDAST, Reichssatzung, S. 312 f.; hier wird ein Zusammenhang mit der Prophezeihung der *Reformatio Sigismundi* eines künftigen Friedrich gesehen.

[40] München, Geheimes Staatsarchiv, Kasten blau 103/2 b, fol. 19—52. — Die Handschrift (ein Pfälzisches Kopialbuch mit verschiedenen Akten und Urkunden der Zeit) wurde entdeckt von H. G. KOLB im Gefolge seiner Forschungen über: Die Kraichgauer Ritterschaft unter der Regierung des Kurfürsten Philipp von der Pfalz, Diss. Freiburg i. Br. 1909, Stuttgart 1909; vgl. SCHIFF, Forschungen (zit. Anm. 53), S. 219. HEINRICH WERNER, Zu der „Reformation des Kaisers Friedrich III.", in: Westdeutsche Zeitschrift für Geschichte und Kunst 29 (1910), S. 485 f.

[41] GEORG WILHELM BÖHMER, Kaiser Friedrichs III. Entwurf einer Magna Charta für Deutschland oder die Reformation dieses Kaisers vom Jahre 1441, Göttingen 1818 mit einem auszugsweisen Abdruck S. 1—28 und Erläuterungen S. 29—342.

[42] So C. HEGEL, Zur Geschichte und Beurtheilung des deutschen Bauernkrieges, in: Allgemeine Monatsschrift für Wissenschaft und Literatur, Jahrgang 1852, S. 564—576, 655—674, bes. S. 663 ff.; zum Ganzen: ARNOLD (wie Anm. 37), S. 264 ff.

[43] C. F. HOMEYER, Über die unächte Reformation Kaiser Friedrichs des Dritten, in: Monatsbericht der kgl. Preussischen Akademie der Wissenschaften zu Berlin, Juni 1856, S. 291—304; dort S. 292 ff. und bei FISCHER (zit. Anm. 46), S. 19 ff. ein Überblick über die Anschauungen der 1840er und 1850er Jahre.

[44] HOMEYER (wie Anm. 43), S. 297 f. weist insbesondere für den *Beschluß* auf die bei GOLDAST abweichende und deutlicher pfaffenfeindliche Schlußformulierung hin (u. a.): *Nun kumbt die Zeit daß ewere Güter / als der Feindt Güter / gebeut vnd außgethailt werden. Wann als jhr die Gemeyn beschwert haben / also wirdt sie auch vber euch vffstehen / daß jhr kayn pleibende stat nindert wissent. Nach diesen dingen werden erst die zwölff Haubtarticul hievor angezaigt jhren Anfang nemen / mit ainer rechtmäßigen Ordnung vnd Reformation.*

bei Goldasts Druck von 1609 die Erwähnung Georg Rixners fehle und dieser folglich eine frühere Textgestalt repräsentiere. Und er ging noch einen Schritt weiter, indem er Weygandts Reformentwurf wegen des „noch ungeordneten, losern Entwurfes" als den früheren ansah. Indem er alle Hinzufügungen und Weglassungen des Textes von 1525 als Argumente für eine zeitliche und inhaltliche Priorität interpretierte, kam HOMEYER zu dem Schluß, daß „der ursprüngliche Gedanke der Reformation und dessen erste Gestaltung jenem Heilbronner Convent zuzuschreiben" sei. Abschließend wurde auch die Herausgebertätigkeit des Georg Rixner einer kritischen Würdigung unterzogen, „der ja zu den berüchtigsten der deutschen Literaturgeschichte zählt". Leider habe HOMEYER jedoch außer dessen Autorschaft an dem 1530 erschienenen Turnierbuch „über die Lebensumstände des frechen Mannes nichts ermitteln können ... Der ‚Teutschen Nation Nothdurft' zeigt ihn uns wenige Jahre früher, aber auf gleich fahlem Pferde. Wie weit er, dem das schlimmste zugetrauet werden darf, auch hier in Lug und Trug gegangen, ist freilich nicht genau zu sagen ... Zugleich wird die öffentliche und entschiedene Ausschmückung des Documentes mit einem kaiserlichen Urheber nun an einen Namen geknüpft, zu welchem man sich des kecksten literarischen Truges wohl versehen darf".[45]

Der von HOMEYER angenommenen Priorität des Heilbronner Verfassungsentwurfs hat ERNST WILHELM FISCHER in einem Schulprogramm der Hamburger Gelehrtenschule Johanneum aus dem Jahre 1858 widersprochen.[46] FISCHER konnte sich hierbei unter anderem auf die von FERDINAND FRIEDRICH OECHSLE (1830) und von LEOPOLD RANKE in seiner 1839 erschienenen Deutschen Geschichte im Zeitalter der Reformation vorgebrachte Argumentation stützen; dennoch: „Die Frage nach dem eigentlichen Ursprunge des Schriftstückes selbst bleibt dergestalt noch offen".[47]

Aufgrund seiner genauen Kenntnis der zeitgenössischen Reichspolitik war GOTTLOB EGELHAAF in der Lage, entschiedener zu urteilen: „Der Inhalt der Schrift beweist zur Genüge, daß sie in Wahrheit 1523 entstanden ist".[48] Als Erster erkannte er die Rolle Wendel Hiplers und Friedrich Weygandts bei der Rezeption der Schrift im Sommer 1525: „indem diese vor zwei Jahren erschienene und damals zunächst ohne Widerhall gebliebene Schrift jetzt unzweifelhaft von Hipler in einer folgenschweren Krisis unserer Nation aufgenommen worden ist, wird sie tatsächlich sein Werk: er vertritt sozusagen Patenstelle an ihr".[49] Ebenfalls als Erster machte EGELHAAF 1889 auf eine anonym überlieferte, jedoch mit einiger Sicherheit auf Friedrich Weygandt zurückgehende Notiz, entstanden zwischen dem 4. und 14. Mai 1525, aufmerksam, in der Weygandt ihm den Druck *Teütscher Nation nodtdurfft* in Frankfurt zu besorgen oder Wendel Hipler auszuhändigen bittet: *Item eine ordnung und reformation ist, für jaren verruckt, auf ordnung und austrag rechtens gestellt mit zwölf hauptartikeln und derselben jeder in vier sonderlich puncten declariert, die findet man zu Frankfurt, die mitzubringen oder auf sonntag Cantate die gen Heilprun zu antwurten Wendel Hiplern, dem veldschreiber.*[50]

---

[45] HOMEYER (wie Anm. 43), S. 303 f.

[46] ERNST WILHELM FISCHER, Einige Bemerkungen über die sogenannte Reformation Kaiser Friedrichs III. vom Jahre 1441, in: Jahresbericht („feierliche Redeübungen") des Johanneums Hamburg, Hamburg 1858, S. 1—36.

[47] FISCHER (wie Anm. 46), S. 36. — LEOPOLD VON RANKE, Deutsche Geschichte im Zeitalter der Reformation, Bd. 2, Berlin 1839, S. 203 ff.

[48] GOTTLOB EGELHAAF, Deutsche Geschichte im 16. Jahrhundert, Band 1, Stuttgart 1889, S. 499.

[49] EGELHAAF, Deutsche Geschichte (wie Anm. 48), S. 596 f.

[50] EGELHAAF, Deutsche Geschichte (wie Anm. 48), S. 596, Anm. 2. Vollständiger Text und weitere Nachweise bei ARNOLD (wie Anm. 37), S. 281 f.

In der Folge fiel die Diskussion zeitweise wieder hinter den bereits erreichten Kenntnisstand zurück. So rechnete MAX THOMAS 1897 mit der Autorschaft Friedrich Weygandts aufgrund der — nur natürlichen — Übereinstimmung zwischen dem 1523 gedruckten Text der „Reformation" mit einschlägigen Passagen aus Weygandts Briefen des Jahres 1525.[51] Wenig überzeugend fiel auch der Versuch HEINRICH WERNERS aus, wegen der angeblich diesem Stand gegenüber aufgeschlossenen Tendenz der Schrift den Nachweis einer Verfasserschaft des Reichsritters Hartmut von Cronberg zu führen.[52]

Das bisher Bekannte zu Entstehungszeit und Verfasserfrage faßte zuletzt OTTO SCHIFF zusammen und wies, wie schon EGELHAAF, insbesondere auf die Tatsache hin, daß die Reformschrift deutliche Übereinstimmungen mit den Reformbestrebungen des Nürnberger Reichsregiments von 1522/23 zeigt.[53] So wurde dort etwa der Vorschlag diskutiert, das Kapital der großen Handelsgesellschaften auf eine bestimmte Summe zu begrenzen und so die verhaßten Monopole einzuschränken. Im Rahmen seiner Beratungen über Monopolien, Münze und Zoll hatte sich das Regiment am 6. November 1522 an mehrere Städte mit der Bitte um gutachtliche Äußerungen gewandt. Ende Dezember dieses Jahres legte der kleine dem großen Ausschuß des Nürnberger Reichstages sein Gutachten in dieser Frage vor, in dem er die Ansicht vertritt, die *monopolia, vereinigung, pundnus, geselschaft und ire furkeuf werden nit allererst itzo dem gemeinen nutz unleidlich und untreglich erfunden . . .;* hier findet sich auch der Vorschlag einer Begrenzung des Eigenkapitals der Gesellschaften — wie er mit einer Summe von 10 000 Gulden in unserem Text auftaucht — *das dieselben hauptsumma, damit ain jede geselschaft versambt oder die sondern personen handeln, ain nembliche satzung als bis in 20, 30, 40 oder zum mainsten 50 tausent gulden gemacht werde.*[54]

Weitere Themen des Nürnberger Reichstages waren die Reformen bei Münze und Zoll. Auf Vorlage der fränkischen, schwäbischen und sächsischen Münzmeister wurde die Angelegenheit einer für das Reich einheitlichen Münze vom gleichen Ausschuß wie die Monopolienfrage behandelt. Dabei wurde unter anderem eine Bestimmung verabschiedet: *Item das ain jeder furst oder obrigkait, so des freiheit haben . . . uf dieselben zu ainer seiten des reichs adler und zur andern seiten sein selbs wappen sampt der jarzale schlaen lassen sollten . . . Item möchte auch gut sein, das der munze im reiche nit so vil werden, sunder in jedem krais etliche munzen, sovil man mochte achten not sein, veror-*

---

[51] MAX THOMAS, Markgraf Kasimir von Brandenburg im Bauernkriege, Gotha 1897, Exkurs: Zur Kritik der sogenannten Reformation Kaiser Friedrichs III., S. 70—79.

[52] HEINRICH WERNER, Die sog. „Reformation des Kaisers Friedrich III.", ein Reichsreformplan der westdeutschen Ritterschaft, in: Westdeutsche Zeitschrift für Geschichte und Kunst 28 (1909), S. 29—70; ders., Die Quellen der sog. Reformation des Kaisers Friedrich III., ebd. 29 (1910), S. 83—117.

[53] OTTO SCHIFF, Forschungen zur Vorgeschichte des Bauernkrieges. III. Die unechte Reformation Kaiser Friedrichs III., in: Historische Vierteljahrschrift 9 (1919/20), S. 189—219.

[54] Deutsche Reichstagsakten unter Kaiser Karl V., Bd. 3, bearbeitet von ADOLF WREDE, Gotha 1901, Ndr. Göttingen 1963 (Deutsche Reichstagsakten Jüngere Reihe = RTA jR 3), Nr. 104, S. 573, 584. — Ein Nürnberger Gutachten vom Oktober 1522 hatte eine Kapitalhöchstgrenze von 50 000 Gulden, ein Ulmer Gutachten vom Dezember (RTA jR 3, Nr. 101) nur Familiengesellschaften von Vater, Sohn und Schwiegersohn mit 1000 Gulden Einlage vorgeschlagen: N. HEIECK, Die Auseinandersetzungen über Handelsmonopole und Fürkauf auf den Nürnberger Reichstagen 1522—1524, Diss. Nürnberg 1951 (Maschr.), S. 41 ff. MANFRED MEYER, Die Freien und Reichsstädte auf den Reichstagen, in: Jahrbuch für Geschichte des Feudalismus 5 (1981), S. 204 ff. FRITZ BLAICH, Die Wirtschaftspolitik des Reichstags im Heiligen Römischen Reich. Ein Beitrag zur Problemgeschichte wirtschaftlichen Gestaltens, Stuttgart 1970, S. 138 ff.

*denet und die uberigen abgestelt . . .*⁵⁵ Doch auch in dieser Sache kamen die Beratungen zu keinem Abschluß und wurden auf April/Mai 1523 vertagt; ebenso scheiterte die Ordnung eines allgemeinen Reichszolls vor allem am Widerstand der Städte.⁵⁶

Noch ein weiteres Thema des Reichstags taucht im Zusammenhang der Reformschrift auf: die Gravamina gegen die Geistlichkeit. Die Beschwerden der weltlichen Stände gingen teilweise schon auf den Wormser Reichstag zurück. Nun finden sich unter anderem Klagen *das die geweichten irer misshandlung halben kein rechte, billige straf haben . . . dann do findt man manchfeldig, weil den geweheten und sonderlich den pfaffen durch das geistlich recht weiber zu haben verboten ist, das sie der weltlichen ehweibern, tochtern, swestern und andern iren zugehorigen weibspersonen bei tag und nacht auf unere nachgehen . . .*⁵⁷ Der Vorwurf unsittlichen Lebenswandels ist in dieser oder ähnlicher Form durch das ganze Spätmittelalter nicht verstummt; er findet sich auch in der Friedrich III. zugeschriebenen Reformschrift: *Dann was jn sünd/ ist vns recht/ vnnd was jn recht/ ist vnns sünd/ nympt jr einer ein Eeweyb das ist jm nit recht/ aber dem leyen/ nimpt jr einer eim frumen man sein eelich weyb vnd setzt die zů jm/ das jm nit vnrecht/ were aber eim leyen sünd . . . Die pfaffen treyben jr sach offenlich on scham/ vnnd bedarf sy niemands darumb straffen . . .* (VI, 4 und Beschluß).

Nun kann aufgrund solch sachlicher und textlicher Parallelen eine gegenseitige Beeinflussung oder Abhängigkeit zwischen dem Autor der vorgeblichen Reformation Kaiser Friedrichs III. oder gar seine Beteiligung am Nürnberger Reichstag von Ende 1522/Anfang 1523 nicht postuliert, sondern lediglich darauf verwiesen werden, wie aktuell und konkret die Reformvorschläge des Textes zu dieser Zeit und vor allem in Nürnberg gewesen sind. Ein solches Beispiel bietet etwa der oben angeführte Vorschlag (XI, 1), Bürgermeister und Rat sollten armen geschickten Handwerksgesellen Kapital gegen 5% Zins zur Existenzgründung leihen. Dieser Gedanke findet sich, wie auch das Verbot des Bettelns, nach dem von Luther und Karlstadt initiierten Vorbild der Wittenberger „Beutelordnung" von Anfang 1522 auch in der Nürnberger Armenordnung vom 1. September 1522 für *arme frume handtwerksleute, die sich und die iren mit ihrer handtarbeit gern ernerten und doch zu solichem keinen anfang oder verlegung haben.*⁵⁸ Eine weitere Beobachtung, auf die bereits OTTO SCHIFF hinweisen konnte, sei dem angefügt: In der handschriftlichen und von Melchior Goldast zum Druck beförderten Version wird deutlicher als in der Druckfassung von 1523 im *Beschluß* auf die Geldgier der *Geweichten* abgehoben und auf aktuelle Auseinandersetzungen angespielt: *. . . entpfinden sie nun/ daß wir solcher Gaben nit mehr haben oder geben wollen/ so unterstond sie mit täglichem Gezänk vnnd offen Kriegen daß vnser (so viel wir deß noch haben) auch abzusprechen . . .* Ein aktueller Anlaß wäre in Nürnberg zu Beginn des Jahres 1523 durch das Auftreten des päpstlichen Nuntius Chieregati gegeben, der auf die Durchführung des Wormser Edikts drang und bei der städtischen Bevölkerung so großen Unwillen hervorrief, daß er seines Lebens nicht mehr sicher sein konnte. Willibald Pirckheimer berichtete Erasmus hierüber am 17. Februar: *. . . universo populo ludibrio*

---

⁵⁵ RTA jR 3, Nr. 105, S. 605; Nr. 106, S. 617; Nr. 107, S. 621 f.
⁵⁶ RTA jR 3, Nr. 108 und 109, S. 622 ff.
⁵⁷ RTA jR 3, Nr. 110, S. 662 f.
⁵⁸ SCHIFF, Forschungen (wie Anm. 53), S. 217. OTTO WINKELMANN, Die Armenordnungen von Nürnberg, Kitzingen, Regensburg und Ypern, in: Archiv für Reformationsgeschichte 10 (1912/13), S. 242—80, bes. S. 258 ff., S. 274; 11 (1914), S. 1—18; ders., Über die ältesten Armenordnungen der Reformationszeit (1522—1525), in: Historische Vierteljahrschrift 17 (1914/15), S. 187—228, 361—400. FRIEDRICH PISCHEL, Die ersten Armenordnungen der Reformationszeit, in: Deutsche Geschichtsblätter 17 (1916), S. 317—330.

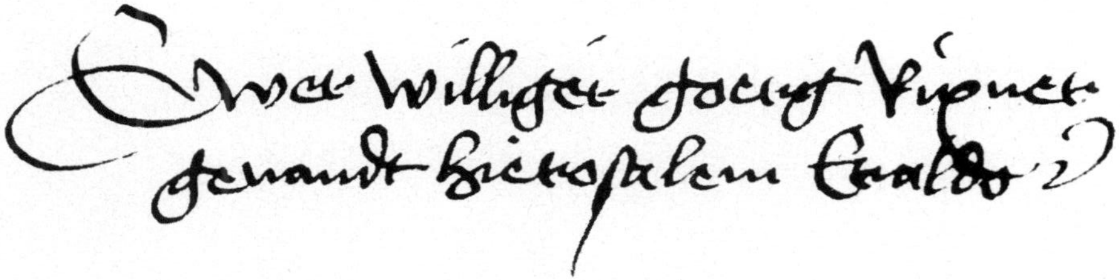

Abb. 1 Eigenhändige Unterschrift des Herolds Georg Rixner: Nürnberg, Germanisches Nationalmuseum, Hs. 3994 a, fol. 97ᵛ.

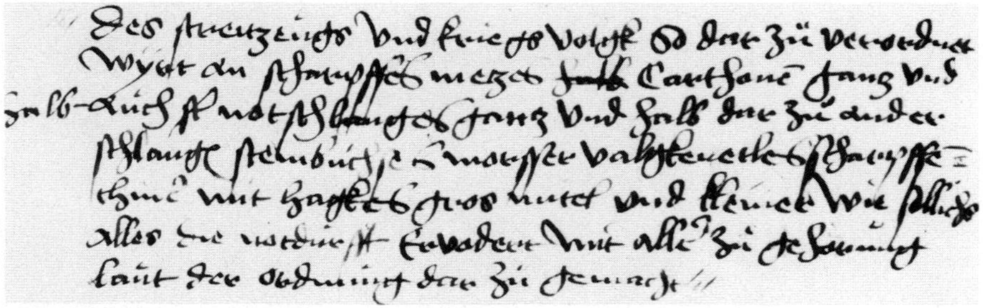

Abb. 2 Eigenhändiger Einschub Georg Rixners im Text der sog. „Reformation Friedrichs III.": Bayerisches Hauptstaatsarchiv München, Geheimes Staatsarchiv, Kasten blau 103/2 b, fol. 50 a.

et contemtui est. Et haec omnia illi evenere fraudibus monachorum, quibus maiorem quam debuit attribuit fidem.[59] Die Luthersache hatte auch zur Folge, daß der Nürnberger Rat bereits unter dem Datum des 24. Oktober und des 11. Dezember 1522 auf Veranlassung des Reichsstatthalters Erzherzog Ferdinand gegen Druck und Vertrieb reformatorischer Literatur vorgegangen war: *Mer soll man alle puchdrucker beschicken und von neuem mit pflichten verstricken, das si hinfuro kainerlei Luterische materi oder denselben gemeß on sonder wissen und erlaubnuß ains rats nicht drucken sollen.*[60]

So bot Nürnberg im Jahr 1523 kaum Voraussetzung zum Druck von Schriften mit reformerischem Charakter. Konnte man da an die benachbarte Bischofsstadt Bamberg denken? Offenbar — denn solche Überlegungen machte sich nachweislich das Nürnberger Reichsregiment: Nachdem, wie erwähnt, die Reichsstädte den Zoll nicht bewilligt hatten, wollten Statthalter und Regiment die Artikel hierüber *außerhalb der reichsstett* drucken lassen. Ihre dahingehende Anfrage jedoch wurde vom Bamberger Bischof unter dem Datum des 24. April 1523 mit einer in unserem Zusammenhang nicht uninteressanten Argumentation abgelehnt: In Bamberg gibt es keinen ordentlichen Drucker; der frühere, Hans Pfeyl, ist gestorben, seine Offizien nach Regensburg verkauft worden; zwar ist ein neuer gekommen, der jedoch nicht fähig scheint, einen solchen Druckauftrag auszuführen![61]

Georg Rixner

Fassen wir zusammen, was aus der Reformschrift *Von Teütscher Nation nodturfft* selbst über die Umstände ihrer Entstehung zu entnehmen ist: Hinsichtlich Ort und Zeit wird man an den angeführten Zusammenhängen mit dem Nürnberg von Ende 1522/Anfang 1523 schwerlich vorbeikommen. Abschließend ist die These zu erwägen, ob diese Reformschrift nicht auch aus der Ungeduld eines Zeitgenossen über die unbefriedigenden Fortschritte der Reichsreform auf dem Nürnberger Reichstag von 1522/23 resultierte. Es unterliegt kaum einem Zweifel, daß ihr Autor Laie war; ein Laie, der sich als eindeutiger Anhänger der neuen kirchlichen Richtung zu erkennen gibt, der die christliche und menschliche Freiheit propagiert. Seine Wurzeln hat er erkennbar in Oberdeutschland, ablesbar an den Kenntnissen der dort herrschenden wirtschaftlichen Gegebenheiten und Maßeinheiten, dem Interesse am Weinbau und den allein auf das südliche Deutschland beschränkten Vorschlägen der Münzstätten; als Beispiele für die Strafe für städtischen Eigennutz werden schließlich Mainz, Erfurt und Regensburg angeführt. Erkennbar wird das Engagement des Verfassers für städtische Belange, für die „frommen" Ritter und Knechte, aber auch für den „gemeinen Mann"; unverhohlene Kritik wird dagegen vorgebracht am Eigennutz dreier anderer Stände: der Geistlichen, Großkaufleute und Rechtsgelehrten. So erweist sich unser Autor als Konservativer im Wortsinn: alle Stände sollen ihren Platz haben, *ein yeder seyns standes bleiben.*[62]

---

[59] SCHIFF, Forschungen (wie Anm. 53), S. 215 f. RTA jR 3, Nr. 251, S. 925.
[60] RTA jR 3, Nr. 78, S. 410, Anm. 1. SCHIFF, Forschungen (wie Anm. 53), S. 212.
[61] RTA jR 3, Nr. 265, S. 936.
[62] Wichtig sind in diesem Zusammenhang vor allem die Einschätzungen der maßgeblichen Arbeit von HEINZ ANGERMEIER, Der Ordnungsgedanke (zit. Anm. 31), bes. S. 55 ff.: „ein groß angelegtes Reformprogramm"; der „Verfasser geht dabei systematischer vor als alle seine Vorgänger"; „darf man an Franken als dem weiteren Entstehungsgebiet der Schrift wohl festhalten"; „im Winter 1522/23 entstanden"; „von einem Laien"; schließlich: „so möchte man am ehesten einen in Reichsdienste getretenen, wenig begüterten Adeligen als Verfasser annehmen" und: „So liegt es nahe, altrechtliches Denken als das wesentlichste Element in der Vorstellungswelt des Verfassers der RKF. anzusprechen."

All dies verweist auch auf die Person Georg Rixners nicht nur als den Herausgeber, sondern auch als den möglichen Verfasser der Kaiser Friedrich III. zugeschriebenen Reformschrift.[63] Hat er sich nicht auch sonst schon als Autor von wenn auch zweifelhaftem Ruf erwiesen? Kann man ihm jedoch die Autorschaft an diesem Text, einem der detailliertesten Reformentwürfe des Spätmittelalters, zutrauen? Was wissen wir überhaupt über ihn?

Zu wenig, um diese Fragen mit letzter Sicherheit beantworten zu können; doch lassen sich Beziehungen des Verfassers des Turnierbuchs nach Nürnberg bereits vor dessen Druck im Jahr 1530 nachweisen: Am 8. April 1525 ließ der Nürnberger Rat *dem ernholt Jerusalem* ein Geldgeschenk zukommen; ein weiteres wurde ihm am 12. März 1526 überreicht, als er dem Rat eine eigenhändige Handschrift über das — angebliche — Nürnberger Turnier des Jahres 1198 übergab.[64] Erhalten hat sich daneben eine zweite autographe Abschrift des Nürnberger sowie benachbarter Turniere, die er dem Nürnberger Bartholomäus Haller zueignete.[65] Das Dedikationsexemplar ist mit einer eigenhändigen Unterschrift *Ewer williger goerg Rixner genandt hierosalem Eraldo* und dem Wappen des Herolds versehen: in Gold ein steigender schwarzer gekrönter Löwe, schräggeteilt mit verwechselten Farben.[66] Die Kenntnis von Rixners eigenem Wappen ermöglicht es, den auf einem Holzschnitt Hans Burgkmairs d. Ä. von 1504 dargestellten Reichsherold *Hierusalem* als Georg Rixner zu identifizieren.[67] Damit ist wahrscheinlich, daß Rixner als Reichsherold dieses Titels auch auf einem Holzschnitt des Jahres 1507 figuriert, der ihn zusammen mit dem Reichsherold *Deutschland* zu Seiten Kaiser Maximilians zeigt.[68] Rixners Amtskollege war demnach ein Vorgänger jenes durch Dürers Zeichnung von 1520 bekannten Caspar Sturm, der unter anderem als Verfasser eines Wappenbuches literarisch hervortrat und auch zu Nürnberg in Beziehung stand.[69]

---

[63] Anders als SCHIFF, Forschungen (wie Anm. 53), S. 212 ff., der Rixner mindestens als ersten Herausgeber der Schrift ansah und eine Verfasserschaft für „nicht ausgeschlossen" hielt, ist ANGERMEIER (wie Anm. 31) S. XVIII, Anm. 141, auf diese Frage nur knapp und ablehnend eingegangen: „Rüxner hat also höchstens eine vermittelnde Rolle gespielt, kommt aber als Verfasser nicht in Frage."

[64] SCHIFF, Forschungen (wie Anm. 53), S. 214. LOTTE KURRAS, Georg Rixner, der Reichsherold ‚Jerusalem', in: Mitteilungen des Vereins für Geschichte der Stadt Nürnberg 69 (1982), S. 341—344; das Autograph erhalten in Staatsarchiv Nürnberg, 7farbiges Alphabet, Akten Nr. 165ᵃᵈ.

[65] KURRAS, Rixner (wie Anm. 64), S. 342; erhalten in: Germanisches Nationalmuseum Nürnberg, Hs. 3994 a.

[66] Abbildung 4 bei KURRAS, Rixner (wie Anm. 64) aus Nürnberg, Germanisches Nationalmuseum, Hs. 3984 a, fol. 97ᵛ.

[67] Abbildung bei EGON FRHR. VON BERCHEM, Die Herolde und ihre Beziehungen zum Wappenwesen. Eine vorläufige Materialsammlung zur Geschichte des Heroldswesens, in: Beiträge zur Geschichte der Heraldik, Berlin 1939, S. 115—219, Fig. 103 und: KURRAS, Rixner (wie Anm. 64), Abb. 2. — Der Burgkmair-Holzschnitt zeigt das Wappen schräglinksgeteilt und das Wappentier weiß in schwarzem Feld. Der Tappert zeigt das Jerusalemkreuz, das Schriftband H(ierusalem) ist nicht ausgeführt.

[68] Der Holzschnitt Burgkmairs von 1507 zeigt neben Maximilians Thron die durch ihre Wappenröcke und Szepter gekennzeichneten Reichsherolde ‚Germania' und ‚Jerusalem': Abb. 3 bei KURRAS, Rixner (wie Anm. 64).

[69] THEODOR KOLDE, Der Reichsherold Caspar Sturm und seine literarische Tätigkeit, in: Archiv für Reformationsgeschichte 4 (1906/07), S. 117—161. ALBERT BARTELMEß, Der Reichsherold Caspar Sturm und Nürnberg, in: Mitteilungen des Vereins für Geschichte der Stadt Nürnberg 69 (1982), S. 185—195. Das Wappenbuch des Reichsherolds Caspar Sturm, hrsg. vom Herold, Berlin, bearb. von JÜRGEN ARNDT u. a., Neustadt/Aisch 1983.

Zu Nürnberg läßt Rixner sich demnach sehr wohl in Beziehung bringen; schwerer fällt dies hinsichtlich des konkreten Zeitpunktes des Reichstags von 1522/23. Möglich ist jedoch, daß Bindungen an den Pfalzgrafen Johann von Simmern, dem er später sein Turnierbuch gewidmet hat, schon in früheren Jahren bestanden oder angeknüpft wurden: der Pfalzgraf von Simmern vertrat eine Zeitlang seinen Vetter Pfalzgraf Friedrich als kaiserlicher Statthalter beim Reichsregiment; gelegentlich wird Rixner sogar als in Friedrichs Dienst selbst stehend bezeichnet.[70]

Jedenfalls war das Turnierbuch nicht Rixners einziges und auch nicht sein Erstlingswerk. Aus seiner Feder gingen Genealogien der Herzöge von Mecklenburg, der Grafen von Simmern und der Grafen von Henneberg hervor.[71] Und schon in den Jahren vor der Entstehung der Schrift *Von Teütscher Nation nodturfft* ist Georg Rixner in Verbindung mit Reichsangelegenheiten einmal schriftstellerisch hervorgetreten: Vom Frankfurter Wahltag des Jahres 1519 hat der Reichsherold *Jerusalem* einen Bericht geliefert, der nach der Meinung der Herausgeber der Deutschen Reichstagsakten eine Hauptquelle für dessen Ablauf darstellt.[72]

Postskriptum

Diese Untersuchung — entstanden als Beitrag zu einer Festschrift zum 60. Geburtstag von Professor Gerd Zimmermann, der zuerst im Sommersemester 1963 in einem an der Universität Würzburg veranstalteten Seminar mein Interesse an der Heraldik geweckt hat —, war soweit fertiggestellt und bereits in den Satz gegangen, als ich auf ein weiteres Indiz stieß, das die Annahme der Verfasserschaft Rixners abzusichern vermag:

Während der Text der Münchener Überlieferung der Reichsreformschrift von einer geübten Kanzleihand zu Papier gebracht wurde, findet sich dort fol. 50 a ein Einschub von anderer Hand auf einem eingehefteten Zettel. In die dritte Erklärung des Beschlußartikels ist mit Verweiszeichen zwischen ... *nach gelegenheyt* und *der leger / daneben* ... (fol. E III[v] des Erlinger-Drucks) der folgende Text eingefügt: *des streitzeugs vnd kriegs volgk so dar zü verordnet wyrt an scharpffen meczen Carthanen gancz vnd halb — auch sint not schlangen gancz vnd halb dar zu ander schlangen steinbuchsen morsser valgkenethen scharpffen thincer mit hagken gros mitel vnd kleiner wie sollichs alles die notdurfft Ervodert mit aller zu gehorung laut der ordnung dar zü gemacht* (vgl. Abb. 2).

Ein Vergleich mit zweifelsfreien Autographen Georg Rixners, seiner eigenhändigen Unterschrift unter der Abschrift des Nürnberger Turniers etwa (Abb. 1), vermag ein weiteres Glied in der Argumentationskette zu bilden, die den Reichsherold nicht allein enger in die Überlieferung eines der letzten Texte der spätmittelalterlichen Reichsreformbestrebungen einbindet, sondern auch seine Autorschaft mehr als wahrscheinlich erscheinen läßt.

---

[70] SCHIFF, Forschungen (wie Anm. 53), S. 214; dort wird auch aus dem Stammbuch der Familie Tucher des Christoph Scheurl von 1542 zitiert, wonach Rixner *Pfaltzgraff Friedrichen Heroldt* war; vgl. auch BERCHEM (wie Anm. 67), S. 157 ff.

[71] SEYLER, Heraldik (wie Anm. 4), S. 37.

[72] KURRAS, Rixner (wie Anm. 64), S. 343. RTA jR 1 S. 764, Anm. 3, Nr. 384, S. 858 und Register s. v. Rixner.

DANIEL CRAMERS *POMMERISCHE CHRONICA* VON 1602

von

Klaus Guth

1. Einführung

Bamberg und Pommern

Bambergs früheste Beziehungen zu Pommern und Polen wurden durch die Missionsreisen Bischof Ottos des Heiligen geknüpft. In unterschiedlicher Intensität pflegten beide Landschaften gemeinsame Kontakte über Jahrhunderte. Sie erfuhren in der Gegenwart durch die Wiederaufnahme des Dialogs zwischen den Bistümern Bamberg und Kammin neuen Aufschwung.[1] Neuerdings münden sie in das politische wie kirchenpolitische Interesse an Polens Volk und Geschichte ein, das durch Lech Walesa und Solidarnoš/Solidarität oder durch die Polenreisen Papst Johannes-Paul II. neu entfacht wurde.

Seit den Tagen Kaiser Heinrichs II. (1002—1024) war Pommern in das Blickfeld christlicher Missionare gerückt.[2] Thietmar von Merseburg, der Chronist des Kaisers, berichtet von den Bemühungen des Missionars Reinbern, in späterer Zeit von der Tätigkeit eines spanischen Eremiten Bernhard dort. Letzterer soll nach der Überlieferung auf jenem Hoftag 1122 zu Worms bereits anwesend gewesen sein, als das Konkordat abgeschlossen wurde. Sicher hat er den dort weilenden Bischof Otto von Bamberg getroffen und ihn über seine schlechten Erfahrungen in Polen informiert. Ottos Interesse an Polen war seit den Tagen, als er als junger Hofkaplan der Polenherzogin Judith, Witwe des Ungarnkönigs und Schwester König Heinrich IV., am Hofe des Herzogs Wratislavs lebte, ungebrochen. Der Antrag des Polenherzog Boleslav III., Sohn Herzog Wratislavs, an den Bischof in Bamberg, die Mission bei den Pommern zu übernehmen, fiel daher auf fruchtbaren Boden. 1124 brach Otto zu seiner ersten (1124—1125), 1128 zu seiner zweiten Missionsreise nach Pommern auf. Sie war die erfolgreichste. Persönliches Interesse, Wissen um Land und Leute, Diplomatie und die Einsicht, daß die Ortskirche von Bamberg in die Pflicht missionarischer Verantwortung genommen sei, kamen dabei zusammen. An dieser Tatsache lassen Ottos Biographen keinen Zweifel.

Quellen zur Pommern-Geschichte

Ebos Vita, Herbords Dialog, die Prüfeninger Vita und die Relatio bezeugen der Nachwelt die Taten des Pommernapostels.[3] Sie bergen auch frühe Nachrichten über Land und Leute jener Landschaft. Seit der Heiligsprechung des Bischofs 1189 wuchs

---

[1] Herr Kollege Zimmermann hat durch fachliche Beratung der zuständigen Gremien nicht unerheblichen Anteil an der Wiederbelebung der Beziehungen zwischen dem Erzbistum Bamberg und dem Bistum Kammin.

[2] Vgl. z. B. O. Meyer, Oberfranken im Hochmittelalter. Politik, Kultur, Gesellschaft, Bayreuth 1973, S. 66 ff.

[3] Zu den Quellen vgl.: O. Meyer, Oberfranken im Hochmittelalter, S. 188—191; — Zur Literatur vgl.: Bibliographie zur Geschichte von Stadt und Hochstift Bamberg 1945—1975, München, New York, London, Paris 1980, bes. S. 466—469.

das Interesse in der Öffentlichkeit an der Biographie des Heiligen. Liturgie, Legenden-Sammlungen und Mirakelberichte[4] überliefern sie in lateinischer Gestalt, deutsche Prosa-Sammlungen des Spätmittelalters schließen sich an.[5] Eine Heiligen-Wallfahrt zum Grab entwickelt sich auf dem Michelsberg. Volkstümlich im weitesten Sinn des Wortes wurde die Otto-Wallfahrt jedoch nie. Quellen zur Otto-Wallfahrt fehlen fast vollständig. Erst das Zeitalter der Gegenreformation nimmt Quellen zur Heiligenverehrung in Bamberg kontroverstheologisch in ihr Programm auf. Von protestantischen Schriftstellern werden neue literarische Formen geschaffen. Katholische Autoren verteidigen auf der Gegenseite Legenden-Sammlungen über Heilige.[6] DANIEL CRAMERS *Pommerische Chronica* ist aber vom Titel her schon mehr als eine historische Beschreibung des Landes. Sie ist eine frühe pommerische Landeskirchengeschichte aus evangelischer Sicht. Positiv übernimmt sie bei der Darstellung der Frühgeschichte Pommerns Leben und Wirken des Pommernapostels Otto. Ihre protestantische Tendenz aber ist unverkennbar. Diese stellt der Jesuit JAKOB GRETSER in seiner Sammlung *Divi Bambergenses*, erschienen 1611 in Ingolstadt, an den Pranger.[7] Daher wird in einem ersten Teil vorliegender Untersuchung die kontroverstheologische Relevanz beider Abhandlungen am Beispiel der Otto-Vita im Vergleich zueinander analysiert. Der zweite Haupt-Teil wird CRAMERS Chronik in ihrer Bedeutung als Quelle für eine pommerische Landes- und Volkskunde vorstellen. Sie gehört zu einer in der Volkskunde bislang wenig beachteten Quellengattung des 17. Jahrhunderts[8], die Land und Leute einer Region zum Thema hat[9]. Vielleicht vermag die Analyse des Cramerischen Berichts die Forschung anregen, die soziokulturellen Beziehungen zwischen Franken und Polen im Verlauf der Jahrhunderte neu zu untersuchen. Der kulturelle Austausch zwischen beiden Ländern wurde kürzlich am Beispiel Bambergischer Auswanderer in Posen und im Posener Land während des 18. Jahrhunderts vorgestellt.[10]

2. DANIEL CRAMERS Pommerische Chronica als kontroverse KIRCHEN HISTORI

Pommern, Landstrich zwischen Stralsund, Stettin/Oder und Stolp, war über die Herzöge von Pommern im Verlauf des Mittelalters in verschiedene Herrschaftsbereiche aufgeteilt worden. Im Zeitalter der Reformation (1547) blieb von Pommern ein Her-

---

[4] Dazu vgl. J. PETERSOHN, Bemerkungen zu einer neuen Ausgabe der Viten Ottos von Bamberg. 1. Prüfeninger Vita und EBO. In: DA 27, 1971, S. 175—194; J. PETERSOHN, Probleme der Otto-Viten und ihrer Interpretation. In: DA 27, 1971, S. 314—372; J. PETERSOHN, Zur Biographie Herbords von Michelsberg. In: JbFL 34/35, 1975, S. 397—416.

[5] Vgl. K. SÜDEKUM (Hrsg.), Die deutsche Otto-Vita des Konrad Bischoff aus dem Jahre 1473, Neustadt/Aisch 1983 (Fränkische Chroniken, Bd. 4).

[6] Vor allem Martyrerbücher und Historiensammlungen auf protestantischer, Legendare und Sammlungen von Heiligenhistorien auf katholischer Seite. Vgl. W. HIEBER, Legende, protestantische Bekennerhistorie, Legendenhistorie. Studien zur literarischen Gestaltung der Heiligenthematik im Zeitalter der Glaubenskämpfe, Würzburg 1970.

[7] Darinnen: Vita S. Ottonis Babenbergensis episcopi, ebenda S. 143—380.

[8] Vgl. I. WEBER-KELLERMANN, Volkskunde zwischen Germanistik und Sozialwissenschaften, Stuttgart 1969.

[9] Ergänzende Quellen zur Volkskunde Pommerns aus dieser Zeit sind: JOH. MICRAELIUS, PAUL FRIEDEBORN, JOHANNES BUGENHAGEN, Pommerania, in quattuor libros divisa, ex manuscripto edidit JACOB HENRICH BALTHASAR, Greifswald 1728. Weitere Quellen: Kirchenvisitationen, Predigten.

[10] Dr. hab. sc. techn. LECH ZIMOWSKI, Technische Universität Poznan, hielt an der Universität Bamberg am 23. 6. 1983 den oben angeführten Vortrag. Die Dozenten der Volkskunde hatten ihn dazu eingeladen.

zogtum Wolgast und ein Herzogtum Stettin übrig (Teilung 1531). 1648 reichte Vorpommern etwa bis zur Oder, Hinterpommern östlich der Oder wurde fast bis zur Danziger Bucht dem Kurfürstentum Brandenburg eingegliedert. Durch die Einführung der Reformation unter Johann Bugenhagen (1485—1558), Beichtvater Luthers, entfiel die alte kirchliche Einteilung in das Bistum Kammin (seit 1140), das seit 1303/4 in die Archidiakonate Kammin, Stargard, Stettin, Usedom, Demmin und Stolp gegliedert war.[11] Nicht einbezogen in die genannte Neueinteilung waren die Archidiakonate Kolberg und Pasewalk. Mit dem Landtag zu Treptow (1535) und der neuen Kirchenordnung aus dem gleichen Jahr, von Bugenhagen für die pommerischen Herzöge verfaßt, wurzelte die reformatorische Bewegung in Pommern für immer.[12] Das Territorium des alten Bistums Kammin wurde in das Herzogtum einbezogen und dem Landeskirchenregiment der Herzöge unterstellt. Die geistliche Oberaufsicht in der neuen Landeskirche führten drei Generalsuperintendenten. Sie hatten ihren Sitz in Wolgast, Stettin und Stolp.[13]

Pommerische Kirchengeschichte

Neben der Gestalt J. Bugenhagens (1485—1558), des großen Reformators Pommerns und zeitlebens engsten Freundes Luthers, der in seiner Bedeutung nur mit Melanchthon zu vergleichen ist, verblaßt das Ansehen des Verfassers der Pommerischen Chronik von 1602. In der Forschung wurde CRAMERS Werk bislang noch nicht gewürdigt.[14] Doch sicher reichte der Einfluß DANIEL CRAMERS (1568—1637), Doktor der Heiligen Schrift, Pastor an der Stiftskirche St. Marien zu Stettin und Professor am fürstlichen Pädagogium dort, über Stettin hinaus. Seine pommerische Chronik oder Landeskirchengeschichte läßt die Vorzüge quellennaher kritischer protestantischer Geschichtsschreibung, die auf große Polemik verzichtet, erkennen. Sie stützt sich, wie das Vorwort vermerkt, auf persönliches Aktenstudium[15] und kann mit dem großen historischen Interesse der Fürsten rechnen. . . . *dardurch die Antiquiteten [durch Boguslaw X.] auffgehoben und die Historien zum Kirchenwesen (wie auch zur weltlichen Regierung) dienstlich erhalten worden sind.*[16] Dem „Studium Historicum" war der berühmte Vorfahre Fürst Boguslaw X. († 1523) von Jugend an zugetan. Eine pommerische Historie hatte Johann Bugenhagen bereits verfaßt. Sie kann auf zahlreiche „denkwürdige Geschichten" zurückgreifen. Cramers pommerische Kirchengeschichte steht in der Tradition der Geschichtsschreibung des Alten und Neuen Testaments, stützt sich auf die verwahrten Kirchengeschichtsbücher (Vorrede S. VII) und auf das Interesse der Fürsten[17], denen er sein Werk, die *Pommerische Kirchen Histori,* widmet (Vorrede S. I). Diese Schrift abzu-

---

[11] H. HEYDEN, Kirchengeschichte Pommerns, Bd. 1, Köln-Braunsfeld 1957, S. 89; G. RHODE, Kleine Geschichte Polens, Darmstadt 1965, bes. S. 67 ff.

[12] Vgl. H. HEYDEN, Kirchengeschichte (wie Anm. 11), bes. S. 229—243. Die Kirchenordnung trägt den Titel: *Kercken ordeninge des gantzen Pamerlandes, dorch de Hochgebaren Försten und Heren, Heren Barnym unde Philips, beyde gevedderen, up dem landdage tho Treptow tho eeren dem hilligen Evangelio beslaten.*

[13] HEYDEN, ebenda Bd. II., S. 16 ff.

[14] Soweit sie dem Verfasser bekannt ist. Biographisches zum Leben in: Allgemeine deutsche Biographie, Bd. 4, Leipzig 1876, S. 546 f.

[15] Vorrede zur Chronik, S. IX (ohne Paginierung, Zählung v. Verf.).

[16] Vorrede ebenda S. VII, oben.

[17] Es waren laut allgemeinem Vorwort S. I die Fürsten Barnim X. († 1603), Bugslaff (= Boguslaw XIII., 1573—1606), Casimir VII. († 1605) und der nachgeborene Philipp Julius, Herzog von Pommern-Wolgast († 1625). Boguslaw XIII. wurde 1544 geboren. Vgl. Allgemeine deutsche Biographie, Bd. 3, Leipzig 1876, S. 55 f.

fassen, fühlte sich DANIEL CRAMER auf Grund seines *Kirchen und Schul Amptes* befugt und fähig. Sie bleibt ein vorläufiges Werk, das durch neue Akten jederzeit *erweitert, vermehret und gebessert werden* könne (Vorrede S. VIII). Gedruckt wurde sie in Frankfurt am Main 1602.

CRAMERS *Pommerische Chronica, das ist Beschreibung und ausführlicher Bericht, wie anfenglich durch Bischoff Otto von Bamberg die Pommern auß Heidnischer Blindheit zum Christenthumb bekehret . . . Sampt klärlicher Vermeldung vieler Heidnischer und Abgöttischer Gebräuchen . . . Alles den Liebhabern der Historien zu Guten und zu gemeinem Nutz . . . . . . zusammengebracht und continuirt von Anfang des Christenthumbs in diesen Landen Anno 1124 bis auff den Eingang deß 1601. Jahrs* trägt Akzente protestantischer Konfessionsgeschichte. Sie erscheinen im vorreformatorischen Teil nur am Rande und häufen sich selbstverständlich in *diesen letzten Zeiten*, wo Gott seine Kirche in Pommern *vom überbliebenen Päpstischen Sawerteig gesäubert und geläutert* und das *Evangelium wider eingesetzt* hat (Vorrede S. V). Auch für Cramer gründet die pommerische Kirche im Werk Bischof Ottos von Bamberg. Mit ihm bekommt das *Christenthumb einen Anfang*, er hat den Glauben gepflanzt und war *unser erster Prediger*, wie Cramer am Ende der Vorrede zum 1. Buch der Chronik bekennt.[18] Doch auch der Otto-Bericht[19] trägt, wie bereits angedeutet, kontroverstheologische Züge. Dies hat bereits JAKOB GRETSER (1562—1625) erkannt.

JAKOB GRETSERS S. J. *Divi Bambergenses*

In GRETSERS Kompendium *Divi Bambergenses*, das auch die Viten von Kaiser Heinrich und Kaiserin Kunigunde birgt, nimmt die Otto-Vita einen breiten Raum ein (S. 143—381). Sie stützt sich auf die Handschrift des Abtes Andreas Lang vom Kloster Michelsberg (1484—1502)[20]. Zusammen mit dem kontroverstheologischen Anhang (S. 381—420) dient GRETSERS Werk der Verteidigung der alten Lehre, besonders aber der Heiligenverehrung. Seine Erörterung, *Digressio pro antiquis Pommeranis a S. Othone ad fidem Catholicam traductis, contra imposturas Lutherani cuiusdam spermologi* überschrieben, richtet sich ausdrücklich gegen DANIEL CRAMERS *Pommerische Chronica*, insonderheit gegen das erste Buch dieses Werkes.[21] GRETSERS Sammlung Bamberger Heiligen-Viten wurde 1611 in Ingolstadt in lateinischer Sprache bei Adam Sartorius verlegt und war Bischof Johann Gottfried von Aschhausen (1609—1622) in Bamberg gewidmet.[22] Sie umfaßt die vier Bücher der Otto-Vita. Gretsers kontroverstheologische Einlassungen in der Digressio auf D. CRAMERS 1. Buch seiner *Pommerischen Kirchen Histori*, d. h. auf die dort in deutscher Sprache erzählte Otto-Vita, scheinen auf genaue persönliche Lektüre der Cramerschen Chronik zurückzugehen. Die im Bamberger Exemplar der Staatsbibliothek zu findenden handschriftlichen Glossen und Einträge [in der Chronik] stammen von einem Jesuiten.[23] D. CRAMERS pommerische Chronik, zuerst in Frankfurt a. M. 1602 bei Johann Spiessen und Romani beati Erben gedruckt, er-

---

[18] Vgl. den vollständigen Titel in der *Pommerischen Chronica*, S. 3.
[19] Das erste Buch der Pommerischen Kirchen Historien, Kap. 1—46.
[20] Vgl. Titelblatt: Divi Bambergenses S. Henricus Imperator, S. Kunegundis Imperatrix, S. Otho Episcopus nunc integrius quam antea in lucem producti, Notisque illustrati studio *Jacobi Gretseri* Societatis Jesu Theologie. Die Überschrift zur Otto-Vita ebenda S. 143.
[21] Vgl. *J. Gretser*, Digressio pro antiquis Pommeranis, S. 381.
[22] Das benutzte Exemplar, Staatsbibliothek Bamberg, Signatur Coll. vit. q. 3^a, trägt den alten Besitzer-Vermerk: *Monasterij S. Magni in Füßsen* auf dem Titelblatt.
[23] Staatsbibliothek Bamberg, Signatur R. B. H. e. q.^{3}.

schien bereits ein Jahr später zu Alten Stettin (1603), dann nochmals 1628 dort.[24] JAKOB GRETSER S. J. bezieht sich ausdrücklich in der *Digressio* auf die Frankfurter Ausgabe von 1602 der Cramerschen Chronik.[25] Die Widmung an den Bamberger Bischof Johann Gottfried von Aschhausen (1609—1622) und das Erscheinungsjahr 1611 lassen vermuten, daß die Schrift *Divi Bambergenses* auch eine Dankesgabe des Ordens an den Bamberger Fürsten darstellt; denn die Jesuiten waren 1610 nach Bamberg berufen worden und hatten dort im Jahr darauf den Unterricht in den vorbereitenden Fächern für das Theologiestudium sowie Vorlesungen in Philosophie und Theologie am Priesterseminar übernommen.[26]

Neben Petrus Canisius (1521—1597) zählt P. JAKOB GRETSER (1562—1625) zu den bedeutendsten Vertretern des Jesuitenordens in Deutschland im Zeitalter katholischer Erneuerung. Sein umfangreiches schriftstellerisches Werk, erst 1734—1741 in 17 Bänden erschienen[27], weist auf einen Kontroverstheologen von hohem Rang hin, der an der Universität Ingolstadt scholastische Theologie (1592—1605) und Moraltheologie (1609—1615) gelehrt hat. In ihrer Bedeutung für die Theologiegeschichte sind GRETSERS Schriften bis heute nur unzulänglich analysiert worden.[28] Lediglich die religiöse Volkskunde hat ihn als Hagiographen und einschlägigen Theologen gewürdigt, seine polemische Sprache vermerkt. Dabei konnte sie weder dessen sprachwissenschaftliche Werke noch dessen zahlreiche Dramen und spekulative Theologie interessieren, sondern „nur" dessen Begründung des Wallfahrtswesens.[29] Diese liegt auf der Linie der *Controversen* von Kardinal ROBERT BELLARMIN (1542—1621), die 1586/93 in Ingolstadt erschienen waren. Marien-, Heiligen-Verehrung, Prozessions- und Wallfahrtswesen hatten sich in gegenreformatorischer Zeit zu beliebten Kontroverspunkten zwischen den beiden großen Konfessionen entwickelt. In Bamberg und Würzburg waren die Weihbischöfe Friedrich Förner (1612—1630) und Eucharius Sang (1597/99—1620) schriftstellerisch als Verteidiger der Wallfahrtsstätten der Christenheit[30] wie der fränkischen Marien-Wallfahrtsorte Marienweiher[31] und Dettelbach[32] tätig geworden oder sollten es noch werden. Diese Schriften aus dem Bereich der Heiligen-, Marien- und Reliquienverehrung, aus Legende und kirchlichem Brauchtum, münden in eine theologische Literaturform ein, die gerade im Zeitalter der Gegenreformation besonders gepflegt wurde. Es ist die Gattung der polemischen Lehrschriften — eine Form der demonstratio catholica.

J. GRETSER hat dieses Genus praktiziert. Der lateinischen Edition der Otto-Vita nach der Vorlage von Abt Andreas Lang wurde in der Form der *Digressio* ein polemischer

---

[24] H. HEYDEN, Kirchengeschichte Pommerns, Bd. 1 (wie Anm. 11), S. X.
[25] Vgl. Digressio (wie Anm. 21), S. 381.
[26] K. GUTH, Konfession und Religion, in: Oberfranken zwischen 1550—1800, Bd. 3, hgg. v. E. Roth, (im Erscheinen); Epistola dedicatoria zu *Divi Bambergenses*, ed J. GRETSER, a.a.O., S. 5 (Zählung des Verf.).
[27] M. BUCHBERGER, LThK Bd. 4, Sp. 693—694.
[28] Vgl. Literatur bei G. REITER, Heiligenverehrung und Wallfahrtswesen im Schrifttum von Reformation und katholischer Restauration, Würzburg 1970, S. 204, Anm. 36; S. 61—80.
[29] De sacris et religiosis peregrinationibus libri quatuor (Ingolstadt 1606).
[30] Fr. FÖRNER, Palma Triumphalis, Ingolstadt 1621/22. Vgl. G. REITER, Heiligenverehrung (wie Anm. 28), S. 235, L. BAUER, Die Bamberger Weihbischöfe Johann Schöner und Friedrich Förner. Beiträge zur Gegenreformation in Bamberg, in: BHVB 101, 1965, bes. S. 495—516.
[31] FR. FÖRNER, Beneficia Miraculosa tam vetera quam recentia virginis deiparae Weyerensis..., Bamberg 1602.
[32] EUCH. SANG, Beneficia Vetera et Nova Divae Virginis Dettelbaccensis, Würzburg 1607; ders., Triumphus Franconiae, Würzburg 1618.

Exkurs angefügt, der in Einzelheiten auf das 1. Buch der *Pommerischen Chronica* CRAMERS eingeht. GRETSERS *Divi Bambergenses* sind nach seinen Worten Verteidigungs- und Kampfschrift gegenüber Lutheranern und Calvinisten zugleich.[33] Was ficht ihn an der Cramerischen Darstellung der Otto-Vita besonders an? Nur wenige Hinweise sollen dies verdeutlichen.

Kontroverstheologie am Beispiel der Otto-Vita bei Cramer und Gretser

Bereits der Titel der pommerischen Chronik erregte bei Gretser Anstoß. Ottos Predigt des Glaubens und die Praxis der altkirchlichen Liturgie und Zeremonien seien durch die Reformation in Pommern jäh unterbrochen worden. Der Titel erwecke den Anschein einer vorhandenen Kontinuität der christlichen Lehre in Pommern seit der Predigt durch Bischof Otto. Diese aber sei nicht mehr vorhanden, was an Einzelbereichen, wie Sakrament, Liturgie, Ordination, Kirchen- und Klosterwesen, Heiligen- und Reliquienverehrung, Fest- und Feiertagen nachgewiesen wird. Pommern hat die evangelische Bewegung angenommen. Diese ist die Frucht der Bemühungen großer Reformatoren und Männer der Kirchenleitung, die im einzelnen J. GRETSER von Johann Bugenhagen bis Leonhard Meyfisch namentlich bekannt sind.[34]

Nach grundsätzlichen Fragen an D. CRAMER, die den Inhalt der Glaubensverkündigung Bischof Ottos in Wort und Sakrament, bei Predigt und Katechese ansprechen, auf die Kontinuität der römisch-katholischen Kirche in pommerischen Landen seit den Tagen der Mission zielen und die inhaltlichen Unterschiede zur neuen Lehre herausstellen[35], geht J. GRETSER auf Einzelheiten in der Otto-Vita über. Sie betreffen die Invektiven gegen Papst Gregor VII. (CRAMER I, 6), Investitur und Bischofsweihe Ottos von Bamberg und ihre Bestätigung durch Papst Paschalis II. (1099—1118)[36] (CRAMER I, 5). Gretser reibt sich an dem kontroversen Begriff „Abendmahl" (CRAMER I, 8; II, 17) und an dem treffenden Ausdruck für Ottos Missionstätigkeit, die er als *Diener des Wortes* auf sich genommen hatte.[37] Damit rücke D. CRAMER Bischof Otto und seine Gefährten in die Nähe lutheranischer Prediger.

J. GRETSER hat CRAMERS Chronik ganz gelesen. Dies bestätigen seine weiteren Einlassungen auf einzelne Kapitel, so auf Buch I, 33, I, 43, III, 22. Hier weist er auf Schwierigkeiten hin, die durch die Übertragung des Titels „Apostel der Pommern" auf Prediger der Reformation entstünden.[38] Handschriftliche Randbemerkungen in der Pommerischen Chronik[39] der Bamberger Staatsbibliothek verraten die intensive Lektüre eines zeitgenössischen Jesuiten. Dessen Glossen stehen oft an den Stellen, die dann im apologetischen Text der *Digressio* GRETSERS wiederholt näher ausgeführt werden. So findet sich auf Seite 42 der Chronik (CRAMER I, 17) der handschriftliche Hinweis: *En altare, mißsale et cetera paramenta* in Zusammenhang mit der „Abendmahlsfeier" zu Pieritz und der dort angeführten altkirchlichen Liturgie. Unterschiede zum neuen Glauben werden anhand der Sakramentenlehre Ottos etwa bei Beichte und Buße (CRAMER I, 18: S. 43) am Inhalt der Predigt (CRAMER I, 16: S. 40), bei den Zeremonien (CRAMER I, 34:

---

[33] J. GRETSER, Epistola dedicatoria S. 6 (Zählung des Verf.).
[34] J. GRETSER, Digressio, S. 382 f.
[35] J. GRETSER, Digressio, S. 382—391, bes. S. 389, Zusammenfassung S. 391.
[36] Ebenda, S. 392—397.
[37] Ebenda, S. 411 f.
[38] J. GRETSER, Digressio, S. 412—416; hier: S. 414, J. PETERSOHN, Apostolus Pommeranorum. Studien zur Geschichte und Bedeutung des Apostelepithetons Bischof Ottos I. von Bamberg. In: HJb 86, 1966, S. 258—294.
[39] Aufbewahrt in der Staatsbibliothek Bamberg, Signatur R. B. H. e. q^3.

S. 74) herausgestellt. Im Grunde aber zeugen die Randbemerkungen des anonymen Jesuiten wie die Erörterungen J. GRETSERS zur Pommerischen Chronik von einem friedlichen Umgang mit dem andersgläubigen Gegner. Dessen konfessioneller Standort wird vermerkt (CRAMER I, 34: S. 73—84), die Unterschiede zur alten Lehre herausgestellt. Die sachliche und für das Zeitalter der Gegenreformation relativ objektive pommersche Kirchengeschichte D. CRAMERS forderte die Verteidiger der anderen Konfession nicht heraus oder reizte sie, in grobianische Töne abzugleiten. Dies wirft auch ein bezeichnendes Licht auf die Qualität DANIEL CRAMERS als Historiker. Er umreißt seine Aufgabe in der Vorrede zum 3. Buch der Pommerischen Chronik: ... *denn so gehths in der Welt daher, wir mercken nicht, daß die Zeit weg laufft, und was wir einmahl gethan, gesehen und gehört haben, das meinen wir, es werde jmmer gethan ... Viel Ding achten wir in praesenti* ...[40] Der Historiker aber sieht die Konstanten in der Flucht der Ereignisse und wird so zum Gedächtnis und Gewissen seines Volkes.

3. Landes- und Volksbeschreibung bei DANIEL CRAMER

Die Vorzüge der Pommerischen Chronik Cramers lassen sich in verschiedenen Kapiteln aufspüren. Besonders deutlich erscheinen sie im 8. und 9. Kapitel des ersten Buches. Sie stellen eine frühe Landes- und Volkskunde Pommerns dar, beschreiben die mittelalterliche Siedlungs- und Herrschaftsgeschichte, das Land, dessen Flora und Fauna, die Sitten und Bräuche der Bewohner. Das neu erwachte historische Interesse der Zeit an Land und Leuten steht im Zusammenhang humanistischer und reformatorischer Geschichtsschreibung. DANIEL CRAMER schwelgt im Lob auf die Schönheit und Fruchtbarkeit Pommerns. Diese preist er mit Hilfe alter und neuer Berichte und ergänzt sie aus seiner Zeit.

Die Ureinwohner Pommerns, die *Heneti* [Veneter] *oder Wenden gewesen*[41], lebten in einem fruchtbaren Land, reich an Fischen, Niederwild, Samen und Getreide, das *wie die Alten schreiben, kein Landt von Honig, Weid, Wiesen und Awen jhme fürgehe*. D. CRAMER stützt sich in seiner Beschreibung vor allem AUF HERBORDS *Dialogus de Vita S. Ottonis*. Dort werden besonders im 1. und 41. Kapitel des 2. Buches[42] Land und Leute durch den Mönch Sefried vorgestellt. Anders als bei diesem werden die Lage des Landes an der Ostsee, der Name und die Grenzen als bekannt vorausgesetzt. Mit Nachdruck berichtet aber die Pommerische Chronik in dem übersetzten Bericht des Mönches von dem ungeheuren Fischreichtum der Flüsse und Bäche, von den frischen Heringen der Ostsee, von der Vielzahl der Wildarten. Hirsche, Büffel oder Auerochsen, wilde Pferde, Bären, Wildschweine werden gejagt. Die Bewohner leben im Überfluß, beziehen ihre Milch von Kühen und Schafen, erzeugen Butter, erhalten Fette von Lämmern und Hammeln, sammeln Honig, bauen Weizen, Hanf, Mohn und allerlei Hülsenfrüchte an, wie Wicken, Bohnen und Erbsen. Nur der Wein fehle. Ihn hatte erst Bischof Otto ins Land gebracht, als er ein *Weinfaß vol mit Weinholtz* hat pflanzen lassen. Bier und Met aber seien das Landesgetränk.

Die Urbarmachung des Landes, der Verlust an Wäldern und Wildnissen, haben Auerochsen, wilde Pferde und Bienenreichtum im Lauf der Zeit zurückgedrängt. Der Wildreichtum aber blieb auch noch im Spätmittelalter erhalten. D. CRAMER ergänzte den Bericht der Otto-Vita (HERBORD II, 41; II, 1) durch archivalische Unterlagen aus

---

[40] D. CRAMER, Pommerische Chronica, Vorrede S. III, oben (Zählung d. Verf.).
[41] Pommerische Chronica I, 8: S. 18.
[42] HERBORDI Dialogus de Vita S. Ottonis episcopi Babenbergensis, in: MPH, S. N. ed. JOANNES WIKARJAK und KAZIMIERZ LIMAN, Warschau 1974, II, 41 und II, 1: S. 59—62 und S. 141—144.

der Zeit des Herzogs Wartislav V. 1364. Damals jagte dieser Fürst in Hinterpommern Wiesente, ein Tier, *stärker und grösser als ein Uhr Ochß*. Das wilde Land dort war voll von Kranichen, Federwild, Schlangen und *Ungeziffer*. Und nicht genug mit solch historischen Zeugnissen fügt die Chronik eine *geographische Beschreibung dieses Pommerlandes* hinzu, die der edle und hochgelehrte Herr *Valtin von Eickstätten, Pommerischer Kantzler*[43] vor einigen Jahren erst verfaßt hat. Sie bestätigt den Fisch- und Wildreichtum des Landes, berichtet vom Getreide-Export (von Weizen, Roggen und Gerste) nach Holland, Livland, England, Frankreich, Schottland, Norwegen, Portugal usw., von der Schaf- und Viehzucht, von der Aufzucht von Pferden und vom Pferde-Verkauf in andere Länder. Doch ebenso interessant scheint die genaue Beschreibung der Flüsse und Seen, der Städte und Häfen, der Ostsee und der Darstellung ihrer Fischarten. Im einzelnen werden Hering, Seehund (Phoca vitulina), Meerschweine (scorpaena scrofa), Hornfisch (Hornhecht?, Belone belone), Dorsch, Krabben, Seehahne (Knurrhahne?, Trigla), Rochen, Schwertfische und Störe genannt, weniger bekannte dabei genau beschrieben. Der eigenartige Störfang und der Fischfang im Süßwasser mit besonderen Netzen erregten das Interesse des Beobachters. Lachse, Salmen wurden mit besonderen Kähnen (Zesekähne) im Sommer gefischt, des Winters wurde auf dem zugefrorenen Haff mit eigentümlichen Fangmethoden überreiche Ausbeute gemacht. Oft sei diese, obwohl der Fisch dort wohlfeil sei, bis zu 900 Gulden wert. Selbst exotische Fische, wie Madugen (nicht mehr bekannt)[44] und Murenen (Muraenidae) lebten nach des Kanzlers Bericht noch im seenreichen Pommern.[45]

Im Vergleich zur Darstellung der Fauna Pommerns um 1600 fällt CRAMERS Beschreibung der Sitten und Bräuche, der „Tugenden und Untugenden" der Bewohner Pommerns knapp aus. Das liegt auch daran, daß sich der Berichterstatter dabei hauptsächlich auf verstreutes Material in den Otto-Viten stützt. Diese bilden eine antiquarische Erinnerung an Lebensgewohnheiten der ehemals heidnischen Bevölkerung, die kuriose Neugier beim Leser erregen. In tacitäischer Gegenüberstellung der guten Sitten der Ureinwohner zur Verderbtheit der Eroberer übernimmt die Pommerische Chronik Szenen aus den Otto-Viten. Sie beleuchten die moralische Integrität der Pommern, deren Gastfreundschaft, Treue, Arglosigkeit weit bekannt sind, für die Diebstahl und Betrug fremd seien. Am Gegenüber „christlichen" Verhaltens, was HERBORD[46] berichtet und D. CRAMER aufgreift[47], wird dies besonders deutlich. Die alten Pommern waren ein wildes, kriegerisches Volk, *mächtig zu kriegen mit Bogen, Schilden, Stangen und Wehren sowohl zu Wasser als zu Lande, ein Volck, welches sich mit Raub unnd Beute mehrentheils ernehret . . .*[48] Andererseits aber gaben sie auch gerne von ihrem Überfluß, den sie beim Seehandel, durch Ackerbau, Viehzucht und Fischerei erwarben. Mancher Ade-

---

[43] VALENTIN VON EICKSTEDT (1527—1579) nahm 1555 an den Verhandlungen über den Religionsfrieden in Augsburg als einer der Gesandten Herzog Philipp I. von Pommern-Wolgast teil. Seit 1558 war er Kanzler des gen. Herzogs. Werke: Epitome annalium Pommeraniae (1552), mit Anhang: Genealogia Pommeraniae, Catalogus episcoporum Caminensium, Descriptio Pomeraniae; Annales Pommeraniae 1562, deutsch. Vgl. Allgemeine deutsche Biographie Bd. 5, Leipzig 1877, S. 746 f.; W. BÖHMER, Uebersicht der allgemeinen Chroniken und Geschichten Pommerns seit Kantzow. In: Baltische Studien Bd. 3, 1835, S. 66—171, bes. S. 92.

[44] *Maduge* konnte noch nicht identifiziert werden (vgl. Anm. 47).

[45] Fachkundige Hinweise zum Fischreichtum in der Ostsee gab dankenswerterweise Frau OStR E. Weinrich, Bamberg.

[46] HERBORD, Dialogus II, 26: S. 112.

[47] D. CRAMER, Pommerische Chronica I, 9: S. 25.

[48] D. CRAMER, Pommerische Chronica I, 9: S. 25, oben.

lige hätte mit 30 Pferden und mehr in den Krieg ziehen können, so reich war er. Adel und Schutzbefohlene aber begegneten sich in Ehrerbietung und Achtung voreinander.

Bei allem Lob auf die Bewohner des alten Pommern hält *Cramer* in seinem Bericht mit Kritik an Sitten und Bräuchen nicht zurück. Sie betrifft Ehestand, Kinder und Begräbnis. In Übernahme der Schilderung durch Herbord[49] verurteilt er die Tatsache der Vielweiberei beim pommerischen Adel und erwähnt die 24 *Kebsweiber des Fürsten Wartislaff* (Warcislaw I, † 1135). Unannehmbar sei die Gewohnheit, eine zu zahlreiche weibliche Nachkommenschaft sofort bei der Geburt zu töten, um den Knaben bessere Lebenschancen zu bieten. Selbst später, als man von dieser unmenschlichen Gewohnheit abgekommen war, habe man sie bei der Aufzucht von Kälbern und Schweinen beibehalten.[50] Die Sitte, die Toten auf freiem Feld oder in den Wäldern zu begraben und am Grab Gedenkzeichen oder Pfähle zu errichten, widersprach christlicher Tradition.[51] In CRAMERS Beschreibung der altpommerischen Sitten und Bräuche war sie nicht mehr als nur ein kurioser Hinweis.

4. Ergebnisse

DANIEL CRAMERS *Pommerische Chronica* von 1602 ist ein Werk von hoher historischer und kontroverstheologischer Qualität. Anhand des ersten Buches, der Missionsreisen Bischof Ottos von Bamberg nach Pommern, lassen sich des Verfassers historische Methode, sein gründliches Quellenstudium und seine sachliche Darstellung deutlich erweisen. Ziel und Zweck seiner Chronik sind, eine ausführliche „Beschreibung" Pommerns und einen zusammenhängenden „Bericht" über das Wachsen der pommerschen Landeskirche zu erstellen. Diese *Kirchen Histori* kann im Verständnis des Verfassers nur dann dem Leser genügen, wenn sie auf breitem Quellenstudium fußt. Daraus resultiert auch heute noch die Bedeutung eines Teils der Schrift als eine frühe Landes- und Volkskunde Pommerns um 1600.[52]

Im allgemeinen Vorwort zur Chronik[53] verweist der Verfasser auf den hohen Bildungswert des Studiums der Vergangenheit für die Gegenwart. Da es unmöglich *Kirchen ohne Schulen unnd Schulen ohne freye Künste, freye Künste ohne Rechnung der Zeiten, Beschreibungen der Historien, Kundschafften der vorergangenen Zeiten, Verzeichnussen der Länder, Sitten unnd Tugenden der Leuthe*[54] geben könne, müßten gelehrte und dazu beauftragte Männer solches *stetswehrendes Geschichts-Gedächtnus* zusammentragen und erhalten. Die Erinnerung an die Taten und Tugenden der Vorfahren nütze den *Liebhabern der Historien, bringe grosse Ergetzlichkeit seines Gemüths vnd Frewden* und erzeuge Liebe gegenüber seinem Vaterland.

D. CRAMERS Chronik will, so betrachtet, belehren, unterhalten, bewegen. Sie steht durch diese Intention in einer großen Tradition abendländischer Geschichtsschreibung. Als Landeskirchengeschichte findet das Werk seinen inneren Zusammenhang in der Darstellung der pommerischen Kirche und durch die dabei vorgenommene Abgrenzung der Lehre. Diese Sicht der Konfessionsgeschichte forderte den Widerspruch der

---

[49] HERBORD, Dialogus II, 22: S. 99 f.: CRAMER, S. 27 f.
[50] Quelle bei HERBORD, Dialogus II, 33: S. 126; EBO, Vita S. Ottonis II, 5: S. 65; Vita Prieflingensis II, 21: S. 52.
[51] EBONIS Vita S. Ottonis II, 12: S. 74 f.; vgl. zum Ganzen auch: O. MEYER, Oberfranken im Hochmittelalter, Bayreuth 1973, bes. S. 74—77.
[52] Vgl. vorliegende Studie, bes. S. 117 f.
[53] D. CRAMER, Vorrede S. III.
[54] D. CRAMER, Vorrede S. III.

Kontroverstheologen des anderen Lagers heraus. J. GRETSERS Einlassungen verdeutlichen gerade an den Otto-Viten den typischen Standpunkt der anderen Konfession. Gleichzeitig aber ließen sich am Beispiel der frühen pommerischen Missionsgeschichte, in den mittelalterlichen Otto-Biographien überliefert, das gründliche Quellenstudium D. CRAMERS, seine historische Methode und sachliche Darstellung erweisen. Im Lob auf Land und Leute, Genus einer dem Humanismus und der Renaissance verpflichteten Landes- und Volkskunde, hier am Beispiel Pommerns, wurden Züge kurioser Neugier an der eigenen Vergangenheit, Stolz auf die Taten der Vorfahren und Liebe zur vaterländischen Geschichte sichtbar. Die Vielfalt der Aspekte der *Pommerischen Chronica*, die Fülle der überlieferten Fakten[55], der historische Quellenwert für die Geschichte Polens und Ostdeutschlands, die gründliche Arbeitsweise des Verfassers und sein hohes Berufsethos[56] laden zu weiterer Beschäftigung ein. Sie könnte vorliegende kontroverstheologische und volkskundliche Analyse ergänzen und historisch umfassend Werk und Autor würdigen.

---

[55] Sie konnten nur zum Teil angesprochen werden.

[56] Das Ethos des Autors und die Zielrichtung der *Kirchen Histori* verdeutlicht der Schlußsatz des Werkes, ebenda S. 198: *Gott heylige uns in seiner Warheit, sein Wort ist die Warheit, dem sey allein die Ehr durch Christum. Amen.*

DER KAROLINGISCHE KÖNIGSHOF IPHOFEN

Zur Geschichte des Reichsgutes zwischen Main und Steigerwald

von

Alfred Wendehorst

Seit der Kreisgebietsreform, die am 1. Juli 1972 in Kraft trat, gehört die seit dem frühen 19. Jahrhundert mittelfränkische Stadt Iphofen zu Unterfranken.[1] Der Historiker wird diese Korrektur als richtig bezeichnen; waren doch länger als ein Jahrtausend Iphofens Beziehungen zu Würzburg dichter als die zu allen anderen Zentren.

Zu den Ausstattungsgütern, welche der Hausmeier Karlmann im Jahre 742 dem neuen Bistum Würzburg zuwies, gehörte auch die bis dahin königliche Eigenkirche St. Johannes Baptist (*. . . basilicam in ipso pago, quae dicitur Ippihaoba, in honore sancti Iohannis Baptistae . . .*)[2] und der zehnte Teil der Bodenerträgnisse aus dem königlichen Fiskalgut zu Iphofen *(decimam de fiscis dominicis . . . Iphahofa . . .).*[3] Am Ende des Alten Reiches war Iphofen Hauptort des gleichnamigen Würzburger Landkapitels wie auch eines gleichnamigen Amtes.[4]

Licht in die Anfänge und in die mittelalterliche Geschichte Iphofens brachten vor allem Paul Schöffel[5] und Wolf Dieter Ortmann[6]. Erich Freiherr von Guttenberg aber war es, der anläßlich der Edition eines Villikationsurbars des Benediktinerinnenklosters Kitzingen aus dem 11. Jahrhundert die Beobachtung niederschrieb, daß die Höfe dieses Klosters in Kitzingen selbst, in Iphofen und in Dettelbach durch ihre Größe auffielen, und er gab der Vermutung Ausdruck, daß die beiden Klosterhöfe in Dettelbach und Iphofen ehemalige *fisci* seien.[7] In der Tat gehörten im 11. Jahrhundert zum Kitzinger Fronhof in Iphofen nicht weniger als 30 Hufen *(mansi)*[8], drei Mühlen und ein Häckergut *(beneficium vinitoris)*[9].

---

[1] Hanns Hubert Hofmann/Hermann Hemmerich, Unterfranken — Geschichte seiner Verwaltungsstrukturen seit dem Ende des Alten Reiches 1814 bis 1980, 1981, S. 31 f. — Handbuch der bayerischen Ämter, Gemeinden und Gerichte 1799—1980, hg. von Wilhelm Volkert, 1983, S. 497.

[2] Bestätigung Ludwigs des Frommen vom 19. Dezember 822: Mon. Boica 28/I S. 16 Nr. 11; Böhmer/Mühlbacher, Regg. Imperii ²1, Nr. 768.

[3] Bestätigung König Arnulfs vom November 889: DArn. Nr. 69.

[4] Johann Caspar Bundschuh, Geographisches Statistisch-Topographisches Lexikon von Franken 6, 1804, S. 335, 370; Hofmann/Hemmerich (wie oben Anm. 1), S. 66, 371.

[5] Aus Iphofens Frühzeit, in: Franken-Kalender 52, 1939, S. 155—163.

[6] Wolf Dieter Ortmann, Landkreis Scheinfeld (Historisches Ortsnamenbuch von Bayern, Mittelfranken 3) 1967, S. 87—91.

[7] Erich Frhr. v. Guttenberg, Fränkische Urbare, in: Zeitschrift für bayerische Landesgeschichte 7, 1934, S. 176 Anm. 12.

[8] Zum Vergleich: Die Anzahl der zu den 14 Kitzinger Fronhöfen gehörigen Hufen schwankt von 31 (Kitzingen), 30 (Iphofen), 23 (Dettelbach) bis 4 (Heidingsfeld). Die Durchschnittsgröße lag bei etwa 13. Auch die nicht weit von Iphofen entfernten ehemaligen Königshöfe Gollhofen und Dornheim — beider Kirchen gelangten 742 an das neue Bistum Würzburg, von Gollhofen auch der Zehnt der Bodenerträgnisse — zeichnen sich noch in der ersten Hälfte des 12. Jahrhunderts, als sie sich bereits im Besitz des Bamberger Domkapitels befanden, durch Größe und Leistungsfähigkeit aus; s. Urbare und Wirtschaftsordnungen des Domstifts zu Bamberg 1, bearb. von Erich

ORTMANN hat darauf hingewiesen, daß sich in den anläßlich der Dotation des Bistums Würzburg (742) genannten Königshöfen und Königskirchen zwei Namensschichten unterscheiden ließen, eine ältere mit patronymischen -heim- und -stadt-Ortsnamen sowie eine offenbar jüngere, deren Namen aus einem Appellativ mit -heim- oder -hofen-Suffix bestünden. Zu den letzteren, die „schwerlich vor dem frühen 8. Jahrhundert unter den Pippiniden entstanden" seien, rechnet er mit dem gesamten Netz königlicher Stützpunkte zwischen Main und Steigerwald auch Iphofen[10]. Als Deutung des Ortsnamens schlägt er (mit Recht abweichend von WOLFGANG METZ[11]) vor: *Zum Iffgau gehörig, im Sinne von Königshof, der im Iffgau liegt*[12].

Für die Lokalisierung dieses Königshofes, den man sich als Mittelpunkt eines größeren, wohl nicht zusammenhängenden Besitzkomplexes vorzustellen hat[13], stellte PAUL SCHÖFFEL durch die Untersuchung der Patronatsverhältnisse in Iphofen wesentliche Argumente zusammen. Die Lücken in v. GUTTENBERGS und SCHÖFFELS Argumentationen glauben wir, indem wir neue Beobachtungen in die Interpretation der alten Quellen miteinbeziehen, einigermaßen schließen zu können.

Ausgehend von der ungewöhnlichen Erscheinung, daß in Iphofen seit dem Anfang des 14. Jahrhunderts, also nachdem der Würzburger Bischof Manegold von Neuenburg (1287—1303) die Stadt Iphofen planmäßig angelegt hatte[14], zwei Pfarrkirchen genannt werden, eine mit dem Patrozinum St. Martin, die andere mit dem Titel St. Veit, konnte SCHÖFFEL nachweisen, daß die außerhalb der spätmittelalterlichen Stadtmauern, im Bereich des alten und heutigen Friedhofes zu lokalisierende Martinskirche mit der Johannes dem Täufer geweihten Basilika von 742 identisch ist.[15] Dieser Befund paßt in das neugewonnene Bild von der Kontinuität der fränkischen Siedlung: Wo die Lage der Dotationskirchen (742) genauer untersucht wurde, zeigte sich, daß die mittelalterliche Siedlung — bei Kontinuität des Ortsnamens — in einiger Entfernung von der frühfränkischen Kirche entstand, die frühfränkische Kirche dementsprechend im Mittelalter extra muros lag.[16]

Das Patronatsrecht an der innerhalb der mittelalterlichen Mauern Iphofens gelegenen Pfarrkirche St. Veit hatten die Grafen von Castell inne[17], die es am 24. Februar 1457 an Bürgermeister und Rat der Stadt Iphofen abtraten[18]. Der Würzburger Bischof Johann III. von Grumbach bestätigte diese Schenkung am 9. August 1457.[19]

FRHR. V. GUTTENBERG (Veröffentlichungen der Gesellschaft für fränkische Geschichte X/7) 1969, S. 104. — Die Vergleiche sind nur relativ zu verstehen. Mit ALFONS DOPSCH, Die Wirtschaftsentwicklung der Karolingerzeit 1, ³1962, S. 343, halten wir daran fest, daß die Hufe *vielfach bloß eine Rechengröße war, der in Wirklichkeit nichts Einheitliches entsprach*.

[9] v. GUTTENBERG (wie Anm. 7), S. 186.
[10] ORTMANN, S. 89.
[11] Das karolingische Reichsgut, 1960, S. 164.
[12] ORTMANN, S. 90.
[13] Vgl. DOPSCH, Wirtschaftsentwicklung ³1, S. 130—132, 140.
[14] IRMGARD GÜSSOW, Stadtanlage und Stadtbild von Iphofen (Mainfränkische Hefte 25) 1956, S. 5 f.; Germania Sacra NF 4: Das Bistum Würzburg 2, 1969, S. 32.
[15] SCHÖFFEL (wie Anm. 5), S. 155—157.
[16] Zuletzt A. W., Zwischen Haßbergen und Gleichbergen. Beobachtungen und Funde zur Siedlungsgeschichte und zur mittelalterlichen Kirchenorganisation im mittleren Grabfeldgau, in: Festschrift für Andreas Kraus (Münchner Historische Studien, Abt. Bayerische Geschichte 10) 1982, S. 5 f.
[17] So 1355: Mon. Boica 42, S. 151 Nr. 67.
[18] Mon. Castellana, hg. von PIUS WITTMANN, 1890, S. 267 Nr. 578 (aus dem Stadtarchiv Iphofen).
[19] Bischöfl. Ordinariatsarchiv Würzburg, S 2 Bl. 74'.

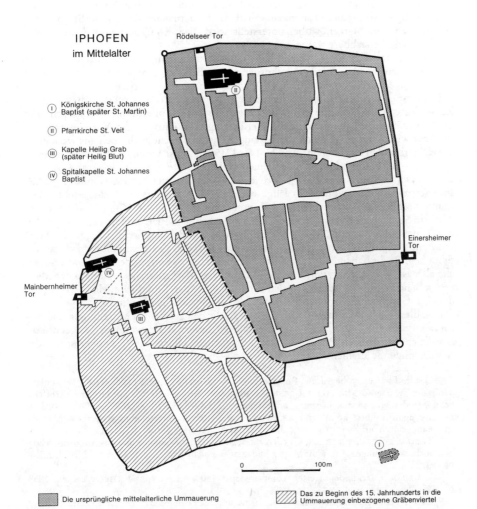

Für die Lösung unserer Frage nach der Lokalisierung des Königshofes entscheidend ist das Patronatsrecht an der alten, außerhalb der Mauern gelegenen Kirche St. Johannes Baptist bzw. St. Martin, wobei unterstellt wird, daß Königshof und Königskirche räumlich eng benachbart waren[20].

Das Patronatsrecht an St. Martin hatte das Kloster Kitzingen inne. Erst 1471 wurde es von diesem an das Augustinerchorherrenstift Birklingen abgetreten, dem Bischof Rudolf von Scherenberg am 20. April 1477 die Pfarrei inkorporierte.[21]

Den ersten ausdrücklichen Beleg für das Kitzinger Patronatsrecht an dieser Pfarrkirche bietet eine Urkunde des Würzburger Bischofs Wolfram von Grumbach vom 19. Mai 1329, in welcher die Äbtissin von Kitzingen als Patronin der Martinskirche bezeichnet wird.[22] Doch läßt sich das Kitzinger Patronatsrecht auch noch aus wesentlich älteren Urkunden erschließen: Am 22. Mai 1219 hat Papst Honorius III. die Kirche zu Iphofen — ihr Patrozinium ist nicht genannt und brauchte nicht eigens genannt zu werden, da es im Ort erst eine einzige Kirche gab — dem Kloster Kitzingen inkorporiert.[23] In einer undatierten, wohl nicht lange vor dem 23. November 1151 ausgestellten Urkunde[24] schlichtet Bischof Eberhard II. von Bamberg (1146—1170) in Gegenwart der Äbtissin Sophia von Kitzingen einen Streit zwischen dem Pfarrer Hartwig von Iphofen und seinem, des Bischofs, Ministerialen Hartwig von Erlach über den Zehnt der Mutterkirche zu Iphofen *(matricis ęcclesię in Yphehouen).*[25] Dabei bestimmt er, daß die Äbtissin kein Recht haben solle, der Kirche den Zehnten zu entfremden.[26] Die Mutterkirche aber ist, wie SCHÖFFEL nachweisen konnte, die Martinskirche außerhalb der Mauern, welche in karolingischer Zeit den Titel Johannes der Täufer trug; ein Patrozinium, das, wie Gerd Zimmermann beobachtete, bei Königskirchen häufig ist.[27]

Daß diese ehemals königliche Kirche es war, die den geistlichen Mittelpunkt jenes *fiscus dominicus* von 742 bildete, paßt ebenfalls zu anderwärts gewonnenen Ergebnissen: Bei vielen der ältesten Pfarreien, auch königlichen, bildete die Grundherrschaft das sprengelbildende Element[28].

---

[20] Das im Erscheinen begriffene Repertorium ‚Die deutschen Königspfalzen' (seit 1983) bietet dafür Belege, ebenso MICHAEL GOCKEL, Karolingische Königshöfe am Mittelrhein (Veröffentlichungen des Max-Planck-Instituts für Geschichte 31) 1970, S. 118—122, 174, 178 f. u. ö. Eine Bestätigung für Iphofen könnte nur von einer archäologischen Untersuchung erwartet werden, die aber kaum durchzuführen ist, solange der Friedhof noch belegt wird.

[21] THEOBALD FREUDENBERGER, Quellen zur Geschichte der Wallfahrt und des Augustinerchorherrenstiftes Birklingen, in: Würzburger Diözesangeschichtsblätter 5, 1937, S. 97 Nr. 70, S. 104 Nr. 94.

[22] Würzburger Urkundenregesten vor dem Jahre 1400, bearb. von WILHELM ENGEL, 1958, Nr. 70.

[23] Bayer. Hauptstaatsarchiv München, Würzburger Urkunde 1313 (Reg.: Regesta Boica 2, S. 95; auch bei PETRUS PRESSUTTI, Regesta Honorii III Papae [I], 1888, Nr. 2075).

[24] DK. III. Nr. 266.

[25] Bayer. Hauptstaatsarchiv München, Würzburger Urkunde 27 (Reg.: Regesta Boica 1, S. 203).

[26] Die Urkunde Bischof Eberhards II. ist, wie aus einem Rückvermerk geschlossen werden kann, ursprünglich Bestandteil des Kitzinger Klosterarchivs gewesen. Es wäre auch nicht einsichtig, daß der Bischof von Bamberg, weltlicher Lehensherr des Klosters Kitzingen, in eine Angelegenheit der Würzburger Diözese eingegriffen hätte, wenn nicht die Iphöfer Pfarrei in Beziehung zum Kloster Kitzingen und damit mittelbar zum Bischof von Bamberg gestanden wäre.

[27] GERD ZIMMERMANN, Patrozinienwahl und Frömmigkeitswandel im Mittelalter, in: Würzburger Diözesangeschichtsblätter 20, 1958, S. 46 f.

[28] Vgl. PAUL SCHÖFFEL, Pfarreiorganisation und Siedlungsgeschichte im mittelalterlichen Mainfranken, in: Aus der Vergangenheit Unterfrankens (Mainfränkische Heimatkunde 2) 1950, S. 33—35 und A. W., Die Urpfarrei Kitzingen, in: Zeitschrift für bayerische Kirchengeschichte 50, 1981, S. 1—13.

Auch die Geschichte des Reichsgutes bestätigt die Lokalisierung des Iphöfer Königshofes: Kloster Kitzingen war von König Heinrich II. am 1. November 1007 dem von ihm gegründeten Bistum Bamberg geschenkt worden[29] und damit aus dem Reichsgut ausgeschieden. Wie lange dagegen der *fiscus dominicus* in Iphofen Reichsgut geblieben ist, läßt sich nicht so genau bestimmen. Da im Jahre 742 lediglich die Zehnten aus diesem Königshof, nicht aber dieser selbst an das Bistum Würzburg gelangten, blieb er zunächst weiter in der Hand des Königs. Spätestens um die Jahrtausendwende, wahrscheinlich aber schon früher, als die Klöster noch in Blüte standen, ist er gleich anderen nicht unbeträchtlichen Teilen des Reichsgutes im Iff- und Gollachgau in geistlichen Besitz übergegangen.[30] Es kann also auch für Ostfranken nicht ohne wesentliche Einschränkungen gesagt werden, daß nach dem Ausgang der Karolingerzeit hauptsächlich der Adel in den Besitz des Reichsgutes gelangt sei.[31] In einem Diplom König Heinrichs III. vom 13. November 1040 kann man den Königshof wohl wiedererkennen: Der König restituiert dem Kloster Kitzingen Besitzungen, offensichtlich ehemaliges Reichsgut, unter anderem in Iphofen.[32] Kurz danach finden wir den Hof *(dominicale)* im Kitzinger Villikationsurbar verzeichnet.[33]

Die Erinnerung an den einst königlichen Besitz in Iphofen war früh erloschen, im Gegensatz etwa zu Karlburg, wo die Zugehörigkeiten zu dem ebenfalls 742 an das Bistum Würzburg vergabten Kloster noch im 16. Jahrhundert als *konigsguter* bezeichnet wurden.[34]

Der Verfall der Martinskirche wurde wohl eingeleitet, als sie mit dem Gräbenviertel, für das sie zuständig war, außerhalb der in den letzten Jahren des 13. Jahrhunderts angelegten Stadtmauer blieb und auch nicht in die zu Beginn des 15. Jahrhunderts erfolgte Erweiterung der Ummauerung[35] einbezogen wurde (s. Kartenskizze). Die Nachricht allerdings, daß bereits der Würzburger Bischof Albrecht II. von Hohenlohe im Jahre 1363 die verfallende Martinskirche mit der nach einem Hostienwunder, welches in das Jahr 1291 datiert wird[36], entstandenen Heilig-Grab-Kapelle vereinigt habe[37], ist unglaubwürdig. Denn Bischof Johann II. von Würzburg bestätigt noch am 12. Februar 1414 ein Frühmeßbenefizium in St. Martin, auf welches noch 1483 präsentiert wird.[38]

---

[29] DH. II. Nr. 165; Erich Frhr. v. Guttenberg, Die Regesten der Bischöfe und des Domkapitels von Bamberg, 1963, Nr. 55.
[30] Vgl. Urbare und Wirtschaftsordnungen (wie oben Anm. 8) 1, S. 23.
[31] Heinrich Weber, Kitzingen (Historischer Atlas von Bayern, Teil Franken I/16) 1967, S. 30—33.
[32] DH. III. Nr. 65.
[33] v. Guttenberg (wie oben Anm. 7), S. 186.
[34] Hansjoachim Daul, Die Karlburger Königsgüter, in: Mainfränkisches Jahrbuch für Geschichte und Kunst 14, 1962, S. 84—100.
[35] Gerhard Hojer, Ehemaliger Landkreis Scheinfeld (Bayerische Kunstdenkmale 35) 1976, S. 117 f.
[36] G. P. Schmidt, Chronik der Stadt Iphofen, in: 10. Jahresbericht des historischen Vereins in Mittelfranken, 1841, S. 18.
[37] Ebd. S. 19 f. (ohne Beleg).
[38] Freudenberger (s. oben Anm. 21), S. 114 Nr. 132 mit Anm. 118.

Seit Mitte des 16. Jahrhunderts aber sollen die Mauern der alten Martinskirche als Steinbruch benützt worden sein[39], während der Friedhof weiter belegt wurde[40]. 1680 schließlich wurde die Pfarrei förmlich aufgehoben und ihre Einkünfte wurden dem Kaplan der Heilig-Grab-Kapelle zugewiesen.[41] Bereits vor der Abtretung des Patronatsrechtes (1471) hatte Kloster Kitzingen sich auch seines übrigen Besitzes in Iphofen zu entäußern begonnen. 1506 verkaufte es offenbar als letzten Rest davon seinen mehrfach verpfändet gewesenen Zehnten an das Würzburger Domkapitel.[42]

---

[39] J. Zink, Iphofen — Ein altfränkisches Stadtbild, 1911, S. 28.

[40] Die Visitationsrelation von 1606 nennt zwei Friedhöfe, einen *ad S. Martinum foris,* den anderen *ad S. Vitum.* Die Visitationsrelation von 1669 hebt hervor, daß auch der Friedhof bei der Martinskirche geweiht sei: *Est benedictum etiam illud (coemiterium), quod est extra civitatem* (Bischöfl. Ordinariatsarchiv Würzburg, Dek. Iphofen, VR 1606 und 1669).

[41] SCHMIDT (wie oben Anm. 36), S. 32.

[42] HELMUT PETZOLT, Abtei Kitzingen — Besitzstand und archivalische Überlieferung, in: Jahrbuch für fränkische Landesforschung 17, 1957, S. 102 f.

LEUTEIN VON GENGENBACH

Eine Karriere in der spätmittelalterlichen Bamberger Bischofskanzlei

von

Klaus Frhrn v. Andrian-Werburg

Im ältesten erhaltenen Spezialregister aus der spätmittelalterlichen Bamberger Bischofskanzlei, dem die Jahre 1412 bis 1421 umfassenden *Liber debitorum* Bischof Albrechts (Grafen von Wertheim, 1399—1421)[1], bemerkt man auf der vorderen Innenseite des Ledereinbands neben verschiedenen Schrift- und Federproben zwei im Profil portraitierte Köpfe (Abb. 1). Sie sind einander im Gespräch zugewandt, wie angedeutete Sprechströme erkennen lassen. Der rechte, wie in Subordination etwas tiefer gesetzte, kräftiger gezeichnete Kopf gehört einem hageren Mann mittleren Alters mit hoher Stirn, spitzer Nase, kräftigem vorn die Stirn überwölbenden Haarwuchs, Oberlippen- und spitzem Kinnbart; darüber steht der Name *Fritz*. Der Kopf links ist mit Ausnahme eines spitzen Kinnbartes nur in schwachen Konturen gezeichnet, doch geben ein kräftiger Nacken und Mehrfachkinn Hinweise auf einen beleibten Mann, sicher in fortgeschrittenem Alter, dessen Kennzeichen eine kurze, runde Nase ist; auf der Oberfläche des Kopfes meint man eine Tonsur zu sehen. Neben diesem Kopf steht links *sicut L.*

Für die Identifizierung gibt erste Anhaltspunkte der Einband, dessen rückwärtiger, die Vorderseite überlappender Teil in gotischer Buchkursive aus dem zweiten Viertel des 15. Jahrhunderts den ursprünglichen Titel[2] trägt: *Liber debitorum Alberti, de pro-*

---

[1] Staatsarchiv Bamberg (StA BA) B 21 Nr. 105. — Im zeitgenössischen Gebrauch ist der Terminus *Register* schillernd und mehrdeutig. Er umfaßt auch Lehenregister und listenmäßige Aufschreibungen unterschiedlicher Art (in der bambergischen Kanzlei z. B. das *Registrum burgguttariorum* aus der Zeit um 1400, StA BA Standbuch (Stdb.) 720, ediert von Conrad Höfler in: 18. Bericht über das Wirken des historischen Vereins Bamberg 1855, S. 73—139; oder das dem allgem. Register Bischof Friedrichs III., StA BA B 21 Nr. 6, als fol. 64—72 beigebundene *Register . . . des stieffts schulde zu Bamberg* aus der Regierungszeit Bischof Antons, 1440). Echte Register, also Kanzleibücher mit zeitgenössischen Abschriften der Konzepte oder Originale des brieflichen/urkundlichen Auslaufs, hat es schon vorher gegeben, sie sind aber teils im Original, teils überhaupt verloren: der Teil eines allgem. Registers Bischof Lamprechts (v. Brun, 1374—1399) ist als fol. 1—15 dem ersten Band des allgem. Registers Bischof Albrechts (StA BA B 21 Nr. 4/I) in Abschrift vorangestellt; auf ein verlorenes *Registrum litterarum obligationum*, das vielleicht schon der Zeit Bischof Ludwigs angehörte, wird in StA BA Stdb. 720 (s. o.) auf fol. 12, 12' und 23 verwiesen; 1390 werden in einer Urkunde Bischof Lamprechts . . . *vnser, vnser vorfarn vnd stiftes register vnd lehenbücher* und *ein anders register* erwähnt (Bayer. Hauptstaatsarchiv — BayHStA — Würzburger Urkunde — WÜ Urk. — Nr. 2552) — wenigstens die Führung von Lehenregistern ist auch durch das Fragment eines Verzeichnisses der kärntnischen Lehen von 1346 (Bischof Friedrich I.) belegt (Irmtraud Koller-Neumann, Die Lehen des Bistums Bamberg in Kärnten bis 1400, = Das Kärnter Landesarchiv, 7. Band, Klagenfurt 1982). Das erste vollständig original erhaltene Lehenregister ist dasjenige Bischof Albrechts von 1398—1421 (StA BA Stdb. 1; über das gleichzeitige Lehenbuch für Kärnten von 1399 vgl. I. Koller-Neumann a.a.O.), aus dessen Regierungszeit auch das älteste originale allgem. Register für die Jahre 1399—1406 (s. o.) überliefert ist.

[2] Seit dem Ende des 16. Jh.s trägt das Stück auf der Vorderseite die Bezeichnung *Alte Schuldverschreibung.*

genie comes de Wertheym, quondam episcopus ecclesie Bambergensis; das Register ist also nach dem Tod des Bischofs[3] gebunden worden. Damit lassen sich die bekannten Daten in Frage kommender Personen namens Fritz bzw. mit dem Anfangsbuchstaben L des allein in Betracht kommenden Vornamens in Einklang bringen, deren Gemeinsamkeit in irgendeiner Verbindung zur bischöflichen Kanzlei zu suchen sein muß. Es sind dies im einen Fall Friedrich Kumelbach (genannt als Pfarrer in Spital am Pyhrn 1399, Pfarrer in Obersteinach 1400—1408, bischöflicher *notarius* 1402, Küchenmeister 1415—1417, Chorherr zu St. Stephan 1396—1433)[4] und Friedrich Gumler (aus Nürnberg; genannt als rector scolarum im Kloster Michelfeld 1418, bischöflicher *notarius* 1426—1430, Kanoniker in St. Stephan 1430, öffentlicher Notar 1431—1448, Pfarrer in Henfenfeld 1438)[5]. Da die Bezeichnung des Kopfes allein mit *Fritz* offenbar völlig eindeutig war und weil als frühester Zeitpunkt für die Bindung des Registers die zweite Jahreshälfte 1421 anzusetzen ist[6], kann eher der dieser Zeit näherstehende Fritz, nämlich Friedrich Gumler für den rechten Kopf in Anspruch genommen werden; dies engt die Entstehungszeit der Skizzen weiter ein, denn vor 1426 ist Gumler als Angehöriger der bischöflichen Kanzlei nicht nachzuweisen.

Beim Gegenkopf steht als Kennzeichnung nicht einfach L, sondern *sicut L*, was eine etwas fernere Beziehung des Zeichners zum Skizzierten anzudeuten scheint. Zu den allein in Betracht zu ziehenden Kanzleien der Bischöfe Friedrich III. (v. Aufseß, 1421—1431) und Anton (v. Rotenhan, 1431—1459) standen zwei Personen in engerer Beziehung, deren Vornamen mit L begannen: Ludwig Thyl[7], der indessen vor 1435 in Bamberg nicht nachzuweisen ist und schon deshalb nicht gemeint sein kann, weil Friedrich Gumler der Kanzlei zu der Zeit wahrscheinlich nicht mehr angehörte, und Leutein von Gengenbach, dem die weitere Darstellung gilt.

Leutein (Lutinus) von (de) Gengenbach, im Bistum Straßburg geweihter Weltpriester, läßt durch den Zusatznamen seine Herkunft aus der Reichsstadt Gengenbach erkennen, deren Abtei seit 1007 dem Domstift Bamberg inkorporiert war; die Kenntnis der Zusammenhänge mag ihn als jungen Mann dazu bewogen haben, sein Glück in Bamberg zu suchen. Auf der Rückseite einer Urkunde Bischof Ludwigs (Markgrafen von Meißen, 1366—1374) vom 17. Juni 1373 findet sich bisher zum erstenmal der Ver-

---

[3] Bischof Albrecht starb am 19. Mai 1421 (StA BA B 21 Nr. 6 fol. 1; E. Frhr. v. Guttenberg (Bearb.), Das Bistum Bamberg, = Germania Sacra Abt. II Bd. I Teil 1, Berlin—Leipzig 1937, S. 246).

[4] Nachweise zu seiner Person: StA BA B 21 Nr. 4/I fol. 49', 77, 77', 89'; ebd. Stdb. 1379; ebd. B 21 Nr. 5/I fol. 16'—17', 20, 24', 25', 29, 31 f.; ebd. B 21 Nr. 105, S. 112, 146, 188; BayHStA BA Urk. Nr. 4760; Fr. Wachter, General-Personal-Schematismus der Erzdiözese Bamberg 1007—1907, Bamberg 1908, Nr. 5797; Joh. Kist, Die Matrikel der Geistlichkeit des Bistums Bamberg 1400—1556, = Veröff. d. Ges. f. fränk. Gesch. Reihe IV, Bd. 7, Würzburg 1965, Nr. 3720; Repertorium Germanicum IV 1 (bearb. von K. A. Fink), Berlin 1943, Spalte 717; C. A. Schweitzer, Das Kopialbuch des Stifts St. Stephan in Bamberg, in: 19. Ber. d. Histor. Ver. Bamberg 1856, S. 124, 129, 130; fehlt als bischöfl. Schreiber bei Guttenberg a.a.O., S. 324.

[5] Nachweise zu seiner Person: StA BA B 21 Nr. 6 fol. 30, 33, 38'; Wachter, a.a.O., Nr. 3531; Kist, a.a.O., Nr. 2270; Repertorium Germanicum a.a.O., Sp. 727, 733; fehlt bei Guttenberg a.a.O., S. 325.

[6] Vgl. Anm. 3.

[7] Der spätere (1453) kurmainzische Kanzler Ludwig Thyl (I. H. Ringel, Studien zum Personal der Kanzlei des Mainzer Erzbischofs Dietrich von Erbach 1434—1459, = Qu. u. Abh. z. mittelrh. Kirchengesch. 34, Mainz 1980, S. 147 ff.) erscheint in der zweiten Jahreshälfte 1435 als Schreiber in der Kanzlei Bischof Antons (undatierter Eintrag in StA BA Stdb. 1379 fol. 84'), wurde später deren Vorstand und trat in die würzburgische Kanzlei über, wo er Ende Mai 1447 auftritt (StA WÜ Liber diversarum formarum 86 fol. 99').

merk R[egistrata] per L[utinum]⁸, der ihn als Angehörigen der Kanzlei ausweist. Vermutlich hat er indessen schon einige Zeit zuvor als *geselle*⁹ in der Kanzlei gedient, worauf die starke Ähnlichkeit seiner Schrift mit derjenigen des Notars Nicolaus de Gizzen¹⁰ hinweist, mit dem er auch Schreibgewohnheiten gemeinsam hat, was auf ein Lehrer-Schüler-Verhältnis deutet. Beide Hände ähneln sich sehr in den Buchstabenformen einer gefälligen Urkundenkursive. Das Charakteristische an Gizzens Schrift ist (in Anlehnung an die Initiale seines Vornamens) das Schreiberzeichen in Form eines Minuskel-*n*, welches — und das macht die Trennung gegenüber Gengenbach so schwierig — gelegentlich in eine Kombination von Punkten und Strichen aufgelöst wird und sowohl am Anfang der Urkunde vor der Intitulatio (gelegentlich in die Initiale hineingeschrieben) wie am Schluß nach der Datierung, kombiniert oder allein, stehen kann. Eine Kombination von Punkten und Strichen als Schreiberzeichen verwendet auch Leutein von Gengenbach, wobei bemerkenswert ist, daß es auch bei ihm häufig zusätzlich am Anfang der Urkunde angebracht ist (Abb. 2). So könnte man ihm vielleicht die Mundierung von Bischofsurkunden schon im Oktober 1372¹¹ zuschreiben, doch ist die Hand erst nach dem Tod des Nicolaus de Gizzen 1396 mit letzter Sicherheit zu identifizieren.

Es wird sich herausstellen, daß Leutein von Gengenbach in recht frühem Lebensalter nach Bamberg kam, weshalb es bemerkenswert ist, wie er in der 1374 beginnenden Regierungszeit Bischof Lamprechts¹² — abgesehen von dem im eigentlichen Kanzleibetrieb nicht in Erscheinung tretenden secretarius Johannes Nassach¹³ — neben Nicolaus de Gizzen schon bald eine tragende Funktion in der Kanzlei bekleidete.¹⁴ Das zeigt

---

⁸ BayHStA BA Urk. Nr. 3582. — In dem Revers bestätigt Eyring v. Redwitz zu Teißenort, Bischof Ludwigs Gläubiger geworden zu sein. Der Registrierungsvermerk müßte sich somit auf ein Registrum debitorum beziehen, für das der Vermerk allerdings der einzige bisher bekannte direkte Hinweis zu sein scheint (vgl. Anm. 1).

⁹ Die interne Hierarchie in der Kanzlei lief vom Sekretär (= Protonotarius, Titel in Bamberg aber nicht gebräuchlich) bzw. Kanzler (der Unterschied liegt allein in der Bezeichnung), der die Dienst-, aber wohl nicht die Disziplinaraufsicht über die Kanzlei hatte, zu den Registratoren und selbständig formulierenden Schreibern (wie der Diensteid im 1426 nahelegt, entfiel das Registratorenamt nach 1406; StA BA B 21 Nr. 6 fol. 30, vgl. Ausstellungskatalog d. staatl. Archive Bayerns Nr. 16: Die mittelalterliche Fürstenkanzlei — Anfänge weltlicher und geistlicher Zentralverwaltung in Bayern, 1983, S. 181, 186) bis hin zu den *gesellen*, welche nach fremder Vorlage lediglich Mundierungsarbeiten verrichteten (1404 werden *den gesellen, die dy register geschriben haben*, 12 Gulden Löhnung ausbezahlt; Staatsbibliothek Bamberg Cod. Msc. Jur. Nr. 1 c fol. 172).

¹⁰ Magister Nicolaus de Gizzen, entgegen GUTTENBERG, a.a.O. 323 ein Laie (die Angabe *Treverensis diocesis* in seinen Notariatsinstrumenten ist lediglich stehende Formel in der Notarsintitulatio, es fehlt in allen seinen Unterfertigungen der Zusatz *clericus*), kam vielleicht nach Ausbildung beim Kloster Ebrach (in dessen Urkunden um die Mitte des 14. Jh.s Ähnlichkeiten mit seinen Schreibgewohnheiten festzustellen sind) nach Bamberg, wo seine Hand in einer Urkunde Bischof Ludwigs vom 18. Januar 1369 zuerst auftaucht (BayHStA BA Urk. Nr. 3417). Er starb im bischöflichen Dienst zwischen dem 19. April und dem 2. Juli 1396 (ebd., Urk. 4517 und 4528; die Angaben bei WACHTER, a.a.O., Nr. 3101 bzw. KIST, a.a.O., Nr. 2033, denenzufolge er 1403 und 1413 noch am Leben war, betreffen eine andere Person).

¹¹ BayHStA BA Urk. Nr. 3558 vom 10. und Nr. 3559 vom 11. Oktober 1372.

¹² Mit Bezug auf Regierung und Kanzlei in Bamberg erst seit dem Einzug am 3. Februar 1375 wirksam (GUTTENBERG, a.a.O., S. 228).

¹³ Als *secretarius* (und Kammermeister) 1393 bezeugt (BayHStA BA Urk. Nr. 4369; GUTTENBERG, a.a.O., S. 323).

¹⁴ Es wäre in dem Zusammenhang denkbar, daß Leutein eine erste Ausbildung in Gengenbach in der Klosterschule erhielt und daß von daher eine persönliche Bekanntschaft mit Bischof Lamprecht bestand, der 1350—1363 Abt in Gengenbach war (GUTTENBERG, a.a.O., S. 228).

nicht so sehr die Reinschrift von Urkunden, die ihm mit Vorbehalt zugeschrieben werden kann[15] oder die er sicher besorgt hat[16], wie vielmehr der Umstand, daß er als Verfasser von Konzepten nachzuweisen ist[17], und vor allem seine Tätigkeit als Registrator. Da aus der Kanzlei Bischof Lamprechts keine Register im Original überliefert sind[18], ist man ganz auf die mit seinem gekürzten Namen gekennzeichneten Vermerke *R*[egistrat] *a* bzw. *R*.[egistrata] *per L* bzw. *Lut*[inum] (Abb. 3) angewiesen, um den Umfang dieser Tätigkeit abzuschätzen und ihren Wert zu ermessen.[19] Es fällt dabei auf, daß von 16 Registrierungsvermerken, die zwischen 1377 und 1398 auf der Rückseite von Urkunden gefunden wurden, seit 1378 wahrscheinlich 11 bzw. seit 1390 sicher 10 Vermerke sich auf Leutein beziehen, wobei nur in fünf Fällen auch der Text der Urkunde von seiner Hand stammt.[20] Davon ausgehend scheint der Schluß erlaubt, daß in der

---

[15] Dabei handelt es sich um: BayHStA Reichsstadt Nürnberg (RSt N) Urk. Nr. 1761 von 1377 III 31, ebd. BA Urk. Nr. 3754 von 1377 IX 24, ebd. WÜ Urk. Nr. 8640 von 1377 XI 1, ebd. RSt N Urk. Nr. 2071 von 1384 III 7 und Nr. 2162 von 1386 VIII 20, ebd. WÜ Urk. Nr. 7712 von 1390 VIII 18, ebd. RSt N Nr. 2474 von 1394 I 9, ebd. WÜ Urk. Nr. 2665 von 1395 X 23, Nr. 2667 von 1395 X 25 und Nr. 2672 von 1396 III 10.

[16] BayHStA BA Urk. Nr. 4541 von 1396 X 24, ebd. WÜ Urk. Nr. 2694 von 1397 VI 4 mit Registrata-Vermerk, ebd. BA Urk. Nr. 4611 von 1398 II 14 m. Reg.-Verm., Nr. 4638 von 1398 VII 3, Nr. 4641 von 1398 VII 7 m. Reg.-Verm. und Nr. 4644 von 1398 VII 8.

[17] Darauf weist die Kanzleinotiz über das [1419] noch vorhandene Konzept zu einem 1387 ausgelaufenen Brief in StA BA Stdb. 2903 fol. 40': *litteram subscriptam repperi in una cedula de manu domini Leuthini de Gengenbach.*

[18] Vgl. Anm. 1.

[19] Es stellt sich die Frage nach der Bedeutung des Registrierungsvermerks auf den BA Urk. überhaupt. Dabei kommt in Betracht, daß 1) im Geschäftsablauf der Registrator a) die Registerführung lediglich überwachte, selbst aber an den Schreibgeschäften nicht beteiligt war, wofür es keine Anhaltspunkte gibt — b) sowohl von ihm selbst wie von anderen Schreibern verfaßte Konzepte bzw. mundierte Urkunden persönlich in das Register eintrug, was in Ermangelung der Überlieferung nicht überprüft werden kann, doch für die Lamprecht-Kanzlei wahrscheinlich ist: es sind 3 von Leutein von Gengenbach geschriebene Urkunden bekannt, die auch seinen Registrata-Vermerk tragen, 8 weitere, die er laut Vermerk registrierte, aber nicht geschrieben hat (vgl. Anm. 20); eine 1392 VI 5 in Villach von Albert von Eggolsheim (vgl. Anm. 21) geschriebene Urkunde wurde laut Collationierungsvermerk von Magister Albertus wohl mit dem Konzept verglichen, trägt aber außerdem den Registrata-Vermerk Leuteins, was wenig Sinn ergäbe, wenn sich die Collationierung auf das Register bezogen hätte, da dessen Vergleichung Sache des Registrators gewesen sein muß (BayHStA BA Urk. Nr. 4339) — c) jeder Schreiber für die Registrierung der von ihm verfaßten Konzepte bzw. mundierten Originale selbst verantwortlich war, was sich in der Albrecht-Kanzlei langsam durchsetzte und — wie der Schreibereid von 1426 (vgl. Anm. 9) zeigt — unter Bischof Friedrich III. die Regel wurde. Bei der letzten, den Registrator entbehrlich machenden Übung war es gleichgültig, ob der Schreiber seinen Registereintrag selbst vornahm (Beispiel: StA BA Urk. A 205 L 734 Nr. 2503 zu Register B 21 Nr. 5/I fol. 4 f.) oder durch Hilfskräfte — die *gesellen* (vgl. Anm. 9) — ausführen ließ, — 2) ist festzustellen, daß die Veranlassung der Registrierungsvermerke offen bleiben muß. Nur unter Berücksichtigung der original überlieferten Hauptregister wurden bisher für Bischof Albrecht bei 870 echten Einträgen (d. h. Empfängerurkunden, Kanzleinotizen u. ä. nicht gerechnet) 7 Registrata-Vermerke auf Originalen, bei Bischof Friedrich III. für 336 Einträge 1 Vermerk, für Bischof Anton bei 655 Einträgen 7 Vermerke festgestellt, oder anders: 15 Registrierungsvermerke von 183 Originalurkunden. Das sieht nicht so aus, als wäre der Vermerk für die Ausstellerkanzlei, etwa als notwendiger Akt vor der Besiegelung, erforderlich gewesen, eher, als sei der Vermerk — gegen Gebühr natürlich — auf Wunsch des Empfängers angebracht worden.

[20] 1377 X 9, ohne Zusatz (StadtA BA Urk.); 1378 VIII 12, *R*[egistrata] *per L*[utinum] (BayHStA BA Urk. Nr. 3799); 1385 X 19, registriert durch Nicolaus de Gizzen (BayHStA BA Urk. Nr. 4072); 1390 VIII 5, *R per L* (BayHStA BA Urk. Nr. 4262); 1392 VI 5, *R per L* (BayHStA BA

Kanzlei Bischof Lamprechts wenigstens seit 1390 die Registrierung durch den jeweiligen Schreiber die Ausnahme war, daß es infolgedessen ein eigenes Registratorenamt gab und daß Leutein von Gengenbach der Registrator war. Darüber hinaus ist nur er neben Nicolaus de Gizzen als dauernd beschäftigtes Kanzleipersonal, soweit es namentlich bekannt ist und nicht nur mit der Anfertigung von Reinschriften nach Vorlage befaßt war, zu erweisen. Es ist in der mittelalterlichen Kanzlei ja ein wesentliches Merkmal für die Form ihrer Organisation, ob beim Personal Kontinuität feststellbar ist; beide, Gizzen und Gengenbach, wurden bereits aus der Kanzlei Bischof Ludwigs übernommen und Gengenbach stieg, wie noch zu sehen sein wird, in der folgenden Kanzlei Bischof Albrechts weiter auf. Demgegenüber lassen sich die übrigen — hier beschränkt auf die namentlich bekannten — fünf bis sieben Notare der Lamprecht-Kanzlei jeweils nur für wenige Jahre nachweisen oder vermuten.[21]

Mit Wirkung vom 13. Januar 1399 resignierte Bischof Lamprecht Bistum und Hochstift Bamberg und wurde — nach vorheriger Wahl durch das Domkapitel am 28. November 1398 — der Kapitelsangehörige und bisherige Domkantor Albrecht Graf von Wertheim, seit dem 20. Dezember bereits Pfleger des Hochstifts, von Papst Bonifaz IX. zum Nachfolger ernannt.[22] Es war in der Übergangssituation von Bedeutung, daß — abgesehen vom Domkapitel — in der zentralen Verwaltung kein Bruch eintrat. Der neue Bischof griff in der Tat auf eingespieltes Personal seines Vorgängers zurück bzw. beließ und förderte es im Amt: er bediente sich in der durch den Rat repräsentierten weltlichen Regierung des Hochstifts des (bisherigen?) Sekretärs und bischöflichen

---

Urk. Nr. 4339); 1392 VIII 3 Wolfsberg (Kärnten), *R per Lut*[inum] (BayHStA BA Urk. Nr. 4344); 1394 XI 7, ohne Zusatz (BayHStA BA Urk. Nr. 4454); 1393 VI 17, *R per Alb. S* (BayHStA Urk. Brandenburg-Bayreuth Nr. 876); 1395 VIII 23, *R per Alb. S* (BayHStA BA Urk. Nr. 4487); 1397 V 5, *R per Lut* (BayHStA BA Urk. Nr. 4569); 1397 VI 4, *R per Lut*, Or. von seiner Hand (BayHStA WÜ Urk. Nr. 2694); 1398 II 14, *R per Lut*, Or. von seiner Hand (BayHStA BA Urk. Nr. 4611); 1398 V 8, *R per Lut* (BayHStA BA Urk. Nr. 4627); 1398 VII 7, *R per Lut*, Or. von seiner Hand (BayHStA BA Urk. Nr. 4641); zweimal 1398 V 18 Forchheim, *R per Lut*, Or. von seiner Hand (Erzbischöfl. A BA Rep. I Urk. Nrn. 150 und 150a).

[21] Es sind dies magister Albertus (plebanus) de Ekolzheim (richtig: Fleischmann, vgl. RINGEL, a.a.O. 106 Anm. 102), der 1390 (BayHStA BA Urk. Nrn. 4261, 4262 und ebd. RSt N Urk. Nr. 2309) und 1392 (ebd. BA Urk. Nr. 4339) als *notarius* bzw. als Relator erscheint; Walther de Guspach, der 1371—1392 als Landschreiber bezeugt (BayHStA BA Urk. Nr. 3494; StA BA B 21 Nr. 2/I fol. 166'; SCHWEITZER, St. Stephan a.a.O., S. 66; ders., Urkundenbuch d. Kl. Michelsberg, in: 17. Ber. d. Histor. Ver. BA 1854 S. 2; A. DECKERT, Das ehem. Karmelitenkloster zu Bamberg in der Au, in: 91 Ber. d. Histor. Ver. BA 1952, Regest 25), 1385 als *notarius* genannt ist (BayHStA BA Urk. Nr. 4065) und später von Bischof Albrecht zum Vitztum in Kärnten bestellt wurde; Conradus Merklein, der 1390 für den Bischof Notariatsdiplome schrieb (BayHStA BA Urk. Nrn. 4251, 4262; ebd. RSt N Urk. Nr. 2309) und — da er 1401 und 1402 als Schreiber Bischof Albrechts erwähnt ist — möglicherweise auch schon der Lamprecht-Kanzlei angehörte; Johannes Rost de Miltisperg (Waldisperg, Woldespach), der 1385 und 1390 an Kanzleigeschäften mitwirkte (BayHStA BA Urk. Nrn. 4065, 4243; StA BA Urk. A 24 L 1061 Nr. 9025) und nach seinem Tod *scriptor domini episcopi Bambergensis* genannt wird (Franziskaner-Nekrolog BA in: 36. Ber. d. Histor. Ver. BA 1874 S. 11); Conrad Schön, 1392 Küchenschreiber und — da eine Differenzierung in der Zeit sonst nicht zu beobachten und weil er 1396 bei Kanzleigeschäften anwesend war (BayHStA BA Urk. Nrn. 4517, 4528) — wohl der allgem. Kanzlei angehörte (WACHTER, a.a.O., Nr. 9057); Marquard Scultetus, der 1396 als kaiserl. Notar für BA urkundet, dessen Kanzleizugehörigkeit aber ungewiß ist (BayHStA BA Urk. Nrn. 4517, 4528) und Albertus(dictus) S[trüffer], 1396 Pfarrer zu St. Martin bei Villach (BayHStA BA Urk. Nr. 4517), bei dem es sich um Alb. S. handeln könnte, der 1393 und 1395 zwei Registrata-Vermerke schrieb (vgl. Anm. 20).

[22] GUTTENBERG, a.a.O. 239, 241.

Kammermeisters Johannes Nassach (Joh. de Wertheim), der schon 1394 als Rat bezeugt ist[23] und in der zweiten Jahreshälfte 1399 während der Huldigungsreise des Bischofs nach Kärnten dem Hochstift als Pfleger vorsteht[24], sowie in der Kanzlei des Leutein von Gengenbach.

Lutinus de Gengenbach ist seit 1398 auch als päpstlicher und kaiserlicher Notar bezeugt (Abb. 4), was seine Stellung in der Kanzlei unterstrich und stärkte.[25] In dieser Eigenschaft wurde er gleich zu Beginn der Regierung Bischof Albrechts zu einer vertraulichen Handlung zugezogen: Er stellte am 9. Februar 1400 ein Notariatsinstrument über die Vereidigung des Bischofs auf die Wahlkapitulation aus, die am Nachmittag des Tages im Dom feierlich vollzogen wurde.[26]

Im regulären Kanzleibetrieb scheint er die Funktion des Registrators weiterhin versehen zu haben; von 6 zwischen 1399 und 1406 festgestellten Registrierungsvermerken stammen vier von ihm[27], in einem Fall hat er das Original geschrieben[28], in einem weiteren den Registereintrag[29], wobei es sich in drei Fällen beim Vermerk um Mitteilungen an den Empfänger über vollzogene Registrierung handeln könnte[30]. 1401 wird erstmals eine Bepfründung sichtbar; die Bestallung mit der Pfarrei Nankendorf (Gde Waischenfeld, LK Bayreuth)[31] ist in anderem Zusammenhang noch zu behandeln. 1402 läßt die Bezeichnung der Dienstfunktion als *secretarius noster*[32] (Abb. 5) aufmerken, wenngleich sie bis 1406 vereinzelt bleibt; sonst schwankt seine Nennung zwischen dem bloßen Vornamen *Lutinus, Lewtein*, gelegentlich durch *de Gengenbach, pfarrer (plebanus) zu (in) Nankendorf* ergänzt. Nur einmal findet man ihn, übrigens fast gleichzeitig mit der Sekretärsnennung vom 14. November am 12. oder 18. November 1402[33] als *vnser schreiber* genannt[34]. Neben den schon erwähnten Registratorenvermerken von 1400 bis 1406 ist er allerdings auch durch seine Hand im älteren Register und in Urkunden Bischof Albrechts[35] als Kanzleiangehöriger und durch die Art sowohl der Einträge wie

---

[23] StA BA B 21 Nr. 4/I fol. 8'.
[24] Ebd. fol. 19'.
[25] BayHStA BA Urk. Nr. 4638 (1398 VII 3). — Daß Kanzleiangehörige, die zugleich das öff. Notariat innehatten, für den Kanzleiherrn besonderen Nutzen hatten, weil durch die Personalunion erforderlichenfalls die Vertraulichkeit gewahrt blieb, ist aus der Reichskanzlei (H. BRESSLAU, Hb. d. Urkundenlehre f. Deutschland u. Italien I, ²1912 S. 663 f.) und aus der Mainzer Kanzlei (Ringel, a.a.O., S. 59) bekannt.
[26] GUTTENBERG, a.a.O., S. 241; J. LOOSHORN, Die Geschichte des Bisthums Bamberg IV (1900), S. 10.
[27] BayHStA BA Urk. Nr. 4745 (1400 II 16 Forchheim); StA BA Urk. A 115 L 39 Nr. 28 (1401 X 14); ebd. Urk. A 205 L 729 Nr. 2098 (1404 X 25); ebd. Urk. A 205 L 734 Nr. 2503 (1406 VI 7). — Die anderweitigen Vermerke: BayHStA BA Urk. Nr. 4719 (1399 VI 20); StA BA Urk. A 205 L 874 Nr. 14461 (1405).
[28] BayHStA BA Urk. Nr. 4745.
[29] StA BA B 21 Nr. 4/I fol. 67 zu ebd. Urk. A 205 L 729 Nr. 2098.
[30] Vgl. Anm. 19.
[31] KIST, a.a.O., Nr. 4092: 1401; WACHTER, a.a.O., Nr. 2988: 1402. — In StA BA B 21 Nr. 4/I fol. 59 zum 17. November 1402, ebd. fol. 90 zum 12. oder 18. November 1402 erstmals so bezeichnet.
[32] StA BA B 21 Nr. 4/I fol. 49'.
[33] Die Tagesbezeichnung Samstag oder Sonntag vor Elisabeth ist so undeutlich korrigiert, daß der Tag nicht mehr eindeutig bestimmbar ist.
[34] StA BA 21 Nr. 4/I fol. 90. — Daraus kann für die BA Kanzlei allerdings nicht die Identität der Begriffe *secretarius* und *schreiber* abgeleitet werden, wie sie von RINGEL, a.a.O., S. 214, 220 u. ö. für Kurmainz beobachtet wurde.
[35] StA BA B 21 Nr. 4/I fol. 50, 58, 64, 65, 67, 73, 73', 78, 87', 89', 91; BayHStA BA Urk. Nrn. 4745, 4760.

seiner sonstigen Nennungen als in gehobener Position stehend ausgewiesen. 1401 veranlaßt er *(Ad mandatum domini Bambergensis Lutinus etc. presentibus dominis Michaeli Grewlich, canonico sancti Jacobi Bambergensis*[36] *et Friderici Kumelbach, plebano in Steinach*[37]*)* die Fertigung einer Amtsquittung für den Bamberger Kastner Heinrich Swind[38], ist mehrfach zwischen dem 12.[39] November 1402 und dem 1. August 1406 bei bischöflichen Beurkundungen und bei Abrechnungen von Amtleuten anwesend[40] oder rechnet selbst mit Amtleuten ab, so im Frühjahr 1401[41] — wohl in Kärnten[42] — mit dem dortigen Vitztum Walther von Gusbach[43].

An der Art seiner dienstlichen Verrichtungen läßt sich darüber hinaus u. a. erkennen, daß das zentrale Finanzwesen im Bistum und Hochstift Bamberg noch keine länger andauernde Organisationsform gefunden hatte, daß es vielmehr mit zahlreichen Kompetenzüberschneidungen belastet war. Zwar war für die Verwaltung der weltlichen Finanzen ein Kammermeister[44], für diejenige der persönlichen Finanzen des Bischofs ein Kammerer[45] bestallt, doch bezahlte Leutein von Gengenbach zwischen Juni und Oktober 1404 aus der ihm dafür ausgehändigten Steuer der Stadt Bamberg im Betrag von 1000 Gulden und von 100 Gulden, die ihm Johann von Kulmnach[46] ausgehändigt hatte, die in dem Jahr fälligen Gesandtschaftskosten: die Reise des Heinrich Frantz[47] nach Rom zur Abwendung von Anfechtungen der Inkorporierung des Spitals am Pyhrn, die Reise Magister Albrecht Fleischmanns[48] mit dem bischöflichen Unterwerfungsschreiben und einem goldenen Kleinod als Geschenk zum neuen Papst Innocenz VII., die Reise des Bischofs wegen Landfriedensverhandlungen zu König Rupprecht nach Heidelberg[49] und bestritt weitere Ausgaben, die aus der landesherrlichen Gewalt des Bi-

---

[36] Er hatte das öff. Notariat inne, war bis ca. 1406 Küchenmeister (StA BA B 21 Nr. 5/I fol. 12 u. ö.), ist 1404 als Rat genannt (ebd. B 21 Nr. 4/I fol. 71') und war später vorübergehend Kammermeister (ebd. B 21 Nr. 5/I fol. 20).

[37] Nachweise vgl. Anm. 4.

[38] StA BA B 21 Nr. 4/I fol. 89' (1401 VIII 12). — Der Chorherr zu St. Stephan H. Swind wird von 1398 bis 1410 als Kastner zu BA genannt (ebd. fol. 89' u. ö.) und war auch sonst, obwohl als Rat nicht bezeugt, an Verwaltungshandlungen beteiligt.

[39] Zur Datierung vgl. Anm. 33.

[40] StA BA B 21 Nr. 4/I fol. 49', 58, 59, 83, 90; C. A. SCHWEITZER, Das Kopialbuch des Klosters Langheim, in: 25. Ber. d. Histor. Ver. BA 1862, S. 9.

[41] StA BA B 21 Nr. 4/I fol. 58.

[42] Eine Reise nach Kärnten ist wahrscheinlich, da er in der Zeit in den Bamberger Quellen nicht erscheint.

[43] Vgl. Anm. 21. — Er war von 1399 bis Jahresende 1421 Vitztum (StA BA B 21 Nr. 4/I fol. 75'; letzte aktive Nennung ebd. Stdb. 2903 fol. 101 zum 22. Dezember 1421).

[44] Unter Bischof Albrecht Hans Reyser (Reisinger) 1398—1406/07, Johann Brewberg 1407—1410, Michael Grewlich 1408, Heinrich Frantz 1412, Peter Hase 1412—1413, Johann Sweinfurter 1413—1421. — Im Gegensatz zu anderen Territorien scheint in BA der Landschreiber nichts mit der Finanzverwaltung zu tun gehabt zu haben; er ressortierte vielmehr — der Kanzlei entweder angehörig wie Gusbach unter Bischof Lamprecht oder aus ihr hervorgegangen wie Endreas unter Bischof Albrecht und vermutlich auch Nustetter unter Bischof Anton — zum Landgericht des Hochstifts.

[45] Bei Bischof Albrecht 1401—1417 Fritz Hart.

[46] Pfarrer in Hof (Saale), Chorherr bei St. Stephan; zwischen 1405 und 1408 mehrfach als bischöflicher Diener genannt.

[47] Vgl. Anm. 44. — Er war Pfarrer in Pottenstein und ist 1403—1409 als Küchenmeister bezeugt (StA BA B 21 Nr. 4/I fol. 83 u. ö.).

[48] *Meister Albrecht, pfarrer zu sand Sebald ze Nurnberg*, ist der Anm. 21 gen. frühere Kanzleiangehörige.

[49] GUTTENBERG, a.a.O., S. 242.

schofs erwachsen waren[50]. Die genannten Tätigkeiten heben allein ihn über den Kreis des übrigen Kanzleipersonals hinaus, bestätigen die sonst nur durch die bisher einmalige Nennung als Sekretär erschließbare Stellung in der Hierarchie der Kanzlei und verdeutlichen die im Vorstand personifizierte Bedeutung der Kanzlei als zentrale Schaltstelle zwischen Landesherrn und Rat einerseits und den Amtleuten im Geschäftsbereich des Hochstifts andererseits, über die auch der diplomatische Verkehr nach außen zum großen Teil abgewickelt wurde.

Leuteins Hand ist im älteren Register Bischof Albrechts letztmals mit Verwaltungsnotizen erkennbar, die auf den 18. September [1406] datiert sind.[51] Bereits am 1. August des Jahres wird er — weiterhin mit der Pfarrei Nankendorf bepfründet — als Pfleger zu Giech (d. i. auf der Giechburg, Gde Scheßlitz, LK Bamberg) bezeichnet.[52] Mit dem Amt war nun sicher die Eigenschaft als bischöflicher Rat verbunden, die für die Jahre zuvor — der Stellung in der Kanzlei halber — auch schon anzunehmen, aber nirgends ausdrücklich bezeugt ist; jedenfalls ist Leutein weiterhin in der zentralen Verwaltung tätig.[53] Ende März 1408 wird er letztmals als Pfleger genannt; am 22. des Monats rechnet er über die ihm, wie es scheint als Amtsnutzung, überlassenen *nutzen, velle vnd renten, die zu der* [benachbarten] *capellen sand Pangracien zu dem Gugel* [gehören] *von der zeit here, als er pfleger gewesen* ab.[54] Er bleibt dabei, neben unabgeglichenen 18 1/2 Gulden rhein., der Lehenvogtei der Kapelle eine ungenannte Summe schuldig, doch das scheint beabsichtigt gewesen zu sein, denn der Betrag wird gegen *alles einnemen vnd außgeben, das er zuczeiten, als er vnser* [des Bischofs] *schreiber gewest ist* hatte, verrechnet. Es ist sehr wahrscheinlich, daß darin auch bis dahin unabgedeckte Besoldungsforderungen aus der Zeit vor der Bepfründung mit der Pfarrei Nankendorf enthalten waren, womit sich das Giecher Dienstverhältnis als zusätzliche Bepfründung — wenn auch eines den Anforderungen gewachsenen, geschäftskundigen Mannes — zu erkennen gibt. Unter dem 1. Mai 1408 ist *herr Lut* [ein] noch einmal bei einer Abrechnung des Kammermeisters anwesend[55], dann entgleitet er — aus bisher unerfindlichen Gründen — für volle zehn Jahre dem Gesichtskreis.

Fast gleichzeitig mit dem Zeugnis der letzten Kanzleitätigkeit Leuteins von Gengenbach zum 18. September [1406] wird — nur dieses eine Mal — Magister Jorg Zingerlein zum 14. Oktober 1406 als bambergischer Kanzler genannt[56]; die Kontinuität der Verwaltung wird aber offenbar von Hermann gewahrt, der von 1404 bis 1410 als bischöflicher Schreiber bekannt ist[57]. Es spricht nichts dagegen, jenen Hermann mit einer Nachricht in Verbindung zu setzen, in der zum 29. September 1423 der bereits früher erfolgte Tod *Hermanni cancellarii episcopi Bambergensis* überliefert ist.[58] Zwischen Überlieferung und Ereignis liegt aber offenbar ein beträchtlicher zeitlicher Abstand[59], denn der Todesfall würde das plötzliche Wiedererscheinen Leuteins in der Kanzlei Ende Juli 1418 zwanglos erklären.

---

[50] StA BA B 21 Nr. 4/I fol. 73. — Bei dem an der Stelle (und ebd. fol. 58 als *meister Hans, des kunigs notarius*) als Empfänger einer Zahlung gen. *meister Hans* handelt es sich um den (Proto-)Notar Johannes Kirchen d. Ä.

[51] StA BA B 21 Nr. 4/I fol. 87'.

[52] StA BA B 21 Nr. 5/I fol. 6 (setzt sich für Aufhebung der Landesverweisung des ehem. Kastners zu Scheßlitz Johann Marschalk v. Gengenbach (!) ein, was wegen der *getrewen dinste, die der egenant Leutein vns vnd vnserm stifte langczeit nutzlich getan hat* gewährt wird).

[53] Ebd., fol. 8., Abrechnung des Kammerers (1406 X 1).

[54] Ebd., fol. 24.

[55] Ebd., fol. 29'.

[56] Ebd., fol. 9'.

[57] StA BA B 21 Nr. 4/I fol. 71', 77'; ebd. Nr. 5/I fol. 46.

[58] Repertorium Germanicum IV 3 (bearb. K. A. Fink), Berlin 1958 Spalte 3350.

Abb. 1 Leutein von Gengenbach und Friedrich Gumler, Kopfskizzen, 1426.
StA BA B 21 Nr. 105, Umschlaginnenseite vorn.

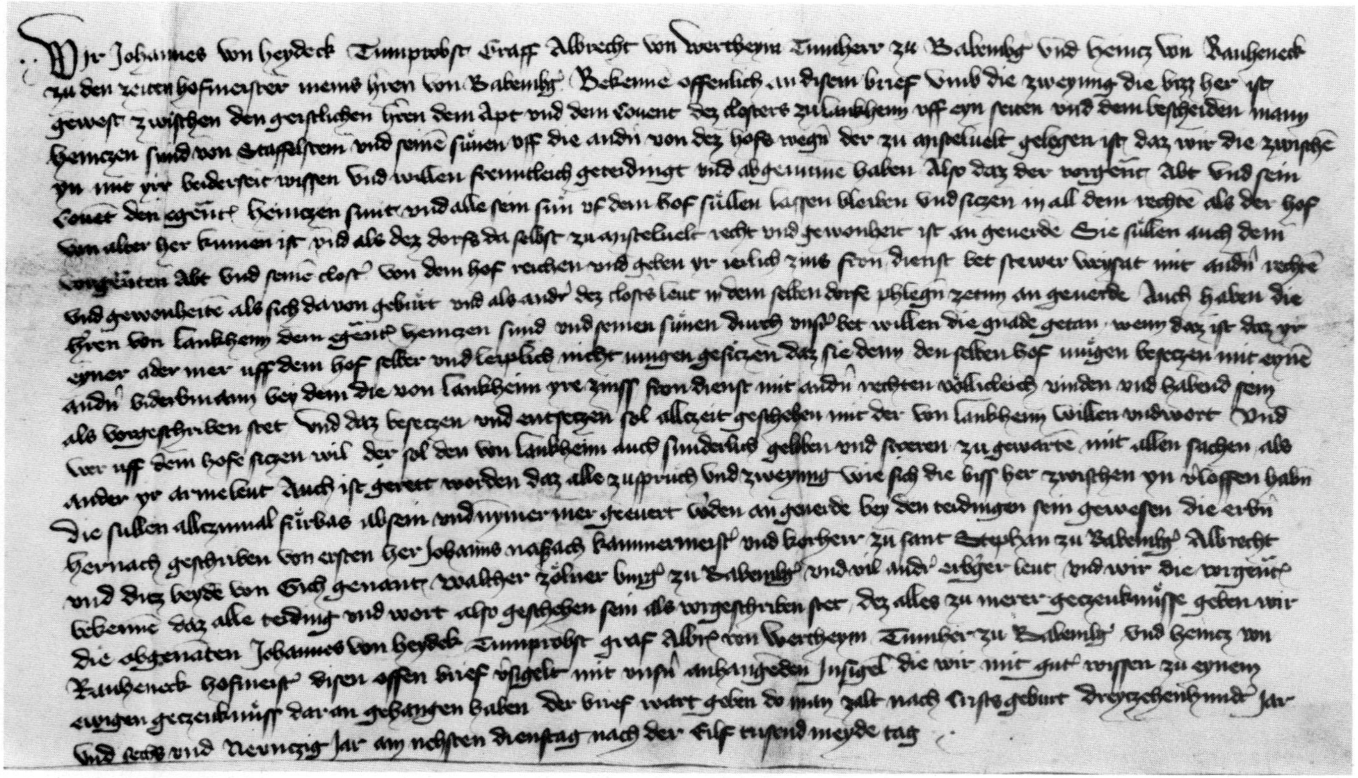

Abb. 2 Schrift des Leutein von Gengenbach, 1396.
BayHStA BA Urk. Nr. 4541.

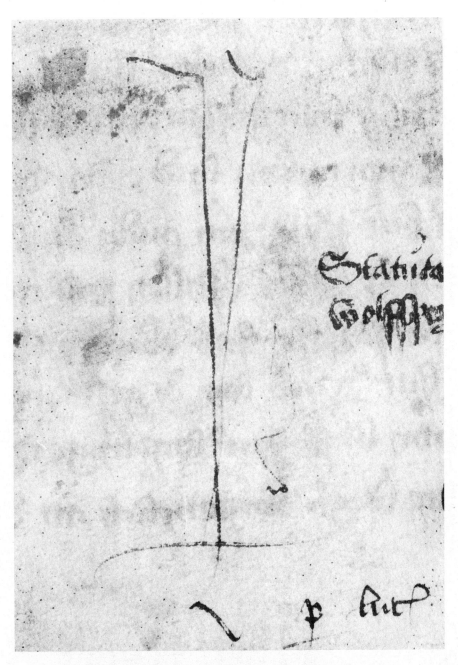

Abb. 3 Registrierungsvermerk des Leutein von Gengenbach, 1392.
BayHStA BA Urk. Nr. 4344.

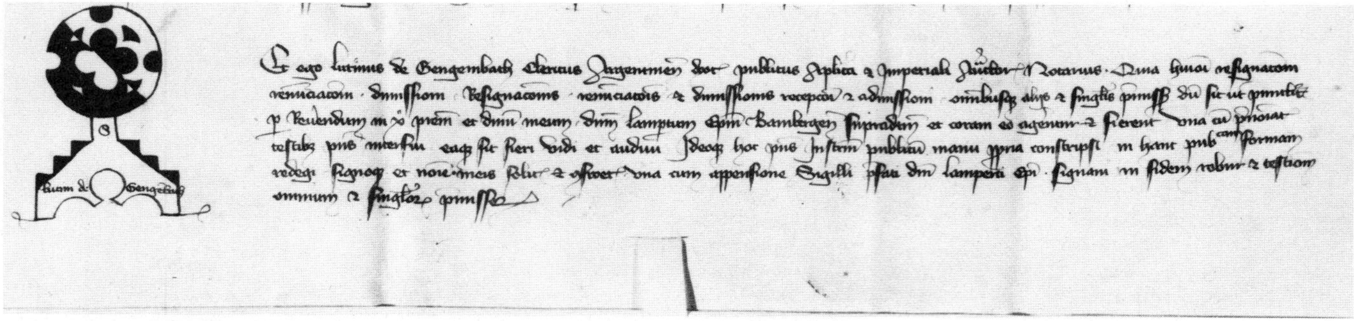

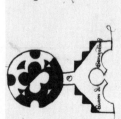

Abb. 4   Notars-Signet (S[ignetum] Lutini de Gengenbach) und -unterfertigung, 1398.
BayHStA BA Urk. Nr. 4638.

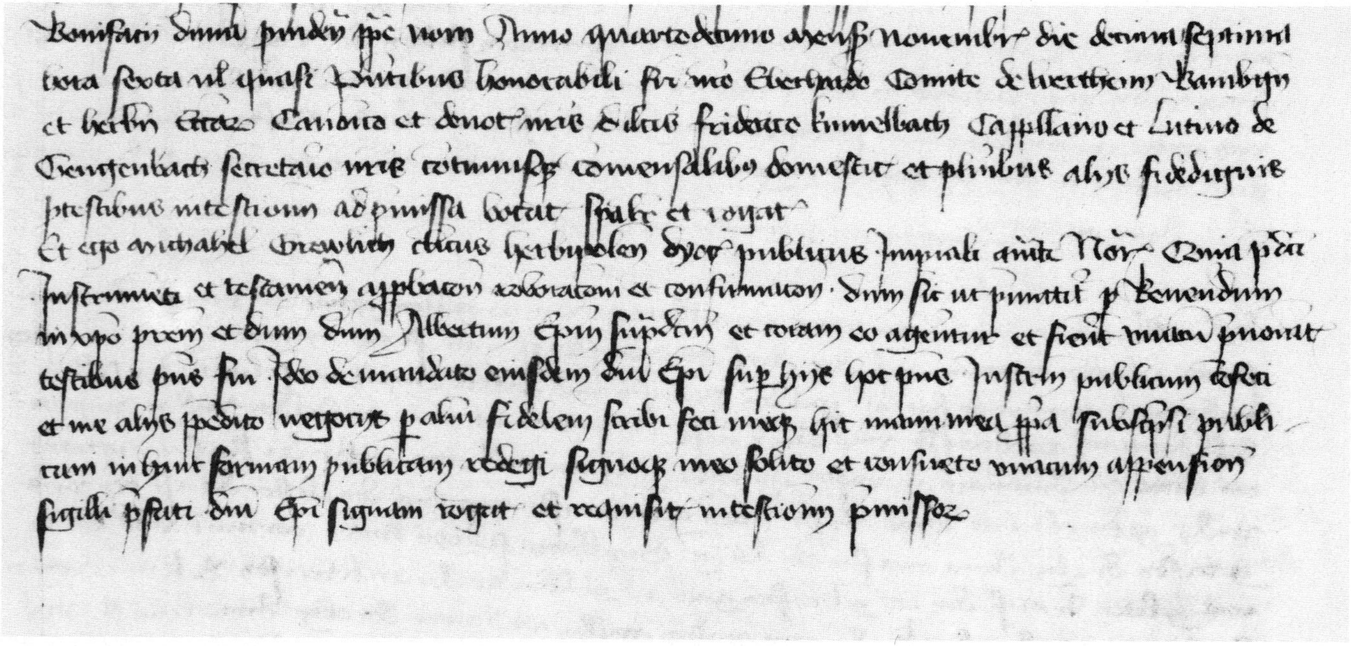

Abb. 5   Die erste Nennung des Leutein von Gengenbach als bischöfl. secretarius, 1402.
StA BA B 21 Nr. 4/I fol. 49ʳ (4. Zeile von oben).

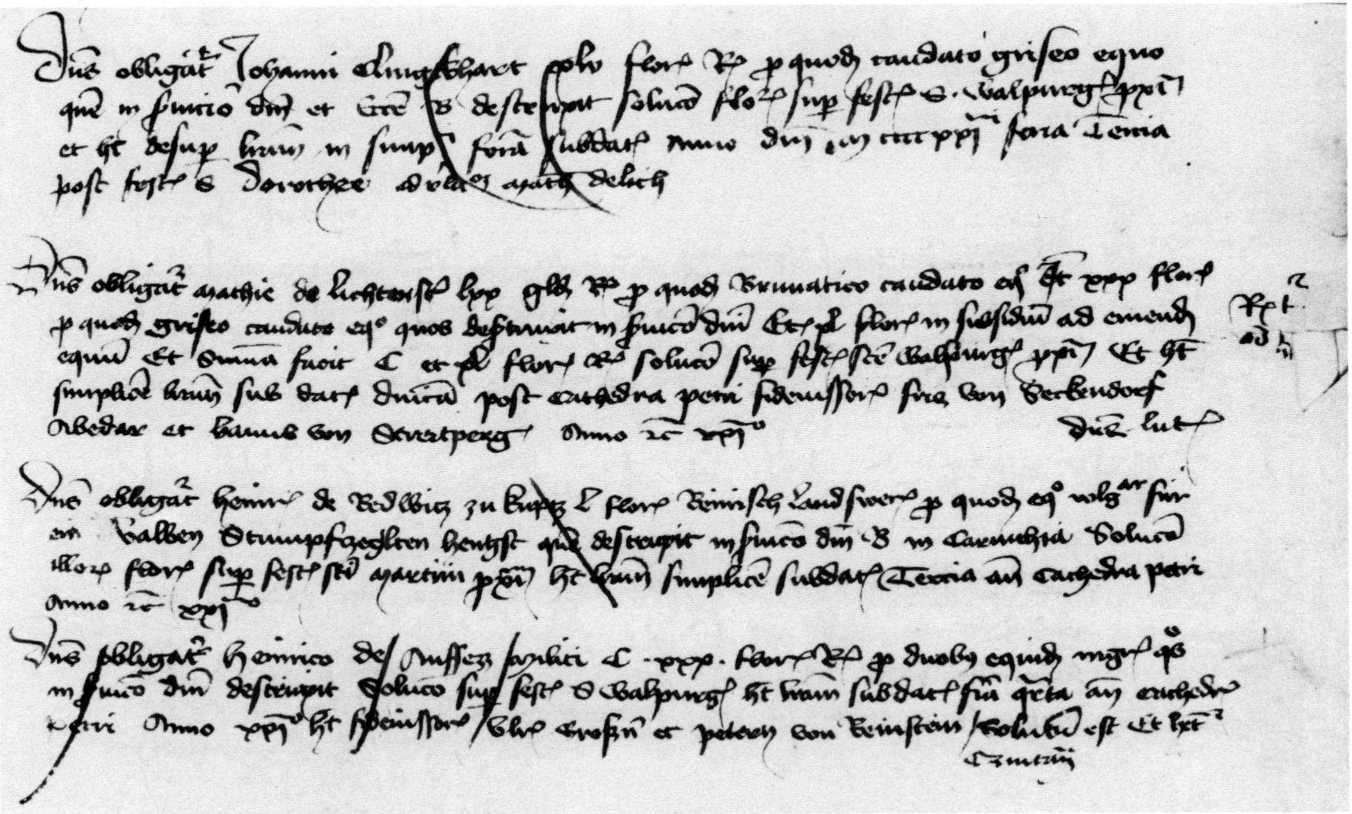

Abb. 6 Der Kanzleivermerk d[omi]n[u]s Lut[inus] hält die Verantwortlichkeit für den Registereintrag (2. Eintrag von oben) fest, 1421. StA BA B 21 Nr. 105 S. 311.

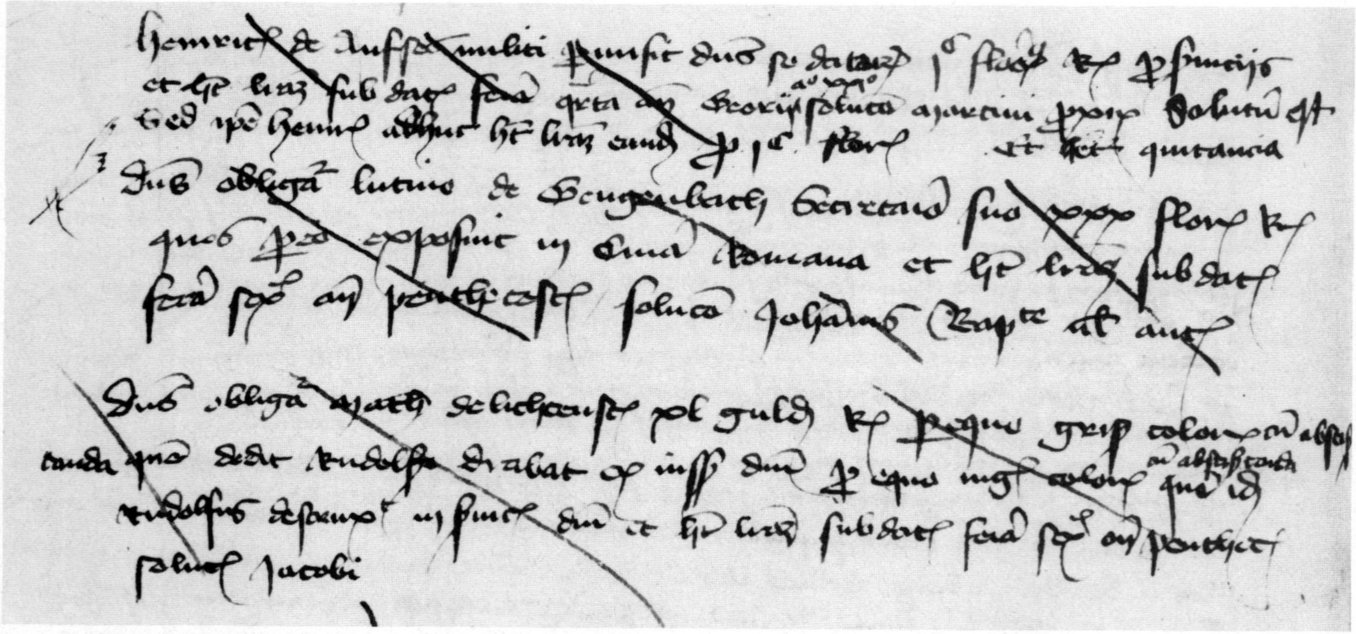

Abb. 7 Registereintrag über eine bischöfl. Schuldverschreibung für den secretarius Lutinus de Gengenbach, [1421].
StA BA B 21 Nr. 105 S. 314 (2. Eintrag).

Seine neuerliche Tätigkeit in der Kanzlei läßt sich vom 31. Juli 1418 an zunächst an der Hand feststellen[60], die noch bis zum 4. März 1419 im jüngeren Register Bischof Albrechts vorkommt[61]. Erst Anfang Januar 1419 gewinnt das Bild wieder mehr Schärfe und die von früher bekannten Konturen zurück. Wenn die namentlichen Erwähnungen Leuteins von Gengenbach in der ausgehenden Regierungszeit des Bischofs auch recht weit gestreut sind, so bewegen sie sich doch gänzlich im Rahmen der zuvor festgestellten Sekretärs- und der erschlossenen Ratstätigkeit: Am 4. Januar 1419 ist er bei einer Rechnungslegung anwesend[62]; am 17. Juni 1420 wird eine bischöfliche Schuldverschreibung (wie der Schreibereid von 1426 zeigt, gehörte das Bekennen landesherrlicher Schulden zu den dem Bischof persönlich vorbehaltenen Regierungshandlungen) *ad relacionem domini Lut*[ini] ausgefertigt[63]; am 23. Februar 1421 veranlaßt er den Eintrag von Forderungen des Rates Mattheiß v. Lichtenstein in das Schuldbriefregister, wie der darunterstehende Vermerk *dominus Lut*[inus] (Abb. 6) zeigt[64]. In diesem letzten Lebensjahr des Bischofs ging Leutein selbst auf eine Mission nach Rom; die dabei an der Kurie entstandenen Auslagen in Höhe von 30 rhein. Gulden wurden zum 9. Mai [1421] ins *Registrum debitorum* eingetragen, wobei er noch einmal ausdrücklich als *secretarius* bezeichnet wird (Abb. 7)[65].

Nach dem Tod Bischof Albrechts am 19. Mai 1421 wird Leutein von Gengenbach zum Garanten des reibungslosen Übergangs der Verwaltung. Unter dem bisherigen Landesherrn war die personelle Situation der Kanzlei — bedingt durch punktuell stärkeren Bedarf an Hilfskräften — insgesamt weniger stabil als unter seinem Vorgänger. In der ersten Periode der Zugehörigkeit Leuteins zur Albrecht-Kanzlei lassen sich für mehr oder weniger kurze Zeit neben ihm 9 Kanzleiangehörige namentlich feststellen[66], zwischen 1406 und 1418 (der Periode, die abgesehen vom Zwischenspiel des Kanzlers Zingerlein wohl unter dem Namen des Kanzlers Hermann stand) neben Hermann drei[67] und in den letzten Jahren neben Leutein zwei Schreiber[68], von denen Jacob Gerl(e)in nach dem endgültigen Ausscheiden Leuteins von Gengenbach in die führende Stellung in der Kanzlei Bischof Friedrichs III. aufrückte[69].

Leuteins Hand ist im allgemeinen Register Bischof Friedrichs III. noch bis zum 19. Oktober 1421 festzustellen[70], wobei es sicher kein Zufall, sondern Kennzeichen der

---

[59] Vgl. W. DEETERS, Über das Repertorium Germanicum als Geschichtsquelle — Versuch einer methodischen Anleitung (= Bll. f. dt. Landesgesch. 105, 1969, S. 27—43).

[60] StA BA B 21 Nr. 5/I fol. 83.

[61] Ebd. fol 84 ([1418] VIII 13), 86' (1418 X 27), 75' (1418 [ca. Nov.]), 88 (1419 I 3), 89' (1419 III 4).

[62] StA BA B 21 Nr. 105 S. 232.

[63] Ebd., S. 288.

[64] Ebd., S. 311.

[65] Ebd., S. 314. — Wie der Zusatz zeigt, erfolgte die Bezahlung bald darauf durch Bischof Friedrich III.

[66] Das waren (Jahreszahlen = Kanzleinennungen, in eckigen Klammern = Kanzleizugehörigkeit fraglich) Mag. Johannes Rencker 1399, 1401; Michael Grewlich [1400, 1402]; Conrad Merklein 1401, 1402; Friedrich Kumelbach 1402; Endreas 1403; Johannes (identisch m. Rencker?) 1403; Johannes von Schlüsselau 1403, 1404; Hermann 1404, 1405; Heinrich Osterwald vor 1406.

[67] Dietrich 1416; Endreas (vgl. Anm. 66) [1416]; Jacob Gerl(e)in 1417. — Vermutlich gehörte auch der BA Stadtschreiber Peter der Kanzlei an.

[68] Jacob Gerl(e)in 1418—1421; Nicolaus Vipech [1419], 1420.

[69] Als Sekretär wird Gerl(e)in 1422 bezeichnet (LOOSHORN, a.a.O., IV S. 185). Die Ausübung der Funktion zeigt sich an von ihm geschriebenen oder korrigierten Verwaltungsschreiben (HHStA Wien Österr. Akten Kärnten Fasz. 19 Konvolut d. fol. 309, 313). — Unter Bischof Anton war er zeitweilig Generalvikar.

[70] StA BA B 21 Nr. 6 fol. 1—3'.

von ihm bis dahin auch in der Kanzlei des neuen Bischofs bekleideten Position ist, daß sich unter seinen Einträgen die Formulare der Vereidigung der Beamten und Ämter auf den neuen Landesherrn befinden: als dem ranghöchsten und dienstältesten Kanzleiangehörigen, der schon zweimal den Wechsel an der Spitze von Bistum und Hochstift im aktiven Dienst erlebt hatte, waren die dabei zu beachtenden Formen niemandem vertrauter als ihm. Leutein tritt danach in der Kanzlei nicht mehr in Erscheinung, nahm aber bis wenigstens im folgenden Jahr (Vergleich um Wildbann, Geleit und Halsgericht mit Markgraf Friedrich I. von Brandenburg am 10. März 1422[71]) an Ratsgeschäften teil.

Das Lebensalter Leuteins von Gengenbach läßt sich anhand der bekannten und verwertbaren Daten nur annähernd erschließen. Wenn er 1401 die Pfarrei Nankendorf als *plebanus* erhielt, so muß er zu diesem Zeitpunkt bereits 24 Jahre alt gewesen sein, um die Priesterweihe empfangen zu haben. Er war aber — wie zu sehen war — wohl bereits 1372 in der Kanzlei tätig, wofür wenigstens beschränkte Geschäftsfähigkeit mit einem Alter von etwa 14 bis 16 Jahren vorauszusetzen ist. Bei der Wahrscheinlichkeit des höheren Alters müßte er um 1356 geboren sein und wäre 1422 etwa 66 Jahre alt gewesen, was recht gut mit den sonst bekannten Lebensumständen in Einklang gebracht werden kann. Die Pfarrei Nankendorf war sicher keine Pfründe, die ständige Absenz erlaubte. Von 1401 bis 1406/08 ist es Leutein offenbar gelungen, die Pflichten des Pfarrers mit denen des Kanzleidienstes und des Pflegers zu Giech zu vereinbaren, wobei er sich in Nankendorf vermutlich zeitweilig der Hilfe eines Vikars bediente. Nach 1408 war das anscheinend nicht mehr möglich, was besonders daraus erhellt, daß er sofort, als sich die neuerliche Berufung in die Kanzlei abzeichnete, auf einen Wechsel der Pfründe bedacht war: 1417 gelang es ihm, einen Rechtsanspruch auf die Pfarrei St. Martin vor der Stadt Bamberg zu erlangen, den er nach dem 19. April 1418 durchsetzen konnte, indem er diese Pfarrei mit Dietrich (von) Koln gegen die Pfarrei Nankendorf tauschte.[72] Ebenfalls um diese Zeit erlangte er ein Kanonikat bei St. Stephan[72], so daß er von da an Dienst und Unterhalt am gleichen Ort fand — Bequemlichkeiten, die dem inzwischen erreichten Alter angemessen waren. Eine weitere Erleichterung bedeutete die Verleihung von St. Martin als *rector* und nicht als Pfarrer, was ihn der Verpflichtung der Seelsorge enthob, wenn auch nicht derjenigen der Präsenz, denn die Genehmigung des Pfründengenusses bei Abwesenheit, dann auf 7 Jahre festgelegt, wurde ihm 1429 eigens erteilt.[72] Aber das hatte schon nichts mehr mit der Kanzlei zu tun, eher mit dem für 1427 nachgewiesenen Studium in Heidelberg[73], das er in so hohem Alter wohl nur deshalb aufnahm, um Dignitär werden zu können: tatsächlich scheint er 1429 die Würde des Stiftskellers in St. Stephan innegehabt zu haben.[74]

Damit schließt sich auch der Kreis zu der Skizze, von der ausgegangen wurde. Wenn sie — es spricht nichts dagegen — 1426 entstanden ist, so war Leutein von Gengenbach zu diesem Zeitpunkt der Kanzlei zwar schon entrückt, aber als Person in Bamberg noch gegenwärtig. Die Bezeichnung des einen Kopfes mit *Fritz* war ausreichend für eine Person, die in der Kanzlei ständig anwesend war und unmittelbar nach der Natur portraitiert werden konnte. Bei dem Gegenüber hat sich der Zeichner auf das Gedächtnis verlassen müssen (und die Feder vielleicht deshalb so behutsam geführt, daß später noch eine Korrektur hätte vorgenommen werden können), und er sagt das mit der Beschriftung *sicut L,* d. h., ungefähr so sieht Leutein von Gengenbach aus. Und so, wie die Skizze noch heute aussieht, kann der Kopf sehr wohl einem Mann gehören, der damals kurz vor dem oder schon im 70. Lebensjahre stand.

---

[71] LOOSHORN, a.a.O., IV S. 177.
[72] Repertorium Germanicum IV 3 Spalte 2622.
[73] KIST, a.a.O.
[74] Ebd.

EINE UNBEKANNTE URKUNDE
AUS BAMBERG VOM JAHRE 1425

von

Dominikus Kremer

Das gibt es also auch noch: Eine vergilbte Original-Pergament-Urkunde, ausgestellt zu Bamberg am 27. September 1425, die sich der einschlägigen Wissenschaft bis auf den heutigen Tag verborgen hielt, bis sie dem Verfasser als nostalgischer Wandschmuck in einer Bamberger Privatwohnung vor die Augen kam.

Da der Besitzer dieser Kostbarkeit, der sie käuflich erworben hatte und daher zu Recht als sein Eigentum ansah, inzwischen verstorben ist, werden wir wohl nie mehr erfahren können, welche Kauf-, Tausch-, Handels- und Irrwege diese Urkunde seit dem Jahre 1613, da sie nach einer Notiz auf der Rückseite des Pergaments nach zweihundertjährigem Dornröschenschlaf wieder aufgefunden wurde, zurückgelegt hatte. Daß sie noch existiert, das allein muß sowohl den Historiker als auch den Heimatfreund mit Freude und Genugtuung erfüllen, aber auch die Tatsache, daß sie deswegen (— Verfasser verfügt glücklicherweise über eine Ablichtung des Originals, die ihm der ehemalige Besitzer vor Jahren gestattet hatte —) der Verborgenheit entrissen und vollinhaltlich dargeboten und erschlossen werden kann.

Der Entschluß zu folgender Veröffentlichung konnte erst gefaßt werden, nachdem der Verfasser nach langem, erfolglosem Suchen die Hoffnung aufgegeben hatte, doch noch zu finden, zu welchen Beständen die betreffende Urkunde vor langer, langer Zeit gehört haben mag; denn alle eingesehenen einschlägigen Repertorien schweigen sich darüber aus. Auch Looshorn, der die weiter unten zitierte, sieben Jahre ältere Urkunde, die sich mit einem unserer Urkunde vorausgegangenen sachverwandten Vorgang befaßt, kannte, war die nunmehr just 100 Jahre nach ihm aufgetauchte Urkunde offenbar nicht in die Hände gekommen, sonst wäre sie von ihm bei seiner Gründlichkeit der Forschung in seinem Band IV inhaltlich wiedergegeben worden.

So sollte der Schluß erlaubt sein, daß die Urkunde von 1425 zu Looshorns Zeiten schon nicht mehr archivalisch faßbar war und sich mindestens schon vor 100 Jahren in privater Hand befunden hatte, möglicherweise schon seit der Säkularisation.

Allein die Tatsache, daß das Pergament keinem Archiv zur Verfügung steht, rechtfertigt die Veröffentlichung des Urkundentextes, der im Urkundenstil des Spätmittelhochdeutschen abgefaßt ist, in vollem Wortlaut.

1. Der Wortlaut:

Ich Mathes vom Lichtenstein Schultheis und wir die Schepfen der Stat zu Bamberg veriehen[1] offenlichen mit diesem brieffe, daz fur[2] uns kumen sind Cuntz Herolt, der pütner[3] und Gerhawse, sein eliche wirtin[4], die Bekanten mitgesampter Hant[5] willick-

---

[1] *veriehen* = bekennen, bekunden, beurkunden, bekanntgeben, erklären
[2] *fur uns kumen* = vor uns erschienen
[3] *pütner* = Büttner
[4] *eliche wirtin* = Ehefrau, Gattin
[5] *mitgesampter Hant* = gemeinsam

lichen[6] *vor unserm Gerichte, daz In der Erbar Prister Hr. Hanns Waldnner zu den tzeiten Erster frumezzer zum Thum hie zu Bamberg Recht und redlichen abgekawft und mit bereitem Gelt*[7] *abgegolten hette Siben Pfund Haller gelts genger werung*[8] *als ye der Stat betzalung stunde*[9] *hie zu Bamberg ewiger gult, die In iren erben und nachkomen Heintz Vogler, Kun sein wirtin, ir erben und nachkumen Jerlichen und ewiglichen gegeben solten haben awzz Irem Hawse, Hofreit*[10] *und garten mitsampte dem Hinterhawse an der Sichengazzen vor dem Selhawse über*[11] *gelegen einseit an Hannsen Berlbergs hawse anderseit an Fritzen Beyerrewters hawse und hinten mit dem garten stiezze an Ulrich Schentzleins garten als umb und umb dartzu gehort, besucht und unbesucht*[12] *und gaben Im die auf*[13] *vor unserm gericht als sie zurecht solten. Also daz dieselben Siben pfund Haller gelts ewiger gult hinfur gehoren werden und gevallen solten an die Newen Vicarey auf Sand Kungunten Altar in unser liben Frawen Pfarr hie zu Bamberg, die der Egenant Hr. Hanns Waldner von Newes daselbst gestifftet hat. Im demselben Hrn. Hannsen Waldnner und allen seinen nachkomen an der Egenaten vicarey die vorgeschriben Siben pfund Haller gelts ewiger gult furbaz*[14] *ewiglichen zu haben, zu vordern und ein zunemen und daran zubeleiben ewiglichen und derselben Siben pfund Haller ewiger gult haben auch die vorgenaten Heintz Vogler und Kun sein wirtin fur sich, ir erben und nachkomen Jerlichen bekant zugeben allwegen ye halb auf Sand Walpurg tag und halb auf sand Merteins tag als ewiger und Jerlicher Zins und gult recht ist hinfur ewiglichen. Es haben auch die vorgenaten verkewffer benat*[15] *also daz daz vorgeschriben Erbe mit seinen Zugehörungen vormals Jerlichen nicht mer zinse noch gelte dann funfzehen schilling Haller und zwey vasnachthuner ewiger gult Hrn. Seyfrid Vicarier zu Sand Gangolf hie zu Bamberg dem auch dir*[16] *Kawffe alltzeit on schaden sein sol an denselben seinen zinsen, gülten und rechten, dartzu haben sich auch die vorgenaten Heintz Vogler und Kun sein wirtin fur sich ir erben und nachkomen mitgesampter hant vor unserm gerichte verpunden*[17] *also daz sie nach nyemande von iren wegen hinfur auf dem vorgeschriben Erbe mit seinen Zugehoren dheinerley*[18] *Zins, gult, sellgeret noch nichts davon noch darauff verkumrn, versetzen, verkawffen, verschicken, vermachen noch vergeben sullen noch wollen weder geistlichen noch werntlichen*[19] *Lewten on des vorgenanten Hrn. Hannsen Waldnners und seiner nachkomen an der vorbenaten Vicarey willen wißen, wort, Rate, Heiße und gunste in dheinweise ewiglichen on alles geverde*[20] *und also gelobten die obgenanten Chuntz Herolt und Gerhawse sein wirtin den Egenanten Hn. Hannsen Waldnner und alle sein nachkomen an der vorbenaten vicarey der Siben pfund Haller gelts ewiger und Jerlicher Zins und Gulte vorgeschriben werung auf dem egeschriben Erbe mit seinen Zugehorungen und den rechten als hivor*

---

[6] *willicklichen* = willig, freiwillig, bereitwillig, gutwillig, gern
[7] *mit bereitem Gelt* = bar
[8] *genger werung* = gängiger Währung
[9] *als ye der Stat betzalung stunde* = wie es jemals der Stadt zustand
[10] *Hofreit* = zum Haus gehöriger geschlossener Hofraum, eben der Hof
[11] *vor dem Selhawse über* = dem Seelhause gegenüber
[12] *besucht und unbesucht* = benützt und unbenützt
[13] *und gaben Im die auf* = verzichteten zu seinen Gunsten
[14] *furbaz* = fürder, weiter, fernerhin
[15] *benat* = benannt, benamt, angegeben, bestimmt, eingeräumt
[16] *dir Kawffe, dire Stat, dire Brief* = dieser Kauf, diese Stadt, dieser Brief
[17] *verpunden* = verbindlich gemacht, verpflichtet
[18] *dheinerley, dheinerweise* = keinerlei, keinerweise
[19] *werntlich* = weltlich
[20] *geverde* = Gefahr durch Hinterlist, Betrug, Hinterhalt

unterscheiden ist zu weren[21] Jar und tag nach dir Stat recht hie zu Bamberg und auch mit sollicher rechten ob furbaz icht stozze[22] oder zweyung[23] von der Zins wegen aufstunden die solt man alltzeit awzztragen vor disem Statgericht darynnen das Erbe ligt und nyndert[24] anders und des alles zu einem ewigen Urkunde ist dem obgenaten Hrn. Hannsen Waldnner und allen seinen nachkome vicariern der vorgenaten vicarey dir offen brief mit urteil von gericht gegeben und versigelt mit dir obgenaten Stat zu Bamberg anhangenden Insiegel des sind getzeugen Fritz Lawant, Clas Lorber, Conrad Ingram, Dietrich Seybot, Hanns Ortlein, Hanns Ver, Hanns Lemlein, Eberhart Kliber, Fritz Pul, Fritz Usmer, Hanns Arbeit, Fritz Zollner und ander Ersame Lewte. Daz ist geschehen am Donstag nach Sand Mathias tag des wirdigen Zwelfboten[25] Nach Cristi unsers liben Hren gepurt viertzehenhundert und darnach in dem fünfundtzweintzigsten Jare.

Das Originalpergament trägt auf der Rückseite folgende Signatur:

Kaufbrief Benef. S. Cunegundis
Lit: C No. 9
Gefunden Anno 1613 Adj.
27. Januri
Hr. Hanns Waldnner el.
siben Pfunt Haller ewigs gelts
an der Sichengaßen auf dem Haus und Garten
Heintz Vogler 1425 (Sept. 27)

2. Der Inhalt:

Verkauf einer Ewiggült auf dem Hause in der Siechengasse, das dem Seelhause gegenüberliegt.

Die bei der Signatur verzeichnete Inhaltsangabe der Urkunde erscheint in ihrer knappen Form doch recht dürftig, so daß es nötig erscheint, eine ausführliche Übersetzung des uns Heutigen reichlich befremdend anmutenden Textes zu versuchen.

Unter Kürzung des uns heute umständlich erscheinenden Kanzleistils des frühen 15. Jahrhunderts und Weglassung zahlreicher Wiederholungen ergibt sich folgender Inhalt des vorliegenden Kaufbriefes:

Der Schultheiß der Stadt Bamberg Matthias von Lichtenstein und die Schöffen der Stadt Bamberg beurkunden, daß der Büttner Cuntz Herolt und seine Ehefrau Gerhaus gemeinsam und freiwillig dem ersten Frühmesser am Dom zu Bamberg, dem ehrbaren Priester Hanns Waldnner, eine ewige Gült von sieben Pfund Haller verkauft haben, die ihnen von ihren Erben und Nachkommen Heintz Vogler und dessen Ehefrau auf deren Anwesen in der Siechengasse jährlich und ewig zugestanden wäre. Das mit dieser Gült belastete Anwesen, bestehend aus Haus, Hofreit, Garten und allem, was benutzt und unbenutzt dazu gehört hatte, lag zwischen den Häusern Hanns Berlbergs und Fritz Beyerrewters gegenüber dem Seelhause und grenzte nach rückwärts an den Garten Ulrich Schentzleins.

Die Verkäufer verzichteten auf die genannte Gült und waren einverstanden, daß diese von nun an auf immer und ewig der neuen Vikarie auf dem Sankt Kunigundenaltar in

---

[21] *zu weren* = zu gewähren
[22] *stozze* = Stoß, Zusammenstoß, Zank, Streit, Hader
[23] *zweyung* = Entzweiung, Streit, Hader
[24] *nyndert* = nirgends, durchaus nicht
[25] *Zwelfboten* = die zwölf Apostel

der Oberen Pfarre zu Unserer Lieben Frau zufallen und gehören solle. Diese Vikarie war wenige Jahre zuvor von dem Frühmesser Hanns Waldnner gestiftet worden.[26]

Die Gültpflichtigen, Heintz Vogler und seine Ehefrau Kun, versicherten, daß sie diese Gült fortan gewissenhaft der neuen Vikarie in der Oberen Pfarre, je zur Hälfte an Sankt Walburga und an St. Martin zukommen lassen werden. Die Gültverkäufer Cuntz und Gerhaus Herolt erklärten zudem, daß auf dem mit der Gült belasteten Erbe in der Siechengasse zwar ein jährlicher Lehenzins von 15 Schilling Haller und 2 Fastnachthühnern für den Vikar Seyfried von Sankt Gangolf laste, daß Seyfried aber durch den Verkauf der Ewiggült keinen Schaden erleiden werde.

Ferner verpflichtete sich das Ehepaar Herolt auch, auf dem bewußten Anwesen in der Siechengasse ohne Wissen und Willen des Käufers nichts zu verändern, weder geistlichen noch weltlichen Herren gegenüber, weder durch Vernachlässigung oder Verkauf noch durch Stiftung oder Vererbung.

Schließlich gelobten Cuntz und Gerhaus Herolt die Erstattung der verkauften Ewiggült allzeit zu gewährleisten und etwa dieser Gült halber entstehende Streitigkeiten nur vor dem Stadtgericht zu Bamberg auszutragen. Die darüber ausgestellte Urkunde bzw. der Verkaufsbrief wurde mit anhängendem Stadtsiegel versehen. Als Zeugen des Gültverkaufs wurden Fritz Lavant, Clas Lorber, Conrad Ingram, Dietrich Seybot, Hanns Ortlein, Hanns Ver, Hanns Lemlein, Eberhart Kliber, Fritz Pul, Fritz Usmer, Hanns Arbeit, Fritz Zollner und andere ehrsame Leute benannt.

Das ist geschehen am Donnerstag nach Sankt Matthias Tag, des würdigen Zwölfboten, nach Christi unseres lieben Herrn Geburt vierzehnhundert und darnach in dem fünfundzwanzigsten Jahre (= 27. September 1425).

3. Lokalgeschichtliche Schwerpunkte:

Im folgenden soll nun in Kürze aufgezeigt werden, welche spezifisch bambergischen Elemente sich erkennen lassen.

3.1 *Die Dotierung auf das Benefizium S. Cunegundis*[27] bzw. auf die Vikarie des St. Kunigundenaltars[28] der Oberen Pfarre zu Unserer Lieben Frau in Bamberg.

Der als Käufer genannte ehrbare Priester Johann Waldner war erster Frühmesser am Kunigundenaltar im Dom und Altarist am Marienaltar im Dom zu Bamberg.[29] Das ist für die Zeit von 1408 bis 1432 beurkundet.

Waldner, der bereits 1398 als Frühmesser im Bamberger Dom bezeugt ist[30], hatte neben anderen Stiftungen[31] vor allem eine Ewigkeitsmesse oder ein einfaches Benefizium ohne Seelsorge auf dem Kunigundenaltar in der Oberen Pfarre zu Bamberg begründet[32], was ihm Bischof Albrecht Graf von Wertheim (1398—1421) am 25. März 1418 bestätigte.

---

[26] StAB, A 95/1, Nr. 82; LOOSHORN IV, S. 167.
[27] Signatur der Urkunde vom 27. September 1425.
[28] SCHELLENBERGER (s. Anm. 33!), 1. Teil, S. 136 f.
[29] WACHTER (s. Anm. 35!), Nr. 10670, S. 529.
[30] ebd.
[31] LOOSHORN (s. Anm. 34!) IV, S. 167 f.: 1409 und 1418; StAB, A 115, S. 325: 1418.
[32] Ausführlicher Stiftungsbericht bei StAB, A 95/1, Nr. 82 und LOOSHORN, IV, S. 167, worin es u. a. heißt: ... *zur Ehre Gottes, Mariä, Kaiser Heinrichs und Kunigundä, des Apostels Thomas, des Erzengels Michael, der h. Anna Witwe, Maria Magdalena, des P. Gregor, Pankratius, Felix und Adauctus ... und des ganzen himmlischen Hofes für sein, seiner Voreltern, aller Wohltäter und Christgläubigen Seelenheil* ...

Die Urkunde vom 27. September 1425 nun berichtet von einer Dotierung für dieses Benefizium, die weder SCHELLENBERGER[33], noch LOOSHORN[34], noch WACHTER[35] bekannt geworden war.

Frühmesser Johann Waldner (in der Urkunde: *Waldnner*) kaufte laut Urkundentext von dem Büttnersehepaar Cuntz und Gerhaus Herolt zu Bamberg eine Ewiggült von sieben Pfund Haller, zu deren jährlicher Entrichtung sich gleichzeitig das Ehepaar Heintz und Kun Vogler in der Siechengasse als Erben und Nachkommen der Eheleute Herolt verpflichtete, indem es sein dem Seelhause gegenüberliegendes Haus damit belastete. Wir können vermutlich als sicher annehmen, daß sowohl die Gültverkäufer Herolt als auch die Gültentrichter Vogler sich zugute hielten, daß sie mit ihrer Vereinbarung ein gutes Werk zu ihrem Seelheil getan hatten.[36]

3.2 *Das Seelhaus in der Siechengasse:*

Die vorliegende Urkunde vom 27. September 1425 ist ferner ein echter Beleg für die einstige Existenz eines Seelhauses in der Siechengasse. Diese später auch Marthaseelhaus genannte Wohnung für Seelschwestern[37] zu Bamberg war in diesem Falle zugleich auch Pilgrimshaus.[38] Das Marthaseelhaus, das in der Mitte des 18. Jahrhunderts abgebrannt ist, wobei auch die dazugehörige Kapelle zerstört wurde, stand auf der Stelle des heutigen Geschäftshauses Untere Königstraße 21.[39] Daraus läßt sich erschließen, daß das Anwesen, das 1425 mit der Ewiggült für das Kunigundenbenefizium der Oberen Pfarre belastet war, gegenüber, nämlich bei den heutigen Geschäftshäusern Untere Königstraße 24 und 26, zu suchen ist.

3.3 *Der Frühmesser am Dom zu Bamberg:*

Der in unserer Urkunde als Käufer der Ewiggült genannte *ehrbare Priester* Johann Waldner war *frumezzer zum Thum*, nämlich erster Frühmesser des Kunigundenaltars im Dom.[40] Er hatte — wie oben schon erwähnt — das Kunigundenbenefizium der Oberen Pfarre nicht nur gestiftet (1418), sondern auch noch mit der Ewiggült (1425) unserer Urkunde ausgestattet. Zu seinen dienstlichen Obliegenheiten gehörte, wie schon der Titel sagt, am frühen Morgen die erste Messe im Hohen Dom zu lesen. Mit ihm gleichzeitig amtierten weitere Frühmesser wie Hermann von Geylenhausen (1421)[41] und Symon Vogt (1432).[42] Auch diese beiden Priester werden *erste Frühmesser*

---

[33] SCHELLENBERGER, ANDREAS: Geschichte der Pfarr zu U L Frauen in Bamberg, 1. Teil: 1787, 2. Teil: 1822.

[34] LOOSHORN, JOHANN: Die Geschichte des Bisthums Bamberg, München 1888—1903.

[35] WACHTER, FRIEDRICH: General-Personal-Schematismus der Erzdiözese Bamberg 1007—1907, Bamberg 1908.

[36] SCHELLENBERGER (a.a.O., 2. Teil, S. 54 f.) hat übrigens in aller Ausführlichkeit über das Kunigundenbenefizium der Oberen Pfarre, besonders über die Obliegenheiten des jeweiligen Kunigunden-Messers berichtet, ohne dabei die Dotation von 1425 zu erwähnen.

[37] Seelschwestern oder Seelnonnen waren arme, unverehelichte weibliche Personen, die um die Verpflichtung, täglich für die Verstorbenen, eben die armen Seelen, zu beten, Unterkunft und Verpflegung in einem Seelhause erhielten. Nach LEXER, mhd. Taschenwörterbuch, S. 190!

[38] *Pilgramshaus* war das Seelhaus deswegen genannt, weil durchreisende Wallfahrer, die keine Herberge fanden, für die Nacht darin Aufnahme fanden. Alt-Bamberg, V., S. 184/85!

[39] Das Martha-Seelhaus-Benefizium wurde 1814 mit der Seelsorgestelle des Allgemeinen Krankenhauses vereinigt. Alt-Bamberg, ebd.!

[40] WACHTER, a.a.O., S. 586.

[41] StAB, A 115, S. 333.

[42] StAB, A 115, S. 334.

genannt. Das Attribut *erste* scheint sich jedoch mehr auf das Amt als auf die Person zu beziehen.

Für die Frühmesser wurde sowohl die Berufsbezeichnung Benefiziat als auch Vikar gebraucht. Das Amt hieß entsprechend Benefizium oder Vikariat bzw. Vikarie. Derartige Hilfsgeistliche wie Benefiziaten oder Vikare gab es bei dem einstigen Priesterüberschuß an fast allen selbständigen Pfarreien.

3.4 *Ewiggült und Seelgerät:*

Unsere Urkunde kennt beide Begriffe mit den Bezeichnungen *ewige Gült* und *sellgeret,* die gelegentlich in einer bestimmten Wechselwirkung zueinander standen. Die *ewige Gült* war eine freiwillige Zinsverpflichtung auf unbegrenzte Zeit.[43] Sie galt in vielen Fällen als gezieltes Seelgerät, worunter man eine zum eigenen oder fremden Seelenheil vermachte, oft letztwillige Schenkung an eine geistliche Anstalt zum Lesen von Seelenmessen verstand.[44] Die ewige Gült, die Frühmesser Johann Waldner gekauft hatte, war eine Schuldverschreibung, die ursprünglich dem Büttnersehepaar Cuntz und Gerhaus Herolt zugedacht war. Durch den Verkauf dieses Anspruches zugunsten der neuen Vikarei, des S. Cunegundenbenefiziums, blieben die Eheleute Heintz und Kun Vogler Schuldner der Gült, wie sie es vorher gewesen waren, was beide bei Abschluß des Kaufbriefes auch ausdrücklich anerkennen mußten.

3.5 *Siechengasse — Siechenstraße — Untere Königstraße:*

Die im Urkundentext genannte Siechengasse kann heute nur mehr historisch verstanden werden. Der gegenwärtige Steinweg führte einst stadteinwärts bis zur Einmündung der Letzengasse beim „Fäßla". Dort begann damals bereits die Siechengasse. Mit anderen Worten, den Straßennamen Königstraße gab es im 15. Jahrhundert noch lange nicht. Er wurde erst im 19. Jahrhundert, genau 1830, eingeführt. Der Abschnitt der einstigen Siechengasse, in dem unser Gülthaus zu suchen ist, liegt heute in der Unteren Königstraße. Nach Einführung des Straßennamens Königstraße bekam der Rest der alten Siechengasse den neuen Straßennamen Siechenstraße, die in ihrer nördlichen Verlängerung Hallstadter Straße benannt wurde.

3.6 *Der weibliche Vorname Gerhaus:*

Mit *Gerhaus* erscheint in unserer Urkunde ein weiblicher Vorname, der so etwas Ähnliches wie eine Bamberger Spezialität darstellt. Sehr häufig finden wir ihn bei DECKERT in Urkunden von 1367 bis 1480[45] und bei SCHIMMELPFENNIG von 1323 bis 1370[46]. Dieser sonst seltene Frauenname, von dem BACH[47] schreibt, indem er sich auf SCHREIBMÜLLER-Ansbach beruft, daß er sich seit dem 14. Jahrhundert im Bamberger Bereich findet, begegnet uns verhältnismäßig spät, 1476, einmal auch in Maineck[48].

---

[43] DECKERT, Das ehemalige Karmelitenkloster..., 1952, S. 89 f.
[44] LEXER, mhd. Taschenwörterbuch, S. 190.
[45] DECKERT, P. ADALBERT: Das ehemalige Karmelitenkloster zu Bamberg in der Au, Bamberg 1952, S. 243 ff.
[46] SCHIMMELPFENNIG, BERNHARD: Bamberg im Mittelalter, Lübeck und Hamburg, 1964, S. 101 ff.
[47] BACH, ADOLF: Deutsche Namenskunde, Berlin 1943—1953, I, § 211.
[48] KREMER, DOMINIKUS: Maineck, Bamberg-Münsterschwarzach, 1983, S. 453.

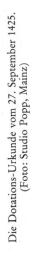

Die Dotations-Urkunde vom 27. September 1425.
(Foto: Studio Popp, Mainz)

Nachdem es keine Heilige mit dem Namen Gerhaus oder Gerhus gibt, mußte eine andere Deutung dieses typisch Bamberger Frauennamens gefunden werden. KONRAD ARNETH[49] ist das gelungen, indem er nachweisen konnte, daß zu Bamberg ein und dieselbe Frau bald Gerhaus (=Gerhus), bald Gertrud bzw. Gertraud genannt wurde. Wir dürfen daher annehmen, daß auch die Gerhaus Herolt unserer Urkunde damals mit dem mehr als Kosename zu verstehenden Rufnamen Gerhaus statt ihres Taufnamens Gertraud bezeichnet wurde.

Der in unserer Urkunde vorkommende zweite Frauenname *Kun (Vogler)* bedeutet eine Abkürzung von Kunigunde, die analog zu Gerhaus auch Kunhaus gerufen wurde. Übrigens gab es für Gerhaus und vermutlich auch für Kunhaus den abgekürzten Rufnamen „Haus".

3.7 Schultheiß — Stadtgericht — Schöffen:

Es muß auffallen, daß in unserem Falle der Kauf einer Ewiggült durch einen Frühmesser des Doms zwecks Dotation auf ein Benefizium der Oberen Pfarre nicht vor einer kirchlichen Instanz, sondern vor dem Stadtgericht zu Bamberg erfolgte.

Betrifft dieser Besitzwechsel einer Gült doch mit dem Käufer die Dom-Immunität, mit dem belasteten Anwesen ein Haus samt Zubehör in der Immunität von St. Gangolf und mit dem dotierten Kunigundenaltar der Oberen Pfarre sogar einen speziell kirchlichen Bereich. Die nach drei Seiten orientierte Abhängigkeit der Beteiligten läßt verstehen, daß der Gültverkauf nicht vor einem nur einseitig zuständigen Immunitätsgericht, sondern wegen der Vielfalt der Bamberger Besitzverhältnisse vor dem übergeordneten und deswegen gewiß neutralen Stadtgericht beurkundet wurde.

Man könnte vermuten: Stadtrecht brach Immunitätsrecht. Dieser ungeschriebene Grundsatz klingt auch in unserem Urkundentext auf, wenn da ausdrücklich betont wurde, daß die verkaufte Gült *nach dir Stat recht* zu gewähren sei und daß mögliche spätere Meinungsverschiedenheiten und Streitigkeiten nur *vor disem Statgericht* ausgetragen werden sollten.

Die Zuständigkeit des Stadtrichters, des Schultheißen, geht aber auch aus der Tatsache hervor, daß der Bamberger Schultheiß seit dem 12. Jahrhundert ein bischöflicher Beamter war.[50]

Bei derartigen Käufen und Verkäufen, wie unsere Urkunde berichtet, stand dem Schultheiß in seiner Eigenschaft als Stadtrichter seit dem 13. Jahrhundert ein zuverlässiges Gremium von 12 rechtserfahrenen Bürgern zur Seite, die dann seit dem 14. Jahrhundert Schöffen (= *Schepfen*) genannt wurden. Außer diesen als Sachverständige geltenden Schöffen wohnten den Gerichtsverhandlungen noch *ander ersame Leute* bei, die gelegentlich ebenfalls um ihren Rat gefragt wurden.[51]

3.8 Die Familiennamen der Schöffen:

In alphabetischer Folge lauten sie:

Arbeit, Ingram, Kliber, Lavant, Lemlein, Lorber, Ortlein, Pul, Seybot, Usmer, Ver und *Zollner.*

Es seien davon nur die drei herausgegriffen, die bis auf den heutigen Tag in unsere Zeit hereinreichen: *Kliber, Lorber* und *Zollner.* Die *Kliber* (auch Klieber, Kleber, Klei-

---

[49] ARNETH, KONRAD: Die Familiennamen des ehemaligen Hochstifts Bamberg, Erlangen 1956, S. 193—202.
[50] SCHIMMELPFENNIG, a.a.O., S. 59.
[51] ebd., S. 59 ff.

ber), von denen gesagt wird, daß sie das alte Handwerk des Lehmbauens, des Füllens der Fächer der Fachwerkbauten, beherrschten, haben das Denkmal ihres Berufes bzw. ihres Familiennamens mit dem Straßennamen Kleberstraße erhalten.

Die *Lorber,* Angehörige eines bedeutenden Bürgergeschlechts, werden jahrhundertelang als Bürgermeister, Räte und Schöffen der Stadt Bamberg genannt. Sie sind mit dem Namen der Lorbersgasse verewigt. Die *Zollner ufm Brand* und alle Nachkommen des namhaften Bürgergeschlechts leben fort mit dem Straßennamen Zollnerstraße. Im übrigen gibt es laut Einwohnerbuch Lorber und Zollner zu Bamberg noch heute.

4. Abschließende Gedanken:

Nur eine Urkunde! Für die einen offenbar wertloses Altmaterial, für andere ein ehrwürdiges Pergament, für den Heimatfreund reiche Fundquelle und Anregung für weiterführende Forschung!

EINE KLEINE BAMBERGER CHRONICA

Und einige Erwägungen zur mittelalterlichen Stadtchronistik

von

OTTO MEYER

In meinem Oberseminar des Sommersemesters 1984[1] – dem letzten in einer langen Tradition – stand die bürgerliche Geschichtsschreibung des Spätmittelalters zur Diskussion. Ausgangspunkt war die Studie von HEINRICH SCHMIDT, Die deutschen Städtechroniken als Spiegel des bürgerlichen Selbstverständnisses im Spätmittelalter, Göttingen 1958, weil sie nach unseren Beobachtungen durch ihren Einfluß die weitere Erörterung des Themas eher blockiert als gefördert hat[2]. Schon mit den ersten Sätzen seiner Einleitung zu *Ziel und Methode der Arbeit* siedelt er sein Bemühen im Bereich geschichtsphilosophischer Kategorien an: *Diese Untersuchung möchte die historischen Aufzeichnungen deutscher Stadtbürger des späten Mittelalters ... als aufgeschriebene Möglichkeiten eines Bewußtseins von der Welt verstehen. Es wird gefragt, wie die den Bürgern bekannte Welt in ihrer Ordnung und Gliederung, in ihrer Tiefe in Raum und Zeit in den Aufzeichnungen erscheint und begrifflich gefaßt wird*[3]. Es will scheinen, als habe Verfasser einen solchen derzeit modernen Überbau erst in einer zweiten Stufe seines Schaffens seinem Thema aufgesetzt. Im ersten Kapitel[4] entwirft er nämlich ein sehr lebendiges Bild von der Fülle verschiedenster Äußerungen städtischer Chronistik und Differenziertheit ihrer Autoren. Das jeweilig Individuelle in der Unzahl dieser Werke scheint ihm durchaus gegenwärtig zu sein. Aus ihr greift er dann drei Beispiele reichsstädtischer Geschichtsschreibung, nämlich diejenige Augsburgs, Nürnbergs und Lübecks heraus und analysiert sie mit den Kategorien seines Überbaus[5]. Was daraus entsteht, ist nur das in das kategoriale Korsett gezwängte Bewußtsein von Reichsstadtbürgern, das weitgehend verabsolutiert wird zu bürgerlichem Bewußtsein jener Zeit überhaupt. Jedenfalls versteht ihn so auch der ausführlich rezensierende HOWARD KAMINSKY[6]: *The town chronicles...express a single world view, rooted in the being of the town as a corporation – not an economic or social unit, but a juridical legal unit, existing by virtue of rights and privileges derived in fact or fancy from the emperor, and hence from the empire. Thus then the town was the empire, for the town's very nature was an*

---

[1] Teilnehmer: Gerhard Bach, Alfred Dünisch, Gabriele Enders, Elisabeth Hart-Meisch, Georg Knetsch, Dr. Eva Pleticha, Richard Pfannmüller, Ottmar Seuffert, Ingo Sommer, Dr. Dieter Weber, Dr. Hans Martin Weikmann. – Eine Dissertation von Dr. Weber über Mülich als Geschichtsschreiber Augsburgs ist im Druck. – Wertvolle Hilfe bei der Bearbeitung der *Cronica* gewährte auch ein früheres Mitglied des Oberseminars, Stadtarchivrat Dr. Robert Zink, Bamberg; ihm sei dafür herzlich gedankt.
[2] Rezensionen des Buches: H. BECHTEL in: Historische Zeitschrift Bd. 193, 1961, S. 406 f.; HARRO BRACK in: Historisches Jahrbuch 80. Jg., 1961, S. 353 f. und (ausführlich) HOWARD KAMINSKY in: Speculum Bd. 35, 1960, S. 145 ff.
[3] SCHMIDT S. 9.
[4] SCHMIDT S. 14 ff.
[5] SCHMIDT S. 29 ff.
[6] A.a.O.S. 149

emanation of the empire's Recht. Zutreffend interpretiert der Rezensent weiter, nach SCHMIDTS Auffassung sei das Reich als von Gott als politische Verkörperung des göttlichen Rechts auf Erden geschaffen, als die mittelalterliche Ordnung. Im Chaos des 15. Jahrhunderts repräsentieren die Städte die mittelalterlichen Ideale der Einheit. Darum kann der Chronist von Bern schreiben: *Gott ist ein Bürger dieser Stadt.*

Man kann nicht umhin, darin eine starke Vereinfachung der Dynamik städtischen Schicksals, des Lebens und Wirkens der Bürger zu sehen. Vergessen sind die Städte in den Händen der oft unmittelbar in ihrem Bereich residierenden Bischöfe und größeren oder kleineren Territorialherren, die kleineren Gemeinwesen auf dem flachen Land mit keineswegs unwichtigen Aufgaben. Nur gelegentlich wird das bürgerliche Selbstbewußtsein gestreift, wie es sich in Städtebünden äußert oder auch in Rivalitäten untereinander. Wenn aber SCHMIDT von seinem kategorialen Überbau absieht, kommen trotz *starker Überanstrengung des Aussagewerts der Stadtchroniken* (BRACK) durchaus treffende, freilich auf schlichterem Weg auch zu erreichende Aussagen zustande, wie etwa die folgende: Im Bewußtsein der Reichsstädte ist ein *Mehrer des Reichs,* wer ihr Ansehen fördert[7]. Verfasser erkennt darin echtes Reichsbewußtsein, weist den Verdacht egoistischen Denkens als modernes Mißverstehen ab. Das hat eingeschränkt seine Richtigkeit: der Reichsstadt war das Reich und der Kaiser ihre Lebensgrundlage. Sie zu erreichen, wandte manches bürgerliche Gemeinwesen nicht geringe Mühe und gelegentlich auch hohe Kosten auf; es sei nur auf die Reichsstadt Schweinfurt verwiesen[8]. Darum war man ängstlich darauf bedacht, daß dieser Grundlage kein Eintrag geschah, aber auch überzeugt, daß seine Städte des Reiches treueste Schicksalgenossen waren.

Gelingt hier leicht eine Einigung mit dem Verfasser, so steht man ratloser gegenüber Sätzen wie den folgenden: *Das Reich war ein Stadt gewordener mittelalterlicher Universalismus.* Oder: *Die spätmittelalterliche deutsche Stadt erscheint als ein nach außen geschlossenes Wesen. In ihr sind das Reich Gottes und das irdische Reich ohne Bruch. ... Sie lebt aus der Kraft ihres Rechts, das zugleich ihre Wahrheit ist.* Dazwischen steht dann eine Aussage, die man voll unterschreiben kann: *(Die Stadt) verbürgerlicht das Mittelalter und ist eine Lebensform dieses Mittelalters*[9].

Doch genug davon! Unser Oberseminar begann sich zu bemühen um die oft vernachlässigte Scheidung von Chronistik und Historiographie. Gewiß gibt es nicht wenige Werke, die sich auf der Grenze zwischen beiden bewegen. Aber etwa Darstellungen der Geschichte Augsburgs wie die von MEISTERLIN und MÜLICH wird man der Historiographie zurechnen müssen, greifen sie doch zum Teil über das stadtgeschichtlich Relevante hinaus. Präzis zu identifizieren gilt es auch, soweit das die mittelalterliche Zurückhaltung, sich zu einer Leistung namentlich zu bekennen, zuläßt, die Persönlichkeit der Autoren. Sie hat bereits SCHMIDT stark beschäftigt[10]. Hohen Rang nehmen dabei die Stadtschreiber ein, die Träger der städtischen Verwaltungstätigkeit, deren Kenntnis aller Ereignisse aus dem Zentrum des Geschehens, dem Rathaus, und ihrer Zusammenhänge im Aktenmaterial heraus sie zu den *geborenen Chronisten ihrer Städte*[11] macht. Ihre Darstellungen sind naturgemäß oft offiziellen oder offiziösen Cha-

---

[7] SCHMIDT S. 80

[8] Dazu zuletzt: O. MEYER, Von der Markgrafenburg zur Industriestadt, in: Schweinfurt, Schweinfurt 1980, S. 6 ff., bes. S. 8.

[9] SCHMIDT S. 82 bzw. S. 98.

[10] SCHMIDT, Kap. 1 S. 14 ff.

[11] F. RÖRIG, Die europäische Stadt, in: Propyläen-Weltgeschichte Bd. 4, Berlin 1932, S. 362. – Zu Wirken und Bedeutung der Stadtschreiber vgl. die tiefschürfende Arbeit von G. BURGER, Die südwestdeutschen Stadtschreiber im Mittelalter, Böblingen 1960.

Chronica Blatt 4r: Notizen Nr. 16, 17, 18 und Gedicht zum Jahr 1506.

rakters, hinter dem sicher die eigene Beurteilung von Vorgängen nicht selten zurücktritt. Ähnliches gilt von Stadtgeschichten, die geschrieben werden im amtlichen Auftrag, gelegentlich nicht einmal von einem Einheimischen, wie etwa die *Chronik* Nürnbergs von dem Augsburger Benediktinermönch MEISTERLIN. Daneben greifen in großer Zahl Bürger, Angehörige des Patriziats oder auch der Zünfte und des Stadtklerus zur Feder, um aus eigenem Interesse an ihrem Gemeinwesen und seinen Schicksalen ihnen Bemerkenswertes in knappen Notizen oder auch in etwas wortreicherer Ausführung aufzuschreiben. Zu warnen ist vor aller Normierung der verschiedenen Autorengruppen; jeder Autor legt eine ganz individuelle Leistung vor; auch ein Stadtschreiber steht nicht unter dem Zwang von Vorschriften, die ihm verbieten, seinen persönlichen Interessen entsprechend zu berichten. Die Differenziertheit der Verfasser veranlaßt aber, zu scheiden zwischen „Stadtgeschichtsschreibung" und „bürgerlicher Geschichtsschreibung". Letztere Bezeichnung kann exakt nur den Leistungen der dritten namhaft gemachten Autorengruppe zuerkannt werden, den „freischaffenden" Bürgern.

Nach solchen methodischen Überlegungen wandte sich das Seminar der Interpretation einzelner einschlägiger Quellen zu. Um bürgerliches Selbstbewußtsein kennenzulernen, meinten wir, Darstellungen von Ereignissen aus bürgerlicher Feder herausgreifen zu müssen, bei denen es um Wahrung oder Mehrung städtischer Rechte ging. So griffen wir zur sogenannten *Chronik des Bamberger Immunitätsstreits von 1430–1435*[12]. Worum ging es dabei? Jahrzehnte schon bemühten sich die Bürger Bambergs vergeblich um Einbeziehung der Immunitätsbezirke geistlicher Institutionen (Dom, Klöster) in die Steuerleistungen für die Stadt. So war ihnen verwehrt, ihre Stadt zu befestigen. Das brachte sie im Jahre 1430 im Zuge des Einfalls der Hussiten in größte Gefahr, der sie nur durch eine erhebliche Brandschatzung entgingen. Sie wurden daraufhin neuerdings beim Bischof, ihrem Herrn, und dem Domkapitel wegen Ermöglichung des Mauerbaus vorstellig. Lange und beiderseits unter Einschaltung von Kaiser und Konzil erbittert geführte und endlich doch scheiternde Verhandlungen waren die Folge, deren Ablauf für fünf Jahre der Verfasser der *Chronik* schildert. Er hat Kenntnis der amtlichen Schriftstücke, deren zahlreiche er inseriert, so wird man ihn als Stadtschreiber oder wenigstens Ratsmitglied ansprechen dürfen. Worum es ging, sagt er klar und deutlich, man wolle seitens der Obrigkeit *die statt und statleut von tag zu tagen ie lenger und mehr nidertruckten*[13]. So entsteht als offizielle Stellungnahme seitens der Stadt ein eindrucksvolles Bild von einem prägnanten Abschnitt bürgerlichen Behauptungswillens, umso eindrucksvoller, als es von einem Kenner der Materie, nicht von einem die Ereignisse von außen erlebenden Bürger entworfen wird.

Dem stellte das Seminar nun ein Zeugnis echter zeitgenössischer Chronistik gegenüber, indem es sich dem sogenannten Ratsbuch 1 der Stadt Würzburg zuwandte[14]. Es ist eine Chronik, die in der Ungeldverwaltung, also der Verwaltung der indirekten oder Verbrauchssteuern entstand, wohl keineswegs in amtlichem Auftrag, sondern aus privater Neigung von Ungeldschreibern, deren Aufgaben sie mit vielen Äußerungen städtischen Lebens zusammenbrachten; ihre Erlebnisse drängten zur Niederschrift. Sie reichen von 1407 bis 1519, erfassen also leider nicht mehr die sozialrevolutionären Vorgänge des sogenannten Bauernkriegs und die ersten Auseinandersetzungen um die neue

---

[12] Hg. von A. CHROUST in: Chroniken der Stadt Bamberg = Veröffentl. d. Gesellschaft für fränkische Geschichte, 1. Reihe, Bd. 1, 1. Hälfte, Leipzig 1907.

[13] A.a.O. S. 6.

[14] Die Ratschronik der Stadt Würzburg (XV. und XVI. Jahrhundert), eingel. u. hg. von W. ENGEL (= Quellen u. Forschungen zur Geschichte des Bistums und Hochstifts Würzburg, hg. von TH. KRAMER Bd. 2), Würzburg 1950.

Lehre Luthers. Aber um so grundlegende Wandlungen in der Geschichte geht es den Chronisten gar nicht. Was sie, in erster Linie SIEGFRIED VON BACHARACH, der von 1475 bis 1505 im Ungeld tätig war, wollten, sagt ganz schlicht der erste Satz ihrer Chronik: *Man findet in diesem buch mancherlei leuften undt geschichte, die sich verlaufen undt ergangen haben in solchen jahren, als dann hernach geschrieben steht*[15]. So werden denn Memorabilia bis zu SIEGFRIEDS Zeit recht sporadisch, dann ausführlich, für manches Jahr nur ein paar Zeilen, für andere ausführlichere Berichte, für das eine oder das andere gar keine Eintragungen notiert. Reichsgeschichtliches steht nicht im Vordergrund, wird aber sporadisch auch erwähnt. Großen Wert legt man auf die Aufzeichnungen von Wahl, Weihe und Tod von Bischöfen, auch vom Ableben der Domkapitulare, begreiflicher Weise auch auf alle Staatsbesuche in der Bischofsstadt. Außergewöhnliche Straftaten, voran der Aufruhr von Niklashausen 1476 und der Feuertod als Strafe für den ketzerischen Prediger, dessen Name Hans Böhm aber ungenannt bleibt (Nr. 117), werden nicht vergessen. Auch eine Drillingsgeburt findet man erwähnenswert (Nr. 81). Einen ausgesprochenen Schwerpunkt der Chronik aber bilden die Nachrichten zum Wirtschaftsleben, an dem die Ungelder selbstverständlich in erster Linie interessiert waren. Gute und schlechte Ernten melden sie sorgfältig, in erster Linie findet der Weinwuchs Beachtung, ist sein Ertrag doch als bedeutendster Wirtschaftsfaktor Würzburgs bestimmend für den Ungeldgewinn eines Jahres. Mehr als 50 Meldungen dazu wurden erstattet, wobei man sich oft nicht begnügt mit der schlichten Feststellung reicher oder geringer Lese, sondern die meteorologische Begründung dafür liefert. Wir haben also im ganzen das typische Beispiel einer Stadtchronik vor uns, gerade auch mit ihrer Liebe zur Sensation, zum *Cüriösen,* wie später der Barock sagen würde. Der Vergleich mit der Lektüre eines modernen kommunalen Presseorgans drängt sich auf. Mit Recht spricht HERBERT GRUNDMANN solchen Opera Weitblick ab, lobt aber die intimen Reize, die sie an sich haben[16]. Sie werden wesentliche Quellen für den Einblick in den Alltag, in Kultur und Zivilisation einer Bürgerschaft; sie sollten daher gründlich gelesen werden in einer Zeit, der der historische Alltag viel wichtiger ist als geschichtlicher Wandel großen Ausmaßes.

Während dieser Analyse einschlägiger Werke überraschte uns einer der Teilnehmer, Ottmar Seuffert, mit einem Quellenfund. Seine bereits mehrfach bewährte Spürnase hatte die Handschrift einer *kleinen Bamberger Chronik* entdeckt. Sie wurde alsbald in unsere Betrachtung einbezogen. Ihre Nachrichten — von 1430 bis 1517 reichend — geben exakt das eben entworfene Bild von Stadtchronistik. Ihre Edition verbunden mit knapper Würdigung ihres Materials mag als bescheidenes Beispiel für eine solche dienen. Sie erfolgt als Gemeinschaftsleistung des Oberseminars, zu deren Interpret ich mich machen darf, soll dem Jubilar als Ausdruck unserer Glückwünsche una voce gelten und ihn an dieses Forum von Lehre und Forschung erinnern, dem er selbst lange angehört hat.

Beginnen wir mit der Vorstellung der Handschrift! In der Archivalien-Sammlung des ehemaligen „Historischen Vereins von Unterfranken und Aschaffenburg", jetzt

---

[15] A.a.O. S. 15. — Bereits der nächste Satz bringt eine so bemerkenswerte Auffassung vom Gang der Dinge — es bleibt die einzige allgemeine Äußerung in der ganzen Chronik —, daß sie hier wörtlich festgehalten sei: *Item es ist ein sprichwordt, das man spricht, es sey kein beser dieng dann sterben werden und wein erfrühren. Undt mag wol war sein, dann sollt in zehen jahren niemandts sterben, es würde ein solch jammer in der weldt, daß iderman besorget, er müßte hungers sterben. Also ist es auch umb den wein zu thun: wann nicht mißwachs kähmen, so kehme es darzu, daß ein fuderich faß mehr gylt dan zwey oder drey fuder weins.*
[16] H. GRUNDMANN, Geschichtsschreibung im Mittelalter, Göttingen 1965, S. 68.

„Freunde mainfränkischer Kunst und Geschichte", die im Bayerischen Staatsarchiv Würzburg deponiert ist, wird unter der Nummer N 1933 ein Binio aus dem beginnenden 16. Jahrhundert aufbewahrt. Obwohl er kein Titelblatt hat und der Text ohne Überschrift beginnt, spricht nichts dafür, daß er einmal Teil eines größeren Ganzen gewesen ist. Auf Blatt 1 bis 2^v werden Briefmuster geboten, wie man sie aus den mittelalterlichen Brieflehren kennt. Anschriften und Anreden für Schreiben an Persönlichkeiten unterschiedlichen Ranges und Standes werden aufgeführt. Als Beispiele dienen Briefe an einen Herzog Ludwig von Baiern, einen Fürsten Eberhard von Württemberg, einen Grafen Ludwig von Öttingen. Es folgen solche an Freiherren, Ritter, Bürgermeister und Rat einer Stadt und einzelne Bürger. Als fingierte Absender erscheinen Bürgermeister und Rat der Städte Bamberg, Dinkelsbühl, Nürnberg, Regensburg, Rothenburg und Ulm. Blatt 2^v bis 4^v schließen sich geschichtliche Aufzeichnungen an, auf die ein Schreiber jüngerer Zeit auf Blatt 1 aufmerksam macht mit der Bemerkung: *Nota! Ist hinden eine kleine Bamberger Chronica.*

Der Inhalt dieser *Chronica* sind 21 Notizen zu Ereignissen der Jahre 1430 bis 1517. Sie sind nicht zeitgenössisch eingetragen, sicher nicht bis zum Jahr 1501. Die Notiz zu diesem schließt mit dem beliebten humanistischen Kolophon *Laus Honor Deo nostro*. Danach zeugt mehrfacher Handwechsel für jeweils den Ereignissen zeitgleiche Aufschreibung bis 1518. Dafür spricht auch ein Gedicht auf den großen Brand in Bamberg im Jahre 1506 auf Blatt 4^r. Was die hier wirkenden Chronisten überhaupt interessierte, waren Brände, Unwetter, strenge Winter und diesen folgend geringe Ernten und Teuerung. Wechsel auf dem Bischofsstuhl von Bamberg wird mehrfach festgehalten. Mißgeschick für Bamberg steht jedoch im Vordergrund des Interesses. Selten nur wird großes Geschehen außerhalb Bambergs zur Kenntnis gebracht. Auffällig dabei ist eine Vorliebe für Vorgänge in Nürnberg (Nr. 8, 15, 17). Im ganzen entspricht die *Chronica* in ihrem Charakter voll der Neigung zum Sensationellen, wie sie oben am Beispiel der Würzburger Ratschronik exemplifiziert werden konnte.

Im Dunkel bleibt, woher der Kompilator der Nachrichten bis 1500 seine Kenntnisse geschöpft hat. Auf eine Darstellung der Geschicke Bambergs im 15. Jahrhundert konnte er nicht zurückgreifen, soweit wir die Dinge überblicken können. Etwas weiter hilft die Überlegung, wer denn die Autoren der Aufzeichnungen gewesen sein könnten. Der Inhalt des gesamten Schriftstücks – Briefmuster und Chronik – weist auf seine Entstehung in der Bamberger Stadtverwaltung. Man wird an den Stadtschreiber oder seine Mitarbeiter umso eher denken dürfen, als ein Eintrag zum Jahr 1502 mitteilt, dessen Verfasser sei um Sieglung in fremder Sache gebeten worden. Er war also eine Amtsperson, der Siegelgebrauch zustand. ZINK vermutet denn auch, es handle sich um den Stadtschreiber Jorg Leupolt, der von 1495–1506 tätig war. In dem Schreiber des Gedichts möchte er einen der Nachfolger erkennen: Jorg Huebner. Daß diese Männer Zugang zu allem städtischen Aktenmaterial, darüber hinaus zu vielleicht schon vorhandenen chronikalischen Aufzeichnungen hatten, versteht sich von selbst. Die Kohaerenz von Verwaltungstätigkeit und Stadtchronistik wird einmal mehr deutlich.

Vielleicht haben wir mit unseren wenigen Aufzeichnungen nur einen Ausschnitt aus einer damals schon vorhandenen umfassenderen Bamberger Chronistik ermittelt, die als verloren oder bisher noch nicht wieder aufgetaucht bezeichnet werden muß. Unsere bescheidene *Chronica* wird damit umso wertvoller, stellt sie doch eine gewisse Bereicherung der Bamberger Geschichtsschreibung des beginnenden 16. Jahrhunderts dar, die uns sonst nur in den Darstellungen des sogenannten Bauernkriegs in der Bischofsstadt und des Markgräflerkriegs begegnet. Von dieser *Chronica* lenkt sich der Blick auf den Autor der umfassenden *Annales Bambergenses* am Ende des Jahrhunderts, MARTIN

HOFMANN, den erst die grundlegende Studie KONRAD ARNETHS [17] in seiner Bedeutung der Forschung bewußt gemacht hat. Kaum noch HOFMANN, dessen *Annales* in den Jahren aufhören, in denen unsere Aufzeichnungen beginnen, aber sein Fortsetzer CYGNAEUS bezeugt denn auch manche Notiz unserer *Chronica*. Haben beide die gleichen Quellen benutzt?

Text der *Chronica*

Überlieferung: Archivaliensammlung der „Freunde mainfränkischer Kunst und Geschichte", deponiert im Staatsarchiv Würzburg, Signatur: N 1933. – 4 Blatt – Anfang des 16. Jahrhunderts.
Bl. 3ʳ

1 Item 1Mcccc und im xxx. jar an unseren lieben Frauen tag lichtmes (2. Februar) was die Hussen flucht aus Bamberg und sye komen zum Gugel und gein scheslitz.
2 Item im xxxiiii jar an sant Ambrosien tag (4. April) was der gros prant in Bamberg do die Kesler gas die lang gas, eins tayls der marckt halben und das Closter zu unsern lieben Frauen pruderen ausprant etc.
3 Item im jar xxxv zog pischoff Anthonius fur die stat Bamberg und het ein gros volck hinter dem schlos Altenburg.
4 Item im xl. jar an sant Walpurgen tag (1. Mai) ist ein gros grausams weter zu Bamberg gewest und schlug in den türen auf der hohen prück, das der selbig geintz ausprant und einfiel dan es was vil pulvers in dem türen etc.

Bl. 3ᵛ

5 Item im xlvii jar nach sandt Bartholmes (24. August) tag do worrt Contz ortlein und Endres Wetzel enthaübt bey pischoff Anthonii zeyten deß grossen aufflauffs dalben dürch den Wetzel gescheen pey eym jar dovor etc.
6 Item im xlviii jar an sandt Pauls tag Bekerung (25. Januar) ist die gros prunst im spital von sant Mertein dürch ungewerlich leuchten gescheen und auskomen.
7 Item anno etc. im li jar an sant Vincentsen nacht (22. Januar) umb xii hore ist durch snee eys und regen ein gros gues in Bamberg gewesen, und zerbrach etlich mule und brucken und am samstag den negsten tag darnach fuer es den kranch und die sesprucken hyn und thet gros scheden.
8 Item in dem selbigen jar als LI hüb sich die Noremberger Reis an.
9 Item im xviiii jar starb der Bischoff vom Rothenhann.
10 Item im lxxiii ist Staffelstein ausgeprant dürch Ullein in weyden, der darnach zu Werneck in Francken gericht wart mit dem fewer dürch die von Bamberg.
11 Item im lxxv jar starb der pischoff Jorg von schawnburg und in dem gemelten jar ist das kindlein zu Trint von den jüden gemartert worden.
12 Item im Lxxvi jar ist die walfart zu Niclashawsen gewest.
13 Item anno im lxxxvii jar starb Bischoff Philipps graff von Henberg und in solichem jar wart Bischoff Heinrich Gros von Trockaw.
14 Item anno als man zalt 1MvC und 1 jar in der palmen wochen starb der gemelt Heinrich Gros und in der selbigen wochen wurd erwelt zu pischoff Her Veit truchseß thumbrobst. Und das selbig jar galt ein summeren korns Bamberger maß vi½ lb und der habern iiii lb und iii½ lb darnach er gut was.

Laus Honor
Deo nostro

15 Und dem selbigen Summer umb Laurencii (10. August) hette der marckgraff und dy von Nuremberg ein grosse schlacht vor Nuremberg und blieben beyder teylls vill leut todt. Davon vill zu schreyben werde.

---

[17] Zu Martin Hofmann: KONRAD ARNETH, M. Martin Hofmann, Ein Bamberger Späthumanist, in: 110. Bericht d. Hist. Vereins Bamberg, 1974, S. 38 ff.

Bl. 4r

16 Item auff samstag post Michaelis (30. September) im 1502 jar hab ich gesigelt ein quitantzen Jobsten Hoffmann am Sande und pin gepeten worden durch Sigmunden Petzolt schneyder und mayster Fridreichen schneyder auch den anderen schneyder maister Sigmunds schwager, saß dieser zeyt auff dem gang auff der unteren prucken, auch durch des obgedachten mayster Sigmunds zween son.

17 Im 1504 Anno Margarethe, den selbigen summer hat sich der peyrrisch krieg erhoben und den selbigen summer haben sich dy von Nuremberg starck geruest und sind für den Newen Marck gezogen, haben aber nichts davor geschafft.

18 Item auff unser Lieben Frauen abent nativitatis genant (7. September). Im dritten jare der minderen zale starb Veit truchsses Bischoff zu Bamberg, erwelt zu Bischoff im ersten jare vor datum ut supra; und wird nachvolgend nach ime erwelt Herr Jorg Marschalck zu Bischoff zu Bamberg und wird zu Bischoff confirmirt und geweyhet, aber nicht eingerieten zu Bamberg als ein neuer herre, dan von datum do er nach Bischoff Veiten erwelt wurd, lebt und regiret pis auff donerstage vor Esto michi (31. Januar) des vierd jars post datum ut supra; do starb er und in der vasten nachvolgend wurd zu Bischoff und herren zu Bamberg erwelet Schenck Jorg herr zu Lympurg thumbrobst. Vivat etc.

Bl. 4v

19 Item im 1514 jar an Symon und Judas tage (28. Oktober) hube sich der winter an und pleyb also und gefrure zu und werrede bys Conversionis Pauli (25. Januar) von der obgeschriben zeyt, also das allenthalben in dem lande grosser mangel was an melbe und das ein grosse teuerrung darauf entsprung und uff gemelte zeyt Conversionis Pauli mittwochen gyen der schnee abe also das uff freytag darnach umb vii hore zu nacht ongeverde gyen das grose eyss allenthalben von dem gedachten gefruest erwachsen, also das es der Sesprucken ein grosses teyll hinwegk furret. Desgleichen der unteren prucken grossen schaden fuget und allenthalben am Mayn hinabe. Darumb versech sich meniglich winterzeyt zu herrzen zu nemen, domit er vor winttersch zeytlich malle, uff das er mit gots hylff nicht mangell habe.

20 Item in dem Summer des 1516 jarsch haben dy von Bamberg den ersten steinern pfeyller an der Untern prucken lassen machen. haben ratt darobe gesuchet bey mayster Hanssen Steynmetzen in der peunt zw Nuremberg.

21 Item in dem 1517 jar des monats aprilis des vi tags desselben erfrwe der Meyn allenthalben zu Francken und im Oberlande auch dem gepyrge albs Bamberg und derselbigen gegent zu teyll. Und am XXVI tag desselbigen monats nam der weyn allenthalben ganzen schaden durch gefruest, also das geschenckt wurde zu zapffen das hochst weynen umb XVI d dy maß und das fudermas umb XL gulden und hoher und verdurb dozumall schmalstalt frucht und I sumern korns valet VI lb ethlicher d wenniger. actum ut supra. Der habern gult x gr.

Gedicht auf den Brand in Bamberg 1506
Überlieferung: *Chronica* wie oben Bl. 4r.

Annus erat Christi sextus post mille remensus
Post et quingentos et nox infausta trahebat
Augusti septimum Bamberge surgere flammam
Incustoditum. Vigiles simul era sonora
Profundam in nocte clamitant; sed dum pavor omnes
Occupat et redeunt animi, vorat altior ignis
Quinguaginta domos, quicquid circumiacet ambos
Pontes. Tam breviter res et fortuna virorum
Interit et nuda pro paupertate moventur.
Causa mali famulus mole, que pontibus ipsis
Adiacet; is vino et talis resolutus et errans
Edibus improvidus tantos exuscitat ignes.

Erläuterungen zum Text

1. Zum Hussiten-Einfall in Oberfranken bis in die Gegend von Bamberg auch Hofmann, Annales Buch V Kap. 44, in: J.P. Ludewig, Scriptores rerum episcopatus Bambergensis, Frankfurt/Leipzig 1718, Sp. 232 f. vgl. ferner: Chronik des Bamberger Immunitätenstreits von 1430–1435, hg. von A. Chroust (= Veröfftl. d. Gesellschaft für fränkische Geschichte, 1. Reihe, 1. Bd. 1. Hälfte) Leipzig 1907; dazu oben S. 148. – Bemerkenswert, wie der Chronist nur die Auswirkung des großen Geschehens auf die Bamberger Bürger streift. Nur auf ihn gestützt, würde man von der Bedeutung der hussitischen Bewegung keinen Eindruck erhalten.
2. Cygnaeus, Annales Sp. 235.
3. Eine Unternehmung im Rahmen des bereits erwähnten Immunitätenstreits; vgl. Nr. 1, dazu Cygnaeus Sp. 235. – Unser Chronist sagt nichts vom Sieg des Bischofs Antonius über die Bamberger.
4. Auch bei Cygnaeus Sp. 236, wo noch vermerkt wird, daß im Turm auf der Oberen Brücke auch Archivalien der Stadt untergingen. – Vgl. J. Heller, Kleine Geschichte der oberen Brücke und des Rathauses zu Bamberg, in: 11. Bericht des Historischen Vereins Bamberg (künftig HVB) 1848 S. 61 ff. – H. Mayer, Bamberg als Kunststadt, Bamberg 1955, S. 309 ff.
5. Andere Quellen zu dem Aufruhr und der Enthauptung der Rädelsführer fehlen.
6. Ohne präzise zeitliche Einordnung berichtet Cygnaeus Sp. 236 von einem Brand im Spital St. Katharina – um dieses handelt es sich in unserer Notiz –, verursacht durch eine Insassin, der aber rechtzeitig gelöscht werden konnte. Möglicherweise steht unsere Nachricht damit in Zusammenhang.
7. Die Unbilden des Winters 1451 schildert auch Cygnaeus a.a.O. Sp. 236. – Beschädigung der Seesbrücke in diesem Jahr 1451 nicht erwähnt bei A. Jäcklein, Die Seesbrücke zu Bamberg, in 36. Bericht HVB., 1874, S. 113 ff. – Die Erwähnung des Krans am heutigen Platz am Kranen im Jahre 1451 ist, soviel wir sehen, die früheste überhaupt.
8. Im Jahre 1350 brachte Kaiser Karl IV. die angebliche hl. Lanze, mit der Christi Seite geöffnet wurde, nach Prag; 1424 kam sie mit anderen Reichsheiligtümern nach Nürnberg. Gelegentlich ihres Verbringens nach Prag wurde das Officium Lancea Christi für den Freitag nach der Osteroktav eingeführt, das Papst Martin V. 1423 für Deutschland neu bestätigte. An diesem Tag wurden alljährlich die Reichsheiligtümer den Gläubigen zur Verehrung *gewiesen*. Im Jahr 1451 begann auch in Bamberg die Wallfahrt zu ihnen.
9. Bischof Anton von Rotenhan starb am 5. Mai 1459; vgl. Germania sacra Abt. II Bd. 1: Das Bistum Bamberg, hg. von E. Freiherrn von Guttenberg, Berlin 1937, S. 253 ff.
10. Brand von Staffelstein und Brandstifter Ulrich von der Weiden erwähnt in: Staffelstein, die Geschichte einer fränkischen Stadt, Staffelstein 1980, S. 127.
11. Bischof Georg I, von Schaumberg starb am 4. Februar 1475, vgl. Fermania sacra a.a.o. S. 261 ff.
12. Zu Hans Böhm, dem „Pfeifer von Niklashausen", statt aller anderen Literatur nur Klaus Arnold, Niklashausen 1476, Baden-Baden 1980.
13. Bischof Philipp von Henneberg starb am 26. Januar 1487, vgl. Germania sacra a.a.O. S. 268 ff. – O. Meyer, Das Wappen Bischof Philipps von Henneberg auf der illuminierten Weihenotiz einer Kapelle im Bistum Bamberg, in: festschrift Herbert Siebenhüner, Würzburg 1978, S. 103 ff. – Es folgte Bischof Heinrich III. Groß von Trockau, 1487–1511, vgl. Germania sacra a.a.O. S. 271 ff.
14. Bischof Heinrich III. starb am 30. März 1501, vgl. Germania sacra a.a.O. S. 276 f. – Es folgte Bischof Veit Truchseß von Pommersfelden, vgl. Germania sacra a.a.O. S. 277 ff. – Zu *Laus Honor Deo nostro* und verwandten Formulierungen als beliebten Kolophonen humanistischer Schreiber vgl. jetzt A. Derolez, Observations on the Colophons of Humanistic Scribes in Fifteenth-Century Italy, in: Paläographie 1981 (= Münchener Beiträge zur Mediävistik und Renaissance-Forschung Bd. 32), hg. von G. Silagi, München 1982, S. 249 ff.
15. Die Notiz bezieht sich auf die kriegerische Auseinandersetzung zwischen Markgraf Kasimir und den Nürnbergern im Anschluß an einen Streit um das Kirchweihschutzrecht in Affalterbach (abgegangen) zwischen beiden Parteien. Die Nürnberger erlitten eine schwere Niederlage. Das Treffen fand am 19. Juni 1502 statt. Vgl. Nürnberg – Geschichte einer europäischen Stadt, hg. von G. Pfeiffer, München 1971, S. 121 f.

16. Zum Stadtschreiber als Siegler in fremder Sache vgl. O. REDLICH, Die Privaturkunden des Mittelalters (= Urkundenlehre von W. ERBEN, L. SCHMITZ-KALLENBERG und O. REDLICH, III. Teil) München/Berlin 1911, S. 117 ff. – Ein *ersamer* Jobst Hofmann erscheint als Zeuge in der Beurkundung eines Rechtsgeschäfts zu Gunsten der Karmeliten in Bamberg vor dem Hofgericht am 2. März 1510, vgl. A. DECKERT, Das ehemalige Karmelitenkloster zu Bamberg in der Au, in: 91. Bericht HVB., 1952, S. 226 Urk. Nr. 20.
17. Zur erfolgreichen Beteiligung Nürnbergs am Bayerischen Erbfolgekrieg von 1504/05 vgl. Nürnberg – Geschichte einer europäischen Stadt, a.a.O. S. 122 ff.
18. Bischof Veit Truchseß von Pommersfelden starb am 7. September 1503. – Nachfolger wird Georg Marschalk von Ebneth. Unser Chronist stellt ausdrücklich seine Weihe fest, woran Germania sacra a.a.O. S. 279 zweifelt. Er wird aber nicht inthronisiert (*ist aber nicht eingeritten*). Er stirbt am 30. Januar 1505, (unser Chronist irrig: 1504, das von ihm angegebene Tagesdatum paßt jedoch zu 1505). – Es folgte Bischof Georg III. Schenk von Limburg, Germania sacra a.a.O. S. 280 ff.
19. Die Beschädigung der Seesbrücke im harten Winter 1514 bei JÄCKLEIN a.a.O. nicht erwähnt. – Zur Unteren Brücke vgl. H. PASCHKE, Die Untere Brücke zu Bamberg, Bamberg 1963.
20. Die Schäden an der Brücke, verursacht im Winter 1514, waren offenbar der Anlaß, an den Bau einer neuen steinernen zu gehen. Vgl. PASCHKE a.a.O.
21. Schlechte Ernte und Weinlese im Jahre 1517 ist auch sonst belegt, vgl. B. WEISENSEE, Winzers Freud – Winzers Leid, Würzburg 1982 S. 32. – *Schmalstalt* nach Dr. Zink Verschreibung für *schmalsattfrucht*, ein Begriff, der für kleine Feldfrüchte wie Hirse, Linsen usw. gebracht wird.

Gedicht. Der Brand auch erwähnt bei CYGNAEUS, A.A.O. Sp. 241.

DAS HOCHSTIFT BAMBERG UND DER WIENER VERTRAG VON 1558

Zur Genese des Ausgleichs mit dem Haus Brandenburg

von

WERNER ZEISSNER

Die Zeit zwischen dem Augsburger Religionsfrieden 1555 und dem Ausbruch des Dreißigjährigen Krieges 1618 gilt als eine der längsten Friedensperioden der deutschen Geschichte.[1] Man täuscht sich jedoch, wenn man glaubt, es sei eine Epoche ohne große Veränderungen gewesen. Gerade für die geistlichen Fürstentümer war die zweite Hälfte des 16. Jahrhunderts ein sehr unruhiger Zeitabschnitt mit großen Umwälzungen, da damals die Reichsbistümer und -abteien in Nord-, Ost- und Mitteldeutschland an die Protestanten verlorengingen, während im Westen und Süden zahlreiche Bischofssitze nur als Sekundogenituren der Habsburger und Wittelsbacher im katholischen Besitz blieben. Einer dritten Gruppe, die manchmal übersehen wird[2] und zu der das Hochstift Bamberg gehört, gelang das Überleben ohne Anlehnung an ein einzelnes mächtiges Fürstenhaus. Zwar war auch für das Hochstift Bamberg eine Verbindung mit dem Haus Habsburg in der Stunde der größten Not überlegt worden[3], doch ging das überwiegend niederadelige Domkapitel nicht ernsthaft an die Realisierung dieses Plans, sondern kämpfte zusammen mit dem Bischof unverdrossen um die Erhaltung des geistlichen Staates als Macht- und Versorgungsgrundlage.

Ein wichtiger Abschnitt in diesem Ringen um das Weiterbestehen des Hochstifts führte während der ersten zweieinhalb Regierungsjahre von Bischof Georg IV. Fuchs von Rügheim[4] zum Ausgleich mit dem Haus Brandenburg im Wiener Vertrag von 1558. Sein Inhalt ist zwar schon seit langem bekannt[5], nur teilweise jedoch der Weg zu dem unerwarteten Verhandlungsergebnis. Diesen Spuren soll im folgenden überwiegend auf der Grundlage der überlieferten Korrespondenzen aus dem Blickwinkel des Hochstifts Bamberg und seiner Verbündeten nachgegangen werden.

BHVB = Berichte des Historischen Vereins Bamberg
StAB = Staatsarchiv Bamberg
StAN = Staatsarchiv Nürnberg

[1] Vgl. SKALWEIT, STEPHAN, Reich und Reformation, Berlin 1967, S. 413.

[2] Vgl. z. B. HECKEL, MARTIN, Deutschland im konfessionellen Zeitalter, Göttingen 1983 (Deutsche Geschichte 5), S. 65.

[3] FREUDENBERGER, THEOBALD, Dr. Johann Eck und die Würzburger Bischofswahl vom 1. Juli 1540. In: Jb. f. fränk. Landesf. 34/35 (1975), S. 533 A. 37; WENDEHORST, ALFRED, Das Bistum Würzburg, Teil 3, Berlin 1978 (Germania Sacra. NF. 13), S. 118.

[4] KIST, JOHANNES, Das Bamberger Domkapitel von 1399 bis 1556, Weimar 1943 (Historisch-Diplomatische Forschungen 7), (Künftig zitiert: KIST: Domkapitel) S. 183 f.; LOOSHORN, JOHANN, Die Geschichte des Bisthums Bamberg. Bd. 5: Das Bisthum Bamberg von 1556—1622. Bamberg 1903 (Nachdr. Neustadt/Aisch 1980). (Künftig zitiert: LOOSHORN: Bd. 5) S. 1—44.

[5] Ebd., S. 11 f.; BAADER, JOSEPH, Der Krieg der fränkischen Einigungsverwandten gegen Markgraf Albrecht von Brandenburg. In: BHVB 33 (1870), S. 81—206, 34 (1871) S. 1—146, 35 (1872), S. 1—141. (Künftig zitiert: BAADER), hier: 35 (1872), S. 64—66.

Die Lage vor dem Tod des Markgrafen Albrecht Alcibiades († 8. Januar 1557)

Als Bischof Georg, der am 30. Juli 1554 zum Koadjutor mit dem Recht der Nachfolge gewählt worden war, dessen Bestätigung durch die römische Kurie aber erst Anfang Mai 1556 in Bamberg eintraf[6], seine nur fünf Jahre während Herrschaft über Hochstift und Bistum Bamberg nach dem Tod von Bischof Weigand von Redwitz am 20. Mai 1556 angetreten hatte, lastete die Hypothek des Markgrafenkrieges[7] schwer auf Franken. Das Hochstift Bamberg war ebenso wie die Landschaft der Reichsstadt Nürnberg, das markgräfliche Fürstentum Kulmbach und viele andere Gebiete verheert. Allein die Schäden im Hochstift Bamberg betrugen mehr als zwei Millionen Gulden.[8] Hinzu kamen Schulden in bis dahin unvorstellbarer Höhe durch die Bezahlung der „Kriegsvölker".

Erstes Ziel des neuen Bischofs mußte es daher sein, durch Eintritt in ein wirksames Bündnis künftig gegen äußere Bedrohung besser geschützt zu sein. Zwar hatte die neue Reichsexekutionsordnung[9] vom Augsburger Reichstag 1555 die Reichskreise für die Durchsetzung von Reichskammergerichts-Urteilen gegen Landfriedensbrecher bestimmt, doch hatte Georg noch in guter Erinnerung, wie die überfallenen fränkischen Stände im Markgrafenkrieg von Kaiser, Reich und Reichskreisen im Stich gelassen worden waren. Den Sieg über den Markgrafen Albrecht Alcibiades hatten die im Sonderbund der Fränkischen Einung[10] zusammengeschlossenen Hochstifte Bamberg und Würzburg sowie die Reichsstadt Nürnberg gewissermaßen auf eigene Kosten errungen. Nach Kriegsende war ihnen vom Wormser Reichskreistag[11] im Sommer 1554 eine Kontribution in Höhe von sechs Römermonaten bzw. 600 000 fl zugestanden worden[12]; aber zum einen betrugen die Aufwendungen für den Krieg ein Vielfaches dieses Betrags[13], zum anderen wurde er nicht einmal zur Hälfte entrichtet.[14] Bei einer Schuldenlast von etwa einer Million Gulden[15] stand das Hochstift Bamberg in unmittelbarer Nähe der Zahlungsunfähigkeit, da es allenfalls für diese Schuldensumme die zu Frie-

---

[6] ZEISSNER, WERNER, Altkirchliche Kräfte in Bamberg unter Bischof Weigand von Redwitz (1522—1556), Bamberg 1975 (BHVB. Beiheft 6), S. 227—231.

[7] Vgl. dazu Handbuch der bayerischen Geschichte, Bd. 3, 1. München ²1979, S. 208—211 mit der dort angegebenen Literatur.

[8] GRIMM, HEINRICH, Die Verwüstung des Hochstifts Bamberg im Markgrafenkrieg 1552—1554. In: Fränk. Blätter f. Geschichtsforschung u. Heimatpflege 6 (1954), S. 21—24, 26—28, 32—36, 62—66.

[9] KOHLER, ALFRED, Die Sicherung des Landfriedens im Reich. In: Mitt. d. Österr. Staatsarchiv, 24 (1971), S. 140—168.

[10] HARTUNG, FRITZ, Geschichte des fränkischen Kreises, Bd. 1 Leipzig 1910 (Nachdr. Aalen 1973) (Veröff. d. Ges. f., Fränk. Geschichte II, 1), S. 215 f.

[11] NEUHAUS, HELMUT, Reichsständische Repräsentationsformen im 16. Jh., Berlin 1982 (Schriften zur Verfassungsgeschichte 33), S. 186—202 bezeichnet die Wormser Versammlung lediglich als *intercirculare Versammlung*.

[12] HARTUNG, a.a.O., S. 217—219.

[13] Ebd., S. 219 A. 2: Die Kriegskosten der Fränkischen Einung beliefen sich auf fast fünf Millionen Gulden.

[14] Ebd.

[15] Zur finanziellen Situation des Hochstifts Bamberg vgl. LOOSHORN Bd. 5, S. 25 f.; HOTZELT, WILHELM, Veit II. von Würzburg, Freiburg i. Br. 1918 (Studien u. Darst. aus dem Gebiet der Geschichte IX, 3/4), S. 155—157. Über die finanziellen Anforderungen des Reiches vgl. SCHMID, PETER, Reichssteuern, Reichsfinanzen und Reichsgewalt in der 1. H. des 16. Jh. In: Säkulare Aspekte der Reformationszeit, München 1983 (Schriften des Historischen Kollegs. Kolloquien 5), S. 153—198.

denszeiten üblichen fünf Prozent Zinsen, nicht jedoch die bis zu zwölf Prozent hohen „Kriegszinsen", geschweige denn eine Tilgungsrate hätte zahlen können. Zur Abwendung des Staatsbankrotts — zahlreiche Ämter waren bereits verpfändet — mußte dringend ein realistisches Konzept für die finanzielle Sanierung gefunden werden. Dem stand aber, ebenso wie einem neuen Bündnisvertrag, das noch unbefriedete Verhältnis zum markgräflichen Nachbarn im Wege. Denn in einem Bündnis war das Hochstift ungern gesehen, weil es einen ungelösten Konflikt mitbrachte, und jede Kalkulation der Bamberger Finanzen mußte unglaubwürdig bleiben, solange ein neuer Krieg wahrscheinlich war.

Von einem Vertrag mit dem Markgrafen erwartete man in Bamberg zudem eine hohe Entschädigungssumme für die erlittenen Zerstörungen und aufgewandten Defensivkosten. Doch ein solcher Friedensschluß mit dem Markgrafen Albrecht Alcibiades[16] war nicht in Sicht. Zwar war der offene Krieg seit der Eroberung der Plassenburg und der Niederlage des Markgrafen bei Kitzingen im Sommer 1554 beendet, dennoch lebten die drei Stände der Fränkischen Einung in ständiger Kriegsfurcht, da sie bei dem bekannten Kondottiere-Genie des Markgrafen immer gewärtig sein mußten, daß er mit Hilfe des französischen Königs oder unzufriedener deutscher Fürsten ein neues Heer aufstellen und den Krieg fortsetzen würde. Der Markgraf verfocht weiterhin seine aus den erzwungenen Verträgen abgeleiteten Rechtsansprüche und war nur auf dieser Grundlage zu einer friedlichen Einigung mit Bamberg, Würzburg und Nürnberg bereit.[17] Diese verfolgten mit großem Mißtrauen jeden Schritt des Markgrafen und informierten einander über seinen Aufenthaltsort und seine möglichen Pläne.[18]

Schon wenige Wochen nach dem Regierungsantritt von Bischof Georg hatten die fränkischen Einungsverwandten am 23. Juli 1556 die Verwaltung des eroberten Fürstentums Kulmbach auf Druck von Kursachsen an den kaiserlichen Kommissar Graf Joachim Schlick von Passau abtreten müssen.[19] Die markgräfliche Sache erhielt auch offene Unterstützung von einigen Mitgliedern des Hauses Brandenburg; z. B. klagten die Regenten und Räte des Markgrafen Georg Friedrich von Brandenburg-Ansbach vor dem Reichskammergericht gegen die Fränkische Einung, diese habe *etzlich Irer furstlichen gnaden dörfer, clöster, lehenleut, ambtleut, seer vil unterthanen, zugehörige und verwandte, auch etzliche derselben heuser und stedel one ainiche gegebene ursach den gemeinen beschrieben und des heiligen reichs rechten, ordnungen, abschieden und ausgekundten landtfriden stracks und gentzlich zuwider freventlicher, tätlicher weis uberfallen, zum höchsten vergewelltigt, geplundert, verbrennt, geprandtschatzt, betroet, benötigt und betranget, auch ir etlich gefangen und hinweggefurt*, obwohl sie oft zur Abstellung solcher landfriedensbrüchigen Handlungen aufgefordert worden sei. Markgraf Albrecht hingegen habe oft genug seinen Willen zur gütlichen Unterhandlung bewiesen.[20]

Bei dem auf März 1556 nach Regensburg einberufenen und im Juli 1556 offiziell eröffneten Reichstag war die friedliche Lösung der markgräflichen Frage ein wichtiges Thema. Markgraf Albrecht versuchte durch mehrere Schreiben — das letzte war auf

---

[16] Über ihn zuletzt SICKEN, BERNHARD: Albrecht Alcibiades von Brandenburg-Kulmbach. In: Fränkische Lebensbilder 6 (1975), S. 130—161.
[17] VOIGT, JOHANNES, Markgraf Albrecht Alcibiades von Brandenburg-Kulmbach, Bd. 2, Berlin 1852, S. 212 ff.
[18] Ebd., S. 251 f.; StAN, Rep. 60d: Verlässe der Herrn Älteren. Nr. 4, f. 3 r vom 13. April 1556.
[19] LOOSHORN, Bd. 4, S. 844; StAB, Rep. B. 34: Bamberger Reichskorrespondenz, Nr. 5, St. 20; StAB, Rep. C 3: Hofrat Ansbach-Bayreuth, Nr. 667.
[20] Ebd., Nr. 664 (unfol.).

den 17. Dezember 1556 datiert und kam am 8. Januar 1557, dem Todestag des Markgrafen, in Regensburg an — auf den Gang der Verhandlungen Einfluß zu nehmen[21]; u. a. hatte er den brandenburgischen Räten befohlen, sie sollten etliche Schreiben nur in Abwesenheit der fränkischen Einungsverwandten vortragen. Diese argumentierten erfolgreich dagegen, daß es *ganz beschwerlich sey, auf des erclerten echters bitte* von der Reichsversammlung auszutreten.[22]

Solange Albrecht Alcibiades noch lebte, konnte sich die markgräfliche Sache nur eines begrenzten positiven Widerhalls erfreuen. Das sollte sich aber mit dem Tod des Markgrafen schlagartig ändern.

Die Entwicklung im Jahr 1557

Als am 12. Januar 1557 früh um 8 Uhr die Nachricht vom Tod des Albrecht Alcibiades beim Reichstag eintraf, standen gerade die markgräflichen Angelegenheiten auf der Tagesordnung, doch angesichts der wichtigen Neuigkeit unterblieben die Verhandlungen an diesem Tag.[23] Die neue Situation, die sich zunächst lähmend auf das Reichstagsgeschehen ausgewirkt hatte, machte sich für die Fränkische Einung schnell nachteilig bemerkbar. Bischof Georg erhielt kurz darauf von kursächsischer Seite ein vertrauliches Schreiben, in dem es hieß, daß der Kurfürst zunächst nicht habe zugunsten des Markgrafen intervenieren wollen, nach seinem Tod sollten aber die gegnerischen Parteien die beiderseits erlittenen Schäden und Unkosten gegenseitig aufheben. Auch sollte das markgräfliche Fürstentum Kulmbach umgehend dem nächsten Agnaten, d. h. Markgraf Georg Friedrich von Brandenburg-Ansbach, übergeben werden. Sonst würden sich die Stände der Fränkischen Einung erheblichen Forderungen und Klagen des Hauses Brandenburg ausgesetzt sehen.[24]

Schon Mitte Februar 1557 wurde Markgraf Georg Friedrich durch eine ansehnliche Schar von Verbündeten unterstützt. Es waren dies die Kurfürsten von Brandenburg und Sachsen, die Herzöge von Sachsen, der Markgraf von Brandenburg-Küstrin und der Landgraf von Hessen, die alle untereinander Erbeinungsverwandte waren, sowie der Herzog von Württemberg und der Markgraf von Baden. Diese bzw. deren Räte verlangten in einer gemeinsamen Eingabe an König Ferdinand, den Vertreter des Kaisers, die unverzügliche Belehnung von Georg Friedrich mit dem Fürstentum Kulmbach und bezeichneten in weitschweifigen Ausführungen den damaligen Zustand als eine Schande für das Haus Brandenburg. Am wichtigsten war jedoch, daß sie baldige Verhandlungen über die Beschwernisse des Hauses Brandenburg gegen die Fränkische Einung forderten und ihr unverhohlen drohten, falls sie nicht zum Einlenken bereit sei.[25]

Gegenüber dieser Argumentation glaubten die Nürnberger Verantwortlichen an ihren besser begründeten Rechtsstandpunkt, und gegenüber der mächtigen Phalanx an Unterstützung für die Gegenseite vertrauten sie auf die Gerechtigkeit des Kaisers.[26] Freilich ist es zweifelhaft, ob sich Bamberg und Würzburg dieser Meinung anschlossen.

---

[21] StAN, Rep. 136: Ansbacher Reichstagsakten, Nr. 37, f. 80 r—109 r.
[22] StAN, Rep. 24 b: Nürnberger Reichstagsakten, Nr. 25, f. 204 r—205 v.
[23] Ebd., f. 232 r.
[24] StAN, Rep. 60 d, Nr. 4, f. 52 r—52 r. Zu Markgraf Georg Friedrich vgl. SCHUMANN, GÜNTHER, Die Markgrafen von Brandenburg-Ansbach, Ansbach 1980 (Jb. d. Hist. Vereins f. Mfr. 90), S. 101—106.
[25] StAB, Rep. B 33/I: Bamberger Reichsakten, Nr. 38 (unfol. Faszikel am Schluß) (Abschr.).
[26] StAN, a.a.O., f. 52 v—53 r.

Denn im Schreiben der Stände der Fränkischen Einung an König Ferdinand vom 20. Februar 1557 zählten sie zwar ihre Ansprüche auf Entschädigung und Kostenerstattung auf, verzichteten aber auf ein deutliches Veto gegen die Belehnung von Georg Friedrich und erklärten ihren Willen zum friedlichen Ausgleich.[27] So akzeptierten sie auch den am 25. Februar 1557 an sie ergangenen Bescheid König Ferdinands, der ihnen eine gütliche Einigung mit dem Haus Brandenburg befahl, und protestierten nicht mehr gegen die Herrschaftsübernahme von Georg Friedrich im Fürstentum Kulmbach, die am 29. März 1557 erfolgte.[28] Die Fränkische Einung aber war nun in einer wesentlich geschwächten Rechtsposition und hatte gegen bloße unverbindliche Zusagen das letzte Faustpfand verloren.

Zudem war der Versuch der Fränkischen Einung mißlungen, noch während des Reichstages in den Landsberger Bund einzutreten.[29] Seit ihrem Beitrittsbeschluß beim Einungstag in Nürnberg am 6. Juli 1556[30] stand der Aufnahme die Ausklammerung aller aus dem Markgrafenkrieg herrührenden Verwicklungen aus dem Bundesvertrag im Weg. Mitglieder minderen Ranges wollten die fränkischen Stände nicht sein.[31] Auch nach dem Tod von Albrecht Alcibiades wurde die Markgrafenklausel aufrechterhalten[32], insgeheim vorwiegend aus dem Grund, weil man fürchtete, bei einer Mitgliedschaft der *völlig verderbten* Hochstifte Bamberg und Würzburg ständig in Kriegsrüstung stehen zu müssen, ohne von ihnen einen adäquaten Beitrag erwarten zu können.[33]

Diesen Vorbehalt hatte auch Nürnberg gegenüber seinen beiden katholischen Partnern in der Fränkischen Einung und wäre deshalb gerne in ein stärkeres Bündnis gewechselt.[34] So erneuerte es nur widerwillig unmittelbar vor dem Ende des Regensburger Reichstags am 15. März 1557 die Fränkische Einung um drei Jahre.[35] Am 28. Mai 1557 wurden Nürnberg, Bamberg und Würzburg dann formal zwar ohne Vorbedingungen in den Landsberger Bund aufgenommen[36], unter der Hand wußten die neuen Mitglieder aber, daß der Bund nichts mit den fränkischen Querelen zu tun haben wollte, so daß der Ausgleich mit dem Haus Brandenburg dringlich blieb.

Schon am 1. April 1557 hatten die drei brandenburgischen Fürsten, Kurfürst Joachim II., Markgraf Johann von Brandenburg-Küstrin und Markgraf Georg Friedrich bei König Ferdinand die gütliche Unterhandlung und einen *gebührlichen Abtrag* für die erlittenen Schäden angemahnt.[37] Ferdinand antwortete am 18. Mai 1557 mit der Benennung

---

[27] StAB, Rep. B 34, Nr. 5, St. 35 (Abschr.).
[28] LOOSHORN, Bd. 5, S. 10; StAB, Rep. B 21: Bamberger Kanzleibücher, Nr. 19, f. 48 r—50 v (Abschr.).
[29] Das Verhältnis der Fränkischen Einung zum Landsberger Bund ist eingehend dargestellt von MOGGE, WINFRIED: Nürnberg und der Landsberger Bund (1556—1598). Nürnberg 1976 (Nürnberger Werkstücke zur Stadt- und Landesgeschichte 18) S. 31—138. König Ferdinand hatte den drei Ständen einen leichteren Eintritt in den Bund in Aussicht gestellt, wenn sie das markgräfliche Land freigegeben hätten. Vgl. dazu GOETZ, WALTER (Hrsg.), Beiträge zur Geschichte Herzog Albrechts V. und des Landsberger Bundes 1556—1598, München 1898 (Briefe u. Akten zur Gesch. d. 16. Jh. 5), S. 59 sowie ENDRES, RUDOLF, Der Landsberger Bund (1556—1598). In: Festschrift für Andreas Kraus z. 60. Geb., Kallmünz 1982, S. 197—212.
[30] MOGGE, a.a.O., S. 56.
[31] Ebd., S. 58.
[32] Ebd., S. 60 f.
[33] Ebd., S. 68.
[34] Ebd., S. 54 f.
[35] LOOSHORN, Bd. 5, S. 9.
[36] MOGGE: a.a.O., S. 72—78.
[37] StAB, Rep. C 3, Nr. 663 (Abschr.).

von vier Fürsten, die zwischen den Parteien vermitteln sollten.[38] Es waren dies neben Kurfürst Ottheinrich von der Pfalz und Herzog Christoph von Württemberg zwei geistliche Fürsten, nämlich der Augsburger Bischof Kardinal Otto Truchseß von Waldburg[39] und der Mainzer Kurfürst Erzbischof Daniel Brendel von Homburg. Doch blieb diese Bemühung Ferdinands vergeblich, da die beiden weltlichen Fürsten die Durchführung des Auftrags verweigerten[40], wie man in Nürnberg mit Bedauern zur Kenntnis nahm.[41] Ferdinand ließ sich durch diesen Mißerfolg nicht entmutigen und suchte weiter nach einer Verhandlungslösung. Mit Schreiben vom 25. November 1557 ließ er die Fränkische Einung, die damals eher eine Entscheidung der markgräflichen Frage vor dem Reichskammergericht favorisierte, wissen, daß er die Angelegenheit in eigener Hand zusammen mit seinem Sohn Maximilian zu einem guten Ende führen wolle.[42]

Ansetzung und Vorbereitung des Tages zu Wien

König Ferdinand, schon seit mehreren Jahren Vertreter des amtsmüden Kaisers Karl V., wurde im März 1558 auch offiziell von den Kurfürsten zum Kaiser proklamiert.[43] Zu der nun fälligen Neubelehnung mit den kaiserlichen Regalien lud er unmittelbar anschließend die Mitglieder der Fränkischen Einung nach Bad Mergentheim.[44] Hier erläuterte er den Bischöfen von Würzburg und Bamberg sowie den Vertretern der Stadt Nürnberg sein Interesse am Frieden im Reich und an einer Verstärkung des Landsberger Bundes, ohne indes konkrete Schritte anzukündigen.[45] Daher war man in den Hauptstädten der Fränkischen Einung überrascht, als der Kaiser, der im Frühjahr 1558 mehrmals erkrankt war[46], mit Schreiben vom 8. Juni 1558[47] den 16. August 1558 als Verhandlungstag zwischen der Fränkischen Einung und dem Haus Brandenburg ansetzte. Nach Eintreffen der Nachricht in Nürnberg am 22. Juni 1558 reagierte die Stadtregierung hektisch und widersprüchlich. Nürnberg, das ein dichtes Netz von Informationskanälen zu wichtigen Persönlichkeiten des Reichs unterhielt, zeigte sich überrumpelt von der kurzfristigen Terminansetzung. Noch mit einem Brief vom 31. Mai 1558 hatte Hans Thein, der Nürnberger Syndikus am Kaiserhof in Wien, die Genesung Ferdinands gemeldet und von seinen zufriedenstellenden Verhandlungen mit dem Reichsvizekanzler Dr. Jakob Jonas berichtet. Markgraf Georg Friedrich habe bisher noch um nichts nachgesucht.[48]

---

[38] Ebd.
[39] Der Augsburger Bischof hatte bereits 1554 zwischen Markgraf Albrecht Alcibiades und der Fränkischen Einung vermitteln wollen. (VOIGT, Markgraf Albrecht, Bd. 2, S. 212 f.).
[40] GOETZ, WALTER (Hrsg.), a.a.O., S. 79.
[41] StAN, Rep. 61 a: Briefbücher des Inneren Rates, Nr. 161, f. 38 v—40 v.
[42] BAADER 35 (1872), S. 56 f.; StAN, Rep. 60 d, Nr. 4, f. 67 v—68 r.
[43] Zum zeitlichen Ablauf der allmählichen Herrschaftsübernahme Ferdinands vgl. RITTER, MORITZ, Deutsche Geschichte im Zeitalter der Gegenreformation und des Dreißigjährigen Krieges, Bd. 1, Stuttgart 1889 (Nachdr. Darmstadt 1962), S. 92 f.; LUTZ, HEINRICH, Christianitas afflicta. Göttingen 1964, S. 475—482; FICHTNER, PAULA S., Ferdinand I. of Austria, Boulder 1982 (East European monographs. 100), S. 218—220.
[44] LOOSHORN, Bd. 5, S. 21.
[45] StAN, Rep. 19 a: E-Laden Akten, Nr. 151 (unfol.) v. 25. März 1558.
[46] StAN, Rep. 60 d, Nr. 4, f. 86 v—87 r.
[47] StAB, Rep. ex J8/II: Kriegs-, Bundes- und Fehdeakten, Verz. II, Nr. 85 (Abschr.). Dieser unfoliierte Band enthält in chronologischer Reihenfolge die Bamberger Akten zur Wiener Unterhandlung.
[48] StAN, a.a.O., f. 84 v—85 r.

Nun aber erklärte man, *warum solcher underhandlungstag den verainten stenden beschwerlich gewißlich vor augen seien, und des mehr, daß man sorg trag, die marggrafen haben die zeit und malstat mit gutem vorbedacht also practicirt, furnemblich daß eben im end des Augusts oder herbsts die abzug der kriegsleuth aus Frankreich bescheen werden, den verainten stenden damit ein forcht einzujagen und sie damit desto mehr zu irem willen zu dringen*[49] und gab diese Ansicht an die Verbündeten weiter. Man müsse umgehend die Meinung des Kaisers und die Möglichkeit für einen Aufschub der Verhandlungen bis zum nächsten Reichstag erkunden.[50]

Bischof Georg, als ranghöchstes Mitglied der Fränkischen Einung auch der erste Adressat des kaiserlichen Einladungsschreibens, wurde am 29. Juni 1558[51] von den zu Nürnberg versammelten Gesandten der Fränkischen Einung um Entsendung des Bamberger Hofrates Dr. Andreas Kebitz nach Wien gebeten. Auch sollte Georg bald Ort und Zeit für die nötigen Vorberatungen nennen. Georg äußerte daraufhin zwar Bedenken, die Sendung eines solchen Sonderbotschafters könnte als Zweifel und Mißtrauen gegenüber dem Kaiser interpretiert werden. Den angesetzten Tag müsse man auf jeden Fall besuchen, weil der Landsberger Bund sonst desto weniger im Notfall Hilfe leisten würde. Da Dr. Kebitz verhindert war, schlug er am 1. Juli 1558 für eine eventuelle Mission nach Wien den Würzburger Rat Wolf Ernst von Wirsberg und den in Bamberger Diensten stehenden Dr. Hans-Christoph von Giech vor.[52]

Nürnberg antwortete bereits am nächsten Tag mit Zweifeln, ob Hans-Christoph von Giech in Wien auch tatsächlich Zutritt zum Kaiser und seinen geheimsten Räten habe. Auch sei nicht mehr genügend Zeit für die Vorbereitung und Durchführung einer solchen Reise. Man solle lieber durch den Syndikus Hans Thein die Dinge in Wien erkunden lassen.[53] Bischof Georg war ebenso wie der Würzburger Bischof Friedrich von Wirsberg[54] damit einverstanden, bat aber ausdrücklich um vorsichtiges Verhalten von Thein.[55]

Mittlerweile war man in Nürnberg zur Einsicht gelangt, daß man nicht mit einer Verschiebung des Tages zu Wien rechnen könne, und begann mit den konkreten Vorbereitungen. Hans Thein wurde um die Bestellung einer geeigneten Herberge gebeten, in der die Räte der Fränkischen Einung beieinander wohnen und jederzeit vertraulich miteinander verhandeln könnten[56], ohne durch die Brandenburgischen gestört zu werden, und mit kaiserlicher Erlaubnis erwirkten die Verbündeten die Unterstützung durch einen Rat des Herzogs Heinrich von Braunschweig[57], dessen Heer im Markgrafenkrieg die Fränkische Einung zum Sieg geführt hatte.

---

[49] Ebd., f. 87 r—87 v. Gemeint ist der Krieg zwischen Spanien und Frankreich. (Vgl. Handbuch der europäischen Geschichte, Bd. 3, Stuttgart 1971, S. 758). Die Furcht vor der Heimkehr der daran beteiligten deutschen Truppen nimmt in den Korrespondenzen des Jahres 1558 einen breiten Raum ein.

[50] StAB, a.a.O., Brief Nürnbergs an Bischof Georg vom 27. Juni 1558 (Orig.).

[51] Ebd., 29. Juni 1558 (Orig.).

[52] Ebd., Brief Georgs an Nürnberg vom 1. Juli 1558 (Entw.).

[53] Ebd., 2. Juli 1558 (Orig.).

[54] Ebd., Brief Friedrichs an Nürnberg vom 4. Juli 1558 (Abschr.). Zu Bischof Friedrich von Wirsberg vgl. WENDEHORST, ALFRED, Das Bistum Würzburg, T. 3, 1978, S. 132—162.

[55] StAB, a.a.O., Brief Georgs an Nürnberg vom 3. Juli 1558 (Entw.).

[56] StAN, Rep. 60 d, Nr. 5, f. 1 v—2 r.

[57] Ebd., f. 3 v sowie die zugehörige Korrespondenz in StAB, a.a.O. Als Beistand wurde Dr. Heinrich Napp entsandt. Zu Hg. Heinrich d. J. vgl. Neue Deutsche Biographie 8 (1969), S. 351 f.

Die juristische Vorbereitung wurde dem erfahrenen Ratskonsulenten Dr. Christoph Gugel[58] übertragen. Freilich wurden auch die Verbündeten um Mithilfe gebeten[59], doch war diese Beteiligung in jenen Wochen hektischer Betriebsamkeit meist nur formaler Natur. Die Sachentscheidungen wurden von den Herrn Älteren des Nürnberger Rates, der eigentlichen Stadtregierung, getroffen. In Bamberg akzeptierte man diese Machtverteilung ohne lauten äußeren Protest, insgeheim aber verfolgte das Hochstift durchaus seine Partikularinteressen. So war die Instruktion für die Bamberger Räte bereits am 19. Juli 1558 fertiggestellt und vom Domkapitel genehmigt[60], ehe am 21. Juli 1558 nach mehrmaliger Terminverlegung[61] die gemeinsamen Vorbereitungen der Verbündeten in Nürnberg begannen.

Die Delegation für Wien war von der Hochstiftsleitung mit Vorbedacht zusammengestellt worden. An der Spitze stand der Domherr Georg Ulrich von Künsberg[62], der seit nahezu einem Jahrzehnt als Vizedom die Verwaltung der Bamberger Besitzungen in Kärnten leitete und in dieser Eigenschaft mit dem Wiener Hof häufig in Verbindung kam. Außerdem war er seit 1553 auch an der Würzburger Domkirche präbendiert. Hinzu kam der bereits erwähnte Dr. jur. utr. Hans-Christoph von Giech, der an den protestantischen Universitäten Wittenberg und Tübingen Rechtswissenschaften studiert hatte.[63] Er dürfte ähnlich wie seine Familie Anhänger der neuen Lehre gewesen sein und vom Studium her die Räte zahlreicher evangelischer Fürsten gekannt haben. Als Pfleger des Grenzbezirks Veldenstein hatte er sich in Auseinandersetzungen mit markgräflichen und Nürnberger Behörden bewähren müssen. Vervollständigt wurde die Abordnung durch den bürgerlichen Juristen Dr. Andreas Kebitz.[64] Dieser war neben beiden Mitgliedern vom Domkapitel bzw. weltlichen Adel der Repräsentant der bischöflichen Zentralverwaltung. Er brachte für die anstehende Aufgabe seine langjährige Erfahrung als Bamberger Hofrat mit. Kebitz, gleich dem Kanzler Dr. Matthäus Reuter einer der zuverlässigsten Bediensteten des Bischofs Weigand von Redwitz, hatte Bamberg bereits auf vielen Reichs-, Bundes- und Kreistagen sowie bei zahlreichen Verhandlungen mit auswärtigen Fürsten, darunter auch König Ferdinand, vertreten.[65]

Bischof Georg entsandte neben Kebitz den Landschreiber Martin Müllner, ebenfalls seit Jahrzehnten in hochstiftischen Diensten stehend und als Experte für den Fränkischen Reichskreis bekannt[66], zu den am 21. und 22. Juli 1558 stattfindenden Vorberatungen nach Nürnberg. Hier beschlossen die Räte der Fränkischen Einung über den Wortlaut der in Wien einzureichenden Klageschrift und möglichen Repliken gegenüber brandenburgischen Klagen. Z. B. einigte man sich darauf, zu Beginn der Wiener Ver-

---

[58] Vgl. MOGGE, Landsberger Bund, S. 40—42.
[59] StAN, Rep. 61 a, Nr. 163, f. 125 v—127 r.
[60] StAB, Rep. B 86/I: Domkapitelsche Rezeßbücher, Nr. 7, f. 275 v.
[61] Vgl. die umfangreiche Korrespondenz im Juli 1558 (StAB, Rep. ex J8/II, Verz. II, Nr. 85).
[62] KIST, Domkapitel, S. 212—214.
[63] Album Academiae Vitebergensis 1502—1560, Bd. 1, Leipzig 1841, S. 164 b Z. 8; Die Matrikeln der Universität Tübingen, Bd. 1, Stuttgart 1906, S. 357 Nr. 10.
[64] Nach SCHMITT, HANS-JÜRGEN, Die geistliche und weltliche Verwaltung der Diözese und des Hochstifts Bamberg zur Zeit des Bischofs Weigand von Redwitz (1522—1556). In: BHVB 106 (1970) S. 93 war Kebitz seit 1522 Hofrat.
[65] StAB, Rep. A231/I: Hofkammerzahlamtsrechnungen, Nr. 1744—1786 *Zerung* passim. Kebitz starb im Frühjahr 1563 auf der Rückreise von Kärnten nach Bamberg. (Ebd., Nr. 1786/III: *Zerung*).
[66] BAADER 35 (1872), S. 58. Über die Aufgaben des Landschreibers vgl. SCHMITT, HANS-JÜRGEN, a.a.O., S. 133. Müllner hatte seit 1532 nahezu alle Kreistage als zweiter Gesandter Bambergs besucht. (HARTUNG, FRITZ, a.a.O., S. 439 A. 1).

handlungen noch keine spezifizierte Schadensersatzforderung zu stellen, sondern diese nur allgemein anzugeben. Die Beweisführung wollte man durch die Vorlage zahlreicher Dokumente unterstützen. Die Bamberger Räte waren damit aber nicht zufrieden, sondern plädierten dafür, daß man auch über mehrere Vermittlungsvorschläge, sowohl für die Fränkische Einung günstige als auch ungünstige, berate. Noch offene Fragen wollte man bis zur Abreise am 4. August 1558 klären.[67]

Unmittelbar nach dem Nürnberger Vorbereitungstreffen verlor die Nürnberger Delegation ihren Kopf, da Christoph Gugel sich aus gesundheitlichen Gründen nicht zur Reise nach Wien entschließen konnte.[68] Möglicherweise hat er geahnt, daß sich in Wien angesichts der Bamberger Haltung die juristisch orientierte Nürnberger Verhandlungslinie nicht würde durchhalten lassen. Aber auch ohne den älteren Gugel konnten die Nürnberger mit den Ratsherren Jobst Tetzel und Jakob Muffel sowie den Ratskonsulenten Dr. Christoph Kötzler und Dr. Christoph Fabius Gugel, dem Sohn des Christoph Gugel, ein versiertes Quartett nach Wien schicken. Mit der Vertretung des Hochstifts Würzburg wurden Michael von Lichtenstein[70], Landrichter und Domherr in Bamberg und Würzburg, der Hofmeister Sebastian Nothaft und der Rat Dr. Johannes Balbus betraut.[71]

Die erste Wiener Verhandlungsrunde bis Ende August 1558

In Wien reichten beide Parteien zuerst ihre Klageschriften ein, auf die die jeweilige Gegenseite mit einer Erwiderungsschrift antwortete. Das Haus Brandenburg war durch Räte aller in der Eingabe vom Februar 1557 genannten Fürsten vertreten.[72] Sie verfochten die seit dem Ende der Kampfhandlungen im Sommer 1554 bekannte Meinung, daß das Haus Brandenburg nie im Unguten etwas mit den Ständen der Fränkischen Einung zu tun gehabt habe; hingegen habe diese das *Maß der Verteidigung* durch die Zerstörung vieler fester Häuser im Fürstentum Kulmbach und die Beschädigungen im angeblich unbeteiligten Fürstentum Ansbach nicht eingehalten — als markante Beispiele wurden das völlige Niederreißen der Plassenburg und die Eroberung der Burg Hohenlandsberg genannt — und müsse daher durch die Zahlung einer gebührenden Summe die Beilegung des Streits ermöglichen. Alle Forderungen der Fränkischen Einung seien durch die zeitweise Besetzung des Fürstentums Kulmbach mehr als erfüllt.

Die Gesandten der Fränkischen Einung setzten dagegen die ebenfalls längst geläufigen Argumente, daß Markgraf Albrecht Alcibiades ohne Grund den Landfrieden gebrochen und viele Zerstörungen, Brand und Plünderungen angerichtet habe. Die Fränkische Einung sei auf Grund kaiserlicher Befehle und entsprechend den Urteilen des Reichskammergerichts gegen ihn vorgegangen, ohne das *Maß der Defension* zu überschreiten. Der Kampf gegen *schädliche Häuser* sei nach Landfriedensordnung und Völkerrecht erlaubt. Markgraf Georg Friedrich bzw. seine Statthalter seien auf dem wegen der Exekution gegen Markgraf Albrecht Alcibiades angesetzten Kreistag nicht erschienen. Vielmehr habe der Landfriedensbrecher aus dem Fürstentum Ansbach viel Unterstützung an Geld, Geschützen und Proviant erhalten. Markgraf Georg Friedrich hafte nun als Gesamtnachfolger des Markgrafen Albrecht Alcibiades im Fürstentum Kulm-

---

[67] BAADER 35 (1872), S. 58–62.
[68] StAB, Rep. ex J8/II, Verz. II, Nr. 85: Brief Nürnbergs an Bischof Georg vom 29. Juli 1558 (Orig.).
[69] Zu den drei Letztgenannten vgl. MOGGE, Landsberger Bund, S. 38, 42 f.
[70] KIST, Domkapitel, S. 220 f.
[71] Baader 35 (1872), S. 63.
[72] Liste der Namen ebd., S. 63 f.

bach für alle Forderungen der Fränkischen Einung. Wenn das Haus Brandenburg ein Recht oder eine Anwartschaft in den zerstörten Burgen besäße, so hätte es auch dafür sorgen müssen, daß aus ihnen der Fränkischen Einung kein Schaden hätte erwachsen können. Markgraf Georg Friedrich müsse für alle der Fränkischen Einung zugefügten Beschädigungen aufkommen, die Kosten für Defensiv- und Exekutionsmaßnahmen der Fränkischen Einung erstatten, das erbeutete Bamberger Archiv herausgeben und die rückständigen 18 000 fl. aus der Zeit der Verwaltung des Fürstentums Kulmbach durch die Fränkische Einung zahlen.[73]

Als am 21. 8. 1558 Kaiser Ferdinand die Gegenschriften in Händen hielt, sah er ein, daß auf dem eingeschlagenen Weg kein Verhandlungsfortschritt zu erzielen sei, und er erklärte daher am 22. August 1558 den Parteien, daß des *Libellierens* nun genug sei. Er erwarte von ihnen geeignete Vermittlungsvorschläge.[74] Auf diese Aufforderung hin wurden die eingereichten *Libelli* zwar nicht kürzer, da man jedesmal den eigenen Rechtsstandpunkt darlegte und den gegnerischen zu widerlegen suchte, aber in den vier am 23., 25., 28. und 30. August 1558 dem Kaiser übergebenen Schriften[75] ließen die Gesandten der Fränkischen Einung ihre Kompromißlinie deutlich erkennen, obwohl sie angaben, sie seien von ihren Herren nicht zu Vermittlungsvorschlägen abgefertigt worden, sondern nur zur Verhandlung über vom Kaiser vorgelegte Empfehlungen. Zunächst reduzierten die Verbündeten ihre Forderung an Markgraf Georg Friedrich auf *etliche hunderttausend Gulden,* da er die an sich gerechtfertigte Summe von mehreren Millionen Gulden sicher nicht zahlen könne. Statt dessen solle der Kaiser für die Eintreibung der Kontribution von seiten der Reichsstände sorgen. Im zweiten Vorschlag am 25. August 1558 wurde bei den *Retardata* nur noch besonderer Wert auf die ausstehende Besoldung der Amtleute und Vögte gelegt.

Gegenüber diesen Vorschlägen beharrte das Haus Brandenburg auf seinen ursprünglichen Forderungen; es wurde von diesem Zeitpunkt an sogar deutlich vom Kaiser unterstützt, der unbedingt Frieden haben wollte und angesichts der festen Position der einen und der Kompromißbereitschaft der anderen Seite die konzessionswillige Fränkische Einung zum weiteren Nachgeben drängte. Ferdinand argumentierte, daß bei der Sonderklage des Markgrafen Georg Friedrich vor dem Reichskammergericht gegen die Fränkische Einung wegen der in seinem Landesteil erlittenen Schäden das Recht zweifelhaft sei. Daraus könne die Acht und Exekution gegen die Fränkische Einung erfolgen. Es sei daher *zu erwegen, den fride, ob man den gleich kaufen müsse, dem krig, so sonst zu besorgen, furzusetzen.*

Nach dieser indirekten Drohung des Kaisers widersprachen die Gesandten der Fränkischen Einung in ihrer Antwort vom 28. August 1558 zwar ausführlich der Sonderklage des Markgrafen Georg Friedrich, ließen aber dann *des geliebden fridens wegen* alle eigenen Forderungen an den Markgrafen auf Schadensersatz und Kostenerstattung fallen und verlangten nur noch 3000 fl. zur Bezahlung der Beamten. Falls das Haus Brandenburg sich damit nicht zufriedengebe, solle der Kaiser es mit Ernst dahin weisen. Energisch hatten sie in allen Schriften es abgelehnt, auch nur einen kleinen Geldbetrag an den Markgrafen zu zahlen.

Der Kaiser indes verstärkte seinen Druck auf die Fränkische Einung. Er sagte, beim vergangenen Krieg habe die Fränkische Einung nur Markgraf Albrecht Alcibiades als Feind gehabt, bei einer neuen Auseinandersetzung habe sie alle Mitglieder des Hauses

---

[73] Nach der am 21. August 1558 übergebenen Replik der Fränkischen Einung. [StAB, a.a.O. (Abschr.)]

[74] StAN, Rep. 61 a, Nr. 163, f. 307 r—307 v.

[75] StAB, a.a.O. (Abschr.).

Brandenburg zu Gegnern. Was an Hilfe vom Reich und seinen Ständen zu erwarten sei, wisse die Fränkische Einung sicher noch gut. Das Haus Brandenburg habe inzwischen seine Forderung an die Fränkische Einung auf 500 000 fl. präzisiert und damit gedroht, die Verhandlungen abzubrechen. Er selbst sehe es für gut an, wenn die Sache mit 200 000 fl. abgeschlossen werden könnte.

Nun lag der erste kaiserliche Vermittlungsvorschlag auf dem Tisch. Die Räte der Fränkischen Einung ließen Ferdinand am 30. August 1558 wissen, daß sie dem Haus Brandenburg nichts schuldig seien und angesichts ihrer zerstörten Länder nicht zur Zahlung in der Lage seien. Wie beschwerlich ein Krieg sei, habe man selbst genügend erfahren. Aber gerade deshalb könne man Landfriedensbrecher nicht auch noch durch eine Geldzahlung ermutigen. Auch wegen der fehlenden Vollmacht könne man dem Vorschlag Ferdinands nicht zustimmen.

Da die Verhandlungen an einem toten Punkt angelangt waren, schlug Ferdinand eine Pause vor, in der die Gesandtschaften sich neue Instruktionen und Vollmachten einholen könnten. Er selbst schrieb auch einen Brief an die Mitglieder der Fränkischen Einung, in dem er seine in Wien zuletzt geäußerten Argumente wiederholte und *wegen des geliebten fridens* die Annahme seines Vorschlags forderte. Bei einem Krieg habe man monatlich mehr als 200 000 fl. Kosten, abgesehen von den zu erwartenden Schäden.[76]

Die entscheidende Verhandlungspause im September 1558

Während der Verhandlungspause korrespondierten die Gesandten der Fränkischen Einung zu Wien mit ihren Herren in der Heimat. Aus diesen Briefen wird die unterschiedliche Interessenlage der einzelnen Stände deutlich. Im gemeinsamen Brief aller Gesandten der Fränkischen Einung vom 31. August 1558[77] schilderten diese den Verhandlungsablauf und betonten dabei, daß der Kaiser gesagt habe, er wolle nicht darüber disputieren, welche Seite Recht habe. Tags darauf meldeten sie als neueste Nachricht, der Kaiser wolle lieber zu den 18 000 fl. *Retardata* noch 82 000 fl. hinzugeben als die Sache *unvertragen* lassen. Die brandenburgischen Räte hätten dieses Angebot abgelehnt, da es schimpflich für sie sei, vom Kaiser, der ihnen nichts schulde, Geld zu nehmen.[78]

War hier nochmals der entschiedene Wille des Kaisers, den Friedensschluß zu ermöglichen, dokumentiert, so sollte er aus dem separaten Bamberger Briefwechsel eine entscheidende Unterstützung erfahren. Die Bamberger Räte bedauerten in ihrem Schreiben[79] die Unterbrechung der Wiener Verhandlungen wegen der unzureichenden Vollmachten der Nürnberger und Würzburger Gesandten. Sie selbst hätten auf Grund ihrer geheimen Nebeninstruktion noch genügend Spielraum gehabt, davon aber keinen Gebrauch gemacht, da sie sich von den übrigen Gesandten nicht absondern wollten. Bei einem Krieg aber werde sicher die Stadt Bamberg, des Stiftes größtes Kleinod, in die Schanze geschlagen. Die Bamberger Räte sagten schließlich voraus, daß die Sache wohl durch eine Geldsumme zwischen 100 000 fl. und 200 000 fl. geregelt werde, und wandten sich bereits Detailfragen zu. So sollten als Gegenleistung für die Bewilligung einer Geldsumme alle Forderungen des gesamten Hauses Brandenburg, also auch des Erzbi-

---

[76] StAB, a.a.O., Brief Ferdinands an die Stände der Fränkischen Einung vom 1. Sept. 1558 (Orig.).
[77] Ebd. (Entw.).
[78] Ebd. (Entw.). Dieser kaiserliche Vorschlag ist auch überliefert bei BUCHHOLTZ, FRANZ BERNHARD VON, Geschichte der Regierung Kaiser Ferdinand des Ersten, Bd. 7, Wien 1836 (Nachdr. Graz 1968), S. 225.
[79] StAB, a.a.O., Brief der Bamberger Räte an Bischof Georg vom 31. Aug. 1558 (Orig.).

schofs von Riga und des Herzogs von Preußen[80], erledigt sein; die aufgedrungenen Verträge von 1552 müßten erneut vom Kaiser kassiert und der Fränkischen Einung die noch ausstehende Kontribution der Reichsstände zugesichert werden. Bei der Geldzahlung an das Haus Brandenburg solle das Hochstift Bamberg nicht mehr als den innerhalb der Fränkischen Einung vereinbarten Anteil übernehmen.[81]

In seinem am 9. September 1558, dem Fest der Translation der Bistumspatronin Kunigunde, abgefaßten Antwortschreiben[82] stimmte Bischof Georg der Meinung seiner Räte in Wien zu und bekundete, er sei zur Annahme des kaiserlichen Vorschlags entschlossen. Die Räte sollten davon den Kaiser auf vertraulichem Wege unterrichten. Sie sollten mit ihm auch wegen der Genehmigung eines Zolls für das Hochstift verhandeln und dem Kaiser berichten, mit wieviel hunderttausend Gulden das Hochstift bei Nürnberg verschuldet sei und wie dringend es in dieser Sache einen Vergleich benötige. Alle diese Fragen sollten noch vor der nächsten gemeinsamen Verhandlung ganz geheim mit dem Kaiser besprochen werden. Um Argwohn bei den Räten der Verbündeten zu vermeiden, wurde der Brief nur an den Vizedom Georg Ulrich von Künsberg adressiert und so der Anschein erweckt, als habe das Schreiben Kärtner Angelegenheiten zum Inhalt, die der Vizedom anläßlich seines Aufenthalts am Wiener Hof erledigen müsse.

Mit diesem Musterbeispiel einfachster Bamberger Geheimdiplomatie war die Vorentscheidung hinter dem Rücken Nürnbergs gefallen, auch wenn am 12. und 13. September 1558 noch heftig in Nürnberg um die gemeinsame Antwort der Verbündeten an ihre Räte in Wien und den Kaiser gerungen wurde. Im Schreiben an Ferdinand[83] setzte sich zwar noch einmal die härtere Nürnberger Linie durch, d. h. es wurde jede Geldzahlung an den Markgrafen mit Anführung der bekannten Gründe verweigert, aber in der am gleichen Tag abgefaßten Instruktion für die Gesandten in Wien[84] kam die nachgiebige Haltung des Hochstifts Bamberg, das durch den Domherrn Hans Fuchs von Bimbach[85], den Kanzler Dr. Matthäus Reuter[86] und den Hofrat Wolf-Dietrich von Wiesenthau[87] vertreten war, mehr zur Geltung. Bamberg dürfte dabei von den Würzburger Gesandten unterstützt worden sein, weil auch Würzburg wegen der noch fortdauernden Grumbachschen Händel[88] dringend den Frieden benötigte. Wenige Tage vor der Nürnberger Beratung war in Würzburg ein Brief des Wilhelm vom Grumbach angekommen, in dem dieser aus dem Feldlager bei Amiens als *der Königlichen Majestät zu Frankreich Oberster* in sehr höflichen, aber doch bestimmten Formulierungen seine Re-

---

[80] Es handelt sich um die beiden Mitglieder des Hauses Brandenburg Markgraf Wilhelm (Allgemeine Deutsche Biographie 43, 1898, S. 177—180) und Herzog Albrecht d. Ä., den früheren Hochmeister des Deutschen Ordens (Neue Deutsche Biographie 1, 1953, S. 171—173).

[81] D. h. ca. 27,6 Prozent. Vgl. dazu HARTUNG, FRITZ, a.a.O., S. 219 A. 2.

[82] StAB, a.a.O. (Abschr.).

[83] StAB, a.a.O., Brief der Fränkischen Einungsstände an Ferdinand vom 15. September 1558 (Abschr.).

[84] Ebd.

[85] KIST, Domkapitel, S. 186 f.

[86] Bischöflicher Kanzleiverweser bzw. Kanzler von 1532 bis 1561. (Vgl. StAB, Rep. A 231/I u. Rep. B 21).

[87] W.-D. von Wiesenthau wurde später Bamberger Hofmeister. HOTZELT, WILHELM: a.a.O., S. 95.

[88] Vgl. dazu die materialreiche Darstellung von ORTLOFF, FRIEDRICH, Geschichte der Grumbachischen Händel, Bd. 1—4, Jena 1868—1870; sowie zuletzt WENDEHORST, ALFRED, Das Bistum Würzburg, T. 3, 1978, S. 128—131. 137—143; PRESS, VOLKER, Wilhelm von Grumbach und die deutsche Adelskrise der 1560er Jahre. In: Blätter f. dt. Landesgesch. 113 (1977), S. 396—431.

stitution durch Bischof Friedrich von Wirsberg verlangte.[89] Gleichzeitig ging das Gerücht um, Wilhelm von Grumbach werde nach Ende des französischen Krieges im Winter mit seinem Anhang in Franken einfallen.[90] Bekannt war auch, daß er an der Nordgrenze der beiden Hochstifte fürstliche Helfer hatte.[91] Angesichts dieses politischen Umfelds nannte man die Zahlung von 82 000 fl., bei weiterem Drängen des Kaisers auch 100 000 fl., an den Markgrafen sowie den Verzicht auf die Ausstände als möglichen Kompromiß. Auf einem beigefügten Zettel wurde den Räten sogar erlaubt, die Summe schrittweise bis auf 200 000 fl. zu steigern.

Die Nürnberger Stadtregierung ließ es aber nicht dabei bewenden. Sie war vom schlechten Gang der Dinge in Wien überrascht. Noch Ende August 1558 hatte sie sich, als sie vom Austausch der Klageschriften und Repliken erfahren hatte, zufrieden über den Verhandlungsverlauf geäußert. Um so mehr war sie entsetzt, als sie den kaiserlichen Vergleichsvorschlag erfuhr und nun fürchtete, die Fränkische Einung müsse für die Kriegsschulden des verstorbenen Markgrafen Albrecht Alcibiades aufkommen und ihrerseits die noch ausstehende Kontribution der Reichsstände an Georg Friedrich abtreten.[92] Die Nürnberger Räte zu Wien wurden angewiesen, für strengste Geheimhaltung der Vergleichsvorschläge der Fränkischen Einung zu sorgen und die Verhandlungen bis zum nächsten Reichstag hinauszuzögern. Sie sollten sich weigern, dem Markgrafen auch nur eine kleine Summe zuzugestehen.[93] Selbst der Rat des Kaisers Ferdinand beim Landsberger Bund und spätere Reichsvizekanzler Dr. Johann Ulrich Zasius[94] wurde vertraulich davon unterrichtet, daß sich die Fränkische Einung einer Geldzahlung bisher mit Recht heftig widersetzt habe.[95] In Nürnberg gab man sich also der Illusion hin, daß die Gesandten der verbündeten Hochstifte willig der Verhandlungsstrategie der reichsstädtischen Räte folgen würden.

Der Abschluß des Vertrages und seine Ausführung

Im letzten Verhandlungsabschnitt wurde die brandenburgische Seite durch Markgraf Johann von Brandenburg-Küstrin[96], den Schwiegervater des Markgrafen Georg Friedrich, verstärkt. Bei den fränkischen Ständen kamen die Würzburger Räte Georg Lud-

---

[89] StAB, Rep. ex J8/II, Verz. II, Nr. 85: Brief Grumbachs an Friedrich von Wirsberg vom 22. Aug. 1558 (Abschr.).

[90] ORTLOFF, FRIEDRICH, a.a.O., Bd. 1, S. 165.

[91] BARTHEL, ARMIN, Herzog Johann Friedrich der Mittlere und Ritter Wilhelm von Grumbach. In: Jb. d. Coburger Landesstiftung 1958, S. 93—158.

[92] StAN, Rep. 60 a, Nr. 1159, f. 4 r—4 v.

[93] StAN, Rep. 61 a, Nr. 163, f. 248 r—249 v.

[94] Allgemeine Deutsche Biographie 44 (1898), S. 706—708.

[95] StAN, a.a.O., f. 260 r—263 r.

[96] Neue Deutsche Biographie 10 (1974), S. 476 f. In Johanns Begleitung befand sich der seinem Vater entflohene Herzog Julius von Braunschweig-Wolfenbüttel, lutherischer Sohn des entschieden katholischen Herzogs Heinrich. (Ebd., S. 654 f.). Für Markgraf Johann war die *Fränkische Handlung* nur eines von vielen Geschäften am Wiener Hof. (MEYER, CHRISTIAN, Maximilian II. und Hans von Küstrin. In: Hohenzollerische Forschungen 6, 1900, S. 276—327).

[97] Der Enkel des Freiherrn Johann von Schwarzenberg hatte seit 1533 in den Diensten des Pfalzgrafen Ottheinrich von Neuburg und des Markgrafen Georg von Brandenburg-Ansbach gestanden, ehe er sich 1549 dem Würzburger Bischof verpflichtete. Er bewährte sich als Würzburger Kriegsrat im Markgrafenkrieg und Gesandter in vielen Reichs- und Bundesangelegenheiten, seit Anfang 1558 auch als kaiserlicher Rat von Haus aus. G. L. von Seinsheim gilt als Lutheraner. (Vgl. BEIERLEIN, JOHANN PETER, Georg Ludwig von Seinsheim d. Ä. In: Oberbay. Archiv f. vaterl. Gesch. 10, 1848, S. 202—204; 12, 1851/52, S. 181; WENDEHORST, ALFRED, a.a.O., S. 124).

wig von Seinsheim[97] und Erasmus Neustetter, genannt Stürmer[98], hinzu. Beide waren von der Nürnberger Zusammenkunft weitergereist und mit dem Schiff in Wien angekommen.[99] Dort konnten sie unmittelbar die hochstiftischen Gesandten von den Meinungsunterschieden in der Fränkischen Einung informieren.

Ferdinand, von den Bamberger Räten über die grundsätzliche Kompromißwilligkeit des fränkischen Lagers in Kenntnis gesetzt, hatte nun leichtes Spiel.[100] Nachdem etwa am 24. September 1558 die Verhandlungen wieder aufgenommen waren, verkündete er nach einer kurzen Anstandsfrist am 29. September 1558[101] seine Entscheidung[102], die in der Hauptsache zugunsten des Hauses Brandenburg ausfiel, in einigen Nebenpunkten den Wünschen der Fränkischen Einung entsprach. Diese mußte dem Markgrafen Georg Friedrich 175 000 fl. zugestehen, zahlbar in sieben Jahresraten zu je 25 000 fl. ab Michaelstag 1559. Von der letzten Rate konnten 3000 fl. wegen der Ausstände bei der Verwaltung des Fürstentums Kulmbach abgezogen werden. Das Hochstift Bamberg sollte die vom Markgrafen erbeuteten Privilegien zurückerhalten. Alle aus dem Krieg herrührenden Forderungen waren erledigt, ebenso alle am Reichskammergericht in derselben Sache geführten Prozesse und eingereichten Klagen. Die erzwungenen Verträge von 1552 wurden von Ferdinand erneut förmlich kassiert, und die Fränkische Einung erhielt eine kaiserliche Obligation über die Eintreibung der Kontribution der Reichsstände. Der Spruch des Kaisers wurde von beiden Seiten angenommen. Nach KARL HEINRICH LANG sollen die brandenburgischen Räte nur mit großem Widerstreben von ihrer Forderung nach Abtretung von Festung und Amt Forchheim abgerückt sein.[103] Ferdinand entschuldigte in einem Brief die Gesandten der Fränkischen Einung bei ihren Herren wegen ihrer Zustimmung zu dem kaiserlichen Spruch.[104]

An den folgenden Tagen wurde der Vertragstext[105] formuliert, wobei besonders die Nürnberger Gesandten versuchten, alle Beschwerungen aus dem Vertrag zu tilgen, was aber nicht ganz gelang. So dominiert bei der einleitenden Darlegung der Rechtsstandpunkte klar die brandenburgische Seite, während in der Begründung der Geldzahlung die Ansicht der Fränkischen Einung zum Ausdruck kommt, daß sie ihr zustimmt dem Kaiser und seinem Sohn zu Gefallen sowie zu Förderung und Erhaltung gemeinen Friedens. Nachdem der Vertrag am 6. Oktober 1558 gesiegelt worden war, verpflichteten sich beide Parteien in gleichlautenden Reversbriefen, die am 24. Oktober[106] bzw. 14. November 1558[107] in Bamberg bzw. Berlin ausgefertigt wurden, zur festen und unverbrüchlichen Einhaltung des kaiserlichen Vertrags in allen seinen Punkten.

---

[98] KIST, JOHANNES, Die Matrikel der Geistlichkeit des Bistums Bamberg, Würzburg 1965 (Veröff. d. Ges. f. Fränk. Gesch. IV, 7) Nr. 4580.

[99] StAN, Rep. 61 a, Nr. 163, f. 260 r—263 r.

[100] Graf Georg von Helfenstein spricht wohl im Hinblick auf das gesamte Verfahren von der *unaussprechlichen Mühe* des Kaisers. (GOETZ, WALTER, Hrsg., a.a.O., S. 136).

[101] Ebd. Noch am 25. Sept. 1558 hatte Markgraf Johann wenig Hoffnung auf ein baldiges Verhandlungsende. (MEYER, CHRISTIAN, a. a. O., S. 254).

[102] Vgl. LOOSHORN Bd. 5, S. 11.

[103] LANG, KARL HEINRICH, Neuere Geschichte des Fürstenthums Baireuth, 3. Th., Nürnberg 1811, S. 10 f.

[104] LOOSHORN, Bd. 5, S. 11 f.

[105] Druck bei HORTLEDER, FRIEDRICH, Der röm. kayser. und königlichen Majestät ... Handlungen und Ausschreiben, Bd. 2, Frankfurt 1645, S. 1902—1925. Originalausfertigung in StAB, Rep. A 85, L. 346, Nr. 1621.

[106] LOOSHORN, Bd. 5, S. 12.

[107] StAB, a.a.O., Nr. 1623 (Orig.).

Als erste Vertragsfolge wurden umgehend alle den vergangenen Krieg berührenden Verfahren am Reichskammergericht eingestellt. Die Geldzahlungen der Fränkischen Einung wurden pünktlich in Rothenburg ob der Tauber erledigt, so daß Markgraf Georg Friedrich am 28. September 1565 die Gesamtsumme quittieren konnte.[108] Der Bamberger Anteil[109] betrug 47 270 fl., bei den einzubehaltenden Retardaten 810 fl. 3 lb. Das Hochstift hatte also an den einzelnen Terminen 6752 fl. 8 lb. 8 d. zu entrichten. Dazu kamen jeweils noch etwa 110 fl. an Kosten für Geldwechsel und Geleit. Markgraf Georg Friedrich hatte sich auf die Anregung nicht eingelassen, er solle seine Forderungen gegenüber dem Hochstift an eigene Gläubiger abtreten, die gleichzeitig Lehensleute des Bamberger Bischofs wären.[110]

Ebenso dürfte die Hoffnung auf weitere Kontributionen von seiten der Reichsstände sich nicht erfüllt haben. Wenn schon zwischen den ehemaligen Feinden alle Forderungen erledigt waren, dann war auch von den unbeteiligten Reichsständen nichts mehr zu erwarten, obwohl die Stände der Fränkischen Einung dem Kaiser in dieser Sache noch bittere Briefe schrieben.[111]

Der Vertragsabschluß ist ein Beispiel dafür, wie in der zweiten Hälfte des 16. Jahrhunderts Friede[112] im Reich geschlossen wurde. Es ist erstaunlich, wie offen und realistisch der Kaiser über die Möglichkeiten des Reiches sprach, bei bewaffneten Konflikten der angegriffenen Seite zu Hilfe zu kommen. Ferdinand wollte daher den Landsberger Bund durch den Eintritt möglichst vieler Fürsten stärken. Zur Erreichung dieses Ziels und auch angesichts der Türkengefahr benötigte er Frieden im Reich. Die Frage, welche Seite Recht habe, war für Ferdinand ebenso bedeutungslos wie die Tatsache, daß diejenigen Reichsstände, die den laut KARL BRANDI *größten und schamlosesten Friedbrecher des Jahrhunderts*[113] unter Aufbietung ihrer letzten Kräfte im Namen des Reichs niedergerungen hatten, sich den Frieden mit der markgräflichen Seite durch eine beträchtliche Geldsumme erkaufen mußten. Vor allem die Nürnberger Stadtregierung war von dieser Haltung des Kaisers völlig überrascht worden. Für sie war das Verhandlungsergebnis in gleicher Weise eine Niederlage[114], wie es für Markgraf Georg Friedrich ein Erfolg seiner zähen Bemühungen war.[115]

Das Hochstift Bamberg kam durch den Wiener Vertrag einen wichtigen Schritt auf dem Weg seiner Existenzsicherung voran, freilich war es noch lange nicht am Ziel. Schon wenige Wochen später erhielt Bischof Georg einen Brief aus Nürnberg, in welchem er dringend zur Zahlung von Zinsen und Tilgung zumindest bei den unstrittigen

---

[108] Ebd., L. 327, Nr. 66 (Orig.).
[109] StAB, Rep. A 231/I, Nr. 1783/II (1559/60) Fasz. 6 *Stiftsschulden;* ebd. Nr. 1784/I (1560/61) *Stiftsschulden* usw.
[110] Diesen Vorschlag hatte Bischof Georg am 9. September 1558 seinen Räten in Wien nahegelegt. (StAB, Rep. ex J8/II, Verz. II, Nr. 85).
[111] StAB, Rep. B 34, Nr. 5, St. 49 (Abschr.).
[112] Vgl. JANSSEN, WILHELM, Friede. In: Geschichtliche Grundbegriffe 2 (1975), S. 543—591; FISCH, JÖRG, Krieg und Frieden im Friedensvertrag, Stuttgart 1979 (Sprache und Geschichte. 3).
[113] Zitiert nach SKALWEIT, STEPHAN, Reich und Reformation, Berlin 1967, S. 393.
[114] Vgl. FRANZ, EUGEN, Nürnberg, Kaiser und Reich, München 1930, S. 195—200; PFEIFFER, GERHARD, Hrsg., Nürnberg, Geschichte einer europäischen Stadt, München 1971, S. 265.
[115] Vgl. PETERSOHN, JÜRGEN, Staatskunst und Politik des Markgrafen Georg Friedrich von Brandenburg-Ansbach 1539—1603. In: Zeitschr. f. bayer. Landesgesch. 24 (1961), S. 235.

Schulden aufgefordert wurde.[116] Die finanzielle Liquidierung des Markgrafenkriegs stand noch aus, der Wiener Vertrag hatte nur die politischen Fragen geregelt.

Der Fränkische Reichskreis ist nach 1558 endlich voll funktionsfähig geworden.[117] Der lange Streit um das Ausschreibamt konnte 1559 beigelegt werden.[118] Die Voraussetzung dafür war zugleich das wichtigste Ergebnis des Wiener Vertrages, nämlich der dauerhafte Friede zwischen den fränkischen Kreisständen.

---

[116] StAB, Rep. ex J8/II, Verz. II, Nr. 85: Brief Nürnbergs an Bischof Georg vom 17. Dez. 1558 (Orig.).

[117] Handbuch der bayer. Geschichte, Bd. 3, 1. München ²1979, S. 212—216.

[118] HARTUNG, FRITZ, a.a.O., S. 230.

BEZIEHUNGEN DES BAMBERGER RATS ZUR REICHSKANZLEI

Anmerkungen zu einem Schreiben Caspar Schlicks während des Immunitätenstreits

von

Michael Mahr

Unter den Ende 1982 vom Stadtarchiv Bamberg erworbenen Sammlungsbeständen aus dem Germanischen Nationalmuseum[1] findet sich ein an *Den ersamen, weisen burgermeister und rat der stat zu Bamberg, meinen sundern guten freunden* gerichtetes Schreiben folgenden Inhalts[2]:

1 Mein fruntlichen dinst zuvor. Ersamen, weisen, besundern guten freunde. Als
2 ir mir geschriben habt von wegen ewrer sache, wie sich die bey dem babst und
3 dem concilio bißher verloffen hat und bitt dorinne hilff und furdrung, also
4 lasse ich euch wissen, das ich gantzen vleis getan hab, damit die sach an unsern
5 herren den keiser komen ist. Und sein gnad hat nach rat der gelerten unserm
6 heiligen vater dem babst schreiben lassen nach laut der abschrift hierinne
7 verslossen, denselben brief ich euch hiebey sende, damit zu halden, als euch
8 dann am besten duncken wirdet. Dann von Jorgens von Schawnbergs
9 wegen sende ich euch auch einen brief an den herzogen von Sassen, damit
10 ir auch handeln moget nach ewrem gutduncken. Dann von des gerichts
11 wegen etc., dorinne verzeichet sein gnad, bis er vernumet, wie es sich uff
12 dem tag zu Liechtenfels ergeet, und das moget ir seinen gnaden dester palder
13 zu wissen tun. Und als ir begert, das hertzog Sigmund von Sassen seinem
14 bruder schreibe in den obgenanten sachen, also wisset, das hertzog Sigmund
15 ytzund nicht zu hofe, sunder zu Wienn ist, also das es ytzund nicht gesein
16 mocht. Was aber hinfur zu tun ist, das mogt ir mir schreiben, dorinne wil ich
17 euch dinstlich und furderlich sein nach meinem besten vermögen, wann,
18 worynne ich euch gedienen mag, des bin ich alltzit willig. Geben zu
19 Turnaw an donerstag vor dem heiligen pfingsttag.
20   Caspar Sligk, ritter, oberster cantzler,
21   burggraf zu Eger und zum Elbogen

---

[1] Den Hinweis verdanke ich meinem Freund, Herrn Archivrat Dr. Robert Zink, vom Stadtarchiv Bamberg.

[2] Stadtarchiv Bamberg, Rep. B 4, Nr. 84. — Die zitierte zeitgenössische Adresse steht auf der Rückseite des Briefes, der in der üblichen Weise gefaltet ist und ein durch eine Papieroblate geschütztes, teilweise erhaltenes Verschlußsiegel trägt. Auf der Vorderseite finden sich unter der Subskriptio Bleistiftvermerke von späterer Hand, die folgende Stichwörter aus dem Schreiben aufgreifen: *Caspar Slick, Ritter, Oberstkanzler, Burggraf zu Eger an Bürgermeister und Rath zu Bamberg. Concilium. Jorg v. Schaumberg. Herz. Siegmund v. Sachsen. Landtag von Lichtenfels. Donnerst. vor dem h. Pfingsttag.* In der Transkription wurden die Satzzeichen gegenwärtig geltenden Regelungen angeglichen; daraus ergibt sich die Großschreibung von Wörtern am Satzanfang. Weiterhin groß geschrieben sind Eigennamen. Klein geschrieben sind alle anderen Substantive sowie einzelne Großbuchstaben innerhalb eines Wortes. Ansonsten wurde die originale Orthographie beibehalten.

Der Unterzeichnende ist kein geringerer als Caspar Schlick, Reichskanzler unter Kaiser Sigismund und später auch unter dessen Nachfolgern, Albrecht II. und Friedrich III.[3] Der Inhalt des Briefes weist von der Sache und den genannten Personen her unmißverständlich in die Zeit des Bamberger Immunitätenstreites[4].

Die seit dem 13. Jahrhundert zwischen Civitas und Immunitäten bestehenden Querelen um die Frage nach einer Vereinheitlichung der Gebiete in fortifikatorischer, steuerlicher und rechtlicher Hinsicht geraten angesichts des Hussiteneinfalls von 1430 und nur durch eine hohe Geldsumme von 1200 Gulden zu verhindernde Plünderung der Stadt in der Folgezeit zu einer massiven Auseinandersetzung zwischen Bischof und Domkapitel einerseits sowie der Bürgerschaft andererseits. Denn obwohl die Forderungen des Rats nach einer ausreichenden Befestigung der Stadt, nach Selbstbesteuerung unter Einbeziehung der Immunitätenbewohner und nach Vereinheitlichung der Gerichte in der gegebenen Notsituation anfänglich von Bischof und Domkapitel akzeptiert wurden, sahen in erster Linie die Domherrn ihre Machtpositionen und Sonderrechte spätestens zu dem Zeitpunkt beschnitten, als der Bürgerschaft genau diese Forderungen in der sog. Goldenen Bulle König Sigismunds vom 23. April 1431 bestätigt wurden. Der Streit des Rates mit Bischof und Domkapitel um die Anerkennung der darin bestätigten Privilegien dauerte knapp zehn Jahre und endete mit einer Niederlage für die Bürgerschaft.

Was mag Caspar Schlick zu diesem Schreiben veranlaßt haben, und zu welchem Zeitpunkt wurde es verfaßt? Welche Rolle spielen (in der Reihenfolge der Nennung) der Papst, das Konzil, der Kaiser, Georg von Schaumberg, der Herzog Sigmund von Sachsen und dessen Bruder? Ich will versuchen, den im Schreiben Caspar Schlicks angedeuteten Sachverhalt vor dem Hintergrund der dreißiger Jahre des 15. Jahrhunderts, der Zeit des Bamberger Immunitätenstreites, zu erläutern und damit zugleich eine genaue Datierung dieses Schreibens ermöglichen. Darüber hinaus könnte die folgende Untersuchung eine Anregung sein, der Frage nach dem unerwarteten Ausgang dieser Auseinandersetzung unter bisher nicht beachteten Perspektiven nachzugehen.

Die Tatsache, daß Caspar Schlick den Bamberger Rat mit *Briefen* unterstützt und im Begleitschreiben seinen Willen bekundet, sich für die Sache der Bamberger Civitas einzusetzen, überrascht wohl nur deshalb, weil direkte schriftliche Zeugnisse von derartiger Beratertätigkeit selten sind. Unter den gegebenen Umständen allerdings kann man solches Verhalten sogar erwarten, denn schließlich erhielt Caspar Schlick ab Mai 1431 von der Stadt Bamberg zeitlebens eine jährliche Leibrente von immerhin 30 Gulden rheinisch für *die loblichen liebe, hilffe und furderunge, die uns und der benanten stat Bamberg ... herr Caspar Sligk unsers ... kunigs unterkanczler vorderlichen beweißt*

---

[3] Zur Biographie Caspar Schlicks und dessen Tätigkeit in der Kanzlei: Vgl. HUFNAGEL, O., Caspar Schlick als Kanzler Friedrichs III., in: MIÖG, Erg. Bd. 8, 1911, S. 253 ff.; ZECHEL, A., Studien über Caspar Schlick, Prag 1939; ferner: BRESSLAU, H., Handbuch der Urkundenlehre für Deutschland und Italien, Bd. 1, 2. Aufl. Leipzig 1912, S. 400; LINDNER, TH., Das Urkundenwesen Karls IV. und seiner Nachfolger (1346—1437), Stuttgart 1882, S. 36 ff. Außerdem sei hingewiesen auf eine trotz mehrmaliger Anforderung mir nicht zugängliche ungedruckte Dissertation: FORSTREITER, E.: Die deutsche Reichskanzlei und deren Nebenkanzleien unter Kaiser Sigmund von Luxemburg. Das Kanzleipersonal und dessen Organisation. Ein Beitrag zur Geschichte der deutschen Reichskanzlei im späteren Mittelalter, Diss. phil. (masch.), Wien 1924.

[4] Vgl. CHROUST, A., Chroniken der Stadt Bamberg, 1. Hälfte: Chronik des Bamberger Immunitätenstreites von 1430—1435, Leipzig 1907; NEUKAM, W., Immunitäten und Civitas in Bamberg von der Gründung des Bistums 1007 bis zum Ausgang des Immunitätenstreites 1440, in: BHVB 78 (1922/24), S. 195 ff.; PFÄNDTNER, B., Die Belagerung Bambergs im Jahre 1435. Ein zeitgenössisches Gedicht, eingeleitet und kommentiert, in: BHVB 118 (1982), S. 83 ff.

und geton hat und hinfur in kunfftigen zeiten mit der hilffe gotes wol tun mag . . .[5]. Mit Sicherheit ist diese Leibrente in erster Linie eine Anerkennung für die Goldene Bulle Sigismunds, — in welcher der Bamberger Civitas nicht nur alle geforderten Rechte gegenüber Bischof und Immunitäten eingeräumt wurden, sondern in der auch stillschweigend von einer ursprünglich vorgesehenen Huldigung der Stadt an das Domkapitel nicht mehr die Rede war[6] —, denn offenbar hatte Schlick maßgeblichen Anteil am Zustandekommen dieses stadtgünstigen Privilegs. Die Goldene Bulle wird am 31. Mai 1433 von Sigismund, seit diesem Tag Kaiser, bestätigt[7]. In mehreren Schreiben an den jeweiligen Bamberger Bischof (Friedrich von Aufseß, seit 1432 Anton von Rotenhan), das Domkapitel und das Konzil in Basel, alle von Caspar Schlick *Ad mandatum domini regis* ausgefertigt, werden die betreffenden Personen und Institutionen zur Anerkennung dieser Goldenen Bulle angehalten[8]. Diese Vorgänge zeigen, daß sich die Stadt Bamberg ihrer bestätigten Rechte keineswegs sicher sein konnte und, wie in dem Zertifikat für die Leibrente Schlicks angedeutet, auf Unterstützung der königlichen bzw. kaiserlichen Kanzlei weiterhin angewiesen war. Daß dabei von den jeweiligen Bittstellern Zahlungen in Form von Renten oder größeren Summen getätigt wurden, ist nichts Außergewöhnliches. So werden z. B. 1422 verschiedene Mitglieder der Kanzlei, u. a. Caspar Schlick, vom Nürnberger Rat mit Geldgeschenken bedacht; der damalige Kanzler, Bischof Georg von Passau, erhält 50 Gulden, weitere Protonotare bekommen zwischen 10 und 32 Gulden, Schlick selbst ist noch namentlich genannt mit einer Zuweisung von 8 Gulden, die *gemein Kanzlei* erhält 24 Gulden[9]. Die Städte Straßburg, Köln, Frankfurt, Nürnberg u. a. verfahren 1433 zwecks Privilegienbestätigung auf dem Baseler Konzil in gleicher Weise: Der Kanzler und das übrige Personal erhalten Beträge zwischen 100 und 400 Gulden[10]. Mit Bestechung dürften derartige Zuwendungen kaum etwas zu tun gehabt haben[11], — man müßte schon erstens eine zeitferne, moderne, erst im aufgeklärten Absolutismus sich konstituierende Auffassung von Beamtentum voraussetzen und zweitens bei der Häufigkeit dieser Praktiken an eine permanente Korruption großen Stils glauben —, schon eher mit der Tatsache, daß in einer Zeit der aufkommenden Geldwirtschaft diese Form der Bezahlung ganz einfach adäquat erschien, um eine Dienstleistung angemessen zu honorieren[12]. Daß solche Zuwendungen nicht nur an den Kaiser, sondern auch an seine Kanzlei erfolgten, läßt allerdings auch den Einfluß erahnen, den ein als Berater des Königs fungierender Kanzler und sein Personal auf die Politik nehmen konnte. Die verzögerte bzw. forcierte Behandlung einer Angele-

---

[5] Stadtarchiv Bamberg, Rep. A 21, Nr. 1431 Mai 7; Abdruck bei Chroust, a.a.O., S. 191. Falls Schlick die Leibrente tatsächlich bis zu seinem Tode im Jahr 1449 ausbezahlt bekam, so hätte er von der Stadt 540 Gulden erhalten.

[6] Stadtarchiv Bamberg, Rep. A 24, Nr. 1431 April 23; Abdruck bei Chroust, a.a.O., S. 32 ff.

[7] Pfändtner, a.a.O., S. 86.

[8] Vgl. Chroust, a.a.O., S. 192 ff.; vor allem die Beilagen Nrr. 10, 11, 18, 23, 25, 40, 41, 42; zur differenzierten Haltung von Bischof und Domkapitel im Immunitätenstreit: ebd., S. XLVIII; zur Entwicklung der Beziehungen zwischen Kaiser, Papst und Konzil in der Bamberger Streitfrage: Vgl. ebd., S. LVII f.

[9] Vgl. Zechel, a.a.O., S. 33 f.

[10] Vgl. ebd., S. 134 f. und viele weitere Beispiele ebd. passim.

[11] Vgl. ebd., S. 116 ff.; Zechel weist hier den mancherseits erhobenen Vorwurf der Bestechung zurück, begründet dies allerdings lediglich mit, möglicherweise zutreffend, moralischen Qualitäten Schlicks.

[12] Vgl. dazu Lindner, a.a.O., S. 147: Lindner spricht hier von einer möglichen Taxenordnung, ohne allerdings genaue Angaben machen zu können. Hinweise dazu auch bei Klauser/Meyer, Clavis mediaevalis, Wiesbaden 1966, S. 129 f.

genheit oder die juristische Diktion einer Urkunde boten einer Kanzlei sicher Spielräume, deren Nutzung von Geldzahlungen nicht unabhängig gewesen sein mag. Die Gewährung speziell einer Leibrente mag für Bamberg darin begründet sein, daß die Stadt eine größere Geldsumme auf einmal zu diesem Zeitpunkt nicht aufbringen konnte bzw. wollte, oder man wußte ohnehin, daß zur Durchsetzung eines solchen, die Erwartungen des Rats übertreffenden Privilegs, wie es die Goldene Bulle von 1431 war, die langjährige Unterstützung eines einflußreichen Kanzleibeamten benötigt würde.

Das eingangs erwähnte Schreiben Caspar Schlicks an Bamberg läßt uns jedenfalls nicht im unklaren darüber, daß eine Reihe von Personen und Institutionen gewonnen werden mußten, um die *Sache* Bambergs im Sinne der Bürgerschaft durchzusetzen. Letztendlich jedoch nutzten dem Rat seine Beziehungen zu Caspar Schlick nichts, denn wir wissen, daß die Civitas ihre Hoffnungen, die in der Goldenen Bulle bestätigten Rechte gegen Bischof und Immunitäten zu behaupten, mit der kaiserlichen Beurkundung eines Rechtsspruchs der im Hofgericht zu Eger versammelten Kurfürsten und Fürsten am 26. Juli 1437 begraben mußte[13]. Hier sind die alten Rechte des Bischofs und z. T. der Immunitäten wieder anerkannt, insbesondere ist die inzwischen begonnene Stadtmauer zu schleifen, so daß faktisch die Bestimmungen der Goldenen Bulle von 1431 aufgehoben sind[14]. Bezeichnenderweise unterfertigt diese Urkunde nicht der Kanzler Caspar Schlick, sondern der Protonotar Hermann Hecht. Auffallend ist dieser Umstand deshalb, weil zwischen 1430 und 1436 der ganz überwiegende Teil aller Kanzleiunterfertigungen, insbesondere alle Bamberg betreffenden Sachen[15], den Namen Schlicks tragen[16]. 1437 dagegen unterfertigt Schlick nur 15 von etwa 150 Urkunden.

Lassen wir den möglichen Grund von Schlicks Zurückhaltung vorläufig beiseite, so steckt jedenfalls der bisher beschriebene Sachverhalt den zeitlichen Rahmen für die Datierung des Schlickschen Schreibens ab: Vor 1431 hätte Schlick wohl kaum eine Veranlassung zu einer derart gezielten Beratertätigkeit gehabt und nach 1437 gab es für die Stadt Bamberg in dieser Angelegenheit nichts mehr zu tun, zumal wir wissen, daß die Bürgerschaft 1439 endgültig die Rechtsverhältnisse, wie sie vor der Goldenen Bulle bestanden, anerkennen mußte.

Legt man nun den angegebenen Datierungsrahmen zugrunde, so ergeben sich für unser Schreiben zwangsläufig nähere zeitliche Bestimmungen. Schlick teilte mit, daß er sich in der Bamberger Angelegenheit um das Wohlwollen des Kaisers bemüht habe; ein unmißverständlicher Hinweis darauf, daß der Brief frühestens im Juni 1433 geschrieben sein kann, denn Sigismund wird erst am 31. Mai 1433 zum Kaiser gekrönt[17].

Weiteren Aufschluß gibt die Subscriptio Schlicks. *Burggraf zu Eger* darf er sich seit dem 16. Oktober 1430 nennen[18], aber die Erhebung zum *Ritter* erfolgt erst mit der Kai-

---

[13] Vgl. CHROUST, a.a.O., S. 325 ff., Beilage Nr. 57; 1439 war der Streit endgültig entschieden: vgl. ebd., S. 353 ff., Beilage Nr. 63.

[14] Über das Verhältnis von Bischof, Domkapitel/Immunitäten und Civitas: vgl. REINDL, A., Die vier Immunitäten des Domkapitels zu Bamberg, in: BHVB 105 (1969), S. 228 u. 237 ff. Zur Dominanz des Domkapitels unter den Immunitäten vgl. auch CHROUST, a.a.O., S. XXX.

[15] Bei der ersten, Bamberg betreffenden Urkunde, die seit der Goldenen Bulle von 1431 nicht von Schlick, sondern vom Protonotar Marquardus Brisacher unterfertigt ist (Prag, 9. Okt. 1436), handelt es sich um ein Gebot Kaiser Sigismunds an Bürgermeister und Rat, dem Domkapitel vorläufig keine Steuern zu zahlen. Vgl. CHROUST, a.a.O., S. 311 f., Beilage Nr. 54.

[16] Vgl. ZECHEL, a.a.O., S. 43 ff., über Anzahl und Praxis der Unterfertigung von Urkunden. Schlick unterfertigt als Protonotar erstmals am 4. Juli 1427 eine königliche Urkunde.

[17] ebd., S. 119.

[18] Vgl. ebd., S. 65 f.

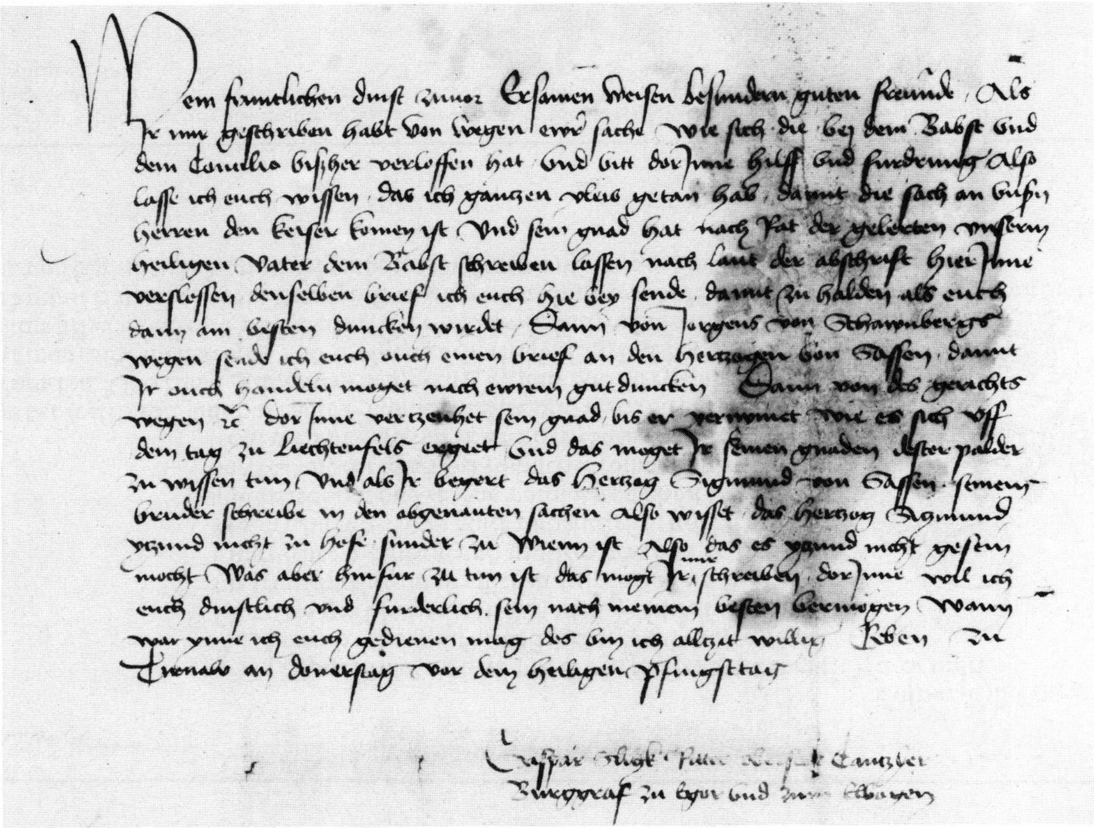

Abb. 1 Originaltext des Schlickschen Schreibens. Aus: Stadtarchiv Bamberg, Rep. B 4, Nr. 84.

Caspar schlick dreyer keiser cantzler

Aspar schlick ein herr vnder den fürsten genant auß
einer welhin grafen geschlechts vnnd auß eine reich-
schen des geschlechts von Lazan in Francken gepon was
ein synnschickliche mañ. süsses gesprächs. ein liebhaber
schrifftlicher weyßheit. vnd zu allem dem das er handlet
wolgeschickt. denn das glück vnd auch sein geschicklickheyt
also erhebt hat das er (das vormals vnerhört was) dreyer
nach einander regirender römischer könig cantzley verweser geweßt ist. So hat er eins hertzogen auß der Schlesi-
scher zu der ee gehabt. Jme hat kaiser Sigmund Eger vnd Elnbogen vnd andere
stett in Francken. Vnd könig Albrecht in hungern Calesum vnd Weyßkirchen gegeben. Diser man muß ein herrliche vnd wolgespreschliche synnschicklickheit vnd sunde-
re güte natur geha'st haben. 8 vnd sowl in sytt einãder vngleichen kaisern in gleicher
grad vnd gunst sich amügel leben. Doch diß maiis fretintschaft wardt Eneas pius zu bischofflicher wirdigkeit
gefurdert. von dar nen ime die nachfolgende wirdigkeiten entsprungen sind.

Abb. 2 Holzschnitt, Caspar Schlick mit den Siegeln dreier Kaiser darstellend, nebst kurzer Charakteristik. Aus: Schedel, Hartmann, Register des Buches der Chroniken und Geschichten. Mit Figuren und Bildnissen . . . München 1975, Bl. CCXL (Nachdruck der Ausgabe Nürnberg 1493).

serkrönung am 31. Mai 1433[19], und die Ernennung zum *obersten Kanzler* — Schlick war der erste Laie auf diesem bisher nur von hohen Geistlichen besetzten Posten[20] — fällt möglicherweise mit dem letztgenannten Datum zusammen, kann aber mit Sicherheit spätestens für den 22. Juni 1433 angenommen werden[21]. Schließlich erhält Schlick die Elbogener Burggrafschaft am 28. September 1434[22], so daß hiermit für die Datierung unseres Schreibens ein weiterer Termin post quem feststeht. Überblicken wir unsere bisherigen Ausführungen, so fällt das Schreiben Schlicks in die Zeit zwischen dem 28. September 1434 und dem 26. Juli 1437, d. h. für den genannten *Donnerstag vor Pfingsten* kommen nur noch die Jahre 1435, 1436 oder 1437 in Frage.

Beim Stand der bisherigen Überlegungen liefert uns nun der erwähnte *Tag zu Lichtenfels* einen weiteren entscheidenden Anhaltspunkt. Offenkundig ist das Schreiben Schlicks kurze Zeit vor diesem Tag zu Lichtenfels, von dessen Ergebnis der Kaiser möglichst bald unterrichtet werden soll, entstanden. Die Frage ist also, gab es in der zur Debatte stehenden Zeit einen solchen Tag zu Lichtenfels, und stehen die genannten Personen und Fakten in einem Zusammenhang hiermit? In der Tat ist in den bisher bekannten Quellen aus dieser Zeit und der entsprechenden Literatur darüber ein solcher Tag zu Lichtenfels zweimal nachgewiesen, und zwar im Jahre 1435. Das erste Mal am 2. Januar: Die hier vergeblich geführten Ausgleichsverhandlungen zwischen Bischof Rotenhan und der Stadt führen zur Verhängung des Banns über die Stadtbewohner durch den Bischof; die Reaktion der Stadt ist eine Appellation an den Papst, um vom Bann loszukommen[23]; die Lossprechungsurkunde Eugens IV. vom 25. Februar 1435 trifft am 11. Mai in Bamberg ein[24]. Das zweite Mal am 13. Juni: Hier scheitern die von Kurfürst Friedrich von Sachsen u. a. geführten Ausgleichsverhandlungen zwischen dem Bischof und der Stadt ebenfalls[25]; der weitere Verlauf der Auseinandersetzungen mündet vorläufig in die Erstürmung des Michelsberges durch die Stadtbürger und die darauffolgende Belagerung Bambergs durch ein von Bischof und Domkapitel geführtes Heer[26]. Daß sich Bischof, Domkapitel und Stadt am 13. Juni 1435 tatsächlich zu Ausgleichsverhandlungen in Lichtenfels getroffen haben, geht auch aus einer Bevollmächtigung von *burgermeister, rate, burger und gemeyne der stat Bamberg* für die Personen hervor, welche die Stadt bei dem vom Kurfürst und Herzog von Sachsen nach Lichtenfels ausgeschriebenen Tag vertreten sollen; das Datum dieser Bevollmächtigungsur-

---

[19] Vgl. ebd., S. 120.
[20] Vgl. BRESSLAU, a.a.O., S. 400.
[21] Vgl. SCHELLHASS, K., Das Vicekanzellariat Kaspar Schlick's(sic!), in: Deutsche Zeitschrift für Geschichtswissenschaft Bd. 4 (1890), S. 350; Schlick führt den Titel *Vicekanzler* erstmals 1429 in einem Schreiben an Kfst. Friedrich I. von Brandenburg, 1432 zeichnet er erstmals eine königliche Urkunde mit diesem Titel und im Juni 1433 zeichnet er erstmals als *Kanzler*. — Vgl. ebenso ZECHEL, a.a.O., S. 121. — Über die Praxis der Datierung von Urkunden vgl. auch LINDNER, a.a.O., S. 190 ff.
[22] Vgl. ZECHEL, a.a.O., S. 144 f. — Ob es sich bei dem Ausstellungsort des Schreibens um das in der Burggrafschaft Nürnberg gelegene Thurnau bei Bayreuth handelt oder um das böhmische Turnau an der Iser, konnte leider nicht ermittelt werden. Für einen möglichen Aufenthalt Schlicks könnten beide Orte in Frage kommen; vgl. ebd., S. 142 f.
[23] Vgl. GUTTENBERG, E. FRHR. VON, Das Bistum Bamberg. Erster Teil, Berlin 1937, S. 254 sowie CHROUST, a.a.O., S. 159 f.
[24] CHROUST, a.a.O., S. 168.
[25] Vgl. GUTTENBERG, a.a.O., S. 254 sowie CHROUST, a.a.O., S. 291, Beilagen Nrr. 46 und 46 a.
[26] Vgl. PFÄNDTNER, a.a.O., S. 88 ff, der ein aus diesem Anlaß entstandenes, zeitgenössisches Gedicht kommentiert.

kunde für Heinz Tockler, Klaus Haller, Eberhard Clieber und fünf weitere Mitglieder ist mit dem 11. Juni 1435 angegeben[27].

Damit sind wir, zumindest was die Datierung unseres Schreibens angeht, am Ziel: Es ist evident, daß der Januartermin für den im Brief erwähnten Tag von Lichtenfels ausscheidet und nur der 13. Juni in Betracht kommen kann. Somit muß, da der Pfingstsonntag des Jahres 1435 auf den 5. Juni fällt[28], der *donerstag vor dem heiligen pfingsttag* der 2. Juni 1435 sein.

Mit dieser zeitlichen Fixierung bekommt nun auch der Inhalt des Schreibens deutliche Konturen. Es handelt sich ja um ein Begleitschreiben, das natürlich auf die als bekannt vorausgesetzten Sachverhalte in den erwähnten beigefügten Briefen Bezug nimmt. Die Briefe, zum einen der an den Papst, zum anderen der wohl als Kopie beiliegende an den Herzog von Sachsen, von denen hier die Rede ist, sind bisher nicht bekannt, ebensowenig die dem Schreiben offensichtlich vorausgehende Bittschrift der Bamberger an Schlick, die einige Zeit vor dem 2. Juni 1435 erfolgt sein muß, deren Inhalt sich aber dennoch in groben Zügen erschließen läßt, seit wir das Begleitschreiben Schlicks in Händen haben. Der hier erwähnte Bruder des Herzogs Sigmund von Sachsen[29], — der hält sich gerade in Wien auf —, ist nämlich kein anderer als der Kurfürst und Herzog Friedrich von Sachsen[30], der zu dem Tag von Lichtenfels einlädt. In einem Bericht des Bamberger Rats vom 17. Juni 1435 an die befreundete Stadt Nördlingen über den Verlauf der Lichtenfelser Verhandlungen — man darf wohl davon ausgehen, daß Schlick ebenfalls einen Bericht über die Lichtenfelser Vorgänge erhalten hat — ist dieser Friedrich von Sachsen zusammen mit dem Herzog und Kurfürsten zu Brandenburg (Friedrich I.) ebenfalls genannt, und zwar als Vermittler, dessen Schlichtungsversuche an der *widerparthei*, Domkapitel und Bischof, gescheitert seien[31]. Unter welchen Bedingungen dem Herzog Friedrich von Sachsen an einem Ausgleich zwischen Stadt und Bischof gelegen war, geht aus diesem Bericht nicht hervor; der Gewährsmann der Bamberger Chronik führt uns allerdings Dokumente aus dem Jahre 1433 vor, in denen eine auffällige Interessengleichheit geistlicher und weltlicher Fürsten in der Bamberger Frage zu Tage tritt[32]. Bei einer hier erwähnten Zusammenkunft in Weismain (bei Lichtenfels) an Pfingsten 1433 habe man sich ungefähr 14 Tage beraten und den Herzog von

---

[27] Stadtarchiv Bamberg, HV Rep. 3, Nr. 453; Abdruck bei CHROUST, a.a.O., S. 291, Beilage Nr. 46.

[28] Vgl. GROTEFEND, H.: Taschenbuch der Zeitrechnung des deutschen Mittelalters und der Neuzeit. Hg. von TH. ULRICH, Hannover 1971, S. 197. (Tafel 27)

[29] Vgl. ISENBURG, W. K. PRINZ VON, Stammtafeln zur Geschichte der europäischen Staaten, Bd. I, Marburg 1965, Tafel 45. — Herzog Sigmund von Sachsen tritt bald nach 1436 in den geistlichen Stand, wird am 14. 9. 1439 in das Würzburger Domkapitel aufgenommen und hier am 10. 1. 1440 zum Bischof gewählt, allerdings am 5. 6. 1442 wieder abgesetzt. Zu seiner Biographie vgl. WENDEHORST, A., Das Bistum Würzburg, Teil 2, Berlin 1969, S. 164 ff. — Mir leider nicht zugänglich war die hier zitierte Arbeit von LEIDENFORST, K. FL.: Churfürst Friedrich II. und seine Brüder Herzog Sigismund und Herzog Wilhelm von Sachsen, o. O. 1827.

[30] Nicht zu verwechseln mit dem häufig zwischen Stadt und Bischof als Schlichter auftretenden Kurfürsten und Markgrafen Friedrich I. zu Brandenburg! Zu dessen Biographie vgl. PFÄNDTNER, a.a.O., S. 84, Anm. 8 sowie SCHUHMANN, G., Die Markgrafen von Brandenburg-Ansbach, Ansbach 1980, S. 29 ff.

[31] Vgl. CHROUST, a.a.O., S. 292 f, Beilage Nr. 46 a. — CHROUST erwähnt außerdem (auf S. 276, Beilage Nr. 44) das Exzerpt einer Quelle, deren Original verloren gegangen sein soll. Danach schlägt der Kurfürst und Herzog Friedrich von Sachsen in einem Schreiben dem Rat der Stadt Bamberg Ausgleichsverhandlungen vor, und zwar in Lichtenfels am 13. Juni 1435.

[32] Vgl. CHROUST, a.a.O., S. 101 ff.

Sachsen mit einem Beschwerdebrief an König Sigismund beauftragt. Als Absender dieses Briefs erscheinen *Fridrich und Sigmund gebruder von gots gnaden herzogen zu Sachsen, landgrafen zu Duringen und marggrafen zu Meyssn*[33]. Beschuldigungen Bischof Rotenhans gegen die Bamberger Bürger, Ungehorsam, Eidbruch, gewaltsame Übergriffe u. a. werden vorgebracht, und die beiden Herzöge versichern, daß sie zur Ehre des Königs dem Bamberger Bischof helfen wollten, was soviel bedeutet wie, ihn bei einer Fehde gegen die Stadt unterstützen; *das wern (sie) schuldig und thäten das williglich gern*[34]. In einem Begleitschreiben dazu werden gegen die Bamberger in 22 Artikeln die abstrusesten Beschuldigungen konkretisiert[35]: So sollen die Bürger von Bamberg der *ehrbarn* Frau von Redwitz *übel gehandelt und schmach angeleit* haben, Kinder habe man ungetauft sterben lassen, Chorschüler habe man ins Gefängnis gesteckt, schwangere Frauen *in iren heusern gefangen und ausgezogen und auch ettlich nacket aus dem bade gezogen*. Eine Frau, die in ihrem Haus überfallen worden sein soll, sei vor Schreck gestorben, und daß dies tatsächlich so gewesen ist, habe sie auf dem Sterbebett bestätigt. Neben diesen und anderen angeblichen Schandtaten dürfte aus der Sicht der Fürsten der einzig berechtigte Vorwurf, in Art. 22 als letzter genannt, darin bestanden haben, daß die Bürgerschaft ihrem Bischof nicht huldigen wollte. Diese Einschätzung scheint jedenfalls auch Sigismund, inzwischen Kaiser, gehabt zu haben, da er in vier Antwortschreiben — wer anders sollte sie verfaßt bzw. veranlaßt haben als Caspar Schlick! — an den Herzog von Sachsen, den Markgrafen von Brandenburg, den Bischof von Würzburg und den Bischof von Lebus zu verstehen gibt, daß die Herren gefälligst die Bamberger schützen und nicht befehden sollten: *. . . so heischen und gebieten wir auch dir von kaiserlicher macht ernstlich und vestiglich mit disem brief, das du von solcher vehde ablast und durch dich noch die deinen den von Bamberg kain schaden zuzihest sunder sy schirmst, als wir dir vormals geboten haben . . .*[36]. Die Fürsten mußten nämlich schon im Juli 1431 angemahnt werden, die Verfügungen der Goldenen Bulle zu respektieren und weder dem Bischof, damals noch Friedrich von Aufseß, noch dem Kapitel gegen die Bürger von Bamberg beizustehen[37]. Unterzeichnet war diese Urkunde natürlich von Caspar Schlick. Hierin werden insbesondere die Domherrn ermahnt, sich an die königlichen Bestimmungen zu halten, zumal sie vor deren Fixierung in der Goldenen Bulle — die Folgen des Hussiteneinfalls von 1430 schienen zu der Einsicht einer fortifikatorischen, steuerlichen und damit auch rechtlichen Vereinheitlichung[38] zu zwingen — sich mehrheitlich mit den gleichlautenden städtischen Forderungen einverstanden erklärt hatten.

---

[33] Ebd. S. 102.
[34] Ebd. S. 103.
[35] Die folgenden Zitate ebd. S. 104—107 (Chronik). — CHROUST geht auf S. LVII von der Annahme aus, daß die in der Klagschrift vorgebrachten Beschuldigungen stimmen. Seiner Meinung nach unterstützen die weltlichen Fürsten Bischof und Kapitel in Weismain deshalb, weil sie in ihren Territorien ähnliche Unruhen befürchten. Meiner Meinung nach muß man, zumindest was das Ausmaß der Vorwürfe angeht, an deren Richtigkeit zweifeln. Ich sehe in der Klagschrift eher einen Versuch von Bischof und Kapitel, die Goldene Bulle aus dem Weg zu räumen, und dazu mußte man der Bürgerschaft eben Ungeheuerliches vorwerfen und nachweisen, daß sie sich eines solchen Privilegs weder fähig noch würdig erwiesen hat. Auch die Unterstützung der weltlichen Fürsten ist verständlich, wenn man bedenkt, daß natürlich auch Städte auf deren Territorien Konditionen erstreben könnten, wie sie die Stadt Bamberg mit der Goldenen Bulle besaß.
[36] CHROUST, a.a.O., S. 108.
[37] Vgl. ebd. S. 194 f, Beilage Nr. 11.
[38] Vgl. ebd. S. XLVIII f.

Zu den wenigen, die selbst in der damaligen Situation nicht bereit waren, ihre Rechte an den Immunitäten aufzugeben, gehörte der in unserem Schreiben erwähnte Domherr Jorg von Schaumberg[39]. Dem nicht unmaßgeblichen Einfluß dieses Mannes — der Name dieser Familie taucht im Fränkischen sehr häufig auf — dürfte es hauptsächlich zuzuschreiben sein, alle anderen Domherrn auf die einstige Minderheitsmeinung des Kapitels eingeschworen zu haben. Entscheidender Grund war sicher, daß die Bamberger Bürgerschaft gemäß der Goldenen Bulle nur dem Bischof, nicht dem Domkapitel huldigen mußte[40]. Deshalb verpflichtete ja auch das Domkapitel den Dompropst Anton von Rotenhan vor dessen Wahl zum Bischof, sich mit allen Mitteln um die Kassierung der Goldenen Bulle zu bemühen[41]. Georg von Schaumberg begegnet uns in der Folgezeit jedenfalls immer dann, wenn es darum geht, die Rechte der Immunitäten zu vertreten, insbesondere beim Konzil zu Basel, das dem Papst damals die Führungsrolle streitig machte und zeitweise zu einer mächtigen „Lobby" nicht nur der geistlichen, sondern auch der weltlichen Fürsten wurde, die sich von der Schwächung der Zentralgewalten Kaiser und Papst Vorteile versprachen. So bestellt das Domkapitel in einer Urkunde vom 18. Mai 1432 die Domherrn Dietrich Knebel und Georg von Schaumberg sowie den Magister Nikolaus von Haegh zu bevollmächtigten Prokuratoren beim Basler Konzil in der Sache des Streits mit der Bürgerschaft[42]. Georg von Schaumberg ist es auch, der am 16. Januar 1434 in dieser Sache als Vertreter des Domkapitels dem Konzil *inkorporiert* wird[43]. Auch für die bereits erwähnten Lichtenfelser Verhandlungen am 13. Juni 1435 fungiert er mit drei weiteren Herren als Bevollmächtigter des Kapitels[44]. Schließlich gehört er, wohl bestärkt durch das in diametralem Gegensatz zur Goldenen Bulle stehende Konzilsurteil vom 9. Oktober 1434, verkündet im Erlaß des Bischofs Andreas von Osimo als Exekutor des Urteils am 28. Mai 1435[45], zu denjenigen Domherrn, die den im Juli 1435 unternommenen Vermittlungsversuch des Markgrafen Friedrich in der kriegerischen Auseinandersetzung zwischen Bürgerschaft und Immunitäten ablehnen, obwohl z. B. der Bischof, Anton von Rotenhan, eine Beendigung des Konflikts zu den vorgeschlagenen Konditionen befürwortet[46].

Vergegenwärtigen wir uns nun die politische Situation im unmittelbaren zeitlichen Umfeld der dem Begleitschreiben Schlicks vorausgehenden Bittschrift des Bamberger Rats an den Kanzler. Immer wieder seit 1431 bestätigt Sigismund über seine Kanzlei der Bamberger Bürgerschaft die in der Goldenen Bulle zugeschriebenen Rechte, mahnt weltliche und geistliche Fürsten zur Einhaltung seiner Verfügungen. Selbst beim Konzil in Basel setzen er und Caspar Schlick, so die Erzählung des Aegidius Carlerii[47], sich

---

[39] Vgl. ebd. S. 18. — Zur Biographie Georg von Schaumbergs vgl. KIST, J., Die Matrikel der Geistlichkeit des Bistums Bamberg 1400—1556, Würzburg 1965, S. 348. Georg von Schaumberg ist seit 1408 Domherr in Bamberg, seit 1449 Dompropst und von 1459 bis 1475 Bischof von Bamberg als Nachfolger Anton von Rotenhans.

[40] Vgl. CHROUST, a.a.O., S. 37; begünstigt wurde diese Meinungsänderung wohl auch, als man den Preis von 4000 Gulden erfuhr, den die Stadt für die Bulle bezahlen mußte. Vgl. ebd. S. 50.

[41] Vgl. ebd. S. 203, Beilage Nr. 14.

[42] Vgl. ebd. S. 211 ff, Beilage Nr. 19.

[43] Vgl. ebd. S. 124, Anm. 1.

[44] Vgl. ebd. S. 276, Beilage 44.

[45] Vgl. ebd. S. 270 f und 277 ff, Beilagen Nrr. 43 und 45.

[46] Vgl. PFÄNDTNER, a.a.O., S. 87f.

[47] Vgl. BECKMANN, G. (Hg.), Deutsche Reichstagsakten Bd. 11, Gotha 1898, S. 468 (Nr. 248): ... *quarto quod causas, que non sunt de foro vestro, in prejudicium imperii tractastis et tractatis, ibique inseruit de causa Bambergensi, quomodo concilium non voluit audire cives Bambergenses, quomodo ecclesia Bambergensis fuit fundata, et ibi qualiter erant immunitates et officiales; et eciam*

noch im August 1434 persönlich für die Sache der Bamberger Bürgerschaft ein, indem man u. a. dem Konzil überhaupt das Recht bestreitet, in dieser Angelegenheit zu richten. Dennoch zieht das Konzil den Fall Bamberg an sich und entscheidet nach der Abreise des Kaisers mit dem Urteil vom 9. Oktober 1434 im Sinne von Domkapitel und Bischof. Mit diesem Beschluß im Rücken verhängt Bischof Rotenhan auf dem ersten Tag in Lichtenfels, am 2. Januar 1435, den Bann über die Bamberger Bürgerschaft[48]. Am 5. Februar 1435 kommt der Ratsherr Heinrich Tockler, der die Interessen der Stadt beim Konzil und bei Papst Eugen IV. vertreten hatte, mit der Nachricht nach Bamberg zurück, der Kaiser stehe zu seiner Bulle und der Papst habe das Urteil des Konzils aufgehoben[49]. Dennoch besteht der Bann des auch durch Wahlkapitulationen an das Kapitel gebundenen Bischofs Rotenhan, was die Bürgerschaft veranlaßt, an den Papst zu appellieren, diesen Bann aufzuheben. Eugen IV. stellt daraufhin am 25. Februar 1435 die Lossprechungsurkunde aus, die Bamberger Bürgerschaft erfährt davon am 11. Mai [50]. Am 28. Mai wird das Urteil des Baseler Konzils durch den von Bischof Andreas von Osimo verfügten Erlaß rechtskräftig, wobei Georg von Schaumberg für sich und das Kapitel die entsprechenden urkundlichen Bestätigungen erhält[51]. Die Kontrahenten haben also beide die Rückendeckung der jeweils höchsten Instanzen, die Bürgerschaft die des Kaisers und des Papstes, Bischof und Domkapitel die des Konzils, wenn sie sich am 13. Juni in Lichtenfels treffen. Allerdings können Bischof und Kapitelherren hier mit der durch die Verkündung rechtskräftig gewordenen, brandneuen Bestätigung des Konzilsurteils vom 28. Mai aufwarten, während die Zusicherungen des Papstes und des Kaisers für die Bürgerschaft vor diesem Termin liegen. Demnach erfüllen die im Schlickschen Begleitschreiben vom 2. Juni erwähnten Briefe sehr wahrscheinlich den Zweck, dem Rat die auch nach Verkündung des Konzilsurteils unveränderte Haltung des Kaisers zu bestätigen. Der Rat hatte sich ja, wie aus dem Schreiben hervorgeht, mit der Bitte um Unterstützung an Schlick gewandt, wohl in Anbetracht der herzoglichen Einladung vom 16. Mai für Lichtenfels und angesichts des bevorstehenden, durch die Verkündung am 28. Mai rechtswirksam werdenden Konzilsurteils. Der Kanzler kann nun versichern, daß das Bamberger Anliegen nach wie vor das Wohlwollen des Kaisers hat und daß er dementsprechend dem Papst ein Schreiben zukommen ließ, wovon der Rat eine Abschrift erhält. Bei der bekannten Haltung Eugens IV. in der Bannfrage und bezüglich des Konzilsurteils kann man davon ausgehen, daß es hierbei um nichts anderes als die erneute Bestätigung der Goldenen Bulle durch den Papst ging. Ähnlichen Inhalts, wie schon die Aufforderung vom Februar 1435[52], dürfte das an den Herzog von

---

murata olim fuerat, ut docebat ruina murorum, et ipse volebat, quod ad statum sue primeve fundacionis a sancto Henrico facte reduceretur. de juramento quod fecerant episcopum jurare canonici capituli sui, multum conquerebatur, quia contra antiquam consuetudinem fecerant. (tunc dixit canellarius imperatoris, quod continebant bene unum sexternum). deinde dicebat imperator: „cum modo agatur de realitate fundacionis ecclesie, de pertinentibus ad regalia, scilicet muris moneta et theoloneis, omnino ista causa pertinet ad nos;" ...

[48] Vgl. CHROUST, a.a.O., S. 159 sowie oben Anm. 23.
[49] Vgl. ebd. S. 160; was die vermeintlichen und tatsächlichen Gründe für Eugens IV. bürgerfreundliche Politik betrifft, vgl. ebd. S. LXV.
[50] Vgl. GUTTENBERG, a.a.O., S. 254.
[51] Vgl. CHROUST, a.a.O., S. 290, Beilage Nr. 45.
[52] Ebd. S. 161: Die Bamberger Chronik berichtet, daß der Kaiser schon im Februar 1435 *vil briefen von der von Bamberg sach wegen (sant). Er schreib dem herzogen von Sachsen, dem marggraven von Brandenburg, dem bischoff und pflegern zu Wurtzburg, dem bischoff von Bamberg ... Er vermant sie ernstlich, bei seinen hulden, wider sein ordnung und gesetz, die er den von Bamberg hett gegeben, nicht zu thun sundern den beistendig, behilflich und geratten zu sein.*

Sachsen gerichtete Schreiben sein, in dem der Kaiser wohl zum Ausdruck bringt, daß er abwarten will *(verzeichet sein gnad),* bis das Lichtenfelser Ergebnis vorliegt. Erinnert man sich an das gemeinsame Vorgehen der geistlichen und weltlichen Herren in Weismain mit der Klagschrift von 1433, so ist es sicher kein Zufall, wenn im Schlickschen Schreiben der Herzog von Sachsen und Georg von Schaumberg als Exponenten einer gegen die Interessen der Civitas gerichteten Politik genannt sind. Offenbar sollen das in Lichtenfels tagende Gericht, auf dem der Herzog von Sachsen den Vorsitz führt, und Georg von Schaumberg, die bestimmende Figur des Domkapitels, in ihrer Einschätzung und Haltung wieder einmal auf die kaiserliche Position verpflichtet werden[53], und zwar trotz des aus der Sicht des Konzils rechtskräftigen Urteils vom 28. Mai.

Wir wissen nun aber aus dem oben erwähnten Bericht des Bamberger Rats an die Stadt Nördlingen, daß man in Lichtenfels dennoch nicht zu einer Einigung gekommen ist. Immerhin hat die Bamberger Bürgerschaft zunächst weiterhin das Wohlwollen des Kaisers und vor allem die im Begleitschreiben versprochene Unterstützung Schlicks: *Was aber hinfur zu tun ist, das mogt ir mir schreiben, dorinne wil ich euch dinstlich und furderlich sein nach meinem besten vermögen...* Daß sich in der unmittelbaren Folgezeit an der Haltung des Kaisers gegenüber dem Bamberger Rat tatsächlich nichts ändert, zeigt zum einen seine am 5. Oktober 1436 ausgesprochene Vorladung an das Domkapitel, das sich wegen Mißachtung der in der Goldenen Bulle getroffenen Anordnungen verantworten muß, sowie zum anderen die wenige Tage später, am 9. Oktober 1436, an Rat und Bürgermeister erlassene Verfügung, dem in Strafe verfallenen Domkapitel keine Steuern zu zahlen[54]. Insofern muß die Bestätigung des bekannten Egerer Urteilsspruchs vom 26. Juli 1437 überraschen, da sie praktisch die Zurücknahme der Goldenen Bulle bedeutet. Aufgrund welcher Umstände konnte es Bischof Rotenhan bereits im Oktober 1436, also unmittelbar nach den beiden für den Rat günstigen Verfügungen, gelingen, den Kaiser zum Einlenken in seinem und des Domkapitels Sinne zu bewegen[55]? Wie war es möglich, daß der Rat von da an immer mehr ins Hintertreffen geriet und schließlich 1439 Regelungen zustimmen mußte, die den Verhältnissen vor 1430 entsprachen[56]? Daß der Ablauf der politischen Ereignisse in Bamberg jetzt gerade diese Richtung einnimmt, überrascht auch vor dem Hintergrund der politischen „Großwetterlage". Verliert doch gerade das Konzil, jene Autorität, die in der Bamberger Streitfrage Bischof und Domkapitel stützte, zunehmend an Einfluß, bis zum Sieg Eugens IV. über die Anhänger des Konziliarismus[57].

Was die Bamberger Situation betrifft, so fällt jedenfalls auf, daß die kaiserlichen Schreiben an die Stadt ab 1436 nicht mehr von Schlick unterfertigt sind. Während Schlick noch 1435 bei Kanzleischreiben 34mal urkundet, — gegenüber Kalde und Brisacher je siebenmal und Hecht fünfmal — verschiebt sich das Verhältnis 1436 erheblich zugunsten anderer Subskribenten: In diesem Jahr unterfertigt Schlick nur noch 20mal, gegenüber Brisacher 26mal und Kalde 19mal[58]. Dies könnte ein Hinweis entweder auf einen zeitweilig verminderten Einfluß oder ein bewußtes Kürzertreten Schlicks sein.

---

[53] Weshalb der Rat Wert darauf legen könnte, daß Herzog Sigmund von Sachsen seinem Bruder Friedrich, der den Tag zu Lichtenfels einberuft, schreiben sollte, konnte nicht eruiert werden.
[54] Vgl. CHROUST, a.a.O., S. 310 ff, Beilagen Nrr. 53 und 54.
[55] Vgl. MAIERHÖFER, I., Bamberg. Geschichte und Kunst, Bamberg 1973, S. 53.
[56] Diese bisher nicht geklärte Frage stellt zuletzt PFÄNDTNER, a.a.O., S. 88. — Was die vorläufige Beurteilung des Ergebnisses von 1439 betrifft, vgl. CHROUST, a.a.O., S. LXVII ff.
[57] Vgl. HASSINGER, E.: Das Werden des neuzeitlichen Europa 1300—1600. Braunschweig 1966, S. 8 sowie CHROUST, a.a.O., S. LXV.
[58] Vgl. ZECHEL, a.a.O., S. 44.

Den Fürsten war der Kanzler wegen seiner bekannt städtefreundlichen Haltung jedenfalls schon lange Zeit ein Dorn im Auge, und deshalb verlangten sie auch 1437 von Albrecht II., dem Nachfolger Sigismunds, *das unsers gnedin herrn des Römischen kuniges canzly mit eynem erbern wisen gelerten dutsch geboren prelaten bestalt werde*...[59], eine deutliche Spitze gegen Schlick, der als erster Laie auf diesem Posten zudem noch böhmischer Landsmann war. Albrecht II. wollte dennoch nicht auf die Mitarbeit Schlicks verzichten. Der alte und neue Kanzler betrieb auch unter seiner Regierung eine städtefreundliche Politik, wie schon unter Sigismund und zuletzt auf dem Egerer Reichstag von 1437, wo die meisten Beschlüsse städtefreundlich waren[60]. Gerade auf diesem Reichstag aber erfolgte ja nun die Zurücknahme der Goldenen Bulle für Bamberg. War dies eine Konzession an die Fürsten, eventuell zugunsten anderer Städte, die zahlungskräftiger waren? Oder hielt sich Schlick absichtlich im Hintergrund, um sich nicht zu sehr dem Druck der Fürsten auszusetzen? Warum wurde ausgerechnet Bamberg geopfert? Lag es am Einfluß der mit dieser Angelegenheit seit fünf Jahren befaßten Kurfürsten von Brandenburg und Sachsen?

Die Beantwortung der Frage, warum die politischen und rechtlichen Verhältnisse ausgerechnet 1437 sich sichtbar gegen die Bürgerschaft in Bamberg zu entwickeln beginnen, obwohl es die immer wieder bestätigte Goldene Bulle des Kaisers gab, die auch spätestens seit der Kaiserkrönung Sigismunds die Zustimmung des Papstes hatte, und obwohl der Papst 1437 begann, sich mit seiner Autorität gegenüber dem Konzil durchzusetzen, wird sicher vielschichtig erfolgen müssen. Sie hängt sicher ab von den angedeuteten Machtkonstellationen zwischen Kaiser, Papst und Partikulargewalten, jedoch möchte ich es am Ende meiner Ausführungen nicht versäumen, auf eine spezielle Perspektive hinzuweisen. Meine Vermutung geht nämlich dahin, daß eine eingehende Untersuchung der Biographie Caspar Schlicks sowie der Beziehungen der Stadt — und ab 1436/37 eventuell auch der Beziehungen des Bischofs und des Domkapitels — zur Reichskanzlei einiges zum Verständnis des scheinbar so überraschenden Ausgangs im Bamberger Immunitätenstreit beitragen könnte. Nach Lage der Dinge müßte eigentlich im Zeitraum von Oktober/November 1436 bis Juli/August 1437 eine Korrespondenz zwischen Caspar Schlick und dem Bamberger Rat zu finden sein, oder zumindest Hinweise darauf, die von ganz anderen Tönen bestimmt ist, als sie in unserem Begleitschreiben vom 2. Juni 1435 anklingen.

QUELLEN UND LITERATUR
A) Quellen

Stadtarchiv Bamberg:
Rep. B 4, Nr. 84 (Schreiben Schlicks an den Bamberger Rat)
Rep. A 24, Nr. 1431 April 23 (Goldene Bulle)
Rep. A 21, Nr. 1431 Mai 7 (Leibrente für Caspar Schlick)
HV Rep. 3, Nr. 453 (Ratsdelegation für Lichtenfels)
BECKMANN, G. (Hg.): Deutsche Reichstagsakten Bd. 11. Gotha 1898, Nr. 248.
CHROUST, A. (Hg.): Chroniken der Stadt Bamberg. 1. Hälfte. Chronik des Bamberger Immunitätenstreites von 1430—1435. Leipzig 1907, S. 1—169.
DERS.: ebd. S. 173 ff, Urkunden-Anhang. (im Text zitiert als „Beilage" mit entsprechender Nummer)

---

[59] HUFNAGEL, a.a.O., S. 259; vgl. auch BRESSLAU, a.a.O., S. 400.
[60] Vgl. HUFNAGEL, a.a.O., S. 259.

B) Literatur

BRESSLAU, H.: Handbuch der Urkundenlehre für Deutschland und Italien. 1. Bd. 2. Aufl. Leipzig 1912.
GUTTENBERG, E. FRHR. VON: Das Bistum Bamberg. Erster Teil. Berlin 1937. (= Germania sacra, 2. Abt. 1. Bd, 1. Teil).
ISENBURG, W. K. PRINZ VON: Stammtafeln zur Geschichte der europäischen Staaten Bd. I. Die deutschen Staaten. Marburg 1965, Tafel 45.
HUFNAGEL, O.: Caspar Schlick als Kanzler Friedrichs III. In: MIÖG, Erg. Bd. 8 (1911), S. 253 ff.
KIST, J.: Die Matrikel der Geistlichkeit des Bistums Bamberg. 1400—1556. Würzburg 1965. (= Veröffentlichungen der Gesellschaft für fränkische Geschichte, IV. Reihe, Bd. 7).
LINDNER, TH.: Das Urkundenwesen Karls IV. und seiner Nachfolger (1346—1437). Stuttgart 1882.
MAIERHÖFER, I.: Bamberg. Geschichte und Kunst. Bamberg 1973.
NEUKAM, W.: Immunitäten und Civitas in Bamberg von der Gründung des Bistums 1007 bis zum Ausgang des Immunitätenstreites 1440. In: BHVB 78 (1922/24), S. 195 ff.
PFÄNDTNER, B.: Die Belagerung Bambergs im Jahre 1435. In: BHVB 118 (1982), S. 83 ff.
REINDL, A.: Die vier Immunitäten des Domkapitels zu Bamberg. In: BHVB 105 (1969), S. 213 ff.
SCHELLHASS, K.: Das Vicekanzellariat Kaspar Schlick's(sic). In: Deutsche Zeitschrift für Geschichtswissenschaft, Hg. L. Quidde, Bd. 4. Freiburg i. B. 1890, S. 347 ff.
SCHUHMANN, G.: Die Markgrafen von Brandenburg-Ansbach. Ansbach 1980.
WENDEHORST, A.: Das Bistum Würzburg. Teil 2. Die Bischofsreihe von 1254 bis 1455. Berlin 1969. (= Germania sacra NF 4. Die Bistümer der Kirchenprovinz Mainz. Das Bistum Würzburg. Teil 2).
ZECHEL, A.: Studien über Kaspar Schlick. Prag 1939.

DER BAMBERGER (VORMALS NEUNKIRCHENER) HOF IN NÜRNBERG

von

HORST MIEKISCH

Bamberger Hof, auch Bambergisches Gesandtschaftshaus, ist hinter dem Tetzel (am Pellersgäßchen bei St. Egidien) gelegen, dem Stift Bamberg gehörig und auch mit dessen angemachten Wappen versehen. Diese hervorhebende Bemerkung erhält in einem 1801 erschienenen „Wegweiser für Fremde in Nürnberg" das Haus Tetzelgasse 20 in der Nürnberger Altstadt.[1] In K. LOCHNERS *Topographische Tafeln zur Geschichte der Reichsstadt Nürnberg* wird in Tafel III *Im Aegidien-Viertel* (Tetzelgasse) *nach 1500* ein Lageplan des Viertels dargestellt, in dem der Hof die Bezeichnung *Neunkirchner, später Bamberger Hof* trägt.[2] Bei einem Luftangriff am 2. Januar 1945 wurde dieser Hof — und mit ihm das ganze Viertel — total zerstört, heute stehen etwas eintönige Mietshäuser in dieser Straße, und nichts zeugt mehr von der Existenz des *Bamberger Hofes*.

Weil dieser Hof nach Einführung der Reformation in Nürnberg zu einem Streitobjekt zwischen der Reichsstadt und dem Bamberger Bischof wurde und weil er in späterer Zeit durch die Nutzung als Gesandtschaftshaus für die Bamberger Kreistagsgesandten eine besondere Funktion zugewiesen bekam, hat sich aber in den Archiven von Bamberg und Nürnberg eine große Zahl von Urkunden, Briefen, Akten und Plänen erhalten, so daß eine Übersicht über die Geschichte dieses Hofes und eine Rekonstruktion seines früheren Aussehens und seiner Ausstattung möglich ist.[3]

Die Tetzelgasse galt früher als vornehme Straße, Mitglieder bedeutender Patriziergeschlechter hatten hier ihre Häuser.[4] Wie der Lochner'sche Plan zeigt, war um 1500 der bekannte Buchdrucker A. Koburger unmittelbarer Nachbar des Hofes, der Engelthaler Hof und der Eichstätter Hof lagen ganz in der Nähe.[5]

Wie und in welchem Jahr der Hof an das Augustiner-Chorherrenstift Neunkirchen kam, läßt sich leider nicht mehr feststellen. Nach einem Eintrag in der Totenliste des Stiftes hat ihn der Chorherr Konrad von Ortshofen errichten lassen, der wegen seiner Bautätigkeit in Neunkirchen an dieser Stelle auch als „zweiter Gründer" bezeichnet wird. Konrad von Ortshofen ist seit 1358 in verschiedenen Funktionen als Chorherr

---

(Abkürzungen: StAN = Staatsarchiv Nürnberg; StadtAN = Stadtarchiv Nürnberg; StAB = Staatsarchiv Bamberg)

[1] NOPITSCH, CHRISTIAN CONRAD: Wegweiser für Fremde in Nürnberg oder topographische Beschreibung der Reichsstadt Nürnberg; Nürnberg, 1801, S. 9 f.

[2] LOCHNER, KARL, G. W. (Hrsg.) Topographische Tafeln zur Geschichte der Reichsstadt Nürnberg, Dresden (1874).

[3] Wichtig ist hier vor allem der gesammelte Briefwechsel zwischen Nürnberg und Bamberg aus den Jahren 1525/26 im Staatsarchiv Nürnberg (StAN A-Laden S I, L 30 Nr. 9) und die Dokumenten- und Briefsammlung der Bamberger Hofkammer aus den Jahren 1526 bis 1750 im Staatsarchiv Bamberg (StAB Rep B 54, Nr. 1320 „Neunkirchen — das Bamberger Haus in Nürnberg, der sog. Neunkirchner Hof genannt, betr."). Ergänzungen dazu für die Jahre 1786 bis 1801 finden sich vor allem in dem Aktenband der „Bamberger Obereinnahme" (StAB Rep. B 63, Nr. 411 „Acta das Nürnbergische Haus betreffend").

[4] SCHULZ, F. T.: Nürnberger Bürgerhäuser, Wien 1933, S. 605.

[5] Siehe Anm. 2.

von Neunkirchen bezeugt, er stirbt im Jahre 1395.[6] Erstmals urkundlich erwähnt wird der Hof im Jahre 1410[7], in der Folgezeit halten sich Pröpste und Chorherren wiederholt dort auf, besonders häufig in Kriegszeiten und bei festlichen Gelegenheiten, bei den Heiltumsweisungen werden sie ständig erwähnt.[8]

Der Neunkirchner Hof ist bis 1525 von Steuern und Abgaben befreit, so wie auch andere Klosterhöfe in Nürnberg. Die Chorherren können dort auch Bier ausschenken und Getreide verkaufen.[9] Mit der Einführung der Reformation in Nürnberg im Jahre 1525 enden diese Privilegien.

Am 12. Mai 1525 befiehlt der Rat der Stadt allen Geistlichen in Nürnberg, Bürger zu werden und die bürgerlichen Lasten mitzutragen.[10] Zur gleichen Zeit macht er seine Obrigkeitsrechte auch über die Anwesen auswärtiger Klöster geltend. Außer dem Chorherrenstift Neunkirchen waren das die Klöster Ebrach, Heilbronn, Frauenaurach und Seligenporten. Der Rat verlangt von ihnen, ihre Höfe in der Stadt an Nürnberger Bürger zu verkaufen. Da die jeweiligen Landesherren der Klöster dagegen Beschwerde einlegen, kommt es schließlich zu einem Kompromiß: Die Höfe dürfen Eigentum der Klöster bleiben, ihre Verwalter müssen aber Bürger der Stadt sein oder werden und die gleichen Steuern und Abgaben entrichten wie die übrigen Bürger.[11]

Die Auseinandersetzung um diese Höfe in den Jahren 1525/1526 ist hochinteressant und verdiente eine eigene Untersuchung. Da sich allein für die Auseinandersetzung um den Neunkirchner Hof über 50 Briefe der Reichsstadt und des Bamberger Bischofs Weigand von Redwitz erhalten haben[12], soll hier etwas genauer darauf eingegangen werden. Der Bischof beharrte dabei — grob gesagt — auf dem Rechtsstandpunkt, die Nürnberger dagegen argumentierten mit dem Gedankengut der Reformation und versuchten, psychologisch mit guten Worten und mehr oder weniger starkem Druck, ihren Standpunkt durchzusetzen.

Der Rat hatte nach dem Bauernaufstand dem Propst, der sich im Klosterhof in Nürnberg aufhielt, zwei Boten geschickt und ihn aufgefordert, diesen Hof innerhalb eines Monats an einen Nürnberger Bürger zu verkaufen. Mit dem Hinweis, daß dazu die Erlaubnis des Bischofs von Bamberg notwendig sei und daß dieser wegen seiner Schwierigkeiten (mit den Bauern) zu diesem Zeitpunkt nicht belästigt werden könne, hatte Propst Heinrich um einen Aufschub von einem Monat gebeten, der ihm auch gewährt wurde.[13]

---

[6] StAB Rep. B 113 Nr. 10 f. 84' *Dominus Cunradus de Ortczhoffer obiit 1395 in die S. Maximiliani episcopi, si phas est, bene dicitur secundus fundator in temporalibus, multa bona fecit ecclesia, aedificavit chorum, exaltavit turrim et ecclesiam, fecit lacum per monasterium. Idem construxit domum et curiam Nurembergensem* etc.

[7] StAB B 113 Nr. 6, f. 16.

[8] Nachweise bei SCHNELBÖGL, JULIA: Die Reichskleinodien in Nürnberg; Mitt.d.V.f.Gesch.d. Stadt Nürnberg, Bd. 51; 1962, S. 148.

[9] StAB B 113 Nr. 12, f. 228: für die Jahre 1491 u. 1492 berichtet Propst Konrad Deigel von einer allgemeinen Teuerung in Nürnberg und den sich daraus ergebenden erfolgreichen Verkäufen von Getreide und Getränken durch das Chorherrenstift. StAN A-Laden, S I, L 30 Nr. 9: Der Nürnberger Rat beschließt am 28. Mai 1530 noch: Den von Neunkirchen ist vergundt, sechs vaß Schwabacher biers hie unverungeldt einzulegen und wiederumb auszuziehen.

[10] BENSEN, H. W.: Geschichte des Bauernkrieges in Ostfranken, Erlangen, 1840, S. 359.

[11] FRANZ, EUGEN: Der Ebracher Hof zu Nürnberg, Bamberger Hefte für fränk. Kunst u. Geschichte Nr. 7, Bamberg 1928, S. 9.

[12] StAN A-Laden S I, L 30 Nr. 9 (etwa 45 Briefe, Briefabschriften und Stellungnahmen des Rates der Reichsstadt Nürnberg).

[13] StAN A-Laden S I, L 30 Nr. 9 Ziffer 1.

Nach mehreren weiteren Fristverlängerungen schöpfte der Propst wieder Hoffnung und argumentierte in einem Schreiben mit seinen alten Rechten, mit dem Hinweis, daß er und seine Chorherren viele Speisen und Getränke auch in Nürnberg einkauften und daß er ohne Erlaubnis des Bischofs den Hof gar nicht verkaufen dürfe. Er wies auch darauf hin, daß die anderen Klöster ihre Höfe ebenfalls noch nicht verkauft hätten.[14]

Da der Propst auf ein weiteres Schreiben der Stadt, *... das der closterhof nit so frey und on auflag bleiben könne wie es bisher gewest ...* [15] ausweichend antwortete, drohte der Rat ihm an, den Hof zusperren zu lassen.[16]

Am 1. Dezember 1525 erbot sich Propst Heinrich den Hof mit einem Verwalter zu besetzen, der die gleichen Abgaben wie andere Bürger leisten sollte, für den Fall, daß andere Freihäuser der Stadt ihre alten Privilegien wieder zurückerhalten würden, behielt er sich aber einen Widerruf dieser Zustimmung vor.[17]

Der Rat stimmte dieser Entscheidung noch am gleichen Tag zu und verwies auf den Abt von Ebrach, der die Forderungen der Stadt bereits erfüllt habe.[18] In den folgenden Wochen drängte er mehrmals auf den Vollzug der Übergabe und schlug am 5. Januar schließlich einen Hans Krapf als künftigen Verwalter des Hofes vor, der die gestellten Bedingungen erfüllen konnte.[19]

Am 13. Januar 1526 ließ der Rat dem Propst eine Einverständniserklärung überbringen, in der dieser sich verpflichten sollte, für alle Zeiten auf seine Vorrechte zu verzichten.[20] Mit einem Begleitbrief, in dem er die bisherige Entwicklung schilderte, übersandte der Propst diese Erklärung an den Bamberger Bischof.[21] Auf dessen Protestschreiben gegen die Verminderung der Rechte des Klosters antwortete der Nürnberger Rat am 18. Januar 1526: *... und befremdet uns nicht unzeitlich, dass gedachter Brobst sich unsers furnemen allererst beschweren und E. F. G. diser furderung an uns bewegen solle, dann er der Brobst weiss, dass wir dergleichen nit allein mit seinem, sondern aller*

---

[14] StAN A-Laden S I, L 30 Nr. 9 Ziffer 15.
[15] StAN A-Laden S I, L 30 Nr. 9 (Schreiben vom 1. Nov. 1525).
[16] StAN Ratsbuch Nr. 13, f. 45: Ratsverlaß vom 13. 11. 1525: *Item dem brobst zu Newnkirchen ist von rats wegen zu sagen bevohlen, das ein rat sein ytziges schreibens und widerns seines closters behausung halb ein befremden trag. Sey auch seiner vorgethanen bewilligung und ansuchen entgegen, der ain rat nachzulassen nit gesettigt sein mög. Sondern nochmaln ir begern, die behausung furderlich zu verkauffen oder in ains burger hand zu stellen. Dann wo es in kurtz nicht geschehe, werd ein rat die behausung lassen zusperren.*
[17] StAN A-Laden S I, L 30 Nr. 9, Ziffer 9.
[18] StAN A-Laden S I, L 30 Nr. 9, Ziffer 10 *(... Euren closter hof betreffend nemen wir euer erpitten also an, dass ir solchen hof furderlich mit einem besetzt und bewonen lasst, der unser burger sey oder noch burger werde und nit ainer burgerliche beschwerde, gleich andern unsern burgern trag, sondern auch denselben euern hof gemäss andern gütern, so in unser bürgerlichen botmässigkeit gelegen seyn, zur gewonlichen zeit verlosunge und versteure. In mass auch der apt von Ebrach und andrer, so ir höf bishero in unserer stat behalten, gethan haben und ir gleicherweis zu widersetzen nicht ursach habt ...)*
[19] StAN, Ratsbuch Nr. 13, f. 52ᵛ *(Item dem Brobst zu Newenkirchen ist aus dem rat gesagt, wo er seins closter haus allhie hansen krapfen zustelle, sich desselben verzeyh und derselb krapf burger werd, so will ein rat des zufrieden sein)*
[20] StAN A-Laden, S I, L 30 Nr. 9, Ziffer 14.
[21] StAN A-Laden, S I, L 30 Nr. 9, Ziffer 15 *(... Dieweyl aber solche verschreibung uf ewig zeit sich erstrecken und meinem closter sein herbrachte freyheit dadurch begeben und benommen werden solle, welches ein alienarion ist und geacht wirdet, deren ich on sonder zulassen und erkanntnus Euer F. G. nit zuthun noch zu bewilligen hab, so ersuch und bitt ich E. F. G. als meinen gnedigen herrn, wellen genediglich geruhen, mein closter und mich zu bedenken und aus irem furstlichem ampt thun, das ir geburen will, und mich genediglich berichten lassen, wie ich mich hierin halten soll ...)*

andern closterhöfen in unser statt gelegen, auß einem gueten und rechtmessigen grundt... furgenommen.... achten noch dafür, daß es christlich billich und zu erhaltung gemeines fridens gantz furderlich seye, mitt allen heusern in unser statt gelegen eine gemeine gleichheit durchaus zu gebrauchen, ungeachtet wie es hievor in diesen und andern mehr fällen, nicht zu geringer beschwerung gemeines nutz mag herkommen sein...[22] Der Bischof akzeptierte diese Begründung nicht. Er erklärte, wenn auch der Propst, vielleicht aus Furcht, bereits eine Entscheidung getroffen habe, so sei diese ohne seine, des Bischofs Zustimmung keinesfalls gültig, da dieser Propst ihm in weltlichen und in geistlichen Dingen unterworfen sei. Er selber sei nicht bereit, durch derartige Neuerungen Nachteile in Kauf zu nehmen, er beharre vielmehr auf seinem unzweifelbaren Recht und Herkommen und sei bereit, vor der nächsten Bundesversammlung des Schwäbischen Bundes den Fall vorzutragen und eine Entscheidung herbeiführen zu lassen.[23] Da der Rat aber diese Angelegenheit nicht vor dem Schwäbischen Bund behandelt wissen wollte, führte er in seinem nächsten Schreiben (vom 5. Februar 1526) Gründe an, die den Bischof doch noch zum Nachgeben im guten bewegen sollten. Er behauptete, das betreffende Haus sei gar keine *gefreyete zugehorung des closters*, da es vom Propst an einen Nürnberger verpfändet worden sei. Da diese Verpfändung ohne Zustimmung des Bischofs erfolgt sei, sei nun nicht einzusehen, daß die jetzige Entscheidung der Zustimmung des Bischofs bedürfe. Außerdem gehöre diese Angelegenheit gar nicht vor die Bundesversammlung, auch sei der Neunkirchner Hof der minderwertigste unter allen Höfen der Geistlichkeit in Nürnberg und schon deshalb einen derartigen Streit nicht wert. Dem Propst werde ja der Hof auch nicht weggenommen, er könne ihn jederzeit verkaufen und mit dem Geld ungehindert machen was er wolle. Das Vorgehen des Rates richte sich auch nicht gegen den Propst oder gegen die Geistlichkeit, es sei eine Maßnahme, die der berechtigten Gleichheit der Bürger diene. Drohend wies der Rat dabei noch auf die vergangenen Unruhen in der Zeit des Bauernaufstandes hin.[24] Bischof Weigand ließ sich von diesem Schreiben nicht beeindrucken. Er wies in seinem Antwortschreiben alle von Nürnberg genannten Argumente zurück und beharrte weiterhin auf seinem Rechtsstandpunkt und auf einer Verhandlung vor der Versammlung des Schwäbischen Bundes.[25]

Der Rat versuchte in einem weiteren Schreiben den Bischof zu einer Änderung seiner Haltung zu bewegen und beklagte sich über die Schärfe des letzten Antwortschreibens angesichts einer so geringfügigen Sache: *... und dieweil sich E. F. G. nicht schwer zu erinnern haben, wie gertreulich christlich und furderlich wir uns (one ruhm zu melden) zu der zeit vergangener aufruhren, gegen E. F. G. erzeigt, mitt was getreuem un-*

---

[22] StAN A-Laden, S I, L 30 Nr. 9, Ziffer 16.
[23] StAN A-Laden, S I, L 30 Nr. 9, Ziffer 17.
[24] StAN A-Laden, S I, L 30 Nr. 9 Ziffern 18 u. 19 *(... so ist auch unser gemuth nicht gegen diesen Brobst oder andern, irer heusser und höf halber, in unser statt gelegen einichen sondern nutz oder vortheil zu suchen, sonder vilmehr, billiche gleichheit zu veruhrsachen und das so ohne das hierauß beschwerlichs erfolgen mag, zu verhuten. Sein auch nicht schuldig, von dieses Probsts oder seines hauß wegen, das uber die beschehen verpfandung gantz geringschetzig und das schlechtest unter aller geistlichen heussern unser stat ist, zu gestatten und zuzesehen, daß unser gemein zu unlust und widerwillen bewegt und damit ein anfang eines größern und unertreglichern unfalls, deß wir bey dem Probst mit allem seinem vermögen unergetzt weren, zu bewegen... Und sollten den gedachten probst die vergangene leufft, und was die zeit noch mit sich bringen mag, nicht unzeitlich veruhrsachen, dem glückh nicht so hoch zu vertrauen, als ob es mit ihm oder seines gleichen gar keiner fahr mehr waltet...).*
[25] StAN A-Laden, S I, L 30 Nr. 9, Ziffer 21 (Schreiben vom 9. 2. 1526).

terthenigem und herzlichem vleiß, nicht minder dann ob es unser selbss obliegen belanget hett, wir zu E. F. G. in ihrer höchsten noth gesetzt und unsers achtens dieselben sachen nicht geergert haben. Hetten wir uns furwahr in einer so geringen sach, die wir doch billich für gantz schimpflich und unachtbar nennen muessen, die auch im grundt E. F. G. gar nicht belangen, dieser weitleufftigen und scharpfen schrifft, zuvor aber deß nicht versehen, daß E. F. G. denselbigen geringschetzigen handel, ein unachtbar munchshauß betreffendt, das nicht 200 fl. wehrdt ist, höher dann gemeiner unser statt wollfahrt, ehr und gemeinen nutz . . . begeren . . .

Im Kernteil des Briefes bestritt der Rat aber die Berechtigung der herkömmlichen Privilegien dieser Art überhaupt: *. . . Zu dem, daß ohn zweivel kein christenmensch aus einichem rechtmessigem grundt billichen wirdet, daß zwischen denen, die gar kein beschwerdt tragen, zu gemeinem nutz nicht dienen, niemandt geben und allein nehmen, und sich von dem gemeinen arbeitendten mann ernehren, und dann den jhenem, die ihr brott im schwaiß ihres angesichts gewinnen, tag und nacht muhe und arbeit haben, fahrligkeit der strassen, ihrer gueter, leibs und lebens gewarten und die bürde des tags und der hitz tragen müssen eine solche ungleichheit gehalten werde. . . . und achten dafur, die tegliche grosse enderung der leufft, zeit und personen solte nicht unzeitlich einen ieden verstendigen dahin weisen, sich gleichmessiger enderung, auch der alten gebrauch, zu geschweigen der offentlichen mißbrauch, nicht zu hoch zu beschweren. Dieweil wir uns gewißlich nach dem Wort Gottes und der zeit, wir wollen oder wollen nitt, schicken müssen, und nicht das Wort Gottes und die zeit sich nach uns richten werden . . .*[26]

Beim Streit um den Neunkirchener Hof setzte sich die Stadt schließlich durch. Auf ein weiteres, umfangreiches Schreiben des Bischofs[27] beschloß der Rat, gar keine Antwort mehr zu geben.[28] Bis zum Tode des Propstes Heinrich blieb die Angelegenheit unentschieden, erst mit seinem Nachfolger wurde wieder weiterverhandelt.[29] Der Hof wurde an zwei Bürger übergeben, welche die üblichen Abgaben zu leisten hatten[30], allerdings wurden die Chorherren und später die Bamberger Gesandten von der Getränkesteuer, soweit die ausgeschenkten Getränke dem Eigenbedarf dienten, befreit.[31] Diese Befreiung hat die Stadt aber nie als Rechtsanspruch gelten lassen, sondern nur von Fall zu Fall als freiwillige Gunstbezeugung genehmigt.[32]

Die Auswirkungen der Reformation — lutherisch gesinnte Chorherren im Konvent und Versiegen der Neueintritte ins Stift — und die Schäden und Belastungen, die durch den Bauernkrieg und durch den Markgrafenkrieg von 1552—1554 für das Chorherrenstift Neunkirchen entstanden, führten nach dem Tod des letzten Propstes Augustin Kraus im Jahr 1555 zur Auflösung des Chorherrenstiftes. Neben anderen Gütern hatte Propst Augustin aus wirtschaftlicher Not heraus noch 1554 den Neunkirchner Hof in Nürnberg pfandweise für drei Jahre auf Wiederkauf für 500 Gulden an Nürnberger Bürger verkaufen müssen.[33] Dem Bischof gestand er dabei das Recht zu, den Hof nach

---

[26] StAN A-Laden, S I, L 30 Nr. 9 Ziffer 24 (Schreiben vom 13. Febr. 1526).
[27] StAN A-Laden, S I, L 30 Nr. 9 Schreiben vom 27. Febr. 1526.
[28] StAN A-Laden, S I, L 30 Nr. 9, Ratserlaß vom 1. März 1526.
[29] StAN A-Laden, S I, L 30 Nr. 9 Ratserlaß vom 17. Sept. 1526.
[30] StAN A-Laden, S I, L 30 Nr. 9 Registraturbericht: Auszug aus Ratsmanual; 1549 Urban, Hermann u. Hans Krapf als *besitzer des Neunkirchner hofs* genannt.
[31] StAN A-Laden, S I, L 30 Nr. 9 1529: *den Neunkirchern abermals erlaubt, 6 vaß Schwabacher biers unverungeltet einzulegen und auszuziehen;* 1530: *Den von Neunkirchen ist vergundt, sechs vaß schwobacher biers hie unverungellt einzulegen.*
[32] StAN A-Laden, S I, L 30 Nr. 9 1599.
[33] StAB A 137 L 268 Nr. 217 (an die Nürnberger Bürger Benedikt Sporer und Michael Neubauer als Vormünder für die Kinder des Cuntz Leutzmann zu der Steinpuhel).

dieser Zeit für das Hochstift zu erwerben, wenn das Chorherrenstift innerhalb dieser drei Jahre nicht mehr in der Lage sein sollte, den Hof für die genannte Summe zurückzukaufen.

Nach dem Tod des Propstes Augustin wurde das Stift Neunkirchen an Claus von Egloffstein verpfändet, 1559 aber wieder ausgelöst, der bischöflichen Hofkammer unterstellt und durch einen Administrator verwaltet. Auch den Neunkirchner Hof hatte der Bischof wieder ausgelöst und 1559 baulich instand setzen lassen.[34] Vom Verwalter des Klosteramtes Neunkirchen wurde er dann bis zum Ende des Jahrhunderts für jeweils drei Jahre an Nürnberger Bürger verpachtet[35], bis ihn gegen Ende des Jahrhunderts Bischof Neidhardt von Thüngen (1591—1598) zur Unterkunft der Bamberger Gesandten auf den Kreistagen in Nürnberg bestimmte.[36] Der Verwalter von Neunkirchen wurde 1591 angewiesen, sich mit qualifizierten Bausachverständigen nach Nürnberg zu begeben und das Haus in bezug auf die Räume und ihre Eignung für die Unterbringung der Gesandten und die Einrichtung einer Kanzlei zu untersuchen.[37]

Er solllte dazu ein genaues Verzeichnis und ein *uff den grundt gelegten abriss* einreichen.[37] Daß die Überprüfung positiv ausgefallen sein muß, ergibt sich aus den Vorbereitungen und Maßnahmen, die dann im Jahre 1594 eingeleitet werden. Nach dem Hinweis, daß die Witwe des letzten Pächters Wolf Hornung (Henning?) verstorben sei, erklärt der Bischof am 7. Juni 1594, daß der ebenfalls noch im Neunkirchner Hof wohnende Franz Zölkner bis Allerheiligen 1594 ausziehen müsse und gibt dem Verwalter den Befehl: ... *du wollst dich neben unsern baumeister Asmussen Braun gen gedacht Nürnberg verfügen, etlich gemächer in berurtem unserm hove einreissen, die wändt und fenster aussheben lassen* ...[38] Am folgenden Tag erhielt Verwalter Simon Rohrauf erneut ein Schreiben des Bischofs, in dem er nach dem Hinweis, ... *nachdem wir unser behausung zu Nürmberg, den Neunkirchner hoff genannt, etlichermassen wieder erbauen zu lassen bedacht, haben wir den ersamen unsern baumeister Asmussen Braun abgefertigt, desswegen derselbe allerlei nothwendige bestell und anordnung zu thun*, aufgefordert wurde, sich bei dem Nürnberger Waldamtmann um das benötigte Bauholz und auch um die erforderlichen Steine zu bemühen.[39] Dabei erinnerte man sich in Bamberg offensichtlich auch wieder an die Holzgerechtigkeit des Chorherrenstiftes von 1409 und wies den Verwalter von Neunkirchen an, nach alten Urkunden und Briefen ... *nach den recht des closters im waldt zu hauen* und *nach der gerechtigkeit für den hof zu Nürnberg*, zu suchen, dieser erklärte allerdings am 9. August 1594, darüber in seinen Unterlagen nichts finden zu können.[40]

Wie die Ratsbeschlüsse zeigen, war man auch in Nürnberg bei dieser Frage etwas unsicher, denn am 8. September 1594 wurde erklärt: *Auf den furgelegten zimmerzettel, was für holz zu erbauung des Neukirchner hoffs allhie von den Bambergern begert werde, ist befohlen, zuvorderst den augenschein einzunehmen, was man in disem Hof*

---

[34] StAB A 137 L 268 Nr. 220.
[35] Schulz, F. T.: Nürnberger Bürgerhäuser, S. 651.
[36] Archiv des Erzbistums Bamberg, Rep. I, Nr. 252 a (3).
[37] StAB Rep. 54 Nr. 1320, Bl. 26.
[38] StAB Rep. 54 Nr. 1320, Bl. 30 (als Baumeister in Bamberg im Dienste des Fürstbischofs ist Erasmus Braun seit 1568 nachzuweisen. Er war u. a. am Bau des Renaissanceteils der Alten Hofhaltung beteiligt, war Bauleiter am Geyerswörthschloß und betreute auch den Ausbau der Festung Forchheim — SITZMANN, KARL: Künstler und Kunsthandwerker in Ostfranken, Kulmbach 1957, S. 67).
[39] StAB Rep. 54 Nr. 1320, Bl. 32.
[40] StAB Rep. 54 Nr. 1320, Bl. 33/44.

pauen woll und hin und wider nachzusehen, ob in den verträgen oder sonsten berurts hofs halben was versehen und bedingt worden, item wie es des umgelts wegen in dem umgeltamt gehalten werde[41] und am 21. September *uff das mündliche referiren, dass sich des Neunkirchners hof halben allhie in den verträgen oder sonsten nichts finden thue und dass der ungelter bericht, dass die inhaber dises hoffes jeder zeit das ungelt bezahlet, dass auch berührter hoff gar buswürdig sey, ist verlassen und befohlen, herrn Neidhardten, bischoff zu Bamberg, auf Christoff Glockengiessers, burgers hie, als seiner F. G. befehlshabers anlangen, die begerte 155 stemmer holz zu einem neuen hauss, jedoch auf den alten grund, um das gelt verfolgen zu lassen.*[42] Ein Dankschreiben Bischof Neidhardts vom 10. Februar 1596 zeigt, daß die Stadt Nürnberg über diese Menge hinaus weitere Holz- und Steinmengen genehmigt hat.[43] In der Bamberger Kammermeister-Rechnung des Jahres 1595/96 werden die vorläufigen Baukosten auf über 7784 fl. beziffert[44], in den folgenden vier Jahren kommen noch etwa 1100 fl. an Ausgaben für Schreiner, Schlosser und Maler dazu.[45]

Der offizielle Zeitpunkt der Fertigstellung des Hauses scheint der 21. Juni 1596 gewesen zu sein, weil dieses Datum in den Sturzbalken des Treppenhauses eingemeißelt worden ist.[46] 1597 wurde der neu errichtete Hof bereits von den Bamberger Gesandten zum Kreistag in Nürnberg genutzt, weil ihnen der Nürnberger Rat am 9. März dieses Jahres erlaubt *aus gutem nachbarlichen willen* ihr mitgebrachtes Fäßchen Wein ungeltfrei zu verbrauchen.[47] Ende 1598 macht der Rat dem Factor des Neunkirchner Hofes Hans Ferch wieder einige Schwierigkeiten, weil er verlangt, *wegen der derzeitigen gefährlichen zeitleuffe wie seine mitbürger ohne erlaubnis des Raths keine fremden* (auch keine Bamberger) *zu beherbergen*[48] und auch, als er die Übernachtung und Verpflegung des Bamberger Pflegers aus Kärnten genehmigt, mahnend ergänzt, *man solle bedenken, dass kein nahezu offenes wirtshaus entstünde, da fast teglich Bambergische dort einkeren.*[49]

Als 1598 im Neunkirchner Hof wieder 16 1/2 Eimer Wein eingelagert werden, fordert der Rat den Hans Ferch auf, dafür das Ungelt zu entrichten, läßt dann auf den Protest des Bamberger Bischofs einen ausführlichen Bericht erstellen, wie es im Neunkirchner Hof bisher gehalten worden sei und entscheidet am 4. Oktober 1599 schließlich: *Was die Bamberger gesandten auf künfftigen Partikular- oder Generalkreistagen für wein verbrauchen, brauchen sie nicht verungelten, wohl aber das was übrig bleibt (aus gut nachbarlichen gründen, damit alle strittigkeit von 1525/26 nicht wieder auf die bein gebracht wird.*[50]

Nach dem Tod von Bischof Neidhardt setzte Bamberg die Nutzung des Hofes als Gesandtschaftshaus nicht fort, er wurde alle drei Jahre wieder verpachtet. 1613 erhält ihn Dr. iur. Hans Heinrich Hülß für jährlich 150 fl. auf drei Jahre, im Pachtvertrag ver-

---

[41] StAN A-Laden, S I, L 30 Nr. 9, Ziffer 32.
[42] StAN A-Laden, S I, L 30 Nr. 9, Ziffer 33.
[43] StAN A-Laden, S I, L 30 Nr. 9, Ziffer 35.
[44] StAB A 231/I Nr. 1822/II, Bl. 273.
[45] StAB A 231/I Nr. 1823/II Bl. 299 (662 fl.), Nr. 1824/II Bl. 317 (153 fl.), Nr. 1825/I o. P. (132 fl.), Nr. 1826/I Bl. 336 (152 fl.).
[46] SCHULZ, F. T.: Nürnberger Bürgerhäuser, S. 651.
[47] StAN A-Laden, S I, L 30 Nr. 9, Ziffer 35.
[48] StAN A-Laden, S I, L 30 Nr. 9, Ziffer 35 (1598, Okt. 6.).
[49] StAN A-Laden, S I, L 30 Nr. 9, Ziffer 35 (1598, Okt. 29.).
[50] StAN A-Laden, S I, L 30 Nr. 9, Ziffer 35 (1599).

zichtet der Bischof auf die Einquartierung seiner Gesandten, behält sich aber vor, im Hof auf eigene Kosten zu wohnen, wenn er selbst nach Nürnberg kommt.[51]

Die Dokumenten- und Briefsammlung der Bamberger Hofkammer enthält viele weitere Pachtverträge — in denen allerdings diese Reservatsklausel nicht mehr vorkommt —, Kurzbeschreibungen der Räume und der Einrichtung und immer wieder Hinweise auf erforderliche Reparaturen und ihre Kosten. Die eingehendste Beschreibung, sie stammt etwa aus dem Jahr 1683, soll hier vollständig wiedergegeben werden, weil sie einen besonders guten Eindruck vom Aussehen des Hofes in dieser Zeit vermittelt:

Eigentliche beschreibung des hochfürstlichen Bamberger hauß in Nürnberg, sonsten der Neunkirchner hoff genannt

Worinnen alle dachrinnen im ganzen hauß vom kupfer sind / hat drey gibel mauren / zu oberst zwey kornböden, aber nit gar groß

In dem vierten gaden drey ärcker / worinnen stuben und kammer nebeneinander, in der stuben ein ofen und auch zwey eingemachte kalter und bänckh, dann ist noch eine gepflasterte kammer, zum korn schütten dienlich / dann im hoff der lenge nach ist ein boden, so erst heuer gebrettert worden ist, ein boden zum haber schütten, dann überzwerg ist auch ein kleiner boden, aber auf beiden bödten sind zwey hasbelzeug zum hinaufziehen sambt zwey seyl / zwey ercker

In dem dritten gaden eine schöne stuben und kammer nebeneinander umb und umb tapezereyen henchent / ein credenz mit zwey schubladen / dann ein gießvaß kalter der zinnen multer und aichel / auf dem soller herauß das secret, aber neben andern kelter so gemachet, das man vermainet, es were auch ein kalter thür / beym fenster herumb, daß im hoff gehet, eingemachte truhen / auf den gang die neue kuchen und ganz neuen kupffern guß, sambt einen langen kupffern rohr / an der kuchen ein klein stüblein ohne ofen und ein kuchen kalter / dann noch ein saubere kammer gepflastert und dann das secret / ein schöner gepflasterter saal so breit alß das haus

In dem andern gaden vornen eine schöne große fürstliche stuben so breit das hauß ist, oben auf gar schön getäffelt, so mehr als 500 fl. gekostet / oben herumb umb und umb gemählet von der erschaffung der welt und andern geistlichen historien / unten herumb schlechte tapezereyen von alten kaysern / ein schöner ofen auf sechs messingen stollen / gar ein schöne credenz von flechterholz (?) gemachet und ein versteckt kelterlein und schubladen / dann ein schönen gießkalter samt der zinnen multer und aichel / umb und umb bänckh / oberhalb der stubenthür sowohl inwendig alß außwendig daß hochfürstl. Gebsattlische wappen im holz künstlich geschnitten,

im andern gaden auf dem gang ein stuben und grosse kammer darinnen ein ofen und ein faulbett mit schubladen, mit alten tapezereien umbhengt / eine kammer und eine saubere stuben, welche beede im hoff hinaus gehen, darinnen drey kelterlein und bänckh eingemachet, schubladen und ein ofen

In dem ersten gaden vornen herauß ein stuben und kammer, in der kammer ein secret, in der stuben ein credenz, ein ofen und eingemachte truhen und kälter und ein gießhalter sambt multern und aichel, vor dem stubenfenster in der mitten ein hultzes chörlein, außer der stuben auf dem soller ist auch ein eingemachter gießkalter sambt multern und aichel, auch sonsten eingemachte kalter, daß secret ist eingemachet wie ein kaltern, auch truhen, auf dem soller bei der stiegen ist ein angehengter gattern,

gleich bey dem gang ist linker handt ein schöne helle kuchen, sambt kuchenkalter und schubladen und ein kupffern guß, ferner im ersten gaden in der kuchen ist eine schöne kammern, daran das secret, fernerß ein speißkammern, ein holzkammer ein herdt und eine stuben, so in den hof hinaus gehet, ein gießkalter und ein faulbett, eingemachte tru-

---

[51] StAB Rep. 54 Nr. 1320 Bl. 39.

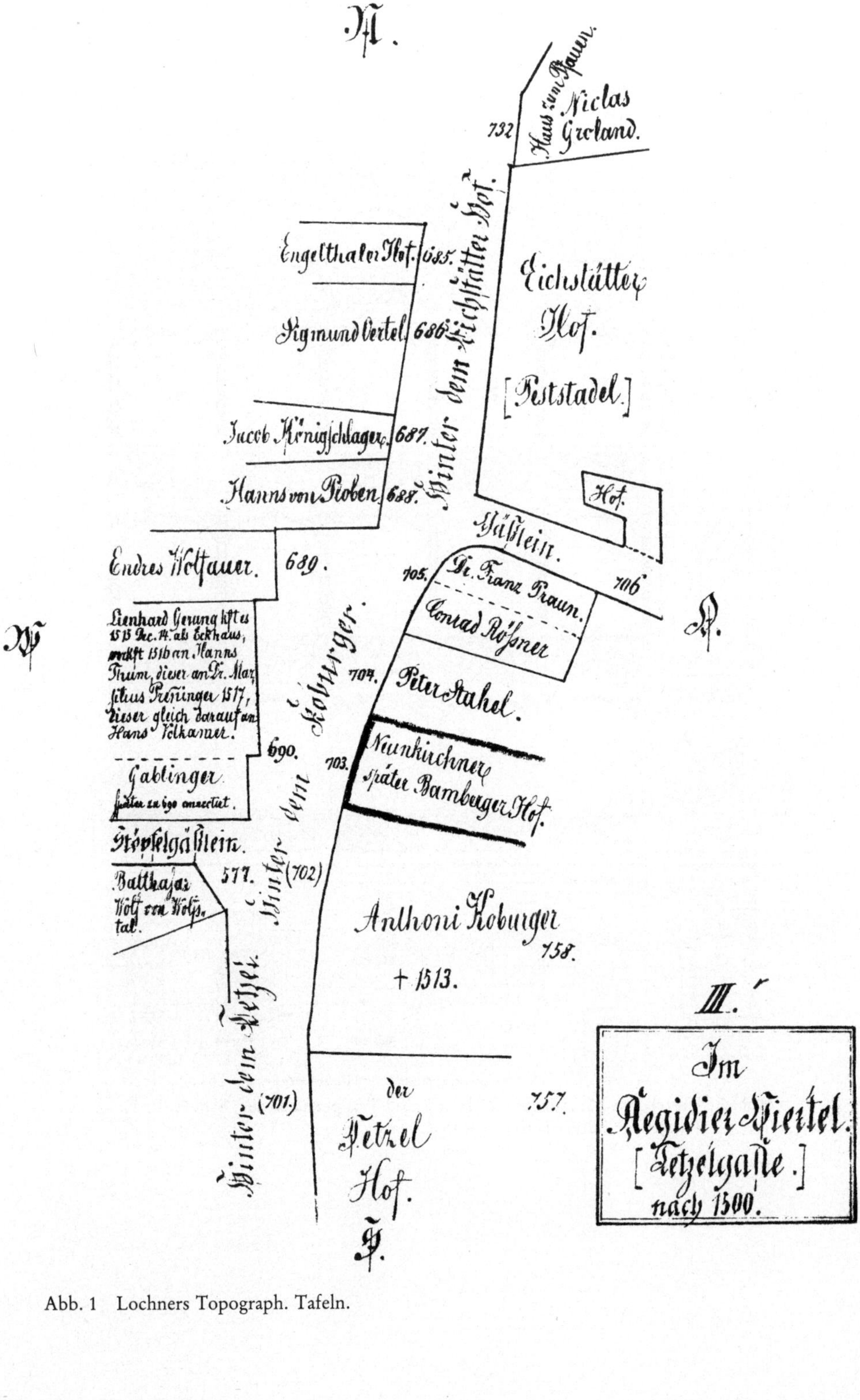

Abb. 1 Lochners Topograph. Tafeln.

Abb. 2 Tetzelgasse 20: Aufriß der Galerie und Treppenhaus, aus: Schulz, F. T., Nürnbergs Bürgerhäuser, S. 655.

Abb. 3 Tetzelgasse 20 (Hof).

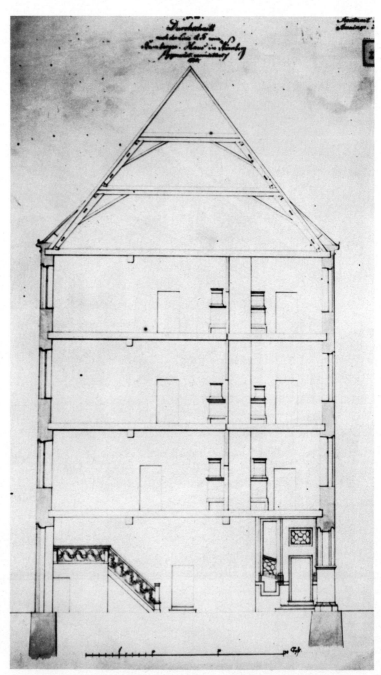

Abb. 4   Tetzelgasse 20, Schnitt d. Vorderhauses (i. Staatsarchiv).

Abb. 6 Tetzelgasse 20 um 1940.

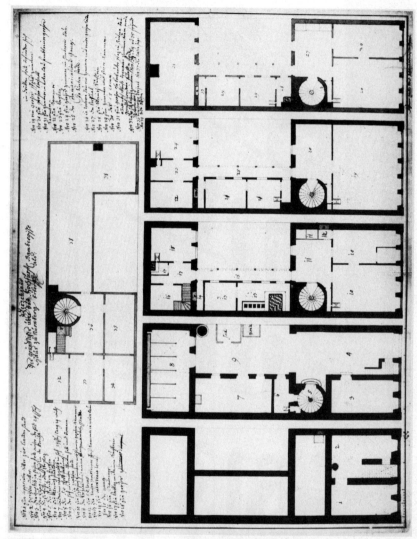

Abb. 5 Grundriß des Hauses mit einem Verzeichnis der Räume

hen und kalter, dann ist auch linke hand ein schöner steinern schnecken vom boden ab bis hinab im thennen, hat auch 86 staffeln,

vor der hausthür oben auf ist gar künstlich im stein eingehauen das hochfürstl. Gebsattlische wappen,

die hausthür, welche der daran findenden arbeit nach über hundert jahr alt, auch woll hundert reichsthaler gekostet, ist wieder schön und gut gemachet,

wann man ins haus hineingehet, so ist linker handt ein klein thürlein zum keller, auf der gaßen aber ist die große kellerthür mit einer aparten oberthür, so auch versperrt, ferner ist linker hand ober den keller ein klein kemmerlein für einen hausknecht darinnen zu liegen, daran stoßet gleich ein sauberes gewölb mit einer mit eißen beschlagenen thür, hat einen großen hausthennen welcher erst ganz neu gemachet worden und etlich zwanzig gulden gekostet hat, in end der thennen fängt sich an der gepflastert hoff da dann linke hand ein badt stüblein (und ein kupfern badt käßel), so auch erst neu gebrettert worden, und dann ein klein badt öfelein neben dem badtlein außen her ist gar ein schöner neuer stall auf fünf pferdt sambt einem haber kasten und obeher ist ein heuboden, dann zwerg über ist wieder ein ganz neu zugerichteter stall auf sechs pferdt, hat auch sein heuboden und für den knecht sein liegestatt, und gegen der mittlern stallung über hat es seine mistgruben zue dung, so erst ganz von grund aus ausgemauert worden, in dem eck im hoff, da hat es einen schönen tiefen schöpfbrunnen und guts wasser, die eröffnung der secret ist eine in den mittlern stall, die ander aber in den hausthennen bey der kupffern rinnen

Keller betreffend, der ist auf der rechten seiten, theiles mit latten verschlagen, in dem keller kan man legen 10 m 12 fuder wein m 150 aimer hat auch einen kleinen brunnen im keller, wie ein rundeln, daß hauß ist 36 schue breit und 120 schue lang[52]

Pächter im noch immer „Neunkirchner Hof" genannten Haus war zur Zeit der Abfassung dieser Beschreibung der „Handelsmann" Heinrich Mery. Im Pachtvertrag vom 3. Juli 1681 wird als sein Vorgänger Daniel Besserer genannt, der als Reichsrat und Agent und Genannter des Größeren Rates in Nürnberg bezeichnet wird.[53]

Der Pachtzins ist auf 140 fl. festgelegt, eine Reservatsklausel für den Bischof wie im Jahre 1613 ist nicht mehr enthalten. Die Rechte und Pflichten des Pächters werden in diesem Vertrag in allen Einzelheiten benannt, bis hin zu den Bestimmungen über die Säuberung des Brunnens, der Toiletten und der Kamine.

Nach dem Tod des Pächters Mery im Jahre 1689 ist bereits wieder eine kostspielige Reparatur fällig. Der Faktor des Hauses, Johann Stößel, berichtet nach Bamberg, daß er das Gebäude mit drei *geschworen meistern* aus Nürnberg von oben bis unten begutachtet und fast überall etwas auszubessern gefunden habe. Die Reparaturkosten schätzt er auf etwa 600 fl., er schlägt außerdem vor, eine weitere Küche einzubauen, da in dem großen Haus leicht zwei Haushalte untergebracht werden könnten, denn es sei immer schwierig, einen reichen Pächter zu finden, der die Pacht von 150 fl. jährlich zahlen wolle.[54] Wegen dieser Schwierigkeiten, entsprechend zahlungskräftige Pächter zu finden und wegen der ständigen Reparaturkosten[55], wurde auch mehrfach erwogen, das Haus einfach zu verkaufen. Der Neunkirchner Richter und Klosterverwalter glaubt 1749, obwohl zu dieser Zeit *die häuser in Nürnberg in keinem großen werth stehen*, das Haus für 5 bis 6000 fl. verkaufen zu können.[56] Zwar wird 1732 mit Ch. W. Carl Graf

---

[52] StAB Rep. 54 Nr. 1320 Bl. 68—70.
[53] StAB Rep. 54 Nr. 1320 Bl. 60—62.
[54] StAB Rep. 54 Nr. 1320 Bl. 72—80.
[55] StAB Rep. 54 Nr. 1320 Bl. 102 (1720: 156 fl.); Bl. 115 ff. (1732: 608 fl.).
[56] StAB Rep. 54 Nr. 1320 Bl. 221; Verkaufsabsichten auch schon 1719: „unserem Residenten Wölker in Nürnberg" (Bl. 98) und 1737: an den Pächter Graf Pichler (Bl. 184).

von Pichler wieder ein geeigneter Pächter gefunden, der verlangt aber entsprechende Reparaturen am Haus und verweigert bis zur Erledigung die Zahlung der Pachtsumme von 150 fl.[57] Als sein Wunsch, das Haus zu kaufen, abschlägig beschieden wird, kündigt er 1738 und das Haus bleibt dann einige Zeit leer stehen.[58] In dieser Situation schlägt der Neunkirchner Richter und Verwalter, der sich um die Pächter zu kümmern hat, vor, *... ob es nicht ratlich seye, daß die hochfürstl. obereinnahmb dieses haus für beständig wegen der bambergischen craysdirectorial gesandtschaften gegen raichung jährlich 100 fl. bestandt und dabei auf ihre eigene mittel zu besorgen habende meliorisation und andere vorkommende baukosten zu nehmen.*[59] Auf Anfrage der Kammer lehnt die Obereinnahme diesen Vorschlag nach einem Gutachten der Gesandten selbst zunächst ab, argumentiert dabei mit den hohen Kosten für die Möblierung und die dann erforderlichen Dienstboten und mit dem Hinweis, *... da die crayßdirektorial gesandtschaft das jahr über öfters garnicht oder wenig in Nürnberg substituierte man auch gedacht behausung zeit über an niemandt rechtschaffenes verlassen können wirdt, weilen so oft die gesandte nach Nürnberg kommen würden, gedachte behausung hinwieder geraumt werden müßte.*[60]

Nicolaus Polster, dem Neunkirchner Verwalter, wird 1739 von der Kammer deshalb *... anbefohlen, sich je ehender je besser umb einen annembligen beständtner umbzusehen, damit dieses bamberger haus zu Nürnberg nicht lang ohne bewohnung zum schaden der cameralerey erliegen verbleibe, in dem end auch nicht undienlich seyn wirdt, wan der Verlaß dieses hauß auf dem herren march in Nürnberg als den gewöhnlichen ort, wo alle dergleichen verläß und verkeuff affigirt zu werden pflegen, kundgemacht würde.*[61]

Diese Ausschreibung hat zunächst keinen Erfolg, und obwohl Nicolaus Polster inzwischen das Dach und einzelne Räume hat reparieren lassen und zur Beaufsichtigung und Instandhaltung des Hauses für 20 fl. einem Johann Carl Patz *das hintere stüblein, cammer und küchlein* vermietet hat, muß er am 15. Juli 1739 dem Bischof mitteilen, *daß sottanes hauß vor einen kaufmann oder andere privatperson allzu groß und für den jährlich 100 fl. erforderten bestandt zins zu hoch gültig seye* und *daß dermalen in der stadt Nürnberg über 300, darunter schöne capital heuser, theils zu verkauf, theils auf bestandweis zu vergeben wären, die schon etliche jahre leer gestanden und sich weder käufer noch beständtner hierzu vorgefunden hätten.*[62] Erst 1740 findet sich der Kaufmann Samuel Pauer, der bereit ist, das Haus, nach entsprechender Instandsetzung durch die Kammer, für höchstens 60 fl. im Jahr zu pachten.[63] Er bleibt von 1741 bis 1749 in dem Haus, nach seiner Kündigung und seinem Auszug treten wieder die gleichen Probleme auf, einen entsprechenden Pächter zu finden. Der Nürnberger Stadttapezier Johann Philipp Jacob Dietemer, der sich zunächst dafür interessiert, rührt sich dann aber wochenlang nicht mehr, ein von dem früheren Pächter Pauer vorgeschlagener *ohnbenambster dasiger handelsmann* scheint ebenfalls pachten zu wollen, fordert aber eine vorhe-

---

[57] StAB Rep. 54 Nr. 1320 Bl. 171 f.
[58] StAB Rep. 54 Nr. 1320 Bl. 184 ff.
[59] StAB Rep. 54 Nr. 1320 Bl. 193 (in B 63 Nr. 411 wird unter dem Datum vom 23. Dez. 1783 in den Akten der Obereinnahme erwähnt, daß ein Grundriß angefertigt wurde, welcher „zeige, daß für bede gesandte gemächlichkeit und platz zur kanzley und registratur" vorhanden sei).
[60] StAB Rep. 54 Nr. 1320 Bl. 197—199.
[61] StAB Rep. 54 Nr. 1320 Bl. 196 (1739, Jan. 26).
[62] StAB Rep. 54 Nr. 1320 Bl. 203 f.
[63] StAB Rep. 54 Nr. 1320 Bl. 206 f. (J. C. Patz gibt die erforderlichen Reparaturkosten mit 90 fl an, davon sind allein 40 fl für die Dachdeckung mit 1000 neuen Ziegeln erforderlich).

rige gründliche Reparatur und die Umwandlung eines Stalles im Hof in ein *gewölbe für seine handelsware*, was wegen der hohen Kosten abgelehnt wird.⁶⁴

Wieder taucht dann der Vorschlag auf, das Haus für die Kreisgesandtschaft zu übernehmen, weil sie bequem darin Platz habe, weil Kosten in den Wirtshäusern gespart würden und ... *drittens werden durch dessen bewohnung von dero gesandtschaft die diesem hause zustehenden freyheiten und privilegien, besunders wegen dem freyen bierschank und dergleichen wiederumb in gang und übung gebracht*⁶⁵, aber auch diesmal und bei einem späteren Vorschlag 1758, wird nichts daraus. Der Neunkirchner Verwalter muß das ... *mentionirte haus durch anhefftung eines in der statt Nürnberg gewöhnlichen zettels zum verlaß kund machen* und klagt in einem Brief an den Bischof vom 26. November 1749: ... *ohnerachtet ich mir sorgsambst angelegen sein lassen, das Bamberger haus in Nürnberg schon vor längstens einem zettel umb des weiteren verlasses willen so wohl affigiren als auch nach der handt die anderweite bestands begebung in denen Nürnbergischen herauskommenden wochen-blätlein durch offenen druckh kundt machen zu lassen, so hat sich dessem allen unangesehen kein weiterer beständtner veroffenbaren wollen.*⁶⁶

Da diese Schwierigkeiten mit der Verpachtung in den folgenden Jahren bestehen bleiben und auf der anderen Seite die Wirtshauskosten für die Kreistagsgesandten in Nürnberg immer höher werden — sie haben hohe Auslagen für Bier, *caffee, chiocalate, thee, confect ... verehrungen, trankgelder etc.*, brauchen in der Regel sieben oder acht Zimmer für sich und vier Kammern für die Bedienung, außerdem Ställe und Futter für die Pferde⁶⁷ — erarbeitet eine Kommission bei der Obereinnahme Vorschläge für die Reduzierung der Kosten und hebt in ihrem 6. Punkt besonders hervor: *würde hochfürstl. obereinnahme vieler beschwerlichkeiten in zukunft überhoben sein, wenn s. hochf. gnaden für dieselbe* (gemeint ist die Gesandtschaft) *das sogenannte Bamberger haus zu Nürnberg von hochf. Hofkammer zu übernehmen und zu einem ehrbaren gebrauch für die Bamberger craißgesandtschaft auch mit einigem aufwand repariren zu lassen gnedigst geruhen wolle, wozu untertänigst einzurathen umso unbedenklicher sein wolle, als dieses haus ehedessen, wo noch hochwürdige herrn capitularn mit der ganzen gesandtschaft darinnen logiert haben, raume genug waren, die kosten hingegen inskünftig wol austragen (?) dörften, wo ein hausvogt eben nicht umsonst zur zeit der ledigstehung darinnen die wohnung haben, so nach mit fourage, holz und sonstigen haus notwendigkeiten so wohl vorrätig als menagierlich alles besorgt werden könnte.*⁶⁸

Auch diesmal wird der Vorschlag zunächst nicht weiterverfolgt, und da der bauliche Zustand des Hauses sich verschlechtert hat, erhält Bamberg nicht mehr als 40 fl. jährlich Pachteinnahme, wobei in manchen Jahren die Reparaturkosten mehr als doppelt so hoch liegen.⁶⁹ Erst der Nachfolger des Bischofs Adam Friedrich von Seinsheim, in dessen Regierungszeit die Sparvorschläge erarbeitet wurden, greift den Plan wieder auf und setzt ihn konsequent in die Wirklichkeit um. Franz Ludwig von Erthal (1779—1795) überläßt die Durchführung auch nicht seinen Ämtern, sondern greift persönlich ein und setzt bis in die Einzelheiten gehende Maßnahmen fest.⁷⁰ Anlaß für sein Eingreifen

---

⁶⁴ StAB Rep. 54 Nr. 1320 Bl. 219, 223, 228.
⁶⁵ StAB Rep. 54 Nr. 1320 Bl. 222.
⁶⁶ StAB Rep. 54 Nr. 1320 Bl. 226.
⁶⁷ StAB Rep. B 63 Nr. 400 (darin die Ziffern 4, 12, 16 u. 30; die Gesandtschaft war meist im Roten Roß, im Roten Hahn, oder im Reichsadler einquartiert).
⁶⁸ StAB Rep. B 63 Nr. 400 Vorschläge der Kommission am 24. Dez. 1776.
⁶⁹ StAB Rep. A 231¹ Nr. 1080—84 (Ämterrechnungen von 1778—82; Mieter ist der Buchhalter Lochner; die Reparaturkosten für 1978 betragen 83 fl.).
⁷⁰ StAB Rep. B 63 Nr. 411 (Resolution des Fürstbischofs von Aug. 1787).

scheinen auch die für sein Verständnis unnötigen und unzulässigen Ausgaben der Gesandtschaften in den Gasthöfen in Nürnberg gewesen zu sein. So moniert er u. a. den zu hohen Bierverbrauch der Kutscher in Nürnberg, verbietet u. a. den Gesandten auch Kutschfahrten zu Zielen, die über eine Stunde von Nürnberg entfernt liegen und erklärt in einer Resolution an die Obereinnahme am 9. August 1785: *Um künftig ein ständiges quartier für die gesandtschaft und das kanzleipersonal zu haben, gedenke ich, das sogenannte Bamberger haus dazu einrichten zu lassen. Wenn es darinnen an genugsamen gelassen nicht gebricht, so wird Mich eine andere gesinnung anzunehmen nicht bewegen, daß gemeldtes haus keine der bequemsten lagen hat. Nur gefallen könnte ich mir noch lassen, ein anderes von bequemerer lage durch kauf oder tausch zu erlangen, wenn der aufwand nicht zu kostspielig für meine hofkammer ausfiele. Da zwischen der dermal entstehenden und der anderen daraufffolgenden kreisversammlung wenigstens ein ganzes jahr verlaufen wird, so mag wohl diese zeit genug seyn, um auf die zurichtung des schon vorhandenen hauses oder auf die erwerbung eines anderen würksamen bedacht zu nehmen. Die obereinnahme mag sich daher mit der hofkammer, unter eröffnung Meiner gegenwärtig geäusserten gesinnungen, bey zeit benehmen, damit sie sich wegen der vermiethung gesagten hauses darnach richten kann.*[71]

Am 15. Mai 1786 wurde Hofkriegsrat Roppelt nach Nürnberg entsandt, um den Hof sorgfältig zu besichtigen und darüber zu berichten. Der Bericht, mit einem von Hofwerkmeister Zink angefertigten Grundriß, lag bereits im Juli des gleichen Jahres vor, und man konnte mit der Einrichtung und der Ausstattung des Gebäudes sofort beginnen. Die Reparaturkosten wurden dabei auf 2400 fl. geschätzt.[72] Aus dem *Verzeichnis derjenigen meubles welche in das neue Bamberger quartier für den ersten gesandten allenfalls erforderlich seyn könnten* sollen hier wenigstens die Ausstattungsvorschläge für zwei der Räume zitiert werden, um dem Leser ein anschauliches Bild von der geplanten Einrichtung zu vermitteln:

In das visitenzimmer ein sophe, 8 sessel, ein spiegel, zwei spieltischgen, ein comod, vorhänge oder rouleau an die fenster

NB im direktorialzimmer werden nach erforderniß der umstände bisweilen allgemeine conferenzen gehalten, hierzu sind mehrere sessel nöthig.

in das schreibzimmer 4 sessel nebst einem lähnsessel, ein spiegel, ein etwas langer tisch mit wachstuch zur arbeit und auseinanderlegung der akten, ein detto kleines tischgen zum schreiben, beedt von weichen holz mit schwarzen wachs tuch, ein commot.[72]

Franz Ludwig von Erthal hat sich auch darum persönlich gekümmert und in einer Resolution zu diesen von Hofkriegsrat Weber zusammengestellten Vorschlägen erklärt: *... das ameublement für die gesandten anbelangend, so ist keinem ein canapeé, sondern jedem nur ein lehnsessel nebst anderthalb dutzend gewöhnlich sesseln, als 10 in das visitzimmer, 6 in das wohnzimmer und zwey in das schlafzimmer, alle von gutem blüsch und leinenen überzügen anzuschaffen. Statt der schränke sind commodt bestellen zu lassen, weil sie im nothfalle leichter von ort und stelle gebracht und darin kleider und weißzeug ebenso wie in schränken aufbehalten werden können.*[73]

Schon Mitte Oktober 1787 kann dann das fertiggestellte Gesandtschaftshaus bezogen werden. Im Erdgeschoß werden Kutscher und Dienerschaft untergebracht, im ersten Stock residiert der 1. Gesandte, Geheimer Rat Leygeber, der 2. Stock ist dem 2. Gesandten zugewiesen, im dritten Stock wird der Kanzlist Süß und der Sekretär unterge-

---

[71] StAB Rep. B 63 Nr. 400 (Resolution des Fürstbischofs vom 9. 8. 1785).
[72] StAB Rep. B 63 Nr. 411 (1786, Okt. 30; Ausstattungsvorschläge auf Blatt ohne Datum).
[73] StAB Rep. B 63 Nr. 411 1787, August, 27.

bracht.⁷⁴ In der *Rechnung über die auf das ameublement des hochfürstl. bamberg. gesandtschaftshauses zu Nürnberg ergangenen kosten* vom 18. Februar 1789 sind alle Einzelposten, bis hin zu den *dintenfesser von bley,* der *schaufel zum schnewegräumen* und der Kosten *für bier, welches für die arbeitsleute zu ihrer aufmunterung und beförderung der arbeit ins haus geholt* übersichtlich zusammengestellt. Die Gesamtsumme beträgt 2035 fl.⁷⁵

Auf genaue Abrechnung und überlegtes Wirtschaften im Gesandtschaftshaus wurde auch in den folgenden Jahren großer Wert gelegt. Sonderausgaben und zusätzliche Kosten müssen bei den Abrechnungen immer genau begründet und belegt werden.⁷⁶ Ganz zufrieden scheint die Gesandtschaft mit ihrer neuen Unterkunft im übrigen nicht gewesen zu sein, denn in den folgenden Jahren treten in den Berichten Klagen über Feuchtigkeit, Kälte und Finsternis im Hof auf, und schon 1791 sind schon wieder dringend Reparaturen erforderlich, weil die Holzgänge zwischen Vorder- und Rückgebäude schadhaft geworden sind.⁷⁷ Lange hat Bamberg dieses Gesandtschaftshaus auch nicht mehr nutzen können, denn in der Folge von Säkularisation und Mediatisierung wird das Haus bei der Einverleibung der Stadt Nürnberg in das Königreich Bayern am 15. 9. 1806 vom Staat übernommen und zur *Kasernierung der Gendarmerie* benutzt.⁷⁸ Das Haus untersteht dann zunächst der Verwaltung des königlichen Rentamtes, wird später aber an Privatleute verkauft oder versteigert, 1836 ist es im Besitz eines Nicolaus Ludhardt, 1870 erhält es bei einer Immobilien-Zwangsveräußerung der Privatier Wilhelm Passow, der u. a. im Erdgeschoß eine neue Küche einrichten und auch ein Kolonialwarengeschäft betreiben läßt. Der nächste Besitzer, der Metzgermeister K. G. Sauerbeck, der das Haus 1887 für 50 000 Mark gekauft hat⁷⁹, beantragt beim Bauamt die Einrichtung einer *Schlachtstätte für Schweine und Kleinvieh,* erhält sie aber wohl nicht genehmigt, da er das Haus schon 1889 an das Tanzlehrerehepaar Paul und Susanne Krebs für 54 000 Mark verkauft, das für die Einrichtung seiner Tanzschule erhebliche bauliche Veränderungen im Inneren des Gebäudes vornehmen läßt und 1898 auch den Plan einer Fassadenänderung genehmigt erhält.⁸⁰

Bis zu seiner Zerstörung 1945 bleibt das Haus im Besitz der Familie Krebs. Als 1950 der Tanzlehrer M. Krebs mehrfach aufgefordert wird, Sicherheitsabdeckungen in seinem zerstörten Grundstück vorzunehmen, entschließt sich die Familie zum Wiederaufbau und läßt durch Architekt Ernstberger ein Gesuch für den Neubau und die Einrichtung einer Tanzschule einreichen. Zum Neubau kommt es aber nicht mehr, 1953 steht die Wiederaufbaugesellschaft Gagfa in Kaufverhandlungen mit der Eigentümerin, Frau Margarete Krebs, 1955 ist das Grundstück im Besitz der Gagfa, die darauf und auf den Nachbargrundstücken die anfangs erwähnten Mietwohnungen errichten läßt.⁸⁰

Wie eindrucksvoll der Bamberger Hof noch in der Weimarer Zeit ausgesehen hat, sollen zum Abschluß die Beschreibungen von Treppenhaus, Hof und Wappendarstellung durch F. T. Schulz aus dem Jahr 1918 belegen:

---

⁷⁴ StAB Rep. B 63 Nr. 411 Bericht vom 26. August 1787.
⁷⁵ StAB Rep.A 231¹ Nr. 1090, f. 13—15.
⁷⁶ StAB Rep. B 63 Nr. 402 (in der Abrechnung vom 18. 6. 1791 wird u. a. der erhöhte Heuverbrauch damit begründet, daß die einen fürstbischöfl. Geldtransport begleitenden Husaren ihre Pferde mehrfach im Bamberger Hof eingestellt hätten und daß „gesandtschaftliche Gastpferde" etliche Tage hätten verpflegt werden müssen).
⁷⁷ StAB Rep. B 63 Nr. 400 Ziffer 4.
⁷⁸ StAN Kataster-Selekt Steuergemeinde Nürnberg-Sebald, Nr. 4 Bd. 3 Haus Nr. 703.
⁷⁹ StAN Kataster-Selekt Nr. 4 Bd. 2 S. 852 u. Nr. 12 Bd. 2 S. 997.
⁸⁰ Stadt AN C 20/5 Bauakten: Serie I, Acten des Stadtmagistrats Nürnberg betreff Bauänderungen im Anwesen Tetzelgasse, Haus Nr. 20 (daraus alle Angaben von 1877 bis 1955).

Treppenhaus

Das als massive Spindel bis zum Boden emporleitende Treppenhaus öffnet sich nach dem Tennen in zwei im stumpfen Winkel aneinanderstoßenden Seiten. Die eine enthält den innen gekehlten, außen von einem an den Ecken sich durchdringenden Stab umfaßten rechteckigen Eingang mit darüber befindlichem, in sich kreuzenden halben Kielbögen durchbrochenem Sandstein-Oberlicht. Die andere ist in der unteren Hälfte mit einer schräg ansteigenden Steinbrüstung versehen, die mit Kielbogenmaßwerk durchbrochen ist. Die Ecken beider Seiten sind mit zierlichen Säulchen besetzt, die mit gewunden kannelierten Sockeln versehen sind. In den Sturzbalken ist folgende Inschrift eingemeißelt:

„A O 21 Juny. 1 . 5. ⚹ . 9 . 6"

Nach dem zweiten und dritten Stock öffnet sich das Treppenhaus je in einem rechteckigen Zugang mit durchbrochenem, infolge des Verschnittes trapezförmigem, tief profiliertem Oberlicht darüber. Das im zweiten Stock zeigt in der Mitte einen Vierpaß, an den sich seitlich je ein Kielbogen, nach links beziehungsweise rechts geöffnet, anschließt. In der Mitte des jetzt vermauerten Oberlichtes im dritten Stock eine Raute mit seitlich anschließenden Teilgliedern.

Wappen

An der östlichen Schmalwand des Hofes unten in flach erhabener Arbeit in Holz ausgeführt und farbig behandelt das Wappen des Bamberger Bischofs Marquard Sebastian Schenck von Stauffenberg (1683—1693), oben auf einem leicht plastisch heraustretenden, 1,50 m im Durchmesser großen Rund, von einem Lorbeerkranz umsäumt, in Malerei, das Tetzelsche Wappen mit Helmzier. Beide mehrfach erneuert, so daß das ursprüngliche Alter nicht klar mehr erkennbar ist. Unter dem Tetzelschen Wappen befanden sich früher die Jahreszahlen 1490 und 1890 (Handschriftliche Aufzeichnung des Majors Freiherrn von Imhoff).

Hof

In einem von sehr starken Sandsteinsäulen getragenen mächtigen Stichbogen öffnet sich der jetzt teilweise verbaute Tennen nach Osten zu dem ein Rechteck von 4,85 : 9,05 m umfassenden, drei Stockwerke hohen Hof. Seine einzige, aber hinreichend eindrucksvolle Zier bilden die in der Mitte von einem Holzerker überhöhten, dreigeschossigen Holzgalerien auf der nördlichen Langseite. Die untere Schwelle kragt auf vier plump geformten Steinkonsolen mit darüber befindlichem Kämpferstück vor. Kannelierte Halbsäulen mit Eierstabkapitälen und schwer geformte Volutenkonsolen gliedern in sechsfacher Vertikalreihe den sich in großen Stichbögen öffnenden Galeriekörper. Dieser selbst ist durch die in vielfach wechselnden Maßwerkmotiven durchbrochenen Brüstungen ansprechend belebt. Man kann nicht gerade sagen, daß die Schnitzarbeit durch besondere Feinheit ausgezeichnet sei. Aber Licht und Schatten sind mit glücklicher Berechnung verteilt und das Endresultat ist — und darin beruht ja immer wieder der Reiz der Nürnberger Höfe — ein malerisches Gesamtbild von berückendem Zauber.[81]

---

[81] SCHULZ, F. T.: Nürnberger Bürgerhäuser, S. 651 f.

Abbildungsverzeichnis

Abb. 1 Lageplan des Neunkirchner Hofes
(aus: LOCHNER: Topographische Tafeln zur Geschichte der Reichsstadt Nürnberg)
Abb. 2 Aufriß der Galerie und des Treppenhauses im Hof
(aus: SCHULZ, F. T.: Nürnberger Bürgerhäuser, S. 655
Abb. 3 Teilaufnahme der Galerie im Hof aus dem Jahr 1918
(Stadt Nürnberg, Hochbauamt — Bildstelle, Bild-Nr. B 59/I)
Abb. 4 Querschnitt durch das Vorderhaus
(Stadt Nürnberg, Hochbauamt — Bildstelle, Bild-Nr. 14653)
Abb. 5 Grundriß des Hauses mit einem Verzeichnis der Räume
(Staatsbibliothek Bamberg, Msc.Sim. 12/1, Abb. 64).
Ein mit diesem weitgehend identischer Grundrißplan findet sich auch im Staatsarchiv Bamberg (Rep. A 240 „Karten und Pläne", Nr. R 1140), ein weiterer beim Hochbauamt der Stadt Nürnberg (Bildstelle, Bild-Nr. 14599)

Der Text auf diesem Grundrißplan lautet:

Verzeichnus

des grundrisses über das hochfürst. Bambergische Haus zu Nürnberg betreffend, als:
Nro 1 Ein separirter keller zur linken hand
Nro 2 zweyter keller
Nro 3 ein gewölb in ersten stock auser der erd, 24 schuh in der läng, 12 schuh in der breithe
Nro 4 die einfuhr oder vorplaz
Nro 5 die schneckenstiegen
Nro 6 ein kleines stüblein
Nro 7 wiederum ein gewölb im hof, 29 schuh lang, 14 weith
Nro 8 die s.v. pferdstallung
Nro 9 der hof mit einer kleinen hall und bronnen
Nro 10 in zweyten stock ein hitzbahres zimmer nebst einer grosen kammer
Nro 11 der vorsaal mit einereingemachten schank
Nro 12 ein s.v. locus
Nro 13 ein kuchen sambt einer speiskammer in nebenbau
Nro 14 ein salva venia locus
Nro 15 der gang
Nro 16 ein kammer
Nro 17 ein vorblaz mit einem küchlein
Nro 18 ein großes zimmer
im dritten stock befinden sich
Nro 19 ein großes speiszimmer
Nro 20 ein großer vorsaal
Nro 21 ein zimmer im nebenbau sambt einer großen kammer
Nro 22 ein kammer
Nro 23 ein vorplaz
Nro 24 ein großes zimmer im hintern bau
Nro 25 der communicationsgang
im vierten stock
Nro 26 im vorderen bau ein zimmer mit einer großen kammer
Nro 27 der vorsaal
Nro 28 ein kleines küchlein
Nro 29 ein zimmer mit einer kammer
Nro 30 das s. v. locum
Nro 31 ein großer ohnverbauter plaz im hintern bau, allwo noch etlich zimmer können eingerichtet werden
Nro 32 ein hitzbares zimmer
Nro 33, 34 et 35 seynd kammern
Nro 36 ein großer vorsaal
Nro 37 die bodenstige
Nro 38 beede böden
Abb. 6 Vorderansicht des Hauses um das Jahr 1940
(Stadt Nürnberg, Hochbauamt — Bildstelle, Bild-Nr. LR 286/87)

DIE HERRSCHAFT GEREUTH IM WANDEL DER ZEITEN

von

Hans Georg Prieger

Gereuth im Itzgrund, in älteren Urkunden auch *Neugereuth* genannt, liegt am Fuße des Haßgau-Höhenzuges zwischen Baunach und Itz, abseits der Straße Untermerzbach-Ebern und gehört seit der Gebietsreform der 70er Jahre zu der Großgemeinde Untermerzbach[1]. Der Name deutet auf fränkischen Ursprung und auf eine Rodung hin.[2] Die Ortschaft zieht sich an einem Hang hauptsächlich in nördlicher Richtung in die Höhe. Die fast offene Lage nach Osten sowie eine starke Quelle an höchster Stelle der Flur begünstigten die Urbarmachung und Besiedlung. Das Dorf zählte wohl nie mehr als zweihundert Einwohner und stand immer im Schatten des Herrschaftssitzes.

Die historische Entwicklung Frankens spiegelt sich hier im Kleinen wider. Im Itz- und Baunachgrund berührten sich die Herrschaftsansprüche der Hochstifte Würzburg und Bamberg mit denen der Grafschaft Henneberg bzw. deren Erben, den sächsisch-ernestinischen Herzogtümern. Hinzu kamen die Ansprüche der einflußreichen Klöster Ebrach, Banz, Langheim und anderer, sowie der fränkischen Reichsritterschaft im Kanton Baunach, hauptsächlich vertreten durch die Geschlechter Lichtenstein, Stein von Altenstein und Rotenhan.

Soweit bekannt, wurde Gereuth erstmalig nach 1300 erwähnt. Es gehörte zum Herrschaftsgebiet Lichtenstein und befand sich im Ganerbenverband mit den Herren von Schaumberg, teils als Allodialbesitz, teils dem Hochstift Würzburg als Lehen aufgetragen.[3] Von dem ehemaligen Herrensitz ist außer einem Keller unter einer alten Scheune nichts erhalten. Der vermutlich älteste erhaltene Gebäudeteil, der *Schüttboden*, neuerdings auch *Altes Schloß* benannt, ist ein Renaissancebau aus der Zeit um 1600[4] mit typisch fränkischen Giebeln und teils erhaltenen Dachgauben, teils vorgelagertem Säulengang, dahinter Vorratsgewölbe, im Obergeschoß Diele mit Nebenräumen und drei Dachgeschossen. Nach 1700 wurde er im „Greising-Stil" verlängert und diente im älteren als Gefängnis und Zehntspeicher, im neueren Teil als Pferdestallung mit darüberliegenden Wohnungen einschließlich der Schule.

Auf die damaligen Besitzverhältnisse kann im einzelnen nicht näher eingegangen werden. Die Zeit des 30jährigen Krieges und der 2. Hälfte des 17. Jahrhunderts mit ihren teilweise wirren Besitzverhältnissen zeichnet sich hier deutlich ab. Der in Gereuth genannte Zweig der Lichtensteiner ging durch Heirat in fremde Hände über. Durch Veräußerungen entstanden Besitzveränderungen, kaum eine Familie blieb länger als eine Generation und hinterließ kaum sichtbare Spuren.[5] Zu bemerken bleibt, daß sich in Gereuth eine evangelische Kirche mit Pfarrei befand, etwa in der Mitte des Dorfes an der Stelle des heutigen Pfarrgartens, *Heiligengarten* benannt.[6]

---

[1] Die Bilder sind von H. Müller, Memmelsdorf (Ofr.), aufgenommen.
[2] Die Vorsilbe ge- (Gereuth = gerodet) ist fränkisch, die Bezeichnung „Reuth" hingegen altbayerischen Ursprungs.
[3] Staatsarchiv Bamberg G 52 A(= Akten) 930—949, u. B(= Bände) 6, 9, 17—19.
[4] Abb. 1 u. 2.
[5] S. Anm. 4.
[6] S. weiter unten.

Die Verhältnisse veränderten sich unter der Regierung des Fürstbischofs Johann Philipp von Greiffenklau, Bischofs von Würzburg, Titularherzogs von Franken usw. zu Beginn des 18. Jahrhunderts. Johann Philipp entstammte einem rheinfränkischen, reichsfreien Adelsgeschlecht mit Stammsitz Vollrads im Rheingau. Einer der bekanntesten Vertreter war der Trierer Erzbischof — Kurfürst Richard von Greiffenklau, Gegner der Reformation, der durch die Niederwerfung der Sickinger Fehde in die Geschichte eingegangen ist.

Johann Philipp wurde 1652 in Amorbach als Sohn eines kurmainzischen Oberamtmanns geboren und erhielt seinen Namen nach seinem Onkel und Paten Johann Philipp von Schönborn, Kurfürst-Erzbischof von Mainz, Bischof von Würzburg usw. Frühzeitig für den geistlichen Beruf bestimmt, erhielt er schon in jungen Jahren die Priesterweihe — was keineswegs selbstverständlich war —, wurde Domdechant in Mainz, später Domkapitular in Würzburg. 1699 setzte er die Wahl zum Bischof gegen seinen Vetter und Rivalen Lothar Franz von Schönborn durch.[7] Seine historische Bedeutung liegt auf baulichem Gebiet. Er setzte die Tradition der ersten Schönbornzeit unter dem Baumeister Petrini und dessen Nachfolgern fort. Der Würzburger Dom wurde reich stuckiert; die Kuppel und Fassade der Neumünsterkirche, der Fürstenbau des Juliusspitals, das Zeughaus, der „Rote Bau" als Privatpalais seien nur unter anderem erwähnt.[8] Politisch scheint er sich — es war die Zeit des spanischen Erbfolgekrieges — möglichst neutral verhalten zu haben. Gleich den Schönborns war er bestrebt, das Ansehen seines Hauses zu mehren. Hier bot sich im östlichen Teil seines Territoriums Gelegenheit. Von Memmelsdorf (Ufr.) aus, das sich im Nachlaß seines Vorgängers, des Bischofs Johann Gottfried von Guttenberg, befand und das er 1702 für 16 000 fl. erwarb[9], breitete er sich schrittweise aus. Am 29. Jan. 1705 kaufte er von seinem Oberkämmerer Christof Ernst Fuchs von Bimbach und Dornheim das *reichsunmittelbare zehntfreie Allodialgut* Gereuth im Wert von 44 000 fl. fränkisch und 100 Speziestalern.[10] Hinzu kamen weitere Zuerwerbe, z. B. Bodelstadt, Schottenstein, Truschenhof, Schenkenau im Itzgrund, später Albersdorf, Hafenpreppach, Reckendorf b. Baunach usw., außerdem verschiedene kleinere Besitzungen, Lehen, Rechte usw.[11] 1719 im Todesjahr des Bischofs war die Herrschaft Gereuth als mehr oder minder zusammenhängendes Territorium abgeschlossen.

Bald nach dem Erwerb von Gereuth begann eine rege Bautätigkeit. Schon 1706 beauftragte Greiffenklau den Würzburger *Bürger und Baumeister,* den Italiener Valentin Pezani, mit dem Bau des *Neuen Schlosses.*[12] 1710 war der Bau vollendet. Das Schloß wirkt vor allem durch die Massivität, Gliederung und Symmetrie. Von einem breiten ehemaligen Wassergraben und einer teils noch erhaltenen Mauer mit vier Eckpavillons umgeben, über eine steinerne Brücke durch den Innenhof zu erreichen, hufeisenförmig, zweistöckig und durch ein Treppenhaus in zwei Flügel geteilt, wird die

---

[7] AUGUST AMRHEIN: Reihenfolge der Mitglieder des adeligen Domstifts zu Würzburg; s. auch ALFRED SCHWÖCKER, Die Bischofswahlen aus der Sicht des L. F. v. Schönborn, in: BHVB 114 (1978); s. auch A 950, ein Bruder des Bichofs, Franz Friedrich, Domkapitular in Bamberg, bewohnte das Haus Domgasse 5 daselbst; das Greiffenklau-Wappen ist heute noch über dem Portal angebracht.

[8] S. auch HEINRICH KREISEL, Würzburg, 7. Auflage 1962, Deutscher Kunstverlag, 24—26.

[9] Staatsarchiv U 3 u. 4 (Urkunden).

[10] U 6.

[11] U 7—11.

[12] A 952—955. Pezani erhielt auch den Auftrag zur Errichtung des „Roten Baues" in Würzburg; s. A 954.

Großzügigkeit der gesamten Anlage hervorgehoben.[13] Man merkt den Willen zur Repräsentation, der den Vergleich mit anderen zeitlich gleichgelagerten Bauten der Schönborn, Stauffenberg und Guttenberg aufnehmen konnte.[14]

Doch damit nicht genug. 1713 erging der zweite große Bauauftrag, diesmal an den bekannten Würzburger *Bürger und Zimmermann* Joseph Greising zur Errichtung von Kirche, Vogtei (= Rentei), Pfarrhaus, Stallungen, Schafscheune, kurzum aller noch fehlender Gebäude.[15] An der Inneneinrichtung der Kirche wirkten Würzburger Meister mit, so u. a. an der Kanzel, den Altären und Figuren der Bildhauer Jakob von der Aura (= Auvera). 1717 war auch der letzte große Bauauftrag vollendet, der Bischof ließ am 27. September die Kirche durch den Weihbischof Joh. Bernard weihen.[16]

Bei dem Dreiklang Kirche-Vogtei-Pfarrhaus[17] schräg gegenüber dem Schloß wirkt die erhöhte Lage der barocken Altane, an deren Ende die Kirche, sehr eindrucksvoll. Der Gesamtkomplex stellt sich gelockerter dar. Zweifellos spielt der Gedanke der Gegenreformation entscheidend mit. Schlagworte des späteren 18. Jahrhunderts, wie Toleranz, waren noch unbekannt. Aus der Kirche, anfänglich für den eigenen Bedarf und den der Angestellten gedacht, wurde im Laufe der Zeit eine katholische Pfarrkirche. Die vorhandene evangelische Kirche wurde abgerissen, der letzte evangelische Pfarrer, Christoph Ludwig Kreuchauff, nach Memmelsdorf verwiesen.[18] Trotz wiederholter feierlicher Erklärungen, niemals in der Ausübung ihrer Konfession behindert worden zu sein, bewiesen Tatsachen das Gegenteil. Vermutlich wurden auch Untertanen aus anderen Gegenden eingeschleust, da Namen wie Meixner, Büchs, Och, usw. seitdem in Gereuth genannt sind, sonst aber kaum in der Gegend vorkommen. Wesentliche bauliche Veränderungen wurden kaum mehr vorgenommen. Ein mit dem Bauingenieur Andreas Müller, dem Lehrmeister Balthasar Neumanns, veranschlagter *französischer Garten* ist nicht mehr vorhanden.[19]

Johann Philipp vermachte bei seinem Tode 1719 die Herrschaft Gereuth gemäß dem Greiffenklauschen Fideikommißvertrag seinem Neffen Lothar Gottfried Heinrich, Oberamtmann in Haßfurt und Eltmann, später auch in Dettelbach und Werneck usw., zuletzt Obristhofmarschall in Würzburg; noch 1771 erscheint er urkundlich.[20] Sein späterer Nachfolger, Philipp Carl Anton, Geheimer Rat und Oberstallmeister in Würzburg, war der letzte Greiffenklau in Gereuth. Die Familie hielt sich nur vorübergehend dort auf, wie aus den Berichten und der Korrespondenz der Obervögte und Amtmänner hervorgeht.[21] Diese bewohnten das obere Stockwerk der Vogtei (= Rentei), einer für damalige Ansprüche komfortablen Wohnung.

Gegen Ende dieses Jahrhunderts ließ die Familie Greiffenklau in der dicht dabei gelegenen Waldabteilung „Glasholz" einen Naturpark *im englischen Stil* errichten, dessen

---

[13] S. Abb. 3.
[14] Pommersfelden entstand erst etwa zehn Jahre später.
[15] A 957 u. Abb. 4 u. 5.
[16] S. *Wahre Kirchweyhungs-Fröhlichkeit* 1717 Würzburg, gedruckt bei Heinrich Engmann, Hofbuchdrucker.
[17] Abb. 4 u. 5.
[18] S. Hinweis B 28ª und OERTEL, Corpus grav. evang. Regensburg 1771 Nr. 64 Seiten 1316—1318, s. auch A. A 1030 u. 1030ᵇ.
[19] A 958. — Der heutige Park im englischen Stil stammt aus der Zeit nach 1860.
[20] A 964. — Der Bruder Carl Philipp war der zweite Greiffenklau-Bischof in Würzburg. Er berief den Venezianer J. B. Tiepolo an seinen Hof, der das Treppenhaus und den Kaisersaal der Residenz mit seinen Riesenfresken ausstattete.
[21] A 965—1045.

Spuren heute kaum noch zu erkennen sind.[22] Erhalten ist der *Theresienstein* mit der Jahreszahl 1797, ein obelisk-ähnliches Denkmal zur Erinnerung an Fräulein Theresia von Greiffenklau, die das „Glasholz" mit — längst verlorengegangenen — Spielereien im Sinne der damaligen Zeit ausgestaltet haben soll. Auf sie geht vermutlich die Idee des „Einsiedlers", einer in Felsen eingemauerten Klause mit Tisch und Bank, zurück. Eine daneben in Stein eingehauene Tafel enthält — heute kaum mehr leserlich — folgende zeitkritische Betrachtung:

> *Neugieriger Wandersmann,*
> *Hier findest du nichts, was deine Sinne reizen kann,*
> *Nur Fleiß und Selbstgenügsamkeit.*
> *Eine Ruhe von Stein, ein Bett von Moos,*
> *Ein Gärtlein hier an naher Quell,*
> *Das macht mich meines Lebens froh.*
> *So lebt ich Jahre lang, nichts störte meine Ruh,*
> *Bis plötzlich Feindes Lärm in diese Gegend drang.*
> *Es war im 96er Jahr, am 12. Tag im 8. Mond.*
> *Da füllt ein fränkisch Heer*[23]
> *Den Itz-, den Main-, den Baunachgrund.*
> *Sein Lager stund auf jenem Berge dort*
> *Eh' es die teutsche Schar von Böhmens Grenze warf.*
> *Es drang in meine Einsamkeit*
> *Kein Feindes Tritt, kein Rosses Huf,*
> *Und doch merkt ich des Jammers viel,*
> *So dieser Krieg der Menschheit schuf.*
> *Der Brand von Strullendorf,*
> *Die Flamm von Pleichfeld dort im Gau*
> *Färbt nachts den Himmel rot,*
> *Verkündigt mir des Feindes Flucht,*
> *Des teutschen Heeres Sieg.*
> *Bewies mir aber auch den Satz:*
> *Nulla salus bello.*[24]

Abseits vom Einsiedler, heute fast zugewachsen, liegt der sogen. Tanzplatz, ehemaliger Anger, ein *Platz von Tannen beschattet, Schunkel-, Kegel- und Tanzplatz.*[25] Hier verweilte der junge Dichter Friedrich Rückert von Ebern aus, zum letzten Mal im Sommer 1812 mit seiner Braut Agnes Müller aus Rentweinsdorf, die kurz darauf starb.[26]

Mit den gesellschaftlichen Veränderungen der französischen Revolution brach auch die alte Sozialordnung zusammen. Der fränkische Raum blieb davon nicht unberührt. Die geistlichen Fürstentümer, Abteien usw. wurden säkularisiert, die Ritterschaften wurden ihrer Privilegien weitgehend entkleidet und mediatisiert. Die Familie Greiffenklau ging ihrer Einkünfte aus Pfründen und Ehrenämtern verlustig, die gewohnte Lebenshaltung konnte nicht mehr aufrechterhalten werden.[27] Hinzu kamen Kriegsnöte,

---

[22] A 1012 u. „Fränkischer Merkur" 1798, 939—942.
[23] fränkisch = französisch.
[24] lat.: Kein Heil im Kriege.
[25] S. Anmerkung 24.
[26] Eine Gedenktafel hieran, heute kaum mehr zu erkennen, wurde 1912 gesetzt; das Grab der Agnes Müller befindet sich noch heute auf dem Friedhof in Rentweinsdorf.
[27] A 1081—1085.

Abb. 2

Abb. 3

Abb. 1

Abb. 4

Abb. 5

Truppendurchzüge, Einquartierungen mit allen ihren Folgen.[28] Ein beim Kloster Ebrach aufgenommenes Darlehen[29] zu rund 30 000 fl., auf den bayerischen Staat übertragen, konnte nicht eingelöst werden. Die Familie geriet in Abhängigkeit von dem jüdischen Großhändler, Großunternehmer und Bankier Jacob Hirsch, der sich nach längeren Verhandlungen, nachdem er bereits 1812 den Auftrag erhalten hatte, *ihre sämtlichen Schulden zu arrangieren*[30], selbst als Käufer und künftiger Besitzer der Herrschaft Gereuth vorstellte. Die Ära der Feudalherrschaft ging nach über hundertjähriger Dauer zu Ende, die Ära der Gutsherrschaft begann.

Jacob Hirsch, geboren 1765 in Gaukönigshofen bei Würzburg, wo sein Vater Moses Hirsch noch als Schutzjude geführt wurde, erlebte einen steilen Aufstieg. Über seine jungen Jahre und die Entstehung seines Vermögens ist wenig bekannt. 1803 ersteigerte er in Würzburg den „Ebracher Hof" und erlangte damit seine Einbürgerung. Seine offenbar guten Beziehungen zum Würzburger, später zum Münchner Hof, sicherten ihm in diesen außergewöhnlichen Zeiten den Weg nach oben.[31] Der Kaufvertrag über Gereuth wurde am 15. September 1815 unterzeichnet.[32] 1818 wurde er auf Grund seiner eigens angeführten Verdienste in den Adelsstand mit dem Prädikat *von Hirsch auf Gereuth* erhoben.[33] Ein Besitzverzeichnis von 1830 weist seine sämtlichen Erwerbungen in Franken und Altbayern, seine Häuser in Würzburg und München sowie alle sonstigen Immobilien auf.[34] Durch wohltätige Stiftungen verstand er es, sich bei der Bevölkerung beliebt zu machen.[35]

Jacob von Hirsch genoß in seinen späteren Jahren hohes Ansehen und starb 1840 in München.[36] Von seinen Söhnen übernahm der ältere, Joel-Jacob, die fränkischen Besitzungen, während der jüngere Bruder, Joseph von Hirsch, in München als Hofbankier Ludwigs I. wesentlich zum Aufbau Münchens beigetragen hat.[37]

Joel-Jacob von Hirsch, Bankier in Würzburg, genoß wie sein Vater als vielseitiger, umsichtiger Geschäftsmann wie auch wegen seines lauteren Charakters allgemeine Anerkennung. So hat er sich u. a. für die Revision des Judenedikts von 1813 und somit für die Verbesserung der sozialen Lage seiner Glaubensgenossen eingesetzt.[38] In Gereuth wurde die Verwaltung zentralisiert, die Landwirtschaft weitgehend gefördert, eine Baumwollspinnerei im Nebenwerk Schenkenau, eine Ziegelei in Hafenpreppach, Brennereien in Gereuth und den Nebenhöfen errichtet.[39] Als Folge der Revolution von 1848, die im allgemeinen ruhig verlief, wurden die Patrimonialgerichte in Gereuth und Schenkenau abgelöst und die Reste der Erbuntertänigkeit beseitigt. Lediglich die Patronatsherrschaft über Kirche und Schule blieb bestehen.[40]

---

[28] A 1360—1389.
[29] A 1098—1099b.
[30] Josef Prys, Die Familie von Hirsch auf Gereuth, München 1931, S. 20 und A 1.
[31] a.a.O., S. 7—14 u. A 1 u. 4.
[32] a.a.O., S. 20/21 u. A 1.
[33] a.a.O., S. 22—25 u. A 1 u. 2.
[34] a.a.O., S. 85.
[35] A 457—459.
[36] a.a.O., S. 85 und A 2.
[37] a.a.O., S. 26.
[38] S. Zeitschrift für die Geschichte der Juden in Deutschland, 5. Jg. 1935, hier: J. Prys, Zum Anteil der Familie von Hirsch auf Gereuth im Kampfe um die Judenemanzipation, S. 67—71.
[39] S. A 14—250. — J.-J. v. Hirsch besaß außerdem beachtlichen Grundbesitz, u. a. in und um Würzburg, Gerolzhofen, Kissingen usw. Auch das Gut Trunstadt b. Bamberg befand sich im Besitz der Familie Hirsch, s. Jos. Prys, Die Familie v. Hirsch, S. 22.
[40] A 369—449. — Das Patronat über die Schule wurde erst 1919 abgelöst, das Kirchenpatronat besteht weiter.

Ob Joel-Jacob von Hirsch die Herrschaft Gereuth behalten wollte, scheint fraglich. Im Grunde dachte er wohl als Kaufmann und verstand es, die jeweilige Konjunktur zu nutzen. In den 50er Jahren des vorigen Jahrhunderts erschien es reichen bürgerlichen Familien interessant, freigewordene Rittergüter zu erwerben. So bot sich für Gereuth eine günstige Gelegenheit: Ferdinand Carl Prieger, geb. 1821 in Bad Kreuznach, war ein Sohn des bekannten Badearztes Dr. Johann Erhard Peter Prieger, dem Kreuznach die Entdeckung der Heilwirkung seiner Sole und somit den Aufstieg zum bekannten Kurort verdankt.[41] Nach beendeter kaufmännischer Lehre ging F. C. Prieger ins Ausland, zunächst nach Paris, dann nach Manchester, wo er eine eigene Textilfirma gründete. Durch den Tod seines Schwiegervaters, des holländischen Großkaufmanns Johann Erich Banck, der Zuckerfabriken im damals Niederl.-Indien besaß und außerdem den Zuckerimport nach Holland betrieb, war er zu einem beachtlichen Vermögen gelangt und suchte dieses in Deutschland anzulegen.[42] Nach längeren Vorverhandlungen[43] kam es 1859 zum Kauf der gesamten Gereuther Herrschaft, zunächst im Namen seiner Schwiegermutter gemeinsam mit seinem Bruder, dann ab 1863 als alleiniger Besitzer.[44] Ferdinand C. Prieger war bemüht, sich als zeitgemäßer fortschrittlicher Landwirt zu betätigen, u. a. durch Einführung neuzeitlicher Anbaumethoden, Ackerdränage, besonders durch Verbesserung der einheimischen Viehhaltung mit Einkreuzung fremder Zuchtviehrassen (Simmenthaler, Shorthorn usw.). Er starb 1887 und hinterließ den Besitz seinen acht Kindern, vier Söhnen und vier Töchtern. Die Töchter bestanden nach wenigen Jahren auf Abfindung, die vier Brüder teilten sich in die Verwaltung. Der älteste Bruder, John Prieger, Familienobmann, starb 1899. Die drei Brüder Oskar, Adrian und Karl blieben weiter in Besitz und Verwaltung.[45] Adrian, mein Vater, starb 1928 in Gereuth, Oskar 1939 und Karl Prieger, vormals Landtagsabgeordneter und Präsident der bayerischen Landesbauernkammer, 1942 in Hafenpreppach.[46]

Mit der Fortführung der Erbengemeinschaft ergaben sich Schwierigkeiten persönlicher und wirtschaftlicher Art. Hinzu kam die Inflation der 20er Jahre, danach die Deflation, verbunden mit der Weltwirtschaftskrise anfangs der 30er Jahre, beides verheerend für die deutsche Landwirtschaft. So kam es zuerst zu Verkäufen fast all der Nebenhöfe; auch das Restgut blieb nicht länger zu halten. 1936 kaufte Herr Friedrich Höhn sen., Landwirt und Administrator aus Hohenfinow, Krs. Eberswalde (Mark Brandenburg), Gereuth mit sämtlichen Gebäuden und Zubehör. Die Zeit der Herrschaft Gereuth war zu Ende, die Epoche des landwirtschaftlichen Zweckbetriebes begann. Friedrich Höhn sen. starb 1961, sein gleichnamiger Sohn bewirtschaftet Gereuth weiter.

280 Jahre Gereuther Geschichte sind vergangen. Es wurde der Versuch unternommen, an einem fränkischen Herrschaftsbesitz die allgemeine Entwicklung von der „Herrschaft" zum „Betrieb" nachzuzeichnen.

---

[41] S. die Festschrift: 150 Jahre Heilbad Bad Kreuznach 1817—1967, herausgegeben vom Städt. Kur- und Verkehrsamt daselbst 1967, u. a. S. 189 ff., 199 ff.
[42] Zusammengestellt auf Grund vorhandener Familienpapiere.
[43] A 750 u. 751, s. auch Jos. Prys, S. 38.
[44] U(= Urkunden) 51, 56 u. 64.
[45] S. unten 44.
[46] Dessen Sohn, Helmut Prieger, Leutnant im 1. bayr. Ulanenregiment, war vor dem ersten Weltkrieg einer der erfolgreichsten Turnierreiter und fiel am 11. August 1914 bei Lagarde.

DIE STÄDTE WÜRZBURG, BAMBERG UND NÜRNBERG

Vergleichende Studien zu Aufbau und Verlust zentraler Funktionen in Mittelalter und Neuzeit

von

Ulrich Knefelkamp

Einleitung

Städte sind unser alltäglicher Lebensraum, der Begriff „verstädterte Gesellschaft" läßt sich zumindest für das heutige Mitteleuropa anwenden. Damit stehen wir am Ende eines langen Prozesses, der mit dem Seßhaftwerden des Menschen begann. Städte und stadtähnliche Siedlungen bildeten sich zu Orten mit kultischen, administrativen und wirtschaftlichen Funktionen aus. In Gebieten Deutschlands, die nicht zum Imperium Romanum zählten, setzte diese Entwicklung erst spät ein. Doch im 15. Jahrhundert gibt es schon 3000 Städte, deren Anteil an der Gesamtbevölkerung allerdings nur 10—15% ausmachte[1]. Von dieser großen Zahl besaßen nur ca. 15 größere Städte mehr als 20 000, ca. 20 etwa 2000—10 000 Einwohner. Im heutigen Franken erreichte allein Nürnberg eine Bevölkerung über 20 000[2] und eine Bedeutung weit über die Grenzen des Reiches hinaus. Es stellte somit die zwei älteren Zentren[3] der Region, Würzburg und Bamberg, in den Schatten[4]. Dies entspricht auch der heutigen Situation.

Da drängt sich dem interessierten Zeitgenossen, in diesem Fall dem Stadthistoriker, die Frage auf: Wie kommt es dazu, wo liegen die Gründe dafür? Zur Beantwortung der Frage sollen im folgenden Gedanken vorgestellt werden, die Verf. auf Grund seiner

---

* Dies ist der leicht veränderte Abdruck eines Vortrags, der am 3. 2. 1984 vor dem Historischen Verein in Bamberg gehalten wurde.

[1] J. Leuschner, Deutschland im späten Mittelalter, 1975, S. 32—36; E. Maschke, Deutsche Städte am Ausgang des Mittelalters, in: W. Rausch (Hg.), Die Stadt am Ausgang des Mittelalters, 1974, S. 1—44.

[2] R. Endres, Zur Einwohnerzahl und Bevölkerungsstruktur Nürnbergs im 15. und 16. Jahrhundert, in: Mitt. d. Verf. f. Gesch. d. Stadt Nürnberg (MVGN) 57, 1970, S. 242—71; zur Bevölkerungsstruktur s. a. M. Toch, Die Nürnberger Mittelschichten im 15. Jahrhundert, 1979.

[3] Der Begriff „Zentrum" soll hier im Sinne eines Ortes mit zentralen Funktionen verwendet werden. Seit W. Christaller, Die zentralen Orte in Süddeutschland, 1933, hat sich innerhalb der Geographie ein besonderer Bereich Zentralitätsforschung ausgebildet. S. dazu: E. Meynen (Hg.), Zentralität als Problem der mittelalterlichen Stadtgeschichtsforschung, 1979; P. Schöller (Hg.), Zentralitätsforschung, 1972; zu frühen Zentren: K. Fehn, Zentralörtliche Funktionen früher Zentren in Altbayern, 1970; zu zentralen Orten: M. Mitterauer, Das Problem der zentralen Orte als sozial- und wirtschaftshistorische Forschungsaufgabe, in: VSWG 58, 1971, S. 433—67; K. Blaschke, Qualität, Quantität und Raumfunktion als Wesensmerkmale der Stadt vom Mittelalter bis zur Gegenwart, in: Jb. f. Regionalgesch. III, 1968, S. 34—50; zur Raumfunktion: E. Maschke/J. Sydow (Hg.), Stadt und Umland; G. W. Heinze/H. M. Drutschmann, Raum, Verkehr und Siedlung als System, dargestellt am Beispiel der deutschen Stadt im Mittelalter, 1977.

[4] H. H. Hofmann, Nürnbergs Raumfunktion in der Geschichte, in: Stadt-Land-Beziehungen und Zentralität als Problem der historischen Raumforschung (Hist. Raumforschung 11), 1974, S. 91—101.

Forschungs- und Lehrtätigkeit dazu beitragen kann. Wegen Umfang und Differenziertheit des Themas kann hier einiges gar nicht, vieles nur in großen Zügen und verkürzt wiedergegeben werden, was von anderen ausführlich beschrieben worden ist.

I. Grundlagen und frühe Entwicklung

WÜRZBURG. In der Mitte des Jahres 742 schickte der Erzbischof Winfreth Bonifatius an Papst Zacharias nach Rom einen Brief, in dem er ihn bat, die drei von ihm eingesetzten Bischöfe von Würzburg, Büraburg und Erfurt zu bestätigen[5]. Der Papst erinnerte Bonifatius in seinem Antwortschreiben vom 1. 4. 743[6] daran, daß nicht für Dörfer oder unbedeutende Städte („civitates") Bischöfe bestellt werden sollten, damit der Bischofstitel nicht in Mißachtung komme. Verschiedene Autoren[7] haben bereits darauf hingewiesen, daß diese Regel in den rechtsrheinischen Gebieten abgewandelt werden mußte, weil dort die Voraussetzungen fehlten. Man konnte also nur solche Orte zum Bischofssitz erheben, die ähnliche Funktionen erfüllten wie die alten Römerstädte.

Welche Funktion hatte denn das castellun Würzburg, wie es in dem Bonifatiusbrief genannt wird, vor der Bistumsgründung? Die Frühgeschichte des Ortes ist Gegenstand vieler wissenschaftlicher Untersuchungen gewesen, zuletzt zusammengefaßt von Lindner und Schich[8]. Als Ergebnis läßt sich festhalten, daß wir mit einer frühgeschichtlichen Besiedlung des Marienberges rechnen können, der sich in fränkischer Zeit eine herzogliche Burg anschloß. Denn Herzog Heden stellte 704 eine Urkunde in *castello Virteburch* aus[9], mit der er dem angelsächsischen Missionar Willibrord Güter in Mainfranken schenkte. Diese freundliche Geste gegenüber dem Christentum steht im Gegensatz zu dem ca. 688/89 erlittenen Märtyrertod der drei Frankenapostel Kilian, Colonat und Totnan. Die drei Missionare wurden laut Passionsbericht[10] an der Stelle ihres Martyriums begraben, über ihnen soll ein Pferdestall errichtet worden sein. Nach dieser Überlieferung wird das Martyrium dargestellt auf einer Holztafel des späten 15. Jahrhunderts[11], auf der man die Burg auf dem Marienberg, den Main und im Vordergrund den Pferdestall als topographische Punkte festmachen kann.

Als weitere Quellen für die Frühzeit haben wir zwei Markbeschreibungen von 777/79 und eine Vita St. Burchardi aus dem 12. Jahrhundert, deren Glaubwürdigkeit F. J. Schmale unterstrichen hat[12]. In der Vita wird vom Bau einer *basilica* auf dem Marienberg berichtet, außerdem vom Tausch des Berges mit allen Gebäuden nach Bistumsgründung und zwar zwischen der Tochter des letzten Herzogs und Bischof Burkhard gegen das Kloster Karlburg bei Karlstadt[13].

---

[5] R. RAU, Briefe des Bonifatius, Freih. v. Stein-Gedächtnisausg. IV b, 1968, S. 140 ff.

[6] Ebd., S. 148 ff.

[7] A. WENDEHORST, Die angelsächsische Mission und die Anfänge der Bischofsstadt, in: ders. (Hg.), Würzburg — Geschichte in Bilddokumenten, 1982, S. 19 f.; W. SCHICH, Würzburg im Mittelalter, 1977, S. 45 f.; F. MERZBACHER, Die Bischofsstadt, 1961; W. SCHLESINGER, Städtische Frühformen zwischen Rhein und Elbe, Vortr. u. Forsch. IV, 1958, S. 297 ff. u. 308 ff.

[8] Ihre Ergebnisse legt zugrunde: N. LEUDEMANN, Deutsche Bischofsstädte im Mittelalter, 1980; W. SCHICH, Würzburg S. 1 ff.; K. LINDNER, Untersuchungen zur Frühgeschichte des Bistums Würzburg und des Würzburger Raumes, 1972.

[9] SCHICH, S. 6.

[10] Ebd., S. 7 f.

[11] A. WENDEHORST (Hg.), Würzburg, Abb. 6: Kiliansmartyrium, Nürnberg um 1475, Mainfränkisches Museum Würzburg.

[12] F. J. SCHMALE, Die Glaubwürdigkeit der jüngeren Vita Burchardi, in: Jb. f. fränk. Landesforsch. (JffL) 19, 1959, S. 45—83.

[13] Vita sancti Burkardi, hg. v. F. J. BENDEL, 1912, S. 23 f.

Nach Aussagen der vorgestellten Quellen wird die zentrale Funktion des Marienbergs deutlich. Er diente nicht nur als Herrschaftssitz, sondern bot sich als Schutz für die Bewohner des Umlandes an und natürlich auch für die Mainfurt und den damit zusammenhängenden Verkehr. Spätestens mit dem Bau der Basilika wurde er auch zum kultischen Zentrum, was er nach der Tradition schon vorher gewesen sein soll.

Diese Bedingungen fand Bonifatius vor, als er die Erhebung zum Bistum vor dem Papst verantworten mußte. Allerdings ist die Frage, an welcher Stelle der Bischofssitz lag, bis heute in der Forschung umstritten. Man ging allgemein davon aus, daß die Marienkirche auf dem Berg Bischofskirche war, bis der Salvator-Dom erbaut wurde. Dagegen stellte schon früh K. Bosl[14] die These von einer Burgstadt auf dem flachen rechten Mainufer auf, in der sich die Marienkirche befand, neben dem auch das Grab der Märtyrer lag. Diese Meinung vertritt Bosl ebenfalls in seinen neuesten Ausführungen[15], daß auf dem rechten Mainufer eine alte Herzogs-, dann Königspfalz mit königlicher Eigenkirche erbaut war, an die sich eine praeurbane Siedlung anschloß.

Wenn eine endgültige Klärung in der jetzigen Forschungssituation kaum möglich erscheint, kann man doch die zentrale Funktion des Marienbergs beibehalten. Wie wichtig der Berg für das neue Bistum war, macht die Tauschaktion des ersten Bischofs Burkard deutlich. Man muß deshalb eine Besiedlung des rechten Mainufers nicht ausschließen, auf dem man als wirtschaftlichen Faktor zumindest einen Herrenhof annehmen kann.

Während also die Frage der frühen Schwerpunktbildung des Ortes Würzburg auf dem linken Mainufer anscheinend umstritten bleibt, trifft dies für die weitere Entwicklung auf dem anderen Ufer nicht zu. Der wachsende Zentralort benötigte Platz, der ihm nur auf der rechten Mainseite zur Verfügung stand. Dort bildete sich die bischöfliche Immunität heraus, vor ihr lag der Marktplatz, an den sich weitere Märkte bis zum Mainufer anschlossen. An beiden Seiten dieser Achse vom Main zum Dom siedelten sich Juden, Kaufleute, Handwerker und später Patrizier an. Im 10. Jahrhundert können wir von einer geschlossenen Siedlung sprechen mit stadtähnlichem Charakter[16], in der Mitte des 11. Jahrhunderts ist Würzburg bereits ummauert[17]. Diese Befestigung umfaßte die „Bischofsburg" und die kaufmännisch-gewerbliche Siedlung am Mainufer[18] und hatte schon ihre typische Fünfeckform[19]. In topographischer Sicht kann man Würzburg spätestens im 12. Jahrhundert als Stadt ansehen, die natürlich zentrale, wirtschaftliche, administrative und kultische Funktionen besaß, auf die noch einzugehen sein wird.

BAMBERG. Die reichsgeschichtlich bedeutsame Fehde zwischen Babenbergern und Konradinern (902—04) führt zur bekannten Erwähnung des *castrum Babenberh* in der Chronik des Regino von Prüm[20]. Weitere Quellen über das castrum u. a. über das Exil

---

[14] K. Bosl, Franken um 800, ²1969; ders., Würzburg als Pfalzort, in: JffL 19, 1959, S. 25—43; dagegen Karte II bei Schich.

[15] K. Bosl, Kernstadt-Burgstadt, Neustadt-Vorstadt in der europäischen Stadtgeschichte, in: Sb. d. bayer. Akad. d. Wiss., Phil. hist. Kl., 1983, H. 1, S. 19 ff.; ders., Würzburg als fränkischer Zentralort in den Mainlanden zur Zeit der Merowinger und Karolinger, in: ders., Bayern. Modelle und Struktur seiner Geschichte, 1981, S. 91—105.

[16] Schich, S. 69 u. Karte III.

[17] Ebd., S. 113.

[18] Ebd., S. 198; vgl. zu dieser typischen Entwicklung für Bischofsstädte das Beispiel Magdeburg, in: B. Schwineköper, Die Anfänge Magdeburgs, Vortr. u. Forsch. IV, 1958, S. 389—450.

[19] Schich, S. 131 Skizze.

[20] R. Rau, Regino-Chronik, Freih. v. Stein-Gedächtnisausg. VII, 1975, S. 312 f.

König Berengars hat B. Schimmelpfennig zusammengefaßt[21]. Wichtig ist für uns das Jahr 973, in dem Kaiser Otto II. dem Bayernherzog Heinrich d. Zänker das *predium Papinperc* überläßt[22]. Aus dem Inhalt der Urkunde ist erkennbar, daß die Burg Mittelpunkt einer königlichen Grundherrschaft war, zu der auch *Uraha* im Volkfeld gehörte. Eine *nicht-agrarische* Siedlung zu Füßen der Burg wird man wohl annehmen können[23], denn die Bistumsgründung Heinrichs II. im Jahr 1007 wird an keinem unbedeutenden Platz stattgefunden haben. Wenn das castrum anfangs vielleicht nur die Schutzfunktion für den alten Handelsplatz Hallstatt[24] übernommen hatte, so muß es doch um 1000 Hallstatt und Forchheim bereits übertroffen haben[25]. Allgemein wird Heinrich II. in seinen Handlungen immer als realistischer bezeichnet als sein Vorgänger mit seinen utopischen Hauptstadtvorstellungen. Wenn also Heinrich II. Bamberg nach seinen Plänen zur Hauptstadt aufbauen wollte[26], dann mußte er eine entsprechende Basis vorfinden, die sich nicht in wenigen Jahren entwickelt haben konnte.

Wir können davon ausgehen, daß der Ort Bamberg vor 1000 relativ wichtige administrative und wirtschaftliche Funktionen besaß. Die Frage nach der Versorgung mit Kirchen ist aber noch nicht geklärt[27]. Mit den Ausgrabungsergebnissen W. Sages ist jedoch ein Schritt zur Klärung getan. In der nördlichen Domlanghaushälfte wurden Fundamentreste, sowie Teile des Estrichbodens eines Massivgebäudes gefunden, bei denen es sich um die Burgkirche der Babenberger handeln könnte[28]. Auch die Datierung der Martinskirche in die romanische Zeit ist dadurch möglich geworden. Für die weitere kirchliche Ausstattung sorgten Stiftungen des 11. Jahrhunderts, wobei die Konsekration von St. Stephan durch Papst Benedikt VIII. im Jahre 1020 einen Höhepunkt in der frühen Geschichte bildete.

Die Hauptstadtidee verlor zwar mit dem Tod Heinrichs II. ihren Glanz, aber der Kaiser hatte doch durch seine Herrschaftspolitik erreichen können, daß Bamberg vor allem ein geistliches und kulturelles Zentrum mit regionalen administrativen Aufgaben

---

[21] B. Schimmelpfennig, Bamberg im Mittelalter, 1964, S. 10; zu den Anfängen Bambergs den Beitrag von G. Goepfert, Die Anfänge der Stadt Bamberg, in: Ber. d. Hist. Ver. Bamberg (BHVB) 77, 1922, S. 3—32; zur Bamberger Geschichte allgemein: Bibliographie zur Geschichte von Stadt und Hochstift Bamberg 1945—75, BHVB Beih. 10, 1980; dazu die Ergänzung ab 1976 in: BHVB 117, 1981, S. 260 ff.

[22] Dazu vor allem G. Pfeiffer, Die Bamberger Urkunde Otto II. für den Herzog von Bayern, in: BHVB 109, 1973, S. 15 ff. Diese Urkunde nahm die Stadt Bamberg zum Anlaß ihrer 1000-Jahr-Feier!

[23] I. Maierhöfer, Bamberg. Geschichte und Kunst, 1973, S. 19 f.

[24] Ich verweise auf die Erwähnung Hallstatts und Forchheims im Diedenhofer Kapitular von 805, Mon. Germ. Hist. Capit. I, S. 123, Nr. 44.

[25] Schimmelpfennig, S. 12.

[26] Zu Bamberg als Hauptstadt s. O. Meyer, Kaiser Heinrichs Bamberg-Idee im Preislied des Gerhard von Seeon, in: Fränk. Bll. 3, 1951, S. 75—78; ders., Hauptstadt des Reiches — Idee und Wirklichkeit; ders., Bambergs Platz in der deutschen Geschichte; beides jetzt in: D. Weber/G. Zimmermann (Hg.), Varia Franconiae Historica, I, 1981. Zur Hauptstadtproblematik allgemein: A. Wendehorst, Das Hauptstadtproblem in der deutschen Geschichte, in: A. Wendehorst/J. Schneider (Hg.), Hauptstädte, 1979, S. 83—90.

[27] G. Zimmermann, Bamberg als Pfalzort, in: JffL 19, 1959, S. 206; dazu auch O. Meyer, Geistliches und weltliches Bamberg im Widerspiel, jetzt auch in: Varia I, S. 258 ff.

[28] W. Sage, Der Bamberger Dom, in: Zs. f. Kunstgesch. 39, 1976, S. 90; nach seinen Grabungsfunden kann man auf eine Besiedlung des Domberges im 7. Jahrhundert schließen, weitere Ergebnisse sind mit neuen Grabungen noch zu erwarten. Zur Martinskirche s. den Beitrag W. Sages in diesem Band über die Notgrabungen im Jahr 1969. N. Haas, Geschichte der Pfarrei St. Martin zu Bamberg und sämmtlicher milden Stiftungen der Stadt, 1845.

blieb. Überregionale Wirkung ging von seiner Domschule aus, in der weiterhin fähige Männer des Reiches ausgebildet wurden, außerdem war der Bischof keinem Metropolitan, sondern dem Papst unterstellt[29].

Der weitere Ausbau des Ortes Bamberg wurde vor allem von der baulichen Ausdehnung der 5 Immunitäten bestimmt[30]. Auch die Siedlung am Sand dürfte sich gefüllt haben, spätestens bis zum Ende des 11. Jahrhunderts wird das Inselgebiet miteinbezogen.

In der Urkunde Heinrichs IV. von 1103 wird Bischof Otto u. a. der Besitz des Marktrechtes bestätigt, an dem er nicht beeinträchtigt werden darf[31]. Auch von dem Markt zu beiden Seiten des Flusses ist zu dieser Zeit die Rede[32]. Auf Grund des beengten Raumes auf dem linken Regnitzufer bot sich das Inselgebiet für die verschiedenen Märkte, den Hafenverkehr und den Aufbau einer Siedlung an. Als zentrale Achsen bildeten sich die *lang gass* und der *grune markt* aus, um die herum sich eine stadtähnliche Ansammlung von Gebäuden und Plätzen gruppierte.

Im 13. Jahrhundert war der Ort Bamberg sicher durch Mauern bzw. im Inselgebiet durch Palisaden oder ähnliches geschützt, so daß sich dem Betrachter der Eindruck von einer Stadt bieten konnte. Dabei war das bebaute Berggebiet mit seinen geistlichen Schwerpunkten dominierend, während die Insel mehr als Vorort erscheinen mußte. Insgesamt hatte sich an der Position als kirchliches, wirtschaftliches und administratives Zentrum wenig verändert. Die Betonung lag in überregionaler Hinsicht eindeutig auf kirchlichem Gebiet, die städtische Entwicklung strebte ihrem Höhepunkt erst noch zu.

NÜRNBERG[33]. Die erste schriftliche Erwähnung Nürnbergs findet sich bekannterweise als Ausstellungsort einer Urkunde Heinrichs III. aus dem Jahre 1050[34]. Leider wird der Ort nicht näher beschrieben, aber wir können davon ausgehen, daß es sich um eine Königspfalz handelt, die sich auf dem Burgberg befand[35]. Zu Füßen der Burg lag eine Ansiedlung um den Königshof beim späteren Egidienkloster. Der Ort stand von Anfang an in Konkurrenz zu dem älteren Zentralort dieser Region, zu Fürth. Da dieser Handelsplatz am Schnittpunkt wichtiger Handelswege in bambergischem Besitz war, mußte der Kaiser seinen neuen Zentralort mit bedeutenden Privilegien versehen, die er folgerichtig den Fürthern abnahm. Schon 1062 wurde dies von Heinrich IV. in einer

---

[29] 1053 erhält der Bischof das Pallium; zur Domschule s. O. MEYER, Oberfranken im Hochmittelalter, 1973, S. 34 ff.

[30] Die Immunitäten werden behandelt von: A. REINDL, Die vier Immunitäten des Domkapitels zu Bamberg, in: BHVB 105, 1969, S. 213—59; SCHIMMELPFENNIG, S. 12 ff.; W. NEUKAM, Immunitäten und Civitas in Bamberg, in: BHVB 78, 1925; zur Entwicklung der Stadt: M. HOFMANN, Vom Wachstum Bambergs, aufgezeigt am Zweidler'schen Plan von 1602, 1939; LEUDEMANN, Abb. 7 u. 8; G. HÖHL, Städtische Funktionen Bambergs im Spiegel seiner Stadtlandschaft, in: JffL 15, 1955, S. 7 ff.

[31] Mon. Germ. Hist. Dipl. Heinr. IV (MGH DHIV), S. 479.

[32] Mon. Germ. Script. (MGSS) XV, 2, S. 1164: *forum Babenberch cum areis ab utraque parte fluminis;* zur Marktsiedlung s. auch N. LEUDEMANN, Deutsche Bischofsstädte, S. 96 f.

[33] Für die folgenden Ausführungen wurden vor allem benutzt: G. PFEIFFER (Hg.), Nürnberg — Geschichte einer europäischen Stadt, 1971, Ndr. 1982; W. SCHULTHEIß, Kleine Geschichte Nürnbergs, 1966; E. REICKE, Geschichte der Reichsstadt Nürnberg, 1896.

[34] L. WEINRICH, Quellen zur deutschen Verfassungs-, Wirtschafts- und Sozialgeschichte bis 1250, Freih. v. Stein-Gedächtnisausg. XXXII, 1977, S. 114 ff.

[35] K. BOSL, Die Anfänge der Stadt unter den Saliern, in: G. PFEIFFER, Nürnberg S. 11 ff., hält sich bei der Datierung der Burg zurück, während F. SCHNELBÖGL, Topographische Entwicklung Nürnbergs in: PFEIFFER, Nürnberg S. 54 f., von einer bereits bestehenden Königsburg spricht.

Urkunde rückgängig gemacht[36], weil Bamberger Bischof und Domkapitel um ihre Einkünfte fürchteten. An Nürnbergs Aufstieg konnte das nichts ändern.

Als Vorgängerbau der St. Sebalduskirche wurde eine Kapelle St. Peter und Paul geweiht, die zum bambergischen Alt-Pfarrsprengel Poppenreuth gehörte. Um 1070 sollen bereits Wallfahrten zum Grab eines Einsiedlers Sebaldus in der Kapelle stattgefunden haben[37]. Zwischen Burg, Kapelle und Königshof bildeten sich ein Marktzentrum und in einigen Jahrzehnten eine Siedlung aus.

Im 12. Jahrhundert erreichte die schon ummauerte „Sebaldstadt" die Pegnitz, im 13. Jahrhundert wurde um das besiedelte Gebiet eine Mauer gebaut. Im Jahre 1320 kam der seit dem 12. Jahrhundert planmäßig entstandene zweite Stadtteil um die Lorenzkirche hinzu, indem man durch Brücken eine Verbindung herstellte. Inzwischen war Nürnberg nicht nur wirtschaftlicher Mittelpunkt des Umlandes und Fernhandels geworden, sondern auch Zentrum der Reichspolitik unter den Staufern, was im folgenden Abschnitt dargestellt werden wird.

II. Verhältnis zu Stadtherrschaft und Königtum

WÜRZBURG. Der Bischof war in der 1. Hälfte des 11. Jahrhunderts zum alleinigen Hoheitsträger geworden, denn er hatte mit der Urkunde Konrads II. von 1030[38] die königlichen Rechte über die Gesamtsiedlung Würzburg erworben. Die nächsten Jahrhunderte sind durch den Kampf der erstarkenden Gemeinde gegen den bischöflichen Stadtherrn geprägt[39], wobei das Verhalten des Königtums jeweils eine entscheidende Rolle spielen konnte. Bereits 1077 vertrieben die Würzburger ihren königsfeindlichen Bischof Adalbero aus der Stadt. Auch die Nachfolger Heinrichs IV., Heinrich V. und Lothar III., zeigten sich städtefreundlich, den Höhepunkt der königlichen Gunst erlebte Würzburg dann in der Stauferzeit. Denn unter ihnen fand eine Schwerpunktverlegung der königlichen Reichs- und Erwerbspolitik vor allem in die Königslandschaft Franken statt. Schon Konrad III. war 19mal in Würzburg zu Gast[40], für Friedrich Barbarossa sind 18 Aufenthalte bezeugt[41], darunter das großartige Hochzeitsfest[42]. Würzburg wurde zum zentralen Ort des politischen Geschehens in Franken.

---

[36] Nürnberger Urkundenbuch (NUB) Nr. 14; F. KEUTGEN, Urkunden zur städtischen Verfassungsgeschichte, 1901, Ndr. 1965, Nr. 61.

[37] Zur Sebaldverehrung s. E. ROTH, „Got und der lieb Herr S. Sebolt", in: MVGN 67, 1980, S. 37—59, dort auch Zusammenfassung der Literatur. Zur Sebaldstadt vgl. PFEIFFER, Nürnberg, Abb. S. 56 u. 57.

[38] B. DIESTELKAMP, Elenchus fontium historiae urbanae I, 1967, S. 62, Nr. 35; KEUTGEN, Nr. 5. Die oberste rechtliche Gewalt besaß allerdings der ab 1087 vom König eingesetzte Burggraf. Dieses Amt wurde im Hause Henneberg erblich, das dadurch zu einem Machtträger neben dem Bischof wurde, was erst 1240 durch Aufgabe des inzwischen bedeutungslosen Amtes beendet war.

[39] Dazu ausführlich: K. TRÜDINGER, Stadt und Kirche im spätmittelalterlichen Würzburg, 1978; Schich, S. 139 u. 212 ff.; W. Füßlein, Das Ringen um die bürgerliche Freiheit im mittelalterlichen Würzburg des 13. Jahrhunderts, in: Hist. Zs. (HZ) 134, 1926, S. 268—318.

[40] SCHICH, S. 141; zu Konrad III. s. W. GOEZ, Konrad III., der fränkische Stauferkönig, in: Jb. d. Hist. Ver. f. Mittelfranken 89, 1977/81, S. 17—34.

[41] W. SCHLESINGER, Bischofssitze, Pfalzen und Städte im deutschen Itinerar Friedrich Barbarossas, in: FS E. Maschke z. 75. Geb., 1975, S. 1—56.

[42] W. DETTELBACHER, Würzburg — ein Gang durch seine Vergangenheit, 1974, S. 23 ff., spricht von der *heimlichen Hauptstadt*. — Hingewiesen sei noch auf die Darstellung der Hochzeit von dem barocken Künstler Tiepolo im Kaisersaal der Residenz.

In dieser Zeit hören wir von Kämpfen der Bürger gegen den Bischof nichts. Immerhin ist von 1195 ein erstes Stadtsiegel erhalten[43] und 1211 vertreten 12 Ministeriale als Körperschaft die ganze Stadt[44]. Der Stadtrat erscheint 1256[45] zum ersten Mal in den Quellen, als die Stadt eigenmächtig dem Rheinischen Bund beitritt. Diese Handlung war das Ergebnis einer Entwicklung, die bereits 1247 zur Vertreibung des Bischofs aus der Stadt geführt hatte[46]. Wieder war es die kaiserfeindliche Haltung eines Bischofs (Hermann I. von Lobdeburg), die zur Revolte der Bürgerschaft führte. Gegen die rechtliche Sonderstellung der Immunitäten richteten sich die gewaltsamen Auseinandersetzungen im Jahr 1254[47]. Nach dem vorläufigen Höhepunkt der Autonomie von 1256 erfolgte 1261 ein Rückschlag[48], denn die Bürger mußten in einem Schiedsvertrag die uneingeschränkte Stadtherrschaft des Bischofs anerkennen.

Trotzdem gelang es der Stadt, im 13./14. Jahrhundert teilweise unangefochten Außenpolitik zu betreiben. Allerdings konnte der Bischof in Schiedsverträgen immer wieder seine umfassende Stadtherrschaft durchsetzen, wenn die politische Lage für ihn günstig war. Dadurch gestärkt hat der Bischof der Stadt z. B. die freie Wahl von Bürgermeister und Rat verbieten können, die Bildung von Zünften, Neubürgeraufnahme, eigene Steuern zu erheben, gegen die Immunitäten vorzugehen, Befestigungen zu errichten, Stadtsiegel und Stadttorschlüssel zu verwahren und Rathaus mit Ratsglocke zu haben[49].

Am Ende des 14. Jahrhunderts fiel dann die endgültige Entscheidung. Als die Stadt gegen die Handels- und Gewerbekonkurrenz der geistlichen Stifter vorging, erließ Karl IV. 1354 einen Schutzbrief gegen die Stadt[50]. In der Folge kam es zu schweren Auseinandersetzungen. Als Antwort auf die Zerstörung und Plünderung von St. Haug ließ der Bischof Weingärten vernichten und traf damit die wirtschaftliche Achillesferse der Stadt. In kaiserlichen Schiedssprüchen wurde die Stadt zu hohen Entschädigungszahlungen verurteilt und zur Schleifung der Wehrbauten. Außerdem wurde ihr die Selbständigkeit entzogen, indem man den Rat der vierundzwanzig abschaffte[51]. Das führte zu der bekannten Abwanderung reicher Familien u. a. nach Rothenburg und Nürnberg[52].

Doch die Stadt gab sich nicht geschlagen. Den Auseinandersetzungen der 70er und 80er Jahre folgte die Gründung eines Städtebundes von 10 fränkischen Städten im Jahr 1396[53]. Das Interdikt Bischofs Gerhard von Schwarzburg 1397 führte zum offenen

---

[43] H. DUNKHASE, Verfassung und Verwaltung, in: WENDEHORST, Würzburg, S. 39 ff., auch Abb. 74.

[44] SCHICH, S. 212.

[45] DUNKHASE, S. 39; vgl. zur Verfassung neben den Ausführungen SCHICHS auch: F. BRASS, Verfassung und Verwaltung Würzburgs vom Beginn der Stadt bis zur Mitte des XIII. Jahrhunderts, 1886; V. GRAMICH, Verfassung und Verwaltung der Stadt Würzburg vom 13. bis zum 15. Jahrhundert, 1882.

[46] SCHICH, S. 213; dazu auch W. GOEZ, Würzburg und das Reich im Mittelalter, in: WENDEHORST, Würzburg S. 24 ff.

[47] SCHICH, S. 214.

[48] Ebd.

[49] SCHICH, S. 215, verweist auf die Schiedsverträge von 1261, 1265 und 1296.

[50] DETTELBACHER, S. 54.

[51] DUNKHASE, S. 40; neben diesem Rat gab es seit dem 13. Jahrhundert einen zweiten alten oder oberrat des Bischofs. Er setzte sich zusammen aus 2 Domherren, je einem Chorherrn von St. Haug und Neumünster, 2 Rittern und 6 Bürgern. Von den Bürgern waren 3 aus dem unteren Rat (ält. Bürgermeister u. 2 Ratsherren) und 3 aus der Gemeinde: ein Häcker, ein Bäcker u. ein Metzger.

[52] DETTELBACHER, S. 55 f.; DUNKHASE, S. 41.

[53] DETTELBACHER, S. 56; dazu allgemein TRÜDINGER, Stadt und Kirche, 1978.

Kampf, den die Bürger durch eine Gesandtschaft zu König Wenzel vorläufig für sich entscheiden konnten. Am 13. 10. 1397[54] wurde Würzburg in den Schutz des Königs und Schirm des Reiches genommen. Die politische Niederlage Wenzels in der Folge verschaffte aber dem Bischof bessere Konditionen. In der Schlacht von Bergtheim am 3./4. 1. 1400 wurde das städtische Heer vernichtend geschlagen und die führungslose Stadt genommen[55].

Erst im Bauernkrieg regte sich wieder das Selbstbewußtsein der Bürger gegenüber ihrem Stadt- und Landesherrn. Doch die Niederlage von 1525 brachte eine neue Stadtordnung[56], die u. a. Tor- und Nachtwache regelte, das Steuereinzugsverfahren, die Bürgerannahme, die Bestellung des Stadtrates und die Einsetzung der städtischen Ämter. Diese Ordnung und die verschärfte Ausgabe von 1528 betonten, daß der Stadtrat im Auftrag des Bischofs handelte. Der Bestätigung von 1599 folgte die Ratsordnung von 1618[57], in der ein 8köpfiger innerer Rat aus dem 24er Gremium gebildet wurde, an dem der bischöfliche Oberschultheiß teilnahm, wie ehedem der Schultheiß am städtischen Rat teilgenommen hatte. Daneben verblieb der Oberrat bis 1804, während die Neuordnung der gesamten Gemeinde und Verfassung erst durch Verordnungen des Königreiches Bayern im 19. Jahrhundert erfolgte[58].

BAMBERG. Der Bischof übte Anfang des 13. Jahrhunderts die alleinige Stadtherrschaft aus, nachdem schon Otto d. Hl. die Hofstätten beiderseits der Regnitz erworben hatte und die Vogtei mit dem Aussterben der Abenberger zurückgewonnen war. Somit erstreckte sich die Gerichtsbarkeit des Bischofs von der hohen Blutgerichtsbarkeit bis zur niederen Straf- und Zivilgerichtsbarkeit. Im ersten Fall war der Zentgraf und das Zentgericht zuständig, im zweiten Fall das Stadtgericht unter Vorsitz des Schultheißen, der auch im Zentgericht saß. Die Immunitäten bildeten eigene Gerichte aus. Die Bürger waren als Schöffen beteiligt, auch als Zeugen für Rechtsgeschäfte sind Vertreter solcher Familien schon im 12. Jahrhundert faßbar[59].

Im 13. Jahrhundert scheint es ein Gremium dieser Bürger gegeben zu haben, das vom Bischof bei schwierigen Entscheidungen herangezogen wurde, z. B. bei einem Streit um die Besteuerung der Immunitäten[60]. Die *universitas civium* war der Vertragspartner des Bischofs bei einem Kompetenzstreit des Jahres 1291[61]. Diese sogenannte „Stadtordnung" bestimmte die Zuständigkeit der Gerichte, Schutz von Witwen und Waisen, die Verfügungsgewalt des Bischofs über Tore und Türme der Inselstadt, die Erhebung des Ungeldes, An- und Verkauf auf dem Markt, keine Ketten und Riegel, kein Bau von Befestigungsanlagen seitens der Stadt.

Der Stadtrat taucht dann in der Sammlung des Stadtrechtes aus dem 14. Jahrhundert auf[62]. Auch in einer Urkunde von 1320 wird er erwähnt[63], anläßlich eines Streites zwi-

---

[54] DUNKHASE, S. 40; DETTELBACHER, S. 57 f.
[55] Ebd.
[56] DUNKHASE, S. 40.
[57] Ebd.
[58] Ebd., S. 41.
[59] NEUKAM, Immunitäten, S. 295 ff.
[60] Stadt-Archiv Bamberg (StadtA BA) A 21, 5. 12. 1275; das kennen wir auch von anderen Bischofsstädten z. B. Augsburg: K. HEFELE, Studien zum hochmittelalterlichen Stadttypus der Bischofsstadt in Oberdeutschland, 1970, S. 66 f.
[61] Staatsarchiv Bamberg (StABA) Rep. B 21, Nr. 1.
[62] H. ZOEPFL, Das alte Bamberger Recht als Quelle der Carolina, 1839, jetzt auch: W. PARIGGER, Das Bamberger Stadtrecht, 1983.
[63] StadtA BA, A 21, 21. 1. 1320; kurze Zusammenfassung des Verhältnisses zur Stadtherrschaft bei: G. ZIMMERMANN, Grundlagen und Wandlungen der politischen Landschaft, in: E. ROTH

schen Stadtgemeinde und den führenden Familien des Rates, Bürger genannt. Über die Entwicklung des Rates, seine Wahl und Mitgliederzahl gibt es noch keine zusammenhängende Untersuchung[64]. Daher läßt sich nur feststellen, daß er in der Regel keine autonome Selbstverwaltung ausüben konnte, sondern vom Bischof eingesetzt und von seinem Schultheißen kontrolliert wurde.

Die oben aufgezählten Regelungen der „Stadtordnung" bildeten weiterhin die Streitpunkte in den Auseinandersetzungen der Stadt mit der Stadtherrschaft, wobei das Königtum jeweils zugunsten des einen oder anderen eingriff.

Schon 1234[65] war dem Bischof für die Stadtbürger das ius de non evocando von König Heinrich (VII.) erteilt worden. Friedrich II. verbot im Anschluß daran 1237 den Richtern des Reiches, Kleriker und Bürger der Stadt, auch Ministeriale der Bamberger Kirche, vor ihre Gerichte zu ziehen[66]. Unter den Staufern war Bamberg noch ein beliebter Aufenthaltsort von Königen und Kaisern, Konrad III. ist 8mal bezeugt[67], Bischof Eberhard II. gehörte als Kanzler zu seinen engsten Vertrauten. Mit Bischof Ekbert von Andechs (1203—37) ging die enge Reichsverbundenheit vorläufig zu Ende.

Die Städtepolitik der Könige hat auch im 14. Jahrhundert ihre Spuren in Bamberg hinterlassen. Ludwig der Bayer befahl 1333, daß die *Muntäten* zu den Kosten der Bürger im Stadtgericht herangezogen wurden[68]. Er bestätigte die Rechte der Kaufleute und das ius de non evocando, ebenso handelte Karl IV.[69] Einen Höhepunkt bildete die Aufhebung der Immunitätsgerichte durch Wenzel im Jahr 1397[70]. Doch blieb dies ohne Folgen für die Stadt, genauso wie sie in den zahlreichen Streitigkeiten und Einungen der 2. Hälfte des 14. Jahrhunderts mit Bischof, Domkapitel und Immunitäten immer wieder nachgeben mußte.

König Ruprecht I. unterstützte die Politik von Bischof und Stadt gegen Domkapitel und Immunitäten[71] und bestätigte der Stadt alle Privilegien[72]. Um eine Erweiterung der Privilegien und eine Vereinheitlichung der Stadtordnung ging es den Bürgern in ihren Forderungen nach dem Einfall der Hussiten 1430. König Sigmund erhob in seiner „Goldenen Bulle" vom 23. 4. 1431[73] diese Forderungen zum Gesetz: einheitliche Mauern, einheitliches Gericht, Selbstverwaltung u. a. Der nun entbrennende Kampf zwischen einem konservativen Teil des Domkapitels und der Stadt führte zu Handgreiflichkeiten gegen die Immunitäten und zur Plünderung des Michaelsklosters 1435. Am

---

(Hg.), Oberfranken im Spätmittelalter und zu Beginn der Neuzeit, 1979, S. 32; einen Überblick gibt J. BISCHOFF, Die Stadtherrschaft des 14. Jahrhunderts im ostfränkischen Städtedreieck Nürnberg-Bamberg-Coburg-Bayreuth, in: W. RAUSCH, Stadt und Stadtherr im 14. Jahrhundert, 1972, S. 97—124.

[64] Im Stadtarchiv Bamberg liegt ein Manuskript von der Hand DR. SCHNEIDERWIRTHS aus dem 19. Jahrhundert (C1, 1). — Verf. beabsichtigt, nach Abschluß seiner Forschungen eine Arbeit über die städtischen Ämter und die Verwaltung der Stadt Bamberg zu veröffentlichen.

[65] StA BA, Rep. B 21, Nr. 1, 23. 8. 1234.

[66] StA BA, Rep. B 21, Nr. 1, 1237.

[67] H. J. BERBIG, Bambergs und Nürnbergs Reichsverbundenheit im Vergleich, in: BHVB 116, 1980, S. 80. Sein Grab im Bamberger Dom ist wohl mehr dem Zufall zu verdanken, wenn auch seine Verbundenheit mit Franken und Bamberg eindeutig belegt ist.

[68] StadtA BA, A 21, 29. 5. 1333 (Abschrift).

[69] Siehe StadtA BA, A 21, die Urkunden in Abschrift vom 6. 3. 1335, 22. 7. 1355, 24. 6. 1363.

[70] A. CHROUST (Hg.), Die Chroniken der Stadt Bamberg I, 1907, Nr. 4; SCHIMMELPFENNIG, Karte, hat die Grenzen der Immunitäten eingezeichnet.

[71] StadtA BA, A 21, 14. 12. 1402 (Abschrift), 2. 1. 1403, 5. 10. 1404 (Abschrift).

[72] Ebd., 17. 10. 1405.

[73] Ebd., 23. 4. 1431.

Bamberger Fall wird hier die große Politik deutlich. Kaiser, Papst und Basler Konzil tragen nach vielen Verhandlungen zur endgültigen Entscheidung bei. Der Bischof wird wieder in seine Rechte eingesetzt und die Vorrechte der Immunitäten bleiben bestehen[74].

In der folgenden Zeit kam es weiter zu Auseinandersetzungen, wobei es weniger um die Autonomie der Stadt, als um die Beteiligung der Immunitäten an der Abtragung des Schuldenberges ging.

Inzwischen hatte das Domkapitel seine Herrschaft in den Immunitäten erweitert und erreicht, daß Bischof Philipp von Henneberg (1475—1487) in der Wahlkapitulation von 1475[75] die Erbhuldigung der Stadtbürger vor dem Domkapitel versprach. Die Mitherrschaft des Domkapitels in der Stadt war nur für kurze Zeit in den Wirren der Reformation, des Bauernkrieges und des Dreißigjährigen Krieges in Frage gestellt.

Eine Veränderung der Stadtverfassung brachte erst das 18. Jahrhundert. Denn seit dem 17. März 1750 waren die Immunitäten aufgehoben[76]. Der Bischof teilte die Stadt in 4 Bezirke, in denen je 1 Bürgermeister mit 3 oder 4 Ratsherren die Aufgaben der Verwaltung übernam. In dieser Zeit war Bamberg das, was schon die prunkvolle barocke Ausgestaltung der Stadt nach außen zeigte, die Residenzstadt, in der ein Fürstbischof uneingeschränkt regierte. Diese Funktion bildete ein wichtiges Prestige für die Stadt, förderte Wirtschaft und Kultur und brachte glanzvolle Ereignisse. Mit dem Übergang an Bayern änderte sich dieser Zustand grundlegend.

NÜRNBERG. König Friedrich II. bestätigte 1219 den Bürgern der Stadt Nürnberg ihre Rechte und faßte diese in einer Urkunde zusammen[77]. Hiermit ist die Stadtherrschaft der Staufer dokumentiert, wie sie auch in vielen anderen Städten bekannt ist. Als Vertreter des Königs fungierte der Schultheiß, während der Burggraf nur militärische Kompetenzen hatte. Stadt und Burggraf gingen mit Machtzuwachs aus der Zeit des Interregnums hervor. Ihr gespanntes Verhältnis drückt sich in den nächsten Jahrhunderten in schweren Auseinandersetzungen um rechtliche und territoriale Gewalt aus.

Dagegen waren die Beziehungen zum Königtum als Stadtherrn in der Regel gut[78]. Die entscheidende Entwicklung fand unter Ludwig d. Bayern statt, der insgesamt 74mal in Nürnberg bezeugt ist[79]. In seiner Herrschaftszeit gelingt es dem reichen Kon-

---

[74] Erst 1440 kam es zur endgültigen Klärung, wobei die Macht des Domkapitels in den Immunitäten kaum eingeschränkt werden konnte.

[75] Schon seit 1328 (SCHIMMELPFENNIG, S. 93) hatte das Domkapitel dem Bischof in Wahlkapitulationen seine Rechte beschnitten. Nur Friedrich von Hohenlohe und Leupold III. konnten durch enge Kontakte zu Karl IV. ihre Stellung aufwerten. Zur Politik des Bamberger Domkapitels vgl. W. ZEISSNER, Altkirchliche Kräfte in Bamberg unter Bischof Weigand von Redwitz (1522—1556, BHVB Beih. 6, 1975; J. KIST, Das Bamberger Domkapitel von 1399—1556, 1943; als Beispiel für andere Städte: D. DEMANDT, Stadtherrschaft und Stadtfreiheit im Spannungsfeld von Geistlichkeit und Bürgerschaft in Mainz, 1977.

[76] StA BA, Rezeßbuch des Domkapitels 78, fol. 43 u. 59 ff.; vgl. I. MAIERHÖFER, Bambergs verfassungstopographische Entwicklung vom 15. bis zum 18. Jahrhundert, in: F. PETRI (Hg.), Bischofs- und Kathedralstädte des Mittelalters und der Frühen Neuzeit, 1976, S. 146—162; REINDL, Die vier Immunitäten, 1969.

[77] NUB, S. 111—114, Nr. 178; DIESTELKAMP, S. 197, Nr. 124; KEUTGEN, S. 194, Nr. 157.

[78] Vgl. dazu die neuesten Ausführungen von P. J. HEINIG, Reichsstädte, Freie Städte und Königtum 1389—1450, 1983; BERBIG, Bambergs und Nürnbergs Reichsverbundenheit, 1980; H. HEIMPEL, Nürnberg und das Reich des Mittelalters, in: Zs. f. Bayer. Landesgesch. (ZbLG) 16, 1951/52, S. 231—264; E. FRANZ, Nürnberg, Kaiser und Reich, 1930.

[79] W. SCHULTHEIß, Politische und kulturelle Entwicklung 1298—1347, in: PFEIFFER, Nürnberg S. 40; zur Entstehung der Stadtherrschaft des Rates vgl. u. a. BISCHOFF, Stadtherrschaft.

rad Groß, das Reichsschultheißenamt vom König zu erwerben, das zwar 1365 an den Burggrafen geht, aber 1385 endgültig an die Stadt fällt[80].

Die Regierungszeit Karls IV. wird zu einem Höhepunkt. Unter ihm gewinnt die Reichspolitik eine neue Dimension im Osten. Nürnberg war die nächste große Reichsstadt auf dem Weg von der königlichen Hauptstadt Prag ins Reichsgebiet und wurde zum Zentrum königlicher Herrschaftsausübung. Hier griff der König direkt ein, als 1348/49 ein Handwerkeraufstand unter Führung einiger Patrizierfamilien das Stadtregiment übernahm[81]. Hier wurde das entscheidende Reichsgesetz für die Königswahl, die Goldene Bulle, 1356 verabschiedet, in der festgelegt war, daß der neue König seinen ersten Reichstag in Nürnberg abzuhalten habe. Auch unter Wenzel behielt Nürnberg seine Stellung trotz der Niederlage im Städtekrieg. Aus dieser Position heraus konnte die Stadt Forderungen stellen, als es um die Anerkennung Ruprechts zum König ging. Die engste Verbindung zwischen Reichsstadt und Königtum zeigt sich in der Zeit Sigismunds. Nürnberger Patrizier waren in seiner Nähe als Berater und Finanziers tätig[82]. Die dauerhaftesten Folgen dieser Beziehung ergaben sich aus seinem Befehl zur Übertragung der Reichskleinodien nach Nürnberg, wo sie in der Kirche des Hl.-Geist-Spitals aufbewahrt wurden[83]. Damit wurde Nürnbergs Stellung als „des Reiches Hauptstadt" ideell untermauert. Daran änderte sich auch nichts unter der oft städte-, ja reichsfeindlichen Politik Friedrichs III., der sogar versuchte, die Reichskleinodien in seine Gewalt zu bringen[84]. Sein Sohn Maximilian I. war der letzte König, der einen großen Teil seines Interesses für Städtekultur auf Nürnberg konzentrierte. Als Kunstmäzen und Waffenliebhaber war er dort gern gesehen, wenn auch viele seiner von Nürnberger Geldgebern finanzierten Unternehmungen mißlangen.

Erst unter Karl V. hatte Nürnberg als Stadt der Reformation ein schwieriges Verhältnis zum Königtum. Die führenden Köpfe des Stadtrates haben es aber geschickt verstanden, die Beziehung einigermaßen positiv zu gestalten. Seine weitgehend autonome Politik konnte der patrizische Stadtrat spätestens seit Übernahme der letzten Rechte des Burggrafen in der Stadt im Jahr 1427 betreiben. Als Erweiterung der Machtgrundlage waren nach dem Landshuter Erbfolgekrieg 1503/04 territoriale Gewinne an die Stadt gekommen, die zum Aufbau des größten Territoriums einer Reichsstadt führten[86]. So entstand der Stadtstaat Nürnberg als mächtiger Reichsstand im Kräftespiel der Territorialherren. Die Verlegung des Reichsschwerpunktes nach Wien, die Auswirkungen der Kriege des 15., 16. und 17. Jahrhunderts waren die Hauptgründe für den Bedeutungsverlust der Reichsstadt. Mit hohen Schulden belastet ging sie in bayerischen Besitz über.

---

[80] W. Leiser, Nürnbergs Rechtsleben, in: Pfeiffer, Nürnberg S. 171, zuerst wird es verpfändet, dann verkauft.

[81] W. v. Stromer, Die Metropole im Aufstand gegen König Karl IV., in: MVGN 65, 1978, S. 55—90; W. Schultheiß, Der Handwerkeraufstand von 1348/49, in: Pfeiffer, Nürnberg, S. 73 ff.

[82] Ausführlich bei Heinig, S. 112 ff.; F. B. Fahlbusch, Städte und Königtum im frühen 15. Jahrhundert, 1983; W. v. Stromer, Oberdeutsche Hochfinanz, VSWG Beih. 56, 1970, S. 219—294; Heimpel, Nürnberg, S. 249 f.

[83] G. Pfeiffer, Im Zeitalter der Hussitenkriege, in: ders., Nürnberg, S. 87; J. Schnelbögl, Die Reichskleinodien in Nürnberg 1424—1523, in: MVGN 51, 1962, S. 78—159.

[84] Zu Friedrich III. und Nürnberg: A. Kircher, Deutsche Kaiser in Nürnberg, 1955.

[85] W. Schultheiß, Kleine Geschichte Nürnbergs, 1966, S. 43.

[86] F. Schnelbögl, Zwischen Zollern und Wittelsbachern, in: Pfeiffer, Nürnberg, S. 120 ff., Karte S. 125.

III. Wirtschaftsstruktur

WÜRZBURG. Zu den wichtigsten Faktoren, die zur wirtschaftlichen Entwicklung Würzburgs beitrugen, gehörten die natürliche Fruchtbarkeit und das günstige Klima des Umlandes, die Lage am Schnittpunkt wichtiger Verkehrswege und die Funktion als Herrschafts- und Kultmittelpunkt. Der Boden ermöglichte den Anbau verschiedener Getreidesorten und gemeinsam mit dem Klima einen ausgedehnten Weinbau. Agrarerzeugnisse bildeten daher immer die Hauptexportgüter.

Die Lage an der Furt eines schiffbaren Flusses war ein wichtiges Moment. Der Main war die Hauptverbindung des Rheinhandels in die östlichen Reichsteile und die Donauländer. Der Handel von den Frankfurter Messen über Aschaffenburg, Würzburg, Bamberg und Nürnberg stellte den üblichen Warenweg im Spätmittelalter dar. Zu diesem Wasserweg kamen die einzelnen Verbindungsstraßen zu den nah und entfernt gelegenen Handelsorten, die sich an der Mainfurt kreuzten[87].

Nach der Bistumsgründung konnte sich aus den aufgezählten Gründen schnell ein wirtschaftlich bedeutender Ort am Main entfalten. Das Privileg Konrads II. von 1030[88] enthält die erste Erwähnung eines täglichen Marktes im Deutschen Reich, der sich nach Schichs Meinung nahe an dem Umschlagplatz der Waren am Main befand[89]. Im Koblenzer Zolltarif von ca. 1050 wird Würzburg neben Regensburg als einziger rechtsrheinischer Handelsort angeführt[90]. Das Recht der *mercatores* von Würzburg wird in der zitierten Urkunde Heinrichs IV. für Fürth 1062[91] als Vorbild genommen.

In Würzburg war es auch, wo auf einem Hoftag Friedrich Barbarossas im Jahr 1155 Kaufleute und Bürger zum König kamen, um Klage zu führen wegen unrecht erhobener Mainzölle. In einer Urkunde von 1157 bestimmt der König die Abschaffung dieser Zölle[92]. Über die Fernhandelsbedeutung hören wir im Spätmittelalter wenig. Anscheinend beschränkt man sich im wesentlichen auf die Versorgung von Stadt und Umland[93], wobei natürlich der bischöfliche Hof und die Geistlichkeit eine wichtige Konsumentenrolle einnahmen. Der Austausch der Güter fand auf dem täglichen Markt oder den 3 Jahrmärkten[94] statt. Hier wurden auch die Erzeugnisse der Würzburger Gewerbe gehandelt.

Schon 1128[95] ist als zünftiges Handwerk die Schuhmacherinnung urkundlich bezeugt. Trotz dieser frühen Stabilisierung[96] ihrer Rechte und späteren Beteiligung am

---

[87] SCHICH, S. 36, führt die Verkehrswege des Frühmittelalters auf, dazu Karte II. Allgemein W. STEIN, Handels- und Verkehrsgeschichte der deutschen Kaiserzeit, 1922, Ndr. 1977.
[88] DIESTELKAMP, S. 62, Nr. 35; KEUTGEN, S. 3, Nr. 5.
[89] SCHICH, S. 83.
[90] DIESTELKAMP, S. 64, Nr. 39.
[91] Ebd., S. 67, Nr. 41; KEUTGEN, S. 35, Nr. 61.
[92] WEINRICH, Quellen, S. 237, Nr. 62; DIESTELKAMP, S. 123, Nr. 69; Keutgen, S. 50, Nr. 84.
[93] P. JOHANEK, Handel und Gewerbe, in: WENDEHORST, Würzburg S. 47 ff.
[94] H. HOFFMANN, Würzburgs Handel und Gewerbe im Mittelalter, 1940, S. 29 f., die Kiliani-Messe vom 17.—24. August (s. Urkunde v. 1030), Allerheiligen-Messe (seit 1227) und St. Gallen-Messe (seit d. 14. Jh.). Auf HOFFMANN sei als ausführliche Abhandlung verwiesen, dazu W. G. NEUKAM, Zur Würzburger Wirtschaftsgeschichte des hohen und späten Mittelalters, in: Mainfränkisches Jahrbuch (Mfr. Jb.) 8, 1956, S. 123—139.
[95] DIESTELKAMP, S. 102, Nr. 56; KEUTGEN, S. 351, Nr. 254.
[96] In der Gewerbeordnung Würzburgs von 1279 wird zwar deutlich, daß der Bischof die Zünfte auflösen konnte. Es zeigt aber die Bedeutung der Gewerbe innerhalb der Stadt, daß er sie mit ihren alten Rechten wieder einsetzte. G. MÖNCKE, Quellen zur Wirtschafts- und Sozialgeschichte mittel- und oberdeutscher Städte im Spätmittelalter, 1982, S. 104, Nr. 12 Würzburger Gewerbeordnung.

unteren Stadtrat haben die Handwerke nie eine bedeutende Rolle gespielt. Das mag wohl besonders an der geringen Differenzierung und der Einseitigkeit liegen, denn der größte Teil der Gewerbe war in irgendeiner Weise mit dem Wein verbunden, es gab keine andere Exportorientierung.

Eine Quelle aus dem Jahr 1361 wirft ein Licht auf politische Gruppierung und Wirtschaftsstruktur der Stadt[97]. Die große Zahl von reichen Metzgern und Bäckern ist ein Indiz für die Größe der Konsumentengruppe, die in dem kirchlichen und weltlichen Verwaltungszentrum auch aus nur vorübergehend Anwesenden bestand. Diese obere Mittelschicht hatte sich an die wohlhabenden Geschlechter angeschlossen. Gemeinsam versuchten sie, Lasten auf die sozial Schwächeren abzuwälzen, die sich daraufhin an den Bischof wandten. Die Uneinigkeit innerhalb der Stadt stärkte natürlich die Stadtherrschaft des Bischofs, zumal in diesen Jahren die ersten Geschlechter aus Würzburg abwanderten.

Zusammenfassend kann man sagen, daß sich an dem aufgezeigten Grundmuster der Würzburger Wirtschaft bis zum 19. Jahrhundert nichts änderte. Auch die Bedürfnisse der Luxusgesellschaft der barocken Residenzstadt und ihre Förderung von Handel und Gewerbe erzeugten nur den typischen Hoflieferanten und Hofhandwerker, bedeutende Unternehmerpersönlichkeiten brachten sie nicht hervor.

BAMBERG. Das Bamberger Klima und der Boden lieferten für den Anbau hochwertiger Agrarerzeugnisse gute Voraussetzungen. Handel ist im Raum Bamberg seit dem Diedenhofer Kapitular von 805[98] bezeugt, in dem Hallstadt und Forchheim genannt sind. Wie bereits erwähnt, hat Bamberg diese Orte abgelöst und ist durch königliche Gunst schnell ein wirtschaftlich wichtiger Platz geworden. Schon in der Urkunde Heinrichs IV. von 1062[99] wird das Recht der Bamberger Kaufleute neben dem der Würzburger und Regensburger aufgeführt. Doch 100 Jahre später hat sich das Verhältnis gewandelt, die Rechte und Freiheiten der Nürnberger werden den Bambergern und Ambergern von Friedrich Barbarossa 1163[100] verliehen. Damit ist keinesfalls von einem Niedergang des Bamberger Handels die Rede. Sechs Jahre vorher wird Bamberg als Endpunkt der Mainschiffahrt in der Urkunde über die Mainzölle angegeben[101]. Außerdem läßt sich die Politik des Bischofs in Kärnten anführen, der alles tat, um den Handelsweg nach Italien für Bamberg zu sichern[102]. Dazu kamen die Verbindungen nach Pommern und Polen, von Otto d. Hl. zu kirchlichem Erfolg und wirtschaftlichem Nutzen ausgebaut[103].

Im 13. Jahrhundert (1209) erscheinen die Bamberger zum ersten Mal in einer Redaktion des Koblenzer Zolltarifs[104]. Nach NEUKAM gab es in dieser Zeit anscheinend schon Bamberger Bürger, die gemeinsam mit Würzburgern und Regensburgern das verschul-

---

[97] W. SCHICH, Die Reichen und die Armen von Würzburg im Jahre 1361, in: I. BATORI (Hg.), Städtische Gesellschaft und Reformation, 1980, S. 97—135; W. ENGEL, „Reiche und Arme" in Würzburg (1361), in: Mfr. Jb. 3, 1951, S. 284—87.
[98] Mon. Germ. Hist., Capit. I, Nr. 44.
[99] S. oben Anm. 5.
[100] NUB, S. 50, Nr. 72.
[101] S. oben Anm. 6.
[102] U. DIRLMEIER, Mittelalterliche Hoheitsträger im wirtschaftlichen Wettbewerb, VSWG Beih. 51, 1966, S. 10 ff.
[103] W. G. NEUKAM, Wege und Organisation des Bamberger Handels vor 1400, in: JffL 14, 1954, S. 109 ff.; zu den Beziehungen nach Pommern vgl. den Beitrag v. K. GUTH in diesem Band.
[104] H. BEYER, Mittelrhein. Urkundenb. 2, 1860, S. 242; vgl. A. KÖBERLIN, Der Obermain als Handelsstraße im späteren Mittelalter, 1899.

dete Kloster Michelsberg unter Druck setzen konnten[105]. Friedrich II. verlieh 1245 eine Jahrmesse für 3 Wochen[106]. Daraus wurden durch ein Privileg Karls IV. 1355[107] zwei 8tägige Messen. Im Stadtrecht des 14. Jahrhunderts sind weitere Messen genannt[108], die für die Wirtschaftskraft der Stadt bürgen.

Doch die Bürger trafen auf Konkurrenz in nächster Umgebung. In einem Schiedsvertrag des Jahres 1275[109] wird geregelt, daß der Markt in den Immunitäten in allem Kauf und Verkauf so vorgehen soll wie der Stadtmarkt. Dieser abgabenfreie Markt war eine der Verlockungen für Bürger der Inselstadt, in die Immunitäten zu ziehen, gleichzeitig schwächte er den Umsatz des Stadtmarktes.

In der angesprochenen Stadtrechtssammlung finden sich auch die ersten Belege für Zünfte[110]. Leider sind die Handwerke nicht einzeln aufgezählt, so daß ihre Zahl nicht angegeben werden kann. Neben Bäckern, Metzgern und Fischern gab es leder-, metall- und textilverarbeitende Gewerbe, wie man aus Prozessionsordnungen des 15. Jahrhunderts entnehmen kann[111]. Über Konkurrenzdenken und strenge Aufsicht gibt es viele Nachrichten in den Stadtgerichtsbüchern, eine Mitwirkung an der Stadtregierung ist noch nicht ermittelt.

Über die Handelsverbindungen des 14. Jahrhunderts sind wichtige Urkunden erhalten. Ludwig d. Bayer vergibt 1335[112] die Zollfreiheiten nach dem Vorbild der Nürnberger Kaufleute, die dieses Recht 1332 an 72 Orten erhalten hatten[113]. Der ungarische König Ludwig gewährte günstige Handelsverbindungen für die Bamberger im Jahre 1366[114], wie sie die Kölner, Nürnberger und Prager in Ungarn besaßen.

Auskunft über Handelswaren geben uns die Bamberger Zolltarife aus dem 14. und 15. Jahrhundert[115]. Hering aus Lübeck über Frankfurt, Waid aus Erfurt, Metallwaren und Gewürze aus Nürnberg sind die wichtigsten Waren, während über Bamberg vor allem zuerst Eisen, später Wein und Holz geliefert wurden[116], letzteres nicht nur als Schiffsladungen, sondern in Form von ganzen Schiffen.

Dabei kann man nur den Waidhandel mit Erfurt und die Metallwaren aus Nürnberg als Direkthandel von Bamberger Kaufleuten ansehen, ansonsten waren Frankfurt und auch Nürnberg mehr Umschlagplätze, wo der Bedarf an Luxusgütern für die hohen Herren in Bamberg gedeckt werden mußte.

Im 15. Jahrhundert war die Wirtschaftskraft durch den Immunitätenstreit entscheidend geschwächt. Die zahlreichen Belege im Stadtarchiv Bamberg über Schuldver-

---

[105] NEUKAM, Wege, S. 112 f., stellt diese These auf mit dem Hinweis auf eine Abschrift im Staatsarchiv BA, Rep. A 90, Nr. 99 a L. 462.
[106] Mon. Boica XXXI, 1, S. 580; StA BA Rep. A 91, L. 438, Nr. 3 (Abschrift).
[107] BÖHMER, Reg. Imp. VIII, Nr. 6827; StA BA Rep. A 91, Nr. 20, S. 9.
[108] PARIGGER, Stadtrecht, S. 171 u. 309.
[109] StadtA BA, A 21, 5. 12. 1275 (Abschrift); C. HÖFLER, Friederich's von Hohenlohe, Bischof's von Bamberg, Rechtsbuch (1348), 1852, S. 19 ff.
[110] Eine Aufzählung findet sich bei NEUKAM, Wege, S. 136; NEUKAM, Immunitäten, S. 309; zur Sozialstruktur allgemein H. ROSS, Zur Sozialgeschichte Bambergs vor dem Bauernkrieg, 1956.
[111] StadtA BA, Rep. B 4, Nr. 34, fol. 17, 106, 195 v.
[112] StA BA, Rep. 91, Nr. 20, L. 438, S. 30; StadtA BA, A 21, 6. 3. 1335 (Abschriften).
[113] MÖNCKE, Quellen S. 176, Nr. 39.
[114] StA BA, Rep. 91, Nr. 20, L. 438, S. 52 f.; StadtA BA A 21, 21. 7. 1366 (Abschriften) vgl. NEUKAM, Wege, S. 121 ff.
[115] Der älteste ist erhalten im StA BA, Standbuch 710 f., 4 a ff., gedruckt bei HÖFLER, S. 9 ff., dazu W. SCHULTHEIß, Über die älteste Handelsgeschichte Bambergs, in: Fränk. Bll. 1, 1948, S. 70 f.
[116] Ausführliche Beschreibung bei NEUKAM, Wege, S. 128 ff.; K. H. MISTELE, Blick ins Kontor, in: BHVB 109, 1973, S. 253—59; dazu auch der Beitrag von W. v. STROMER in diesem Band.

schreibungen der Stadt[117] lassen das Ausmaß des Niederganges erkennen. Herausgegriffen sei ein Schlichtungsvertrag aus dem Jahr 1420[118], aus dem hervorgeht, daß sich die Gemeinde beim Bischof beschwert hat, weil Stadtrat und Schöffen immer mehr Leibgeding kaufen, anstatt die Schulden zu begleichen. Aus dieser finanziellen Notlage ist die Stadt nicht mehr herausgekommen, zumal einige wohlhabende Familien z. B. nach Nürnberg wegen des erhöhten Steuerdrucks auswanderten.

Die kostspieligen Bauten vor allem der Barockzeit sind nicht mit der Wirtschaftskraft bürgerlicher Finanzleute geschaffen worden, sondern hauptsächlich dem Reichtum und den Verbindungen berühmter Bischöfe zu verdanken. Die politisch und wirtschaftlich vergleichsweise unbedeutende Stadt war zur reinen Residenzstadt geworden. Nach der Säkularisation scheiterten erfolgversprechende Versuche des Anschlusses an Industrialisierung und Fortschritt an der allzu konservativen Einstellung alteingesessener Oberschicht[119]. Man zog die ruhige Entwicklung, abseits von der Hektik der Zeit, vor, wie es heute noch in der Stadt zu verspüren ist.

NÜRNBERG. Mit der Wirtschaftsgeschichte Nürnbergs begeben wir uns in eine neue Dimension, was den Umfang der Wirtschaft und der über sie verfaßten Literatur[120] betrifft. Trotzdem soll versucht werden, einen Überblick zu geben.

Im 12. Jahrhundert schweigen die Quellen weitgehend, wenn man von der Erwähnung der Nürnberger in den Wormser Zollfreiheiten 1112 und der Verleihung der Rechte Nürnberger Kaufleute 1163 an Bamberg und Amberg absieht[121]. Eine Zusammenfassung Nürnberger Beziehungen bringt das Privileg Friedrichs II. von 1219[122], in dem Nördlingen, Donauwörth, Worms, Speyer, Regensburg, Passau und Aschach in Oberösterreich genannt werden. Wesentlich umfangreicher ist die Liste von 72 Orten der Urkunde Ludwigs d. Bayern von 1332[123], die das Ergebnis einer längeren Entwicklung sein muß.

Über die frühe Geschichte der Nürnberger Gewerbe wissen wir noch weniger. Erst im 14. Jahrhundert werden die Quellen zahlreicher. Ein Meisterbuch von 1363 weist bereits 50 organisierte Handwerke aus[124]. Neben Bäckern, Metzgern, Schneidern und Schustern sind Metallgewerbe, Lederverarbeitung und Textilberufe vertreten. In späteren Meisterbüchern schreitet die Differenzierung der Berufe schnell vorwärts, wobei

---

[117] Zur städtischen Verschuldung s. B. KUSKE, Das Schuldenwesen der deutschen Städte im Mittelalter, Zs. f. d. gesamte Staatswiss. Ergh. XII, 1904; zur Kapitalanlage von Privatpersonen durch Leibrenten s. W. OGRIS, Der mittelalterliche Leibrentenvertrag, 1961, S. 137 ff.

[118] StadtA BA, A 21, 7. 12. 1420, eine Edition der Urkunde behält sich Verf. für einen späteren Termin vor.

[119] M. HOFMANN, Kleine Bamberger Heimatkunde und Stadtgeschichte, 1956, S. 46 f.

[120] Verwiesen sei auf eine Zusammenstellung von Literatur bei HEINIG, 1983, S. 21, Anm. 25 u. im Literaturverzeichnis; stellvertretend seien genannt: W. SCHULTHEIß/F. FRANKENBERGER/I. LÜTTSCHWAGER, Bibliographie zur Nürnberger Wirtschaftsgeschichte, in: Beiträge z. Wirtschaftsgesch. Nürnbergs (BWGN II), hg. v. Stadtarchiv Nürnberg, 1967, S. 880—959; H. AMMAN, Nürnbergs wirtschaftliche Stellung im Spätmittelalter, 1970.

[121] AMMANN, S. 17.

[122] DIESTELKAMP, S. 197, Nr. 124; zu Nördlingen: R. ENDRES, Die Nürnberg-Nördlinger Wirtschaftsbeziehungen im Mittelalter bis zur Schlacht von Nördlingen, 1964; PFEIFFER, Nürnberg, Karte S. 48.

[123] S. Anm. 27; dazu G. HIRSCHMANN, Nürnbergs Handelsprivilegien, Zollfreiheiten und Zollverträge bis 1399, in: BWGN I, S. 1—48; zum Umfang des Nürnberger Handels neben AMMANN: J. MÜLLER, Der Umfang und die Hauptrouten des Nürnberger Handelsgebietes im Mittelalter, in: VSWG 6, 1908, S. 1—38; H. KELLENBENZ, Gewerbe und Handel am Ausgang des Mittelalters, in: PFEIFFER, Nürnberg, 185 ff.; PFEIFFER, Nürnberg, Karte S. 49.

[124] AMMANN, S. 45.

die Spezialisierung zu Exportgewerben hervorzuheben ist. Durch die Ausbeutung von Bodenschätzen, zumeist der Oberpfalz, bildet sich das Metallgewerbe zum dominierenden Bereich mit umfassendem Fernabsatz heraus. Nach dem Handwerkeraufstand von 1348/49 stand das Gewerbe unter totaler Kontrolle des Rugamtes, das vom Stadtrat mit Patriziern besetzt wurde. Auch die 8 Handwerker im Stadtrat seit ca. 1370 haben nie eine entscheidende politische Rolle spielen können[125].

Die führenden Geschlechter der Stadt konnten aus ihrer gestärkten Position am Ende des 14. Jahrhunderts heraus eine autonome Wirtschaftspolitik betreiben. Sie standen in ständiger Verbindung zum Königtum. W. v. STROMER hat in seinen Untersuchungen[126] dargelegt, wie eng sie mit dem Schicksal des Reiches verknüpft waren. Zur Erhaltung dieser Ausnahmestellung war große Finanzkraft nötig, die man nur im Fernhandel erwerben konnte. In der idealen Kombination von differenziertem, exportorientiertem Gewerbe mit Handel, wie sie in Nürnberg vorlag, war diese Kapitalhäufung möglich[127]. Allerdings waren die Erfolgreichen meistens nicht einzelne Personen, sondern Zusammenschlüsse von Individuen in Form von Handelsgesellschaften. Nur durch gute Organisation konnten diese Gesellschaften bestehen. Dabei kam ihnen die Rolle Nürnbergs als Nachrichtenzentrum[128] entgegen. Dadurch gewannen sie nämlich oft den nötigen Vorsprung vor der Konkurrenz bei wichtigen Geschäften.

Die Vormachtstellung verlor Nürnberg im 16. Jahrhundert an Augsburg[129], vor allem wegen Kriegsfolgen und enger finanzieller Verbindungen Augsburger Familien zu Habsburg und anderen mächtigen Herren. Trotzdem konnte Nürnberg seine wirtschaftliche Stellung in den Wirren der Folgezeit weitgehend bewahren[130], das zeigen u. a. die prachtvollen Bauten in der 2. Hälfte des 16. Jahrhunderts. Erst der Dreißigjährige Krieg und die Erstarkung der Territorialfürsten schwächte Nürnbergs Wirtschaftskraft entscheidend. Kriegsauflagen und die geringe Anziehungskraft der Stadt für Unternehmen wegen zu hoher Steuern[131] führten schließlich zur erwähnten Verschuldung am Ende der Reichsstadtzeit. Der Aufbruch traditionell erstarrter Strukturen nach dem Übergang an Bayern machte wieder Kräfte frei. Die Nürnberg-Fürther Eisenbahn von

---

[125] Zu Handwerk und Gewerbe: I. STAHL, Die Meistersinger von Nürnberg, Nürnb. Werkstücke 33, 1982; H. LENTZE, Nürnbergs Gewerbeverfassung im Mittelalter, in: JffL 24, 1964, S. 207—81; A. JEGEL, Alt-Nürnberger Handwerksrecht und seine Beziehungen zu anderen, 1965.

[126] W. v. STROMER, Oberdeutsche Hochfinanz; ders., Die Nürnberger Handelsgesellschaft der Gruber-Podmer-Stromer im 15. Jahrhundert, 1963; dazu H. H. HOFMANN, Nobiles Norimbergenses, Vortr. u. Forsch. XI, 1966, S. 53—92, und neuerdings HEINIG, Reichsstädte.

[127] Dabei bildete Nürnberg nie einen so großen Kapitalmarkt wie etwa Augsburg oder Frankfurt aus, ganz zu schweigen von italienischen oder westeuropäischen Städten. Vgl. E. KLEIN, Deutsche Bankengeschichte I, 1980, S. 80 ff.; W. SCHULTHEIß, Geld- und Finanzgeschäfte Nürnberger Bürger vom 13.—17. Jahrhundert, in: BWGN I, S. 49—116.

[128] L. SPORHAN-KREMPEL, Nürnberg als Nachrichtenzentrum zwischen 1400 und 1700, 1968; dazu kam noch Nürnbergs Rolle als Zentrum zahlreicher Erfindungen und Innovationen in Spätmittelalter und früher Neuzeit. Vgl. zur Bedeutung für die Kartographie: F. MACHILEK, Kartographie, Welt- und Landesbeschreibung in Nürnberg um 1500, in: H. B. HARDER, Landesbeschreibungen Mitteleuropas vom 15. bis 17. Jahrhundert, 1984, S. 2—12.

[129] W. v. STROMER, Verflechtungen oberdeutscher Wirtschaftszentren zu Beginn der Neuzeit, in: W. RAUSCH (Hg.), Die Stadt an der Schwelle zur Neuzeit, 1980, S. 23.

[130] H. KELLENBENZ, Wirtschaftsleben zwischen dem Augsburger Religionsfrieden und dem Westfälischen Frieden, in: PFEIFFER, Nürnberg, S. 295 ff.

[131] Ausführlich bei I. BOG, Wirtschaft und Gesellschaft im Zeitalter des Merkantilismus, in: PFEIFFER, Nürnberg, S. 315 ff.; E. WIEST, Die Entwicklung des Nürnberger Gewerbes zwischen 1648 und 1806, 1968.

1835[132] und ihre Auswirkungen läuten ein neues Kapitel Nürnberger Wirtschaftsgeschichte ein.

IV. Vergleich

Faßt man die aufgezeigte Entwicklung der 3 Städte zusammen, dann ergibt sich folgendes Bild. Würzburg hatte die besten Voraussetzungen: Fruchtbarer Boden, günstiges Klima, Lage an der Furt eines schiffbaren Flusses, Kreuzungspunkt wichtiger Fernstraßen, frühes administratives Zentrum als Vorort eines Herzogtums, dann für lange Zeit konkurrenzloser Bischofssitz mit großem Hinterland, Förderung durch das Königtum.

Daraus ergibt sich gegenüber Bamberg und Nürnberg eine viel frühere Entwicklung in jeder Hinsicht, die zur teilweise überregionalen Rolle Würzburgs bis in die Stauferzeit führte.

Die meisten dieser angeführten Punkte konnte Bamberg auch für sich in Anspruch nehmen: die natürlichen Gegebenheiten waren ähnlich gut, die Fernstraßen liefen aber nicht durch den späteren Siedlungsort, sondern nur in der Nähe (Hallstatt) vorbei. Spätestens mit der Bistumsgründung wurde der Handel umgeleitet, zumal der Bamberger Hafen eine Entwicklung zum wichtigsten Umschlagplatz der Region nahm. Der Bischofssitz war nicht ohne Konkurrenz, Schwierigkeiten mit Würzburg und Eichstätt waren vorprogrammiert[133]. Die Aktion des Königs stellte einen künstlichen Eingriff in ein länger bestehendes System dar. Das scheint ihm bewußt gewesen zu sein, doch auch die größten Zuwendungen für einen schnellen Aufstieg konnten nicht verhindern, daß Bambergs Rolle als Hauptort des Reiches schnell ausgespielt war, vor allem deshalb, weil das nachfolgende Königsgeschlecht den Schwerpunkt zum Mittelrhein verlegte.

Die Vorbedingungen für Nürnberg waren die schlechtesten: es war immer auf die Agrarerzeugnisse eines weiteren Umlandes angewiesen, kein schiffbarer Fluß in der Nähe, keine Nachricht über frühe administrative Aufgabe, zu allem Überfluß Fürth als wichtiger Handelsplatz in der Nachbarschaft, noch dazu im Besitz eines aufstrebenden königsnahen Bistums. Hier mußte kräftig nachgeholfen werden. Die Privilegierung seines Besitzes mit Fürther Marktrecht durch Heinrich III. hat eine entscheidende Wende herbeigeführt, wie wir aus den früheren Nachrichten über Nürnberger Handelsbeziehungen entnehmen können. Anscheinend haben gerade die schlechte Ausgangslage und die Konkurrenz im Nacken besonderen Ansporn gebildet, diesen Königsort unter seinem Schutz auszubauen.

Damit kommen wir zum zweiten Themenkomplex. Würzburgs Verhältnis zum Königtum muß bis ins 13. Jahrhundert hinein als sehr förderlich angesehen werden. Die königsfreundliche Politik der Stadt wurde mit zahlreichen Privilegien und Königsaufenthalten belohnt. Sie ist sicher auf das Bestreben führender Köpfe zurückzuführen, sich aus der Bevormundung des Bischofs zu lösen, was zeitweise gelang. Der stete Kampf mit dem in der Stadt sitzenden bischöflichen Stadtherrn und seinen Anhängern band wichtige Kräfte der Stadt und verbaute schließlich nach der Niederlage von 1400 endgültig den Weg des Aufstiegs zu einem bedeutenden Ort des Spätmittelalters.

---

[132] W. ZORN, Liberalisierung der Wirtschaft und Frühindustrialisierung, in: PFEIFFER, Nürnberg, S. 397 ff. beschreibt ausführlich diesen Wiederaufstieg Nürnbergs. Zur Verschuldung der Reichsstadt: W. SCHWEMMER, Die Schulden der Reichsstadt Nürnberg und ihre Übernahme durch den bayerischen Staat, 1967.
[133] Zusammenfassend bei W. G. NEUKAM, Das Hochstift Würzburg und die Errichtung des Bistums Bamberg, in: Herbipolis jubilans, 1952, S. 147—172.

In Bamberg können wir eine ähnliche königsfreundliche Haltung annehmen, doch schweigen die Quellen über Initiativen der Stadt bis Ende des 13. Jahrhunderts. Auch hier wurde der König gegen den Stadtherrn ausgespielt, wie es der Immunitätenstreit deutlich macht. Neben dem Kampf gegen die Stadtherrschaft ging es den Bambergern mehr um Abwehr der Machtansprüche des Domkapitels und der Konkurrenz der Immunitäten. Dank seiner Finanzkraft durch Grundbesitz und herrschaftliche Rechte[134] konnte das Domkapitel die Verschuldung von Bischof und Stadt zu seinem Vorteil ausnutzen. Dadurch blieb die Sonderstellung der Immunitäten stark, sie bildeten Fremdkörper, es konnte nie zur einheitlichen Stadt kommen, wie es das Fehlen einer umfassenden Stadtmauer nach außen dokumentierte.

Ganz anders Nürnbergs Werdegang. Hier war die Förderung durch das Königtum konstanter, vor allem konnte es in seinem Besitz frei verfügen und direkt eingreifen, im Gegensatz zu den vom Bischof regierten Städten. Von einer kurzen Episode abgesehen waren Stadtherr und König identisch. Als Reichsstadt hatte Nürnberg die richtige Distanz zum Stadtherrn und den nötigen Freiraum, sich zu einer autonomen Stadt emporzuschwingen. Die Politik ihrer alteingesessenen führenden Geschlechter, vermischt mit frischem Blut und den Erfahrungen aus anderen Städten, verhalf der Stadt zu ihrem großen Zuwachs an Territorium, Macht und Bedeutung. Aus der zentralistischen Innenpolitik und flexiblen Außenpolitik erwuchs die dominierende Stellung im Reich, ja in Mitteleuropa.

Wenden wir uns dem Hauptbereich jeder Stadt, ihrer Wirtschaft, zu. Von den Voraussetzungen her war Würzburg als Handelsort begünstigt, es war mit Agrarerzeugnissen im Übermaß bedient, was zu einer Einseitigkeit des Exports führte. Gerade die Position als Fernstraßenkreuzung und Durchgangshafen bewirkte, daß wir in Würzburg früh einen Hauptumschlagplatz und ständigen Markt haben. Damit scheint aber auch die Funktion der Stadt zur Bedarfsdeckung des bischöflichen Haushalts und der Region vorherbestimmt gewesen zu sein. Bedeutende Kaufleute sind wohl meistens durch Würzburg hindurchgezogen, haben sich nicht festgesetzt. Der Handel lag hauptsächlich in Händen von Familien, deren Reichtum auf Grundbesitz basierte, oder bei weniger einflußreichen Krämern und Handwerkern. Diese Berufe waren sehr früh in Zünften zusammengeschlossen, saßen auch im Stadtrat, erreichten aber darüber hinaus keine Bedeutung.

Das Fehlen von Fernkaufleuten und hochspezialisierten Handwerkern könnte man auch für das geringe Wachstum Bambergs verantwortlich machen, dessen Bevölkerungszahl sich wohl für das Spätmittelalter mit 7000—7500 angeben läßt[135]. Dagegen spricht die Tatsache, daß Bamberg Endpunkt der Mainschiffahrt war. Wenn in frühen Privilegien Kaufleute als Gruppe auftauchen, dann entspricht das den Gepflogenheiten. Ihre Nennung in einer Bamberger Quelle des 14. Jahrhunderts[136] aber deutet auf ihre Stellung als einflußreiche Sondergruppe in der Stadt hin. Auch ihre Beteiligung an der

---

[134] In diesen Zusammenhang gehört auch der frühe Erwerb der Marktrechte von Staffelstein, vgl. G. ZIMMERMANN, Das Marktprivileg von 1130 im Rahmen der Staffelsteiner Geschichte, in: Staffelstein, hg. v. d. Stadt Staffelstein, 1980, S. 11—22.

[135] Selbst in der Bevölkerungszahl gibt es weitgehende Übereinstimmung, denn für Würzburg läßt sich eine ähnliche Zahl ermitteln. Zuletzt SCHICH, S. 209 ff.; vorher F. SEBERICH, Die Einwohnerzahl Würzburgs in alter und neuer Zeit, in: Mfr. Jb. 12, 1960, S. 49—68; Zahlen für Bamberg bei: O. MORLINGHAUS, Zur Bevölkerungs- und Wirtschaftsgeschichte des Fürstbistums Bamberg, 1940.

[136] C. A. SCHWEITZER, Das Copialbuch des St.-Katharina-Spitals, in: BHVB 10, 1847, S. 84, 28. 7. 1302: *und manig ander Purger und Kaufleute in Babenberg.*

Expansion der Nürnberger Kaufleute unterstützt diese These. Im 15. Jahrhundert scheint sich die Gruppe in günstigere Handelsorte, vielleicht Nürnberg, abgesetzt zu haben, Kaufleute tauchen nur noch vereinzelt in den Quellen auf. Welche Meinung die Bamberger selbst von der Wirtschaftsqualität ihrer Stadt haben, erfahren wir aus der zitierten Schlichtungsurkunde von 1420: . . . *daß kein großer kaufslag zu Bamberg sey, dann mit wein.* Also auch hier die Entwicklung zum einseitig orientierten Handel und einem Gewerbe, das zwar zünftig organisiert, aber durch Konkurrenzkampf untereinander[137] und mit den Immunitäten ohne Bedeutung im Kampf um die Macht bleiben mußte.

Wie eine Spinne saß Nürnberg um 1500 im Netz seiner Handelsbeziehungen. Auf den Profit im Handel war die ganze Stadt ausgerichtet. Es war zwar nicht mehr der wagende Unternehmergeist der Frühzeit, aber doch Unternehmergeist und Gewinnstreben, was die führenden Geschlechter in ihrer Wirtschaftspolitik beflügelte[138]. Rigoros unterdrückten sie jeden Ausbruchsversuch aus diesem exportorientierten System. Im Schutz ihrer, nach innen autoritären, nach außen weltoffenen Politik entwickelten sich die in keine Zunftverfassung eingebundenen Gewerbe zu einer unvergleichlichen Blüte.

Will man nun eine einigermaßen befriedigende Antwort auf die Frage der Einleitung geben, dann läßt sich folgendes sagen: es wurden vor allem günstigere politisch-verfassungsrechtliche Konstellationen als Vorbedingungen für den Aufstieg Nürnbergs herausgearbeitet. Denn der ständige Sitz des Stadtherrn in den beiden Bischofsstädten und die Distanz zu ihm in der Reichsstadt sind wichtige Elemente für die ähnlich verlaufende Entwicklung Würzburgs und Bambergs gegenüber der Ausnahmestellung Nürnbergs. Die führenden Familien Würzburgs und Bambergs konnten sich nicht aus der Abhängigkeit vom Bischof, ihres Stadt- und Landesherrn, lösen, weil sie ihren Reichtum dem Grundbesitz und der Position verdankten, die er ihnen verschaffte. Allerdings haben die Würzburger insgesamt gesehen mehr Erfolg gehabt, da sie aus einer einheitlich befestigten Stadt heraus operieren konnten. Die Nürnberger hatten ihren Reichtum aus der Kombination von Grundbesitz, Handel und Ausbeutung der gewerblichen Möglichkeiten ihrer Handwerke gewonnen, wobei ihr außerstädtischer Grundbesitz nur durch die territorialen Ansprüche der Markgrafen gefährdet war.

Der entscheidende Faktor für die Entwicklung war jedoch die Initiative des einzelnen. Denn, was aus der aufgezeigten Konstellation gemacht wurde, das ist schließlich ausschlaggebend.

Würzburg und Bamberg haben zwar als barocke Residenzstädte eine Glanzzeit erlebt, aber auch da waren sie nur Vororte fürstlicher Prunksucht, ihnen fehlte die Eigendynamik. Im Gegensatz dazu haben die Persönlichkeiten der Nürnberger Geschichte Phantasie, Wagemut und das nötige Gespür für den richtigen Augenblick bewiesen. Auch nach dem Niedergang im 18. Jahrhundert muß von dieser Mentalität noch etwas übrig gewesen sein, sonst wäre die Entwicklung bis zum heutigen Tag kaum erklärbar.

---

[137] Zur unterschiedlichen Politik patrizisch und zünftlerisch regierter Städte ein alter Beitrag von W. FUHRMANN, Die Gewerbepolitik der patrizisch und der zünftlerisch regierten Stadt, 1938.

[138] Zum mittelalterlichen Fernkaufmann: R. MÄRTINS, Wertorientierungen und wirtschaftliches Erfolgsstreben mittelalterlicher Großkaufleute, 1976; E. LUTZ, Die rechtliche Struktur süddeutscher Handelsgesellschaften in der Zeit der Fugger, 2 Teile, 1976, S. 48 ff.; H. KELLENBENZ, Das Meder'sche Handelsbuch, 1974; A. NORDEN, Herrscher ohne Krone, 1974, S. 27 ff.; W. v. STROMER, Oberdeutsche Hochfinanz, 1970; E. MASCHKE, Das Berufsbewußtsein des mittelalterlichen Fernkaufmanns, in: Miscell. Mediaev. 3, 1964, S. 306—335; J. LE GOFF, Marchands et banquieurs du Moyen Âge, 1956.

Wirtschaftliche Potenz bedeutet nicht alles, sagt nichts über Lebensqualität, neben vielen Reichen gibt es viele Arme[139]. Doch das meiste, was wir von unserem Lebensraum Stadt erwarten, ist nur mit einer guten wirtschaftlichen Basis erreichbar. Würzburg und Bamberg haben für ihre Bürger eine ausreichende Basis gehabt, ihre Funktionen als regionale Zentren haben sie behalten und bleiben auch heute erlebenswert.

---

[139] Obwohl Nürnberg hier neben anderen großen Städten gut bestehen kann, denn z. B. in Augsburg war die Relation Reiche und Arme wesentlich schlechter wegen des einseitigen Übergewichtes des Textilbereiches!

DIE KOPPELGEMARKUNG OSING — EIN AGRARHISTORISCHES RELIKT UND SEINE PROBLEME[1]

von

Hans Becker

Unweit von Bad Windsheim, auf den Randhöhen des Steigerwaldes, liegt auf einem flachen, langgestreckten Höhenrücken gleichen Namens die sog. Freimark Osing. Es handelt sich um ein gemeindefreies Areal, das mit einer Fläche von rd. 274 ha zwar die Größenordnung einer kleinen Dorfgemarkung erreicht, aber keine eigene Siedlung besitzt. Die den Osing bewirtschaftenden Bauern wohnen in den vier umliegenden Dörfern Herbolzheim, Krautostheim, Rüdisbronn und Humprechtsau, deren Gemarkungen an den Osing grenzen.

Überschreitet man auf einer Wanderung durch die Feldflur an beliebiger Stelle die Grenze des Osings, so deutet zunächst nichts auf eine andere Besitzstruktur oder auf abweichende Rechtsverhältnisse hin. Beiderseits der nur dem Ortskundigen bekannten Gemarkungsgrenze herrscht das gleiche bunte, ungeregelte und von Parzelle zu Parzelle wechselnde Nebeneinander der Anbaufrüchte, und hier wie dort findet sich das einförmige, oft ein wenig langweilige Muster einer Plangewannflur, die durch ein regelmäßig-gleichförmiges Parzellengefüge gekennzeichnet ist. Allenfalls die häufig geringe Größe der überwiegend streifenförmigen Besitzeinheiten, die erstaunlich oft das Maß eines Tagwerks aufweisen, können dem kundigen Beobachter erste Hinweise auf das Vorliegen besonderer Bedingungen geben. Nach Grenzsteinen sucht man auf dem Osing in den meisten Fällen allerdings vergebens. Die Mehrzahl der Parzellen auf dem Höhenrücken entbehrt einer solchen Eigentumsmarkierung am Ackerrain, da sie Teil eines weitläufigen, rechtlich ungeteilten Gemeinschaftsbesitzes sind, der lediglich zur individuellen Nutzung auf begrenzte Zeit untergliedert ist. Nach jeweils zehn Jahren findet eine Umverteilung der Äcker durch Verlosen statt.

Eine derartig ausgedehnte und zudem überwiegend als Dauerackerland genutzte Allmende stellt heute in Mitteleuropa eine Besonderheit und vielleicht sogar eine Singularität dar. Daß sie bisher nicht den allgemeinen, bereits seit dem 18. Jahrhundert währenden Bestrebungen zur Aufteilung solcher Gemeinheiten anheimfiel, ist wohl in erster Linie auf die besonderen Eigentumsverhältnisse zurückzuführen. Vier Rechtler-Dorfgenossenschaften teilen sich seit vielen Jahrhunderten die Eigentums- und Nutzungsrechte am Osing zu gleichen Teilen. Jeder Versuch, diese Rechte räumlich zu sondern und in individuelles Dauereigentum zu überführen, mußte zwangsläufig zu Interessenkollisionen führen, die im Resultat eine Aufteilung verhinderten. Als vor einiger Zeit beispielsweise wieder einmal der Vorschlag zur Privatisierung vorgebracht wurde, er-

---

[1] Wesentliche Ergebnisse des vorliegenden Beitrags wurden im Rahmen eines Projektseminars des Lehrstuhls I für Geographie der Universität Bamberg unter Leitung des Verfassers gewonnen. Die beteiligten Studenten waren B. Rakowski, K. Stark, Ch. Sünkel sowie K. Wunder.

Die Untersuchungen sind durch zahlreiche Personen hilfreich unterstützt worden. Besonders engagierte, wiederholte Förderung gewährten Herr M. Schlosser, Leiter des Stadtarchivs Bad Windsheim sowie Herr H. Esel, Mitglied des Osing-Ausschusses aus Herbolzheim. Erste Hinweise auf die Fundstellen der schriftlichen historischen Quellen gab Herr Prof. Dr. O. Meyer (Würzburg), und Herr L. Deininger (Herbolzheim) stand als Vorsitzender des Osing-Ausschusses für ein mehrstündiges Gespräch zur Verfügung. Ihnen allen gilt herzlicher Dank.

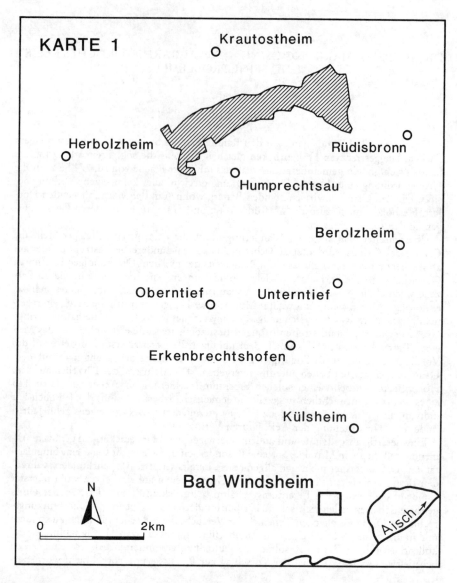

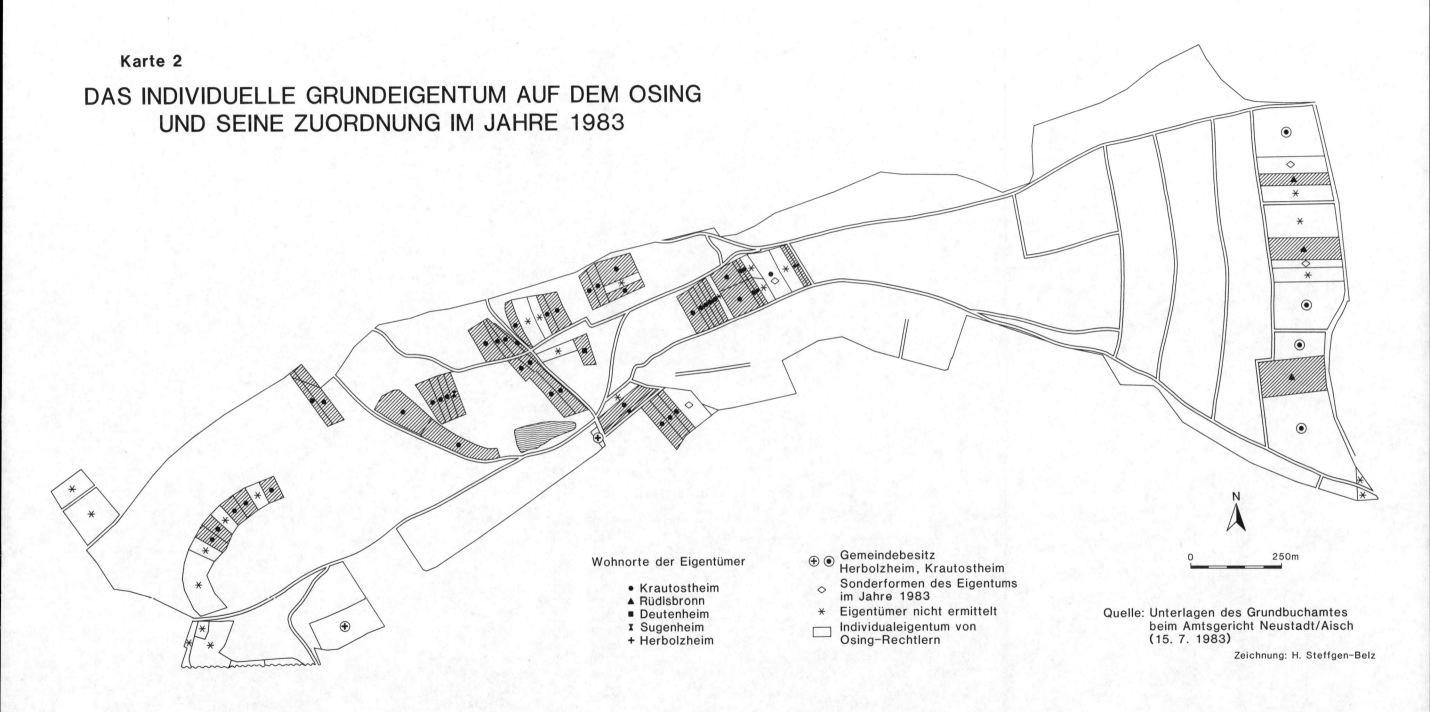

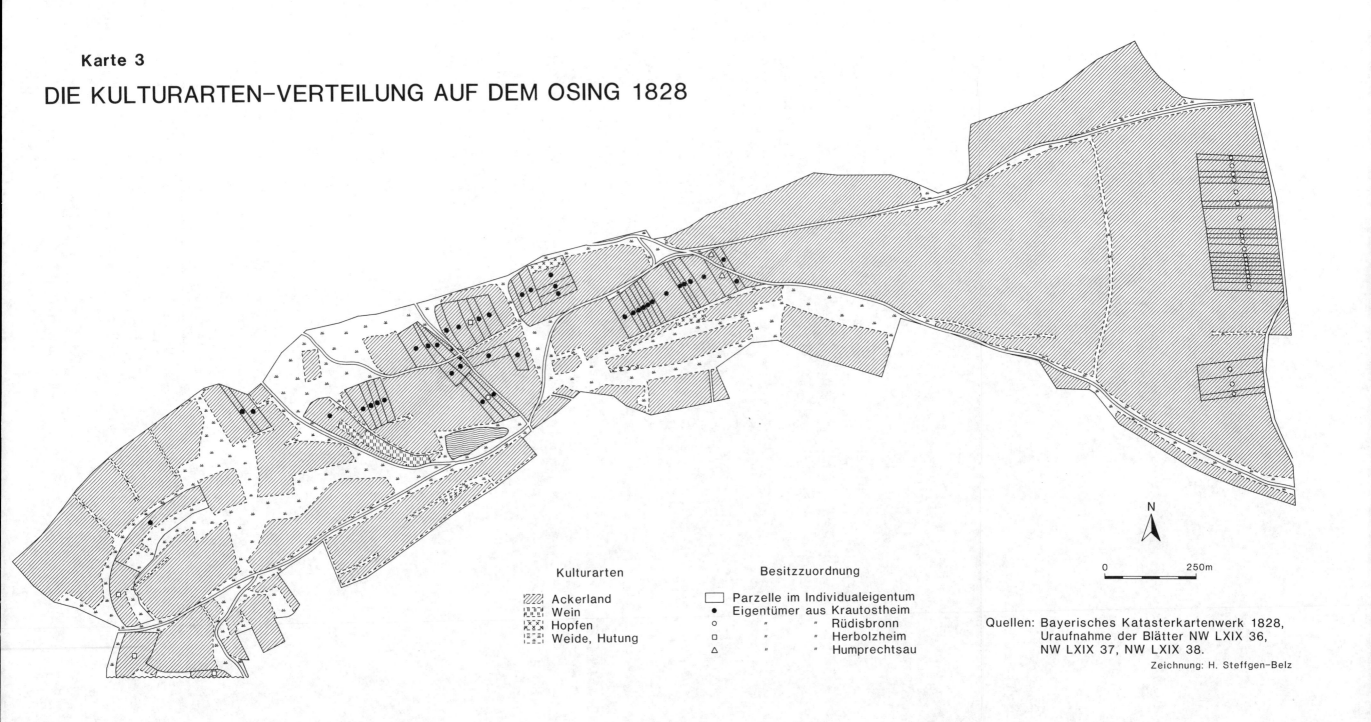

hoben die Rechtler von Herbolzheim Anspruch auf einen überproportionalen Anteil an der zu verteilenden Fläche. Damit sollten die schlechten Bodenqualitäten in jenem Teil der Freimark ausgeglichen werden, der an die Dorfgemarkung von Herbolzheim angrenzt und bei einer Aufteilung des Gemeinschaftsbesitzes zwangsläufig an diese fallen würde. Da eine Erfüllung der Forderung zu Lasten der übrigen Rechtler-Dorfgenossenschaften gegangen wäre, ließ sich kein Einvernehmen erzielen. Es blieb beim altüberlieferten Zustand.

Als Koppelgerechtigkeit kennt die Agrargeschichte das Recht zur gemeinschaftlichen Nutzung eines Gebietes (ZITZEN 1957, S. 158 f.); analog zu den gängigen Begriffen Koppelhut oder Koppelweide (ZITZEN a.a.O.) bietet es sich an, den von einer eigenen Gemarkungsgrenze umschlossenen Osing, dessen Rechte sich mehrere bäuerliche Dorfgenossenschaften teilen, als Koppelgemarkung zu bezeichnen.

Bei den besonders komplizierten Rechts- und Eigentumsverhältnissen einer solchen Koppelgemarkung müssen die Nutzungsrechte naturgemäß recht genau umrissen sein. Jede der vier bäuerlichen Dorfgenossenschaften hat Anspruch auf den vierten Teil des Ackerlandes, das auf dem Osing verteilt wird. Und dieser Dorfanteil wird wiederum unter die sog. Rechtler im Ort — d. h. unter die nutzungsberechtigten Hofinhaber — vergeben. Da die Zahl der allmendberechtigten Höfe jedoch von Dorf zu Dorf wechselt, entfällt in jedem der vier Orte ein unterschiedlich großer Flächenanspruch auf ein Allmend-Nutzungsrecht (Tab. 1). Der Flächenanteil eines Rechtes, wie ein derartiger Nutzungsanspruch ortsüblich genannt wird, schwankt zwischen 1,5 Tagwerk in Herbolzheim und 5,5 Tagwerk in Humprechtsau. Durch Zusammenfassen von mehreren allmendberechtigten Hofstellen, beispielsweise durch Heirat, kann ein Landwirt aber auch mehrere Rechte mit entsprechend vervielfachtem Nutzungsanteil besitzen; die Unterschiede zwischen den Zahlen von Rechtlern und Rechten eines Ortes in Tab. 1 sind ein Ausdruck dessen.

Tab. 1: Osing-Rechte und Osing-Rechtler im Jahre 1983

	Zahl der Rechtler 1983	Anzahl der Osing-Rechte	Flächenanteil eines Osing-Rechts (Tagwerke)
Herbolzheim	61	74	1,5
Krautostheim	45	64	1,83
Rüdisbronn	45	54	2,25
Humprechtsau	20	21	5,5

(Quellen: Mitt. d. Osing-Verwaltung; VOITH o. J.; Unterlagen des Liegenschaftsamts Bad Windsheim).

Das Ackerland nimmt den größten Teil der Nutzfläche der Koppelgemarkung Osing ein (Tab. 2). Es wird für die Dauer von jeweils zehn Jahren verlost und damit zur individuellen Nutzung verteilt. Ebenfalls individuell vergeben, aber nicht verlost, sondern gegen Höchstgebot versteigert — also gegen Entgelt abgegeben — werden andere Nutzungen. Dazu zählen die Obstbaumerträge, ein Karpfenweiher sowie die Jagdrechte. Während die beiden letztgenannten für jeweils längere Zeit verpachtet sind, werden die auf der Allmende stehenden Obstbäume, bzw. deren Erträge, jedes Jahr im Herbst — rechtzeitig vor der Ernte — versteigert. Die wenig gepflegten und teilweise überalterten Bäume liefern allerdings nur mäßige Erträge und das Interesse läßt zu wünschen übrig. Dem Rechnung tragend akzeptiert man — entgegen früherem Brauch — mittlerweile auch Nicht-Rechtler als Bieter.

Tab. 2: Die Nutzflächenanteile auf dem Osing um 1980

	Flächenanteile absolut in ha	Flächenanteile in %
Ackerland	205,0811	74,8
Wiesen	0,5590	0,2
Hutungen	44,7448	16,3
Wald	14,7731	5,4
Fischteich	0,9170	0,3
Straßen, Wege	7,8682	2,9
Unland	0,3600	0,1
Fläche gesamt	274,3032	100,0

Anmerkung: Der bei der Kartierung im Jahre 1983 erfaßte Weinberg wird in den Unterlagen nicht gesondert ausgewiesen.

(Quelle: Akten des Liegenschaftsamtes der Stadt Bad Windsheim).

Die Erlöse solcher Versteigerungen stellen einen Teil der Einnahmen dar, mit denen die Osing-Verwaltung anfallende Kosten bestreitet. Andere Einnahmen bringen die Holzerträge des Waldes sowie die Vergabe jener Restflächen des Ackerlandes, die bei der Verteilung durch das Los aus technischen Gründen übrigbleiben[2]. Zum Tätigkeitsfeld der Osing-Verwaltung, die sich aus je zwei Vertretern der vier beteiligten Rechtler-Dorfgenossenschaften zusammensetzt, gehören die erwähnten Versteigerungen und Verpachtungen ebenso wie das Begleichen von Grundsteuern und Versicherungsprämien. Aber auch die regelmäßige, alle drei Jahre vorzunehmende Revision der Grenzsteine an der Außengrenze der Koppelgemarkung, der Unterhalt von Straßen und Wegen — ggf. auch ihr Neubau — und das Anfordern von Hand- und Spanndiensten bei den Allmendberechtigten sind zu nennen. Die mit Abstand wichtigste Aufgabe ist allerdings die Abwicklung der alle zehn Jahre stattfindenden Verlosung des Ackerlandes.

Mit den Worten: „... welche Feldungen sie je von zehn Jahren zu zehn Jahren unter sich aufs Los verteilen", umschreibt schon der Text des sog. Osing-Briefes von 1587 (NIEDERLÖHNER 1934) den Rhythmus einer regelmäßigen Umverteilung der Allmendäcker. An diesem Brauch hat sich bis heute nichts geändert. Immer dann, wenn die Endziffer einer Jahreszahl „vier" lautet — also 1974, 1984, 1994 usw. — wird nach dem Abernten der Felder das Ackerland des Gemeinschaftseigentums durch Losentscheid neu verteilt. Unter strenger Beachtung eines genau geregelten Ablaufs findet das meist Anfang Oktober statt.

Der eigentlichen Verlosung geht das Neuvermessen der Äcker voran. Die als Vertreter der Rechtler handelnden Mitglieder der Osing-Verwaltung bedienen sich dabei der traditionellen Gerte[3]. Jede vermessene Parzelle — sie wird als Los bezeichnet — hat die Größe eines Tagwerks. Vier solcher Besitzeinheiten, die nebeneinander liegen, bilden einen sog. Zug, und von einer derartigen Vierergruppe erhält jede Dorfgemeinschaft

---

[2] Wenn die Einkünfte nicht zur Kostendeckung ausreichen, wird der Fehlbetrag im Umlageverfahren von den vier Rechtler-Dorfgenossenschaften — jede steuert ein Viertel bei — erhoben. Die einzelne Dorfgemeinschaft legt den Teilbetrag ihrerseits wieder gleichmäßig auf ihre Rechtler um.
[3] Ein Längenmaß von 2,90 m, das in 10 Schuh zu 29 cm unterteilt ist. Für die Vermessungsarbeiten werden zwei Gerten benötigt, von denen eine von den Rechtlern in Humprechtsau, die andere von jenen in Krautostheim verwahrt wird.

eine Parzelle zur weiteren Verlosung. Es liegen also stets die Äcker je eines (namentlich noch nicht bekannten) Besitzers aus jedem der vier Dörfer nebeneinander[4]. Der tatsächliche Besitzer eines Osing-Loses innerhalb eines Zuges wird schließlich unter den Rechtlern des entsprechenden Ortes bestimmt; Schulkinder pflegen dabei die Lose aus einem Beutel zu ziehen.

Auf Grund des skizzierten Umverteilungsverfahrens erhält ein Rechtler aus Humprechtsau, dem 5,5 Tagwerke zustehen, sechs Parzellen, die regellos über den Osing verstreut sind und in ihrer Lage nur von den Zufälligkeiten des Losverfahrens bestimmt werden. Sein Kollege aus Herbolzheim, mit einem Anspruch von 1,5 Tagwerken, bekommt zwei Parzellen an verschiedenen Stellen. Unter solchen Umständen ist es das verständliche Bestreben aller Nutzungsberechtigten, durch Tausch untereinander den jeweiligen Besitz zu arrondieren. Am Nachmittag eines Verlosungstages entwickelt sich daher stets ein reger Tauschhandel, bei dem die unterschiedlichen Boden- und Lagequalitäten nicht selten durch Geldzahlungen ausgeglichen werden; entsprechende Vereinbarungen, die vor 12 Uhr geschlossen werden, gelten nach tradierten Regeln als ungültig.

Über das Alter und die Entstehung der Allmende auf dem Osing ist viel spekuliert worden. BOSL (1969, S. 40) vermutet im Osing „eine alte fränkische Urmark". Im heimatkundlichen Schrifttum findet sich, neben der Wiedergabe örtlicher Osing-Sagen, vor allem die Deutung als altgermanisches Relikt, das aus grauer Vorzeit überkommen sei. Sogar die Friesen werden gelegentlich bemüht, die zielstrebig zum Osing gekommen sein sollen, um dort eine Allmende einzurichten und dann wieder spurlos zu verschwinden. All' solche Hypothesen, die zuweilen vom Zeitgeist nicht ganz unbeeinflußt erscheinen, finden in den vorhandenen schriftlichen Quellen keine Stütze. Dabei ist die Quellenlage im Prinzip nicht schlecht. Einige Weisungen geben sogar die Verhältnisse aus spätmittelalterlicher Zeit wieder[5], allerdings bieten sie inhaltlich nur agrarwirtschaftliche Details. Und auch der sog. Osing-Brief vom 4. Oktober 1587[6] — anläßlich eines Streits zwischen einem Allmendberechtigten und der Nutzungsgemeinschaft zur Behebung der Rechtsunsicherheit von Beauftragten der vier beteiligten Herrschaften[7] ausgefertigt — bestätigt lediglich einen schon länger bestehenden Zustand (unbekannten Alters). Zwar enthält die Urkunde von 1587 eine Bemerkung zur Genese der Allmende — „von einer alten Stiftung herrührend" —, doch das darf nicht überbewertet werden. Die Formulierung gibt wohl lediglich die damals herrschende Ansicht wie-

---

[4] Innerhalb eines „Zuges" kennzeichnet jede Ortschaft die ihr zugefallene Parzelle („Los") mit einem von vier traditionellen Zeichen (Pferchschlegel, Pflugschleife, Großes und Kleines Kreuz), das am Ackerrain in den Boden gehackt wird. Die Zeichen werden zuvor unter den Rechtler-Dorfgenossenschaften ausgelost. Das heimatkundliche Schrifttum deutet diese Zeichen gern als vermeintlich germanische Runen. Das ist wohl ebenso problematisch wie die damit verknüpfte Altersdeutung.

[5] Die Beilage zur Nr. 258 der Windsheimer Zeitung vom Samstag, den 3. November 1934, bietet den Text von zwei den Osing betreffenden Weisungen vom 22. 12. 1568 und aus dem Jahre 1566, deren Originale möglicherweise verloren sind. Die von den Zeugen in den Weisungen zitierten mündlichen Überlieferungen reichen z. T. bis ca. 1450 zurück.

[6] Der Text der Urkunde ist publiziert bei NIEDERLÖHNER (1934) sowie in der Beilage der Scheinfelder Zeitung vom 21. 10. 1954 (= „Unter der Dorflinde", Jg. 2, Nr. 8). Beide Editionen weichen in einigen Details voneinander ab (z. B. „Sumpfwasser" bei NIEDERLÖHNER entspricht „Hutwäsen" in der Beilage der Scheinfelder Zeitung; letzteres stimmt mit den lokalen Gegebenheiten überein).

[7] Bistum Würzburg, Markgrafschaft Brandenburg (Ansbach), Herrschaft Seinsheim und Stadt Windsheim.

der[8], belegt aber gleichzeitig, daß der tatsächliche Ursprung bereits Ende des 16. Jahrhunderts unbekannt geworden war.

Unter den skizzierten Umständen eines fehlenden unmittelbaren Quellenbelegs über die Entstehung der Allmende liegt es nahe, eine Deutung unter Zuhilfenahme eines speziellen Phänomens der Koppelgemarkung Osing zu versuchen: Scheinbar regellos eingestreut in die Allmende — nach Auskunft ortskundiger Landwirte allerdings in den besten Lagen — finden sich privateigene Parzellen (vergl. Karte 2) im Gesamtumfang von 30,2443 ha[9]. Sie sind offenbar nicht das Resultat einer jungen Entwicklung, denn bereits die Urkatasterpläne des Jahres 1828 zeigen die individuellen Eigentumsparzellen, die nach einem im Prinzip gleichen Verteilungsmuster angeordnet waren (vergl. Karte 3). Der schon zitierte Osing-Brief von 1587 belegt sogar noch ein sehr viel höheres Alter privater Äcker in der Allmende. Damals hatte ein Hans Stöcker aus Krautostheim mit einem Erbe, das der Pfarrei Nordheim lehenspflichtig war, „zugleich dreyviertel Ackers inn den Osung gehörig" an einen Einwohner Nordheims verkauft; „Welches aber so viel den Osungsacker anlanget, die vier Dorfschaften, denen der Osung zustendig ist, nicht nachgeben wöllen . . ."[10]

Mit dem urkundlich belegten Wohnort des Verkäufers vor rd. 400 Jahren — „Hans Stöcker Zu Krautostheim (,) Sainsheimischer Unterthan"[10] — klingt noch ein weiteres Problem an, das mit dem eingestreuten Einzeleigentum inmitten der Allmende verknüpft ist: Bei einer (wann und wie auch immer erfolgten) Privatisierung einzelner Parzellen aus dem Gemeinschaftsbesitz müßte man eine in etwa gleichmäßige Streuung der individuellen Eigentümer über die vier umliegenden allmendberechtigten Orte erwarten. Dem ist jedoch nicht so. Eine probeweise und nicht auf Vollständigkeit bedachte Durchmusterung der Eintragungen im zuständigen Grundbuchamt ergab ein signifikantes Überwiegen von Eigentümern aus Krautostheim, während jene aus Rüdisbronn nur Ausnahmen sind, und Humprechtsau sowie Herbolzheim innerhalb der überprüften Fälle überhaupt keine Privat-Eigentümer von Einzeläckern auf dem Osing stellen (Karte 2). Auch diese ungleiche Verteilung der Eigentümer auf die angrenzenden Dörfer ist nicht neu. Der Urkatasterplan demonstriert ein sehr deutliches Überwiegen von Eigentümern aus Krautostheim bereits für das erste Drittel des vergangenen Jahrhunderts. Mit einigem zahlenmäßigen Abstand folgten 1828 Bauern aus Rüdisbronn, die ihre Eigentumsäcker bezeichnenderweise am östlichen Saum der Allmende — also an der Grenze zu ihrer Dorfgemarkung — hatten[11], während Eigner aus Herbolzheim und Humprechtsau zu den Ausnahmen gehörten (Karte 3).

Wie der historisch interessierte Agrargeograph weiß, muß eine Allmende nicht immer durch Rodung dem Wald abgewonnen und damit gleichsam „primären Ursprungs" sein. Es sind auch Fälle einer nachträglichen Umwandlung vordem parzellierten privateigenen Ackerlands bekannt. Meist ging der letztgenannte Prozeß mit einer Extensivierung der Nutzung einher, und die Entstehung derartiger „Sekundär-Allmenden" war häufig mit dem Wüstfallen von Siedlungen verbunden. Nun ist zwar von einer Sied-

---

[8] Sonst wäre zumindest der Stifter genannt worden.
[9] Nach Unterlagen des Liegenschaftsamtes der Stadt Bad Windsheim.
[10] Zitate nach der Edition in der Beilage der Scheinfelder Zeitung vom 21. 10. 1954.
[11] Ein Vergleich der Karten 2 und 3 zeigt in diesem Teil des Osings die stärksten Veränderungen der Eigentumsstruktur zwischen 1828 und der Gegenwart. Die Gemeinde Krautostheim erscheint heute als Eigentümerin im Bereich früheren Allmendlandes, die Zahl der Rüdisbronner Eigentümer ist geringer geworden, und es haben Zusammenlegungen stattgefunden. Den Ursachen der Veränderungen, die teilweise auf den Einfluß von Flurbereinigungsmaßnahmen zurückgehen sollen, wurde nicht nachgegangen.

lungswüstung auf dem Osing nichts bekannt und nach Lage der Dinge darf dergleichen auch nicht erwartet werden, doch eine hypothetisch angenommene frühere Nutzungsextensivierung im Bereich der heutigen Koppelgemarkung könnte beispielsweise auch durch eine Intensivierung an anderer Stelle — etwa im ortsnahen Teil der Flur — ausgelöst worden sein. Die heutigen privateigenen Parzellen auf dem Osing wären nach dieser Arbeitshypothese als Relikte einer ursprünglichen, vor der Allmendbildung allgemein verbreiteten Individual-Parzellierung aufzufassen. Doch eine derartige Deutungs-These geht vermutlich zu weit. Sie stützt sich ja ausschließlich auf das Phänomen eines in die Allmende eingestreuten und offensichtlich alten Individualeigentums. Sobald dafür eine andere Erklärung gefunden wird, fällt die skizzierte theoretische Ableitung in sich zusammen.

Ansätze für eine solch abweichende Erklärung der alten individuellen Eigentumsparzellen inmitten des Gemeinschaftsbesitzes gibt der bereits genannte Osing-Brief von 1587. In ihm wird u. a. das unkorrekte Verhalten der Sechzehner[12] gerügt: „... vund ob sie woln ... etzlich ecker am watchaloe vund eigene ecker so nicht in das Loos eingelegt, ... hinleyhen vund verkaufen ..." und darüber den Rechtler-Gemeinschaften keine Abrechnung gegeben hätten[10]. Zwar darf die Bezeichnung *verkaufen* in der Urkunde nicht ohne weiteres als Beleg für eine dauerhafte Privatisierung von Allmendland aufgefaßt werden[13], doch ist es vorstellbar, daß irgendwann ein tatsächlicher Verkauf (i. S. einer ständigen Eigentumsübertragung) erfolgte. Anlässe dazu müssen auch nicht unbedingt Verfehlungen der Sechzehner gewesen sein. Es genügt, an eine (umfangreichere) Zahlungsverpflichtung der Allmendgemeinschaft zu denken, der vielleicht nur mit Hilfe des Verkaufs einzelner Parzellen nachzukommen war[14]. Die merkwürdig ungleichmäßige Verteilung der Eigentümer innerhalb der umliegenden Dörfer, wie sie in den Karten 2 und 3 deutlich wird, erfährt allerdings weder durch diese noch durch eine andere These eine sinnvolle Erklärung.

Über das Alter und die Entstehung der Allmende auf dem Osing — das bleibt festzuhalten — haben wir also weder einen unmittelbaren Quellenbeleg noch führen andere Ansätze über spekulative Thesen hinaus. Damit muß wohl nach wie vor jene in der Literatur schon häufiger anklingende Deutung als wahrscheinlich gelten, die eine Nutzflächenausweitung durch gemeinsame Rodung an der Peripherie der vier Gemarkungen von Herbolzheim, Krautostheim, Rüdisbronn und Humprechtsau — im Bereich jenes Höhenrückens, der später den Namen Osing erhielt — annimmt. Gestützt wird eine solche These durch den Namen. *Osing* soll von *absengen* hergeleitet sein und „durch Sengen gerodetes Land" bedeuten (ORTMANN 1967; BOSL 1969, S. 40). In einem Punkt muß allerdings häufigen Aussagen des heimatkundlichen Schrifttums nachdrücklich widersprochen werden: Die alte Lehrmeinung von der ursprünglichen, altgermanischen

---

[12] Bezeichnung für den damaligen Osing-Ausschuß (Osing-Verwaltung), der sich aus je vier Beauftragten aus jedem beteiligten Dorf zusammensetzte. Nach VOITH (o. J., S. 16) wurde der Sechzehner-Ausschuß im Jahre 1853 durch die heute noch gültige Regelung von acht Mitgliedern der Osing-Verwaltung ersetzt.

[13] Wenn heute ein Rechtler seinen Allmendacker auf dem Osing, der ihm durch Losentscheid für die Dauer von zehn Jahren zugefallen ist, nicht selbst bewirtschaften will, so kann er ihn — ausgedrückt im ortsüblichen Wortgebrauch — an einen anderen Rechtler „verpachten" oder „verkaufen". Ersteres bedeutet eine Überlassung bis zur nächsten Umverteilung gegen Zahlung eines jährlichen Entgelts; unter „Verkauf" ist das Überlassen für den gleichen Zeitraum gegen eine einmalige Zahlung zu verstehen.

[14] Daß es derartige Verkäufe von Allmendteilen grundsätzlich gegeben hat und daß dabei auch vergleichbare Anlässe auftraten, belegt BADER (1974, S. 431 f.) mit zahlreichen Beispielen.

und freien Markgenossenschaft hat sich als irrig erwiesen (BADER 1974). „Früheste Spuren, die auf solche bäuerlichen Korporationen hinweisen, tauchen erst im 11. Jahrhundert auf und wahrscheinlich geht die organisierte Markgenossenschaft kaum weiter in die Vergangenheit zurück" (JÄGER 1961, S. 139). Es besteht nach gegenwärtiger Kenntnis kein Anlaß anzunehmen, daß die Nutzungsgemeinschaft der Koppelgemarkung Osing eine Ausnahme dieser Regel darstellt. Daher ist ORTMANN (a.a.O.) beizupflichten, der als Ursprung „eine große hochmittelalterliche Rodungsunternehmung von . . . (den) vier Ortschaften aus" vermutet.

Bieten uns die Quellen über den Osing auch keine Hilfen zur genetischen Deutung, so enthalten sie doch ganz vorzügliche Hinweise zur Rekonstruktion früherer agrarwirtschaftlicher Verhältnisse. Der Osing-Brief von 1587 unterrichtet beispielsweise über die damalige Kulturartenverteilung in der Koppelgemarkung. Neben Ackerland gab es Weingärten sowie Hutungen (Weideflächen) und Fischteiche (damals sogar drei). Zusätzlich erfahren wir, daß auch zu jener Zeit die in der Allmende stehenden Obstbäume (Birnbäume) verpachtet wurden, während die in gleicher Weise vergebenen Eichen — sie waren der Schweinemast wegen begehrt — heute keine wirtschaftliche Bedeutung mehr haben. Freilich, der aus dem Urkundentext möglicherweise erwachsende Eindruck, die Situation vor 400 Jahren sei vom heutigen Zustand gar nicht so verschieden gewesen, läßt sich bei genauer Interpretation anderer schriftlicher Quellen nicht aufrecht erhalten.

Kurz vor dem Bauernkrieg, also um 1520, habe man, so heißt es in einer Weisung vom 22. 12. 1568[5], „keinen scheffer gestanden wollen, auf dem ossing durch einen schlayffweg zu treiben, wo es mit frucht oder flurig gelegen ist, so habman auch zurselbigen Zeid keinen gestanden wollen, wo dreu viertel ackers jm egerten gelegen ist, zwischen den fruchten, das einer darauf dreib, oder hute, weder myt vil, noch mit wennig". Eine Weisung von 1566[5] bestätigt für die Zeit um 1515 den gleichen Sachverhalt. Nach diesen Quellen gab es auf dem Osing einerseits Flurzwang und Zelgenwirtschaft, denn es war einem Schäfer nicht erlaubt, seine Herde über Zufahrten zu Parzellen und über Überfahrtswege (Schleifwege[15]) zu treiben, sofern die Äcker *flurig gelegen* waren; andererseits wird gleichzeitig und für die gleiche Allmende eine extensive Feld-Wechsel-Wirtschaft belegt, weil der Schäfer auch dann seine Herde nicht auftreiben durfte, wenn drei Viertel des Ackers *im egerten* lag[16].

Normalerweise war die Zelgenwirtschaft ein Nutzungs- und Bewirtschaftungssystem des dorfnahen, intensiv genutzten Innenfeldes, während die Feld-Wechsel-Wirtschaft das Nutzungssystem des extensiver bewirtschafteten Außenfeldes war. Für den Osing der Zeit um 1520 werden beide Systeme quellenmäßig jedoch gleichzeitig genannt. Der scheinbare innere Widerspruch der Aussage findet eine sinnvolle Auflösung in folgender Deutung: Die Äcker des Osing wurden — wie der Osing-Brief von 1587 zweifelsfrei belegt — alle zehn Jahre verlost. Nach jeder Verlosung bewirtschafteten alle Rechtler ihre Parzellen. Da es keine oder nur unzureichende Feldwege gab, bedingten die notwendigen Überfahrten (Schleifwege) einen Flurzwang mit verabredeten Saat- und Ernteterminen in bestimmten Flurteilen (also Zelgen). Am Rande der Dorfgemarkungen gelegen, stellte der Osing lagemäßig ein Außenfeld dar. Da in der bäuerlichen

---

[15] Für freundliche Erläuterung der Terminologie bin ich dem früheren Stadtarchivar von Erlangen, Herrn J. Bischoff (Weiher), dankbar.

[16] Die alte Egartenwirtschaft Frankens war ein Feld-Weide-Wechselsystem im Außenfeld der Fluren. Eine nur kurzfristige düngerlose Ackernutzung wechselte mit langjähriger dürftiger Weidenutzung, die zugleich eine Regenerationszeit für den Boden war (vergl. WEISEL 1971, S. 41 ff.). *Im egerten liegen* bedeutet dabei die Zeit ohne Ackernutzung.

Wirtschaft jener Zeit allgemein Düngermangel herrschte — man kannte ja nicht die ganzjährige Stallviehhaltung —, werden die peripher gelegenen Osing-Äcker in der Regel keinen Stallmist erhalten und daher nur geringe Erträge abgeworfen haben[17]. Die düngerlose Wirtschaft nötigte schon bald, die Äcker ungenutzt *(in egerten)* liegen zu lassen. Doch das machte jeder Rechtler offenbar individuell, denn der Schäfer durfte selbst dort nicht auftreiben, „wo (schon) dreu viertel ackers jm egerten gelegen ist, zwischen den fruchten". In der anbaufreien Zeit bis zur nächsten Umverteilung regenerierte sich der Boden der Allmendäcker dann wieder etwas, so daß unmittelbar nach der Verlosung — vielleicht auch nach einer bescheidenen Düngergabe zu Beginn der Zehnjahresperiode — zunächst wieder alle Besitzer auf allen Parzellen für ein paar Jahre Ackerbau (unter den Bedingungen des notwendigen Flurzwangs) treiben konnten.

Wie lange diese extensive Außenfeldnutzung mit dem bezeichnenden Wechsel von Zelgen- und Feldwechselwirtschaft üblich blieb, bedarf noch der Klärung. Das Bild des Urkatasterplans von 1828 (Karte 3) demonstriert jedoch einen derartig signifikanten Mangel an Feldwegen, daß eine Ackernutzung ohne Flurzwang (und damit ohne Zelgen) nur schwer vorstellbar erscheint. Die für den gleichen Zeitraum durch die Signaturen in Karte 3 ausgewiesene Kulturartenverteilung ist eindeutig und bedarf keiner Erläuterung. Hinzuweisen ist allenfalls auf das mit den Hopfenpflanzungen in der Allmende verbundene Problem. Als Dauerkulturen dürften sie bei der alle zehn Jahre erfolgenden Umverteilung gewisse Schwierigkeiten bereitet haben[18].

Für die Zeit um 1950 berichtet OTREMBA (1950, S. 147) von einer Zweifelderwirtschaft auf den Osing-Äckern. Den befragten Gewährspersonen ist sie ebenfalls noch aus der Erinnerung geläufig; sie klang in den 60er Jahren aus. Zuvor wurden in Anpassung an die leichten Böden, zu denen der im größten Teil des Höhenrückens anstehende Blasensandstein verwittert, Kartoffeln und Roggen in stetigem Wechsel angebaut.

Heute herrscht auf dem Osing eine sehr frei und individuell gehandhabte Fruchtfolge. Zwei Jahre Getreide und ein Jahr Hackfrucht oder Futtergemenge — das jedoch mit vielen Abweichungen — können als „grobe" Regel genannt werden[19]. Unter den angebauten Getreidearten dominiert die Wintergerste, in der Gruppe der Hackfrüchte herrscht — trotz einer zu beklagenden Nematodenverseuchung — noch immer die Kartoffel vor. Daneben belegt die Anbaukartierung des Jahres 1983 (vergl. Karte 4) allerdings eine bunte Vielfalt von Anbaufrüchten. Ein bestimmtes räumliches Verteilungsmuster der Ackerfrüchte oder von Sommer- und Winterfrucht gibt es nicht. Das liegt u. a. daran, daß die Nutzungsgemeinschaft der Allmendberechtigten mittlerweile

---

[17] Die Bereitschaft zum Düngen wird auch wegen der regelmäßigen Umverteilung und der damit verbundenen Sorge, einen anderen zu begünstigen, nicht besonders ausgeprägt gewesen sein.

[18] Die normale Umtriebszeit des Hopfens lag zu Beginn unseres Jahrhunderts bei über 15 Jahren; für das Hersbrucker Gebiet werden für die Zeit um 1910 18 Jahre genannt. Bei einem zehnjährigen Umverteilungsrhythmus der Allmendäcker auf dem Osing stand für jene zwei Hopfenanlagen, die der Urkatasterplan von 1828 auf Gemeinschaftsbesitz zeigt (der dritte Hopfengarten lag auf einer privateigenen Parzelle), maximal diese Zeitspanne zur Verfügung, — also eine stark verkürzte Umtriebszeit. Bei allen Überlegungen zum angeschnittenen Problem ist aber zu bedenken, daß die damalige Kulturtechnik des Hopfenbaus beträchtlich von der heutigen abwich; in Franken war bis weit in unser Jahrhundert die Ziehung an Einzelstangen üblich, die im Winterhalbjahr regelmäßig entfernt wurden. Das bedeutete im Prinzip einen geringeren technischen Aufwand und begünstigte vielleicht eine kürzere Umtriebszeit auf den Allmendäckern (für sachdienliche Informationen zum Thema danke ich Herrn Prof. Dr. Ingo Kühne, Erlangen).

[19] Ein Landwirt nannte nachstehende Folge als Beispiel: 1. Jahr: Mais; 2. Jahr: Wintergerste; 3. Jahr: Rüben oder Futtergemenge; 4. Jahr: Wintergerste usw.

ein recht gutes, auf jeden Fall völlig ausreichendes Feldwege-Netz auf dem Osing geschaffen hat (Karte 4). Nahezu jede Nutzungsparzelle ist heute ohne Beeinträchtigung von Anrainern jederzeit und unmittelbar zu erreichen; die Notwendigkeit zur Berücksichtigung von Überfahrten bei der Anbaufolge entfällt also[20].

In der Rangfolge der Nutzflächenanteile der einzelnen Kulturarten auf dem Osing nehmen die Hutungen die zweite Stelle nach dem Ackerland ein (Tab. 2). Ihre frühere Bedeutung als Weidefläche ist im Zuge der jüngeren Entwicklung nahezu völlig geschwunden. Eine Nachfrage von Seiten der Rechtler besteht nicht mehr. Und als im Jahre 1983 ein nicht allmendberechtigter Schäfer eine kleinere Herde auftreiben wollte, wurde ihm das kostenlos und gern gestattet, weil es eine willkommene Maßnahme gegen die drohende Verbuschung der Flächen zu sein schien. Dem geschwundenen Interesse an der traditionellen Weidenutzung Rechnung tragend, hat die Osing-Verwaltung in den letzten Jahren begonnen, erhebliche Teile der Hutungen aufzuforsten.

Für den Agrargeographen, der sich mit den Problemen des Osing beschäftigt, gehören natürlich die Fragenkomplexe der heutigen wirtschaftlichen Bedeutung der Allmende, ihrer Einpassung in die Betriebsstruktur der nutzungsberechtigten Höfe oder einer möglicherweise unterschiedlichen Einstellung der verschiedenen agrarsozialen Gruppen zu den Rechten und Pflichten, die aus dem Gemeinschaftseigentum resultieren, u. ä. zu den interessanten Untersuchungsansätzen. Leider ließen sich systematische Erhebungen dazu nicht durchführen[21], so daß hier lediglich ganz wenige Aspekte — und nur zur Ackernutzung — skizzenhaft angedeutet werden können: Hinweise oder gar kulturlandschaftliche Indikatoren (wie z. B. die Sozialbrache) auf, bzw. für ein nachlassendes Nutzungsinteresse waren nicht erkennbar. Falls ein Rechtler die Nutzung nicht selbst ausüben konnte oder wollte, gab es bisher keine Schwierigkeiten, einen Pächter oder Käufer (der Nutzungsrechte) zu finden. Die hohe Wertschätzung, die die Osing-Äcker besitzen, ist für den Außenstehenden zunächst erstaunlich, handelt es sich doch um peripher gelegene Flächen, die zudem üblicherweise noch recht klein sind. Während die Flurbereinigungsverfahren in den eigentlichen Dorfgemarkungen größere, „maschinengerechte" Besitzeinheiten geschaffen haben, herrscht in der Allmende immer noch der schmale Streifen von einem Tagwerk vor. Das bringt zumindest Probleme beim Maschineneinsatz mit sich. Doch diese Schwierigkeiten, um die man in den Dörfern um den Osing durchaus weiß, werden in Kauf genommen. Nachbarn tun sich spontan und von Fall zu Fall zur besseren Maschinenausnutzung zusammen. Wer beispielsweise mit dem Mähdrescher in die Allmende fährt, mäht, nach Absprache, auch das Feld des Nachbarn; dergleichen geht auf Gegenseitigkeit und wird bei Gelegenheit ausgeglichen. Ein größerer Anteil von Handarbeit, so wurde ausdrücklich versichert, resultiere aus den kleineren Wirtschaftsflächen in der Koppelgemarkung nicht. Vor allem aber haben die Äcker auf dem Osing einen hohen Stellenwert wegen ihrer besonders günstigen Einpassung in den Arbeitsablauf der Betriebe. Wenn Regenfälle oder die Schneeschmelze auf den schweren Böden des Ehegrundes — also auf den Äckern in den Dorfgemarkungen — keine Arbeiten zulassen, erlauben die leichten, schnell abtrocknenden Sandböden der Osingparzellen eine problemlose Bearbeitung.

---

[20] Für jene ganz wenigen Parzellen, die keinen unmittelbaren Weganschluß besitzen, müssen die Inhaber der Nachbarparzellen ständige Zufahrten am Feldrain gewähren. Das wird — unter konkreter Nennung der Parzellen — jeweils vor der Verlosung ausdrücklich in den Bedingungen vom Vorsitzenden des Osing-Ausschuß' verkündet.

[21] Eine beabsichtigte und vom Bayerischen Bauernverband dankenswerterweise sehr befürwortete sowie aktiv unterstützte systematische Befragung der Landwirte in zwei der vier Dörfer um den Osing konnte nicht durchgeführt werden, da sich die betroffenen Landwirte leider nicht zur Mitarbeit bereit finden konnten.

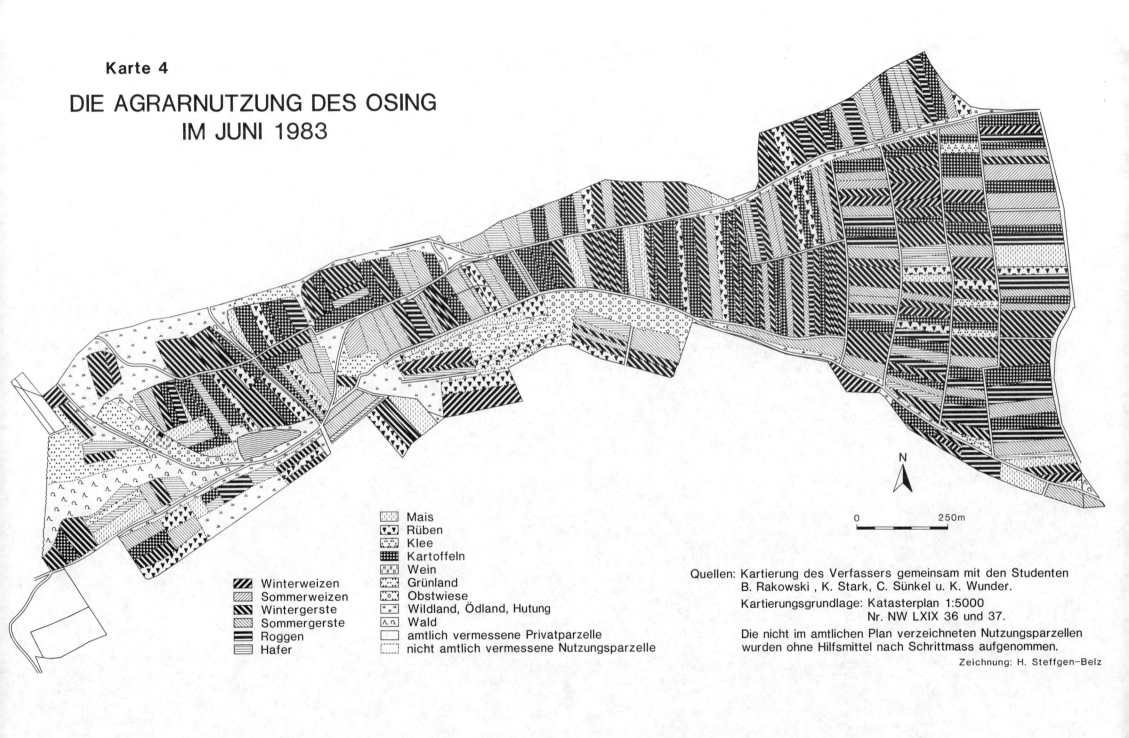

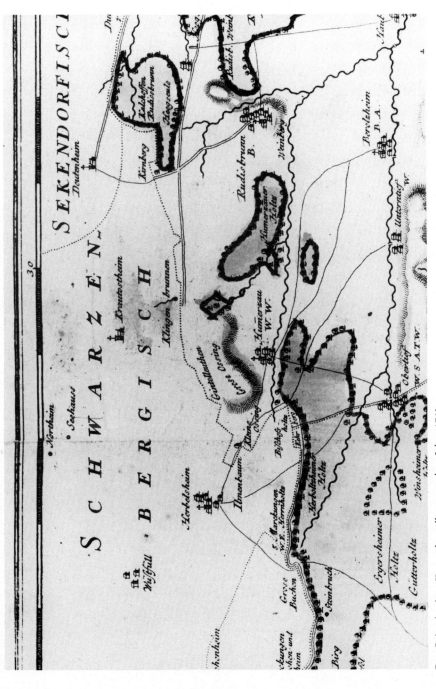

Der Osing in einer Kartendarstellung aus dem Jahre 1760.

Ausschnitt aus „Windsheim und was zu dieser Reichs-Stadt gehoert, nebst den übrigen angraenzenden Herrschafften". Nürnberg: Homann Erben, 1760, colorierter Kupferstich 1:57.000. Vorh. in der Schloßbibliothek Ansbach, Sign.: XIV f 346 (Photo: H. Sohmer).

Die Buchstaben-Signaturen bei den Ortsnamen geben die Herrschaftszugehörigkeit an. Es bedeuten (in der Schreibweise des Originals):

A. Anspachisch
B. Bayreuthisch
T. Teutschherrisch
W. Wuerzburgisch

W. Windshe:misch
S. Schwarzenbergisch
R. Rothenburgisch

Literaturverzeichnis

BADER, K. S.: Dorfgenossenschaft und Dorfgemeinde. (= Studien zur Rechtsgeschichte des mittelalterlichen Dorfes 2). Wien, Köln, Graz ²1974.
BECK, C.: Irrtümer um den Osing bei Windsheim. In: Die Heimat, Organg d. Histor. Vereins Neustadt a. d. Aisch u. Umgebung (Beilage z. Neustädter Anzeigeblatt) Nr. 37 v. 3. 11. 1934.
BOSL, K.: Franken um 800, Strukturanalyse einer fränkischen Königsprovinz. München ²1969.
Die Freimark Osing — Osing-Brief — Die Osing-Verlosung. In: Unter der Dorflinde Jg. 2, Nr. 8; Beilage der Scheinfelder Zeitung vom 21. 10. 1954.
GÖSSWEIN, R.: Die Freimark Osing. In: Musikverein Krautostheim 1929—1979, o. O., o. J. (1979), S. 39—42.
HILLERMEIER, H.: Der Osing — Altgermanische Feldverlosung. In: Der Landkreis Uffenheim, München u. Assling 1972, S. 180—182.
Hutung auf Osing betreffend 22. Dezember 1568. In: Beilage zu Nr. 258 der Windsheimer Zeitung vom 3. 11. 1934.
JÄGER, H.: Die Allmendteilungen in Nordwestdeutschland in ihrer Bedeutung für die Genese der gegenwärtigen Landschaften. In: Geografiska Annaler 43, 1961, S. 138—150.
NIEDERLÖHNER: Der Wortlaut der Osing-Urkunde. In: Die Heimat, Organ d. Histor. Vereins Neustadt a. d. Aisch u. Umgebung (Beilage z. Neustädter Anzeigeblatt) Nr. 34 v. 16. 10. 1934.
ORTMANN, W. D.: Stichwort „Osing". In: Landkreis Scheinfeld (= Historisches Ortsnamenbuch von Bayern, Mittelfranken Bd. 3), München 1967, S. 142.
OTREMBA, E.: Der Landkreis Scheinfeld. (= Die Landkreise Bayerns 1). Scheinfeld 1950.
(RIES, G.): Die Osingverlosung, eine altgermanische Allmendverteilung in neuester Zeit (16. Oktober 1934). In: Die Heimat, Organ d. Histor. Vereins Neustadt a. d. Aisch u. Umgebung (Beilage z. Neustädter Anzeigeblatt) Nr. 35 v. 20. 10. 1934.
RODER: Formular Eines Juraments der Osings Herrn von den 4 Flecken zu Rüßbronn, Herbolzheim, Krautostheim und Hummerzau [von 1661]. In: Die Heimat, Organ d. Histor. Vereins Neustadt a. d. Aisch u. Umgebung (Beilage z. Neustädter Anzeigeblatt) Nr. 15, 1939.
SCHMIDT, H.: Über 1000 Jahre Osing. Die Geschichte eines ehrwürdigen Rechtsbrauches. In: Windsheimer Zeitung vom 9. 10. 1954.
VIERLING, H.: Vier Gemeinden würfeln um den Osing. Das altgermanische Recht der Landaufteilung blieb bis heute unverfälscht erhalten. In: Fränkische Landeszeitung vom 1. 8. 1959.
VOITH, H.: Die Freimarkung Osing. (unveröffentl. masch.-schriftl. Mnskr.)o. O., o. J. (nach 1962).
WEISEL, H.: Die Bewaldung der nördlichen Frankenalb, ihre Veränderungen seit der Mitte des 19. Jahrhunderts. In: Mitteilungen d. Fränk. Geographischen Gesellschaft 17, 1971, S. 1—68.
ZITZEN, G.: Scholle und Strom. Rheinischer agrargeschichtlicher Wortschatz. Lfg. 4: Boden und Früchte. Bonn 1957.

ORTSNAMENGEBUNG UND HEILIGENVEREHRUNG IN FRANKEN

von

GERHARD PFEIFFER

Das Thema der nachfolgenden Zeilen, die ich dem um die Patrozinienforschung in Franken hochverdienten Jubilar[1] widmen möchte, scheint zwei Lebensbereiche zu verknüpfen, die wenig miteinander verbindet. Denn die Ortsnamengebung dient der Orientierung in der Landschaft, die Heiligenverehrung beruht auf dem Vertrauen, das Gläubige auf die Kraft der Fürbitte der als heilig anerkannten verstorbenen Christen setzen.

Auf Berührungspunkte, ja Überschneidungen der beiden Bereiche weisen Tatbestände im Nachbarland Frankreich hin: Dort trug ein knappes Achtel der Orte Namen, die einen Kirchenheiligen nennen, so 485 Orte den Namen des hl. Martin, 207 Orte den des Laurentius, je 162 Orte die Namen Johannes und Petrus, 75 Orte den Namen des hl. Andreas, 65 Orte des Erzengels Michael.[2] Ohne den Nachweis durch statistische Auszählung anzutreten, kann ich sagen, daß im deutschsprachigen Raum auch nicht annähernd ein gleicher Anteil von Heiligen-Ortsnamen erreicht wird.

Eine generelle Erklärung für einen solchen Unterschied zwischen Frankreich und Deutschland scheint mir nicht auffindbar zu sein, es muß vielmehr den lokalen Namengebungsursachen nachgegangen werden. Dabei kann man vielleicht Unterschieden in der Heiligenverehrung zwischen Deutschen und Franzosen auf die Spur kommen, auf die MATTHIAS ZENDER hingewiesen hat. Denn, so meint Zender[3], *Jeder Franzose hatte schon vor vielen Jahrhunderten seinen persönlichen Heiligen, meist seinen Namenspatron, der ihm in allen Lebenslagen half*. Diese Individualisierung der Heiligenverehrung könnte die von ZIMMERMANN beobachtete Folge gehabt haben, daß Frankreich bis ins 11. Jahrhundert *fast bedeutungslos* für das Patrozinienwesen geblieben ist.[4]

Doch gibt es auch im fränkischen Raum Beispiele dafür, daß das Verhältnis eines Gläubigen zu seinem Namenspatron zu einer kirchlichen Stiftung führte, die sich im Ortsnamen ausdrückte. So stiftete der Eichstätter Bischof Moritz von Hutten 1548 einen Mauritiusaltar in Moosbrunn, das daraufhin in Moritzbrunn umbenannt wurde.[5]

---

[1] Vor allem GERD ZIMMERMANN, Patrozinienwahl und Frömmigkeitswandel im Mittelalter, dargestellt an Beispielen aus dem alten Bistum Würzburg, Teil I WDGBl. 20/1958, II, WDGBl. 21/1959; im folgenden zitiert als ZIMMERMANN I bzw. II.

[2] GERHARD PFEIFFER, Kirche und Ortsnamengebung, in: Erlangen Ortsnamenkolloquium (Heidelberg 1980), S. 75.

[3] MATTHIAS ZENDER, Räume und Schichten mittelalterlicher Heiligenverehrung in ihrer Bedeutung für die Volkskunde (Düsseldorf 1959), S. 19.

[4] ZIMMERMANN I, 124.

[5] FRANZ XAVER BUCHNER, Das Bistum Eichstätt II (Eichstätt 1938), 313. Während St. Moritz b. Dietfurt erloschen ist (HONB Weißenburg, bearb. v. ERICH STRASSNER Nr. 175), läßt St. Moritz b. Forchheim noch heute Rückschlüsse auf die kirchliche und Reichsgesinnung der Reichsministerialen v. Leutenbach zu. Vgl. ERICH FRHR. v. GUTTENBERG und ALFRED WENDEHORST, Das Bistum Bamberg II (Germania Sacra II, 1, Berlin 1966) 115 f.; KARL BOSL, Die Reichsministerialität d. Salier und Staufer (Stuttgart 1950); vgl. auch ERNST V. AUFSESS, Die alten freien Geschlechter im Gebiet des Bistums Bamberg, BHVB 57/1896, S. 111 ff.

Ähnliches scheint bei der Stiftung der St. Leonhardskirche in Wallmersbach (LK Uffenheim) vorzuliegen. Die Eheleute Engelhard und Anna von Ehnheim dürften die Stifter dieser Leonhardskapelle gewesen sein. Sie haben ihren Sohn auf den Namen Leonhard taufen lassen. Obwohl die Kirche 1725 abgebrochen wurde, hat eine 1755 errichtete Leonhardssäule die Erinnerung an sie festgehalten, und die Ortsbezeichnung lebt noch in der Mundart fort.[6]

Einen mittelbaren Bezug von Ortsnamen zur Heiligenverehrung stellen die Taufnamen dar, sofern diese ihre spezifisch religiös-kirchliche Funktion noch nicht eingebüßt haben. Dafür sind späte Beispiele etwa Friedrichsruh, Karlsruhe, Karlshafen, Ludwigsstadt, Johannisburg. Alte Ortsnamenverbindungen mit Taufnamen stellen gelegentlich den Historiker vor Probleme, wenn die Entstehung der Siedlung und der Zeitpunkt der Verdrängung altdeutscher Rufnamen durch *christliche* Namen nicht zusammenzufallen scheinen.[7] Einige fränkische Ortsnamen führen in diese Aporie:

So scheint mir bei dem Ortsnamen Gustenfelden, einer Ausbausiedlung mit einem Flurnamen als Ortsnamen, der Hinweis auf Justinus in die Irre zu führen, denn bis ins Schwabacher Umland dürfte kaum eine römische bäuerliche Siedlung vorgedrungen sein, und eine Verehrung des hl. Justinus hat dort keine historisch belegbare Grundlage.[8]

Auch bei Kiliansdorf scheidet für das im Bistum Eichstätt gelegene Dorf eine Verehrung des Würzburger Bistumsheiligen aus, und es kommt nur der Rufname eines für das Dorf bedeutsamen Mannes als Anlaß für die Ortsnamengebung in Betracht.[9]

Der Ortsname Nicklashausen (LK Tauberbischofsheim), kann nicht, wie die meisten -hausen-Orte auf das 8./9. Jahrhundert zurückgeführt werden. Es kommt als frühester Termin das 12. Jahrhundert in Betracht, da sich erst seit dieser Zeit nachweislich die Ausbreitung des Namens Nicolaus auf die Länder östlich des Rheins erstreckt hat.[10]

---

[6] HONB Uffenheim (Elisabeth Fuchshuber) Nr. 87. Das hier verwertete Regest von 1406 bezeichnet Engelhard v. Ehnheim als Vormund und Pfleger der Leonhardskapelle. StA Nürnberg Rep. 167 a Nr. 1282. Über St. Leonhard b. Nürnberg vgl. Ludwig Eisen, Vor den Toren Nürnbergs (Nürnberg 1923, 37 ff). Über Leonhardsmühl und Leonhardsruh als Besitzernamen vgl. HONB Schwabach (Eberhard Wagner) Nr. 84, bzw. HONB Gunzenhausen (Robert Schuh) Nr. 161. Über den Leonhardskult vgl. Johann Albert Aich, Leonhard der große Patron des Volkes (Wien 1928) und Gustav Bossert, Der St. Leonhardskult in Württemberg, Ztschr. f. Württbg. Landesgesch. 3/1938.

[7] I. Scheidl, Der Kampf zwischen deutschen und christlichen Vornamen im ausgehenden Mittelalter, Ztschr. f. Namenforschung 16/1940.

[8] HONB Schwabach Nr. 46. Es kommt auch die Form Justmannsfelden vor (Joh. Casp. Bundschuh geographisch statistisch-topographisches Lexikon von Franken II 446). Justinus wurde in Heiligenstadt/Eichsfeld verehrt, Justina erscheint bei einer Altarweihe in St. Lorenz/Nürnberg (Wilhelm Deinhardt, Dedicationes Bambergenses, Freiburg i. B. Nr. 148/149). Kommt eine Ablautform zu dem in fränkischen Ortsnamen auftretenden -gast in Frage? Vgl. auch Gastenfelden bei Feuchtwangen: Günther Schuhmann und Gerhard Hirschmann, Urkundenregesten des Zisterzienserklosters Heilsbronn (Würzburg 1957) Nr. 75 und 186; auch Friedrich Hiller, Die Kirchenpatrozinien des Erzbistums Bamberg, Diss. Erlangen 1931, S. 131. Auch Justingen (b. Blaubeuren) hat nichts mit einem Heiligen Justinus zu tun. Vgl. Gustav Hoffmann (wie Anm. 11) 196.

[9] HONB Schwabach Nr. 74. Kilianshof b. Bischofsheim i. d. Rhön entstand erst 1690. Alt ist die hennebergische Stiftung St. Kilian b. Schleusingen, vgl. Wilh. Deinhardt, Frühmittelalterliche Kirchenpatrozinien in Franken (Erlangen 1933), S. 145.

[10] Karl Meisen, Nikolauskult und Nikolausbrauch im Abendlande (Düsseldorf 1931). Auch Klaus Arnold, Hans Behem, der Pauker von Niklashausen, Fränk. Lebensbilder Bd. 10 (Neustadt/Aisch 1982), S. 59, spricht von der relativ späten Entstehung des Ortes.

Ähnliche Schwierigkeiten treten bei dem Ortsnamen Mergentheim auf. Die -heim-Orte werden allgemein in die Zeit der ältesten Siedlung verlegt, und 1058 tritt der Name Mergentheim in der vom Schreiber nicht verstandenen Form Mergintaim auf. Einerseits geht sprachgeschichtlich die Form *Mergen . . .* entsprechend der germanischen Erstbetonung und dem Umlaut in der ersten Silbe auf den Namen Maria zurück, andererseits widerspricht die Nennung Mariens im Ortsnamen der Zurückhaltung, die man bis in die Höhe des Mittelalters gegenüber einer profanen Verwendung des Namens der Gottesmutter übte. Da ein Marienkult im frühen Mittelalter in Mergentheim auch nicht nachweisbar ist, erblicke ich in der Bildung des Ortsnamens eine Verwendung des Taufnamens, wobei freilich die Trägerin des Mariennamens für den Historiker unbekannt bleibt.[11]

Bei Bernhardswinden (b. Sinnbronn), 1349 als *Pernoltswinden* bezeugt[12], auch bei dem im ältesten Würzburger Lehenbuch als *Bernhalzhusen* genannten Berndshausen[13], selbst bei Bernhardsweiler (b. Crailsheim) ist die Verwendung des Namens des 1174 kanonisierten Bernhard v. Clairvaux außer Betracht zu lassen.[14]

Auch bei dem Ortsnamen Simonshofen (LK Nürnberg-Land), im 14. Jahrhundert als *Simanshofen* genannt, möchte ich kaum an eine der biblischen oder frühchristlichen Gestalten denken, vielmehr an einen Träger des Taufnamens, der für die Siedlung bedeutsam gewesen ist.[15]

Im Thema ist die Frage enthalten, ob sich aus der Aufnahme von Heiligennamen in Ortsnamen Schlüsse auf eine besondere Intensität der Heiligenverehrung ziehen lassen und welche Initiativgruppen die Heiligenverehrung getragen und gefördert haben. Auf einen breiten Widerhall im Volk darf wohl nicht geschlossen werden, wenn der Name eines Ortsheiligen zur Differenzierung gleichlautender Ortsnamen Verwendung fand, was die Namensforscher zu der Klassifizierung als „Kanzleifestlegung" veranlaßte.

Das gilt z. B. für Ortsnamen in Franken, die undifferenziert nur die Lage an einem Fluß zu Grunde legten, z. B. an der Aurach, wo sich die Differenzierung im 14. Jahrhundert durchsetzte. Der erste tastende Versuch der Festlegung eines der Aurachorte zeigt sich bei Petersaurach, für das 1308 die Wendung *Aurach apud Halsprunnen* auftritt, die dann 1311 durch *ze Sante Peters Aurach* ersetzt wird. Barthelmesaurach tritt zuerst 1355 auf, und Veitsaurach rundet die Bezeichnung der verschiedenen Aurachdörfer durch die Nennung des Kirchenpatrons ab. Eine weitere Differenzierung erwies sich als notwendig durch die Identifizierung des Aurach bei Roth mit der Namengebung Rothaurach. Die Mundart machte die Differenzierung nicht mit.[16] Deshalb kann gesagt werden, daß die Nennung der Kirchenpatrone ein Mittel der Differenzierung der

---

[11] Wilhelm Hommel, Bad Mergentheim in Franken (München 1925), S. 34; Gustav Hoffmann, Kirchenheilige in Württemberg (Stuttgart 1932), 122. Die Namensform: Wirtemberg. Urkundenbuch I Nr. 231; Ernst Förstemann — Hermann Jellinghaus, Altdeutsches Namenbuch II (Bonn 1916), Sp. 219.

[12] Franz Xaver Buchner, Archivinventare d. kath. Pfarreien i. d. Diöz. Eichstätt (München 1918), 427; Karl Schornbaum, Archivinventare d. evgl. mittelfränk. Pfarreien (1929), 68.

[13] Hermann Hoffmann, Das älteste Lehenbuch des Hochstifts Würzburg 1303—1345 (Würzburg 1972), Nr. 422 u. a.

[14] Gustav Hoffmann (wie Anm. 11) 94.

[15] Quellen: Stadtarch. Nürnberg, Hl. Geistspital; über die Datierung der -hofen-Orte vgl. Schuh, HONB Gunzenhausen (wie Anm. 6) S. 115 f.

[16] RB V 137; Schuhmann-Hirschmann (wie Anm. 8) Nr. 335 — HONB Schwabach Nr. 6 — Buchner (wie Anm. 5) II, 672 ff. Vgl. auch Georg Rusam, Gesch. d. Pfarrei Sachsen b. Ansbach (Ansbach 1940). Über eine Bartholomäuskirche b. Muggendorf vgl. Bundschuh (wie Anm. 8) I, 257. NB. Wallfahrtsgottesdienst in Veitsaurach 1621!

Ortsnamen war, kein Ausdruck der besonderen Verehrung des Kirchenpatrons in den betreffenden Gemeinden.

Erst dem 15. Jahrhundert gehört die mit Hilfe der Patrozinien der Pfarrkirchen vorgenommene Namensdifferenzierung Georgensgmünd und Petersgmünd an, die dicht beieinander beim Zusammenfluß von Fränkischer und Schwäbischer Rezat gelegen sind.[17] Daß dabei primär das Interesse der Kanzleien zur Geltung kam, zeigt vielleicht die Tatsache, daß im 17. Jahrhundert ein weiterer Ortsteil Friedrichsgmünd nach einem für den Markgrafen Johann Friedrich[18] errichteten Jagdschlößchen benannt wurde. Daneben treten aber St. Georgs-Ortsnamen auf, die zur Ortsnamendifferenzierung sozusagen nicht mißbraucht wurden, z. B. Rodach-Georgenberg: 1120 *Rothe sub patrocinio s. Georii martiris in episcopatu Herbipolensi* und 1143 die Stiftung der Zisterze Georgenthal durch Graf Sitzo von Käfernburg, Mutterkloster von Georgenzell.[19]

Bei der Ortsnamendifferenzierung: Martinlamitz, Kirchenlamitz und Niederlamitz wird man wohl die Bedeutung des hl. Martin für das Kirchenvolk konstatieren können, während man bei Kirchenlamitz das Patrozinium unbeachtet ließ.[20] Auffallend bleibt, daß „echte" Martins-Ortsnamen in Franken selten sind. Das *St. Martin* b. Schnaittach erlosch im 17. Jahrhundert.[21] *Martinsreuth* b. Bindlach scheint an Stelle von *Weislareuth* getreten zu sein[22], Martinrode b. Ilmenau ist Umdeutung von *Meinharderode*[23], die ältere Namensform von Martinsheim bei Kitzingen ist *Merczensheim*[24], Martinhagen war 1082 *Merinbodohago*, und Martersberg[25], 1398 *Martinsberg*, gilt als nach einem Personennamen benannt.[26]

Bei der Differenzierung zu Forstlahm deutet der Wechsel der Namensformen Veitlahm-Kirchlahm[27] doch wohl darauf, daß die Möglichkeit des Kirchenbesuchs, nicht speziell die Verehrung des hl. Veit, im Vordergrund des Bewußtseins des Kirchenvolkes stand.

Bei der Bewertung der Ortsnamendifferenzierung für Höchheim in Veitshöchheim und Margetshöchheim wird man Unterschiede machen müssen. Während im 12. und 13. Jahrhundert noch Hochheim undifferenziert genannt wird, erscheinen 1301 *curia et bona in Höchheim ad s. Vitum*. Die Kirche in Veitshöchheim, in der sich bis heute ein

---

[17] HONB Schwabach Nr. 39; BUCHNER (wie Anm. 5) II, 471; KARL PUCHNER, Patrozinienforschung und Eigenkirchenwesen unter besonderer Berücksichtigung des Bistums Eichstätt, Diss. München 1932, S. 51. Wenig hilfreich: F. MERKENSCHLAGER, Aus der Keuperbucht (Nürnberg 1928).

[18] Über diesen vgl. GÜNTHER SCHUHMANN, Die Markgrafen von Brandenburg-Ansbach (Ansbach 1980), 158 ff.

[19] O. DOBENECKER, Regesta diplomatica necnon epistolaria historiae Thuringiae I (Jena 1896), Nr. 1263, 1459. Vgl. WDGBl. 34/1972, S. 82. ZIMMERMANN II, 64; HILLER (wie Anm. 8) 105. Über Georgenhof b. Feuchtwangen bzw. Georgenberg iuxta castrum Arberch habe ich keine Unterlagen.

[20] v. GUTTENBERG-WENDEHORST (wie Anm. 5) 257; ZIEGELHÖFER (wie Anm. 22) 226.

[21] FRITZ SCHNELBÖGL, Lauf-Schnaittach, Eine Heimatgeschichte (Lauf 1941), S. 262.

[22] v. GUTTENBERG-WENDEHORST (wie Anm. 5) 187; ANTON ZIEGELHÖFER, Die Ortsnamen des ehemaligen Fürstentums Bayreuth (Bamberg 1920 = AO 27), über Georgenzell vgl. G. BRÜCKNER, Landeskunde des Herzogtums Meiningen (Meiningen 1853), 90 f.

[23] DOBENECKER (wie Anm. 19) II Nr. 1827, 1910.

[24] HERMANN HOFFMANN (wie Anm. 13) Nr. 1269 u. a.

[25] H. REIMER, Historisches Ortslexikon f. Kurhessen (Marburg 1926), S. 321. Vgl. auch KARL HEINRICH SCHÄFER, Frühmittelalterliche Kirchenpatrozinien in Hessen, Fuldaer Gesch.Bl. 14/1920.

[26] HONB Kulmbach (ERICH FRHR. V. GUTTENBERG) Nr. 445.

[27] v. GUTTENBERG-WENDEHORST (wie Anm. 5) 172.

Altar der hl. Bilhildis befindet, war schon früh das Ziel von Wallfahrern, denn 1290 wird von den *oblationes in stationibus ante foras ecclesiae in festo s. Viti et aliis temporibus provenientes* gesprochen.[28] So knüpft die Ortsnamengebung an eine im Bewußtsein des Kirchenvolks lebendige Verehrung des hl. Veit an, die von dem Kloster St. Stephan in Würzburg, dem die Kirche inkorporiert war, sicherlich gefördert wurde. Demgegenüber fand die Kapelle in Margetshöchheim, das 1330 als *villa et marchia Hochheim s. Margarethe*, 1332 als *Margretshochheim* auftritt[29], soweit ich sehe, erst 1407 urkundlich Erwähnung.[30] Sie war unbedeutend, Margetshöchheim blieb bis ins 17. Jahrhundert Filialdorf, zunächst von Hettstadt, seit 1531 von Erlabrunn. Es wurde nebenher vom Prämonstratenserstift Oberzell betreut. Im Patrozinium der Kirche tritt Johannes der Täufer vor der hl. Margarethe auf, die frömmigkeitsgeschichtlich keine bedeutende Rolle gespielt zu haben scheint.[31] War also die Benennung Margetshöchheim eine Verlegenheitslösung?

Das Interesse der Kanzleien an der Ortsnamendifferenzierung ist den -bronn-Orten fast wie an die Stirn geschrieben. Bronnamberg wird schon 1351 genannt, in den burggräflichen Urbaren des 14. Jahrhunderts treten Veitsbronn und Vincenzenbronn dazu. Sie sind nach dem Schutzheiligen der Pfarrkirchen benannt; Vincenzenbronn ist Tochterkirche von Roßtal, Veitsbronn filia von Herzogenaurach; hierher ging eine Wallfahrt, die Verehrung des hl. Veit war also volkstümlich.[32] Fast symbolisch für die Art, wie die Kanzleien mit den Heiligennamen umgingen, ist Veitserlbach, ursprünglich Obernerlbach genannt. Das Dorf besitzt keine Kirche. Diese ist in St. Veit gelegen und ihr Patrozinium mußte für die Nachbargemeinde den Namen ihres Schutzheiligen hergeben.[33] Auch Veitswend zwischen Crailsheim und Dinkelsbühl ist kein Kirchdorf.[34]

Darf es als ein Symptom für eine gewisse Gleichgültigkeit des Kirchenvolkes gegenüber der Heiligenverehrung oder gegenüber der obrigkeitlichen Namengebung angesehen werden, wenn Urkundenaussteller im Beginn des 14. Jahrhunderts sich bemühten, die Gemeinden Ahusen (= Hausen) als *villa s. Bartholomaei* und als *villa s. Nicolai* zu

---

[28] Quellen: RB I—V, VII—X. Franz Josef Bendel et alii: Urk.Buch d. Benediktinerabtei St. Stephan in Würzburg, Nr. 319. Darauf beruht die Angabe bei Lorenz Fries, Gesch. . . . der Bischöfe von Würzburg (Würzburg 1848), I, 404.

[29] MB 39 Nr. 194 und 226; RB VII—IX.

[30] Wilhelm Engel, Vatikanische Quellen z. Gesch. d. Bistums Würzburg im XIV und XV. Jhd. (Würzburg 1948), Nr. 528, 541.

[31] Karl Emil Bock, Gesch. d. Dorfes Margetshöchheim (Margetshöchheim 1935); Hochheim Sanctae Margarethae (Margetshöchheim 1965). Bundschuh (wie Anm. 8) III 419 nennt noch ein Marckertshöchheim.

[32] HONB Fürth (Wiessner), Nr. 33, 302, 304. Paul Schöffel, Der Archidiakonat Rangau am Ausgang des Mittelalters. JfL 5/1939, S. 164. Vgl. Bruno Neundorfer, Zur Entstehung von Wallfahrten und Wallfahrtspatrozinien im mittelalterlichen Bistum Bamberg BHVB 99/1963; ferner Hiller (wie Anm. 8) 150, 156. Nichts für unsere Fragestellung ergibt Dieter Frühwald, Veitsbronn, Jahresbericht der Oberrealschule Fürth i. B. 1958/59.

[33] HONB Gunzenhausen Nr. 60. Buchner (wie Anm. 5) II, 667. Dazu HONB Weißenburg Nr. 178.

[34] Über Veitswend (LK Dinkelsbühl) vgl. Ludwig Schnurrer, Die Urkunden d. Stadt Dinkelsbühl (Bayer. Archivinventare 15 München 1960), Nr. 80, 82, 83 u. a. Herm. Hoffmann, Lehenbuch (wie Anm. 13) Nr. 2911 und 3226. Die Veitsmühle b. Egershausen ist, wie nicht anders zu erwarten, nach einem Besitzer genannt. HONB Königshofen (J. Braun) Nr. 11 b. In Veitsweiler ist lt. frdl. Auskunft von Dr. Schuh, der den Hist. Atlas Dinkelsbühl bearbeitet, für den Beginn des 15. Jh.s eine Veitskapelle bezeugt. August Amrhein, Archivinventare d. kath. Pfarreien i. d. Diöz. Würzburg (Würzburg 1914) 340 gibt ein Archivinventar der Pfarrei Veitsweiler.

unterscheiden[35], das Volk aber diese Bezeichnungen nicht mitmachte?[36] Wenn man der immer noch gängigen Erklärung für die heutigen Ortsnamen, Sommer- und Winterhausen, die LORENZ FRIES für diese Namensformen gibt, folgt, nämlich, daß die Feiern der Patronatsfeste im Hochsommer und Winter vom Volksmund zum Ausdruck gebracht worden wären, wird man die Teilnahme des Volkes an den Heiligenfesten betonen müssen, auch wenn man die Teilnahme an Patronatsfesten noch nicht als Heiligenverehrung, als ein persönliches Verhältnis zum Schutzheiligen, betrachten möchte.

Die Differenzierung von Ortsnamen durch Heiligennamen gibt also wohl nur in Einzelfällen die Möglichkeit von Schlüssen auf eine breitere Verehrung des Heiligen im Kirchenvolk. Aber da, wo ein „profaner" Ortsname durch einen Heiligen-Ortsnamen ersetzt wurde, kann mit größerer Sicherheit auf eine volkstümliche Heiligenverehrung geschlossen werden. Dieser Tatbestand liegt z. B. im Ortsnamen St. Helena vor, der an die Stelle des Namens für den Bach getreten ist, an dem die Siedlung liegt: Neufahr oder Naifer u. ä. Doch die historischen Vorgänge, die diesen Namenswandel veranlaßten, bleiben im dunkeln. Ursprünglich in dem Pfarrsprengel von Bühl (b. Schnaittach) gelegen, besitzt die Kirche eine kunsthistorisch ins frühe 14. Jahrhundert datierte Holzfigur der Kaiserin Helena, ohne daß für diese Zeit Nachrichten über diese Kapelle zu finden wären. Als Herren der Gemeinde und Inhaber des Kirchenpatronats werden die Türriegel, dann die von Wildenstein genannt, von denen in weiblicher Erbfolge die von Lentersheim den Besitz innehatten, der 1564 an die von Furtenbach und von diesen an die Nürnberger Ratsfamilie Tucher übergeht. Die Widmung der Kapelle an die Kaiserin Helena ließe sich erklären, wenn einer der Patronatsherren als Wallfahrer ins Hl. Land nachzuweisen wäre. Nachforschungen in dieser Richtung blieben erfolglos. Trotz der Herauslösung aus der kath. Pfarrei Bühl und der Pastorierung der Gemeinde durch den evgl. Pfarrer von Großengsee und Hiltpoltstein blieb der Heiligenortsname erhalten, da sich Wallfahrten zu der Kapelle auch in nachreformatorischer Zeit, besonders beim Fest der Kreuzauffindung und des Todes der Kaiserin, erhalten haben. Nach dem Willen der Familie Tucher blieb die Figur der Kaiserin, mochten die Protestanten sie als *Abgott* betrachten, weiter auf dem Altar und bot Anreiz zu den für die Gemeinde gewinnbringenden Wallfahrten. Die Stiftung der Kapelle und ihre Bedeutung als Ziel von Wallfahrern hat also zur Änderung des Ortsnamens geführt.[37]

Der auf den ersten Blick auffallende Vorgang des Auftretens des Ortsnamens St. Johannis (b. Bayreuth) in nachreformatorischer Zeit findet auch in der Kirchengeschichte seine Erklärung. In dem großen Pfarrsprengel Bindlach bestand eine Kapelle St. Johannis in Altentrebgast. Diese Kapelle wird 1564 zur Pfarrei erhoben und so Mittelpunkt einer neuen Gemeinde, in der Altentrebgast nur einen kleinen Ortsteil bildete.[38] St. Johannis ist also nicht Nachfolgerin von Altentrebgast, ersetzt nicht diesen Ortsnamen, sondern dieser geht in der neuen Pfarrei im Bewußtsein des Kirchenvolkes unter. Es

---

[35] MB 38 Nr. 97; dazu RB IV, 463 und 655.

[36] FRIEDRICH GUTMANN, Sommerhausen in Wort und Bild (Sommerhausen 1970). HERMANN NITTINGER, Sommerhausen am Main: Bayerland 25/1919, S. 33 ff. WALTER BROD, in: Die Mainlande 13/1962, S. 591, MB 39, Nr. 160.

[37] v. GUTTENBERG-WENDEHORST (wie Anm. 5) 307. TILMANN BREUER, Forchheim (Bayerische Kunstdenkmale, München) 192. Stadtarch. Nürnberg, Tucher Archiv B 127. Stadtbibl. Nürnberg, Nor. H. 124. Einige Regesten bei WERNSDÖRFER, Die Burgruinen Wildenfels und Stralenfels und die Kapelle St. Helena: Die Hohe Warte 12/1932. GUSTAV VOIT, Die Wildensteiner: Altnürnberger Landschaft 13/1964. Herr J. Bischoff, Erlangen, bereitet eine Monographie über St. Helena vor.

[38] v. GUTTENBERG-WENDEHORST (wie Anm. 5) 187. GOTTFRIED BAUMGÄRTNER, Gesch. d. Pfarrei und Kirchengemeinde St. Johannis (Bayreuth 1929).

muß dahin gestellt bleiben, ob dadurch die biblische Gestalt des Täufers stärker in das Bewußtsein der Gemeinde getreten ist. Die übrigen ins Mittelalter zurückreichenden Johannis-Ortsnamen können den Täufer oder den Evangelisten meinen. Das *Leprosorium Johannis baptistae*, dem der Nürnberger Vorort seinen Namen verdankt, war ursprünglich ein in Verbindung mit dem Deutschen Orden stehender Brüderkonvent, der bis 1234 zurückverfolgt werden kann.[39] Den Namen des Evangelisten hielten die Ortsnamen Johannisberg b. Fulda und b. Hersfeld fest, die auf ein höheres Alter zurückgehen. Der Verehrung des Evangelisten galt auch die *cella s. Johannis sub castro Wildperg* bei Sulzfeld, Niederlassung von Benediktinerinnen, die im 16. Jahrhundert erlosch, aber im Ortsnamen Johanneshof noch weiterlebt.[40]

Die Bildung von Heiligen-Ortsnamen erfolgt in Franken meist im Zusammenhang mit einer dem betreffenden Heiligen gewidmeten kirchlichen Einrichtung. Das Ansehen, das der Eremit Sola bei der Bevölkerung gewonnen hatte, reichte zunächst nicht aus, die Stätte seines Wirkens und den dortigen Königshof nach ihm zu benennen. Vielmehr erscheint diese Siedlung zunächst als *Husen*, in das erst in zeitlicher Nähe zur Erhebung seiner Gebeine und der Errichtung des *altare s. Solae* in den Ortsnamen der Name des Heiligen eingefügt wird: *Solenhus, Solenhouen* (836).[41]

Zu den Folgeerscheinungen der mittelalterlichen Kirchenreformbestrebungen gehört die Verehrung des hl. Gangolf. Gangolfsberge, die ZIMMERMANN nicht als *ehemalige Burgkappellen, sondern echte Höhenheiligtümer auf Grund des Wallfahrts- und Herbergsmotivs* ansehen möchte, haben auch toponymische Bedeutung erhalten.[42]

In dieselbe Zeit führt auch der *Gotthardsberg* bei Amorbach zurück, dessen Name an die Stelle von Frankenberg trat.[43] Spuren der Verehrung des hl. Ägidius haben sich auch in Ortsnamen mit seiner offiziellen wie populären Namensform erhalten: St. Egid bei Heidingsfeld, Egidienberg bei Raitenbuch, St. Gilgen bei Burgebrach, St. Gilgen bei Burgsalach, St. Gilgenberg bei Donndorf/Ofr.[44]

Bei dem Patrozinium des hl. Jodocus sind Fragen offen.[45] Der plötzliche Aufschwung der Jodocus-Verehrung hat schon 1319 die Aufmerksamkeit des Bamberger Schulmeisters Hugo von Trimberg in seinem *Renner* erregt. Meint er doch:

---

[39] INGRID BUSSE, Der Siechkobel St. Johannis vor Nürnberg (Nürnberg 1974).

[40] HONB Königshofen, Nr. 20. PAUL SCHÖFFEL in WDGBl. 5, 79.

[41] HONB Weißenburg Nr. 188. ANDREAS BAUCH, Biographien der Gründerzeit (d. Diöz. Eichstätt, Eichstätt 1962), 192 ff., 232 ff. Vgl. auch FRITZ SCHNELBÖGL, Klosternamen: Fränk. Heimat 12/1953, S. 53. BUCHNER (wie Anm. 5) II, 340 ff. K. PUCHNER (wie Anm. 17) 38 f. VLADIMIR MILOJČIČ, Ergebnisse der Grabungen in der Fuldaer Propstei Solnhofen a. d. Altmühl (Bericht d. Röm.-Germ. Kommission 46/7, 1968).

[42] ZIMMERMANN, II, 73. FRIDOLIN MAYER, Der hl. Gangolf, s. Verehrung in Geschichte und Brauchtum. Freiburger Diözesanarch. NF 40/1940. ADELHARD KASPAR, Die Ebracher Propstei St. Gangolfsberg: Die Mainlande 14/1963, S. 6 ff.: Heinrich v. Zabelstein schenkt 1274 an Ebrach *ecclesiam et montem s. Gangolfi*. War es nicht doch vielleicht eine Burgkapelle?

[43] ZIMMERMANN II, 78. Über das nach Durchführung der Hirsauer Reform errichtete Nonnenkloster auf dem Gotthardsberg vgl. auch RAINER KENGEL, Die Benediktinerabtei Amorbach, in: Amorbach (Neujahrsbl. d. Gesellschaft f. fränk. Gesch. 25, Würzburg 1953), S. 90. NB: St. Amor ist Umdeutung eines Flußnamens (Ammer u. ä.)!

[44] ZIMMERMANN, II, 32. BUCHNER (wie Anm. 5) II, 447. HONB Weißenburg Nr. 173. JOH. WILLEN, Das Teutsche Paradeis, AO 16, 1 S. 23.

[45] JOST TRIER, Der hl. Jodocus (Hildesheim 1977); HILLER (wie Anm. 8) 125; ZIMMERMANN, II, 75.

> *Mich dunket, wurden also gewert*
> *Alle sant Jobstes bilgerîm,*
> *Si möhten lieber dâ heime sîn,*
> *Denne daz si riten oder giengen*
> *Zue ime und niht dâ mite verviengen.*

Offen ist, ob die im Bambergischen (aber auch im Würzburgischen) auftretende Form Jobst eine Kontamination mit Jacobus oder Hiob darstellt. Beweisbar ist keine der beiden Annahmen. Einen Hinweis könnte geben, daß der von Jacob Cramer 1343 in der Nürnberger Sebalduskirche gestiftete Altar der Verehrung St. Jakobs und St. Josts dienen sollte.[46] Die Ausbreitung des Kultes von dem von Jodocus gegründeten Kloster in der Nähe des Hafens von Quentovic, St. Josse sur mer, zu dem Wallfahrten seit 1286 nachgewiesen sind, kann man sich mit einiger Phantasie so vorstellen, daß Kaufleute nach stürmischer Überfahrt über den Ärmelkanal dankbar des Schutzheiligen gedachten. Dem widerspricht aber die Überzeugung von WERNER SCHULTHEISS, daß eine Überfahrt Nürnberger Kaufleute nach England für den Anfang des 14. Jahrhunderts unwahrscheinlich sei.[47] Rusams Überlegung, ein Kaufmann könnte Reliquien aus Flandern mitgebracht haben, würde keine andere Motivation nahelegen. Die Beobachtung, daß in Franken das Jodocuspatrozinium im Zusammenhang mit Leprosorien steht, veranlaßt mich, den Beziehungen zum Handel nicht den ersten Stellenwert einzuräumen.

Schon 1289 entstand die *Curia s. Judoci,* Lehen des Würzburger Schottenklosters St. Jakob in dem ursprünglich als *Wolfesdal* bezeichneten Gelände im Gramschatzer Wald bei Würzburg, die im 15. Jahrhundert Ziel von Wallfahrten wurde. Sie wurde 1515 als *sant Josthoff bei Sant Josts Kirchen gelegen* genannt.[48] In der ersten Hälfte des 14. Jahrhunderts entstand[49] der *Siechkobel* St. Jobst bei Nürnberg, Zentrum eines nach dem Heiligen benannten Ortes, das seine Funktion als Leprosorium zugunsten einer Invalidenpflegeanstalt verlor.[50] Wallfahrtsstätte war — vielleicht schon 1430 — das Hospiz St. Jobst b. Allersdorf, wo 1506 eine Kirche und ein Franziskanerkloster errichtet wurden, die nach Einführung der Reformation ihre Funktion und Existenz verloren.[51] Der Name der Siedlung Jobstgreuth bei Markt Erlbach mit der Kapelle St. Jobst und Barbara dürfte vor allem dem Wunsch der Namensdifferenzierung zu anderen Greuth-Orten (Wilhelmsgreuth, Vestenbergsgreuth) entsprungen sein.[52]

Auf Umwegen ist St. Laurentius in den Ortsnamen Brendlorenzen eingedrungen. Neben der Martinskirche der Urpfarrei Brend bestand schon früh eine Laurentiuskirche, die zum Mittelpunkt eines Ortsteils wurde. Seit dem 17. Jahrhundert treten Bezeichnungen wie *Brend und Lorenzen* oder *zu Brende und bei St. Lorenzen* auf. Zwar ist zweifelhaft, ob Laurentius den hl. Martin als Kirchenpatron verdrängt hat oder nicht vielmehr Johannes, aber bei der Einverleibung in Neustadt/Saale wurde der mißver-

---

[46] SIEGFRIED REICKE, Die Stadtgemeinde und die Stadtpfarrkirche i. d. Reichsstadt Nürnberg: MVGN 26/1926, S. 65 f.

[47] WERNER SCHULTHEISS, Wirtschaftl. Beziehungen zwischen der Reichsstadt Nürnberg und England: Norica, Beiträge zur Nürnberger Geschichte (Nürnberg 1961).

[48] SEBASTIAN ZEISSNER, Jobsttal: Bayerland 25/1914 und AU 59/1914; vgl. ERICH STAHLEDER, Das Archiv des Juliusspitals zu Würzburg II, Bayer. Archivinventare 22 (München 1963) Nr. 158; vgl. auch HILLER (wie Anm. 8) 125.

[49] Zur Datierung vgl. NUB Nr. 1077.

[50] GEORG RUSAM, St. Jobst in Geschichte und Gegenwart (Nürnberg 1969).

[51] JOHANNES EHMANN, Die Wallfahrtsstätte St. Jobst, AO 56/1976; HILLER (wie Anm. 8) 125; C. AIGN, St. Jobst bei Bayreuth, AO 23.3 (1908), 170 ff.

[52] SCHÖFFEL (wie Anm. 32) 158.

ständliche Doppelname Brendlorenzen festgeschrieben[53], der toponymisch wohl als Doppelname, etwa wie Zella-Mehlis[54], zu beurteilen ist.

Die Bemühungen, Kaiser Karls IV. um den Ausbau des „Neuböhmischen Reichs" in Franken brachten auch die Verehrung des hl. Wenzel hierher. In Lauf führte die Errichtung einer Schloßkapelle des hl. Wenzel neuerdings zur Benennung des Schloßkomplexes als „Wenzelschloß". Wenn auch nichts von einer Meßstiftung für diese Kapelle verlautet, hat sich doch eine Feier des Kirchweihtages am Wenzeltag und die „Hämmernkirchweih" eingebürgert, deren Volkstümlichkeit nur mit der Existenz der Wenzels-Kapelle erklärt werden kann.[55]

Es gibt auch Heiligen-Ortsnamen, die nicht auf einen Heiligenkult in der betreffenden Gemeinde zurückgehen, sondern auf Umdeutungen oder Mißdeutungen von „profanen" Ortsnamen beruhen. So ist z. B. der Klemmenhof b. Burgebrach im Steigerwald als „Clemenshof" umgedeutet worden[56], wobei allerdings offenbleibt, ob man an einen hl. Clemens gedacht hat.

Marxgrün hat als ältere Namensform *Markartsgrün;* es ist ungewiß, ob die neue Namensform an den Evangelisten Markus erinnern soll, dessen Verehrung keine dortige Kapellenstiftung festhält. Die Bedeutung des Namens beruht vor allem auf der Ortsnamensdifferenzierung gegenüber den vielen -grün-Orten (z. B. Dreigrün, Froschgrün, Geroldsgrün, Hadermannsgrün, Tiefengrün usw.).[57]

Deutungsschwierigkeiten sind Ortsnamen mit dem Bestimmungsort Michel ausgesetzt. Dieser Namensbestandteil kann nämlich nicht bloß den Hinweis auf den „himmlischen Heerführer", den Erzengel Michael, sondern das schlicht profane Wort *michel* für groß enthalten wie z. B. sicher bei Michelbach (LK Fürth) oder auch bei Michelfeld (LK Kitzingen) oder Michelrieth.[58] Dazu tritt die Möglichkeit, daß der Ortsname auf den Wunsch des Erbauers zurückgeht (Michelreuth b. Harsdorf/Ofr.).[59] Auch das Auftreten oder Fehlen eines Genitivs am Ende des Bestimmungsworts gibt keine Sicher-

---

[53] ZIMMERMANN I, 46, 47. W. DEINHARDT, Kirchenpatrozinien (wie Anm. 9) 12 f. ALFRED WENDEHORST, Das Archidiakonat Münnerstadt am Ende des Mittelalters, WDGBl. 23/1961, 14 ff. HEINRICH WAGNER, Neustadt a. d. Saale (Hist. Atlas v. Bayern: Franken I, 27, München 1982). LUDWIG BENKERT, Bad Neustadt a. d. Saale (Frankfurt 1975). Für den Ortsnamen Lorenzenzimmern bei Schwäb. Hall ist vermutlich die Ortsnamendifferenzierung (zu Frauenzimmern und Neckarzimmern) verantwortlich. Es hat eine Laurentiuskirche. Vgl. FRANZ JOSEF BENDEL, Die Würzburger Diözesanmatrikel aus der Mitte des 15. Jh.s., WDGBl. 2, 2/1934, Nr. 436 und 571; HOFFMANN (wie Anm. 11) S. 105 (auch 100).

[54] Die Erinnerung an die einstige Zelle hat bei Cella s. Blasii die Erinnerung an den Kirchenheiligen überrundet. Vgl. BENDEL (wie Anm. 53) Nr. 761. SCHMIDT-EWALD, in Deutsches Städtebuch, Thüringen II, S. 392. J. A. v. SCHULTES, Hist.-Statistische Beschreibung der gefürsteten Grafschaft Henneberg, Urk. 191. Auch bei Jagstzell, einer cella s. Viti, ging die Erinnerung an den Schutzheiligen verloren. Vgl. GUSTAV HOFFMANN (wie Anm. 11) 97; WENDEHORST (wie Anm. 75) 168 und LORENZ FRIES (wie Anm. 28), 252.

[55] GERD ZIMMERMANN, Die Verehrung der böhmischen Heiligen im mittelalterlichen Bistum Bamberg. BHVB 100/1964. SCHNELBÖGL (wie Anm. 21) 21, 161. WILH. KRAFT und WILH. SCHWEMMER, Kaiser Karls IV. Burg und Waffensaal zu Lauf (Nürnberg 1960).

[56] PETER SCHNEIDER, Der Steigerwald i. d. Gesamtschau (Würzburg 1958), S. 166. Über die in Betracht kommenden hl. Clemens vgl. Lexikon des Mittelalters II (München u. Zürich 1983), Sp. 2138 ff.

[57] Über Markus vgl. ZIMMERMANN, II 87. Über die -grün-Ortsnamen vgl. ERNST SCHWARZ, Sprache und Siedlung in Nordostbayern (Nürnberg 1960), S. 135.

[58] HONB Fürth Nr. 188; HERMANN HOFFMANN (wie Anm. 13), z. B. Nr. 2670.

[59] HONB Kulmbach (wie Nr. 26) Nr. 457; so auch Michelsmühle: HONB Gunzenhausen Nr. 174.

heit: In Michelau b. Gerolzhofen besteht tatsächlich eine Kapelle des hl. Michael, und das Micheldorf bei Berneck tritt auch in der Form Michelsdorf auf.[60] Selbst im Fuldaer Land, dem *Sammelgebiet alter Michaelskirchen*[61], kann nicht ausgeschlossen werden, daß der Ortsname mit dem Bestimmungswort Michael jung ist und zur Namensdifferenzierung eingeführt wurde[62], z. B. bei Michelsrombach im Vergleich zu Oberrombach, Johannesrombach, wenn auch für Michelsrombach die *ecclesia s. Michaelis* bereits 1177 bezeugt ist.[63] Selbst Bergnamen mit dem Bestimmungswort Michel (Michelsberg/Bamberg, Michelsberg bei Hersbruck und Kirchrüsselbach) könnten Mißgriffe bei der Deutung veranlaßt haben.[64]

Wenn auch in der Regel ein Heiligenortsname auf das Bestehen einer Kultstätte zurückzuführen ist, sollte vielleicht der Fall in Erwägung gezogen werden, daß der Gleichklang eines „profanen" Namens mit einem Heiligennamen und seine Mißdeutung zur Errichtung eines Gotteshauses geführt haben konnte. In dem Bewußtsein, mich auf dem gefährlichen Feld der Vermutung zu bewegen, glaube ich den Magnusberg bei Kasendorf in den Kreis der Betrachtungen einbeziehen zu müssen. 1406 und 1421 wird er als *sant Magnusberg* bezeichnet, 1511/12 wird von dem dortigen Opferstock und dem Fest des Heiligen berichtet, zu dem Wallfahrten gemacht worden wären. Der Plassenburger Archivar ERNST SPIEß berichtete von Ausgrabungen bei der ehemaligen Kapelle, bei denen *merowingische Kreuzlein* gefunden worden wären, und der Historische Verein von Oberfranken ließ es sich nicht nehmen, wenige Jahre nach seiner Gründung den Magnusberg zu besuchen.[65] Magnus, ein Gefährte Kolumbans, sorgte für die Bestattung des hl. Gallus und begann den Bau der Kirche in Kempten, die nach ihm benannt wurde.[66] Gründe für die Ausbreitung seines Kultes nach Franken sind nicht auffindbar, doch erscheint er bei Altarweihen mit seinen Reliquien und als Kompatron von Altären; auch ist er in die Gruppe der vierzehn Nothelfer aufgenommen worden. Meinen Gedanken möchte ich nur in Frageform vortragen: Kulmbachs ehemaliger Vorort Mangersreuth mit den Namensformen: *Mangozreuth* oder *Meingozreuth*, wohin 1415 Wallfahrten unternommen wurden[67], hat denselben Namensbestandteil wie der Magnusberg, der 1634 *Mangoltsberg* und noch im 19. Jahrhundert als *Mangoldsthurm* erscheint. Sollte der Ortsname — in beiden Fällen — auf einen Grundeigentümer zurückgehen, der wegen des Gleichklangs der Namen umgedeutet wurde und nach der Umdeutung die Entstehung des Heiligenkults ermöglichte?

So, wie ich mir die historischen Vorgänge um den Magnusberg vorstelle, hat sie KARL PUCHNER für Ottmaringen und Ottmarsfeld zu rekonstruieren versucht, daß nämlich *in beiden Fällen der Ortsname der ursprüngliche ist, daß also Ottmaring und Ottmarsfeld nach einem Grundherrn benannt sind*. Später, zu einer Zeit, als der Kult des hl. Othmar

---

[60] ZIEGELHÖFER (wie Anm. 22) 63; KARLINGER, Bez. Amt Gerolzhofen (wie Anm. 76) 161.
[61] DEINHARDT, Kirchenpatrozinien (wie Anm. 9) S. 79.
[62] DEINHARDT, Kirchenpatrozinien (wie Anm. 9) S. 90.
[63] REIMER (wie Anm. 25) S. 400.
[64] Vgl. auch ANTON GÄCK, Das abgegangene Michaelskirchlein auf dem Michelsberg b. Kipfenberg, Hist. Bl. f. d. Stadt- und Landkreis Eichstätt, 14/1965.
[65] HONB Kulmbach Nr. 437. v. GUTTENBERG-WENDEHORST (wie Anm. 5) 177. Bericht des Vereins: AO 4/1850, S. 123 f.; AO 5, 2 (1852), 177 ff.
[66] MAURICE COENS, La vie de St. Magne de Füssen par Otloh de St.-Emmeram. Analecta Bollandiana 81/1963; vgl. ZIMMERMANN, I, 66. Die Verwechslung von Magnus und Andreas hat insofern eine Parallele, als der Volksmund in Kasendorf von einer Agneskapelle statt einer Magnuskapelle spricht!
[67] Nach AO 1/1832, 22 (DORFMÜLLER, Ältere kirch. Gesch. von Culmbach) handelte es sich um eine Marienwallfahrt.

sich verbreitete, wurde dann von dem späteren Gründer einer Eigenkirche dieser Heilige wegen des Namensanklanges an den Ortsnamen als Kirchenheiliger gewählt. Wie Magnus gehört auch Othmar dem St. Galler Kultkreis an.[68]

Auch der volkstümliche Name der Ehrenburg, Walberla, führt zu Fragen: Während die sprachgeschichtlichen Deutungsmöglichkeiten für die Ehrenburg von SCHREIBMÜLLER ausgelotet wurden[69], haftet an dem „Walberla" ein Netz von Vermutungen: Die Verehrung der hl. Walburga sei durch kluge Missionspriester an die Stelle eines vorchristlichen Heiligtums eingeführt worden. Dem widerspricht die Aussage GEORG RASCHKES, archäologische Spuren eines heidnischen Heiligtums seien nicht nachgewiesen. Für die Ausbreitung der Verehrung der „Bergheiligen" Walburga kommt außerdem zeitigstens das 11. Jahrhundert in Betracht, worauf Arnstadt in Thüringen und die Altenburg b. Bamberg als frühe Belege deuten. Eine Erwähnung des Walberla 1350 nach HEINRICH MAYER ließ sich nicht verifizieren.[70] Das Fehlen einer Kapelle auf Dürers Kupferstich *„Die große Kanone"* 1518 dürfte ein Indiz für das Nichtbestehen der Kapelle zu diesem Zeitpunkt sein. Man wird daher die Vorstellung von einer *dynamischen Kultverdrängung* aufgeben müssen[71] und sich an die Baubestand der Kapelle halten, die dem 17./18. Jahrhundert zugewiesen wird.[72] Die angebliche Ersterwähnung der Kapelle 1734 wird man als zu spät erneut überprüfen müssen.[73] Der Bau der Kapelle und die Organisierung von Wallfahrten zu ihr könnten aber durchaus gegenreformatorischen Maßnahmen der Aktivierung des katholischen Kirchenvolks zugeschrieben werden, nachdem im südlichen Halbkreis um das Walberla unter reichsritterschaftlicher Einwirkung evgl. Gemeinden (in Kunreuth, Weingarts, Thuisbrunn, Egloffstein) entstanden waren. Ich muß dahin gestellt sein lassen, ob die Volksbezeichnung „Walberla" erst nach dem Bau der Kapelle aufgekommen ist oder schon früher an die prähistorischen Reste der Wallburg auf dem Höhenrücken anknüpfte und umgedeutet zum Bau einer Wallburgkapelle die Anregung gab.[74]

Eine besondere Beachtung verdient der Niederschlag der Marienverehrung in Ortsnamen Frankens. So konstant Maria im Blickpunkt der Gläubigen stets gestanden hat, so ist für das frühe Mittelalter eine auffallende Zurückhaltung in der Nennung der Mutter des Herrn in Ortsnamen festzustellen. Im 13. Jahrhundert verdankt eine Reihe von Marien-Orten ihr Entstehen dem Zusammenwirken des Würzburger Bischofs Hermann von Lobdeburg mit dem Zisterzienserorden. Zunächst sind das Frauenkonvente: 1231 Frauenroth, 1232 Maidbronn, 1238 Mariental (*vallis s. Mariae*, im 16. Jahrhundert

---

[68] KARL PUCHNER (wie Anm. 17) S. 62. HONB Weißenburg Nr. 146. BUCHNER (wie Anm. 5) I, 290 und II 626.

[69] HERMANN SCHREIBMÜLLER, „Ehrenbürg" ein Bergnamenrätsel: Fränk. Blätter 1/1949; dazu HUGO STEGER in JfL 18/1958, 287 ff.; ALFRED FRANK, Das Sagengut der Ehrenburg, AO 46/1966. H. RÄBEL, Das Maifest auf der Ehrenburg: Bayerland 41/1930, 287 f.; ERNST DEUERLEIN in Erl. Heimatbl. 10/18 und 7/1924; PUCHNER (wie Anm. 17) S. 36.

[70] HEINRICH MAYER, Die Kunst des Bamberger Umlandes (Bamberg 1952), S. 290. Handelt es sich um eine Verwechslung mit RB IX, 20?

[71] HERMANN HOLZBAUER, Mittelalterliche Heiligenverehrung — Heilige Walpurgis (Kevelaer 1972), S. 144 f.; dazu 85, 91 f.

[72] TILMANN BREUER (wie Anm. 37) S. 216.

[73] HILLER (wie Anm. 8) S. 211.

[74] PUCHNER (wie Anm. 17) S. 63 urteilt über solche Vorgänge sogar: *Eine solche Wahl der Kirchenheiligen nach dem Namen des Ortes ist ja f. d. Spätmittelalter und den Beginn der Neuzeit typisch.* Zu meinen Ausführungen vgl. das Walberla-Heft der „Erlanger Bausteine zur fränkischen Heimatforschung", 1958. DOBENECKER (wie Anm. 19) I, 1069, Realschematismus d. Erzbistums Bamberg I (Bamberg 1960), S. 462.

erloschen; in Frauenzimmern: Zimmern dominarum).[75] Die Reihe der Marienortsnamen geht im 14. Jahrhundert weiter: 1313 Maria Dimbach (LK Gerolzhofen, seit 1334 Propstei des Klosters Münsterschwarzach)[76], 1336 Maria im grünen Tal zu Retzbach[77], 1388 das langheimische Marienroth b. Teuschnitz[78]. Die große Masse der Marienorte — und nun nicht mehr vor allem Klosterniederlassungen, sondern Orte, die sich als Mariengnadenstätten verstanden, und deshalb die Kennzeichnung mit Maria erstrebten —, wie in unserer Zeit die Kurorte die Bezeichnung als „Bad" wünschen —, entsteht im 15. Jahrhundert: vor 1423 Mariabrunn[79], ca. 1430/34 Maria Buchen (im 18. Jahrhundert im Stil des Rokoko erneuert) und Maria Weiher[80], 1444 Maria Sondheim[81], vor 1461 Maria Limbach (dessen Neubau im 18. Jahrhundert durch Testament des Würzburger Bischofs Friedrich Karl v. Schönborn möglich war)[82], 1470/71 Marienstein (b. Kloster Rebdorf)[83], ca. 1480 Mariä Kappel (b. Crailsheim)[84], 1488 Mariaburg in Abenberg[85]. Das ehemalige Kloster Marburghausen erscheint, seit Bischof Julius Echter das aufgelassene Kloster als Ausstattungsgut der Universität Würzburg behandelte, als Mariaburghausen[86], im 18. Jahrhundert blüht die zu Fulda gehörige Niederlassung Maria Ehrenburg[87].

Die Intensivierung der Marienverehrung im späten Mittelalter gab der Heiligenverehrung eine neue Dimension, die besonders deutlich im Kult der Nothelfer — oft in Verbindung mit Maria, nicht so unmittelbar in dem christozentrischen Vierzehnheiligen — auftrat und in Franken einen Mittelpunkt fand, der auch toponymisch als „Vierzehnheiligen" an Stelle des Ortsnamens *Vankenthal* bzw. umgedeutet *Frankental* trat.[88]

---

[75] ALFRED WENDEHORST, Das Bistum Würzburg I (Germania Sacra NF 1, 1, Berlin 1962) S. 223 f. STEPHAN BEISSEL, Gesch. d. Verehrung Marias in Deutschland während des Mittelalters, im 16. u. 17. Jhd., Freiburg i. B., 1909/10.

[76] HANS KARLINGER, Bezirksamt Gerolzhofen (Kunstdenkmäler des Kgr. Bayern, München 1913) S. 60 ff.; vgl. auch LORENZ FRIES (wie Anm. 28) S. 433.

[77] ZIMMERMANN, II, 90. WILHELM ENGEL, Regesta Herbipolensia (Urkundenreg. z. Gesch. d. kirchl. Verwaltung des Bistums Würzburg, QFGBHW 9, Würzburg 1954) Nr. 101, MB 40 Nr. 37.

[78] Marienroth ist umbenannt für Symonroth.

[79] HONB Gunzenhausen Nr. 168.

[80] FRANZ CONRAD, Gesch. d. Wallfahrt und d. Klosters Mariabuchen (Würzburg 1905); WILHELM MAGES, Ein 780 Jahre altes Marienheiligtum, in: Aus d. Fränk. Heimat, Beilage z. Bayer. Rundschau, Kulmbach 1969, Nr. 12. 1620 hatte sich der Bamberger Weihbischof Friedrich Förner mit einer Schrift über Maria Weiher „Beneficia miraculosa... Virginis Deiparae Weyerensis" (Köln 1620) für die Marienverehrung eingesetzt. Vgl. LOTHAR BAUER, Die Bamberger Weihbischöfe Johann Schöner und Friedrich Förner, BHVB 101/1965, S. 497 und 507.

[81] ZIMMERMANN, II, 91.

[82] F. J. BENDEL, Die Wallfahrtskirche zu Limbach, WDGBl. 1 (1933); HANS REUTHER, Balthasar Neumanns Wallfahrtskirche Maria Limbach, Mainfrk. Jb. f. Gesch. u. Kunst 5/1953, S. 208 ff.

[83] FR. X. BUCHNER (wie Anm. 5) I, S. 270 ff.

[84] ISIDOR FISCHER, Mittelalterliche Wallfahrtsorte in der Umgebung Crailsheims, Württemb. Franken 28/29, 1954. GUSTAV HOFFMANN (wie Anm. 11) 95.

[85] FR. X. BUCHNER (wie Anm. 5) I, 6.

[86] [F. A.] JÄGER, Urkundl. Nachrichten von dem Cistercienser-Nonnenkloster Marienburghausen, AU 3/1836; ERNST SCHUBERT, Materielle und organisatorische Grundlagen der Würzburger Universitätsentwicklung (Neustadt/Aisch 1973) S. 189 ff. M. WIELAND, Kloster Kreuzthal in Marburghausen, Cistercienser-Chronik 12/1906, S. 161 ff.

[87] G. S. URFF, in: Bayerland 27/1915/16.

[88] SIGMUND FRHR. V. PÖLNITZ, Vierzehnheiligen. Eine Wallfahrt in Franken (Weißenhorn 1971); J. J. MORPER, Die Wallfahrtskirche Vierzehnheiligen (H. Schnell, Kunstführer Nr. 529, 1950); FERDINAND GELDNER, Nothelferverehrung vor, neben und gegen Vierzehnheiligen, BHVB 89/1949.

Für die Wahl der *auxiliatores,* deren Zahl ebenso wechselte wie gelegentlich die Benennung einzelner Zugehöriger der Gruppe, wird man m. E. wohl kaum ein theologisches Programm ermitteln können als vielmehr davon ausgehen müssen, daß die Anziehungskraft einer Kollektivwallfahrt steigt, wenn ihre einzelnen Teilnehmer damit rechnen können, für ihre besondere Notlage einen Heiligen besuchen zu können, dessen Fürbitte erfahrungsgemäß Aussichten auf Gebetserhörungen eröffnet. So schuf auch in „geistlicher Selbstbehauptung", um den Eintrag auszugleichen, den das langheimische Vierzehnheiligen der von ihm betreuten Wallfahrt gebracht hatte, im 17. Jahrhundert Pfarrer Winkelmann für den Staffelberg eine eigene Reihe von 16 Nothelfern, unter denen eine in Franken selten genannte, aber in Verbindung zum Erzengel Michael gestellte Heilige, die in Maubeuge und im niederrheinischen Emmerich beheimatete Adelgundis *(Aldegundis),* schon 1419 auffällt.[89]

Dem starken Zuwachs von Heiligen-Ortsnamen steht nur vereinzelt ein Schwund gegenüber. So erinnert heute kein Ortsname in Franken mehr an die Verehrung, die einmal die hl. Kaiserin Kunigunde genossen hatte, deren Gebeine 1201 erhoben wurden. Mit dem Verfall der Kapelle im LK Uffenheim ist dort die Erinnerung an sie geschwunden[90], und der Ortsname *Kunigundenriute,* den lt. Urkunde von 1231 der Bamberger Dompropst Boppo der Siedlung gegeben hat, ist bereits im 14. Jahrhundert (1372) im Volksmund zu *Conradsreut* (Konnersreuth) umgedeutet worden.[91] Auffallend bleibt, daß die Erinnerung in Lauf an die Kaiserin Kunigunde wachgehalten blieb. Die dort erst 1503 genannte Kunigundenkapelle, die noch 1515 einen Ablaß erhielt, aber ohne Vikarie war, wurde, wie es scheint, als Nebenkirche mindestens seit dem 17. Jahrhundert genutzt und dadurch Mittelpunkt des „Kunigundenfests".[92]

So sicher, wie es GÖTZ behauptet, wird man kaum urteilen können: Heinersreuth *verdankt seine Entstehung dem Grafen von Andechs-Plassenburg, welcher damit das Andenken an Kaiser Heinrich ehrte.* Jedenfalls wird mit Recht das Heinersdorf LK Fürth bzw. Heinersdorf LK Ebern mit dem schlichten Personennamen erklärt.[93]

Fast, wie wenn es nicht zum Thema gehörte, muß ein später Ausläufer der Verehrung des hl. Georg behandelt werden, die sich vorher in Franken nur sporadisch in Ortsnamen niedergeschlagen hatte.[94] Der kirchlichen Verehrung des Heiligen wurde seine gewaltige Volkstümlichkeit zum Verhängnis, das ihn schließlich nur noch als „heiligen Ritter schlechthin", schließlich als „christlichen Ritter" erscheinen ließ. Diese Entkirchlichung setzte schon im Mittelalter mit der Bildung von Georgsritterorden und -bruderschaften ein, die auch in Franken auftraten. Sie hat ihren geistesgeschichtlichen Hintergrund in der Darstellung des Jacobus de Voragine, bei dem der Kampf des Ritters ge-

---

[89] OTTO DITTRICH, Die St. Adelgundiskapelle auf dem Staffelberg (H. Schnell, Kunstführer 84, 1970); KARL LUDWIG LIPPERT, Landkr. Staffelstein (München 1968), S. 218 f.
[90] HONB Uffenheim Nr. 82/88.
[91] Vgl. RENATE KLAUSER, Der Heinrichs- und Kunigundenkult im mittelalterlichen Bistum Bamberg, BHVB 95/1956, S. 131; ZIEGELHÖFER (wie Anm. 227), S. 26; RB II, S. 205.
[92] SCHNELBÖGL (wie Anm. 21) S. 21, 148; v. GUTTENBERG-WENDEHORST (wie Anm. 5) S. 314; KLAUSER (wie Anm. 91) betont das Vorherrschen der Verehrung der hl. Kunigunde gegenüber der für ihren Gemahl.
[93] WILHELM GÖTZ, Historisch-geographisches Handbuch von Bayern (München 1898) II, S. 105; HONB Fürth Nr. 124, auch HONB Ebern-Hofheim (SCHMIEDEL) Nr. E 60; über Heinrichs b. Suhl vgl. DOBENECKER (wie Anm. 19) I, Nr. 1069. Über Heinrichsdorf vgl. EDM. FRHR. OEFELE, Gsch. d. Grafen v. Andechs (Innsbruck 1877), S. 76 und FERDINAND GELDNER, Das älteste Urbar des Cistercienserklosters Langheim (Würzburg 1952), S. 124.
[94] S. o. S. 240.

gen den die Gestalt des Drachens annehmenden Teufel im Mittelpunkt steht.[95] In Franken spielt für die Georgsverehrung der Hohenzollernhof eine gewisse Rolle, an dem der von Albrecht Achilles ins Leben gerufene Schwanenritterorden St. Georg als Patron verehrte und in der Schwanenritterkapelle in Ansbach Georg als Compatron nannte. Spuren dieser Verehrung dürften aber erloschen sein, zumal seit 1603 eine andere Linie des Hohenzollernhauses die Herrschaft in Franken antrat. Deshalb werden neue Anregungen aus England wahrscheinlich.[96] Bei der Kavalierstour des Hohenzollernprinzen Georg Friedrich von Ansbach spielte der Empfang am Kgl. Hof in London eine Rolle[97], und schon 1695 benannte der Prinz ein von ihm errichtetes Jagdschloß noch in den herkömmlichen Formen Georgenthal. Auch Prinz Georg Wilhelm von Bayreuth, den die Kavalierstour ebenfalls nach England geführt hatte, legte nach seiner Vermählung mit Sophie von Sachsen-Weißenfels 1701 den Grundstein zu dem Sommerschloß mit dem Namen St. Georgen am See. Sein Namenstag (23. April) wird auch Tag der Kirchweih, Termin des Jahrmarkts zusammen mit dem Markt für Pferde und Vieh; in der entstehenden Stadt zeigt das Wappen der jungen Stadt den brandenburgischen roten Adler, auf dessen Brustschild der Drachenkampf des Riters Georg dargestellt ist.[98] Wenn nicht alle Anzeichen trügen, hat Georg Wilhelm bei seinem Englandaufenthalt die Anregungen durch Schloß Windsor erhalten.

Dort geht der St. Georgs- und Hosenbandorden auf König Eduard III. zurück, der im Hochgefühl des Sieges bei Crécy und der Eroberung von Calais, beeinflußt von dem Legendenkranz um König Artus, in der von ihm zur Residenz umgebauten Burg die Blüte der christlichen Ritterschaft Englands um sich zu einer Tafelrunde versammelte.[99] Auch in St. Georgen findet sich wie dort das Ordenskapitel zum Gottesdienst in einer dazugehörigen Kirche zusammen, zur Tafelrunde versammeln sich die Ordensritter im Festsaal des Schlosses. Tragen dort die Ritter als Kleinod eine Darstellung des Drachenkampfes, so hier die Ritter des Ordens de la Sincérité diese als Medaillon. Es dürfte kein Zufall sein, daß die gleichen Motive und Organisationsformen auch bei dem 1729 gestifteten bayerischen Hausorden vom Hl. Georg auftreten, wozu in München noch die Pflicht zum Eintreten für den Glauben an die unbefleckte Empfängnis Mariens hinzutritt.[100]

Die vorstehende Skizze mag vielleicht bei manchem Leser einen Zweifel an der Tragfähigkeit des Pauschalbegriffes „Heiligenverehrung" für einen komplexen Tatbestand

---

[95] WOLFGANG FRITZ VOLBACH, Der hl. Georg in bildlichen Darstellungen in Süddeutschland (Straßburg 1947); KONRAD SANDKÜHLER, Der Drachenkampf des hl. Georg in der englischen Legende und Dichtung, Diss. München 1963; ACHIM KREFTING, St. Michael und St. Georg in ihren geistesgeschichtlichen Beziehungen, Jena [1937].

[96] KARL MÜSSEL, Zeitgeist und Tradition in der Bayreuther Barockkunst um 1700, AO 56/1976, S. 269 ff.

[97] GÜNTHER SCHUHMANN (wie Anm. 18) S. 179.

[98] J. W. HOLLE, Georg Wilhelm Markgraf von Bayreuth, AO 6, 3 (1856) S. 3 ff.; SAMUEL KRIPNER, Origines urbis sancti Georgii ad Lacum vulgo der Brandenburger vocatae (Bayreuth 1726/7); JOHANN MARTIN BUSCH, Gesch. d. Vorstadt St. Georgen b. Bayreuth (Bayreuth 1851).

[99] ELIZABETH O. GORDON, Saint George, champion of Christendom and patron saint of England (London 1907). Natürlich geht es nicht um architektonische Anregungen, dazu ist auch der zeitliche Abstand der Bauten zu groß. Vgl. z. B. OWEN MORSHEAD, Windsor Castle (London 1957) und zu den Bauten in St. Georgen: FRIEDRICH H. HOFFMANN, Bayreuth u. s. Kunstdenkmale (München 1902), S. 30 ff. und AUGUST GEBESSLER, Stadt- und Landkreis Bayreuth (Bayer. Kunstdenkmale, München 1959), S. 18 ff., S. 31.

[100] ERNST V. DESTOUCHES, Gesch. d. Kgl. Bayer. Hausritterordens vom hl. Georg (Bamberg 1890).

ausgelöst haben. Dieser ist zeitbedingten Veränderungen unterworfen, die ZIMMER-MANN als *Frömmigkeitswandel* umschrieben hat und die sich im Hervortreten neuer Heiligen im Bewußtsein der Gläubigen oder auch in ihrem Schwinden aus dem religiösen Bewußtsein äußert. Der Begriff Heiligenverehrung bleibt eindeutig, solange das Handeln der Kirche und ihrer Amtsträger in organisatorischen Maßnahmen und in der Seelsorgepraxis, z. B. in der Stiftung von kirchlichen Einrichtungen und in liturgischen Ordnungen und Festen, ins Auge gefaßt wird. Der Begriff büßt diese Eindeutigkeit ein, wenn die personale Komponente in Frage steht, deren religionspsychologische Wurzel die Suche nach einer Begegnung mit dem „Numinosen" ist. Sie findet einen mannigfaltigen Ausdruck unter den Voraussetzungen des einzelnen und der Gruppen und durchmißt die Stufenleiter von der distanzierten intellektuellen Anerkennung von kirchlichen Verdiensten des Verehrten, über die Teilnahme an herkömmlichen Bräuchen bis zur existentiellen Verbundenheit von Lebenden und Toten. Einen blassen Wiederschein dieser Vielfalt bietet auch die Aufnahme von Heiligennamen in Ortsnamen, die, wie wir sahen, den verschiedensten Motiven entspringen konnte.

NAMENSKUNDLICHE ASPEKTE DER ERFORSCHUNG VORINDUSTRIELLER GLASHÜTTEN

von

STEFAN KRIMM

Die Waldglashütten West-, Mittel- und Südosteuropas sind in der Zeit nach dem Zweiten Weltkrieg zunehmend in das Gesichtsfeld der historischen Forschung und einer sich nach zögernden Anfängen zügig entwickelnden Mittelalter- und Industriearchäologie gerückt. Neben die wegweisenden, stärker archivalisch orientierten Untersuchungen von J. BARRELET, R. CHAMBON, G. ROSE-VILLEQUEY, E. GODFREY-DAVIS und J. PHILIPPE für West- und Südosteuropa sowie J. BLAU, K. GREINER, L. MOSER, M. KILLING, U. WICHERT-POLLMANN und O. BLOSS[1] für das Gebiet östlich des Rheins ist eine wachsende Anzahl von Studien getreten, die, angeregt durch die Grabungsergebnisse G. R. DAVIDSONS in Korinth und die Funde D. B. HARDENS in Apulien[2], den Blick immer stärker auf die Wurzeln des seit dem 12./13. Jh. zu konstatierenden Neuansatzes einer auf den nichtkirchlichen Markt gerichteten, zunächst für Adel und städtisches Bürgertum bestimmten Massenproduktion lenken.[3] Ergänzend dazu werden seit einiger Zeit auch Versuche unternommen, neben der Seite des Gebrauchs und Verbrauchs von Glas, die sich insbesondere in Burgen- und Stadtkerngrabungen präsentiert, auch der Sphäre der Produktion die notwendige Aufmerksamkeit zukommen zu

---

[1] BARRELET, J., La verrerie en France de l'epoque gallo-romaine à nos jours, Paris 1954; CHAMBON, R., L'histoire de la verrerie en Belgique du IIieme siècle à nos jours, Brüssel 1955; ROSE-VILLEQUEY, G., Verre et verriers de Lorraine au debut des temps modernes. Paris 1971; PHILIPPE, J., Le monde byzantin dans l'histoire de la verrerie (Ve—XVe siècle), Bologna 1970; GODFREY-DAVIS, E., The development of English Glassmaking, Oxford 1975; BLAU, J., Die Glasmacher im Böhmer- und Bayerwald in Volkskunde und Kulturgeschichte, Regensburg 1956; DERS., Die Glasmacher im Böhmer- und Bayerwald, II. Bd. Familienkunde. Regensburg 1956; GREINER, K., Die Glashütten in Württemberg, Wiesbaden 1971; MOSER, L., Badisches Glas, Wiesbaden 1969; KILLING, M., Die Glasmacherkunst in Hessen, Ein Beitrag zur Gewerbe- und Kunstgeschichte der deutschen Renaissance, Marburg 1927; WICHERT-POLLMANN, U., Das Glasmacherhandwerk im östlichen Westfalen, Münster 1963; BLOSS, O., Die älteren Glashütten Südniedersachsens, Hildesheim 1977.

[2] DAVIDSON, G. R., A medieval glass factory at Corinth. In: American Journal of Archaeology 44 (1940), S. 297—327; HARDEN, D. B., Some glass-fragments, mainly of the 12th—13th century a. D. from Northern Apulia. In: Journal of Glass Studies 8 (1966), S. 70—79.

[3] Vgl. KOJIĆ, L./WENZEL, M., Medieval glass founds in Yugoslavia. In: Journal of Glass Studies 9 (1967), S. 76—93; HARDEN, D. B., Anglo Saxon and later medieval glass in Britain. Some recent developments. In: Medieval Archaeology 22 (1978), S. 1—24; CHARLESTON, R. J., Some English finds of medieval glass with Balkan analogues. In: Verre médiéval aux Balkans. Recueil des Travaux. Conference internationale. Belgrade, 24—26 avril 1974 Belgrad 1975; ANGELO, F. D., Produzione e consumo del vetro in Sicilia. In: Archeologia Medievale 3 (1976), S. 379—389; RESS, A., Mittelalterliche Glasfunde. In: Berichte des Bayerischen Landesamts für Denkmalpflege 23 (1964), S. 51—60; 24 (1965), S. 98—106; 25 (1966) S. 72—87; 26 (1967), S. 284—317; 27 (1968), S. 74—95; DERS., Zu den „Schaffhauser Gläsern" aus dem Kloster Allerheiligen. In: Jahrbuch der Bayerischen Denkmalpflege 27 (1968/69), S. 74—95; SCHNEIDER, J., Noppenbecher des 13. Jahrhunderts. In: Zeitschrift für Schweizerische Archäologie und Kunstgeschichte 37 (1980), S. 217—229.

lassen, d. h. die Überreste mittelalterlicher und frühneuzeitlicher Glashütten im Gelände aufzusuchen und mit wissenschaftlichen Methoden zu untersuchen.[4]

Parallel zu dieser insgesamt erfreulichen Entwicklung ist es jedoch im Gefolge der seit den 60er Jahren auch in sogenannten „strukturschwachen Regionen" erheblich verstärkten Bautätigkeit, des unter Einsatz moderner Maschinen vorangetriebenen Forst- und Feldwegebaus sowie der Flurbereinigung zu einer akuten Gefährdung bzw. teilweisen Zerstörung des Bestands technischer Denkmäler der angesprochenen Art gekommen. So wurden beispielsweise während der Tätigkeit der von der Deutschen Forschungsgemeinschaft geförderten Projektgruppe „Spessartglas", die sich die interdisziplinäre Erforschung der vorindustriellen Glasproduktion in einem der wichtigsten mittelalterlichen Standortbereiche östlich des Rheins zum Ziel gesetzt hat, zwischen 1978 und 1982 allein im nördlichen Hochspessart bei Baumaßnahmen 5 Objekte angeschnitten bzw. zerstört. In anderen Glashüttengebieten West- und Mitteldeutschlands dürften die gegenwärtigen Verluste ähnlich hoch sein. Will man weitere Bestandsverminderungen in Grenzen halten, so gilt es, neben der systematischen Katalogisierung aller bisher bekannten Standorte, nach Methoden zu suchen, die gewissermaßen zur vorbeugenden Prospektion ehemaliger Hüttplätze geeignet sind.

An erster Stelle ist dabei die systematische Geländebegehung zu nennen, die allerdings ohne verläßliche Hinweise auf eingrenzbare Bereiche mit erhöhter Fundwahrscheinlichkeit nicht durchführbar ist. Dem in der vor- und frühgeschichtlichen Forschung in diesem Zusammenhang überaus fruchtbaren Einsatz der Luftbildarchäologie[5] sind in Waldgebieten — abgesehen von geöffneten Talauen — jedoch unüberwindbare Grenzen gesetzt[6], so daß nach anderen Wegen gesucht werden muß. Einen gewissen Ersatz könnte die Entwicklung zuverlässiger Kriterien zur Standorttypologie der Hütten darstellen, die dem Denkmalpfleger wie dem Archäologen hilft, die Punkte im Gelände aufzusuchen, die aus der Sicht der mittelalterlichen Produzenten besondere Standortvorteile boten. Eine wesentliche Hilfe zur Vororientierung bieten aber auch — das zeigen die Erfahrungen des Verfassers bei der topographischen Aufnahme der bisher im Spessart bekanntgewordenen annähernd 160 Hüttplätze — die auf die Tätigkeit der Glasmacher bezogenen Flur- und Geländenamen. Sie treten bisweilen einzeln, bis-

---

[4] Dieser Zweig der Forschung wird in Deutschland gegenwärtig, nach ersten, von der Glashütte Grünenplan unterstützten Arbeiten von W. Haberey und H. Six im Hils sowie von H. G. Rau im Spessart, vor allem vertreten durch die von H. P. Mielke initiierte, von der Deutschen Forschungsgemeinschaft und vom Bayerischen Landesamt für Denkmalpflege unterstützte Forschungsgruppe „Spessartglas" und durch das vom Bergbau- und Industriemuseum Ostbayern ebenfalls zusammen mit dem Bayerischen Landesamt für Denkmalpflege getragene Projekt „Altglashütte". Der Forschungsgruppe Spessartglas, der der Verfasser angehört, gelang es seit 1979, insgesamt 5 Objekte aus der Zeit zwischen dem Hochmittelalter und dem 18. Jh. näher zu untersuchen, während das Projekt „Altglashütte" sich die Ergrabung und Dokumentation eines zwischen 1614 und 1723 im nördlichen Oberpfälzer Wald nachgewiesenen Betriebs zum Ziel gesetzt hat. Vgl. Six, H., Spätmittelalterliche Glashütten im Hils bei Grünenplan mit Farbglasproduktion. In: FS für Waldemar Haberey, hrsg. von HAEVERNICK, T. E. und SALDERN, A. VON, Mainz 1976, S. 129—144; RAU, H. G., Die Spessartglashütte im Sommergrund. In: Glastechnische Bericht 49 (1976), S. 126—129; KAMPFMANN, G., Die kleine Glashütte im Sommergrund. In: Unser Kahlgrund 20 (1975), S. 55—56; DERS.: Die Glashütte im Batzenweg. In: Unser Kahlgrund 25 (1980), S. 70—73.

[5] Vgl. CHRISTLEIN, R./BRAASCH, O., Das unterirdische Bayern — 7000 Jahre Geschichte und Archäologie im Luftbild, Stuttgart 1982 sowie BRAASCH, O., Luftbild und geophysikalische Prospektion in der Archäologie. Beiträge des internationalen Symposiums Brüssel 8. XII. 1979, Brüssel 1982, S. 51—64.

[6] Ergebnis eines vom Verf. zusammen mit O. BRAASCH am 3. 2. 1982 durchgeführten Erkundungsflugs zu Hüttplätzen des Spessarts.

weilen aber auch in typischen Ensembles auf und enthalten in aller Regel recht zuverlässige Hinweise auf mittelalterliche bzw. frühneuzeitliche, oft archivalisch gar nicht faßbare oder pauschal, ohne nähere Ortsangaben genannte Produktion in einem bestimmten Gebiet.[7]

Im folgenden soll daher der Versuch unternommen werden, dieses Namensmaterial nach Gruppen zu ordnen und — soweit möglich — zu erläutern.

Insgesamt lassen sich bei näherer Betrachtung des in historischen Karten, Meßbüchern, Güterbeschreibungen oder -verzeichnissen, Meßtischblättern, Katastern und Flurkarten erfaßten Bestands drei Gruppen unterscheiden. Die erste umfaßt Namen mit unmittelbarem Bezug zur Tätigkeit der Hütten bzw. ihrer Betreiber, die zweite spiegelt in Zuschreibungen der agrarischen Umwelt die Einschätzung wider, die dem gewerblichen „Fremdkörper" in Bewunderung wie Neid zuteil wurde, die dritte enthält Bezeichnungen, die aufgrund ihres weit über den Spessart hinaus zu beobachtenden Auftretens in der Umgebung der Betriebe zwar offenbar den einschlägigen Namensensembles zuzurechnen, jedoch nicht ohne weiteres interpretierbar sind.

Zur ersten Gruppe gehört eine große Anzahl von Zusammensetzungen bzw. Wortbildungen mit *Glas-* und *Hütt-*, wie z. B.:

NAME[8]	ORTSBESTIMMUNG/NÄHERE ANGABEN	BEREICH
Glasbrunnen	1000 m sw Emmerichsthal	Joßgrund
Glaswehr	750 m sö Jossa	Joßgrund
Glasgrund	1750 m ssw Pfaffenhausen	Joßgrund
Glashüttenberge	1000 m w Emmerichsthal	Joßgrund
Huts-Berg	2000 m nö Pfaffenhausen	Joßgrund
Glasberg	2000 m ssö Roßbach	Biebergrund
Glasgrund	2000 m ssö Roßbach	Biebergrund
Glasborn	5000 m osö Bieber	Biebergrund
Hütt-Grund	1250 m s Rengersbrunn	Fellatal
Hüttwald	750 m s Deutelbach	Auragrund
Hütten-Tal	1000 m w Trockenbachshof	Sinngrund

---

[7] Zur Methodik der Glashüttenforschung und zur begrenzten Bedeutung archivalischer Quellen in diesem Zusammenhang vgl. die Einführung von H. PATZE zu BLOSS (wie Anm. 1), die Ausführungen von BLOSS, ebd. S. 1—6, und KRIMM, S., Die mittelalterlichen und frühneuzeitlichen Glashütten im Spessart, Aschaffenburg 1982, S. 20—25.

[8] Ausgewählt wurden für die folgenden Zusammenstellungen aus dem Bereich des Spessarts nur Flurnamen aus Gebieten, in denen ein- oder mehrere Standorte mittelalterlicher bzw. frühneuzeitlicher Glashütten nachgewiesen sind. Dabei ist — wie im Einzelfall bei KRIMM (wie Anm. 7) S. 104, nachgewiesen — davon auszugehen, daß die Hütten bestimmte Bereiche, für die schriftliche Belege aus dem 16.—18. Jh. vorliegen, nicht selten bereits vorher als Standorte benutzt haben. Ein vom Verf. im Rahmen der Arbeit der Projektgruppe „Spessartglas" erstelltes Gesamtverzeichnis der bisher bekannten Hüttplätze im Spessart ist zur Veröffentlichung im 2. Bd. der *Studien zur Geschichte des Spessartglases* (Veröffentlichungen des Kunst- und Geschichtsvereins Aschaffenburg 18/2) vorgesehen. Für Flurnamen aus anderen deutschen Glashüttenregionen und für Flurnamen, deren Verbindung zur Glasproduktion nicht — wie etwa bei Zusammensetzungen mit *Glas-* und *Hütt-* — aus der Wortbedeutung unmittelbar hervorgeht, werden nähere Angaben über die Beziehung zu bestimmten Standorten gemacht. Für die Schreibung der Flur- und Geländenamen wurde — soweit nicht anders vermerkt — die in den vom jew. Landesamt für Vermessung in den Meßtischblättern 1:25 000 oder 1:50 000 bzw. Flurkarten und Katastern benutzte Form übernommen.

Glasberg, Oberer	2000 m nnw Kahler Glashütte	Kahlgrund
Glaswald	1000 m nö Kahler Glashütte	Kahlgrund
Glasberg	2000 m nnö Huckelheim	Kahlgrund
Hüttschlag	1500 m nw Jakobsthal	Kahlgrund
Glasberg	1000 m n Daxberg	Kahlgrund
Glaswald	500 m nw Daxberg	Kahlgrund
Glashof	250 m n Daxberg	Kahlgrund
Wilhelmshütte	1500 m sö Heinrichsthal	Westl. Lohrtal
Henrichshütte	örtl. Bezeichnung für Heinrichsthal (Ort)	Westl. Lohrtal
Knöpfhütte	örtl. Bezeichnung für Jakobsthal (Ort)	Westl. Lohrtal
Alte Hütte	1500 m w Heigenbrücken	Westl. Lohrtal
Hüttenwiesen	sö Ortsrand von Heigenbrücken	Westl. Lohrtal
Neuhütten	Ort	Westl. Lohrtal
Hüttenweg	ö Ortsbereich von Neuhütten	Westl. Lohrtal
Glaskopf	2500 m sö Mosborn	Östl. Lohrtal
Glasbild	2500 m nö Frammersbach	Östl. Lohrtal
Glaspfad	Verbindung Partenstein—„Lohrer Straße" (heutige B 26)	Unteres Lohrtal
Hüttplatz	1200 m nö Heinrichsthal	Aubachtal
Hüttenberg	3000 m sö Hain	Laufachtal
Glasbuch	1500 m s Ruppertshütten	Sindersbachtal
Glasbrunnen	1250 m wsw Margarethenhof	Maintal, Wests.
Glasholz/ Klahsholz/Klarholz	2000 m w Neubau	Weihersgrund
Glaswiese	1000 m wsw Lichtenau	Hafenlohrtal
Glasrück	2000 m sö Rothenbuch	Hafenlohrtal
Glasofen	Ort	Maintal, Wests.
Glasborn	2000 m sö Glasofen	Maintal, Wests.
Glösbrunn	sö Ortsrand von Oberndorf	Esselbachtal
Glaswald, Großer/Kleiner	1200—1500 m nnw Schollbrunn	Haslochtal
Glasbrunn	1325 m nnw Schollbrunn	Haslochtal
Glösgrund	4500 m nnw Schollbrunn	Haslochtal
Glößig Wiesen	1200—1500 m nnw Schollbrunn	Haslochtal

Namen dieser Art bedürfen im Grunde keiner weiteren Erläuterung, soweit hinsichtlich des Namenbestandteils *Hütt*- Verwechslungen mit Anlagen der Metallverhüttung und hinsichtlich des Namensbestandteils *Glas*- Mängel in der schriftlichen Überlieferung ausgeschlossen werden können.[9] Sie verweisen entweder unmittelbar oder auf dem Umweg über die Benennung des Produkts auf die Tätigkeit von Glashütten in einem

---

[9] So konnten bei einer Begehung des „Hüttengrunds", 1000 m sw des Glashofs und des Glaswalds n Daxberg zusammen mit FD G. Kampfmann im Mai 1979 zwar keine Spuren von Glashütten, wohl aber geringe Mengen von Metallschlacke gefunden werden. Bestritten wird auch die zutreffende Schreibung von *Glasofen* w Marktheidenfeld. Nach J. HASENFUSS soll es sich dabei um eine Mißdeutung von *Klashofen* (Siedlung eines Klas) handeln (vgl. HASENFUSS, J., Siedlungsgeschichte und Ortsnamen im Umkreis Marktheidenfeld-Hafenlohr. In: Hafenlohr, Windheim und Marienbrunn. Aus der Vergangenheit in die Gegenwart. FS zur 650-Jahr-Feier, S. 182—199, dort S. 191). Die Gründe gegen diese These sind bei KRIMM (wie Anm. 7), S. 34 zusammengestellt.

bestimmten Gebiet und sind in entsprechender Form bereits seit dem 10. Jh. nachweisbar.[10]

Ähnliches gilt für Bezeichnungen, die die Bedürfnisse der Betriebe an Sand und Asche/Pottasche oder ihre typische Tätigkeit, das *Brennen, Schmelzen, Sengen,* akzentuieren:

NAME	ORTSBESTIMMUNG/NÄHERE ANGABEN	BEREICH
Sand-Kopf	1500 m wsw Habichsthal	Aubachtal
Sand-Kaute	1500 m s Lichtenau	Hafenlohrtal
Sand	1500 m nw Ruppertshütten	Sindersbachtal
Sandflos	1200—1500 m nnw Schollbrunn[11]	Haslochtal
Aschen-Maul	Bergschulter sö Herbertshain (Ortsteil von Frammersbach)	Östl. Lohrtal
Aschenrain	2000 m n Ruppertshütten	Sindersbachtal
Schmalzrain, Vorderer und Hinterer	2250—2750 m ssö Roßbach	Biebergrund
Schmelz	1500 m w Habichsthal	Aubachtal
Sange	1000 m n Huckelheim	Kahlgrund
Sang, Lützeler	1000 m sö Lützel	Biebergrund
Sang, Breitenborner	500 m sö Breitenborn	Biebergrund
Sang	1250 m sö Röhrig, 200 m nw des Glasborns	Biebergrund
Hohsang	1000 m ssw Wiesthal	Westl. Lohrtal
Sang	250 m s Habichsthal	Aubachtal
Brennersgrund	1500 m sö Roßbach	Biebergrund

Die zweite Gruppe enthält Namen der folgenden Art:

NAME	ORTSBESTIMMUNG/NÄHERE ANGABEN	BEREICH
Goldberg, Großer und Kleiner	2500 m nnw Emmerichsthal	Joßgrund
Goldkaute	2500 m nnw Emmerichsthal	Joßgrund
Goldbrunnen	2500 m nnw Emmerichsthal	Joßgrund
Geldküppel	1000 m ö Kempfenbrunn	Östl. Lohrtal
Gulden	2250 m onö Heinrichsthal	Aubachtal
Goldrain	1250 m nnö Heinrichsthal	Aubachtal
Goldgrub	1500 m sw Weibersbrunn	Hafenlohrtal
Silberbrunnen	1500 m w Ruppertshütten	Sindersbachtal
Goldmannsbrunnen	3000 m w Bischbrunn, im Glösgrund	Haslochtal
Silberlochbach	Abfluß des Glasbrunnens 3000 m nw Neustadt a. M.	Maintal, Westseite
Reichengrund	500—2000 m sw Partenstein	Unteres Lohrtal
Reichert	2500 m n Habichsthal	Aubachtal

---

[10] 927: *Glesercella* n Fulda (DRONKE, E. F. J., Traditiones et antiquitates Fuldenses. Fulda 1844, S. 63); 1196/98: *Glasehutten* in der Nähe von Klosterlausitz (DIETZE, P., Geschichte des Klosters Lausitz. In: Mitt. des Geschichts- und Altertumsforschenden Vereins zu Eisenberg 17 (1903), S. 12).

Namen dieser Art sind in der Regel in unmittelbarer Nachbarschaft ehemaliger Hüttenareale zu finden. Der Geldküppel ö Kempfenbrunn trägt beispielsweise bereits auf einer Karte des 16. Jh. eine Glashütte[12], der Goldrain nnö Heinrichsthal schließt an einen Platz des 17. Jh. an, und im Reichengrund sw Partenstein konnten bisher 6 Anlagen nachgewiesen werden.

Eine Verbindung zur Waldglasproduktion ist nicht unmittelbar in der Wortbedeutung angezeigt, sie läßt sich jedoch auf dem Hintergrund unseres Wissens über die besonderen Charakteristika dieses Gewerbes ohne Schwierigkeiten herstellen. Errichtung und Betrieb von Glashütten waren sehr kapitalaufwendig. U. WICHERT-POLLMANN nennt zum Beispiel als Bausumme für eine Hütte in Schieder an der Lippe, die 1591 erstellt wurde, einen Betrag von 698 Talern.[13] Im 17. Jh. liegen die in der Literatur angeführten Beträge zwischen 650 Talern und 1450 Gulden, meist schwanken sie um die 1000 Gulden.[14] Für den Spessart liegen, abgesehen von Angaben über die Lohrer Spiegelmanufaktur und die kurfürstliche Glashütte Emmerichsthal, die aufgrund ihrer Einbindung in das Kalkül einer in übergroßen Maßstäben planenden kameralistischen Wirtschaftspolitik nicht als repräsentativ gelten können[15], nur wenige Zahlen vor: Johann Wenzel, Hüttmeister in Rechtenbach, erhält 1687 für den Bau seines Betriebes einen staatlichen Kredit von 1350 Gulden, über die Höhe des Eigenkapitals erfahren wir jedoch nichts, und Friedrich Fleckenstein, Hüttmeister im Sommergrund sö Kleinkahl, erklärt 1721, er stehe vom Hüttenbau her in einer Schuld von 1000 Gulden.[16] Auch diese leider nur punktuellen Angaben machen deutlich, daß die Glasmacherei einschließlich der jährlichen Abgaben und eventueller Kautionen — Meister Balthasar Stenger aus Habichsthal erklärt sich 1603 als Anführer eines Konsortiums bereit, für einen neu zu errichtenden Betrieb im oberen Reichengrund *caution und bürgschafft uff ein tausend gulden* aufzubringen[16a] — ganz erhebliche Geldmittel erfordert.

Für die in der Nachbarschaft der Hütten z. T. in großer Armut lebende Landbevölkerung — das Durchschnittsvermögen an Haus, Hof, Feld und anderen liegenden Gütern in den rein agrarischen Ortschaften Heimbuchenthal, Hessenthal, Krausenbach und Neudorf (heute: Mespelbrunn) lag beispielsweise 1551 bei 97,60 Gulden pro Haus-

---

[11] Lage nicht näher bestimmbar; Erwähnung bei TOCHTERMANN, E., Spessart-Glashütte des Hans Ziroff 1627—1631, Bischbrunn 1979, S. 6.

[12] BStAW, Mainzer Risse und Pläne XI, 34; im Ausschnitt abgebildet bei KRIMM (wie Anm. 7) Abb. 9.

[13] WICHERT-POLLMANN (wie Anm. 1) S. 29.

[14] Ebenda; GREINER (wie Anm. 1) S. 54; BLAU I (wie Anm. 1) S. 2; GUNDLACH, W., Zur Geschichte der Glashütten im Laubacher und Büdinger Wald und ihrer Glasmeister. In: Hessische Familienkunde, H. 7 (1973), Sp. 265—290, dort Sp. 266.

[15] Die 1802 erstellten getrennten Inventare für die Zweigwerke Lohr und Weibersbrunn der kurfürstlich-mainzischen „Lohrer Spiegelmanufaktur" veranschlagen den Wert der vorhandenen Anlagen und Einrichtungen auf 90 301 Gulden (Lohr) und 17 378 Gulden (Weibersbrunn) — AMRHEIN, A. Geschichte des katholischen Pfarrdorfes Weibersbrunn im Spessart (20. Folge). In: Aschaffenburger Geschichtsblätter 19 (1927), S. 8; die Baukosten der zwischen 1765 und 1770 errichteten Hohlhütte in Emmerichsthal beliefen sich auf 15 734 Gulden 22,5 Kreuzer — AMRHEIN, A., Die kurmainzische Glashütte Emmerichsthal bei Burgjossa. In: Hist. Archiv für Unterfranken und Aschaffenburg 42 (1892), S. 141—243, dort S. 145.

[16] HÖNLEIN, H., Rechtenbach. Notizen zur 250jährigen Geschichte einer Spessartgemeinde. In: Heimatland 6 (1939), Nr. 5—11, dort Nr. 5; vgl. BStAW, R 15 991, S. 11; ebd. MRA 174/16, Supplikation des Hüttmeisters Friedrich Fleckenstein vom 6. 6. 1721.

[16a] BStAW MRA 7419/99; vgl. KRIMM (wie Anm. 7), S. 87 ff.

halt[17] — müssen Summen der genannten Art fast unvorstellbar hoch erschienen sein. Ein Betrag von 1800 Gulden Bargeld, wie ihn der Beauftragte der Rechtenbacher Glasmeisterswitwe Wenzel im Herbst oder Winter 1697 von einer einzigen Verkaufsfahrt nach Köln mitbrachte[18], repräsentierte nach heutigen Begriffen für Landwirte und Taglöhner des Innenspessarts wohl so etwas wie ein „Millionenvermögen".

Daß es zumindest alljährlich erlöst wurde, dürfte die Phantasie der Dorfbewohner zusätzlich stimuliert haben, auch wenn einzelnen sicher bekannt war, daß es sich letztlich zum allergrößten Teil nicht um Nettogewinne handelte, sondern um in Arbeitslöhnen, Material-, Transport-, Brennstoff- und Anlagekosten vorfinanzierte Beträge.

Somit ist es nicht verwunderlich, daß die den Glashütten benachbarten Waldörter bzw. Fluren im Spessart ebenso wie in anderen deutschen Glashüttengebieten Namen der o. g. Art erhielten.[19]

Die dritte Gruppe von Namen, die in auffälliger Häufung in der Nähe ehemaliger Hüttenstandorte auftauchen, bereitet einer schlüssigen Interpretation größere Schwierigkeiten, da trotz eindeutiger topographischer Verbindungen keinerlei semantische Bezüge zur Glasproduktion vorhanden zu sein scheinen. Im wesentlichen handelt es sich dabei um Zusammensetzungen mit *Kolb-, Ruh-, Rohr-* und *Has-, Häs-, Hes-;* Grundwörtern scheinbar sehr unterschiedlicher Herkunftsbereiche also.

Name	Ortsbestimmung/Nähere Angaben	Bereich
Kolberich-Berg	2000 m sö Roßbach, ö über dem Brennersgrund, n über dem Voderen Schmalzrain, nö von Glasgrund, Glasberg; im w Gegenhang des Unteren Glasbergs 2 Hüttplätze.	Biebergrund
Kolbental	2500 m s Lohrhaupten; unmittelbar n eines umfangreichen Hüttplatzes.	Östl. Lohrtal
Kolbert	2200 m nnw Laufach; onö anschließend an einen Hüttplatz.	Laufachtal

---

[17] Zur Vermögensschichtung in ausgewählten Siedlungsregionen des Spessart im 16. Jh. vgl. KRIMM, S., Beobachtungen zur ländlichen Sozialstruktur im westlichen Unterfranken in der frühen Neuzeit. In: Mainfränkisches Jahrbuch 35 (1983), S. 1—20.

[18] SBAW, Lothar Franz 876, Brief Martin Walters aus Rothenbuch an Kurfürst Lothar Franz von Schönborn vom 12. Januar 1698.

[19] Beispiele aus anderen deutschen Hüttengebieten: Glashütte am Silberbrunn, Ausgangspunkt des Dorfes Silberborn im Hochsolling (BLOSS — wie Anm. 1 — S. 119/20); Silberborn und Glashüttendahl bei Schlewecke, am Nordrand des Harzes (TENNER, F., Die ehemaligen Glashütten im Harz. In: Zeitschrift des Harzvereins für Geschichte und Altertumskunde 58 (1922), S. 1—22, dort S. 8); Glashütte unterhalb der Burg Reichenbach im Kaufunger Wald 1491 (LANDAU, G., Geschichte der Glashütten in Hessen. In: Zeitschrift des Vereins für hessische Geschichte und Altertumskunde 3 (1843), S. 280—352, dort S. 281); Reichenbach im Vogtland als Wohnsitz des Glasmachers Heinrich Greiner vor 1637 (PISCHEL, F., Thüringische Glashüttengeschichte, Weimar 1928, S. 18) u. a. m. Zur Erklärung vgl. auch BUCK, R. M., Oberdeutsches Flurnamenbuch, Bayreuth 1931, S. 86: *Wo Gold gefunden oder verdient* (Hervorhebung durch den Verf.) *wird, spricht man von golden, gülden.*

Ruhwiese	1000 m nö Huckelheim; Hüttenbetrieb im Raum H. für das 16. Jh. nachgewiesen.[20]	Kahlgrund
Ruhschlag	2500 m nö Huckelheim; 1967 Funde glasierter Ofensteine durch H. Löber und H. Six.[21]	Kahlgrund
Schafruhe	2500 m ssw Pfaffenhausen, 750 m s des Glasgrunds.	Joßgrund
Altruh	2000 m sö Rengersbrunn, zwischen dem Hüttgrund s Rengersbrunn und dem Hüttental w des Trockenbachshofs (Hütte des 16. Jh.).[22]	Fellatal
Ruhberg	2000 m nw Jakobsthal; im Radius von 1000 m 3 Hüttplätze.	Kahlgrund
Ruh-Grund	3000 m nnö Frammersbach; am Taleingang 2 Hüttplätze.	Östl. Lohrtal
Ruh-Brunnen	750 m nw Herbertshain (Ortsteil von Frammersbach); 1 Hüttplatz.	Östl. Lohrtal
Säu-Ruh	500 m s eines Hüttplatzes des 16. Jh. am ö Ortsrand von Neuhütten.[23]	Westl. Lohrtal
Kuh-Ruhe	2750 m nnw Sackenbach; 1250 m nö Hüttplatz des 17. Jh.[24]	Maintal, Westseite
Wiesthal auf der Ruhe	Ortsteil des Glasmacherdorfes Wiesthal, auf dem ö Ufer des Aubachs; urspr. Gräfl. Rieneckisches Pendant zum kurmainzischen Wiesthal.	Aubachtal
Röhren-Grund	nw Ortskern Wiesthal; 1 Hüttplatz	Aubachtal
Rohrberg-Grund	nö Ende des Haslochtals mit Glös-Grund, Glösig Wiesen, Glasbrunn, Großem und Kleinem Glaswald; im Haslochtal bisher 1 Hüttplatz nachgewiesen[25]	Haslochtal
Hasberg	500 m sö Ruppertshütten; im Bereich des Glasmacherdorfs R. während der 1. Hälfte des 16. Jh. intensive Glashüttentätigkeit[26].	Sindersbachtal

---

[20] StAW, Mz. Ingr. B. 76, f. 74'; vgl. Krimm (wie Anm. 7) S. 117.
[21] Fundnotiz im Nachlaß H. Löber, Glasmuseum Wertheim. Für den Hinweis dankt der Verf. FOI E. Tochtermann, Bischbrunn.
[22] BStAW Mainzer Risse und Pläne XI, 34; im Ausschnitt abgebildet bei Krimm (wie Anm. 7) Abb. 7.
[23] Abbildung auf einer Karte des sog. „Pfinzing-Atlas", die den Stand von 1564/65 wiedergibt. Vgl. Schnelbögl, F., Eine Spessartkarte vom Jahre 1594. In: Aschaffenburger Jahrbuch 4 (1957), S. 653—660; zur Datierung Krimm (wie Anm. 7) S. 233, Anm. 234.
[24] BStAW R. 28 201, f. 9'; vgl. Krimm (wie Anm. 7) S. 78/79.
[25] Tochtermann (wie Anm. 11).
[26] Krimm (wie Anm. 7) S. 69—74.

Hasler Tal	1000 m ö Ruppertshütten; auf der gegenüberliegenden sw Seite des Sindersbachtals das Glasbuch.	Sindersbachtal
Haselreut	5000 m osö Ruppertshütten, unmittelbar ö über einem 1502 und 1526 genannten Betrieb.[27]	Sindersbachtal
Häsling	2750 m n Neustadt a. M., am NO-Rand der Germarkung des Margarethenhofs, einer Rodungsinsel, die sich wahrscheinlich dem Glashüttenbetrieb verdankt; 750 m w der Rodungsfläche Glasbrunnen und Glaswiese sowie Silberlochbach.	Maintal, Westseite
Haslochtal (auch Glashüttengrund)	Tal des Hasloch-Bachs zwischen Rohrberggrund/Mordgrund und Zwieselmühle (vgl. Anm. zu Rohrberggrund); bisher 1 Hüttplatz nachgewiesen.	Haslochtal
Hessenlangen Rhain[28]	1750 m sw Weibersbrunn; n anschliessend Waldabteilung Goldgrub; in der Umgebung des in der Ortsmitte des späteren Dorfs Weibersbrunn entspringenden Stein-Brunnens vermutlich Hütte des 2. Viertels des 16. Jh.[29]	Hafenlohrtal

Am einfachsten lassen sich wohl die Belege für *Kolb-* und *Ruh-* erklären. Mit *Kolben* wird nach dem GRIMMschen Wörterbuch nicht nur die Keule, der Streitkolben oder der Rohrkolben bezeichnet, sondern auch — mit mehreren Nachweisen aus dem 17. Jh. — der Destillierkolben, der seiner Grundform nach ja unmittelbar aus dem Aufblasen und Schwenken des *Kölbels,* des Postens Glasmasse, den der Glasmacher mit dem unteren Ende seiner Pfeife dem Hafen entnimmt, entsteht: der *gläserin kolben oder brennhelm, die grosze gläsere kolbe.* Auch *eine runde laterne, an einem stabe oder ringe getragen* und ein Gefäß *zum glühen des punsches* trugen früher diesen Namen.[30]

Eine Verbindung zum Glasmachen erscheint also sowohl vom Produktionsprozeß her (Bearbeitung des *Kölbels*) als auch über die Bezeichnung wichtiger Produkte gegeben. Interpretationen des Geländenamenbestandteils *Kolben,* die allein auf eine Benennung von Bewuchsmerkmalen abzielen — Rohrkolben als Hinweis auf Bachufer, Moore, Sümpfe und Feuchtstellen — greifen damit vermutlich zu kurz, auch wenn sie in vielen Fällen zutreffen mögen.

Die *Ruhe* bezeichnet offenbar kein Charakteristikum der Produktion, sondern gewissermaßen das Gegenteil, den aufgegebenen Hüttplatz, der zum Teil besiedelt wurde

---

[27] Ebd., S. 69/70.
[28] Schreibung nach der sog. „Kellerschen Spessartkarte" von 1769 im Stadt- und Stiftsarchiv Aschaffenburg, veröff. in der vom Geschichts- und Kunstverein Aschaffenburg hrsg. Bilderchronik „Alt-Aschaffenburg" als Tafel 16.
[29] Eine Hütte am Stein-Brunn wird 1526 errichtet — BStAW, Mz. Ingr. B. 58, f. 54—56'; Abdruck bei KRIMM (wie Anm. 7) als Beil. 5; vgl. ebd. S. 57, Anm. 207.
[30] GRIMM, J. u. W., Deutsches Wörterbuch, Bd. IV, 2, Leipzig 1868—1877, Sp. 1605, 1604 und 1607.

(Wiesthal auf der Ruhe), zum Teil auch nur als Wiese (Ruhwiese) bzw. als Weide- oder Standplatz für das in die Waldweide gehende Vieh Verwendung fand (Säu-Ruh, Kuh-Ruhe). Das Deutsche Wörterbuch führt eine ganze Reihe von Belegen für Ruhe als *unterbrechung der arbeit*, auch etwa als *brachliegen des ackers* an[31], so daß die hier angebotene Deutung gestützt sein dürfte.

Komplizierter liegen die Dinge bei der Interpretation der beiden verbleibenden Namensgruppen. *Rohr-* gilt in der Namensforschung, wie *Kolb-*, als Hinweis auf Schilfbewuchs (calamus).[32] Auch wenn dies insgesamt als plausibel erscheint, sind Zweifel angebracht für Verbindungen mit „-berg" und für alle Pluralformen. Zum einen bevorzugen Calamusarten — abgesehen von Hochmooren, die es im Spessart mit einer Ausnahme[33] nicht gibt — in aller Regel die Ufer von Gewässern, zum anderen ist „Rohr" als Pflanzenbezeichnung im Deutschen ein Kollektivum, bildet also keinen Plural. Die Ausschau nach weiteren Erklärungsmöglichkeiten ist somit gerechtfertigt. Hinweise sind auch in diesem Fall dem Deutschen Wörterbuch von JAKOB GRIMM zu entnehmen. *röhre* ist dort u. a. als *röhre im ofen, gewöhnlich ein viereckiger nach auszen verschlossener raum*, entsprechend der heutigen Back- oder Bratröhre, aufgeführt; verwiesen wird dabei auch auf eine Stelle aus CHRISTIAN REUTERS *Schelmuffsky* (1696), in der die Hölle als *des burgermeisters röhre* bezeichnet wird.[34] Demnach scheint sich die Benennung *Rohr* nicht nur auf langgestreckte, im Querschnitt zumeist runde Hohlkörper zu beziehen, sondern auch auf Kammern, in denen permanent oder bei Bedarf größere Hitzegrade erzeugt werden. Die unterschiedlichen Öfen, die in einer Glashütte zum Verfritten des Gemenges, zum Schmelzen des Glases, zum Strecken der Hohlzylinder bei der Fensterglasherstellung und zum allmählichen Abkühlen der Fertigprodukte Verwendung finden, sind in diesem Sinne nichts anders als *Rohre/Röhre*. Möglicherweise enthalten also Wortverbindungen mit *Rohr* in ausgesprochenen Glashüttengebieten Hinweise auf Ofenstandplätze. Auch die Freilegung von Resten einer spätantiken Töpferei und Ziegelei, mit mächtigem Ziegelofen und mehreren Kubikmetern von Fehlbränden, im Rahmen einer archäologischen Grabung bei Rohrbach in der Nähe von Friedberg ö Augsburg im Frühsommer des Jahres 1983[35] dürfte auf eine Namensverbindung der angesprochenen Art hinweisen.

Noch weniger wahrscheinlich als in den bisher besprochenen Fällen ist auf den ersten Blick eine Verbindung der *Has-, Häs-, Hes-* Namensgruppe mit der Glasmacherei, obwohl gerade ihre Vertreter im Spessart besonders oft im Glashüttengebiet sowie an seinen westlichen Rändern auftauchen[36] und auch in anderen deutschen Hüttenregionen häufig anzutreffen sind. Hierzu einige Beispiele:[37]

---

[31] Ebd., Bd. V., Leipzig 1864—1873, Sp. 1418.

[32] So z. B. BACH, A., Deutsche Namenskunde, Bd. II, 1/2 Die deutschen Ortsnamen, Heidelberg 1953/1954, II, 2, § 309, 323; mit weiteren Hinweisen und Literatur.

[33] Wiesbüttmoor, 2 km nö Wiesen. Vgl. dazu: STREITZ, B./GROSSE-BRAUCKMANN, G., Das Wiesbüttmoor. Entstehung und Entwicklungsgeschichte einer kleinen Vermoorung im Spessart. In: Natur und Museum 107 (1977), S. 367—374.

[34] GRIMM (wie Anm. 30), Bd. VII., Leipzig 1886—1893, Sp. 1125, 1128.

[35] Denkmalpflege Informationen, hrsg. vom Bayerischen Landesamt für Denkmalpflege München, Ausg. B. Nr. 68 (2. September 1983), S. 22, Nr. 148.

[36] Die Glashütten drangen mit einiger Wahrscheinlichkeit in ihrer Mehrzahl vom westlichen Altsiedelland aus in den Spessart vor — vgl. KRIMM (wie Anm. 7) S. 33/34, 53, 136—141. Am Westrand des Spessarts finden sich — zwischen *Häßlich*, s Waldrode, an der Birkenhainer Straße, Hessenthal (Ort), der Hesselsmühle n der ehemals rieneckischen Burg Eschau und der Heßheide sw der ebenfalls rieneckischen Befestigung Wildenstein — mehr als ein Dutzend einschlägiger Flur- bzw. Ortsnamen.

Name	Ortsbestimmung/nähere Angaben	Region
Hasenhof	1500 m ö HStO Bernbach	Löwensteiner Berge/
	1500 m nw HStO Finsterrot	Mainhardter
	1500 m w HStO Neuhütten	Wald
Heßberg	1000 m s HStO Stangenbach	Löwensteiner
	1500 m sö HStO Altlautern	Berge
	1500 m nö HStO Neulautern	
Haselbach	1500 m nö HStO Stelzbach a. d. Murr	Mainhardter Wald
Haselfelsen	2000 m ssö HStO Schöllhütte	Welzheimer
	2900 m sö HStO Althütte	Wald
	1500 m nö HStO Klaffenbach	
2 Haselbäche	w und ö HStO Lorch	Welzheimer Wald
Haselhof	500 m nö HStO Walkersbach	Welzheimer Wald
Haselbrunnen	500 m n des Gläserhofs	Welzheimer
	n des HStO Horlachen	Wald
Hasel	HStO 1000 m n Wehr	Südschwarzwald
Haselberg	9000 m n Waldmünchen; 2000 m s der Franzbrennhütte, 2000 m sö der Oberhütte	Oberpfälzer Wald (Böhmerwald)
Haselbach	Bachlauf 3500 m nö Waldmünchen	Oberpfälzer Wald (Böhmerwald)
Haselbach	Hüttengebiet zw. Viechtach und Arnbruck	Bayer. Wald
Haslach	HStO 2000 m sö St. Oswald	Bayer. Wald
Hasselborn	Glashütte beim Hasselborn auf dem Solling erwähnt 1597—1608[38]	Solling
Hasenlopfel	Glashütte „bei dem Hasenlopfel" im Oberen Hellentaler Graben auf dem Solling, 1595 geplant[39]	Solling
Hessenplatz	Glashütte beim Hessenplatz 1716—42, auf dem Bramwald[40]	Bramwald

---

[37] Zu den Hüttplätzen und der Glasmacherei im Löwensteiner, Mainhardter und Welzheimer Wald vgl. GREINER (wie Anm. 1) S. 2 (Karte), S. 28—30; im Schwarzwald: MOSER (wie Anm. 1) Hüttenkarte vor S. 1, S. 34—36; im Bayerischen Wald und im Böhmerwald: BLAU (wie Anm. 1), passim; Neumann, H., Die Geschichte der Glashütten zwischen Rachel und Lusen. In: Ostbairische Grenzmarken. Passauer Jahrbuch für Geschichte und Volkskunde 14 (1972), S. 223—256, Hüttenkarte S. 225; WINKLER, U., Zwischen Arber und Osser, Grafenau 1981, S. 53—206; PRAXL, P., Die ältesten Glashütten des Böhmerwaldes. In: Ostbairische Grenzmarken 25 (1983), S. 71—79; im Kaufunger Wald: KILLING (wie Anm. 1) S. 41—55; in den nördlichen Vogesen: STENGER, A., Verreries et Verriers du Pays de Sarrebourg. In: Bulletin Municipal Officiel Sarrebourg Moselle No 22 (6/1982 u. f.) sowie pers. Mitteilung vom 27. 1. 1983 (Verbreitungskarte); auf dem Solling: BLOSS (wie Anm. 1) S. 85—122.
[38] BLOSS (wie Anm. 1) S. 92.
[39] Ebd., S. 97.
[40] Ebd., S. 159.

Name	Ortsbestimmung/Nähere Angaben	Region
Hasenmühle	1000 m n Kleinalmerode; 3000 m sw Hüttenkopf; 4000 m nw Glashütten; das Gebiet um die Ortschaften Groß- und Kleinalmerode war im 16. Jh. Zentrum der hessischen Glasproduktion[41]	Kaufunger Wald
Hässelkuppe	4500 m ö Großalmerode, Sitz des Hessischen Glasmacherbundes seit 1537[42]	Kaufunger Wald
Hasenberg	4500 m sw Großalmerode, Sitz des Hessischen Glasmacherbundes seit 1537	Kaufunger Wald
Oberhaslach Niederhaslach	SO-Rand des Hüttengebiets von Saarburg/Sarrebourg	Nördl. Vogesen
Bois de Hesse	NW-Rand des Hüttengebiets von Saarburg/Sarrebourg; 3000 m w HStO Troisfontaines; 4000 m n HStO Vasperviller	Nördl. Vogesen
Haselbourg	N des Hüttengebiets von Saarburg/Sarrebourg; 2500 m nw HStO Glashüttenthal; 2500 m nö HStO Traubachthal	Nördl. Vogesen

Die Forschung hat Namen dieser Art in der Regel mit dem Haselstrauch (Hasel-), einem Fisch namens *Hassel* (cyprinus dobula; ahd. *hasela*), auch *Adelfelchen, Weißfisch, Blawling, Haßle* oder *Längele* genannt, bzw. mit dem Stamm der *Hessen* in Zusammenhang bringen wollen. In Förstemanns *Altdeutschem Namenbuch* wird — auf einer breiten Basis von Belegen, deren jeweilige Zuordnung jedoch nicht immer zwingend erscheint — auf mögliche Herleitungen von *mittelalterl.-lat. heisa, aisia, „Buschwald", hesia, Weiderecht;* das alte ‚hase', ‚Nebel' oder gar ahd. ‚haso', mnd. hase, „der Hase" hingewiesen.[43]

Auch eine von H. Bahlow in etwas apodiktischer Form formulierte These über den Zusammenhang des *has-/hasse-* Bildungen mit idg. *kas* und damit einer Deutung als *Moder, Moor, Sumpf* soll in diesem Zusammenhang angeführt werden.[44]

Die genannten Deutungen mögen in vielen Fällen zutreffen, wiewohl gegen die These, der Haselstrauch sei im Mittelgebirgsbereich für ganze Täler bzw. Berge namensgebend geworden und gegen das landsmannschaftliche Argument Einwendungen zu machen sind. Die *Hasel* tritt hier in historischer Zeit aufgrund einer gewissen Frostempfindlichkeit in aller Regel nur an Waldrändern und Feldrainen auf und meidet — anders als Erle, Espe und Weide — die Kaltluftseen der von den Glashütten freigelegten Talgründe. Außerdem stellt sie relativ hohe Ansprüche an die Bodenqualität, so daß auf den mageren, flachgründigen Verwitterungsböden der meisten Glashüttengebiete ge-

---

[41] Killing (wie Anm. 1) S. 16—33; Landau (wie Anm. 19) S. 280—295.
[42] Ebd.
[43] Vgl. Bach (wie Anm. 32), § 321, 353; Grimm (wie Anm. 30), Bd. IV, 2. Leipzig 1868—1877, Sp. 530—534, 1267—1270; Buck (wie Anm. 19) S. 102; Schwarz, E., Deutsche Namenforschung. Bd. II: Orts- und Flurnamen. Göttingen 1950, S. 170, 178, 188, 243, 271; Förstemann, E., Altdeutsches Namenbuch. Bd. 2: Orts- und sonstige geographische Namen, Abt. 1 (hrsg. v. H. Jellinghaus). München 1967, S. 1195—1197, 1271—1276, 1276—1283.
[44] Bahlow, H., Deutschlands geographische Namenwelt, Frankfurt/M. 1965, S. 200—201.

schlossene flächige Bestände kaum auftreten. Daß die „Hessen" — abgesehen von den Rändern ihres zentralen Siedlungsraumes und seinen benachbarten Landschaften — in weiteren Teilen des deutschen Sprachraums namengebend gewirkt haben sollten, ist ohnehin nicht sehr wahrscheinlich, da — anders als für die Sachsen im letzten Viertel des 8. Jh. — über Umsiedlungsaktionen oder andere bedeutende Bevölkerungsverschiebungen nichts bekanntgeworden ist.

Dennoch ist das Bündel möglicher Ableitungen insgesamt recht umfangreich und einigermaßen dispers. Monokausale Erklärungen führen im Bereich der Flurnamenforschung aufgrund des weitgehenden Fehlens von Quellen zum Vorgang der Namengebung und der jeweils damit verbundenen Absichten bzw. „Moden" offensichtlich nicht sehr weit, und auch der im folgenden zu skizzierende weitere Deutungsansatz ist nur als einer unter mehreren von ähnlicher oder im Einzelfall sogar größerer Plausibilität zu verstehen.

Seit dem Althochdeutschen bezeichnet das swv *heizian, heizen, heizen* den Vorgang des Heiß-Machens, des Erhitzens: z. B. *daz isen in der gluot heizen*.[45] *Heisse* lautet im Mittelhochdeutschen auch der bergmännische Fachausdruck für das *Ausrösten des Erzes*.[46]

Für die Fachsprache der Glasmacher fehlen — mit ganz geringen Ausnahmen[47] — vor dem 16. Jh. die Belege, ihre Tätigkeit wurde an so entlegenen Örtern und durch einen verwandtschaftlich einander so eng verbundenen, nach außen weitgehend abgeschlossenen Personenkreis ausgeübt, daß für diesen Bereich ebenso wie für sein Brauchtum ein im weitesten Sinne literarischer Niederschlag kaum vorhanden ist. Es ist jedoch anzunehmen, daß von den Glasmachern bzw. von der ohnehin nicht so stark differenzierenden agrarischen Umwelt für grundsätzlich ähnliche Vorgänge, wie das dem Rösten des Erzes entsprechende Fritten des Gemenges und das Erschmelzen der Glasmasse, Vorgänge, die in von der Konstruktion her durchaus vergleichbaren Öfen[48] stattfanden, gleiche oder ähnliche Begriffe verwendet wurden. Dies zeigt sich ja auch in der Bezeichnung der Produktionsanlage als *Hütte* und in der bereits im 16. Jh. gängigen auch fachsprachlichen Zuordnung der Glasmacherei zum Berg- und Hüttenwesen.[49] Es kann also mit gutem Grund davon ausgegangen werden, daß der Begriff der *Heisse* bzw. des *Heissens* als Benennung für den zentralen, nach außen hin durch immensen Holzverbrauch, starke Rauchentwicklung und nächtlichen Feuerschein besonders sinnfälligen Vorgang des Aufheizens und Unter-Feuer-Haltens der Öfen, des Frittens und Schmelzens auch im Bereich der Glasmacherei Anwendung fand.

Da aber der Diphtong *ei* in *heiz-* in den meisten süd- und südwestdeutschen Dialekten zu $\bar{a}, \bar{e}, \bar{\ae}, æ, a, ä, aə, oə, oa$ wurde, wie sich an der dialektalen Aussprache des Adjektivs *heiß* in südhessischen (*hās, hēs, hǟß, haß* ...), badischen (*hēs, hās, hēs, hǫs, hǫis* ...), ostfränkischen (*hās, häß, haß* ...), bayrischen (*haəs, hoəs, hoaß* ...) und el-

---

[45] LEXER, M., Mittelhochdeutsches Handwörterbuch, 1. Bd., Leipzig 1872, Sp. 1227.
[46] LEXER, M., Mittelhochdeutsches Taschenwörterbuch, 33. Aufl., Stuttgart 1969, S. 90.
[47] Einzelne Begriffe wie *kutterolf, offen glas, trock, stein* finden sich z. B. in der Bundesordnung der Glasmacher auf und um den Spessart von 1406; Abdruck bei KRIMM (wie Anm. 7) S. 226—228.
[48] Vgl. die Abbildung eines Röstofens, wie er sich ähnlich auch in den durch die Projektgruppe „Spessartglas" ergrabenen mittelalterlichen und frühneuzeitlichen Glashütten des 12./13.-17. Jh.s findet, bei AGRICOLA, G., De re metallica libri XII., Basel 1556, in der Ausgabe AGRICOLA, G., Zwölf Bücher vom Berg- und Hüttenwesen, hrsg. von der Georg-Agricola-Gesellschaft, Düsseldorf ³1961, S. 239.
[49] Vgl. AGRICOLA (wie Anm. 48).

sässischen *(hæs...)* Mundarten überprüfen läßt, erscheint die These nicht als unbegründet, daß die o. a. *Has-/Häs-/Hes*-Verbindungen ursprünglich auf Örtlichkeiten hinweisen, an denen *geheizzt*, d. h. geröstet, gefrittet und geschmolzen wurde. Namen dieser Art sind damit wohl in eine Reihe mit den — vermutlich jüngeren — Bildungen auf *Schmelz-/Schmalz*, *Brenn-* und *Sang-* zu stellen. In diesem Zusammenhang ist auch kurz auf die Beobachtung einzugehen, daß in der Nachbarschaft von Belegen der *Has-/Häs-/Hes*-Namensgruppe bisweilen auch Bildungen mit *Es-/As-* anzutreffen sind.[51] A. BACH hat darauf aufmerksam gemacht, daß der ON Essen (874: *Astnide*; 1054 *Astnithi*) wahrscheinlich zur Wurzel *ai-dh brennen, leuchten* und zur Gruppe an. *eisa Feuer*, ahd. *Schmiedeofen, Esse, éssa* ags. *ast Ofen*, mndl. *e(e)st(e)*, mnd. *eiste Dörrofen*, zu stellen ist, zu der auch nhd. *Asche* gehört.[52] Läßt man diesen Zusammenhang, der sich z. B. im Fall Essen an der Ruhr nach BACH auf Schmelzöfen zur Eisenverhüttung bezieht[53] und nach einem Augsburger Beleg von 1378 für *Esse* als *Gießhütte der Kanonen*[54] auch benachbarte Bereiche umfaßt, gelten, so spricht manches dafür, daß wir durch Namen der *Es-/As-*Gruppe ebenfalls einschlägige Hinweise erhalten.

Die Überprüfung dieser vor allem auf technikgeschichtlichen Beobachtungen und Erwägungen beruhenden Hypothesen muß Sprachwissenschaftlern und -historikern anheimgegeben werden. Für die deutsche Glashüttengeschichte könnten sie Bedeutung

---

[50] Vgl. PAUL, H./MOSER, H./SCHRÖBLER, J., Mittelhochdeutsche Grammatik, Tübingen [20]1969, § 116; Südhessisches Wörterbuch, begr. v. F. MAURER, Bd. 3, Marburg 1973, Sp. 246 ff.; Badisches Wörterbuch, bearb. v. E. OCHS, Bd. 2, Lahr 1942, S. 609 f.; Bayerisches Wörterbuch, bearb. v. A. SCHMELLER, Nachdr. d. 2. Ausg., München 1872—77 in 2 Bde. Bd. 1, Leipzig 1939, S. 1175; Wörterbuch der elsässischen Mundarten, bearb. v. E. MARTIN und H. LIENHART, Bd. 1, Straßburg 1899, S. 381; Rheinisches Wörterbuch, bearb. v. J. MÜLLER, Bd. 3, Berlin/Bonn 1935, S. 478; Frankfurter Wörterbuch, hrsg. v. W. BRÜCKNER, L. 4—6, Frankfurt/M. 1974, S. 1131; Historischer südwestdeutscher Sprachatlas, v. W. KLEIBER, K. KUNZE u. H. LÖFFLER, Bd. 2, Bern/München 1979, Karte 64; SARTORIUS, J. B., Die Mundart der Stadt Würzburg, Würzburg 1862, S. 57; HIRSCH, A., Mundarten im Spessart, Aschaffenburg 1971, S. 36/37.

[51]

NAME	ORTSBESTIMMUNG/NÄHERE ANGABEN	REGION
Espach	4000 m nw Hütten, 1500 m w Hasenbrünnle	Mainhardter Wald
Asbach	6000 m s Arnbruck, 2000 m sö Kolbersbach, 3000 m sö Röhrlberg, 6000 m osö Haselbach	Bayer. Wald
Eselhäuser	2500 m n Untergrafenried, 3000 m nw Schmalzgruben, 2000 m s Haselberg, 3000 m nw Haselbach	Oberpfälzer Wald (Böhmerwald)
Eselshöhe	2500 m wnw Rothenbuch, 1500 m sw HStO Tiergartengrund und Glasgrund (In diesem Zusammenhang wäre auch die Frage nach der korrekten Deutung des Namens „Eselsweg" für die durch den Kernbereich des Spessarter Glashüttengebiets führende Altstraße Steinau-Kleinheubach zu stellen	Spessart
Esselbach	1000 m sw HStO Oberndorf, 3000 m osö Glasofen	Spessart

Vgl. hierzu auch die Belege bei FÖRSTEMANN (wie Anm. 43).

[52] BACH, (wie Anm. 32), § 373.
[53] Ebd.
[54] Trübners Deutsches Wörterbuch, hrsg. V. A. GÖTZE, Bd. 2, Berlin 1940, S. 261.

erlangen bei der Klärung der Frage, seit welcher Zeit in bestimmten Regionen mit der Produktion von Waldglas zu rechnen ist. Es darf jedoch bereits jetzt die Vermutung geäußert werden, daß die wenigen, etwa bei A. BACH und E. SCHWARZ zusammengetragenen Beispiele[55] der namenstiftenden Bedeutung *technischer Anlagen* dem außergewöhnlichen Phänomen, das insbesondere in Ausbaugebieten den Rodungsvorgang mittrug bzw. diesem vorausging[56] und von daher den Prozeß der Namensgebung ebenso mitgeprägt haben sollte wie die quasi selbstverständlich vorhandenen natürlichen Bewuchsmerkmale (Hasel, Rohr etc.), nicht gerecht werden.

Im Sinne eines vorläufigen Fazits ist zumindest folgendes festzuhalten:

1. Eine ganze Reihe von Beispielen zeigt, daß in Regionen, in denen der Bestand vorindustrieller Glashütten über einen längeren Zeitraum nachgewiesen ist, ohne daß sich der Beginn der Glasmacherei archivalisch fassen ließe, Spuren bzw. Überreste der entsprechenden technischen Anlagen und spezifische Flurnamen in so enger Beziehung zueinander stehen, daß eine intensive und systematische Erforschung der in dieser Studie skizzierten Zusammenhänge angezeigt erscheint.

2. In ihrer Mehrzahl verweisen die angesprochenen Namensgruppen in allgemeiner Form auf das Vorhandensein von Brennöfen bzw. Hütten an einem bestimmten Ort, ohne auf den ersten Blick eine nähere Spezifizierung der jeweiligen Produktion zu gestatten. Dieser Sachverhalt erfordert vor der endgültigen Zuordnung zu einem bestimmten Gewerbe, wie z. B. der Glasmacherei, der Eisen- oder Buntmetallverhüttung oder der keramischen Produktion, sorgfältige Untersuchungen vor Ort. Er ermöglicht aber auch — insbesondere in eindeutig bestimmbaren Standorträumen — die Übertragung der dargestellten Ergebnisse auf technikgeschichtlich der Glasmacherei benachbarte Bereiche.

3. Als prospektives Instrument sind die angeführten Flur- und Ortsnamen, mit gewissen Einschränkungen, bereits beim gegenwärtigen Stand der Forschung nutzbar. Sie liefern auch da, wo ihre etymologische Herleitung das Stadium der Hypothesenbildung noch nicht überschritten hat, sowohl für die detailliertere Erschließung ganzer Hüttengebiete als auch für einzelne Geländebereiche, für die nur pauschale, in ihrer lokalen Zuordnung nicht näher bestimmbare Schriftzeugnisse vorliegen, wertvolle Anhaltspunkte, die — insbesondere beim Auftreten von Namensensembles aus verschiedenen Elementen der oben angeführten Gruppen[57] — durchaus im Sinne einer vorsorglichen denkmalpflegerischen Erfassung eingesetzt werden können.

---

[55] BACH (wie Anm. 32), § 373; SCHWARZ (wie Anm. 43) S. 200—203 (Bergbaunamen).

[56] Vgl. den kenntnisreichen Überblick bei KUHN, W., Geschichte der deutschen Ostsiedlung in der Neuzeit, 1. Bd. (15.—17. Jahrhundert), Köln/Graz 1955, S. 228—255; KRIMM (wie Anm. 7) S. 126—141, 191—195.

[57] Aus der Fülle des Materials nur einige Beispiele (vgl. auch Anm. 51):

Namensensemble	Region
Glasberg, Hasel-Grund, Hassel-Berg, Rohrgrund, im Radius von 2500 m sw bis nö der ehemals rieneckischen Burg Hauenstein im Kahlgrund.	Spessart
Auraer Ruhbrunnen, Glasborn, Glashüttenberge, Großer und kleiner Goldberg, Goldbrunnen und Goldkaute, im Radius von 2000 m s bis nw HStO Emmerichsthal.	Spessart
Heslich und Rohrgrund, 1500 m w und 750 m sw Eichenberg im Kahlgrund.	Spessart
Sange, Glasberg und Ruhschlag, im Radius von 2500 m n bis nö Huckelheim im Kahlgrund.	Spessart
Oberer und Unterer Glasberg, Glasgrund, Brennergrund, Kolberich-Berg, Vorderer und Hinterer Schmalzrain, im Radius von 1000 m um die Quelle des Roßbachs, 2500 m ssö Roßbach im Biebergrund.	Spessart
Glasgrund, Schafruhe und Scheiberwaldsgrund, 1500—2500 m ssw Pfaffenhausen im Joßgrund.	Spessart
Glasbuch, Hasberg und Haslertal, im Radius von 1250 m s bis ö HStO Ruppertshütten im Sindersbachtal.	Spessart
Hutmans-Wald, Hutmans-Grund und „Auf der Ruhe" im Radius von 1250 m w bis sw Ebersbach im Leidersbachtal.	Spessart
Hessenthal (Ort), Aschenbrunnen (1500 m sw), Hasenweg (2000 m s) und Fleckensteinshöhe (1000 m ssw), im Elsavatal.	Spessart
Heßgrund, Heßheide, Kühruh, im Radius von 2500 m sö bis ö der ehemals rieneckischen Burg Wildenstein (ö Seitental des Elsavatals).	Spessart
Gulden, Hasel-Berg, Klöß-Grund, im Radius von 2000 m nw bis ö Ansbach (ö über dem Maintal).	Spessart/Fränkische Platte
Alte Ruhe, Sangrain, Häsle, Gebrannte, im Radius von 3000 m nös bis sö Pflochsbach (ö Mainufer).	Spessart/Fränkische Platte
Hasel (HStO), Glashütten, Glaserkopf, Haselbach (alle 3000 m n Hasel), Silberloch (3000 m nö Hasel).	Südschwarzwald
Rohrklinge, Eselspfad, Hasenberg, Rohrmühle, im Radius von 2500 m sw bis nö Burg Gabelstein (500 m sw Waldenburg).	Mainhardter Wald/Waldenburger Berge

* Zur Bedeutung der im Spessart seit 1406 nachgewiesenen Glasmacherfamilie Fleckenstein vom 15. bis ins 18. Jh. vgl. KRIMM (wie Anm. 7) S. 43, 66, 90—108, 196—205.

Abkürzungen:

BStAW   Bayerisches Staatsarchiv Würzburg
SBAW   Gräflich Schönbornsches Archiv Wiesentheid (als Depositum im BStAW)
HStO   Hüttenstandort

DIE FEIER ALS KUNDGEBUNG

Ein Aspekt der „politischen Kultur" der Weimarer Republik

von

Werner K. Blessing

1. Republik ohne Staatskult

Mit dem Ende der Monarchie in Deutschland 1918 verschwand auch ihr offizieller Kult[1]. Dessen Feiern — vor allem Königsjubiläum, Kaisers Geburtstag, Sedantag — hatten auf die gesamte Bevölkerung gezielt. Ihre Resonanz mag zwar bei den Außenseitern des Kaiserreichs, den Arbeitern und zum Teil auch den Katholiken, stets gebrochen gewesen sein. Und auch allgemein sank ihre Legitimitätswirkung seit dem Ende des 19. Jahrhunderts merklich. Dennoch waren durch diesen Kult Staatsorgane, Kirchen und die sozialen Lebenswelten immer erneut in eine rituelle Beziehung gebracht worden, die ein Mindestmaß gesellschaftlicher Einheit vorstellte[2]. Sie hatten die Vielzahl der Feste und Feiern überwölbt, mit denen ein vereineifriges Volk Gesinnung und Geselligkeit übte, so wie die sozialen Gruppen vom monarchisch-bürokratischen Staat überwölbt worden waren.

Als dieser, zunehmend brüchig, unter der Last des Krieges schließlich zusammenstürzte, entfiel auch der gemeinsame Fluchtpunkt öffentlicher Feste. Die traditionale Loyalität, längst unterhöhlt und doch bis zuletzt von großer Bedeutung, war wertlos geworden, ohne daß eine andere vergleichbar allgemeine Bindung von breiter Tragfähigkeit entstanden wäre. Ein Ausdruck dafür war die auffallende Dissonanz der öffentlichen Feiern im Deutschland der Weimarer Republik.

Für freundliche Quellenhinweise danke ich Herrn Archivdirektor Dr. Franz Machilek und Herrn Oberarchivrat Dr. Karl-Heinz Mistele, beide Staatsarchiv Bamberg, für Anregung und Kritik Herrn Professor Dr. Karl Möckl.

[1] Vgl. Harry Pross, Politische Symbolik. Theorie und Praxis der öffentlichen Kommunikation, Stuttgart 1974; ders., Über politischen Ritualismus, in: Merkur Nr. 388, 9. Jg. (1980), S. 882—892; Murray Edelman, Politik als Ritual. Die symbolische Funktion staatlicher Institutionen und politischen Handelns, Frankfurt, New York 1976.

[2] Vgl. Theodor Schieder, Das deutsche Kaiserreich von 1871 als Nationalstaat, Köln, Opladen 1961, S. 72 ff., 125 ff.; Klaus Tenfelde, Adventus. Zur historischen Ikonologie des Festzugs, in: HZ 235 (1982), S. 46—84; Kai Detlev Sievers, Öffentliche Festveranstaltungen in Kiel während der wilhelminischen Zeit, in: ZfVolkskunde 75 (1979), S. 1—22; Werner K. Blessing, Staat und Kirche in der Gesellschaft. Institutionelle Autorität und mentaler Wandel in Bayern während des 19. Jahrhunderts, Göttingen 1982 (Krit. Studien 51), S. 75 ff., 128 ff.; 228 ff., ders., Der monarchische Kult, politische Loyalität und die Arbeiterbewegung im deutschen Kaiserreich, in: Gerhard A. Ritter (Hg.), Arbeiterkultur, Königstein/Ts. 1979 (= NWB 104), S. 185—208; Hans-Walter Hedinger, Der Bismarck-Kult. Ein Umriß, in: Gunther Stephenson (Hg.), Der Religionswandel unserer Zeit im Spiegel der Religionswissenschaft, Darmstadt 1976, S. 201—215. Einen engagierten Überblick zum politischen Kult insgesamt gibt George L. Mosse, Die Nationalisierung der Massen. Politische Symbolik und Massenbewegungen in Deutschland von den Napoleonischen Kriegen bis zum Dritten Reich, Berlin 1976 (amerik. Orig. 1975); vgl. auch Gottfried Korff, Politischer ‚Heiligenkult' im 19. und 20. Jahrhundert, in: ZfVolkskunde 71 (1975), S. 202—220.

Die Republik, ohne durchschlagende Legitimität und Attraktivität und — in bewußtem Gegensatz zu Wilhelminischem Glanz — karg in ihrer Selbstdarstellung[3], vermochte keinen wirkungsvollen Staatskult zu entwickeln. Denn die Revolution begründete keinen Mythos, sondern entzweite die Nation; der Krieg endete mit einer Demütigung, die nur dem Kampfritual der inneren Staatsfeinde nutzte; und die Verfassung zog so wenig Engagement auf sich, daß der jährliche Verfassungstag nur beiläufig begangen wurde[4]. In Bayern lehnte z. B. 1924 die Regierung eine amtliche Feier wie bei irgendeinem beliebigen Ereignis ab, weil *das Festefeiern und das Demonstrieren einen übertriebenen Umfang angenommen hat*[5]. Einzig das Gedenken an die Kriegsopfer war in einer Gesellschaft, über der schwer der Schatten des Weltkrieges lag, so allgegenwärtig, daß die von den Kriegerverbänden veranstalteten Feiern durch Staat und Kirchen offiziös gemacht wurden und in allen Bevölkerungskreisen Widerhall fanden. Allerdings ließen auch die Gefallenen weltanschauliche Gegensätze nicht immer vergessen; die Arbeiterschaft wurde, wenn sie organisiert teilnehmen wollte, nicht selten auf eigene Gedenkfeiern abgedrängt[6].

So beherrschten die öffentliche Bühne die Feiern der verschiedenen Lager, die um die Macht und die Ordnung in Deutschland rangen. Bereits im Kaiserreich hatten diese Lager, vor allem liberal-nationales Bürgertum, katholisches Kirchenvolk und Arbeiterbewegung, mit Versammlungen und Umzügen Straßen und Säle gefüllt, um für ihre Werte und Interessen zu demonstrieren. Nun aber waren Feiern dieses Typs in Wesen und Stellung verändert: im Stil entschieden schärfer, im Anspruch unbedingter und mit nahezu monopolartiger Geltung. Die großen öffentlichen Feiern in der Weimarer Republik waren jeweils partikulare Ereignisse; sie spiegelten die Zerklüftung der Nation und vertieften sie zugleich. In ihnen gipfelte eine breite Szenerie zahlloser Kundgebungen, die eine durch Krieg und Bürgerkrieg polarisierte, leicht mobilisierbare Bevölkerung veranstaltete: die „vaterländischen Verbände" Deutsche Tage und Soldatentreffen, die Völkischen bzw. Nationalsozialisten ihre Gautage und Sonnwendfeiern, die Linke Mai-Aufmärsche und Republikfeiern, die katholischen Korporationen und Vereine ihre halb religiösen, halb politischen Massenversammlungen[7]. Die Elemente dieser Rituale, so

---

[3] Bereits bei den Verfassungsberatungen stand der mit großem Ernst verfolgte Grundsatz der Gleichheit der Staatsbürger den Möglichkeiten zeremonieller Repräsentation, die einzelne Personen oder Gruppen hervorhebt, entgegen, was sich u. a. darin niederschlug, daß Orden und Ehrenzeichen nicht mehr verliehen werden durften (Weimarer Reichsverfassung Art. 109, Abs. 4—6).

[4] Vgl. z. B. THEODOR HEUSS, Erinnerungen 1905—1933, Frankfurt, Hamburg 1965, S. 167; zu den — erfolglosen — Bemühungen, den Verfassungstag zum Nationalfeiertag aufzuwerten, u. a. ERWIN RITTER, Hoch über den Parteien das Vaterland! Ein Beitrag zur Flaggen-, Wappen- und Festtagsfrage, Karlsruhe 1931, S. 1 ff.

[5] Innenministerium (InnM.) — Regierung Oberfranken (Reg.OFr.) 29. 7. 1924: Staatsarchiv Bamberg (StABbg) Reg.OFr. Abg. 1967 4798. Ähnlich schon 1923 und in den folgenden Jahren. Private Feiern in geschlossenen Räumen waren erlaubt.

[6] Vorgesehen waren Gottesdienste, Trauergeläute, Trauerbeflaggung der öffentlichen und möglichst der Privatgebäude, *tunlichste Förderung* der Feiern der Kriegervereine, in den Schulen Hinweise auf die Bedeutung des Tages (Bayer. Staatsanzeiger Nr. 247 25. 10. 1926) aus *Ehrfurcht vor den Gefallenen und ... Dank für die Opfer, die das ganze deutsche Volk im Kriege gebracht hat* (InnM. — Regierungen 22. 7. 1924: StABbg Reg.OFr. Abg. 1967 4798). Die Feiern mußten *unpolitisch und würdig* verlaufen. Ein Ausschluß des Reichsbanners Schwarz-Rot-Gold z. B. 1925 in Bamberg durch den Kriegerbund (Stadtkommissar Bbg — Reg.OFr. 9. 11. 1925: StABbg Präs. Reg. 2594).

[7] Für Bayern bieten den besten Überblick die Regierungspräsidentenberichte: Hauptstaatsarchiv München (HStAM) MA 102155, 1—3.

wie sie das jeweilige „Milieu" inhaltlich und formal bedingte, werden an den herausragenden Veranstaltungen am deutlichsten.

Öffentlicher Kult in der Weimarer Republik wird im folgenden am Beispiel mehrerer derartiger Feiern beschrieben, die in den größeren Städten eines überschaubaren, durch Lage und Struktur überdurchschnittlich repräsentativen Gebietes stattfanden: im nordbayerischen Oberfranken, das am Süden wie an der Mitte Deutschlands teilhatte sowie mit dem Norden in alter Verbindung stand, das historisch sehr heterogen war und divergente Lebensraumtypen in sich vereint[8]. Es ist ein Teil jenes Franken, welches dem Jubilar zweite Heimat, akademisches Wirkungsfeld und Hauptgegenstand seiner Forschung geworden ist. Die Fallstudie erlaubt keine generellen Aussagen; aber sie weist, da sie in Deutschland verbreitete Konstellationen exemplarisch zeigt, doch über sich hinaus.

2. Partikulare Repräsentation

2.1 Das katholische Kaiserjubiläum

Im Juli 1924 beging man in Bamberg mit großem Aufwand und unter gewaltigem Zulauf das Jubiläum des 900. Todestages Kaiser Heinrichs II., des Bistumsgründers und -patrons[9]. *9 Tage wird* — so der Aufruf des Festausschusses — *die altehrwürdige Kaiser- und Bischofsstadt widerhallen von dem Singen und Beten des gläubigen Frankenvolkes* mit seinem Gelöbnis, *den kath. Glauben zu wahren und zu hüten allen Anfechtungen und Stürmen zum Trotz*[10].

Aus der gesamten Erzdiözese und von weiter her strömten die Gläubigen — u. a. mit vielen Sonderzügen — zu den Predigten und Pontifikalämtern einer erlauchten Reihe von Bischöfen, zu den Betstunden und Generalkommunionen, wie z. B. *die Riesenwallfahrt des Dekanates Stadtsteinach . . ., ein wohlgeordnetes Heer von Betern, mit wehenden Fahnen um ihre Seelsorger geschart, besonders imponierend die Pfarrei Stadtsteinach selbst mit ungefähr 500 Teilnehmern*[11]. Mehrmals führte ein Festspiel Leben und Wirken Heinrichs II. vor und eine Jubiläumsausstellung vergegenwärtigte seine Zeit. Der Schuljugend wurde in eigenen Feiern der Heilige als Vorbild gezeigt; die Gesellen- und Burschenvereine, im St. Heinrichs-Ring zusammengeschlossen, stellten sich auf einer großen Kundgebung unter seinen Geist; eine Festakademie der katholischen

---

[8] Die Verwaltungseinheit, der Regierungskreis Oberfranken, hatte Mitte der 1920er Jahre eine Ausdehnung W—O von gut, N—S von knapp 100 km, eine Fläche von 7514 qkm, 730 000 Einwohner, über 1100 Gemeinden, darunter 45 Städte, davon 4 mit über 20 000 Einwohnern (Bamberg 49 000, Hof 40 000, Bayreuth 34 000, Coburg 23 000) (Bayerisches Jahrbuch 1925, München 1924). Er umfaßte klein- und mittelbäuerliche Gebiete sehr unterschiedlicher Ertragslage, industrialisierte Gebiete vorwiegend mit Mittelbetrieben, ein starkes Kleingewerbe und einen Dienstleistungssektor — öffentlich und privat — von recht dichter Streuung. Konfessionell war es etwa zu gleichen Teilen gemischt; historisch stand es teils in geistlichen, teils in weltlichen Territorialtraditionen; sein Westteil war auf den fränkischen Süden und Westen ausgerichtet, sein Ostteil nach Sachsen und Böhmen, der Norden nach Thüringen; zudem besaß der ehedem markgräfliche Osten Bindungen an Preußen.
[9] Bamberger Volksblatt, besonders Nr. 90 16. 4., Nr. 148 28. 6., Nr. 161 14. 7. 1924; Bamberger Tagblatt Nr. 161 14. 7. 1924; StABbg Reg.OFr. Präs.Reg. 2640.
[10] 14. 6. 1924: ebd. Der Vorstand des Festausschusses bestand aus dem Weihbischof, dem 1. Bürgermeister, 1 Zahnarzt, 1 Kaufmann, 1 Bankier, 1 Bankprokuristen; Mitglieder waren 6 hohe Geistliche und der Domkapellmeister, 18 höhere Beamte und Richter, 6 mittlere Beamte bzw. Lehrer, 2 Professoren, 2 Offiziere, 3 ehrenamtliche Stadträte sowie der Stadtschulrat und der Stadtbaurat, 1 Kaufmann, 1 Ingenieur, 1 Künstler.
[11] Bamberger Volksblatt Nr. 161 14. 7. 1924.

Studentenverbindungen Frankens feierte ihn als Heros ihrer Ideale[12]. Am letzten Tag — *ein Kaisertag fürwahr, der sich kühn an die Seite stellen kann dem Glanze der Bamberger Kaisertage*[13] — füllten an die 50 000 Menschen die Straßen. Der Nuntius Pacelli zelebrierte im Dom das Pontifikalamt; nachmittags zog durch die Innenstadt eine prunkvolle Reliquienprozession der Bruderschaften, Korporationen, Zünfte, Vereine mit dem umjubelten Kronprinzen Rupprecht in Feldmarschalluniform; später veranstaltete die Stadt Bamberg einen Festabend, der das mittelalterliche Kaisertum als Maßstab christlichen Regierens beschwor[14].

Neben der geistlichen gab viel weltliche Prominenz der Feier Bedeutung: der ehemalige König von Bulgarien mit Gefolge, der bayerische Ministerpräsident Heinrich Held, der vom Heinrichsjubiläum *einen breiten Strom göttlicher Gnade über das bayerische Volk und den bayerischen Staat* fließen sah und den Heiligen als sein politisches Vorbild pries[15], hohe Beamte, Offiziere und Professoren. Dem protestantischen Regierungspräsidenten von Oberfranken war die Teilnahme allerdings hauptsächlich eine Amtspflicht. Besonders manifest wurde die historische Verbundenheit von Bischofsstadt und fränkischem Land, indem unter den Ehrengästen Reichsadel und Reichsritterschaft, die eine Reihe von Fürstbischöfen gestellt hatten, herausragend vertreten waren und die Bürgermeister aller ehedem hochstiftischen Städte dem Erzbischof die Ehrenbürgerschaft verliehen[16]. Ausführliche Presseberichte und die Erzählungen der Teilnehmer vermittelten die Feiern allen Diözesanen, und Denkmünzen, Festnummern der Zeitungen und fromme Broschüren hielten ihre Wirkung lange wach[17].

Auf welche Wirkung aber zielte das Heinrichs-Jubiläum? Natürlich war es in erster Linie ein glänzendes Kirchenfest — triumphale Repräsentation einer mächtigen Institution, intensive Massenseelsorge und Heerschau des katholischen Lagers. Daran schloß sich eng die Selbstdarstellung Bayerns als eines christlich-konservativen Landes. Die in der selbstverständlichen Autorität des Kronprinzen sichtbare, ungebrochene „Thron und Altar"-Tradition ging über in das aktuelle Bekenntnis des Ministerpräsidenten zur *innigen Verbindung von Kirche und Staat* als der Grundlage öffentlichen und privaten Wohls[18]. Doch dieses Jubiläum war mehr als staatlich geförderter religiöser Kult.

Gerade die demonstrative Kirchennähe der zur Staatspartei werdenden Bayerischen Volkspartei zeigt, wie stark die Feier von den Umständen ihrer Zeit geprägt, wie emi-

---

[12] Bamberger Volksblatt Nr. 90 13. 4., Nr. 161 14. 7. 1924; Bamberger Tagblatt Nr. 161 14. 7. 1924; gedr. Programm der *Festakademie anläßlich des Heinrichsjubiläums veranstaltet von den Vereinigten Bamberger Philister-Verbänden der kath. Korporationen am 13. Juli 1924*: StABbg Reg.OFr. Präs.Reg. 2640; gedr. Katalog der *Ausstellung bei der Neunhundertjahrfeier des heiligen Bistumspatrons Kaiser Heinrich II im Kapitelhaus zu Bamberg 6. bis 13. Juli 1924*: ebd.

[13] Bamberger Volksblatt Nr. 161 14. 7. 1924.

[14] Gedr. *Ordnung für die Reliquien-Prozession bei der Jahrhundertfeier des Hl. Bistumspatrons Kaiser Heinrich II. am Sonntag, den 13. Juni 1924*: StABbg Reg.OFr. Präs.Reg. 2640; gedr. *Festabend veranstaltet von der Stadt Bamberg aus Anlaß der Neunjahrhundert-Feier des hl. Bistumspatrons Kaiser Heinrich II. . . . . 13. Juli 1924*: ebd.; Bamberger Volksblatt Nr. 161 14. 7. 1924.

[15] Ebd.

[16] Vertreten waren u. a. die Familien Schönborn, Stauffenberg, Groß-Trockau, Franckenstein, Gebsattel. Die Ehrenbürgerwürde verliehen Kronach, Forchheim, Burgkunstadt, Ebermannstadt, Herzogenaurach, Höchstadt, Hollfeld, Pottenstein, Scheßlitz, Stadtsteinach, Staffelstein, Teuschnitz, Waischenfeld und Weismain (ebd.).

[17] Aufruf 16. 4. 1924: StABbg Reg.OFr. Präs.Reg. 2640; Die hohe Warte. Blätter zur Erbauung und Belehrung. Unterhaltungsbeilage zum Bamberger Tagblatt Nr. 154 5. 7. 1924; Bamberger Blätter für fränkische Kunst und Geschichte. Beilage zum Bamberger Volksblatt, Jubiläumsnr. Juli 1924.

[18] Bamberger Volksblatt Nr. 161 14. 7. 1924.

nent politisch sie war. In den Predigten, Reden, Aufrufen war die *tiefe Volksnot* allgegenwärtig, und Heinrich II. wurde als *deutscher Volkskaiser*, als *Führer und Einiger* aus der Kraft des Glaubens und des Gehorsams gegen den Papst zum Vorbild für den Wiederaufstieg Deutschlands stilisiert: *Sein Geist überschatte die deutsche Jugend und Deutschland wird gerettet.* Der Materialismus, das Gift, das die deutsche Seele zerfrißt, wird ebenso heftig angegriffen wie der völkische Nationalismus. *St. Heinrich zeigt uns den goldenen Weg aus diesen Irrgängen . . . Deutschen Volkes Ehre und deutschen Volkes Freiheit wollen wir erkämpfen . . . mit der tiefen Gottgläubigkeit . . . Heilig ist uns deutscher Boden, deutscher Herd, deutsche Familie, heilig und unantastbar bleiben uns unser katholischer Glaube, unsere christliche deutsche Sitte.* Katholiken harren nicht auf einen großen Führer; sie haben *den Steuermann des Schiffleins Petri*. Nicht nur unter den Fahnen der Kirche und Bayerns, sondern unter den alten Reichsfarben Schwarzweiß-rot betete man *für Bambergs Land und Volk . . . und für das Land, das auch für Heinrich den Heiligen Gegenstand der heißesten Gebete gewesen ist, für das tiefgesunkene, doch . . . heißgeliebte deutsche Vaterland.* Auf der Festakademie gelobte man im Festlied *Treukatholisch laß uns sterben/ Und treudeutsch in Ewigkeit*, man sang nach einer Papsthymne Ernst Moritz Arndts Befreiungslied *Der Gott, der Eisen wachsen ließ,/ Der wollte keine Knechte* und zuletzt stehend das Deutschlandlied[19].

Das Traditionsfest der Diözese war zugleich ein deutscher „Rüsttag". Sie war ein Aufruf zur nationalen Erneuerung aus den Werten der Römischen Kirche, zum Kampf gegen deren weltanschauliche Gegner, die zugleich das Vaterland verdarben, zur Loyalität zum christlich regierten Bayern. Wenige Jahre nach einer Revolution, die man als Sieg des atheistischen Sozialismus sah, wenige Monate nach der doppelten Gewaltbedrohung durch den *Wahn . . . eines von Gott losgelösten Nationalismus*[20] und den Kommunismus, unter dem Schock von Ruhrbesetzung und Hyperinflation — angesichts dieser äußeren und inneren Not Deutschlands und zugleich unter dem Eindruck des Machtgewinns der Kirchengegner mußte eine Feier mit so außerordentlicher Breitenwirkung auch zum Forum des nationalen Engagements der Kirche werden. Der verklärte heilige Kaiser stand für die tausendjährige Leistung dieser Kirche für das Reich, in der ihre aktuelle Sorge um und ihr Anspruch in Deutschland gründeten. Die Nation war eindringlich gegenwärtig und zog die gewohnten Horizonte — die Diözese, das Frankenland und Bayern — in ihr bedrängtes Schicksal[21].

---

[19] Bamberger Tagblatt Nr. 161 14. 7. 1924; Bamberger Volksblatt Nr. 90 16. 4. (*Aufruf an die katholische Jugend* der Diözesanverbände der kath. Gesellenvereine und der kath. Jugend- und Jungmännervereine vom 19. 3. 1924, Motto *Unter dem Kaiserbanner St. Heinrichs für unser deutsches und bayerisches Vaterland!*), Nr. 161 14. 7. 1924; *Festakademie*; StABbg Reg.OFr. Präs.Reg. 2640.

[20] Bamberger Volksblatt Nr. 90 16. 4. 1924 *(Der sozialistischen Jugend gilt unser brüderlicher Flehruf: Los vom Atheismus des Sozialismus und zurück zu Christus! In die Reihen der Nationalsozialisten . . . aber möchten wir hineinrufen: Es ist Irrlehre, ist Verführung . . . Liebe zum Volke und Liebe zum Vaterlande ist . . . unzertrennlich von der gläubigen Gottesliebe. Rüttelt nicht an diesen ewigen Gesetzen wahrer Vaterlandsliebe!)*.

[21] *. . . kommt, Euch mit uns zu vereinigen in dem Flehgebete, der große Heilige, der einst mit starker Hand des Deutschen Reiches Grenzen schirmte, möge dem deutschen Volke Schirmherr und Fürbitter sein in der Zeit schwerster vaterländischer Not* (Aufruf 14. 6. 1924: StABbg Reg. OFr. Präs.Reg. 2640).

2.2 Arbeitertrauer um den Reichspräsidenten

Am 28. Februar 1925 starb in der Reichshauptstadt der höchste Repräsentant der Weimarer Republik, der auch bei deren Entstehung eine zentrale Rolle gespielt hatte: der Reichspräsident Friedrich Ebert. Drei Tage lang zeigten die öffentlichen Gebäude Trauerbeflaggung, und alle öffentlichen Lustbarkeiten waren untersagt. Am Tag der Beisetzung erklang ein halbstündiges Trauergeläut aller Glocken, die Schulen blieben geschlossen, und die Gewerkschaften hatten zu einer kurzen Arbeitsunterbrechung aufgerufen; am folgenden Sonntag wurde in den Kirchen *des Ereignisses gedacht*. Die Presse jeder Couleur berichtete ausführlich — häufig illustriert — über die Trauerfeierlichkeiten in Berlin und Heidelberg[22].

Darüber hinaus aber blieb die Anteilnahme vielerorts auffallend schwach. Die offiziellen Trauerriten wurden überwiegend *sehr gelassen, ziemlich teilnahmslos hingenommen*, ohne *tiefere Bewegung* und erkennbare Trauer; ja, es *wurde das Gegenteil dieses Gefühls häufig unverhohlen zum Ausdruck gebracht*. Wenn Vereine eine „Kirchenparade" hielten oder ein Stadtrat eine öffentliche Trauerkundgebung veranstaltete, war das eine Ausnahme[23]. Wie wenig der Tod des Reichspräsidenten große Teile der Bevölkerung anging, äußerte sich kraß in Bayreuth, wo die bürgerliche Stadtratsmehrheit — darunter Reichs- und Staatsbeamte — sogar die Trauerbeflaggung des Rathauses und einen Nachruf des Oberbürgermeisters verhinderten. Das löste dann eine Protestversammlung der Sozialdemokraten, Pressefehden und einen heftigen Parteienstreit aus. Hier wie überall wurde der Tod Eberts *sehr verschieden beurteilt*[24]. Denn die Anhänger der Sozialdemokratie und auch Linksliberale zeigten sehr wohl ihre Betroffenheit öffentlich: In Orten mit starker Arbeiterbevölkerung fanden durchaus Trauerkundgebungen statt, die in erster Linie vom Reichsbanner Schwarz-Rot-Gold, diesem vorwiegend sozialdemokratischen Wehrverband, getragen waren. Und die sozialdemokratische Presse wurde eine Woche lang von dem Thema Ebert beherrscht[25].

Wichtigster Schauplatz solcher Öffentlichkeit war in Oberfranken die Industriestadt Hof. Hier wurde am 3. März die größte Trauerkundgebung veranstaltet. Zu ihr riefen *die gesamte republikanische Bevölkerung Hofs* Sozialdemokratische Partei und Deutsche Demokratische Partei auf, dazu Deutscher Gewerkschaftsbund, Freier Angestelltenverband und Deutscher Beamtenbund, das der Sozialdemokratie nahestehende Kartell für Bildung, Sport und Körperpflege und vor allem das Reichsbanner Schwarz-Rot-Gold (*. . . haben sämtliche Kameraden dienstlich in Uniform mit Armbinde teilzunehmen*)[26]. Im größten Saal der Stadt, unter schwarz-rot-goldener Dekoration, umrahmt von Händels Largo und Beethovens Trauermarsch, beschwor der Hofer Reichstagsabgeordnete Hans Seidel Weg und Werk Eberts als historische Leistung der Arbeiterklasse für Deutschland. Das hätten gerade auch zahlreiche bürgerliche Stimmen — u. a.

---

[22] Reg.OFr. — InnM. 18. 3. 1925: HStAM MA 102 155, 2; StABbg Reg.OFr. Präs.Reg. 1860; z. B. Bamberger Volksblatt Nr. 60 2. 3. 1925; Bamberger Tagblatt Nr. 50 2. 3. 1925; Bayreuther Tagblatt Nr. 51 2. 3. 1925; Marktredwitzer Tagblatt Nr. 51 2. 3. 1925; Oberfränkische Volkszeitung Nr. 51 2. 3., 52 3. 3., 53 4. 3. 1925; Hofer Anzeiger Nr. 52 2. 3. 1925.

[23] Bezirksamt (BA) Forchheim — Reg.OFr. 13. 3. 1925; BA Höchstadt — Reg.OFr. 14. 3. 1925; BA Kronach — Reg.OFr. 12. 3. 1925; BA Lichtenfels — Reg.OFr. 12. 3. 1925; BA Münchberg — Reg.OFr. 14. 3. 1925: alle StABbg Reg.OFr. Präs.Reg. 1860.

[24] BA Stadtsteinach — Reg.OFr. 16. 3. 1925: ebd.

[25] Z. B. in Kronach, Münchberg, Helmbrechts, Marktredwitz (ebd.). Oberfränkische Volkszeitung Nr. 51—Nr. 57 2.—9. 3. 1925.

[26] Oberfränkische Volkszeitung Nr. 52 3. 3. 1925.

die Reichsregierung — bezeugt[27]. Der Arbeitergesangverein „Union" sang den — wie es für den Sakralanspruch der Feier kennzeichnend hieß — Choral *Ein Sohn des Volkes* und *Tord Foleson*, das Lied vom Mann, der fiel, als er das Banner seiner Sache siegreich aufgepflanzt hatte. Diese getragene Feierlichkeit durchbrachen nur die scharfen Angriffe des Redners auf die *Gassenbubenmanier* der Rechten, die *Leichenfledderei* ihrer Presse an Ebert und *die niederträchtigste Hetze* der Kommunisten[28].

Denn der Tod des ersten Reichspräsidenten wurde in einem Maß in die ideologisch-politische Konfrontation gezogen, das schlaglichtartig erhellt, wie sehr auch das Bild des höchsten Staatsamtes der umstrittenen Republik *von der Parteien Gunst und Haß verwirrt* war.

Im Umkreis der Sozialdemokratie wurde Ebert zum *besten Sohn* der Nation und zur Leitfigur des Machtanspruchs der Arbeiter stilisiert: *Er wird in der Geschichte Deutschlands als einer der bedeutendsten Volksführer und Staatsmänner fortleben. Wenn wir alle regierenden Fürstenfamilien des 19. Jahrhunderts überblicken, so finden wir nicht eine Gestalt, die sich an Führerkraft mit Friedrich Ebert messen könnte.* Das mußte alle provozieren, denen die Monarchie als legitime Ordnung galt oder zumindest noch pietätvoll gegenwärtig war. Und es stimmte das Bürgertum in seiner Mehrheit bitter, wenn Ebert als Retter des Vaterlandes dem *Abgrund des Chaos* 1918 — *Feige trat das alte System vom Schauplatz seiner Schandtaten* — und zugleich als Garant proletarischer Zukunftsgewißheit gerühmt wurde: *Ein Führer der Arbeit war Staatsoberhaupt in einem großen Reiche der Erde. Dies Zeichen bleibt aufgerichtet, diese geschichtliche Tatsache lebt. Sie wird die Proletarier aller Länder erneut anspornen zu dem Willen, die Führung der Völker in die Hände der Arbeiterklasse zu bringen, für deren Aufstieg aus dem Nichts zur Macht Friedrich Ebert ein Symbol ist*[29].

Obwohl man den Rang Eberts besonders auch durch in- und ausländische Würdigungen von nichtsozialistischer Seite — bis hin zum Osservatore Romano — belegte, wurde der Reichspräsident doch so stark mit der Tradition und den Zielen der Arbeiterbewegung identifiziert, daß er als Repräsentant e i n e s Lagers erschien. Die Autorität des Staatsamtes wurde für die Legitimität der Arbeiterinteressen in einer Weise genutzt, wie sie von der Rechten gerade gegen diese gewendet wurde. Den einen war Ebert das *glänzendste Beispiel für den Aufstieg eines Mannes aus den arbeitenden Massen zu höchsten Leistungen im Dienste der Allgemeinheit;* die deutschnationale Öffentlichkeit verurteilte ihn als unfähig und — vor allem aufgrund seiner Rolle in der Revolution — als unzuverlässig, weshalb sein politisches Wirken *mehr dunkle als lichte Punkte* zeige: darum *vermögen wir die durch seinen Tod erfolgte Erledigung des Präsidentenamtes nicht zu bedauern.* Das — von der Presse genährte — Klima um die Trauerfeier war durch das Verhalten der Anhänger wie der Gegner parteiisch; es verwundert deshalb nicht, daß *aus den Kreisen der . . . Behörden . . . nicht eine im Saale anwesend war*[30]. Mehr um eine gerechte Würdigung bemühte sich hingegen, trotz prinzipiellen weltanschaulichen Gegensatzes, die katholische Öffentlichkeit. Ihr führendes Organ erkannte aus respektvoller Distanz an, daß Ebert, dieser gemäßigte Mann *zwischen Sozialismus*

---

[27] *Das ist der beste Beweis für die ruhmvolle Tätigkeit des Sozialdemokraten Ebert . . . Er war es, der Deutschland in der ganzen Welt wieder Ansehen, Ruhm und Ehre verschafft hat* (ebd.). Der Nachruf der Reichsregierung — *Er hat dem deutschen Volke und dem deutschen Vaterlande in schwerster Zeit als aufrechter Mann gedient* — wurde fett abgedruckt (ebd.).

[28] Oberfränkische Volkszeitung Nr. 53 4. 3. 1925.

[29] Oberfränkische Volkszeitung Nr. 51 2. 3. 1925.

[30] Oberfränkische Volkszeitung Nr. 53 4. 3. 1925; Hofer Anzeiger Nr. 52 2. 3. 1925.

und demokratischer Staatsbejahung, sein Amt *mit Klugheit, mit Würde und mit Form erfüllt* habe[31].

Im Streit um den Reichspräsidenten artikulierte sich verdichtet die Auseinandersetzung um die politische Ordnung und eine bessere Zukunft Deutschlands. Denn die Kundgebung war zugleich eine Demonstration für die Republik als sozialem Volksstaat, ein machtvolles *Treuegelöbnis . . . mit Leib und Leben sie zu schützen gegen alle Feinde,* die man in erster Linie im Innern sah[32]. Sie war ein Bekenntnis zu den in der Revolution durchgesetzten Werten und Institutionen, denen die Gegenseite ja gerade die Ohnmacht und die Not des Reiches zuschrieb. Auch bei dieser öffentlichen Feier ging es im Grunde um das Schicksal der Nation, um den rechten Weg zur Erneuerung ihrer Wohlfahrt, ihrer Stärke, ihrer Ehre. Wieder wurde die Zukunft des Reiches von einer der Weltanschauungen, die in der deutschen Gesellschaft miteinander konkurrierten, entschieden beansprucht. Für diese Weltanschauung warb, für deren Instanzen mobilisierte der funebrale Kult um den Arbeiterführer, in den weit über den Teilnehmerkreis der Trauerkundgebungen hinaus die sozialdemokratische Presse mit ihrer hohen Solidarisierungswirkung die breite Bevölkerung im industriellen Nordosten Oberfrankens einbezog.

Der Gegensatz, durch den Wahlkampf um Eberts Nachfolger wachgehalten, brach dann im Mai nach dem Wahlsieg und beim Amtsantritt Hindenburgs erneut — unter umgekehrtem Vorzeichen — in voller Schärfe auf[33]. Nun waren die Städte mit bürgerlicher Mehrheit voll von Feiern, Fackelzügen und Fahnen in den alten Reichsfarben. Letzteres erregte u. a. in Bayreuth und in Coburg, wo man für den Ehrenbürger Hindenburg drei Tage lang flaggte, die Sozialdemokraten zu Protestaktionen. In deren Hochburgen herrschte, nach der ersten Bestürzung über den Wahlausgang, dumpfe Niedergeschlagenheit; das höchste Staatsamt schien nicht nur für die Arbeiterbewegung verloren, sondern überhaupt für die Kräfte, die die Republik trugen und sich auf den Zentrumskandidaten Marx geeinigt hatten[33]. Die Sozialdemokraten, deren Wahlkampflosung gelautet hatte *Die Republik den Republikanern! Nie und nimmer ein Monarchist als Nachfolger Friedrich Eberts!*[35], fühlten sich und ihre Demokratie durch den Feldmarschall, der unter Symbolen des Kaiserreichs antrat, schwer geschlagen. Sichtbar bereits am Wechsel der Flaggen — die ja vom Anfang bis zum Ende Weimars umstritten waren —, folgte bei den Bekenntnisfeiern aus Anlaß des Reichspräsidentenwechsels auf die „linke" Demonstration rasch und hart eine „rechte" Mobilisierung.

2.3 Eine vaterländische Leichenfeier

Eine solche Mobilisierung löste wenig später auch ein lokales Ereignis aus. Im Januar 1927 fand in Bayreuth und Coburg ein Trauerakt statt für eine Persönlichkeit zwar ohne öffentliches Amt, doch gleichwohl von hoher öffentlicher Wirkung durch vielgelesene Schriften und einflußreiche Anhänger: für den völkischen Kulturphilosophen Houston Stewart Chamberlain. Früh in den Bann Richard Wagners geraten, hatte sich der Sohn eines englischen Admirals zu einem herausragenden „Künder" der germani-

---

[31] Bamberger Volksblatt Nr. 60 2. 3. 1925.
[32] Oberfränkische Volkszeitung Nr. 52 3. 3. 1925.
[33] HStAM MA 102155, 2; StABbg Reg.OFr. Präs.Reg. 1860, 1861.
[34] Reg.OFr. — InnM. 4. 5., 20. 5. 1925: HStAM MA 102155, 2. Der Beschluß des Polizei- und Verwaltungsrats des Stadtrats Coburg folgte einem Dringlichkeitsantrag der NSDAP; in Bayreuth beschloß der Stadtrat mit 15 Stimmen eine Beflaggung in schwarz-weiß-rot und weiß-blau gegen 11 Stimmen der SPD und 1 der BVP.
[35] Oberfränkische Volkszeitung Nr. 57 9. 3. 1925.

schen Rasse entwickelt, der u. a. Wilhelm II. beeinflußte. Seit 1908 als Schwiegersohn von Cosima Wagner in Bayreuth, war er neben dieser Mittelpunkt des Wagner-Kreises und — im Ersten Weltkrieg als alldeutscher Kriegspropagandist und danach als Mentor der völkischen Bewegung — zugleich eine geistige Leitfigur der Rechten vom nationalkonservativen Bürgertum bis zu Hitler[36]. Diese Kreise hatten ihm 1925 zu seinem 70. Geburtstag öffentlich in großem Stil gehuldigt. Die Trauerfeier zeigte erneut seinen Rang in Bayreuth, dessen Ehrenbürger er seit 1922 war, wie seine Bedeutung in Deutschland[37].

Nicht nur in der Stadt verbreitete sich die Nachricht vom Tode Chamberlains rasch; u. a. telegraphierte sie der Regierungspräsident von Oberfranken an den bayerischen Ministerpräsidenten, der ein Beileidstelegramm schickte, an den Innenminister und den Kultusminister. Er nahm auch, zusammen mit dem Oberbürgermeister und anderen Behördenvertretern, im Kreis zahlreicher Abordnungen vaterländischer Verbände an der Aussegnung in der Villa Chamberlains, nahe dem Haus Wahnfried, teil[38]. Diesen Akt, den Kantaten aus der Matthäuspassion umrahmten, bestimmte noch die lutherische Kirche.

Dann aber drängten sich SA-Leute vor, trugen, ehe die städtischen Leichenträger ihres Amtes walten konnten, den Sarg zum Leichenwagen und eskortierten diesen auf seinem Weg zum Bahnhof. Unter den Kränzen fiel nicht nur der prachtvolle der Stadt Bayreuth auf, sondern auch derjenige der „Hitlerleute" mit seinem großen Parteiemblem. Die Angehörigen, unter ihnen Siegfried Wagner, und die Spitzen der Behörden, voran der Regierungspräsident, sahen sich unvermutet hinter dem Hakenkreuz schreiten. Braunhemden zernierten die Honoratioren im Zylinder, *das ganze geistige Bayreuth, und Chamberlains Freunde von nah und fern* und schoben sich zwischen sie und den Toten. Die Nationalsozialisten nutzten vor den Tausenden, die die Straßen säumten, den Leichenkondukt für den *großen Schriftsteller für Deutschlands Ehre* zu einem Auftritt, der dessen Prestige ihrer Agitation zuführen sollte. *Der Bedeutendsten einer, die in Bayreuth gelebt haben* — so die bürgerliche Presse — wurde als *größtes und bestes Mitglied* der NSDAP-Ortsgruppe vorgeführt[39].

Am nächsten Tag fand in Coburg die Beisetzung statt. Auch hier wurde der Sarg von einer Eskorte Nationalsozialisten zum Krematorium überführt. Dort vereinten sich, umringt von SA- und Stahlhelmformationen, das monarchische und das bürgerliche Deutschland, Staat und protestantische Kirche, Vertreter „nationaler" Kunst und die politische Rechte um *den Deutschen, der als Ausländer von Geburt wie kaum ein anderer deutsches Wesen am reinsten erfaßt* hat: Prinz August Wilhelm von Hohenzollern als Vertreter Wilhelms II., der ehemalige König Ferdinand von Bulgarien aus dem Haus Sachsen-Coburg-Gotha, der Oberbürgermeister von Bayreuth, die Coburger Behörden, Vertreter des Alldeutschen Verbandes (an der Spitze ein Studienprofessor aus Bayreuth, der dort 1925 im Stadtrat führend den Trauerakt für Ebert verhindert hatte), des Winkingbundes, der völkischen Schriftsteller — und Adolf Hitler. Sie alle ehrten — so Pfarrer Pistorius in seiner Trauerrede — einen *von jenen Geistern, die ruhig neben die*

---

[36] Vgl. GOEFFREY G. FIELD, Evangelist of Race. The Germanic Vision of Houston Stewart Chamberlain, New York 1981. CHAMBERLAINS Hauptwerk: Die Grundlagen des Neunzehnten Jahrhunderts, München ¹1899, erschien bereits 1907 in 8. Aufl., bis 1915 waren 100 000 Exemplare verkauft.

[37] Reg.OFr. — InnM. 17. 9. 1925: HStAM MA 102 155, 2; Fränkischer Kurier Nr. 11 12. 1. 1927; Coburger Volksblatt Nr. 10 13. 1. 1927.

[39] Fränkischer Kurier Nr. 11 12. 1. 1927; Oberfränkische Zeitung und Bayreuther Anzeiger Nr. 9 12. 1. 1927.

größten der Welt gestellt werden müssen, ... *ja, neben die Religionsstifter* ... *Leider sind seine Mahnungen an die deutsche Nation an den verantwortlichen Stellen ungehört verhallt, sonst stünde es besser um uns*[40].

Die Trauerfeierlichkeiten für Chamberlain gewannen weit über die Wagner-Gemeinde und über seinen Anhängerkreis hinaus Bedeutung. Durch die Mitwirkung von Staat und Stadt erhielten sie einen quasi offiziellen Charakter und durch die Teilnahme von Fürstlichkeiten einen besonderen Rang. Traditionale und legale Autorität verstärkten sich dabei gegenseitig, weil die Amtsinhaber eine Regierung und Kommunen vertraten, die der Monarchie näher standen als dem Ergebnis der Revolution. Kein prominenter Sozialdemokrat oder Linksliberaler störte die Szene. Derart legitimiert, bot die Feier dem nationalen Bürgertum eine hervorragende Gelegenheit öffentlicher Selbstdarstellung. Auf dem gemeinsamen Boden protestantischer Mentalität konnten sich zahlreiche Gruppen und verschiedene Richtungen vom pfahlbürgerlichen Quietismus bis zur militanten Opposition mit Chamberlains Weltbild identifizieren und daraus Hoffnung auf den Wiederaufstieg Deutschlands ziehen. Rassenmythos, deutsches Kultur- und Machtpathos und ein heroisches Christentum verbanden Völkische und Deutschnationale, radikale Kleinbürger, Beamte, die sich nach dem Glanz der Monarchie zurücksehnten, und antiwestliche Intellektuelle. Da in Weimar mit seinem zweifellos hohen jüdischen Einfluß gerade der Antisemitismus, so breit er auch zwischen latentem Vorurteil und brutaler Hetze oszillierte, gesellschaftlich weit getrennte Gruppen als das „wahre Deutschland" zueinanderführte, feierten die Nationalsozialisten im prononciert protestantischen Bayreuth Chamberlain vor allem als Propheten einer *reinen Jesus-Religion: die kristallklare Herausmeiselung* (!) *der Heilandspersönlichkeit aus dem Wust von Beiwerk* ... *im Kampf* ... *gegen alle Mörder der deutschen Seele, in erster Linie gegen das Judentum*[41].

Zwar waren die Honoratioren sichtlich wenig davon erbaut, daß sich die SA in den Vordergrund der Feier schob. Aber sie duldeten sie doch, weil sie hofften, deren Massenkraft gegen gemeinsame Feinde nutzen zu können. Die Funeralien für Houston Stewart Chamberlain wurden so eine Demonstration der nationalen Kreise, die ihre Werte und Interessen in der Republik nicht genügend verwirklicht sahen. Den Wirkungsgrad des Bamberger Heinrichsjubiläums freilich erreichte sie nicht. Aber im Bayreuther und im Coburger Land und, durch Presse und mündliche Propaganda vermittelt, weit darüber hinaus stärkte sie das Selbstbewußtsein eines konservativen Bürgertums, das sich mit der Weimarer Ordnung nicht abfand, förderte zugleich den Wiederaufstieg des Nationalsozialismus und verband beide im Kampf um ein anderes Deutschland[42]. Dabei zeichnete sich allerdings auch schon ab, wie dieser mit seiner Dynamik jenes Bürgertum überspielen konnte.

---

[40] Bayreuther Tagblatt Nr. 10 13. 1. 1927; Fränkischer Kurier Nr. 12 13. 1. 1927; Coburger Volksblatt Nr. 10 13. 1. 1927.

[41] Oberfränkische Zeitung und Bayreuther Anzeiger Nr. 9 12. 1. 1927. Auch die Coburger Trauerpredigt bezeichnete ihn *als Christen, der erhaben über religiöse Dogmen, die nur die Gewissen beklemmen und ängstigen, das wahre Christentum verkündigte* (Bayreuther Tagblatt Nr. 10 13. 1. 1927).

[42] Z. B. die breite Berichterstattung in der wichtigsten bürgerlichen Zeitung Nordbayerns, dem Fränkischen Kurier (Nürnberg). Vgl. auch FIELD S. 444 f.

2.4 Luther und Bismarck — ein deutscher Führerkult

Eklatant wurde die Machtverschiebung im nationalen Lager einige Jahre später bei zwei vaterländischen Jubiläumsfeiern in Coburg. 1930 gedachte man mit Festakten, denen zahlreiche Ehrengäste, darunter natürlich der einstige Herzog Carl Eduard, Rang gaben, mit einer Ausstellung, in Zeitungen und Broschüren, mit Gedenkmünzen, Bildern und anderen Erinnerungszeichen ausgiebig des Aufenthalts Martin Luthers auf der Veste während des Augsburger Reichstages 1530[43]. Diese Vergegenwärtigung stand ganz im Zeichen der Zeit; sie war eine Aktualisierung für das *Volk in Not*. Symbole und Riten, Reden und Artikel folgten dem Leitsatz, daß *sie uns aufrichten aus allen niederdrückenden Zweifeln und bangen Sorgen der Gegenwart* durch *„Die aufbauende Kraft seiner Persönlichkeit und seines Wissens"*. Der Kult um den Luther jenes Krisenjahres der Reformation zielte auf die gegenwärtige Krise Deutschlands, die vor allem als geistige Krise eines *zerrissenen, führerlosen* Volkes in ähnlich verworrener Zeit gedeutet wurde: *Apokalyptische Zeiten verlangen nach einem prophetischen Führer. . . . Luther weiß Wort und Weg für unsere Zeit gegen* „die moderne gottlose menschenmordende kulturvernichtende Zivilisation der Maschine und des Geldes", gegen dem *müßigen* Streit der *Parteihengste* mit *ihrem Reigen um die Futterkrippe*, während *das Riesenungetüm des Bolschewismus von Osten her die eiserne Tatze hebt, um den letzten Rest an Wohlstand, Glück und Frieden in deutschen Landen zu zertreten*. Der so in der Beilage der meistgelesenen Zeitung, der bürgerlichen „Coburger Zeitung", die „Deutscher Wille. Volksnationale Blätter zur Erzielung eines bewußten Deutschtums" hieß (Motto: *Dem Vaterland, und nicht der Partei*), zur Volksgemeinschaft aufrief, war derselbe Pfarrer Pistorius, der Houston Stewart Chamberlain die Leichenrede gehalten hatte[44].

In Luther, dem vom 19. Jahrhundert stilisierten Nationalheros — *Martin Luther, Mann von Erz,/Feuergeist und Felsenherz!/ . . Deutsch sein Name, deutsch sein Blut,/ deutsch sein Trotz und Mannesmut —*[45], verdichtete sich nun aus mitteldeutschem Kulturprotestantismus, Nationalismus und Führeridee, Antiparlamentarismus und Antimarxismus eine Einstellung, mit der ein Großteil des protestantischen Bürgertums sich endgültig von der Weimarer Demokratie abwandte und sein Heil, das Heil des Reiches in einer autoritären Neuordnung suchte. Das war kein Bekenntnis zum Nationalsozialismus; doch kam es völkischen Leitwerten so nahe, daß die arrivierende Hitler-Bewegung von jener Einstellung so lange geschützt, ja protegiert wurde, bis sie diese angreifen und weitgehend aufsaugen konnte.

---

[43] StABbg Reg.OFr. Präs.Reg. 2641; Coburger Zeitung Nr. 90 16. 4. 1930.

[44] Deutscher Wille. Beilage der Coburger Zeitung Nr. 7 16. 4. 1930. Im Leitartikel des Coburger Dekans Weiß: *Gewaltig wirkt sein Geist . . . als hätte dem zerrissenen, führerlosen, in endlosen Verlegenheiten hin- und herschwankenden Volke gerade der Luther von 1530 . . . viel zu sagen.* Die evangelischen Arbeiter werden aufgerufen, nicht Materialismus und Klassenkampfdenken zu erliegen, sondern *die wirkliche Erlösung von allem Menschenleide* im Glauben zu suchen. Der Vertreter der bayerischen Regierung gedachte bei der Eröffnung der Ausstellung *des gewaltigen Gottesmannes, des großen Deutschen*, dessen *christliche Weltanschauung . . . der Schlüssel für die Wiedergeburt und den Wiederaufstieg des deutschen Volkes* sei; der Vertreter der Stadt sah Luther *als Deutschen schlechthin!*

[45] Gedicht *Jubelgruß* von Karl Gerok (Oberhofprediger und Dichter in Stuttgart, 1815—1890), verfaßt zum 400. Geburtstag Luthers 1883. Weitere Kronzeugen für den Nationalheros Luther waren Herder *(Mächtiger Eichbaum deutschen Stammes!)*, Felix Dahn *(Die deutsche Sprache und Luther)* und E. M. Arndt *(. . . ein deutscher Mann, dem Ernst vor Tand, Wahrheit vor Betrug, Gott vor dem Teufel galt)*. Vgl. auch MAX L. BAEUMER, Lutherfeiern und ihre politische Manipulation, in: REINHOLD GRIMM — JOST HERMAND (Hrsg.), Deutsche Feiern, Wiesbaden 1977, S. 46—61.

Schon zu Beginn des folgenden Jahres zeigte das spektakulär ein anderer nationaler Kultakt. Im Januar 1931 veranstaltete die Vaterländische Arbeitsgemeinschaft, ein Zusammenschluß bürgerlicher Wehrverbände und verwandter Organisationen, zur Erinnerung an die Reichsgründung 1871 eine Feier im größten Saal Coburgs, die rund 1200 Menschen besuchten, und eine Kundgebung auf dem Marktplatz mit über 2000 Teilnehmern. Der Stadtrat hielt im schwarz-weiß-rot geschmückten Rathaussaal eine Festsitzung ab; die zweitstärkste Fraktion, die Sozialdemokraten fehlten freilich dabei[46]. Bismarck und sein Werk, unmittelbar gegenwärtig durch Veteranen von 1866 und 1870/71 als Ehrengäste, wurden beschworen als Maßstab deutscher Größe, als Vorbild deutschen Wehr- und Freiheitswillens, als Appell zu einem neuen nationalen Aufbruch im Sinne Fichtes: *Werft ab die Schmach*[47].

Diese Demonstration gegen die steigende Not Deutschlands und gegen die politischen Kräfte, denen man die Schuld daran gab, wurde nun jedoch von den Nationalsozialisten nicht nur genutzt, sondern usurpiert. Trotz des Verbots von Uniformen und Parteiemblemen in der Öffentlichkeit, das z. B. der Stahlhelm strikt befolgte, traten sie bei der Kundgebung zahlreich in SA-Uniform auf, geschart um etwa 20 Sturmfahnen, Julius Streicher war mit Judenhetze und der Vision des nahen „Dritten Reiches" die Attraktion, und schließlich erklang das Horst Wessel-Lied. Der Coburger NS-Führer Schwede, als 3. Bürgermeister in Vertretung der beiden anderen Bürgermeister vorübergehend an der Spitze der Stadt, bestimmte Geist und Form der Festsitzung des Stadtrates. Er ließ auf dem Rathaus neben den bayerischen, den coburgischen und den alten Reichsfarben eine übergroße Hakenkreuzfahne aufziehen — erstmals auf einem öffentlichen Gebäude in Deutschland[48]. Und dann übertrumpften die Nationalsozialisten alle Veranstaltungen mit einer eigenen öffentlichen Versammlung, die etwa 3000 Menschen auch von auswärts anzog; ihnen stellte sich Hitler als wahrer Erbe Bismarcks dar, der für die gleichen Ziele und gegen die gleichen Feinde kämpfe: *Wenn Bismarck heute wieder käme mit seinen Mitstreitern — sie ständen heute alle bei uns!* Schroff wurde das verklärte Kaiserreich für das „Dritte Reich" beansprucht. Der Herzog und einige Generale glänzten in der Kulisse[49].

So stand die Reichsgründungsfeier — wie das Bezirksamt zugab —, obwohl *unter der Firma der vaterländischen Arbeitsgemeinschaft* veranstaltet, *vollkommen im Zeichen des Nationalsozialismus*[50]. Die bürgerliche Rechtspresse konnte nur nachträglich protestieren und sich abgrenzen, auch mit der Bürgerschreckvorstellung von einer Gleichartigkeit nationalsozialistischer und sozialistischer Ziele: *... man national bis auf die Knochen sein kann, ohne Nationalsozialist zu sein.* Ebenso hilflos versuchte die Sozialdemokratie, den *Nazi-Karneval* lächerlich zu machen, ihn zugleich auch dem Bürgertum anzulasten und die Arbeiter heroisch zum Kampf *um das Reich aus der tiefen*

---

[46] StABbg Reg.OFr. Abg. 1967 4829; Coburger Zeitung Nr. 19 23. 1. 1931; Franz Schwede, Kampf um Coburg, München 1939, S. 189 ff.

[47] So der Titel der Rede des Schriftstellers Ernst Schrumpf (München) bei der Feier am Abend des 16. 1. im großen Saal der Hofbraugaststätten.

[48] BA Coburg — Reg.OFr. 21. 1. 1931: StABbg Reg.OFr. Abg. 1967 4829; Coburger Nationalzeitung Nr. 15 19. 1. 1931 *(Das ist ein Vorgang von geschichtlicher Bedeutung, der den Namen Coburgs hinaustragen wird in alle Lande).* Schwede in der Entschließung der Stadtratsmehrheit: *Verbrechen und Feigheit haben am 9. November 1918 das stolze, reiche deutsche Haus zerstört... Wir sprechen an dieser Stelle den Staatsmännern und Parteien, die sich an der Zerstörung des Deutschen Reiches und der Ausplünderung des deutschen Volkes mitschuldig gemacht haben, jede innerliche Berechtigung ab, den Tag der Reichsgründung zu feiern* (ebd.).

[49] Ebd.; Schwede.

[50] BA Coburg — Reg.OFr. 21. 1. 1931: StABbg Reg.OFr. Präs.Reg. 4829.

Überzeugung und Liebe zu Volk und Vaterland aufzurufen. Und die Staatsbehörden, die um ihrer Autorität willen die Mißachtung des Uniformverbots scharf ahnden wollten, scheiterten darin an der Immunität Schwedes als Landtagsabgeordneter[51]. Vor einem großen Publikum aus Stadt, Coburger Land und bis weit aus Franken und Thüringen und mit reichsweitem Presseecho war das nationale Bürgertum auf einer klassischen Bühne seiner öffentlichen Selbstdarstellung, dem Reichskult, von den lange so wohlwollend behandelten Nationalsozialisten beiseite geschoben worden. Zwischen Lutherjubiläum und Reichsgründungsgedenken war die vaterländische Feier, auch wenn Ritual und Leitwerte in Grundzügen gleich blieben, von einer Kundgebung für die nationale Regeneration zu einer für die völkische Revolution geworden.

3. Feier und „Milieu"[52]

Was lassen die Feiern für die innere Situation der Weimarer Republik erkennen? Vier historische Szenen, unterschiedlich nach Anlaß, Verlauf und Wirkung, glichen sich doch darin, daß sie als zeremonielle Selbstdarstellung bestimmter gesellschaftlicher Gruppierungen diese prägnant vorführten. Wie in einem Brennspiegel fingen sie deren öffentliches Verhalten ein: die Verknüpfung weltanschaulich-politischer Einstellungen mit sozialen Positionen wurde besonders plastisch durch die „sprechende" Form, wie sie der Zweck der Feiern bedingte. Denn die Repräsentation zielte auf zwei Wirkungen: sie war Prätention von Institutionen und Gruppen, die ihren Rang und ihre Ansprüche vor der Gesellschaft zelebrierten, und sie war zugleich Sozialisation, nämlich Festigung der Mitgliederbindung durch kollektives Prestige und Werbung neuer Anhänger durch einen attraktiven Appell[53].

Freilich wurde die Konstellation von Interessen, Ideen und Macht durch die Präsentation in einer kultischen Konfiguration jeweils so stilisiert, daß der öffentliche „Alltag" nicht unmittelbar abgebildet war. In einem vordergründigen Sinn sind die Feiern, diese untypischen Situationen, für ihn also nicht repräsentativ. Indem sie jedoch gesellschaftliche „Milieus" in Symbolen, Riten, Schlagworten verdichtet darstellten, gaben sie deren Essenz in einer Weise wieder, die über das Selbstbild hinaus die Realität der öffentlichen Orientierung sozialer Gruppen in ihren Grundelementen zeigt, wenn man nur

---

[51] Coburger Zeitung Nr. 19 23. 1. 1931; Coburger Volksblatt Nr. 18 20. 1. 1931; BA Coburg — 1. Bürgermeister Coburg 23. 1., Schwede — BA Coburg 27. 1., BA Coburg — 1. Bürgermeister Coburg 31. 1., Erklärung Schwedes o. D., BA Coburg — Reg.OFr. 13. 2., Reg.OFr. 16. 2. (empfiehlt Disziplinarstrafe), Reg.OFr. — 1. Bürgermeister Coburg 20. 3. 1931: alle StABbg Reg.OFr. Präs.Reg. 4829.

[52] Den Begriff, der die politische Organisation gerade der deutschen, nicht nur von Klasseninteressen geleiteten Gesellschaft trifft, hat in die Forschung eingeführt M. RAINER LEPSIUS, Parteiensystem und Sozialstruktur: zum Problem der Demokratisierung der deutschen Gesellschaft, in: WILHELM ABEL u. a. (Hg.), Wirtschaft, Geschichte und Wirtschaftsgeschichte. Festschrift Friedrich Lütge, Stuttgart 1966, S. 371—393, wieder abgedruckt in: GERHARD A. RITTER (Hg.), Die deutschen Parteien vor 1918, Köln 1973 (= NWB 61), S. 56—80 (*Bezeichnung für soziale Einheiten, die durch eine Koinzidenz mehrerer Strukturdimensionen wie Religion, regionale Tradition, wirtschaftliche Lage, kulturelle Orientierung, schichtspezifische Zusammensetzung der intermediären Gruppen gebildet werden. Das Milieu ist ein sozio-kulturelles Gebilde, das durch eine spezifische Zuordnung solcher Dimensionen auf einen bestimmten Bevölkerungsteil bestimmt wird* (S. 68)).

[53] Repräsentation als Prätention gedeutet hat — anhand des barocken Kults — JÜRGEN V. KRUEDENER, Die Rolle des Hofes im Absolutismus, Stuttgart 1973; zur Sozialisation u. a. BLESSING, Der monarchische Kult, bes. S. 192 ff.

die Feiern mit den gewöhnlichen Erscheinungen des öffentlichen Lebens, mit seinen Organisationen und Medien jeweils in Beziehung setzt[54].

Zunächst führten die Feiern Leitfiguren aus den „Milieus" vor, denen ihr sozialer Status auch öffentliche Autorität gab. Die Personen im Blickpunkt — Männer allesamt — waren als Träger wichtiger Funktionen und als Meinungsführer Kristallisationskerne der beteiligten Gruppen. Beim Bamberger Heinrichsfest erschienen hohe Geistliche, Leiter des katholischen Verbands- und Parteiwesens, die BVP-Männer an der Spitze von Stadt und Staat und der Chef der bis vor kurzem in Bayern herrschenden katholischen Dynastie. Die Ebert-Feier in Hof bestimmten die lokalen und — durch die Presse vermittelt — überregionale Partei-, Gewerkschafts- und Vereinsführer der sozialistischen Arbeiterbewegung. Beim Trauerakt für Chamberlain in Bayreuth und Coburg wie bei den beiden Traditionsfeiern in Coburg waren es hohe Beamte und Offiziere, Bürgermeister, Geistliche und bürgerliche Honoratioren protestantisch-nationaler Art, dazu völkische Führer und Fürsten aus dem protestantischen Preußen-Deutschland. Abgesehen von einigen Amtsinhabern, die hier wie dort offiziell beteiligt waren, traten demnach ganz unterschiedliche Kombinationen von Leitfiguren auf. Gleichartig war allerdings überall deren offenkundig starke, auch emotional tief verankerte führende Rolle.

Dann konnte man um die Leitfiguren geschart die sozialen Gruppen erkennen, ihre Zusammensetzung, ihr gegenseitiges Verhältnis, ihre Bedeutung. Profil und Reichweite der „Milieus" wurden dadurch sinnfällig abgebildet. In Bamberg sah man das katholische Kirchenvolk in seiner ganzen sozialen Breite vom Hochadel bis zu Kleinbauern und Arbeitern, ständisch-korporativ gegliedert und eng ineinander verklammert. In Hof hingegen beherrschte nur die Arbeiterschaft die Szene, die, obwohl sie nach Lage und Interessen zwischen Fabrik, Heimarbeit und altem Gewerbe recht differenziert war, bewußt proletarisch als „disziplinierte Masse", als feste und starke Klasse auftrat; ihr schlossen sich bürgerlich-kleinbürgerliche Minderheiten meist linksliberaler Ausrichtung an. In Bayreuth und Coburg fanden sich zu nationalem Aufbruch Bildungs- und Besitzbürgertum, alter und neuer Mittelstand und auch bäuerliche Vertreter in einer fast ausschließlich protestantischen Gruppierung zusammen, die allerdings ideologisch wie sozial heterogen und deshalb in ihrer inneren Gewichtung labil war. Das waren sehr unterschiedliche Gruppierungen, die jeweils ein anderes Prinzip zusammenband und die sich wenig überschnitten. Alle stellten sich jedoch in gleicher Weise kämpferisch als weltanschauliche „Bekenntnisgemeinschaft" dar.

Die Leitfiguren artikulierten und die Gruppen demonstrierten Werte, Normen und Leitbilder — das ideelle Gefüge der „Milieus". Auf ihnen gründeten Identitäten, und sie führten zur Ablehnung gegensätzlicher Einstellungen; sie bestimmten also Selbstbildnis und Feindbild. In Bamberg trat unter dem Leitbild des heiligen Kaisers ein selbstsicherer Römischer Katholizismus, dessen Prinzipien weit über die Kirchlichkeit in das soziale und politische Verhalten hinein zielten, ebenso entschieden gegen den Sozialismus wie gegen den völkischen „Glauben" an, da beide aufgrund ihres nichtchristlichen Menschenbildes Deutschlands Zukunft zerstören würden. Diese Zukunft wurde dagegen da, wo Ebert Vorbild war, gerade von säkularen Ordnungswerten, speziell von einer sozialistischen Ideologie erwartet. Mit dem sittlichen Pathos des historischen Determinismus griff man im Namen von Vernunft und Gerechtigkeit vor allem — da die völkische Bewegung seit 1924 vorübergehend stark zurückging — die bürgerliche

---

[54] D. h. vor allem mit dem Gefüge der Parteien, Verbände und Vereine, mit dem Profil der Presse und der mündlichen Kommunikation, mit der Art politischer Kooperation und Konfrontation z. B. in Wahlkämpfen.

Rechte als „Bourgeoisie" an, die in erster Linie den Ruin Deutschlands verantworten müsse. In Bayreuth und Coburg kämpften säkularisierter Protestantismus, konservativer Nationalismus und völkischer Rassismus gegen dekadenten Liberalismus und internationalen Sozialismus, die zuchtlos, gottlos und vaterlandslos Reich und Nation in der Stunde der Gefahr preisgegeben hätten und weiter „zersetzten". Konträre Werthaltungen, in denen die geistigen Fronten des 19. Jahrhunderts gegenwärtig waren, sprachen sich gegenseitig die Kraft und das Recht zur Erneuerung Deutschlands ab; den Willen zu solcher Erneuerung aber teilten sie alle.

Schließlich zeigten die Feiern jeweils einen bestimmten „milieutypischen" Stil — Symbole und Riten, Texte und „Choreographien". Grundmuster des Bamberger Jubiläums waren Gottesdienst, Prozession und Festsitzung; dem Kirchenritus in seiner glänzendsten Form ordneten sich bürgerliche Repräsentation und Vereinsaufzug unter; den Ornaten und Kirchenfahnen Gehröcke und Staatsbeflaggung, den Predigten und Chorälen Toaste und vaterländische Lieder. Die Ebert-Feier war eine politische Kundgebung, die die Würde einer Staatsfeier beanspruchte, ein Akt nationalen Heldenkults und zugleich des Klassenkampfes; das Traditionsritual der Arbeiterbewegung verband sich hier mit den Symbolen der Republik, das „rote" mit dem „schwarz-rot-goldenen" Zeremoniell. Die Veranstaltungen in Bayreuth und Coburg folgten dem Typ des nationalen Weiheaktes mit bürgerlicher Festversammlung, der Staat und protestantische Kirche ihre rituellen Mittel liehen, und Straßenkundgebung. Dabei gingen vaterländischer Traditionskult und völkisches Revolutionsgebaren, gingen Honoratiorenfeier und straffer Massenauftritt, Zylinder, Stahlhelm und SA-Mütze, Schwarz-Weiß-Rot und Hakenkreuz so zusammen, daß sie ihre Wirkung gegenseitig verstärkten, jedoch gleichzeitig auch miteinander konkurrierten. Auch in ihrer Form, die zwar teilweise aus gleichen Elementen, aber in ganz verschiedenem Arrangement bestand, boten die Feiern ein jeweils charakteristisches und gegensätzliches Bild. Gemeinsam war ihnen — wenngleich unterschiedlich stark — die Nachkriegstendenz zur autoritären Bindung in kollektive Anonymität, zur uniformen Straßendemonstration.

Der Schauplatz der Feiern war nicht zufällig. Zwar fand, wie eingangs erwähnt, öffentliche Repräsentation der verschiedenen Richtungen überall statt, wo Angehörige des jeweiligen „Milieus" in hinreichender Zahl lebten. Aber wo dieses vorherrschte, dominierte auch sie und konzentrierte sich vor allem im Zentralort eines solchen Schwerpunktgebietes. Große Feiern führten so dessen maßgebende Kräfte besonders dicht vor, wie sie Konfessions-, Wirtschafts- und Sozialstatistiken, Wahlergebnisse, Verbandsstärken und Pressespektrum anzeigen; in ihnen drückte sich der Geist der Stadt und ihres Landes pointiert aus.

Die vier Städte erweisen sich, wenn man die Struktur unseres Raumes betrachtet, als Zentren spezifisch geprägter Teilräume. Das ehemalige Hochstift Bamberg war auch im frühen 20. Jahrhundert noch ein vorwiegend traditionales, bäuerlich-(klein)bürgerliches Gebiet, mental ganz überwiegend religionsgeleitet, mit der katholischen Kirche als der Autorität. Konträr dazu hatte sich der landwirtschaftlich karge, verkehrsbegünstigte Nordostteil mit dem Zentrum Hof durch eine stürmische Industrialisierung und enge Bindungen an Sachsen zu einer typisch mitteldeutschen Gewerbelandschaft entwickelt, bestimmt von bürgerlichen Wirtschaftsinteressen und eine Hochburg der Sozialdemokratie — und zwar ihres linken, vorübergehend in der USPD selbständigen Flügels. In der übrigen ehemaligen Markgrafschaft Bayreuth hingegen herrschte, trotz einer gewissen Industrialisierung, ein bäuerlich-bürgerlicher protestantischer Konservativismus vor; er erschien — auch, weil die historische Verbindung zu Preußen noch durchaus lebendig war — entschieden national. Das galt noch mehr für das erst seit 1920 bayerische Coburger Land, in dem thüringische Duodezwelt, bürgerlicher Nationalismus und kleinindustrielle Lebenswelt sich so spannungsreich verbunden hatten, daß der Nationalsozialismus — ähnlich wie im Freistaat Thüringen — besonders erfolgreich wurde[55].

Ort und Art der einzelnen Feiern erklären sich aus der Verbindung wirtschaftlicher, sozialer, kultureller Gegebenheiten, aus Autoritätstraditionen und aktueller Machtverteilung — kurz, aus dem Syndrom der Lebensbedingungen, die sich in den Erfahrungen und Orientierungen niederschlagen, welche „politische Kultur" konstituieren. Dieser Begriff meint den Komplex der typischen Einstellungen und Verhaltensweisen, in denen sich die Werte und Interessen gesellschaftlicher Gruppen unter den Bedingungen der Herrschaftsordnung politisch äußern. Vorsichtig, nicht als leicht verfügbarer „catch all-term" angewendet, kann das Konzept der „politischen Kultur" den Zusammenhang zwischen politischen Erscheinungen und gesellschaftlichen Strukturen erhellen[56]. Die beschriebenen Fälle öffentlicher Repräsentation zeigen die enge Bindung jener Erscheinungen an die Geschichtslandschaft, wie sie Konfession, Dynastie und Staat, Produktions- und Siedlungsformen, soziale Schichtung, geistige Einflüsse und Kommunikationsnetze geprägt hatten. In unserem Beispielgebiet — wie vielfach in West- und Mitteldeutschland — relativ kleinräumig, in anderen Teilen großräumiger differenzierten territoriale Vergangenheit, eine sehr unterschiedliche Industrialisierung und die ideologische Zerklüftung Deutschlands die politische Landschaft in „Hochburgen". Solches Nebeneinander war im Rahmen des Reiches ein Gegeneinander: die räumliche Aufspaltung der „politischen Kultur" gibt einen Einblick in deren allgemeine Partikularisierung, die zu überbrücken der Weimarer Republik nicht gelang. Die Diskrepanz zwischen dem hohen Integrationsanspruch eines nahezu unitarischen Staates und den Gegensätzen in seiner Gesellschaft, die besonders heftig durch die Konflikte über das gemeinsame Ziel des deutschen Wiederaufstiegs aufbrach, realisierte sich nicht nur vertikal im Konflikt der politischen Institutionen, sondern auch horizontal im Widerstreit der Regionen gegensätzlichen Profils. Indem sie das im Kult verdichtet vorführen, können die beschriebenen Feiern zu einem tieferen Einblick in die Schwäche Weimars beitragen.

---

[55] Über die wirtschaftliche, soziale und kulturelle Struktur und die politische Wirklichkeit dieser Gebiete bereite ich eine Fallstudie zur regionalen Differenzierung der Weimarer Republik vor.

[56] Vgl. u. a. DIRK BERG-SCHLOSSER, Politische Kultur. Eine neue Dimension politik-wissenschaftlicher Analyse, München 1972 (= Politik und pol. Bildung 3); GABRIEL ALMOND — SIDNEY VERBA, The Civic Culture, Princeton 1963; ARNOLD BERGSTRÄSSER, Zum Begriff des politischen Stils, in: GERHARD A. RITTER — GILBERT ZIEBURA (Hg.), Faktoren der politischen Entscheidung. Festschrift Ernst Fraenkel, Berlin 1963, S. 39—55; HANS-JÜRGEN PUHLE, Politischer Stil, in: HANS-HELMUT RÖHRING — KURT SONTHEIMER (Hg.), Handbuch des deutschen Parlamentarismus, München 1970, S. 398—401; JAKOB SCHISSLER, Zu einigen Problemen der politischen Kultur der Bundesrepublik Deutschland, in: ZfPolitik 25 (1978), S. 154—167; WALTER A. ROSENBAUM, Political Culture, London 1975; PETER REICHEL, Politische Kultur, in: MARTIN GREIFFENHAGEN — SYLVIA GREIFFENHAGEN — RAINER PRETORIUS (Hg.), Handwörterbuch zur politischen Kultur der Bundesrepublik Deutschland, Opladen 1981 (= Studienbücher zur Sozialwiss. 45), S. 319—330.

DIE NSDAP IM DORF

Die Gleichschaltung der Gemeinden im Bezirksamt Bamberg 1933

von

Klaus Schönhoven

Die historische Forschung hat sich lange Zeit darauf konzentriert, die nationalsozialistische Machtergreifung als eine generalstabsmäßig durchgeführte und fast reibungslos abgelaufene Großaktion zu schildern und zu zeigen, in welch erstaunlich schnellem Tempo es Hitler nach dem Regierungswechsel vom 30. Januar 1933 gelang, sein diktatorisches Regiment in Deutschland fest zu verankern. Es entstand der Eindruck, die nationalsozialistische Gleichschaltungswelle habe das ganze Land wie eine riesige Sturzflut überspült und in kurzer Zeit alle Dämme hinweggerissen. Der Untergang der Weimarer Republik und ihrer Institutionen wurde als der völlige Zusammenbruch eines Gebäudes beschrieben, dessen Fundamente zu schwach waren, um den „braunen" Wassermassen standzuhalten. In diesem Bild, das aus der Perspektive der zentralstaatlichen Vorgänge in Reich und Ländern gezeichnet ist, erscheint die NSDAP als ein Naturereignis, dessen geballte Kraft jeden Widerstand niederwalzte und dessen ideologischer Monopolanspruch — bald von vielen Mitläufern und Neubekehrten tatkräftig unterstützt — sich überall rasch durchsetzte.

Ganz abgesehen davon, daß in derartigen Vorstellungen die propagandistische Selbststilisierung der Nationalsozialisten noch nachwirkte, ist diese Sichtweise viel zu undifferenziert. Der nationalsozialistische Machtergreifungsprozeß war facettenreicher und vielschichtiger, als er sich aus der Vogelperspektive der Reichspolitik darstellt. Dies zeigen vor allem die in den letzten Jahren vorgelegten Untersuchungen, die „von unten", also aus dem Blickwinkel lokaler und kleinräumlicher Strukturen, die Etablierung der NS-Herrschaft analysierten. Erst die intensivere Erforschung der Entwicklung in den Städten und Gemeinden und erst die Mikrobetrachtung der Alltagssituationen von Herrschaft und Gesellschaft haben einen plastischeren und realistischeren Eindruck vom Ablauf der nationalsozialistischen Machtusurpation ermöglicht. Die dem Gleichschaltungsbegriff anhaftende Vorstellung von Präzision und Perfektion wurde dabei ebenso relativiert wie die nationalsozialistische Legende vom unaufhaltsamen Siegeszug der eigenen Bewegung. Aus der Perspektive der Provinz, der Dörfer und Kleinstädte, verliert die „nationalsozialistische Revolution" den pathetischen Pomp, mit dem die NSDAP-Führer ihren Machtantritt umgaben, und wird der Blick frei auf die permanenten Rivalitäten der Parteigenossen, die um Macht und Einfluß kämpften. Aus der Perspektive der Provinz läßt sich aber auch zeigen, wo der nationalsozialistische Machtwille auf Grenzen stieß und sich an gewachsene Traditionen anpassen mußte, wo er Kollaborationsbereitschaft vorfand und Honoratioren für sich gewinnen konnte, wo er sich ungehindert zu entfalten vermochte und wo er unübersteigbare Barrieren vorfand.[1]

---

[1] Im folgenden werden als Abkürzung und Bezeichnung verwendet: BVP = Bayerische Volkspartei; NSDAP = Nationalsozialistische Deutsche Arbeiter-Partei; Bezirksamt = heute Landratsamt; Bezirksamtmann = heute Landrat. — Vor allem das vom Institut für Zeitgeschichte in München durchgeführte Forschungsprojekt hat hier wichtige Impulse gegeben: Bayern in der NS-Zeit,

Die Richtungsänderung der Forschung hin zu einer exemplarischen Untersuchung von einzelnen Lebens- und Politikbereichen erwies sich als ein wichtiger Schritt in unbekanntes Gelände, in dem viel zu entdecken war und noch immer ist. Bislang hat die lokal- und regionalorientierte NS-Forschung eine Reihe von Ergebnissen erbracht, die neues Licht auf die Gesellschaftsgeschichte des nationalsozialistischen Regimes werfen und dazu zwingen, manche vertraute These zu überdenken oder zu modifizieren. Insbesondere konnten die Grauzonen zwischen enthusiastischer Regimebegeisterung und heroischem Widerstand genauer ausgeleuchtet werden und das Spannungsverhältnis zwischem dem totalitären Herrschaftsanspruch des Systems und den eingeschliffenen Verhaltensweisen der Bevölkerung besser sichtbar gemacht werden. Der politische Durchsetzungswille des Nationalsozialismus, der sich in den ersten Monaten nach dem Regierungswechsel besonders vehement Geltung zu verschaffen suchte, prallte im lokalen Umfeld auf Beharrungskräfte, die im proletarischen Milieu, aber auch in der ländlich-agrarischen Lebenswelt außerordentlich stark waren.[2]

Dies läßt sich sehr anschaulich illustrieren, wenn man die politischen Monopolisierungsbestrebungen des Nationalsozialismus auf der kommunalen Ebene untersucht und die einzelnen Stationen der Gleichschaltung in den Gemeindeämtern nachzeichnet. Denn bei der Neubesetzung der Gemeinderäte und der Bürgermeisterstellen im Frühjahr 1933 versuchte die nationalsozialistische Personalpolitik Führungspositionen für das Regime zu okkupieren, die in einem von persönlichen Beziehungen und Bekanntschaften geprägten Raum angesiedelt waren und die für die breite Bevölkerung das Zentrum ihres politischen Alltagslebens darstellten. Deshalb ist es nicht verwunderlich, daß den Gleichschaltungsprozeß gerade im kommunalen Rahmen eine Vielzahl von Konflikten begleitete, die immer dann besonders heftig ausgetragen wurden, wenn die NSDAP angesehene Repräsentanten aus ihren angestammten lokalen Ämtern verdrängen wollte.

Die folgende Fallstudie will am Beispiel des Bezirksamtes Bamberg die empirische Lokalforschung fortsetzen und einen weiteren Mosaikstein für das Gesamtbild der nationalsozialistischen Machteroberung liefern. Wie jede kleinregionale Untersuchung kann sie keine generelle Aussagekraft für sich beanspruchen. Aber sie kann zusätzliche Anhaltspunkte dafür geben, wie sich in einer überschaubaren, politisch, sozial und konfessionell sehr homogenen Region die Gleichschaltung in den Landgemeinden konkret vollzog, welche Bündnisse und Zerwürfnisse in der Übergangszeit des Frühsommers 1933 die lokale Politik prägten, wie stabil oder instabil das nationalsozialistische Regime in seinen Anfangsmonaten auf dem Dorf eigentlich war.

---

6 Bde., München 1977—83; vgl. ferner ZDENEK ZOFKA, Die Ausbreitung des Nationalsozialismus auf dem Lande. Eine regionale Fallstudie zur politischen Einstellung der Landbevölkerung in der Zeit des Aufstiegs und der Machtergreifung der NSDAP 1928—1936, München 1979; ELKE FRÖHLICH/MARTIN BROSZAT, Politische und soziale Macht auf dem Lande. Die Durchsetzung der NSDAP im Kreis Memmingen, in: Vierteljahrshefte für Zeitgeschichte, 25. Jg., 1977, H. 4, S. 546—572; ELKE FRÖHLICH, Die Partei auf lokaler Ebene. Zwischen gesellschaftlicher Assimilation und Veränderungsdynamik, in: GERHARD HIRSCHFELD/LOTHAR KETTENACKER (Hrsg.), Der „Führerstaat": Mythos und Realität. Studien zur Struktur und Politik des Dritten Reiches, Stuttgart 1981, S. 255—269.

[2] Vgl. insbesondere: KLAUS TENFELDE, Proletarische Provinz. Radikalisierung und Widerstand in Penzberg/Oberbayern 1900 bis 1945, in: MARTIN BROSZAT/ELKE FRÖHLICH/ANTON GROSSMANN (Hrsg.), Bayern in der NS-Zeit IV. Herrschaft und Gesellschaft im Konflikt.Teil C, München 1981, S. 1—382; MARTIN BROSZAT, Resistenz und Widerstand. Eine Zwischenbilanz des Forschungsprojektes, in: ebd., S. 691—709.

I.

Zum Bezirksamt Bamberg, das nach der Zusammenlegung der Bezirksämter Bamberg I und Bamberg II im Herbst 1929 zur größten regionalen Verwaltungseinheit in Oberfranken geworden war, gehörten insgesamt 142 Gemeinden. Damit stand es — nach der Zahl der Gemeinden — an der Spitze aller bayerischen Bezirksämter. Die Mehrzahl der 57 846 (1933) Einwohner lebte in kleinen Landgemeinden und Dörfern. Nur ein Fünftel der Gemeinden hatte mehr als 500 Einwohner, in über der Hälfte der Gemeinden betrug die Ortsbevölkerung jedoch weniger als 300 Einwohner. In sieben Gemeinden (Bischberg, Burgebrach, Ebrach, Hirschaid, Oberhaid, Sassanfahrt, Scheßlitz) überstieg die Einwohnerzahl die Grenze von 1000 Bewohnern knapp; nur Gaustadt und Hallstadt mit je rund 2800 Einwohnern ragten aus dieser kleingemeindlich strukturierten Region etwas heraus.[3]

Fast die Hälfte der Bevölkerung (48,8%) des Bezirksamtes war in der Land- und Forstwirtschaft beschäftigt, in der kleinbäuerliche Familienbetriebe dominierten: Drei Fünftel der landwirtschaftlichen Betriebe bewirtschafteten eine Bodenfläche, die kleiner als 5 ha war; 37% der bäuerlichen Anwesen gehörten zur Größenklasse zwischen 5 und 20 ha; 1% der Betriebe hatte eine Nutzfläche von mehr als 20 ha zur Bewirtschaftung. In den vielen Kleinbetrieben, denen eine Nutzfläche von weniger als 5 ha als Lebensgrundlage dienen mußte, war die Hälfte der landwirtschaftlich tätigen Bevölkerung beschäftigt.[4] Die Industrialisierung war an diesem Bezirksamt so gut wie spurlos vorübergegangen, da hier auch in Handwerk und Gewerbe kleinere und mittlere Betriebe das Bild prägten. Nichtlandwirtschaftliche Berufe liefen dem Agrarsektor nur in wenigen Orten den Rang ab, der ansonsten den meisten Bauern ein ärmliches Dasein bot.[5]

Sehr homogen war auch die konfessionelle Gliederung der Bevölkerung im Bezirksamt Bamberg. Der katholische Bevölkerungsanteil überwog mit 94,3 % eindeutig; dem stand ein protestantischer Bevölkerungsanteil von nur 5,2 % gegenüber. Lediglich in fünf Gemeinden (Ebrach, Großbirkach, Kolmsdorf, Trabelsdorf, Walsdorf) lebten mehr protestantische als katholische Einwohner. Da über die Hälfte der Gemeinden des Bezirksamtes jedoch rein katholisch war, also keinen einzigen protestantischen Einwohner zählte, kann man feststellen, daß sich das Bezirksamt Bamberg aus protestantischer Sicht als ein Diasporagebiet darstellte. Als katholisches Kernland der Diözese Bamberg nahm das Bezirksamt in Oberfranken eine Sonderstellung ein: es hatte mit Abstand den höchsten Katholikenanteil in dieser Region, die ansonsten zusammen mit Mittelfranken und der Rheinpfalz zu den überwiegend protestantischen Gebieten in Bayern gehörte.[6]

Der tonangebende Katholizismus hatte bis 1933 auch die politischen Verhältnisse im Bezirksamt Bamberg in starkem Maße geprägt. Bei allen Reichstags- und Lantagswahlen in den Jahren der Weimarer Republik behauptete sich das Bezirksamt Bamberg als eine Domäne des politischen Katholizismus, den die Bayerische Volkspartei repräsentierte. Noch bei den Reichstagswahlen im Juli und im November 1932 hatte die BVP in diesem Bezirksamt fast zwei Drittel aller abgegebenen Stimmen auf sich vereint (63,4 % bzw. 63,0 %), womit sie sich in dieser Region auch in der Krisenphase der Republik als

---

[3] Angaben nach: Zeitschrift des bayerischen Statistischen Landesamtes, Jg. 66, 1934, S. 37 f.

[4] Vgl. dazu: Die Landwirtschaft in Bayern. Nach der Betriebszählung vom 16. Juni 1925. Hrsg. vom Bayer. Statistischen Landesamt, München 1927, Tabellenwerk, S. 10 f.; 102 ff.

[5] Vgl. GUDRUN HÖHL, Fränkische Städte und Märkte im geographischen Vergleich. Versuch einer funktionell-phänomenologischen Typisierung, dargestellt am Raum von Ober-, Unter- und Mittelfranken, Bad Godesberg 1962, Beilage 6, Blatt 5.

[6] Berechnet nach den Ergebnissen der Volkszählung vom 16. Juni 1933 (s. Anm. 3).

ein von der NSDAP nicht zu erschütterndes Bollwerk erwies. Im Vergleich zu den anderen oberfränkischen Bezirksämtern blieb das Bezirksamt Bamberg auch noch bei den Reichstagswahlen im März 1933 die stabilste Bastion des politischen Katholizismus in Oberfranken. Denn selbst bei diesen unter Ausnahmebedingungen abgehaltenen Wahlen bekannten sich 55,1 % der Wähler des Bezirksamtes zur BVP. Sonst konnte sich die Volkspartei nur noch in den Bezirksämtern Forchheim (50,1 %) und Staffelstein (47,3 %) vor der NSDAP plazieren, die im März 1933 in 14 der 17 oberfränkischen Bezirksämter zur stärksten Partei geworden war.[7]

Obwohl also die Bayerische Volkspartei im März 1933 im Bezirksamt Bamberg ihre Vormachtstellung hatte verteidigen können, ist doch nicht zu übersehen, daß der NSDAP jetzt auch in dieser Hochburg des politischen Katholizismus ein gewisser Einbruch geglückt war. Die Nationalsozialisten konnten nämlich hier mit einem Stimmenplus von 12,5% ihre höchsten Zugewinne in ganz Oberfranken verbuchen, während die BVP im Vergleich zur Novemberwahl von 1932 Stimmenverluste von 7,9 % hinnehmen mußte und damit im Bezirksamt Bamberg bei den Märzwahlen von 1933 prozentual mehr Stimmen verlor als in allen anderen oberfränkischen Bezirksämtern. Der Vorsprung der BVP vor der NSDAP, der im November 1932 noch 43,8 % betragen hatte, war auf 23,4 % zusammengeschrumpft. Diese Ausweitung der nationalsozialistischen Wählerbasis reichte aber auf der Gemeindeebene nicht aus, um die BVP überall auf breiter Front zu überflügeln. Die Volkspartei blieb auch 1933 in mehr als drei Vierteln der Gemeinden des Bezirksamtes die stärkste Partei am Ort; in 18 Gemeinden nahm nun die NSDAP die lokale Spitzenposition ein.

II.

Die Reichstagswahlergebnisse in den einzelnen Gemeinden, die normalerweise nach dem Wahltag nur noch die historische Forschung interessieren, wurden 1933 zu Schlüsselzahlen für die politische Machtverteilung auf der kommunalen Ebene. Denn das am 31. März 1933 reichsweit erlassene Gleichschaltungsgesetz ordnete an, daß diese Ergebnisse Berechnungsgrundlage für die Neuverteilung der Gemeinderatsmandate sein sollten. Damit wollten die nationalsozialistischen Machthaber nicht nur die zuletzt 1929 gewählten örtlichen Selbstverwaltungsgremien schnell an die neuen Mehrheitsverhältnisse anpassen und ihre Parteiherrschaft bis auf die Gemeindebasis herunter ausdehnen, sondern zugleich auch die lokalen Postenjäger der NSDAP zufriedenstellen. Nun sahen viele Ortsgruppenleiter, Kreisleiter oder SA-Sonderkommissare ihre Stunde gekommen, um als Potentaten in der Provinz aufzutreten, ihnen schon lange mißliebige politische Gegner auszuschalten und ihr regionales Regiment als Zaunkönige der NS-Bewegung aufzurichten. Diesem Machthunger der lokalen Exponenten der NSDAP lieferte ein Erlaß des bayerischen Innenministers vom 24. April 1933 zusätzliche Nahrung, denn er schrieb vor, daß die Wahl der Bürgermeister in den mittelbaren Gemeinden der Bestätigung der Bezirksamtsvorstände „im Einvernehmen mit den zuständigen Kreisleitern der NSDAP" bedurfte.[8] Von dieser Kontrollfunktion machte dann der Bamberger Kreisleiter Zahneisen besonders eifrigen Gebrauch, der jahrelang vergeblich gegen die Vorherrschaft der BVP in seinem Parteibezirk zu Felde gezogen war.

---

[7] Vgl. dazu: Zeitschrift des bayerischen Statistischen Landesamtes, Jg. 64, 1932, S. 462 ff.; Jg. 65, 1933, S. 322 ff.; s. auch MEINRAD HAGMANN, Der Weg ins Verhängnis. Reichstagswahlergebnisse 1919 bis 1933 besonders aus Bayern, München 1946, S. 16 f.

[8] Abdruck des Erlasses in: HStA München, MInn 68 215. Der Erlaß präzisierte einen Beschluß des bayerischen Kabinetts vom 7. April 1933, der die Bestätigung aller Bürgermeister zunächst dem Innenminister vorbehalten hatte.

Zunächst hielt man sich auch im Bezirksamt Bamberg strikt an die im Gleichschaltungsgesetz gezogenen Grenzen und vollzog die Umbildung der Gemeinderäte auf der Grundlage der Wahlergebnisse vom 5. März. In der letzten Aprilwoche wurden in allen 142 Gemeinden des Amtsgebietes die Kommunalmandate neu verteilt. Von insgesamt 1047 Gemeinderatsmandaten erhielt die BVP 666, die NSDAP 317 und die SPD 48; in zwei Gemeinden (Mistendorf und Schedderndorf) besetzten NSDAP und Volkspartei, die sich auf eine Liste verständigt hatten, die jeweils acht Sitze im Kommunalparlament gemeinsam.[9] Obwohl gerade in kleinen Dörfern, in denen die Nationalsozialisten bis 1933 überhaupt noch nicht hatten Fuß fassen können, die Personaldecke der neuen Staatspartei viel zu kurz war, um die ihr zufallenden Mandate aus eigener Kraft übernehmen zu können, und man hier deshalb vielfach bei der Zusammenstellung der eigenen Gemeinderatslisten auf eben erst zum Nationalsozialismus „bekehrte" Anhänger zurückgreifen mußte, glaubte mancher Ortsgruppenleiter gleichwohl, in seinem Revier gründlich Ordnung schaffen zu können. So teilte der Vorsitzende der NSDAP-Ortsgruppe Hirschaid dem Bezirksamt mit, er habe für insgesamt 27 Gemeinden die nationalsozialistischen Kandidaten benannt. Örtliche Vorschläge seien nur dann rechtsverbindlich, wenn sie den *Stempel der Ortsgruppe Hirschaid* trügen und *außerdem unverändert* seien. Die Hirschaider NSDAP beanspruchte für sich aber nicht nur die Oberaufsicht bei der Nominierung der nationalsozialistischen Gemeinderäte in den umliegenden Orten, sondern ließ das Bezirksamt zugleich wissen, welche *Sorte schwarzer Hetzapostel* man nicht anerkennen werde:

Generell bemerken wir, daß die BVP, vor allem die ehemalige Bayernwacht [. . .], in allen Orten, in denen am 5. 3. 33 aus Unkenntnis und Verhetzung BVP gewählt wurde, seit längerer Zeit eine unerhörte Hetze treibt u. nur ehemalige Bayernwachtleute als Gemeinderäte u. Bürgermeister aufstellte. Wir erklären heute schon auf Grund der uns zugegangenen Beschwerden unserer nationalsoz. Gemeinderäte, daß diese unter gar keinen Umständen mit den Bayernwachtabgesandten zusammenarbeiten können, denn jetzt schon führen sich diese Bayernwacht Gemeindevertreter in der gemeinsten Weise gegen uns auf. [. . .] Diese Hetze ist eine so systematische u. wird von den ehemaligen Bayernwachtleuten, die heute noch dazu Gemeindevertreter werden sollen, so gefördert, daß wir hier unbedingt verlangen müssen, daß nur ganz streng national eingestellte Leute der BVP als Bürgermeister oder Gemeinderäte bestätigt werden dürfen. Wir bitten hier jeweils uns über die Eignung zu befragen.[10]

Im Bezirksamt nahm man dieses Schreiben zu den Akten und hoffte wohl darauf, diese Art von nationalsozialistischem Übereifer in den nächsten Wochen vorsichtig kanalisieren zu können. Und auch in den Reihen der Bayerischen Volkspartei vertraute man einen Monat nach dem unter putschartigen Begleitumständen abgelaufenen Regierungswechsel in München auf eine Beruhigung der innenpolitischen Lage und glaubte, auf der Grundlage des Gleichschaltungsgesetzes die eigene organisatorische und partei-

---

[9] Die Mandatsverteilung wurde errechnet nach einer im Bezirksamt Bamberg angefertigten Übersicht: StA Bamberg, K 5, 5036.
[10] Schreiben des Ortsgruppenleiters Strömsdörfer vom 27. April 1933 an das Bezirksamt, StA Bamberg, K 5, 5036. Die Bayernwacht war eine im September 1926 gegründete Selbstschutzorganisation der BVP, die der bayerische Innenminister am 13. April 1933 aufgelöst hatte. Vgl. dazu KLAUS SCHÖNHOVEN, Der politische Katholizismus in Bayern unter der NS-Herrschaft 1933—1945, in: MARTIN BROSZAT/HARTMUT MEHRINGER (Hrsg.), Bayern in der NS-Zeit V, München 1983, S. 541—646, insbesondere S. 547 f.

politische Tätigkeit nun ungehindert fortsetzen zu können.[11] Daß diese Rechnung nicht aufgehen sollte, stellte sich im Mai 1933 heraus, als man NSDAP-Kreisleiter Zahneisen die Listen mit den Namen der neugewählten Bürgermeister zur Bestätigung vorlegte.

Obwohl sich in vielen Gemeinden des Bezirks die NSDAP- und BVP-Fraktionen auf gemeinsame Bürgermeisterkandidaten geeinigt hatten — in einer Reihe von Orten votierte auch die SPD für diese Bewerber —, versagte Zahneisen fast der Hälfte der Ende April 1933 gewählten Bürgermeister die Bestätigung. In der Regel lehnte der NS-Führer immer dann die neugewählten Bürgermeister ab, wenn Kandidaten der Volkspartei in Kampfabstimmungen gegen Kandidaten der NSDAP gesiegt hatten, wenn es bei den Wahlen zu schwarz-roten Koalitionen gegen die NSDAP gekommen war oder wenn ihm aus den einzelnen Orten von NSDAP-Anhängern signalisiert wurde, daß sie mit dem Wahlergebnis nicht einverstanden seien. Zahneisens Einsprüche richteten sich fast ausschließlich gegen Bürgermeister der BVP — die SPD stellte in keiner Gemeinde des Bezirks den Bürgermeister —, in einigen Fällen verweigerte er auch parteilosen Bürgermeistern seine Zustimmung.

Aus der Sicht des Bezirksamtsvorstandes waren diese Entscheidungen des NSDAP-Kreisleiters nicht gerechtfertigt, weil alle gewählten Bürgermeister die vom bayerischen Innenminister in seinem Erlaß vom 24. April genannten Voraussetzungen für ihr Amt erfüllten[12] und somit keine triftigen Ablehnungsgründe vorlagen. Deshalb leitete Bezirksamtmann Köttnitz sämtliche strittigen Fälle an die Regierung von Ober- und Mittelfranken weiter und unterrichtete das Regierungspräsidium gleichzeitig auch über die Stimmungslage in den Gemeinden:

In der Bevölkerung der betreffenden Gemeinden hat eine Beunruhigung Platz gegriffen: Die Gemeinderäte halten sich darüber auf, daß der durch sie gewählte Bürgermeister als ihr Vertrauensmann beanstandet und nicht genehmigt wird. Die früher schon tätig gewesenen Bürgermeister fühlen sich in ihrer Ehre gegenüber ihren Gemeindeangehörigen gekränkt; Beschuldigungen und Anzeigen wegen Äußerungen in vorhergegangenen Wahlzeiten oder sonst eine Betätigung führen zu polizeilichen Erhebungen und Vernehmungen und haben wiederum persönliche Verstimmungen unter Gemeindeangehörigen zur Folge.[13]

Der Bitte des Bezirksamtmannes an die Regierung, willkürlichen Maßnahmen des Bamberger Kreisleiters entgegenzutreten, war jedoch wenig Erfolg beschieden. Zwar konnte Köttnitz seine Rechtsauffassung sogar mit einem Erlaß des bayerischen NS-Innenministers untermauern, der in einem Rundschreiben an alle Unterbehörden betont hatte, daß die Zugehörigkeit zur NSDAP *nicht Voraussetzung für die Bestätigung der Bürgermeister sei*[14], aber im Distrikt Bamberg war Zahneisen der starke Mann, der über

---

[11] Das betonte ein Rundschreiben der Landesleitung der BVP vom 6. April 1933 an die Unterorganisationen der Partei (StA Bamberg, K 5, 4997). Vgl. zur Politik der BVP-Spitze nach dem Sturz der Regierung Held: KLAUS SCHÖNHOVEN, Zwischen Anpassung und Ausschaltung. Die Bayerische Volkspartei in der Endphase der Weimarer Republik 1932/33, in: Historische Zeitschrift, Bd. 224, 1977, S. 340—378; derselbe, Politischer Katholizismus, S. 542 ff.

[12] Nach diesem Erlaß (vgl. Anm. 8) sollte die Bestätigung immer dann erteilt werden, *wenn der Gewählte 1.) die für das Amt des Bürgermeisters erforderlichen Eigenschaften und Fähigkeiten besitzt, 2.) des Amtes des Bürgermeisters würdig ist, und 3.) nach seiner bisherigen politischen Betätigung die Gewähr dafür bietet, daß er jederzeit rückhaltlos für den nationalen Staat eintreten wird.* Vgl. dazu auch das Rundschreiben des Bezirksamtes Bamberg vom 25. April 1933 an die Gemeinden, StA Bamberg, K 5, 5036.

[13] Schreiben vom 20. Mai 1933, StA Bamberg, K 5, 4525.

[14] Rundschreiben vom 20. Mai 1933, StA Bamberg, K 5, 4525.

die Vergabe der kommunalen Führungsämter entschied. Da half es auch nichts, daß Köttnitz in einem zweiten Schreiben an die Regierung von Ober- und Mittelfranken eigens auf diesen Münchener Ministerialerlaß hinwies, den er *von Anfang an* seinen Entscheidungen zugrunde gelegt habe, daß er die auffallend große Zahl von Ablehnungen in seinem Bezirksamt ansprach und in diesem Zusammenhang feststellte: *Ich kann mir aber nicht vorstellen, daß die hier in Frage kommenden Bürgermeister sich so wesentlich von denen anderer Bezirksämter abheben sollten.*[15]

Bis zum 1. Juni 1933 waren im Bezirksamt Bamberg erst 79 der 142 im April gewählten Bürgermeister vom Kreisleiter bestätigt worden, darunter 25 Nationalsozialisten (die NSDAP verfügte in 15 Gemeinden über die Mehrheit im Gemeinderat), 37 Bürgermeister aus den Reihen der BVP und 17 parteilose Bürgermeister.[16] Alle von Zahneisen nicht bestätigten Fälle hatte mittlerweile die Kammer des Innern bei der Regierung von Mittel- und Oberfranken an die Gauleitung der NSDAP in Bayreuth weitergeleitet, deren Kommunalpolitische Abteilung nun die Rolle der Entscheidungsinstanz übernahm. Die Regierung hatte sich also selbst entmündigt und den Parteidienststellen der NSDAP die alleinige Verantwortung übertragen. Bei der Gauleitung wußte man aber genau, wie sich der Führungsanspruch der NSDAP geltend machen ließ: Mitte Juni 1933 ergingen ihre Bescheide, in denen als Ablehnungsgrund immer wieder auf Ziffer 3 der Ministerialentschließung vom 24. April 1933 zurückgegriffen wurde. Danach boten die gewählten Bürgermeister aufgrund ihrer bisherigen politischen Tätigkeit nicht die Gewähr dafür, daß sie *jederzeit rückhaltlos für den nationalen Staat* eintraten.[17] Als das Bezirksamt diese Entscheidungen an die Gemeinden weiterleitete, hatte man dort mittlerweile auch im Lager der Bayerischen Volkspartei eingesehen, daß im *nationalen Deutschland* für die BVP kein Platz mehr war. Die angesetzten Neuwahlen verliefen jetzt wunschgemäß oder wurden — nach der erzwungenen Selbstauflösung der BVP Anfang Juli 1933 — endgültig im Sinne der NSDAP geregelt. Für einzelne Gemeinderäte der Volkspartei, die sich jetzt immer noch nicht in die veränderte Situation fügen wollten, konnte man den Prozeß des Umlernens beschleunigen, wie der folgende Vorschlag eines NS-Stützpunktleiters verdeutlichen mag: *Ich beantrage den F. auf ca. 8 Tage in Schutzhaft nehmen zu lassen, damit er sich auch an Disciplin gewöhnt. [...] F. paßt politisch nicht in die neue Zeit und will sich auch persönlich nicht anpassen, weshalb eine kleine Schutzhaft für ihn nur von Vorteil sein kann.*[18]

---

[15] Schreiben vom 27. Mai 1933, StA Bamberg, K 3, 202. In seinem Antwortschreiben vom 13. Juni 1933 ging das Regierungspräsidium auf diese Einwände und Überlegungen überhaupt nicht ein, sondern monierte vielmehr, daß das Bezirksamt bei der Vorlage der strittigen Fälle Formfehler begangen habe und seine Stellungnahmen sich *auf allgemeine Wendungen* beschränken würden (ebd.).

[16] Vgl. dazu das Schreiben des Bezirksamtes Bamberg vom 8. Juni 1933 an das Staatsministerium des Innern, StA Bamberg, K 5, 4525.

[17] Vgl. dazu die Einzelentscheidungen der Gauleitung: StA Bamberg, K 3, 202. Bis zum 30. Juni 1933 waren in 130 Gemeinden des Bezirksamtes Bamberg die Bürgermeister ernannt worden; in vielen Fällen erst nach einer Neuwahl in der zweiten Junihälfte, bei der die im April gewählten und dann nicht bestätigten Bürgermeister von einer Kandidatur ausgeschlossen waren. Vgl. dazu das Schreiben des Bezirksamtes Bamberg vom 30. Juni 1933 an das Staatsministerium des Innern, StA Bamberg, K 5, 5036.

[18] Das Schreiben des Stützpunktleiters vom 11. Juli 1933 bezog sich auf einen BVP-Gemeinderat in Rothensand, der sich weigerte, freiwillig zurückzutreten (StA Bamberg, K 5, 49/3). Zum landesweiten Vorgehen der bayerischen NS-Regierung gegen Mandatsträger der BVP, das zur Verhaftung von rund 2000 Personen führte, s. SCHÖNHOVEN, Politischer Katholizismus, S. 577 ff. Bis Mitte Juli 1933 mußten alle Mandatsträger der BVP in Bayern ihre Ämter niederlegen. Vgl. dazu auch das Rundschreiben des Bezirksamtes Bamberg vom 17. Juli 1933 an die Gemeinden, in dem

III.

Die Umbildung der Gemeinderäte und die Neubesetzung der Bürgermeisterposten führte in vielen bayerischen Landkreisen im Frühsommer 1933 zu einer nachhaltigen Beunruhigung der Bevölkerung und zu einer erheblichen Störung des Gemeindefriedens. Namentlich auf dem flachen Land erschütterten die Herrschaftsansprüche der NSDAP das kommunalpolitische Machtgefüge, in dem bis zur Gleichschaltung der Gemeinden eine überwiegend bäuerliche und besitzbürgerliche Honoratiorenschicht dominiert hatte.[19] Auch wenn die ländliche Führungsschicht der NSDAP, die in der Phase des Machtergreifungsprozesses in die Positionen der Gemeinderäte und Bürgermeister einrücken wollte, sich nicht ausschließlich aus sozialen Rand- und Außenseitergruppen rekrutierte, war ihre Position auf der lokalen Prestigeskala doch oft weniger gefestigt als die des traditionellen Dorfestablishments. Das gilt vor allem für katholische Regionen, in denen die NSDAP bis zum März 1933 die Grenzen einer Minderheitenpartei kaum hatte überschreiten können. Hier entstammten die kommunalen Repräsentanten meistens einer konfessionell homogenen Provinzelite, die katholisch geprägt und konservativ eingestellt war. Die Herausforderung dieser alteingesessenen Kommunalpolitiker durch den Nationalsozialismus, der von einzelnen Familienverbänden generationenlang behauptete Führungsprivilegien bedrohte, mußte zwangsläufig eine Vielzahl von offenen und versteckten Konflikten provozieren, die das politische Zusammenleben im Dorf vergifteten. Fiel der Griff nach der Macht — wie im Bezirksamt Bamberg — besonders rücksichtslos aus, dann kam es auch besonders häufig zu Reibereien und Zusammenstößen bei der Ämterneubesetzung auf der lokalpolitischen Bühne. Welche typischen Konfliktkonstellationen sich dabei ergaben, sollen die folgenden Fallbeispiele für drei Gemeinden illustrieren.

In Burgebrach, wo 98 Prozent der Bevölkerung Katholiken waren, hatte die BVP im März 1933 drei Viertel der abgegebenen Stimmen erhalten. Sie stellte deshalb im neugebildeten Gemeinderat auch acht von zehn Mandatsträgern, während die restlichen beiden Sitze der NSDAP zufielen. Sofort formulierte die NSDAP-Ortsgruppe eine Erklärung, in der sie die Zusammenarbeit mit den Gemeinderäten der Volkspartei ablehnte, weil unter dem Einfluß dieser Gruppe *der Gemeinderat keineswegs als ein Hort für die nationale Wiederaufbauarbeit für Volk und Staat zu betrachten* sei.[20] Das hinderte die BVP-Fraktion aber zunächst nicht daran, ihren bereits seit acht Jahren amtierenden Bürgermeister gegen die Stimmen der nationalsozialistischen Gemeinderatsmitglieder wiederzuwählen. Allerdings wurde die Wahl vom Bezirksamt nicht bestätigt, nachdem die NS-Ortsgruppe den Bürgermeister beschuldigt hatte, er habe nicht an nationalen Kundgebungen teilgenommen und sich geweigert, sein Haus zu beflaggen. Proteste der Gemeinderatsfraktion der BVP bei der Landesleitung ihrer Partei in München blieben ebenso wirkungslos wie ein Schreiben des Bürgermeisters an das Bezirksamt, in dem er *feierlich* erklärte, schon aus seiner *innersten Überzeugung als katholischer Christ* sich *hinter die bestehende Regierung im Land und Reich zu stellen*.[21] Am 13. Juni 1933 ordnete der Regierungspräsident in Ansbach die Neuwahl des Bürgermeisters von Burgeb-

---

angeordnet wurde, daß für die ausgeschiedenen Bürgermeister und Gemeinderatsmitglieder *im Benehmen mit dem Vertrauensmann der NSDAP* geeignete Personen vorzuschlagen seien, StA Bamberg, K 5, 4897.

[19] Vgl. dazu die zahlreichen Hinweise in den in Anm. 1 genannten Untersuchungen; s. auch SCHÖNHOVEN, Politischer Katholizismus, S. 552 ff.

[20] Erklärung vom 22. April 1933, StA Bamberg, K 5, 4900.

[21] Schreiben vom 13. Mai 1933, StA Bamberg, K 5, 4900. Das Schreiben der BVP-Gemeinderatsfraktion an die Landesleitung der Volkspartei findet sich in: StA Bamberg, K 5, 5037.

rach an, nachdem die Gauleitung der NSDAP die Bestätigung des im April wiedergewählten Bürgermeisters verweigert hatte.[22] Diese Neuwahl endete mit dem Sieg eines Bewerbers, den die NSDAP ebenfalls ablehnte. Der nun gewählte Bürgermeister gehörte zwar nicht der BVP an, war aber wiederum in einer Kampfabstimmung von deren Fraktion durchgesetzt worden. Jetzt argumentierte der Vorsitzende der NS-Ortsgruppe, dieser Bürgermeister sei eine *vorgeschobene Person*, die bald ein *Spielball für die acht Gemeinderatsmitglieder der Bay. Volkspartei* werde. Außerdem hieß es in diesem Schreiben an Kreisleiter Zahneisen:

> *X. Y. ist absolut kein Anhänger der nationalen Erhebung unseres Volkes, noch viel weniger ein Anhänger der nationalsozialistischen Weltanschauung. X. Y. genießt ob seiner Charaktereigenschaften nicht das Vertrauen der national gesinnten Leute Burgebrachs. Er ist im Nebenberuf Händler (Makler), arbeitet in der Hauptsache mit Vieh- und Pferdejuden. [. . .] Bei seinen Handelsgeschäften mit den Juden bedient sich X. Y. der hebräischen Handelssprache, die er sehr gut beherrscht. Schon allein dieser Umstand beweist, daß X. Y. im heutigen Staate des Amtes eines 1. Bürgermeisters nicht würdig ist.*[23]

Daraufhin lehnte die Kreisleitung der NSDAP und — in ihrem Windschatten — auch das Bezirksamt zum zweitenmal den rechtmäßig gewählten Bürgermeister von Burgebrach ab. Der dritte Anlauf endete mit einem der NSDAP genehmen Ergebnis: Am 6. Juli schlug der NS-Kreisleiter den nationalsozialistischen Ortsgruppenleiter von Burgebrach als seinen Kandidaten vor, der dann auch ab 15. Juli die Amtsgeschäfte übernahm. Jetzt fühlte sich aber ein alter Parteigenosse übergangen, der bereits seit fünf Jahren der NSDAP angehörte und eigentlich selbst hatte Bürgermeister werden wollen. Sein Rücktritt als Gemeinderat und sein Protestbrief an den Kreisleiter, in dem er sich darüber beklagte, daß *alte Kämpfer, die für die Erhebung unseres Vaterlandes ihr Geschäft und ihre Existenz aufs Spiel gesetzt haben,* übergangen würden, während *junge Nationalsozialisten, die endlich im April ihr nationalsozialistisches Herz entdeckt* hätten, an leitende Positionen kämen, machten auf Zahneisen aber keinen Eindruck.[24] Er hielt an dem von ihm selbst nominierten Bürgermeister fest, der sich allerdings in den nächsten beiden Jahren immer wieder über *politische Wühlmäuse* beklagte[25], die ihm sein Dorfregiment erschwerten.

In Gaustadt, der größten Gemeinde im Bezirksamt Bamberg, waren die politischen Verhältnisse im Frühjahr 1933 aus der Sicht der NSDAP noch komplizierter als in Burgebrach, denn hier hatte es die selbsternannte Staatspartei mit zwei parteipolitischen Gegnern zu tun. Bei der Reichstagswahl im März 1933 waren nämlich auf die NSDAP nur 24,1% der abgegebenen Stimmen entfallen, während für die SPD 33,2% und für die BVP 42,7% der Wähler votiert hatten. Im umgebildeten Gemeinderat standen deshalb fünf Mitglieder der Volkspartei und drei Sozialdemokraten zwei Nationalsozialisten

---

[22] Das Regierungspräsidium lehnte die Bestätigung der Bürgermeister *nach Benehmen mit dem Gauleiter der NSDAP, Bayerische Ostmark* ab, StA Bamberg, K 3, 202.

[23] Schreiben vom 22. Juni 1933, StA Bamberg, K 5, 4900. In diesem Schreiben stellte der Ortsgruppenleiter ferner fest, die Gemeinde Burgebrach sei *nach wie vor unter dem tiefgehenden klerikalen Einfluße die stärkste Hochburg eines fast unbezwingbaren Widerstandes gegen den nationalen Willen unseres Volkes.* Der Name des Bürgermeisters wurde aus Gründen des Persönlichkeitsschutzes in diesem Aufsatz anonymisiert.

[24] Schreiben vom 20. Juli 1933, StA Bamberg, K 5, 4900. Die Gendarmeriestation Burgebrach beurteilte den Verfasser des Protestbriefes in einem Bericht vom 26. Juli 1933 als Anhänger einer *etwas radikalen Richtung,* weshalb ihn die Ortsbevölkerung ablehne, ebd.

[25] Vgl. dazu den weiteren Schriftwechsel: StA Bamberg, K 5, 4900.

gegenüber. Bei der Wahl des Bürgermeisters formierte sich eine schwarz-rote Koalition, die mit sieben gegen zwei Stimmen einen Kandidaten durchsetzte, den die örtliche NSDAP sofort scharf ablehnte. Deren eigener Bewerber war der Ortsgruppenleiter, der sich im Vorfeld der Wahl vergeblich bemüht hatte, die BVP-Gemeinderäte auf seine Seite zu ziehen. Er intervenierte nach seinem Fehlschlag bei Kreisleiter Zahneisen[26], der daraufhin prompt dem gewählten Bürgermeister die Bestätigung verweigerte. Im Bezirksamt hielt man diesen Einspruch für ungerechtfertigt und teilte dies auch der Regierung in Ansbach unmißverständlich mit: *Das Verlangen nach einer anderen Wahl widerspricht den Vorschriften und offensichtlich dem Willen der überwiegenden Mehrheit der Bevölkerung.*[27] Doch diese klare Rechtslage interessierte den Kreisleiter nicht.

Als am 19. Mai der in Gaustadt gewählte Bürgermeister Kreisleiter Zahneisen persönlich aufsuchte, um ihn für sich zu gewinnen — er war inzwischen der NSDAP beigetreten —, wurde ihm ein höchst ungnädiger Empfang zuteil, über den er folgendes berichtete:

Nachdem ich längere Zeit gewartet hatte, empfing er mich schon aus der Ferne mit den Worten: „Nur ganz kurz machen, ich habe keine Zeit, höchstens zwei Minuten", und ohne mich zu Wort kommen zu lassen, fuhr er fort: „Also die Sache ist jetzt in Ordnung. X. Y. [Ortsgruppenleiter der NSDAP] wird nicht Bürgermeister, Bürgermeister wird Z." Und auf meinen schüchternen Einwand, „und ich, meine Sache liegt doch bei der Regierung", fertigte er mich kurz ab mit den Worten: „Nein. Sie kommen als Doppelverdiener überhaupt nicht in Betracht." Ich hatte genug, bedankte mich und ging.[28]

Am nächsten Tag reichte der resignierende Gaustädter Bürgermeister dem Bezirksamt seine Verzichtserklärung ein, nachdem ihm auch noch ein leitender Beamter der Behörde geraten hatte, sein Amt zur Verfügung zu stellen.[29]

Bei der Neuwahl, die bereits am 22. Mai stattfand, setzte sich erneut die BVP mit ihrem Vorschlag durch. Obwohl die Gemeinderäte der Volkspartei bei dieser Wahl den Ortsgruppenleiter der NSDAP als zweiten Bürgermeister akzeptiert hatten, um ihre Bereitschaft zur Zusammenarbeit zu dokumentieren, eröffnete die NS-Zeitung „Fränkisches Volk" sofort den Angriff auf den BVP-Bürgermeister:

Die BVP hat sich also angemaßt, neben 5 Sitzen auch noch den ersten Bürgermeister zu beanspruchen. Es bleibt abzuwarten, ob diese „Lösung", die ein großer Teil der Einwohnerschaft nicht billigt, durch die ausstehende behördliche Bestätigung eine endgültige ist. Gewähr für ein gedeihliches Zusammenwirken im Sinne des nationalsozialistischen neuen Deutschland ist nur unter Führung eines nationalsozialistischen 1. Bürgermeisters gegeben.[30]

Wortlos übergangen wurde in diesem Artikel allerdings, daß die NSDAP in Gaustadt nur zwei Gemeinderäte stellte und somit ihre Forderung nach einem NS-Bürgermeister

---

[26] Schreiben vom 26. April 1933, in dem der Ortsgruppenleiter betonte, die BVP-Gemeinderäte stünden *unter der geistigen Führung des ehemaligen marxistischen Bürgermeisters: Es handele sich bei der BVP um ganz hartnäckige Gegner unserer Regierung. Gestern noch, bei der Unterredung, äußerten sie, wir wollen lieber in „Ehren" untergehen, als jemals einen Nationalsozialisten wählen,* StA Bamberg, K 5, 4978.

[27] Schreiben vom 12. Mai 1933, StA Bamberg, K 3, 202.

[28] Schreiben vom 1. Juni 1933 an die Regierung von Mittel- und Oberfranken, StA Bamberg, K 3, 202.

[29] Diese Mitteilung findet sich ebenfalls in dem Schreiben vom 1. Juni 1933, mit dem der Bürgermeister seine Verzichtserklärung vom 20. Mai widerrief.

[30] Nr. 120 vom 24. Mai 1933.

überhaupt nicht legitimieren konnte. In Gaustadt wollte man aber eine *unerbittliche Gleichschaltung* verwirklichen, wie ein örtliches NSDAP-Mitglied an Zahneisen schrieb, weil in dieser Gemeinde höchstens ein Drittel der Einwohner *das Hakenkreuz als Symbol der nationalen Revolution . . . im Herzen* anerkenne.[31] Dem Vorschlag dieses besonders eifrigen Parteigenossen, der NSDAP beide Bürgermeister zuzusprechen, um den *schwarzroten Block* zu zerstören, schloß sich Zahneisen natürlich bereitwillig an. Am 9. Juni lehnte er den im Mai gewählten BVP-Kandidaten wegen *Zusammenarbeit mit der SPD* ab und benannte einen kommissarischen Bürgermeister aus den Reihen der NSDAP.[32] Nun gehörten zwar in Gaustadt der erste und der zweite Bürgermeister der NSDAP an, aber damit war noch immer nicht der Gemeindefriede im Sinne der neuen Machthaber hergestellt. Denn nach dem erzwungenen Rücktritt der BVP-Gemeinderäte im Juli 1933 entbrannte der Kampf zwischen den beiden nationalsozialistischen Bürgermeistern Gaustadts, deren Fehden bis zum Herbst 1934 den Ort nicht zur Ruhe kommen ließen. Der nur zum zweiten Bürgermeister avancierte Ortsgruppenleiter fühlte sich nämlich von Zahneisen benachteiligt und setzte deshalb alles daran, seinem ungeliebten Parteifreund den Stuhl des Ortsoberhauptes abzujagen, auf dem er eigentlich schon im April 1933 selbst hatte Platz nehmen wollen.[33]

Hatte die NSDAP in Burgebrach und Gaustadt eigene Ortsgruppen, die 1933 ihre kommunalpolitischen Ambitionen befriedigen wollten, so sah sie sich in kleinen Landgemeinden schließlich zur Koexistenz mit den katholischen Dorfhonoratioren gezwungen, denen sie aus den eigenen Reihen keine Konkurrenten entgegenstellen konnte. Doch selbst in diesen Orten versuchten die Nationalsozialisten anfangs ihren Einfluß geltend zu machen. Ein Beispiel dafür ist die Gemeinde Unterhaid, die 249 Einwohner zählte. Hier konnte die NSDAP bei der Reichstagswahl im März 1933 nur 16 Stimmen für sich gewinnen, während auf die BVP 136 Stimmen entfielen. Dem neugebildeten Gemeinderat gehörten acht Vertreter der Volkspartei und kein Nationalsozialist an. Als Bürgermeister wurde der Ortsvorsitzende der BVP wiedergewählt, der bereits seit 1929 amtierte und das Vertrauen seiner Mitbürger besaß. Als die Bestätigung dieses Bürgermeisters durch das Bezirksamt ausblieb, wandte sich der katholische Kuratus von Unterhaid an die Behörde. Nach seiner Auffassung waren *geheime Kräfte am Werke*, die eine Bestallung des gewählten Bürgermeisters hintertreiben wollten, obwohl man ihm keine *marxistische Gesinnung* vorwerfen könne. Der Kuratus appellierte eindringlich an das Bezirksamt, den Bürgermeister zu ernennen, weil es seine Aufgabe als Geistlicher auch sei, *für den Frieden in der Gemeinde zu sorgen:*

Wenn der 1. Bürgermeister nicht bestätigt wird und ein kommissarischer Bürgermeister aufgestellt wird, ist es um den Frieden in der Gemeinde geschehen, und bekanntlich halten in kleinen Gemeinden Feindschaften länger und nachhaltiger an als wie in größeren Gemeinden oder gar Städten. Es ist gewiß nicht der Wunsch der nationalen Regierung, den Frieden in der Gemeinde zu stören; es wäre aber der Frieden gestört, wenn den selbstsüchtigen Wünschen einiger Leute in der Gemeinde nachgegeben würde. Sollte

---

[31] Schreiben vom 22. Mai 1933, StA Bamberg, K 5, 4978.
[32] Vgl. dazu die Aktennotiz von Zahneisen, StA Bamberg, K 5, 4978. Das Bezirksamt schloß sich am 21. Juni 1933 dem Votum des Kreisleiters an.
[33] Vgl. dazu den weiteren Schriftwechsel (StA Bamberg, K 5, 4978), in dem der Ortsgruppenleiter als intrigant, unbeliebt und ehrgeizig geschildert wird. Am 19. Oktober 1934 forderte der Gemeinderat Gaustadt dessen Amtsenthebung als zweiter Bürgermeister, weil er bei der Volksabstimmung im August 1934 Stimmscheine kenntlich gemacht und damit das Wahlgeheimnis verletzt habe.

der 1. Bürgermeister nicht bestätigt und ein kommissarischer Bürgermeister aufgestellt werden, werden die Akten nach München an das Ministerium geleitet und [wird] Beschwerde erhoben. Auch die nationale Regierung wird sich zu dem Grundsatz bekennen: Justitia est fundamentum regnorum.[34]

Mit diesem bemerkenswerten Schreiben bewirkte der Kuratus aber nur, daß der Bürgermeister von Unterhaid für die NSDAP endgültig untragbar wurde. Am 1. Juni äußerte der Vorsitzende der NS-Ortsgruppe aus dem benachbarten Oberhaid, gegen den Bürgermeister von Unterhaid sei *eigentlich nichts einzuwenden*, jedoch stehe er *ganz unter dem Einfluß des Kuratus* und könne als *keine besonders starke Persönlichkeit* angesehen werden.[35] Auch Zahneisen beurteilte den Kuratus, der Leiter der BVP im Bezirk Bamberg war, als einen *Hauptgegner der nationalsozialistischen Bewegung*, dessen Einfluß auf die Gemeindeverwaltung in Unterhaid ausgeschaltet werden müsse.[36] Obwohl der Bezirksamtmann in seiner Stellungnahme an die Kammer des Innern betonte, nach seiner Auffassung könne der Kuratus wohl nicht *als Ablehnungsgrund herhalten*, zumal er sich fragen müsse, *was in der Verwaltung einer kleinen Landgemeinde die Politik für eine besondere Rolle spielen sollte*[37], lehnte die Regierung die Bestätigung des Bürgermeisters am 13. Juni ab. Der am 23. Juni neugewählte Bürgermeister gehörte ebenfalls der BVP an, die auch nach dem erzwungenen Ausscheiden ihrer im April 1933 eingesetzten Gemeinderäte das Heft in Unterhaid in der Hand behielt: Im neugebildeten Gemeinderat, der am 14. Juli 1933 seine Tätigkeit aufnahm, saßen fünf ehemalige Mitglieder der Volkspartei. Offensichtlich war es der NSDAP auch im Frühsommer 1933 nicht gelungen, in dieser rein katholischen Gemeinde Fuß zu fassen.

IV.

Die geschilderten Fälle, die sich noch um zahlreiche Einzelbeispiele aus anderen Orten ergänzen ließen[38], können nur schlaglichtartig die nationalsozialistische Personalpolitik bei der Gleichschaltung der Gemeinden im Bezirksamt Bamberg beleuchten. Nachdem die Neuverteilung der Mandate auf der Basis der lokalen Reichstagswahlergebnisse vom 5. März 1933 der NSDAP in dieser Hochburg des politischen Katholizismus bei weitem noch keine Mehrheit gesichert hatte, wandte die neue Staatspartei hier besonders massiven Druck an, um ihren Willen durchzusetzen. Der formale Ablauf der illegalen Eingriffe in die Kommunalpolitik war in allen Gemeinden ähnlich. Örtliche Mitglieder- oder Anhängergruppen der NSDAP intervenierten beim Kreisleiter der Partei, der mißliebige Bürgermeister ausschalten und ihnen genehme Kandidaten einsetzen sollte. Da der Kreisleiter selbst entschlossen war, seine Position als nationalsozialistischer Provinzführer fest zu verankern, nutzte er alle Möglichkeiten rigoros, die ihm das Gleichschaltungsgesetz und seine bayerischen Durchführungsverordnungen boten, um die NS-Herrschaft bis in das kleinste Dorf des Landkreises auszudehnen. Die staatliche Bezirksverwaltung, die zunächst bemüht war, bestehende Rechtsvorschriften buchstabengetreu anzuwenden, mußte Schritt für Schritt vor den nationalsozialistischen Machtansprüchen kapitulieren und sich schließlich mit der Rolle einer

---

[34] Schreiben vom 31. Mai 1933, StA Bamberg, K 3, 202.
[35] Aktennotiz des Bezirksamtes, StA Bamberg, K 3, 202.
[36] Ebd.
[37] Schreiben vom 1. Juni 1933, StA Bamberg, K 3, 202.
[38] Im StA Bamberg sind für alle 142 Gemeinden des Bezirksamtes Bamberg Einzelakten überliefert, die plastische Einblicke in den kommunalen Gleichschaltungsprozeß in dieser Region ermöglichen: StA Bamberg, K 5, 4890—5030.

Briefkopfbehörde abfinden, der nur noch die Aufgabe zufiel, die von den Bayreuther Gaudienststellen der NSDAP gefällten Entscheidungen an die Gemeinden weiterzuleiten.

Bei der Durchsetzung ihrer Herrschaftsambitionen wurde die NSDAP in den Gemeinden mit einem patriarchalischen Sozialmilieu konfrontiert, das sich dem Gleichschaltungsdruck der Parteiinstanzen hartnäckig widersetzte. Besonders schwer taten sich die Nationalsozialisten immer dann, wenn es ihnen nicht gelang, Repräsentanten der tonangebenden Bauernschicht für sich zu gewinnen und wenn ortsfremde NS-Funktionäre sich in die stark personalisierte dörfliche Kommunalpolitik rücksichtslos einmischten. Obwohl sich der angestaute Unmut kaum in spektakulären Protestaktionen gegen die nationalsozialistischen Störenfriede Luft verschaffte und obwohl nicht überall festgefügte Parteilager einander gegenüberstanden, hatten die neuen Machthaber den Mehrheitswillen in vielen Gemeinden doch so sehr mißachtet, daß der kommunale Frieden nachhaltig erschüttert blieb. Namentlich die von der NSDAP ausgeschalteten Wortführer der katholisch-konservativen Gemeindeelite vergaßen die ihnen zwischen April und Juli 1933 zugefügten Demütigungen nicht so schnell. Die rabiate Gleichschaltungspolitik im Bezirksamt Bamberg hinterließ Spuren, und das NS-Regime mußte fortan damit rechnen, daß seine Herrschaft auf dem Lande als Fremdherrschaft empfunden wurde, deren Last man mißmutig trug und deren Zumutungen man sich, so gut es ging, zu entziehen versuchte.

DISKRIMINIERUNG UND EMIGRATION — DAS SCHICKSAL DER WÜRZBURGER JÜDISCHEN APOTHEKERFAMILIE NUSSBAUM VOR UND WÄHREND DES III. REICHS

von

HANS STEIDLE

Es geht in diesem Aufsatz um die Rekonstruktion des Schicksals einer jüdischen Apothekerfamilie aus Würzburg, die dem systematischen Völkermord an den Juden durch den Nationalsozialismus wegen ihrer rechtzeitigen Emigration nach Palästina entging. Für die Würzburger und unterfränkische jüdische Bevölkerung liegt eine Dokumentation ihres bürokratisch genau erfaßten Untergangs vor, das Schicksal der emigrierten deutschen Juden wurde von der Geschichtswissenschaft bisher jedoch weniger berücksichtigt. Im Folgenden soll aufgezeigt werden, wie die Familie von Max und Herbert Nußbaum, die zum gehobenen Mittelstand gehörte, bereits vor 1933 in Gegnerschaft zum anwachsenden Nationalsozialismus stand, 1936 mit dem Unterdrückungsapparat des nationalsozialistischen Staates konfrontiert wurde, welche Schwierigkeiten und Benachteiligungen die Familie Nußbaum auf sich nehmen mußte, bis sie sich nach Palästina gerettet hatte. Mein biographisches Interesse findet seine Grenzen in den vorgegebenen Materialien, den Akten der Gestapo Würzburg im Bayerischen Staatsarchiv Würzburg, deren Umfang und Vollständigkeit gerade die fränkische Landesgeschichte zur detailorientierten Forschung über den nationalsozialistischen Terrorapparat, bzw. seine Arbeitsweise, und die verfolgten und diskriminierten Gruppen anregen sollte. Die Rekonstruktion des Lebensabschnitts mehrerer Würzburger Bürger nach diesen Akten soll in ihrer Singularität und ihrer Repräsentenz zur Komplettierung der „Alltagsgeschichte" des Nationalsozialismus und seiner Opfer beitragen.[1]

Max Nußbaum wurde am 8. 8. 1875 als drittes Kind und erster Sohn der Eheleute Siegmund Nußbaum und seiner Frau Regina, geb. Bergen, in Hammelburg geboren und im jüdischen Standesregister auf den Namen Ernst Martell eingetragen. Die Nußbaums waren eine der seit mehreren Generationen in Hammelburg ansässigen jüdischen Familien, deren männliche Mitglieder im Standesregister meistens als Kaufleute nachweisbar sind. Der Widerspruch der Namen Max und Ernst-Martell läßt sich mit einem Namenswechsel erklären, der einer allgemeinen Praxis jüdischer Familien während des Kaiserreichs entsprach: so nannte sich der Hammelburger Hirsch Nußbaum nach 1870 Herrmann Nußbaum, Leopold Nußbaum war als Löw Nußbaum ins Standesregister eingetragen.[2] Man kann in diesem Namenswechsel, der übrigens den korrekten Akten-

---

[1] D. W. ROCKENMAYER: Aus den Akten der Würzburger Gestapo/Buchführung des Todes; Würzburg, 1981. Die Würzburger Gestapo-Akten über die Deportationen 1941—1943 sind vollständig enthalten und dienten bereits H. G. ADLER in: Die verheimlichte Wahrheit/Theresienstädter Dokumente, und Der verwaltete Mensch/Studien zur Deportation der Juden aus Deutschland, in den entsprechenden Passagen als Grundlage. Die umfassend erhaltenen Akten der Gestapo-Stelle Würzburg bieten auch die Möglichkeiten zum Studium von Diskriminierung, Verfolgung, Emigration und Widerstand im III. Reich. Entsprechende Arbeiten wurden und werden erstellt. Meinem Aufsatz liegen die Gestapo-Akte Nr. 8837 über Max Nußbaum und Nr. 8829 über Herbert Nußbaum zugrunde.

[2] Jüdisches Standesregister Nr. 39, Bayerisches Staatsarchiv Würzburg.

schreibern des III. Reichs gewisse Probleme bezüglich der richtigen Namenserfassung machte, ein Indiz der Assimilation der jüdischen Minderheit erkennen, die auch namensmäßig nicht mehr auffallen will.

Wie andere deutsche Juden seiner Generation wandte sich Max Nußbaum nicht mehr den traditionellen, den Juden reservierten Berufen zu, sondern wurde Apotheker und absolvierte einen einjährigen Militärdienst in Paderborn. Verheiratet war Max Nußbaum mit Meta Rosenbaum, am 9. 12. 1902 wurde beider Sohn Herbert in Wiesbaden geboren.[3] Am Ersten Weltkrieg nahm Max Nußbaum als Frontsoldat teil, seit dem 28. 12. 1925 war er in Würzburg polizeilich gemeldet, ab 1. 1. 1926 war er als Inhaber der Pfauen-Apotheke, Zellerstraße 3, und Eigentümer des dortigen Anwesens geführt. Sein Sohn Herbert beendete sein Studium der Betriebswirtschaft mit der Doktorwürde rer. pol., absolvierte ein Apothekerpraktikum und war auch als Drogist tätig.[4] Ende Februar 1927 sah sich Max Nußbaum einer Untersuchung wegen Übertretung der Gewerbeordnung und Betrugs gegenüber: er soll nach Anzeige des Sanitätsrats Dr. Kopp andere Medikamente, als sie verordnet waren, verkauft haben, diese als gleichwertig bezeichnet und identische Medikamente wiederum zu verschiedenen Preisen weitergegeben haben. Nußbaum erklärte dies mit fehlenden Vorräten und starken Preisschwankungen der Präparate; eine Kundin, die ihn des Betrugs beim anzeigenden Arzt bezichtigt hatte, konnte diesen Vorwurf nicht aufrechterhalten, so daß das gesamte Verfahren eingestellt wurde.[5] Ein Jahr später, am 1. April 1928, nahm Max Nußbaum von der Apothekerpraktikantin Gertrud Ury aus Karlsruhe, die zu diesem Zeitpunkt wohl bei ihm beschäftigt war, ein Darlehen von 50 000 RM in Form einer Hypothek auf sein Würzburger Anwesen. Gertrud Ury heiratete später Herbert Nußbaum.

Im Jahre 1930 begannen Herbert Nußbaums politische Aktivitäten in Würzburg auch die polizeilichen Behörden zu interessieren, denn er war 2. Vorsitzer des Reichsbanners (schwarz-rot-gold) in der Ortsgruppe Würzburg und Kreisleiter dieser republikanischen Kampforganisation in Unterfranken, die sich für eine Stärkung der demokratischen Republik gegen ihre Gegner von rechts und links, also die NSDAP und die KPD einsetzte, und von den bayerischen konservativen Behörden in ihrer Wirksamkeit nicht nur beobachtet, sondern auch behindert wurde. So wurden von der Polizeidirektion Würzburg am 24. 7. 1930 nach Nürnberg und am 8. 8. 1930 nach München Informationen über seine Person weitergegeben. Aus der Personenkarteikarte, die dem Gestapo-Akt beigelegt ist, kann man entnehmen, daß er am 8. 3. 1931 wiederum zum 2. Vorsitzenden des Reichsbanners der Ortsgruppe gewählt wurde.[6] Seine Aktivitäten scheinen zumindest seinen politischen Gegnern, den Nationalsozialisten, nachhaltig in Erinnerung geblieben zu sein, wenn man einen Gestapobericht aus dem Jahre 1936 heranzieht:

---

[3] Die persönlichen Daten wurden aus der Personalkarte und verschiedenen amtlichen Dokumenten von Gestapo-Akt Nr. 8837 zusammengestellt.

[4] Laut Würzburger Adreßbuch und Branchenverzeichnis war die Pfauenapotheke schon lange an verschiedene Apotheker von der Eigentümerin verpachtet worden. Die zahlenmäßige Beschränkung der gesetzlich zugelassenen Apotheken in Würzburg garantierte gewöhnlich dem Eigentümer einen günstigen Umsatz bei 12—15 Betrieben auf 100 000 Einwohner. Auch die sehr zentrale Lage der Apotheke spricht für die Annahme gewissen Wohlstands der Nußbaums. Auch Nußbaum jr. eröffnete seine Drogerie recht kurz nach dem Kauf des Anwesens durch seine Eltern neben der Apotheke. Mit hoher Verschuldung der Familie, gedeckt durch das Anwesen Zellerstr. 3 als Hypothek, ist zu rechnen.

[5] Gestapo-Akt Nr. 8837.

[6] Gestapo-Akt Nr. 8829.

Er war der, der an der Spitze marxistischer Horden Würzburg durchzog und die Arbeiterschaft gegen den Nationalsozialismus aufhetzte. Er schrieb auch Eingaben über Eingaben an die Regierung und legte dar, wie man die Bewegung (gemeint ist die NSDAP) *bekämpfen und niederringen könne. In den unflätigsten Aussprüchen sprach er über die Bewegung.*[7]

Offensichtlich nahm Nußbaum seine Aufgabe ernst und bemühte sich nachhaltig um die Bekämpfung des aufsteigenden Nationalsozialismus nicht nur durch seine Organisation, sondern auch durch die Staatsorgane, die allerdings den Nationalsozialisten nicht genügend Einhalt geboten. Von der politischen Überzeugung her dürften Max und Herbert Nußbaum der linksliberalen DDP (Deutsche Demokratische Partei) nahegestanden haben, vielleicht in ihr organisiert gewesen sein.

Die politische Überzeugung von Vater und Sohn spielte auch eine wichtige Rolle in der Begründung, als Max Nußbaum beim Polizeipräsidium Würzburg am 26. 1. 1931 ein Gesuch um die Erteilung eines Waffenscheins zur Führung eines Revolvers stellte:

Es ist den Nationalsozialisten bekannt, dass ich politisch linksstehend bin, dass ich auch der Vater des Herbert Nussbaum bin.[8]

Max Nußbaum nimmt in seinem Antrag auch Bezug auf ein von seinem Sohn gestelltes Gesuch auf Führung eines Revolvers und übernimmt offensichtlich einige Argumente. Herbert Nußbaums Antrag kann im Gegensatz zu dem seines Vaters, der noch maschinenschriftlich dem Gestapo-Akt beiliegt, nur aus den Beschuldigungen der Gestapo anläßlich der Inschutzhaftnahme 1936 und seiner Erwiderung erschlossen werden. In diesem Antrag habe Herbert Nußbaum die *ungeheuerliche Behauptung* aufgestellt, *Angehörige der nat.soz. Partei schreckten selbst davor nicht zurück, politische Gegner tätlich, sogar mit der Schußwaffe anzugreifen,* was Herbert Nußbaum bezüglich der zitierten Formulierung in seinen Einwendungen nicht bestritt.[9] Was veranlaßte jedoch Vater und Sohn fast gleichzeitig und mit teilweise gleichlautender Begründung einen Waffenschein zu beantragen?

Am 19. November 1930 hatte Max Nußbaum das zweite Gastspiel des Moskauer Jüdischen Staatstheaters HABIMA in Würzburg besucht. HABIMA war eine osteuropäische jüdische Theatergruppe, die nach der russischen Revolution 1917 zunächst von der progressiven Kultur- und Theaterpolitik in Moskau enorm profitierte, seit 1924 auf Tourneen in Europa und Nordamerika weilte und sich entschlossen hatte, hebräisches Theater in Palästina zu pflegen und sich dort niederzulassen.[10] Gegeben wurde am Abend des 19. 11. 1930 in hebräischer Sprache am Würzburger Stadttheater der „Dybuk" von An-Ski, und wie zum ersten Gastspiel vom 5. und 6. Januar 1930, als der „Golem" gespielt wurde, nahmen vorrangig jüdische Mitbürger die reichlich teuer bezahlte Gelegenheit wahr, zu wesentlich erhöhten Eintrittspreisen jüdische und avantgardistische Kultur und Theaterkunst zu genießen oder sich damit auseinanderzusetzen. Gegen dieses Gastspiel in hebräischer Sprache forderte ein Flugblatt der *NSDAP,* Ortsgruppe Würzburg, den Protest der Würzburger Bürger gegen *Kulturbolschewismus* und *Kulturschande,* wie sie die Aufführung denunzierten. Die *Kulturschande* bestand jedoch in dem ungenügenden polizeilichen Schutz der Theaterbesucher, die bereits vor der Vorstellung durch einen antisemitischen Menschenauflauf und seine Rempeleien, Drohungen und Zurufe zum Theatergebäude vordringen mußten. Trotz Räumung des Theater-

---

[7] Gestapo-Akt Nr. 8837, Fernschreiben der BBP Würzburg vom 8. 2. 1936.
[8] Gestapo-Akt Nr. 8837, Schreiben vom 26. 1. 1931.
[9] Gestapo-Akt Nr. 8829, Schutzhaftsbefehl und Begründung vom 20. 1. 1936.
[10] Belege dazu und nähere Ausführungen H. STEIDLE: Der Habimaskandal in Würzburg, in: Mainfr. Jb. 1983, S. 152—210.

umfelds durch verstärkte Polizeikräfte gelang es nicht, die erregte Menschenansammlung völlig aufzulösen und zu zerstreuen. Vielmehr wurde eine größere Anzahl jüdischer Theaterbesucher auf dem Heimweg in einer von der Polizei als sicher angegebenen Gasse von nationalsozialistischen Rowdies und Provokateuren beleidigt, tätlich angegriffen und zum Teil erheblich verletzt.

Unter den Opfern befanden sich auch Max Nußbaum und seine Frau. In der Anklageschrift des Staatsanwalts, die in der Würzburger Presse anläßlich des ersten Prozeßtages gegen elf Nationalsozialisten und Sympathisanten am 4. 2. 1931 publiziert wurde, liest sich das so:

Eine große Anzahl von Theaterbesuchern wurde nach Schluß der Vorstellung auf dem Weg durch den Ingolstädter Hof und die Domerpfarrgasse von etwa 10 bis 15 jungen Burschen in ganz übler Weise belästigt, beleidigt und mißhandelt. Dem Apotheker N. wurde der Hut vom Kopfe gerissen, seine Frau erhielt einen Schlag ins Gesicht.[11]

Nußbaum war, wie man dem Brief an das Polizeipräsidium vom 26. 1. 1931 entnehmen kann, als einer der vielen Zeugen der Anklage benannt worden. Der Zentralverein deutscher Staatsbürger jüdischen Glaubens hatte am 20. 11. 1930 unmittelbar nach den Ausschreitungen sich in einer Veranstaltung, in der die Vorfälle diskutiert und Gegenmaßnahmen besprochen wurden, um eine Unterstützung der staatlichen Ermittlungen bemüht und zwölf Anzeigen gesammelt, worunter sich vielleicht auch eine von Max Nußbaum befand. Auffällig ist, daß Nußbaums Name als einer der jüdischen Zeugen gegen die Nationalsozialisten in der nationalsozialistischen Presse veröffentlicht wurde, verbunden mit den üblichen Diffamierungen und Drohungen. Daß diese Einschüchterungsmethoden ihr Ziel erreichten, kann man unschwer aus den Anträgen von Vater und Sohn Nußbaum um Führung eines Revolvers ersehen. So lautet auch einer der dienstlichen Vermerke zum Gesuch des Vaters:

Seine (Max Nußbaums) *namentliche Benennung im "Völkischen Beobachter" hat ihn besonders ängstlich gemacht. Nussbaum ist indes ein vorsichtiger Mann, wenigstens in Bezug auf den Gebrauch von Schußwaffen, und ist auch bei ihm ein Missbrauch nur im Falle von Putativnotwehr zu befürchten.*[12]

In einem Postskript zu seinem Gesuch wird die Verängstigung der Juden in Würzburg noch deutlicher:

Ich erachte es auch als meine Pflicht, die verehrliche Polizeidirektion zu bitten, sowohl mittags wie besonders abends am 3. Februar 1931 (Gerichtssitzung) die Wege der Zeugen von ihrer Wohnung zum Gerichtsgebäude und zurück zu beachten.

Daß der Prozeß in keiner Weise zur Eindämmung des Nationalsozialismus beitrug, wird sowohl an der wohlwollenden Haltung des Vorsitzenden Richters und des Ersten Staatsanwalts gegenüber den *nationalen Motiven* der Angeklagten als auch an dem verhängnisvoll milden Urteil vom 5. 2. 1931 erkennbar. Das Klima, in dem der Prozeß stattfand, war bereits geprägt von der Aggressivität und der extremen antisemitischen Emotionalität, die die erstarkende NSDAP in ihrer verhetzenden Presse und ihren gewalttätigen Aktivitäten um sich verbreitete.

Herbert Nußbaums Gesuch auf Ausstellung eines Waffenscheins wurde offensichtlich abschlägig behandelt, denn am 1. Oktober 1932 beantragte er erneut einen Waffenschein und hob dabei ausdrücklich hervor, daß er das Ehrenamt als Kreisleiter des Reichsbanners niedergelegt habe.[13] In seiner Erwiderung zum Schutzhaftbefehl gab er 1936 an, daß er *mit den politischen Bestrebungen* der Organisation nicht mehr einver-

---

[11] Würzburger Generalanzeiger vom 4. 2. 1931.
[12] Vgl. Bearbeitung von Nußbaums Gesuch vom 26. 1. 1931, wie Anm. 8.
[13] Personalkarte in Gestapo-Akt Nr. 8829.

standen gewesen sei. Es kann sich dabei um die Bildung des antifaschistischen Kampfverbands der „Eisernen Front" im Rahmen des Reichsbanners handeln, mit dessen starker Anlehnung an die sozialdemokratische Arbeiterbewegung Nußbaum nicht einverstanden war.[14] Herbert Nußbaum war danach aktives Mitglied des jüdischen Turn- und Sportvereins Würzburg, aus dem er am 26. 9. 1934 wieder austrat. Er besaß eine kleine Firma, die Drogen und Chemikalien, darunter eigene Patente und Medikamente vertrieb und zeitweise ihren Eigentümer offensichtlich finanziell so gut stellte, daß er sich einen PKW, Marke General Motors Chevrolet, leisten konnte. Dem steht allerdings eine Verschuldung gegenüber, die aus den Unterlagen anläßlich seiner Auswanderung nach Palästina hervorgeht. Ende 1935 plante Herbert Nußbaum eine Auslandsreise nach dem Balkan, um sein Geschäft, wie er später vor der Gestapo angab, auf Exportbasis umzustellen, da das Inlandsgeschäft zurückging.[15] Offensichtlich wurde ihm keine Genehmigung erteilt, weswegen er als weiteres Reiseland Palästina und weiteren Grund, die Möglichkeiten für eine Auswanderung zu eruieren, angab. Diese Angaben sind durchaus glaubhaft, denn das Ehepaar Nußbaum hatte eine kleine Tochter, und so könnte Herbert Nußbaum angesichts der beschränkten Aussichten in Deutschland, besonders nach den sog. Nürnberger Rassegesetzen, sich verstärkt die Möglichkeit einer Emigration überlegt haben.

Aus einem Gestapobericht wiederum geht hervor, daß die Reiseabsichten vertraulich gemeldet wurden, worauf Postüberwachung über Herbert Nußbaum für die Anschriften Zellerstraße 3 und Annastraße 26 seit dem 3. Dezember 1935 verhängt wurde. Unklar bleibt mangels erhaltenen Schriftverkehrs, welche Reiseziele und -gründe Herbert Nußbaum beim nötigen Paßantrag wirklich angab. Offensichtlich aber wurden die Polizeibehörden wie so oft im III. Reich aufgrund einer Denunziation aktiv. Am 12. Januar 1936 wurde er in Polizeihaft genommen, dem Amtsgerichtsgefängnis überstellt, am 20. Januar lag der angeforderte Schutzhaftbefehl vor. Hierin wurde, wie oben gezeigt, Bezug genommen auf Nußbaums politische Aktivitäten vor 1933. Er habe als Reichsbannerkreisleiter seine *gehässige Gesinnung* gegen den Nationalsozialismus *offen zum Ausdruck* gebracht, als weiteres Indiz wurden die bereits zitierten Begründungen zu seinem Waffenscheinantrag von 1931 aufgeführt, wonach Nationalsozialisten in der gewalttätigen Bekämpfung ihrer Gegner auch vor Schußwaffengebrauch nicht zurückschreckten. Seine Auslandsreisen interpretierte man als den Versuch, mit jüdischen und insbesondere marxistischen Emigrantenkreisen die Verbindung aufrechtzuerhalten. Gegen diese Begründungen wandte Dr. Nußbaum ein, daß er 1932 freiwillig von seinem Amt im Reichsbanner zurückgetreten sei, *weil er mit den Bestrebungen dieser Organisation nicht mehr einverstanden* gewesen sei. Die Begründung im Waffenscheinantrag von 1931 bezeichnete Nußbaum als *Dummheit* und wollte sie längst *bereut* haben. Verbindungen zu marxistischen und jüdischen Emigranten, besonders in politischer *staatsabträglicher Absicht*, stellte er nachhaltig in Abrede.

---

[14] Hinweise hierzu verdanke ich Herrn R. FLADE. Zur Situation in der Weimarer Republik ders.: Es kann sein, daß wir eine Republik brauchen. Rechtsradikalismus und Demokratiefeindschaft in der Weimarer Republik am Beispiel Würzburg; Würzburg 1983.

[15] Personalkarte in Gestapo-Akt Nr. 8829. Die geschäftliche Verbesserung der Drogerie Nußbaums jr. zeigte sich in der Anmietung einer eigenen Wohnung und eigener Geschäftsräume in den dreißiger Jahren. Der Geschäftsrückgang kann erschließbar werden, da das Branchenverzeichnis 1934 die Drogerie nicht aufführt, danach als Geschäftsadresse wieder das väterliche Anwesen geführt wird. Auslandsverbindungen nach Rumänien erkennt man an der Postkarte eines Apothekers aus Herrmannstadt, der nach einem von Nußbaum jr. erfundenen Präparat fragt. Diese Postkarte, abgefangen von der Postüberwachung, liegt noch heute dem Gestapo-Akt Nr. 8829 bei, dem auch die Nachweise für die folgenden Passagen zu entnehmen sind.

Diese Formulierungen sind dem Protokoll zu entnehmen, das von Nußbaums Stellungnahme nach Vorlegung des Schutzhaftbefehls verfertigt und von ihm unterzeichnet wurde. Man darf sicher sein, daß Dr. Nußbaum sich hütete, vor der Gestapo angesichts der drohenden KL-Einweisung seine wahre Gesinnung zu zeigen. Vielmehr versuchte er, sein politisches Engagement vor 1933 zu verharmlosen und auf seinen Rückzug ins Privatleben zu verweisen. Die von den Eltern noch am Tage der Verhaftung beantragte Sprecherlaubnis wurde ihnen erst am 26. 1. negativ beantwortet, an dem Tage, als Herbert Nußbaum erfuhr, daß er zwei Tage später ins KL Dachau transportiert — *verschubt* — werden sollte, aus *erzieherischen Gründen*, wie aus dem Formular des Schutzhaftbefehls hervorgeht. Die vagen Verdachtsmomente reichten eben doch nicht für den Nachweis einer staatsfeindlichen oder -abträglichen Handlung oder Haltung aus. Übrigens wurde einen Monat nach der Verhaftung die Postüberwachung am 20. 2. 1936 aufgehoben, weil die Voraussetzung hierfür weggefallen war und die kontrollierten Posteingänge nur private und geschäftliche Angelegenheiten betrafen. Am 29. 1. 1936 schrieb Herbert Nußbaum an seine Eltern, der Brief liegt handschriftlich noch dem Gestapoakt bei, weswegen zu bezweifeln ist, ob er tatsächlich die Empfänger erreichte; allerdings entnimmt man der in rotem Bleistift beigefügten Notiz *Angehörige verständigt,* die entsprechende behördliche Benachrichtigung der Familie. Besonders wichtig war Herbert Nußbaum, daß seine Eltern schon um 8⁰⁰ Uhr morgens kommen und Notizpapier mitbringen sollten, damit er Ihnen noch *viel Geschäftliches sagen* könne. Außerdem wollte er zwei bis drei Unterhosen, diverse Strümpfe, Knickerbocker incl. Strümpfe, Briefpapier, Marken, 50 RM Geld, einen Schuhanzieher, eine Nagelschere, Hühneraugenringe und einen Schlafanzug mitnehmen. Dies sollte am 30. 1., dem Tag seiner Überstellung ins KL Dachau, noch alles erledigt werden.

Sein Vater Max Nußbaum konnte ihn mit Sicherheit nicht besuchen, verweilte er doch am 29. 1. 1936 wie sein Sohn als Häftling im Landgerichtsgefängnis Würzburg. Bereits am 23. 1. 1936 war er wegen Verbreitung von Greuelnachrichten in Polizeihaft genommen und am 24. 1. 1936 dem Landgerichtsgefängnis überstellt worden. Einen Tag später wurde die Anzeige an die OStA/LG Würzburg weitergeleitet und am 27. 1. 1936 an das SG in Bamberg verwiesen.[16] Ein halb-jüdischer Medizinal-Praktikant, solche rassistischen Einteilungen wurden nach den Nürnberger Gesetzen möglich, hatte nach eigenen Angaben in seiner momentanen Enttäuschung über seine nach den Nürnberger Gesetzen behinderte Karriere in einem Geburtstagsbrief zum 16. 1. 1936 an seinen Bruder in Essen regimefeindliche Äußerungen getätigt. So hatte er von der reaktionären Einstellung der Würzburger Studentenschaft, der Überfüllung der Gefängnisse, und schließlich auch jenen Satz geschrieben: *In Dachau sterben die Leute massenweise eines natürlichen Todes.* Die Würzburger Gestapo wurde auf Aufforderung der Essener Gestapo hin, wie diese übrigens an den Brief kam, entzieht sich meiner Kenntnis, aktiv, und im zweiten Verhör vom 22. 1. 1936 benannte der Medizinal-Praktikant S. Max Nußbaum als Urheber der Aussage über Dachau. S. selber gab an, bis 1935 nationalsozialistisch tätig gewesen zu sein und benannte neben Nußbaum noch zwei weitere Personen als vermeintliche Informanten. Nußbaum, seinerseits verhört, bezeichnete S. als einen Arzt an der Poliklinik, der ihn täglich als Armenarzt aufgesucht und über sein berufliches Fortkommen geklagt habe, wobei er auch *Maßnahmen der Reichsregierung kritisiert* habe. Nußbaum bestritt jegliche Äußerung über Dachau, sah in S. einen *krankhaften Lügner,* den er mehrfach darauf hingewiesen habe, daß die Nürnberger Gesetze sich nur zu seinem Vorteil auswirkten. S. blieb jedoch während der Gegenüberstellung bei seiner Aussage. Max Nußbaums Gegenbeschuldigung, deren Wahr-

---

[16] Gestapo-Akt Nr. 8837.

heitsgehalt natürlich nicht mehr überprüft werden kann, sich aber vermutlich auf die täglichen Gespräche in der Apotheke stützte, wird aus der Belastung nach der Verhaftung seines Sohnes und der Angst für sich und seine Familie verständlich. Vor der Gestapo konnten sich die wenigsten Bürger Heldenmut und politische Überzeugung leisten, weswegen Beschuldigungen und Gegenbeschuldigungen in den Protokollen über die Verhöre ebenso wie Unschuldsbeteuerungen oft zu finden sind.

Noch vor dem 30. Januar 1930 wandte sich Max Nußbaum brieflich an seine Frau, in dem er auf sein Augenleiden, Netzhautablösung, das er ursprünglich fachärztlich hatte behandeln lassen wollen, eingeht.³ So berichtet er seiner Frau: *Fortwährende Schwindelanfälle, ich kann nicht lesen und kaum sehen.* Schließlich erwähnt er auch noch eine Operation seiner Enkelin, die zu diesem Zeitpunkt kein halbes Jahr alt war. Offensichtlich wurde dieser Brief weitergeleitet, denn in einem Gesuch vom 30. Januar 1936 bittet Frau Nußbaum, daß man den Universitätsprofessor Geheimrat Dr. Schich die Behandlung ihres Mannes übernehmen lasse. Diesem Begehren wurde nicht entsprochen, denn am 5. Februar 1936 ersucht Max Nußbaum aus gesundheitlichen Gründen um Haftentlassung. Zu den bereits genannten benannten Augenleiden und Schwindelgefühlen sind Appetit- und Schlaflosigkeit hinzugekommen, den Hofgang konnte Nußbaum nur noch durch Aufstützen oder gar nicht mehr mitmachen. Als Sicherheit für den Verbleib in seiner Wohnung bietet Nußbaum sogar einen Wachtmeister an, der in seinem Haus zur Miete wohnte.

Die Verhaftung von Vater und Sohn Nußbaum war auf nicht mehr rekonstruierbarem Wege dem Bezirksgruppenführer für das Apothekerwesen in München, Kaufmann, bekannt geworden, der nun in einem Fernschreiben vom 7. 2. 1936 an die Gestapo Würzburg Max und Herbert Nußbaum zu einer verdächtigten Person verschmolz, die dann als Besitzer der Apotheke (Vater) Verbindungen zu Emigranten (Sohn) haben sollte. Man kann hier die ungenaue Informationslage mancher Behörden und Institutionen im nationalsozialistischen Deutschland erkennen, was nicht verwundert, da auch Gerichte und Gestapo auf Gerüchte und ungesicherte Behauptungen hin einschritten. Ich halte dies für ein Konstituens des nationalsozialistischen Terrorsystems. Wichtig war nun das im Fernschreiben beinhaltete Berufsverbot für Max Nußbaum, wünschte Kaufmann doch solche Informationen zu erhalten, die das *Verfahren zur Zurücknahme der Konzession zum Betrieb einer Apotheke* rechtfertigten und stützten. Am folgenden Tage bereits übersandte die Gestapo Würzburg in einem Fernschreiben an die BBP in München ihre gesammelten Verdächtigungen. So wurde unterstellt:

Die Apotheke war der Deckmantel für die staatsabträgliche Gesinnung, denn dort konnte man sich unter dem Vorwand der „Kundschaft" ungestört treffen und verhandeln. Die Apotheke Nußbaums war der Sammelpunkt der staatsfeindlichen Elemente Würzburgs... Nach außen hin gibt sich Nußbaum den Anschein eines sogen. anständigen Juden, während er hintenherum verbreitet, „daß in Dachau massenhaft die Leute sterben". Es muß erst noch überprüft werden, ob sein Schwager, der Hammelburger Jude Nußbaum, der lange Zeit im Konzentrationslager Dachau war, nicht der Urheber dieser Greuelnachrichten ist. Jedenfalls ist der Hammelburger Nußbaum nach seiner Entlassung aus Dachau bei dem Würzburger Nußbaum verkehrt.[17]

Angesprochen ist der Fall des Hammelburger Kaufhausbesitzers Karl Nußbaum, eines sehr entfernten Verwandten Max Nußbaums.[18] Dieser war nach Veröffentlichung eines verhetzenden Artikels in der nationalsozialistischen Regionalpresse am 17. 11. 1934 als *gefährlicher Volksausbeuter und Preiswucherer* in Schutzhaft genommen und

---

[17] Gestapo-Akt Nr. 8837.
[18] Gestapo-Akt Nr. 8835.

am 30. 11. 1934 in das KL Dachau eingewiesen worden. Erst ein Jahr später, am 12. 12. 1935 wurde er nach Hammelburg entlassen und sowohl einer strengen Meldepflicht und einer Postüberwachung unterworfen, wobei er natürlich Hammelburg nicht verlassen durfte. Er mußte sich täglich bei der Polizei melden; aus den Akten geht hervor, daß er den Auflagen entsprach, womit also die Verdächtigungen des Würzburger Gestapo-Beamten widerlegbar sind. Daß aus vagen und unzutreffenden Verdachtsmomenten vermeintliche Tatsachenaussagen konstruiert wurden, enthüllt deutlich den Charakter des nationalsozialistischen Terrorapparats. Typisch war die *Informationserhebung* aus Denunziantentum, die Schlußfolgerungen waren geprägt von stereotypen antisemitischen Vorurteilen.

Von allen Unterstellungen hielt nichts der Prüfung selbst nationalsozialistischer Justiz stand: am 20. 2. 1936 wurde Max Nußbaum aus dem Landgerichtsgefängnis entlassen, am 21. 2. 1936 teilte die OStA/OLG Bamberg der Polizeidirektion und der Politischen Polizei in Würzburg die Ergebnisse ihrer Untersuchung und die Anklageerhebung gegen Max Nußbaum mit. Am 27. 4. 1936 endete das Verfahren mit dem Freispruch Nußbaums, was der Gestapo Würzburg am 25. 5. 1936 mitgeteilt wurde.

Inzwischen war auch Herbert Nußbaum wieder aus dem KL Dachau entlassen worden: am 23. 4. 1936 war drei Monate nach der Ausstellung zu überprüfen, ob der Schutzhaftbefehl aufgehoben werden oder fortdauern sollte.[19] Am 31. 4. 1936 wurde Herbert Nußbaum mit der Auflage aus Dachau entlassen, zusammen mit seiner Frau binnen eines Monats nach Palästina auszuwandern. Laut Bericht der Gestapo Leipzig vom 10. 1. 1938 war seine Frau mit dem Kind seit dem 29. 4. 1936 dorthin verzogen. Am 7. 5. 1936 reichte Gertrud Nußbaum ein Gesuch bei der Gestapo Würzburg ein, die Auswanderungsfrist für sie und ihr Kind bis Ende September zu verlängern. Sie begründete das einerseits mit den gesundheitlichen Schäden, die der plötzliche Klimawechsel für ein Kleinstkind nach sich ziehen könnte, andererseits mit der anstehenden Regelung privater und geschäftlicher Angelegenheiten. Beigelegt war dem Schreiben ein ärztliches Attest vom 5. 5. 1936, das Gertrud Nußbaums Bedenken für die Gesundheit ihres Kindes stützte. Tatsächlich wurde ihr am 15. 5. 1936 mitgeteilt, daß ihr Aufenthalt bis zum 15. 9. 1936 verlängert sei. Ihr Gatte war mittlerweile mit der Regelung der finanziellen Situation und Voraussetzungen beschäftigt, wie aus einem Brief vom 13. 5. 1936 an die Devisenstelle des Landesfinanzamts Würzburg hervorgeht. Nußbaum rechnete die 50 000 RM Hypothek seiner Frau gegenüber Max Nußbaum als Vermögen — Haben —, dem seine eigenen Verbindlichkeiten von 24 000 RM gegenüberstanden, die wiederum durch die Forderungen gegen seinen Vater beziehungsweise eine entsprechende Schuldabtretung abgegolten werden konnten. Das restliche Vermögen wollte Nußbaum wie folgt genutzt wissen: für den Erwerb von 1000 Pfund veranschlagte er 18 000 RM, für Fracht-, Reise- und Reisevorbereitungsspesen ungefähr 2000 RM, der Rest von 6000 RM verblieb als Hypothekenforderung. Max Nußbaum sollte bei Abruf durch die Reichsbank das für den Erwerb der Devisen notwendige Geld auf ein Auswanderersperrkonto zugunsten von Gertrud Nußbaum überweisen. Gleichzeitig bat Nußbaum die Einrichtung eines solchen Kontos zu genehmigen, was laut Schreiben der Devisenstelle des Finanzamts Würzburg vom 13. 10. 1937 in Höhe von 6000 RM für Herbert Nußbaum bewilligt wurde, das heißt, daß die bewilligte Geldsumme in deutscher Währung zum Deviseneinkauf nur ein Drittel des von Nußbaum gewünschten Betrags ausmachte.

Gertrud Nußbaum verblieben nach der Ausreise ihres Mannes noch drei bis vier Monate, die finanziellen Angelegenheiten ihrer Familie zu regeln. Am 31. 8. 1936 ließ sie,

---

[19] Gestapo-Akt Nr. 8829.

offensichtlich zu den 50 000 RM Hypotheken, auf Max Nußbaums Anwesen eine weitere Grundschuld von 25 000 RM eintragen, was einerseits der Flüssigmachung von Geldern, andererseits der Begleichung von Gläubigern ihres Mannes dienen konnte. Bei der Israelischen Handelsbank Iwria GmbH in Leipzig konnte sie mit Genehmigung der Devisenstelle des Finanzamts in Würzburg ein Auswanderersperrkonto in Höhe von 10 000 RM errichten. Am 29. 9. 1936, kurz vor ihrer endgültigen Abfahrt, nahm sie noch einige Finanztransaktionen vor, um die geschäftliche Situation ihrer Familie zu klären und zu regeln: zwei Teilbeträge von je 10 000 und 12 000 RM ihrer Hypothekenforderung von insgesamt 50 000 RM an Max Nußbaum übertrug sie auf je eine Firma in Weißenfels und in Leipzig. Die weiteren finanziellen Handlungen lassen sich bei dem Quellenmaterial nicht mehr feststellen, doch kann man als Prinzip erkennen, daß der in Deutschland verbleibende Max Nußbaum mit seinem Eigentum als Schuldner für die Ausgewanderten geradestehen sollte.

Max Nußbaums berufliche Lage jedoch verschlechterte sich im Jahre 1936 sehr schnell. Meines Erachtens läßt sich aus den wenigen Hinweisen eine koordinierte Aktion des nationalsozialistischen Apothekerverbands annehmen, denn in einem Schreiben der Deutschen Apothekerschaft, Verwaltungsstelle Bayern in München vom 14. 7. 1936, wird deutlich, daß mehrere Pachtinteressenten mit Nußbaum in Kontakt getreten seien, ohne von ihm eine Antwort bekommen zu haben.[20] Daß der Verband davon nur zufällig Kenntnis bekommen habe, erscheint mehr als unwahrscheinlich, besonders wenn man folgenden Versuch, Max Nußbaum erneut in Bedrängnis zu bringen, berücksichtigt. Anfang Juni 1936 interessierte sich ein Apotheker aus Wallenfels für die Pachtung der Pfauenapotheke in Würzburg und sandte nach späteren Angaben Vermögensnachweis, Zeugnisabschriften und einen Ariernachweis an Nußbaum, der diese jedoch nie erhielt. Auf Nachfrage des Apothekers vom 10. Juni empfahl Nußbaum eine Reklamation bei der Post, die nach Untersuchung der Gestapo auch am 26. 6. 1936 fernmündlich und ergebnislos erfolgte und dem Pachtinteressenten nur den Hinweis erbrachte, wichtige Schriftstücke zukünftig per Einschreiben zu verschicken. Dennoch wandte sich der Wallenfelser Apotheker an den nationalsozialistischen Berufsverband und meldete die Vorkommnisse aus seiner Sicht. Es könnte sich aber auch um ein gezieltes, betrügerisches Manöver gehandelt haben, Nußbaum in Schwierigkeiten zu bringen. In einem Denunziationsbrief vom 14. Juli 1936 verdächtigte der Vertreter der Deutschen Apothekerschaft Nußbaum des persönlichen Mißbrauchs der Papiere oder der Weitergabe an *Stammesgenossen*, d. h. an andere Juden. Zur Begründung der Verdächtigungen gehört auch der Hinweis auf Nußbaums Sohn, dessen politische Vergangenheit und die Halbwahrheit, daß dieser noch im KL Dachau einsitze und nach Palästina auswandern wolle. Faktum ist jedoch, daß Herbert Nußbaum zu diesem Zeitpunkt seit mehr als einem Monat ausgewandert war.

Diese Anzeige führte am 21. 7. 1936 zu einem Verhör Nußbaums und einer Hausdurchsuchung in seiner Wohnung, die dann auch einige Briefe des oberfränkischen Apothekers mit Pachtplänen zum Vorschein brachte, mehr aber nicht. Den Verlust der reklamierten Papiere erklärte Nußbaum mit der Unkenntnis des damaligen Hilfsbriefträgers, der die Postsachen nicht in den Briefkasten vor der Haustüre, sondern in den Rezeptkasten vor der Apotheke gesteckt habe. Dort standen nach Angaben Nußbaums die Briefsachen aus dem Einwurfschlitz und wurden vielleicht von Passanten, *die ihm als Juden eine Posse spielen wollten, herausgenommen und vernichtet*. Diese Erklärung wurde als plausibel akzeptiert, nachdem Nußbaum auch den Postbeamten über die Verwechslung aufgeklärt hatte. Nußbaum stellte im Verhör jedoch die Gegenfrage, wel-

---

[20] Gestapo-Akt Nr. 8837.

chen Sinn eigentlich die Zusendung eines Ariernachweises habe, da ja die Apotheke doch nur an einen Arier verpachtet werden dürfe. Daß in dieser allzu offensichtlichen Angelegenheit von den Behörden nach der vergeblichen Hausdurchsuchung keine weiteren Schritte unternommen wurden, versteht sich von selbst, allerdings erstattete die Gestapo erst am 30. 7. 1936 einen umfassenden Bericht über die Untersuchungen. Dennoch waren die Bemühungen des Apothekerverbandes um die Betriebsaufgabe erfolgreich, denn die Verpachtung der Apotheke erfolgte schließlich im Oktober 1936 an den Apotheker Höver, wobei diesem laut Pachtvertrag eine Darlehensforderung von 3620 RM gegenüber Max Nußbaum zustand, die dadurch beglichen wurde, daß Höver die Monatsmiete von 170 RM einbehielt.

Am 6. Oktober 1937 traf ein Fernschreiben des Deutschen Generalkonsulats in Jerusalem bei der Würzburger Gestapo ein, das die Würzburger Behörden veranlaßte, sich mit den Vermögensverhältnissen Herbert und Gertrud Nußbaums zu beschäftigen.[21] H. Nußbaum betrieb nach dem Fernschreiben *Greuelpropaganda . . . in übelster Weise: N. will in Dachau eingesessen haben und soll Greuelmärchen aus seiner Schutzhaft erzählen.* So erhalte er Unterstützungen verschiedenster Art, verfüge aber trotz seiner *Deutschfeindlichkeit* reichlich über Markguthaben, was sofort eine Vermögensüberprüfung durch das Finanzamt und die Gestapo veranlaßte. Zunächst stellte die Oberfinanzstelle in Würzburg nur die aus Nußbaums Brief vom 13. 5. 1936 bekannte Sachlage fest und erwähnte, daß für Herbert Nußbaum ein Auswandererkonto von 6000 RM eingerichtet worden war, der Vermögensrest somit 15—18 000 RM betragen mußte. Für Gertrud Nußbaum wurden die Hypothek vom 31. 8. 1936 und die Einrichtung eines Auswandererkontos von 10 000 RM bei der IWRIA-Handelsbank GmbH in Leipzig aufgeführt. Am 19. Oktober 1937 teilte die Gestapo Leipzig der Gestapo Würzburg auf deren Anfrage mit, daß das Konto bei der IWRIA-Bank für Gertrud Nußbaum mit einem Guthaben von 2403,70 RM noch bestehe. Am 25. 10. 1937 gab das Finanzamt Würzburg der Gestapo Würzburg das Vermögen von Gertrud Nußbaum als eine Hypothek von 28 000 RM gegen ihren Schwiegervater an. In Herbert Nußbaums Gestapo-Akt findet man mehrere handschriftliche Zettel, auf denen die finanziellen Transaktionen seiner Frau vom 20. 9. 1936 verzeichnet sind. Diese Recherchen und Berechnungen mögen zur Behauptung geführt haben, Frau Nußbaum verfüge über ein Vermögen von 28 000 RM, wobei allerdings die jeweilige Zuordnung der entsprechenden Forderungen einmal an Herbert, einmal an Gertrud Nußbaum ein unklares Bild entstehen lassen.

Nach einem ausführlichen Bericht der Gestapo Würzburg vom 10. 1. 1938 an das Gestapo-Amt II B 3 in Berlin, in dem ein Verfahren zur Aberkennung der deutschen Staatsbürgerschaft für die Familie Herbert Nußbaums angestrebt wird, meldete sich Berlin erst fünf Monate später am 25. 5. 1938 mit der Bitte, die Vermögenswerte der betroffenen Personen festzustellen, weswegen die Gestapo Würzburg die Gestapo Leipzig am selben Tag um die Überprüfung des Kontos Gertrud Nußbaums bei der IWRIA-Bank bat. Die Antwort vom 2. 7. 1938 zeigt das restlose Erlöschen des Kontos mit einem Guthaben von 2603,70 RM am 9. 3. 1938 an. Das Geld ging per Überweis an das Bankhaus MM. Warburg & Co., Hamburg, bestimmt für das Vorzeigegeldkonto der Bank der Tempelgesellschaft, Jaffa, und das Transferkonto der Palästina-Treuhandstelle

---

[21] Gestapo-Akt Nr. 8829.
[22] Gestapo-Akt Nr. 8837. Die Auswanderung ist zeitlich sicherlich in Verbindung mit den antijüdischen Progromen vom 9. 11. 1938 („Reichskristallnacht") zu sehen. Die Übersiedlung der Nußbaums nach Hamburg 1938 gab ihnen größere persönliche Freiheit in der Anonymität der Großstadt. Dieser Wegzug aus der provinziellen Heimat in die Großstadt wurde von manchen wohlhabenderen Juden praktiziert.

der Juden in Deutschland GmbH, Berlin, sowie das für das Palästina-Amt Berlin mit der Genehmigung der Devisenstelle Würzburg. Die Erkundigungen in Hamburg bei dem Bankhaus MM. Warburg & Co. erbrachten keine weiteren Werte oder Konten für die Familie Nußbaum. Durch ein Schreiben vom 31. 5. 1938 an das Amtsgericht/Grundbuchamt in Würzburg wurde ein Belastungs- und Veräußerungsverbot für Gertrud Nußbaums Hypothekenforderungen angeordnet. Am 13. 8. 1938 wurde im Reichsanzeiger Nr. 187 die Ausbürgerung der Familie Nußbaum bekanntgegeben, am 30. 8. 1938 forderte das zuständige Finanzamt Berlin Moabit-West die Angabe des sichergestellten Vermögens ein, was mit dem Schreiben der Gestapo Würzburg am 14. 9. 1938 geschah.

An diesem umfassenden Schriftverkehr werden Informationsverlust, -verzerrung und -verzögerung im Verkehr der zentralen mit den nachgeordneten Behörden deutlich, die der Familie Nußbaum den Vorteil verschaffte, über ihr Auswandererkonto in voller Höhe zu verfügen. Man erkennt auch die Bürokratisierung und eine entsprechende Schwerfälligkeit im Zusammenspiel der vielen Dienststellen und Ämter, was die Auswanderungsbemühungen Max Nußbaums 1939 noch wesentlich erschwerte.

Das hierfür nötige Verfahren *Notwendige Maßnahmen zur Verlegung des Wohnsitzes ins Ausland* brachte für den Auswanderungswilligen eine erhebliche Verkomplizierung mit sich und führte oft nicht zum gewünschten Ziel, beinahe auch im Falle Max Nußbaums.[23] Hier allerdings brachten die widersprüchlichen Interessen unterschiedlicher Behörden und das Insistieren des Hamburger Paßamtes schließlich die für Max und Meta Nußbaum positive Entscheidung der Paßfreigabe.

Am 13. 12. 1938 ersuchte das Finanzamt die Gestapo Würzburg um eine Unbedenklichkeitsbescheinigung, die Max Nußbaum in Vorbereitung seiner Auswanderung nach Palästina beantragt hatte. Am 19. 12. 1938 stellte die Gestapo Würzburg die Bestätigung aus, daß keine *politischen Bedenken* (!) für die Ausstellung einer steuerlichen Unbedenklichkeitserklärung existierten. Der Polizeidirektion Würzburg lag gleichzeitig ein Paßantrag von Max und Meta Nußbaum vor, demnach schon wohnhaft in Hamburg, der an folgende Ämter weitergeleitet wurde: Zollfahndungsstelle in Würzburg, Reichsbankanstalt, Oberfinanzpräsident/Devisenstelle, Staatspolizeistelle, Oberbürgermeister der Stadt Würzburg, Zentrale Steuerfahndungsstelle beim Oberfinanzpräsidenten Berlin und die Kreisleitung der NSDAP. In diesem weiteren Überprüfungsverfahren stellte die Gestapo Würzburg am 24. 12. 1938 für die Polizeidirektion Würzburg, Paßamt, eine weitere Unbedenklichkeitsbescheinigung aus. Ende Januar 1939 jedoch traf ein Brief von Nußbaums Pächter, dem Apotheker Höver, ein, nach dem Max Nußbaum lt. Pachtvertrag von 1936 eine Schuld von 3620 RM habe und diese zu berücksichtigen sei. Die Behörde war aber auch von der NSDAP-Kreisleitung informiert worden. Vermutlich war der Pächter über Parteibeziehungen über das Auswanderungsverfahren unterrichtet worden. Die Übernahme und Führung einer Apotheke war immerhin angesichts der günstigen Marktlage in Würzburg eine bedeutendere Geschäftsaktion. Die Darstellung des Pächters war überdies einseitig, weil er verschwieg, daß ein Großteil der Summe abgezahlt war.

In einer Mitteilung des Britischen Paßamtes in Berlin erfuhren Max und Meta Nußbaum, daß die Einwanderung nach Palästina im ersten Vierteljahr 1939 nicht möglich sein werde. Sie beabsichtigten allerdings am 25. 2. 1939 sofort einen Neuantrag zu stellen, der nach Auskunft des Britischen Paßamtes erst im Mai 1939 entschieden werden konnte. Die Mitteilung des Britischen Paßamtes traf am 26. 1. 1939 bei den Nußbaums

---

[23] Gestapo-Akt 8837.

ein, an dem Tage, als Herbert Nußbaum für sich und seine Familie die palästinensische Staatsbürgerschaft erwarb. Eine Vorladung zum 2. oder 3. 2. 1939 in Würzburg konnte Max Nußbaum nicht wahrnehmen, seine Frau bat in einem Schreiben an die Gestapo, in dem sie auch die Verzögerung der Einwanderungsbewilligung mitteilte, um einen neuen Termin am 9. 3. 1939. Bei diesem Termin erklärte Nußbaum, daß der Pächter die Forderungen durch die Einbehaltung der Pachtmiete von monatlich 170 RM laufend reduziert habe, und stellte die endgültige Begleichung für Juni des Jahres in Aussicht. Am 11. 3. 1939 lag eine erneute Anfrage des Finanzamtes Würzburg bei der Gestapo vor, vielleicht auf eine weitere Initiative Nußbaums anläßlich seines Würzburg-Aufenthaltes hin, und wiederum wurde Nußbaum die politische Unbedenklichkeit zuerkannt, jedoch die Paßsperre bestätigt, bis er seinen Verpflichtungen privater Seite nachgekommen sei, was man ihm persönlich auch anläßlich seines Termins beim Paßamt mitgeteilt hatte. Um die Aufhebung der Paßsperre zu beschleunigen, bat er die Deutsche Apothekerschaft um eine Abschätzungsrechnung bezüglich seiner Schulden gegenüber Höver, die für Ende April auf 591 RM beziffert wurden. Am 12. 6. 1939 findet man anläßlich der Wiedervorlage der Akten den Aktenvermerk, daß die Verschuldung sich auf 391 RM reduziert habe und im August abgetragen sei. Außerdem soll der Kreiswirtschaftsberater Dr. Frank beim eventuellen Verkauf des Hauses diesen Betrag berücksichtigen.

Am 9. Juli schließlich gelangten Nußbaums in den Besitz eines Einwandererzertifikates der palästinensischen Regierung. Am folgenden Tag wandte sich Max Nußbaum brieflich an die Gestapo Würzburg, behauptete die Erledigung aller Verpflichtungen gegenüber Höver und beauftragte den Prokuristen der Deutschen Bank und Kreiswirtschaftsberater der NSDAP Wiblishäuser mit der Regelung seiner geschäftlichen Angelegenheiten, der Vermietung oder dem Verkauf seines Hauses. Außerdem bat er um die Aufhebung der Paßsperre. Die Gestapo nahm sich die Unterlagen jedoch nur im dreimonatigen Turnus vor, und so kam man erst zum 21. 9. 1939, drei Wochen nach Beginn des II. Weltkriegs, auf Nußbaums Angelegenheiten zurück: das Haus war noch nicht verkauft, Wiblishäuser lehnte eine Aufhebung der Paßsperre ab, eben weil das Haus noch nicht verkauft war. Für das Anwesen war ein Einheitswert von 25 000 RM veranschlagt worden, auf dem Grundstück lasteten jedoch Hypotheken in Höhe von 70 000 RM. Ob als Gläubigerin auch Gertrud Nußbaum gerechnet wurde, ist nicht zu rekonstruieren.

Am 5. 10. 1939 wurde die weitere Verzögerung der Paßbewilligung durch eine telefonische Anfrage des Paßamtes in Hamburg unterbunden, das eine Begründung für die Beibehaltung der Paßsperre wissen wollte. Am 9. Oktober kam es zu einem direkten Fernschreiberdialog zwischen Kr.OBSekr. Schmudde aus Hamburg und KrimOA Krapp in Würzburg: Schmudde teilte mit, daß Nußbaum am 11. 10. 1939 über Italien abreisen wollte, alle Formalitäten erledigt seien und die *Abreise der Juden dringend erwünscht* sei. Krapp teilte als Grund mit, daß die *Befriedigung arischer Gläubiger Voraussetzung* sei. Auf die Frage, ob denn Vermögen vorhanden sei, um dem Verlangen zu entsprechen, meinte Krapp, darüber könne nur Nußbaum selber Bescheid geben, worauf Schmudde erwiderte, daß er somit den Nußbaums nur die Aufenthaltserlaubnis in Hamburg entziehen und sie zurück nach Würzburg schicken könne. Das geschah aber nicht, denn am 13. 10. 1939 traf ein erneutes Fernschreiben aus Hamburg bei der Gestapo in Würzburg ein, in dem diese ersucht wurde, die Bedenken gegen die Paßausstellung zurückzustellen und nochmals Rücksprache mit Wiblishäuser zu nehmen. Dieser nahm wiederum Rücksprache mit der Kreisleitung der NSDAP, und nachdem keine Chance bestand, daß Nußbaum die Forderungen nichtjüdischer Gläubiger aus eigenem Vermögen begleichen konnte, wurde um 17^{00} Uhr die Paßaushändigung bewilligt, die entsprechenden Behörden wurden zur sofortigen Erledigung angewiesen; ein Fernschreiben mit der positiven Nachricht traf abends um 22⁴³ Uhr bei Schmudde in Hamburg ein, und die Pässe sollten unverzüglich nachgeschickt werden. Nach einer späteren Mitteilung der Gestapo Hamburg haben sich die Nußbaums am 25. 11. 1939 nach Tel Aviv abgemeldet und sollen lt. einem Schreiben des Finanzamts Würzburg vom 5. 5. 1942 erst am 30. 11. 1939 ausgereist sein.

Das Anwesen Zellerstr. 3 blieb weiterhin im Besitz Max Nußbaums und beschäftigte die Würzburger Behörden noch bis zum Jahre 1944. Im Jahre 1942 fragte RA Staudt, der als Abwesenheitspfleger eingesetzt war und ein *Anderskonto Hausverwaltung Zellerstr. 3* eingerichtet hatte, an, ob Max Nußbaum am 27. 11. 1942 noch die deutsche Staatsangehörigkeit besessen habe. Am 7. 5. 1943 wurde dann die Dienststelle für Vermögensverwertung beim Finanzamt Würzburg aktiv, die überprüft wissen wollte, ob die Voraussetzungen des Vermögensverfalls entsprechend der 11. VO zum Reichsbürgergesetz vom 10. 10. 1941 gegeben seien. Nach verschiedenen Klärungen über Nußbaums Vermögenslage, er wurde immer noch als Eigentümer geführt, stellte die Gestapo Würzburg 1943 beim RSHA den Antrag auf Aberkennung der deutschen Staatsbürgerschaft und Vermögensverfall für Max Nußbaum. Am 11. 10. 1943 und am 5. 1. 1944 lag jeweils eine Anfrage des Regierungspräsidiums zu dieser Angelegenheit vor, aber jedes Mal mußte die Gestapo Würzburg einen negativen Bescheid geben. Man kann hieran das Interesse der hiesigen Behörden an der entschädigungslosen Enteignung Nußbaums erkennen. Erst am 21. 12. 1944 lag in Würzburg die Nachricht über die Ausbürgerung Max Nußbaums vor, und am 27. 12. 1944 wurde der Bezirksregierung die Tatsache des Vermögensverfalls mitgeteilt. Damit endet kurz vor dem Ende des II. Weltkriegs und unmittelbar vor der Zerstörung des alten Würzburgs durch einen Luftangriff am 16. 3. 1945 die Gestapo-Akte über Max Nußbaum.[24]

---

[24] Max Nußbaum starb hochbetagt in Palästina, sein Sohn Herbert verstarb kürzlich in einer deutschen Universitätsstadt, in die er während der sechziger Jahre übergesiedelt war. Diese Auskunft verdanke ich H. Nußbaums Witwe.

GENERALLEUTNANT KARL FREIHERR VON THÜNGEN, OFFIZIER UND GEGNER HITLERS

Von

Ernst-Günther Krenig

Die Ereignisse der nationalsozialistischen Vergangenheit werden uns so schnell nicht loslassen. Verstärkt befassen sich nun die Regional- und Ortsgeschichten mit der Zeit zwischen den beiden Weltkriegen von 1918 bis 1939 und dem Zweiten Weltkrieg selbst. Hier werden zwar kaum neue Forschungsergebnisse gewonnen, doch werden für die neuen Nachkriegsgenerationen Möglichkeiten eröffnet, ihre unmittelbaren Vorfahren besser zu verstehen und den Standort ihrer eigenen Person im Gefüge von Zeit und Raum zu erkennen.

Die mehrbändige Reihe des Instituts für Zeitgeschichte in München „Bayern in der NS-Zeit" hat die Frage nach dem Widerstand gegen das nationalsozialistische Regime neu gestellt und sehr differenzierte Antworten ermöglicht.[1] Man muß erkennen, daß es ein Sich-Sträuben gegen die Zwänge des Alltags gab, ohne daß gleich an die Beseitigung der Führungsspitze gedacht wurde. Es ist aber auch festzuhalten, daß Bejahung und Förderung des NS-Regimes und Widerstand gegen dasselbe quer durch die Familien gehen konnten. Dies galt auch für die in Unterfranken beheimatete und wegen der Verdienste ihrer Vorfahren angesehene freiherrliche Familie von Thüngen, die zur früheren Reichsritterschaft gehörend, den Hochstiften Würzburg und Bamberg je einen Bischof stellte, aber auch eine große Reihe bedeutender Soldaten hervorbrachte, so den Generalfeldmarschall Hans Karl Graf von Thüngen, der beim Entsatz von Wien 1683 gegen die Türken seine militärische Karriere begann, und den Generalfeldzeugmeister Adam Sigmund von Thüngen, der als begabter Truppenführer und Regimentskommandeur in der Schlacht bei Hohenfriedberg auf kaiserlicher Seite fiel.[2] Im 19. Jahrhundert, in einer veränderten Verfassungs- und Rechtslage, standen Angehörige der Familie von Thüngen im Dienste der Verwaltung und der aufsteigenden Interessenverbände. Für alte Würzburger ist der Name Thüngen mit dem gleichnamigen Palais am heutigen Kardinal-Döpfner-Platz verbunden, das eine Baronesse von Thüngen der SA als zentralen Sitz eingeräumt hatte.[3] Karl (XII.) Freiherr von Thüngen, der am 24. Oktober 1944 im Zuchthaus zu Brandenburg hingerichtet worden war als Beteiligter am 20. Juli, gehörte sicher zu denen, die als Gegner der NS-Herrschaft bezeichnet werden müssen.

Wer war Karl Freiherr von Thüngen? Lassen wir zunächst die nüchternen Daten seines Lebenslaufes sprechen:[4]

---

[1] Vgl. Martin Broszat: Das Forschungsprojekt „Widerstand und Verfolgung in Bayern 1933—1945". Zielsetzungen, Arbeitsergebnisse und Planungen des Instituts für Zeitgeschichte (anläßlich der Pressekonferenz am 9. 12. 1977) und dazu die Reihe: Bayern in der NS-Zeit, bis jetzt 6 Bände, München 1977 ff.

[2] Zur Geschichte des Hauses Thüngen vgl. insgesamt: Rudolf Freiherr von Thüngen, Das reichsritterliche Geschlecht der Freiherrn von Thüngen, Forschungen zu seiner Familiengeschichte, Lutzische Linie, 2 Bände Würzburg 1926. Zu Hans Karl Graf von Thüngen siehe 2. Band, S. 140 ff. und zu Adam Sigmund, a.a.O., S. 271. Zu Hans Karl weiterhin: Wilhelm Heberlein, Aus der Thüngenschen Cent, 2. Aufl. 1972, S. 25 ff.

[3] Vgl. hierzu: Würzburger Chronik, 6. Band Würzburg 1936, S. 41.

[4] Hierzu der Lebenslauf des Generalleutnant Freiherr von Thüngen in: Bundesarchiv, Militärarchiv Freiburg im Breisgau, MSg 109/2738.

Der am 26. Juni 1893 in Mainz zur Welt gekommene Karl war der Sohn des gleichnamigen Vaters, der im Schloß Roßbach in der Rhön (damals Landkrs. Brückenau) geboren, dem Beruf eines Gutsbesitzers und Forstmeisters nachging.

Am 12. März 1912 trat der Neunzehnjährige als Fahnenjunker in das 5. Dragonerregiment ein, in dem er am 19. November 1912 zum Fähnrich avancierte. Ein Jahr später, am 18. Dezember 1913, schied er aus preußischen Diensten aus und wurde einen Tag später mit Anerkennung des Fähnrichpatentes in das 5. bayerische Chevaulegersregiment in Saargemünd aufgenommen. Einen Tag nach Ausbruch des 1. Weltkrieges, am 2. August 1914, wurde von Thüngen zum Leutnant befördert.

Leider sind die Angaben zur Verwendung während des Krieges äußerst dürftig. Nur wenige Daten geben Aufschluß über seine Verwendung. So wurde er am 10. März 1915 Adjudant beim III. Bataillon des Infantrieregimentes 24. Doch schon im September 1916 kam die Zurückversetzung zum alten Reiterregiment. In ihm wurde er am 12. August 1917 zum Regimentsstab abkommandiert und am 14. Dezember 1917 zum Oberleutnant befördert.

Nach einer kurzen Verwendung beim Reichswehrkavallerieregiment 21 vom 26. Mai 1919 bis zum 30. September 1919 begann ein Jahrzehnt Dienst im Reiterregiment 17, das in Bamberg stationiert war. Zwischen dem 1. Oktober 1919 und dem 15. November 1933 legte er vom 13. bis 18. März 1922 die Wehrkreisprüfung ab und wurde am 1. Februar 1925 zum Rittmeister befördert. Am 1. Oktober 1926 übernahm er als Chef die 6. Eskadron des oben genannten Bamberger Regiments.

Zu diesem Reiterregiment in Bamberg müssen wir an dieser Stelle einige Erläuterungen geben. Die Bamberger Reiter, die die Tradition des alten 1. bayerischen Ulanenregiments Kaiser Wilhelm fortsetzten, standen zum fränkischen Adel in besonderer Beziehung. Eine Stellenbesetzungsliste aus dem Jahre 1938 mag als Beweis dienen. Da finden sich die Namen Freiherr von Waldenfels, Freiherr von Lerchenfeld, Freiherr von und zu Aufseß, Freiherr von Leonrod, von Hößlin, Graf von Redwitz, Freiherr von Rotenhan.[5] Bei diesem 17. Reiterregiment war 1926 der junge Claus Graf Schenk von Stauffenberg als Fahnenjunker eingetreten.[6]

Schließen wir die weitere Betrachtung des Lebenslaufes an. Mit der Versetzung an das Reichswehrministerium in Berlin nahm von Thüngen seine Tätigkeit im Truppenamt der Heeresleitung auf. Chef der Heeresleitung war General der Artillerie Freiherr von Fritsch, unmittelbarer Vorgesetzter im Truppenamt Generalleutnant Beck. Am 1. April 1934 konnte er zum Major, am 1. August 1936 zum Oberstleutnant befördert werden. Seit dem 1. Februar 1938 hatte er eine Stelle im Allgemeinen Heeresamt des Oberkommandos des Heeres inne. Er war dort in der Amtsgruppe Ersatz und Heerwesen eingesetzt. Dem Allgemeinen Heeresamt stand Generalmajor Fromm vor.[7]

Berücksichtigen wir noch, daß bis Ende Januar 1934 Kurt Freiherr von Hammerstein-Equord Chef der Heeresleitung war, dann haben wir hier bereits einen Personenkreis, der sich im Dissens zu Hitlers Plänen befand. Hammerstein wurde im Januar 1934 in den Ruhestand versetzt, Fritsch mußte, im Februar 1938 gehen, nachdem er das Opfer einer verbrecherischen Intrige Görings und Heydrichs geworden war. Beck, der Chef des Generalstabs geworden war, nahm im Herbst 1938 seinen Abschied, da er nicht bereit war, Hitlers aggressive Politik zu unterstützen. Fromm dagegen war 1944

---

[5] Hierzu KLAUS CHRISTIAN RICHTER, Die Geschichte der deutschen Kavallerie 1919—1945, Stuttgart 1978, S. 24 und S. 359.
[6] Vgl. BODO SCHEURIG, Claus Graf Schenk von Stauffenberg, Berlin 1964, S. 8.
[7] Vgl. RUDOLF ABSOLON, Die Wehrmacht im Dritten Reich, Schriften des Bundesarchivs Band 16/I—IV Boppard am Rhein 1971, hier: I, S. 55 und II/S. 148.

zur Zeit des Attentats Chef des Ersatzheeres. Er wurde von Freisler zum Tode verurteilt, weil er aus Feigheit nichts gegen die Verschwörer des 20. Juli unternommen hatte. Die letzten Worte vor seiner Erschießung waren „Heil Hitler".[8]

Freiherr von Thüngen erlebte aus nächster Nähe das Versagen der Reichswehr anläßlich der Ermordung der Generale Schleicher und von Bredow mit. Er war unmittelbarer Zeuge, wie gering letztlich der Korpsgeist der hohen Offiziere im Falle des völlig rehabilitierten Generals von Fritsch gewesen war.

Mit Ausbruch des 2. Weltkriegs übernahm der fränkische Edelmann das Kommando über das Infantrieersatzregiment 254, das zur 110. ID im Wehrkreis X Hamburg gehörte, nachdem er bereits zum 1. April 1939 zum Obersten befördert worden war. Wie auch im 1. Weltkrieg hielt es Thüngen nicht bei der Infantrie, er kehrte zu einer berittenen Einheit zurück. Am 12. Februar 1940 wird er Kommandeur des 22. Kavallerieregiments und im Herbst des gleichen Jahres (25. 9.) erhält er das Kommando über die 1. Reiterbrigade, der das 22. Kavallerieregiment untergeordnet war. Mit beiden Aufgaben ist der Franke Thüngen in einen Truppenteil eingezogen, der auf das engste mit Ostpreußen verbunden war. Dort stand das Gestüt der berühmten Trakhener-Pferde, dort war neben Hannover der Schwerpunkt der deutschen Reiterei. In der 1. Kavalleriedivision, zu der das 22. Regiment und die 1. Brigade gehörten, tat zum Beispiel auch Dienst Major Stubbendorff, der heute jedem Vielseitigkeitsreiter ein fester Begriff ist.[9]

Bis August 1941 dauerte Thüngens Verwendung als Kommandeur der 1. Reiterbrigade der 1. Kavalleriedivision. Er zog im Sommer 1941 von Ostpreußen aus in den Feldzug gegen die Sowjet-Union. Schon vor der Auflösung dieser Reiterdivision hatte er das Kommando abgegeben. Im Herbst wurde die Einheit aufgelöst und zur 24. Panzerdivision umgerüstet. Ihr Ende hieß dann Stalingrad im Winter 1942/43.

Im Januar 1942 wurde der am 1. 12. 1941 zum Generalmajor beförderte Freiherr von Thüngen mit der Führung der 18. Panzerdivision beauftragt. Sie gehörte in den Wehrkreis Dresden und war im Herbst 1940 durch Teilung einer Infantriedivision entstanden. Im Winter 1940/41 liefen die Aufstellungsmaßnahmen. Chef der Division war Generalmajor Walther Nehring.[10]

Diese 18. PD war französisch motorisiert und mit Panzern verschiedener Typen ausgestattet. Angesetzt war sie im Mittelabschnitt zum Übergang über den Bug. Sie stieß über Smolensk vor und befand sich im Winter 1941/42 südlich von Moskau zur Einkesselung der sowjetischen Hauptstadt im Einsatz. Mitten in der winterlichen Abwehrschlacht erhielt Nehring den Versetzungsbefehl nach Nordafrika zu Rommels Afrikakorps. Sein Nachfolger wurde Generalmajor Karl Freiherr von Thüngen.

Er führte die 18. PD bis zum 1. April 1943, doch war er aus familiären Gründen von Ende Juli bis zum Weihnachtsfest 1942 nicht auf seinem Posten. Der am 1. Januar 1943 zum Generalleutnant beförderte Divisionskommandeur gehörte dann von April bis zum 1. Juni 1943 zur Führerreserve. Von diesem Datum ab war er Inspekteur des Wehrersatzwesens im Wehrkreis III Berlin. Am 20. Juli 1944 mit dem Kommando des Wehrkreises III beauftragt, wurde er am 7. August 1944 aus der Wehrmacht entlassen. Am 28. September begann der Prozeß gegen ihn vor dem Volksgerichtshof in Berlin. Den Vorsitz führte der Präsident Dr. Freisler, unter den Beisitzern befanden sich General der Infantrie Reinecke, die Anklage vertrat Oberreichsanwalt Lautz. Der Prozeß en-

---

[8] Vgl. PETER HOFFMANN, Widerstand, Staatsstreich, Attentat, Ullstein Buch 3077, unter dem Namen Fromm im Register.
[9] Vgl. RICHTER, a.a.O., S. 162 ff.
[10] Vgl. WOLFGANG PAUL, Geschichte der 18. Panzer Division 1940—1943, 3. Aufl. Berlin 1981.

dete am 5. Oktober mit dem Todesurteil.[11] Am 24. Oktober 1944 wurde Karl Freiherr von Thüngen im Zuchthaus zu Brandenburg hingerichtet. Die Witwe erhielt einen kurzen Brief mit dem Inhalt des Urteils, ferner mit der Mitteilung über die Vollstreckung des Urteils am 24. Oktober und dem Verbot, eine Todesanzeige zu veröffentlichen.[12]

Schon 1940 hatte Oberst von Thüngen bei einer Auktion in Berlin trotz schmähender Worte des Versteigerers ein eindrucksvolles Kreuz erstanden. Die Witwe stiftete dieses Kreuz der evangelischen Pfarrkirche von Detter. Eine schlichte Gedenktafel erinnert an diesen bedeutenden Offizier der Familie von Thüngen: IN MEMORIAM Karl Freiherr von Thüngen 1893—1944.[13]

Wir haben von Freiherrn von Thüngen keine schriftlichen Zeugnisse über seine Haltung zum Widerstand und die Bejahung eines Umsturzes. Wir sind auf die Erforschung seiner Umwelt angewiesen, die Ergebnisse können uns zu Schlüssen und Thesen führen, die uns Thüngens Haltung erklären.

Der verstorbene Generalstabschef Halder, der Beck 1938 in diesem Amt ablöste, machte einem Angehörigen der Familie von Thüngen gegenüber die Äußerung, daß Beck seinen untergebenen Mitarbeiter Karl von Thüngen für einen hervorragenden strategischen Denker gehalten hätte. Beck mußte seine Meinung auf Thüngens politische Lagebeurteilung gestützt haben, denn schon vor Beginn des Feldzuges gegen die Sowjet-Union hat er zu Angehörigen davon gesprochen, daß der Krieg vom Deutschen Reich nicht zu gewinnen sei. Zu diesem Zeitpunkt war als einziger Gegner das Vereinigte Königreich Großbritannien übrig geblieben. Hitler befand sich auf dem Höhepunkt seiner militärischen Macht.[14]

Was mußte ein solch weitblickender Mann denken, als er im Januar 1942 die 18. PD übernahm! Der Geschichtsschreiber dieser Division schreibt über diesen Zeitpunkt: (Die Division) . . . *hat gezeigt, daß eine aktive PD auch fast ohne Panzer sich Respekt beim Gegner verschaffen kann.* Benachteiligungen in der Ausrüstung und später auch in der Zuteilung von Ersatz waren an der Tagesordnung. *Sie wurde Stellungsdivision, jetzt war sie schon Schlittendivision.*[15] Thüngen übernahm einen Truppenkörper, der tapfer gekämpft hatte, aber nun geschwächt war durch Gefallene und Erkrankungen infolge mangelnder Hygiene: 353 Gefallenen, 1432 Verwundeten und nur 40 Vermißten standen in den ersten 3 Monaten des Jahres 1942 4962 Kranke gegenüber. Vom 22. Juni 1941 bis zum 31. 3. 1942 hatte die Division 14 094 Mann verloren. Das entsprach ihrer Ausrückstärke. Als Thüngen das Kommando übernahm, hatte die Division noch 24% ihrer Kraftfahrzeuge, 12% davon einsatzfähig. Dafür aber 1119 Panjeschlitten und 269 Panjefahrzeuge.[16]

Der neue Divisionskommandeur faßte sein Urteil wie folgt zusammen: *Die Stimmung der Truppe ist gut. Dank der vorbildlichen Haltung, vor allem der Offiziere, ist die Truppe fest in der Hand ihrer Führer. Jeder Mann weiß jetzt, um was es geht. Die schweren, aber erfolgreichen Kämpfe der letzten Zeit haben das Gefühl der Überlegenheit wieder gefestigt. Jedoch ist der physische Zustand durch die andauernde Kälte, die zeitweise nicht ausreichende Verpflegung und unausgesetzte körperliche und seelische Überbelastung schlechter geworden.*

---

[11] Bundesarchiv Koblenz, Signatur NS 6/4.
[12] Vgl. HANS ROYCE, 20. Juli 1944, Bonn 1954, S. 186.
[13] Brief des evang.-luth. Pfarramtes Weißenbach an den Verfasser vom 12. 10. 1981. Vgl. ferner: HANS-JOACHIM BAUMGARDT, Dekanat Lohr am Main, Evangelische Gemeinden zwischen Spessart und Rhön, Erlangen 1980, S. 80.
[14] Persönliche Mitteilung von Wolf-Hartmann Freiherr von Thüngen an den Verfasser.
[15] WOLFGANG PAUL, a.a.O., S. 189.
[16] WOLFGANG PAUL, a.a.O., S. 201 und S. 202.

Die Fleckfieberfälle haben bisher die Zahl 182 (davon 16 Todesfälle) erreicht.
Entlausungs- und Absonderungsmaßnahmen mußten wegen der Lage abgebrochen werden. Mit weiterer Zunahme der Krankheitsfälle ist daher zu rechnen. Ersatzzuweisung ist ungenügend, der letzte Ersatz war nach Ausbildung und Einsatzbereitschaft unterschiedlich. Da die ständig absinkenden Gefechtsstärken der eingesetzten Truppenteile dazu zwingen, den eintreffenden Ersatz sofort in der Front einzusetzen, ist eine gründlichere Vorbereitung in der Heimat dringend erforderlich.
Der Zustand der Geschütze hat sich infolge der hohen Beanspruchung in den Kämpfen der letzten Wochen weiter verschlechtert. Ersatzteillieferung ist unzureichend.
Die Zahl der Pferde ist dauernd im Schwinden durch Ausfälle wegen Überanstrengung und Feindeinwirkung. Ersatz ist nicht möglich. Der Kampfwert der Division ist in der Berichtszeit infolge dauernder Ausfälle und ununterbrochener hoher Beanspruchung gesunken ... Die Division ist nur bedingt einsatzfähig.[17]

Ende März 1942 wurde die 18. PD nach den harten Abwehrkämpfen aus der Front herausgezogen und für einige Tage in Ruhestellung gelegt. Doch schon Anfang April muß sie sich an einem ruhigeren Abschnitt in die Abwehrlinie einreihen. Die Schlammpause, die bis Ende Mai andauerte, gewährte etwas Zeit zum Auffrischen der Kräfte. Nach Einrücken in neue Stellungen kam es im Raum Brjansk zu neuen schweren Kämpfen, die den Juli über andauerten. Am 18. Juli wurde die Division abgelöst, dem Kommandeur blieben noch wenige Tage, da riefen ihn familiäre Gründe in die Heimat. Erst Weihnachten 1942 kehrte er dorthin zurück. Schon 1941 war der Sohn aus erster Ehe gefallen, die vom Vater sehr geliebte Tochter war unheilbar erkrankt und lag auf den Tod darnieder. Sie starb am 7. Dezember 1942.

Thüngen, der alles andere als ein gedankenloser Befehlsempfänger und -vollstrecker war, hatte eine Division übernommen, die in der ersten Phase des Rußlandfeldzuges den siegreichen Vormarsch gewöhnt war, seit dem strengen Winter aber ausgemergelt und ob ihrer Behandlung sicher auch deprimiert war. Daran hatte auch der erfolggewohnte Vorgänger Walther Nehring bei seinen Vorstellungen höheren Orts nichts zu ändern vermocht. Was mußte ein Kommandeur einer PD denken, wenn er mit 11 Panzern und wenigen Kanonen einer Artillerie-Abteilung an der Abwehrfront eingesetzt wurde, wie es Thüngen im April 1942 geschehen war. Der ehemalige I c der Division ließ in einem persönlichen Brief an den Verfasser die Meinung durchklingen, daß die in dieser Zeit gemachten Erfahrungen beim Kommandeur nicht ohne Folgen geblieben seien.[18]

Während die Schlacht von Stalingrad tobte und die Sowjets gegen die Heeresgruppe Mitte anrannten, war der 18. PD eine Zeit relativer Ruhe beschieden. Die Division wurde im Laufe des Januar herausgezogen und in den Raum Orel verlegt, wo es um die Abwehr russischer Angriffe ging. Am 1. April 1943 gab Thüngen die Divisionsführung ab. Der scheidende General verfaßte unter diesem Datum an das Generalkommando einen Zustandsbericht. Er zeigt, mit welcher Offenheit der versetzte Kommandeur die Verfassung der 18. PD beschrieb:[19]

Die Div. wurde im November 1940 als Panzer-Division aufgestellt. Sie besteht zu 85% aus Sachsen, zu 10% aus Sudetendeutschen. Die Ausstattung mit Waffen und Kfz. erfolgte zum Teil erst im Anrollen zum Osteinsatz. Die außergewöhnlich hohen Ausfälle an Kfz. im Vormarsch und Rückmarsch Dezember 1941 sind durch die Ausstattung mit den für Ostverhältnisse besonders unzulänglichen französischen Kraftfahrzeugen

---

[17] WOLFGANG PAUL, a.a.O., S. 204.
[18] Brief von Alexander Freiherr von Seebach an den Verfasser, ohne Datum.
[19] WOLFGANG PAUL, a.a.O., S. 242 ff.

begründet. Seit der Jahreswende 1941/42 ist das Gesamtbild der Division im wesentlichen unverändert.

Pz.Gren. und Kradschützen: Die nur zu 51,7% vorhandenen schweren Waffen (s. I. G., le. I. G., Pak) werden zum Teil behelfsmäßig mot-bewegt. Die Schützenkompanien besitzen durchschnittlich 3 LKW, davon einer als Küchenwagen verwandt; sie sind also nur fußbeweglich.

Panzer-Abteilung: Von dem Panzer-Regiment besaßen am 1. 2. 1942 Stab mit 2 Abteilungen keine Panzer mehr. Sie wurden der Division für Neuaufstellungen genommen. Die verbliebene Abteilung hatte zu diesem Termin 8 einsatzfähige Wagen. Durch Ausnutzung aller Möglichkeiten wurde diese Zahl auf 46 erhöht. Im März 1942 mußte die Abteilung etwa 60 Mann nach Deutschland abgeben. Auf ausdrückliche Zusicherung, daß diese Leute wieder zur Abteilung kämen, wurden die allerbesten ausgesucht. Nach mehrfachen Anfragen erfuhr die Div., daß die abgestellten Leute mittlerweile zu anderen Divisionen versetzt wurden.

Am 15. 8. 1942 wurde die Pz.Abt. der Division genommen. Sie erhielt danach 12 neue Wagen. Ihr ununterbrochener Einsatz bei Welikije Luki dezimierte die Abteilung so, daß nach Wiederzuführung zur Division am 4. 2. 1943 nur 5 Wagen einsatzfähig waren. Der Höchststand an einsatzfähigen Panzern beträgt im günstigsten Fall 31 Wagen, davon 8 Panzer II. Von dieser Zahl laufen 21 Wagen seit 1941, fallen also nach jedem Einsatz wieder aus, sofern sie nicht im Einsatz liegen bleiben und nur unter Opfern geborgen werden können.

Am 7. 3. 1943 gibt die Abteilung im Austausch gegen unausgebildeten Ersatz 19 Panzerbesatzungen und Spezialisten für Neuaufstellungen ins Heimatkriegsgebiet ab.

In Kenntnis, daß benachbarte Divisionen neue Panzer erhalten haben und erhalten, beantragte die Division ebenfalls Neuzuweisung. Die Mitteilung des OKH lautete: „18. Panzerdivision erhält **keine** Panzer."

S. P. W.: Die mit ihren Besatzungen laufend geschulten und für besonderen Einsatz bereit gehaltenen S. P. W. wurden der Division am 2. 1. 43 genommen als Transportmittel im Kampf bei Welikije Luki eingesetzt und gingen sämtlich verloren.

Artillerie: Bei Beginn des Einsatzes südlich Orel waren die Geschütze zu 58% beweglich. Erst nach Abschluß der Kämpfe ist die Beweglichkeit zu 70% gestiegen. Die mangelnde Beweglichkeit hat zwangsläufig die volle Ausnutzung der artilleristischen Kampfkraft behindert.

Die Rohre haben die Durchschnittsbelastung von 7000 Schuß le. F. H. und 5000 Schuß s. F. H. Die großen Streuungen verhindern die Unterstützung der Schützen nahe vor der HKL, erhöhte Verluste sind die Folge.

Pioniere: Das Pi.Btl. hat laufend ein Fehl von 41% der Sollstärke, d. h. es verfügt nur über unzureichende Kräfte für Stellungsbau, Minen- und sonstige Pi-Arbeiten.

Nachrichten: Vollmot. zu 75% auf ausgefahrenen Fahrzeugen.

Zusammenfassung:

Der Zustandsbericht gibt das Bild klar wieder, daß die Division von einer Panzer-Division nur noch die Gliederung und den Namen führt. Sie ist schlechter ausgerüstet als eine Infantrie-Division. In der Division wird das Witzwort von der „Panje-Division" gebraucht. Mit Galgenhumor verfolgt die Truppe, wie ihr alles an ihre eigentliche Zweckbestimmung erinnernde Gerät und Waffen immer wieder genommen wird und der allgemeine Ausstattungszustand laufend schlechter geworden ist.

Auch die Truppe erkennt, daß es ihr infolgedessen beschieden ist, nur in der Abwehr zu kämpfen, den schweren und doch so ruhmlosen Kampf, während neuaufgestellte und andere glücklicher bedachte Panzer-Divisionen greifbare Erfolge und Anerkennung im Angriff finden.

Im Vertrauen darauf, daß auch die Division in absehbarer Zeit wieder als Panzer-Division ausgestattet wird, sind alle technischen Voraussetzungen soweit als möglich gewahrt geblieben, es ist der Truppe der entscheidende Geist der Schnellen Truppen erhalten worden.

gez. v. Thüngen

Der Chronist der Division vermerkt hierzu: *Erschütternd an diesem Zustandsbericht ist die schlechte Ausrüstung, die mangelnde Fürsorge der Heeresführung. Sie hatte alles auf eine Karte gesetzt: die Operation im Süden sollte die Entscheidung bringen. Die Divisionen der Heeresgruppe Mitte wurden vernachlässigt.*

Im Süden fand Stalingrad statt, der Kaukasus mußte geräumt werden. Unzulänglich versorgt kämpfte die Panzer-Division in der Abwehr. Die Panzertruppe hatte einen Tiefstand erreicht, sie war im Bereich der Heeresgruppe Mitte nur noch ein Schatten.[20]

Bleibt für den späteren Leser dieser Zeilen nur die Frage: Welche innere Einstellung hatte der ehemalige Divisionskommandeur von Thüngen, dessen scharfer analytischer Geist nicht nur in taktischen Fragen, sondern auch im strategischen Bereich bekannt und anerkannt war? Der ehemalige Ic der Division, Freiherr von Seebach, meint, daß Thüngens Verwendung als Inspekteur des Wehrersatzwesens im Wehrkreis III Berlin seit dem 1. Juni 1943 von den Männern des Widerstandes betrieben wurde. Tatsächlich wissen wir, daß viele entscheidende Posten für einen Umschwung und die Beseitigung Hitlers mit gleichgesinnten Männern besetzt worden waren. Sie reichten bis hinein in das Führerhauptquartier. Daß Thüngen zumindest geistig dem Widerstand nahe war, wird aus einem Zitat Seebachs noch deutlicher:[21]

Auf der Fahrt suchte ich in Berlin den General von Thüngen in seiner Privatwohnung auf (Ende August 1943). Er hatte um meinen Besuch gebeten. Mit einer Offenheit ohnegleichen ging er beim Tee in Gegenwart seiner Frau sofort auf den Hauptpunkt seines Anliegens los. „Sie sind doch auch der Ansicht, daß vor allem anderen erst ein Mann weg muß", so etwa begann er die Unterhaltung, in deren Verlauf er mir dann einen Posten in seiner Dienststelle in Berlin anbot. Ich war doch etwas verblüfft, da er sich weder bei unserem Zusammensein in der Division noch beim Abschied in Brjansk im März 1943, wo er mich an das Flugzeug bestellt hatte, deutlich als Widerstandskämpfer offenbart hatte. Daß wir die gleiche Grundeinstellung hatten, wußte er; hier hatten Andeutungen genügt. Ohne zu zögern lehnte ich es allerdings ab, zu ihm zu kommen. Auch bat ich ihn, wenn ich mich recht erinnere, vorsichtig zu sein und gab wohl auch zu bedenken, ob die Beseitigung Hitlers, dem Volk und Armee noch immer vertrauten, sorgfältig genug vorbereitet werden könne.

Von einer weiteren Seite erhalten wir eine Schilderung des Generals. Der Berliner Journalist Georg Holmsten war vom 8. Februar 1943 bis zum 10. Februar 1945 als spezieller Kenner journalistischer Probleme in das OKH abkommandiert. Er hatte vielfache Beziehungen zum Widerstand und war durch sie mit Stauffenberg und Haeften in Verbindung gekommen, die ihm für den Tag des Umsturzes eine besondere Aufgabe im Deutschen Nachrichtenbüro zugedacht hatten. Wie durch ein Wunder blieb er der Gestapo unbekannt und überlebte als unmittelbarer Zeuge der Vorgänge in der Bendlerstraße die Ereignisse vom 20. Juli 1944.[22]

Als Holmstens Wohnung im November 1943 im Hansaviertel ausgebombt war, vermittelte Haeften ihm ein Haus am Karolinger Platz in Berlin-Charlottenburg. Haeften

---

[20] WOLFGANG PAUL, a.a.O., S. 244.
[21] ALEXANDER FREIHERR VON SEEBACH, Mit dem Jahrhundert leben, Oldenburg 1978, S. 251 f.
[22] GEORG HOLMSTEN, Deutschland Juli 1944, Düsseldorf 1982, S. 101.

meinte dazu: *Der General von Thüngen, der im Nebenhaus wohne, lege Wert auf einen vernünftigen Nachbarn.* Mit dem Besitzer, der meist von Berlin abwesend war, war Holmsten schnell einig geworden.

Seine einzige Pflicht war es, sich bei Luftangriffen um das Haus zu kümmern. Er fährt nun wörtlich fort: *Nach einem dieser nächtlichen Angriffe lernte ich dann den General persönlich kennen. „Sehr nett, daß Sie sich nebenan eingenistet haben", meinte er nach der Begrüßung. „Wir leben in einer Zeit, in der man sich seine Nachbarn aussuchen muß". — „Sie meinen wegen eventueller Hilfeleistung nach Luftangriffen, Herr General?" — „Auch deswegen, aber es gibt auch andere Gefahren", erwiderte Thüngen vieldeutig, und ich hütete mich, ihn um Erläuterung zu bitten. Befürchtete der General, der eine führende Stellung im Berliner Wehrkreiskommando hatte, etwa eine Überwachung durch Agenten der Gestapo, die ihre Beauftragten gern in Häusern neben Leuten einquartierte, die sie beobachten sollten?*

Ich sah, daß manchmal in den Abendstunden bei Thüngens Militärs und Zivilisten ein- und ausgingen, daß es anscheinend sehr ausgedehnte Zusammenkünfte in dem schwer übersehbaren Backsteinbau nebenan gab. Aber was ging das mich an? Wenn ich Thüngen zufällig traf, blieb es bei flüchtiger Begrüßung; bei konventionellen Wetter- und Wie-geht's-Gesprächen. Auf diese originelle Frage hatte der General meist nur die Antwort: „Beschissen, der Zeit entsprechend." — „Wir leben doch in einer herrlichen, großen Zeit, Herr General", replizierte ich einmal. Darauf lachte Thüngen nur dröhnend. Ich war eigentlich enttäuscht, daß mein Nachbar jedem ausführlicheren Gespräch mit mir aus dem Weg ging. Wußte er denn nicht, daß ich die Empfehlung, in seiner Nachbarschaft einzuziehen, einem Offizier des Büros Stauffenbergs verdankte? Ich hatte inzwischen erfahren, daß die Familien Stauffenberg und Thüngen seit langem gut bekannt und befreundet waren.[23]

Durch den letzten Satz Holmstens werden wir unmittelbar an die Frage herangeführt, wie intensiv Thüngen von Stauffenberg in die Pläne des Widerstandes eingeweiht und zur Mitarbeit gewonnen war.

Als gesichert darf man jedenfalls annehmen, daß Thüngen kein General Hitlers war, daß er den Krieg für verloren hielt und eine Ablösung an der Regierungsspitze wollte. Ob er das Attentat bejahte, sei dahingestellt. Jedenfalls kannte er die Pläne Stauffenbergs, denn wie kann Seebach sonst schreiben, daß ihm gegenüber die Witwe Thüngens in einem Gespräch meinte, ihr Mann habe die Pläne Stauffenbergs nicht ohne weiteres gutgeheißen.[24]

Am 20. Juli selbst ernannte der Amtschef des OKH, General der Infantrie Olbricht, den Generalleutnant von Thüngen zum Befehlshaber des Wehrkreises III, nachdem der bisherige Inhaber des Amtes, General der Infantrie von Kortzfleisch, als überzeugter Anhänger Hitlers die Mitarbeit verweigert hatte. Thüngen war offensichtlich erst zwischen 18 und 19 Uhr vom Generalkommando in die Bendlerstraße befohlen worden und zwischen 19 und 20 Uhr in seine Dienststelle zurückgekehrt. Dort allerdings verhielt er sich wenig aktiv und zeigte sich energielos, den Umsturz voranzutreiben. Die Lage war nach seiner Meinung ruhig, doch hatte er sicher auch schon begriffen, daß der Staatsstreich, der zu einer neuen Reichsspitze führen sollte, fehl geschlagen war. Als hoher Offizier wußte er ferner, wie das Ende für die Verschwörer aussehen würde. Er machte in der Nacht seine Befehle rückgängig und verließ das Wehrkreiskommando. Nach dem Scheitern des Umsturzversuches kam er nächsten Verwandten gegenüber zu dem Urteil, daß Vorbereitung und Durchführung des Attentats dilettantisch gewesen

---

[23] Holmsten, a.a.O.
[24] ALEXANDER FREIHERR VON SEEBACH, a.a.O., S. 252.

seien. Einem Bericht des Chefs der Sicherheitspolizei und des SD in Berlin zufolge war Thüngen am 26. Juli 1944 noch in Freiheit. Er wurde am 5. August bei einer Lagebesprechung in Wünsdorf verhaftet, am 7. August aus der Wehrmacht ausgestoßen und der Prozeß vor dem Volksgerichtshof gegen ihn eingeleitet.[25]

Liest man das im Bundesarchiv vorhandene Urteil, so wird man zunächst gewahr, daß der Gerichtshof von einer konspirativen Tätigkeit vor dem Attentatstag nichts wußte. Das Prozeßverfahren erstreckte sich vor allem auf die Untersuchung, in welchem Maße Thüngen an den Ereignissen des 20. Juli selbst beteiligt war. Er wurde des Verrats gegen den Führer angeklagt und auch für schuldig befunden, weil er sich mit der Führung des Wehrkreises hatte beauftragen lassen und nichts getan habe, den Verrat rückgängig zu machen.[26]

Bei der bekannten Einstellung von Gericht und Reichsführung war die Vollstreckung des Todesurteils am 24. Oktober 1944 im Zuchthaus von Brandenburg konsequent. Seebach schreibt dazu: *Im Kurgartencafé in Bad Kissingen kam ich vor etwa 6 Jahren mit einem Herrn ins Gespräch, der als Pflichtverteidiger für Thüngen im Herbst 1944 in Berlin eingesetzt war. Thüngen, so sagte er mir, hätte freikommen können, wenn er die Brücken betreten hätte, die ihm die Verteidigung baute. Er habe aber nicht die geringste Unwahrheit sagen wollen.* Seebach meint weiter, daß Thüngen sich nicht herausredete, sei auf seine Liebe zur Wahrheit und die Unbedingtheit seiner Haltung zurückzuführen gewesen.[27] Man muß aber auch bedenken, daß die Behandlung und die Verhöre in der Prinz Albrechtstraße durch die Gestapo die Gesundheit und den Lebenswillen des hohen Offiziers gebrochen hatten. Menschen, die seinerzeit mit dem Verhafteten und dem Verurteilten noch Kontakt hatten, teilten nach Kriegsende der Witwe mit, daß von Thüngen nach den persönlichen Schicksalsschlägen seit 1941 und den brutalen Behandlungsmethoden der Gestapo nicht mehr habe leben wollen. Wo der Wunsch zum Weiterleben aber fehlt, hat es die Verteidigung schwer, das Leben des Angeklagten zu retten. Ein erheblicher Teil der vom Volksgerichtshof verurteilten Widerstandskämpfer wurde unter unsagbaren Qualen gehenkt. Die Hinrichtung des Generalleutnants Karl Freiherr von Thüngen wurde durch Erschießen vorgenommen.[28]

In den Augen der Offiziere seiner 18. PD war Thüngen ein guter und tapferer Soldat. Seine hervorragenden Eigenschaften lagen im menschlichen Bereich, in seiner Güte, aber auch in der Bereitschaft, einen als richtig erkannten Weg bis zum Ende zu gehen. Als alter Kavallerist hatte er eine andere Auffassung vom Kriegführen, als sie durch die Auseinandersetzung zweier totalitärer Ideologien gewünscht war. Da die Zeit über diese seine Ansicht hinwegging, versuchte er die Grausamkeit des Feldzugs in Rußland zu mildern, wo immer es möglich war.[29]

In der Panzertruppenschule der Bundeswehr in Munster hängt im Traditionshörsaal der 18. Panzerdivision ein Foto ihres ehemaligen Kommandeurs Generalleutnant Freiherr von Thüngen; seit 1980 führt die Panzerbrigade 33 in Celle die Erinnerung an die 18. PD weiter. In den Totenlisten zum 20. Juli 1944 hält Fabian von Schlabrendorff in seinem Buch Offiziere gegen Hitler den Namen Thüngen fest. Es war an der Zeit, die Biographie dieses Mannes aus den vielgestaltigen Zusammenhängen herauszulösen und

---

[25] Peter Hoffmann, a.a.O., S. 504, 571, 572, 581, 592, 596 und 608, ferner auch: Bundesarchiv Koblenz NS 6/19 und persönliche Mitteilungen an den Verfasser.
[26] Vgl. das Urteil des Volksgerichtshofes, siehe Fußnote 11.
[27] Siehe Fußnote 24.
[28] Persönliche Mitteilung an den Verfasser. Frau Stelle von Dercks sei hier für sehr wichtige und weiterführende Informationen besonders herzlich gedankt.
[29] Siehe Fußnote 18.

sie selbst in den Mittelpunkt einer Untersuchung zu stellen. Die Materialsuche machte es deutlich, daß der Widerstand des Offiziers, der auf Grund seiner Stellung und der angestrebten Änderung konspirativ tätig sein mußte, keine schriftlichen Zeugnisse duldet. Die Einfügung Thüngens in eine bestimmte Funktion bei Durchführung des Plans *Walküre* war von den leitenden Offizieren geplant; diese Kenntnis nahmen sie nach der Verurteilung zum Tode bei der Hinrichtung mit ins Grab.

Sollte Thüngen auch nicht voll und ganz hinter Stauffenberg und seinen Plänen gestanden sein, seine Haltung war auf keinen Fall an der Seite der Generale Fromm und von Kortzfleisch. Eher könnte man ihn den Offizieren zurechnen, die eine Ablösung an der Reichsspitze wollten, das Attentat aber als Lösung ablehnten. Oder aber der Plan zur Beseitigung Hitlers mußte in einem höheren Maße Erfolg versprechen, als dies am 20. Juli der Fall war.

Auf diese letzten Fragen werden wir keine Antwort mehr erhalten. Sie sollten auch nicht der Maßstab für die Würdigung des Generalleutnant Freiherr von Thüngen sein.

Sehen wir ihn als Offizier in der soldatischen Tradition des Hauses Thüngen, das eine Reihe großer militärischer Führerpersönlichkeiten hervorgebracht hat, als einen hohen Offizier der einstigen deutschen Wehrmacht, der durch seine strategische Begabung und seinen analytischen Geist die durch den Krieg heraufbeschworene Gefährdung des Deutschen Reiches und seiner Bewohner sah und infolgedessen zum Gegner Hitlers geworden war. Sollte er mit den Plänen Stauffenbergs und ihrer Durchführung auch nicht einverstanden gewesen sein, so hat er sie doch nicht verhindert, sich mit der Übernahme des Kommandos über den Wehrkreis III auch nicht verweigert. Er wurde von den nationalsozialistischen Machthabern und ihren Richtern der Beihilfe zum Hochverrat angeklagt und zum Tode verurteilt. Generalleutnant Freiherr von Thüngen bezahlte dafür mit seinem Leben. Sein Leben und sein Ende zeigen uns, daß wir Widerstand gegen Adolf Hitler und seinen Krieg wesentlich differenzierter sehen müssen, als es gemeinhin geschehen ist. Die Unterschiede waren bedingt durch das Bewußtsein und den Kalkül der durch Verantwortung und Gewissen in die Pflicht genommenen Persönlichkeit. Insoferne war es notwendig und wichtig, sich des Generalleutnants Karl Freiherrn von Thüngen zu erinnern und zu besinnen.

Der Verfasser möchte sich am Ende bedanken für die hilfreiche Unterstützung, die ihm freundlich gewährt wurde bei Herrn Archivrat Dr. Gießler (Bundesarchiv — Militärarchiv Freiburg i. Br.), Herrn Wolfgang Paul (Berlin), Herrn Georg Holmsten (Berlin), Herrn Alexander Freiherrn von Seebach (Oldenburg) und Herrn Oberarchivrat Dr. Wenisch (Staatsarchiv Würzburg).

EBRACH UND REIN IN SPÄTMITTELALTER UND FRÜHER NEUZEIT

von

GERHARD JARITZ

Am 7. März 1739 übermittelt Abt Wilhelm Sölner von Ebrach dem Reiner Abt Placidus Mally briefliche Osterwünsche[1]. Bei dieser Gelegenheit widmet er ihm ein Exemplar seiner eben erschienenen *Brevis notitia monasterii Ebracensis*[2]. Er erklärt ferner, daß er sich freuen würde, wenn der Reiner Abt einmal Gelegenheit finden könnte, Ebrach zu besuchen. Eine Liste der Ebracher Äbte, für welche sich der Reiner Prior Augustin Schragl[3] interessierte, als er 1738 zusammen mit Abt Wilhelm das Generalkapitel besucht und sich für einige Zeit in Ebrach aufgehalten hatte, finde sich in dem übersandten Buch. — Dieses Schreiben stellt sich als ein Zeugnis gegenseitigen Interesses von Mutter- und Tochterabtei dar, welches sich von der Besiedlung Reins durch Ebracher Mönche im Jahre 1129 bis zur Säkularisation Ebrachs im Jahr 1803 in verschiedenen Formen und unterschiedlicher Intensität ausdrückte und gerade in der jüngsten Vergangenheit durch mannigfaltige Kontakte auf Gemeinde-, Pfarr-, Bevölkerungs- und im Falle Reins auch auf Klosterebene reaktiviert wurde. Der vorliegende Beitrag setzt sich zur Aufgabe, vorrangig aus Reiner Quellen einige Aspekte jener Verbindung der Zisterzen Ebrach in Franken und Rein in der Steiermark mit Schwerpunkten im Spätmittelalter und in der frühen Neuzeit aufzuzeigen und damit auch den Wandel anzudeuten, der sich besonders während dieses Zeitraumes in den gegenseitigen Beziehungen ergeben hat[4].

---

[1] Stiftsarchiv Rein (in der Folge StiAR), Hs. 137/11, n. 223; Martin Johannes Wild, Regesta Runae Intermonastica (maschinenschriftliches Manuskript im StiAR; in der Folge RRI) n. 4209.

[2] (Wilhelm Sölner), Brevis Notitia Monasterii B. V. M. Ebracensis Sacri Ordinis Cisterciensis in Franconia. O. O. 1738.

[3] Zur Person des Augustin Schragl vgl. NORBERT MÜLLER, Bedeutende Reiner Konventualen, in: Stift Rein 1129—1979. 850 Jahre Kultur und Glaube. Festschrift zum Jubiläum. Rein 1979, 412 f.; MARIA MAUSSER, Stift Rein unter den Äbten Placidus Mally und Marianus Pittereich (1710—1771). Phil. Diss. Graz 1949, 32 f.

[4] Als Überblicksdarstellungen zur Geschichte der Zisterze Rein vgl. bes. AMBROS GASPARITZ, Reun im zwölften Jahrhunderte, in: Mitteilungen des Historischen Vereins für Steiermark (in der Folge MHVSt) 38 (1890) 3—25; DERS., Reun im dreizehnten Jahrhunderte, in: MHVSt 42 (1894) 3—70; DERS., Reun im vierzehnten Jahrhunderte, in: MHVSt 43 (1895) 3—91; DERS., Reun im 15. und zu Beginn des 16. Jahrhunderts, in: MHVSt 45 (1897) 96—190; DERS., Das Kloster Reun in seinen Verwaltungsorganen zwischen 1350 und 1450, in: MHVSt 34 (1886) 103—144; LEOPOLD GRILL, Das Traungauerstift Rein. Bregenz 1932 (= Sonderdruck aus: Cistercienser-Chronik 44, 1932); JUTTA KOESTER, Das Zisterzienser Stift Rein (Steiermark) in seinen kultur- und wirtschaftsgeographischen Beziehungen. Phil. Diss. Graz 1970; Stift Rein 1129—1979 (s. Anm. 3). Zu den Äbten und Konventualen Reins vgl. GERHARD JARITZ, Die Konventualen der Zisterzen Rein, Sittich und Neuberg im Mittelalter. Örtliche Herkunft und ständische Stellung. 2 Bde. Phil. Diss. Graz 1973; DERS., Die Konventualen der Zisterzen Rein, Sittich und Neuberg im Mittelalter, in: Citeaux. Commentarii Cistercienses XXIX (1978) 60—92; MARTIN WILD, Die Äbte von Rein, in: Stift Rein 1129—1979, 48—62. Allgemein zur Geschichte Ebrachs vgl. bes. FRANZ XAVER WEGELE (Hrsg.), Monumenta Ebracensia. Würzburg 1863; L. W., Ex Gestis Abbatum Ebracensium, in: Cistercienser-Chronik 5 (1893) 161—174, 193—200, 225—238, 269—275; JOHANNES JAEGER, Die Zisterzienser-Abtei Ebrach zur Zeit der Reformation. Erlangen 1895; DERS., Abbatia Ebracensis

Schwerpunkte der Verbindung von Mutter- und Tochterabtei zeigen sich allgemein vor allem im Vorsitz des Vaterabtes bei der Wahl bzw. Einsetzung von Äbten in der Filiation sowie im Instrument der Visitation, welche nach den ursprünglichen Statuten jährlich durchzuführen ist[5]. Von dieser anfänglichen Idealsituation, deren Realisierung allerdings für Ebrach und Rein nie urkundlich nachweisbar ist, bis zu einem Schreiben des Ebracher Abtes Ludovicus Ludwig an den Reiner Klostervorsteher Alanus Matt vom 12. Februar 1695 liegt ein Zeitraum, in welchem grundlegende Veränderungen vor sich gingen, die allein schon der erwähnte Brief verdeutlicht. Darin reagiert Abt Ludovicus auf die Bitte des Alanus Matt, Rein zu visitieren[6]. Er erklärt zwar seine Bereitschaft, fügt jedoch hinzu, daß er anläßlich eines Wien-Besuches vor fünf Jahren vom Heiligenkreuzer Abt Clemens erfahren habe, daß in den österreichischen Erblanden ausländische Visitatoren ohne spezielle Bewilligung des kaiserlichen Hofes überhaupt nicht zugelassen werden. Der Abt von Rein möge ihm daher einen solchen Konsens erwirken; dann werde er gerne nach Rein kommen. Als 1695 am Fest des Heiligen Bernhard der Ebracher Abt dann tatsächlich in Rein weilt und pontifiziert, ist sein Besuch allerdings mit keiner Visitation verbunden. Die Genehmigung war wohl nicht erlangt worden[7].

Nachrichten über Visitationen des Klosters Rein durch den Abt von Ebrach oder über Anlässe, die seine persönliche Anwesenheit in der Tochtergründung nötig machten — vorrangig die Neuwahl des Reiner Abtes —, reichen von einfachen urkundlichen Erwähnungen bis zu detaillierter Auseinandersetzung mit den ausgeführten Tätigkeiten. Ob und wie lange prinzipiell der Usus einer jährlichen Visitation aufrechterhalten werden konnte, bleibt unklar. Genauso kann vor allem bis ins 14. Jahrhundert nicht urkundlich nachgewiesen werden, inwieweit die Neuwahl eines Reiner Abtes grundsätzlich mit der Anwesenheit des Ebracher Vorstehers verbunden war. Belege aus dem 14. Jahrhundert zeigen allerdings bereits die Delegation der Aufgaben des Vaterabtes an

---

Oeconomica, in: Cistercienser-Chronik 12 (1900) 14—20, 43—52, 71—84, 104—111, 137—143, 171—177; Hans Zeiss, Reichsunmittelbarkeit und Schutzverhältnisse der Zisterzienserabtei Ebrach vom 12. bis 16. Jahrhundert. Bamberg 1928; Josef Wirth, Die Abtei Ebrach. Zum achthundertjährigen Gedenken 1127—1927. Gerolzhofen 1928; Hildegard Weiss, Die Zisterzienserabtei Ebrach. Eine Untersuchung zur Grundherrschaft, Gerichtsherrschaft und Dorfgemeinde im fränkischen Raum (Quellen und Forschungen zur Agrargeschichte VIII) Stuttgart 1962; Adelhard Kaspar, Chronik der Abtei Ebrach. Münsterschwarzach 1971; Wolfgang Wiessner, Das Gesamturbar des Zisterzienserklosters Ebrach vom Jahr 1340 (Veröffentlichungen der Gesellschaft für fränkische Geschichte X/8) Würzburg 1973, bes. 7—19; Gerd Zimmermann (Hrsg.), Festschrift Ebrach 1127—1977. Volkach 1977. Zu den Ebracher Äbten und Konventualen vgl. Johannes Jaeger, Series Abbatum et Religiosorum monasterii Ebracensis, in: Cistercienser-Chronik 14 (1902) 129—144, 161—174, 193—209, 225—239, 257—273, 289—308, 321—326.

[5] Zur Visitation sowie allgemein zur Beziehung zwischen Mutterkloster und Filiation bis zur Kodifikation von 1257 vgl. Bernard Lucet, Le codifications cisterciennes de 1237 et de 1257. Paris 1977, 131—148 und 282—296. Zur weiteren Entwicklung vgl. Louis J. Lekai, The Cistercians. Ideals and Reality. Kent (Ohio) 1977, 50, 98 f. und 126 f. Vgl. auch Christian Mossig, Verfassung des Zisterzienserordens und Organisation der Einzelklöster, in: Die Zisterzienser. Ordensleben zwischen Ideal und Wirklichkeit (Schriften des Rheinischen Museumsamtes 10) Bonn 1980, 115 f.

[6] 1695 II 12, Ebrach: StiAR-Hs. 137/11, n. 216; RRI n. 2940. Vgl. Veronika Brandt, Das Zisterzienserkloster Rein in den Jahren 1640 bis 1710 — Das Wirken der Äbte Balthasar Stieber, Candidus Schillinger, Alan Matt und Jakob Zwigott. Phil. Diss. Graz 1979, 41 und 46.

[7] 1695 VIII 20, Rein: in 1695 IX 7, Wien [StiAR-Hs. 137/11, n. 217; Alanus Lehr, Diarium Runense (1753 ff.; Hs. in StiAR) p. 112; RRI n. 2959]. Vgl. Brandt, Zisterzienserkloster Rein 41. Vgl. dazu auch Anm. 55 (Beleg von 1745 mit der Einschränkung auf einheimische Visitatoren).

Äbte von Zisterzienserklöstern, deren örtliche Entfernung zu Rein geringer war. So führt im Jahre 1331 der Wilheringer Abt Heinrich im Auftrag des Ebracher Vorstehers eine Visitation in Rein durch, bringt den dortigen Abt Hugo zur Abdankung und leitet die Neuwahl des Abtes Hertwig[8]. Nach dem Tod von Abt Hertwig im Jahre 1349 ist der Ebracher Abt Heinrich auf Grund von Krankheit neuerlich verhindert, der Neuwahl vorzustehen. Er delegiert die Äbte von Lilienfeld und Neuberg[9]. Eine für 1323 belegte Visitation Reins durch den Abt von Aldersbach ist wieder mit der notwendig gewordenen Wahl eines Reiner Abtes, und zwar des genannten Hugo, in Zusammenhang zu bringen[10]. Ob es sich dabei allerdings um eine Delegation durch den Ebracher Vaterabt handelte, oder ob der Aldersbacher Vorsteher den Ebracher Abt als Assessor begleitete, bleibt unklar.

Im 13. und 14. Jahrhundert läßt sich die persönliche Anwesenheit des Ebracher Abtes in Rein neunmal nachweisen. Die überlieferten Aufgaben, die der Vaterabt zu diesen Anlässen erfüllte, erweisen sich als recht unterschiedlich:

1277: Abt Winrich von Ebrach, *visitator eodem tempore apud Runam*, und Abt Johannes von Waldsassen, *assessor ipsius*, bestätigen als Urkundenzeugen eine Güterschenkung an Rein[11].

1303: Abt Friedrich von Ebrach und der Abt von Heilsbronn leiten die Abtwahl in Rein und nehmen ein Inventar des Vermögensstandes auf[12].

1333: Abt Albert von Ebrach erteilt in Rein seine Zustimmung für die lebenszeitliche Nutznießung von Erbgütern durch die zwei leiblichen Brüder Johannes und Markus Zeiregger, die als Mönche in Rein leben: . . . *de pleno consensu, bona voluntate et licencia reverendi in Christo patris domini Alberti abbatis in Ebera visitatoris nostri* . . .[13].

1348: Abt Heinrich von Ebrach besiegelt eine Urkunde Abt Hertwigs von Rein bezüglich verschiedener Stiftungen und Schenkungen der genannten Zeiregger an das Kloster und Vergünstigungen für den Mönch Johannes Zeiregger[14].

---

[8] 1331 VIII 17, Rein: ALANUS LEHR, Collectaneum seu diplomatarium Runense, 1758—1774 (StiAR, Hs. 107), I. p. 553 f.; RRI n. 154; GASPARITZ, Reun im 14. Jh. 81.

[9] 1349 VII 1, Ebrach: StiAR-Urk. A VII 31; LEHR, Collectaneum I, p. 648 f.; RRI n. 174; GASPARITZ, Reun im 14. Jh. 86.

[10] (N.) MUFFAT, Historische Notizen aus einem Rechnungsbuche des Klosters Aldersbach, in: Quellen zur bayerischen und deutschen Geschichte 1. München 1856, 466: 1323 VI 1—1324 III 1: *Domino abbati eunti ad visitandum in Runa 3 t. 9 rat.;* RRI n. 140.

[11] 1277 II 16, Rein: StiAR-Urk. A IV 23; LEHR, Collectaneum I, p. 363 f.; RRI n. 102; GASPARITZ, Reun im 13. Jh. 41. Vgl. auch NORBERT MÜLLER, Seelgerätstiftungen beim Stift Rein. Phil. Diss. Graz 1976, 155 f., n. 48.

[12] 1303 XI 25, Rein: in 1309 IV 1, Rein (StiAR-Urk. A V 58; LEHR, Collectaneum I, p. 463 f.; RRI n. 121). Vgl. dazu GASPARITZ, Reun im 14. Jh. 78 f.; OTHMAR PICKL, Wirtschaftsgeschichte des Zisterzienserklosters Reun von seiner Gründung bis zum Ausgang des Mittelalters. Phil. Diss. Graz 1950, 30 f.

[13] 1333 V 5, Rein: StiAR-Urk. A VI 51; LEHR, Collectaneum I, p. 565; RRI n. 156; GASPARITZ, Reun im 14. Jh. 82. Zur Problematik der zwei Reiner Mönche aus der Familie Zeiregger vgl. JARITZ, Konventualen, Diss. I, 32 f.; II, (68)—(76); DERS., Konventualen, in: Cîteaux, 72 f. Vgl. auch Anm. 21.

[14] 1348 VIII 15, Rein: StiAR-Urk. A VII 25; LEHR, Collectaneum I, p. 634—637: . . . *versigelt . . . mit unsers weiser insigel des erbern gaistleichen herren abbt Heinreichs von Ebra, mit des verlaub und gunst dise sache gewandelt und geschehen ist . . .* (p. 637); *Abbas Ebracensis forte Runam regulariter visitaverit* (p. 637; Anmerkung LEHRS); RRI n. 171. Vgl. auch GASPARITZ, Reun im 14. Jh. 83 ff.; MÜLLER, Seelgerätstiftungen 180 ff., n. 124.

1352: Abt Otto von Ebrach visitiert Rein[15].

1355: Abt Otto von Ebrach visitiert Rein und beurkundet die Vermögensveränderungen, die sich seit der letzten Visitation im Jahr 1352 ergeben haben[16].

1364: Abt Otto von Ebrach bewilligt in Rein einen Gütertausch zwischen Rein und Friedrich von Stubenberg sowie verschiedene Stiftungen desselben[17].

1387: Abt Peter von Ebrach genehmigt in Rein eine 1383 vollzogene Salve Regina-Stiftung an die Rein zugehörige Kirche von Straßengel[18].

1399: Abt Konrad von Morimund und Abt Peter von Ebrach nehmen die Resignation des Abtes Petrus von Rein entgegen und leiten die Neuwahl von Abt Angelus[19].

Bis in das beginnende 16. Jahrhundert zeigen die erhaltenen Mitteilungen zur Anwesenheit des Ebracher Abtes in Rein nur geringfügige Veränderungen. Die steigende Ausführlichkeit der Überlieferung ist auf die allgemeine Urkundenpraxis zurückzuführen, eine markante Vermehrung oder Verringerung der Besuche ist nicht festzustellen. Auch die Tatsache, daß die im 14. Jahrhundert des öfteren anzutreffenden Bestätigungen von Rechtsgeschäften durch den Ebracher Abt — vornehmlich Schenkungen und Stiftungen an Rein — im 15. Jahrhundert nicht mehr nachzuweisen sind, braucht nicht unbedingt auf diesbezügliche Änderungen im Aufgabenbereich des Vaterabtes zurückzuführen sein, sondern könnte wohl auch mit dem allgemeinen Rückgang von Stiftungen oder Schenkungen in diesem Zeitraum in Verbindung gebracht werden[20]. Allerdings muß vermerkt werden, daß etwa insbesondere die Erlaubnis der Annahme von Leibrenten durch die beiden Mönche und leiblichen Brüder Johannes und Markus Zeiregger im Jahre 1333 einen Fall darstellt, welcher den Prinzipien des Ordens in mehrerer Weise widerspricht[21]. Eine Absicherung durch die Erlaubnis des Vaterabtes erscheint damit gerade hier von dringender Notwendigkeit. Die allgemeine Lockerung der Strenge im Orden, die sich im Verlaufe des Spätmittelalters nachweisen läßt, kann nun natürlich dazu geführt haben, daß solche, vermehrte Sicherheit gewährende Genehmigungen bzw. Zustimmungen durch den Vaterabt in der Folgezeit unnotwendig werden[22].

---

[15] 1352 V 30, Rein: in 1355 VI 26, (Rein) [OTTO GRILLNBERGER, Das Wilheringer Formelbuch *De kartis visitacionum*, in: Studien und Mitteilungen aus dem Benedictiner- und dem Cistercienser-Orden (in der Folge StMBO) XXI (1900) 389, n. 73; RRI n. 179]. Vgl. auch (1352) VI 2, Rein: Abt Otto von Ebrach kündigt dem Abt von Wilhering sein Kommen zur Visitation an (GRILLNBERGER, Wilheringer Formelbuch 124, n. 68; RRI n. 180).

[16] 1355 VI 26, (Rein): GRILLNBERGER, Wilheringer Formelbuch 389, n. 73; RRI n. 185. Vgl. auch LEHR, Collectaneum I, p. 689 f.

[17] 1364 XII 21, Rein: StiAR-Urk. A VII 79; LEHR, Collectaneum I, p. 730—733: *Forsitan recte adfuit in negotio visitationis* (p. 730, Anmerkung LEHRS). Vgl. auch MÜLLER, Seelgerätstiftungen 192, n. 151.

[18] 1387 VIII 10, Rein: StiAR-Urk. A VIII 11; Lehr, Collectaneum I, p. 813; RRI n. 226; GASPARITZ, Reun im 14. Jh. 63. Vgl. auch MÜLLER, Seelgerätstiftungen 217, n. 212.

[19] 1399 VI 7, Rein: StiAR-Urbar C (1450), fol. 70 v; RRI n. 236; GASPARITZ, Reun im 15./16. Jh. 96.

[20] Hinsichtlich der Seelgerätstiftungen vgl. MÜLLER, Seelgerätstiftungen 108.

[21] Vgl. GASPARITZ, Reun im 14. Jh. 71 und 83 ff. Vgl. auch Anm. 13. Vgl. allgemein KLAUS SCHREINER, Zisterziensisches Mönchtum und soziale Umwelt. Wirtschaftlicher und sozialer Strukturwandel in hoch- und spätmittelalterlichen Zisterzienserkonventen, in: Die Zisterzienser. Ergänzungsband (Schriften des Rheinischen Museumsamtes 18) Köln 1982, 103 f. und 117, Anm. 3.

[22] Zu den Schwierigkeiten des Ordens im Spätmittelalter und der damit im Zusammenhang stehenden Lockerung der Strenge vieler Bestimmungen vgl. allgemein LEKAI, Cistercians 91—108;

Bis in das zweite Jahrzehnt des 16. Jahrhunderts sind die folgenden Belege zur Anwesenheit des Ebracher Abtes in Rein zu nennen[23]:

(1425): Der Abt von Ebrach berichtet dem Lilienfelder Abt, daß er die Visitation in Rein beendet habe. Der dortige Abt (Angelus) sei alt und sehr schwach und erwarte täglich sein Ende. Da dieser aber sowohl vom Herzog als auch vom Konvent sehr geliebt werde, könne er seiner Resignation nicht zustimmen. Weil er aber auf Grund der großen Entfernung nicht persönlich die eventuell notwendig werdende Neuwahl leiten könnte, delegiert er den Lilienfelder Abt[24].

1439: Unter Leitung des Abtes Heinrich von Ebrach wird der Ebracher Konventuale Hermann Molitor zum Reiner Abt gewählt[25].

1446: Abt Heinrich von Ebrach visitiert das Kloster Rein und verzeichnet die Veränderungen des Vermögensstandes seit seiner letzten Visitation von 1439[26].

1471: Der Abt von Ebrach leitet die Wahl des Reiner Abtes Christian[27].

1477: Abt Johannes von Ebrach visitiert das Kloster Rein und erläßt Statuten für die in Straßengel lebenden Brüder[28].

AMBROSIUS SCHNEIDER (Hrsg.), Die Cistercienser. Geschichte-Geist-Kunst. Köln 1974, 39—42; KASPAR ELM — PETER FEIGE, Der Verfall des zisterziensischen Ordenslebens im späten Mittelalter, in: Die Zisterzienser 237—242.

[23] In StiAR-Urbar C von 1450 finden sich Angaben, auf welche Weise eine Visitation Reins vorbereitet und durchgeführt werden soll (fol. 56 r): *Nota consuetudines quasdam nec non et certa jura hactenus observatas ac ab antiquo introductas, quas ex certa causa annotavi: de visitationis ac reformationis actibus.* Danach wird ausgeführt: Falls der Visitator über Wien und Wiener Neustadt nach Rein kommt, soll er in Neustadt von einem Boten des Klosters empfangen und nach Rein geleitet werden; bei Bedarf sei er nach Neustadt zurückzugeleiten. Falls er aus Salzburg kommt, geschehe der Empfang in Rottenmann, wenn er von Wilhering (bei Linz) anreist, in Steyr. Die Reisekosten des Visitators sind für den Weg vom Empfangsort nach Rein und zurück vom Kloster zu tragen. Wenn der Visitator wegen des Todesfalls des Reiner Abtes oder eines anderen rechtmäßigen Grundes kommt und auf dem Weg kein anderes Kloster visitiert, erhalte er vierzig Rheinische Gulden, bei der Neuwahl eines Abtes dazu noch ein Pferd. Falls die Neuwahl nach der Absetzung eines Abtes vollzogen wird, sei ihm nur das Geld und kein Pferd zu geben. Wenn er zur gewöhnlichen Visitation erscheint, erhalte er neben dem Geleit nur zwanzig Rheinische Gulden, sein Kaplan zwei Gulden, Diener je einen Gulden, der Rest des Begleitpersonals Ehrengeschenke. Ein nach Rein kommender Generalvisitator werde von Bruck abgeholt und wieder zurückgeleitet, oder aber auch nach Graz oder Marburg gebracht. Dieser erhalte zehn Rheinische Gulden, sein Kaplan einen Gulden und die gesamte Dienerschaft ebenfalls einen Gulden. Schließlich wird noch angeführt, welche Reiner Ämter anläßlich einer Visitation Hühner und Frischlinge zu stellen haben. Vgl. dazu auch GASPARITZ, Reun in Verwaltungsorganen 140 f.; EMMERICH BENEDER, Abt Hermann von Rein (1439—1470), in: Cistercienser-Chronik 75 (1968) 97 f.

[24] (1425 — —, Rein): VALENTIN SCHMIDT, Ein Lilienfelder Formelbuch, in: StMBO XXVIII (1907) 584, n. 134.

[25] 1439 V 25, Rein: LEHR, Collectaneum II, p. 267 ff.; RRI n. 405; GASPARITZ, Reun im 15./16. Jh. 103. Zur Person des Abtes Hermann vgl. unten S. 336 und Anm. 76.

[26] 1446 VI 6, Rein: StiAR-Urk. A IX 52; LEHR, Collectaneum II, p. 314 f.; RRI n. 421; GASPARITZ, Reun im 15./16. Jh. 129. Vgl. auch PICKL, Wirtschaftsgeschichte 36.

[27] 1472: *Electionum confirmationes: ... Ad idem pro fratre Christiano ad dignitatem abbatialem de Runa, per abbatem monasterii Ebracensis, patrem immediatum eiusdem monasterii* [JOSEPHUS-MARIA CANIVEZ, Statuta Capitulorum Generalium Ordinis Cisterciensis ab anno 1116 ad annum 1786, V (Bibliothèque de la Revue Ecclésiastique 13) Louvain 1937, 299, n. 11]; RRI n. 539 und 550.

[28] 1477 V 6, Rein: StiAR-Urk. A XI 39; LEHR, Collectaneum II, p. 546 f.; RRI n. 598; GASPARITZ, Reun im 15./16. Jh. 131 und 133; MÜLLER, Seelgerätstiftungen 83 f. Vgl. auch (14) 77 IV 13, Ebrach [OTTO GRILLNBERGER, Kleinere Quellen und Forschungen zur Geschichte des Cistercienser-Ordens, in: StMBO XVII (1896) 47, n. 59; RRI n. 597]: Abt Johannes von Ebrach teilt dem

1491: Abt Nikolaus von Ebrach visitiert das Kloster Rein und erläßt verschiedene Statuten zum klösterlichen Leben[29].

1507: Abt Johannes von Ebrach visitiert das Kloster Rein und erläßt verschiedene Statuten zum klösterlichen Leben[30].

1514: Abt Johannes von Ebrach visitiert das Kloster Rein und verzeichnet die Veränderungen des Vermögensstandes seit seiner letzten Visitation von 1507[31].

1518: Abt Johannes von Ebrach visitiert das Kloster Rein und erläßt verschiedene Statuten zum klösterlichen Leben[32]; er gestattet dem Reiner Konvent, bei Todesfall des gegenwärtigen Abtes zur Beschleunigung der Neuwahl einen der Ordensäbte aus der Nachbarschaft als Wahlpräses zu ernennen[33].

Von Visitationen, die aus den Jahren 1401 und 1473 aus Reiner Rechnungsbucheintragungen belegt sind, ist nicht eindeutig nachweisbar, ob sie vom Ebracher Abt persönlich durchgeführt wurden; dies kann jedoch vermutet werden[34]. 1403 wird der Ebracher Mönch Johannes von seinem Abt nach Rein gesandt und nimmt zumindestens die Rechnungsprüfung der Jahre 1401 bis 1403 vor. Inwieweit er mit anderen Aufgaben eines Visitators betraut war, ist nicht klar; die von Rein aus Anlaß seines Besuches gemachten Aufwendungen entsprechen jedoch jenen einer Visitation durch den Vaterabt und werden auch als Ausgaben für *visitacio* vermerkt[35].

Wilheringer Abt unter anderem mit, daß er auf der Rückreise von Rein nach Wilhering zur Visitation kommen werde. — Vgl. auch die auf die Visitation bezugnehmenden Eintragungen in StiAR-Rechnungsbuch 1473—1477, fol. 48 a: *Item pro adduccione visitatoris de Rotenmann 10 lb. 12 d.;* fol. 48 b: *Item domino abbati pro visitatore 2 Rh. flor,* weitere Ausgaben, besonders für Geleit; fol. 61 b: *Item expense visitatoris in Grecz 18 ß. d.;* fol. 62 b: ausführlichere Aufschlüsselung der Ausgaben.

[29] 1491 V 5, Rein: StiAR-Urk. A XI 87; Lehr, Collectaneum II, p. 690—694; RRI n. 664; Gasparitz, Reun im 15./16. Jh. 112 und 131.

[30] 1507 V 14—19, Rein: StiAR-Urk. A XII 20; Lehr, Collectaneum II, p. 846—850; RRI n. 854; Gasparitz, Reun im 15./16. Jh. 114, 128, 130 f. und 134.

[31] 1514 VI 23, Rein: StiAR-Urk. A XII 42; Lehr, Collectaneum II, p. 951 f.; RRI n. 909; Gasparitz, Reun im 15./16. Jh. 116 und 129 f.; Pickl, Wirtschaftsgeschichte 41; ders., Beiträge zur Wirtschaftsgeschichte der Zisterze Rein bis zum Beginn der Neuzeit, in: Stift Rein 1129—1979, 121.

[32] 1518 V 14, Rein: StiAR-Urk. A XII 57; Lehr, Collectaneum III, p. 45—48; RRI n. 962.

[33] 1518 V 14, Rein: StiAR-Urk. A XII 58; Lehr, Collectaneum III, p. 48 f.; RRI n. 963.

[34] StiAR-Rechnungsbuch 1399—1410, fol. 33 b (bezogen auf 1401): *Visitatori familie et pro expensis eius 52 tl. 75 d.;* ebd. fol. 51 a (1401): genaue Aufschlüsselung des oben genannten Gesamtbetrages, u. a. Ausgaben für Geleit, Fische, Leinen, Safran, Bader, Tuch, Hasen, Semmel, Schweinebraten, Wein, Reis, Mandeln und Rosinen, Ingwer, etc. StiAR-Rechnungsbuch 1473—1477, fol. 2 a (1473): *Item domino visitatori 32 Rh. flor.;* danach Ausgaben für den begleitenden Kaplan, für Diener, Bad, etc. Vgl. auch ebd. fol. 7 b. — Nachdem die Visitation von 1477, von der belegt ist, daß sie vom Ebracher Abt durchgeführt wurde, in ähnlicher Weise im Rechnungsbuch vermerkt wird (kein Hinweis auf den Abt von Ebrach, sondern nur Nennung des Visitators; vgl. Anm. 28), erscheint die Vermutung — auch im Vergleich der Aufwendungen — gerechtfertigt, daß 1401 und 1473 ebenfalls der Ebracher Abt visitierte.

[35] StiAR-Rechnungsbuch 1399—1410, fol. 33 b: *Nota computacionem factam coram fratrem Johannem professo(!) in Ebrach misso a visitatore anno 1403 in die Augustini;* danach folgen Abrechnungen von 1401 bis 1403. Ebd. fol. 36 b: ähnlicher Eintrag wie fol. 33 b: *... frater Johannes de Ebrach fuit hic ex commissione visitatoris et facta coram eo computacio ...* Ebd. fol. 37 a: Ausgaben für die „Visitation" von 1403: *Domino visitatori propina per Johannem 20 flor. Summa 12½ tl.; Johanni cappellano et famulo eius 8 flor. Summa 5 tl.; item pro expensis ipsorum 5½ tl. 45 d.* Ebd. fol. 59 b: etwas detailliertere Aufschlüsselung als auf fol. 37 a, jedoch ohne Nennung des Johannes: *Visitatori propina 20 flor. Summa 12½ tl ...* Ebd. fol. 62 a: Ausgabe für das Be-

Die schon im 14. Jahrhundert überlieferten Delegationen anderer Ordensäbte nach Rein — vor allem im Zusammenhang mit Abtwahlen — lassen sich auch im 15. Jahrhundert nachweisen. Neben den bereits angeführten Belegen von 1425 und 1518 findet sich im Jahre 1470 der Auftrag an den Abt von Heiligenkreuz, die Wahl in Rein zu leiten, aus welcher Nikolaus Velpacher als neuer Vorsteher hervorgeht[36]. Ebenfalls unter der Leitung des vom Ebracher Abt beauftragten Abtes von Heiligenkreuz findet die Wahl des Wolfgang zum neuen Vorsteher von Rein im Jahre 1481 statt[37]. 1515 ermächtigt der Ebracher Abt die Reiner, für eine fällige Neuwahl einen benachbarten Abt heranzuziehen; bei der knapp darauf folgenden Wahl des Johannes Lindenlaub hat Abt Oswald von Neuberg den Vorsitz inne[38]. — Am 28. März 1451 werden die Äbte von Neukloster in Wiener Neustadt und von Viktring als Visitatoren Reins genannt[39]. Zwei Wochen später erwähnt der Ebracher Abt Heinrich in einem in Heiligenkreuz an den Wilheringer Abt Ulrich abgesandten Schreiben, daß er seine Absicht, Rein zu visitieren, nicht ausführen kann[40].

Die allgemeine Legitimierung jener Delegationen für den gesamten Orden erfolgt im Jahre 1472 durch einen Beschluß des Generalkapitels, der darüber hinaus dem Kloster Rein urkundlich von Generalabt Humbert mitgeteilt wird. Der Beschluß verfügt, daß Väteräbte, die auf Grund großer Entfernungen ihren Aufgaben in den Tochterklöstern nicht nachkommen können, Vorsteher von ihren Filiationen näher gelegenen Zisterzen zu ihren Stellvertretern ernennen sollen, die mit allen Vollmachten des *pater immediatus* ausgestattet seien. Gleichzeitig wird den Äbten und Prioren der Tochterklöster erlaubt, einen benachbarten Abt zu berufen, wenn der Vaterabt seine Pflicht versäumt bzw. wegen großer Entfernung oder anderer Gründe selbst nicht kommen kann[41].

Aus einer allgemein unstabilen ordensinternen Situation heraus können Urkunden beurteilt werden, die vor allem zu Ende des 15. und Beginn des 16. Jahrhunderts ein

---

schlagen der Pferde des Visitators. Ebd. fol. 62 b: Ausgaben für Messer und Handschuhe für *famulis visitatoris*. Ebd. fol. 63 a: Neuerliche Anführung der Ausgaben (ähnlich wie fol. 37 a und 59 b). Ebd. fol. 125 a: Erwähnung der *visitacio* 1403.

[36] 1470 III 7, Rein: StiAR-Urbar C, fol. 71 v—72 r; LEHR, Collectaneum II, p. 490; RRI n. 519 und 520; GASPARITZ, Reun im 15./16. Jh. 107.

[37] 1481 I 14, Rein: BENEDICT GSELL, Urkunden aus dem Archiv des Stiftes Heiligenkreuz, in: Cistercienser-Chronik 12 (1900) 218 f.; StiAR-Urk. A XI 54; LEHR, Collectaneum II, p. 573; RRI n. 613—616.

[38] 1515 vor IV 15: LEHR, Collectaneum III, p. 1; RRIn. 910—912. 1515 IV 21, Rein: LEHR, Collectaneum III, p. 3—5: Abt Oswald von Neuberg leitet die Wahl mit Zustimmung des Ebracher Abtes, *visitatoris ac reformatoris naturalis* (p. 3).

[39] 1451 III 28, Rein: IGNAZ ZIBERMAYR, Die Legation des Kardinals Nikolaus Cusanus und die Ordensreform in der Kirchenprovinz Salzburg (Reformationsgeschichtliche Studien und Texte 29) Münster/W. 1914, 65 und 114 f.; LEHR, Collectaneum II, p. 957 f.; RRI n. 440.

[40] 1451 IV 11, Heiligenkreuz: JOHANNES HURCH, Aus einem Wilheringer Formelbuche, in: StMBO XI (1890) 111, n. 16; RRI n. 444.

[41] 1472 IX 14, Citeaux (CANIVEZ, Statuta V, 308, n. 34); LEHR, Collectaneum II, p. 506 f.; RRI n. 963): Delegationen sollen stattfinden ... *in necessitatibus suis* (= der Tochterklöster), *utpote electionibus, provisionibus ac abbatum institutionibus, ceterisque agendis, quae per patres abbates aut eorum potestatem habentes exerceri de iure debent*, ... Daß dieses Problem trotz angeführter Verfügung auch in späteren Jahrhunderten latent blieb, zeigt zum Beispiel eine Anordnung des Generalkapitels von 1613 (CANIVEZ, Statuta VII, 311, n. 84). Darin wird angemerkt, daß der Abt von Weiler-Bettnach (Elsaß) seit vielen Jahren seine Filiationen Viktring (Kärnten) und Landstraß (Krain) nicht visitiert hatte. Aus diesem Grunde ergeht der Befehl an den Abt von Rein, die Visitation und Reformation der beiden Klöster durchzuführen. Vgl. allgemein auch LEKAI, Cistercians 126 f.

verstärktes Eingreifen des Generalabtes in die Beziehung zwischen Rein und Ebrach bezeugen bzw. auch den Abt von Morimund, Vaterabt Ebrachs, als Überwacher klösterlichen Lebens in Rein belegen. Bereits im Jahre 1443 findet eine Visitation Reins durch Abt Johannes von Morimund in seiner Funktion als Reformator der Klöster in Deutschland statt, in deren Zusammenhang dem Kloster einige neue Statuten auferlegt werden und es für zwei Jahre vom Besuch des Generalkapitels dispensiert wird[42]. Eine ähnliche Visitation kann 1496 durch Abt Jakob von Morimund nachgewiesen werden, im Verlaufe derer die Äbte von Heiligenkreuz und Lilienfeld aufgefordert werden, dem Kloster Rein die getätigten Auslagen zur Wiedereröffnung der zisterziensischen Studienanstalt des Nikolauskollegs in Wien zu ersetzen[43]. Dezidiert auf den Generalkapitelbeschluß von 1472 bezieht sich an der Wende von 1480 auf 1481 die Bitte des Reiner Konventes an den Abt von Heiligenkreuz, die notwendig gewordene Abtwahl zu leiten. Der Ebracher Vaterabt könne auf Grund der gegenwärtigen Wirren nicht nach Rein kommen; die Neuwahl sei jedoch rasch nötig, um die drohende Gefahr eines Kommendatarabtes zu vermeiden. Die mit Vollmacht des Ebracher Abtes durchgeführte Wahl des Abtes Wolfgang erfolgt unter Vorsitz des Abtes Matthäus von Heiligenkreuz unter Assistenz der Äbte Paul von Lilienfeld und Bartholomäus von Neuberg[44]. Im Jahre 1484 bestätigt das Generalkapitel diese Wahl und vermerkt, daß der Vorsitz des Heiligenkreuzer Abtes mit seiner Zustimmung erfolgte[45]. Ebenfalls im Jahre 1481 ernennt Generalabt Johannes von Cîteaux den Abt von Heiligenkreuz zum Visitator genannter österreichischer, steirischer, Kärntner und Krainer Klöster, darunter natürlich auch Reins[46]. Jene Delegationen wiederholen sich für Rein und andere angeführte Klöster in den Jahren 1502 und 1505, beide Male veranlaßt durch Generalabt Jakob von Cîteaux[47].

Das beginnende 16. Jahrhundert muß als der markanteste Einschnitt in den „offiziellen" Beziehungen zwischen Mutterabtei Ebrach und Tochterkloster Rein angesehen werden. Konnten bis 1518 relativ regelmäßige Visitationen und Besuche anläßlich von Neuwahlen durch den Abt von Ebrach in Rein nachgewiesen werden, so ändert sich die Situation nun völlig. Die Verbindung der beiden Zisterzen reduziert sich beinahe auschließlich auf schriftliche Wahlankündigungen, Vollmachten und Wahlbestätigungen. Bis zum anfangs erwähnten Besuch des Abtes Ludwig im Jahre 1695, welcher ohne Visitation vor sich ging, kann aus Reiner Quellen allein im Jahre 1577 die Anwesenheit des Ebracher Abtes Leonhard Rosen im Kloster Rein belegt werden. Er bestätigt am

---

[42] 1443 III 26, Rein: StiAR-Urk. A IX 33; LEHR, Collectaneum II, p. 287; RRI n. 412; GASPARITZ, Reun im 15./16. Jh. 156 f.; DERS., Reun in Verwaltungsorganen 116 und 144; BENEDER, Hermann 97.

[43] 1496 VI 25, Rein: LEHR, Collectaneum II, p. 766; RRI n. 690; GASPARITZ, Reun im 15./16. Jh. 112.

[44] S. Anm. 37.

[45] 1484 IX 14, Cîteaux: CANIVEZ, Statuta V, 472, n. 13; RRI n. 649.

[46] 1481 VIII 6, Cîteaux: GSELL, Urkunden Heiligenkreuz, in: Cistercienser-Chronik 12 (1900) 341 ff.; RRI n. 620.

[47] 1502 VIII 4, Cîteaux: GSELL, Urkunden Heiligenkreuz, in: Cistercienser-Chronik 13 (1901) 347 ff., n. 68; RRI n. 802. 1505 VII 1, Cîteaux: GSELL, Urkunden Heiligenkreuz, in: ebd. 349; LEHR, Collectaneum II, p. 817—820; RRI n. 837. Aus späterer Zeit vgl. die Visitation Reins durch Abt Johannes Martin von Clairlieu (Lothringen), *capituli generalis per Superiorem Germaniam, Bohemiam, Poloniam ect. commissarius* von 1608 III 24 [Stiftsarchiv Schlierbach (Oberösterreich), Hs. 90 (107), fol. (125r)—(130r); Hill Monastic Manuskript Library (St. John's University, Collegeville, Minnesota) Proj. Number 28,083]: *visitantes deuotum ac celebre monasterium beatae Mariae de Runa ... Eberaco immediatum subiectum ...*

27. April des genannten Jahres die *in absentis ordinarii* vollzogene Wahl von Georg Freyseisen zum Reiner Abt (20. April 1577) und vollführt die Visitation[48]. Darüber hinaus findet sich auf der Basis der Äbte nur mehr schriftlicher Verkehr: 1529 anläßlich der Wahl des Johannes Zöllner zum Reiner Abt unter Vorsitz des Viktringer Abtes[49]; 1533/35 bei Gelegenheit der Wahlen des Hyppolit Huettensteiner unter Leitung des Abtes von Neukloster[50] und des Kommendators Ludwig Ungnad[51]; 1549/50 anläßlich der Wahl Martin Duelachers[52]; 1559/65 zur Wahl des Bartholomäus von Grudenegg unter Viktringer Leitung[53]; 1605 gelegentlich der Wahl Matthias Gülgers[54]. Die Reihe ließe sich weiter bis in das 18. Jahrhundert fortsetzen[55].

---

[48] 1577 IV 27, Rein: StiAR-Urk. A XV 11 a; RRI n. 2091. 1577 IV 29, Rein: StiAR-Urk. A XV 12; RRI n. 2093.

[49] 1529 V 30, Rein: Die Wahl findet unter Vorsitz des Abtes Polidor von Viktring mit Zustimmung des Ebracher Abtes Johannes statt (StiAR-Urk. A XIII 16; Lehr, Collectaneum III, p. 150—153; RRI n. 1025).

[50] Zwischen 1533 VIII 1 (Resignation des Abtes Johannes Zoller) und 1534 III 6 (Wahl des Abtes Hyppolit Huettensteiner): *Und nachdem sollich Prelatur und Abtei ledig gewesen, hat das Convent zu Rein dem Abt von Ebrach, der des Gotshaus Rein Visitator naturalis ist, on des Willen und Wissen kein Abt zu Rein erwelt werden mag, geschriben, und wie sy das Convent kein Abt habe und ain andern Abt willens sey zu erwellen und ine den Abbt von Ebrach zu der Erwellung aines künfftigen Abts geen Rein zu kumen berueffit. Hat derselb Abt von Ebrach Schwachheit halben seines Leibs zur Erwellung nit kumen mögen, sondern sein Gwalt dem Abt aus der Neustat in Österreich schrifftlich gegeben und zuegestellt.* Dieser kommt dann mit den Äbten von Neuberg und Lilienfeld als Assessoren zur Wahl (Lehr, Collectaneum III, p. 246; ebd. p. 228; RRI n. 1073 und 1077). Vgl. auch Ambros Gasparitz, Hans Ungnad und das Stift Reun, in: MHVSt 36 (1888) 77.

[51] Die Probleme, die hinsichtlich der Bestätigung der Wahl des Kommendators Ludwig Ungnad auftreten, zeigen sich allein in den an den Ebracher Abt gerichteten diesbezüglichen Schreiben des Reiner Konvents (1535 VIII 24, Rein: Lehr, Collectaneum III, p. 264 f. und 883; RRI n. 1086), des Kaisers Ferdinand I. (1535 IX 23: Lehr, Collectaneum III, p. 832 und 883; RRI n. 1087; vgl. auch Johann Loserth, Die Reformation und Gegenreformation in den innerösterreichischen Ländern im XVI. Jahrhundert. Stuttgart 1898, 108, Anm. 1) und des Papstes (erwähnt in Lehr, Collectaneum III, p. 832; RRI n. 1088). Die Bestätigung der Wahl des Ludwig Ungnad zum Reiner Kommendator übermittelt Abt Johannes von Ebrach an den Abt von Heiligenkreuz, dem gewisse Agenden, die der ungeweihte Kommendator nicht ausüben kann, übertragen werden, und zwar die Visitation und Reformation der Reiner Tochterklöster durchzuführen und die Profeß Reiner Novizen abzunehmen (Lehr, Collectaneum III, p. 265 f.; RRI n. 1089). Vgl. dazu auch Gasparitz, Hans Ungnad 85. — Die Wiedererlangung der an Heiligenkreuz abgetretenen Reiner Paternitäts- bzw. Visitationsrechte nach der Resignation des Ludwig Ungnad führt zu einigen Komplikationen in den darauffolgenden Jahren. Vgl. dazu besonders 1551 IV 4, Rein (Lehr, Collectaneum III, p. 469 f.; RRI n. 1145); 1553 nach VI 12, Rein (Lehr, Collectaneum III, p. 545 f.; RRI n. 1202); 1554 VII 11, Rein (Lehr, Collectaneum III, p. 601—604; RRI n. 1251).

[52] Nach der Wahl Martin Duelachers zum Reiner Abt am 29. Juni 1549 gehen Schreiben des Reiner Konvents, des Martin Duelacher, des resignierten Kommendators Ludwig Ungnad sowie der steirischen Verordneten an den Abt von Ebrach, in denen um die Anerkennung der Wahl ersucht wird (in Lehr, Collectaneum III, p. 833; RRI n. 1115—1118). Die darauffolgende Bestätigung der Wahl Martins durch den Ebracher Abt wird *cum dispensatione* gegeben (s. die Anmerkungen in Lehr, Collectaneum III, p. 484, 494, 833 und 837; RRI n. 1122); es sei *nit allein vill Unformliches, sonder auch contra Regulam, Diffinitiones Ordinis ac Consuetudines in der Election gehandelt worden* (Lehr, Collectaneum III, p. 837).

[53] 1559 I 21, Rein, findet unter Vorsitz des Abtes Bernhard von Viktring als Bevollmächtigten des Ebracher Abtes und unter Assistenz des Abtes Johannes von Lilienfeld die Wahl des Bartholomäus, Abtes von Neukloster, zum Reiner Klostervorsteher statt: Lehr, Collectaneum III, p. 792; RRI n. 1341. Um die Konfirmation des Bartholomäus durch den Vaterabt von Ebrach entwickelt

Die Beziehung zwischen Rein und seinem fränkischen Mutterkloster konzentriert sich freilich nicht allein auf das persönlich oder schriftlich ausgeübte Visitations- und Aufsichtsrecht Ebrachs. Eine in manchen Beispielen auftretende Funktion des Ebracher Vaterabtes ist die eines Helfers in Schwierigkeiten oder Notsituationen Reins. Solche Hilfen, die Ebrach im behandelten Zeitraum leistet, sind etwa die bereits angeführten Bestätigungen von Rechtsakten. Darüber hinaus zeigt sich eine mannigfache Palette von überlieferten Möglichkeiten und deren Realisierung. Ein Beispiel aus dem Gründungsjahrhundert ist sicherlich die im Jahre 1185 vollzogene Übertragung der Reiner Filiation Wilhering an das Mutterkloster Ebrach, das von seiner Konventstärke und seinen wirtschaftlichen Möglichkeiten her die Fähigkeit aufbrachte, die diesbezüglich aufgetretenen Schwierigkeiten Reins auszuräumen. Die Bitte Abt Heinrichs von Wilhering an Abt Wilhelm von Rein, nach dem einer Krise ausgesetzten oberösterreichischen Kloster eine neue Mönchskolonie zu entsenden, kann von Rein nicht erfüllt werden. Ebrach springt ein und verbindet die Hilfe an Rein und Wilhering mit dem genannten Filiationswechsel[56]. Eine ähnliche Situation, die in diesem Falle allein Rein betrifft, ergibt sich zur Mitte des 16. Jahrhunderts, als der Konvent in der Krisenzeit des Kommendators Ludwig Ungnad stark dezimiert war. In einer Rechtfertigung von 1545 berichtet Hans Ungnad, Vater des Ludwig, Landeshauptmann der Steiermark und „Inhaber" des Klosters Rein, daß der Konvent aus sechs Mönchen und einem Weltpriester bestehe. Vor Jahren seien es *16 oder 18, 20 und 28 gewesen, die zu taill gestorben und verzogen sein.* Seine Bemühungen zur Verstärkung des Konventes hätten nichts gefruchtet, obwohl er sich auch an den Kaiser gewandt sowie *dises Ordens obristen Abbten zu Ebrach* (!) gebeten habe[57]. Der Grad der Ernsthaftigkeit dieser Bemühungen erscheint aus der Gesamtsituation heraus genauso zweifelhaft wie etwaige realistische Möglichkeiten Ebrachs, tatsächlich diesbezügliche Hilfe zu leisten[58].

---

sich ein ausgedehnter Streitfall, welcher bis 1565 dauern sollte. Vgl. dazu ALEXANDER GRAF, Ein Briefwechsel Rein-Ebrach-Ingolstadt 1561—1565, in: Cistercienser-Chronik 68 (1961) 65—93. Siehe auch unten.

[54] 1605 XI 11, Ebrach: Abt Hieronymus von Ebrach bestätigt die Wahl des Matthias zum Reiner Abt: StiAR-Urk. A XVI 17; RRI n. 2218.

[55] Z. B. 1673: Leitung der Wahl des Candidus Schillinger zum Reiner Klostervorsteher durch Abt Matthias von Lilienfeld mit Vollmacht des Ebracher Abtes Alberich (PAUL TOBNER, Das Cistercienser-Stift Lilienfeld in Nieder-Österreich. Biographische Darstellung des Wirkens der Cisterciensermönche in dieser Babenbergerstiftung von 1202 bis 1891. Wien 1891, 288; RRI n. 2555; vgl. BRANDT, Zisterzienserkloster Rein 27 f.); 1684: Abt Alberich von Ebrach stimmt dem Vorsitz des Abtes Clemens von Heiligenkreuz bei der Neuwahl in Rein (Alanus Matt) zu (StiAR-Hs. 137/11, n. 231; RRI n. 2626 ff. und 2634; vgl. BRANDT, Zisterzienserkloster Rein 37); 1696: Abt Marian von Heiligenkreuz wird vom Ebracher Abt zur Leitung der Abtwahl in Rein delegiert (BRANDT, Zisterzienserkloster Rein 42); 1745: Abt Chrysostomus von Lilienfeld drückt sein Beileid zum Tode des Abtes Placidus aus. Der Reiner Konvent werde wohl bereits den Ebracher Vaterabt informiert haben, welcher die Heranziehung eines österreichischen, Kärntner oder Krainer Abtes als Wahlpräses erlauben wird (StiAR-Hs. 137/10, n. 199; RRI n. 4390).

[56] Vgl. GASPARITZ, 12. Jh. 23. Zur Frühgeschichte Wilherings vgl. auch GEBHARD RATH, Studien zur Gründungsgeschichte der Cisterze Wilhering und ihrer rechtlichen Stellung zu ihren Grundherrn und dem Hochstift Bamberg, in: LEO SANTIFALLER (Hrsg.), Festschrift zur Feier des 200jährigen Bestandes des Haus-, Hof- und Staatsarchives 1. Wien 1949, 263—288.

[57] 1545 X 27, Rein: LEHR, Collectaneum III, p. 344; RRI n. 1106.

[58] Zur Situation Reins unter der Herrschaft des Kommendators Ludwig und seines Vaters Hans Ungnad vgl. GASPARITZ, Hans Ungnad 73—130. Vgl. auch KARL AMON, Aus der Geschichte von Rein, in: Stift Rein 1129—1979, 36 f.; LOSERTH, Reformation 60 f.

Ebrachs Funktion als Streitschlichter in Reiner Angelegenheiten läßt sich nur sehr beschränkt nachweisen. Anklänge einer solchen zeigen sich in den siebziger Jahren des 15. Jahrhunderts in der Auseinandersetzung des Klosters Rein mit dem Pfarrer der nahegelegenen Ortschaft Gratwein um Leistung des Drittelzehents durch Klosteruntertanen und verschiedene Rechte der Pfarre[59]. Jener Streit, der bis an den Heiligen Stuhl geht, sieht Ebrach insoweit einbezogen, als Abt Christian von Rein im Jahre 1477 an den Ebracher Abt Johannes die Bitte richtet, seine Zustimmung für einen durch den Schiedsrichter Thomas von Cilli herbeizuführenden Kompromiß zu geben. Abt Johannes erteilt zwar die Genehmigung zur Anrufung des genannten Schiedsrichters[60], wodurch sich die Lage allerdings nicht entscheidend bessert. Der am 18. März 1479 geschlossene Vergleich wird von den Reinern zwei Tage später neuerlich angezweifelt. Abt Christian, die Offizialen des Klosters sowie der Großteil des Konvents erklären, daß sie die auferlegte Strafe von eintausend Gulden nicht zahlen wollten, falls der Ebracher Vaterabt den Vergleich verwirft. Außerdem wollen sie die Rückkunft des nach Rom gesandten Mitbruders abwarten, welcher die Bestätigung alter Rechte Reins erlangen soll[61]. Durch die politischen Ereignisse der Auseinandersetzung zwischen Kaiser Friedrich III. und dem Ungarnkönig Matthias Corvinus sowie auf Grund der Türkeneinfälle zögert sich die Lösung der Angelegenheit weiter hinaus. Der im Jahre 1483 geschlossene Vergleich macht das Kloster zum „Verlierer"[62]; Ebracher Einflußnahmen oder Hilfeleistungen lassen sich zu diesem Zeitpunkt nicht mehr feststellen.

Eine Art von Schiedsrichterfunktion soll der Abt von Ebrach im Jahr 1475 einnehmen, als der Reiner Professe Georg Schusserler in einem Streit mit seinem Kloster an ihn appelliert. Georg Schusserler befindet sich unter Abt Nikolaus (1470/71) als Hospitant in der ungarischen Zisterze Pilis. Als er vom nachfolgenden Abt Christian nach Rein zurückberufen wird, weigert er sich, der Aufforderung Folge zu leisten. Der Reiner Abt erreicht daraufhin 1474 einen Befehl des Generalabtes Humbert von Citeaux an Georg, der diesen zur Rückkehr zwingen soll. 1475 wendet sich Georg Schusserler an den Generalabt und an den Ebracher Vaterabt *(visitatorem nostrum)*; er protestiert sowohl gegen die Wahl des Christian zum Reiner Abt als auch gegen dessen Befehl zu seiner Rückkehr. Der Fortgang der Angelegenheit ist nicht bekannt. Georg muß jedoch nach Rein zurückgekehrt sein, wo er 1481 nachweisbar ist[63].

Unstimmigkeiten oder Streit zwischen Rein und Ebrach sind nur in einem Fall aus den sechziger Jahren des 16. Jahrhunderts überliefert, einem Zeitraum, in welchem vor allem Rein gerade einen Tiefpunkt des klösterlichen Lebens überwunden hatte. Anlaß ist die Wahl des Bartholomäus von Grudenegg im Jahre 1559 und deren Bestätigung durch den Ebracher Vaterabt[64]. Nachdem bis 1561 eine solche Konfirmation nicht zu erhalten war, sendet Abt Bartholomäus von Rein seinen Sekretär Vitus Jacobaeus nach Ebrach, um die offene Angelegenheit zu lösen. Die erhaltenen Anweisungen an Jacobaeus verdeutlichen, in welch starkem Maß sich die Verbindung zwischen Ebrach und Rein gelöst hatte. Bezugnehmend auf die im Jahre 1518 stattgefundene letzte Anwesenheit eines Ebracher Abtes in Rein, bemerkt Abt Bartholomäus: *Dieweil das Closter Reun extra Obedientiam 40 Jar gestanden, auch die Patres Abbates von Ebrach nie visi-*

---

[59] Vgl. GASPARITZ, Reun im 15./16. Jh. 166 f.
[60] 1477 VI 23, Ebrach: LEHR, Collectaneum II, p. 548 f.; RRI n. 600 und 601.
[61] 1479 III 20, Rein: LEHR, Collectaneum II, p. 567 f.; RRI n. 604.
[62] Vgl. GASPARITZ, Reun im 15./16. Jh. 167 ff.
[63] 1475 XI 11, Güns: LEHR, Collectaneum II, p. 525 f.; RRI n. 592. Vgl. auch JARITZ, Konventualen, Diss. II, (136) f.
[64] Die erhaltene Korrespondenz dieses Streitfalles ist bei GRAF, Briefwechsel 65—93 ausführlich

tiert, weder schrifftlich noch persöndlich, so habe ich nit underlassen wellen tanquam Ordinario selbst haimbzusuechen und pro Instrumento Confirmationis anzuhalten, damit sein Gotshaus das Ius wie von Alter herkhomen erhalten werde. . . . Wo er es nit geben woldt, so mag Jacobaeus offentlich protestiren, ime oder khainen Abbt von Ebrach zu ewigen Zeiten zu laisten, sonder ich und mein Convent ainen andern uns zu undergeben, welcher uns und unser Gotshaus in geistlichen und weltlichen fürfallunden Handlungen schitzen und schermen solle. Darüber hinaus wäre es Rein auf Grund seiner Armut im Augenblick nicht möglich, das anläßlich einer Konfirmation übliche Ehrengeschenk des besten Pferdes zu übermitteln. Als Zeichen der Obedienz sende der Reiner Abt jedoch einen Ring mit Saphir[65]. — Nach manchen Reisekalamitäten und einiger Zeit des Wartens wird der Reiner Sekretär von Abt Johannes Pistor von Ebrach empfangen. Dieser weiß, *das Runa seinen Gotshaus als ein filia incorporiert wär; er hat vilmals von Reun gehört, auch noch willens wär, solliches mit Gelegenhait der Zeit zu visitiren,* und kennt die Geschehnisse, die sich unter den letzten Äbten in Rein zugetragen haben.

Abt Johannes erklärt, sich mit dem Konvent bereden zu müssen, und danach seine Entscheidung hinsichtlich der Konfirmation bekanntzugeben. Die Bestätigung wird abgelehnt. Hauptgrund dafür ist die als viel zu gering angesehene Gabe des Saphirringes für die Bestätigung. Darüber hinaus wäre auch die Bestätigung der Wahl des Martin Duelachers von 1549 nicht honoriert worden. Ebrach fordert nun ein Gesamthonorar von 150 Talern. Bis dieses erlegt ist, erhält Rein nur eine Abschrift der Wahlbestätigung. Bei Einlangen des Geldes werde es das Original übermittelt bekommen[66]. Der Bericht des Vitus Jacobaeus über seine Verhandlungen in Ebrach[67] löst in Rein Unmut aus. Der Protest von Abt, Prior und Konvent von Rein an den Abt von Ebrach ist äußerst scharf, kritisiert neuerlich die lange Vernachlässigung durch den Vaterabt und vermerkt, daß sich Rein einen anderen Vaterabt und Visitator suchen werde[68]. Die Angele-

---

wiedergegeben. Daher beschränkt sich die hier gebotene Übersicht auf das Notwendigste.

[65] 1561 VII 29, Rein: LEHR, Collectaneum III, p. 829—831; RRI n. 1377 und 1378; GRAF, Briefwechsel 67. Zu den Reiner Leistungen an den Visitator zur Mitte des 15. Jahrhunderts vgl. Anm. 23. Zur Rolle des Pferdes im Zisterzienserorden vgl. REINHARD SCHNEIDER, Zisterziensische Lebensverhältnisse im Spätmittelalter, in: Klösterliche Sachkultur des Spätmittelalters (Veröffentlichungen des Instituts für mittelalterliche Realienkunde Österreichs 3 = Sitzungsberichte der Österreichischen Akademie der Wissenschaften, phil.-hist. Klasse 367) Wien 1980, 47 f.; SCHREINER, Zisterziensisches Mönchtum 111—114. Zur Person des Vitus Jacobaeus vgl. GRAF, Briefwechsel 66 f.

[66] 1561 X 20: ausführlicher Bericht des Vitus Jacobaeus an Abt Bartholomäus von Rein (LEHR, Collectaneum III, p. 831—836; RRI n. 1379—1385 und 1389). Ferner 1561 IX 20, Nürnberg: Abt Johannes von Ebrach erklärt, daß er die erbetene Konfirmation im Augenblick nicht senden könne; dies werde der Reiner Sekretär begründen (LEHR, Collectaneum III, p. 837; RRI n. 1386). Vgl. auch 1561 IX 12, Nürnberg: Abt Johannes von Ebrach bevollmächtigt die Äbte von Neuberg und Lilienfeld, als seine Stellvertreter in Rein die Paternitätsrechte wahrzunehmen. Er behält sich jedoch die Konfirmation der gewählten Äbte vor (LEHR, Collectaneum III, p. 839 ff.; RRI n. 1387). Vgl. dazu insgesamt GRAF, Briefwechsel 69—75. — Zu einem ähnlichen Fall betreffend zu geringer Ehrengeschenke anläßlich der Wahl des Reiner Abtes Alanus Matt, wodurch im Jahre 1684 eine Auseinandersetzung zwischen Rein und den vorsitzenden Äbten von Heiligenkreuz und Neukloster ausgelöst wurde, vgl. BRANDT, Zisterzienserkloster Rein 39.

[67] Im Rahmen dieses Berichtes gibt der Reiner Sekretär eine recht ausführliche Beschreibung des Klosters Ebrach, die bei GRAF, Briefwechsel 73 f. im Wortlaut wiedergegeben ist (vgl. auch LEHR, Collectaneum III, p. 834 f.). Das Ebracher Klosterleben wird darin im allgemeinen positiv beurteilt.

[68] 1561 XI 4, Rein: *. . . Nosque alium tutorem et defensorem qui secundum regulam, statuta et deffinitiones ordinis, quod in primis visitatorem decet praestanda, praestet, unice exoptamus. . . . Et*

genheit zieht sich durch den Tod des Ebracher Abtes Johannes weiter hinaus[69]. Unter dessen Nachfolger Paulus Zeller bittet Rein neuerlich um Konfirmation und erhält sie gegen die Verpflichtung einer Leistung von 50 Talern und eines Ringes[70]. Als die Bestätigung einlangt, erklärt der Reiner Abt, daß er sie eigentlich gar nicht mehr nötig hätte, jedoch das Honorar nichtsdestoweniger zahlen werde. Er führt ferner aus, daß in den österreichischen Erblanden der Kaiser mit päpstlicher Bewilligung die Klöster als Kammergüter einzieht. Der Kaiser selbst wolle — durch seine Kommissäre vertreten — bei Neuwahlen präsidieren. Die Klöster sollten durch Ordensfremde visitiert werden. Jede bestehende Visitations- und Konfirmationsabhängigkeit von Klöstern solle aufgelöst werden und die diesbezüglichen Vollmachten dem zuständigen Diözesanbischof erteilt werden. Darüber hinaus hätten die Äbte von Neuberg und Heiligenkreuz ihrer Verwunderung Ausdruck gegeben, daß der Reiner Abt sich überhaupt noch um die Ebracher Konfirmation bemüht hätte, *so er doch vormalls von dem Landsfürsten, dem rechten Visitatore und Confirmatore sein Confirmation empfangen*. Falls daher der Ebracher Abt gegen diese Neuerungen nicht einzuschreiten fähig sei, verliere er das Recht der Visitation und Konfirmation in Rein[71]. Erst unter dem 1563 gewählten Abt Leonhard Rosen von Ebrach kann die Situation gütlich beigelegt werden. Die Angelegenheit zieht sich dennoch bis 1565 fort, nachdem der Reiner Sekretär Vitus Jacobaeus das für Ebrach übermittelte Honorar von 50 Talern und einem Ring nicht weitergegeben, sondern behalten hatte. Jacobaeus, der inzwischen eine Professur an der Universität Ingolstadt angenommen hatte, wird durch Intervention Herzog Albrechts von Bayern angehalten, den Ring an Ebrach weiterzugeben. Zur Bezahlung der 50 Taler wird sein Gehalt gesperrt; der Rektor der Universität übernimmt dafür die Bürgschaft[72]. Die Streit-

---

intelligamus vos saltem inhiare auro et argento, muneribus et lucro, praeterea simoniam exercere. Neque vestra sit intentio consuetudines, ritus et deffinitiones ordinis conservare, praeterea rem ipsam nullo modo intelligatis et confirmationem nobis omnino denegetis conferre. Quapropter protestamur publice et profitemur vigore huius nostrae publicae protestationis pro nobis omnibusque nostris successoribus, quod vobis et vestris successoribus nunquam in perpetuum obedientiam praestare decreverimus et pro o(r)dinario visitatore habere agnoscere, colere et nominare neque volumus neque debemus, ... (LEHR, Collectaneum III, p. 841—845, hier 844 f.; RRI n. 1392; vgl. die Zusammenfassung bei GRAF, Briefwechsel 77 f.). Allein die Intitulatio des Briefes weist auf den Ärger hin, mit welchem der Reiner Abt auf die Ebracher Vorgangsweise reagiert. Er läßt sich bezeichnen als *Nos Bartholomeus Dei gratia abbas monasterii B. M. V. in Runa ducatus Stiriae et celeberrimorum ac illustrium monasteriorum et abbatiarum in hereditariis regionibus Sacrae Caesaris Maiestatis Campiliiorum, Sitticensis, Victoriensis, Novae Civitatis, Sancti Gothardi et Topulcensis prorector, visitator, reformator et superintendens* (LEHR, Collectaneum III, p. 841).

[69] Vgl. LEHR, Collectaneum III, p. 845 ff., 884 f.; RRI n. 1393, 1412—1414; GRAF, Briefwechsel 78 ff.

[70] Vgl. bes. 1562 VII 1, Rein (LEHR, Collectaneum III, p. 885; RRI n. 1428); 1562 VII 8, Ingolstadt (LEHR, Collectaneum III, p. 885 f.; RRI n. 1432—1434); 1562 VII 16, Ebrach (LEHR, Collectaneum III, p. 886 f.; RRI n. 1437); 1562 XI 15, Ingolstadt (LEHR, Collectaneum III, p. 887 ff.; RRI n. 1446). Vgl. GRAF, Briefwechsel 80—83.

[71] 1562 XI 15, Ingolstadt (LEHR, Collectaneum III, p. 887 ff.; RRI n. 1446; GRAF, Briefwechsel 82 f.). Zu landesfürstlichen Visitationen Reins im 16. Jahrhundert vgl. GASPARITZ, Hans Ungnad 74 ff. und 95—101; LOSERTH, Reformation 49; JOHANN RAINER — SABINE WEISS, Die Visitation steirischer Klöster und Pfarren im Jahre 1581 (Forschungen zur geschichtlichen Landeskunde der Steiermark XXX) Graz 1977, 124—129.

[72] Vgl. bes. 1562 XI 10, Ebrach (LEHR, Collectaneum III, p. 887; RRI n. 1445); 1563 II 2, Ingolstadt (LEHR, Collectaneum III, p. 927; RRI n. 1449); 1563 VIII 30, Ebrach (LEHR, Collectaneum III, p. 927; RRI n. 1451); 1563 IX 12, Ingolstadt (LEHR, Collectaneum III, p. 927; RRI n. 1452); 1564 III 24, Ingolstadt (LEHR, Collectaneum III, p. 957 f.; RRI n. 1469); 1564 VIII 4, Ebrach (LEHR, Collectaneum III, p. 958—961; RRI n. 1486 und 1487); 1564 IX 10, Rein (LEHR, Collecta-

schlichtung ist damit 1565 endgültig vollzogen, die Einigkeit zwischen Ebrach und Rein, *unsers Closters* (= Ebrach) *erst Filial*[73], wieder hergestellt.

Persönliche Beziehungen zwischen Ebrach und Rein zeigen sich einerseits im Wechsel von Konventualen vom Mutterkloster zur Filiation oder umgekehrt, sowie im Hospitantentum, dem zeitweiligen Aufenthalt von Konventsangehörigen im anderen Kloster. Beide Erscheinungen lassen sich für Rein und Ebrach nachweisen. Für die erste angeführte Möglichkeit sind die Berufungen von Mönchen des einen Klosters zur Abtwürde im anderen zu nennen, was vorrangig im 13. Jahrhundert auftritt. Abt Engelbert von Rein (ca. 1210—ca. 1226) wird als Ebracher Professe genannt, der dann wieder auf den Abtstuhl nach Ebrach (1230—1235) rückberufen worden sein soll[74]. Abt Reinold von Rein (ca. 1281/82—1292) findet sich in einigen jüngeren Quellen als Ebracher Professe, was allerdings zweifelhaft erscheint[75]. 1439 wird der Ebracher Hermann Molitor zum Abt in Rein gewählt. Er dürfte vorher in Ebrach das Amt des Priors bekleidet haben[76].

Mönche, die ihr Mutterkloster verlassen und in andere Konvente einzutreten versuchen oder sich dort länger aufhalten, bringen Probleme mit sich, die von der Frühzeit des Ordens an immer wieder auftreten. Auch die damit im Zusammenhang stehende Möglichkeit, daß manche Mönche dem monastischen Leben überhaupt den Rücken kehren, führt zu einer allgemeinen Skepsis, welche „Wanderungen" von Konventualen von Kloster zu Kloster entgegengebracht wird, die jedoch das Ausmaß jener nur wenig beeinträchtigt zu haben scheint. Berichte über Konventualen, die „herumstreunen" und den Ruf der Zisterzienser schädigen, zwingen sowohl einzelne Klöster als auch den Gesamtorden zu Abwehrreaktionen. Dadurch werden oft Notwendigkeit und Nutzen eines Hospitantentums überdeckt, — Notwendigkeit und Nutzen auf Grund von Krisen in Klöstern, die daraufhin ihren Konventualenstand nicht aufrecht erhalten können, oder zur Verstärkung zahlenmäßig schwacher Konvente sowie etwa auch zur Weiterbildung von Mönchen[77]. In der Beziehung von Rein und Ebrach treten solche Hospi-

---

neum III, p. 961 ff.; RRI n. 1497 und 1498); 1565 III 31, Ebrach (LEHR, Collectaneum III, p. 1007; RRI n. 1510 und 1511); 1565 IV 7, München (LEHR, Collectaneum III, p. 1008; RRI n. 1512 und 1513); 1565 IV 16, Ingolstadt (LEHR, Collectaneum III, p. 1008 f.; RRI n. 1514); 1565 IV 17, Ingolstadt (LEHR, Collectaneum III, p. 1009; RRI n. 1515); 1565 VI 11, Ebrach (LEHR, Collectaneum III, p. 1009 ff.; RRI n. 1524); 1565 VII 17, Rein (LEHR, Collectaneum III, p. 1011; RRI n. 1532). Vgl. dazu insgesamt GRAF, Briefwechsel 84—93.

[73] In 1565 VI 11, Ebrach: LEHR, Collectaneum III, p. 1010; GRAF, Briefwechsel 92.

[74] Vgl. GASPARITZ, Reun im 13. Jh. 67 f.; JAEGER, Series 136 und 146; DERS., Abbatia 46; WIRTH, Abtei Ebrach 73 f.; KASPAR, Chronik 78 und 97; KARL KLAMMINGER, Steirische Priester in anderen Ländern, in: FRITZ POSCH (Hrsg.), Steirer in aller Welt (Zeitschrift des Historischen Vereins für Steiermark, Sonderband 17) 1971, 81; JARITZ, Konventualen, Diss. II, (8) f.; DERS., Konventualen, in: Citeaux, 88.

[75] JAEGER, Series 163 *(Reinhardus);* WIRTH, Abtei Ebrach 74; KASPAR, Chronik 97; JARITZ, Konventualen, Diss. II, (12) f. — Die Angabe in junger Ebracher Überlieferung, daß Abt Angelus von Rein (1399—1424/25) Ebracher Professe gewesen sei (JAEGER, Series 195; WIRTH, Abtei Ebrach 74), ist auf Grund der Aussage Reiner Quellen zu verwerfen [vgl. JARITZ, Konventualen, Diss. II, (19) f.].

[76] JAEGER, Series 203; L. W., Ex Gestis 199; JARITZ, Konventualen, Diss. II, (24) f.; I, 121; DERS., Konventualen, in: Citeaux, 91. Zu seiner Person und Tätigkeit vgl. EMMERICH BENEDER, Abt Hermann von Rein (1439—1470). Theol. Diss. Graz 1965; DERS., Abt Hermann von Rein (1439—1470), in: Cistercienser-Chronik 75 (1968) 1—10, 65—78, 97—115 und 187 f.

[77] Daß dieses Problem das Klosterleben im allgemeinen berührte, zeigt etwa das Dekret des Papstes Benedikt XII. von 1335, in welchem er den Klöstern befiehlt, ihre zahlreichen umherstreunenden Mönche wieder aufzunehmen und sie nur gering zu bestrafen, um den Wiedereintritt zu

tanten des öfteren auf[78]. Die überlieferte Behandlung ihrer Fälle zeigt häufig die angedeuteten Schwierigkeiten. Um 1453 ersucht Abt U. einer Zisterze in der Diözese C. (Konstanz?) den Abt von H. (Wilhering?) in der Diözese Passau, daß er den Johannes, Professen von R. (Rein?), aufnehme, der vom Abt von Morimund für zwei Jahre nach Ebrach versetzt worden war und nun zu ihm geschickt wurde; er könne ihn jedoch auf Grund der vielen beherbergten Gäste nicht aufnehmen[79]. Zwischen 1455 und 1470 übersendet Abt Burkhard von Ebrach dem Reiner Abt Hermann den Konversen Johannes, Professen von Rida. in der Diözese Halberstadt (Riddagshausen; bei Braunschweig), der ihm vom Abt von Altenberg (nordöstl. Köln) geschickt worden war, den er aber wegen der Belastungen seines Klosters nicht aufnehmen könne. Er bittet den Reiner Abt, dies zu tun[80]. Um 1465 sendet der Abt von Ebrach den Professen H. von R. (Rein?) an die Universität Wien, damit der Unterricht zu seiner Gesundung beitrage. Sollte es jedoch besser erscheinen, den Mönch in ein anderes Kloster zu schicken, willigt der Ebracher Abt ein[81]. 1473 wird ein Ebracher Gast in einem erhaltenen Reiner Rechnungsbuch genannt[82]. Im Jahre 1500 bittet der Reiner Professe Johannes de Nurenberga den Reiner Abt um Entlassung aus seinem Profeßkloster. Er sei von Ebrach, wohin er geschickt worden war, wegen Krankheit in das böhmische Kloster Nepomuk gegangen und dort verblieben, bis der Abt dieser Gemeinschaft starb. Nun wolle er in einem anderen Kloster Aufnahme suchen[83].

Erst zu Ende des 16. Jahrhunderts finden sich weitere Nachrichten zu Reiner Hospitanten in Ebrach bzw. umgekehrt. Die geringen Konventstärken, der allgemein gesunkene Kontakt zwischen den beiden Klöstern sowie wohl auch der angeführte Streitfall aus den sechziger Jahren dürften das Ihre dazu beigetragen haben. Ein überlieferter Beleg aus dem Jahre 1594 zeigt neuerlich ganz deutlich negative Aspekte[84]. Der Reiner Professe Sebastian Sorger hatte sich eines Vergehens schuldig gemacht, verläßt daraufhin sein Mutterkloster und will sich nach Ebrach begeben, wo er angeblich schon vorher einmal gewesen sei. Abt Hieronymus Hölein und der Konvent von Ebrach können sich jedoch nicht erinnern, daß Sebastian in ihrem Kloster gewesen war. Der Abt beklagt darüber hinaus die Probleme mit vagierenden Mönchen, die oft ihre Herkunft verleugnen, in Ebrach jedoch grundsätzlich nicht aufgenommen werden, sondern bloß eine Nachtherberge erhalten und dann wieder entlassen werden. Schließlich rügt der

---

erleichtern; vgl. BERNHARD SCHIMMELPFENNIG, Zisterzienserideal und Kirchenreform. Benedikt XII. (1334—42) als Reformpapst, in: Zisterzienser-Studien III (Studien zur europäischen Geschichte XIII) Berlin 1976, 29. Vgl. auch OTTO GRILLNBERGER, Kleinere Quellen, in: StMBO 16 (1895) 601 f.; SCHREINER, Zisterziensisches Mönchtum 80. — Frühe Schwierigkeiten Ebrachs mit genannter Erscheinung beweist ein Brief des Abtes Adam an Abt Volkuin von Sittichenbach(?) wegen eines zu diesem entlaufenen Mönches (1141—1154); vgl. WERNER OHNSORGE, Eine Ebracher Briefsammlung des XII. Jahrhunderts, in: Quellen und Forschungen aus italienischen Archiven und Bibliotheken XX (Rom 1928—29) 37 f., n. XI.

[78] Vgl. zu Rein allgemein ALEXANDER GRAF, Auswärtige Cistercienser in Reun, in: Cistercienser-Chronik 41 (1929) 253—262.
[79] HURCH, Wilheringer Formelbuch 276, n. 27; RRI n. 481.
[80] JARITZ, Konventualen, Diss. I, 110.
[81] HURCH, Wilheringer Formelbuch 283 f., n. 55; RRI n. 502.
[82] StiAR-Rechnungsbuch 1473—1477, fol. 7 a: *Item hospiti de Ebraco 32 d.* (1473). Zu den erhaltenen Reiner Rechnungsbüchern und ihrem Inhalt vgl. GERHARD JARITZ, Die Reiner Rechnungsbücher (1399—1477) als Quelle zur klösterlichen Sachkultur des Spätmittelalters, in: Die Funktion der schriftlichen Quelle in der Sachkulturforschung (Veröffentlichungen des Instituts für mittelalterliche Realienkunde Österreichs 1 = Sitzungsberichte der Österreichischen Akademie der Wissenschaften, phil.-hist. Klasse 304/4) Wien 1976, 145—249.
[83] StiAR-Urk. A XII 1 a; JARITZ, Konventualen, Diss. II, (143) f.; RRI n. 759.
[84] 1594 VI 10, (Ebrach): StiAR-Hs. 137/11, n. 215; RRI n. 2156 und 2157.

Ebracher Klostervorsteher den Reiner Abt Georg Freyseisen, daß er das Schreiben, in welchem der Fall des Sebastian aufgezeigt wird, durch eine weltliche Person hätte schreiben lassen. Dies bringe die Gefahr mit sich, daß im Kloster auftretende Ärgernisse, die geheim gehalten werden sollten, nach außen dringen. Im Jahre 1595 wendet sich Abt Hieronymus von Ebrach neuerlich an Abt Georg von Rein[85]. Er berichtet über die Schwierigkeiten, denen das Kloster in letzter Zeit ausgesetzt war und nennt dabei vor allem den vor neun Jahren aufgetretenen Brand, den Streit mit dem Bischof von Würzburg, Türkensteuer, Truppenverpflegung und Witterungsschäden an den Ernten. Der Generalabt hätte ihm angeraten, bis zur Besserung der Situation einige Konventualen in andere Klöster zu senden. Daher schickt er die Mönche Stephan Kolb und Friedrich Sönle nach Rein und bittet, sie für einige Zeit dort zu behalten. Im 17. Jahrhundert vermehren sich wieder die Nachrichten, die über Aufenthalte von Reiner Mönchen in Ebrach und umgekehrt berichten[86]. Auch am Ende dieses Zeitraums kann jedoch noch immer die angeführte Skepsis gegenüber dem Hospitantentum erkannt werden[87].

Neben dem Hospitantentum zeigen sich weitere Kontakte zwischen Rein und Ebrach vor allem in der gegenseitigen Entsendung bzw. im Empfang von Boten des anderen Klosters. Eine Erwähnung jener findet sich nicht nur vereinzelt in von diesen übermittelten Schriftstücken[88], sondern etwa auch in Rechnungsbüchern von Rein, welche die im Zusammenhang mit Aufenthalt und Verköstigung von Boten Ebrachs anfallenden Kosten beinhalten[89]. Der Aufgabenbereich Ebracher Boten erstreckt sich mitunter

---

[85] 1595 X 11, Ebrach: StiAR-Hs. 137/11, n. 218; RRI n. 2168.

[86] Nachzuweisen sind für das 17. Jahrhundert: 1640: Johannes (Josef) Agricola aus Ebrach in Rein [StiAR-Urk. A XVII 20; RRI n. 2408 und 2409; GRAF, Auswärtige Cistercienser 260; N. N., Sittich, in: Cistercienser-Chronik 9 (1897) 159; vgl. auch Anm. 95]; 1663: vielleicht der spätere Ebracher Abt Ludovicus Ludwig in Rein (vgl. Anm. 94 und 95); 1678: die Ebracher Benedikt Nusser und Stephan Wehner in Rein; letzterer stirbt 1683 in Rein (StiA-Hs. 137/11, n. 212; RRI n. 2575 und 2601; JAEGER, Series 239); 1684: Edmund Gietl aus Rein in Ebrach (BRANDT, Zisterzienserkloster Rein 213 f.); 1684: der Reiner Johannes Kuhlbrunn in Ebrach (StiAR-Hs. 137/11, n. 213; RRI n. 2621); 1693: der Ebracher Konverse Alanus über Lilienfeld nach Rein (StiAR-Hs. 137/11, n. 214; RRI n. 2905 und 2906; s. Anm. 87). Vgl. auch 1706 XI 11, Bildhausen (StiAR-Hs. 137/8, n. 96; RRI n. 3286): Abt Augustin von Bildhausen ersucht den Abt von Rein um die Aufnahme seines Professen Raimund Karl, der bei der letzten Visitation durch den Vaterabt von seinen Ämtern enthoben worden war. Daraufhin bat dieser selbst um seine Entlassung in ein Kloster außerhalb der Provinz. Da Rein und Bildhausen dasselbe Mutterkloster hätten, hofft der Abt auf Erfüllung seiner Bitte.

[87] 1693 VI 4, Nürnberg (StiAR-Hs. 137/11, n. 214; RRI n. 2906): Abt Ludovicus von Ebrach schickt dem Reiner Abt Alanus den Ebracher Konversen Alanus, einen Schwaben, der nicht gerne in Franken ist und lieber in Rein als in Ebrach leben wolle. Er bewillige dies ungern, da solche Wanderungen für den Orden nicht immer von Nutzen seien; wenn jedoch der Reiner Abt einverstanden sei, solle Alanus für einige Zeit in Rein hospitieren.

[88] Vgl. 1535 VIII 24, Rein (LEHR, Collectaneum III, p. 264 f.; RRI n. 1086; GASPARITZ, Hans Ungnad 13): Der Kommendator Ludwig Ungnad und der Konvent von Rein verweisen in einem Schreiben an den Abt von Ebrach auf die näheren Darlegungen des Boten. 1594 VI 10, (Ebrach) (vgl. Anm. 84): Abt Hieronymus von Ebrach teilt Abt Georg von Rein unter anderem mit, warum er seinen Boten so lange nicht abgefertigt habe. 1596 III 28, Ebrach (StiAR-Hs. 137/11, n. 219; RRI n. 2171 und 2172): Abt Hieronymus von Ebrach schickt den Reiner Boten Stephan Kolb, Ebracher Professen und Hospitant in Rein, nach Erledigung seiner Geschäfte nach Rein zurück. Vgl. auch die Nennung und Funktion von Boten und Sekretären im Streit zwischen Rein und Ebrach in den sechziger Jahren des 16. Jahrhunderts (GRAF, Briefwechsel 65—93).

[89] 1399: *Nunccio de Ebrach 5 ß.* (GASPARITZ, Reun in Verwaltungsorganen 135, Anm. 2; Quellenstelle ?); 1473: *Item nuncio de Ebrach 1 Rh. flor.* (StiAR-Rechnungsbuch 1473—1477, fol. 2 a); 1477: *Nunccio de Ebraco 3 lb. 7 ß. est 3 flor. Ung.* (ebd. fol. 47 a; ähnlich fol. 62 b); 1477: *Item nunccio visitatoris cum carta 1 Rh. flor.* (ebd. fol. 62 b).

auch auf die Übernahme und Weiterleitung der von Rein zu entrichtenden Ordenssteuer. Besonders einige Nachrichten aus dem 14. und 15. Jahrhundert belegen diesen Modus[90]. Darüber hinaus haben die Boten die Aufgabe, verschiedene Geschenke und Gaben an das andere Kloster mit sich zu nehmen, die in der mittelalterlichen Überlieferung vereinzelt in Rechnungsbucheintragungen auftreten[91], in späterer Zeit in der detaillierteren Briefkorrespondenz vermerkt werden[92].

Ein Austausch von Handschriften und Büchern läßt sich bis zu Ende des 16. Jahrhunderts nicht nachweisen. Eine Handschrift Reiner Provenienz aus dem 14. Jahrhundert, welche dem ehemaligen Bibliotheksbestand Ebrachs in der Universitätsbibliothek Würzburg angehört, gelangt erst im 17. Jahrhundert von Rein nach Ebrach[93]. Eine andere Reiner Handschrift wird 1663 von einer Reiner Vorlage für Ebrach abgeschrieben. Es handelt sich dabei um einen Sentenzenkommentar des Mönches Konrad von Ebrach, der im 14. Jahrhundert als Universitätslehrer in Wien hevortrat und dessen Werke starke Verbreitung fanden[94]. So erfährt man etwa — aus Ebracher Quelle des 17. Jahrhunderts —, daß im Jahre 1388 der Sitticher Mönch Gerinus, der sich im Kloster Rein niedergelassen hatte, einen solchen Sentenzenkommentar des Konrad von Ebrach erwirbt[95].

Erfahrungsaustausch und Übermittlung allgemeinerer Nachrichten, die nicht allein die beiden Klöster direkt betreffen, finden sich in regelmäßigem Maße erst in der erhaltenen Briefkorrespondenz ab dem ausgehenden 16. Jahrhundert[96]. Im davor liegenden

---

[90] Vgl. 1339 IX 12—15, Cîteaux: Ablieferung der Reiner Ordenssteuer durch den Ebracher Mönch Heroldus (LEHR, Collectaneum I, p. 598; RRI n. 164). 1442 IV 9, Ebrach: Abt Johannes von Morimund quittiert den Erhalt der Reiner Ordenssteuer durch den Ebracher Bursarius (RRI n. 408); 1447 IX 6, Ebrach: Abt Johannes von Morimund quittiert den Erhalt der Reiner Ordenssteuer durch den Abt von Ebrach (StiAR-Urk. A X 7; LEHR, Collectaneum II, p. 324; RRI n. 425).

[91] 1399: *Item specialiter 3 flor. fratribus de Ebrach* (StiAR-Rechnungsbuch 1399—1410, fol. 3 b; ähnlich fol. 8 b); *Item 40 d. pro tribus pellibus fratribus de Ebrach* (ebd. fol. 6 a).

[92] Vgl. 1565 VII 17, Rein: Der Abt von Rein dankt dem Ebracher Abt unter anderem für die Übersendung einer Uhr und schickt ihm ein junges Pferd (LEHR, Collectaneum III, p. 1011; RRI n. 1532); 1594 VI 10, (Ebrach): Der Abt von Ebrach dankt dem Reiner Abt unter anderem für das übersandte Geschenk (vgl. Anm. 84).

[93] Universitätsbibliothek Würzburg, Hs. M.p.j.f. 12; Vorderspiegel: *Iste liber diffinitionum, novellarum et privilegiorum ex Runensi monasterio translatus est ad Ebracenses.* Vgl. HANS THURN, Zu den Ebracher Handschriften in der Universitätsbibliothek Würzburg, in: Würzburger Diözesangeschichtsblätter 31 (1969) 10; DERS., Die Handschriften der Zisterzienserabtei Ebrach (Die Handschriften der Universitätsbibliothek Würzburg 1) Wiesbaden 1970, 3 ff.; MARIA MAIROLD, Die Bibliothek und ihre Kostbarkeiten, in: Stift Rein 1129—1979, 532.

[94] Universitätsbibliothek Würzburg, Hs. M.ch.f. 139; fol. 2 r: *Conradus de Ebrach: Quaestiones in quatuor libros sententiarum, ex antiquissimo manuscripto Bibliothecae Runensis descriptae a religioso F. Ludovico Ludovici subdiacono. Anno salutis MDCLXIII.* Vgl. THURN, Zu den Ebracher Handschriften 8; DERS., Handschriften 111; MAIROLD, Bibliothek 532. Vgl. auch Anm. 95.

[95] *Anno 1388 floruit quidam F. Gerinus de Sittich, qui stabilivit suam professionem Runae sub D. A. V. Petro p. t. ibidem abbate et comparavit quaestiones R. Doct. ac Mag. Conradi, de Ebraco professi, olim sacrae paginae professoris in studio Viennensi. Liber hic extat in Fol MS. in bibliotheca Runensi et sic incipit: Flumen Dei repletum est aquis etc. habetque quaestiones theologicas tam speculativas quam morales.* . . . [aus dem Auctuarium des Josef Agricola (II, 618), basierend auf Aufzeichnungen, die derselbe 1640 anläßlich seines Aufenthaltes in Rein machte (vgl. Anm. 86): N. N., Sittich 159; ALEXANDER GRAF, Rein und Sittich. Sonderdruck aus Cistercienser-Chronik 49/50 (1937/38) 3, n. 27; RRI n. 227]. Der beschriebene Codex ist vielleicht identisch mit der von Ludovicus Ludwig im Jahre 1663 kopierten Handschrift (s. Anm. 94). Damit wäre auch unter Umständen anzunehmen, daß Agricola im Jahre 1640 die Handschrift von Rein nach Ebrach mitnahm und sie von Ludwig in Ebrach — und nicht in Rein (vgl. Anm. 86 und 94) — kopiert wurde.

Zeitraum stößt man nur vereinzelt auf übersandte Mitteilungen zu Ordensangelegenheiten[97]. Die Vertretung Reins durch Ebrach — vor allem beim Generalkapitel — und die konkrete Wahrnehmung Reiner Belange durch den Ebracher Abt läßt sich schließlich an einigen Beispielen genauso nachweisen[98] wie die vom Ebracher und Reiner Abt durchgeführte gemeinsame Visitation eines dritten Klosters[99]. Hier findet sich jedoch die Konzentration in der Zeit bis zum beginnenden 16. Jahrhundert, jener Epoche also, in welcher der persönliche Kontakt auf Abtbasis zwischen Rein und Ebrach noch bestand. In späterer Zeit erlischt jener Aspekt der Verbindung beinahe völlig.

Die Veränderungen, welche in der Beziehung der Mutterabtei Ebrach zu ihrem Tochterkloster Rein während des Spätmittelalters und der frühen Neuzeit stattfanden, ließen sich besonders als ein Wechsel von — wenn möglich — persönlicher Aufsicht zu schriftlichem Vollzug eingespielter, jedoch nur mehr in geringem Maße als unabdingbar notwendig beurteilter Regeln erkennen. Am Ende des vorrangig bearbeiteten Zeitraums — im Jahre 1600 — findet sich die Nachricht, daß im Kloster Ebrach die Kanzleistube renoviert wird. Geschmückt wird sie mit einer Darstellung des Ebracher Abtes, der von den Äbten seiner sieben Filiationen — darunter natürlich auch Rein — umgeben ist, welche ihm ihre Reverenz erweisen[100]. Dieser Akt kann stellvertretend dafür gesehen werden, daß sich in der folgenden Zeit des 17. und 18. Jahrhunderts die Verbindung zwischen Mutterkloster und Filiation insoweit entwickelt, als sich ein gegenseitiges — vor allem auch historisches — Interesse an gemeinsamer Vergangenheit — und damit auch Gegenwart und Zukunft — intensiviert[101].

Für wertvolle Hinweise danke ich Herrn Dr. Norbert Müller, Archivar der Diözese Graz-Seckau und des Stiftes Rein.

---

[96] Vgl. z. B. 1565 VII 17, Rein (s. Anm. 92): Der Reiner Abt informiert den Abt von Ebrach unter anderem über die Türkeneinfälle in Krain und das am 5. August in Wien bevorstehende Begräbnis Kaiser Ferdinands, zu welchem er sich auf eigene Kosten begeben müsse.

[97] 1407 vor VII 22, Ebrach: Der Abt von Ebrach berichtet dem Reiner Abt über die Tätigkeiten des Generalprokurators in Rom für die Interessen und Freiheiten des Ordens (LEHR, Collectaneum II, p. 91; RRI n. 310).

[98] 1325 — —, Cîteaux: Das Generalkapitel gewährt auf Ansuchen des Abtes von Ebrach dem Kloster Rein sechsjährige Dispens vom Besuch des Generalkapitels. Darüber hinaus gestattet das Generalkapitel die Verteilung Reiner Konventualen auf andere Klöster mit Vorwissen des Abtes von Ebrach, nachdem das Kloster durch eine Überschwemmung verwüstet worden war (CANIVEZ, Statuta III, 371, n. 6; RRI n. 143).

[99] 1451 IV 10, Heiligenkreuz: Die Äbte Heinrich von Ebrach, Petrus von Lilienfeld, Hermann von Rein, Gerhard von Viktring und Gottfried von Neukloster leiten die Wahl des Ebracher Professen und Lehrers am Wiener Nikolauskolleg Johannes Poley zum Heiligenkreuzer Klostervorsteher (LEHR, Collectaneum II, p. 353 ff.; RRI n. 442; GASPARITZ, Reun im 15./16. Jh. 12). Zu den daraus entstehenden langwierigen Auseinandersetzungen vgl. LEHR, Collectaneum II, p. 353—377; RRI n. 442—479. — In den Jahren 1415 bis 1418 befinden sich der Ebracher Abt Heinrich und der Reiner Abt Angelus beim Konzil von Konstanz (LEHR, Collectaneum II, p. 139 f.; RRI n. 333).

[100] JAEGER, Series 231.

[101] 1660 III 22, Rein: Pater Edmund Pipan, Kämmerer in Rein, berichtet dem Ebracher Pater Josef Agricola, daß er vor einigen Jahren bei einer Graböffnung das unversehrte Antlitz des Reiner Abtes Hermann Molitor gesehen habe (LEHR, Collectaneum II, p. 489, nach Auctuarium Ebracense (I, 355) des Josef Agricola; RRI n. 2510); 1710 II 9, Ebrach: Der Abt von Ebrach will unter anderem das Wissen der Reiner Konventualen über die fränkischen Abteien vermehren (StiAR-Hs. 137/11, n. 220; RRI n. 3371); 1738 I 19, Ebrach: Abt Wilhelm drückt in einem Schreiben seine Freude aus, daß er die Gelegenheit haben wird, einmal einen Reiner Mitbruder in Ebrach sehen zu können (StiAR-Hs. 137/11, n. 221; RRI n. 4164); vgl. dazu auch S. 323 und Anm. 1—3.

DER DEUTSCHE ORDEN IN NÜRNBERG ZUR REFORMATIONSZEIT

von

AXEL HERRMANN

Niemals in seiner Geschichte wurde der Deutsche Orden vor der Auflösung des Alten Reiches in seinen Grundfesten so erschüttert wie im Zeitalter der Glaubensspaltung. Das Jahr 1525 markiert hier mit dem Abfall des Hochmeisters Albrecht von Brandenburg vom katholischen Glauben und der Säkularisation des Ordenslandes Preußen sowie dem Bauernsturm auf zahlreiche Ordensschlösser im süddeutschen Raum nur die signifikanten Höhepunkte einer Krise[1], die den Deutschen Orden als geistlichen Orden und als Adelskorporation seit dem späten Mittelalter erfaßt hatte. Für den Orden wenig tröstlich ist da die Feststellung der Geschichtsforschung, daß er hierbei durchaus eingebettet war in die allgemeine Entwicklung des Klerus und des Adels seiner Zeit. Die im reformatorischen Geiste vorgetragene Kritik gegen die Adelskirche, die in dem polemischen Wort gipfelte, *daß unser Herr Jesus Christus nicht Kanoniker am Ritterstift St. Alban zu Mainz hätte werden können, weil ihm die nötigen adligen Ahnen fehlten*[2], traf im Prinzip auch auf den Deutschen Orden zu. *Essen, Trinken, Schlafen gan, sind die Sorgen, so die Deutschen Herren han* — so lautete ein vielfach kolportierter Spottvers, der Pfründenwirtschaft und Müßiggang von Ordensrittern aus der Sicht reichsstädtischer Mittel- und Unterschichten geißelte. Unter dem zündenden Funken kirchenreformatorischer und sozialrevolutionärer Forderungen konnte sich der in den Reichsstädten latent vorhandene Pfaffenhaß[3] schnell zu einem Brandherd ausweiten, dessen Gefahren für den Deutschen Orden nicht geringer einzuschätzen waren als die landesherrliche Begehr auf den Streubesitz beim Ausbau des frühneuzeitlichen Territorialstaats.

Als Paradigma für die Auseinandersetzungen zwischen dem Deutschen Orden und den Reichsstädten in der Reformationszeit darf das Verhältnis zwischen Nürnberg und dem Ritterorden angesehen werden, wenngleich einige Besonderheiten das Bild modifizieren oder, besser gesagt, akzentuieren. Eine dieser Eigenarten lag in der außergewöhnlich reichen Fundation des Deutschen Ordens in Nürnberg.[4] Schon 1209 hatte

---

[1] Vgl. dazu ausführlich AXEL HERRMANN, Der Deutsche Orden unter Walter von Cronberg (1525—1543). Zur Politik und Struktur des „Teutschen Adels Spitale" im Reformationszeitalter (Quellen und Studien zur Geschichte des Deutschen Ordens 35), Bonn-Bad Godesberg 1974; (dort weitere Literaturangaben).

[2] Zitiert nach VOLKER PRESS, Adel, Reich und Reformation, in: Stadtbürgertum und Adel in der Reformation. Studien zur Sozialgeschichte der Reformation in England und Deutschland (= Veröffentlichungen des Deutschen Historischen Instituts London 5), hg. v. WOLFGANG MOMMSEN, Stuttgart 1979, S. 330—383 (hier S. 338).

[3] Vgl. dazu ANTON SCHINDLING, Die Reformation in den Reichsstädten und die Kirchengüter, in: Bürgerschaft und Kirchen (= Stadt in der Geschichte 7), hg. v. JÜRGEN SYDOW, Sigmaringen 1980, S. 67—88 (hier S. 70 f.).

[4] Über die Anfänge und die Fundation des Deutschen Ordens in Nürnberg vgl. MARIAN TUMLER, Der Deutsche Orden im Werden, Wachsen und Wirken bis 1400, Wien 1955, S. 107 ff.; KLAUS MILITZER, Die Entstehung der Deutschordensballeien im Reich (= Quellen und Studien zur Geschichte des Deutschen Ordens 16), Bad Godesberg 1970, S. 116 ff.; GEORG SCHRÖTTER, Das Deutschordenshaus in Nürnberg 1209—1500, in: Festgabe für Hermann Grauert, Freiburg

König Otto IV. durch die Schenkung der Jakobskirche und des alten Königshofs vor dem Weißen Turm den Grundstock dafür geliefert. 1216 schenkte Friedrich II. dem Deutschen Orden die Kapelle in der Nürnberger Burg. Weitere Reichsgutschenkungen und Käufe ließen nach 1230 neben der Kommende das Elisabethspital entstehen, das als Hauptspital des Ordens in Deutschland angesehen wurde. Durch zielstrebige Erwerbspolitik weit über das Nürnberger Umland hinaus, die mit den Ausgriffen und Schwerpunkten Eschenbach, Dinkelsbühl, Hüttenheim und Postbauer nur höchst unvollständig umschrieben ist[5], avancierte das Ordenshaus in Nürnberg schließlich mit deutlichem Abstand zur steuerkräftigsten Niederlassung der Ballei Franken.[6]

Andererseits schloß die Reichsstadt im 14. Jahrhundert infolge ihres Wachstums die Kommende in den Mauerring ein *als eine durch die klerikalen Privilegien geschützte Enklave*[7] und kaufte danach den außerhalb gelegenen Hausbesitz und die Rechte auf der Burg dem Orden ab. Schon lange vor der Reformation ging das Streben des Rates von Nürnberg dahin, das geistliche Leben in der Stadt ebenso vollständig und sicher in den Griff zu bekommen, wie es ihm auf dem weltlichen Sektor gelungen war. Dank einer in gleicher Weise geschickten wie kompromißlosen Politik und dank des gezielten Einsatzes der finanziellen Mittel der wirtschaftlich überaus potenten Reichsstadt gelang es dem Rat, alle notwendigen kirchlichen Privilegien und Ausnahmegenehmigungen bei der päpstlichen Kurie zu erhalten, namentlich das Besetzungsrecht aller geistlichen Stellen bei den beiden Pfarrkirchen St. Lorenz und St. Sebald und den Klöstern.[8] Indes läßt sich bei diesem Vorgehen des Nürnberger Rates die ehrliche Absicht nicht leugnen, auch Mißständen im Klosterwesen zu begegnen und Auswüchse spätmittelalterlicher Frömmigkeit zu beschneiden.[9] Auf den Deutschen Orden bezogen, dämmte der Rat 1489 eine plötzlich entstandene Wallfahrt nach St. Jakob zum Grab eines *heiligen Mannes* ein, die der Bischof von Bamberg verboten hatte. 1518 untersagten die Ratsherren neben anderen den Bruderschaften der Kerzenmacher, der Bäcker und der Bader, die beim Elisabethspital eingerichtet waren — übrigens ein Hinweis auf die Verankerung des Deutschen Ordens in der reichsstädtischen Bevölkerung —, fachfremde Handwerker aufzunehmen bzw. Leute bei der Aufnahme unter Druck zu setzen.[10]

1910, S. 56—69; HANNS HUBERT HOFMANN, Der Staat des Deutschmeisters (= Studien zur bayerischen Verfassungs- und Sozialgeschichte III), München 1964, S. 487 f.; Katalog der Ausstellung „Reformation in Nürnberg" (= Schriften des Kunstpädagogischen Zentrums im Germanischen Nationalmuseum Nürnberg 9), Nürnberg 1979, S. 247 f. (hier auch eine Wiedergabe der Zeichnung von Hans Bien aus dem Jahre 1615, die die Deutschordenskommende und die Jakobskirche aus der Vogelschau zeigt); HARTMUT BOOCKMANN, Der Deutsche Orden, München 1981, S. 295 (ebenfalls mit einer — kleineren — Wiedergabe der Zeichnung von Hans Bien).

[5] Siehe dazu ausführlich HOFMANN, S. 487 ff.

[6] Vgl. JOSEF HOPFENZITZ, Kommende Oettingen Deutschen Ordens (= Quellen und Studien zur Geschichte des Deutschen Ordens 33), Bonn-Bad Godesberg 1975, S. 142 ff. Die hier aufgeführten Statistiken stammen zwar aus dem 17. und 18. Jahrhundert, doch darf davon ausgegangen werden, daß Nürnberg schon viel früher eine vergleichsweise große Steuerleistung erbringen konnte.

[7] BOOCKMANN, S. 295.

[8] Vgl. KARL SCHLEMMER, Gottesdienst und Frömmigkeit in der Reichsstadt Nürnberg am Vorabend der Reformation (Forschung zur fränkischen Kirchen- und Theologiegeschichte), Würzburg 1980, S. 362; KARL ULRICH, Die Nürnberger Deutschordenskommende in ihrer Bedeutung für den Katholizismus seit der Glaubensspaltung, Nürnberg 1935, S. 7; SCHINDLING, S. 78.

[9] Vgl. IRMGARD HÖSS, Das religiöse Leben vor der Reformation, in: Nürnberg. Geschichte einer europäischen Stadt, Bd. 1, hg. v. GERHARD PFEIFFER, München 1970, S. 137—146 (hier S. 141 ff.).

[10] Vgl. SCHLEMMER, S. 334, 344.

Nicht allein eine organisatorisch bessere Verwaltung des benachbarten Streubesitzes des Nürnberger Ordenshauses und der Landkommende Ellingen[11], sondern wohl auch die Furcht vor der wachsenden Macht der Reichsstadt werden den Deutschen Orden veranlaßt haben, Ellingen und Nürnberg in der Person des Landkomturs von Franken zu vereinen. Vom finanziellen Standpunkt mag es befremden, eine so reiche Kommende ihrer Unabhängigkeit zu berauben; vom politischen kann es in gewisser Hinsicht als geschickter Schachzug gewertet werden, den Komtur aus der Schußlinie des Rates zu nehmen und ihn vom vergleichsweise sicheren Ellingen aus agieren zu lassen, während der in Nürnberg verbleibende Hauskomtur im allgemeinen über keine diplomatischen Vollmachten verfügte. Ein Rückzug vor der „Politik der Stärke" war es allemal, wenn auch der Rat seinen seit 1420 gehegten Plan, den Hauskomtur in die Bürgerpflicht zu nehmen[12], vor 1525 nicht in die Tat umsetzte. Dagegen erlangte der Rat bereits 1475 in Rom die Genehmigung, die übrige Geistlichkeit und ihre Güter in seinen Schutz zu nehmen. Damit besaß die Stadt die Handhabe, wenige Jahre später die geistlichen Besitzungen mit Ausnahme der Jakobskirche und des Elisabethspitals zur Steuerschätzung inventarisieren zu lassen.[13] So gestaltete sich das Verhältnis zwischen der Reichsstadt und dem Deutschen Orden bis in die Tage der Reformation hinein noch ganz leidlich — trotz des wohl auch in Nürnberg besonders von der vox populi geäußerten Pfaffenhasses und der beinahe „normal" zu nennenden Reibereien zwischen Rat und Ordensverwaltung um Baumaßnahmen und wirtschaftliche Aktivitäten des Deutschen Ordens.[14] Immerhin gab es auch Gelegenheiten wie die pompösen Trauerfeiern für die kaiserlichen Majestäten des Heiligen Römischen Reiches[15], wo sich die Interessen von Reichsstadt und Orden berührten. Abgesehen von dem Zwang, nicht hinter den anderen Orden in Nürnberg zurückstehen zu können, dürfte es den Deutschherren eine besondere Verpflichtung bedeutet haben, sich am Lesen von Seelmessen für den Kaiser, den weltlichen Ober- und Schutzherren des Reichsfürsten Deutschmeister, mit je sechs Ordenspriestern zu beteiligen.

War das Problem „Kleriker als Bürger"[16] in Nürnberg wie in den meisten anderen Reichsstädten hinsichtlich des Deutschen Ordens bis in die Reformationszeit hinein kein drängendes Thema des Stadtregiments gewesen, so änderte sich dies schlagartig mit dem Ausbruch des Bauernkrieges 1524/25. In Nürnberg wie in Frankfurt, Regensburg, Ulm und Speyer wurden die Komture zur Übernahme bürgerlicher Lasten gezwungen.[17] Während die kleineren Reichsstädte Heilbronn, Rothenburg und Dinkelsbühl dem dortigen Ordensbesitz keinen Schutz mehr bieten konnten, erwies sich aus der Rückschau die Erhebung des „gemeinen Mannes" für Nürnberg so gefährlich nicht, als daß sie die Inpflichtnahme des Deutschen Ordens unbedingt erfordert hätte. Einerseits hofften die Bauern, die vermögende und mächtige Reichsstadt als Bundesgenossen gewinnen zu können; auf der anderen Seite erfüllte sich das Menetekel, die „Aufrührer"

---

[11] So die Meinung von Hofmann, S. 487.
[12] Vgl. Ulrich, S. 12, Anm. 6.
[13] Vgl. Höss, S. 139 f.
[14] Vgl. Gerhard Pfeiffer (Bearb.), Die ältesten Urbare der Deutschordenskommende Nürnberg (= Veröffentlichung der Gesellschaft für fränkische Geschichte, X. Reihe: Quellen zur Rechts- und Wirtschaftsgeschichte Frankens 10), Neustadt/Aisch 1981, S. 161 f.
[15] Vgl. die Beschreibung der Trauerfeier für Kaiser Maximilian I. 1519 bei Schlemmer, S. 327.
[16] Vgl. dazu den grundlegenden Aufsatz von Bernd Moeller, Kleriker als Bürger, in: Festschrift für Hermann Heimpel, Bd. 2 (= Veröffentlichungen des Max-Planck-Instituts für Geschichte 36), Göttingen 1972, S. 195—224.
[17] Vgl. Herrmann, Cronberg, S. 253 f.

könnten sich mit der *breiten proletaroiden Schicht* Nürnbergs verbinden, nicht.[18] Es hieße jedoch, die objektiven Entscheidungsfaktoren des Rates überzubewerten, im Bauernsturm nur einen simplen Vorwand zu sehen, die schon lange als anachronistisch empfundenen Exemtionen der Geistlichkeit zu beseitigen — ein willkommener Anlaß war er gewiß.

Als sich bereits 1524 im Nürnberger Landgebiet und in den städtischen Unterschichten Unruhe verbreitete, versuchte der Rat, auch durch vorsichtige Eingriffe in geistliche Privilegien Empörern den Wind aus den Segeln zu nehmen. So untersagte er zunächst am Jahresende den Klöstern und dem Deutschen Orden den Weinausschank an Laien.[19] Aber erst im Mai 1525, als der Bauernkrieg kurz vor seinem Höhepunkt stand, beschloß der Rat, alle Geistlichen *in burgerliche pflicht ze nemen und das sy hinfuro gleich andern gemainen burgern burgerliche beswerung und mitleiden als steur, losung, ungelt und anderm tragen solten.*[20] Als Gegenleistung sicherte der Rat seinen *pillichen schutz und schirm* zu und gestattete der Geistlichkeit, ihr Pfründeneinkommen durch Erwerbstätigkeit aufzubessern. Die Argumente für so gravierende Maßnahmen lieferte die Bibel, wenn man sich in Nürnberg vor allem darauf berief, daß alle Menschen einer Obrigkeit untertan seien und nicht zugelassen werden sollte, *das dies feyernt volck, so allain von ander leut schwaiß und plut lebt und garnichtzit darumb thut und arbait,* bevorzugt werde gegenüber denen, *die sich im schwayß irs angesichts, auch mit großer sorg, mühe und wagknis irer leyb und gutere erneren und die purden des tags und der hitz tragen mussen.*[21] Die Ratsherren Martin Tucher, Niclas Haller und Martin Pfintzing wußten als Abgesandte des Rates am 10. Mai den Verwaltern des *teutschen hofs*, Hauskomtur Philipp von Heusenstamm und Spitalmeister Georg von Giech, den Ernst der Lage derart eindringlich zu schildern, daß sie *diß anzaigen und warnung mit hoher danckparkait angenommen und gepeten, inen ze raten oder anweysung ze geben, was sy thun oder furnemen sollten, damit sy sicher und verwart sein mochten.*[22] Als die Herren von Rat darauf bestanden, die Ordensritter sollten sich *in ains rats oberkeit und fraiß* begeben[23], beschworen Hauskomtur und Spitalmeister mit Zustimmung des Landkomturs von Franken, Wolfgang von Eisenhofen, am 17. Mai eilends die Bürgerpflicht vor den Viertelsmeistern.[24] Eine andere Wahl blieb den Ordensherren in Nürnberg in diesen aufgeregten Zeiten kaum, hatte doch selbst Deutschmeister Dietrich von Cleen einen Monat zuvor an den kurpfälzischen Hof fliehen und sein Schloß Horneck der Zerstörungswut des Neckartal-Odenwälder Bauernhaufens preisgeben müssen.[25]

---

[18] Vgl. RUDOLF ENDRES, Der Bauernkrieg in Franken, in: Blätter für deutsche Landesgeschichte 109, 1973, S. 31—68 (hier S. 54 ff.); ders., Probleme des Bauernkrieges in Franken, in: RAINER WOHLFEIL, Der Bauernkrieg 1524—26, München 1975, S. 90—115 (hier S. 104 ff.; zu den Unterschichten, ders., Sozialstruktur Nürnbergs, in: PFEIFFER, Nürnberg, Bd. 1, S. 194—199.

[19] Vgl. GERHARD PFEIFFER (Bearb.), Quellen zur Nürnberger Reformationsgeschichte. Von der Duldung liturgischer Änderungen bis zur Ausübung des Kirchenregiments durch den Rat (= Einzelarbeiten aus der Kirchengeschichte Bayerns XLV), Nürnberg 1968, S. 35, RV 246.

[20] Ebd., S. 82 f., RV 615.

[21] Zitiert nach *Moeller*, S. 221.

[22] PFEIFFER, Quellen, S. 83, RV 616.

[23] Ebd., S. 88, RV 644.

[24] Lkt. v. Franken an Hkt. und Spitalmeister, 1525 Mai 16, Staatsarchiv Nürnberg (StAN) Rep. 205 Nr. 35; PFEIFFER, Quellen, S. 89, RV 654; vgl. auch ULRICH, S. 11; ADOLF ENGELHARDT, Die Reformation in Nürnberg, in: Mitteilungen des Vereins für Geschichte der Stadt Nürnberg, Bd. 33, 1936; Bd. 34 (1937); Bd. 36 (1939) (hier 1, S. 224 ff.).

[25] Vgl. HERRMANN, Cronberg, S. 1.

Nachdem sich der Rauch über den gestürmten Herrensitzen und der Pulverdampf von den blutigen Schlachtfeldern verzogen hatte, konnte auch der Deutsche Orden darangehen, Bilanz zu ziehen. Bei Lichte besehen, erwies sich langfristig der politische Schaden größer als die augenblicklichen materiellen Verluste. Denn der Deutschmeister lief Gefahr, nicht zuletzt durch die *bürgerliche beschwer* seiner Komture in der Ballei Franken und dem mit ihr verbundenen engeren Meistertum die hart erkämpfte Reichsunmittelbarkeit zu verlieren, die er ohnehin nur in dieser Ordensprovinz in größerem Umfang behaupten konnte. Beherzte Männer wie der Frankfurter Komtur und spätere Nachfolger Cleens im Meisteramt (seit 1526), Walter von Cronberg, der nach der Niederwerfung der Bauernhaufen beim Frankfurter Rat kurzerhand die Herausgabe seiner schriftlichen Verpflichtungen erreichte[26], waren angesichts der gedrückten Stimmung im Deutschen Orden selten. Einig waren sich Meister und Ratsgebietiger nur darin, unter allen Umständen die betroffenen Komture aus der Bürgerpflicht zu lösen.[27] Als direkte Verhandlungen mit dem Nürnberger Rat, anders als in der Reichsstadt Speyer[28], ergebnislos blieben, versuchte sich der Deutschmeister dadurch aus der Affäre zu ziehen, daß er den Nürnberger Hauskomtur nach Regensburg versetzte, wo der bisherige Komtur ebenfalls den Bürgereid geleistet hatte. Während im Falle Regensburgs die Taktik des Ordens erfolgreich verlief — jedenfalls hören wir von dort keine Klagen mehr —, beharrte der Rat in Nürnberg darauf, daß ein neuer Hauskomtur in gleicher Weise einen Eid abzulegen, bis dahin aber der Spitalmeister alle bürgerlichen Lasten zu tragen habe.[29]

War man bis dahin beim Deutschen Orden noch geneigt, angesichts des *gemeynen haß, der sich wider die geystlichen eregt und noch unerloschen,* wenigstens in der Ungeldfrage nachzugeben[30], so beschritt jetzt der Deutschmeister den Klageweg beim Schwäbischen Bund, dessen Mitglied er ebenso war wie die Reichsstadt Nürnberg. In einer Stellungnahme[31] wiesen Bürgermeister und Rat den Vorwurf des Meisters zurück, sie hätten die Ordensfreiheiten verletzt, fügten aber bezeichnenderweise hinzu: *achten aber darfur, die täglichen beschwerlichen und ungewonlichen leuft sollten gnugsam ursach geben, dise und dergleichen freihaiten vilmer nach denselben leuften und täglichen enderungen . . .* (als) *die leuft nach den freihaiten, welichs doch unmöglich sein wirdet, zu richten und zu endern.* Mochte eine solche pragmatische Rechtsauslegung noch ihre Schranken am traditionellen Standesdenken finden, so war die Argumentation, Hauskomtur und Spitalmeister hätten das Anerbieten auf Übernahme in die Bürgerschaft mit *hochster danckberkait* angenommen und schon ein *clain füncklein* würde genügen, im Volk neue Mißstimmung gegen die Deutschen Herren zu erregen, nicht so ohne weiteres von der Hand zu weisen. Indes verpaßte Nürnberg den richtigen Zeitpunkt für einen Kompromiß, wie er im November 1527 auf Vermittlung des Schwäbischen Bundes zwischen dem Deutschen Orden und Ulm geschlossen wurde. Hier wie dort erklärte sich der Deutschmeister zur Zahlung einer jährlichen Pauschale zur Ablösung aller Lasten bereit.[32] Aber die Nürnberger bestanden darüber hinaus auf der Entrichtung

---

[26] Vgl. ebd., S. 29 f.
[27] Der Streit mit Nürnberg bildete bei den Kapitelgesprächen des Deutschmeisters mit den Ratsgebietigern aus der Ballei Franken und dem Meistertum einen permanenten Tagesordnungspunkt, siehe Deutschordens-Zentralarchiv Wien (DOZA) Abt. Balleikapitel 2/1, fol. 32 ff.
[28] In Speyer mußte der DO ein jährliches Schutzgeld von 6 fl. bezahlen, vgl. HERRMANN, Cronberg, S. 254.
[29] Erklärung des Rates von 1526 Jun 1, StAN Rep. 205 Nr. 35.
[30] Balleikapitel zu Mergentheim 1526 Apr 22, DOZA Balleikapitel 2/1, fol. 65.
[31] Undatierte Erklärung von Bürgermeister und Rat, StAN Rep. 205 Nr. 35.
[32] Vgl. HERRMANN, Cronberg, S. 254.

des Ungelds in voller Höhe. Am Ende ging die Rechnung des energischen Deutschmeisters Walter von Cronberg doch auf, der auch in diesem Fall von dem Erstarken der kaiserlichen Macht in Deutschland profitierte. Am 2. Februar 1529 entschied der Schwäbische Bund, daß das Vorgehen der Reichsstadt gegen den Landfrieden, die geschworene Bundeseinung und das gemeine Recht verstoßen habe.[33] Reichsrechtlich wurde damit die exterritoriale Enklave des Ordenshauses innerhalb der Nürnberger Stadtmauern restituiert.

Wie sehr man im Deutschen Orden in Zukunft darüber wachte, daß ihm seine Rechte in Nürnberg nicht mehr geschmälert wurden, so war man doch — schon im eigenen Interesse — einsichtig genug, es zuzulassen, daß die Stadt im Markgräflerkrieg 1553 ihre Befestigungswerke am Spittlertor auf Ordensgrund erweiterte.[34] Nur am Rande erwähnt sei, daß es einige Zeit dauerte, bis der Nürnberger Rat den Spruch des Bundes 1529 anerkannte. Währenddessen überlegte der Deutschmeister, ob er nicht auch Spitalmeister Georg von Giech, der das bewußt vakant gehaltene Amt des Hauskomturs mitverwaltete, zur Lösung aus dem Bürgereid von Nürnberg versetzen sollte.[35]

Ganz anders verlief der Streit mit der Reichsstadt in religiöser Hinsicht. Freilich befand sich hier der Deutsche Orden durch eigenes Verschulden von Anfang an in der schwächeren Position. Der Orden hatte sich im späten Mittelalter immer mehr zu einer nur dem Namen nach „geistlichen" Adelskorporation entwickelt und sich dabei sehr weit von den Idealen seiner Stifter entfernt. Über die standesgemäße Versorgung der Ritterbrüder hinaus vergaß man zumeist, an die Priesterbrüder zu denken, die nicht nur vielfältige seelsorgerische und karitative Aufgaben wahrnahmen — die einzigen übrigens, die in den Augen vieler Zeitgenossen dem Orden noch eine Existenzberechtigung verliehen —, sondern auch häufig genug in der Verwaltung des Ordensbesitzes eingesetzt wurden. Eine entsprechende Mitsprache in den Kapiteln blieb ihnen dabei versagt. Die Belastung der Priesterbrüder erhöhte sich noch in dem Maße, wie man um des besseren Pfründengenusses für den Adel die Zahl der Ordensmitglieder verringerte. Kein Wunder, daß die Priester überall dort, wo die Reformation energisch Fuß faßte, dem Orden in Scharen davonliefen.[36]

In Nürnberg waren es vor allem der Ratsschreiber Lazarus Spengler und der Prediger Andreas Osiander, die sich frühzeitig und eifrig für die evangelische Lehre engagierten. Letzterer beeindruckte Hochmeister Albrecht von Brandenburg, der an den Nürnberger Reichstagen 1522 und 1524 teilnahm, durch seine Predigten derart, daß er ihn sogar an seine Tafel lud.[37] Noch bevor der Hochmeister 1523 mit Luther in Kontakt trat und dieser mit seiner Ermahnung *An die herrn Deutschs Ordens, das sie falsche Keuscheyt meyden*, die Frage nach ihrem weiteren Schicksal in aller Öffentlichkeit aufwarf, waren also die Fäden zur evangelischen Sache geknüpft. Allerdings wußte Albrecht, der wegen

---

[33] Abschied des Schwäbischen Bundes, StAN Rep. 205 Nr. 35; vgl. auch ULRICH, S. 13.

[34] Vgl. dazu den Schriftwechsel zwischen DM Wolfgang Schutzbar und Wilhelm Lochinger, Statthalter der Ballei Franken, StAN Rep. 205 Nr. 101 (1553 Feb). Zur Belagerung der Stadt durch Markgraf Albrecht Alkibiades und zum Ausbau der Stadtmauer allgemein vgl. GERHARD PFEIFFER, Vom Nürnberger Anstand zum Augsburger Religionsfrieden, in: ders., Nürnberg, Bd. 1, S. 168 ff.

[35] Vgl. Balleikapitel zu Kapfenburg 1529 Okt. 22, DOZA Balleikapitel 2/1 fol. 170.

[36] So verlor der DO beispielsweise in der Ballei Thüringen innerhalb weniger Jahre alle 92 Priesterbrüder, vgl. HERRMANN, Cronberg, S. 186 f., 241, 272; daneben BERNHARD DEMEL, Das Priesterseminar des Deutschen Ordens zu Mergentheim (= Quellen und Studien zur Geschichte des Deutschen Ordens 12), Bonn-Bad Godesberg 1972, S. 8 ff.

[37] Vgl. GOTTFRIED SEEBASS, Das reformatorische Werk des Andreas Osiander (= Einzelarbeiten aus der Kirchengeschichte Bayerns XLIV), Nürnberg 1967, S. 93 f.

seiner Spannungen mit dem Deutschmeister statt im Deutschen Hof in einem *recht bescheidenen* Bürgerhause abstieg[38], seine reifenden Pläne vor den Nürnberger Ordensbrüdern zu verbergen.

Freilich ging an diesen der Einfluß der neuen Lehre auch nicht spurlos vorüber. Bereits im August 1524 erfuhr der Rat von einem ausgetretenen Deutschordenspriester, der sich bei einem Glaser versteckt hielt. Trotz unzweifelhafter Sympathien für die evangelische Sache hatte sich der Rat bis zum Frühjahr dieses Jahres, solange Reichsregiment und Reichstag innerhalb der Stadtmauern tagten, in Religionsdingen zurückgehalten; und auch jetzt kam es ihm offensichtlich mehr darauf an, im Sinne seines Kirchenregiments den Lauf der Dinge im Griff zu behalten, als spontanen Entwicklungen freien Raum zu gewähren. So unterrichtete der Rat den Landkomtur von diesem Vorfall und stellte den entlaufenen Priester vor die Alternative, entweder wieder in den Orden zurückzukehren oder noch am gleichen Tag die Stadt zu verlassen.[39] Als im Herbst desselben Jahres Thomas Müntzer nach Nürnberg kam, um einen Drucker für seine Schriften zu finden, befürchtete der Rat eine Verschärfung der sozialen Spannungen in der Stadt. Auf der Suche nach *Jüngern* des *falschen Propheten* machte er auch vor dem Deutschen Haus nicht halt.[40]

Die offene Entscheidung zugunsten des evangelischen Glaubens fiel in Nürnberg erst im Frühjahr 1525, zeitlich gesehen in einem engen Zusammenhang mit den Ereignissen des Bauernkrieges. Bei dem entscheidenden Religionsgespräch im März bekannte sich auch der Vertreter des Deutschen Ordens, der Priesterbruder Jakob Dollmann, zur lutherischen Lehre.[41] Als daher am 21. April die Aufforderung des Rates an alle Klöster und den Deutschen Orden erging, *mit irem bapistischen messlesen gentzlich ze ruen*[42], wird sich im Deutschen Haus bei den Priestern — jedenfalls im Augenblick — kein ernsthafter Widerstand geregt haben, zumal ja auch kurze Zeit später in Sachen Bürgereid die Ritterbrüder vor der Forderung des Rates kapitulierten. Der Rat war nunmehr gesonnen, auch gegenüber dem Deutschen Orden das ius religionis durchzusetzen. Mit der Einführung einer vorläufigen Kirchenordnung 1528 verband er eine Visitation der Deutschordensgeistlichen in Nürnberg. 1531 protegierte er einen Ordenspriester, der in den Ehestand getreten war und den der Deutschmeister deswegen auf der Kapfenburg in Gewahrsam nehmen wollte. Noch im gleichen Jahr nötigte der Rat schließlich den Rittern im Deutschen Hause an Stelle des bisherigen gebrechlichen Geistlichen einen lutherischen Priester für St. Jakob auf.[43] Deutschmeister Walter von Cronberg protestierte zwar in diesem Fall ebenso wie bei der zwei Jahre später erfolgten endgültigen Einführung der Brandenburgisch-Nürnbergischen Kirchenordnung[44], vermochte aber infolge des katastrophalen Priestermangels auch in Nürnberg sein Angebot, fähige Priester anzustellen, nicht im mindesten zu realisieren.

---

[38] HOFMANN, Staat, S. 150. Zu Spannungen zwischen Albrecht und DM Cleen war es damals u. a. wegen der Sessionsfrage auf dem Reichstag gekommen, vgl. ders., S. 155 f.; WALTHER HUBATSCH, Albrecht von Brandenburg-Ansbach. Deutschordens-Hochmeister und Herzog in Preußen 1490—1568 (= Studien zur Geschichte Preußens 8), Heidelberg 1960, S. 104 f.; HERRMANN, Cronberg, S. 21 ff.

[39] Vgl. PFEIFFER, Quellen, S. 19, RV 143.

[40] Vgl. ebd., S. 25, RV 186. Zum Aufenthalt Müntzers in Nürnberg vgl. Katalog der Ausstellung „Reformation in Nürnberg", S. 172; GERHARD PFEIFFER, Sozialrevolutionäre, spiritualistische und schulreformerische Bestrebungen, in: ders., Nürnberg, Bd. 1, S. 154 f.

[41] Vgl. ULRICH, S. 8; zum Religionsgespräch allgemein Katalog der Ausstellung „Martin Luther und die Reformation in Deutschland", hg. v. GERHARD BOTT, Frankfurt 1983, S. 383 f.

[42] PFEIFFER, Quellen, S. 72, RV 524.

[43] Vgl. ULRICH, S. 14 f.

[44] Vgl. dazu ausführlich ENGELHARDT 2, S. 125 ff.

Dieser Priestermangel hatte sich aus den obenerwähnten Ursachen schon am Vorabend der Reformation bemerkbar gemacht und in Nürnberg, wo der Personalstatus von 1513[45] nurmehr vier Priester ausweist, dazu geführt, daß beispielsweise beim Lesen der Seelenmessen für den verstorbenen Kaiser Maximilian I. 1519 die ortsansässigen Ordensgeistlichen nicht mehr ausreichten. Während der Status von 1513 für den Verbund der Kammerkommenden des Deutschmeisters mit der Ballei Franken immerhin noch 140 Priester umfaßt, vermag der Verfasser des Status von 1544[46] lediglich 17 zu nennen, davon vier auf einer reinen Pfarrstelle. Angesichts dieser Entwicklung, an der die geistliche Adelskorporation, wie gesagt, von Schuld nicht freizusprechen ist, war es verständlich, daß der Rat nicht zuletzt im Interesse einer geregelten und ausreichenden Seelsorge für seine Bürger dem Orden, *obgleich der Herr Teutsche Meister ein unmittelbarer Standt deß Reichs, kein ius episcopale in unserer Ringmauern, niemals* (zu)*gestehen* konnte.[47] Die Ansicht der überzeugten Lutheraner damals, daß es in Glaubenssachen keine Kompromisse geben könne, führte also letztlich dazu, daß man dem Reichsfürsten Deutschmeister eher die weltliche Obrigkeit über das enklavierte Nürnberger Ordenshaus zugestand als das ius religionis mit unabsehbaren Folgen für die Einwohnerschaft. So fanden in St. Jakob und St. Elisabeth seit 1533 in der Öffentlichkeit nur noch evangelische Gottesdienste statt. Daran änderte auch das Interim 1548 nichts.[48] Die Möglichkeit, im geheimen für die Bewohner des Ordenshauses noch Messen lesen zu lassen, dürfte wohl wegen des Priestermangels — der Status verzeichnet 1544 für Nürnberg keinen Priester mehr — nur selten genutzt worden sein.

Im Grunde waren sich Meister und Ratsgebietiger sehr wohl bewußt, daß der Deutsche Orden in Sachen Religion zumindest fürs erste zurückstecken mußte. Vordringliche Aufgabe blieb es, den Restorden nach der Säkularisation Preußens und angesichts des drohenden Verlustes von Livland unter dem Deutschmeister als Administrator des Hochmeistertums so zu organisieren und zu stabilisieren, daß er in zeitgerechter Weise auch weiterhin Auffangbecken und Versorgungsspital des deutschen Adels bleiben konnte. Diesem Ziel diente vor allem die sog. „Cronbergsche Konstitution" von 1529[49], die — ohne die übrigen Ordensgelübde und -statuten formal außer Kraft zu setzen — den Gehorsam gegenüber dem Meister zum tragenden Prinzip des Ordenslebens erhob. Daneben enthielt dieses Ordensgrundgesetz, auf die alle Landkomture und Koadjutoren künftig verpflichtet wurden, vor allem Maßregeln zur Besitzstandswahrung.

Auf dieser Basis konnte der Meister daran denken, einzelne Ordenshäuser als reine Pfründen an verdiente Ritter zu vergeben. In Nürnberg war es das Elisabethspital, das mit seinen reichen Besitzungen verwaltungsmäßig von der Kommende getrennt war. 1530 erhielt als erster Ritter der Landkomtur von Österreich, Jobst Truchseß von Wetzhausen, das Spitalmeisteramt zur lebenslangen Nutzung eingeräumt — mit der Auflage, keine Immobilien ohne Wissen des Deutschmeisters zu verkaufen[50]. Cronberg

---

[45] DOZA Abt. Ordensstand 623/3. Der Priestermangel führte u. a. dazu, daß der DO in Frankfurt seit Beginn des 16. Jahrhunderts Dominikaner zum Gottesdienst heranziehen mußte, vgl. DEMEL, S. 8.

[46] DOZA Abt. Ordensstand 614/5.

[47] So in einem Schreiben an den Kurfürsten von Sachsen, zitiert nach KARL BRAUN, Nürnberg und die Versuche zur Wiederherstellung der alten Kirche im Zeitalter der Gegenreformation (= Einzelarbeiten aus der Kirchengeschichte Bayerns I), Nürnberg 1925, S. 42.

[48] Vgl. ENGELHARDT, 3, S. 125; ULRICH, S. 17.

[49] Vgl. HERRMANN, Cronberg, S. 233 f. Zum Behauptungswillen vgl. auch PRESS, S. 360.

[50] Vorgang in StAN Rep. 205 Nr. 36 und DOZA Abt. Ritter 408 Nr. 1903 fol. 28 ff. Wetzhausen befand sich seit 1484 im DO; weitere Personaldaten bei HERRMANN, Cronberg, S. 267. Bereits vorher hatte Cronberg dem letzten Obersten Marschall in Preußen, Georg von Eltz, die Kammer-

schätzte den alten Gebietiger wegen seiner guten Kenntnisse der preußischen Ordensgebiete und seiner Beziehungen zur Regierung König Ferdinands als königlicher Rat. Der nach dem Türkeneinfall von 1529 amtsmüde gewordene Landkomtur durfte sogar in Nürnberg seinen Titel behalten. Gegen die Verschreibung des Spitals hatten der Landkomtur von Franken und einige Ratsgebietiger Bedenken erhoben, *dan das mendlein ist bisher prechtlich, wie e. f. g. selbst wissen, gewesen, wird in sein alten tagen nit gern finger saugen*.[51] Demgegenüber betonte Wetzhausen, keine andere Speise als diejenige, die auf den Tisch des Hauskomturs komme, zu beanspruchen, und übereignete seinen Nachlaß zur einen Hälfte dem Deutschmeister, zur anderen dem Spital *in rei perpetue memorie*[52] — was bei seinem Tod 1536 prompt einen Streit zwischen dem Deutschen Orden und den Verwandten des Verstorbenen auslöste. Da sich die Vergabe des Nürnberger Spitals als Pfründe offensichtlich bewährt hatte, übertrug Cronberg nach dem Tode Wetzhausens das Spitalmeisteramt dem nicht weniger altgedienten Ritter Hans von Karsbach aus der Ballei Koblenz, der zudem das Vertrauen des Kölner Erzbischofs genoß. Dagegen lehnte der Meister einen jüngeren Ritter für Nürnberg mit der Begründung als untragbar ab, er habe sich in seiner Amtszeit als Baumeister der Kommende Frankfurt hinter dem Rücken des Komturs beim Bürgermeister angebiedert.[53]

Im Frühjahr verfügte allerdings Cronberg — aus uns unbekannten Gründen — die Versetzung Karsbachs nach seiner Rückkehr von einem Türkenzug nach Mergentheim, wo er ebenfalls das Amt des Spitalmeisters erhalten sollte.[54] Da das Amt in Nürnberg nicht wieder sofort besetzt wurde, konnte der dortige Hauskomtur Philipp von Weingarten ein unbekümmertes Leben führen. Seine Vorliebe galt einer Konkubine namens Sophia, die er — offensichtlich auf Kosten des Ordens — in Samt und Seide kleidete, was ihr im Volksmund den Spitznamen *silberne Schnur* eintrug.[55] Weniger die Tatsache, daß Weingarten dadurch das Gelübde der Keuschheit mißachtet hatte[56], erregte den Meister als die Verschwendung von Ordensmitteln sowie die Gefahr, bei einer Heirat Weingartens die ohnehin exponierte Kommende zu verlieren. Cronberg besann sich auch in diesem Fall auf das bewährte Mittel der Versetzung und schickte die Komture

---

kommende Mainz überlassen, vgl. AXEL HERRMANN, Georg von Eltz. Glanz und Elend des letzten Obersten Marschalls in Preußen, in: Von Akkon bis Wien, Festschrift für Marian Tumler (= Quellen und Studien zur Geschichte des Deutschen Ordens 20), Marburg 1978, S. 140—157 (hier S. 156).

[51] Friedrich Sturmfeder, Kt. von Blumental, an Cronberg, 1530 Jan 27, DOZA Abt. Ritter 408 Nr. 1903 fol. 42.

[52] Wetzhausen an Cronberg, 1531 Mai 19, StAN Rep. 205 Nr. 36.

[53] Vorgang in StA Koblenz Abt. 55 A 1 Nr. 223 S. 75 ff. Karsbach wurde 1488 in den DO aufgenommen (DOZA Urkunden).

[54] Balleikapitel zu Mergentheim 1542 März 30, DOZA Abt. Balleikapitel 2/1.

[55] Siehe dazu das Inventar im Anhang. Vgl. auch ULRICH, S. 9 f.; JOHANNES VOIGT, Geschichte des Deutschen Ritterordens in seinen zwölf Balleien, Bd. 2, Berlin 1859, S. 90 f. Die Laufbahn Weingartens im DO entspricht einer damals durchaus üblichen Weise: 1527 (Sept) Aufnahme in den DO, 1528—1531 Trappier zu Mergentheim, 1531—1534 Hauskomtur und Trappier zu Kapfenburg, 1534 Überreiter, später (vermutlich ab 1538) Hauskomtur in Nürnberg, 1542 Hauskomtur in Würzburg, 1544 Hauskomtur in Ellingen, 1548—1551 Komtur zu Rothenburg. Am 9. März 1551 ist er *seines alters ungeverlich umb funfftzig iar* verstorben (Daten nach DOZA Abt. Balleikapitel und Ordensstand, ferner VOIGT, Bd. 2, S. 695, WERNER SYLGE, Die Deutschordenskomturei Rothenburg ob der Tauber, (Augsburg) o. J. (1944), S. 254. Den Hinweis auf das Todesdatum verdanke ich dem Leiter des Deutschordens-Zentralarchivs, Herrn P. Dr. Bernhard Demel auf Grund einer schriftlichen Mitteilung vom 7. 10. 1983.

[56] Fälle dieser Art waren damals keine Seltenheit, vgl. HERRMANN, Cronberg, S. 192, 238 ff.

von Virnsberg, Kapfenburg und Heilbronn, Wolfgang von Rosenberg, Alexius von Diemar und Wilhelm Lochinger, am 10. November 1542 nach Nürnberg, um den Hauskomtur seines Amtes zu entheben und ihn zur Rechenschaft zu ziehen.[57] Als Weingarten dagegen an den Rat der Stadt appellierte, entstand unversehens ein neuer Streit um die vogteiliche Obrigkeit über den Deutschen Hof. Auch der Rat stellte jetzt mögliche sittliche Bedenken — hatte er doch im Frühjahr 1525 bei den Geistlichen keine *offenlich concubin* mehr dulden wollen[58] — hinter das höher veranschlagte Rechtsgut und entsandte den älteren Bürgermeister Sebastian Groß und den Ratsherrn Sebald Haller zum Deutschen Hause. Diese forderten unverzüglich die Freilassung Weingartens und bezichtigten die Komture von Virnsberg und Kapfenburg, sich *im schein etlicher Schwachheit und Sterbens fliehens* in die Stadt *geschleicht* zu haben, während der Komtur von Heilbronn mit mehreren Knechten zu Fuß hereingekommen sei. Die Ordensritter leugneten, dem Hauskomtur Gewalt angetan zu haben. Dann aber provozierten die Abgesandten des Deutschmeisters die Ratsherren mit der Bemerkung, daß es ihrem Herrn durchaus zustünde, im Nürnberger Ordenshof auch *stöcken und pflöcken* zu lassen. Daraufhin ließ der Rat alle Zugänge zum Deutschen Haus versperren und ließ die Komture erst wieder frei, als Weingarten — wohl unter Zwang — erklärte, er sei von ihnen nicht *verstrickt* worden, und jene ihrerseits versicherten, *offentlich in ihren Habiten herein geritten* (zu sein) *und gar kein Gefährlichkeit zu üben vorgehabt*. Allerdings traf der Rat Vorsorge, künftig rechtzeitig Kenntnis vom Einrücken fremden Kriegsvolks im Ordenshof zu erhalten.

Als Fazit aus den Streitigkeiten zwischen dem Nürnberger Rat und dem Deutschen Orden während der Reformationszeit darf vermerkt werden, daß es letzterem gelang, in schwieriger Zeit die reichsrechtliche Sonderstellung seines Besitzes in Nürnberg zu behaupten und, wenn auch nicht unangefochten, zu stabilisieren. Freilich galt auch in diesem Falle, daß die Reichsstädte keine *bürgerlichen Monaden*[59] waren, sondern auf Kaiser und Reichsverfassung Rücksicht nehmen mußten. Dagegen ging die Hoffnung des Deutschen Ordens, überall dort, wo man Besteuerungsrecht und vogteiliche Obrigkeit besaß, auch das ius religionis durchzusetzen, in Nürnberg nicht in Erfüllung. Erst jenseits unseres Betrachtungszeitraumes unternahm der Orden im Zeichen der Gegenreformation 1601 einen neuen Anlauf, hier verlorenen Boden zurückzugewinnen. Tatsächlich konnte nach einem langwierigen Prozeß 1635 durch ein Simultaneum in der Elisabethkirche der katholische Gottesdienst in einem begrenzten Umfange wiederhergestellt werden.[60] Aus der Sicht der Germania sacra des Alten Reiches darf es aber als ein Erfolg gewertet werden, daß dem katholisch gebliebenen deutschen Adel auch und gerade die vermögende Kommende in Nürnberg als *Spital und Aufenthalt* erhalten blieb, selbst wenn dem Nürnberger Ratsschreiber Johann Müllner — mit Maßen — bei der Zitierung des Horazverses zuzustimmen ist: *Fruges consumere nati*.[61]

---

[57] Der Vorfall ist ausführlich dargestellt im Bericht der drei Komture an DM Cronberg 1542 Nov 11, StAN Rep. 205 Nr. 101, und in den Ratsverlässen vom 11. und 13. November 1542, Nürnbergische Dokumenta Nr. 40, S. 121 ff.
[58] PFEIFFER, Quellen, S. 83, RV 615.
[59] SCHINDLING, S. 80.
[60] Vgl. dazu ausführlich BRAUN, S. 40 ff.; ULRICH, S. 32 ff.
[61] Zitiert nach ULRICH, S. 7.

Anhang:

Inuentari[1] vnnd vffzeichnus des haußcomenthurs zu Nurmberg dieren/ Sophia genannt/ cleider vnnd annders/ Gescheen Inn beywesen des Ehrwurdigen vnnd Edlen herren allexius Diemers[2]/ Comenthurs zu Capffenburg teutsch Ordenns/ am Freittag nach Leonhardi Anno/ etc/ 42[3]

(pag. 1)

Erstlichs In einem behelter so zwiffach vffgeet/ der steet vnden In einer khammer/ Im neuen gemechdlin/ Im garten/ ist der behelter wie sie anzeigt Ir/ darinn oben gefunden wordenn wie volgt.

Item 1 lemmeriner schurtzbeltz.
Item 1 schwartzer arleser[4] vnnderrock.
Item 1 aschenfarber satiner vnderrock.
Item 1 vehe wemminer[5] schurtzbeltz.
Item 1 goltfarbe schamlottin[6] vngefutterte schauben.[7]
Item 1 kopffle/ darmit man sich bindt.
Item 2 gulden preitt porten/ mit guldin flinderlichen.[8]
Item 5 goller.[9]
Item ettlich sattinen fleck/ grou vnd rott.
Item 1 schwartzer Lundischer mannttel/ hanngt neben obenangetzeigtem behelter.

---

[1] Das Inventar der „Dirne" Sophia befindet sich in Bestand B 344 (Ballei Elsaß und Burgund!) unter Nr. 264 des Hauptstaatsarchivs Stuttgart und ist wohl deswegen der Forschung bisher entgangen. Wegen seiner großen kulturgeschichtlichen Bedeutung wird es an dieser Stelle — ohne jegliche Kürzung und sprachliche Veränderung abgedruckt und damit der wissenschaftlichen Auswertung zugänglich gemacht. Daher beschränkt sich die Edition auch auf die allernötigsten Worterklärungen, um dem Nichtfachmann ein Minimum an Textverständnis zu gewähren.

Ohne einem kritischen Kommentar vorgreifen zu wollen, darf darauf hingewiesen werden, daß die Ausstattung der Dirne Sophia weit über das hinausging, was die Nürnberger Kleiderordnung von 1536 (StAN Nürnberger Amts- und Standbücher Nr. 235, S. 73—86) für ehrbare Frauen zuließ. Verboten war nicht nur das Tragen von Pelzwerk, sondern auch von Samt, Atlas und anderen Seidenstoffen. Darüber hinaus wird es im Einzelfall nicht immer möglich sein festzustellen, ob sich die Kleidung im Rahmen des Erlaubten hielt, da das Inventar zu wenig Anhaltspunkte über den Aufwand gibt. (Zu den Kleiderordnungen in Nürnberg vgl. auch SIEGFRIED REICKE, Geschichte der Reichsstadt Nürnberg, Nürnberg 1896, S. 671 ff.)

[2] Alexius von Diemar, 1516 zu Ellingen in den DO aufgenommen (DOZA Abt. Ordensstand 635/1), ist nach langen, treuen Diensten 1572 selbst im Spitalmeisteramt zu Nürnberg nachzuweisen (VOIGT, Bd. 2, S. 647).

[3] 10. Nov. 1542.
[4] Arlas, ein in Arles gewebter Stoff.
[5] Bauchteil von feinem Pelzwerk.
[6] Schamlot, Seidenstoff.
[7] Überrock, Taler, charakteristisches Kleidungsstück der Reformationszeit.
[8] Flitter.
[9] Hals und Schulter bedeckender Frauenkragen.

Vnnden In demselben behelter ist gefunden (pag. 2)
worden wie auch nachuolgt.
Item 1 grouer schamlottiner vnderrock/
        mit einer gemusierten damastin prust.
Item 6 gefeltelte goller zum theil mit gold außgeueet.
Item 3 schwartzer sammatiner goller.
Item 1 sammatin goller plo gemusiert.
Item 1 weiß daffatin goller / mit grouen
        sammat verpremt.
Item 1 schwartz damastin goller.
Item 1 damastin goller/ sicht einem
        gulden stuck gleich.
Item 1 sammatin spannisch prettlin.[10]
Item 1 schwartze arlisin huseckhenn[11]/ mit
        vehe wemmin vnderfuttert.
Item 1 rotter Lundischer vnnderrock/ mit
        einer gelben damastin gemusierten prust.
Item 1 schwartz attlasin ermelprustlin mit
        schwartzem sammat verpremt.
Item 1 schwartz burschatins[12] ermelprustlin/
        auch mit schwartzem sammat verpremt.
Item 1 schaubhut mit schwartzen daffat vberzogenn.

Item 1 schwartz sammatin schleplin/ (pag 3)
        mit daffat durchzogenn.
Item 1 schwartz wullins parettlin/ mit
        schwartzen sammatin koderlichen[13] durchzogen.
Item 1 schwartzes gefuttert damastin ermelin.

Inn einem cleinen druhlin/ steet auch Inn
obgemelter khammer vnnd ist Ir.
Item 1 schwartz schamlottin ermelprustlin
        mit schwartzem sammat verpremt.
Item 1 leberfarbes damastins ermelprustlin/
        auch mit schwartzem sammat verpremt.
Item 1 daffatin plaw gemusiert ermelprustlin/
        auch mit schwartzem sammat verpremt.
Item 1 aschenfarbs schammlottins ermelprustlin/
        mit schwartzem sammat verpremt.
Item 1 leibfarbes burschatis ermelprustlin/
        mit grouen sammat verpremt.

---

[10] Kleines Barett.
[11] Mantel. Schaube.
[12] Halbseidenes.
[13] (Flick-)Tuch.

Inn einem anndern cleinen druhlin/ steet auch
In vorgenannter khammern vnnd Ist ir.
Item 1 sammatine gurtel/ mit kupferin
	spanngen/ vbergult.
Item 1 groue gurtel/ mit ein kupfferin
	beschleg/ vbergult.

Item 1 schwartze sammatin gurtel mit   (pag. 4)
	conterfee beschlagenn.
Item 1 guldiner port mit silber beschlagen
	vbergult.
Item 1 schwartzer sammatiner beutel/
	mit silberin knopffen.
Item 2 grouer sammatiner beutel/
	mit geneeten guldinen knopffen.
Item 1 grouer daffatiner wetschger.[14]
Item 1 schwartzer sammatiner peutel/
	mit außgeneeten guldin knopfen.
Item 3 feinberliner harbat[15]/ In einem
	gemalten schechtelin liegendt/
	sagt die zwei sein Ir/ vnnd
	das annder Irer schwester.
Item 5 gulden an pfenningen vngeferlich
	In einer plasen vngetzelt.
Item 1 guldiner ring/ mit gewindnen
	guldinen dreeten.
Item 1 gedreeter guldiner ring.
Item 1 guldins ringlin/ mit einem
	spitzigen demutlin.
Item 1 guldiner ring/ mit einer demut daffel.
Item 3 cleiner silberiner ringlich vbergult.
Item 1 guldins kettelin mit mulsteinen.
Item 2 silberiner vergulter phisionomey/ die ein
	des haußcomenthurs/ vnnd die annder/
	Christophenn Fuerers.

Item 1 gulden stuck gilt 3 gulden.   (pag. 5)
Item 3 chronen.
Item 7 Reinisch golt gulden/ das Mes
	liegt In einem cleinen verschlossenen schreinlin.

Inn einer annderen grossen druohen/ steet auch
in oben vermelter Chammer vnnd ist Ir.
Item 4 par seiden zopff/ zwei par
	mit guldin dollen.[16]
Item 16 weisser hermlich.

---
[14] Reisetasche.
[15] Feines Perlenhaarband.
[16] Dolde, Quaste.

Item 1 rotter vngewesserter schamlott/
        ist wie sie anzeigt/ Irer schwester.
Item 4 schurtzfleck/ zween mit gold
        einer mit schwartzer vnnd der dritt/
        mit weisser seiden oben außgeneet.
Item 3 dockhen weiß garnns/ darauß man
        kemmelportlich[17] macht.
Item 4 kannten groß vnd clein.
Item 2 ziner flaschen.
Item 50 schussel/ clein vnd groß.
Item 8 ziner disch deller.
Item 1 ziner leuchter.

Item 1 Zimmer nachtscherb. (pag. 6)
Item 8 gulden an zwolffern In einem secklin.
Item 2 gulden vngeuerdlich an cleinen gelt/
        auch In einem secklin.
Item 2 gulden In scharmutzeln[18]/ ann cleinen
        pfennigen.
Item 1 gehimelte betstatt gefirnist.
Item 1 vnderbeet/ mit einer Collinschen
        gestreimbten ziechen.[19]

Vota es ist in zweiffel ob gemelt bett Ir/
dann woll die sag/ sie hab kheins Inn das haus
gepracht/ Steet zu erfaren.
Item 1 polster vnd 2 kuessen mit Collinschen
        gestreimbten ziechen.
Item 1 barchatins[20] deckbett.
Item 1 deck/ grou/ geel vnnd rott gestreimbt.
Im vndern stublin/ Im gemechdlin Im
gartenn/ In einem behelter/ so dem haus
zustenndig.

Item 1 schwartzer schamlottiner schurtzfleck.
Item 1 gelb augstinin patter noster/
        mit silberin knopffen vbergult/
        vnnd bisem knopffen.[21]

Item 16 stuck vnnder vnnd halß hembder. (pag. 7)
Item 1 schwartz schamlottin goller/
        mit schwartzem sammat verpremt.
Item 1 leberfarb schamlottin goller
        mit fehin vnderfuttert.
Item 1 fehine hauben/ hangt Im stublin.

---

[17] Spitzenborten.
[18] Papiertüte, Papierrolle für Geld.
[19] Bettzeug.
[20] Adjektiv zu Barchent.
[21] Knöpfe, aus denen Wohlgeruch (Balsam, Bisam = Moschus) entströmt.

In einem druchlin steet auch In geruertem
stublin/ darinnen liegen.
27 schlechter schurtzfleck.
Item 3   vnderhembder.
Item 1   bad kittel.
Item 1   praune sattine schaubenn/
         mit weiß kropffen vnderfutert.
Item 1   messin deller vnd beckhen
         so sie zum baden gepraucht.
Item 1   weisser schurtz.
Item 19 flechsin strenng/ cleins garns.
Item 1   spinn Redlin.
Item 1   schwartze schamlottin schauben
         mit gelbem wullinem duch vnnderfuttert/
         ist erst nach dem Inuentieren gefunden
         worden.

Inn des haußcomenthurs gemach/ Inn einem   (pag. 8)
cleinen dischlin/ darinn steet ein korblin
darin gefunden worden wie folgt.
Item 6   thaller.
Item 1   silberine des haußcomethurs phisionomei/
         mit seinem wappenn.
Item 3   ½ gulden 18 Pf. an zwolffern.
Item 6   funfzeherlich.
Item 1   gulden 1 lb. 7 Pf. an dreierlichen.
Item 5   lb. allerlei monntz vnnd 1 Esperlin.
Item 5   gulden ann ganntzen vnd halben batzenn
         vnnd zehen creutzerern.
Item ½   gulden 9 Pf. an cleinen pfenningen/
         In einem beutel vorn ein guldin stuck.
Item 1   schwartzer port mit gold gewurckt
         vnbeschlagen.
Item 1   stucklin weiß Collnisch zwilchs[22]
         vngeuerdlich bey einer eln.
Item 1   gelb augstinin patternosterle.
Item 1   gulden an funfern vnnd zehenern
         minus eins funfer In einem prieflin.
Item   ettliche gewurckte porten vnnd annder
         grumpel vnd narren werck.
Item 1   buchlin darinnen Ir antropologia oder
         Natiuitet geschrieben steet.

---

[22] Zweifädiges Gewebe.

DER EBRACHER ZISTERZIENSERMÖNCH EYRING
ALS WEIHBISCHOF VON BAMBERG († ca. 1432)

von

GEORG DENZLER

... *Eiringus (suffr. Herbipol., Bamberg., Augusten.) 1431—1439* ...[1] So liest man es seit 70 Jahren in C. EUBELS Standardwerk über die katholische Hierarchie. Diese Zeile ist aber inhaltlich nicht nur äußerst dürftig, sie stimmt auch nicht. Die Lücken erklären sich daraus, daß die Entstehungsgeschichte des Weihbischofsamtes und speziell die Ernennungs- und Weihedaten der einzelnen Hilfs- oder Weihbischöfe im Mittelalter weithin noch im Dunkeln liegen.[2]

Diese Auxiliar- oder Hilfsbischöfe *kamen, da die Kirche am Verbot absoluter Konsekration streng festhielt, im 11. und 12. Jahrhundert als Flüchtlinge aus den Slavenländern östlich der Elbe, besonders aus Preußen und Livland, und wurden vorübergehend von Diözesanbischöfen mit besonderen Weiheaufträgen betraut. Nach den Kreuzzügen und dem lateinischen Kaisertum (1204—61) waren es regelmäßig Bischöfe orientalischer, wiederum in die Hände der Ungläubigen gefallener Sitze (ep. in partibus infidelium), auf die eine Weihe auch weiter als zulässig galt und seit Clemens V. (c. 5 in Clem. de elect. I 3) kraft besonderer päpstlicher Erlaubnis auch regelmäßig vollzogen wurde, so daß solche Bischöfe dann mit dauerndem Amtsauftrag in anderen Bistümern fungieren durften.*[3] Weil also diese „vertriebenen" Diözesanbischöfe, die sich vornehmlich in Deutschland und Österreich niederließen, von residierenden Bischöfen häufig zu Weihehandlungen herangezogen wurden, hießen sie auch „Weihbischöfe"; und da ihre Tätigkeit nicht ex officio, sondern aushilfsweise erfolgte, nannte man sie völlig zutreffend „Hilfsbischöfe", die aber nicht immer nur in ein und derselben Diözese fungierten, sondern überall dort, wo sie von einem Diözesanbischof um Mitarbeit gebeten wurden. Iurisdiktionsvollmachten besaßen diese Weihbischöfe nicht, es sei denn, ein solcher Weihbischof (vicarius generalis in pontificalibus) wäre gleichzeitig Generalvikar (vicarius generalis in spiritualibus) gewesen und hätte somit auch die Aufgabe des bischöflichen Stellvertreters erfüllt.

Natürlich konnte schon immer auch der Fall eintreten, daß ein Bischof aus irgendeinem Grund (Krankheit, ausgedehntes Bistum, fehlende Bischofsweihe u. a.) einen sogenannten Weihbischof brauchte. Diese Hilfsbischöfe gehörten früher häufig einem religiösen Orden an. Als ein solcher Auxiliarbischof, von dem Bamberger Bischof Lamprecht von Brunn (1374—99) ausgewählt und wohl auch geweiht, ist der Zisterziensermönch Eyring, Mitglied des Ebracher Konvents, bezeugt. Leider läßt sich weder sein Geburts- noch sein Todesjahr genau angeben. Die Unsicherheit beginnt schon mit der Schreibweise seines Namens; denn neben Eyring begegnen noch, wenn auch seltener, Eiring und Iring. Mit der Bischofsweihe schied ein Mönch nicht aus dem Konvent aus, er blieb Angehöriger des Klosters und sollte, ungeachtet seiner neuen oder zusätzlichen

---

[1] C. EUBEL, Hierarchia catholica medii aevi, Bd. I, Münster 1913 (Ndr. Passau 1960), S. 87.

[2] Vgl. dazu die neuesten Forschungsergebnisse von H. HOFFMANN, Die Würzburger Weihbischöfe von 1206—1402, in: Würzburger Diözesan-Geschichtsblätter 26 (1964) 52—90.

[3] H. E. FEINE, Kirchliche Rechtsgeschichte auf der Grundlage des Kirchenrechts von ULRICH STUTZ, Bd. I, Weimar 1950, S. 306.

Aufgabe als Weihbischof, das mönchische Leben fortführen, auch wenn er oft außerhalb des Klosters weilen mußte.

Seinem bischöflichen Titel zufolge war Eyring *archiepiscopus Anazarbensis,* d. h. Titularerzbischof der im östlichen Cilicien gelegenen Metropole Anazarbus (Anavarza)[4], die einst zum Patriarchat Antiocheia gehört hatte und mit dem Vordringen der Mameluken am Ende des 13. Jahrhunderts untergegangen war.

Als Weihbischof ist Eyring zum ersten Mal faßbar in einer Urkunde vom 22. Juni 1392, die den Besuchern der Münchener Kapelle zu Ehren der Jungfrau Maria und des hl. Laurentius einen Ablaß verleiht.[5] Eyring, der Aussteller der Ablaßurkunde, wird hier ganz allgemein als *vicarius generalis* des Bischofs von Bamberg bezeichnet, was als Weihbischof wie als Generalvikar interpretiert werden kann. Der Bamberger Bischof Lamprecht (von Brunn) entstammte einem elsässischen Adelsgeschlecht, trat in den Benediktinerorden ein und wurde 1359 Abt des Klosters Gengenbach, das Kaiser Heinrich II. im Jahre 1007 dem von ihm gegründeten Bistum Bamberg zugeteilt hatte. Bevor er den Bamberger Bischofsstuhl bestieg, hatte er schon die Bistümer Brixen, Speyer und Straßburg nacheinander regiert.

Im Bistum Bamberg selbst begegnen wir Eyring urkundlich erstmals 1395: *weichpischoff von Babenberg, der so hieß Errigerus und was ein Ertzpischoff* rekonziliierte am 26. September 1395 den Friedhof bei St. Johannes in Nürnberg und erteilte bei dieser Gelegenheit der Friedhofskapelle die kirchliche Weihe. Zur Entlohnung erhielt Eyring von der Stadt Nürnberg 26 Gulden und Naturalgaben.[6]

Nur zwei Tage später, am 28. September 1395, konsekrierte Eyring einen Altar der Filialkirche St. Georg in Kraftshof nahe bei Nürnberg. In der Weiheurkunde ist Eyring als *vicegerens in pontificalibus domini Lamperti Bambergensis,* als Bamberger Weihbischof, bezeichnet.[7]

Ebenfalls im Auftrag des Bamberger Bischofs Lamprecht erteilte Eyring am 5. Dezember 1397 einem Altar in der Kapelle des Ebracher Hofs, d. h. einer Niederlassung der Ebracher Zisterzienser in Nürnberg, die Weihe. Die Urkunde darüber enthält folgende Titulierung: *Frater Eyringus archiepiscopus Anavarsensis et Suffraganeus Lamperti episcopi Bambergensis.*[8] Die Bezeichnung *suffraganeus* (Hilfsbischof) findet sich zu dieser Zeit ganz selten. Anläßlich der Altarweihe verlieh Eyring den Besuchern der Hauskapelle einen Ablaß, der an bestimmten Feiertagen gewonnen werden konnte.

Einen solchen Ablaß ließ Eyring am 14. August 1398 auch der Marienkirche der Augustiner-Eremiten in Kulmbach zukommen.[9]

---

[4] *Anavarzen al. Anazarben. (Navarzan in Armenia) metrop., titul.* (EUBEL, a.a.O., S. 87).

[5] *Eyringus archiepiscopus Anauarsens, vicarius Lamberti episcopi Bambergensis generalis, omnibus puro corde visitantibus capellam in honorem virg. M. et S. Laurentii a ducibus Bavariae in oppido Monacensi fundatam et dotatam indulgentias concedit* (C. H. LANG, Regesta sive Rerum Boicarum Autographa e Regni Scriniis fideliter in Summas contracta, Bd. X, München 1843, S. 310; E. VON GUTTENBERG, Das Bistum Bamberg, Bd. 1 [Germania Sacra II/1], Berlin 1937 [Ndr. 1963], S. 289 f.). Bei JOH. KIST, Die Matrikel der Geistlichkeit des Bistums Bamberg 1400—1556, Würzburg 1965, S. 95 Nr. 1345, ist fälschlich der 6. Juni 1392 als Datum genannt.

[6] W. DEINHARDT, Dedicationes Bambergenses. Weihenotizen und -urkunden aus dem mittelalterlichen Bistum Bamberg (Beiträge zur Kirchengeschichte Deutschlands, Heft 1), Freiburg 1936, S. 55 Nr. 88.

[7] DEINHARDT, a.a.O., S. 55 Nr. 89; E. VON GUTTENBERG — A. WENDEHORST: Das Bistum Bamberg, Bd. 2 (Germania Sacra II/2), Berlin 1966, S. 273.

[8] Hauptstaatsarchiv München: Bamberg Nr. 4601; LANG, a.a.O., Bd. XI, München 1847, S. 118; DEINHARDT, a.a.O., S. 55 f., Nr. 90: GUTTENBERG — WENDEHORST, a.a.O., S. 299 f.

[9] Staatsarchiv Bamberg: B 73 Nr. 1.

Nachdem Bischof Lamprecht auf sein Bistum resigniert hatte, wählte das Domkapitel in Albrecht von Wertheim einen aus seinen Reihen zum Nachfolger. Weil aber Bischof Albrecht (1399—1421) selber nicht die Bischofsweihe empfing, konnte er auch keine Pontifikalhandlungen ausführen und blieb deshalb bei Konsekrationen auf Weihbischöfe angewiesen. Am 5. September 1400 ernannte er Titularerzbischof Eyring zu seinem vicarius generalis in pontificalibus und untersagte gleichzeitig seinem Generalvikar Johann Ambundius († 1424), einem fähigen Kanonisten, der bereits unter Bischof Lamprecht Generalvikar und Offizial gewesen war, andere Bischöfe irgendwelche Weihehandlungen innerhalb der Bamberger Diözese ausführen zu lassen.[10] Doch schon nach kurzer Zeit trat Ambundius in den Dienst des Würzburger Bischofs Johann von Egloffstein und fungierte auch dort als Generalvikar, bis er einem Ruf als Theologieprofessor an die neugegründete Universität Würzburg folgte. 1416 vertauschte er dann den Lehrstuhl in Würzburg mit dem Bischofssitz von Chur. Noch während das Konstanzer Konzil tagte (1414—18), erreichte Ambundius die Ernennung zum Erzbischof von Riga durch König Sigmund. Ambundius[11] ist ein Beispiel dafür, wie viele Stationen ein Prälat zu dieser Zeit durchlaufen konnte.

Ambundius' Nachfolger als Generalvikar und Offizial in Bamberg wurde 1403 Konrad Konhofer, allerdings auch nur für zwei Jahre, denn danach wirkte er als Generalvikar des Bischofs von Eichstätt. Konhofer hatte von Bischof Albrecht, dessen Hauptaktivitäten auf politischem Gebiet lagen, unbeschränkte Vollmacht erhalten, damit die spirituellen und kirchlichen Erfordernisse keinen Schaden erleiden mußten.[12] Für die eigentlichen Pontifikalakte stand meist Eyring zur Verfügung.

Eyring trat aber auch in anderen Diözesen als Weihbischof auf. Am 11. Dezember 1400 gewährte er den Besuchern der in der Diözese Eichstätt gelegenen Kirchen bzw. Kapellen in Merkendorf (St. Ägid), Hirschlach (St. Johannes Baptista und St. Nikolaus), Königshofen (St. Maria), Bechhofen (St. Katharina) und (Unter)Mosbach (St. Bernhard) einen Ablaß von 40 Tagen unter den gewöhnlichen Bedingungen (Geldopfer, Beichte und Kommunion).[13]

Das Zisterzienserinnenkloster Himmelspforten (Diözese Würzburg) verdankte Eyring einen am 1. Februar 1403 ausgestellten Ablaßbrief.[14]

Von Eyrings Tätigkeit im Bamberger Bistum sind auffallend wenige Zeugnisse erhalten. Am 1. Mai 1406 konsekrierte Eyring die Deokar-Kapelle in der Nürnberger St. Lo-

---

[10] J. LOOSHORN, Die Geschichte des Bisthums Bamberg, Bd. IV, München 1900, S. 20; GUTTENBERG, a.a.O., S. 290.

[11] Vgl. F. WACHTER, General-Personal-Schematismus der Erzdiözese Bamberg 1007—1907, Bamberg 1908, S. 8 Nr. 143. Eine Biographie des Ambundius wäre eine lohnende Aufgabe.

[12] LOOSHORN, a.a.O., S. 27. Vgl. auch M. WEIGEL, Dr. Conrad Konhofer († 1452). Ein Beitrag zur Kirchengeschichte Nürnbergs, in: Mitteilungen des Vereins für die Geschichte der Stadt Nürnberg 29 (1928) 169—297, hier 177.

[13] Hauptstaatsarchiv München: Eichstätt Hochstift Nr. 703; F. X. BUCHNER, Das Bistum Eichstätt, Bd. II, Eichstätt 1938, S. 321, 844, 846 und 864; LANG, a.a.O., Bd. XI, S. 190.

[14] J. WIRTH, Die Abtei Ebrach, Gerolzhofen 1928, S. 73. Für H. HOFFMANN, a.a.O., S. 90, war diese Ablaßbewilligung wohl der einzige Grund, Eyring am Ende der Würzburger Weihbischofsliste unter dem Jahr 1403 aufzuführen. Derselbe Anlaß führte zu Eyrings Erwähnung bei EUBEL, a.a.O., S. 553 *(Dioeceses, in quibus a. 1200—1431 infrascripti episcopi suffraganeos seu auxiliares seu vices gerentes in pontificalibus agebant);* irrtümlicherweise verweist EUBEL bei Würzburg aber auf Bamberg (S. 552), weil er den dort genannten Titularerzbischof Heinrich, ebenfalls ein Zisterzienser, offensichtlich mit unserem Eyring identifiziert, obwohl jener bereits in den Jahren 1372—75 faßbar ist. Dagegen nennt EUBEL Weihbischof Eyring weder bei Eichstätt noch bei Freising und auch nicht bei Bamberg, obwohl er doch gerade in der Bamberger Diözese nachweisbar Pontifikalhandlungen vorgenommen hat.

renzkirche.¹⁵ Reliquien Deokars, des ersten Abtes des um 790 errichteten Benediktinerklosters Herrieden (Diözese Eichstätt), hatte König Ludwig von Bayern im Jahre 1316 nach der Eroberung des Klosters den Nürnbergern zum Dank für ihre Unterstützung beim Eroberungszug geschenkt; jetzt sollten sie in der nach dem Heiligen benannten Kapelle eine würdige Verehrungsstätte erhalten. 1437 wurden die Reliquien in einen silbernen Schrein gefaßt und jedes Jahr am dritten Pfingsttag in Prozession um die Lorenzkirche getragen. Erst 1845 kamen die Deokarreliquien nach Eichstätt zurück.¹⁶

Im selben Jahr 1406, am 2. Mai, nahm Eyring wahrscheinlich in Nürnberg zwei Altarweihen vor: der eine Altar wurde dem hl. Michael, der andere der Jungfrau Maria und dem hl. Laurentius dediziert.¹⁷

Eyring blieb, seit er als Weihbischof in den Dienst Bamberger Bischöfe getreten war, dem Benediktinerkloster auf dem Michelsberg zu Bamberg eng verbunden. Es scheint, daß er dort auch häufig Unterkunft gefunden hat. Am 7. Juli 1409 wurde er in die Gebetsverbrüderung des Klosters aufgenommen¹⁸; am 7. Juli 1418 stiftete er ein Ewiglicht vor dem Stephansaltar des Michelsbergklosters.¹⁹

Eyrings letzte urkundliche Erwähnung erfolgte am 13. März 1419 in einer Vereinbarung über die Reform des Michelsbergklosters. Bischof Albrecht sprach in Gegenwart der Weihbischöfe Eyring und Konrad Othlem sowie des Abtes Nikolaus vom Kloster Langheim und einiger anderer Geistlicher davon, daß die Disziplin und der Gottesdienst im Kloster Michelsberg zu wünschen übrig ließen und eine Reform des Konvents, der nur noch zwölf Mönche und sechs Novizen umfaßte, dringend nötig sei. Abt Lampert, Prior Albert und der gesamte Konvent waren mit der Durchführung bestimmter Erneuerungen sogleich einverstanden.²⁰ Die Tatsache, daß hier zwei Weihbischöfe erwähnt sind, kann einmal bedeuten, daß Eyring als Weihbischof von Othlem abgelöst wurde; es ist aber auch möglich, daß Bischof Albrecht zwei Weihbischöfe zur gleichen Zeit zur Verfügung standen.²¹

Weihbischöfe fanden aber nicht nur in kirchlichen Belangen Verwendung; sie konnten auch bei Rechtshändeln zugezogen werden. So entschied Eyring gemäß einer Urkunde vom 3. August 1405 im Streitfall des Ebracher Abtes Peter und des Würzburger Domkanonikers Konrad Schenk von Erbach wegen der Güter und des Gerichts zu Mühlhausen.²²

Da Eyring sozusagen nur nebenamtlich als Weihbischof fungierte, mußten entweder das Kloster Ebrach oder er selbst für den Lebensunterhalt aufkommen. Hierher gehört wohl eine Urkunde vom 24. Februar 1399, in der Eyring auf seine Appellation hin eine „Kaution" und „Schadloshaltung" auf Kosten der Pfarrei St. Sebald in Nürnberg garantiert erhielt.²³ St. Sebald war spätestens seit 1308 eine Oberpfarrei, d. h., sie war dem Bamberger Domkapitel inkorporiert — Papst Bonifaz IX. bestätigte dies im Jahre 1399

---

[15] DEINHARDT, a.a.O., S. 61 f. Nr. 95; F. HEIDINGSFELDER, Die Regesten der Bischöfe von Eichstätt, Erlangen 1938, S. 495 Nr. 1594.
[16] GUTTENBERG — WENDEHORST, a.a.O., S. 296 f. Vgl. neuestens C. SCHLEIF, Bild- und Schriftquellen zur Verehrung des heiligen Deocarus in Nürnberg, in: Historischer Verein Bamberg Bericht 119 (1983) 9—24.
[17] DEINHARDT, a.a.O., S. 62 Nr. 96 und 97.
[18] GUTTENBERG, a.a.O., S. 290.
[19] Staatsarchiv Bamberg: B 73 Nr. 1.
[20] LOOSHORN, a.a.O., S. 114 f.
[21] Zu Konrad Othlem vom Benediktinerkloster Reinhardsbrunn vgl. KIST, a.a.O., S. 474 Nr. 7244.
[22] Staatsarchiv Bamberg: B 73 Nr. 1.
[23] Hauptstaatsarchiv München: Bamberg Nr. 4688.

—, so daß stets ein Domkanoniker die Pfarrpfründe besaß.[24] Nach einer anderen Überlieferung mußte das Kloster Ebrach Eyring jährlich 42 Gulden, die an den Festtagen St. Martin und St. Walburga fällig waren, als „Pension" zahlen.[25]

Unerklärlich bleibt, warum Eyrings Name nach 1419 in keiner Urkunde und in keiner Akte mehr aufscheint. Ob er jetzt wirklich nicht mehr als Weihbischof gewirkt hat? Vielleicht zog er sich in die Stille des Klosters zurück, um theologische Studien zu betreiben und mystische Traktate zu schreiben. Er hinterließ tatsächlich einen *Tractatus mysticus de divina sapientia*, der dem Bamberger Bischof Anton von Rotenhan (1431—59) gewidmet ist.[26] Der Würzburger Benediktiner Ignaz Gropp hielt diese Abhandlung nach Jahrhunderten noch für so wichtig, daß er davon 1732 einen Druck veranstaltete.[27]

Aus der Widmung des Traktats ist zu schließen, daß Eyring zumindest 1431 noch, als Anton von Rotenhan zum Bischof von Bamberg gewählt wurde, am Leben war. Er dürfte aber wenig später gestorben sein[28], denn Bischof Albert von Eichstätt bestätigte am 19. August 1433 einen Ablaß, den Eyring im Jahre 1400, wie bereits erwähnt[29], einigen Gotteshäusern im Bistum Eichstätt bewilligt hatte.

Seine letzte Ruhestätte fand Eyring nicht in seinem Profeßkloster Ebrach, sondern in der St. Bartholomäus-Kapelle des Bamberger Benediktinerklosters auf dem Michelsberg.[30] Dies geschah wohl aus Dankbarkeit für die Freundschaft, die Eyring mit Abt Lambert Zollner († 1431) verbunden hat, und für die vielfachen Schenkungen Eyrings an dieses Kloster, das ihm mehr am Herzen gelegen zu sein scheint als sein „Heimatkloster" Ebrach. Daran erinnerte später der Bamberger Geschichtsschreiber Hofmann mit diesen Zeilen:

Huic (Abbati) Anavarsensis Presul venerabilis urbis
Plurima magnifica tradidit aera manu,
Et sacra tecta novis donis, et honoribus auxit
Praesidio minuens publica damna suo.[31]

---

[24] Vgl. GUTTENBERG — WENDEHORST, a.a.O., S. 276.

[25] J. JAEGER, Series abbatum et religiosorum exempti monasterii Ebracensis, in: Cistercienser-Chronik 14 (1902) 171; W. WEIGAND: Geschichte der Fränkischen Cistercienser Abtei Ebrach, Landshut 1834, S. 47.

[26] Die Universitätsbibliothek Würzburg besitzt den Traktat in dem Papier-Codex M.ch.q.26 fol. 130—247. Die Widmung lautet: *Reverendissimo in Christo Patri et Domino Dno Anthonio glorioso Episcopo Bambergensi me ipsum et fidele devotionis obsequium.* Vgl. A. KASPAR, Chronik der Abtei Ebrach, Münsterschwarzach 1971, S. 107 f. Eine inhaltliche Würdigung des Traktates bietet K. GUTH, Die spätmittelalterliche „Fürstenlehre" des Bamberger Weihbischofs Eyring aus Ebrach († 1431). Ein Beitrag zur Geschichte der Frömmigkeit in Franken, in: Festschrift Ebrach 1127—1977, hrsg. von G. Zimmermann, Volkach 1977, S. 135—146.

[27] Tractatus mysticus de divina sapientia, ad quam itinere trium dierum sive per viam purgativam, illuminativam et unitivam trinis oculis, pedum, manuum et oris explicatas pervenitur, Nürnberg 1732.

[28] Unbewiesen ist die Tradition, nach der Eyring am 25. April 1439 gestorben ist. Vgl. D. WILLI, Cistercienser Päpste, Kardinäle und Bischöfe, in: Cistercienser-Chronik 23 (1911) 325 Nr. 191; WACHTER, a.a.O., S. 116 Nr. 2281; dagegen nennt KIST, a.a.O., S. 95 Nr. 1345, als Todesjahr 1431.

[29] Vgl. Anmerkung 13.

[30] A. USSERMANN, Episcopatus Bambergensis, St. Blasien 1801, S. 312; KIST, a.a.O., S. 95 Nr. 1345.

[31] N. REININGER, Die Weihbischöfe von Würzburg, Würzburg 1865, S. 69 (zitiert nach Brevis notitia Monasterii Ebracensis, pag. 199).

GESCHICHTE VON PFARREI UND KIRCHE IN GRAFENRHEINFELD

von

Ludwig Weth

I. St. Stephanskirche — St. Bartholomäuskirche[1]

Im Zuge der planmäßigen Kolonisation Mainfrankens durch die Karolinger entstand in der 1. Hälfte des 8. Jahrhunderts an einem wichtigen Mainübergang das Königsgut Rheinfeld. Die erste urkundliche Erwähnung des alten *Ranvelt* oder *Roumfelt* erfolgt in einer Schenkungsurkunde des austrasischen Hausmeiers Karlmann vom Jahre 741, in der dem neugegründeten Bistum Würzburg als Erstausstattung der Zehnt von 26 Königsgütern und 26 königlichen Eigenkirchen, darunter auch der Fiskalzehnt des Königsgutes Rheinfeld, übereignet wird.[2] Eine eindeutige Lagebestimmung des Königshofes läßt sich heute nicht mit völliger Gewißheit vornehmen. Neuere Forschungen gehen davon aus, daß der früheste administrative und kirchliche Schwerpunkt des Reichsgutbezirkes Rheinfeld auf der heutigen Bergrheinfelder und Oberndorfer Gemarkung lag und sich eine Schwerpunktverlagerung auf die linksmainische Seite erst mit der Übernahme der Dorfherrschaft Grafenrheinfeld durch das Würzburger Domkapitel im Jahre 1179 vollzog.[3] Dafür spricht auch, daß eine Siedlung auf der linken Seite des Mains zwar in fruchtbarem Ackerland, aber im unwirtlichen Überschwemmungsgebiet des Mains lag, so daß zunächst wohl die günstigere rechtsmainische Seite bevorzugt worden sein dürfte.

Für diesen Siedlungsraum Rheinfeld wurde vor dem Jahre 889 auf freiem Feld auf rechtsmainischer Seite die St. Stephanskirche erbaut. Einziges schriftliches Zeugnis für diese Kirche ist eine Urkunde Kaiser Arnulfs aus dem Jahre 889, in welcher dieser dem Bistum Würzburg mit den übrigen von Hausmeier Karlmann im Jahre 741 geschenkten Kirchen auch eine Stephanskirche in Rheinfeld bestätigt. Die Tatsache, daß diese Kirche St. Stephan weder in der Schenkungsurkunde des Jahres 741 noch in den folgenden Besitzbestätigungen Ludwigs des Frommen von 822 und 845 enthalten ist, legt den Schluß nahe, daß sie zwischen 845 und 899 errichtet worden ist. Da sich der Königshof Rheinfeld in der 2. Hälfte des 9. Jahrhunderts im Besitz der Babenberger als Markgrafen von Schweinfurt befand, dürfte die St. Stephanskirche von diesem Adelsgeschlecht erbaut worden sein.[4] Das zu dieser Zeit sehr seltene Stephanspatrozinium — unter der Auf-

---

[1] Vgl. Weth, Ludwig, Grafenrheinfeld 741—1981, Grafenrheinfeld 1982, S. 85 ff.; Grumbach, Franz, Parochia Rheinfeldensis, Würzburger Diözesangeschichtsblätter 37/38, Würzburg 1975, S. 295 ff.; Trost, Werner, Die gleichnamigen Uferorte beiderseits des Mains, Mainfränkisches Jahrbuch 21, Würzburg 1969, S. 104 ff.; Selig, Michael, Grafenrheinfeld. Im Dorfe des Rokoko, Dettelbach 1917, S. 5 ff.; Freppon, Joseph, Aus Grafenrheinfeld's alter und neuer Zeit, Sonderheft zu den „Deutschen Gauen" Nr. 123, Kaufbeuren 1928, S. 26 ff.; Festschrift zur Weihe der Apostelkirche St. Bartholomäus in Bergrheinfeld am 15. März 1970.

[2] Weth, S. 23 f.; Zimmermann, Gerd, Patrozinienwahl und Frömmigkeitswandel im Mittelalter, dargestellt an Beispielen aus dem alten Bistum Würzburg, Würzburger Diözesangeschichtsblätter 20 (1958), 21 (1959), Teil I, S. 52.

[3] Trost, S. 108; Grumbach, S. 297.

[4] Vgl. Helmut Weigel, Das Patrozinium des hl. Martin, Blätter für deutsche Landesgeschichte 100, 1964, S. 103.

zählung der Würzburger Dotationskirchen von 741 fehlt das Patrozinium des hl. Stephan vollständig[5] — spricht nicht dafür, daß die Kirche zunächst eine königliche Eigenkirche war.[6]

In den Kämpfen vor und während der Babenberger Fehde (893—896) verloren die älteren Babenberger mit ihren gesamten Gütern auch Rheinfeld, das von Kaiser Arnulf eingezogen wurde. Im Jahre 899 erhielten sie ihre eingezogenen Güter zusammen mit der Stephanskirche zurück. Noch etwa 150 Jahre später befindet sich Rheinfeld in der Hand des letzten Schweinfurter Markgrafen, deren Linie 1057 im Mannesstamme erlosch. Das Erbe wurde unter dessen fünf Töchter aufgeteilt, wobei Beatrix und Judith den Rheinfelder Besitz zugesprochen bekamen. In diese Zeit der Erbteilung des Besitzes fällt die Ortsdifferenzierung in Grafenrheinfeld, Bergrheinfeld, Oberrheinfeld.

Standort der St. Stephanskirche war der Platz, an dem die spätere St. Bartholomäuskirche stand: gründliche Urkundenanalyse[7] sowie die Untersuchung von Flurnamen und alten Katasterkarten[8] geben Hinweise für die genaue Lokalisation der ursprünglichen Pfarrkirche, die sich auf dem heute linksmainischen, vor der Mainregulierung von 1823 aber rechtsmainischen Gebiet der Bergrheinfelder Gemarkung befand im Mittelpunkt des Dreiecks Bergrheinfeld, Oberndorf und Grafenrheinfeld (siehe Abb.).

Die Hinweise auf die frühere Lage der Ur-Pfarrkirche und die Analyse der Urkunden von 889 und 1094[9] ergeben den Schluß, daß der kirchlich-administrative Schwerpunkt von Rheinfeld zunächst auf rechtsmainischer Bergrheinfelder Gemarkung lag. Mit Hilfe einer Untersuchung der mittelalterlichen Zenten und Pfarrsprengel des Hochstifts Würzburg läßt sich die frühe kirchliche Organisation rekonstruieren, nach der der Rheinfelder Raum zur Pfarrei Ettleben gehörte.[10] Die für das späte Mittelalter und die frühe Neuzeit belegten Schwerpunktverhältnisse mit Grafenrheinfeld als Pfarrsitz und den Orten Bergrheinfeld, Röthlein und Oberndorf als Filialen lassen sich somit nicht auf das frühe Mittelalter übertragen.

Die Ursache für diese Wandlung dürfte in dem Bemühen des Würzburger Domkapitels, das 1179 Grafenrheinfeld und Röthlein von Graf Gerhard von Rieneck erworben hatte, zu sehen sein, eine geschlossene Dorfherrschaft aufzubauen und somit auch die pfarreilichen Rechte der Rheinfelder Kirche in seinen Zuständigkeitsbereich zu übernehmen. Nach GRUMBACH[11] dürfte die Stephanskirche — inzwischen im Besitz des Bischofs von Eichstätt als Eigentümer der Bergrheinfelder Gemarkung — vor 1250 an das Würzburger Domkapitel übergegangen sein. Denkbar wäre eine Übernahme der St. Stephanskirche mit folgendem Patroziniumswechsel bereits für das Jahr 1179, da in einem Extract aus einem Pfarrbuch von 1179 im Grafenrheinfelder Pfarrarchiv die St. Bartholomäuskirche jenseits des Mains bereits als Pfarrkirche des Domkapitels bezeichnet wird. Der Extract wurde 1685 von Pfarrer Michael Freitag niedergeschrieben, das Original von 1179 ist nicht mehr vorhanden.

Inzwischen hatten sich in Rheinfeld aus den Hofgruppen rechts und links des Mains drei selbständige Siedlungen herauskristallisiert, die alle ihre eigene Kapelle bauten: die in der Urkunde von 1094 angesprochene *capella* in Rheinfeld ist mit der späteren

---

[5] ZIMMERMANN, Teil I, S. 52.
[6] So GERLINDE HUFNAGEL, Die Entwicklung der Rechts- und Herrschaftsformen im Stadt- und Landkreis Schweinfurt, Schweinfurt 1958, S. 24.
[7] TROST, S. 104 ff.
[8] TROST, S. 105; GRUMBACH, S. 301; Festschrift St. Bartholomäus, S. 11.
[9] TROST, S. 108; GRUMBACH, S. 298.
[10] GRUMBACH, S. 300, 317, 318.
[11] GRUMBACH, S. 309 ff.

St. Laurentiuskirche in Oberrheinfeld identisch, in Bergrheinfeld wurde die Marien-Ritter-Kapelle, in Grafenrheinfeld die Kreuzkapelle errichtet.[12] Nach dem Besitzwechsel der St. Stephanskirche an das Domkapitel im Jahre 1179 übernahm dieses auch die Pfarrechte. Grafenrheinfeld wurde Pfarrsitz, Oberrheinfeld, Bergrheinfeld und Röthlein wurden als Filialen angegliedert. Auf diese Weise läßt sich erklären, weshalb die Pfarrkirche auf Bergrheinfelder Gemarkung inmitten von Äckern und Wiesen stand, die fast alle Eichstätter Lehen bildeten, der Pfarrsitz jedoch auf dem gegenüberliegenden Mainufer im domkapitelschen Grafenrheinfeld war, so daß der Pfarrer und die Pfarrgemeinde aus Grafenrheinfeld und Röthlein stets die Mainfähre benutzen mußten, um in ihre Kirche zu gelangen. Vermutlich wurde bei der Erhebung der St. Stephanskirche zur Pfarrkirche auch der Patroziniumswechsel zu St. Bartholomäus vollzogen, der auf dem Lande des öfteren ältere Kirchenpatrone verdrängte.[13]

Urkundlich faßbar wird diese St. Bartholomäuskirche erstmals in einer Chronistennotiz zum Jahre 1387/1388 als *Bartholomes Greuen-Reinfeld*[14], die im sogenannten Städtekrieg zwischen Schweinfurt und Würzburg eingerissen wurde. Sie wurde zwar wieder aufgebaut, war jedoch auf Grund ihrer exponierten Lage weiterhin der Zerstörungsgefahr ausgeliefert. Ob die Kirche mit einem Friedhof für alle vier Dörfer im Bauernkrieg verwüstet wurde, ist nicht gesichert. Völlig zerstört und geplündert wurde die Kirche allerdings im Markgräflerkrieg 1553/1554; die Glocken wurden weggeführt und zu Geschützen umgegossen. Der Sonntagsgottesdienst wurde nunmehr in der Kreuzkirche in Grafenrheinfeld abgehalten. Der Pfarrer mußte jeden dritten Sonntag und am Feiertag und seit 1565 jeden Sonntag früh oder mittags zur Predigt und zum Spenden des hl. Sakraments in die Marien-Ritter-Kapelle nach Bergrheinfeld, bis *einsmals die pfarr zu St. Bartholmes witerumb zugericht* ist.[15] Der Wiederaufbau wurde zwar begonnen, wie ein Bericht vom Jahre 1580 im Archiv des Juliusspitals Würzburg zeigt, der von *Steinfuhr zu sandt Bartholomeß kirchen* spricht.[16] Doch dürfte die Wiederherstellung wohl nicht mehr vollendet worden sein, da auf der ältesten Dorfansicht von Bergrheinfeld aus dem Jahre 1590 die Kirche noch zerstört dargestellt wird.[17] Im Dreißigjährigen Krieg schließlich wurde die Kirche vollständig abgetragen; die Steine von Kirchengebäude und Friedhofsmauer wurden 1648 zur Befestigung des Obertores in Schweinfurt und Ende des 17. Jahrhunderts zum Aufbau der Maria-Schmerz-Kirche in Bergrheinfeld verwendet.[18] Im Laufe des 17. und 18. Jahrhunderts wurde der Kirchhof offenbar noch gelegentlich benutzt, das letzte Mal wahrscheinlich 1772 anläßlich einer großen Epidemie.[19] Im Jahre 1889 wurde von den Grafenrheinfelder Ortsbürgern Eva und Kaspar Keß auf dem Grundstück, auf dem einst die St. Bartholomäuskirche stand, ein großes steinernes Kreuz errichtet. Im Zuge des Ausbaus der Flakstellungen um Schweinfurt im 2. Weltkrieg wurde das Kreuz 1943 beseitigt. Nachdem bis 1959 nur noch der Sockel verblieben war, ließen in diesem Jahr die Eheleute Alfons und Maria Wegner sowie Anton und Theresia Wahler ein neues Kreuz errichten und einweihen.

---

[12] GRUMBACH, S. 311.
[13] GRUMBACH, S. 311; ZIMMERMANN, Teil I, S. 52, Teil II, S. 86.
[14] Original im Stadtarchiv Schweinfurt; GRUMBACH, S. 314.
[15] Festschrift St. Bartholomäus, S. 11; AMRHEIN, AUGUST, Reformationsgeschichtliche Mitteilungen aus dem Bistum Würzburg 1517—1573, Reformationsgeschichtliche Studien und Texte 41/42, 1923, S. 84 ff.
[16] Archiv des Juliusspitals L 106; Festschrift St. Bartholomäus, S. 12; FREPPON, S. 34.
[17] Original im Stadtmuseum Schweinfurt; Festschrift St. Bartholomäus, S. 14/15.
[18] Archiv des Juliusspitals A 10887; GRUMBACH, S. 301.
[19] Festschrift St. Bartholomäus, S. 12.

Somit erinnern heute noch an die alte St. Bartholomäuskirche das Steinkreuz sowie der Pfarrweg und der Neubau einer St. Bartholomäuskirche in Bergrheinfeld im Jahre 1970.

II. Pfarreiorganisation seit dem Spätmittelalter

Das Urbar oder Salbuch über das domkapitelsche Dorf Grafenrheinfeld, angelegt im Jahre 1598 auf Grund einer Instruktion des Fürstbischofs Julius Echter, beschreibt die Pfarreiorganisation Rheinfelds wie folgt:[20] *Geistliche Jurisdiction. Ein Hochwürdig Domb-Capitul hat die Pfarr Reinfeldt, so offt dieselbe vaciert, wider zu bestellen... Die rechte Hauptkirch zu S. Bartholomaeo genannt, so jenseiths Maynß uff Oberndorfer Marckhung gestandten, ist im Marckgräffischen Krieg abgebrandt und zerstört worden. Darrin haben gepfarret undt gehöret nachbemelter Filiale undt Dörfer alß: Berg-Reinfeldt, Oberndorff/vulgo Oberreinfeldt/undt Rödlein/oder Rondtreinfeldt/dan GravenReinfeldt. Diese haben auch vor alters ihr Begräbnuß alda gehabt; Oberndorff hat sich von zeit deß eingerissenen Lutherthumbs davon entzogen, daß aber gewiss ein Filial dahin gewesen, ist aus einem in Anno 1492 zwischen dem Pfarrher zu Gräffenreinfeldt undt der Gemeindt zu Bergreinfeldt beschehenen im Archiv sub Litt. B befindlichen Vergleich clärlich zu sehen, muß auch jährlich einem Pfarrher zu Reinfeldt sein Competenz noch geben, wie folgen würdt.*

Damit ist die *Parochia Rheinfeldensis* klar umrissen. Zum Pfarrsprengel gehörten die heutigen Orte Grafenrheinfeld, Bergrheinfeld, Oberndorf und Röthlein. Pfarrsitz war Grafenrheinfeld, die übrigen Orte waren Filialen. Dieses spätmittelalterlich-frühneuzeitliche Pfarreinetz läßt sich eindeutig bis in die 2. Hälfte des 14. Jahrhunderts nachweisen. In einer Chronistennotiz des Jahres 1387/1388 wird zum ersten Mal die Pfarrkirche St. Bartholomäus genannt. Die Bezeichnung *Bartholomes GreuenReinfeld* verdeutlicht, daß Grafenrheinfeld die Pfarrechte besaß. Dies wird auch durch die Diözesanmatrikel aus der Mitte des 15. Jahrhunderts bestätigt.[21] Im Jahre 1363 wird als erster urkundlich bekannter Pfarrer von Rheinfeld Dietrich, genannt Koch von Schleusingen, von Papst Urban V. mit der Pfarrkirche *Ramfelt* providiert. In Urkunden von 1378, 1445 und 1492 erscheint Oberndorf abhängig von Grafenrheinfeld; auch Bergrheinfeld ist 1492 eine Filiale von Grafenrheinfeld.[22]

Dieser seit dem Spätmittelalter eindeutige Sachverhalt läßt sich für die Frühzeit Rheinfelds — wie im 1. Teil der Untersuchung erläutert — nicht aufrechterhalten. Erst die Besitzübernahme Grafenrheinfelds und Röthleins durch das Würzburger Domkapitel im Jahre 1179 führte zu einer Verlagerung des kirchlich-administrativen Schwerpunkts von der Gemarkung rechts des Mains auf die linksmainische Seite mit Grafenrheinfeld als Pfarrsitz mit drei Filialen.

Erhebliche Schwierigkeiten entstanden für die Pfarrei Rheinfeld, als sich nach der Reformation die Stadt Schweinfurt der Lutherischen Lehre zuwandte. Schon 1540 ließ der Schultheiß von Oberndorf sein Kind nicht mehr in die Rheinfelder Pfarrkirche, sondern nach Schweinfurt zur Taufe tragen.[23] Von 1544 an wurde Oberndorf von Schweinfurt aus kirchlich mitversorgt; gleichzeitig wurden dem Pfarrer von Grafenrheinfeld die Bezüge aus Oberndorf verwehrt. 1548 schließlich wurde der erste protestantische Pfar-

---

[20] StA Würzburg, Standbuch 100, S. 6; Extract im Pfarrarchiv Grafenrheinfeld, angefertigt von Pfarrer Michael Freitag im Jahre 1685.
[21] BENDEL, FRANZ J., Die Würzburger Diözesanmatrikel aus der Mitte des 15. Jahrhunderts, Würzburger Diözesangeschichtsblätter 2,2 (1934), S. 1.
[22] GRUMBACH, S. 295.
[23] GRUMBACH, S. 312; SCHOEFFEL, SIMON, Die Kirchenhoheit der Reichsstadt Schweinfurt, Quellen und Forschungen zur bayerischen Kirchengeschichte 3, Leipzig 1918, S. 256.

rer von Oberndorf ernannt, wodurch die Pfarrei aus dem Pfarrsprengel Rheinfeld ausschied.

Auch in den anderen Orten drang die neue Lehre ein. Zwischen 1540 und 1545 wurde der größte Teil der Einwohner Bergrheinfelds durch den Übertritt seiner adeligen Ganerben, der Herren von Thüngen, Grumbach und Schaumburg auf mehr als 100 Jahre protestantisch.[24] Der zuständige Pfarrer von Grafenrheinfeld durfte in der Ritterkapelle nur noch eine Sonntagspredigt am Nachmittag halten. Aus dem Jahre 1617 wird sogar berichtet, daß Katholiken unter der Führung des domkapitelschen Schultheißen von Grafenrheinfeld gewaltsam die Kirchen- und Sakristeitür aufbrachen.

Auch in Grafenrheinfeld fand die Lehre Martin Luthers Eingang. Berichte aus der damaligen Zeit klagen darüber, daß Einwohner aus dem Ort in Schweinfurt dem lutherischen Gottesdienst beiwohnten und durch Erzählungen zu Hause in den Gläubigen das Verlangen zur Teilnahme am andersgläubigen Gottesdienst erweckten.[25] Selbst in der Schule unterrichtete der Lehrer nach dem *lutherisch Catechismus und andere schädliche buchlein*.[26] Von 1632—1634 war sogar durch die Stadt Schweinfurt ein protestantischer Pfarrer in Grafenrheinfeld eingesetzt worden, nachdem der Schwedenkönig Gustav Adolf den Ort an die Stadt übergeben hatte. In dem von Pfarrer Michael Freitag im Jahre 1681 in lateinischer Sprache begonnenen Protokoll der Pfarrei Grafenrheinfeld wird folgender Lagebericht gegeben: Oberndorf ist zur Lehre Luthers abgefallen bis zum heutigen Tage. Abgefallen ist auch Bergrheinfeld, wo die Lutheraner allerdings wieder abnehmen, seit der Bischof von Würzburg zwei Priester sandte, die in Berg- und Grafenrheinfeld regelmäßigen Gottesdienst abhalten. Für Grafenrheinfeld berichtet Pfarrer Freitag lediglich über den gewünschten Übertritt von Andersgläubigen zum katholischen Glauben; offenbar hatte das Domkapitel in seinem Ort wieder die Beachtung der katholischen Lehre durchgesetzt. Aufschlußreiche Erkenntnisse über die Pfarrei in der Zeit der Reformation vermittelt der Visitationsbericht über das Landkapitel Dettelbach aus dem Jahre 1576, der den Einfluß der protestantischen Lehre auf die Pfarrei und Schule schildert und Angaben über den Bauzustand der Kirchen, Kapellen und Pfarrhausbauten gibt.[27]

Für die weitere Entwicklung der Pfarrei ist bedeutsam, daß nach dem Ausscheiden Oberndorfs aus dem Grafenrheinfelder Pfarrsprengel im Jahre 1548 auch die beiden verbliebenen Filialen Anspruch auf Selbständigkeit erhoben. Bergrheinfeld wurde durch Fundationsurkunde vom 22. Februar 1692 unter Fürstbischof Johann Gottfried von Guttenberg eigenständige Pfarrei[28], Röthlein wurde am 14. September 1803 zur Pfarrei erhoben. Dort hatte der Grafenrheinfelder Pfarrer gemäß dem Visitationsbericht von 1576 die Verpflichtung, siebenmal im Jahr in das Dorf zu kommen und in der Kirche Gottesdienst zu halten, sonst besuchten die Einwohner Röthleins den Gottesdienst in Heidenfeld. Nachdem seit dem 18. November 1746 bereits eine eigene Kaplanei für Röthlein errichtet worden war[29], erhielt der Ort im Jahre 1803 einen eigenen

---

[24] Festschrift St. Bartholomäus, S. 22.
[25] FREPPON, S. 27; AMRHEIN, S. 104; WETH, S. 29, 100.
[26] Visitationsbericht von 1576, in: HOFMANN, HERMANN, Der Visitationsbericht über das Landkapitel Dettelbach von 1576, Würzburger Diözesangeschichtsblätter 39, Würzburg 1977, S. 139—166, Grevenreinfeldt S. 147.
[27] Siehe Anm. 26.
[28] Festschrift St. Bartholomäus, S. 26; FREPPON, S. 29; Kunstdenkmäler des Königreichs Bayern, Band 3: Unterfranken und Aschaffenburg, Heft XVII, Stadt und Bezirksamt Schweinfurt, bearb. v. FELIX MADER und GEORG LILL, München 1917, S. 89.
[29] Stiftungsbrief mit Papiersiegel des Fürstbischofs von Würzburg im Pfarrarchiv Grafenrheinfeld.

Pfarrer, da der Kaplan aus Grafenrheinfeld wegen der Mainüberschwemmungen des öfteren gar nicht oder nur unter großer Gefahr nach Röthlein gelangen konnte. Die *Parochia Rheinfeldensis* war damit zu Ende gegangen. Die Grafenrheinfelder Pfarrei wurde 1801 dem Dekanat Dettelbach, 1811 und 1868 dem Dekanat Volkach, 1906 dem Dekanat Schweinfurt sowie bei der jüngsten Neueinteilung im Jahre 1955 dem Dekanat Schweinfurt-Land eingegliedert[30].

III. Kreuzkirche

Seit der Zerstörung der St. Bartholomäuskirche im Markgräflerkrieg 1553/1554 diente die Kreuzkirche in Grafenrheinfeld als Pfarrkirche für den Pfarrsprengel Grafenrheinfeld, Bergrheinfeld und Röthlein, nachdem Oberndorf mit der Ernennung des ersten protestantischen Pfarrers 1548 ausgeschieden war. Wann die Kreuzkirche innerhalb des Ortes errichtet wurde, läßt sich heute nicht mehr genau feststellen. Sie dürfte wie manches andere dörfliche Gotteshaus zum Hl. Kreuz an der Stelle eines alten Adelshofes gebaut worden sein im Zuge des ritterlichen Kreuzkultes, der, durch die Pilgerfahrten ins Hl. Land und besonders durch die Kreuzzüge angeregt, im Hoch- und Spätmittelalter zur Stiftung zahlreicher Kreuzkirchen und -kapellen führte.[31] Nach der ältesten Rechnung aus dem Jahre 1357 hatte die Kirche den Titel *Unsere Liebe Frau von Greuenreinfeld;* 1554 führte sie nach der zweitältesten Rechnung den Titel *Zum Hl. Kreuz,* 1601 wurde sie mit Doppelpatrozinium *zu unser lieben Frauen vond des Heylgen Creizes zu Grauenreinfelt* genannt.[32] Aus der Frühzeit der Kirche ist lediglich bekannt, daß sie im Jahre 1408 umgebaut und der westliche Turm neu errichtet wurde. Baurechnungen von 1662 und 1663 bezeugen die Erweiterung der Kreuzkirche, die nach einer Bauaufnahme Balthasar Neumanns von 1748 kreuzförmigen Grundriß hatte und innerhalb eines großen Gadenberings lag, den ringsum ein Graben umgab. Somit reiht sich die Kreuzkirche Grafenrheinfelds in die stattliche Zahl der Wehrkirchen und Kirchenburgen in Franken ein, die angelegt waren, um der Bevölkerung Schutz und Sicherheit bei Überfällen und Kampfentscheidungen zu bieten.[33] Von den in Balthasar Neumanns Bauaufnahme verzeichneten Gaden, die als Wohn- und Versorgungseinrichtungen auch Teil der Befestigung waren, sowie dem Schul- und Brauhaus ist nur letzteres übriggeblieben. Gefängnisturm, Graben und selbst der Brunnen sind beim Neubau der Kirche verschwunden. Das Schulhaus mit Lehrerwohnung, Scheune und Stallung an der Südwestecke des Gadenberings wurde 1774 neu errichtet, seit 1885 jedoch auf Grund eines Schulneubaus an der Hauptstraße nur noch als Wohnung des 1. Lehrers genutzt.

Das im Jahre 1748 von Balthasar Neumann ausgearbeitete Neubauprojekt kam wie ein weiterer Plan nicht zur Ausführung. So begann man erst im Jahre 1755 nach den Plänen von Johann Michael Fischer mit dem Neubau, der am 1. Oktober 1795 nach vierzigjähriger Bauzeit von Fürstbischof Georg Karl von Fechenbach unter großer höfischer Prachtentfaltung eingeweiht wurde. Der Turm der mittelalterlichen Kreuzkirche aus dem Jahre 1408 war beibehalten und erhöht, der gesamte Bau nach Süden ausgerichtet worden. Dem Patrozinium des hl. Kreuzes trug bereits die Gestaltung der Sandsteinfassade Rechnung:[34] Rechts vom Hauptportal war eine Statue der hl. Helena mit

---

[30] H. H. HOFMANN/H. HEMMERICH, Unterfranken, Würzburg 1981, S. 371, 374, 378, 380, 384.
[31] ZIMMERMANN, Teil II, S. 94/95.
[32] SELIG, S. 6; FREPPON, S. 35, Kunstdenkmäler XVII, S. 146 ff.
[33] KOLB KARL, Wehrkirchen und Kirchenburgen in Franken, Würzburg 1977, S. 11, 24/25, 132.
[34] SELIG, S. 15 ff.

dem Kreuz, links vom Eingang die Statue ihres Sohnes, des Kaisers Konstantin sowie oben im Giebelfeld die Statue des hl. Kilian angebracht, der das Kreuz nach Franken gebracht hatte. Ein weithin sichtbares steinernes Kreuz über dem Giebelfeld verdeutlichte zusammen mit den Statuen dem Betrachter schon von außen, daß die Kirche zu Ehren des hl. Kreuzes errichtet worden war. Auch im Kircheninnern erinnerte das Kreuz immer wieder an das Patronatsfest der Kreuzauffindung: Das Kreuz bekrönte die Baldachinanlage des Hochaltares, es thronte über der Kanzel und wurde durch den Würzburger Hofbildhauer Johann Peter Wagner durch einen eigenen Seitenaltar mit Christus am Kreuz sowie der Gottesmutter Maria und Johannes als Zeugen der Erlösung auf dem Berg Golgatha verherrlicht. Die Geschichte des Kreuzes wird ebenfalls dargestellt auf den drei von Johannes Zick aus Augsburg angefertigten Gemälden: die Auffindung des hl. Kreuzes durch die hl. Helena auf dem vorderen Deckengemälde und in Fortsetzung dazu sowie zum Hochaltarbild die Kreuzerhöhung am Gewölbe des Langhauses.

Nachdem im Jahre 1825 das schiefhängende, drei Zentner schwere eiserne Kreuz des Turmes abgenommen und durch ein einfacheres Kupferkreuz ersetzt worden war, erfolgten 1863 umfangreichere Baumaßnahmen. Die Kirche wurde nach Norden hin verlängert und unter Verwendung der alten Fassade ein Joch am Langhaus angefügt. Ferner wurde der westliche Turm erhöht und der östliche Turm auf ebenfalls 65 m Höhe neu erbaut. Um den Chor legte man einen geräumigen Umgang mit der Sakristei an, im Kircheninnern wurde eine Empore angebaut. Nach der letzten Kirchenrestauration im Jahre 1908 wurden an dem Gotteshaus bis zur Bombennacht des 24. Februar 1944 keine baulichen Veränderungen mehr vorgenommen. Sowohl die äußere Anlage der Kirche im Barockstil als auch die reichhaltige Rokokoausstattung im Innern hatten zusammen mit den zahllosen Bildstöcken und Heiligenfiguren dem Ort Grafenrheinfeld den Namen „Dorf des Rokoko" eingebracht. In der erwähnten Bombennacht des 24. 2. 1944 wurde das Gotteshaus fast vollständig zerstört. Lediglich das von Kaplan MICHAEL SELIG im Jahre 1917 verfaßte Büchlein *Grafenrheinfeld. Im Dorfe des Rokoko* kann heute noch mit Bildern und Beschreibungen einen Eindruck davon vermitteln, wie viele Kunstschätze den Bomben zum Opfer fielen.

Die Wiederherstellung der Kirche in den Nachkriegsjahren kam praktisch einem Neubau gleich. Seit der umfassenden Umgestaltung des Inneren der Pfarrkirche im Jahre 1970 erinnert das Relief *Kreuzauffindung* über dem Hochaltar von dem Schweinfurter Bildhauer Heinrich Söller an das Patrozinium des hl. Kreuzes aus dem Spätmittelalter.

Stephanskirche, Bartholomäuskirche und Kreuzkirche haben nacheinander das kirchliche Leben der Pfarrei Rheinfeld bestimmt, bis im Jahre 1548 Oberndorf als 1. Filiale und 1692 Bergrheinfeld als nächstes Glied des ehemals vier Pfarreien umfassenden Pfarrsprengels selbständig wurde. Nachdem im Jahre 1803 auch Röthlein einen eigenen Pfarrer erhielt, war die „Parochia Rheinfeldensis" zu Ende gegangen. Die Kreuzkirche war von jetzt ab alleinige Pfarrkirche für den Ort Grafenrheinfeld und erinnert noch heute zusammen mit dem Frühmeßbeneficium, das zur Vermeidung der beschwerlichen Mainüberfahrt gestiftet worden war, als die Pfarrkirche St. Bartholomäus nach dem damaligen Lauf des Mains jenseits des Ufers lag, an die frühere Pfarreiorganisation des Pfarrsprengels Rheinfeld.

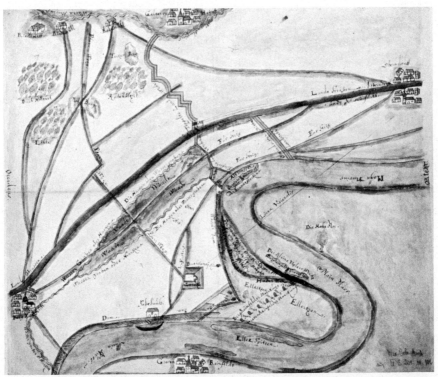

Die große Mainschleife bei Berg- und Grafenrheinfeld mit St. Bartholomäuskirche, um 1686.
(StA Wü, Würzburger Risse und Pläne I, 325)

VON DER STIFTSPFARREI ZUR STADTPFARREI ST. GANGOLF IN BAMBERG

von

LOTHAR BRAUN

Die Stadtpfarrkirche St. Gangolf in Bamberg wird vom erhaltenen Baubestand her als die älteste Kirche Bambergs bezeichnet. Tatsächlich ist trotz mancher Umbauten und Erweiterungen der nach alter Überlieferung 1063 geweihte Gründungsbau in seinen Grundzügen mit Ausnahme des am Ausgang des Mittelalters völlig erneuerten Chores erhalten geblieben. Auch die archivalische Überlieferung von Kirche und zugehörigem Kollegiatstift ist reichhaltig. Sie wird durch einige heute verstreute Handschriften, vor allem aus dem liturgischen Bereich, ergänzt. Trotz dieser günstigen Quellenlage gibt es bislang keine umfassende historische Gesamtdarstellung von Kirche und Stift.[1] Nur einige wenige Teilaspekte sind bisher ausführlich behandelt worden.[2] Zu den Autoren, die sich mit diesem Themenkreis befaßt haben, gehört auch der Jubilar, der sich mit dieser Kirche darüber hinaus persönlich verbunden fühlt. Sein wissenschaftliches Interesse galt vor allem der Gründungszeit und dem nach Lothringen weisenden Gangolfspatrozinium.[3] Über die vom Stift ausgeübte Pfarrseelsorge und den Übergang von der Aufhebung des Stifts bis zur Errichtung der neuen Stadtpfarrei zu Beginn des 19. Jahrhunderts fehlt es bisher an einer sich auf das vorhandene Quellenmaterial stützenden geschichtlichen Bearbeitung. Dabei ist gerade dieser Zeitraum von entscheidender Bedeutung dafür, daß das geistliche, geschichtliche und künstlerische Erbe des Stifts sowie seiner verschiedenen Einrichtungen aus über acht Jahrhunderten wenigstens zu einem großen Teil bis auf unsere Zeit gekommen ist.

---

[1] An älterer benutzter Literatur ist zu erwähnen: MICHAEL HEINRICH SCHUBERTH, De origine et conditione ecclesiarum collegiatarum in genere, et ecclesiae collegiatae ad B. V. M. et S. Gangolphum Bambergae in specie, Diss., Bamberg 1768. — NIKOLAUS HAAS, Geschichte der Pfarrei St. Martin zu Bamberg . . ., Bamberg 1845, S. 127 ff. — Das Collegiatstift zu U. L. Frau und St. Gangolph in Bamberg, in: Kalender für katholische Christen . . . 1881, Sulzbach, S. 80 ff. — MAXIMILIAN PFEIFFER, Beiträge zur Geschichte der Säcularisation in Bamberg, Bamberg 1907, S. 57—63. — [FRIEDRICH] WACHTER, Sankt Gangolf's Ring, in: Alt-Bamberg, Bd. 12, 1912/13, S. 3—15. — Die einzige neuere Darstellung von HANS PASCHKE, St. Gangolf zu Bamberg (Studien zur Bamberger Geschichte und Topographie, Heft 18), Bamberg 1959, behandelt zwar in erster Linie die Topographie eines Teils der früheren Immunität des Stifts, bringt aber auch zur Geschichte des Stifts neues Material.

[2] HERIBERT KEH, Ein Beitrag zur Geschichte des ehem. Kanonikerstiftes St. Gangolf, in: Fränkische Blätter, 3. Jg., 1951, S. 9. — ALWIN REINDL, Die vier Immunitäten des Domkapitels zu Bamberg, in: BHVB 105, S. 214 ff. — LOTHAR BRAUN, Die Orgeln von St. Gangolf in Bamberg, in: Festschrift zur Orgelweihe am 16. April 1972 in St. Gangolf Bamberg.

[3] GERD ZIMMERMANN, Sankt Gangolfs Weg von Lothringen nach Bamberg, in: Jahrbuch für Fränkische Landesforschung, Band 22, 1962, S. 443 ff. — ders., Sankt Gangolf in Bamberg, Kleine Kunstführer Nr. 1172, München/Zürich 1982.

I. Die pfarrlichen Verhältnisse vor der Aufhebung des Kollegiatstifts St. Maria und St. Gangolf

Bestehen der Stiftspfarrei

Die vielerorts im Mittelalter gegründeten Kollegiatstifte übten nachweisbar zumindest seit dem 13. Jahrhundert auch die Seelsorge für ihre Angehörigen und deren Bedienstete aus. Dies geschah in einer sogenannten Personalpfarrei, die vom Kustos des Stifts, einem der Chorherrn, versehen wurde und deshalb auch Kustoreipfarre genannt wurde. In der Stadt Bamberg allerdings nahm neben den beiden Kollegiatstiften St. Stephan und St. Jakob das Stift zu Unserer Lieben Frau und St. Gangolf, wie es noch im 18. Jahrhundert meist genannt wurde, diesbezüglich eine Sonderstellung ein, was aus der Beschreibung des Dr. utr. jur. JOHANN MICHAEL HEINRICH SCHUBERTH, dem als Kanoniker und letztem Dekan des Stifts dessen Rechtsverhältnisse genau bekannt waren, aus dem Jahr 1790 deutlich hervorgeht:[4] *Bei den drei Kollegiatstiftern ist mit der Custorey das Pfarramt in Ansehung der Kanonikatshöfe und der dazugehörigen Nebengebäude verbunden; nur hat das zu U. L. Frau und St. Gangolph noch zum Voraus, daß gewisse, der Stiftskirche nahegelegene Distrikte, worin einige hundert Seelen sich befinden, dahin eingepfarret sind.* Dieser Stiftspfarrei oblag also nicht nur die Seelsorge der unmittelbar zum Stift gehörenden Personen, vielmehr reichte ihre Zuständigkeit in angrenzende Bezirke hinein. Dementsprechend werden in der Dekanatseinteilung des Fürstbistums Bamberg vom 17. November 1795 für die Residenzstadt Bamberg neben der Chorpfarrei im Dom, der St. Veitspfarrei ebenda, der St. Martins- und der Oberen Pfarrei noch die *Pfarrei zu St. Gangolph* als allgemeine Pfarrei und nicht nur als Kustoreipfarrei wie die zu St. Stephan und St. Jakob aufgeführt.[5]

Dasselbe ergibt sich aus dem Entwurf eines nicht an den Heiligen Stuhl abgesandten Ad limina-Berichts des Fürstbischofs Marquard Sebastian Schenk von Stauffenberg (1683—93) über den Stand der Bamberger Diözese von 1691. Danach werde die pfarrliche Jurisdiktion in der Stadt Bamberg und einigen ihr benachbarten Gebieten von sechs Kirchen ausgeübt, nämlich den Pfarrkirchen zu St. Martin und zu Unserer Lieben Frau auf dem Kaulberg. Zu den übrigen vier Kirchen gehöre nur eine kleine Seelenzahl. Es seien eine Pfarrei mit der Domkirche und die drei übrigen Pfarreien mit den Kollegiatstiften vereinigt. Eine von diesen verrichte außerhalb der Höfe der Kanoniker und Vikare, die Seelsorge der in der Umgebung angesiedelten Bürger *(inquilinorum)*. Die Seelenzahl dieser vier Pfarreien betrage zusammen 589.[6]

Noch weiter zurück läßt sich die Stiftspfarrei an Hand der Matrikeln verfolgen. Die älteste erhaltene Gangolfer Matrikel, welche die Taufen ab 1645 enthält, in welchem

---

[4] MICHAEL HEINRICH SCHUBERTH, Historischer Versuch über die geistliche und weltliche Staats- und Gerichtsverfassung des Hochstifts Bamberg, I. Band, Erlangen 1790, S. 58. — Über den Verfasser vgl. FRIEDRICH WACHTER, General-Personal-Schematismus der Erzdiözese Bamberg, 1007—1907, Bamberg 1908 (nachfolgend W zitiert), Nr. 9209. Schuberth wurde am 21. Oktober 1741 in Schlüsselau, wo sein Vater Johann Heinrich Schubert(sic) Verwalter (des dortigen Vogteiamts) war, getauft (Archiv des Erzbistums Bamberg — AEB —, Taufmatrikel der Kath. Pfarrei Schlüsselau 1641—1808, S. 44). — Hier wie nachfolgend wird zur Person der erwähnten Geistlichen auf das Werk von Wachter verwiesen. Biographische Daten werden nur insoweit gebracht, als die Angaben bei Wachter berichtigt oder ergänzt werden können.

[5] HEINRICH WEBER, Das Bisthum und Erzbisthum Bamberg, seine Eintheilung in alter und neuer Zeit und seine Patronatsverhältnisse, in: BHVB 56, 1895, S. 210.

[6] AEB, Fürstbischöfe A 19, Fach 3, Akt 19, Fasz. III, Bl. 3', 4, 4'. — Der unter dem 9. März 1692 ausgefertigte und dem Papst übergebene Bericht (auszugsweise wiedergegeben bei JOHANN

Jahr der Kanonikus Neithard Gampert[7] sein Amt als Kustos des Stifts antrat, trägt die Bezeichnung: *Matricula Nova Eccl[es]iae Collegiatae ad B:Virginem et S:Gangolphum extra muros Bambergenses 1645.* Dem ist schon zu entnehmen, daß sie eine Vorgängerin hatte, die nicht mehr erhalten ist. Der Inhalt dieser bis 9. April 1707 reichenden Taufmatrikel wie auch der mit ihr in einem Band vereinigten Trauungsmatrikel vom 9. Februar 1653 bis 25. Januar 1707 und Sterbematrikel vom 19. Oktober 1651 bis 19. November 1706[8] läßt sogar erkennen, daß jedenfalls seit dem Ende des 16. Jahrhunderts die Zuständigkeit der Pfarrei über die Chorherrn des Stifts und deren Hausgenossen hinausging. Der Sterbeeintrag der am 22. September 1667 verschiedenen Anna Katharina Geier, der Mutter des Kanonikus' Johann Christoph Geier (Geyer), enthält in einer Anmerkung des damaligen Kustos' Friedrich Hiltenberger einen Hinweis auf die Ausdehnung der Pfarrei. Unter Bezugnahme auf Einträge im alten Matrikelbuch von 1594, 1607, 1608, 1609 und 1613 wird hier ausgeführt, daß *unsere Gangolphische Jurisdiction sonsten ganz hinunter zum Schranken bei dem Tränckgäßlein reichet.*[9] Daraus ergibt sich, daß bereits 1594 die Stiftspfarrei im Nordwesten bis zur Einmündung der Tränkgasse in den damaligen Steinweg (heute Obere Königstraße) reichte. Auf die dort verlaufende Grenze der Pfarrei und der Immunität des Stifts wird bei der Bestimmung des Pfarrsprengels noch näher einzugehen sein.

Im 15. Jahrhundert bestand in diesem Bereich vorübergehend sogar eine kleine Pfarrei bei der im damaligen Steinweg stehenden Gertraudenkapelle.[10] Diese bezeichnet Fürstbischof Anton von Rotenhan (1431—1459) in einer Urkunde vom 9. Juli 1455 als *ecclesia parochialis St. Gertrudis in suburbio civitatis nostrae Bambergensis sita* unter der Verwaltung der Brüder des Klosters Michaelsberg.[11] Diese Kapelle gehörte ursprünglich zu einem von Bischof Otto dem Heiligen (1102—1139) an der Nord-Süd-Durchgangsstraße gegründeten Spital für Fremde, welches Otto 1137 der von ihm ebenfalls errichteten Michaelsberger Zelle St. Getreu geschenkt hatte. Darauf ist zurückzuführen, daß dem Kloster Michaelsberg bis zum Ende des 18. Jahrhunderts die Betreuung

---

LOOSHORN, Die Geschichte des Bisthums Bamberg, München und Bamberg 1886—1910, VI. Band, S. 552) führt demgegenüber nur zwei Pfarrkirchen in der Stadt Bamberg auf, erwähnt aber, wie auch die Berichte von 1741, 1751, 1756, 1763, 1768, 1773 und 1777, kurz die Seelsorge seitens der Kollegiatstifte. Erst die Berichte von 1782 (Bl. 11) und 1797 (Bl. 11) zählen vier Pfarreien, darunter die des Stifts *ad Beatam Virginem Mariam et Sanctum Gangolphum martyrem* auf (Vatikanisches Archiv Rom, Visitationes liminum Bambergenses, ohne Signatur). Herrn Dr. Lothar Bauer, der diese Berichte bearbeitet, bin ich für den Einblick in das Manuskript dankbar.

[7] W, Nr. 2910.

[8] Diese Matrikeln — nachfolgend MSG I bezeichnet — befinden sich jetzt wie die beiden folgenden Bände für die Jahre 1707—1745 — MSG II — und 1746—1805 — MSG III — und die älteren Matrikeln der Stadtpfarrei ab 1806 — MSG mit Zusatz — im AEB. Bei den Matrikeln der Stiftspfarrei handelt es sich um drei guterhaltene Foliobände, welche vermutlich im 19. Jahrhundert aus mehreren Heftungen gebildet und durchgehend paginiert worden sind. Soweit nachfolgend Personalangaben den ebenfalls im AEB deponierten Matrikeln der anderen Bamberger Pfarreien entnommen sind, bedeuten die Abkürzungen: MSM = Pfarrei St. Martin; MOP = Obere Pfarre; MD = Dompfarrei. Band und Seite werden hier nicht angegeben, wenn der Eintrag mit Hilfe des Datums ohne weiteres gefunden werden kann.

[9] MSG I, S. 103 f. — Über Johann Christoph Geyer vgl. W, Nr. 3078, über Hiltenberger W, Nr. 4345.

[10] Diese Kapelle stand südlich des früheren Steinwegs im Bereich der heutigen Kreuzung Obere Königstraße/Luitpoldstraße. Sie diente seit 1804 dem Bildhauer Johann Bernhard Kamm als Wohnhaus und Betriebsstätte für dessen Spiegelmanufaktur und wurde anläßlich des Durchbruchs von der Oberen Königstraße zur Luitpoldbrücke 1867 abgerissen (PASCHKE, a.a.O., S. 74 ff., 152).

[11] HAAS, a.a.O., S. 89, 750. — PASCHKE, a.a.O., S. 62.

von St. Gertraud und der vom 13. bis ins 16. Jahrhundert dort lebenden Klausnerinnen oblag.[12] Doch bereits in der Urkunde vom 16. November 1467 verzichtete das Kloster wegen der mangelhaften Dotation der Gertraudenpfarrkirche auf seine pfarrlichen Rechte zugunsten des Bischofs.[13] Es ist naheliegend, daß daraufhin die Bewohner des Steinwegs und des um das Stift St. Maria und St. Gangolf gelegenen Gebietes durch den Bischof in die schon bestehende Kustoreipfarre eingegliedert und die Befugnisse des Stiftskustos' entsprechend erweitert wurden. Diese Entwicklung könnte sich aber auch durch Gewohnheitsrecht vollzogen haben.

Pfarrsprengel

Der Sprengel der Stiftspfarrei ist schwer zu ermitteln. Sicher ist, daß nicht die gesamte Immunität St. Gangolf, das ist der Gerichts- und Verwaltungsbezirk des Stifts, sondern nur ein Teil davon den Pfarrsprengel bildete.[14] Zur Immunität gehörten zunächst die rund um die Stiftskirche gelegenen Gebäude des Stifts und die Höfe der Geistlichen. Im übrigen gliederte sich die Immunitätsgemeinde in fünf Gassenhauptmannschaften, deren Namen sich seit dem 16. Jahrhundert nicht mehr veränderten[15] und die in der zweiten Hälfte des 18. Jahrhunderts aus folgenden heutigen Straßen und Gassen bestanden (in Klammer jeweils die Zahl der Häuser um 1800):[16]

---

[12] Haas, a.a.O., S. 84 ff.

[13] CASPAR ANTON SCHWEITZER, Das Urkundenbuch des Abtes Andreas im Kloster Michaelsberg bei Bamberg, in: BHBV 17, 1854, S. 114 ff., PASCHKE, a.a.O., S. 63.

[14] Die von Pfarrer CASPAR ANTON SCHWEITZER (W, Nr. 9372) angelegte Chronik der Pfarrei St. Gangolf mit dem Titel *Collectio ad historiam ecclesiae collegiatae et nunc parochiae Beatae Mariae Virginis et sti. Gangolphi Bambergae 1854* (Registratur des Kath. Pfarramts St. Gangolf, Tit. I, Fach 1, Nr. 1) — nachfolgend ChrSG bezeichnet — geht nach einem Eintrag des seit 1871 amtierenden Pfarrers Leonhard Hiltner auf S. 2 davon aus, daß Stiftspfarrei und Immunität dieselben Grenzen hatten und die Wunderburg nicht zur Stiftspfarrei gehörte, ebenso der Realschematismus des Erzbistums Bamberg, 1. Band, Bamberg 1960, S. 286 f.

[15] REINDL, a.a.O., S. 286 f., Anm. 193.

[16] Es liegt nicht im Rahmen dieser Abhandlung, eine topographisch genaue Bestimmung der Immunitätsgrenzen und der Gassenhauptmannschaften vorzunehmen, was auch die bisherige einschlägige Literatur tunlichst vermeidet. Um jedoch einen ungefähren Überblick hinsichtlich der Ausdehnung der Immunität zu geben, wie er für die Ermittlung des Pfarrsprengels erforderlich ist, wird hier der Versuch unternommen, den Immunitätsbezirk, soweit er bebaut war, zur besseren Veranschaulichung anhand der heutigen Straßennamen und Hausnummern darzustellen. Wenn dabei vielleicht kleinere Ungenauigkeiten, insbesondere wegen der wechselnden Bebauung, nicht zu vermeiden sind, so dürfte doch das gewonnene Bild im wesentlichen zutreffen, zumal — wie ein Vergleich mit dem Zweidlerplan von 1602 zeigt — die Straßen und Gassen im Untersuchungsgebiet, abgesehen vom Durchbruch der Luitpoldstraße im 19. Jahrhundert, kaum Veränderungen erfahren haben. Es ist auch anzunehmen, daß die Immunitätsgrenzen seit dem Ausgang des Mittelalters unverändert geblieben sind. Grundlage der hier vorgenommenen Bestimmung ist das bei Errichtung der Feuerversicherungsgesellschaft erstellte und am 16. Februar 1774 an die „Hochfürstliche Regierung" eingeschickte „... *Verzeichnus aller in dem ... St:Gangolpher Gerichts-Bezirk ... sich befindenden Häusern und Gebäuen*" (Stadtarchiv Bamberg, HV.Rep. 3 Nr. 836/17), das in verbesserter Form 1776 unter dem Titel *Ausschlag-Tabell und Specification Samtlichen ... Gebäuden, welche der 1ma Aprilis 1776 ihren Anfang genommenen Feuer- und Brand- Assecurationsgesellschaft einverleibet worden seynd ...*, Bamberg o. J., gedruckt wurde (Exemplar im Stadtarchiv, Sign. CA f 33/1; beide Verzeichnisse enthalten handschriftlich eingetragen die Nummern der Bamberger Häuserzählung von 1804), sowie PASCHKE, a.a.O., S. 60, 101 f., 117, 123 und die Adreßbücher der Stadt Bamberg, besonders 1878, S. 5—9 und 1893, S. 130—135.

1. *Am Steinweg* (45): Obere Königstraße ab Nr. 18/33, Theuerstadt bis Nr. 6/15, Steinweg.
2. *Beim Heiligen Grab* (63): Theuerstadt ab Nr. 8/17, Josefstraße bis zur Einmündung der Kaimsgasse, Mittelstraße bis zu den Einmündungen der Letzengasse und der Spitalstraße, Heiliggrabstraße bis zu den Einmündungen der Spitalstraße und der Klosterstraße, also ohne das Heiliggrabkloster.
3. *An der Lausach* oder *In der Lausach*, im 18. Jahrhundert *Lausing* (49): Kunigundenruhstraße, Kaimsgasse, Rest der Josefstraße.
4. *Im Egelsee* (58): Egelseestraße bis Nr. 87 kurz vor der Hirtenstraße, Nürnberger Straße mit Katharinenhof bis Nr. 19 und auf der anderen Straßenseite bis zu der Verbindung zur Egelseestraße zwischen den Häusern Nürnberger Straße 6 und 8.
5. *Auf dem Hundsbühl* (57): Nürnberger Straße ab Nr. 23/8 bis Nr. 109/102 kurz vor der Koppenhofkaserne.

Die gesamte Immunität bestand am Ende des 18. Jahrhunderts demnach aus 272 Häusern zuzüglich der sechs Gebäude des Stifts einschließlich der Kirche, der zehn Höfe der Stiftsherren und der zwei Vikarienhäuser, während zur Stiftspfarrei nur etwa 500 Seelen zählten.[17] Zu dieser gehörten nämlich nur die bewohnten Gebäude des Stifts (Kapitelhaus, Kirchner- und Totengräberhäuser), die zehn Kanonikats- und zwei Vikarienhäuser, die alle in der Theuerstadt, der Oberen Königstraße und am Gangolfsplatz liegen, sowie weitere etwa 66 Häuser des Immunitätsbezirks.[18] Nach den Wohnungsangaben in dem ältesten erhaltenen Matrikelband, die vor allem in der Taufmatrikel für die Jahre 1645 bis 1657 besonders reichhaltig sind, wohnten die Pfarreiangehörigen im Steinweg (= Obere Königstraße), der am häufigsten genannt wird, im *Drenckhgeßlein* (= Tränkgasse, nur Ostseite!), *hinter St. Gangolph* (= Theuerstadt beiderseits des zwischen den Häusern Nr. 6 und 15 gelegenen Tors, welches auch das *neue* oder *hintere Gangolpher Tor* genannt wurde), *in der Mittelgasse* (= Mittelstraße bis Nr. 25/28 und Josefstraße, die früher auch Flederwischgasse genannt wurde) und *vor dem Gangolpher Tor* (= heutiger Steinweg, an dessen Beginn bis 1938 das *Gangolpher Tor*, vereinzelt auch *Steinernes Tor* und seit Versetzung der barocken Toranlage aus der Hauptwachstraße an diese Stelle 1774 auch *Riegeltor* genannt, stand).[19] Die von der Stadtpfarrei St. Martin umgebene Stiftspfarrei St. Gangolf bestand also nur aus der ersten und einem nicht genau bestimmbaren Teil der zweiten Gassenhauptmannschaft. Demnach gehörten die Immunitätsteile Lausing, Egelsee und Hundsbühl (dritte bis fünfte Gassenhauptmannschaft) insgesamt wie auch die Wunderburg nicht zur Stiftspfarrei.[20]

---

[17] Johann Baptist Roppelt, Historisch-topographische Beschreibung des ... Fürstenthums Bamberg, Nürnberg 1801, S. 93 f. — Staatsarchiv Bamberg (StAB), Rep. K 202 Nr. 450, Bl. 14. — Nach Schuberth, De origine ..., a.a.O., S. 96, Anm., belief sich um das Jahr 1768 die Zahl der nicht in den zehn Chorherrenhöfen wohnhaften Pfarreiangehörigen auf ungefähr 450.

[18] Joseph Anton Eisenmann, Geographische Beschreibung des Erzbisthums Bamberg, Bamberg 1833, S. 66, Anm. — Kalender für katholische Christen, a.a.O., S. 82.

[19] Über die Matrikeln vgl. Anm. 8. Band I enthält — wenn auch mit abnehmender Tendenz — zahlreiche, sich in den sechs Jahrzehnten nicht verändernde Straßenbezeichnungen. Die Bände II und III führen kaum Straßennamen auf. Einzelnachweise sind wegen der Vielzahl nicht möglich. Die Bestimmung der alten Straßenbezeichnungen erfolgte nach *Paschke*, a.a.O., insbesondere S. 102, 110, 116, 118, 120, 126 ff., Wachter, St. Gangolf's Ring, a.a.O., und den in Anm. 16 erwähnten Adreßbüchern.

[20] Nach der Taufmatrikel der Pfarrei St. Martin im AEB für die Jahre 1610—13 und 1637—84 wurden dort in dem Zeitraum vom Juli 1647 bis Dezember 1648 (Bl. 104—121) Kinder aus folgenden Straßen getauft: *bei dem Hl. Grab, in der Mittelgassen, in der Lausung, uff dem Hundsbühl, in Eckelsee* und *in der Wunderbürg*. Die Schreibweise dieser Bezeichnungen ist nicht einheitlich.

Im Bereich des alten Steinwegs, der heutigen Königstraße, fiel die durch Schranken gekennzeichnete Immunitätsgrenze mit der Pfarreigrenze zur Stadtpfarrei St. Martin zusammen, und zwar an der Einmündung der Tränkgasse in den Steinweg.[21] An dieser Stelle wurden ausweislich der Matrikeleinträge die Leichen der Verstorbenen zur Bestattung in der jeweils anderen Pfarrei übergeben oder übernommen. Der am 1. Februar 1656 als Dekan von St. Gangolf verstorbene Dr. Johann Murrmann, welcher seit 1636 gleichzeitig Pfarrverweser von St. Martin war, wurde am 4. Februar 1656 von den Kaplänen dieser Pfarrei *bis zum Schranken bei dem Tränckgäßlein* geleitet, dort von der Stiftsgeistlichkeit übernommen und in der Sepultur des Stifts beigesetzt.[22] Umgekehrt wurde die Leiche der am 4. April 1703 in der Pfarrei St. Gangolf verstorbenen Maria Barbara Eppenauer, der Schwester des Stiftsdekans Dr. Johann Ignaz Eppenauer und des Kustos' Johann Friedrich Eppenauer, am nächsten Tag *beim Schranken an dem so*

---

[21] Das Haus gegenüber der Einmündung der Tränkgasse (alte Hs.-Nr. 993, heute Obere Königstraße 33) hieß deshalb *Haus am Schranken* (PASCHKE, a.a.O., S. 148).

[22] MSG I, S. 97. — W, Nr. 6969. — Über Murrmann vgl. auch HAAS, a.a.O., S. 594. — Noch im späten 18. Jahrhundert, nämlich am 28. Mai 1778, wurde so verfahren. Das Herz des am 23. d. M. verstorbenen Weihbischofs und Stiftsdekans Heinrich Joseph von Nitschke, dessen Leiche man in St. Martin bestattete, wurde von dessen Kaplan Johann Seuffert (W, Nr. 9540) in einer Kutsche zur Tränkgasse gebracht, dort vom Stiftskustos Herzog in Begleitung der Vikare Molitor und Stang eingeholt und auf dem Friedhof vor der Stiftskirche vom ganzen Kapitel empfangen und zur Kirche geleitet, wo die Beisetzung vor dem St. Martinsaltar erfolgte (MSG III, S. 245. — vgl. auch FRITZ ARENS in diesem BHVB).

Die Immunität des Gangolfstifts im frühen 17. Jahrhundert
(Ausschnitt aus der Bambergansicht im Städtebuch von Braun und Hogenberg 1608/09, einer Kopie des Zweidlerplans von 1602 — Staatsbibliothek Bamberg, Graphische Sammlung des Historischen Vereins, HVG. 1/1 — Foto: Alfons Steber-Lichtbildstelle der Staatsbibliothek)

Aus der Legende des Originals:

E   Stiftskirche St. Gangolf (mit Kreuzgang im Norden und Friedhof im Süden und Westen)
M   Heiliggrabkirche und -kloster
T   Gertraudenkapelle im alten Steinweg

Weitere Örtlichkeiten:

1   Schranken im alten Steinweg bei Einmündung der Tränkgasse
2   Hinteres Gangolfer Tor
3   Vorderes Gangolfer Tor (auch Steinernes Tor oder Riegeltor)
4   Magdalenenkapelle in der Wunderburg (zerstört 1632)
5   Platz der späteren Kapelle und Pfarrkirche Maria Hilf
6   Fürstbischöflicher Koppenhof

────────── Verlauf der Immunitätsgrenzen im Norden und Süden
— — — — mutmaßlicher Verlauf der Immunitätsgrenzen
(Auf die Frage, ob die Wunderburg zur Immunität gehörte, braucht hier nicht eingegangen zu werden)

 Bereich der Stiftspfarrei

 Abgrenzung zu St. Martin unklar

genannten Tränckgäßlein an die Pfarrei St. Martin zur Bestattung in der dortigen Kirche ausgeliefert.[23] Bei derartigen Handlungen kam es aber auch vereinzelt zu Zwischenfällen, welche das Stift zum Anlaß nahm, auf den Umfang seiner Parochialjurisdiktion nachdrücklich hinzuweisen. So betrat in dem bereits erwähnten Fall aus dem Jahre 1667 der *Proparochus* von St. Martin Dr. Johann Mölkner, während die Stiftsgeistlichen in ihrer Kirche die Vigil sangen, *unbefugt* den Hof des Kanonikers Johann Christoph Geyer[24] und segnete dort dessen verstorbene Mutter aus. Der hinzugekommene Kustos wiederholte diese Handlung. Vor dem Haus wies Mölkner den Kustos hinweg und beanspruchte die Jurisdiktion für sich. Der Kustos begleitete die Leiche noch bis zum Schwanenhof (Obere Königstraße 53), entfernte sich aber dort auf mehrfach geäußerte weitere Aufforderungen Mölkners und überbrachte diesem nach Beendigung des Leichenbegängnisses die Reklamation des Stiftskapitels.[25]

Sehr aufschlußreich ist der Sterbeeintrag für die bei ihrem Schwager *in der Lausach* wohnhafte und am 5. März 1677 verstorbene Witwe Martha Heublein, welche begehrt hatte, bei ihrem Ehemann auf dem Friedhof zu St. Gangolf beerdigt zu werden. Die Leiche wurde deshalb von den für den Wohnort zuständigen Kaplänen von St. Martin *bis zum Schranken ober St. Gangolphs Thor begleitet und besungen* und dort *wie vor alters Herkommen* von dem Kustos Johann Georg Friedrich Ulrich übernommen, obwohl der Kaplan Georg Haller den Kustos hatte auffordern lassen, nicht *bis zu dem Schranken vor dem Gangolpher Thor*, sondern nur bis zum Tor zu gehen.[26] Anscheinend befanden sich diese Schranken am südöstlichen Ende des heutigen Steinwegs (damals *vor St. Gangolphs Thor*) an der Grenze der Stiftspfarrei, was insofern auffallend ist, als die Grenze der Immunität nicht dort, sondern weiter stadtauswärts verlief.

Pfarrvermögen

Über die Dotation und die sonstigen Vermögensverhältnisse der Stiftspfarrei geben die nach der Aufhebung des Stifts geführten Verhandlungen Auskunft, welche sich mit der Frühmeßstiftung des Gärtnermeisters Johann Kautler befassen, auf die in anderem Zusammenhang noch einzugehen sein wird. Als die Witwe des Stifters Barbara Kautler 1812 gegenüber dem Fiskus verlangte, das Stiftungskapital entweder der nunmehrigen Pfarrei zu überlassen oder an sie zurückzugeben, wurde ausgeführt, daß die Stiftspfarrei mit dem Kollegiatstift vereinigt gewesen und von diesem auch unterhalten worden sei, weshalb das Stiftungskapital mit dem Stiftsvermögen vermischt gewesen und bei der Säkularisation mit diesem eingezogen worden sei, weil sich niemand um eine Erhaltung des Kapitals für die Pfarrei gekümmert habe.[27] Die Stiftspfarrei war demnach ohne jedes eigene Vermögen und in finanzieller Hinsicht ganz vom Kollegiatstift abhängig. Auch dieser Umstand ist ein Indiz dafür, daß sich die Stiftspfarrei aus der Kustodie des Stifts ohne einen eigenen formellen Gründungsakt entwickelt haben dürfte.

---

[23] MSG I, S. 132. — HAAS, a.a.O., S. 130. — Die Leiche des am 7. Januar 1723 im Chorherrenhof *zum Storchennest*, auch *Salerei* genannt (WACHTER, St. Gangolfs Ring, a.a.O., S. 8 und Anm. 24), verstorbenen Majors Georg Adam Neudecker wurde in gleicher Weise an der Tränkgasse übergeben, dort von den Kaplänen der Martinspfarrei ausgesegnet und dann nach St. Martin geleitet (MSG II, S. 162).

[24] Er war Inhaber des Chorherrenhofes *Salerei* (alte Hs.-Nr. 978, heute Theuerstadt 3/5); W, Nr. 3078 und PASCHKE, a.a.O., S. 128.

[25] MSG I, S. 103 f. — Über Mölkner vgl. W, Nr. 6744 und HAAS, a.a.O., S. 595. — Ein ähnlicher Vorfall spielte sich bei der Überführung der am 24. Januar 1670 verstorbenen Ursula Schmid, der Magd des Oberrichters Johann Christoph Bayer, ab (MSG I, S. 106).

[26] MSG I, S. 115. — Über Haller vgl. W, Nr. 3694, über Ulrich W, Nr. 10397.

[27] StAB Rep. K 202 Nr. 462.

Pfarrgeistlichkeit und Seelsorge

Die Seelsorge in der Stiftspfarrei St. Gangolf übte zunächst der Kustos, ein vom Stiftspropst hierzu ernannter Kapitular des Stifts[28] aus, der — zunächst nur vereinzelt — seit dem 17. Jahrhundert auch Pfarrer genannt wurde. Das 1645 begonnene Matrikelbuch beginnt mit einem Verzeichnis *Custodes respe. Parochi* von 1645 bis 1706.[29] Der 1762 zum Kustos bestellte Kanoniker Karl Ignaz Joseph Gislenus Dittrich von Schönhofen führte die offizielle Bezeichnung *Pfarrer bei St. Gangolph,* sein Nachfolger ab 1773 Johann Konrad Joseph Herzog wurde *Pfarrer zu St. Gangolph* oder (ab 1797) *Pfarrer zum heil. Gangolph* genannt.[30] Auffallend ist, daß als Patron der Pfarrei nur der heilige Gangolf angesehen wurde, während als Hauptpatrone des Stifts und der Kirche die Gottesmutter und der heilige Gangolf sowie als Nebenpatron der heilige Johannes der Täufer galten, wie dies noch heute an den Hauptfiguren des Hochaltars erkennbar ist. Die jährlichen Bezüge des Pfarrers beliefen sich bei der Aufhebung des Stifts im Jahre 1803 auf 6 fl. Erbzins von 12 lehen- und handlohnbaren Häusern, 16 fl. aus der Stiftsfabrik, 10 fl. Abzins von 200 fl. Kapital und 4 Simra Korn sowie die anfallenden Stolgebühren.[31]

Dem jeweiligen Kustos oder Pfarrer stand seit der ersten Hälfte des 18. Jahrhunderts ein von diesem bestellter weiterer Geistlicher zur Seite, der unterschiedlich Vizekustos, Subkustos, Kustodieverweser, Pfarrverweser *(provisor parochiae)* und zuletzt Kuratus genannt wurde. Bereits im Jahre 1713 nahm der Vikar Johann Schmidt als Vizekustos vom 21. August bis 22. Oktober die Taufen vor.[32] Etwa ein Jahr, nämlich vom 24. September 1729 bis 26. September 1730, versah der Stiftskanonikus Dr. Johann Jakob Boxberger als Vizekustos die Seelsorge in der Stiftspfarrei, was sich — wie auch bei den beiden folgenden — aus den Tauf- und Trauungseinträgen in dem genannten Zeitraum ergibt.[33] Im Anschluß daran war der Vikar Johann Georg Molitor bis April 1731 Subkustos und bekleidete dieses Amt nochmals vom Mai 1769 bis September 1770. Er war übrigens von 1730 an bis zu seinem Tode am 8. November 1783 auch *Rector chori musici* und Organist an der Stiftskirche.[34] Länger als zwei Jahrzehnte, nämlich vom 8. Juni 1742 bis zu seinem Tode am 13. Mai 1769, waltete der Vikar Johann Andreas Dionys Wohnung als Kustodieverweser *(provisor custodiae),* 1744 auch als Kuratus und 1762 als Subkustos bezeichnet.[35] Von 1770 an oblag die *Verwesung der Kustodie* dem Vikar

---

[28] StAB Rep. K 202 Nr. 450, Bl. 14.

[29] MSG I, Titelblatt.

[30] Bamberger Hof-, Stands- und Staatskalender 1764 bis 1800. — Über Dittrich von Schönhofen vgl. W, Nr. 1625; zu unterscheiden von seinem Vorgänger Dr. Franz Georg Dittrich, Kustos seit 1746, gestorben am 21. September 1762, W, Nr. 1621; über Herzog vgl. W, Nr. 4265.

[31] StAB Rep. K 202 Nr. 450, Bl. 14.

[32] MSG II, S. 13 f. — W, Nr. 8908.

[33] MSG II, S. 64 f., 127 f. — W, Nr. 1021. Das Sterbedatum muß jedoch richtig lauten: 6. Juli 1764 (MSG III, S. 229).

[34] MSG II, S. 66 f., 129 f.; III, S. 74—77, 184—186. — W, Nr. 6880. Das hier angegebene Lebensalter ist der MSG III, S. 250, falsch entnommen und auch dort *(Septuaginta octo)* nicht ganz zutreffend. Molitor stammt aus Hainert bei Haßfurt a. Main, wie sich aus seiner Eintragung in der Matrikel der Akademie Bamberg vom 16. Dezember 1721 als Schüler der Poetik (IV. Klasse des Gymnasiums) ergibt (WILHELM HESS, Die Matrikel der Akademie und Universität Bamberg, Bamberg 1923, Nr. 5467: *Hennerthensis*). In Hainert wurde er am 9. Dezember 1705 geboren (Matrikel des Kath. Pfarramts Westheim für Hainert, Auskunft des Pfarramts vom 13. 3. 1972).

[35] MSG II, S. 105, 142; III, S. 1, 158, 235. — W, Nr. 11205. Geboren wurde er am 15. Mai 1715 in Bamberg (MSM).

Joseph Maximilian Stang, der sich in seinem ersten Matrikeleintrag vom 28. Oktober 1770 zunächst als *custodiae provisor* genannt, diese Bezeichnung dann aber durch *Sub Custos* ersetzt hat.[36] Als sein unmittelbarer Nachfolger übte der Vikar Johann Wagner ab Jakobi (= 25. Juli) 1787 als *Kuratus der löblichen Pfarrei zu St. Gangolph* die Seelsorge aus.[37] Aus der Matrikel geht hervor, daß die vorgenannten Hilfsgeistlichen die Taufen und Trauungen sowie jedenfalls ab 1770 auch die Beerdigungen, also die gesamten Parochialhandlungen, persönlich vorgenommen haben. Die Bestattungen erfolgten für die Stiftsgeistlichen in der Kirche oder in der Sepultur mit der angebauten Nikolauskapelle (heute Göttlichhilf- und Anna-Kapelle), für die übrigen Pfarrangehörigen auf dem Friedhof südlich und westlich der Stiftskirche. Ab Januar 1802 wurden die Verstorbenen, wie in der Sterbematrikel ausdrücklich erwähnt wird, aufgrund eines Mandats vom 29. November 1801 des Fürstbischofs Christoph Franz von Buseck (1795—1805) vom Friedhof bei St. Gangolf zum *Gottesacker* an der Siechenstraße überführt.[38] Im Dezember 1805 nahm Vikar Wagner, der wie sein Vorgänger Stang die Matrikelbücher eigenhändig führte, die letzten Eintragungen und Amtshandlungen vor.[39]

Die Christenlehre wurde in St. Gangolf ab 1666 von Angehörigen des Bamberger Jesuitenkollegiums abgehalten, was auch ein Indiz für eine schon damals den Kreis der Stiftsgeistlichen und ihrer Bediensteten überschreitenden Pfarrseelsorge ist. Nach Aufhebung des Jesuitenordens 1773 wurde diese Aufgabe von Weltgeistlichen, meist von Alumnatspriestern, übernommen, die jeden Sonntag eine Katechese in der Stiftskirche zu halten hatten.[40]

---

[36] MSG III, S. 78, 186, 237. — W, Nr. 9744. Geboren wurde er am 30. April 1746 in Bamberg (MSM).

[37] MSG III, S. 120, 126, 196, nach 197, nach 255. — W, Nr. 10620. Wagner wurde am 28. März 1759 in Kronach als Sohn des Flößers und Bürgers Friedrich Wagner, der kurz vorher aus dem Nachbarort Neuses zugezogen war, geboren (AEB, Taufmatrikel der Kath. Pfarrei Kronach 1759—88, S. 7 und 1726—58, S. 172, 181, 192). Er besuchte die Universität Bamberg, wo ihn die Matrikel im Studienjahr 1777/78 in der Gruppe *Humanistae* (IV. Klasse des Gymnasiums) aufführt (Heß, a.a.O., Nr. 10858), und anschließend die Universität Würzburg. In die dortige Matrikel wurde er am 21. Mai 1779 als *Rhetor* (V. Klasse des Gymnasiums) eingeschrieben (SEBASTIAN MERKLE, Die Matrikel der Universität Würzburg, München und Leipzig 1922, Nr. 21752). Von 1789 bis zu seinem Tod 1811 bewohnte er den Chorherrenhof „zum Zuckenmantel" (alte Hs.-Nr. 907, heute Gangolfsplatz 2; PASCHKE, a.a.O., S. 110).

[38] MSG III, S. 266. — Die Entschließung des Fürstbischofs datiert vom 16. Oktober 1801 und wurde im Bamberger Intelligenzblatt vom 6. November 1801, Nr. 87, S. 412, bekanntgemacht (vgl. auch Looshorn, a.a.O., VII. Band, 2. Lieferung, S. 711).

[39] MSG III, S. 157, 204, 271. — Aus der Matrikel ergeben sich für die letzten Jahre an Parochialhandlungen:

	1800	1801	1802	1803	1804	1805
Taufen	15	13	13	20	15	16
Trauungen	5	2	3	2	1	2
Sterbefälle	7	9	9	19	9	12

[40] HEINRICH WEBER, Geschichte des Christenlehr-Unterrichts und der Katechismen im Bisthum Bamberg, Regensburg 1882, S. 104, 109, 124 f. — Ad limina-Berichte von 1782 und 1797 (vgl. Anm. 6).

II. Die Auswirkungen der Aufhebung des Stifts auf die Pfarrei

Aufhebung des Stifts

Durch den Reichsdeputationshauptschluß vom 25. Februar 1803 (RDHS), der mit der Ratifikation durch Kaiser Franz II. am 24. März 1803 als Reichsgesetz galt, wurden in § 35 *alle Güter der fundirten Stifter . . . der freien und vollen Disposition der respektiven Landesherren, sowohl zum Behufe des Aufwandes für den Gottesdienst, Unterrichts[sic!] und andere gemeinnützige Anstalten, als zur Erleichterung ihrer Finanzen überlassen.*[41] Darunter fiel auch die förmliche Aufhebung der Stifte, wie sie für das Kollegiatstift St. Stephan durch das Dekret des Kurfürsten Maximilian Joseph vom 13. Juli 1803, bekanntgemacht in Bamberg am 12. August 1803, ausgesprochen wurde und für das Kollegiatstift St. Jakob am 1. Juni 1804 erfolgte.[42] Das Aufhebungsdekret für das Kollegiatstift zu Unserer Lieben Frau und St. Gangolf konnte bisher nicht ausfindig gemacht werden. Nach den Säkularisationsakten muß jedoch davon ausgegangen werden, daß die Aufhebung dieses Stifts schon im Verlauf des Monats April 1803 bekanntgemacht worden ist.[43] Sowohl die Geistlichen als auch das weltliche Personal des Stifts wurden in Pension gesetzt und der bisherige Kastner Georg Kaisenberg[44] mit der Ad-

---

[41] Wortlaut des Reichsdeputationshauptschlusses bei GEORG DÖLLINGER, Sammlung der im Gebiete der inneren Staats-Verwaltung des Königsgesetzes Bayern bestehenden Verordnungen, 1. Bd., München 1835, S. 123 ff., 160 f. — Vgl. auch ALFONS MARIA SCHEGLMANN, Geschichte der Säkularisation im rechtsrheinischen Bayern, I. Band, Regensburg 1903, S. 244.

[42] Abgedruckt bei PFEIFFER, a.a.O., St. Stephan S. 53 f., St. Jakob S. 65 f.

[43] Das Aufhebungsdekret ist weder in dem einschlägigen Bestand im StAB (Rep. K 202 Nr. 450—480) noch im Archiv des Historischen Vereins im Stadtarchiv Bamberg (Rep. 3 Nr. 836) zu finden. Auch Nachforschungen im Bayerischen Hauptstaatsarchiv München (Auskunft vom 14. Juni 1983) und in der Registratur des Katholischen Pfarramts St. Gangolf, die in dem einschlägigen Vorgang (Tit. I, Fach 1, Nr. 1, I.—III. Band) weit in die Zeit des Stifts zurückreicht, hatten keinen Erfolg. Während bis zum 12. April 1803 immer vom Kollegiatstift die Rede ist (zuletzt StAB Rep. K 202 Nr. 3, Protokoll der XIX. Sitzung der Kurfürstlichen Spezialkommission vom 12. April 1803, § 318, und Nr. 466) und auch Vorstellungen von „Dechant, Senior und Kapitel des Kollegiatstifts", die letzte vom 9. März 1803 (StAB Rep. K 202 Nr. 466), vorliegen, wird ab 28. April 1803 vor allem in den sehr präzise formulierten Eingaben des bisherigen Kastners und nunmehrigen Administrators Kaisenberg vom ehemaligen Kollegiatstift oder von der ehemaligen Stiftskirche gesprochen (erstmals StAB Rep. K 202 Nrn. 452 und 467 sowie K 3/C I Nr. 258). Auf kurfürstliche Anordnung vom 2. April 1803 hin war den Stiften und Klöstern *die unmittelbare Administration der Ämter, Güter und Gefälle* entzogen und vom Staat übernommen worden, weshalb deren Bedienstete in Bamberg am 6. April 1803 auf den Kurfürsten vereidigt worden waren (StAB Rep. K 202 Nr. 3, Protokoll der XVIII. Sitzung . . . vom 9. April 1803, §§ 274, 275). Im Bericht des Administrators über das Ableben des Stiftsvikars Georg Cherbon (W, Nr. 1356; geboren am 24. März 1776, gestorben am 21. Juni 1803; MSM) vom 21. Juni 1803 heißt es, daß diesem am 26. April 1803 *die Administration über sein Beneficium . . . abgenommen* wurde (StAB Rep. K 202 Nr. 473). Allerdings fällt auf, daß eine Aufhebung des Stifts weder in den für die Zeit vom 18. März bis 22. April 1803 vorliegenden Protokollen der Kurfürstlichen Spezialkommission noch in den Berichten dieser Stelle an das Generalkommissariat für die Zeit bis einschließlich Juli 1803 erwähnt wird (StAB Rep. K 202 Nrn. 3 und 4).

[44] Johann Georg Andreas Kaisenberg wurde als Sohn des Vogts und Kastners Anton Albert Kaisenberg und dessen Ehefrau Maria Helene Schubert am 19. Juli 1767 in Lichtenfels geboren. Seine am 14. Juli 1734 in Schlüsselau geborene Mutter war eine Schwester des letzten Gangolfer Stiftsdekans Dr. Johann Michael Heinrich Schuberth. Georg Kaisenberg besuchte die Universität Bamberg, deren Matrikel ihn im Studienjahr 1782/83 in der Gruppe *Humanistae* erwähnt (HESS, a.a.O., Nr. 11196), und wurde 1801 Kastner des Gangolfstifts (StAB Rep. K 202 Nr. 450, Bl. 24 f.).

ministration des Stiftsvermögens betraut. Anders als später bei den Kollegiatstiften St. Stephan und St. Jakob wurde bei St. Gangolf die Stiftskirche nicht geschlossen, weil sie auch dem pfarrlichen Gottesdienste gewidmet war. Die Pfarreien und ihr Vermögen durften nämlich nach § 63 RDHS nicht beeinträchtigt werden. Insoweit wurde sogar ausdrücklich angeordnet, daß *die geistliche[n] Verrichtungen zu St. Gangolph rücksichtlich der dasigen Pfarrei noch anderweit versehen werden* sollen.[45] Pfarrer Herzog und Kuratus Wagner, nunmehr Pensionäre des Staates, setzten demgemäß ihre Seelsorgetätigkeit fort. Daß sie dabei großen Einsatz zeigten, ergibt sich aus ihren verschiedenen Eingaben an die staatlichen Behörden. Vom weltlichen Personal des Stifts versahen der Kirchner Anton Buchenz, der Organist Carl Ferdinand Ledermann und der Kalkant (Balgtreter) Adam Eck ebenfalls ihren Dienst hinsichtlich der Pfarrei weiter.[46] Gleichwohl ging der Übergang nicht reibungslos vor sich. Es bedurfte zahlreicher Vorstellungen an die durch Erlaß vom 7. Januar 1803 eingerichtete *Kurfürstliche Spezialkommission in Administrativangelegenheiten der Stifter und Klöster* in Bamberg und an die mit Wirkung vom 18. Mai 1803 als Mittelbehörde errichtete *Kurfürstliche Landesdirektion* Bamberg. Dieser war die genannte Spezialkommission als *Separat* (Abteilung) eingegliedert worden.[47] Nur so war es möglich, halbwegs geordnete Verhältnisse zu erhalten.

Gottesdienst in der Stiftskirche

Im Jahr 1804 muß der öffentliche Gottesdienst an Sonn- und Feiertagen nicht mehr regelmäßig durchgeführt worden sein. Denn am 23. Juli 1804 führte der Vikar und Kuratus Wagner gegenüber der Landesdirektion aus, daß *selbst an Sonn- und Feiertagen ... nicht immer heil: Messe gelesen wird, die Abendandachten beinahe ganz eingestellt ... sind.* Die Pfarrkinder seien gezwungen, weit entlegene Kirchen aufzusuchen,

---

und Nr. 476). Nach Aufhebung der Administration des Stifts war er Administrator der Wohltätigkeitsanstalten in Bamberg und starb hier am 27. Oktober 1817 (GEORG KAISENBERG und KLÄRE HENRIKA WEBER-HOHAGEN, Georg Michael von Weber 1768—1845, Berlin und Hamburg 1936, S. 129. — Taufmatrikel der Kath. Pfarrei Lichtenfels 1743—92, S. 276; Taufmatrikel Schlüsselau a.a.O., S. 35; MD).

[45] StAB Rep. K 202 Nr. 463.

[46] StAB Rep. K 3/C I Nr. 299, Bl. 18 f.; Nr. 326; Rep. K 202 Nr. 478. — Anton Buchenz stammt aus Fremsdorf/Schlesien (StAB Rep. K 202 Nr. 450, Bl. 24 f.). Er heiratete am 27. April 1790 die Tochter des Kirchners Johann Kaspar Mayer bei St. Gangolf (MOP), dessen Nachfolger er wurde. Als Pfarrkirchner bei St. Gangolf verstarb er am 26. August 1822 im Alter von 74 Jahren (MSG, Sterbematrikel 1806—40, S. 175). — Carl Ferdinand Ledermann wurde am 10. Mai 1765 als Sohn eines Kantors in Mellrichstadt/Unterfranken geboren (Diözesanarchiv Würzburg, Matrikel der Kath. Pfarrei Mellrichstadt 1761—1803, S. 17). Nach philosophischen und juristischen Studien an der Universität Bamberg vom Studienjahr 1782/83 ab (HESS, a.a.O., Nr. 11 169) war er Rechtspraktikant und Schreiber in Bamberg (MSM Taufen 1783—1822, Bl. 45′, 76′; Sterbefälle 1783—1818, Bl. 32′, 51′, 50′; MOP Taufen 1787—1805, Nrn. 91/1788, 56/1793, 82/1794). Zum Organisten bei St. Gangolf wurde er am 19. Oktober 1795 nach dem Weggang Georg Joseph Klingers bestellt (StAB Rep. K 202 Nr. 478) und wirkte hier bis zu seinem Tod am 19. Februar 1836 (Registratur der Kath. Kirchenverwaltung St. Gangolf, Tit. V, Fach 25, Nr. 1. — MD). — Adam Eck, von Beruf Maurergeselle, heiratete am 11. April 1796 die Tochter des früheren Gangolfer Stiftsboten Karl Schmitt (MSM), der am 7. Juni 1785 bereits verstorben war (MSG III, S. 253). Dessen Witwe war seit 1784 Kalkantin gewesen. Von ihr übernahm 1796 Eck dieses Amt und übte es bis zu seinem Tode am 20. Februar 1827 aus (Registratur der Kath. Kirchenverwaltung St. Gangolf, Tit. V, Fach 25, Nr. 4. — MD).

[47] StAB Rep. K 202 Nr. 1 und 2. — Regierungsblatt für die Churbayerischen Fürstenthümer in Franken vom 10. Mai 1803, Nr. 19, S. 89 ff., Bekanntmachung vom 9. Mai 1803.

was vor allem für alte Leute sehr beschwerlich sei. Es sei deshalb der Wunsch der Gemeinde, *dieser Beschwerlichkeiten überhoben zu werden und die ... Erlaubnis zur Fortsetzung des Gottesdienstes in der Stiftskirche ... zu erhalten.* Er bitte deshalb zu gestatten, *daß in der Kirche des ehemaligen Gangolphiter Stifts wenigstens an Sonn- und Feiertagen unter Aussetzung des Hochwürdigen Gutes und Begleitung der neueingeführten* [deutschen!] *Kirchengesänge eine heil: Messe gelesen und nachmittag statt der vordem gewöhnlichen Vesper eine kurze Andacht oder Betstunde künftig gehalten werden dörfe.* Dabei erbiete er sich, diese Gottesdienste *ohne den geringsten Aufwand zu verursachen,* also unentgeltlich zu verrichten. Die Landesdirektion leitete die Eingabe an das Bischöfliche Vikariat weiter, welches am 21. August 1804 gestattete, *daß an Sonn- und Feiertagen in der Pfarrkirche allda frühe um 9 Uhr ein Amt und abends eine Betstunde gehalten werde* und wies den *Provisorem Parochiae* (Wagner) entsprechend an.[48] Einige Monate später beklagte sich Kuratus Wagner bei der Landesdirektion mit Schreiben vom 4. Dezember 1804 darüber, daß ihm der Administrator Kaisenberg die Vergütung für die 10-Uhr-Messe an Sonntagen für die Zeit von Martini (= 11. November) 1803 bis Martini 1804 vorenthalte. Diese Messe habe früher der Vikar Georg Cherbon gegen besondere Bezahlung aus einer eigenen Stiftung gelesen, bevor sie ihm übertragen worden sei. Die Landesdirektion wies am 2. Januar 1805 Kaisenberg an, den früher an Cherbon bezahlten Betrag von 13 fl. 56 xr. fr.[49] nunmehr Wagner zu vergüten, weil dieser *zum Besten der nahe gelegenen Einwohner es auf sich genommen hat, diese Messe zu lesen oder in dem Falle eines Hindernisses auf seine Kosten einen Priester zu bestellen.* Die gleiche Vergütung wurde Wagner auch für 1804/05 gewährt.[50] Unter Hinweis auf die in der ehemaligen Stiftskirche bestehende Pfarrei, *welche in der Folge etwa noch mehr erweitert werden dürfte,* ordnete die Landesdirektion am 24. Dezember 1804 ausdrücklich an, daß auch die allgemeinen Festtage *wie vorhin zu feiern sind.*[51] Zu den regelmäßig bis zur Errichtung der neuen Stadtpfarrei am 1. Januar 1806 abgehaltenen Gottesdiensten gehörten auch die von dem Gärtnermeister Johann Kautler 1794 mit einem Kapital von 2000 fl. fr. gestiftete Frühmesse um 5 Uhr täglich vom 15. April bis 14. August[52], welche den Bewohnern um St. Gangolf den täglichen Gottesdienstbesuch auch im Frühjahr und Sommer ermöglichen sollte, ferner die Roratemessen in der Adventszeit mit einem Kapital von 600 fl. fr. Versuche der Witwe Barbara des am 21. April 1794 verstorbenen Stifters[53], der weitere 172 fl. fr. zur Anschaffung eines *Himmels* (Tragbaldachin für Prozessionen), eines Kelchs und eines Meßgewands gegeben hatte, diese Gelder im Hinblick auf die bevorstehende beziehungsweise erfolgte Aufhebung des Stifts zurückzuerlangen, wurden sowohl vom Stiftskapitel am 21. Oktober 1802 als auch von der Landesdirektion am 20. Juni 1803 mit der Begründung abschlägig verbeschieden, daß die Bedingungen der Stiftung bisher erfüllt worden seien und dies auch in Zukunft der Fall sein werde.[54]

---

[48] StAB Rep. K 3/C I Nr. 256.
[49] Mit der Besetzung des Hochstifts Bamberg war neben die bisher hier allgemein übliche fränkische Guldenwährung (1 Gulden fränkisch — fl. fr. — = 60 Kreuzer fränkisch — xr. fr. —) die in Bayern geltende rheinische Guldenwährung (fl. rh. bzw. xr. rh.) getreten (4 fl. fr. = 5 fl. rh.).
[50] StAB Rep. K 202 Nr. 477.
[51] StAB Rep. K 3/C I Nr. 256.
[52] Rechnungen dieser Stiftung bis 1802 StAB Rep. A 232/III Nr. 25 094—25 101.
[53] MSG III, S. 259; der Sterbeantrag bezeichnet ihn als Wohltäter der Kirche, der einen Kelch gestiftet habe. Er wurde in der Kirche vor dem Altar des hl. Johannes des Täufers beigesetzt.
[54] StAB Rep. K 3/C I Nr. 189; Rep. K 202 Nr. 462.

Feier der Feste

Wegen der in St. Gangolf bisher gefeierten besonderen Feste traten im Jahr der Aufhebung des Stifts keine wesentlichen Änderungen ein. Bereits am 29. April 1803 fragte der Administrator Kaisenberg bei der Kurfürstlichen Spezialkommission an, ob das auf den 11. Mai fallende Fest des heiligen Gangolf mit der bisher üblichen Feierlichkeit begangen werden dürfe und insbesondere der Betrag von 65 fl. fr. *für die dazu bestimmten Armen, welche die Obliegenheit hatten, in der Stiftskirche zu beichten und die heilige Kommunion zu empfangen, ausgeteilt* werden dürfe, wobei Kosten von insgesamt mindestens 100 fl. rh. anfallen würden. Die herkömmlichen Auslagen wurden am 4. Mai 1803 *für diesesmal noch bewilligt.* Am 22. Mai 1803 bat Kaisenberg um Entscheidung, ob das auf den Dreifaltigkeitssonntag fallende Kirchweihfest, bei dem bisher 44 fl. fr. an Almosen unter die Armen sowie *einiges Brot . . . unter die Stiftsglieder* verteilt worden seien, und ein am Sonntag in der Oktav des Fronleichnamsfestes bei dem ehemaligen Stift gehaltener *solenner Umgang mit dem Hochwürdigen [Gut]* durchgeführt werden dürften. Hinsichtlich der Fronleichnamsprozession machte er den Vorschlag, daß *verschiedene überflüssige Dinge, z. B. die Begleitung der Bürger mit Gewehren, [Ausgaben] für Pulver, Kränze, für Begleitung der Bäcker, Müller, 5 Wunden-Brüder und dergleichen, wofür die Auslagen sich wenigstens auf 12 fl. fr. belaufen, hinweggelassen werden könnten.* Die Landesdirektion genehmigte beide Feste und die damit verbundenen Auslagen am 26. Mai 1803, wies den Administrator jedoch ausdrücklich an, *den Bürgern, welche das Sanctissimum begleiten, nachdrucksamst zu bedeuten, daß das Schießen sowohl unter der Procession als unter dem Hochamt untersagt sei.* Wegen des Festes des heiligen Johannes des Täufers (24. Juni), des Nebenpatrons des Stifts, welches mit Festpredigt, Hochamt und Vesper sowie der Verteilung von 47 fl. rh. unter die Armen begangen wurde, wandte sich Kaisenberg am 2. Juni 1803 an die Landesdirektion und erhielt am 6. Juni 1803 die Genehmigung, daß das Fest *für dieses Jahr gleich sonst gefeiert* und der Betrag von 47 fl. rh. *an die conscribirten Haus-Armen gezahlt* werden dürfe.[55] Auch das Fest der Hauptpatronin des Stifts, St. Maria, konnte an Mariae Himmelfahrt (15. August) 1803 wie bisher begangen werden.[56]

Im folgenden Jahr 1804 erkundigte sich Administrator Kaisenberg am 8. April bei der Landesdirektion, ob die nun anstehenden besonderen Feste in der vormaligen Stiftskirche wie bisher gefeiert werden sollten, und erhielt darauf unter dem 13. April 1804 die Antwort, *daß außer den geistl: Verrichtungen rücksichtlich der dasigen Pfarrei keine dasigen Stiftsfeste mehr weiter gehalten werden sollen.*[57] Das hatte zur Folge, daß in den Jahren 1804 und 1805 lediglich die Feier des Fronleichnamsfests am Sonntag nach dem Fronleichnamstag in der bisherigen Weise begangen wurde. Offenbar ging man davon aus, daß es sich hierbei um eine Angelegenheit der Stiftspfarrei handelte, wie dies Pfarrer Herzog in seiner Eingabe an die Landesdirektion vom 12. Juni 1805 auch darstellte. Von dort erging am 14. Juni 1805 die Entschließung, *daß die gewöhnliche Fronleichnams-Prozession in der Pfarr-Kirche zum heil. Gangolph am 16. d. M. so wie in den vorigen Jahren zu halten* sei.[58]

Zu den nach der Aufhebung des Stifts fortgeführten Feiern gehörte auch die sogenannte *zehnstündige Anbetung* (= Ewige Anbetung). Einem Gesuch des Organisten Ledermann vom 24. Juli 1807 ist zu entnehmen, daß diese Feierlichkeit bis zur Aufhe-

---

[55] StAB Rep. K 3//C I Nr. 258.
[56] StAB Rep. 232/III Nr. 25 003, S. 42, 51.
[57] StAB Rep. K 202 Nr. 463.
[58] StAB Rep. K 3/C I Nr. 229.

bung des Stifts drei Tage und danach bis 1805 — offenbar wegen der Schließung mehrerer Kirchen in Bamberg — vier Tage im Jahr andauerte.[59]

Sachaufwand

Erhebliche Schwierigkeiten bereitete die Finanzierung des mit den Gottesdiensten und Festen verbundenen Aufwands. Personalkosten fielen kaum an, weil pensionierte Stiftsgeistliche den Gottesdienst versahen und auch das hierfür erforderliche weltliche Personal des Stifts seine Funktionen fortführte. Bezüglich des Sachaufwandes wirkte es sich jedoch nachteilig aus, daß für die Stiftspfarrei kein eigener Fond bestand, weil die durch die Pfarrei verursachten Ausgaben bisher vom Stift, insbesondere von der Stiftsfabrik bestritten worden waren. Nach Aufhebung des Stifts wurden die aus dem am 30. April gerade abgelaufenen Rechnungsjahr 1802/03 noch offenen Rechnungen und die danach angefallenen Kosten von der Administration des ehemaligen Kollegiatstifts beglichen. Diese Stelle bestand noch bis April 1805 fort.[60] Den zahlreichen Berichten des Administrators Kaisenberg an seine vorgesetzte Dienststelle ist zu entnehmen, daß es häufig an flüssigen Mitteln fehlte, um die bereits genehmigten Kosten zu bestreiten. Am 24. Dezember 1804 ordnete die Landesdirektion deshalb an, daß *die Auslagen für Musik und für den Gottesdienst überhaupt aus den Einkünften der Fabrik, mit gehöriger Sparsamkeit, bis auf weitere Verfügung ferner zu bestreiten* und bei Geldmangel *aus dem Vermögen der Annen-Kapelle zu leisten* sind. Die gleichzeitige Anweisung an Kaisenberg, zur Vermeidung von Unklarheiten *bei der ... Übergabe der Stiftsverwaltung ... das Vermögen der Kirche, und was dahin gehört, von jenem des eigentlichen Stiftes genau zu sondern*[61], war für die Stiftspfarrei insofern belanglos, weil sowohl die Kirche als auch der für ihre Unterhaltung und den Gottesdienst bestimmte Fond (die sogenannte *Stiftsfabrik*) dem nun aufgehobenen Kollegiatstift zugeordnet waren. Bei Aufhebung der Administration des ehemaligen Stifts wurden deren Aufgaben von der staatlichen Finanzverwaltung übernommen, weshalb ab Mai 1805 das Rentamt Bamberg I die Zahlungen abzuwickeln hatte. Zur teilweisen Abdeckung der anfallenden Kosten mußten nun auf Anordnung der Landesdirektion vom 18. Juni und 22. Juli 1805 aus dem vom ehemaligen Stiftsdekan Schuberth verwalteten Kapitalvermögen der bei St. Gangolf bestehenden Priesterbruderschaft Carolinum (auch *pium foedus* genannt) insgesamt 230 fl. rh. und aus dem Fond der St. Annakapelle im Hauptmoorwald 160 fl. rh. an das Rentamt überwiesen werden.[62] Bei den laufenden Ausgaben

---

[59] StAB Rep. K 3/C I Nr. 326. — Diese Andachtsform hatte Fürstbischof Marquard Sebastian Schenk von Stauffenberg 1684 als *Bruderschaft der Ewigen Anbetung des heiligsten Altarsakraments* eingeführt. Fürstbischof Adam Friedrich von Seinsheim formte sie als *alltägliche zehnstündige Anbetung* durch Dekret vom 30. November 1758 um (LOOSHORN, a.a.O., VI. Band, S. 513. — W, Nr. 8694. — Amtsblatt für die Erzdiözese Bamberg, 44. Jg., 1921, S. 169 f. — Ad limina-Berichte von 1692, Bl. 4, und 1763, Bl. 7, vgl. Anm. 6).

[60] Georg Kaisenberg wird noch im März 1805 als Administrator des ehemaligen Stifts genannt (StAB, Rep. K 202 Nr. 477, Bl. 9 f.). Rentamtmann Franz Josef Titus übernahm erst im Mai 1805 die *Fabrikadministration* (StAB Rep. K 3/C I Nr. 299, Bl. 3 f., 11 ff.), nicht bereits im Mai 1804, wie Pfarrer Schweitzer in seinen Aufzeichnungen *Urkunden für St. Gangolph*, Bl. 45, schreibt (Stadtarchiv, HV Rep. 3 Nr. 836).

[61] StAB Rep. K 3/C I Nr. 256.

[62] Die Rechnungen des *pium foedus* für 1804/05 (StAB Rep. A 232/III Nr. 24 705, S. 10) und der St. Anna-Kapelle für 1804/05 (StAB Rep. A 232/V Nr. 42 605 und Nr. 42 612, Beleg Nr. 4) weisen diese Beträge als Ausgaben in fränkischer Währung aus.

handelte es sich um Rechnungen der Büttnermeisterswitwe Susanne Süß für Meß- und Speisewein[63], des *Wachsbleichers* Franz Joseph Deckert für Kerzen und des Kaufmanns Wirrer für Öl zum Betrieb des Ewigen Lichts, welche jeweils von Pfarrer Herzog hinsichtlich der sachlichen Richtigkeit beglaubigt werden mußten. Rentamtmann Franz Josef Titus begründete die Menge des verbrauchten Weins im Bericht vom 26. September 1805 damit, daß nach Säkularisierung der Klöster mehrere Geistliche in St. Gangolf Messen lesen würden und *eine größere Anzahl zum heiligen Abendmahl sich eingestellt hätte*.[64]

III. Die Bildung der neuen Stadtpfarrei

Anlaß zur Neugliederung der Pfarreien

Die mit dem Anschluß des Hochstifts Bamberg an das Kurfürstentum Bayern verbundenen Veränderungen ließen es angebracht erscheinen, die pfarrlichen Verhältnisse auch im Gebiet östlich des rechten Regnitzarms von Bamberg neu zu ordnen. Der erste Anstoß hierzu ging noch vor der Aufhebung des Stifts vom kleinen Stadtteil Wunderburg aus, der damals aus dem fürstbischöflichen Koppenhofe und 53 anderen Häusern bestand[65], welche an den heutigen Straßen Wunderburg, Egelseestraße (südliches Ende!), Koppenhofgasse und Holzgartenstraße sowie im Gebiet dazwischen lagen. Am südlichen Rand dieser von übrigen Stadtgebiet isolierten Siedlung befand sich die ab 1689 errichtete und mit einem Benefizium ausgestattete Maria-Hilf-Kapelle, welche mit dem ganzen Stadtviertel zur Pfarrei St. Martin gehörte. Im Januar 1803 wandte sich die *Wunderburger Gemeinde* an das nach der bayerischen Inbesitznahme als Oberbehörde für die fränkischen Provinzen errichtete Kurfürstliche Generallandeskommissariat in Würzburg und bat *um Erhebung ihrer Kirche zu einer eigenen Pfarrkirche und Anstellung eines Pfarrers*. Zur Begründung wurde auf die weite Entfernung von der Pfarrkirche St. Martin und die dadurch verursachte Gefahr für das Seelenheil der Einwohner, weil ein Geistlicher oft nicht schnell genug herbeieilen könne, ferner auf die völlige Unzugänglichkeit der Wunderburg bei großen Überschwemmungen sowie auf den beträchtlichen, bereits vorhandenen Fond zur Gründung einer Partei verwiesen. Das zur Stellungnahme aufgeforderte Geistliche Vikariat Bamberg führte in seinem Schreiben vom 7. Februar 1803 aus, die Erhebung der Maria-Hilf-Kapelle zur Pfarrkirche sei *weder nützlich, noch notwendig, noch in Rücksicht auf die Beschaffenheit des Kapellenfonds ausführbar*. Die Kapelle befinde sich mit nur wenigen Häußern am äußersten Ende des Viertels. Die weiter nördlich stehenden Häußer lägen *schon der St. Gangolpher Pfarr näher*. Von einer Vernachlässigung durch die Pfarrei St. Martin könne nicht gesprochen werden, zumal auch im Falle einer voraussehbaren Überschwemmung ein Seelsorger von St. Martin sich ständig in der Wunderburg aufhalte und außerdem der dort angestellte Benefiziat zur Aushilfe angewiesen sei. Der Kapellenfond von 30 000 fl., mit dem der Benefiziat, der Kapellenverwalter, die beiden Lehrer an der Wunderburger Schule und die Kapelle unterhalten werden müßten, reiche nicht aus, zumal bei einer Pfarreierhebung die Kapelle vergrößert werden müsse. Die Stellungnahme schließt mit den die künftige Entwicklung bereits abzeichnenden Worten: *Über-*

---

[63] Die Rechnung der Stiftsfabrik, welche Administrator Kaisenberg für Mai bis Dezember 1803 führte, enthält die Ausgabe von 74 fl. 6 xr. fr. für Meß- und Kommunikanten-Wein (StAB Rep. A 23-2 III Nr. 25 003, S. 47).

[64] StAB K 3/C I Nr. 299; ferner Rep. K 202 Nrn. 452, 454, 455 und 467.

[65] Roppelt, a.a.O., S. 95.

haupt verdiene bemerkt zu werden, daß, wenn doch eine Abänderung hinsichtlich der Pfarreien in diesseitiger Stadt notwendig werden sollte, ... für den über der Seesbrücke gelegenen Teil das Stift St. Gangolph der bequemste Ort sei, da er in der Mitte jenes Teiles der Stadt liege, auch die notwendigen Gebäude schon vorhanden seien. Das Generallandeskommissariat teilte daraufhin dem Geistlichen Vikariat am 13. Februar 1803 mit, daß der beantragten Pfarreierrichtung nicht stattgegeben werde. Es sei jedoch dafür zu sorgen, *daß für den jenseits der Regnitz befindlichen Teile der Stadt eine Pfarrkirche in der Stiftskirche zu St. Gangolph errichtet werde, zu welchem Ende die Vorlage des nötigen Plans erwartet wird.*[66]

Ein solcher Plan ließ aber lange auf sich warten. Deshalb nahm die Kurfürstliche Landesdirektion Bamberg die Sache in die Hand. Diese Stelle fand sich *durch verschiedene zusammentreffende Umstände und besonders durch die Aufhebung einiger Klöster ... bewogen, die Einleitung zu treffen, daß in der hiesigen Provinzhauptstadt zwei bestehende Hauptpfarreien verteilet und nebst diesen noch zwei neue errichtet würden.* Bereits am 30. September 1803 wurde das dem Bischöflichen Vikariat mitgeteilt und dieses zugleich aufgefordert, wegen der Grenzen der neuen Pfarrsprengel, der Pfarrkirchen, des anzustellenden Personals sowie der dafür erforderlichen Wohnungen und Besoldungen Vorschläge zu unterbreiten.[67] Eine Einigung zwischen den staatlichen und kirchlichen Stellen kam allerdings zunächst nicht zustande.

Maßnahmen des Staates

Einem Vermerk des Landesdirektionsrates Dr. Melchior Ignaz Stenglein[68], eines ehemaligen Kanonikers des Gangolfstifts, welcher der hierfür zuständige Referent der Landesdirektion war, ist der Sachstand am 22. Juni 1805 zu entnehmen. *Zur Herstellung der hiesigen Stadtpfarreien* hielt die Staatsbehörde u. a. folgende Maßnahmen hinsichtlich der Pfarrei St. Gangolf für erforderlich: Der vom Kurfürsten zum Pfarrer von St. Gangolf bereits bestimmte bisherige Regens des Aufseesianums Dr. Franz Kaspar Fraas[69] habe noch kein Anstellungsdekret und behalte sich im übrigen wegen seiner Kränklichkeit *den Rücktritt zu seiner Pension vor.* Zwei Kapläne seien vom Bischöflichen Vikariat für St. Gangolf zu ernennen, während der Benefiziat Johann Linder in der Wunderburg *die Stelle des dritten Kaplans* zu versehen habe. Weltliches Personal, nämlich Kirchner, Organist und Kalkant (Balgtreter), sei bereits vorhanden und werde derzeit aus der Staatskasse besoldet. Es handelt sich hierbei um die schon erwähnten und in Pension gesetzten Bediensteten des Kollegiatstifts Buchenz, Ledermann und Eck, welche ihre Dienste für die Pfarrei weiterhin versahen. Die Einrichtung der Pfarrkirche sei zu verbessern, vor allem seien *geräumigere Kirchenstühle* zu beschaffen. Da eine Pfarrwohnung überhaupt nicht vorhanden sei, komme die Anmietung des derzeit leerstehenden Hauses des am 31. Januar 1805 verstorbenen Geistlichen Rates und Kanonikus' Dr. Johann Nikolaus Dietz[70] für ein Jahr in Betracht. Die jährlichen Ausgaben für alle vier Pfarreien seien mit aufgerundet 11 000 fl. berechnet worden. Es sei allerdings zweifelhaft, ob dieser Betrag ausreiche.

---

[66] StAB Rep. K 3/C I Nr. 225.
[67] Vorstellung der Landesdirektion an den Fürstbischof Georg Karl von Fechenbach vom 4. 11. 1805, StAB Rep. K 3/C I Nr. 153 a (Akten der Landesdirektion *Die Errichtung mehrerer Pfarreien in Bamberg 1805, 1806,* Band II), Bl. 56—58; nach diesen Akten wird die Entwicklung ab Juni 1805 dargestellt. Auf die näheren Umstände bei der Bildung des Stadtpfarrfondes kann nur insoweit eingegangen werden, als die Neuorganisation der Pfarreien davon abhängig war.
[68] W, Nr. 9869.
[69] W, Nr. 2638.
[70] W, Nr. 1560.

Offenbar auf die Mitteilung dieser Vorstellungen hin beanstandete das Bischöfliche Vikariat in einem an die Landesdirektion gerichteten Schreiben vom 8. Juli 1805 den geringen Umfang der bei der Gründung von Pfarreien dem Bischof oder der von ihm eingesetzten Stelle (also seinem Vikariat) eingeräumten Befugnisse. In dem von den Vikariatsräten Christoph Lorenz Caramé, Dr. Franz Andreas Frey und Dr. Georg Nüßlein[71] unterzeichneten Schreiben, das der bedeutende Kirchenrechtler Frey verfaßt haben dürfte, wird ausgeführt, daß nach gemeinem Recht und allgemeinem Kirchengesetz Pfarreien *rein kirchliche Anstalten* seien. Es sei deshalb Sache des Bischofs, die Dotation einer Pfarrei und ihre Zulänglichkeit zu beurteilen. Ferner widerspricht das Vikariat der von der Landesdirektion vorgeschlagenen Beiziehung eines jährlichen Betrages aus der Ernestinischen Klerikalseminarstiftung. Die Landesdirektion beharrte jedoch nach ihrer Antwort vom 19. Juli 1805 auf ihrer Zuständigkeit hinsichtlich der Dotation der neuen Pfarrkirchen und wiederholte ihre Anträge vom 8. April und 20. Mai 1805 *auf baldige Organisierung der Pfarreien und die Berichtigung der dahin einschlagenden Geschäfte.* In der Folgezeit ging es in den schriftlich geführten Verhandlungen vor allem um Art und Höhe der Dotation sowie um den Beitrag der Seminarstiftung. Noch bevor hierüber eine Einigung erzielt werden konnte, ordnete das Kurfürstliche Generallandkommissariat Bamberg als Provinzialetatskuratel mit kurfürstlicher Genehmigung durch eine an die Landesdirektion gerichtete Entschließung vom 19. August 1805 an, daß der zur Dotation der vier zu bildenden Stadtpfarreien dienende Stadtpfarrfond mit *liquiden Aktivkapitalien* im Betrag von 220 000 fl. ausgestattet werden solle, hingegen die bisher dem Unterhalt der Pfarreien dienenden Stiftungen einzuziehen seien und die *noch abgängigen Pfarrer- und Kirchnerwohnungen . . . nebst den ersten Einrichtungen einsweil aus Staatsmitteln bestritten* würden. Am 21. Oktober 1805 teilte die Landesdirektion dem Bischöflichen Vikariat mit, daß mit kurfürstlicher Genehmigung die den vier Stadtpfarreien *ausgesprochene Dotationssumme von 220 000 fl. in solchen Staatsobligationen ausgezahlt werde, welche durch die Säkularisation der verschiedenen Stifter und Ämter von der Bambergischen Provinzialkasse aquiriert wurden.* Die Provinzialetatskuratel habe angeordnet, daß diese Summe durch Schuldurkunden im Betrag von 192 000 fl. und durch die Kapitalien der Wunderburger Kapelle von 28 000 fl. aufgebracht werden. Am 29. Oktober 1805 wurden in Gegenwart der Geistlichen Räte Andreas Augustin Schellenberger, des Pfarrers der Oberen Pfarre[72], und Franz Andreas Frey die zur Dotation der vier Pfarreien ausgewählten Kapitalien in der Weise auf den Pfarrfond übertragen, daß die insgesamt 56 Forderungen des Staates im Gesamtbetrage von 191 977 fl. rh. durch eine *Cessionsurkunde* (Abtretungserklärung) unter Zusicherung einer fünfprozentigen Verzinsung dem Pfarrfond überwiesen und die Schuldurkunden dem bereits zum Administrator dieses Fonds bestellten früheren Domkustoreiverwalter Franz Ignaz Loeser übergeben wurden. Unter diesen Kapitalien befanden sich auch fünf Forderungen des ehemaligen Gangolfstifts im Gesamtbetrag von 14 610 fl., deren Schuldurkunden in den Jahren 1596, 1608, 1612, 1614 und 1795 ausgestellt worden waren und die durch die Aufhebung des Stifts dem Staat zugefallen waren. Am gleichen Tag wurden auch die Schuldurkunden der Wunderburger Kapelle im Gesamtbetrag von 28 730 fl. rh. von dem bisherigen Administrator der Kapelle F. Steigner an den Administrator des Pfarrfonds übergeben.

---

[71] W, Caramé: Nr. 1342; Frey: Nr. 2699; Nüßlein: Nr. 7182. Über Frey vgl. insbesondere: EUCHAR-FRANZ SCHULER O. CARM., Die Bamberger Kirche im Ringen um eine freie Kirche im freien Staat, in: BHVB 115. Daß Frey an der Behandlung der Pfarreienorganisation bei der kirchlichen Oberbehörde maßgebenden Anteil hatte, ergibt sich aus S. 269.
[72] W, Nr. 8659.

Maßnahmen der Kirche

Die Landesdirektion erwartete, daß nun das Bischöfliche Vikariat die ihm zustehenden geistlichen Maßnahmen, insbesondere die Umschreibung der neuen Pfarrsprengel, die Erteilung der Pastoraljurisdiktion an die vom Kurfürsten bereits ernannten Pfarrer und die Bestellung der Hilfsgeistlichen, sofort treffen würde, damit die neue Pfarreiorganisation zu dem von der Landesdirektion vorgeschlagenen Zeitpunkt, nämlich am 1. November 1805, in Kraft treten könnte. Allein das Vikariat verlangte mit Schreiben vom 30. Oktober 1805 hinsichtlich der abgetretenen Kapitalien den *Consens der höchsten Agnaten* des Kurhauses, um die übergebene Dotation *als ein unwidersprechliches Kapital und Eigentum des Pfarrfondes* zu sichern, und eine Aufstockung dieses Fonds zur Bestreitung der weiter anfallenden Bedürfnisse. Die Landesdirektion wandte sich daraufhin am 4. November 1805 an den letzten Fürstbischof von Würzburg Georg Karl von Fechenbach, der bereits seit 1800 Koadjutor mit dem Recht der Nachfolge des letzten Bamberger Fürstbischofs Christoph Franz von Buseck gewesen war und nach dessen Tod am 28. September 1805 die Nachfolge in Bamberg angetreten hatte, und schilderte ihre Bemühungen um die Neuorganisation der Pfarreien in Bamberg, welche vom Bischöflichen Vikariat behindert worden seien. Sie halte die Bedenken des Vikariats wegen des zu geringen Fonds für unbegründet und bitte um Einflußnahme, um die Angelegenheit zum Abschluß zu bringen. Diesem Vorgehen blieb der Erfolg nicht versagt. Der Geistliche Rat Franz Andreas Frey trug am 28. November 1805 dem Bischof die Gründe vor, aus denen er im Gegensatz zur Mehrheit des Vikariatskollegiums die Neuorganisation der Stadtpfarreien auch im Falle unzureichender Dotation befürwortete. Er meinte nämlich, die Landesdirektion sei am ehesten bereit, einer schon bestehenden Einrichtung zu helfen. Notfalls könne *eine Pfarrei oder beide wieder eingezogen werden*.[73] Offenbar schloß sich der Bischof Freys Ansicht an, denn am 2. Dezember 1805 teilte das Bischöfliche Vikariat Bamberg mit, der Bischof halte zwar die vom Vikariat geäußerten Bedenken wegen des fehlenden *agnatischen Consenses* und der Hinlänglichkeit des Fonds nicht für ausgeräumt. Er habe aber am 30. November 1805 in der Erwartung, daß insoweit Abhilfe geschaffen werde, *dem Bischöflichen Vikariat aufgetragen, mit dem 1. Januar 1806 die hiesigen Stadtpfarreien dergestalten zu organisieren, daß mit diesem Tag jeder Pfarrer in seine Verrichtungen eintrete und der erste Gottesdienst gehalten werden solle.*

Das Bischöfliche Vikariat erließ daraufhin am 16. Dezember 1805 ein *Publicandum über die mit Eintritt des neuen Jahres 1806 in Bamberg zu eröffnenden vier Stadtpfarreien*, welches der Landesdirektion vorgelegt, von dieser zum Druck befördert und mit dem Intelligenzblatt verteilt wurde. Außerdem wurden über die Polizeidirektion auch die Gassenhauptleute mit der Bekanntmachung des Erlasses beauftragt. Danach begann die Neuregelung *mit dem Eintritt des Jahres 1806*. Es wurden nun *mit Aufhebung der bisher im Domstifte und zu St. Gangolph bestandenen* Pfarreien vier Pfarreien gebildet, nämlich zu St. Martin, zu Unserer Lieben Frau (Obere Pfarre), zu St. Peter und Georg im Domstifte und *zu Unserer Lieben Frau und St. Gangolph*. Der Sprengel der letzteren *begränzet sich ganz natürlich durch den Distrikt II, bestehet also nebst dem Bughofe in dem Steinweg und den beiden Gärtnereien*. Gemeint war damit das gesamte Stadtgebiet östlich des rechten Regnitzarmes.

---

[73] Schuler, a.a.O., S. 269.

Pfarrgeistlichkeit und weltliches Personal

Der vom Kurfürsten bereits am 28. Januar 1805 zum Pfarrer ernannte, aber vom Bischöflichen Vikariat noch nicht bestätigte Dr. Franz Kaspar Fraas verzichtete am 20. September 1805 aus gesundheitlichen Gründen auf die Stelle. Um dieses Amt bewarb sich neben anderen der Professor für Dogmatik und Pädagogik am Lyzeum in Bamberg, Dr. Andreas Groß[74], der in seinem Gesuch vom 1. Oktober 1805 auf seine zehnjährige Lehrtätigkeit am Gymnasium, an der Universität und am Lyzeum hinwies. Er habe den Drang, zu seinem ursprünglichen Beruf als Seelsorger zurückzukehren, um seine theoretischen pädagogischen und theologischen Kenntnisse praktisch anwenden zu können, und wolle *mitten unter einem Volke als Lehrer ... stehen, das der Belehrung bei den itzigen Zeitumständen so sehr bedarf.* Die Landesdirektion sprach sich in ihrem Bericht an den Kurfürsten vom 2. Oktober 1805 für eine baldige Ernennung eines neuen Pfarrers angesichts der Tatsache aus, *daß der größere Teil der zu dieser Pfarrei gehörigen Stadteinwohner in der Kultur gegen die übrigen noch weit zurücksteht, welches die baldige Anstellung eines tätigen Pfarrers ... weit notwendiger machet als für andere, um die noch rohe Volksklasse zu einer höheren Stufe der Kultur zu erheben und für wahres Gefühl der Tugend und Vaterlandsliebe empfänglich zu machen.* Der Kleriker Groß, der auch Erfahrungen in der Seelsorge auf dem Lande habe (er war 1794/95 Kaplan in Memmelsdorf/Ofr.), erscheine für dieses Amt geeignet. Im übrigen sei er ein Mann, *der der Regierung und dem Regenten mit aufrichtiger Treue und Redlichkeit ergeben ist ... und der als Volkslehrer diese bürgerliche Tugend in seiner Pfarrei reifen machen wird.* Eine Entscheidung erfolgte jedoch noch nicht, obwohl der inzwischen zum Rektor am Lyzeum und Gymnasium ernannte Dr. Groß dringend um eine definitive Anstellung als Pfarrer gebeten hatte, um keine überflüssigen weiteren Anstalten für den Antritt der Pfarrstelle treffen zu müssen. Das Bischöfliche Vikariat bestellte ihn deshalb im Dezember 1805 zum *Pfarrverweser* und erteilte ihm einstweilen die zur Führung des Pfarramtes erforderlichen Vollmachten. Am 20. Februar 1806 wurde Groß erneut vorstellig und bat wieder um definitive Anstellung, zumal seine Professur bereits anderweitig vergeben sei. Schließlich nahm am 7. April 1806 König Maximilian I. Joseph die Resignation des Geistlichen Rates Fraas an und beförderte gleichzeitig den Professor Groß auf die Stelle, was diesem von der Landesdirektion am 18. April 1806 eröffnet wurde.

Die dem Bischöflichen Vikariat obliegende Berufung der weiteren Geistlichen erfolgte demgegenüber sehr zügig. Am 2. Dezember 1805 schlug das Vikariat als Kapläne für St. Gangolf 1. den *Provisor* Johann Linder in der Wunderburg, *der in Predigten und Beichtstuhl aushilft,* 2. den Franziskaner Simon Badum, 3. den Kapuziner Ivo Göppner und 4. den Alumnus Joseph Sauer[75] vor. Badum und Göppner waren langjährige Prediger an der Oberen Pfarre bzw. bei St. Martin und nach dem Besuch des Klerikalseminars sowie nach Ablegung einer Prüfung für die Pfarrseelsorge in den Weltpriesterstand aufgenommen worden. Die Landesdirektion erhob lediglich hinsichtlich des Alumnus' Sauer Einspruch: *Es läuft nicht nur den ganzen Tag müßig auf den Straßen herum, ... sondern auch dessen Moralität soll höchst verdächtig sein.* Die Staatsbehörde gab sogleich Anregungen, wie bei ihm ein Gesinnungswandel herbeizuführen und wie beim Ausbleiben eines Erfolgs zu verfahren sei. An Sauers Stelle trat offenbar dann der Alumnus Georg Schüpferling, der seit 1806 als Kooperator bei St. Gangolf bezeichnet wird. Als weiterer Kooperator war dort im Jahr 1806 kurzfristig auch der säkularisierte

---

[74] W, Nr. 3401.
[75] W, Linder: Nr. 6178; Badum: Nr. 348; Göppner Nr. 3172; Sauer: Nr. 8508.

Franziskaner Franz Konrad Aquilin Hartmann aus dem Kronacher Konvent eingesetzt.[76]

An weltlichem Personal wurden Kirchner Buchenz, Organist Ledermann und Kalkant Eck für die neue Stadtpfarrei übernommen. Ihre Pensionen wurden nun aus dem Stadtpfarrfond bezahlt und wegen der umfangreicheren Dienstleistung teilweise mit einer Zulage aufgestockt. Ledermann hatte sich bereits am 21. Februar 1804 an die Landesdirektion gewandt und unter Hinweis auf die dem Stift seit 19. Oktober 1795 geleisteten und vom Dekan Schuberth bestätigten Dienste, welche er noch immer *hinsichtlich der Pfarrei-Verrichtungen bei vorkommenden Leichenfällen und an Festen* leiste, um Wiederanstellung beworben, falls für die *nach dem hiesigen Stadtgerüchte* bei St. Gangolf zu bildende ausgedehntere Pfarrei ein Organist benötigt werde.[77]

Pfarrhof

Für die Unterbringung des Pfarrers und der Kapläne waren keine Wohnungen vorhanden, weil die früher mit der Seelsorge betrauten Stiftsgeistlichen die in ihrem Eigentum stehenden oder mit ihrer Pfründe verbundenen Höfe bewohnten. Bereits im Juni 1805 bestand die Absicht, die Pfarrwohnung *in dem Kapitelhause und dem daran stoßenden Schüttboden* einzurichten. Die Kosten dafür wurden von den Baumeistern auf 3330 fl. veranschlagt. Am 16. Oktober 1805 berichtete die Landesdirektion an den Kurfürsten, man habe bereits für den Pfarrer und dessen Gehilfen ein Wohnhaus auf ein Jahr angemietet, um bis dahin den Umbau des Kapitelhauses fertigstellen zu können. Dabei handelte es sich um den Chorherrnhof *Scheckethof* des verstorbenen Kanonikus' Dietz (spätere Hs.-Nr. 610, jetzt Obere Königstraße 42).[78] Dort wies die Landesdirektion am 6. Dezember 1805 dem neuen Stadtpfarrer Groß Wohnung an und veranlaßte gleichzeitig bei der Administration des Stadtpfarrfondes, daß die *Wohnstube des Gesindes* ausgeweißt *und dadurch von Ungeziefer gereiniget werde*. Um die Jahreswende 1806/07 konnten dann die Geistlichen das umgebaute frühere Kapitelhaus des Stifts (spätere Hs.-Nr. 911, heute Theuerstadt 4) beziehen, das mit den Resten des spätmittelalterlichen Kreuzgangs noch heute als Pfarrhaus dient.

Ausstattung der Pfarrkirche

Am 13. Dezember 1805 wies die Landesdirektion den Pfarrverweser Groß an, *auf die ... neue Einrichtung der Kirche, auf Anschaffung der Pfarr-Matrikeln, heiligen Gefäße, wenn diese abgehen, und alles was sonst unentbehrlich ist, ... Bedacht zu nehmen.* Auf Anordnung der Landesdirektion vom 23. Dezember 1805 sollten *die beiden untersten Beichtstühle* aus der Michaelskirche nach St. Gangolf verbracht werden. Das verursachte aus der Sicht dieser Behörde *unvernünftigen Lärm, welchen alte Weiber und Pfründner über die Wegnahme dieser Beichtstühle aufschlugen* und zwar *in dem abgeschmackten Wahn, man wolle ihre Kirche berauben und verunstalten.*[79] Daß diese Anweisung dann auch ausgeführt wurde, kann nicht festgestellt werden. Nach der Überlieferung der Pfarrei St. Gangolf beauftragte um diese Zeit Landesdirektionsrat Stenglein den Kirchendiener Philipp Joseph Engert und den Schreinermeister Joseph Riegel, die für St. Gangolf brauchbare Ausstattung der Karmelitenkirche wegzuneh-

---

[76] W, Schüpferling: Nr. 9223; Hartmann: Nr. 3767.
[77] StAB Rep. K 202 Nr. 478.
[78] PASCHKE, a.a.O., S. 88.
[79] StAB Rep. K 3/C I Nr. 153 a, fol. 78, 87.

men. Beide wählten die Kommunionbank, die Kirchenbänke für das Langhaus, die vier Beichtstühle aus Eichenholz für die Seitenkapellen des Langhauses sowie zwei Statuen St. Maria und St. Joseph aus, welche zunächst beim Eingang der Kirche und später in der Göttlich-Hilf-Kapelle zu beiden Seiten des Altars aufgestellt wurden. Beim Abtransport der Gegenstände aus der Karmelitenkirche, der von den Gärtnern im Umkreis von St. Gangolf unentgeltlich vorgenommen wurde, bewarfen die Einwohner der Sutte Engert und Riegel mit Steinen. Aus der Stiftskirche St. Stephan wurde der prunkvolle Beichtstuhl des dortigen Dechanten nach St. Gangolf gebracht[80], wo er im südlichen Querschiffarm aufgestellt wurde und bis etwa 1964 als Beichtstuhl des Pfarrers diente. Heute ist er im Diözesanmuseum Bamberg ausgestellt.

Außer diesen für die Bedürfnisse der Pfarrei notwendigen Sachen fanden in St. Gangolf noch zwei Andachtsbilder aus der im März 1806 geschlossenen Heiliggrabkirche Unterkunft und blieben dadurch erhalten. So bemühten sich Bamberger Bürger um die Wiederaufstellung des als Göttliche Hilfe seit dem Mittelalter in Heiliggrab verehrten Kruzifixes einschließlich des dazugehörigen, aus der Rokokozeit stammenden Altars von Johann Bernhard Kamm in einer anderen Kirche. Der vormalige Kirchner von Heiliggrab Schüttinger verwendete sich für eine Übertragung nach St. Jakob, der 1805 von der Marianischen Bürger-Sodalität erworbenen ehemaligen Stiftskirche. Die *Gemeindemeister* Andreas Och und Andreas Schütz baten demgegenüber am 16. März 1806 *namens der Gemeinde St. Gangolph* die Landesdirektion um Überlassung der Göttlichen Hilfe für ihre neue Pfarrkirche und erboten sich, die Versetzung auf eigene Kosten vorzunehmen. Dieser Bitte wurde seitens der Königlichen Provinzialetatskuratel am 24. März 1806 entsprochen. Die beiden Gärtnermeister Och und Schütz sowie der Bäckermeister Leopold Eberth und der Kirchendiener Engert trugen *unter dem Zusammenströmen vieler Pfarrkinder auf den Schultern* das Göttlich-Hilf-Bild nach St. Gangolf, wo der Altar mit dem Kruzifix in der bisherigen Stiftssepultur anstelle des Schutzengelaltars aufgestellt wurde. Seitdem heißt die 1816 um zehn Schuh verlängerte Sepultur Göttlichhilfkapelle.[81] Ebenfalls aus der Heiliggrabkirche wurde 1806 das barocke Gemälde des sterbenden heiligen Joseph, gemalt von Johann Rudolf Byß (1660—1738), nach St. Gangolf übertragen. Es befindet sich heute wieder in der Göttlich-Hilf-Kapelle.[82] Das Gestühl dieser Kapelle stammt aus der Kirche des Franziskanerklosters, wo es am 4. Oktober 1806 für den neuen Zweck bereitgestellt wurde.[83]

Bezüglich der liturgischen Gefäße und der Paramente zeigte sich bei Eröffnung der neuen Pfarrei zunächst kein besonderer Bedarf, weil die reichhaltige Ausstattung des Kollegiatstifts dafür zumindest teilweise zur Verfügung stand. Erst am 29. November 1806 berichtete Stadtpfarrer Groß an die Landesdirektion, daß *ein geräumiges und für die Anzahl von 4103 Seelen passendes Ciborium* notwendig sei, während nur ein solches für 150 Partikel zur Verfügung stehe. Er schlug deshalb vor, ein unter den Kirchengerätschaften befindliches *silbernes, mit Cristallsteinen ausgelegtes Kreuz, das keine besondere Bestimmung hat*, zu einer Kapsel für 800 bis 1000 Partikel umarbeiten zu las-

---

[80] Diese Angaben erfuhr Pfarrer Caspar Anton Schweitzer (ab 1849 in St. Gangolf) von dem Stadtkirchner Philipp Joseph Engert (1779—1850), welcher vorher Kirchendiener und zur Stiftszeit *Kirchenjunge* war (ChrSG, S. 10 f.).

[81] StAB Rep. K 3/C I Nr. 318. — ChrSG S. 11, 15.

[82] EISENMANN, a.a.O., S. 68. — JOACHIM HEINRICH JÄCK, Leben und Werke der Künstler Bambergs, Erster Theil, Erlangen 1821, S. 48. — KARL SITZMANN, Künstler und Kunsthandwerker in Ostfranken, Die Plassenburg Bd. 12, Kulmbach 1957, S. 81.

[83] StAB Rep. K 202 Nr. 366 *Inventarisierung der Geräthschaften* vom 4. Oktober 1806: *9 Kniestühle* — ChrSG, S. 11.

sen. Deshalb bat er die Landesdirektion, das notwendige Ziborium *durch irgend einen einheimischen Künstler, die ohnedies itzt wenig zu arbeiten haben, baldig fertigen zu lassen.* Die Landesdirektion genehmigte das am 9. Dezember 1806, und bereits am 22. Januar 1807 konnte Pfarrer Groß berichten, daß der Bamberger Gürtlermeister Georg Joseph Fleischmann als billigster die Arbeit für 62 fl. rh. ausgeführt hatte.[84] Eine Mehrung der liturgischen Gefäße trat im November 1806 dadurch ein, daß ein Wohltäter der Pfarrkirche eine *mit weißen böhmischen Steinen besetzte Monstranz* aus Kupfer unter Vorbehalt des Eigentums schenkte.[85] Es handelt sich hierbei offenbar um die kleinere der beiden noch heute vorhandenen Monstranzen, welche der klassizistischen Ornamentik nach zu schließen um die Wende vom 18. zum 19. Jahrhundert entstanden ist und bei weniger festlichen Anlässen benutzt wird. Ein ebenfalls noch heute in Gebrauch befindlicher Speisekelch ist ganz ähnlich ornamentiert. Vermutlich stellt er das vorgenannte Ziborium dar. Eine eindeutige Zuweisung ist nicht möglich, da — wie auch bei der Monstranz — irgendwelche Zeichen fehlen, die eine Identifizierung ermöglichen.

Alte Verpflichtungen

Eine Verbindlichkeit aus der Zeit des Stifts, welche von der neuen Stadtpfarrei übernommen werden mußte, waren die schon erwähnten Kautler'schen Meßstiftungen. Am 20. Februar 1806 beschwerte sich die Gärtnermeisterswitwe Barbara Kautler bei der Landesdirektion darüber, daß der Pfarrverweser Groß erklärt habe, die bis ins vergangene Jahr abgehaltenen Frühmessen nicht mehr lesen lassen zu können. Dabei führte sie aus, daß bei Errichtung der Stiftung die Absicht bestanden habe, den Einwohnern *im Bezirke St. Gangolph* den täglichen Besuch der heiligen Messe vor Aufnahme ihrer Arbeit zu ermöglichen und daß durch diese Verfügung nicht das Kollegiatstift, sondern die Stiftspfarrei begünstigt werden sollte. Die Landesdirektion beschloß deshalb am 10. März 1806, daß die Frühmessen von den noch vorhandenen Mitgliedern des ehemaligen Kollegiatstifts zu lesen seien und nach deren Abgang die Pfarrei in diese Verbindlichkeit eintrete. Lediglich an Sonn- und Feiertagen könnten die Frühmessen im Hinblick auf die an diesen Tagen um sechs Uhr stattfindende Frühpredigt mit Messe unterbleiben.[86] Da 1811 die gestifteten Messen nicht mehr gehalten wurden, erhob die Witwe Kautler erneute Vorstellungen mit dem Ziel, das Stiftungskapital entweder der nunmehrigen Pfarrkirche zu übergeben oder an sie zurückzuerstatten. Das mit der Angelegenheit nun befaßte Finanzministerium lehnte eine Ausantwortung des Stiftungskapitals an die Pfarrkirche am 22. Februar 1812 ab und ordnete am 8. Dezember 1812 an, daß der jeweilige Stadtpfarrer verpflichtet sei, die gestifteten Messen zu lesen oder auf seine Kosten lesen zu lassen, und die noch lebenden Kanoniker des aufgehobenen Stifts lediglich *aushilfsweise zu Lesung einer verhältnismäßigen Anzahl dieser Messen beigezogen werden* könnten, ohne allerdings neben dem Pfarrer dazu verpflichtet zu sein. Dagegen erhob das Vikariat am 11. Februar 1813 Gegenvorstellungen, wobei die Weigerung des Pfarrers, die Stiftung unentgeltlich zu erfüllen, u. a. damit begründet wurde, daß die der Stiftspfarrei zugewendete Stiftung als Kirchengut entgegen § 63 RDHS zu Unrecht eingezogen worden sei. Außerdem seien Pfarrer und Kapläne von St. Gangolf, denen die *Befreiung von Meßadplikationen* bei der Anstellung zugesichert worden sei, durch diese Belastung einkommensmäßig schlechter gestellt als die Geistlichen der üb-

---

[84] StAB Rep. K 3/C I Nr. 321. — Über Fleischmann vgl. SITZMANN, a.a.O., S. 160.
[85] StAB Rep. K 3/C I Nr. 317.
[86] StAB Rep. K 3/C I Nr. 189.

rigen Bamberger Stadtpfarreien. Das Finanzministerium beharrte in seiner an das Generalkommissariat des Mainkreises in Bayreuth gerichteten Entschließung vom 29. Mai 1813 auf seinem bisherigen Standpunkt und bezog sich dabei auf die Allgemeine Verordnung vom 4. Juli 1807[87], wodurch die neuen Pfarrer ehemaliger Klosterpfarrkirchen zur unentgeltlichen Abhaltung gestifteter Jahrtage und Messen, deren Gefälle bei der Säkularisation mit dem Klostervermögen vermischt und deshalb eingezogen worden waren, verpflichtet wurden, solange die Stifter oder deren Verwandte noch lebten. Diese Grundsätze seien auf ehemals stiftische Pfarrkirchen analog anwendbar.[88]

IV. Zusammenfassende Auswertung in landes- und rechtsgeschichtlicher Hinsicht

Die vorstehende Untersuchung erscheint in mancherlei Hinsicht aufschlußreich. Sie zeigt zunächst die anscheinend auch hier recht fließende Entwicklung der Pfarreienorganisation im Mittelalter, die sogar Gewohnheitsrecht zur Grundlage haben konnte und an welcher in der Neuzeit, jedenfalls aber nach Ende des Dreißigjährigen Krieges, nichts mehr geändert wurde. So bestanden die alten Strukturen bis zu den großen Umwälzungen am Anfang des 19. Jahrhunderts fort, obwohl man deren Unzulänglichkeit auch in bezug auf die Pfarreieneinteilung in Bamberg sicherlich in der zweiten Hälfte des 18. Jahrhunderts bereits erkannt haben dürfte.

Die mit der Säkularisation im allgemeinen und mit der Aufhebung des Kollegiatstifts zu Unserer Lieben Frau und St. Gangolf im besonderen verbundenen Ereignisse lassen erkennen, daß diese Umwälzung im staatlichen und kirchlichen Bereich sowohl von den Repräsentanten des alten Systems als auch von den unmittelbar davon Betroffenen widerspruchslos hingenommen wurde. Während sich die höheren Beamten im allgemeinen sehr schnell auf die neuen Verhältnisse umstellten, um dann unter bayerischer Herrschaft ihre Karriere fortzusetzen, erscheint in den Reihen der Geistlichkeit die Situation gespalten: Auch hier gab es Personen, deren Hingabe an den neuen Landesherrn deutlich zum Ausdruck kommt und auch reichlich belohnt wurde, wohingegen andere den Weg in die neue Zeit nicht mehr fanden. Von den mit den hier behandelten Ereignissen befaßten Geistlichen sind Landesdirektionsrat Stenglein und Stadtpfarrer Groß sicherlich der erstgenannten Gruppe zuzurechnen. Beide wurden am 28. Oktober 1821 in das neuerrichtete Metropolitankapitel berufen, Stenglein sogar als Domdechant. Die 1806 als Kapläne eingesetzten säkularisierten Ordensgeistlichen traten sicherlich nicht aus Opportunismus in den Weltpriesterstand über, sondern wollten sich dadurch der unwürdigen Behandlung entziehen, welche bei der Durchführung der Säkularisation gerade die Angehörigen der Mendikanten erfuhren. Solche Übertritte lagen zudem im Interesse des Staates, weil dadurch die ausgesetzten Pensionen eingespart werden konnten. Die ehemaligen Stiftsgeistlichen Dekan Schuberth, Kustos Herzog und Vikar Wagner hielten zunächst — soweit noch möglich — auf ihren Stellungen aus und zogen sich dann ganz in den Pensionsstand zurück. Vor allem den beiden letztgenannten — Herzog als Pfarrer und Wagner als Kuratus der Stiftspfarrei — ist es zuzuschreiben, daß die Pfarrseelsorge in St. Gangolf und der öffentliche Gottesdienst in der ehemaligen Stiftskirche fortgesetzt wurden und die Stiftspfarrei bis zur Errichtung der Stadtpfarrei fortbestand. Ihre Eingaben an die Landesdirektion lassen bei aller Unterwürfigkeit deutlich erkennen, daß sie sich ihrem Amte nach wie vor verpflichtet fühlten und dementsprechend nachhaltig für die Aufrechterhaltung halbwegs geordneter kirchlicher Verhältnisse eintragen.

---

[87] Königlich-Baierisches Regierungsblatt vom 18. Juli 1807, Nr. 30, Sp. 1140 f.
[88] StAB Rep. K 202 Nr. 462.

Auffallend und in das allgemein verbreitete Bild über die Durchführung der Säkularisation nicht passend ist der Gang der Ereignisse in St. Gangolf nach der Aufhebung des Stifts. Im Gegensatz zu der oft feststellbaren Brutalität bei der Aufhebung von Stiften und Klöstern muß hier von einem recht behutsamen Vorgehen gesprochen werden. So konnten im Jahr der Aufhebung 1803 die Feste des Stifts noch wie bisher gefeiert werden. Es kam auch nicht zu einer Schließung der Kirche oder zur Veräußerung von Ausstattungsgegenständen[89], wofür sicher der bereits vor der Aufhebung des Stifts bestehende Plan, die Gangolfskirche zum Sitz einer größeren Pfarrei zu bestimmen, von Bedeutung war. Es drängt sich jedoch der Eindruck auf, daß Landesdirektionsrat Stenglein[90] als ehemaliger Kapitular des Stifts St. Gangolf die schützende Hand über die Kirche seines ehemaligen Kollegiatstifts hielt. Er war überhaupt bestrebt, die bei Durchführung der Säkularisation zutage getretenen Härten zu mindern. Die Verfügungen der Landesdirektion über die Regelung des Gottesdienstes in St. Gangolf sind größtenteils von ihm entworfen und unterschrieben. Daß er zeitlebens mit St. Gangolf sich verbunden fühlte, kommt auch darin zum Ausdruck, daß er u. a. die Pfarrkirche zum Erben einsetzte.[91] Soweit sich überhaupt eine Opposition gegen die neuen Verhältnisse bemerkbar machte, ging diese vom „kleinen Mann" aus und richtete sich mehr gegen einzelne Auswirkungen der Neuerungen, wie dies am Verhalten der Spitalinsassen auf dem Michaelsberg oder der Bewohner der Sutte bei der Wegnahme von Einrichtungsgegenständen *ihrer* Kirchen deutlich wird. Es wird aber auch erkennbar, daß bei der Anwendung des Reichsdeputationshauptschlusses — eines in die Form des Reichsrechts gekleideten Eingriffs in die grundsätzlich nur vom Stifterwillen abhängigen Stiftungen — auch noch Stiftungen der nach § 63 RDHS geschützten Art geschmälert oder ganz eingezogen wurden (z. B. St. Annakapelle, Pium foedus, Wunderburger Kapelle). Die Vorgänge um die Kautler'schen Meßstiftungen zeigen die Widersprüchlichkeit staatlichen Verhaltens, wenn einerseits das Stiftungskapital eingezogen wurde, andererseits aber die Stifts- und Pfarrgeistlichen angehalten bzw. verpflichtet wurden, die Verbindlichkeiten der Stiftung ohne Gegenleistung zu erfüllen.

Von liturgiegeschichtlichem Interesse sind die Hinweise auf die Einführung deutscher Kirchenlieder beim Hochamt 1804[92] und die Abgabe von Speisewein bei der Kommunionausteilung. Hierbei handelt es sich um nicht konsekrierten Ablutionswein, der nach dem Hostienempfang den Gläubigen gereicht wurde.[93]

---

[89] Das an Festtagen verwendete *silberne Antependium* wurde allerdings 1803 auf Anweisung des Werkamtmanns Badum als Unterkommissär der Spezialkommission in Administrativangelegenheiten der Stifter und Klöster in den Dom verbracht (StAB Rep. A 232/III, Nr. 25 003 S. 53). Außerdem mußten sechs silberne Meßkelche mit Patenen und Löffelchen, ferner vier silberne Tafelleuchter, drei Paar Meßkännchen mit Lavoir und ein silbernes Glöckchen abgegeben werden. Zusammen mit den Silberteilen des Antependiums hatte das im August 1803 *zur Vermünzung* nach München verschickte Silber des Stifts ein Gesamtgewicht von 88 Mark, ein Loth (StAB Rep. K 202, Bl. 43, 53, 69 und 79). Der Wert des *in das allgemeine Conservatorium* gebrachten Silbers betrug 1666 fl. 57 xr. rh. (Registratur des Kath. Pfarramts St. Gangolf, Tit. I, Fach 1, Nr. 1, II. Band).

[90] Dr. M. I. Stenglein wurde bereits durch Erlaß vom 7. Januar 1803 zum Mitglied der Kurfürstlichen Spezialkommission in Administrativangelegenheiten der Stifter und Klöster ernannt und mit dieser in die im Mai 1803 neu gebildete Landesdirektion Bamberg übernommen. Nach der am 7. Februar 1803 beschlossenen Geschäftsverteilung war allerdings Hofrat Kaelin für Angelegenheiten des Stifts St. Gangolf zuständig (StAB Rep. K 202 Nr. 1, Nr. 2 Bl. 17 und Nr. 3 Bl. 8).

[91] Vgl. W, Nr. 9869.

[92] Vgl. HEINRICH WEBER, Der Kirchengesang im Fürstbistum Bamberg, Köln 1893 (2. Vereinsschrift der Görres-Gesellschaft für 1893), S. 58 ff.

Endlich geben die Ereignisse, welche zur Bildung des Stadtpfarrfonds und zur Neuorganisation der Pfarreien in Bamberg geführt haben, die damaligen Anschauungen vom Staatskirchentum mit einer kaum mehr zu übertreffenden Deutlichkeit wieder. Der Staat stützte sich hierbei nicht mehr auf Rechtstitel *ex gratia ecclesiae*, sondern nahm eigene Rechte im Sinne einer echten Staatskirchenhoheit in Anspruch.[94] Der aus Bamberg stammende Exkapuziner und spätere Pfarrer von Wiesentheid RICHARD DELLAU[95] schreibt in seinen *Denkwürdigkeiten*[96] treffend über diese Zeit: *Die weltlichen Fürsten bemächtigten sich der kirchlichen Polizei, der Vergebung der Pfarrstellen, der Aufsicht über den Klerus, der Administration des geistlichen Stiftungsvermögens. Veraltete Formen, Zeremonien und Kirchengebräuche, die vermehrten Kirchen und Kapellen der Haupt- und Munizipalstädte wurden aus landesherrlicher Gewalt abgeschafft bzw. verkauft.*

Der Staat stützte seinen Anspruch, die Pfarrstellen zu besetzen, darauf, daß der Fürstbischof zur Zeit des Hochstifts mit dessen Einheit von Thron und Altar diese Stellen in seiner Eigenschaft als Landesherr vergeben habe. Die landesherrlichen Rechte seien aber mit der Säkularisation des Hochstifts auf den Kurfürsten von Bayern übergegangen. Durch kurfürstliche Verordnung vom 26. August 1803 wurde deshalb bestimmt, daß dem neuen Landesherrn auch in den fränkischen Fürstentümern *das Patronatrecht in allen jenen Pfarreien und sonstigen Beneficien zustehe, auf welchen kein jus patronatus laicale privatum haftet.*[97] Damit hatte der Bischof faktisch keinen Einfluß mehr auf die Besetzung der Pfarrstellen und Benefizien seines Bistums. Diese Anmaßung des Staates führte zu harten Auseinandersetzungen zwischen den staatlichen und kirchlichen Instanzen, an denen der schon erwähnte Bamberger Kanonist Franz Andreas Frey maßgebenden Anteil hatte.[98] Eine Beilegung erfolgte erst durch das 1817

---

[93] Dieser bereits im frühen Mittelalter überlieferte Brauch war im 13. Jahrhundert allgemein verbreitet. Im 19. Jahrhundert ging er stark zurück und war zu Beginn des 20. Jahrhunderts nur noch vereinzelt in Übung (JOSEF ANDREAS JUNGMANN, Missarum sollemnia, 2. Aufl., Wien 1949, 2. Bd., S. 499—503, bes. Anm. 52). Das Bamberger Rituale von 1587 erwähnt erstmals die Abgabe des Ablutionsweins, ebenso die Ausgaben von 1724 und 1774, das Rituale von 1902 sieht sie nicht mehr vor (HERMANN REIFENBERG, Sakramente, Sakramentalien und Ritualien im Bistum Mainz seit dem Spätmittelalter unter besonderer Berücksichtigung der Diözesen Würzburg und Bamberg, Liturgiewissenschaftliche Quellen und Forschungen, Heft 53/54, Münster 1971 f., 1. Band S. 301, 2. Band S. 115 ff.). Diese Hinweise verdanke ich Herrn Prof. Dr. Hermann Reifenberg in Bamberg.

[94] HANS ERICH FEINE, Kirchliche Rechtsgeschichte — Die Katholische Kirche, 4. Aufl., Köln und Graz 1964, S. 581.

[95] Johann Paul Joseph Dellau wurde zwar am 3. November 1762 in Stettfeld in Unterfranken geboren, wuchs aber in Bamberg auf, wo sein Vater Johann Adam Dellau als *Feldscherer von der Garde* bezeichnet wird und wo ab 1766 seine Geschwister geboren wurden. Hier besuchte er auch das Gymnasium und war im Studienjahr 1775/76 Schüler der Humanistenklasse. Als P. Richard trat er in den Kapuzinerorden ein, wirkte in den Ordensniederlassungen in Bamberg und Pommersfelden und wurde nach dem Übertritt in den Weltpriesterstand Pfarrer von Wiesentheid, wo er am 24. Juni 1828 starb (HEINRICH JOACHIM JÄCK, Zweites Pantheon der Literaten und Künstler Bambergs, 2. Abdruck, Bamberg 1844, S. 22 f. — W, Nr. 1453. — HESS, a.a.O., Nr. 10 647. — MAX SCHMITT, Johann Paul Joseph Dellau, in: Lebensläufe aus Franken, IV. Band, Würzburg 1930, S. 100—105. — MSM Taufen 1761—82, Bl. 81, 117′, 169, 222, 302′).

[96] Dellaus *Denkwürdigkeiten meiner Zeit* sind in dem von ihm angelegten vierten Pfarrbuch im Pfarrarchiv Wiesentheid enthalten (zitiert nach SCHMITT, a.a.O., S. 103).

[97] Regierungsblatt für die Churbayerischen Fürstenthümer in Franken vom 1. September 1803, Nr. 33, S. 171.

[98] Über die Entwicklung im einzelnen und den Anteil Freys daran vgl. SCHULER, a.a.O., S. 148—166.

zwischen dem Heiligen Stuhl und dem Königreich Bayern abgeschlossene Konkordat. In Artikel XI wurde dem König nur noch das Präsentationsrecht für die schon bisher landesherrlichen Pfarreien und für die Stellen zugesprochen, bei welchen früher das Präsentationsrecht jetzt nicht mehr bestehenden geistlichen Korporationen, also Stiften und Klöstern, zugestanden hatte. Alle sonstigen Stellen konnten von den Bischöfen frei vergeben werden.[99] Die Charakterisierung des zum Pfarrer vorgeschlagenen Professors Groß durch die Landesdirektion als *Volkslehrer*, dem es obliege, *die noch rohe Volksklasse zu einer höheren Stufe der Kultur zu erheben*, spiegelt die im Zeitalter der Aufklärung verbreitete Ansicht vom Zweck der Kirche wieder.

Auch die Neuorganisation der Bamberger Stadtpfarreien wurde trotz vorgebrachter kirchlicher Bedenken im wesentlichen als eine Angelegenheit des Staates behandelt, welcher hier die Ernennung der Pfarrer und die Anstellung des weltlichen Personals vornahm, wobei ihm daran gelegen war, durch Übernahme pensionierter Personen die Staatskasse zu entlasten. Die recht verbindlich geäußerten Vorschläge über die Behandlung des Alumnus' Sauer zeigen die vom Staat in Anspruch genommene Aufsicht über den Klerus. Die Regelung der materiellen Verhältnisse wie die Einrichtung der neuen Pfarrkirche, die Bereitstellung von Wohnungen für das Personal und die Dotation der Pfarrei entsprach dagegen insofern den damaligen rechtlichen und tatsächlichen Verhältnissen, als die weltlichen Landesherren nach § 35 RDHS gehalten waren, mit dem Säkularisationsgut auch den Aufwand für den Gottesdienst zu bestreiten. Gerade in St. Gangolf war durch die Aufhebung des Stifts der Pfarrei die finanzielle Grundlage entzogen worden. So finden sich auch unter den Kapitalien des neu gebildeten Stadtpfarrfonds einige, die früher dem Kollegiatstift zustanden. Die Übertragung der Kapitalien der Wunderburger Kapelle auf den Stadtpfarrfond stellt sich dagegen als eine auch nach damaligem Recht unstatthafte teilweise Zweckentfremdung dieses ausschließlich für die Maria-Hilf-Kapelle gestifteten Vermögens dar, welches weder einem Stift noch einem Kloster diente und damit auch nicht der Säkularisation unterlag. Auf diese Weise verstand es der Staat, eigene konfiszierte Kapitalien für die Ausstattung des Stadtpfarrfonds auf Kosten der Wunderburger Kapelle zu schonen. Noch schwerwiegender erscheint der Eingriff in das Stiftungsvermögen der beiden alten großen Pfarreien zu Unserer Lieben Frau (Obere Pfarre) und St. Martin, deren bisherige Dotation eingezogen und durch den ausschließlich aus Kapitalvermögen bestehenden Stadtpfarrfond ersetzt wurde. Die dem Bischof und seinem Vikariat vom Staat eingeräumten Rechte nehmen sich demgegenüber sehr bescheiden aus. Darunter fielen lediglich die Erteilung der Pastoraljurisdiktion an den vom Staat ernannten Pfarrer, die Ernennung der Hilfsgeistlichen und die Bekanntmachung der neuen Sprengeleinteilung nach Maßgabe der von der Landesdirektion beschlossenen Regelung, wobei der gedruckten Bekanntmachung vom 23. Dezember 1805 der Zusatz *Auf höchste Bestättigung Seiner Kurfürstlichen Durchlaucht* ausdrücklich vorangestellt war.[100] Die im Staatskirchenrecht des 19. Jahrhunderts gebräuchliche Einteilung in die der Kirche zukommenden rein geistlichen Dinge *(ius in sacra)* und die in deren Umfeld liegenden, unter die staatliche Kirchenhoheit fallenden Angelegenheiten *(ius circa sacra)* war also stark zu Gunsten des Staates

---

[99] Max Spindler, Handbuch der bayerischen Geschichte, 4. Band, München 1974 f., S. 73. — Wortlaut des Konkordats: Gesetzblatt für das Königreich Bayern vom 22. 7. 1818, Nr. 18, Sp. 397—436, Art. XI Sp. 424 ff.

[100] Beilage zum Bamberger Intelligenzblatt vom 31. 12. 1805, Nr. 102, S. 653 f. — Das „Placetum Regium" für geistliche Verordnungen war in Bayern bereits durch Kurfürstliche Verordnung vom 7. April 1770 eingeführt worden (vgl. Feine, a.a.O., S. 582).

verschoben.[101] Schon die Übernahme der im Protestantismus entwickelten Begriffe *ius in sacra* und *ius circa sacra* in die katholische Praxis zeigt, wie weit man sich vom katholischen Kirchenverständnis entfernt hatte.[102]

Die auffallende Zurückhaltung der kirchlichen Stellen bei der Neuorganisation der Bamberger Stadtpfarreien, die von der Landesdirektion als Behinderung verstanden wurde, erscheint verständlich, wenn man die Ereignisse der Jahre vorher betrachtet. Angesichts der schwerwiegenden staatlichen Übergriffe bei der Säkularisation wollte das Vikariat die erforderlichen kirchlichen Maßnahmen zunächst erst treffen, wenn Art und Umfang der Dotation der Stadtpfarreien abschließend und zufriedenstellend geregelt waren. Es ging der Kirchenbehörde ferner um eine ausreichende Absicherung des Stadtpfarrfonds vor erneuten Übergriffen, weshalb sie auf dem *agnatischen Consens* bestand. Dieser beinhaltete die Zustimmung aller männlichen Seitenverwandten des Landesherrn, die zur Thronfolge berufen waren, der sogenannten Agnaten. Die Angst vor weiteren Beschlagnahmen des Staates bei Kirchengut mag auch den Geber der Monstranz dazu bewogen haben, sich das Eigentum daran vorzubehalten.

In Zeiten des Umbruchs besteht immer die Gefahr, daß das überkommene Alte achtlos zur Seite geschoben wird und kulturelle Werte dabei unwiederbringlich verlorengehen. Ob dies im Einzelfall verhindert wird, hängt meist davon ab, inwieweit sich Persönlichkeiten finden, die sich kraft ihres Amtes oder aus privater Initiative heraus für eine Erhaltung einsetzen. Daß es in St. Gangolf im frühen 19. Jahrhundert solche Menschen gegeben hat, welche den Übergang in eine neue Epoche der altehrwürdigen Stiftskirche mit tätiger und wohlwollender Anteilnahme begleitet haben, zeigt die Verbundenheit der Stiftsgeistlichen und Stiftsbediensteten, aber auch der Bewohner im Umkreis von St. Gangolf zu ihrer Kirche, auf welcher die neue Stadtpfarrei aufbauen konnte. So müssen in diesem Einzelfall die mit der Säkularisation verbundenen Ereignisse insgesamt gesehen doch in einem milderen Licht erscheinen. All das sollte aber auch für die heutige Zeit die Verpflichtung begründen, das überkommene Erbe möglichst ungeschmälert für die Zukunft zu erhalten.

---

[101] Vgl. hierzu SCHULER, a.a.O., u. a. S. 343 f. — HEINRICH BRÜCK, Geschichte der katholischen Kirche in Deutschland im 19. Jahrhundert, I. Band, Mainz 1887, S. 128—141. — Lexikon für Theologie und Kirche, 2. Aufl., V. Band, Freiburg i. Br. 1933, Sp. 1003.

[102] Vgl. M. HECKEL in: Die Religion in Geschichte und Gegenwart, 3. Aufl., III. Band, Sp. 1073, und U. SCHEUNER, ebenda, Sp. 1076.

DIE VERWENDUNG DER DEUTSCHEN SPRACHE BEIM GOTTESDIENST IN DER DIÖZESE BAMBERG IM 19. UND ZU BEGINN DES 20. JAHRHUNDERTS

Aspekte zur volkssprachlichen Verkündigung in der römisch-deutschen Liturgie

von

Hermann Reifenberg

Lange Zeit hindurch galt Latein als ein typisches Merkmal des katholisch-westlichen Gottesdienstes. Durch die faktische Anerkennung der Volkssprache als Liturgiesprache seit dem II. Vatikanischen Konzil (1962—1965) ist dies nicht mehr der Fall[1]. Von daher entsteht die Frage, ob wir es bei letzterem Vorgang mit einer plötzlichen Neuerung zu tun haben oder ob sich Entwicklungslinien aufzeigen lassen. Auf der Suche nach entsprechenden Ansätzen ergibt die Durchsicht der jeweiligen Diözesanliturgien einen soliden Ausgangspunkt. Dabei vermitteln einerseits entsprechende teilkirchliche Liturgiebücher, Proprien und Dokumente guten Aufschluß darüber, wie es um die Gestaltung des Gottesdienstes bestellt war. Andererseits können Erhebungen aus ortskirchlichen Quellen (Pfarreien u. ä.) das Bild in Einzelheiten in aufschlußreicher Weise bereichern[2].

1. Volkssprache und Liturgie allgemein

Was die generelle Frage „Volkssprache oder (einheitliche) Kultsprache" angeht, gilt in der christlichen Liturgie eigentlich das Grundprinzip „Verständlicher Gottesdienst". Dies kommt gut in einem Satz des Apostels Paulus zutage: Wie kann einer zum Gebet „Amen" sprechen, wenn er nicht versteht, was du sagst![3] In der dem Neuen Testament folgenden Zeit bemerken wir in der Gottesdienstgeschichte freilich unterschiedliche Wege. Während nämlich die östlichen Liturgien dem Prinzip der Volkssprachlichkeit weitgehend dadurch Rechnung trugen, daß sie ihr in großzügiger Weise im Gottesdienst Raum ließen, erlangte im Westen das Latein mehr und mehr Monopolstellung[4].

Für unsere Fragestellung ist speziell wichtig, daß diese Position auch für die Gottesdienstfeier der Germanen bzw. im deutschsprachigen Raum besondere Bedeutung hatte. Abgesehen von einzelnen Elementen in der Muttersprache war nämlich das Latein in der Liturgie hier ebenfalls verbindlich[5]. Dennoch begegnen wir immer wieder Ansätzen, zu „verständlicher Liturgie" zu kommen. Bedenkt man in diesem Zusammenhang zudem weitere für unsere Fragestellung interessante Fakten — wie etwa die

---

[1] Dazu vgl. H. Rennings — M. Klöckener (Hg.): Dokumente zur Erneuerung der Liturgie; Kevelaer 1983.
[2] Vgl. dazu etwa die örtlichen Bekanntmachungsbücher der Kirchengemeinden, Gebetbücher, eigene Lieder u. ä.
[3] So: Neues Testament, 1 Kor 14, 16.
[4] Vgl. speziell die byzantino-slawische Liturgie. Weitere Beispiele R. Berger: Kleines Liturgisches Wörterbuch; Freiburg 1969, S. 413 ff. (Art.: Sprachen, liturgische).
[5] Genannt seien: Predigt; deutsches Evangelium (nach lateinischem Vortrag); Gebete (Glaubensbekenntnis; Vaterunser; Dekalog; „Offene Schuld"); Lieder; Kleinere Bestandteile wie Tauffragen u. ä.

Übersetzung der Bibel ins Gotische durch Bischof WULFILA (um 311—383) — zeigt sich, daß die Gesamtentwicklung auch hätte anders verlaufen können.

Eine Zuspitzung der Lage ergab sich im Umkreis der Reformationszeit. Während nun die reformatorischen Liturgien eindeutig den Weg der Volkssprache gingen, blieb im katholischen Bereich eine stark konservative Haltung. In diesem Zusammenhang ist besonders die Position des Konzils von Trient (1545—1563) von Belang. Zwar sprach es kein eindeutiges Verdikt über die Landessprache aus, doch einseitige Interpretation seiner Beschlüsse, apologetische Tendenzen und verstärkter Zentralismus waren volkssprachlicher Liturgie nicht günstig gesonnen[6].

Dennoch lassen sich auch nunmehr immer wieder Bemühungen greifen, muttersprachlichen Vollzug zu ermöglichen. Dies wird besonders in der Zeit der Aufklärung offenkundig. Aufgrund widriger zeitgenössischer Umstände und zum Teil auch damaliger Übertreibungen war entsprechenden Lösungen jedoch kein durchschlagender Erfolg beschieden. Erst erneute Ansätze am Anfang des 20. Jahrhunderts führten zu Auflockerungen, die schließlich auf dem II. Vatikanum zum Erfolg gelangten. Von daher kann man — etwas pointiert ausgedrückt — einen Grundzug der vielfältigen Bemühungen um verantwortbaren Gottesdienst auf dem Feld der katholisch-westlichen Liturgie folgendermaßen kennzeichnen: Vom Latein zur Muttersprache.

2. Entstehung, Werdegang und Stufen der Bamberger Liturgie

Das im Jahre 1007 gegründete Bistum Bamberg wurde vor allem aus Gebieten der Diözesen Würzburg und Eichstätt sowie der ausgedehnten Königspfarrei Hof gebildet. Von daher hängt seine Liturgie der Anfangszeit eng mit den Gottesdienstformen dieser Sprengel zusammen[7]. Dabei handelt es sich jeweils um Formen, die folgende Schichten aufweisen: 1. Das römische Erbe, wie es in entsprechenden Sakramentaren, Lektionaren (Lesungen), Antiphonalien (Gesang), Homiliaren (Predigt u. ä.), Ordines (Anweisungen zur Gestaltung der Liturgie) samt Ergänzungsbüchern — und zwar in lateinischer Sprache — überliefert ist. 2. Dazu kommt zweitens das Sondergut, das sich speziell im (alten) Frankenreich ausbildete, und als „römisch-fränkische Schicht" bezeichnet werden kann. 3. Als dritter Block ist das diözesane Eigengut anzusehen, das in den jeweiligen Sprengeln entstand (Eigenfeste, Heilige u. ä.). 4. Die vierte Schicht bilden schließlich die Eigentümlichkeiten der einzelnen Ortskirchen wie Stifte, Pfarreien, Klöster, Gemeinschaften usw.

Was das Bistum Bamberg betrifft, zeigt sich nun, daß es schon bald nach der Gründung auch in der liturgischen Feier zu Eigenakzenten kam. Das läßt sich speziell an den Ordnungen des Kathedralgottesdienstes ablesen, die in mustergültiger Weise durch E. K. FARRENKOPF herausgegeben wurden[8]. Doch auch in anderen Kirchen begegnen wir einem reichhaltigen und zum Teil stark eigengeprägten liturgischen Leben — wofür als Beispiel Nürnberg genannt sei[9]. Während nun in der Anfangszeit bei bestimmten Formen je nach Kirche relativ beachtliche Unterschiede auftreten, kam es seit der Erfin-

---

[6] A. ADAM — R. BERGER: Pastoralliturgisches Handlexikon; Freiburg 1980, S. 320.

[7] Dazu und zu speziellen historischen Fragen vgl. allgemein: H. REIFENBERG: Sakramente, Sakramentalien und Ritualien im Bistum Mainz seit dem Spätmittelalter. Unter besonderer Berücksichtigung der Diözesen Würzburg und Bamberg; 2 Bde. Münster 1971/72, hier Bd. 1, S. 76 ff. — Zitation: REIFENBERG, Sakramente-Sakramentalien.

[8] E. K. FARRENKOPF: Breviarium Eberhardi cantoris. Die mittelalterliche Gottesdienstordnung des Domes zu Bamberg; Münster 1969.

[9] K. SCHLEMMER: Gottesdienst und Frömmigkeit in der Reichsstadt Nürnberg am Vorabend der Reformation; Würzburg 1980.

dung der Buchdruckerkunst zu erheblichen Vereinheitlichungen. Dies hat für Bamberg insofern besonderes Gewicht, als es ja zu den ersten Druckstätten gehörte[10]. Diese skizzierte erste Phase der Entwicklung kann man insgesamt mit Bamberg-römischer Ritus bezeichnen.

Im Umkreis der Reformation bzw. des Konzils von Trient (1545—1563) erfolgte ein weiterer Einschnitt. Obwohl das besagte Konzil bestimmte, daß Sprengel, die eine Eigenliturgie von mehr als 200 Jahren aufwiesen, ihren Gottesdienst zwar reformieren sollten, im Grunde aber beibehalten konnten, übernahmen viele Bistümer bald entsprechende, im Gefolge dieser Kirchenversammlung entstandene *tridentinische Musterausgaben* liturgischer Bücher. In Bamberg kamen so bald für die Messe das Missale Romanum (von 1570) und für das Stundengebet das Breviarium Romanum (von 1568) generell zum Zuge. Was Eigenfeiern angeht, brachte man ergänzend für Messe und Stundengebet ein Proprium heraus, das die Eigenfeste des Bistums enthielt. Das römische Buch für spezielle bischöfliche Funktionen, das Pontifikale, erschien im Jahre 1596 und wurde als allgemein verbindlich für alle Diözesen erklärt. Demgegenüber hat man das 1614 edierte römische Rituale, das die Sakramente und Sakramentalien darbot, nicht allgemein verpflichtend gemacht. So kommt es, daß man auf diesem Sektor auch in Bamberg die alte Eigentradition — freilich modifiziert — weiterführte. Als wichtig ist schließlich noch das Gesangbuch zu nennen, das im Zuge der Reformation ebenfalls für die katholische Kirche große Bedeutung erlangte. Betreffs Bamberg muß lobend erwähnt werden, daß es zu den ersten Sprengeln gehörte, in denen ein derartiges Buch (offiziell) Eingang fand[11]. Als Gesamtbezeichnung für diese zweite Phase der Bamberger Liturgie ist aufgrund entsprechender Neuansätze der Ausdruck *Reformierter Bamberg-römischer Ritus* angebracht.

Eine dritte Phase beginnt im 20. Jahrhundert. Bedingt durch die liturgische Erneuerungsbewegung, die stärkere Anerkennung der Teilkirchen und andere Fakten setzte sich das Bewußtsein vom Recht regionaler Liturgie mehr und mehr durch. In diesem Zusammenhang gelang auch der Muttersprache der entscheidende Durchbruch. Diese dritte Phase kann man mit *Deutsch-römischer Ritus in Bamberg* bezeichnen[12].

3. Die Volkssprache in der Bamberger Liturgie

Bei der Durchsicht der (zur vorgelegten Skizzierung) relevanten Unterlagen der Bamberger Liturgie zeigt sich, daß die erwähnten Quellen auch Aufschluß über die Verwendung der deutschen Sprache geben. Es sind dies: Stundengebetsbuch, Meßbuch, Pontifikale, Rituale und Gesangbuch. Die mit ihrer Hilfe gestalteten Gottesdienste seien — speziell betreffs der hier besonders interessierenden Muttersprache — zunächst allgemein kurz vorgestellt.

Was das Stundengebet betrifft, ist davon auszugehen, daß — jedenfalls in seiner offiziellen Form (Kleriker) — bis zum II. Vatikanischen Konzil das Latein die verordnete Sprache war. — Auf dem Gebiet der Messe setzte sich seit mittelalterlicher Zeit zumindest für einige Partien die deutsche Sprache durch. Das gilt etwa für Predigt und damit zusammenhängende Gebete[13], das (nach dem lateinischen Vortrag übersetzte) Evange-

---

[10] F. GELDNER: Die Buchdruckerkunst im alten Bamberg 1458/59 bis 1519; Bamberg 1964.
[11] Dazu W. SCHONATH: Die liturgischen Drucke des Bistums und späteren Erzbistums Bamberg; in: BHVB 103 (1967) S. 387—418, hier S. 403 und 415.
[12] Vgl. REIFENBERG, Sakramente-Sakramentalien, Bd. 1, S. 61 ff.
[13] Dazu vgl. J. BRAUN: Liturgisches Handlexikon; 2. Aufl. Regensburg 1924, S. 280, Art.: Pronaus (= die in der Messe auf das Evangelium folgende Predigt samt den sie begleitenden Gebeten und Verkündigungen).

lium und Teile des Gesangs (Lieder). — Demgegenüber sind aus den älteren Pontifikalien — abgesehen etwa von der Predigt o. ä. — keine Belege für die Landessprache zu erheben; hier hat erst das II. Vatikanische Konzil zu Wandlungen geführt. — Hinsichtlich des Rituale, also für Sakramente und Sakramentalien (Segnungen, Prozessionen, Szenische Liturgie), ist demgegenüber stärkere Berücksichtigung der Volkssprache festzustellen. Die entsprechende Situation wird uns hier in besonderem Maß beschäftigen[14]. — In den Gesangbüchern — W. SCHONATH nennt in seiner vorzüglichen Zusammenstellung der Bamberger Liturgica als erste Druckausgabe dieses Sprengels ein Exemplar von 1576 — kann man im ganzen gesehen die deutlichste grundsätzliche Öffnung gegenüber der Muttersprache registrieren[15]. Dabei handelt es sich freilich vielfach um Lieder, Betrachtungen und Gebete für Andachten, Prozessionen u. ä., oder um Stücke, welche die Gemeindeglieder parallel zum „offiziellen" Gottesdienst (des Priesters), etwa bei der Messe, verrichteten. Deshalb wurden besagte Stücke meist nicht zum liturgischen Gut im engeren Sinne gerechnet. Auch hier hat erst das II. Vatikanische Konzil eine generelle Wende gebracht. — Insgesamt betrachtet kann man von daher eigentlich anhand des Rituale am besten das Verhältnis der offiziellen Liturgie zur Volkssprache in der Vergangenheit verfolgen.

4. DIE BAMBERGER RITUALIEN BIS ZUM 19. JAHRHUNDERT UND DIE VOLKSSPRACHE

Handschriftliches Bamberger Ritualiengut ist leider nicht in dem Maß erhalten, wie es für eine solide bzw. umfassende Beurteilung der Lage vor Erfindung der Druckkunst erwünscht wäre[16]. Das hängt auch damit zusammen, daß diese Bücher in besonderem Maß — etwa bei Beerdigungen im Freien — dem Verschleiß ausgesetzt waren. Deshalb soll sich der Überblick auf die Zeit der gedruckten Agenden[17] beschränken. Doch darf man annehmen, daß entsprechende ältere Editionen den Stand wiedergeben, wie er auch schon — zumindest einige Jahrzehnte — früher üblich gewesen ist[18].

Im ersten Bamberger Druckrituale, erschienen 1491 unter Bischof Heinrich III. Groß von Trockau (1487—1501), sind Hinweise, die auf volkssprachlichen Vollzug bzw. Verkündigung schließen lassen, bescheiden. Sie beschränken sich auf Andeutungen bei Taufe und Trauung. Doch ist — und das gilt allgemein auch für die folgenden Agenden — davon auszugehen, daß ebenfalls beim Bußsakrament (Beichtgespräch; Zuspruch) und der Krankensalbung (Gebete) muttersprachliche Elemente nicht ganz fehlten. — Ähnlich steht es im zweiten Rituale Bambergs aus dem Jahre 1514, ediert unter Bischof Georg III. Schenk von Limpurg (1505—1522). — Interessant ist der Befund in der dritten Agende, die 1587 unter Bischof Ernst von Mengersdorf (1583—1591) herauskam. In ihr finden sich nämlich, neben anderen volkssprachlichen Bestandteilen, ausgeführte deutsche Ansprachen beim Sakramentenvollzug. Beachtenswert ist auch eine Bemerkung, welche die Bedeutung des muttersprachlichen Gesangs herausstellt. Ohne Zweifel machen sich in diesen Verbesserungen die Impulse seitens der Reformation bemerkbar.

---

[14] Für Details vgl. die folgenden Abschnitte dieser Abhandlung.
[15] Dazu vgl. die Daten in Anm. 11 (SCHONATH). — Ferner: K. GAMBER: Volksliturgische Bestrebungen in Deutschland in der Zeit vor Luther; in: Musica sacra 103 (1983) S. 193—195.
[16] Vgl. dazu die Daten in Anm. 7 (REIFENBERG) und 11 (SCHONATH).
[17] Die Bezeichnung „Agende" ist in älterer Zeit (auch) für katholische Ritualien üblich; heute bezeichnet man damit meist die evangelischen bzw. protestantischen Liturgiebücher.
[18] Für die Einzelbelege der folgenden Darlegung vgl. nun H. REIFENBERG: Lothar Franz v. Schönborn und die Liturgie im Bistum Bamberg; in: BHVB 103 (1967) S. 419—446, speziell S. 438 ff. — Ferner REIFENBERG, Sakramente-Sakramentalien, Bd. 1, S. 77 ff.

Als besonders gelungener Wurf muß das Rituale von 1724/1725 angesehen werden, das unter Bischof Lothar Franz von Schönborn (1693—1729) herauskam, welches das volkssprachliche Gut noch ausweitete. Neben Texten mehr pastoraler Prägung und Gebeten sei speziell auf eine zweifache deutsche Anrede bei der Taufe, reichhaltiges entsprechendes Gut bei Buße, Kommunion und Krankensalbung sowie sehr Ausführliches auch im Bereich der Trauung verwiesen. — Die folgende Edition von 1773/74, erschienen unter Bischof Adam Friedrich von Seinsheim (1757—1779), stellt einen fast unveränderten Abdruck der Schönbornagende dar und bestätigt so die positive Haltung zu volkssprachlichem Vollzug. Da dieser Band bis ins 19. Jahrhundert Verwendung fand, kann man sagen, daß die Schönborn-Konzeption mehr als 100 Jahre Geltung besaß. Das gilt im Grunde noch darüber hinaus, weil das nächste Rituale von 1852 eigentlich nur eine Kleinausgabe bzw. Notlösung war. Letzterem und den beiden folgenden Editionen sei im Rahmen der hier interessierenden Thematik nun die spezielle Aufmerksamkeit gewidmet. Dies zudem, als sie im Vorfeld der Erneuerung des 20. Jahrhunderts einen wichtigen Platz einnehmen.

5. Das Rituale des Jahres 1852

In der Zeit nach 1800 kam es in Bamberg zu bedeutsamen organisatorischen und territorialen Veränderungen, speziell der neuen Umschreibung des Sprengels und zum Aufstieg als Erzbistum. Dies alles hatte auch Konsequenzen für die liturgische Arbeit. Ferner ist zu bedenken, daß das letzte Rituale bereits 1774 erschienen war. Außerdem muß daran erinnert werden, daß im Zuge der Aufklärung entwickelte neue Perspektiven des Gottesdienstes zu Neuansätzen führten[19]. Auf privater Basis entstandene „Agenden" — wertvolle und weniger bedeutsame — hatten gerade auch in Bamberg Eingang gefunden[20].

Vor diesem Hintergrund ist das unter Erzbischof Bonifaz Kaspar von Urban (1842—1858) edierte Rituale zu sehen, das 1852 herauskam. Es trägt den Titel: *Manuale sacerdotale*, wurde von Franz Xaver Schmitt, Pfarrer in Kirchröttenbach, erstellt und erschien mit Erlaubnis des erzbischöflichen Ordinariates[21]. Den Druck besorgte die Regensburger Offizin G. J. Manz. Das Büchlein hat in seinem Hauptteil sechs Abschnitte. Ein Vorwort des Bearbeiters ist vorangestellt[22]; daraus können wir bereits einige für unsere Fragestellung wissenswerte Daten erheben. Als Hauptzweck seines Werkes bezeichnet es der Verfasser: daß den Seelsorgern ein *handliches* Büchlein dienlich sei. An Textgut würde nur das geboten, was von der Kirche angenommen oder approbiert ist. Bei übersetzten Stücken sei der lateinische Text genau beachtet. Als Quelle gibt der Autor das (alte) Bamberger Rituale und bedeutende (kirchliche) Schriftsteller an; daneben

---

[19] A. Ehrensperger: Die Theorie des Gottesdienstes in der späten deutschen Aufklärung (1770—1815); Zürich 1971.

[20] M. Probst: Der Ritus der Kindertaufe. Die Reformversuche der katholischen Aufklärung des deutschen Sprachbereiches; Trier 1981. Vgl. darin S. 303 (Ortsregister): Bamberg.

[21] *Manuale sacerdotale edidit* Franciscus Xaverius Schmitt, *parochus. Cum permissu rev. Ordinariatus Archidioeceseos Bambergensis;* Regensburg (Druck: G. J. Manz) 1852. — Es handelt sich um ein selten erhaltenes Bändchen. Hier wird ein Exemplar in Privatbesitz (H. Reifenberg) benutzt. Zitation: RBamb 1852. Beschreibung: Reifenberg, Sakramente-Sakramentalien, Bd. 1, S. 92 f.

[22] RBamb 1852, Teile: *Praefatio; I. Preces pro opportunitate sacerdotis dicendae; II. Administratio sacramentorum; III. Visitatio infirmorum et commendatio animae; IV. Actus sepulturae et processio in die commemorationis omnium fidelium defunctorum et quatuor temporibus; V. Nonnullae benedictiones; VI. Antiphonae B. M. V., Hymni, Litaniae, Preces variae.*

findet sich auch von ihm geschaffenes bzw. in bessere Form gebrachtes Gut. Damit sollen zugleich in Gebrauch befindliche private Ordnungen überflüssig gemacht werden. Insgesamt gesehen stellt diese Kleinausgabe ein brauchbares Hilfsmittel dar und kann als Brücke zwischen der letzten Bamberger Edition von 1773/74 und den beiden späteren Exemplaren des Jahres 1902 gelten.

5.1. *Allgemeine Gesichtspunkte zur Volkssprache*

Der Blick in das Bamberger Rituale von 1852 zeigt, daß ein vollständiger Durchbruch zur Volkssprache nicht erfolgte. Dies war aufgrund mancherlei zeitgeschichtlicher Umstände, speziell des eigentümlichen zentralistischen Kirchenverständnisses, auch schwer möglich. Dennoch lassen sich beachtliche Erfolge auf dem Weg zur vom Grundverständnis des Gottesdienstes her berechtigten und immer wieder geforderten Muttersprache aufzeigen. Dabei führt das Bändchen durchaus die Linien weiter, die uns in den unter den Bischöfen Schönborn (1724/25) und Seinsheim (1773/74) edierten Bamberger Ritualien begegneten.

Genaues Zusehen zeigt freilich, daß die Prinzipien, nach denen das Latein beibehalten oder die deutsche Sprache „erlaubt" wurde, schwer durchschaubar sind. So fragt man sich beispielsweise auch warum ausgerechnet das Vorwort *(Praefatio)* ausschließlich lateinisch geschrieben ist[23]. Zur genauen Beurteilung des Gesamtbestandes erscheint ein gegliederter Durchblick nach den hauptsächlichen Schwerpunkten hilfreich. Letztere sind: Gebete, Sakramentalien, Sakramente sowie die Anreden (Ansprachen).

5.2. *Volkssprachlichkeit bei Gebeten*

Gebete spezifischer Prägung bzw. außerhalb liturgischer Ordnungen (im engeren Sinn) finden sich vor allem im ersten Abschnitt des Buches und im sechsten. Der erste Teil enthält dabei Stücke, die besonders für den Gebrauch des Klerus gedacht sind[24]. So die Gebete zur Vorbereitung auf die Messe, beim Anziehen der liturgischen Gewänder, zur Danksagung im Anschluß an die Eucharistiefeier, vor und nach dem Vollzug der übrigen Sakramente, dazu die sieben Bußpsalmen sowie ein Gebet des heiligen Bernhard (Memorare). Alle diese Texte haben ausschließlich lateinische Fassung.

Im sechsten Teil begegnen wir Stücken speziell zum gemeinsamen Vollzug[25]. Es sind dies vier marianische Antiphonen mit Versikelpaaren und Oration, Versikel nebst Gebeten zur Eucharistieverehrung sowie Orationen für König und Königin, ebenfalls nur in Latein. Es folgen vier Hymnen und die Litanei zu allen Heiligen (samt Versikeln, Orationen u. ä.) nur lateinisch. Demgegenüber ist das folgende Material — besonders für Krankenbesuch und Andachten — ausschließlich deutsch. Es handelt sich um sechs Litaneien mit dazugehörigen Partien (worunter sich die Allerheiligen-Litanei in deutsch befindet), das „Allgemeine Gebet" (in zwei Fassungen), die „Offene Schuld" *(Ich armer sündiger Mensch),* ein Gebet für den König, zwei Texte für die Feldfrüchte und der geläufige (marianische) Rosenkranz.

Danach treffen wir noch eine bemerkenswerte Sonderform des Rosenkranzes[26]. Sie ist überschrieben *Der englische Rosenkranz* und hat folgendes Aussehen. Zunächst heißt es: *Enthält blos[!] drei Gesetze mit dem dreimal zehnfachen Zusatze: Heilig, hei-*

---

[23] RBamb 1852, S. III—IV: *Praefatio.*
[24] RBamb 1852, S. 1—39: *I. Preces pro opportunitate sacerdotis dicendae.*
[25] RBamb 1852, S. 205—264: *VI. Antiphonae B. M. V., Hymni, Litaniae, Preces variae.*
[26] RBamb 1852, S. 264: *Der englische Rosenkranz.*

lig, heilig, ist der Herr Gott Sabaoth, Himmel und Erde sind seiner Herrlichkeit voll[27]. Anschließend steht das *Ehre sei dem Vater usw. Amen* in der damals üblichen Fassung. Betreffs der Gestaltung ist davon auszugehen, daß dieses Rosenkranzgebet gemäß dem bekannten Aufbau, jedoch nur mit drei Gesetzen gehalten wurde und dabei — statt der geläufigen Einschübe (z. B.: *Den du o Jungfrau* . . .) — obiger Text Verwendung fand. Es wäre interessant zu wissen, inwieweit besagte Form tatsächlich verbreitet gewesen ist.

Der Überblick ergibt jedenfalls, daß wir es im Bereich „Gebete" mit relativ reichhaltigem volkssprachlichen Gut in ansprechender Gestaltung zu tun haben. Auch inhaltlich gesehen begegnen uns mit Bedacht ausgewählte, verantwortbare Stücke.

5.3. *Volkssprachlichkeit bei Sakramentalien (einschließlich Begräbnis)*

Bei den Sakramentalien — auch „Zeichengottesdienst" genannt — handelt es sich um eine neben Wortgottesdienst (Gebet) und Sakramenten eigene Gattung liturgischer Vollzüge. Besondere Arten sind dabei: Benediktionen (Segnungen), Prozessionen und Szenische Liturgie (vgl. Karwoche). Entsprechendes Material findet sich im Rituale von 1852 speziell in den Abschnitten vier und fünf.

Im Teil, der die Benediktionen (Segnungen) enthält, heißt es in der Überschrift, daß nicht alle gebräuchlichen Formulare, sondern nur eine Auswahl aufgenommen wurde. Doch zeigt näheres Zusehen, daß wir es beim vorgelegten Gut mit den wichtigsten bzw. in der Praxis häufigsten Ordnungen zu tun haben[28]. Dabei ist der Muttersegen (nach der Geburt) ganz lateinisch und deutsch gestaltet, die übrigen Formulare aber lediglich in Latein. Offenkundig hat man dem ersten Kirchgang der Mutter (Muttersegen) erhöhte pastorale Bedeutung zugemessen und deswegen die Feier auch deutsch geboten.

Ein eigener Abschnitt des Buches bringt die Prozessionen und dabei auch den Totenzug (Begräbnis)[29]. Das Erwachsenenbegräbnis hat man darin — außer dem Begleitspruch zum dreimaligen Erdwurf ins Grab (Text: *Gedenke o Mensch*) und einem Schlußgebet, die zweisprachig sind — ganz lateinisch aufgeführt. Desgleichen finden wir nur Latein bei den Auswechselgebeten für Verstorbene und den Gebeten an der Tumba (nach der Messe). — Bei der Kinderbestattung begegnet uns kein deutsches Stück.

Im Anschluß daran ist die in Bamberg am allgemeinen Totengedenktag (Allerseelen) und zu den vier Jahreszeiten zum Totengedächtnis übliche Prozession aufgezeichnet[30]. Auch darin steht keine deutsche Partie.

Der Überblick zeigt, daß man im Bereich der Sakramentalien gegenüber der Volkssprache sehr zurückhaltend war. Das erscheint insofern beachtenswert, als diese Gattung in der Wertung bzw. Bedeutung gegenüber den Sakramenten allgemein zurücktritt, dort aber hinsichtlich der Volkssprache ein wesentlich günstigers Bild vorhanden ist.

---

[27] Der Text *Heilig usw.* ist aus dem Abschluß der Präfation (Hochgebet der Messe) bekannt.
[28] RBamb 1852, S. 187—204: V. *Nonnullae benedictiones.* Es handelt sich um folgende Ordnungen: 1. Muttersegen (lateinisch-deutsch); 2. Weihwasserbereitung; 3. Wettersegen; 4. Segnung eines Platzes (Hauses o. ä.); 5. Segnung eines neuen Hauses; 6. Kerzensegnung; 7. Segnung von Speisen; 8. Allgemeines Segensformular für einen Gegenstand (cuiuslibet rei); 9. Segnung der Brautleute (Hinweis); 10. Segnung der Trauringe (Hinweis); 11. Weinsegnung (Hinweis); 12. Segnung eines neuen Kreuzes.
[29] RBamb 1852, S. 159—185: *IV. Actus sepulturae et processio in die commemorationis omnium fidelium defunctorum et quatuor temporibus.*
[30] RBamb 1852, S. 181—185. Die Prozession hat vier Stationen. 1. Hauptaltar; 2. Beinhaus oder anderer Platz; 3. Friedhof; 4. Tumba.

5.4. *Volkssprachlichkeit bei den Sakramenten*

Bei den Sakramenten handelt es sich nach katholischem Verständnis um sieben spezifische heilsbedeutsame Feiern, die zudem maßgebliche Knotenpunkte christlichen Lebens beinhalten. Das 1852er Bamberger Rituale bringt entsprechendes Gut in zwei Abschnitten[31], und zwar für Taufe, Krankenbeichte und Krankenkommunion, Krankensalbung samt dem dazugehörigen Umkreis Krankenbesuch sowie die Trauung.

Bei der Taufe (Kindertaufe) hat man — mit Ausnahme der eigentlichen Taufspendung (Taufformel) — die ganze Ordnung lateinisch-deutsch geboten[32]. Als besonders bemerkenswert darf eine volkssprachliche ausgeführte Ansprache gelten; sie soll uns in einem eigenen Abschnitt beschäftigen.

Bei der Krankenbeichte und Krankenkommunion ist ebenfalls eine generelle lateinisch-deutsche Vorlage vorhanden; auch hier hat man lediglich wenige Elemente nur in Latein vorgesehen[33]. Als beachtenswert sind darin ebenso die Anreden an den Kranken zu werten. Dieser Ordo nennt sogar vier Stellen, an denen ein (kurzer) Zuspruch sinnvoll ist; sie sollen ebenfalls in einem speziellen Abschnitt zur Sprache kommen. — Bei der Krankensalbung fällt auf, daß der eigentliche Ordo ganz lateinisch abgefaßt wurde[34]. Doch finden sich andererseits zwei Stellen, an denen eine volkssprachliche Anrede angebracht erscheint; auch sie seien in einem eigenen Abschnitt näher beschrieben. — Insgesamt ist zu den erwähnten Ordnungen zu bemerken, daß in einem speziellen Anhang sechs deutsche Gebete folgen, und zwar für jeweils vor und nach der Beichte, Kommunion und Krankensalbung[35]. Dadurch wurde der volkssprachliche Bestand beachtlich erweitert. — Der anschließende Abschnitt hat zum Inhalt *Krankenbesuch und Sterbegebete*[36]. Dabei wird erläutert, daß diese Texte in abwechslungsreicher Form verwendet werden sollen und auch bei der Beichte hilfreich sein können. Die entsprechenden Gebete und Betrachtungen zum Krankenbesuch sind alle in deutscher Sprache geboten. Bei den Sterbegebeten folgt einem lateinisch-deutschen Abschnitt eine Partie nur in Landessprache mit dem Titel *Deutsche Gebete bei Auswartung der Seele*[37]. Besonders eindrucksvoll ist darin der Text *Segen sterbender Eltern über ihre Kinder*, wobei eine Handausstreckung bzw. Handauflegung seitens des Sterbenden mit nachfolgender Bezeichnung von Stirne, Mund und Brust (der Kinder) vorgesehen wurde[38].

Das im Rituale enthaltene Material für die Trauung weist drei Partien auf: 1. Trauungsordnung, 2. Bemerkungen zur Trauung innerhalb der Messe und 3. Darbietung des

---

[31] RBamb 1852, S. 41—105: *II. Administratio sacramentorum.* — RBamb 1852, S. 107—158: *III. Visitatio infirmorum et commendatio animae.*

[32] RBamb 1852, S. 43—65: *Ordo baptismi parvulorum.* Die Taufformel *(N. Ego te baptizo)* ist nur lateinisch, die Ansprache nur deutsch geboten.

[33] RBamb 1852, S. 84—90: *Ordo communicandi et providendi infirmum.* Einige Elemente sind nur in Latein vorhanden. So die Weihwasserbesprengung, einige Bestandteile der Beichte (speziell die Absolution) und Kommunion (Spendeformel; Gebet nach dem Empfang) sowie der Abschluß (Segen; Rückzug zur Kirche).

[34] RBamb 1852, S. 91—97: *Ordo ministrandi sacramentum extremae unctionis.* — S. 97—99: *Formula Indulgentiae plenariae pro articulo mortis.*

[35] RBamb 1852, S. 99—105: *Gebete vor und nach dem Empfang der heiligen Sterbesacramente[!].*

[36] RBamb 1852, S. 109—133: *Visitatio infirmorum.*

[37] RBamb 1852, S. 134—145: *Ordo commendationis animae* (lateinisch-deutsch). — S. 145—158: *Deutsche Gebete bei Auswartung der Seele.*

[38] RBamb 1852, S. 156—158: *Der Segen sterbender Eltern über ihre Kinder.*

Hochzeitsweines[39]. Der Trauungsordo ist dabei — mit Ausnahme der Ringsegnung, des Begleitspruchs zur Ringübergabe und der Brautleutesegnung — vollständig deutsch gestaltet. Besonders bedeutsam sind auch darin die an mehreren Stellen vorgesehenen Teile einer deutschen — hier textlich ausgeführten — Anrede; sie sollen uns in einem eigenen Abschnitt beschäftigen. — Die zweite Partie umfaßt den Brautleutesegen nach dem Vaterunser und die Segnung am Schluß der Brautmesse; diese Texte, dem Meßbuch entnommen, sind ganz lateinisch geboten. Eine kurze Bemerkung kommt auch auf den Kommunionempfang des Brautpaares zu sprechen. — Bei der Zeremonie des Hochzeitsweines werden zunächst lateinische Segenstexte (über den Wein) gesprochen, anschließend erfolgt dessen Besprengung mit Weihwasser. Sodann reicht der Priester — oder (ein) Laie(n) — den gesegneten Wein dem Brautpaar, den Gästen sowie den Anwesenden. Eine Besprengung mit Weihwasser beendet die Feier[40].

Überblicken wir das Material beim Vollzug der Sakramente samt damit zusammenhängenden Akten zeigt sich deutlich das Schwergewicht der Muttersprache. Dies ist besonders im Blick auf die Bedeutung gerade dieser zentralen gottesdienstlichen Vollzüge beachtenswert. Besagte Tatsache wird in nachhaltiger Weise durch die vorgesehenen Anreden unterstrichen. Ihnen soll nun unser spezieller Blick gelten.

5.5. Besonderheit: Die volkssprachlichen Anreden

Wie die skizzierten Ordnungen erkennen lassen, wird vor allem beim Sakramentenvollzug großer Wert auf volkssprachliche Anreden (Ansprachen) gelegt. Dazu gibt das Rituale unterschiedliche Hilfen. Es sind dies entweder (1.) Hinweise, oder (2.) Dispositionen, aber auch (3.) ausgeführte Modelle. Dies betrifft speziell Taufe, Krankenbeichte und Krankenkommunion, Krankensalbung sowie die Trauung.

Die Feier der Taufe ist in zwei Abschnitte gegliedert, wobei der erste am Kirchenportal, der zweite in der Kirche stattfindet. Nach dem Einzug in das Gotteshaus zieht man zum Taufbrunnen. Dort hält der Priester eine Ansprache, wozu das Rituale ein ausgeführtes Modell bietet (Text: vgl. Anhang dieser Abhandlung)[41]. Es ist zwar speziell dem Paten gewidmet, enthält aber insgesamt eine für alle Beteiligten nützliche Darlegung markanter Elemente der Taufe. Dabei kommt speziell die Verpflichtung der Erwachsenen für das (unmündige) Kind zutage.

In der Ordnung der Krankenbeichte und Krankenkommunion werden vier Stellen für eine (kurze) Anrede genannt. Beim zu Beginn der Feier erwähnten ersten Ansatz soll der Priester allgemein auf die Lage des Kranken eingehen und um seine geistliche Zurüstung besorgt sein[42]. — Ein zweiter Ansatz steht vor der Beichte und will die Bedeutung der Versöhnung klarmachen[43]. Deren Wirkungen werden — nach Art einer Rededisposition — in vier Kennzeichen zusammengefaßt: 1. Heiligung, 2. Rechtferti-

---

[39] RBamb 1852, S. 66—79: *Ordo celebrandi matrimonii sacramentum.* — S. 80—81: *Benedictio copulatorum intra missam.* — S. 81—82: *Communio et benedictio altera sponsorum.* — S. 82—83: *Delibatio vini benedicti.*

[40] RBamb 1852, S. 82—83. Der Schlußtext lautet: ... *et distribuat per se, aut per manus laicorum in vase mundo profano, primum sponsis, tum aliis Christi fidelibus, qui nuptiis intersunt, vel aliis modeste gustantibus, iisdemque ante discessum aquam lustralem impertiatur.* — Betr. Wein — Hochzeitswein vgl. REIFENBERG, Sakramente-Sakramentalien, Bd. 2, 846 (Register): Wein.

[41] Vgl. dazu Anm. 69 (Taufansprache) mit Text.

[42] RBamb 1852, S. 85. *Allocutio infirmi. His dictis accedat ad infirmum, et praeprimis indoleat de statu adversae valetudinis, deinde cognoscat, num sit bene dispositus etc.*

[43] RBamb 1852, S. 86: ... *prius vero sacramenti* [d. h. der Beichte] *hujus[!] effectus, qui quadruplices sunt, ei ob oculos ponit: 1. Sanctificat, 2. Justificat[!]. 3. Vivificat. 4. Beatificat.*

gung, 3. Leben, 4. Beglückung. — Der dritte Ansatz liegt vor der Kommunion[44]. Ihre Bedeutung für das geistliche Leben des Empfängers ist — ebenfalls in der Weise eines Redeaufrisses — folgendermaßen vierfach umschrieben: 1. (Geistliche) Aufrichtung und Nahrung, 2. Wachstum, 3. Wiederherstellung, 4. Freude. — Im vierten Ansatz, der nach der Kommunion seinen Platz hat, liegt der Akzent auf der Danksagung[45]. Falls angebracht, kann der Liturge dabei die vor der Kommunion mehr *ermahnend* vorgetragenen Gedanken nun *gebetsmäßig* erneuern.

Bei der Krankensalbung erscheinen für eine Anrede vor allem zwei Stellen passend. Beim ersten Ansatz zu Beginn der Feier geht es um die allgemeine Lage des Patienten, seine Zurüstung, Tröstung und die Bedeutung der Krankensalbung[46]. Bezüglich letzterer werden dabei — nach Art einer Rededisposition — speziell fünf Punkte in Erinnerung gerufen: 1. Reue, 2. Sündenstrafen, 3. Gesundheit, 4. Überbleibsel bzw. Reste *(reliquias)* der Sünde, 5. Stärkung. — Am Schluß dieses Gottesdienstes ist in einem zweiten Ansatz allgemein vorgesehen, daß der Priester dem Kranken kurze heilsame Ermahnungen bzw. Ratschläge erteilt[47].

Besondere Bedeutung kommt der volkssprachlichen Verkündigung bei der Trauung zu. Gleich zu Beginn der Feier ist eine kurze ausgeführte Anrede an alle Beteiligten abgedruckt, die besonders die Gültigkeit der Ehe (bzw. das Fehlen von Ehehindernissen) im Auge hat[48]. — Ihr folgt die grundsätzliche, textlich ausformulierte Ansprache an das Brautpaar, die vor allem Wesen, Würde und Bedeutung des Ehebundes darlegt (Text: vgl. Anhang dieser Abhandlung)[49]. Aus ihr können gut die maßgeblichen Aspekte der zeitgenössischen Eheauffassung ersehen werden. Diese Rede mündet in eine kurze ausgeführte volkssprachliche Ermahnung zum Gebet für das Brautpaar[50]. — Im Anschluß an das „Jawort" hat eine deutsche *Besondere Ermahnung* an Bräutigam und Braut ihren Platz, die sich auf die Bejahung der tragenden Elemente des Ehebundes bezieht (Text: vgl. Anhang dieser Abhandlung)[51]. — Ganz am Ende dieses Gottesdienstes ist schließlich noch ein ausformulierter kurzer Redeteil an alle Beteiligten geboten (Text: vgl. Anhang dieser Abhandlung)[52]. Er beinhaltet speziell Glückwunsch und Bitte an Gott für das neue Paar. — Die Bedeutung dieser mehrfachen Anreden für die Feier und den beginnenden neuen Ehestand ist kaum zu bestreiten. Dabei sei ausdrücklich bemerkt, daß es sich nicht um ein Übermaß an Reden handelt, da — mit Ausnahme der berechtigten grundlegenden Trauungspredigt — sonst ja lediglich kurze Texte vorgesehen sind.

---

[44] RBamb 1852, S. 87: *Tunc ... proponatur ei similiter efficacia ss. eucharistiae sacramenti: 1. Sustentamur et nutrimur spiritualiter. 2. Augemur. 3. Reparamur. 4. Delectamur.*

[45] RBamb 1852, S. 89: *Allocutio infirmi. Postea accedit infirmum, innuens ei, ut pro tanti sacramenti susceptione deo gratias agat, repetendo, si lubet, eadem modo precatorio, quae supra dixit modo monitorio: 1. Nutrit. 2. Auget. 3. Reparat, 4. Delectat.*

[46] RBamb 1852, S. 91—92: *Allocutio et dispositio infirmi ad unctionem etc. Piis verbis illum consoletur, et de hujus[!] sacramenti vi et efficacia, et quantum opus est, ejus[!] animum confirmet, et in spem vitae aeternae erigat: 1. Ex attrito facit contritum. 2. Delet poenas temporales seu purgatorii. 3. Valetudinem pristinam reddit. 4. Delet reliquias peccatorum. 5. Confirmat infirmum contra tentationes diaboli.*

[47] RBamb 1852, S. 97: *Ad extremum salutaria monita breviter praebere poterit.*

[48] RBamb 1852, S. 66 f. *Monitio ad circumstantes. Auserwählte in Christo dem Herrn! Diese beiden hier gegenwärtigen Brautpersonen ... Sollte Jemanden[!] ... ein glaubwürdiges Hinderniß[!] bekannt sein* usw.

[49] Vgl. dazu Anm. 70 (Trauungsansprache I) mit Text.

[50] RBamb 1852, S. 72: *Oratio pro sponsatis. Damit aber gegenwärtige Brautpersonen ... so wollen wir nun miteinander ... beten.*

[51] Vgl. dazu Anm. 71 (Trauungsansprache II) mit Text.

[52] Dazu vgl. Anm. 72 (Trauungsansprache III) mit Text. Es folgt (evtl. Brautpaarmesse und) die Hochzeitsweinzeremonie.

5.6. *Bestand und Bedeutung der Volkssprache*

Überblicken wir die erhobenen Daten, zeigt sich, daß das Rituale des Jahres 1852 volkssprachlichem Vollzug bzw. entsprechender Verkündigung insgesamt hohen Rang beimißt, der Befund bei den einzelnen Gottesdienstgattungen aber unterschiedlich ist. Hinsichtlich spezieller Gebete bemerkt man, daß hier reichhaltiges und gut gestaltetes deutsches Material vorliegt. Demgegenüber war man betreffs volkssprachlichem Vollzug bei den Sakramentalien (Benediktionen, Prozessionen) zurückhaltender. Bei den Sakramenten jedoch kommt das Schwergewicht der Muttersprache wieder deutlich heraus. Besonders beachtenswert sind dabei die in den Ordnungen vorhandenen Anweisungen und Modelle zu deutschen Anreden bzw. Ansprachen.

6. Die folgenden Bamberger Ritualien des Jahres 1902 und die Weiterentwicklung

Die nächsten offiziellen Bamberger Agenden erschienen im Jahre 1902. Sie wurden zur Zeit des Erzbischofs Josef von Schork (1890—1905) herausgegeben. Es handelt sich dabei um eine Großausgabe und ein Handexemplar *(Manuale)*. Insgesamt ist zu bemerken, daß aufgrund zeitgenössischer zentralistischer Tendenzen eine generelle Einschränkung der auf manchen Gebieten relativ autonomen Bamberger Liturgie erfolgte[53]. Das neue Werk versteht sich nämlich lediglich als *Anhang (Appendix)* zum Rituale Romanum, dessen generelle Verwendung vorausgesetzt wird[54]. Wenn man nun auch aufgrund der genannten Fakten in den beiden Agenden eine Verminderung muttersprachlicher Elemente konstatieren muß, fehlen entsprechende Partien dennoch nicht ganz.

Die Großausgabe des Rituale von 1902 bietet zunächst die Sakramente, danach Benediktionen, Prozessionen und Gebete. Hinsichtlich der einzelnen Gottesdienstarten ergibt sich dabei folgendes Bild[55].

Bei der Kindertaufe begegnen wir zweisprachigen Stücken, daneben aber auch ganz lateinischen, und zwar mehr als im 1852er Band. Eine ausgeführte deutsche Ansprache fehlt. Ähnlich ist auch die Erwachsenentaufe gestaltet. — Im Bereich Versöhnung — Buße sind nur Texte in Latein geboten. Demgegenüber hat das neu eingefügte Formular zur Konvertitenaufnahme wenigstens einige volkssprachliche Partien. — Die Kommunionspendung in der Kirche ist ganz lateinisch. Bei der Krankenkommunion findet sich neben Texten in Latein ein Hinweis für eine Anrede an den Patienten sowie die Mitfeiernden, dazu einige deutsche Gebete. — Bei der Krankensalbung, die ebenfalls lateinisch abgedruckt wird, steht zu Beginn ein in Gebetsform gestalteter muttersprachlicher Text, der einige Verkündigungselemente enthält, und am Schluß ein Hinweis auf mögliche *heilsame Ermahnungen* des Priesters an den Kranken mit zwei kurzen Mustertexten. — Die Sterbegebete sind deutsch und lateinisch. — Beim Erwachsenenbegräbnis, ebenfalls in Latein, sind am Schluß zwei Mustertexte für eine deutsche Anrede beigegeben; danach ist ein volkssprachliches Gebet vorgesehen, der Begleitspruch zum Erdwurf kann ebenfalls in Muttersprache erfolgen. Das lateinisch gestaltete Kinderbegräbnis besitzt am Schluß eine kurze deutsche Anrede und volkssprachliche Gebete. — Der

---

[53] Vgl. J. Urban: Die Bamberger Kirche in Auseinandersetzung mit dem Ersten Vatikanischen Konzil; 2 Bde. Bamberg 1982.
[54] Dazu vgl. Reifenberg, Sakramente-Sakramentalien, Bd. 1, S. 93 ff.
[55] *Appendix ad Rituale Romanum etc. pro archidioecesi Bambergensi;* Bamberg (Druck: F. Pustet) 1902. Zitation: RBamb 1902 (Großausgabe).

umfangreichste landessprachliche Bestand hat sich bei der Trauung erhalten[56]. Mit Ausnahme der priesterlichen Bestätigung des Eheabschlusses sowie der Ringsegnung mit Übergabe nebst anschließendem Gebet (welche in Latein stehen) ist der Ritus in deutsch geboten. Auch die Tradition der volkssprachlichen Anredeteile des 1852er Bandes hat man im wesentlichen weitergeführt. Der Brautsegen in der Messe sowie die Segnung des Hochzeitsweines ist dagegen ganz lateinisch. Als erfreulich kann ein neu aufgenommenes Formular zur Jubelhochzeit gelten[57]. Hier findet sich zu Beginn eine gut gestaltete, ausgeführte deutsche Anrede und die muttersprachliche Konsenserneuerung; demgegenüber sind die folgenden Gebete und der Segen ausschließlich in Latein.

Im zweiten Teil des Buches, der die Benediktionen (Segnungen) umfaßt, ergibt sich ein ungünstigeres Bild bezüglich der Volkssprache[58]. Hier sind nämlich alle Fomulare lediglich in Latein geboten. Doch scheint das auch schon damals nicht ganz angebracht gewesen zu sein. So findet sich im hier gebrauchten Exemplar wenigstens bei der Muttersegnung ein eingefügtes gedrucktes Blatt, 1910 vom erzbischöflichen Generalvikariat genehmigt, das zu diesem Anlaß ein volkssprachliches Gebet enthält. — Im Teil der Prozessionen begegnen wir ebenfalls fast ausschließlich lateinischem Gut[59]. An Ausnahmen ist beispielsweise bezüglich der Auferstehungsprozession (Ostern) vermerkt, daß — falls keine geeigneten Sänger für den lateinischen Hymnus vorhanden seien — das deutsche Lied *Das neue Morgenrot erglüht* gesungen werden könne. Ebenso war am Schluß dieser Feier muttersprachlicher Gesang des *Freue dich du Himmelskönigin* erlaubt[60]. Auch bei der Fronleichnamsprozession heißt es, daß — beim Fehlen geeigneter Sänger — deutsche Lieder möglich sind; ähnliches gilt für Gebete auf dem Prozessionsweg[61]. Entsprechende Lösungen scheinen ebenfalls für andere Prozessionen angebracht[62]. — Im Abschnitt *Verschiedene Gebete* findet sich, neben lateinischen Hymnen, Litaneien und Gebeten, das *Bekenntnis des wahren Glaubens* sowohl in Latein als auch in Deutsch[63].

Der Überblick zeigt, daß das offizielle Rituale des Jahres 1902 im ganzen gesehen gegenüber dem Band von 1852 einen stärkeren Trend zum Latein aufweist. Doch kann man annehmen, daß diese strenge Linie, speziell außerhalb der Kathedrale, nicht eingehalten werden konnte. Vor allem auch das in Gebet- und Gesangbüchern enthaltene deutsche Gut läßt entsprechende Schlüsse zu.

Die Kleinausgabe des Rituale von 1902 stellt nur einen Auszug der Großedition dar und ist ihr in den wesentlichen Partien konform. Daneben hat sie aber verschiedene

---

[56] RBamb 1902 (Großausgabe), S. 82—88: *Ritus celebrandi matrimonii sacramentum.* — S. 88—90: *Benedictio nuptiarum intra missam facienda.* — S. 90—91: *Delibatio vini benedicti.*

[57] RBamb 1902 (Großausgabe), S. 91—95: *Ritus benedicendi matrimonio jubilaei[!].* Es handelt sich speziell um das 50jährige Ehejubiläum.

[58] RBamb 1902 (Großausgabe), S. 96—127: *De benedictionibus.*

[59] RBamb 1902 (Großausgabe), S. 128—173: *De processionibus.*

[60] RBamb 1902 (Großausgabe), S. 135—138: *Processio sabbato s. pro receptione corporis Christi e s. sepulchro.* Hier S. 138: *Das neue Morgenrot erglüht.* — *In fine a fidelibus cantari potest antiphona B. M. V. in lingua vernacula.*

[61] RBamb 1902 (Großausgabe) S. 145—159: *De processione in festo sanctissimi corporis Christi.* Hier S. 158: *Ubi cantores desunt, in via et ad altare christifideles cantilenas in honorem ss. sacramenti in lingua vernacula cantare possunt etc.* mit Verweis auf das Diözesan-Gebet- und Gesangbuch. — Es folgen Bemerkungen bzgl. Gebete.

[62] RBamb 1902 (Großausgabe), S. 161—163: *Processio in devotione perpetuae ss. sacramenti adorationis.* Hier S. 162: *. . . fideles possunt cantare cantilenas etc.* Danach stehen Hinweise betreffs Gebet.

[63] RBamb 1902 (Großausgabe), S. 174—206: *De variis precibus.* S. 200 ff.: *Professio orthodoxae fidei;* S. 203 ff.: *Bekenntnis des katholischen Glaubens.*

zusätzliche deutsche Gebete aufgenommen⁶⁴. Das gilt speziell von einem Anhang, der nur muttersprachliche Texte bietet. Und zwar Gebete beim Empfang der Sakramente, zur Krankenbetreuung sowie Stoßgebete und Litaneien⁶⁵. So ist hier bestehenden Erfordernissen wenigstens etwas mehr Rechnung getragen.

Die berechtigten Wünsche nach stärkerer Verwendung der Muttersprache ließen sich jedoch nicht aufhalten. Nach wechselvollen Bemühungen, Erfolgen und Rückschlägen erschien schließlich 1950 der erste Teil eines Rituale für alle deutschen Sprengel und 1960 eine Fronleichnamsordnung, die ebenfalls von den meisten Bistümern — darunter auch Bamberg — angenommen wurde⁶⁶. In diesen Bänden hat die Volkssprache einen weiteren Umfang erreicht. Besagte Bestrebungen münden in die Entwicklungen zum II. Vatikanischen Konzil (1962—1965). Seit dem ist der generelle Durchbruch der Muttersprache im Gottesdienst auch in der katholischen Kirche gelungen⁶⁷.

7. Ergebnis — Perspektiven

Überblicken wir den Werdegang der Bamberger Liturgie hinsichtlich der Volkssprache, ergibt sich ein sehr differenziertes Bild. Dieses erscheint dabei sowohl betreffs der Gottesdienstarten (bzw. der liturgischen Bücher) als auch hinsichtlich der Einzelbestandteile und insgesamt in den verschiedenen Phasen der Entwicklung unterschiedlich⁶⁸.

Was die einzelnen Gottesdienstarten (bzw. liturgischen Bücher) angeht, ist zu sagen, daß sich im Stundengebet (Stundengebetsbuch/Brevier) in seiner offiziellen (klerikalen) Form das Latein am längsten, und zwar bis zur Reform im Umkreis des II. Vatikanischen Konzils (1962—1965) erhielt. Demgegenüber sind im Bereich der Messe (Meßbuch) seit dem Mittelalter beachtliche volkssprachliche Bestandteile nachzuweisen. Auf dem Gebiet der Sakramente-Sakramentalien (Pontifikale/Rituale) ist davon auszugehen, daß die eigentlichen pontifikalen Handlungen (Bischof) — mit Ausnahme bestimmter Elemente (Predigt o. ä.) — bis in die jüngste Zeit in Latein erfolgten. Bei den presbyteralen Vollzügen (Priester) zeigt sich, daß man besonders bei den Sakramenten immer mehr um muttersprachliche Gestaltung bemüht war. Demgegenüber ist der Erfolg bei den Sakramentalien bescheiden. Auf dem Sektor Gebet- und Gesangbuch erscheint von Anfang an der Trend zur Volkssprache unverkennbar.

Betreff der Frage, bei welchen Einzelbestandteilen zunächst der Vollzug in Muttersprache erfolgte, sind als erstes die Predigt sowie damit verbundene (bzw. im Anschluß an sie verrichtete) Gebete (Glaubensbekenntnis, Dekalog, Allgemeines Gebet) zu nennen. An Lesegut kommt vor allem das (bei der Predigt ausgelegte) Evangelium in Betracht. Bei der Feier der Sakramente handelt es sich speziell um deutsche Gebete und Ansprachen. Insgesamt gesehen nimmt vor allem volkssprachlicher Gesang einen bedeutenden Platz ein. Er setzte sich im Bereich der Messe in der früheren Zeit nur am Anfang und Ende sowie bei bestimmten Teilen (z. B. Predigtlied) durch, kam aber

---

⁶⁴ *Manuale rituum ad usum archidioeceseos Bambergensis;* Bamberg (Druck: F. Pustet) 1902. Zitation: RBamb 1902 (Kleinausgabe).

⁶⁵ RBamb 1902 (Kleinausgabe), S. 155—193: *Appendix. Gebete beim Empfang der heiligen Sakramente. Tägliche Gebete eines Kranken. Gebete in gefährlicher Krankheit. Sterbegebete. Litaneien.*

⁶⁶ *Collectio rituum ad instar appendicis Ritualis Romani pro omnibus Germaniae dioecesibus;* Regensburg 1950. — *Ordo processionis in festo corporis Christi;* Regensburg 1960.

⁶⁷ Dazu vgl. REIFENBERG, Sakramente-Sakramentalien, Bd. 1, S. 62 f.

⁶⁸ Vgl. dazu die in der vorliegenden Abhandlung erhobenen Einzeldaten. Ferner die sonst erwähnten Untersuchungen, speziell Anm. 7 (REIFENBERG) und 22 (SCHONATH).

schließlich auch sonst und vor allem bei Andachten, Prozessionen u. ä. zum Zug. Bei diesen letzteren Gottesdienstformen waren ebenfalls deutsche Gebete, Betrachtungen u. ä. üblich. Ferner seien noch kleinere volkssprachliche gottesdienstliche Bestandteile wie Fragen (Tauffrage), Zustimmungserklärungen (Ja-Wort) usw. erwähnt.

Was die einzelnen Phasen der Liturgieentwicklung angeht, kann man bis zur Reformation nur bescheidene Erfolge hinsichtlich der Volkssprache buchen. Seitdem und vor allem mit Beginn der Aufklärung verbessert sich das Bild zusehends. In der Mitte des 20. Jahrhunderts erfolgte schließlich der generelle Durchbruch: Die Muttersprache wird als gültige Liturgiesprache anerkannt.

Fragen wir nach den Gründen für diese Entwicklung muß man vor allem die pastorale Bedeutung eines „verständlichen Gottesdienstes" in Anschlag bringen. In diesem Zusammenhang stellt sich freilich auch das Problem der „Einheitselemente" bei einer „Weltkirche", wie es die katholische Kirche ist. Dazu sei bemerkt, daß bestimmte formale Elemente als Zeichen der Einheit sicher ihre Bedeutung besitzen. Das gilt ebenfalls hinsichtlich möglicher gemeinsamer Texte, vor allem betreffs Gebet und Gesang. Dazu wird man auch weiterhin realisierbare und sinnvolle Möglichkeiten suchen müssen. Hinsichtlich des grundsätzlichen gottesdienstlichen Vollzuges der Orts- und Teilkirchen erscheint jedoch der — gerade in der Bamberger Liturgie greifbare — Weg „vom Latein zur Muttersprache" durchaus berechtigt und konsequent. Und zwar: Weil die Einheit der Kirche tiefer begründet ist als in einheitlichen Formen und zudem Einheit in Vielfalt ein maßgebliches Kennzeichen der Kirche ist.

Anhang

Taufansprache *(Exhortatio ad susceptorem)* aus dem Bamberger Rituale von 1852[69]

Geliebte im Herrn!

Der Mensch wird in Sünde empfangen und geboren, und ist schon von seiner Geburt an ein Gegenstand des Mißfallens Gottes; er kann daher nicht eingehen in das ewige Leben, es sei denn, daß er wiedergeboren werde aus dem Wasser und heiligen Geiste, und durch die Kraft des heiligen Sakramentes der Taufe von der ihm eigenen Erbsünde frei werde; denn Jesus, unser Herr und Heiland, sagt: Wer nicht wiedergeboren ist aus dem Wasser und heiligen Geiste, der kann in das ewige Leben nicht eingehen.

Auch dieses Kind wird heute zur heiligen Taufe gebracht, damit es aus dem Stande der Sünde in den Stand der Gnade und christlichen Gerechtigkeit versetzt, daß es als ein lebendiges Glied Jesu Christi und seiner heiligen Kirche und als Erbe des Himmels angenommen werde. Weil aber dieses Kind unfähig ist, die Gnade der heiligen Taufe von der Kirche selbst zu begehren, so haben die Eltern desselben Sie (Ihn) als Pathen[!] (Pathe[!]) dieses Kindes gebeten, daß Sie (Er) demselben in christlicher Liebe nicht blos einen christlichen Namen geben, sondern daß Sie (Er) auch in seinem Namen die Fragen beantworten, welche die heilige Kirche an dieses Kind stellt, und anstatt seiner dem bösen Feinde und allen seinen Werken widersagen, und den christlichen Glauben öffentlich bekennen.

Die Kirche erinnert Sie (Ihn) an die Pflichten, die Sie (Er) als Pathe[!] dieses Kindes auf sich nehmen (nimmt).

---

[69] RBamb 1852, S. 53—55: *Exhortatio ad susceptorem. Cum fuerint ecclesiam ingressi etc. sacerdos procedens ad fontem etc. stans facie ad altare[!] versa, dicit exhortationem ad susceptorem, infantem pro prima vice levantem et in ulnis tenentem.*

Rufen Sie (Er) demselben öfters, wenn es erwachsen ist, dasjenige in's Gedächtniß[!], was Sie (Er) anstatt seiner bei der heiligen Taufe versprochen haben (hat); nehmen Sie (Er) sich des Kindes in Liebe an, und vertreten Sie (Er) Elternstelle an ihm, wenn seine Eltern ihm frühzeitig durch den Tod entrissen werden sollten. Sorgen Sie (Er) dafür, daß es im christkatholischen Glauben erzogen und zu allem Guten angehalten werde, damit es in der Furcht Gottes, in Zucht und Ehrbarkeit aufwachse, und einen christlichen Lebenswandel führe, und einstens nach diesem Leben die Krone der ewigen Seligkeit erlange. Und wie Sie (Er) von heute an mit diesem Kinde und seinen Eltern in geistliche Verwandtschaft treten (tritt), so seien und bleiben Sie (Er) mit denselben verwandt und verbunden im wahren Glauben und in christlicher Liebe.

Damit nun Gott diesem Kinde nicht nur die Gnade der heiligen Taufe ertheile[!], sondern es auch forthin in seinem gnädigen Schutze erhalte, und zur Seligkeit gelangen lasse, so wollen wir diesem Kinde nun gleichsam das erste Lehrstück des christlichen Glaubens zeigen, und miteinander den christlichen Glauben und das heilige Vaterunser sprechen.

TRAUUNGSANSPRACHE I *(Admonitio ad desponsatos)* aus dem Bamberger Rituale von 1852[70]

Da nun der Eingehung dieser Ehe kein Hinderniß[!] im Wege steht, so erinnert die heilige Kirche die beiden Eheverlobten an die große Würde und an die hohe Bedeutung des ehelichen Standes, damit sie die Heiligkeit desselben erkennen, ihn würdig antreten und heilig in ihm leben mögen.

Die Ehe ist ein von Gott selbst aus besten und edelsten Absichten zum Heile der Menschen und zu ihrer wechselseitigen Hilfe eingesetzter Stand, welchen Jesus Christus, unser Herr, zu einem heiligen Sakramente erhoben hat. Die heilige Schrift sagt so einfach, als erhaben: Nachdem Gott den ersten Menschen, den Adam, aus dem Staube der Erde erschaffen hatte, sprach er: Es ist nicht gut für den Menschen, daß er allein sei. Lasset uns ihm eine Gehilfin machen, die ihm gleich sei. Darum sandte Gott einen tiefen Schlaf auf Adam, und als er eingeschlafen war, nahm er eine von seinen Rippen, und füllete[!] Fleisch an ihre Stelle. Und Gott der Herr baute aus der Rippe, die er von Adam genommen, ein Weib, und führte sie zu Adam. Und Adam sprach: Das ist nun Bein von meinen Beinen[!], und Fleisch von meinem Fleische. Darum wird der Mensch Vater und Mutter verlassen, und seinem Weibe anhangen, und werden Zwei[!] in Einem[!] Fleische sein.

Die Einsetzung der Ehe ist also so alt, als das Menschengeschlecht selber, und Gott hat dieselbe so befestiget[!], daß sie weder durch die Erbsünde vertilgt, noch durch die Strafe der Sündfluth[!] vernichtet worden ist.

Die engste und innigste Vereinigung der Eheleute ist die erste Absicht der Ehe. Gott hatte aber bei der Einsetzung derselben eine noch wichtigere und erhabenere Absicht; denn er wollte in der innigsten Vereinigung des Mannes und Weibes ein großes Sakrament vorbedeuten und, wie der heilige Apostel sagt, ein eigenes Zeichen der wunderbaren und gnadenvollen Vereinigung geben, welche zwischen Christus und seiner Kirche stattfinden werde, ein Zeichen der unaussprechlichen Liebe und der treusten Anhänglichkeit, welche Christus gegen seine Kirche beweisen würde. — Als nun die Fülle der Zeit gekommen war, erhob Jesus Christus, unser Herr und Heiland, die Ehe zu einem

---

[70] RBamb 1852, S. 67—72: *Admonitio ad desponsatos.* Die drei Dispositionspunkte betreffen 1. Bonum prolis — Eheliche Fortpflanzung; 2. Bonum fidei conjugalis[!] — Eheliche Treue; 3. Bonum sacramenti — Ehe als Sakrament.

heiligen Sakramente, damit sie einestheils[!] ein Bild seiner innigsten Vereinigung mit der Kirche sei, anderntheils[!] aber den Eheleuten die Gnade verleihe, gottselig miteinander in Liebe und Treue zu leben, und ihre Kinder christlich zu erziehen. Daher sagt der heilige Apostel: Dieses Geheimniß[!] ist groß; ich sage aber: In Christo und in der Kirche.

Hieraus sollen alle christlichen Eheleute das wahre Wesen und den edlen Zweck der christlichen Ehe, aber auch ihre Pflichten erkennen, und die Heiligkeit dieses Standes nach der Lehre Christi schätzen lernen, und zwar:

1. Bonum prolis

Erstens. Wie Christus seine heilige Kirche und das christliche Volk auf Erden durch die Wiedergeburt im heiligen Sakramente der Taufe beständig vermehrt und in seinem Wachsthume[!] erhält, — so sollen auch christliche Eheleute, wenn Gott in seiner Gnade ihre Ehe mit Kindern segnen sollte, dieselben in Zucht und Ehrbarkeit und Gottesfurcht erziehen, und nicht allein für ihre zeitlichen Güter gewisse Erben hinterlassen, sondern auch, und vor Allem[!], unserem Gotte fromme Diener und Christen erziehen, damit nicht blos[!] die Anzahl der Menschen auf Erden, sondern vielmehr die der Auserwählten im Himmel durch sie vermehrt werde.

2. Bonum fidei conjugalis[!]

Zweitens. Wie Christus nur Eine[!] Kirche und nur Ein[!] christliches Volk auf Erden hat, welches er mit seinem kostbaren Blute erkauft, fortwährend durch seine Gnade und durch die Kraft der heiligen Sakramente erhält, und welchem er die Verdienste und Früchte seiner Erlösung genießen läßt, — so soll auch jeder Ehemann mit seiner Ehegattin und jede Ehegattin mit ihrem Ehemann in aufrichtiger, ungeheuchelter und ungetheilter[!] Liebe und Treue verbunden bleiben. Der Mann liebe seine Gattin, wie Jesus, unser Herr, will. Dagegen sei das Weib dem Manne gehorsam, wie die Kirche ihrem Bräutigame Jesus Christus gehorsam ist. Die gegenseitige Liebe der Eheleute sei rein, keusch und züchtig, und Alles[!] sei und bleibe ferne von ihnen, was nur immer, sei es in Gedanken, Worten oder Werken, sündhaft und dem Zwecke der Ehe entgegen ist.

3. Bonum sacramenti

Drittens. Wie die Vereinigung zwischen Christus und seiner Kirche ewig und unauflösbar ist, so werden auch die christlichen Eheleute durch unzertrennbare Pflichten und durch ein Band miteinander verbunden, welches nur durch den Tod aufgelöst werden kann. Gott gibt ihnen aber auch im heiligen Sakramente der Ehe seine Gnade, daß sie die so schweren Pflichten ihres ehelichen Standes erfüllen, die Leiden und Bitterkeiten des Lebens sowie auch die gegenseitigen Schwachheiten mit Sanftmuth[!] und Geduld ertragen, die Freuden und Leiden, die über sie kommen, miteinander theilen[!], und allzeit mit kindlicher Zuversicht auf den himmlischen Vater vertrauen.

Darum sehet (sehen Sie), Auserwählte im Herrn! damit Ihr (Sie) dieser von Gott verheißenen Gnaden theilhaftig[!] werdet (werden), diesen an sich heiligen Stand nicht mißbrauchet (mißbrauchen), noch ihn durch übermäßige Sorgen für das Zeitliche, oder durch unerlaubte Begierden Euch (Ihnen) zum Hindernisse der ewigen Seligkeit werden lasset (lassen), so denket (denken Sie) nun bei dem Antritte Euerer (Ihrer) Ehe an die reine und erhabene Absicht, mit welcher ihr nach den Foderungen[!] des Christenthums[!] in den Ehestand treten sollet.

Euer (Ihr) eheliches Leben werde durch die Vorschriften des Christenthums[!] geleitet und geheiliget. Genießet[!] (genießen Sie) die Freuden einer zufriedenen Ehe, aber so, daß Ihr (Sie) auch nicht der Gottesfurcht, der Andacht, des Gebetes vergesset (vergessen). Auch die künftigen Trübsale, welche den Ehestand nicht selten begleiten, ertraget (ertragen Sie) geduldig, gemeinschaftlich, gottergeben. In Lieb[!] und Leid, in Freud[!] und Traurigkeit, im Glücke und im Unglücke harre Euere (Ihre) gegenseitige Liebe, Treue und Einigkeit aus; [und wenn Gott Euere (Ihre) Ehe mit Kindern segnen sollte, so erziehet (erziehen Sie) dieselben zur Frömmigkeit und Gottesfurcht,] damit Ihr (Sie) [mit ihnen] zu seiner Zeit die verheißenen Freuden auf Erden und einstens den großen Lohn der Seligkeit im Himmel erhalten möget (mögen).

TRAUUNGSANSPRACHE II *(Monitio specialis)* aus dem Bamberger Rituale von 1852[71]

Ad Sponsum.

N. Ich fodere[!] Ihn (Sie) auf, im Namen und auf Befehl Gottes, [daß Er (Sie) sich Seiner (Ihrer) Kinder, mit welchen Gott etwa Seine (Ihre) Ehe segnen wird, mit väterlicher Liebe annehme (annehmen), sie nähre, erhalte, und mit christlicher Sorgfalt in dem wahren katholischen Glauben Jesu Christi erziehe. Betrachte Er (Sie) dieselben als Gottes Geschenk, für welches Er (Sie) einstens Gott Rechenschaft wird (werden) geben müssen.] Erfülle Er (erfüllen Sie) die Pflichten, die Er (Sie) als christlicher Ehemann hat (haben), mit Liebe und heiligem Eifer. Lebe Er (Sie) mit Seiner (Ihrer) Ehefrau in Frömmigkeit und Ehrbarkeit, und vergesse Er (Sie) nicht, dem Gebete eifrig zu obliegen, damit Gottes Segen über Ihm (Ihnen) bleibe. Sei Er (Sie) gegen Seine (Ihre) Ehefrau, als gegen den schwächern Theil[!], schonend und nachsichtig, und mache Er (Sie) an dieselbe keine Anfoderungen[!], welche dem Zwecke der Ehe entgegen sind; stehe Er (Sie) ihr und dem Hauswesen als das Haupt vor; liebe Er (Sie) Seine (Ihre) Ehegattin, wie sich selbst; schütze Er (Sie) dieselbe vor aller Schande, Gefahr und Ungemach; verlasse Er (Sie) dieselbe in keiner Noth[!], noch bei irgend einem Unfalle dieses mühevollen Lebens, sondern unzertrennlich in ausharrender Treue und unwandelbarer Liebe verbleibe Er (Sie) mit ihr, bis Euch (Sie) der Tod scheidet. Will Er (wollen Sie) diesem Allem nachkommen, so spreche Er (sprechen Sie): Ja!

Ad Sponsam.

Deßgleichen[!] N., fodere[!] ich Sie auf, im Namen und auf Befehl Gottes, [daß Sie sich ihrer Kinder, mit welchen Gott etwa Ihre Ehe segnen wird, mit mütterlicher Liebe annehme (annehmen), sie nähre, erhalte, und mit christlicher Sorgfalt in dem wahren katholischen Glaube Jesu Christi erziehe. Betrachte (betrachten) Sie dieselben als Gottes Geschenk, für welches Sie einstens Gott Rechenschaft wird (werden) geben müssen.] Erfülle (erfüllen) Sie die Pflichten, welche Sie als christliche Ehefrau hat (haben), mit Liebe und heiligem Eifer; lebe (leben) Sie mit Ihrem Ehemanne in Frömmigkeit und Ehrbarkeit, und vergesse (vergessen) Sie des Gebetes nicht, damit Gottes Segen über Ihr (Ihnen) bleibe. Besonders sei (seien) Sie gegen Ihren Ehemann in billigen Sachen gehorsam, ehrerbietig, gefällig, gleichwie Sara und andere heilige Weiber ihren Männern Liebe, Ehre und Gehorsam geleistet haben. Sei (seien) Sie ihm in der Haushaltung eine getreue Gehilfin; wende (wenden) Sie Fleiß an, sich mit ihm in Ehrbarkeit und Arbeitsamkeit zu ernähren; in keiner Noth[!], noch bei irgend einem widrigen Zufalle des menschlichen Lebens verlasse (verlassen) Sie denselben, bis Euch (Sie) der Tod scheidet. Will (wollen) Sie diesem Allem nachkommen, so spreche (sprechen) Sie: Ja!

---

[71] RBamb 1852, S. 73—75: *Monitio specialis. Hanc facit parochus etc. hoc modo: Ad Sponsum* (= Zum Bräutigam) ... *Ad Sponsam* (= Zur Braut).

TRAUUNGSANSPRACHE III *(Monitio ad circumstantes)* aus dem Bamberger Rituale von 1852[72]

Vielgeliebte in dem Herrn!

Da nun diese beiden Brautpersonen bereits den heiligen Stand der Ehe nach dem Gesetze und nach der Ordnung Gottes angetreten haben, und die Kirche diese Verbindung mit ihrem Segen begleitet und vor allen hier Gegenwärtigen gutgeheißen und bestätiget[!] hat, so wünschen wir zuerst in christlicher Liebe den Neuvermählten zum Antritte ihres heiligen Standes alles Heil, Glück und Wohlfahrt; vorzüglich aber wollen wir Gott, den Allmächtigen, den Geber alles Guten (jetzt bei dem Opfer der heiligen Messe), für sie um alle in diesem Stande nothwendigen[!] Gnaden bitten: der Herr erzeige ihnen seine Güte und Milde, er lasse seine Verheißungen an ihnen erfüllt werden, er verleihe ihnen seine Hilfe, und lasse sie leben ein glückliches, friedliches, von aller Uneinigkeit und von allem Übel freies Leben; er bewahre sie auch in seiner Gnade vor aller Sünde und vor aller Übertretung der Pflichten ihres ehelichen Standes, und helfe ihnen durch seinen Beistand, daß sie hier auf Erden die Freuden eines glückseligen, gottesfürchtigen Lebens genießen, einstens aber zu den höheren und reineren Freuden der ewigen Seligkeit gelangen, und dort mit Gott ewig, wie hier auf Erden auf eine Zeit, miteinander vereiniget werden. Durch Jesum Christum unsern Herrn. Amen.

---

[72] RBamb 1852, S. 79: *Monitio ad circumstantes. Vielgeliebte in dem Herrn.*

ZU EINIGEN REICHENAUER HANDSCHRIFTEN HEINRICHS II. FÜR BAMBERG*

von Peter K. Klein

Mit der Gestalt Kaiser Heinrichs II. (1002—1024) verbindet sich gerade für den fränkischen Raum vor allem die Gründung des Bistums Bamberg im Jahre 1007, dem *berühmtesten von all seinen Werken*.[1] Bekanntlich war aber Heinrich II. nicht nur der *Stifter* und *Erbauer*, sondern auch ein überaus großzügiger *Gönner* des neuen Bamberger Bistums, dem er und seine Gemahlin Kunigunde *mit offener Hand* nicht nur zahlreiche Besitzungen und Hoheitsrechte, sondern auch eine umfangreiche Bibliothek und einen reichen Kirchenschatz vermachten.[2] Unter den von Heinrich geschenkten Handschriften nehmen die Zimelien aus dem bedeutenden Skriptorium der Reichenau einen besonderen Platz ein, und einigen der berühmtesten dieser an Bamberg geschenkten Reichenauer Handschriften wollen wir uns im folgenden zuwenden.

Das Tropar und die beiden Kommentare zum Alten Testament

Die Staatsbibliothek zu Bamberg besitzt ein Tropar und zwei alttestamentliche Kommentare, die sowohl konkrete Anhaltspunkte zur Datierung und Lokalisierung der Handschriften aus dem umstrittenen Skriptorium der Reichenau[3] enthalten als auch Rückschlüsse auf die Art der von Heinrich geschenkten Handschriften zulassen. Das Tropar und Sequentiar (Msc. Lit. 5)[4], ein kleinformatiges liturgisches Buch mit den

---

* Aus Platzmangel erscheint der zweite, längere Teil dieses Beitrags, der sich mit dem Perikopenbuch Heinrichs II. und der Bamberger Apokalypse beschäftigt, erst im kommenden 121. „Bericht des Historischen Vereins Bamberg" (1985).

[1] So Robert Holtzmann, Geschichte der sächsischen Kaiserzeit, 5. Aufl., München 1967, 408.

[2] Vgl. das Preislied Gerhards von Seeon auf Heinrich II. (MGH, Poetae, V, fasc. 2, 1939, 397 f.; Otto Meyer, Kaiser Heinrichs Bamberg-Idee im Preislied des Gerhard von Seeon, in: Fränkische Blätter für Geschichtsforschung und Heimatpflege, 3 (1951), 75—78). — Zu den Schenkungen an Handschriften, liturgischem Gerät und Gewändern vgl. im einzelnen Percy Ernst Schramm, Herrschaftszeichen: gestiftet, verschenkt, verkauft, verpfändet. Belege aus dem Mittelalter, in: Nachrichten der Akad. d. Wiss. in Göttingen, I. Phil.-Hist. Kl., 1957, Nr. 5, 161—226 (cf. 175 f.); Ferdinand Geldauer, Kaiser Heinrich II., der Bücherfreund auf dem deutschen Thron und sein schöpferisches Werk. Hochstift und ‚Bücherstadt' Bamberg, in: Bulletin du bibliophile, 4 (1974), 397—420; Percy Ernst Schramm/Florentine Mütherich, Denkmale der deutschen Könige und Kaiser, 2. erw. Aufl., München 1981, Nr. 88—97, 107—136.

[3] Bekanntlich ist in den letzten Jahrzehnten verschiedentlich die Frage erneut aufgeworfen worden, ob die dem Reichenauer Skriptorium zugeschriebenen Handschriften nicht eher in Trier oder anderen Orten (wie Seeon, Regensburg, Lorsch) entstanden seien, eine These, die sich allerdings nicht hat durchsetzen können. Vgl. zuletzt die zusammenfassenden Darstellungen (mit Bibl.) bei: Kurt Martin, Die ottonischen Wandbilder der St. Georgskirche Reichenau-Oberzell, 2. erw. Aufl., Sigmaringen 1975, 32—34; Florentine Mütherich, Ausstattung und Schmuck der Handschrift, in: Das Evangeliar Ottos III. Clm. 4453 der Bayer. Staatsbibliothek München, Faksimile-Kommentarband, Frankfurt—München—Stuttgart 1978, 61—134 (cf. 64 f.).

[4] Vgl. Wilhelm Vöge, Eine deutsche Malerschule um die Wende des ersten Jahrtausends (= Westdeutsche Zeitschrift für Geschichte u. Kunst, Erg.Heft 7), Trier 1891, 147 f.; Friedrich Leitschuh, Katalog der Handschriften der Kgl. Bibliothek zu Bamberg, I, 1, Bamberg 1898,

außerbiblischen Meßgesängen an den Hochfesten des Kirchenjahres[5], läßt sich ziemlich genau datieren, da in der Sequenz auf den Hl. Adalbert (fol. 97 v) die Überführung seiner Reliquien durch Otto III. im März bzw. Ende des Jahres 1000 erwähnt und da ferner in den Rogationen zu Ostersonntag (fol. 46 r) Otto III. als regierender Kaiser genannt wird *(Ottoni serenissimo imperatori a deo coronato magno et pacifico vita et victoria):* der Codex muß also zwischen dem Ende des Jahres 1000 und Januar 1002, dem Todesdatum Ottos III., entstanden sein.[6] Für die Entstehung und mehrjährige Benutzung der Handschrift auf der Reichenau spricht bekanntlich, daß einige auf der Reichenau besonders verehrte, sonst aber weniger verbreitete Heilige (wie z. B. Januarius, Blasius, Pelagius, Senesius und Theopontus) sowohl in den Sequenzen, Tropen und Osterrogationen genannt werden als auch in den etwas jüngeren Nachträgen der Handschrift auftauchen.[7] Noch auffälliger ist, daß in der Georgssequenz auf fol. 95 v der ursprüngliche Hinweis auf die Reichenau *(Augiensibus incolis veniam precare)* radiert und in etwas späterer schwarzer Tinte am Rande durch das Wort *babenbergensibus* ersetzt ist.[8] Das Tropar ist also einige Jahre auf der Reichenau benutzt worden und kurz darauf dann nach Bamberg gekommen. Hans Fischer vermutete, daß die Handschrift über den Reichenauer Abt Bern von Prüm an den ihm befreundeten Heinrich II. gelangte und von diesem Bamberg geschenkt wurde.[9] Für diese Annahme spräche einiges, wenn Bern an der Komposition des Tropars beteiligt gewesen wäre, was aber — wie Fischer selbst zugibt — nicht der Fall war.[10] Ein Widmungsexemplar an Heinrich II. hätte wohl auch ein anderes Aussehen gehabt als diese relativ bescheiden illustrierte, kleinformatige Gebrauchshandschrift. So wird sie vielleicht auf anderem Wege in Bamberger Besitz gelangt sein. Wir wissen, daß Heinrich im Jahr 1006, d. h. am Vorabend der Gründung des Bamberger Bistums, ebenso wie in anderen Klöstern auch auf der Reichenau unter Zwang eine Reform durchführen ließ und daß der König wie auch sonst diese Ge-

---

145—147; Haseloff 1901 (s. Anm. 13), 116, 157; Anton Chroust, Monumenta paleographica, Ser. I, Bd. III, Lief. 20, München 1906, Tafel 1; Hans Fischer, Mittelalterliche Miniaturen aus der Staatl. Bibliothek Bamberg, II, Bamberg 1929, 18—24; Adolf Krücke, Zwei Beiträge zur Ikonographie des frühen Mittelalters, in: Marburger Jahrbuch für Kunstwissenschaft, 10 (1937), 1—36 (cf. 28); Aere Perennius. Staatl. Bibliothek Bamberg [Ausst.-Katalog], Bamberg 1953, 30 Nr. 48 (A. Fauser u. H. Gerstner); Wilhelm Messerer, Zum Kaiserbild des Aachener Ottonencodex, in: Nachrichten der Akad. d. Wiss. in Göttingen, I. Philol.-Hist. Kl., 1959, Nr. 2, 27—36 (cf. 31—33); Hugo Steger, David rex et propheta. König David als vorbildliche Verkörperung des Herrschers und Dichters im Mittelalter (= Erlanger Beiträge zur Sprach- u. Kunstwissenschaft, 6), Nürnberg 1961, 117, 241 f.; Herbert Schade, Zum Bild des tanzenden David im Mittelalter, in: Stimmen der Zeit, 172 (1962/63), 1—16 (cf. 6 f.); Heinrich Husmann, Tropen- und Sequenzenhandschriften (= Répertoire International des Sources Musicales, B V[1]), München-Duisburg 1964, 58—61 (umfangreiche Bibl.); Peter Bloch, Reichenauer Evangelistar. Faksimile-Ausgabe des Codex 78 A 2 aus dem Kupferstichkabinett Berlin (= Codices selecti, 31), Kommentarband, Graz 1972, 49, 58; Tilman Seebass, Musikdarstellung und Psalterillustration im frühen Mittelalter, Bern 1973, 92 f., 175; Mütherich 1978 (s. Anm. 3), 65; Schramm/Mütherich 1981 (s. Anm. 2), 160 f. u. 485 Nr. 121.

[5] Format 19,3 × 14,4 cm; 198 fols. Die Handschrift enthält Tonar, Tropar, Prosar mit Sequenzen sowie die Offertorienanfänge. Vgl. Fischer 1929 (s. Anm. 4), 27 Anm. 6; Husmann 1964 (s. Anm. 4), 59 f.

[6] So erstmals Fischer 1929 (s. Anm. 4), 18.

[7] Vgl. im einzelnen Haseloff 1901 (s. Anm. 13), 157; Fischer 1929 (s. Anm. 4), 27 Anm. 6; Husmann 1964 (s. Anm. 4), 59 f.

[8] Fischer 1929 (s. Anm. 4), 19; Husmann 1964 (s. Anm. 4), 58.

[9] Fischer 1929 (s. Anm. 4), 19.

[10] Fischer, ibid., 28 Anm. 8.

legenheit nutzte, um sich an den Besitzungen und Gütern des Klosters zu bereichern.[11] Die Vermutung liegt nahe, daß er dabei bereits die seit langem gehegten Pläne zur Gründung des Bamberger Bistums und die Stiftung einer dortigen möglichst reichhaltigen Bibliothek im Auge hatte. Denn die neue Bischofskirche brauchte ja nicht nur luxuriös ausgestattete Prachthandschriften, sondern vor allem auch liturgische, theologische, enzyklopädische und historische Texte für den täglichen Gebrauch. Von einer solchen dauernden Nutzung zeugen gerade auch die starken Gebrauchsspuren unseres Tropars.

Auch die beiden alttestamentlichen Kommentar-Hss. der Bamberger Staatsbibliothek, der Kommentar zum Hohen Lied und zum Buch Daniel (Msc. bibl. 22)[12] sowie der Isaias-Kommentar (Msc. bibl. 76)[13] könnten auf dem gleichen Wege in den Bamberger Dom gelangt sein, zu dessen Besitz sie nachweislich seit dem 12. Jahrhundert gehörten.[14] Beide Handschriften bilden in Anlage, Format, Schrift und Bildschmuck genaue Pendants[15], müssen also schon ursprünglich zusammengehört bzw. zusammen konzipiert worden sein. Sie werden seit langem aufgrund stilistischer Kriterien der sogenannten Liuthar-Gruppe des Reichenauer Skriptoriums zugerechnet.[16]

Die Gründe für eine Entstehung auf der Reichenau um das Jahr 1000 lassen sich aber noch weiter präzisieren. Zunächst enthalten beide Kommentar-Hss. eine Reihe alt-

---

[11] KONRAD BEYERLE, Von der Gründung bis zum Ende des Freiherrlichen Klosters (724—1474), in: K. BEYERLE (Hrsg.), Die Kultur der Abtei Reichenau, I, München 1925, 35—212 (cf. 112/25—112/27); HOLTZMANN 1967 (s. Anm. 1), 413.

[12] Vgl. VÖGE 1891 (s. Anm. 4), 91, 99—112; LEITSCHUH, Kat. Bamberg (s. Anm. 4), I, 1 (1895), 19—21; HANS FISCHER, Mittelalterliche Miniaturen aus der Staatl. Bibliothek Bamberg, I, Bamberg 1926, 4—11; ADOLF GOLDSCHMIDT, Die deutsche Buchmalerei, II, München 1928, 43 Taf. 31; Ars Sacra. Kunst des frühen Mittelalters [Ausst.-Kat.], München 1950, 44 Nr. 90 (A. BOECKLER); WILHELM MESSERER, Der Bamberger Domschatz, München 1952, 12 f., 48 Nr. 16—19; Kat. Aere Perennius 1953 (s. Anm. 4), 31 Nr. 50; WOLFGANG SCHÖNE, Über das Licht in der Malerei, Berlin 1954, 26, 74 Anm. 157; WOLFRAM VON DEN STEINEN, Homo caelestis. Das Wort der Kunst im Mittelalter, Bern 1965, 141—143; BLOCH 1972 (s. Anm. 4), 49; HÉLÈNE TOUBERT, Iconographie et histoire de la spiritualité médiévale, in: Revue d'Histoire de Spiritualité, 50 (1974), 265—284 (cf. 278—280); ROBERT DESHMAN, Christus rex et magi reges. Kingship and Christology in Ottonian and Anglo-Saxon Art, in: Frühmittelalterliche Studien, 10 (1976), 367—405 (cf. 371); SCHRAMM/MÜTHERICH 1981 (s. Anm. 2), 156 u. 484 Nr. 109.

[13] Vgl. LEITSCHUH (s. Anm. 4), I, 1 (1895), 62; ARTHUR HASELOFF/HEINRICH VOLBERT SAUERLAND, Der Psalter Erzbischof Egberts von Trier. Codex Gertrudanis in Cividale, Trier 1901, 57; FISCHER 1926 (s. Anm. 12), 2—4, 6—11; Goldschmidt 1928 (s. Anm. 12), 43 Taf. 30; HANS JANTZEN, Ottonische Kunst, München 1947, 94, 116; Kat. Ars Sacra 1950 (s. Anm. 12), 48 Nr. 92 (A. BOECKLER); MESSERER 1952 (s. Anm. 12), 48 Nr. 14—15; Kat. Aere Perennius 1953 (s. Anm. 4), 30 f. Nr. 49; VON DEN STEINEN 1965 (s. Anm. 12), 143—145; BLOCH 1972 (s. Anm. 4), 49; MÜTHERICH 1978 (s. Anm. 4), 74; ANNA SOPHIA KORTEWEG, De Bernulphuscodex in het Rijksmuseum het Catharijneconvent te Utrecht en verwante Handschriften, Diss. Amsterdam 1979, 220 f.; SCHRAMM/MÜTHERICH 1981 (s. Anm. 2), 159 u. 484 Nr. 109.

[14] Wie es die auf den vorderen Blättern von Msc. bibl. 22 eingetragenen Urkundenabschriften belegen. Vgl. VÖGE 1891 (s. Anm. 4), 99; LEITSCHUH (s. Anm. 4), I, 1 (1895), 19 f.; FISCHER 1926 (s. Anm. 12), 1.

[15] Beide besitzen ein nahezu identisches Format (Msc. bibl. 22: 24,9 × 18,7 cm u. Msc. bibl. 76: 24,8 × 18,6 cm), das gleiche Linierungssystem (1 Kolumne zu 19 Zeilen), die gleiche Textanordnung (Bibeltext in der Mitte, Glossenkommentar in kleinerer Schrift am Rand) und das gleiche Illustrationsprinzip (doppelseitiges Frontispiz mit großem Figuren-Initial zu Beginn des Textes).

[16] Seit VÖGE (1891 (s. Anm. 4), 99 ff.) der Liuthar-Gruppe zugeordnet (VÖGE übersah allerdings Msc. bibl. 76), seit HASELOFF (1901 (s. Anm. 13), 157 ff.) meist dem Reichenauer Skriptorium zugeschrieben (abgesehen von der kontroversen Reichenau-Literatur, s. o. Anm. 3).

hochdeutscher Interlinearglossen, die von der gleichen zierlichen Minuskelhand wie die lateinischen Kommentarglossen geschrieben sind, also zum ursprünglichen Bestand der Handschriften gehören. Diese von der kunsthistorischen Literatur bisher übersehenen althochdeutschen Glossen sind in Typus und Sprachform nur im alemannischen, genauer im Reichenauer/St. Galler Raum denkbar und belegen somit unzweifelhaft die Reichenauer Herkunft unserer beiden AT-Kommentare.[17] Sie bilden darüber hinaus ein weiteres wichtiges Argument für die Reichenauer Entstehung der gesamten Liuthar-Gruppe.

Die bisherige Forschung hat die beiden AT-Kommentare zu Recht künstlerisch und paläographisch in die Nähe des Aachener Liuthar-Evangeliars (Aachen, Domschatz)[18] und des Evangeliars Ottos III. in München (Staatsbibliothek, Clm. 4453)[19] gerückt.[20] Es sind aber ebenso auch Parallelen zu dem Tropar in Bamberg zu erkennen. So finden wir etwa bei dem Autorenporträt des Boethius und des mittleren unteren Sängers im Bild der „Neuen Musik" des Tropars (Abb. 1)[21] einen ähnlich mürrisch-vergrämten Gesichtsausdruck (herabgezogener Mund und Kummerfalten) und starrenden Blick wie bei dem thronenden Christus der Isaias-Vision in Bibl. 76 (Abb. 2); auch der überlängte Oberkörper und die stark eingezogene Taille der thronenden Figuren kehren ganz ähnlich im Tropar (Abb. 1) und in den beiden AT-Kommentaren (vgl. vor allem Abb. 3) wieder. Vergleichen lassen sich ferner die schlanken, leicht überlängten Figuren, mit ihren weich fließenden Konturen und tänzelnd überkreuz gestellten Beinen (vgl. Abb. 1: Sänger unten u. Msc. bibl. 22 fol. 4 v *Zug der Gläubigen*).[22] Auch in der Farbgebung, mit ihrer Vorliebe für gedämpfte Pastelltöne und atmosphärische, von Grauviolett in Blaßrosa fein changierende Horizonte, lassen sich Übereinstimmungen feststellen.[23] Jedoch fällt das Tropar gegenüber den beiden AT-Kommentaren qualitätsmäßig deutlich ab: Die Farbenskala ist wesentlich begrenzter, die Modellierung der verschiedenen Valeurs der Lokalfarbe ist seltener und meist durch harte Schattenlinien ersetzt, die Konturen sind häufig grob und recht sorglos gezogen (vgl. Abb. 1: Rahmen). Der Maler des Tropars war also ein künstlerisch schwächerer, noch in älteren Werkstattgewohnheiten befangener Kollege der Miniatoren der beiden AT-Kommentare. Im Unterschied zu letzteren fehlt im Tropar noch jeder Ansatz zu dem flächigen, stark ver-

---

[17] Die Glossen wurden nur kurz 1928 von dem Altgermanisten EDWARD SCHRÖDER veröffentlicht und ohne nähere Begründung dem „oberdeutschen, alemannischen" Sprachgebiet zugeschrieben, wobei er eine Reichenauer Herkunft der beiden Handschriften schon von vornherein voraussetzte. Vgl. EDWARD SCHRÖDER, Handschriftliche Funde von meinen Bibliotheksreisen, in: Nachrichten von der Gesellschaft d. Wiss. zu Göttingen, Phil.-Hist. Kl. (1927, Heft 2), 1928, 93—118 (cf. 94—96). — Eine eingehendere Studie dieser Glossen und ihrer Relevanz für das Reichenau-Problem planen Thomas Klein u. Verf.

[18] Vgl. STEPHAN BEISSEL, Die Bilder der Handschrift des Kaisers Otto im Münster zu Aachen, Aachen 1886 (Veröffentlichung der Bilder); SCHRAMM/MÜTHERICH 1981 (s. Anm. 2), 154 u. 484 Nr. 103 (neueste Bibl.); PERCY ERNST SCHRAMM, Die deutschen Kaiser und Könige in Bildern ihrer Zeit (751—1190), 2. erw. Aufl., München 1983, 78 f., 83 f., 204 f. Nr. 107, 220.

[19] Vgl. zuletzt die Faks.-Ausgabe ‚Das Evangeliar Ottos III.' 1978 (s. Anm. 3) u. den zugehörigen Kommentarband von FRIDOLIN DRESSLER, FLORENTINE MÜTHERICH u. HELMUT BEUMANN; SCHRAMM 1983 (s. Anm. 18), 84 f., 205 Nr. 110, 206 f., 220.

[20] Vgl. vor allem VÖGE 1891 (s. Anm. 4), 91, 108—111; Haseloff 1901 (s. Anm. 13), 107; FISCHER 1926 (s. Anm. 12), 6—9; MÜTHERICH 1978 (s. Anm. 3), 74.

[21] Zur Deutung dieses Bildes vgl. MESSERER 1959 (s. Anm. 4), 32 f.

[22] FISCHER 1926 (s. Anm. 12), Farbtafel 5; MESSERER 1952 (s. Anm. 12), Abb. 116.

[23] Vgl. vor allem Tropar Msc. lit. 5 fol. 82 r (FISCHER 1929 (s. Anm. 4), Farbtafel 7 a u. Daniel-Kommentar Msc. bibl. 22 fol. 31 v (Abb. 5; FISCHER 1926 (s. Anm. 12), Farbtafel 3).

einfachten Ausdrucksstil, der später im Perikopenbuch Heinrichs II. seinen Höhepunkt erreichen wird.

Da gerade diese „modernen" Tendenzen in den Bildern der beiden AT-Kommentare in unterschiedlichem Maße vertreten sind, stellt sich die Frage, ob in beiden Hss. wirklich die Arbeit ein und derselben Malerhand vorliegt, wie das die bisherige Forschung immer angenommen hat.[24] Vergleicht man in Bibl. 22 die Illustrationen zum Hohen Lied (Abb. 3) und zum Buch Daniel (Abb. 4, 5) miteinander[25], so fällt auf, daß die Kompositionen der ersteren wesentlich kleinteiliger gehalten sind sowie durch den trockenen, fast pastosen Farbauftrag und das Fehlen kräftiger Konturen „malerischer" wirken[26], während die Daniel-Bilder durch eine flüssige, fein vertriebene Malweise, durch scharfe, feine Konturen in dunkler Sepia (vgl. Gewänder, Inkarnat) und eine stärker linear betonte Schattierung (vgl. z. B. Fingerknöchel) sich auszeichnen. Auch die seitlich ausschwingenden Mantelzipfel sind in den Daniel-Miniaturen (Abb. 4: Christus auf Berg; Abb. 5: Daniel) scharfkantiger und starrer gebildet[27] als die in seichten Pendelfalten ausschwingenden Mantelenden der Illustrationen zum Hohen Lied (Abb. 3: Christus). Wenn man berücksichtigt, daß die Handschrift ansonsten relativ einheitlich angelegt ist, fallen diese stilistischen Unterschiede umso deutlicher ins Auge. Zumal die Isaias-Bilder der Pendant-Handschrift Msc. bibl. 76 (Abb. 2) starke Affinitäten zu den Hohen Lied-Illustrationen von Msc. bibl. 22 (Abb. 3) aufweisen: sie teilen mit diesen die gedrängte Komposition, die malerische Wirkung der trocken aufgetragenen blassen Pastelltöne sowie die überlängten Figuren mit schmaler Taille, engen Knien und weit ausschwingendem unteren Gewandkontur.[28] Bei aller gebotenen Vorsicht gegenüber der individuellen Charakterisierung frühmittelalterlicher Künstler wird man hier wohl nicht fehlgehen, wenn man die Arbeit zweier verschiedener Maler annimmt, wobei der jüngere, „modernere" Künstler die beiden Daniel-Bilder in Msc. bibl. 22 ausführte, während die „Hohe Lied"-Illustration dieser Handschrift und die Isaias-Miniaturen in Msc. bibl. 76 von einem ebenso hervorragenden, jedoch etwas „konservativeren" Maler stammen.

Bleibt noch zu fragen, für welche Bestimmung die beiden AT-Kommentare gedacht waren und auf welchem Wege sie in den Bamberger Domschatz gelangten. Während die jüngere Literatur durchweg annimmt, daß die beiden Kommentare aus dem Besitz Ottos III. an Heinrich II. und von diesem an den Bamberger Dom gelangten[29], vermutet Hans Fischer, daß die beiden Kodizes nicht zu den für Otto III. bestimmten Prachthandschriften gehörten, sondern nach längerem Besitz auf der Reichenau durch Bern

---

[24] Vöge 1891 (s. Anm. 4), 91, 109 f.; Fischer 1926 (s. Anm. 12), 1.

[25] Fischer, ibid., Farbtafel 5, 6 u. 3, 4.

[26] Vgl. vor allem die Frauen links oben auf fol. 4 v (Fischer, ibid., Farbtafel 5).

[27] Embryonal kündigen sich hier bereits Stilformen an, die dann in den späteren Reichenauer Handschriften eine ausdrucksvolle Steigerung erfahren. Man denke etwa an die weit ausfahrenden, metallisch-harten Mantelzipfel des Engels der berühmten „Hirtenverkündigung" im Perikopenbuch Heinrichs II., München, Bayer. Staatsbibl., Clm. 4452, fol. 8 v (Georg Leidinger, Das Perikopenbuch Kaiser Heinrichs II. (cod. lat. 4452) (= Miniaturen aus Handschriften der Kgl. Hofu. Staatsbibliothek, 5), München 1914, Tafel 7; Louis Grodecki u. a., Die Zeit der Ottonen und Salier (= Universum der Kunst), München 1973, Farbabb. 138).

[28] Diese Parallelen sind bei dem zweiten Bild des Isaias-Kommentars Msc. bibl. 76 fol. 11 r (Fischer 1926 (s. Anm. 12) Farbtafel 2) weniger ausgeprägt, da dort stärkere Farbkontraste und härtere Konturen auftreten.

[29] Vgl. z. B. Messerer 1952 (s. Anm. 12), 48 Nr. 16—19; Schramm/Mütherich 1981 (s. Anm. 2), 156 Nr. 109.

von Prüm an Heinrich II. geschenkt und von diesem nach Bamberg gestiftet wurden.[30] Er verweist darauf, daß der am Ende des ersten Teils von Msc. bibl. 22 nach zwei kurzen Beda-Texten (*De mulieri forte* und *De temporum ratione*) eingefügte Brief Cuthberts über Krankheit und Tod Bedas von eher „monastischem Interesse" sei und daß man bei einer kaiserlichen Auftragsarbeit kaum eine Lage mit schon gebrauchtem Schlußblatt (wie in Msc. bibl. 22 die Probeskizze auf fol. 88 v) benutzt hätte.[31] Dem wäre entgegenzuhalten, daß Griffelskizzen auf leeren Schlußblättern im Regelfall erst später hinzugefügt wurden, meist als Kopien oder freie Varianten der vorangehenden Miniaturen.[32] So wird es wohl auch hier in Msc. bibl. 22 gewesen sein. Der Cuthbert-Brief über den Tod Bedas wiederum ist von der Hand der Kommentarglossen zusammen mit zwei kurzen Exzerpten aus Schriften Bedas nach dem Text des „Hohen Liedes" eingefügt worden, beides wohl nach einer Sammelhandschrift mit Werken Bedas und anderer Kommentare, ähnlich dem St. Galler Cod. 254, der den sonst auf dem Kontinent seltenen Cuthbert-Brief in nahezu gleicher Lesart bringt und mit anderen Beda-Schriften sowie dem Isaias-Kommentar des Hieronymus kombiniert.[33] Der Cuthbert-Brief in Msc. bibl. 22 ist also ein weiteres Argument für die Herkunft aus der St. Gallen nahegelegenen und kulturell eng verbundenen Reichenau, belegt aber ansonsten nur den theologisch-exegetischen Charakter unserer beiden Kommentar-Handschriften. Im übrigen ist nicht recht einzusehen, weshalb derartige Sammlungen exegetischer Texte allein für den „monastischen" Gebrauch bestimmt gewesen sein sollten. Wesentlich aufschlußreicher für die Frage nach dem Auftraggeber und der ursprünglichen Bestimmung der beiden Kommentare ist dagegen der für diese Art theologisch-exegetischer Texte ungewöhnlich aufwendige Initial- und Miniaturenschmuck der beiden Handschriften: Auffällig ist bereits, daß diese Kommentare überhaupt mit mehreren Bildern illustriert werden, noch außergewöhnlicher ist jedoch die reichliche Verwendung von Gold und Purpur bei den Bildern und den Überschriften des Textes. Nimmt man noch hinzu, daß unsere beiden Kommentare kaum Gebrauchsspuren aufweisen, so wird deutlich, daß diese beiden Hss. kaum für die tägliche theologische Lektüre und Unterweisung in den Klöstern gedacht waren.[34] Warum sollte die Reichenau für den eigenen klösterlichen Gebrauch derart luxuriös ausgestattete theologische Studientexte hergestellt haben? Vielmehr spricht alles dafür, daß sie für einen hochgestellten Auftraggeber, wohl Kaiser Otto III., bestimmt waren. Nahezu sicher ist jedoch, daß sie über Ottos Erben und Nachfolger, Heinrich II., nach Bamberg gelangten.

---

[30] FISCHER 1926 (s. Anm. 12), 10.

[31] FISCHER, ibid., 10.

[32] Vgl. z. B. die nachträglichen Griffelzeichnungen in den karolingischen Apokalypsen von Trier u. Cambrai (PETER K. KLEIN, Der Kodex und sein Bildschmuck, in: Trierer Apokalypse. Faks.-Ausgabe, Kommentarband (= Codices selecti, 48), Graz 1975, 88 f. u. Abb. 20—23).

[33] Vgl. FISCHER 1926 (s. Anm. 12), 13 f.; ELLIOT VAN KIRK DOBBIE, The Manuscripts of Caedmon's Hymn and Bede's Death Song, New York 1937, 55, 62 f.; ALBERT THEOPHIL BRUCKNER, Scriptoria medii aevi Helvetica. Denkmäler schweizerischer Schreibkunst des Mittelalters, III, Genève 1938, 87.

[34] Dies wird auch schon richtig von FISCHER (1926 (s. Anm. 12), 10) erkannt, ohne allerdings daraus die entsprechenden Schlußfolgerungen zu ziehen.

Abb. 1 Bamberg, Staatsbibliothek, Msc. lit. 5 (Tropar), fol. 3r (Neue Musik).

Abb. 2 Bamberg, Staatsbibliothek, Msc. bibl. 76 (Isaias), fol. 10v (Isaias-Vision).

Abb. 3 Bamberg, Staatsbibliothek, Msc. bibl. 22 (Hohes Lied, Daniel), fol. 5r (Zug der Gläubigen zu Christus).

Abb. 4 Bamberg, Staatsbibliothek, Msc. bibl. 22, fol. 31v (Traum Nebukadnezars).

Abb. 5 Bamberg, Staatsbibliothek, Msc. bibl. 22, fol. 32r (Vision Daniels).

HANS PLEYDENWURFF IN BAMBERG

von

ROBERT SUCKALE

I. Zur Pleydenwurff-Problematik

Hans Pleydenwurff ist der führende fränkische Maler der Mitte des 15. Jahrhunderts. Seitdem THODE[1] den Rang dieses Malers als erster gesehen hatte, ist die Wertung nie in Frage gestellt worden. Pleydenwurff hat die Neuerungen der niederländischen Meister durchgesetzt; seine Werkstatt, nach des Meisters Tod von Wolgemut übernommen, hat die Kunst Frankens bis zum Ende des Jahrhunderts geprägt.

Dieser Künstler ist so eng mit der Kunstgeschichte Nürnbergs verbunden, daß meist seine Herkunft aus Bamberg übersehen wird. Er entstammt einer Bamberger Malersippe, von der mindestens einer, der Meister Conrad oder Cuntz, hohe öffentliche Ämter und wohl auch großes Ansehen hatte.[2] Der Meister Hans hat schon in Bamberg eine eigene Werkstatt gehabt, die anscheinend nach seinem Wegzug weitergeführt wurde.[3]

Die Bamberger Malerei dieser Zeit ist noch zu wenig erforscht. Das Vorurteil, sie stehe hinter der Nürnberger zurück, ist eine der Ursachen, ebenso aber die schlechtere Quellenlage und vor allem der viel größere Umfang der Zerstörungen.[4] 1879 hatte

---

[1] HENRY THODE: Die Malerschule von Nürnberg im 14. u. 15. Jh. in ihrer Entwicklung bis auf Dürer. Frankf./M. 1891. Weiterhin: ERICH ABRAHAM: Nürnberger Malerei der 2. Hälfte des 15. Jhs. Straßburg 1912. MARTIN WEINBERGER: Nürnberger Malerei an der Wende zur Renaissance und die Anfänge der Dürerschule. Straßburg 1921. KURT H. DEGEN: Die Bamberger Malerei des 15. Jhs. Straßburg 1931. GERHARD BETZ: Der Nürnberger Maler Michel Wolgemut und seine Werkstatt. Diss. masch.-schr. Freiburg/Brg. 1955. ALFRED STANGE: Deutsche Malerei der Gotik, Bd. 9, Franken, Böhmen und Thüringen-Sachsen in der Zeit von 1400 bis 1500. München/Berlin 1958. Reprint: Nendeln/Liechtenstein 1968. RENATE BAUMGÄRTEL-FLEISCHMANN: Bamberger Plastik von 1470 bis 1520. Bamberg 1968 (104. Ber. d. Histor. Ver. Bbg.). ALFRED STANGE: Kritisches Verzeichnis der deutschen Tafelbilder vor Dürer. Bd. III, Franken. Hg. von NORBERT LIEB. Bearbeitet von PETER STRIEDER und HANNA HÄRTLE. München 1978. Merkwürdig ist, daß die urkundlich gesicherte und betonte Bedeutung P.s als Glasmaler noch nicht wissenschaftlich erforscht wurde.

[2] KARL SITZMANN: Künstler und Kunsthandwerker in Ostfranken. Kulmbach 1957. 2./3. Teil, Kulmbach 1962. Hier: T. 1, S. 54—56. Leider sind bei S. nicht in notwendiger Strenge Fakten und Spekulationen auseinandergehalten worden. Nicht zu bestreiten ist jedoch, daß der Maler Cuntz Pleydenwurff zeitweilig Bürgermeister von Bamberg war.

[3] Zu den in Bamberg nach Hans P.s Weggang entstandenen Werken möchte ich die große Münchener Kreuzigungstafel, die diesem üblicherweise zugeschrieben wird, zählen (ähnlich Weinberger S. 22), außerdem aber die Capistrano-Tafel der Bamberger Galerie. Wie die Darstellungen auf deren Rückseite zeigen, hat es enge Kontakte zwischen den beiden in Nürnberg und Bamberg tätigen Werkstätten auch noch nach dem Tode des Hans Pleydenwurff gegeben. Die genauere Behandlung dieser vertrackten Zusammenhänge muß späteren Arbeiten vorbehalten werden.

[4] Schon während der Immunitätsstreitigkeiten 1435 gingen Bilder zugrunde (s. Degen wie Anm. 1, S. 1) erst recht während des Bauernkrieges, der das bischöfliche Franken wesentlich heftiger traf als das Reichsstadtgebiet von Nürnberg. Außerordentlich viele Bamberger Gemälde müssen bei den systematischen Altarsäuberungen im Markgrafengebiet und während der Plünderungsfeldzüge des Albrecht Alcibiades zerstört worden sein, sodann während der schwedischen Besatzung im 30jährigen Krieg. Die Barockisierung vernichtete weniger die alten Werke, sondern

CARL SCHNAASE in seiner Geschichte der Bildenden Künste erklärt: ... *außer Nürnberg hat sich keine fränkische Stadt einer eigenen Malerschule rühmen können — selbst in den bischöflichen Städten Bamberg und Würzburg findet sich keine Spur bedeutenderer Leistungen ...*[5]; doch haben 100 Jahre Forschung immerhin die Umrisse einer künstlerisch hochbedeutenden Malerei in Bamberg zeichnen können.[6]

Unbefriedigend ist jedoch auch die Erforschung der Malerei Nürnbergs. Die bisherige Literatur hat wenig Fakten zutage gefördert, umso mehr aber an fahrlässigen Zuschreibungen und oberflächlichen Analysen. Alles ist behauptet, kaum je etwas begründet worden. Seit THODE wurde z. B. nie wieder für die Stilanalyse Pleydenwurffs das einzig beglaubigte Werk, die Breslauer Retabelfragmente von 1462, zum eigentlichen Ausgangspunkt genommen. Es gibt nicht einmal gute Fotos. Da die meisten Teile 1945 zerstört wurden und die Chancen gering sind, daß die im 19. Jahrhundert verschollenen Tafeln wiedergefunden werden[7], ist jeder zukünftige Versuch, Klarheit über diesen Maler zu gewinnen, mit schweren Hypotheken belastet.

Die kennerschaftliche Behandlung hat fast nie das bei der altniederländischen oder toskanischen Malerei festzustellende Niveau gehabt und bleibt zu oft in der Attitüde der rein gefühlsmäßigen, unbegründeten Zuschreibung und Meister-Konstruktion stecken.[8] Wenn heute grundsätzliche Bedenken gegen die herkömmliche Stilkritik vorgebracht werden, so ist das angesichts der Stilgeschichte fränkischer Malerei zu verstehen. Aber wir bleiben auf Stilkritik angewiesen; zu selten sind die Quellen und zu gering die Hoffnung, über die Sucharbeit in den Archiven die nötige Information zu beschaffen, abgesehen davon, daß uns oft Stilkritik erst zeigt, wo wir suchen könnten.

Wir werden also eher auf eine Reformierung der Stilanalyse hinzuarbeiten haben. Das heißt: größere Genauigkeit und Trenn-Schärfe in der Formanalyse, unter Einbeziehung der technischen Fragen des Werkprozesses. Unter Berücksichtigung der Ikonographie wäre die Einstellung des Malers in jedem Bild zu Thema und Gegenstand zu untersuchen und zu fragen, ob er ein Erfinder oder nur ein Kompilierer ist. Zu fragen ist auch, wie weit ein Maler der Unterschiedlichkeit der gestellten Aufgabe gerecht zu werden versucht, welche Funktionen das Bild haben sollte und welchen Bildtypen er

---

machte sie orts- und heimatlos: auf Dachböden, in Sakristeien oder in untergeordnete Dorfkirchen abgeschoben, waren sie ungeschützt oder wurden leichte Beute der Sammler im frühen 19. Jh. Deshalb dürfte sich unter dem verstreuten fränkischen Kunstgut noch ein sehr hoher Bestandteil bambergischer (oder würzburgischer) Herkunft finden. Das Nürnberger Herrschaftsgebiet ist von allen diesen negativen Entwicklungen ganz oder eher verschont geblieben: daher das quantitative Mißverhältnis der erhaltenen Malerei zwischen den fränkischen Landesteilen.

[5] CARL SCHNAASE: Geschichte der Bildenden Künste. Bd. 8, S. 390.

[6] Eine dem wissenschaftlichen Rang des Buches von RENATE BAUMGÄRTEL-FLEISCHMANN (wie Anm. 1) über die Bamberger Plastik vergleichbare Arbeit über die fränkische Malerei gibt es nicht.

[7] Die urkundlichen Belege am genauesten bei ABRAHAM (wie Anm. 1) S. 13 ff. Zuletzt s. WOLFGANG V. STROMER: Nürnberg-Breslauer Wirtschaftsbeziehungen im Spätmittelalter. In: JfL 34/35 (1974/75) = Fschr. f. H. Pfeiffer, S. 1079—1100. Wenn auch die Kirchenpfleger von St. Elisabeth in Breslau, die das Werk bei Hans Pleydenwurff bestellten, Nürnberger Herkunft waren, so ist doch das Vorbild für den Gesamtaufbau z. T. der Breslauer Barbara-Altar von 1449. Erhalten sind von dem Werk noch die Kreuzabnahme im Nürnberger Germanischen Museum, von auch in einem äußerst ruinösen Zustand, und ein Fragment von der Darstellung im Tempel im Warschauer Nationalmuseum. Alles andere muß als zerstört gelten. Zu bedauern ist, daß in der ersten Publikation die Außenflügel mit den Hl. Hieronymus und Vinzenz Ferrer nicht abgebildet sind. (WILHELM RANKE: Alte Christliche Bilder photographisch dargestellt. Berlin 1861.)

[8] Negatives Paradebeispiel: BERNHARD SARAN: Der Meister LCz. Ein Wegbereiter Albrecht Dürers in Bamberg. Bamberg 1939.

folgt. Dies erfordert eine genauere Untersuchung der Werkstattpraktiken, aber auch des Bewußtseinsstandes der Künstler und der Geschichte der Bilder.

Bei der Untersuchung des 1945 zerstörten Fragmentes der Kreuzigung vom Breslauer Retabel läßt sich auf dem Foto so viel erkennen, daß man den Maler einen Bewunderer der Kunst des Dirk Bouts nennen darf: Die Kreuzigung in Granada zeigt engste motivische und gestalterische Übereinstimmung bei dem Gekreuzigten, aber auch beim Kopf der Frau links neben dem Kreuz. Die Art der räumlichen Gruppierung der Gruppe rechts und der Einbringung der Hintergrundslandschaft sind eng verwandt.[9] Die Sensibilität der Zeichnung und der Lichtmodellierung weisen darauf, daß der Maler Bilder Bouts' persönlich gekannt haben muß. Longinus und Stephaton jedoch sind eindeutig Zitate nach dem Altar von 1429 aus der Bamberger Franziskanerkirche. Der niederländischen Kunst entspricht auch nicht die Häufung der Figuren um das Kreuz, wohl aber den süddeutschen Gepflogenheiten[10].

Wir haben hier eine ausgeprägte Maler-Individualität vor uns. In große Verlegenheiten werden wir jedoch durch den Vergleich mit der im Nürnberger Germanischen Museum hängenden Kreuzabnahme gestürzt. Die Erfindung wirkt schwächer, die Gestaltung in Einzelheiten so anders, daß man kaum annehmen kann, beide Tafeln seien vom selben Maler geschaffen.[11] Schon STANGE hatte im übrigen vermutet, daß verschiedene Hände beteiligt gewesen seien.[12] Dies ist bei einem so großen Auftrag an sich selbstverständlich. Und doch bleibt die Feststellung zu treffen, daß Pleydenwurff offensichtlich eine große Werkstatt mit weit entwickelter Arbeitsteilung gehabt hat. Und es bleibt die Frage, ob und wo wir denn den Werkstattinhaber selbst am Werke finden können und welches der Bilder uns am ehesten Vorstellungen von seiner Kunst zu geben vermag. Letztlich ist das eine Wertungsfrage, die keineswegs selbstverständlich zu entscheiden ist. Doch möchte ich die These aufstellen, daß die Kreuzigung als das beste und der niederländischen Kunst am nächsten stehende Bild von dem Meister Hans erfunden und großenteils auch ausgeführt wurde und wir uns an ihr eine Vorstellung von seiner künstlerischen Eigenart machen können.

Gibt es Gemälde, die mit der Breslauer Kreuzigung so verwandt sind, daß man denselben Maler annehmen muß? Ich wüßte nur ein einziges: das Porträt des Bamberger Domherrn Georg Graf von Löwenstein. Die Auffassung des Kopfes ist der des Longinus auf dem Breslauer Bild so ähnlich, daß sich eine Zuschreibung geradezu aufdrängt. THODE hat sie m. E. zurecht vorgenommen.[13]

Auch ist THODE zuzustimmen, wenn er ... *bis auf Dürer kein künstlerisch ebenbürtiges Seitenstück* ... zu nennen weiß und feststellt: es *sticht merkwürdig in seiner wei-*

---

[9] MAX J. FRIEDLÄNDER: Early Netherlandish Painting. Bd. 3, Dieric Bouts and Joos van Gent. Ergänzt von NICOLE VERONÉE-VERHAEGEN. Leiden/Brüssel 1968, Kat. Nr. 2, Taf. 3 und 6. Bouts selbst geht in der Gruppe von Maria und Johannes bei der Kreuzabnahme wiederum auf die Wiener Kreuzigung von Rogier zurück (s. u.). Man wird sich in der Breslauer Kreuzigung die Gruppe von Johannes und Maria im übrigen ähnlich zu ergänzen haben wie sie in dem Bild von Bouts zu finden ist. Über die genaue Kopie der Boutsschen Magdalena s. u.

[10] ELISABETH ROTH: Der Volkreiche Kalvarienberg in Literatur und Bildkunst des Spätmittelalters. (2. Aufl.) Berlin 1967.

[11] An der Erfindung mißfällt vor allem die unglücklich eingequetschte Figur oberhalb des Kreuzes und die übertrieben aufwendige Gestaltung des an sich sekundären Trägers des Gekreuzigten. Obwohl der Oberflächenzustand schlecht, der Goldgrund 1927 brutal erneuert ist und die Tafel an vielen Stellen erheblich ausgebessert wurde, darf man von einer in Teilen weniger qualitätvollen Malereiarbeit sprechen, so etwa im Gewand der neben Maria knieenden Frau.

[12] (Wie Anm. 1), S. 41 ff.

[13] (Wie Anm. 1), S. 109.

chen und malerisch freien Behandlung, in den leicht verschwimmenden Umrissen von den hart konturierten Bildnissen der Nürnberger Schule dieser Zeit ab.

Der Dargestellte, Graf Georg von Löwenstein, ist uns recht gut bekannt.[14] Er übernahm 1399 die Domherrenpräbende seines Onkels, des Bamberger Bischofs Albert von Wertheim. Trotz verschiedener Domherrenpfründen war er seit 1416 fast nur noch in Bamberg, seit demselben Jahr auch als Propst von St. Jakob. 1442/43 nahm er als Pfleger des Bistums eine wichtige politische Funktion ein. Seit ca. 1449 sammelte der um 1370/75 geborene Domherr Liegenschaften und Ähnliches im Hinblick auf seine große testamentarische Stiftung, die er 1456 errichtete; es handelte sich dabei um eine Vikarie auf den Marienaltar in der Sepultur (Nagelkapelle) des Domes und verschiedene andere Vermächtnisse. Leider ist das Testament nicht erhalten, wohl aber mehrere Urkunden, die im Zusammenhang damit zu sehen sind. In den folgenden Jahren bis zu seinem Tod 1464 wird er kaum noch genannt. Wir haben allen Grund, seine Gemäldestiftungen in Zusammenhang mit diesem Testamentes zu bringen und 1456 oder sogar noch etwas früher zu datieren. Sehr viel länger wird der über 80jährige nicht gewartet haben, zumal er der letzte seines Geschlechtes war.

Der Graf war ein anspruchsvoller Kunstliebhaber. Aus seiner frühen Zeit besitzen wir noch ein kleines deutsches Gebetbuch, das in Bamberg um 1420/30 illustriert worden sein dürfte[15]. Zu unserem Bedauern ist der sicher sehr bedeutende Schnitzaltar verloren, der auf dem Marienaltar der Nagelkapelle gestanden hat und von dem nur noch die mit den Löwenstein-Wappen verzierte Predella geblieben ist.

Das Porträt ist also noch in der Bamberger Zeit des Hans Pleydenwurff gemalt. Die geschickte Verkürzung der Hände, die perspektivisch genaue Untersicht des Buches und die sich daraus ergebende, zurückhaltende Monumentalisierung der Figur zeigen die Fähigkeit des Malers zu räumlicher Darstellung. Besonders zu vermerken ist auch das Halbdunkel des Hintergrundes, die feine Entwicklung des Lichtes aus dem Dunkel hin zum hellen Haupt und den Händen des Dargestellten.

Mehr noch möchte ich an diesem Bild hervorheben, wie der Maler den damals gut 80jährigen Domherren aufgefaßt hat. Er hat das hohe Alter nicht, wie so oft in diesem Jahrhundert, nur als Stufe des endgültigen Zerfalls menschlicher Gestalt gegeben — oder um es mittelalterlicher zu sagen: als Vorstufe des Todes, ehe der menschliche Körper zum Gerippe verfällt. Zwar zeigt er deutlich die Zahnlosigkeit, das schüttere Haar und die vielen Faltenspuren. Doch stellt uns der Maler mit seinen bildnerischen Mitteln das Alter als einen Zustand der Vergeistigung dar: dem dient die überhöhende Untersicht, vor allem aber das Lichte des Hauptes, das Aufleuchten vor dem dunkelblauen Grund.

---

[14] Über den Grafen s. vor allem: HANS BUCHHEIT: Das Bildnis des sog. Kanonikus Schönborn im Germanischen Museum in Nürnberg. In: Jb. des Vereins f. christl. Kunst, 4, 1919, 26—29. Außerdem: JOHANNES KIST: Das Bamberger Domkapitel von 1399—1556... Weimar 1943, S. 222—4. Leider ist es mir nicht gelungen, trotz der freundlichen Hilfe von Archivdirektor Dr. F. Machilek, wesentlich Neues über BUCHHEIT hinaus zu diesem für die Bamberger Kunstgeschichte der Zeit so wichtigen Kanonikus zu finden.

[15] London, British Library Add. Ms. 15695. Es handelt sich um ein schmales Bändchen mit Gebeten in deutscher Sprache. Die Illustrationen sind sehr qualitätvolle lavierte Federzeichnungen, die dem böhmisch geprägten Schönen Stil eng verpflichtet sind. Wegen der Form der Initialen und der Auffassung des Schmerzensmannes auf fol. 7 v möchte ich jedoch eine Entstehung der Handschrift erst für die Zeit von 1420/30 annehmen. Auf fol. 5 v ist das Löwensteinsche Wappen, auf fol. 7 v der Stifter selbst vor dem Schmerzensmann mit 4 Agnatenwappen dargestellt. Über das Retabel der Nagelkapelle s. R. Baumgärtel-Fleischmann (wie Anm. 1) S. 162, Anm. 591.

Bei dieser Doppeltafel mit dem Schmerzensmann links und dem Porträt rechts handelt es sich um einen aus den Niederlanden importierten Bildtyp. Doch ist kein niederländisches Werk erhalten, bei dem die verehrte Person wie hier der Schmerzensmann als Vision in einem Wolkenkranz erscheint. Christus ist dadurch sakralisiert; aber er ist nicht distanziert, sondern wendet sich dem Beter zu, mehr als bei den westlichen Vorbildern.

Die beiden Bildhälften sind unterschiedlich gestaltet. Der Goldgrund hinter dem Schmerzensmann wirkt unräumlich, nicht tief wie das Blau hinter dem Grafen. Auch die Figur Christi ist flacher. Alle Einzelheiten sind von dunklen Linien umrandet ähnlich einer Federzeichnung. Der Farbauftrag ist dünn, im Porträt hingegen pastos, mit weichen seitlichen Übergängen.

Sicher war das Interesse des Malers (und des Auftraggebers) an der Durcharbeitung des Porträts größer. Die Gestalt Christi scheint z. T. ein Helfer ausgeführt zu haben. Schwächen der Zeichnung, etwa an den Unterarmen Christi lassen diesen Schluß zu; sie wären bei dem Maler des Porträts undenkbar. Andererseits ist das Haupt Christi sehr fein gestaltet. Die Erfindung und Anordnung der Tafel stammt sicher vom Meister. Auch die Darstellung der Wolken als mäanderartige Bänder, die wir aus der älteren deutschen Malerei kennen, läßt schließen, daß die Gegensätze des Stils absichtlich gesucht sind. Eine Übersicht über die europäische Malerei des 14.—16. Jahrhunderts belegt, wie häufig und bewußt Stile unterschiedlichen Alters zur Unterscheidung von Stufen der Sakralität nebeneinander verwendet werden.[16]

II. Der Eberner Kalvarienberg

Ehe wir uns der zweiten erhaltenen Löwenstein-Stiftung zuwenden, möchte ich einen Umweg gehen und eine andere Kreuzigungstafel behandeln, die ebenfalls im Germanischen Museum hängt und dort die Unterschrift trägt *Bambergisch um 1470*. Letztlich ist diese Einordnung auf die Dissertation von MARTIN WEINBERGER aus dem Jahre 1921 zurückzuführen.[17] Nur er hat sich eingehender mit dem Werk befaßt: Für ihn ist es ein provinzielles Stück aus der Bamberger Nachfolge des Hans Pleydenwurff. Deshalb mußte es ein Datum nach den Pleydenwurffschen Hauptwerken bekommen. Denn es galt damals (wie meistens noch heute) als selbstverständlich, daß die Kunst Bambergs derjenigen Nürnbergs zu folgen habe.

Die große Kreuzigungstafel stammt aus Ebern in Unterfranken und diente der Pfarrkirche St. Laurentius wahrscheinlich als Hauptaltarretabel. Ein Paar zugehöriger Flügel mit Szenen der Passion und des Laurentius-Lebens sind 1945 verbrannt. Leider wurden m. W. nur von der Passionsseite Fotos angefertigt. Von den anderen Szenen können wir

---

[16] Als Beispiele der Frühzeit sind die Tafeln der Brüder Lorenzetti zu nennen, aus späterer Zeit die Londoner Tafel des Pisanello mit der Madonna über den Heiligen Antonius und Georg oder das Marientod-Retabel des Joos van Cleve in der Alten Pinakothek in München.

[17] (Wie Anm. 1) S. 21 u. Anm., vorher ähnlich THODE (wie Anm. 1), S. 192 f. EBERHARD LUTZE und EBERHARD WIEGAND: Die Gemälde des 13. bis 16. Jh.s. 2 Bde. (Kat. des German. Nat.Mus. zu Nürnberg), Leipzig 1937, S. 22—23. Die Flügel sind 1945 verbrannt. Fotos von den Laurentiusszenen gibt es m. W. nicht. Die Tafel hat durch die Restaurierung im 19. Jh. sehr schwer gelitten: Der Kopf des Johannes wirkt wie von einem Nazarener gemalt. Der Preßbrokat beim mittleren Offizier scheint völlig erneuert zu sein, wenn auch wohl nach alten Mustern. Die an sich schon flächige Malweise wirkt dadurch noch flacher, die Farben noch greller. Für freundliche Auskünfte danke ich der Restauratorin des German. Museums, Frau Dötsch.

uns keine Vorstellung mehr machen. Anhaltspunkte zur Datierung konnten aus der Baugeschichte der Kirche oder den Quellen nicht gewonnen werden.[18]

Nach allen Erfahrungen mit spätgotischer Tafelmalerei ist eine Datierung um 1470 unmöglich. Das Werk ist um 1440/50 entstanden. Die wichtigsten Anhaltspunkte vermittelt die Kostümgeschichte. Die besten Vergleichsstücke für die Beintaschen an den Rüstungen der beiden Offiziere im Vordergrund finden sich bei einer westeuropäischen Grabfigur aus dem Jahr 1436. Unter den Beintaschen des Offiziers rechts hängen Zaddeln; sie gehören zu den beliebtesten Schmuckmotiven der Epoche des Schönen Stils, bleiben aber bis zur Jahrhundertmitte gebräuchlich. Andere Elemente, wie die tellerartigen Scheiben an den Seiten des Helmes, z. B. bei dem Gewappneten ganz rechts, oder die Form des Visiers, kennen wir z. B. vom Heilsspiegelaltar des Konrad Witz aus dem Ende der 30er Jahre.[19]

Der direkte Blick aus dem Bilde wie hier bei zwei Köpfen rechts vom Gekreuzigten ist eine Eigentümlichkeit der agressiven und pathetischen Malerei des 2. Jahrhundertviertels. Auch die Menschenmassen — es sind gut 50 Personen versammelt —, die helle, fahle Flächenfarbigkeit und die Häufung vieler spitzer Waffen, die dem Umriß der Gruppen die Stacheligkeit eines Igels verleihen, sind typische Züge für die Malerei seit den zwanziger Jahren bis etwa 1450, so den böhmischen Meister von Raigern oder auch den bayerischen Meister der Tegernseer Tabula Magna.[20]

Diese Belege könnten beliebig vermehrt werden. Wichtiger ist, daß wir genau die Herkunft einiger Hauptmotive angeben können. Die Mittelgruppe des Kruzifix und der Magdalena geht zurück auf das Kreuzigungstriptychon des Rogier van der Weyden im Wiener Museum, das um 1440 oder früher datiert wird. Zwar handelt es sich bei Rogiers knieender, das Kreuz umfangenden Frau um die Muttergottes. Daß aber eine Übernahme vorliegt, wird gerade darin deutlich, daß in die Gewandlogik der Eberner Magdalena ein Fehler gekommen ist, da die Hand des Johannes fehlt, die das Gewand bei Rogiers Marienfigur am Heruntergleiten hinderte.[21]

Die plastische Tiefe des Vorbildes ist reduziert. Der Gekreuzigte stimmt in den Motiven genau überein, so der Haltung der Glieder, dem herunterhängenden Haar, der Zuordnung von Körper und Kreuzbalken und selbst dem Namensschild — aber die Gestaltung ist gedrungener, flächiger und unsensibler. Noch andere Motive sind aus dem Rogierschen Bilde übernommen. Doch dürfte der Maler auch andere Vorbilder gehabt haben. So geht vielleicht die ganze rechte, so überzeugend gestaltete Gruppe der Offiziere auf ein verlorenes Bild Rogiers zurück.[22]

---

[18] Heinrich Mayer: Die Kunst des Bamberger Umlandes. Bd. I. Bamberg 1930. S. 53—58.

[19] Victor Gay: Glossaire Archéologique du Moyen Age et de la Renaissance. Bd. 1. Paris 1887, Sp. 208 f. (Art. Braconnière). Der Eberner Meister dürfte diese Kostümdetails zusammen mit den altniederländischen Gemälden in Burgund kennengelernt haben.

[20] Der Meister der Eberner Tafel gehört generationsmäßig in den Kreis der „Jungen Wilden" des 2. Viertels des 15. Jahrhunderts. Sollte es sich um ein Mitglied der Familie Pleydenwurff handeln, so allenfalls um die schon in dieser frühen Zeit nachgewiesenen Fritz oder Cuntz.

[21] Max J. Friedländer: Early Netherlandish Painting, Bd. II: Rogier van der Weyden and the Master of Flémalle. Ergänzt von Nicole Veronée-Verhaegen. Leiden/Brüssel 1967, S. 20 u. 62 und Tafel 18/19. Zu der ungewöhnlichen Idee, Maria zu Füßen des Kreuzes knieend darzustellen, war Rogier gekommen, weil die Magdalena auf dem linken Seitenflügel abgebildet war. Verständlich, daß dies der Maler der Eberner Tafel rückgängig machte.

[22] Für die Gewandgestaltung des Johannes wurden Motive aus der Magdalena der Wiener Tafel Rogiers verwendet. Vielleicht ist auch die Einfügung der Veronika in die Eberner Tafel auf das Vorbild des Wiener Bildes zurückzuführen. Der Kopf mit dem Schleier ist jedoch anders und läßt vor allem an Bilder Robert Campins denken. Die Einrahmung der Muttergottes durch Johannes

Durch diese Neudatierung wird die Eberner Tafel aufgewertet. In ihr hat ein Bamberger Meister Motivkombinationen der älteren Bamberger Malerei weitergeführt.[23] Daß gerade für die Hauptfiguren Bilder Rogiers zum Vorbild genommen werden, bezeugt Willen zur Ausdruckssteigerung. Spannungen zwischen einzelnen Elementen sind spürbar, mindern aber die Bedeutung des Werkes nicht.

Keinesfalls ist es ein Werk der Bamberger Pleydenwurff-Nachfolge. Auch Hans Pleydenwurff können wir das Bild nicht zuschreiben. Doch ist es Vorbild für ihn und seine Werkstattgenossen gewesen, wie man aus der großen Münchener Kreuzigungstafel schließen kann.[24]

Die Eberner Tafel macht deutlich, daß die Malerei im 2. Viertel des 15. Jahrhunderts in Nürnberg, wenn man von dem großartigen, regensburgisch orientierten Meister des Tucheraltars absieht, der Bamberger Konkurrenz an Modernität weit unterlegen ist. Man vergleiche nur: der sog. Meister des Wolfgang-Altares, ein zwischen 1450 und 1470 tätiger Nürnberger Maler, hat ebenfalls die Bilder Rogiers studiert: Das Pfingstbild in Maihingen z. B. zitiert das Jüngste Gericht Rogiers in Beaune. Das Ergebnis der niederländischen Studien des Meisters ist jedoch, verglichen mit denen seines Bamberger Konkurrenten, dürftig.[25]

---

und eine Frau wird durch eine Tafel der Rogier-Schule in München (Friedländer Taf. 111) ebenfalls als Erfindung van der Weydens nachweisbar. Die Gruppe der Hauptleute rechts ist so gelungen und gerade in den Details der Gebärden so überzeugend, daß ich als Vorbild ein verlorengegangenes Werk Rogiers vermuten möchte: Die rechte Repoussoir-Figur ist in dieser Art, vor allem auch ihrer leichten Drehung sehr ähnlich anderen Gestaltungen des großen niederländischen Meisters. Auch die Art, eine Gruppe zu bilden, die untereinander zusammenhängt und doch zugleich sich dem Betrachter öffnet, ist typisch vor allem für Rogier. Weder Physiognomie noch Tracht der drei Offiziere möchte man dem Bamberger Maler zutrauen. Daß der Eberner Meister den Niederländer so genau kopiert wie kaum ein anderer mitteleuropäischer Maler, unterstützt die Vermutung, hier Spuren eines verlorengegangenen Originals van der Weydens vor uns zu haben. Ebenso stellt sich auch die Frage, ob die pathetische Formulierung der ohnmächtig in sich zusammensinkenden Muttergottes nicht auch auf ein niederländisches Werk zurückgehe: Merkwürdig ist, daß in dem Stundenbuch der Katharina von Kleve (John Plummer: Die Miniaturen aus dem Stundenbuch der Katharina von Kleve. 2 Bde. Berlin 1966), das in vielen Bildern die Kenntnis der Kunst Robert Campins verrät, eine Kreuzigung auf fol. 66 v (Plummer Abb. 26) ähnliche Motive zeigt. Das Studium dieser Handschrift zeigt auch, daß der Meister der Eberner Tafel für die Darstellung der Gefangennahme Christi ebenfalls niederländische Vorbilder verarbeitet hat (Plummer Abb. 17).

[23] Wegen der Zugehörigkeit Eberns zur Diözese Würzburg und der schon damals üblich werdenden Gewohnheit, sich bei Kunstbestellungen an das Diözesanzentrum und nicht nach auswärts zu wenden, wäre zunächst eine Würzburger Entstehung der Eberner Tafel zu vermuten. Dagegen spricht jedoch die genaue Kenntnis des Bamberger Altars von 1429 und die enge Verbindung der Tafel zu den späteren Werken des Pleydenwurff-Kreises.

[24] Verwandt scheinen vor allem der Gekreuzigte selbst zu sein, doch sind auch andere motivische Übernahmen erkennbar: so geht die Frau links vom Kruzifix in der Münchener Tafel motivisch auf die Veronika der Eberner Tafel zurück.

[25] Anscheinend ist noch nicht aufgefallen, daß die Pfingstdarstellung im Schloßmuseum von Harburg in der Gruppierung der Apostel Rogiers Jüngstes Gericht im Hospiz von Beaune (Côte-d'Or) zitiert; ähnliche Rogier-Zitate finden sich auch anderswo beim Meister des Wolfgangs-Altares. Vor allem aber hat er selbst die Überlegenheit von Hans Pleydenwurff anerkannt: Die Kreuzigung des kleinen Altares in der Stadtparrkirche von Schwabach (Stange 9, Abb. 59) geht nicht allein auf den Bamberger Altar von 1429 zurück, wie bisher immer richtig gesehen wurde, sondern auch auf Hans Pleydenwurff, wie allein schon die Repoussoir-Figur rechts, aber auch die Durchbildung des Gekreuzigten zeigen. Für die Frage der Entstehung des Bamberger Altares von 1429 (ob in Bamberg oder Nürnberg) ist diese Beobachtung wichtig: Hat man bisher aus Werken wie

III. Der Löwensteinsche Kalvarienberg

Der Löwensteinsche Kalvarienberg im Germanischen Museum gilt allgemein als mäßiges Werk aus der Bamberger Nachfolge des Pleydenwurff.[26]

Von allen erzählenden Bildern des Pleydenwurffkreises ist es m. E. aber das künstlerisch bedeutendste. Doch stehe ich mit dieser Meinung fast allein. Für ALFRED STANGE[27] gleicht es der Dinkelsbühler Kreuzigung; er bestätigt beiden, daß die Komposition *völlig raumlos dicht gedrängt* und daß *im Einzelnen alles Rezept* sei. So *ist die Löwensteinsche Kreuzigung weitgehend ein Konglomerat aus verschiedensten niederländischen Anregungen. Fast jede ihrer Figuren läßt sich auf rogiersche und andere niederländische Vorbilder zurückführen, aber ihr Maler dürfte nicht selber in den Niederlanden gelernt und Erfahrungen gesammelt haben. Vielmehr scheint er seine Motive Skizzenbüchern entliehen zu haben. Das trennt ihn grundsätzlich von Hans Pleydenwurff, dem alles, was er gab, persönliches Erlebnis gewesen ist. Zum anderen ist dieser in seinen Kompositionen stets vom Raum und von der Einzelfigur ausgegangen, der Maler der Löwensteinschen Kreuzigung hat dagegen am Schichten- und Kulissenschema festgehalten. Die Figuralkomposition ist aufwendiger und auch bewegter als die des Dinkelsbühler Bildes, aber sie ist raumlos wie diese ... der formale und psychische Kontakt der Figuren (ist) gering. Dies alles und die noch recht rundliche Zeichnung lehren, daß der Maler der älteren Generation angehört hat. Das Neue, das seine Kunst bereicherte, hat er wohl zumeist der Vermittlung Hans Pleydenwurffs verdankt ... Ein Vergleich mit dessen Münchener Kreuzigung macht allerdings auch die unüberbrückbaren Verschiedenheiten in qualitativer und stilistischer Hinsicht offenbar. Sie schließen aus, daß der Löwensteinsche eine Vorstufe für den Münchener Kalvarienberg gewesen sein könnte.*

Deshalb kann nach STANGE die Löwensteinsche Kreuzigung erst aus Anlaß des Todes gestiftet worden sein, obwohl alles gegen eine Datierung nach 1456 spricht.

STANGE ist nicht der einzige, der eine so schlechte Meinung von diesem Bild hat. Widerspruch ist m. W. nur von WILHELM PINDER gekommen[28], der seine Äußerung einschränkt, er wolle sich nicht in die Sonderforschung einmengen. Gleichwohl ist für ihn die Löwensteinsche Kreuzigung die wertvollste der Kreuzigungstafeln, *für die Pleydenwurff bislang der stärkste Name bleibe*. Sie gehe der Münchener voraus und sei wohl in der 2. Hälfte der 50er Jahre entstanden.

Zur Datierung sei angemerkt, daß die Rüstung des als Repoussoir-Motiv dienenden Knappen rechts in dem Löwensteinschen Kalvarienberg früher zu datieren ist als die im Münchener[29]. Die Gestaltung der Volksmenge und der Waffen erinnert noch in vielem an die Eberner Tafel[30]. Dies nehmen wir als Indiz, daß neben einer gewissen zeitlichen

---

diesen geschlossen, der Bamberger Altar müsse in Nürnberg entstanden sein, stellt sich nunmehr verstärkt die Frage, ob die Kenntnis der Motive dieses so außerordentlichen Werkes über den aus Bamberg kommenden Hans Pleydenwurff zu erklären sei.

[26] Die Literatur bei LUTZE/WIEGAND (wie Anm. 17), S. 149 f.

[27] STANGE 9 (wie Anm. 1), S. 88 f.

[28] WILHELM PINDER: Die deutsche Kunst der Dürerzeit, zitiert nach der Ausgabe Frankfurt/M. 1953, S. 65.

[29] Auffällig ist vor allem die Häufung der Grate bei der Rüstung der Münchener Tafel, ein Indiz für spätere Rüstungsformen, z. B. der 70er Jahre. In der Kreuzigung vom Hochaltar der Dinkelsbühler Georgskirche ist eindeutig die Formulierung der Münchener Tafel aufgegriffen, wie man an der Winkelung der Arme sieht.

[30] Nicht nur die Zusammendrängung der Personen oder der obere Abschluß der Gruppe durch eine Vielzahl großer und abwechslungsreich gestalteter Waffen zeigen die Verwandtschaft, sondern auch einzelne Motive: So sind die Gestalt des Johannes und der anderen, die Muttergottes haltenden Frau in der Löwensteinschen Kreuzigung freie Variationen über dasselbe Motiv der Eberner Tafel.

Nähe auch Werkstattbeziehungen zwischen der älteren und der jüngeren Kreuzigung bestehen, auch wenn beide sicherlich weder von einer Hand noch von Meistern derselben Generation geschaffen sind.

Untersucht man den Löwensteinschen Kalvarienberg auf die Herkunft seiner niederländischen Motive, ohne nur obenhin wie STANGE festzustellen, man könne alles in den Niederlanden finden, so stellt man fest, daß nicht, wie bei der Eberner Tafel, Rogiers Kunst die Primärquelle ist, sondern die des Dirk Bouts. Oder genauer: was von Rogier übernommen wird, ist in der Art von Bouts neu interpretiert. Zwar zeigt der Sakramentsaltar im Antwerpener Museum Rogier als Quelle für den Typus des Gekreuzigten und der ohnmächtig werdenden Mutter. Doch fehlt der Form im Bamberger Bild die Direktheit und Schärfe der Rogierschen Prägung. Dies sieht man an der Faltenführung und Gewandfülle, aber auch an der Physiognomie des Johannes-Hauptes.[31]

Für die Magdalena ist eine Erfindung von Bouts abgewandelt — wir finden sie auf dem um 1445 anzusetzenden Werk in der Capilla Real in Granada. Boutsisch ist auch die noble und kühl zurückhaltende Figur des mittleren Offiziers. Vor allem aber bezeugen Farbgebung und Technik die Orientierung des Bamberger Malers: die differenzierteren und bunteren Farbtöne, der emailartige und transparente Auftrag, die Vorliebe für feine Licht- und Hell-Dunkel-Wirkungen sind Züge, die über Rogier hinausweisen[32].

An der Johannesfigur läßt sich das Verhältnis am besten charakterisieren: sie ist eine Erfindung Rogiers von großem Pathos. Das glühende Rot und vor allem der in weitem Bogen ausfliegende Mantel machen Johannes zu einer Figur der leidenschaftlichsten Anteilnahme. Rogier hat sie mehrfach abgewandelt. In der Boutsschen Kreuzabnahme in Granada wird sie isoliert und entgegen der Dynamik ihres Grundmotivs in einen ruhigen Zusammenhang gestellt. Das bei Rogier schreiende Karmin-Rot des Mantels ist zu einem weinroten Ton abgedämpft, von einem milden warmen Licht überstrahlt. Pleydenwurff zitiert im Breslauer Retabel Bouts, ohne die Vorbildlichkeit von van der Weydens Figurenpathos zu verleugnen. Der Johannes der Löwensteinschen Kreuzigung nimmt eine Zwischenposition ein; die motivische Nähe zum Johannes der Eberner Kreuzigung ist, vor allem in der Haltung, deutlich; in Farbe, Inkarnat und Physiognomie aber ist die Figur am Vorbild Bouts orientiert.

Die Löwensteinsche Kreuzigung ist ein Hauptwerk. Um dies näher zu begründen, ist noch einmal der von Stange gemachte Vergleich mit der Münchener Kreuzigungstafel durchzuführen, die wohl ebenfalls aus dem Bamberger Raum kommt.[33]

---

[31] FRIEDLÄNDER (wie Anm. 21) Taf. 34. Das Motiv wird variiert in einem Schulwerk im Prado, Madrid (a.a.O., Taf. 108).

[32] FRIEDLÄNDER (wie Anm. 9) Taf. 6.

[33] Zunächst möchte ich ungeniert den Verdacht äußern, daß ein Hauptgrund für die abschätzige Beurteilung des Bildes neben dem Vorurteil über Bambergs Rolle in der Geschichte der fränkischen Malerei die Tatsache sei, daß es kein brauchbares, entzerrtes Foto gibt. Der Holzgrund ist stark gekrümmt. Dies führt zu einer entstellenden Verkürzung der seitlichen Figuren und fördert den Eindruck der Überfüllung des Bildes. Würde man weniger ausschließlich mit Fotos arbeiten, statt dessen aber alle Bilder dieser Gruppe im Germanischen Museum miteinander vergleichen, müßte der hohe Rang der Löwensteinschen Kreuzigungstafel deutlich werden. M. W. ist das Bild auch nie genauer auf Technik und Erhaltung hin untersucht worden. Bei einer dankenswerterweise von Herrn Dr. Löcher vom Germanischen Museum veranlaßten Abnahme der Tafel von der Wand konnte festgestellt werden, daß das Bild während seiner Entstehungszeit dreimal umgearbeitet wurde. Bei einer ersten Überarbeitung der Gruppe wurden die Landschaft und die beiden Schächer hinzugefügt, denn sie sitzen vollständig auf Goldgrund und überdecken außerdem einige

Bei der vergleichenden Analyse möchte ich zuerst danach fragen, ob eine selbständige Auseinandersetzung mit dem Gegenstand und seiner Thematik vorliegt, oder anders: ob der Maler nur kompiliert oder ob er erfindet. Die Durchbildung der Einzelheiten kann zwischen 1410 und 1460 durchaus unterhalb der Qualität der Erfindung liegen, wie man an Konrad von Einbeck in Halle, aber auch am Maler des Bamberger Altars von 1429 sieht. Diese in der zeitgenössischen Gegnerschaft gegen das Allzu-Schöne des Schönen Stils begründete, dem europäischen Herkommen zuwiderlaufende Einstellung wird von uns, als vor allem auf „Malkultur" achtenden Kennern, meist übersehen.

Beginnen wir mit dem Mittelpunkt, dem Kruzifix: In dem Münchener Bild ist die Darstellung des an den Nägeln Hängenden an einem wichtigen Punkt, der Gestaltung der Arme, nicht glaubwürdig gelöst, der Oberkörper ist für seine seitliche Hängelage zu stark symmetrisch. Der Maler der Löwenstein-Kreuzigung hingegen beobachtet die aus dem Hängen am Kreuz entstehende Verformung anatomisch genau; er bewältigt selbst schwierigste Verkürzungen, so bei den beiden seitlichen Schächern. Doch ist dies nicht allein größeres technisches Können: Die komplizierten Posen der beiden Schächer bringen Zuwendung zu Christus oder Abwendung zum Ausdruck. Daß dieser Maler der größere Erfinder ist, zeigt sich beispielhaft auch an einem kleinen Detail: Bei beiden Bildern sind die weit ausgreifenden fliegenden Lendentuchenden stark verkürzt. Bei dem Münchener Bild ist das kleine Stück, das wir sehen, ohne jeden inneren Sinn um das Rohr des blöd-bösen Stephaton rechts gewunden, bei der Löwensteinschen Kreuzigung hingegen stellt es eine Verbindung zum gläubig gewordenen Longinus her. Gerade aus dem Gesichtspunkt einer angemessenen Bewältigung des Themas erweist sich die zweite Lösung als sinnvoller.

Die Figuren des Nürnberger Kalvarienberges sind alle überzeugender konzipiert. Mag man bei der Magdalena nur von einer größeren Ausdrucksintensität sprechen, so ist bei dem gläubigen Hauptmann rechts vom Kreuz eine klare Wertung nötig. Man erkennt in der Münchener Tafel nämlich nur an dem überreichen Goldbrokatgewand, wer die wichtigste Figur ist, während der Hauptmann im Nürnberger Bild überzeugender Mittelpunkt der Komposition ist. Seine leidenschaftliche Gebärde des Hinweises wächst an Wirkung im Gegensatz zu der äußerst kühl-distanziert gegebenen Haltung des Nachbarn. Dieselbe Gebärde ist bei dem Reitenden des Münchener Bildes zu einer läppischen und im Auseinanderspreizen von Daumen und Zeigefinger nicht einmal eindeutigen Bewegung verkümmert. Alle Bedeutung des Bildes liegt in der Abbildung schöner Pferde und prächtiger Dinge.[34]

---

fertiggemalte Köpfe. Die Einfügung der Schächer erzwang die Übermalung einiger weiter vorne stehender Personen: So erhielt die Frau vor dem Schächer zur Rechten Christi, die vorher eine Flügelhaube hatte, nun eine zitronengelbe Kopfbedeckung. Im dritten Arbeitsgang wurden die zuvor schwarzen, äußerst knapp sitzenden Schurze der Schächer noch von dem Maler des Bildes selbst mit einem breiten weißen Tuch übermalt, offensichtlich, weil sie zu anstößig wirkten. Der Maler wollte den harten Kontrast zum weißen Lendenschurz Christi — eine überzeugende, originelle Erfindung. Der Schächer zur Rechten erhielt im übrigen eine neue Frisur. Für eine genauere Analyse dieser so schwerwiegenden Veränderungen sind die Untersuchungen im Labor des Germanischen Museums abzuwarten. Schon vorab kann jedoch der Schluß gezogen werden, daß hier Einwirkungen des Auftraggebers, d. h. des Grafen Löwenstein, stattgefunden haben und daß die Überarbeitungen keineswegs von einer minder befähigten Hand durchgeführt wurden — im Gegenteil; die ergänzten Teile gehören zu dem Besten dieser Tafel!

[34] Das Hauptmotiv des Münchener Bildes, die beiden invers gegebenen Pferde, kommt auf dem um 1465 gemalten Bild der Kreuzigung des Joos van Gent in St. Bavo in Gent vor, wenn auch in verändertem Zusammenhang. (Friedländer wie Anm. 9, Kat. 100, Taf. 103). Es ist schwer zu entscheiden, ob hier eine neuerliche Rezeption jüngerer niederländischer Malerei vorliegt oder ob ein älteres Motiv aus dem Kreis des Dirk Bouts gemeinsames Vorbild für beide Bilder ist.

Doch reicht es nicht, nur einzelne Figuren miteinander zu vergleichen. Man muß auch nach den Zusammenhängen der Personen innerhalb des Ganzen fragen. In der Nachfolge des Bamberger Altars von 1429 war es Gewohnheit geworden, Longinus und Stephaton als geschlossene Gruppe für sich darzustellen. Der Maler der Löwensteinschen Kreuzigung rahmt den Gekreuzigten durch je eine Person, zur Rechten den Guten, zur Linken den Bösen, und verdeutlicht dadurch schlaglichtartig den Gegensatz. Bei der Münchener Kreuzigung wird diese Idee aufgegriffen, Longinus aber von einigen optisch sich vordrängenden Kriegsknechten eingerahmt und das einprägsame Grundmotiv dadurch verwässert.

Wir müssen noch mehr ins einzelne gehen: Bei der Löwenstein-Kreuzigung sind die Physiognomien differenziert entsprechend der geistlichen Würde der Personen. Entgegen dem damals Üblichen sind vor allem die heiligen Frauen keineswegs einheitlich. Bei der Muttergottes ist die Nähe zum idealen Typus des geometrisch stilisierten Antlitzes, wie wir ihn vor allem aus Bildern Rogiers kennen, am größten. Magdalena aber ist jugendlicher, nicht von zeitlosem Alter; sie wirkt weiblicher, teilnahmsvoller. Auch die Frau, die Maria stützt, ist trotz aller Verhaltenheit persönlicher gegeben als die Mutter Christi. In der zweiten Reihe und ganz links finden wir trauernde Frauen mit Zügen, die an die elegante, hübsche Erscheinung höfischer Damenporträts aus Burgund erinnern.

Die Fähigkeit zu ähnlicher Differenzierung sucht man bei dem Münchener Bild vergeblich. Zu bemängeln ist nicht allein, daß vom Typus her die Frau links von Maria einfach eine Duplizierung des Magdalenentypus ist. Mehr noch: Die Physiognomien wirken alle maskenhaft. Die Dame, die zwischen Johannes und dem Kruzifixus an einer kompositorisch wichtigen Stelle steht, gelangt im Ausdruck über die Pose einer Konfirmandin nicht hinaus. Ähnlich die 2. Dame von links in der oberen Reihe. Deren gefaltete Hände wirken nicht nur unglaubwürdig, sie sind auch schlecht gezeichnet. Wenn STANGE von Hans Pleydenwurff sagt, daß alles, was er gab, persönliches Erlebnis gewesen ist, dann ist das Münchener Bild nicht von Pleydenwurff — oder der Satz ist eine Phrase.

Bei dem Münchener Bild fällt auch auf, daß fast alle älteren Männer den gleichen physiognomischen Zuschnitt haben, auch den mürrischen Ausdruck, den wir von Wolgemutschen Bildern so gut kennen. Mit der genauen Unterscheidung der Gesichter in der Löwenstein-Kreuzigung ist das nicht zu vergleichen. In ihr sind die wichtigeren Personen gerade dadurch von den anderen unterschieden, daß ihre Bewegung stärker ist und doch noch in sich ausdrucksmäßig differenziert.

Ein Wort auch zur Farbe: Im Gegensatz zur Löwenstein-Kreuzigung ist die Münchener Tafel bunt. Denn sie verwendet die Farben wahllos. Das leuchtende Rot ziert Johannes ebenso wie auf der andren Seite des Kreuzes einen beliebigen Offizier. Wenn ein Gelb links ist, so wird ein Pendant irgendwo auch gegenüber angebracht. Einzelne Farben drängen sich unangemessen vor; gewählt scheinen sie nur zu sein, weil der dargestellte Stoff prächtig ist — die Darstellung prunkvoller und kostbarer Dinge ist ein Hauptziel des Malers der Münchener Tafel. Zur Darstellung der Inhalte wird Farbe nicht gebraucht.

Bei der Löwenstein-Kreuzigung sind die Hauptfarben allein für die heiligsten Personen reserviert, sie heben Maria oder Johannes hervor. Wohlüberlegt wird Magdalena in ein intensives Grün gekleidet, die anderen Personen in gebrochene Töne der Hauptfarben, z. B. Taubenblau. Der gläubige Hauptmann erhält eine goldene Rüstung, sein kühl-skeptischer Nachbar nur eine silbergraue. Der Maler beherrscht vor allem die Kunst, komplexe Ausdruckswirkungen durch die Kombination verschiedener Farbtöne hervorzurufen: So ist die auffälligste der Frauen Jerusalems der zweiten Reihe in einen blaß zitronengelben Schleier gehüllt, der ihr in Verbindung mit dem Schwarz ihres Tuches einen Ausdruck von gefaßter Trauer gemischt mit Eleganz gibt.

Die Höhe der Farbenkunst verbindet das Porträt des Grafen Löwenstein und die von ihm in Auftrag gegebene Kreuzigungstafel. Sie hat in der Nürnberger Malerei nicht ihresgleichen, wohl aber in der Bamberger Kunst, beim Meister des Klaren-Altars oder später Lorenz Katzheimer.

Was ziehen wir für Schlüsse? Zunächst doch den, daß zwischen beiden Tafeln in Erfindung und Ausführung ein großer und eindeutiger Qualitätsunterschied festzustellen ist. Der Löwensteinsche Kalvarienberg ist in der Wertung obenan zu stellen. Er kommt als einziges Bild der Qualität des Porträts nahe und steht auch dem Breslauer Altar näher als die andern Pleydenwurff zugeschriebenen Werke. Diese drei Bilder geben einen Maßstab für die Höhe des in dieser Zeit in Franken Möglichen.

Eine Zuschreibung des Löwensteinschen Kalvarienberges an Hans Pleydenwurff ist aber nicht selbstverständlich. Unterschiede zum Breslauer Bild sind da, und sie sind nicht allein dadurch zu erklären, daß das eine Teil eines großen Retabels und von außergewöhnlich steilem Format ist, das andere aber ein Retabel mit Epitaphcharakter.[35] Zwar ist das Haupt des Schmerzensmanns des Löwenstein-Diptychons mit dem des distinguierten Offiziers der Löwenstein-Kreuzigung gut zu vergleichen; auch ist die Farbgebung beider Werke eng verwandt. Doch hatte ich sowohl bei dem Diptychon wie bei dem Breslauer Retabel die Mithilfe von Werkstattkräften feststellen müssen. Ähnliches dürfte auch bei der Löwenstein-Kreuzigung wahrscheinlich sein, zumal angesichts ihrer so komplizierten Entstehungsgeschichte (s. Anm. 33). Die Analyse und die genauere Kenntnis der Werkstätten und ihrer Praktiken ist die Voraussetzung für die Zuschreibung an Einzelmeister. Doch möchte ich eine erhebliche Beteiligung Hans Pleydenwurffs bei diesem um 1455 in Bamberg geschaffenen Werk annehmen.

IV. Schlußfolgerungen

Werden wir deshalb den Münchener Kalvarienberg aus Pleydenwurffs Oeuvreverzeichnis zu streichen haben? Das Werk, das Ausgangspunkt für alle Zuschreibungen war, weil ROBERT VISCHER 1886 ein J und ein P auf einem der Hüte entdeckt hatte?[36] Sind aber nicht alle unsere Unklarheiten über diesen Künstler entstanden, weil man von einem falschen Bild ausging? Die beiden Buchstaben entscheiden nichts. Die vielen mißbräuchlichen Ausdeutungen von Kryptosignaturen lassen Bedenken aufkommen, ob man sich überhaupt darauf einlassen darf.[37] Entscheidend ist letztlich der Kontext: Deshalb wird man in diesem Falle die Deutung der beiden Buchstaben als Signatur des Hans Pleydenwurff eher in Frage stellen müssen.

Wie schon gesagt: Es erscheint sinnlos, das Zuschreibungskarussell nur andersherum zu drehen. Will man den Zuschreibungsproblemen um Pleydenwurff (und Wolgemut) gerecht werden, so muß man andere Gesichtspunkte einführen.

Zu lange schon geht man von der Vorstellung des biederen Handwerksmeisters aus, der treuen Sinnes in seiner Werkstatt ein Bild nach dem anderen malt, umsorgt von seiner Hausfrau, umgeben von einem Lehrling und vielleicht noch einem Gesellen.

---

[35] Die Breslauer Kreuzabnahme, Pendant zur Kreuzigung, mißt 286 × 142 cm, das Löwenstein-Epitaph 174 × 169 cm. Leider ist es nicht gelungen, die ursprüngliche Bestimmung des Bildes festzustellen. Klar ist jedoch, daß in der Löwensteinschen Kreuzigung Einwirkung des Auftraggebers in ganz anderem Maße möglich war als in den Breslauer Bildern. Man hat das Gefühl, als sei der Maler in noch höherem Maße gefordert gewesen.

[36] ROBERT VISCHER: Studien zur Kunstgeschichte. Stuttgart 1886, S. 294 ff.

[37] Überzeugend aufgelöst sind die Krypto-Signaturen Konrad Laibs.

Die soziale Wirklichkeit des städtischen Künstlers war anders. In der Mitte des 15. Jahrhunderts ist der Maler weder der altdeutsch-biedere Handwerker noch der selbstbewußte Künstler der Dürerzeit. Maßstäbe der Kunstgeschichte dieser Zeit sind weder Stoß noch Dürer. Bezeichnend für diese Jahrzehnte sind Werkstattorganisationen, die wir zuweilen schon „Firmen" nennen können.

Das Streben nach der individuellen Handschrift, nach der unverwechselbaren Eigenart der Kunst, und entsprechend bei den Auftraggebern das Streben nach dem Besitz des eigenhändigen Werkes, tritt in Mitteleuropa erst gegen Ende des 15. Jahrhunderts in den Vordergrund. In der Zeit vorher war die Kunstpolitik der Städte vor allem auf Heranziehung großer, leistungsfähiger Werkstätten bedacht, die exportieren konnten und die somit auch als Wirtschaftsfaktor von Bedeutung waren. Am besten wurde dieses Phänomen m. W. bisher von MANFRED TRIPPS in seinem 1969 erschienenen Buch über den Ulmer Bildschnitzer Hans Multscher untersucht[38]: Er hat herausgearbeitet, daß der Ulmer Rat Multscher mit Privilegien überhäufte, damit er sich in der Stadt niederlasse und dort eine große Werkstatt begründe, und all dies mit der Absicht, daß die Ulmer, wie es so schön in den Quellen heißt, noch etwas anderes zu exportieren hätten als Barchent. Multscher unterlag keiner Zunftbindung mehr, er konnte in seiner Werkstatt Maler, Schreiner, Mitglieder anderer Berufe und überhaupt so viele Mitarbeiter aufnehmen, wie ihm lieb war und — er brauchte zeitlebens in Ulm keine Steuern zu zahlen.

Dies war keine Ausnahme. Städtische Kunstpolitik zielte seit etwa 1430 bis nach 1500 fast überall in diese Richtung. Man wird die Kunstgeschichte dieser Zeit nur begreifen können, wenn man dieser Firmenstruktur der Kunstwerkstätten Rechnung trägt. Schon ein Blick auf die großen Betriebe wie die des Jörg Syrlin des Älteren in Ulm, des Tilman Riemenschneider in Würzburg oder des Bernd Notke in Lübeck lassen dies offensichtlich werden. Man muß mit einer bewußten und sich steigernden Konkurrenz der Städte untereinander rechnen.[39]

Zur Präzisierung dieser Ausführungen seien noch einige Bemerkungen über das Verhältnis der Bamberger zur Nürnberger Kunst im 15. Jahrhundert erlaubt.

Wir haben noch nicht die Nürnberg-Fixierung des 19. Jahrhunderts überwunden. Sie muß korrigiert werden; doch gelingt dies nur mit Mühe. Denn die Menge der erhaltenen Kunstwerke des 15. Jahrhunderts in Nürnberg läßt wie automatisch die Bamberger Produktion spärlich erscheinen. Die vielen in Bamberg angesiedelten, urkundlich bekannten Maler haben gemalt — aber was?[40]

Der Blick auf die Qualität der wenigen erhaltenen Kunstwerke zeigt, daß nicht von einer Überlegenheit Nürnbergs im 14. und frühen 15. Jahrhundert die Rede sein kann.[41]

Das Verhältnis der beiden Städte zueinander hat sich im 15. Jahrhundert sehr verändert. Oder genauer gesagt: erst im 15. Jahrhundert beginnt sich das Übergewicht Nürnbergs über die fränkischen Nachbarorte abzuzeichnen. Eine Ursache liegt in der Geschichte Bambergs selbst: seine Bürgerschaft scheitert in ihren Freiheitsbemühungen 1440; die depressiven Verhältnisse führten zur Auswanderung vieler wichtiger Fami-

---

[38] MANFRED TRIPPS: Hans Multscher. Seine Ulmer Schaffenszeit 1427—1467. Weißenhorn 1969, bes. S. 25 ff. S. 30 ff. über die städtische Politik, die Tendenzen der Zünfte zu unterlaufen, „closed shops" zu bilden.

[39] Über die Bemühungen an verschiedenen Orten, die Verhältnisse bewußt zu heben s. a. die Anm. 148 auf S. 183. TRIPPS stellt S. 32 zutreffend fest, daß hier die Stadtregierungen Maßnahmen ergriffen, die zuerst an den Höfen und bei den Fürsten, z. B. den Bischöfen üblich geworden waren. Anm. 154 über Multschersches Exportgut.

[40] Dazu vor allem BAUMGÄRTEL-FLEISCHMANN (wie Anm. 1), bes. S. 28 ff.

[41] So ist z. B. in Nürnberg um 1420 keine Stein-Skulptur von der Qualität des Wertheim-Grabmals im Bamberger Dom vorhanden.

lien. Sie gingen vor allem nach Nürnberg, so etwa die Haller und Löffelholz. Die Löffelholz hatten den Altar der Bamberger Franziskanerkirche gestiftet und stifteten um 1462 z. B. den sog. Löffelholzaltar in der Nürnberger Sebald-Kirche, der aus dem Pleydenwurff-Umkreis stammt. Wir erleben also eine Schwächung Bambergs, die direkt dem Konkurrenten im Süden zugute kommt.

Zur selben Zeit unternimmt das Regiment der Stadt Nürnberg alle Anstrengungen, um seine Nachbarn niederzukämpfen[42] und sei es durch Abwerbung der besten Kräfte. Dies gelingt. Auch der Weggang des Hans Pleydenwurff von Bamberg nach Nürnberg ist in diesem Kontext zu sehen: Eine aufstrebende Stadt wie Nürnberg mußte angesichts der miserablen Kunstproduktion in der Art des Wolfgangs-Altars bemüht sein, bessere Kräfte herzuholen. Leider kennen wir bislang keine direkten Zeugnisse für diesbezügliche Absichten und eine konsequente Politik des Nürnberger Rates. Doch gibt es genügend Indizien: die schnelle Zulassung Pleydenwurffs in ein Haus der Innenstadt, noch dazu im Sebalder Viertel, ist so zu interpretieren.[43]

Einschlägige Zunftentpflichtungen zu suchen ist nicht nötig, da der Nürnberger Rat nach dem Umsturz der Mitte des 14. Jhs. die Bildung von Zünften verhindert hat. In der großen Freiheit der einzelnen Meister lag jedoch in der damaligen Aufschwungsperiode eine strukturelle Ursache für die große künstlerische und wirtschaftliche Blüte der Stadt.

Immerhin hat sich mit der Zuwanderung Pleydenwurffs schlagartig die künstlerische Situation in Nürnberg verändert. Von der Qualitätssteigerung soll gar nicht geredet werden. Solange sie sich nicht in einem erhöhten Außenhandel umsetzte, war sie von eher zweifelhaftem Wert. Mit diesem Künstler beginnt die deutsche Geltung der Nürnberger Kunst zu wachsen. Während zuvor die Nürnberger Produktion gerade noch in den Landkirchen des eigenen Territoriums abgesetzt werden konnte, folgen nun Bestellungen nach Hof, initiiert von einem Bamberger Kanonikus, nach Breslau, Donauwörth und Zwickau und viele andere Orte. In der künstlerisch so traditionsreichen Stadt Ulm folgt ein Maler wie Schüchlin dem Vorbild Pleydenwurffs; Ähnliches

---

[42] Ein ebenso gefährlicher Konkurrent, der aber schon früher niedergerungen wurde, war Regensburg. Auch hier kann man an der Kunstgeschichte einen ähnlichen Aneignungsprozeß der fremden Leistung in Nürnberg feststellen. Den Nachweis dafür hoffe ich demnächst andernorts zu leisten.

[43] Leider setzen die Ratsverlässe zu spät ein; aus der Zeit der Aufnahme Pleydenwurffs in Nürnberg fehlen sie. Doch fällt bei der Durchsicht von HAMPE auf, daß gerade zu Anfang der von ihm behandelten Periode Aufforderungen des Rates an fähige Handwerker, Bürger zu werden, häufiger sind als in der Blütezeit der Stadt gegen Ende des Jahrhunderts. (THEODOR HAMPE: Nürnberger Ratsverlässe über Kunst und Künstler ... Bd. I, Wien-Leipzig 1904, S. 8 und 10). Merkwürdig ist allerdings, was GÜMBEL aus den Bürgerbüchern publiziert (ALBRECHT GÜMBEL: Meister Berthold von Nürnberg, ein Glied der Familie Landauer. In: Rep. f. Kw., 26, 1903, S. 318—27, hier bes. S. 324, Anm. 21): hier ist von der Bezahlung von 2 Gulden für die Aufnahme Pleydenwurffs als Bürger 1457, wohl in die Vorstadt, die Rede; aber noch im selben Jahr darf er in das Innere der Stadt, ohne daß ein Grund angegeben wird. Pleydenwurff ist in seiner Zeit der Maler mit den engsten Beziehungen zu einflußreichen Persönlichkeiten in Nürnberg, so etwa zu Landauer und Muffel: Der ehem. Hochaltar der Nürnberger Dominikanerinnenkirche, der vielleicht von dem reichen Finanzmann und Maler Marx Landauer selbst gemalt ist, jedenfalls aber von ihm gestiftet wurde, und zwar m. E. vor 1468, vielleicht schon vor 1458—60 (s. o. GÜMBEL S. 325, Anm. 24), steht in engster Verbindung zu Pleydenwurff. Dieser kaufte später von Landauer ein Haus. Nach ABRAHAM (wie Anm. 1) S. 27 ff. steht eine Verfügung im Testament Muffels, wonach Pleydenwurff auf der Tafel des Heiligkreuz-Altars in St. Ägidien, die wir leider nicht mehr besitzen, noch Ergänzungen anbringen soll, *wie P. das wohl wisse.* Auch die Auftragsvergabe nach Breslau spricht für gute Beziehungen zur städtischen Führungsschicht.

andernorts in Süd- und Ostmitteleuropa. Die exportierten Altarretabel sind oft größer und umfangreicher als die in Nürnberg selbst aufgestellten Werke.[44]

Michel Wolgemut, der mit der Hand von Pleydenwurffs Witwe Barbara auch die Firma erwarb und seinerseits bald als jugendlichen Kompagnon den Stiefsohn Wilhelm Pleydenwurff aufnahm, führte den Betrieb in vergleichbarer Weise fort und profitierte von dem großen Ansehen, das sein Werkstattvorgänger gewonnen hatte.[45]

Leider ist aufgrund der regionalistischen Perspektive der Kunstforschung des 19. Jahrhunderts der Blick auf diese umfangreiche Exporttätigkeit teilweise verlorengegangen. Gerade in den wirtschaftlich aufblühenden thüringisch-sächsischen Gebieten wird man noch viele Nürnberger Exportwerke finden können. Der Produktion der Vischerschen Gießhütte ist man mit einigem Fleiß nachgegangen, derjenigen der Firma Pleydenwurff/Wolgemut jedoch nicht. Deswegen weiß man zwar, daß das große Bronzegrab des Erzbischofs Ernst von Magdeburg 1492—95 unter Mitwirkung von Simon Lainberger von der Vischerschen Hütte angefertigt worden. Daß derselbe Erzbischof jedoch für das Magdeburger Missale einen Holzschnitt bei Wolgemut bestellt hat, ist schon weniger bekannt. Völlig übersehen jedoch wurde die Tatsache, daß das Retabel, welches den Altar seiner Grabkapelle zierte und das nach Ausweis der Wappen eindeutig eine Bestellung desselben Kirchenfürsten aus den Jahren 1489—96 ist, (heute in Hohenmölsen, Bez. Halle) aus dem Umkreis von Wolgemut stammt.[46] Der Vergleich mit einigen Holzschnitten der Schedelschen Weltchronik zeigt die offensichtliche Zugehörigkeit. Der Blumenteppich wird auf den von der flämischen Buchmalerei geprägten höfischen Geschmack des Fürsten zurückgehen.

Diese ökonomische Situation hat tiefgreifende Auswirkungen auf die Kunst und deren Werkstattpraxis gehabt. Die großen Altarwerke erforderten an sich schon die Mitarbeit vieler Kräfte, die u. U. gar nicht sehr lange im Atelier tätig waren, sondern vielleicht nach Bedarf eingestellt wurden. War der Auftrag zu umfangreich oder die Werkstatt schon zu sehr ausgelastet, wurden einzelne Tafeln an benachbarte Werkstätten vergeben; auffällig ist das geringe Maß an Konkurrenzgesinnung innerhalb einer Stadt.[47]

Je umfangreicher die Zahl dieser Mitarbeiter und der Anteil ihrer Tätigkeit wurde, desto stärker dominierten sie die künstlerische Arbeit. Wir haben ein bekanntes Beispiel in der Werkstattproduktion Riemenschneiders und seiner bis zu 13 Gesellen, die wir namentlich kennen und in ihrer späteren Laufbahn z. T. noch verfolgen können. Gerade an diesem Meister merkt man, daß diese Betriebsform Rückwirkungen auch auf die Kunst des Werkstattleiters hat — er gleicht sich in seinem Niveau tendenziell dem seiner Mitarbeiter an. Dies wird sichtbar im Vergleich der vom jungen Riemenschneider geschaffenen Hieronymusstatue mit dem Alterswerk in Maidbronn.

Ich neige dazu, mir die Wandlung des Hans Pleydenwurff ebenfalls als eine Anpassung an seine Nürnberger Mitarbeiter vorzustellen. Dieser Prozeß setzt schon bei der Herstellung des Breslauer Altars ein, wenn man nicht dessen Qualitätsschwankungen damit begründen will, daß man für weit entfernte Auftraggeber nicht so strenge Maßstäbe anlegte wie für einheimische Besteller.

---

[44] Es sollte der Gerechtigkeit wegen aber nicht übergangen werden, daß auch schon ein Werk des Meisters Wolfgangs-Altares nach Breslau bestellt wurde, wenn auch von einem Imhoff, also einem Nürnberger.

[45] Darüber vor allem BETZ (wie Anm. 1).

[46] Demnächst Näheres von GUDE SUCKALE-REDLEFSEN in einer ikonographischen Monographie über den Heiligen Mauritius als Mohren.

[47] M. E. hat dies STANGE, etwa bei seiner Aufteilung des Zwickauer Altars von Wolgemut an mehrere Hände durchaus richtig gesehen.

Anzunehmen ist auch eine weit entwickelte Arbeitsteilung mit einer Zuteilung etwa von Köpfen, Gewändern oder Landschaft an Spezialisten innerhalb des Betriebs. Dies begünstigte, was man in der älteren Kunst Musterbuch-Mentalität nennt, das Zusammensetzen von Bildern aus gespeicherten Motiven, wobei das Kompilieren um der Abwechslung willen mal so, mal anders vorgenommen wird.

Wir haben aus der Werkstatt Pleydenwurff/Wolgemut ein solches Musterbuchblatt mit vielen Frauenköpfen in der Münchener Graphischen Sammlung[48]. Bemerkenswert ist, daß die neuen Bilderfindungen des Meisters „registriert" wurden für die Verwendung in späteren Bildern. Und noch eins: Meist erhalten ältere Gesellen, die bereits einige Erfahrungen haben, in diesen Großbetrieben die Freiheit, Bilder oder Bildteile selbst zu erfinden. Die Einwirkung des Meisters beschränkt sich dann oft auf wenige Details. Diese Gesellenarbeiten im Werkstattzusammenhang unterscheiden sich jedoch nur noch geringfügig von den Arbeiten, die dieselben Leute dann produzieren, wenn sie eigene Werkstätten aufgemacht haben. In diesem Falle wird z. B. das Studium der Preßbrokate von entscheidender Bedeutung, da sie nicht mitgenommen werden, sondern Werkstattgut bleiben.[49]

Hat man jedoch erst einmal festgestellt, daß wesentliche Gesichtspunkte zum Verständnis der fränkischen Malerei der 2. Hälfte des 15. Jahrhunderts bisher außer acht gelassen wurden, muß man zugeben, daß wir eigentlich noch am Anfang der zu leistenden Arbeit stehen.

---

[48] ENGELBERT BAUMEISTER: Das Blatt eines Musterbuches von Michael Wolgemut. In: Zschr. f. Kwiss., 8, 1954, 169—76.

[49] EIKE OELLERMANN: Zur Imitation textiler Strukturen in der spätgotischen Faß- und Flachmalerei. In: 24. Amtsber. d. Bayer. Landesamtes f. Dpfl. 1965, S. 159—174 und dess. Ausführungen im Kat. der Ausst. „Tilman Riemenschneider — Frühe Werke". Würzburg 1981.

Abb. 1 Hans Pleydenwurff u. Gehilfen: Fragment der Kreuzigungstafel vom Hochaltar der St. Elisabeth-Kirche Breslau, 1462 vollendet, ehem. Breslau, Museum der Bild. Künste. (Foto Marburg).

Abb. 2 Hans Pleydenwurff u. Gehilfen: Kreuzabnahme vom Hochaltar der St. Elisabeth-Kirche Breslau, 1462 vollendet, Nürnberg, Germ. Nat.-Mus. (Foto Museum).

Abb. 3 Dirk Bouts: vom Kreuzabnahme-Retabel, um 1445, Granada, Capilla Real (Foto ACL Brüssel).

Abb. 4a + b Hans Pleydenwurff u. Gehilfen: Porträt-Diptychon des Domherrn Georg Graf von Löwenstein, vor 1456. Basel, Kunstmuseum und Nürnberg, Germ. Nat.-Mus. (Foto Museen).

Abb. 5 Bambergisch um 1420/30, Fol. 7v des Gebetbuches des Domherrn Georg Graf von Löwenstein. London, British Library, Add. Ms. 15695. (Foto Bibl.)

Abb. 6 Bamberg um 1440/50: Kalvarienberg aus St. Laurentius Ebern/Ufr. Nürnberg, Germ. Nat.-Mus., Leihg. der Bayer. St.-Gem.-Slgn. (Foto Museum).

Abb. 7 Rogier van der Weyden: kleines Kreuzigungsretabel, um 1435/40, Wien, Kunsthist. Mus. (Foto Museum).

Abb. 8   Hans Pleydenwurff (?): Kalvarienberg des Domherrn Georg Graf von Löwenstein, vor 1456. Nürnberg, Germ. Nat.-Mus. (Foto Mus.).

Abb. 9 Bamberger Werkstatt des Hans Pleydenwurff: Kalvarienberg um 1470/80. München, Alte Pinakothek (Foto Museum).

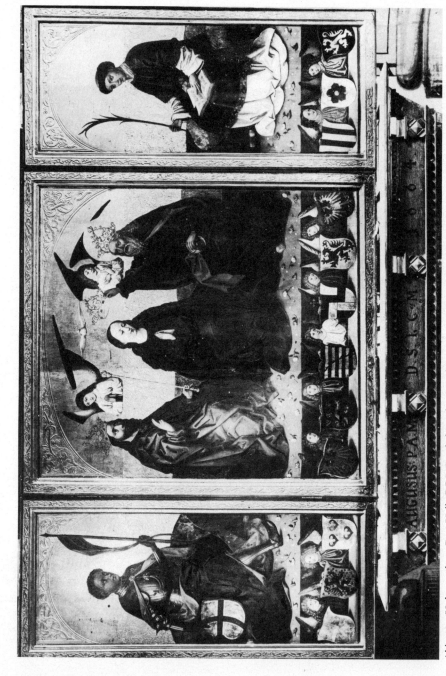

Abb. 10 Hohenmölsen, Bez. Halle DDR Retabel aus der Ernstkapelle des Magdeburger Domes, ca. 1489–95, wohl von M. Wolgemut u. Werkstatt (Foto Denkmalamt Halle).

EIN NÜRNBERGER STICKMUSTERTUCH DES 17. JAHRHUNDERTS*

von

KATHARINA KNEFELKAMP-MÜLLERSCHÖN

Die ältesten bekannten Stickmusterbücher sind in Europa aus dem 16. Jahrhundert erhalten.[1] Aus Asien sind sie bereits seit dem 9. Jahrhundert belegt.[2] Die Tücher wurden zum Sammeln verschiedener Motive, wie auch zum Erlernen von Stichformen und Buchstaben- bzw. Zahlensticken angefertigt.

Die Buchstaben und Zahlen kennzeichnen die Aussteuerwäsche. Religiöse Motive dienten zur Auszier von kirchlichen Textilien, während profane, figürliche und ornamentale Muster Kleidersäume, Schürzen, Tisch- und Bettwäsche und andere Haustextilien verzierten.[3]

Doch nicht nur Stickmustertücher, früher auch „Modeltücher" genannt, dienten zur Verbreitung bestimmter Motive, sondern auch gedruckte und dann gebundene Vorlagen, sogenannte „Modelbücher". Sie sind seit dem frühen 16. Jahrhundert bekannt.[4]

1596 erschien zum erstenmal das Modelbuch von Johann Sibmacher.[5] Die Muster wurden im süddeutschen Bereich sehr häufig verwendet, aber auch weit über das Gebiet hinaus sind sie zu finden.[6] Aus diesem Modelbuch sind auch einige Motive des vorliegenden Mustertuches.

Es ist nach allen vier Seiten orientiert[7] und läßt durch eine bestimmte Stichart (ital. Kreuzstich) Vorder- wie Rückseite fast gleich wirken.

Es zeigt in der Mitte das Löffelholz-Wappen[8] von Blumen- und Blattranken eingekreist. Dieses Motiv ist wiederum von drei Seiten mit verschiedenen Blumenarten mit Blättern, wie Nelke, Tulpe und Rose umgeben, die obere Seite wird eingenommen von einer bauchigen Henkelvase mit drei Blumenstielen zwischen zwei Töpfen mit Blütenbäumen. Darüber ist ein Alphabet in Majuskel- und Minuskelschrift zu sehen.

Die vierte untere Kante ist mit einem radschlagenden Pfauen, dem aufgerichteten Kreuz und arma Christi und einer Burg in der rechten Ecke bestickt, über ihr die Jahreszahl 1684.

---

* Im Mai 1983 bekam der Historische Verein Bamberg ein sehr schönes Stickmustertuch von Herrn *Martin Hartmann*, Prokurist aus Bamberg geschenkt.

[1] NINA GOCKERELL, Stickmustertücher, Kataloge des Bayerischen Nationalmuseums München 16, München-Berlin 1980, S. 11 ULRIKE ZISCHKA, Stickmustertücher aus dem Museum für Deutsche Volkskunde, Bilderhefte der Staatlichen Museen Preußischer Kulturbesitz 33, Berlin 1978, S. 14.

[2] A. HABERLANDT, Ein altes Stickmustertuch aus Turfan, in: Mitteilungen der anthropologischen Gesellschaft Wien 53, Wien 1923, S. 69—82.

[3] N. GOCKERELL, Stickmustertücher, S. 33.

[4] N. GOCKERELL, Stickmustertücher, S. 18.

[5] JOHANN SIBMACHER, „Schön neues Modelbuch" Nürnberg 1596.

[6] NINA GOCKERELL, Gestrickt-Gestickt-Gedruckt, Mustertücher aus vier Jahrhunderten. (Schriftenreihe des Freundeskreises Freilichtmuseum Südbayern H. 4) Weilheim 1978. GERHARD KAUFMANN, Stickmustertücher aus dem Besitz des Altonaer Museums, Hamburg 1975.

[7] Siehe Abbildung.

[8] O. T. v. HEFNER/G. A. SEYLER, Die Wappen des bayer. Adels, Neustadt a. d. Aisch, 1971, S. 45—46.

Das aufgerichtete Kreuz mit den arma Christi ist fast auf jedem Stickmustertuch aus dem süddeutschen-katholischen Bereich zu finden. N. GOCKERELL[9] begründet dies unter anderem mit der Tatsache, daß ein Großteil der Mustertücher in Klosterschulen entstanden seien. Weiter meint sie, daß der radschlagende Pfau keine religiöse Symbolik hat, eher durch sein prächtiges Aussehen zum Sticken animiert habe.[10]

Der Zustand dieses Stickmustertuches ist relativ gut. Manche schwarze Stickfäden und die Einfassungsstiche sind sehr brüchig und zum Teil herausgefallen. Die Farbigkeit der Stickerei ist in Relation zu anderen Tüchern noch gut erhalten. Zur Konservierung wurde das Tuch mit Feuchtigkeit geglättet und lose noch vorhandene Fäden festgenäht. Für eventuelle Ausstellungszwecke wurde es auf eine mit Leinen bezogene, säurefreie Pappe montiert.

Da das vorliegende Stickmustertuch eindeutig nach Nürnberg zu lokalisieren ist, möchte ich noch näher auf den 1983 erschienenen Aufsatz von L. v. Wilkens eingehen.[11]

Sie berichtet über die erste für sie bekannte Nachricht über ein Nürnberger Modeltuch aus dem Jahre 1624.[12] Sie beschreibt das älteste vorhandene Modeltuch aus dem Jahre 1683.[13] Dieses beschriebene Tuch hat sehr viel Ähnlichkeit mit dem vorliegenden. Einige Motive sind ganz genau übernommen. So das Majuskelalphabet, dann das aufgerichtete Kreuz mit den arma Christi, der radschlagende Pfau und zwei Blütenstände.

Der Feston- oder Languettenstich für die Einfassung sind typische Merkmale für Nürnberger Stickmustertücher.[14] Dazu kommen bei dem hier zu behandelnden Tuch das Wappen einer in Nürnberg lebenden Patrizierfamilie und die Darstellung einer Burg, bei der es sich um die Nürnberger handeln könnte.

Daher kann man dieses Geschenk an den Historischen Verein zu den frühen Nürnberger Stickmustertücher zählen und als eine wertvolle Erweiterung der Vereinssammlung ansehen.

---

[9] N. GOCKERELL, Stickmustertücher, S. 27.
[10] Ebda., S. 19.
[11] LEONIE VON WILCKENS, Allerlei Figuren, Blumen und Muster, in: Kunst und Antiquitäten 1983/V, S. 48—54.
[12] Ebda., S. 50.
[13] Ebda.
[14] Ebda.; GOCKERELL, Stickmustertücher S. 48.

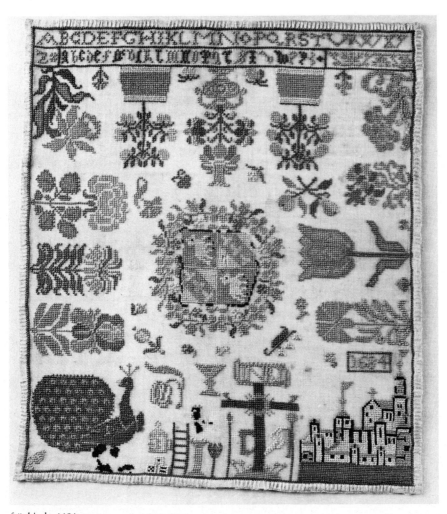

fränkisch, 1684
Leinen, 21 Fäden pro cm, farbige Seidenfäden (hell-, dunkel-, olivgrün; hell- u. dunkelrot, hell- und dunkelgelb, gelb-grün, weiß, hell- u. dunkelblau, beige, braun)
doppelseitiger italienischer Kreuzstich[I]
Einfassung: Languetten- oder Festonstich[II]
Maße: Breite 28,5 cm
　　　　Länge 30,0 cm

Anmerkungen zur Bildlegende:

　I Therese de Dillmont, Encyklopädie der weiblichen Handarbeiten S. 95/96, Ndr. 1957.
　II Nel Rol, Kleines Lexikon der Stickerei — Stiche u. Techniken, Hannover 1980 S. 25.

EINE ALLEGORIE AUF DEN FRIEDEN

Ein bisher unbekannter Kupferstich aus der Regierungszeit des Fürstbischofs Friedrich Karl von Schönborn, 1729—1746.

von

WALTER M. BROD

Den Bamberger und Würzburger Kunst- und Geschichtsfreunden möchte ich im folgenden einen kleinen, bisher unbekannten Kupferstich, dessen Interpretation auf einige Schwierigkeiten stößt, vorstellen. Ich bitte von vornherein um Nachsicht, wenn meine Erklärung unzureichend ausfällt. Hinweise zur Deutung und Einordnung nehme ich jederzeit dankbar an.

Der Kupferstich hat die Größe von 12,0 × 15,5 cm, Höhe vor Breite.[1] Die Signatur unter der Bildfläche, rechts, lautet: *Ig: Holderreitter Sculp:Mogunt:*. Sie macht uns mit dem Künstler, dem Kupferstecher Ignaz Holderreitter, auch Holdenrieder geschrieben, in Mainz bekannt. Dieser Kupferstecher ist in Mainz für die Jahre 1727 bis 1742 mit nur drei Arbeiten belegt, Kupferstiche, die jedoch mit dem hier vorgelegten Blatt nicht in Zusammenhang stehen.[2]

Drei wesentliche, in die Augen fallende, bildliche Darstellungen, nämlich das Schloß Marienberg, die Würzburger Festung, das Familienwappen der Grafen von Schönborn und die Wappen der Hochstifte Bamberg und Würzburg — dieses jedoch ohne den „Fränkischen Rechen" — ordnen die Entstehung des Kupferstiches eindeutig in die Regierungszeit des Fürstbischofs Friedrich Karl von Schönborn, 1729 bis 1746, ein.[3]

Doch betrachten wir zuerst die Einzelheiten des in relativ grober Technik gestochenen Blattes der Reihe nach, um auch den Ungereimtheiten unser Augenmerk widmen zu können.

Auf hohem, steilem, mit Weinstöcken bepflanztem Berg erhebt sich über einem starken Mauerring das Schloß der Fürstbischöfe von Würzburg, Unser lieben Frauen Berg, gekennzeichnet durch seine drei Ecktürme und den dahinter aufragenden Bergfried. Das Schloß, von Norden gesehen, ist seitenverkehrt wiedergegeben. Mit Blick zum Betrachter ist dargestellt die Schottenflanke, gekennzeichnet durch die Durchfahrt etwa in der Mitte der Front. Es ist wohl anzunehmen, daß der Stecher die Ansicht von einer anderen Abbildung übernommen hat, ohne die notwendige Umzeichnung für den Druck zu berücksichtigen.

Am Fuß des Schloßberges nimmt die Wappen-Darstellung der Hochstifte mit mehreren Attributen breiten Raum ein. Zwei Putten und ein Löwe halten, bzw. flankieren die

---

[1] Plattengröße: 13,5 × 16,2 cm. Fundort: Sammlung Professor Dr. Klaus Stopp, Mainz. Auch an dieser Stelle darf ich Herrn Professor Stopp herzlich danken, daß er mich auf diesen Kupferstich aufmerksam machte und mir die Erlaubnis zur Publikation gab.

[2] Siehe THIEME-BECKER, Allgemeines Lexikon der bildenden Künstler, 17. Bd., Leipzig 1924, S. 360. THIEME-BECKER bezieht sich auf die Forschungen von HEINRICH SCHROHE, Aufsätze und Nachweise zur Mainzer Kunstgeschichte, in: Beiträge zur Geschichte der Stadt Mainz, Mainz 1912.

[3] Siehe u. a. MAX DOMARUS, Würzburger Kirchenfürsten aus dem Hause Schönborn, Wiesentheid-Gerolzhofen 1951, S. 157 ff. mit Literaturverzeichnis.

gegeneinander gestellten, ovalen Wappenschilde der Hochstifte Bamberg und Würzburg, jedoch, wie schon erwähnt, ohne den Fränkischen Rechen. Der Löwe zur Linken (alle Angaben vom Betrachter aus gesehen) trägt um seine mächtige Mähne das Pallium[4] und hält verdeckt das hoch aufragende fränkische Herzogsschwert. Das Engelchen hinter den Schilden präsentiert zur rechten Seite hin auf einem Kissen einen Lorbeerkranz, während das andere Engelchen ein abgerolltes Schriftband über seinem ausgestreckten Arm vorweist. Vor den Wappenschilden liegen auf dem Erdboden Krummstab, Mitra, Herzogskrone und ein Vortragekreuz. Hinter den Löwen zur linken Bildhälfte hin erstreckt sich eine von einem Lattenzaun umgebene Gebäudegruppe, die sich kaum auf bekannte Örtlichkeiten festlegen läßt. Beherrscht ist diese Baugruppe von einer relativ großen, bekränzten weiblichen Gestalt, die einen Ölzweig in der Linken trägt. Diese Figur wächst in der Mitte der oberen Baugruppe auf stattlichem Podest beherrschend aus den Gebäuden heraus. Der Sockel trägt eine Inschrift.

Die angesprochene umzäunte Baugruppe ist zweifelsohne ein Wehrbau. Neben einem Turm steht übergroß ein Tor mit hochgezogenem Fallgitter. Das niedrige Gebäude hinter dem Zaun ist mit abweisenden, spitzen Pfählen ausgestattet und hebt so den Verteidigungscharakter der Anlage deutlich hervor. Vor dieser Verteidigungsanlage ist nach links auf hügeligem Hintergrund eine vielköpfige Streitmacht aufmarschiert, aus der fünf Fahnen herausragen.

In der rechten oberen Ecke hält ein Posaunenengel das gekrönte Schönborn-Wappen, während in der linken unteren Ecke auf einem Sockel mit der Inschrift *hoc* (dieses) ein Pendel, das senkrecht im Lot hängt, dargestellt ist.

Der Text der beiden Inschriftentafeln ist so zu lesen: *cum / fortis / armatus / custodit / atrium suum // in pace : sunt ea, / quae possidet /*. Es handelt sich um Vers 21 des Kapitels 11 im Lukas-Evangelium. In der neuen Einheitsübersetzung der Heiligen Schrift wird er so wiedergegeben: *Solange ein bewaffneter, starker Mann seinen Hof bewacht, ist sein Besitz sicher.* Die Übersetzung nach Martin Luther hat folgenden Wortlaut: *Wenn ein starker Gewappneter seinen Palast bewacht, so bleibt das Seine mit Frieden.*[5]

Der Symbolgehalt der Darstellung liegt neben den heraldischen Attributen in der weiblichen Figur, die mit Siegerkranz und Ölzweig geschmückt ist, und in dem Pendel, das sich im Lot befindet. Zur Deutung kann gesagt werden, daß die Gestalt als der personifizierte Friede angesprochen werden darf. Das Pendel im Lot besagt, daß „diesseits und jenseits nichts Rechtes bestehen kann". „Die Mitte ist die Tugend zwischen zwei Lastern."

Es ließ sich bis jetzt nicht ermitteln, aus welchem Anlaß der Kupferstich entworfen und hergestellt wurde. Es konnte auch bis jetzt in keinem der zahlreichen Gelegenheitsdrucke auf Friedrich Karl von Schönborn nachgewiesen werden, wobei sicherlich anzunehmen ist, daß er als Illustration zu einem bestimmten Ereignis geschaffen wurde.

Da in der Signatur der Zeichner nicht angegeben ist, ist zu vermuten, daß der Kupferstecher auch die Zeichnung entworfen hat und diese sogleich auf die Kupferplatte auftrug. Er hatte von den Örtlichkeiten, die er wiederzugeben hatte, wohl kaum genaue Kenntnisse, wenn auch das Würzburger Schloß auf dem Marienberg unzweifelhaft als solches zu erkennen ist. Mit künstlerischem Geschick ist die Wappengruppe mit dem Löwen und den beiden Putten auf dem sonst grob gearbeiteten Kupferstich gestaltet.

---

[4] Das Pallium, *für gewöhnlich ein Zeichen der erzbischöflichen Würde, das jedoch auch dem Fürstbischof von Bamberg regelmässig zugestanden wurde* (Domarus), wurde Friedrich Karl von Schönborn von Papst Benedikt XIII am 3. August 1729 verliehen und am 23. Oktober in Bamberg durch seinen Bruder, den Kardinal Damian Hugo vom Schönborn überreicht.

[5] Für Unterstützung der Forschung danke ich herzlich Herrn Generalvikar Heribert Brander.

Auffällig ist, daß die drei Kronen, die ja verschiedene Bedeutungen haben, über dem Familienwappen als Grafenkrone, neben der Mitra als Herzogshut des Bischofs von Würzburg in seiner Eigenschaft als Herzog von Franken und über den Schilden der beiden Hochstifte als Kaiserkrone, die stets das Bamberger Hochstiftswappen als kaiserliche Gründung auszeichnet, völlig gleich gestaltet sind, während sie in exakter heraldischer Wiedergabe deutliche Unterschiede aufweisen müßten.

Wir dürfen wohl als gesichert unterstellen, daß die Darstellung als Manifestation oder Allegorie auf den Frieden aufzufassen ist, den für seine Hochstifte zu erhalten Fürstbischof Friedrich Karl von Schönborn in den Jahren 1730 bis 1734 im Reichskrieg gegen Frankreich sich so sehr bemühte, was ihm, dem klugen und weitsichtigen Staatsmann, auch gelungen ist.[6]

Nach der Einnahme der Reichsfestungen von Kehl und Philippsburg durch französische Truppen 1733/34 unterstützte der Fürstbischof die Reichsarmee vor Mainz mit 12 großen Stücken (Kanonen) aus dem Zeughaus der Festung Marienberg[7] und bemühte sich unter Leitung seines Artillerieoberisten Balthasar Neumann intensiv um die Verbesserung der Befestigung der Stadt Würzburg und der Landesfestungen Würzburg und Königshofen.

Vielleicht kann der Kupferstich auch im Zusammenhang mit dem Besuch des Fürstbischofs 1742 in Frankfurt am Main bei dem neugewählten Kaiser Karl VII. stehen. In einem zeitgenössischen Gedicht kommt die große Hoffnung auf die staatsmännische Kunst des Fürstbischofs, eine friedliche Regelung unter den Großmächten zu erreichen, deutlich zum Ausdruck.[8]

Sicherlich liegt der Sinngehalt des Kupferstiches in der Demonstration der bewaffneten Macht und damit der Bekundung des Willens zur Erhaltung des Friedens, eine Aussage, die uns Menschen der Jetztzeit wahrlich nicht fernliegt.

---

[6] *Karl Heinz Büttner,* Die Reichspolitik des Grafen Friedrich Carl von Schönborn als Fürstbischof von Bamberg und Würzburg, Erlanger phil. Dissertation 1939, in: 87. Bericht des Historischen Vereins Bamberg, Bamberg 1941.

[7] Die Reichsfestung Kehl fiel am 28. Oktober 1733; die Reichsfestung Philippsburg nach heftiger Belagerung und tapferer Gegenwehr erst am 21. Juli 1734. Siehe *Ignatius Gropp,* Neueste Sammlung von allerhand Geschicht-Schrifften, Begebenheit- und Denckwürdigkeiten, Bd. 4, Würzburg 1750, S. 465/66.

[8] Vgl. MAX HERMANN VON FREEDEN, Würzburgs Residenz und Fürstenhof zur Schönbornzeit, Mainfränkische Hefte, Heft 1, Würzburg 1948, S. 36. Jetzt auch in: Die Schönbornzeit — aus Frankens besseren Tagen, Mainfränkische Hefte, Heft 80, Würzburg 1983, S. 152. Das gesamte Gedicht findet sich bei GROPP, siehe Anm. 7, S. 564—566.

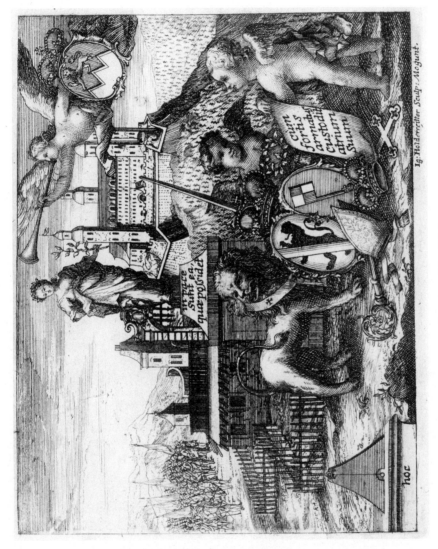

Allegorie auf den Frieden.
Kupferstich von Ignaz Holderreitter, Mainz um 1740.

ZUR ENTSTEHUNGSGESCHICHTE DES SCHLOSSES TAMBACH — METHODISCHES ZUR BAUGESCHICHTSFORSCHUNG

von

THOMAS KORTH

Das Schloß in Tambach, eine große und regelmäßige Dreiflügelanlage des Barocks (Abb. 1) mit beachtlicher Ausstatttung, ist der bayerischen Kunstdenkmälerinventarisation durch einen Zufall entgangen[1]. Das ist nicht nur für die Denkmalpflege, sondern auch für die Kunstgeschichte von Nachteil, denn es fehlen dadurch beinahe jegliche Grundlagen für eine nähere Beschäftigung mit dem Denkmal. Kunstwissenschaftlich hatte dies unter anderem Konsequenzen für die Bestimmung jener hochinteressanten unausgeführten Kapellenpläne des 18. Jahrhunderts, auf deren Existenz im Tambacher Schloßarchiv erstmals v. EGLOFFSTEIN 1972 hinwies[2]. Obgleich diese Risse 1982 von HOTZ im Katalog der Ausstellung „Zisterzienserklöster in Oberfranken" in Bamberg ausführlicher bearbeitet wurden[3], harren sie noch einer zusammenfassenden Untersuchung. Insofern ist die vorliegende Abhandlung auch eine Voraussetzung für die nähere Erörterung der Kapellenpläne, ein Vorhaben, das jedoch an anderer Stelle realisiert werden soll. Das Ziel der nachstehenden Zeilen ist ein anderes. Es geht darum, die komplizierte Baugeschichte des Schlosses möglichst weitgehend aufzuklären und dies methodisch bewußt zu tun, um zu zeigen, wie sehr Baugeschichtsforschung auf das Zusammenwirken quellen- und denkmalkritischer Verfahrensweisen angewiesen ist.

Das seit der Säkularisation den Grafen von Ortenburg gehörige Schloß[4] wurde im ausgehenden 17. und im 18. Jahrhundert als Amtshof der Zisterzienserabtei Langheim erbaut. Die Anfänge der klösterlichen Niederlassung reichen bis in die Mitte des 12.

---

[1] Das ehemalige Klosteramt Tambach der Zisterzienserabtei Langheim gehörte bis zur Säkularisation zum Territorium des Hochstifts Bamberg und wurde 1803 bayerisch. 1806 war es für einige Monate unabhängige Grafschaft, kam dann zum neu errichteten Großherzogtum Würzburg und kehrte schließlich 1810 teilweise und 1813 gänzlich an Bayern zurück. Vgl. WEISS, HILDEGARD, Lichtenfels-Staffelstein, München 1959, S. 176 (= Historischer Atlas von Bayern, Teil Franken, Reihe 1, Heft 7). Nach dem Anschluß des ehemaligen Herzogtums Coburg an den Freistaat Bayern 1920 wurde Tambach dem Landkreis Coburg zugeteilt, der bereits zu Beginn des Jahrhunderts im thüringischen Kunstdenkmälerinventar bearbeitet worden war (LEHFELDT, P. und G. VOSS, Bau- und Kunstdenkmäler Thüringens, Heft 28: Herzogthum Sachsen-Coburg und Gotha. Landrathsamt Coburg, Amtsgerichtsbezirke Neustadt, Rodach, Sonnefeld und Königsberg in Franken, Jena 1902; Heft 32: Amtsgerichtsbezirk Coburg. Stadt und Landorte, Jena 1906; Heft 33: Die Veste Coburg Jena 1907). So entzog sich der Ort der späteren Inventarisation des benachbarten Landkreises Staffelstein (LIPPERT, KARL-LUDWIG, Landkreis Staffelstein, München 1968).

[2] EGLOFFSTEIN, ALBRECHT GRAF VON UND ZU, Schlösser und Burgen in Oberfranken. Ein Handbuch, Frankfurt 1972, S. 83 f.

[3] HOTZ, JOACHIM, Zisterzienserklöster in Oberfranken. Ebrach-Langheim-Sonnefeld-Himmelkron-Schlüsselau. Ausstellung anläßlich des 850jährigen Gründungsjubiläums der ehemaligen Zisterzienserabtei Langheim. Historisches Museum Bamberg (Alte Hofhaltung) 3. Oktober—7. November 1982, Bamberg 1982, S. 99—104.

[4] Ab 1805/06 im Tausch gegen die Reichsgrafschaft Ortenburg bei Passau, welche bayerisch wurde — vgl. WEISS, a.a.O., S. 176.

Jahrhunderts zurück, als hier eine Grangie der Abtei entstand[5]. Zu dem sich bald als Kurie entwickelnden Hof gehörte ab dem 13. Jahrhundert auch eine Marienkapelle[6].

Über die Geschichte und das Aussehen der vorbarocken Bauten ist so gut wie nichts überliefert[7]. In den 90er Jahren des 17. Jahrhunderts begann Abt Gallus Knauer (1690—1728) den Sitz des großen und reichen Klosteramtes durch Neubauten repräsentativ zu gestalten und die Anlage systematisch auszubauen. Es gelang jedoch erst seinem vierten Nachfolger Johann Nepomuk Pitius (1774—1791) das Werk zu vollenden, ja die endgültige Systematisierung der Fassaden, wie sie offenbar in den letzten Jahren des 18. Jahrhunderts angestrebt wurde (Abb. 3), nahmen erst die Grafen von Ortenburg hundert Jahre später vor.

Über die Bauvorgänge ist aus der Literatur nur sehr wenig zu erfahren. Als erster gab 1826 JOACHIM HEINRICH JÄCK, als ehemaliger Langheimer Zisterzienser über die Geschichte seines Klosters und dessen Besitzungen gut orientiert, den kurzen Hinweis, daß Abt Gallus Knauer 1696/1700 den Hof zu Tambach erbaute[8]. Etwas differenzierter berichtete 1845 JACOBI[9], Knauer habe 1696—1700 den östlichen Flügel des Schlosses errichten lassen, an dem sich auch die Bauinschrift oberhalb des Portals mit der Jahreszahl 1698 befindet[10] (Abb. 2). Diese spärlichen Angaben wurden von der gesamten späteren Literatur übernommen, ohne daß neue Erkenntnisse hinzutraten. Erst 1952 teilte HEINRICH MAYER[11] mit, unter Abt Knauer sei Leonhard Dientzenhofer Baumeister in Tambach gewesen, wobei er sich auf Johann JOSEF MORPER berief, der über entsprechende Nachweise verfüge. Diese Nachricht wurde in der folgenden Literatur teils übernommen, teils kritisch beurteilt oder abgelehnt[12]. Sie ist tatsächlich richtig und kann belegt werden.

Leonhard Dientzenhofer, der unter Knauer sowohl in Langheim selbst als auch am langheim'schen Klosterhof in Kulmbach und am Gutshof Nassanger bei Trieb als Baumeister tätig war, hatte ab 1690 die Stellung eines Langheimer Hausarchitekten inne[13], eine Position wie er sie schon zwei Jahre zuvor bei Langheims Mutterkloster Ebrach er-

---

[5] HAUSMANN, FRIEDRICH, Tambach und seine Kirche im Wandel der Zeit. In: Festschrift anläßlich der Schloßkirchenweihe zu Tambach am Ostermontag 1965, o. O. 1965, S. 7—11, hier S. 7.
[6] Ebenda, S. 10: erste urkundliche Erwähnung 1297.
[7] Es ist nur ein Wiederaufbau des im Bauernkrieg 1525 niedergebrannten Klosterhofs unter Abt Ludwig Fuchs (1562—1572) überliefert — vgl. HAUSMANN, a.a.O., S. 9 und JACOBI, H., Die Standesherrschaft Tambach historisch-statistisch-topographisch, und Geschichte des herzoglichen und gräflichen Gesammthauses Orttenburg, Coburg 1845, S. 36.
[8] JÄCK, JOACHIM HEINRICH, Beschreibung des Wallfahrtsortes der Vierzehn-Heiligen zu Frankenthal und der damit verbunden gewesenen Cistercienser-Abtei Langheim im Ober-Mainkreise, Nürnberg 1826, S. 62.
[9] JACOBI, a.a.O., S. 36.
[10] Das noch heute an Ort und Stelle zu lesende lateinische Distychon befindet sich in einer von den Wappen Langheims und des Abtes Knauer bekrönten Kartusche oberhalb der das Durchfahrtsportal schmückenden Nischenädikula und lautete: *Hanc Mihi Svmma Dedit / Galli Prvdentia Formam / Cvi Refero Totvm qvod / Domvs Artis Habet / M. D. C. XC. VIII.*
[11] MAYER, HEINRICH, Die Kunst des Bamberger Umlandes, 2. Aufl. Bamberg 1952, S. 257.
[12] Übernommen von TEUFEL, RICHARD: Bau- und Kunstdenkmäler im Landkreis Coburg, Coburg 1956, S. 146 f.; HAUSMANN, a.a.O., S. 9; GELDNER, FERDINAND, Langheim. Wirken und Schicksal eines fränkischen Zisterzienser-Klosters, Kulmbach 1966, S. 211. Ablehnung der Zuschreibung an Dientzenhofer bei EGLOFFSTEIN, a.a.O., S. 83 sowie bei MAHNKE, FRITZ, Schlösser und Burgen im Umkreis der fränkischen Krone, 3. Aufl., Coburg 1974, S. 137.
[13] Über Leonhard Dientzenhofer bereitet der Verfasser eine eigene Abhandlung vor. Dort wird darüber ausführlich berichtet.

reicht hatte[14]. Die wichtigste Quelle zu Dientzenhofers Tätigkeit in Tambach ist ein Auflagebuch der Bamberger Maurergesellen, in welchem zu Michaelis 1697 die Namen von 16 Mann unter der Rubrik *Verzeichnuß deren gesellen so under H. Baumeister zu Tambach in der arbeit gestanden* geführt werden[15]. Der *Herr Baumeister* ist in dem Auflagebuch wie auch sonst in den Bamberger Handwerksakten regelmäßig Leonhard Dientzenhofer, der sich als einziger in der Zunft dieses Titels erfreute[16]. Im Jahr 1699 werden im genannten Auflagebuch 21 Gesellen Dientzenhofers in Tambach aufgeführt[17]. Auch 1700 noch werden einzelne Maurergesellen als in Tambach tätig erwähnt[18].

Zu dieser Quelle gesellen sich sodann die noch erhaltenen Tambacher Hofmeisterrechnungen, in denen Leonhard Dientzenhofer öfter als der *Baumeister aus Bamberg* auftaucht, und zwar erstmals zwischen Petri Cathedra (= 18. Januar) 1692 und 1693, als man Hafer für des *Baumeisters in Bamberg pferdt* abgab[19]. Am 24. April 1694 erhielt ein Tambacher Untertan Lohn *als er den baumeister von bamberg abgeholt*[20] und am 21. Juni wurde derselbe *nacher bamberg wegen des Baumeisters* geschickt[21]. Auch das Pferd Dientzenhofers bekam in diesem Jahr wieder seinen Hafer und zwar am 6. Mai[22] und am 16. Juli. Bei letzterer Gelegenheit wird der Vorname des Meisters genannt: *H[errn] Linhard baumeisters pferdt*[23]. Da der Rechnungsjahrgang 1695/96 fehlt, lassen sich für diesen Zeitraum keine Angaben machen. Dafür ist Dientzenhofer wieder im Winter 1696 anzutreffen, denn es wird vom 2. bis 5. Dezember Hafer verrechnet *als d. Gd. H.* [= der Gnädige Herr, also der Abt] *mit dem baumeister zu bamberg mit 12 pf* [= Pferden] *allhier gewesen*[24]. Dientzenhofer kam also diesmal in Begleitung des Bauherrn Gallus Knauer nach Tambach. Weitere Haferabgaben für des Baumeisters Pferd finden sich in den Rechnungen für den 26. bis 28. Mai 1697[25], den 28. April 1699[26] und den 22. September 1701[27] verzeichnet. Im Dezember 1699 wurde außerdem nochmals ein Untertan nach Bamberg zum Baumeister geschickt[28].

---

[14] Vgl. KORTH, THOMAS, Leonhard Dientzenhofers Ebracher Architektur. In: Festschrift Ebrach 1127—1977, hg. von Gerd Zimmermann, Volkach 1977, S. 259—343.

[15] Stadtarchiv Bamberg, H. V. Rep. 2 Nr. 41 fol. 30v—31r. Die Namen lauten: Peter Lindner, Paul Thaler, Hans Georg Thuß, Stephan Herzog, Nikolaus Pröker, Ulrich Klotz, Valentin Danheimer, Georg Krieser, Augustin Zotz, Hans Biermann, Michael Löffler, Antonius Löffler, Simon Löffler, Martin Hindalendter, Georg Krattler und Georg Klotz.

[16] Die übrigen Zunftgenossen firmieren nur als Maurermeister und werden auch nicht mit *Herr*, sondern mit *Meister* bezeichnet oder angesprochen.

[17] Stadtarchiv Bamberg, H. V. Rep. 2 Nr. 41 fol. 38v. Die Namen lauten: Hans Bergner, Georg Diepel, Jobst Müller, Hans Kauper, Hans Püttner, Hans Klinger, Hans Jobst Schmid, Hans Adam Vogt, Peter Diesel, Christoph Müller, Joseph Werlig, Daniel Schwarz, Johann Christoph Hager, Ludwig Grosperberger, Peter Kolmberger, Leonhard Musicka, Paul Thaler, Barthel Kuck, Barthel Püchel, Jakob Barthel und Valentin Munckhenast. Letzterer ist wohl ein Mitglied der bekannten, aus Tirol abstammenden Architektenfamilie Munggenast.

[18] Ebenda, fol. 37v.

[19] Gräflich Ortenburg'sches Archiv Tambach, Hofmeisterrechnung 1692/93 (ohne Blattzählung), Rubrik: Ausgaben wegen Hafer für fremde Pferde.

[20] Ebenda, 1694/95, fol. 33r.

[21] Ebenda, fol. 19r.

[22] Ebenda, fol. 56r.

[23] Ebenda, fol. 56r.

[24] Ebenda, 1696/97, fol. 51v.

[25] Ebenda, 1697/98, fol. 53r.

[26] Ebenda, 1699/1700, fol. 54r.

[27] Ebenda, 1701/02, fol. 48r.

[28] Ebenda, 1699/1700, fol. 21r.

Neben dem Baumeister erscheinen in den Tambacher Hofmeisterrechnungen auch Poliere Dientzenhofers. So wird an einem nicht näher bezeichneten Tag des Jahres 1693 oder vielleicht auch erst des Januars 1694 Hafer für des *Pallierers in Culmbach pferd* bezahlt[29]. In Kulmbach hatte Dientzenhofer für die Zisterzienser von Langheim 1691—94 den neuen Amtshof errichtet[30]. Zwischen Petri Cathedra 1696 und 1697 wird Wegzehrung bezahlt, um *des Palliers wahren nach bamberg zu führen*[31]. Und am 1. Juli 1696 wird den *Beyreuther Pferdten, so H. Pallier wahren anhero geführt* Hafer verabreicht[32]. Leider ist der Wegzug des Poliers nach Bamberg nicht näher datiert. Es liegt aber nahe anzunehmen, daß es 1696 einen Wechsel in der örtlichen Bauleitung gab, also der womöglich zuvor (bis 1693) in Kulmbach tätige Polier die Tambacher Baustelle wieder verließ. Da bei der Ankunft des neuen Poliers von den Bayreuther Pferden gesprochen wird, die offenbar dessen Hab und Gut nach Tambach brachten, ist anzunehmen, daß der Polier von der Baustelle Dientzenhofers am Alten Schloß in Bayreuth kam[33]. Ob es sich dabei um den Bayreuther Polier Jakob Stöcklein handelte, oder ob ein anderer Geselle von Bayreuth als Polier nach Tambach abgeordnet wurde, läßt sich freilich nicht entscheiden. Beim Vergleich der Namen der Bayreuther Gesellen von 1696 und 1697 in dem bereits zitierten Bamberger Auflagebuch mit denen derer, die 1697 in Tambach arbeiten, fällt aber auf, daß sieben der zehn Tambacher Gesellen vorher der Bayreuther Truppe angehörten. 1699 hat sich das Bild jedoch entschieden verändert: Unter den 21 Tambacher Gesellen ist nur ein einziger dabei, der schon 1697 genannt wurde[34]. Noch auffälliger aber ist, daß diese Truppe bis auf einen zweiten bei Dientzenhofer nachweisbaren Gesellen[35], sich nur aus Männern rekrutierte, die weder vorher noch nachher in der Baugesellschaft des Bamberger Architekten auftauchen. Es sieht demnach so aus, als ob sich Dientzenhofer hier eine Mannschaft kurzfristig von einem anderen Meister „auslieh". In diesem und im folgenden Jahr (also 1699/1700) sind zahlreiche Ausgaben für Haferabgaben an das Pferd des Poliers verzeichnet[36], so daß man versucht ist anzunehmen, dieser sei öfter von auswärts nach Tambach geritten, habe also nur ab und zu nach dem Rechten gesehen. Da jedoch zumindest noch 1699 mit Hochdruck gearbeitet wurde (21 Maurer!), fällt es schwer, an eine Abwesenheit des Poliers zu glauben. Möglicherweise handelt es sich also bei dem reisenden Polier um einen zweiten, der in der Funktion eines Oberpoliers den Baumeister vertrat. Dabei wäre an den jüngeren Bruder Leonhards, Johann Dientzenhofer zu denken, der z. B. am 29. September 1700 die in Tambach kassierten Gesellengelder in Bamberg ablieferte[37].

Über sonstige am Bau beteiligte Meister ist über die Hofmeisterrechnungen nur sehr wenig zu erfahren. Immerhin aber taucht am 10. Dezember 1694 und am 13. Juli 1699 der Steinbrechermeister Nikolaus Steuer aus dem benachbarten Neundorf auf, der je-

---

[29] Ebenda, 1693/94 (ohne Blattzählung), Rubrik: Ausgaben wegen Hafer für fremde Pferde.
[30] Vgl. Anm. 13.
[31] Gräflich Ortenburg'sches Archiv Tambach, Hofmeisterrechnung 1697/98, fol. 20ᵛ.
[32] Ebenda, fol. 53ʳ.
[33] Vgl. Anm. 13.
[34] Paul Thaler.
[35] Peter Kolmberger.
[36] Gräflich Ortenburg'sches Archiv Tambach, Hofmeisterrechnung 1699/1700, fol. 53ᵛ: Insgesamt sieben Ausgaben zwischen dem 9. April und dem 18. November 1699. Am 28. April war der Polier gemeinsam mit dem Baumeister und einem Reiter gekommen — ebenda fol. 54ʳ. Ebenda, 1700/01, fol. 49ᵛ: drei Ausgaben am 26. März, 16. April und 16. Mai 1700.
[37] Stadtarchiv Bamberg, H. V. Rep. 2 Nr. 41, fol. 38ᵛ.

weils Korn als Draufgabe zu seinen Kontrakten für 1000 Quadersteine erhielt[38]. Eine ähnliche Naturalabgabe, diesmal Weizen, bekam der namentlich nicht genannte Schieferdecker gemäß dem mit ihm geschlossenen Vertrag im Jahr 1700[39]. Gleichfalls 1700 wird der Stukkator genannt, dessen Pferd mit Hafer versorgt wird[40]. 1701 erhielt der Stukkator auf seinen Vertrag *in verferdtigung einer Stueben* einen halben und anläßlich des Vertragabschlusses *wegen des underen Saals* einen ganzen Simmer Weizen[41]. Am 1. Juni 1702 wurden schließlich *herrn Jacob Stuckhadorn wegen accordirter arbeith* drei Simmer Weizen abgegeben[42]. Mit diesem Meister Jakob könnte der Bamberger Hofstukkator Johann Jakob Vogel identifiziert werden[43], doch zeigen die erhaltenen Tambacher Stuckdecken nicht den, insbesondere von der Neuen Residenz in Bamberg her bekannten Stil Vogels[44]. Es wird sich also wohl doch um einen anderen, noch zu identifizierenden Stukkator handeln[45].

Aus diesen spärlichen und indirekten archivalischen Nachrichten ergibt sich zunächst nur ein ziemlich verschwommenes Bild der Baugeschichte: Vielleicht noch 1692, spätestens jedoch im Januar 1693 ist Leonhard Dientzenhofer erstmals in Tambach nachweisbar. Man wird mit dieser Anwesenheit wohl den Anfang der Planung in Verbindung bringen dürfen. Ende 1694 ist erstmals von einem geschlossenen Vertrag über Quadersteine zu hören; Dientzenhofer kommt ab jetzt mehrmals im Jahr nach Tambach oder man schickt nach ihm. 1697 sind die Maurer Dientzenhofers faßbar, welche noch 1699 und 1700 am Schloßbau arbeiten. 1700 werden der Schieferdecker und der Stukkator erwähnt; letzterer ist noch 1702 im Schloß beschäftigt.

Nach diesen Daten steht fest, daß trotz des relativ späten Auftauchens der Tambacher Maurer aus der Firma Dientzenhofers in dem genannten Bamberger Auflagebuch (1697) der Baubeginn um 1695 anzusetzen ist. Der Abschluß der Arbeiten ist für 1700/01 gesichert. Mit diesen Daten ist die Jahreszahl 1698 auf der Inschriftentafel über dem Portal des Ostflügels jedoch insofern schwer in Einklang zu bringen, als solche Zahlen in aller Regel entweder den Baubeginn oder die Bauvollendung anzeigen[46]. Wurde also vielleicht während der Baukampagne von 1695 bis 1701 noch an anderen Teilen des Schlosses gebaut?

Bei dieser Frage hilft angesichts der dürftigen schriftlichen Überlieferung die angewandte quellenkritische Methode allein nicht weiter. Die Lösung ist nun unter Hinzuziehung denkmalkritischer Untersuchungsverfahren anzustreben. Dabei sei mit einer

---

[38] Gräflich Ortenburg'sches Archiv Tambach, Hofmeisterrechnung 1694/95, fol. 46r: *1/4 S. dem Niclas Steuwer zu Neundorf geben wegen 1000 Quader zu brechen, vermög des gedings zetdel 10 Decemb.*; Ebenda, 1699/1700, fol. 43r: *1 Sra Korn M:Niclas Steinbrechern geben den 13 July welches wegen 1000 quatter nach dem Contract mit verdinget.*

[39] Ebenda, 1700/01, fol. 43r: *1 Sra dem Schifferdecker für das dach zu decken eingedingt lauth contracts.*

[40] Ebenda, fol. 49v.

[41] Ebenda, 1701/02, fol. 41r.

[42] Ebenda, 1702/03, fol. 41r.

[43] Vogel arbeitete mit Dientzenhofer vor allem an der Neuen Residenz in Bamberg zusammen. Es gab auch Patenschaften zwischen den Familien der beiden Meister.

[44] Vgl. zu den Arbeiten Vogels VIERL, PETER, Der Stuck. Aufbau und Werdegang erläutert am Beispiel der Neuen Residenz Bamberg, München/Berlin 1969.

[45] Ob Johann Jakob Schöniger, der im Alten Schloß zu Bayreuth stuckierte, in Betracht kommt, bliebe noch zu prüfen. Schöniger verließ freilich Bayreuth schon 1684 und war dann in Sachsen tätig — vgl. SITZMANN, KARL, Künstler und Kunsthandwerker in Ostfranken, Kulmbach 1957, S. 496.

[46] In der Literatur wird das Datum regelmäßig als Bauvollendungsjahr genannt — zu Recht, wie jedoch erst nachzuweisen ist.

bewährten Methode der Bauforschung im engeren Sinne begonnen, die es in diesem Fall glücklicherweise ziemlich einfach hat: Das Schloß ist aus unverputzten Sandsteinquadern erbaut und bei genauer Betrachtung der Fassaden sind sowohl im Ehrenhof als auch an den Außenseiten insgesamt sechs Baunähte festzustellen. Dabei korrespondieren die hofseitigen Baunähte mit denen an den äußeren Fronten, so daß sich das Gebäude in vier Teile zerlegen läßt, die separat entstanden sind (Fig. S. 453). Die erste Baunaht ist am Hauptflügel hofseitig zwischen der zweiten und dritten Achse, außen zwischen der fünften und sechsten Achse von Osten zu erkennen. Die zweite Naht ist ebenfalls am Hauptflügel zu finden und zwar hofseitig zwischen der elften und zwölften, außen zwischen der 14. und 15. Achse von Osten. Die dritte Naht schließlich verläuft am Westflügel hofseitig zwischen der dritten und vierten, außen zwischen der sechsten und siebten Achse von Norden. Erkennbar sind die Nähte durch den Wechsel der Oberflächenbearbeitung der Quader sowie durch das Auftreten bzw. Fehlen von Steinmetzzeichen (Abb. 8). Der Ostflügel und ein Stück des Hauptflügels bis zur ersten Naht (1. Bauteil) ist aus rauheren Steinen mit großen eingemeißelten Steinmetzzeichen[47] gefügt, der weitere Abschnitt des Hauptflügels (2. Bauteil) bis zur zweiten Baunaht weist dagegen glätter bearbeitete Steine auf, die keine Steinmetzzeichen tragen. Der folgende Teil des Haupttrakts und ein Stück des Westflügels (3. Bauteil) bis zur dritten Baunaht zeigt dagegen das gleiche Oberflächenbild und dieselben Steinmetzzeichen wie der erste Bauteil im Osten, während das südliche Ende des Westflügels (4. Bauteil) dem zweiten Bauteil entspricht. Dieses von den Fassaden her gewonnene Ergebnis erfährt durch die Brandmauern im Dachstuhl und die Unterschiede in der Dachgerüstkonstruktion eine zusätzliche Unterstützung.

Aus diesen Beobachtungen folgt eine klare gegenseitige zeitliche Zuordnung: Der erste und dritte Bauteil entstanden in einer Baukampagne, der zweite und vierte in einer anderen. Die relative Chronologie der beiden Baukampagnen steht durch die Datierung des 1. Bauteils 1698 und durch den sowohl durch das Wappen des Abtes Pitius (1774—91), als auch durch den Stilbefund in das ausgehende 18. Jahrhundert zu datierenden 2. Bauteil fest. Dieses mit Methoden der Bauforschung gewonnene Ergebnis wird durch einen Situationsplan des Schlosses auf einer Karte der Gemarkung Tambach aus der Mitte des 18. Jahrhunderts bestätigt (Abb. 4)[48]. Auf ihm sind nur die in der ersten Baukampagne errichteten Teile des Schlosses (1. und 3. Bauteil) eingezeichnet; daneben noch ältere Bauten, darunter vor allem die mittelalterliche Marienkapelle, die schräg in der westlichen Hälfte des Schloßhofs stand[49].

Zurück zu der nicht gelösten Frage, ob in der Baukampagne, in welcher der Ostflügel entstand, noch andere Teile des Schlosses errichtet wurden. Die Frage kann jetzt eindeutig bejaht werden, denn die bauforscherischen Beobachtungen haben ergeben, daß

---

[47] Es handelt sich um relativ große und deutlich eingemeißelte lateinische Kapitalis-Buchstaben.

[48] Gräflich Ortenburg'sches Archiv Tambach, Plansammlung. Karte der Gemarkung Tambach um 1745/50, Papier auf Leinwand aufgezogen, graue Feder, koloriert. Darauf Situation des Schlosses Tambach und seiner Nebengebäude in Umrißlinien.

[49] Der erstmals 1296 erwähnte Kapellenbau — vgl. Anm. 6 — wird noch 1782 als bestehend beschrieben: *die in dem Amthof ganz separat stehende alte Kapelle ist sehr ruinos.* An anderer Stelle heißt es: *daß die dermalen in ihren Amthof separirt stehende alte Kapelle vor zeiten dem alten Amthof angebaut, somit ein Contignum und offentliche Haus Kapelle gewesen seye, wie dann ihr dermahliger Hr. Secretarius Mauerer selbst bekennen müsse, daß er nächst der Kapelle sein Wohnzimmer gehabt habe.* Ferner wird berichtet, die alte Kapelle besitze einen Turm mit zwei Glocken. — StA Bamberg, Rep. B 49 Nr. 273, fol. 24 ff. Auf dem in Anm. 48 nachgewiesenen Plan steht die Kapelle bereits ganz frei mit einem quadratischen Westturm in der Breite des Schiffs und einem dreiseitig geschlossenen Chor im Osten.

in unmittelbarer zeitlicher Nähe zu jener Phase, in welcher der Ostflügel (1. Bauteil) entstand, auch der 3. Bauteil des Schlosses aufgeführt wurde. Diese Feststellung eröffnet den Weg zu einer Interpretation der Jahreszahl 1698 am Ostflügel. Denn während auf rein archivalischer Grundlage die Zahl nicht sicher erklärbar war, kann sie nun entweder als Jahr des Baubeginns oder des Bauabschlusses des Ostflügels (1. Bauteil) in Erwägung gezogen werden. Das Datum markiert mithin so oder so die zeitliche Grenze zwischen zwei Bauabschnitten innerhalb der ersten Baukampagne. Es bleibt nur die Frage, welcher Bauteil (der erste oder der dritte) zunächst errichtet wurde.

Dazu sind die beiden Bauteile abermals denkmalkritisch, nunmehr jedoch vornehmlich im Hinblick auf die Nutzungsfunktion näher zu untersuchen. Der weitgehend unverändert erhaltene Ostflügel (1. Bauteil) enthält und enthielt seit jeher bewohnbare (heizbare) Zimmer, sowie eine Küche. Es handelt sich also bei ihm um den Wohn- und Verwaltungstrakt des klösterlichen Amtshofes. Der zweite Bauteil ist dagegen 1891 stark verändert worden[50]. Der dreigeschossige Bau mit bewohnbaren Zimmern in den Obergeschossen über der erdgeschossigen Stallung gleicht heute ganz dem Ostflügel, besaß ursprünglich jedoch drei Schüttböden über dem Stall, die sich als niedrigere Geschosse mit kleinen lukenartigen Fenstern an den Außenfronten bemerkbar machten. Den äußeren Eindruck dieses Zustandes gibt eine perspektivische Ansicht des Schlosses von 1821 wieder[51] (Abb. 5), die innere Einteilung ein Grundriß von 1804[52] (Abb. 6). Die Funktion dieses Bauteils war also die einer Stallung und eines Getreidekastens. Einen gleichartigen Bau mit Viehstall im Erdgeschoß und darüberliegenden Schüttböden hatte Leonhard Dientzenhofer bereits im oben erwähnten Langheimer Hof in Kulmbach errichtet, der dort unmittelbar an das hakenförmige Wohn- und Verwaltungsgebäude anschließt[53]. Auch an den 1692/93 erbauten, ganz freistehenden Schüttboden Dientzenhofers beim Schloß der Ebracher Zisterzienser in Sulzheim sei erinnert, der ebenfalls im Erdgeschoß den Viehstall birgt[54].

Die Funktionsbestimmung der beiden Bauteile enthält allein jedoch noch keinen Hinweis darauf, welcher von ihnen früher entstand. Indes ist eine Nachricht von 1782 aufschlußreich, wonach die ehemals im westlichen Hofbereich des Schlosses stehende gotische Kapelle mit dem älteren Wohngebäude des Amtshofes in baulicher Verbindung stand[55], dieser also ebenfalls im Westen anzusiedeln ist. Man hat aber das alte Wohngebäude ganz sicher nicht vor Fertigstellung des neuen Wohnbaus abgetragen, so daß sich schon aus dieser einfachen Überlegung die zeitliche Priorität des Wohnzwecken dienenden Ostflügels ergibt.

Noch etwas läßt sich aus der Grundrißdisposition des Schlosses erschließen: Es fällt auf, daß der Ostflügel eine zweischiffige Durchfahrt mit einem Säulenportal und einer architektonisch hervorgehobenen Fußgängerpforte besitzt (Abb. 2). Dies und die Anbringung der bereits erwähnten Bauinschrift über dem Portal machen offenbar, daß hier

---

[50] Gräflich Ortenburg'sches Archiv Tambach, Plansammlung, Umbaupläne 1891 datiert.
[51] Ebenda, Perspektivische Darstellung des Schlosses Tambach von der Ehrenhofseite, oben bez.: *Das Schloss zu Tambach*, unten rechts: *gezeichnet am 16. April 1821*; schwarze Feder, koloriert, 25,5 × 40,9 cm.
[52] Ebenda, Plansammlung.
[53] Grundriß und Ansicht in Kupferstichen bei FIKENSCHER, G. W. F., Versuch einer Geschichte des der ehemaligen Cisterzienser Abtei Langheim, nun dem Hause Brandenburg zugehörenden Mönchshof zu Culmbach, Nürnberg 1804. Die vermutliche Vorzeichnung zu dem Grundriß-Stich befindet sich in der Architektursammlung der Technischen Universität München, Inv.-Nr. 2234. Abb. bei HOTZ, a.a.O., Abb. 9, Katalog S. 105 Nr. 140.
[54] Vgl. Anm. 13.
[55] Vgl. Anm. 49.

der Haupteingang des Schlosses vorgesehen war, der auch tatsächlich solange als solcher genutzt wurde bis der zweite Bauteil aus dem späten 18. Jahrhundert mit der neuen Durchfahrt errichtet war. Aus der Tatsache des ehemaligen Haupteingangs im Ostflügel ist aber zu schließen, daß dieser Bauteil noch ohne den Plan einer Dreiflügelanlage entstand, denn sonst hätte man die Einfahrt im Mittel- und nicht im Seitenflügel untergebracht. Es war also anfangs nur ein hakenförmiger Amtshof vorgesehen — übrigens eine gewöhnliche Anlageform von Amtshöfen oder Schlössern dieser Zeit, wobei abermals an den genannten Langheimer Hof in Kulmbach erinnert sei. Man könnte nun aus der differierenden Fassadengestaltung des Stallungs- und Schüttbodenflügels schließen, daß auch bei dessen Errichtung noch nicht an eine Ehrenhofanlage gedacht war, doch beweist seine Lage und die Winkelform das Gegenteil. Denn nur unter Zugrundelegung eines Ehrenhofplans ist die für einen landwirtschaftlichen Nutzbau unpraktische Hakenform des zunächst ja isoliert stehenden Gebäudes erklärbar. Auch hieraus wird deutlich, daß der dritte Bauteil nach dem ersten entstanden sein muß. Damit ist die Jahreszahl 1698 über der Einfahrt des Ostflügels nicht nur endgültig als Vollendungsdatum dieses Bauteils erwiesen, sondern es markiert darüber hinaus den interessanten Planwechsel von der Haken- zur Hufeisenform des Schlosses.

Zu dem Ergebnis, daß der 1. Bauteil 1695—1698 nach einem Plan errichtet wurde, der eine einfache winkelförmige Anlage vorsah, der 3. Bauteil jedoch 1698—1700/01 nach einem neuen Ehrenhofprojekt entstand, führte die Kombination archivalischer, bauforscherischer und funktionsanalytischer Methoden. Es soll zur Kontrolle auch architekturgeschichtlich und im Hinblick auf die künstlerische Entwicklung des Architekten Dientzenhofer überprüft werden.

Die Ehrenhofanlage ist in Franken zuerst am markgräflichen Alten Schloß in Bayreuth um 1676 unter Elias Gedeler und dann am herzoglichen Residenzschloß „Ehrenburg" in Coburg unter Christian Richter ab 1690 verwirklicht worden[56]. Leonhard Dientzenhofer setzte sich mit dieser Form zuerst ab 1696 bei der Erweiterung des Schönborn-Schlosses Gaibach auseinander, als er an die Vierflügelanlage des alten Schlosses, ähnlich wie es in Coburg geschah, zwei Gartenflügel anfügte, die einen Ehrenhof umschließen[57]. Das Bayreuther und Coburger Vorbild fand aber bei dem Architekten nicht nur in Gaibach (eine verkleinerte) Nachfolge, sondern wurde ins Großartige übersetzt bei den nicht ausgeführten Plänen für die Neue Residenz in Bamberg, die — seit 1698 im Bau — nach einem ab 1700 gültigen Konzept als Ehrenhofanlage mit abschließenden Pavillons ähnlich der Coburger Lösung entstehen sollte[58].

Bauherr des Schlosses Gaibach und der Neuen Residenz war Kurfürst Lothar Franz v. Schönborn und es ist klar, daß der Gedanke der Ehrenhofanlage bei Dientzenhofer zunächst an diesen fürstlichen Bauunternehmungen reifte. Als Tambach 1695 begonnen wurde, hatte sich Dientzenhofer noch nicht mit diesem Baugedanken auseinandergesetzt, doch als er es 1696 in Gaibach und wohl doch schon ab 1698 in Bamberg tat, führte dies zum Planwechsel bei dem langheimischen Amtschloß, das nun auch und si-

---

[56] Zu Bayreuth vgl. GEBESSLER, AUGUST, Stadt und Landkreis Bayreuth, München 1959 (= Bayerische Kunstdenkmale, 6), S. 25. Zur barocken Baugeschichte der Ehrenburg vgl. Brunner, Herbert: Die Bautätigkeit an Schloß Ehrenburg unter Herzog Albrecht. In: Jahrbuch der Coburger Landesstiftung 1958, 159—184. An beiden Residenzschlössern sind allerdings die Ehrenhöfe durch erweiternde Flügelbauten zustande gekommen.

[57] Vgl. zur Baugeschichte des Schlosses Gaibach insbesondere den Quellenanhang bei WENZEL, WERNER, Die Gärten des Lothar Franz von Schönborn 1655—1729, Berlin 1970.

[58] Vgl. MAYER, HEINRICH, Bamberger Residenzen. Eine Kulturgeschichte der Alten Hofhaltung, des Schlosses Geyerswörth, der Neuen Hofhaltung und der Neuen Residenz zu Bamberg, München 1951, S. 85.

Abb. 1 Schloß Tambach, Ehrenhofseite

Abb. 2 Schloß Tambach, Portalgruppe an der Ostfassade

Abb. 3 Schloß Tambach, Ansicht der Ehrenhofseite 1793

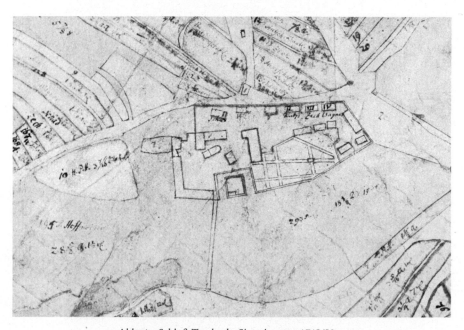

Abb. 4 Schloß Tambach, Situation um 1745/50

Abb. 5   Schloß Tambach, Ansicht der Ehrenhofseite 1821

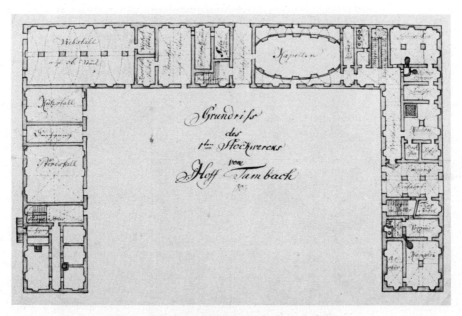

Abb. 6   Schloß Tambach, Erdgeschoßgrundriß 1804

Abb. 7 Schloß Tambach, Risalit des Ehrenhofs

Abb. 8 Schloß Tambach, Baunaht an der Ehrenhofseite des Westflügels rechts neben der vierten Fensterachse von Norden (links Bauteil 4, rechts Bauteil 3 mit Steinmetzzeichen. Die Fensterachse selbst geht auf die Veränderung von 1891 zurück; die entsprechenden Baunähte sind ebenfalls zu erkennen.

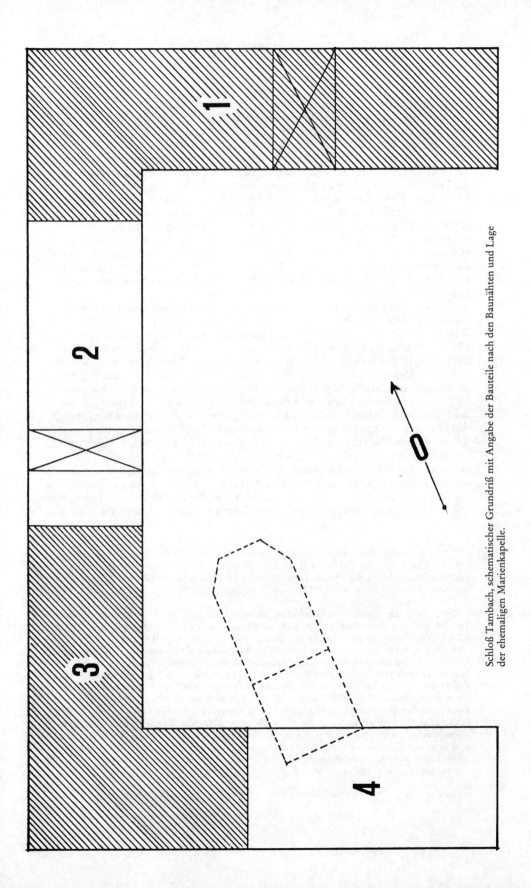

Schloß Tambach, schematischer Grundriß mit Angabe der Bauteile nach den Baunähten und Lage der ehemaligen Marienkapelle.

cher von Abt Gallus Knauer gewünscht in „fürstlicher" Anlageform erscheinen sollte. Charakteristisch ist dabei die Unbekümmertheit, in der das geschah, denn man genierte sich nicht, ein Wirtschaftsgebäude, das als solches auch äußerlich erkennbar war, als einen Teil der Ehrenhofanlage zu errichten. Erst die Ansicht des Schlosses im Tambacher Kataster von 1793[59] nimmt Anstoß an der Realität und zeigt ganz regelmäßig gebildete Hoffassaden (Abb. 3) — sicher ein Hinweis auf den damals vorhandenen Wunsch, die Front des Kornhauses zu adaptieren, was dann freilich erst nach einem knappen Jahrhundert Wirklichkeit wurde. Die zweite Baukampagne, in welcher der zweite und der vierte Bauteil errichtet wurden, fällt in die Zeit des Abtes Johann Nepomuk Pitius (1774—1791), dessen großes Wappen im äußeren Giebel über der Einfahrt des Haupttraktes prangt. Die eingangs erwähnten unausgeführten Pläne für eine Schloßkapelle im Bereich des insgesamt neun Achsen umfassenden zweiten Bauteils reichen allerdings in die Zeit der Äbte Stefan Mösinger (1734—1751) und Malachias Limmer (1751—1774) zurück. Sie bleiben wie gesagt in diesem Zusammenhang ausgeklammert und werden an anderer Stelle behandelt.

Über die tatsächliche Bauzeit der beiden Trakte machte JACOBI genauere Angaben, indem er schrieb, *Abt Johann Nepomuk Pitius endlich ergänzte von 1780—86 den mittleren Flügel mit der Kirche* [= zweiter Bauteil] *und das fehlende Stück am westlichen Theile* [= vierter Bauteil] *und gab so dem Bau seine ganze, noch gegenwärtige, äußere Vollendung*[60]. Die Kapelle wurde am Pfingstmontag des Jahres 1786 durch Abt Pitius gegen den Widerstand des Fürstbischofs Franz Ludwig v. Erthal in seiner Eigenschaft als Würzburger Diözesanbischof benediziert[61]. Tatsächlich war die Kapelle aber bereits 1782 baulich vollendet, denn es gibt einen vom 12. Dezember 1782 datierenden Bericht des Pfarrers und Dekans von Mürsbach Franz Lukas Dotzel an Franz Ludwig von Erthal über den fertiggestellten *neuen Kapellenbau*[62]. Durch dieses Dokument wird die Angabe JACOBIS bestätigt, daß die Baumaßnahmen 1780 begonnen hatten. Auch die Reihenfolge der beiden Bauteile ist klar: Es wurde mit dem Kapellentrakt (2. Bauteil) begonnen, der 1780—1782 entstand. Erst nach Abbruch der alten Kapelle im Schloßhof, deren Turm sich mit dem Ende des Westflügels (4. Bauteil) kreuzt, konnte mit dessen Neubau begonnen werden, der demnach zwischen 1783 und 1786 aufgeführt wurde. Man verlängerte dabei zunächst den viergeschossigen Wirtschaftsflügel (3. Bau-

---

[59] Staatsbibliothek Bamberg, VIII A 62: Geometrischer Atlaß über die zum Langheimer Amtshofe Tambach gehörigen Wälder mit ihren Abtheilungen; Frontispiz: Perspektivische Ansicht des Schlosses Tambach von der Ehrenhofseite, graue Feder, koloriert, 46 × 57,7 cm. Der Atlas wurde unter Abt Candidus Hemmerlein (1791—1803) angelegt; Tafel VI trägt die Jahreszahl 1793.

[60] JACOBI, a.a.O., S. 37.

[61] Vgl. PÖLNITZ, SIGMUND V.: Geschichte, Kunst und Kultur in Tambach. In: Festschrift anläßlich der Schloßkirchenweihe zu Tambach am Ostermontag 1965, o. O. 1965, S. 12—19, hier S. 16 f. Die von Pölnitz nicht mitgeteilte Quelle: StA Bamberg, Rep. B 49 Nr. 273.

[62] StA Bamberg, Rep. B 49 Nr. 273, fol. 24 ff.: *Was also quoad primum den daselbstigen neüen Kapellenbau und die dabey vorkommende Localumstände anbelanget, so ist dieser bau dem Wohnhaus dieser Ordens Geistlichen in der untersten Etage parterre, so und dergestalten eingeschaltet, und angebracht, daß man äusserlich an dem bau nichts von einer Kapelle wahrnimmt; die fenster laufen in einer gleichen Simetrie fort, und werden auch über die Kapelle eingerichtet; das einzige, was eine in diesem bau vorfindliche Kapelle andeuten mag, ist der hölzerne thurn, welcher oben zu Tach hinausgeführet ist, wohin vermuthlich die zwey Klöcklein, welche in dem alten Kapellen thurn hangen, werden transferiret, und zur h. Messe ein Zeichen gegeben werden; Gedachte Kapelle ist meiner Ausmessung nach 21. Schritt lang und 15. breit, hat auch an beyden Seiten 2. kleine Neben thürn zum Ein- und Ausgang theils in den innern, theils äusseren Amthof, wo die Hofbauern wohnen, jedoch ohne portal.*

teil) um vier Achsen, um sodann einen dreigeschossigen Kopfbau anzufügen, der äußerlich dem ersten Bauteil entspricht. Die Lisene, welche die beiden verschiedengeschossigen Fassaden teilte, ist noch heute vorhanden.

Als Baumeister nennt die neuere Forschung überwiegend den Bamberger Hofbaumeister Lorenz Fink (1745—1817), dem erstmals Heinrich Mayer 1930 den endgültigen Ausbau des Schlosses zuschrieb[63]. JACOBI vermutete dagegen den Staffelsteiner Maurermeister Sebastian Weber, den er offenbar als *Meister Bastel* in nicht nachgewiesenen Archivalen fand[64]. HOTZ hat Weber (1730—1783) in einem Aufsatz über Kloster Banz 1967 deutlicher als Künstlerpersönlichkeit fassen können und ihm unter anderem dem 1772 datierten Torbau sowie den um 1780 entstandenen Risalit des Abteiflügels in Banz zugeschrieben[65]. Zugleich gab HOTZ zu überlegen, ob nicht Weber auch in Langheim tätig war. Tatsächlich ist zu vermuten, daß der unter Johann Nepomuk Pitius errichtete Giebelrisalit des Ökonomiehofes[66], der dem Banzer Risalit ganz nahe steht, nicht von Fink, sondern von Weber erbaut wurde. Immerhin nämlich läßt JÄCK, der es als Langheimer Ex-Zisterzienser wissen muß, Fink erst unter Abt Candidus Hemmerlein (1791—1803) ab 1792 in Langheim tätig sein, und zwar am Konventgebäude und am äußeren Ökonomiehof (Rindshof) an der Straße nach Oberlangheim[67]. Gewiß hätte JÄCK in dem ausführlichen Artikel über Fink eine frühere Tätigkeit des Hofbaumeisters in Langheim erwähnt, wenn sie tatsächlich vorgelegen hätte.

Für Tambach nahm HOTZ zuletzt eine Planung Finks an, die von Weber ausgeführt wurde[68]. Es ist jedoch angesichts der Eigenständigkeit Webers in Banz und der zu vermutenden Arbeiten in Langheim wahrscheinlicher, daß der Staffelsteiner Maurermeister in Tambach nach eigenen Entwürfen arbeitete. Im übrigen legte Weber für die Tambacher Kapelle schon unter Abt Malachias Limmer (1751—1774) ein Neubauprojekt vor, das zwar ausgeprägtere Rokokoformen aufweist, aber doch entscheidende Merkmale des ausgeführten Risalits vorformuliert[69].

Die Frage läßt sich freilich stilkritisch relativ einfach entscheiden. Die Tambacher Risalite (Abb. 7) präsentieren sich in einem zwar erkalteten, jedoch ganz von Klassizismen freien Spätrokoko: Die Fensterstürze sind nicht gerade, sondern in Form eingezogener Segmentbögen gebildet; auch zeigen sie im zweiten Obergeschoß Brüstungs-

---

[63] MAYER, HEINRICH, Die Kunst des Bamberger Umlandes, 1. Band (Westliche Hälfte), Bamberg 1930, S. 210. 2. Aufl. 1952, S. 257.

[64] JACOBI, a.a.O., S. 37 Anm. 45.

[65] HOTZ, JOACHIM: Zur Baugeschichte des Klosters Banz. In: BHVB 103 (1967), 447—484, hier S. 478 f., 482. PETZET, MICHAEL: Johann Baptist Roppelts „Geometrischer Grund Riss" von 1774 und die Planungen für Kloster Banz. In: Jahrbuch der bayerischen Denkmalpflege 34 (1980), 227—276, hier S. 251, datiert den Giebelrisalit in die Zeit zwischen 1772—74. Richtig ist daran zumindest, daß die Planung zu dieser Zeit vorlag. Im übrigen folgt PETZET der Zuschreibung an Weber, freilich eingeschränkt durch ein „vermutlich".

[66] BREUER, TILMANN, Landkreis Lichtenfels, München 1962 (= Bayerische Kunstdenkmale, 16), S. 80 f.

[67] JÄCK, JOACHIM HEINRICH, Pantheon der Literaten und Künstler Bambergs, 1. Bd. Erlangen 1821, S. 102—105.

[68] HOTZ, a.a.O. (wie Anm. 3), S. 98. Derselbe: Zisterzienserklöster in Oberfranken. Ebrach-Langheim-Sonnefeld-Himmelkron-Schlüsselau, München/Zürich 1982, S. 55. Diese Ansicht wurde bereits vorgetragen von SITZMANN, a.a.O., S. 561. SITZMANN vermutet auch, daß nach dem Tod Webers 1783 dessen Neffe Andreas Weber den Schloßbau von Tambach zu Ende führte.

[69] Darüber wird in der eingangs angekündigten eigenen Untersuchung gehandelt werden. Interessant ist, daß diesem Projekt die perspektivische Ansicht des Schlosses im Tambacher Atlas von 1793 (zitiert in Anm. 59) in manchem näher steht als dem ausgeführten Bau.

schmuck, dessen geschwungener Umriß aus dem Lambrequin entwickelt ist. Die beiden gleichförmigen, je drei Achsen übergreifenden Giebel sind nicht einfache Dreiecke, vielmehr beginnen die geraden Giebelschrägen erst über hoch aufschwingenden Gesimsstücken. — Auch die Füllung der Giebelflächen mit plastisch aus dem Haustein herausgearbeiteten Blütenranken und Bändern ist bezeichnend für die im Rokoko verhaftete Grundhaltung des Architekten. Das paßt alles vorzüglich zu den Arbeiten Sebastian Webers in Banz und setzt sich ebenso klar vom Stil des klassizistisch eingestellten Lorenz Fink ab, was ein Blick auf das ab 1784 erbaute Schloß in Amerdingen sofort lehrt[70]. An der Autorschaft Webers in Tambach kann also kaum mehr ein Zweifel bestehen[71].

Wir brechen hier die Notizen zur Baugeschichte des Schlosses Tambach ab und ziehen abschließend ein kurzes methodisches Resümee: Die Erforschung der komplizierten Entstehungsgeschichte des Schlosses erforderte die ineinandergreifende Anwendung quellenkritischer, d. h. historischer, sowie denkmalkritischer, d. h. kunsthistorischer Methoden. Wie weit die historischen Methoden führten, wurde klar: Der zeitliche Rahmen der Bauarbeiten konnte im wesentlichen aus schriftlichen Quellen erschlossen werden, und zwar aus solchen, die gemeinhin einen Kunsthistoriker wenig interessieren. Andererseits wurden auch die Grenzen dieser Vorgehensweise deutlich. Die angewandten kunsthistorischen Methoden waren vielfältiger; sie berührten die Bauforschung im engeren Sinn, die vergleichende regionale Architekturgeschichte, die künstlerische Haltung der beteiligten Architekten, die Nutzungsfunktion des Bauwerks und endlich die allgemeine Stilgeschichte. Nur in der gegenseitigen Ergänzung und Kontrolle der verschiedenen Methoden konnte das vorstehende Bild der Baugeschichte von Tambach entstehen.

Dies dem Jubilar, dem das Zusammenwirken historischer und kunsthistorischer Forschung von Anbeginn seiner wissenschaftlichen Beschäftigung am Herzen lag.

---

[70] GRÖBER, KARL und ADAM HORN, Die Kunstdenkmäler von Schwaben, I: Bezirksamt Nördlingen, München 1938, S. 39—45. Der Prioratspavillon in Langheim, den Fink 1792 errichtete, kann nicht zum Stilvergleich herangezogen werden, da er der vorhandenen Rokokoarchitektur sich anpassen mußte.

[71] Zu vergleichen sind auch Webers obere Balustraden der Banzer Freitreppe mit den Balustern im Treppenhaus von Tambach, die eng miteinander verwandt sind.

DAS GRABMAL
DES WEIHBISCHOFS HEINRICH JOSEPH VON NITSCHKE
IN ST. GANGOLF ZU BAMBERG

von

Fritz Arens

Vor etwa 20 Jahren fand der Verfasser zu seiner Überraschung in der Südwestecke des Querhauses von St. Gangolf in Bamberg das kleine Grabmal des aus Mainz stammenden Weihbischofs Heinrich Joseph von Nitschke. Er hatte sich mit diesem schon kurz beschäftigt, als er das Palais der Nitschkes in Mainz unter dem Titel „Der Wambolter Hof" in Mainz (nachmaliges Lauterensches Haus, Emmeranstraße 23) in der Mainzer Zeitschrift 50, 1955 S. 39—53, beschrieb, dessen Ruine die Stadtverwaltung 1953 abreißen ließ. Als der Verfasser 1980 wieder in die Gangolfskirche kam, fand er zu seinem Schrecken das Nitschke-Epitaph nicht mehr vor, eine große 1972 errichtete Orgel im südlichen Querhausarm hatte es angeblich verdrängt.[1] Vielleicht hätte es sogar noch neben der Orgel Platz gehabt, mindestens hätte man es im nördlichen Querhaus unterbringen können, wo noch freie Wand war. Aber auch in Bamberg mußten der Mode der Kirchenausräumung einige Opfer gebracht werden. Das Grabmal liegt heute unter vielen Gebrauchsgegenständen im Kreuzgang und geht wahrscheinlich völlig zugrunde, wenn es nicht bald wieder aufgehängt wird. Das ist erfahrungsgemäß das Schicksal vieler in Abstellräumen und auf Dachböden herumliegender Gegenstände.

Das kleine Epitaph war betont schlicht als Werk des späten Klassizismus ausgeführt. Die Basis bildete eine schmale Sockelleiste, auf der die Hauptteile wie Inschrift, Figur und bischöfliche Insignien aufgebaut waren. Unter dieser war ein kreisrunder Schild mit dem Nitschke-Wappen angebracht, ein Sparren von drei Rosen begleitet.[2] Ein Helm bekrönte den Schild. Auf der Sockelseite stand inmitten eine ovale Inschrifttafel (85:53 cm) aus schwarzem weißgeädertem Marmor. Sie trug einen langen Text mit vielen Angaben zum Lebenslauf und den verschiedenen Würden des Weihbischofs. Zwar hat man später die Buchstaben mit schlechtem Gold ungeschickt nachgemalt, aber sie dürften schon immer vergoldet gewesen sein. Links von der Schrifttafel stand eine weibliche allegorische Figur (etwa 1,10 m hoch) mit traurigem Gesichtsausdruck, die

---

[1] Dem Verfasser geht es als Kunsthistoriker und als Mainzer hauptsächlich um das Grabmal, nicht um die Lebensgeschichte des Weihbischofs, die er anschließend nur nach der Literatur und aufgrund von Archivalien zur Erklärung der Inschrift bringt. Er ist mit dem Jubilar, dem die Festschrift gewidmet ist und mit dem er früher einmal über das Verschwinden des Grabmals sprach, einig, daß solche geschichts- und kunstfeindlichen Akte verhindert oder rückgängig gemacht werden sollten, soweit die Objekte noch erhalten und nicht absichtlich vernichtet sind, wie das leider in den letzten 15 Jahren allzuoft geschah. — Prof. Dr. Gerd Zimmermann hat selbst 1982 in der Reihe von Schnell, Kunstführer Nr. 1172 eine kurze Geschichte und Kunstgeschichte von St. Gangolf in Bamberg geschrieben.

[2] Nach dem Adelsbrief Kaiser Karls VI. vom 3. 3. 1715 im österr. Staatsarchiv in Wien (Reichsregister Bd. 22 f. 167r—168r) sollte der Sparren und die fünfblättrigen Rosen golden auf blauem Grund sein. Darüber ein blauer, rot gefütterter Turnierhelm.

die Tafel hielt und offenbar mit der anderen Hand auf sie hinwies. Vielleicht hielt sie auch in ihr ein verlorenes Attribut, etwa eine Palme oder einen Lorbeerkranz. Auf der anderen, rechten Seite stand neben der Inschrifttafel eine Mitra auf einem Buch, unter dem ein Bischofsstab lag. Nach einer jüngeren Fotografie von 1966 fehlten damals schon die drei letztgenannten Gegenstände, die aber noch in einem Kasten voller Fragmente vorhanden sind und leicht wieder bei einer Wiederanbringung hinzugefügt werden könnten. Auch der später noch abgebrochene rechte Arm der Figur findet sich hoffentlich wieder und läßt sich ansetzen. Die kleine Statue ist übrigens in einer alten gedübelten Fuge in Kniehöhe auseinandergebrochen und müßte also ebenfalls repariert werden.

In der ersten Zeile der Inschrift wird mitgeteilt, daß der Weihbischof 1778 gestorben sei. Wenn ihm das Denkmal sofort gesetzt worden wäre, wie es eigentlich üblich ist, hätte es im Charakter des späten Rokoko wesentlich reicher, mit Ornamenten dieser Zeit ausfallen müssen. Gewiß gibt es auch um 1780 schon klassizistische Formen, aber es wären doch wohl einige Rokoko-Elemente dabeigewesen. Der Schluß der Inschrift erklärt, warum das Epitaph solch späte Merkmale aufweist: Der Neffe Franz Freiherr Burkart von Klee, Herr in Battelau und Stranka, österreichischer Hofrat in Wien, hat es 1802 erst setzen lassen. Warum es so lange dauerte, wissen wir nicht genau, vielleicht waren Erbauseinandersetzungen daran schuld. Der Weihbischof ordnete nämlich an, daß ein Epitaphium errichtet werde, was er seinen Testamentariern überließ. Es solle aber mit 300 oder 400 Gulden bestritten werden können.[3]

Diese Entstehungszeit erklärt also die kargen Formen des Denkmals. Später Klassizismus, — der Empire-Stil beginnt schon — bietet nicht mehr die bewegten und üppigen Formen auf, die um 1780 denkbar gewesen wären. Der Bildhauer des Denkmals sei sicher auch Georg Joseph Mutschele (1759—1817) gewesen, meinte SITZMANN.[4]

Der Leichnam des Weihbischofs Nitschke wurde in St. Martin beigesetzt, das Herz in St. Gangolf vor dem Martinsaltar, wie mehrfach in der Bamberger Geschichtsliteratur mitgeteilt wird. Es fällt nun auf, daß die Inschrift des hier behandelten kleinen Denkmals das Herz nicht erwähnt, obwohl es doch üblich ist, bei Herzbestattungen im Text darauf hinzuweisen. Sollte das Epitaph für St. Martin bestimmt gewesen und erst nach dem Abbruch dieser Kirche 1804 herüber nach St. Gangolf gekommen sein?

Jedenfalls liegt das Herz Nitschkes in der Nähe des ursprünglichen Anbringungsortes des Denkmals im südlichen Querhausarm bestattet. Eine normale quadratische Fußbodenplatte, die jetzt zum Teil unter dem Orgelpodium hinter dem Sitz des Organisten liegt, trägt ein Kreuz und darunter die 10 cm hohen Zahlen 1778. Hier war also vor dem Martinsaltar, der nach mehrfachen Umbauten im 19. Jahrhundert und im Jahre 1938 (zuletzt als Marienaltar) endlich 1978 beseitigt wurde, das Herz beigesetzt worden, das sich bei der letzten Restaurierung in einer herzförmigen Zinnkapsel[5] im Erdreich, nicht in einer ausgemauerten Kammer gefunden hat. Fotos oder Abschriften der Inschrift auf der Kapsel wurden nicht angefertigt[6], weil man offenbar fürchtete, daß die Bauarbeiten aufgehalten würden, was selbstverständlich ein Verlust für unsere Kenntnis der Nitsch-

---

[3] JOHANN LOOSHORN, Die Gesch. des Bistums Bamberg. Bamberg 1910, VII 2. Lief., S. 425.

[4] KARL SITZMANN, Künstler und Kunsthandwerk in Ostfranken (= Die Plassenburg XII). Kulmbach 1957, S. 389. — Frau Beatrice Trost geb. Weintz, die eine Würzburger Dissertation über die Bildhauerfamilie Mutschele vorbereitet, äußerte auf Befragen ebenfalls, daß sie aus stilistischen Gründen Georg Joseph Mutschele als Bildhauer des Nitschke-Grabmals ansieht.

[5] Der Mesner und Organist der Gangolfskirche Gerd Dittmeier meinte sogar, daß die Herzkapsel aus stark oxydiertem Silber bestanden habe.

[6] Mündliche Mitteilung von Pfarrer Albrecht an den Schriftführer des Historischen Vereins Bamberg, Richter am Oberlandesgericht Lothar Braun.

ke-Bestattung bedeutet. (Außerdem wäre der Zeitverlust sicher minimal gewesen!) Man könnte jederzeit durch eine Kleinstausgrabung unter der Herzgrabplatte von 1778 noch einmal die Kapsel finden.

Über die Herzbestattung in St. Gangolf gibt es einen ausführlichen und interessanten Bericht bei LEONHARD CLEMENS SCHMITT in dessen Geschichte des Ernestinischen Klerikalseminars in Bamberg[7]: *Den 28ten Mai wurde sein Herz in einer zinnernen Kapsel ebenda gegen 8 Uhr nach St. Gangolph überbracht, wobei folgende Ceremonien geschehen sind, als: 1mo. machten den Anfang die Seelbuben mit dem gewöhnlich mitzutragenden Leich-Kreuz nebst ihrem Cantor. 2do. folgen die 3 unteren Classen mit dem Pedell. 3tio. Hr. geistl. Rath und Regens des Sem. Ernest. nebst 2 anderen Geistlichen, dann 2 Geistliche mit Rauchfaß und Schifflein. 4to. Ein 2spänniger Wagen mit schwarzem Tuch behängt, worin der Hr. Caplan des abgelebten Hrn. Weybischofs das Herz tragend, gesessen ist. 5to. bekleideten diese Chaise 8 Studenten mit schwarzen Kleidungen und Fackeln nebst 18 alumni. 6to. Bürger und andere Leuth. 7mo. Als die Chaise mit dem Conduct bei dem sogenannten Trenkgäßlein angelangt, so sind von dem Stift St. Gangolph 3 Geistliche dagewesen, und haben das Herz des abgelebten übernommen, das Aussegnungs-Ceremoniel vorgenommen; nach dieser wurde das Herz wiederum dem Hrn. Caplan übergeben, welcher sodann mit den Geistlichen von St. Gangolph zur Kirche abgefahren ist, anbei die Geistlichen von der St. Martins-Pfarr wiederum zurückgegangen. 8vo. Beim Eintritt der St. Gangolphs Kirch wurde das Herz abermal von den Geistlichen übernommen, und auf ein Trauergerüst gesetzt; nach abgesungenen Psalmen hat Hr. Caplan das Herz von dem Trauergerüst abgenommen, und bis zur Kruft getragen, wo Hr. Can. Cap. und Custos Herzog solches übernommen und beerdigt worden ist.*

In der Barockzeit wurde ein großer Wert auf die Herzbestattungen von Fürsten und Bischöfen gelegt, diejenigen der Habsburger in der Augustinerkirche in Wien und der Wittelsbacher in Altötting sind die bekanntesten.[8]

Die Inschrift des Denkmals auf der Marmorplatte lautet (Schriftgröße durchschnittlich 1,3 cm, der Name Nitschkes 2,6 cm):

MDCCLXXVIII. D: XXIII. MAII
PIE IN DOMINO OBIIT
REVERENDISSIMUS AC PERILLUSTRIS
D. DUS: HENRICUS IOSEPHUS
DE NITSCHKE
EPISCOPUS ANTIPATRENSIS, SUFFRAGANEUS BAMBERGENSIS,
ET IN SPIRITUALIBUS PROVICARIUS GENERALIS, EMINENTISSIMI
ARCHIEPIS: ET PRINCIP: ELECT: MOGUNT: CONSILIARIUS
ECLESIASTICUS REVERENDISSIMORUM AC CELSISSIMORUM
PRINCIP: ET EPISCOP: BAMBERG: ET EICHSTETT: INTIMUS,
EPISCOPALIS SEMINARII BAMBERGAE PRAESES, INSIGNIUM

---

[7] LEONHARD CLEMENS SCHMITT, Gesch. des Ernestinischen Klerikalseminars in Bamberg: 20. Bericht des Hist. Vereins Bamberg 1857, S. 170/180. Ein großer Teil der Angaben der Bamberger Geschichtsliteratur wird dem Schriftführer des Historischen Vereins Lothar Braun verdankt.

[8] ALBERT WALZER, Das Herz im christlichen Glauben, in: Das Herz, eine Monographie in Einzeldarstellungen. Biberach (Dr. Karl Thomae) 1967, S. 38 f. und HUBERT SCHRADE, Das Herz in Kunst und Geschichte, in: Daselbst, Biberach 1968, S. 12 f. Die Zisterzienserabtei Ebrach beherbergte die Grabstätte der Herzen der Würzburger Bischöfe. Herzurnen der Mainzer Erzbischöfe s. FRITZ ARENS, Mainzer Inschriften von 1651—1800 (= Beiträge zur Gesch. der Stadt Mainz XXVI). Mainz 1982, Nr. 1684, 1746, 1772, 1781.

ECCLES: COLLEG: AD S. STEPHANUM, AD GRADUS B.V.M. ET
AD S. CRUCEM EXTRA MUROS MOGUNTIAE CANON: CAPITUL:
ECCLIS: COLLG: AD B.V.M. ET S. GANGOLPHUM BAMBERGAE
DECANUS, AD S. MARTINUM IN HUIATE URBE PAROCHUS
NATUS MOGUNTIAE 5ta AUGUSTI 1708.
CONSECRATUS EPISCOP. 23 MARTII 1749.
SUMA IN DEUM PIETATE, HUMANITATE ET MANSUETUDINE
ERGA CUNCTOS, MUNIFICENTIA IN PAUPERIS, VIGILI
COMISSARUM OVIUM CURA
IN VITA CONSPICUUS,
FACTA LIBERALI IN SCHOLAS DONATIONE
POST OBITUM CLARUS.
AVUNCULO SUO CHARISSIMO
PIETATIS ERGO POSUIT
MDCCCII.
FRANCISCUS L. B. BURKART
DE KLEE DOMINUS IN BATTELAU ET
STRANKA CONSILIAR. AUSTRIA: AULICUS
VIENNAE

Zum Inhalt der viel aussagenden Inschrift wären ergänzend noch einige Mitteilungen zu machen[9]: Heinrich Joseph Nitschke war der Sohn des Johann Georg Nitschke, der angeblich Schneider in Wien war und dort von dem späteren Bischof von Bamberg sowie Erzbischof und Kurfürsten von Mainz Lothar Franz von Schönborn als Kammerdiener 1693 angenommen wurde. Seit 1699 wird er Kabinettsekretär genannt. Er hatte die private Finanzverwaltung von Lothar Franz und die des Hofes. Von 1709 ab ist er Kammerrat in Bamberg, wirklicher kaiserlicher Hofkammerrat ab 1712, 1715 wird er zusammen mit dem berühmten Barockarchitekten Maximilian von Welsch vom Kaiser in den Adelsstand erhoben. Der Vater Johann Georg kommt oft im Briefwechsel der Familie Schönborn im Zusammenhang mit Kunstfragen vor.[10] Er wurde von Kurfürst Lothar Franz 1712 nach Wien zum Reichsvizekanzler Friedrich Karl von Schönborn und dem großen Architekten Johann Lukas von Hildebrand geschickt, um ihnen die Risse des Schlosses Pommersfelden vorzulegen. 1714 weilte er mit dem bedeutenden Mainzer Architekten, dem Obristwachtmeister Maximilian von Welsch in Wien, wobei der Kurfürst beide als erfahren in Brunnenanlagen lobte.

Ferner reiste er in politischen und künstlerischen Angelegenheiten nach Frankfurt, Gaibach, Pommersfelden, Bamberg, Würzburg und Prag. Er weilte mehrfach längere Zeit in Wien, wo er wegen Barockbauten und Gartenanlagen, besonders wegen Pommersfelden, Erkundigungen einzog. Dieser Vater Johann Georg Nitschke baute als kurfürstlicher Sekretär in Mainz in der Emmeranstraße einen Adelspalast (bevor er noch geadelt war) von bedeutenden Ausmaßen, nachdem er den alten Hof zum Gensfleisch

---

[9] Hier kann sich der Verfasser weitgehend auf die Ahnenforschung von LUDWIG GÖHLER in Homburg stützen. Auch die Literaturangaben von Lothar Braun waren sehr hilfreich. Beiden sei hiermit herzlich gedankt. — ALFRED SCHRÖCKER, Die Patronage des Lothar Franz von Schönborn (= Beiträge zur Geschichte der Reichskirche in der Neuzeit X). Wiesbaden 1981, S. 95 f.

[10] ANTON CHROUST, HUGO HANTSCH, ANDREAS SCHERF, Quellen zur Gesch. des Barocks in Franken unter dem Einfluß des Hauses Schönborn. Augsburg 1931, I Nr. 263, 384, 402. — KARL LOHMEYER, Schönbornschlösser. Heidelberg 1927, S. 16, 34.

Abb. 1 Grabmal des Weihbischofs Heinrich Joseph Nitschke vor etwa 20 Jahren.
Photo: F. Arens

Abb. 2 Grabmal im Zustand der beginnenden Zerstörung.
Photo: Bayer. Landesamt für Denkmalpflege, München.

1703 vom Vizedomamt für 3300 fl. erworben hatte.[11] Die Grundsteinlegung fand am 8. 2. 1701 statt, vollendet war er nach Chronogramm über dem Einfahrtstor 1702. Dieser Hof brannte am 27. 2. 1945 durch Fliegerangriff ab. Die Ruine wäre durchaus aufbaufähig gewesen, wenn nicht der Nachkriegsvandalismus der Baubeamten und der Stadtväter ihn (leider mit Genehmigung des Landeskonservators!) hätten abreißen und durch minderwertige Neubauten hätten ersetzen lassen.

Der Vater Johann Georg starb 1731.[12] Die Mutter des Weihbischofs war Maria Margaretha, Tochter eines Mainzer Kammerrats Eckart (geb. um 1670, Heirat in Mainz am 15. 8. 1695, † in Mainz 27. 8. 1745). Der Weihbischof wurde also schon 1708 im neuerbauten Adelshof geboren und wuchs dort mit etwa fünf länger lebenden Geschwistern auf. Diese brachten es auch später zu hohem Ansehen: Johann Georg der Jüngere (geb. 1698, verheiratet mit Beate Leonore von Schneckhofen vor 1726, † in Mainz 1766) ist seit 1741 als Geheimer Rat, ab 1755 Hof- und Regierungsrat genannt. Ein Sohn Lothar Franz (geb. 1696), dessen Pate der Kurfürst war, resignierte 1712 auf seine Pfründe an St. Stephan[13] zugunsten seines Bruders Franz Erwein von Nitschke, der nach dem Wiesentheider Neffen des Kurfürsten Lothar Franz benannt war. Dieser Franz Erwein (geb. 1701, † 1769) war Propst von Hl. Kreuz, Scholaster von St. Stephan und Kanoniker von St. Peter in Mainz, Geistlicher Rat und Apostolischer Protonotar. Auch die beiden Töchter Johann Georgs heirateten Adlige von Schneckhofen und von Klee. Der Schwestersohn Franz Ludwig von Klee besorgte das Grabmal, von dem hier die Rede ist.

Der spätere Weihbischof Heinrich Joseph besuchte in Mainz und Aschaffenburg die Jesuitengymnasien, dann die Universität, an der er den Dr. phil. erwarb, dann studierte er in Salzburg, Erfurt und Wien geistliches und weltliches Recht, in Wien übte er sich in Staatsgeschäften. 1728 wurde er für ein Kanonikat an St. Peter in Fritzlar[14] vorgeschlagen, das er aber nicht erhielt, weil aus Mainz Informationen über den früheren Beruf des Vaters gegeben wurden. Darauf führte Nitschke durch mehr als 30 Jahre einen Prozeß durch alle geistlichen Instanzen, der mit einem Vergleich nach erheblichen Kosten endete. 1748 wurde er wohl in Mainz zum Priester geweiht.[15] Er war Stiftsherr an Hl. Kreuz, Liebfrauen und St. Stephan[16] in Mainz und am Willibaldschor in Eichstätt, kurmainzischer geistlicher Rat und Geheimrat der Fürstbischöfe von Eichstätt und Bamberg. Am 20. 10. 1748 wurde er Suffragan und Provikar in Bamberg, gleichzeitig Pfarrer an St. Martin, ferner Praeses des Ernestinisch-Friederichschen Seminars und Kanoniker von St. Stephan in Bamberg. Am 23. 5. 1749 wurde er zum Bi-

---

[11] Fritz Arens, Der Wambolter Hof in Mainz: Mainzer Zs. 50, 1955, S. 40 f. Das zum Bauen notwendige Geld könnte Johann Georg Nitschke vielleicht als Kriegslieferant von Munition und Proviant während der vier französischen Kriege verdient haben, wovon im Adelsdiplom (vgl. Anm. 2) gesprochen wird.

[12] Die folgenden Angaben weitgehend nach den Stammbaumforschungen von H. Ludwig Göhler, Bad Homburg und nach den Angaben des Verfassers in der Mainzer Zs. 50, 1955, S. 41 f.

[13] Kanoniker-Verzeichnis des Stephans-Stiftes in Mainz, gedruckt von G. J. Wilhelm Wagner und Friedrich Schneider, Die geistlichen Stifte im Großherzogtum Hessen, II Rheinhessen. Darmstadt 1878, S. 554.

[14] Theodor Niederquell, Die Kanoniker des Petersstifts in Fritzlar (= Veröff. der hist. Kommission für Hessen 41). Marburg 1980, S. 164, Nr. (211).

[15] Lothar Bauer, Vatikanische Quellen zur neueren Bamberger Bistumsgesch.: 99 BHVB (1963), S. 269.

[16] Nach dem Kanonikerverzeichnis von St. Stephan bei Wagner-Schneider, Geistl. Stifte II, S. 554, erhielt er das Kanonikat nach dem Tod des Stiftsherrn Franz Lamerz am 17. 2. 1738.

schof von Antipatrien (i. p. i. in Phönizien) geweiht. 1758 wurde er als Geisel zusammen mit anderen angesehenen Personen von den Preußen abgeführt, was er aus Liebe zum Vaterland nicht verweigerte. 1759 legte er sein Kanonikat an St. Stephan nieder, weil er eine kleine Formalität beim Residenzmachen vernachlässigt hatte. Er erhielt dafür ein Kanonikat an St. Gangolf. Am 15. 5. 1762 wurde er zum Dekan von St. Gangolf gewählt.

Folgende weniger bedeutende Ereignisse werden noch berichtet: 1774 reiste der Weihbischof nach Wien, um Geld aus einer Konkursmasse für die Familie zu retten.[17] 1776 hören wir von einer Reise nach Gößweinstein, wo ein goldenes Priesterjubiläum und eine Primiz gefeiert, 406 Personen gefirmt und anschließend auch Michelfeld besucht wurde.[18]

Am 23. 3. 1778, nachts um 3/410 Uhr, verstarb der Weihbischof nach Empfang der Sterbesakramente an Herzwassersucht.[19] Er ordnete testamentarisch an, daß sein Leib in der St. Martin-Pfarrkirche bei den anderen Weihbischöfen beerdigt werde. Seine Todesanzeige und das großartige Begräbnis mit 40 verschiedenen Gruppen von Vertretern der Waisen, Schulen, Universität, Sodalitäten, Priesterseminar, Orden, Stiften, Pfarreien, Dikasterien, Militär und Bürgerschaft wird von SCHMITT wiedergegeben.[7]

Im sehr ausführlichen Testament stiftete der Weihbischof Jahresgedächtnisse für St. Martin und St. Gangolf sowie für die drei Mainzer Kollegiatstifte. Den dritten Teil seiner Bibliothek schenkte er dem hochfürstlichen Seminar, das den Rest für 800 fl. noch erwarb. Eine Schenkung für den deutschen Schulfonds, die in der Grabinschrift erwähnt wird, soll 7200 fl. betragen haben.[20] Nicht nur die Grabinschrift, sondern auch alle Nachrufe und späteren Geschichtsschreiber wie JÄCK, SCHMITT und WACHTER[21] rühmen die Frömmigkeit, Menschlichkeit und Güte des Weihbischofs gegen alle, seine Freigebigkeit gegen die Armen und seinen Seeleneifer.

---

[17] LOOSHORN VII, 2 S. 390.
[18] LOOSHORN VII, 2 S. 413.
[19] LOOSHORN VII, 2 S. 423.
[20] NIKOLAUS HAAS, Gesch. der Pfarrei St. Martin zu Bamberg und sämtlicher milder Stiftungen der Stadt Bamberg, 1845, S. 602.
[21] JOACHIM HEINRICH JÄCK, Pantheon der Literaten und Künstler Bambergs. Bamberg und Erlangen 1812—1815, Sp. 824. — SCHMITT, Gesch. des Ernestinischen Klerikalseminars, S. 178 f. FRIEDRICH WACHTER, General-Personal-Schematismus der Erzdiözese Bamberg 1007—1907. Bamberg 1908, S. 348, Nr. 7156.

BAMBERGER EXLIBRIS

von

BRUNO MÜLLER

Das Sammeln von künstlerisch gestalteten Exlibris hat seit 1950 in beiden Teilen Deutschlands ständig zugenommen. Die Sammler tauschen oder bestellen solche Bucheignerzeichen nicht nur im Inland, sondern auch im Ausland. Vielfach werden dabei nicht nur Exlibris und Festtagsgraphik, sondern auch andere graphische Arbeiten der betreffenden Künstler erworben. Es kommt dabei zu grenzüberschreitenden, völkerverbindenden und oft freundschaftlichen Beziehungen der einzelnen Sammler, die sich, wie im Falle der Notjahre 1982 und 1983 in Polen, bewährt haben, als allein das EXLIBRIS COLLEGIUM HAMBURG unter der nimmermüden Leitung von Frau Ursula Rieve in Hamburg über 200 Pakete mit Lebensmitteln, Zeichenmaterial oder Textilien, Schuhen und Medikamenten an polnische Künstler geschickt hat.[1]

Die Deutsche Exlibris Gesellschaft (DEG) gibt für ihre 500 Mitglieder ein künstlerisch gestaltetes und immer stattlicher und schöner gewordenes Jahrbuch *Exlibriskunst und Graphik* heraus, das über Exlibriskünstler der Gegenwart und Vergangenheit unterrichtet und zahlreiche Exlibris von Künstlern aus aller Welt abbildet. In jedem Jahrbuch finden sich einige handsignierte Bibliothekszeichen eingeklebt. Die Mitglieder der DEG erhalten außerdem jährlich viermal gedruckte *Mitteilungen*, welche über Fachtagungen, Ausstellungen, Veröffentlichungen, Tauschtreffen, andere Exlibris-Zeitschriften, Bibliographien und Nachrichten aus dem Vereinsleben Auskünfte geben.

Das Jahrbuch der DEG wird seit 20 Jahren von DEG-Ehrenmitglied HERBERT STEPHAN OTT, Maler und Diplomgraphiker in Rödental bei Coburg (geb. 16. März 1915 in Kulmbach) künstlerisch gestaltet und in Coburg gedruckt. Die Schriftleitung ist bei seinem Sohn Dr. NORBERT OTT, M. d. A. in München, in besten Händen.

In den jährlich in verschiedenen Städten der Bundesrepublik Deutschland, der DDR und Bundesrepublik Österreich stattfindenden Exlibris-Ausstellungen werden Arbeiten von Künstlern aus aller Welt gezeigt.[2]

Für das zunehmende Interesse an Exlibris-Graphik spricht auch, daß längst vergriffene und gesuchte Standardwerke über deutsche und österreichische Bibliothekzeichen, wie der *Warnecke*[3], der *Leiningen-Westerburg*[4] oder der *Braungart*[5], in den letzten Jah-

---

[1] URSULA RIEVE (Exlibris Kollegium Hamburg), Polnische Exlibris. Ausstellungskatalog Hamburg 1983. (9.—27. 6. 1983), 22 S., 25 Abb.

[2] KARL HEINZ SCHREYL, Willi Geiger Exlibris Gesamtverzeichnis. Nürnberg 1979. (Ausstellung 1983 in Bad Hersfeld)
MARTIN HARTMANN, Jugendstilexlibris. Tübingen 1981. Ausstellungskatalog. (Tübinger Kataloge Nr. 16)
Internationale Exlibris-Ausstellung in der Stadtbibliothek in Reutlingen. (201 Exlibris aus 19 Ländern. 1981 27 Abb.)
Exlibris der Jugendstilzeit. Sammlung Helmuth Franck in der Wissenschaftlichen Allgemeinbibliothek des Bezirkes Potsdam (DDR) 1983. (3 Abb.)
RICHARD ROTHER, 10 Original-Exlibris. In Leinen gebunden für die Fränkische Bibliophilengesellschaft. 1981.

[3] F. WARNECKE, Die deutschen Bücherzeichen Exlibris. Berlin 1890, Nachdruck mit eingebundenen freien Seiten für Nachträge. Frederikshavn (Dänemark) 1977 (Verlag Exlibristen Claus Rödel).

ren in guten Nachdrucken erschienen sind. Die gestiegene Nachfrage nach diesen unentbehrlichen Werken hat diese Reprints entstehen lassen.

Häufig erscheinen in den letzten Jahren zudem auch Bücher mit Exlibris-Abbildungen, gewidmet bestimmten Berufen oder Motiven, wie *Exlibris der Dame*[6], Exlibris von Ärzten[7], von Numismatikern[8], von alten Exlibris[9] oder Bucheignerzeichen mit Wein-[10], Eulenspiegel-[11] oder Erotischen Motiven[12].

Alljährlich finden internationale Exlibris-Kongresse abwechselnd in verschiedenen Städten Europas statt, die meist mit Wettbewerben von Exlibris-Graphik verbunden sind und bei denen Mappen mit Exlibris verteilt oder verkauft werden und eifrig getauscht wird.

Nach dem 2. Weltkrieg hat das Fertigen von Exlibris auch bei den Graphikern in Polen, Tschechoslowakei, Ungarn und Rußland stark zugenommen.

Spezialverlage sind entstanden, die sich vorwiegend auf Monographien einzelner Exlibris-Künstler aus verschiedenen Ländern verlegt haben, wie der EXLIBRISTEN-VERLAG in Frederikshavn in Dänemark.[13]

Bei der sich vermehrenden Zahl der Sammler ist es nicht verwunderlich, daß die Preise für Exlibris aus dem 16.—19. Jahrhundert in Buch- und Kunstantiquariaten ständig ansteigen.

Viele Bucheignerzeichen-Sammler spezialisieren sich auf bestimmte Motive oder sammeln nur bestimmte Künstler oder Kunststile. Als eine Folge des sich verbreiternden Interesses an dieser Kleingraphik in verschiedenen Techniken[14] ist es auch anzusehen, daß die größten Exlibris-Sammlungen im Staatsbesitz, wie das Gutenberg-Museum in Mainz (60 000 Stück) und die Bayerische Staatsbibliothek München (35—40 000 Stück), in den letzten Jahren dazu übergegangen sind, ihre eigenen Bestände zu katalogisieren[15], um diese kunst- und zeitgeschichtlich aussagekräftigen Blätter den Sammlern und Bearbeitern zugänglicher machen zu können.

Das Kunstantiquariat J. H. BAUER in Hannover[18] hat es unternommen, Ende Oktober 1983 einen gedruckten Verkaufskatalog (Nr. 23) herauszugeben, in dem es eine Exlib-

---

[4] K. E. GRAF LEININGEN-WESTERBURG, Deutsche u. Österreichische Bibliothekszeichen. Exlibris. Stuttgart 1901, 610 S. Nachdruck vom Zentralantiquariat der DDR. Leipzig 1980.

[5] RICHARD BRAUNGART, Das moderne deutsche Gebrauchs-Exlibris. Wiesbaden 1922. Nachdruck 1981 vom Verlag Claus Wittal. (40 Abb.)

[6] ANGELIKA und ANDREAS HOPF, Exlibris der Dame. In: die bibliophilen Taschenbücher. Dortmund 1979. (Abb. v. 80 Exlibris)

[7] Ärzte-Exlibris aus der Sammlung Dr. med. Gerhard Kreyenberg in Hamburg. Biberach an der Riß 1980. (Abb. v. 71 Exlibris)

[8] WALTHER GRASSER, Numismatiker Exlibris. Coburg 1979. (Abb. v. 45 Exlibris)

[9] ANDREAS und ANGELIKA HOPF, Alte Exlibris. In: Die bibliophilen Taschenbücher. Dortmund 1978. (Abb. v. 220 Exlibris)

[10] HERMANN JUNG, Wein-Exlibris aus 21 Ländern. Würzburg 1973, Stürtz-Verlag. (73 Abb. v. Exlibris)

[11] Hei lewet noch. Für den Sammler Otto Holl in Braunschweig geschaffene Eulen-Spiegel-Exlibris. Braunschweig 1981, 124 S. (Abb.: 58 Exlibris von 26 Künstlern)

[12] ANDREAS und ANGELIKA HOPF, Erotische Exlibris. In: Die Bibliophilen Taschenbücher. Dortmund 1981.

[13] Exlibristen-Verlag (Klaus Rödel) PO BOX 109 Frederikshavn Dänemark.

[14] WOLFGANG KAUSCH, Der Exlibrissammler und die Druckverfahren. Jahresausgabe der Deutschen Exlibris Gesellschaft (DEG) St. Ingbert 1980.

[15] DIETER KUDORFER, Das Exlibris als privates Sammelgut und die Exlibris Sammlung der Bayer. Staatsbibliothek München. In: BFB (Bibliotheks Forum Bayern) 11. Jahrgang Nr. 1, 1983, S. 64—76. (mit 16 Exlibris-Abb.)

ris-Sammlung mit 10 000 Stück aus dem 16.—20. Jahrhundert auf 450 Seiten mit 1500 Abbildungen und den Namen von 1200 Künstlern aufführt und damit ein bedeutendes Nachschlagewerk für Sammler liefert.[18]

In Oberfranken ist das Interesse an Bucheigner-Zeichen durch die jahrzehntelange, fruchtbare Tätigkeit des Altmeisters der Exlibriskunst Herbert Stephan Ott[16] enorm gesteigert worden. Er hat bisher über 890 Buchzeichen in verschiedenen graphischen Techniken, wie Holzschnitt, Holzstich, Radierung, Lithographie und anderen Techniken für seine Exlibris-Besteller geschaffen. Er besitzt selbst eine bedeutende Exlibris-Sammlung. Freundschaftliche Beziehungen verbinden ihn mit vielen Exlibris-Meistern in Ost und West.[17]

In Kronach hat sich seit 1980 in der Kreisbibliothek ein Schwerpunkt für Exlibris-Ausstellungen und Exlibris-Tausch gebildet, welchen der Diplom-Bibliothekar Herbert Schwarz ins Leben gerufen hat.[19] Er hat es verstanden, bedeutende lebende Exlibriskünstler des In- und Auslandes in Kronach mit einem großen Teil ihres Gesamtwerkes auszustellen und dem Exlibris neue Freunde zu gewinnen.

Die Staatsbibliothek Bamberg hat 1938 einen kleinen Teil ihres sicher beträchtlichen, aber bisher nicht festgestellten Eigenbestandes der in alte Bücher eingeklebten Exlibris und eingestempelten Supralibros zum ersten Mal ausgestellt, zusammen mit Jugendstil-Exlibris aus einer Privatsammlung.[20] Durch Feststellung ihres Eigenbesitzes solcher Bibliothekszeichen und durch erwünschte Geschenke solcher Kleingraphik wird auch in der Staatsbibliothek Bamberg eine stattliche Exlibris-Sammlung entstehen können, wie sie in Würzburg, Coburg und Nürnberg (German. National-Museum) bereits bestehen.

Der Schweinfurter Rechtsanwalt Dr. Albert Treier hat 1953[21] und 1957[22] in den Berichten des Historischen Vereins Bamberg wichtige Mitteilungen über Bamberger Exlibris und Supralibros veröffentlicht und 1955[23] die alten Exlibris der Mitglieder der Akademie der Naturforscher (Leopoldina) in Schweinfurt bekanntgemacht. Dr. Treier besaß selbst eine große Exlibris-Sammlung.

Auf der DEG-Jahresversammlung vom 6.—8. Mai 1983 in Kronach wurden oberfränkische Exlibris-Arbeiten, darunter die der verstorbenen Bamberger Künstler Hans Bayerlein[24], Joseph Albert Benkert und Anton Rauh ausgestellt. In der Kronacher Rathausgalerie wurden die Ergebnisse des ausgeschriebenen Internationalen Exlibris-Wettbewerbes zum Thema Lucas Cranach der Ältere ausgestellt, und in der Kreis-

---

[16] Norbert Ott, Dr., Herbert Ott. Ein fränkischer Graphiker. In: Heft 27 der Schriftenreihe zur Heimatpflege. Kulmbach 1981.

[17] Werner Daniel, Herbert Ott ein deutscher Graphiker. Text in Dänisch, Deutsch und Englisch. Frederikshavn (Dänemark) 1978. (Exlibristen-Verlag Klaus Rödel)

[18] Exlibris-Verkaufskatalog (Nr. 23) des Kunstantiquariats J. H. Bauer in Hannover 1983.

[19] Hermann Schwarz, Richard Rother der Altmeister des deutschen Holzschnittes. Mit Exlibris-Werkliste u. Bibliographie. Kronach 1980. (33 Abb. von Exlibris u. 3 Graphiken)

[20] Bruno Müller, Exlibris aus alten Folianten der Staatsbibliothek Bamberg. In: Exlibriskunst und Graphik. Jahrbuch der DEG Frankfurt a. M. 1982, S. 1—12 und in: Jahrbuch 1983, S. 5—12. Ders., Die kleine Exlibris-Sammlung des Baron Emil Freiherrn Marschalk von Ostheim in Bamberg. In: Exlibriskunst und Graphik. Jahrbuch der DEG. Frankfurt a. M. 1982, S. 15—21.

[21] Albert Treier, Bamberger Bücherzeichen aus der Verfallszeit des Exlibris. In: BHVB 92/1953 Bamberg, S. 388—401.

[22] Ders., Bücherzeichen aus fünf Jahrhunderten. BHVB 95/1957. S. 310—327.

[23] Ders., Das Exlibris in der Leopoldina. 104 alte deutsche Bücherzeichen mit 69 Abb. In: Veröffentlichungen des Historischen Vereins und des Stadtarchivs Schweinfurt, Heft 4, 1958.

[24] Bruno Müller, Der Bamberger Maler Hans Bayerlein als Exlibriskünstler. In: Exlibriskunst und Graphik. Jahrbuch der DEG Frankfurt a. M. 1984.

bibliothek Kronach konnte die Ausstellung *Dichter und Dichtung im Exlibris* besichtigt werden.

Die im Folgenden beschriebenen und abgebildeten Buchzeichen Bamberger Bürger, meist aus der ersten Hälfte des 20. Jahrhunderts, stammen aus kleineren Privatsammlungen. Auch diese Kleingraphik spiegelt ein Stück Bamberger Geschichte wider.

1 RUDOLF BRUGGER, Juwelier in Bamberg.
Mein Buch Rudolf Brugger, Familienwappen Brugger. Auf Schriftband: *Fortitudo Decor Pontis.*
Druck nach Zeichnung von GÖRG METZNER, Graphiker, geb. 3. 11. 1909 zu Bamberg, Sohn des Buchbindermeisters Adam Metzner in Bamberg, lebt in Wanne-Eickel. Signatur links unten: *G. M.*, 12,8 × 8,9 cm (Abb. 1).

2 KARL FÖRTSCH, Sohn des Thomas Förtsch (Kutschbock-Springer) und Babette, geb. Heer (Altwarenhändlerin), geb. 8. 2. 1875 in Bamberg (laut Röttinger-Kartei im Stadtarchiv Bamberg), Besitzer eines Buch- und Kunstantiquariats in Bamberg, Fischgasse 2, verheiratet mit Philippine Abe.
Karl Förtsch setzte sich als 1. Vorsitzender des Männer-Turnvereins Bamberg eifrig für den Bau des Vereinshauses ein, gründete den Ludwigsverein zur Errichtung des Bronzedenkmals König Ludwig II. im Hain. Die Bronzefigur schuf Bildhauer Kittler in Nürnberg (Modell der Figur in Bamberger Privatbesitz). Die steinerne Umrahmung schuf Architekt Erlwein. Antiquar Förtsch spielte eine große Rolle in der Bamberger Gesellschaft. Durch den Maler Wilhelm Reuter ließ er an der Stirnwand des Rittersaales in der Altenburg die dort befindliche Turnierszene anbringen. Er organisierte auch Maskenzüge in Bamberg. Kinderlos, völlig verarmt und krank, starb er im Bürgerspital Michaelsberg und wurde auf Armenkosten im Städt. Friedhof beerdigt. (Freundl. Mitteilung von Bamberg-Kenner Franz Friedrich.)
Das Exlibris für Karl Förtsch ist eine Radierung, 17,5 × 12,6 cm, die um 1910 von Peter Würth, Maler, Zeichner, Graphiker und Exlibriskünstler in Veitshöchheim geschaffen wurde (geb. 31. 8. 1873 in Würzburg). (THIEME-BECKER, Allg. Künstlerlexikon. 36. Bd. 1947, S. 298).
Auf übergroßer Sanduhr sitzt vor zwei aufeinanderliegenden, übergroßen Folianten ein bekleideter Sensenmann mit geschulterter Sense, in der Hand ein Blümlein haltend. Auf dem Schriftband, das an zwei Bändern an der Sense hängt: *Ex libris* KARL FÖRTSCH. Im Hintergrund die Silhouetten von Dom, Oberer Pfarre und Michaelsberg (in nicht richtiger Reihenfolge) (Abb. 2).
Drei weitere, mir bekannte lithographierte, kolorierte Exlibris aus dem Jahre 1901 für A. STÖHR in Würzburg, Frau G. FISCHER und KARL KÜHNLE (1917) lassen die Phantasie und das Können dieses hervorragenden Exlibris-Künstlers ebenfalls gut erkennen, dessen Gesamtwerk an Exlibris eine Monographie wert wäre.

3 PAUL und MATHILDE KÖTTNITZ. Paul Köttnitz geb. 28. 4. 1878 in Hohenleuben, Verwaltungsbeamter 1905—1945, zuletzt Oberregierungsrat, 40 Jahre lang Mitglied des Historischen Vereins Bamberg, dessen 1. Vorsitzender von 1917—1920 und von 1946—1950 er in schwerer Zeit war. (Abb. 3) (vgl. OTTO MEYER, Paul Köttnitz ein Nachruf. In: BHVB 93/94 (1954/55), S. VIII mit Lichtbild).
Exlibris-Radierung in den Farben Braun und Hellblau um 1912 von Hans Bayerlein, Freskomaler, Graphiker und Exlibriskünstler in Bamberg und München (geb. 4. 5. 1889 in Bamberg, gest. 5. 3. 1951 in Bamberg), 14,4 × 10,2 cm. (Vgl. BRUNO MÜLLER, Hans Bayerlein als Exlibriskünstler. In: Exlibriskunst und Graphik, Jahrbuch der Deutschen Exlibris Gesellschaft, Frankfurt a. M. 1984.)

Blick von der ehemaligen Zugbrücke der Altenburg hinab auf die Stadt Bamberg und zum Staffelberg im Hintergrund. Oben in Vignette: *Heimat*.

4 INSTITUT ST. MARIA der Englischen Fräulein in Bamberg am Holzmarkt I. B. M. V. Druck nach Tuschezeichnung von Mater Ancilla (Barbara Grießmann, geb. 17. 7. 05, gest. 16. 8. 83 in Bamberg), entstanden um 1949; 10,8 × 7,2 cm. Das Blatt kann als Exlibris angesehen werden, auch wenn die Bezeichnung Exlibris fehlt. M. Ancilla war Zeichnerin und Werklehrerin im Englischen Institut in Bamberg.
Blick durch ein vergittertes Fenster auf die Dächer der Altstadt von Bamberg, Obere Pfarre, Dom und Residenz. Auf der Fensterbank steht neben einigen Büchern das Kruzifix aus dem Besitz der seligen M. Columba Schonath (freundlicher Hinweis von Herrn Franz Friedrich). Das Fenster wird von einem Rankengewächs umrahmt. Links oben hängt an dem Buchstaben I ein Rosenkranz, rechts oben ist ein kleines Kreuz angebracht (Abb. 4).

4a W. LIEB zu eigen. Oben: E.T. A. Hoffmannhaus in Bamberg Exlibris-Radierung von HANS SCHAEFFER, Graphiker in Bayreuth (1900—1977) 211 × 78 mm vom Jahre 1956.
(PAUL ULTSCH, Hans Schaefer. In: Exlibriskunst und Gebrauchsgraphik. Jahrbuch der DEG 1976, S. 23—28 mit Abb. v. 18 Exlibris, und HANS BAUERSCHMIDT, Werkverzeichnis der Exlibris von Hans Schaefer in: DEG-Jahrbuch 1977, S. 35 ff.)

5 STEPHAN MOHRENWITZ, Prokurist in der Firma Kupfer und Mohrenwitz in Bamberg. (Geb. 26. 3. 1883 in Bamberg, Hainstraße 22.) Druck 1915 nach Zeichnung von Andreas Borchert, Bildhauer, Marterlzeichner, Autodidakt (geb. 22. 12. 1872, gest. 5. 6. 1933 in Bamberg). Aus einer großen Wolke regnet es auf die im Tal liegende, von Westen her gesehene Stadt Bamberg. Darüber ein zur Sonne hochfliegender Adler. Darüber die Inschrift: *NUNC PLUAT* (Jetzt möge es regnen) (Abb. 5).

6 LOTHAR NIEDERSTRASSER, Dr. med., Urologe, Gründer einer urologischen Privatklinik in Bamberg im Jahre 1953. (Geb. 28. 12. 1913 in Czerwionka bei Rybnik [Oberschlesien], gest. 6. 3. 1983 in Bamberg.) Vierkirchenblick in Bamberg, Holzstich 10,2 × 12,7 cm von Herbert Stephan Ott, Maler und Diplomgraphiker in Rödental bei Coburg. (Geb. 16. 3. 1915 in Kulmbach) Opus Nr. 586 (1976) (Abb. 6).

7 KLAUS PAULER, Dipl.-Ing., Jean Paul — Forscher in Ebermannstadt und Frau HEDWIG PAULER, geb. von Hofer. Verkleinerte Scherenschnitte des Ehepaares, geschaffen 1978 von Len Dunkelberg, geb. Russ in Bamberg, Malerin und Silhouettenschneiderin, 10,4 × 5,1 cm. *EX BIBLIOTHECA PAULER* (Abb. 7).

8 CHRISTIAN PFAU, Justizinspektor in Bamberg, Gründer einer Jugendgruppe des Historischen Vereins Bamberg, Geschichtsfreund, Mitherausgeber von Alt-Bamberg, Beilage zum Bamberger Volksblatt, Konservator des HVB. (geb. 15. 1. 1877 in Bamberg, gest. 27. 9. 36 zu Bamberg) Linolschnitt 12,7 × 8,0 cm 1913 geschaffen von Anton Rauh, Maler, Graphiker, Kunsthändler in Bamberg (geb. 5. 1. 1891, gest. 11. 12. 1977 in Bamberg).

Auf einer Bücherkiste sitzt ein Rittersmann in voller Rüstung, der in einem großen Folianten liest. Angelehnt an die Bücherkiste ein Adlerschild und eine Lanze mit Kreuzbanner. Im Linol re. unten das Monogramm *A. R.* Humorvolle Darstellung (Abb. 8).
Für Christian Pfau hat Anton Rauh noch ein zweites Exlibris gemacht mit einem Pfau, der vor einem mit Bücher gefüllten Regal ein Rad schlägt. Linolschnitt 9 × 6 cm. Li. unten: Monogramm *A. R.*

9 HANS PROBST, Oberstudiendirektor in Bamberg, Schriftsteller, Dichter, Zeichner, Lithograph, Silhouettenschneider, Autodidakt. (Geb. 2. 3. 1861 in Rothenburg o. d. T., gest. 27. 5. 1941 in Bamberg.) Lithographie, geschaffen von Hans Probst 1909, 9,3 × 6,6 cm. — Auf zwei großen Folianten sitzt mit dem Rücken zum Beschauer ein kleiner, flöteblasender Faun. Auf einem Blatt Papier, das aus dem einen Folianten heraushängt: Ex LIBRIS *Hans Probst* (Abb. 9).

10 ANTON RAUH, Maler, Graphiker, Kunsthändler, geb. 5. 1. 1891 und gest. 11. 12. 1977 zu Bamberg. Holzschnitt 16,3 × 12,7 cm, um 1920 für die *Kunstbücherei: Anton Rauh* von Joseph Albert Benkert, Maler und Graphiker in Bamberg, Essen, Berlin. (Geb. 17. 8. 1900 in Kulmbach, gest. 13. 9. 1960 zu Bamberg.)
Motiv: Expressionistische, phantasievolle Blumen (Abb. 10).

11 ERNST RÖSSNER, Kürschnermeister, Kunstsammler in Bamberg. (Geb. 27. 3. 1904, gest. 25. 2. 1978 zu Bamberg.) *Buch des Ernst Rössner* auf aufgeschlagenem Buch. Dahinter Blick durch romanisches Fenster auf Alt-Bamberg nach dem Holzschnitt in Schedels Weltchronik von 1492. Druck nach Zeichnung, 12,8 × 8,5 cm von Hans Helldorfer, Maler und Graphiker in Bamberg, jetzt unter dem Namen Jan Helldorf als freischaffender Künstler in Hamburg. Helldorfer war auf der Kunstgewerbeschule in Nürnberg unter Rudolf Schiestl und Hans Werthner tätig (Abb. 11).

11a *„Ernst Rößner zu eigen"*. Blick von der Oberen Brücke über die Regnitz und Brudermühle zur Oberen Pfarre in Bamberg. Radierung 127 × 79 mm (Opus Nr. 122). Signiert rechts unten mit Blei Hans Schaefer (19)40, Graphiker in Bayreuth (1900—1976), siehe unter 4a
Von Hans Schaefer sind noch weitere Exlibris-Radierungen mit Ansichten von Bamberg und seines Umlandes bekannt geworden: Für Dr. Fritz Klüber (Burgruine Giech 1932 Nr. 70; für Mohrenapotheke in Bamberg 1950 Nr. 176; für Dr. H. Schellerer (Streitberg 1941, Nr. 124 u. 187a); für Fritz Thumser (Altenburg b. Bamberg 1955 Nr. 199; für H. Schaefer (Staffelberg 1967 Nr. 249); für Hans Bauerschmidt (Walberlafelsen 1963 Nr. 229).

12 BRIGITTE STEGEMANN, die spätere Ehefrau von Rudolf Niess, Regierungsbaumeister.
Kolorierter, zweifarbiger Holzschnitt 8,8 × 5,2 cm von Dipl.-Ing. Rudolf Niess, Regierungsbaumeister in Bamberg, ehemals bei der Reichspost, verheiratet mit Brigitte Stegemann aus Mecklenburg-Schwerin. Oben: *Mein Eigentum*.
Motiv: Christi Geburt. Im Hintergrund der Dom, der Turm des Geyerswörthschlosses und alte Häuser in Bamberg. Signiert mit Blei: *Rudolf Nieß 1929* (Abb. 12).
Rudolf Nieß hat in Bamberg zahlreiche Exlibris geschaffen, so für die Uttenruthia in Erlangen, Tilde Nieß, Dr. Heinrich Bernhard (Arzt) 1925, Else Kalb 1920, Joseph Lippert, Dr. Wilhelm Suer, Richard Paul (Holzschnitt), Hans Hopfer 1932, Herbert Rieß 1926, Wilhelm und Emmy Klinger, Anny Klöth (alle nachgewiesen in einer kleinen Bamberger privaten Exlibrissammlung).

13 HANS SCHNEIDMADL, Dr. med. dent., Zahnarzt in Bamberg. Herausgeber der Bamberger Jahrbücher von 1928—1937, von Eichendorf-Gedichten, Mundartgedichten und 31 Bamberger Walhalla-Karten im Selbstverlag, Gründer des Remeiskreises in Bamberg. (Geb. 8. 12. 1890 in Bamberg, gest. 14. 1. 1970 in Bamberg.) Holzschnitt 12,2 × 8,1 cm von Fritz Karl, Maler und Graphiker, Studienprofessor für Zeichenunterricht an der Oberrealschule in Bamberg (geb. in Glonn (Obb.), gest. 5. 2. 1965 in Bamberg).

Abb. 1

Abb. 2

Abb. 3

Abb. 4

Abb. 4a

Abb. 5

Abb. 6

Abb. 7

Abb. 8

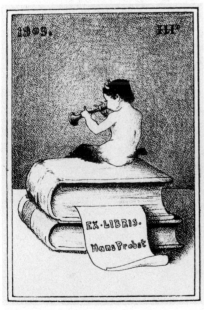
Abb. 9

Abb. 10

Abb. 11a

Abb. 11

Abb. 12

Abb. 13

Abb. 14

Motiv: Umschlungen von einem großen Buchstaben S erscheinen Bambergs Bauten, wie der Dom, die Obere Pfarre, Rathaus, Pfarrkirche St. Martin, das alte Mautgebäude und andere alte Häuser, auf welche die Sonne herabstrahlt. In der Mitte unten das Geburtshaus von Dr. Schneidmadl in der Frauenstraße 22, auf das die Wiege mit dem Säugling hinweisen soll. (Freundliche Auskunft von Frau Gunda Pfeufer, geb. Schneidmadl) (Abb. 13).

14 ALBERT TREIER, Dr. jur., Rechtsanwalt in Schweinfurt, Exlibrissammler und -publizist. Unten: *Aus der Bücherei von Dr. Albert Treier* mit Wappen desselben. Historisierende Darstellung eines mittelalterlichen Minnesängers mit Harfe, der unter einer Eiche in einem Burghof sitzt. Im Hintergrund blickt man durch das Burgtor auf eine unten im Tal an einem Fluß liegende alte Stadt, die von Türmen und Mauern umgeben ist. Lithographie 12,6 × 8,1 cm, geschaffen um 1920 von Oskar Julius Roick, Wappenmaler, Illustrator, Lithograph (geb. 28. 3. 1870 in Berlin, gest. 11. 12. 1926 in Berlin). (THIEME-BECKER, Allg. Lex. f. Bild. Künstler, 28. Band, Leipzig 1934, S. 529) (Abb. 14).

Alle Abbildungen nach Fotos der Lichtbildstelle der Staatsbibliothek Bamberg von A. STEBER. Herrn FRANZ FRIEDRICH verdanke ich Angaben zur Biographie Bamberger Künstler und Bürger.

HANS TILMANN

Kaufleute aus dem Bambergischen in Ostmitteleuropa und am Schwarzmeer

von

Wolfgang von Stromer

I. Die Bamberger hatten drei gute Startchancen für eine herausgehobene Rolle im europäischen Fernhandel des Mittelalters: Main und Rhein bildeten von Bamberg bis zur Mündung eine in beiden Richtungen schiffbare Wasserstraße. Sie verband von hier ab das „Ruhrgebiet des Mittelalters", das sich auf dem Reichtum der ostfränkisch-oberpfälzer Mittelgebirge an Bodenschätzen, Holz und Wasserkraft entwickelte, mit den wirtschaftlich weiter entwickelten Rheinlanden und mit den Anrainern der Nordsee. Bamberg hatte nicht nur einen erheblichen Eigenanteil an jenem „Ruhrgebiet", sondern die Bamberger Exklaven als Etappenorte auf dem Wege nach Rom konnten auch als Stationen für einen Fernhandel mit den Alpenländern und Italien dienen. Einige von ihnen besaßen oder erlangten auch wirtschaftliches Eigengewicht, wie Villach in Kärnten oder Kirchdorf an der Krems in Oberösterreich. Eine besondere Begünstigung erfuhren die Kaufleute von Bamberg und mit ihnen die von Amberg durch das Privileg Kaiser Friedrich I. Barbarossas vom 13. März 1163, im ganzen Reich zollfrei zu handeln wie die Nürnberger — deren korrespondierendes Privileg früh verlorenging[1].

Erste Spuren solcher Fernbeziehungen finden sich vielleicht im Cartular des Münchener Großkaufmanns und Bankiers in Venedig, Bernardus teotonicus, 1189—1215. Sein Kontor am Campo San Bartolomeo nächst der Rialtobrücke suchten 1212 und 1214 Leonardus, Henricus und Davidus aus Villach auf, vermutlich Silberlieferanten, und 1209 im Gefolge Herzog Ottos VII. von Meranien-Burgund — und vielleicht aus dessen Herrschaften und Bamberger Lehen am Obermain — Dainard, sein Schenk, Raoul, sein Marschall und Siebot, sein Truchseß[2].

II. Als Kaiser Heinrich IV. am 19. Juli 1062 den Bamberger Domkanonikern den Markt mit Zoll und Münze wieder nach Fürth zurückgab, den Heinrich III. in das neugegründete Nürnberg verlegt hatte, hielt er fest, daß dort schon Verkehr *mercatorum Radisbonnensium, Wirziburgensium, Babenbergensium* bestand. Barbarossas Privileg von 1163 spricht dafür, daß sich die wechselseitigen Handelsbeziehungen zwischen beiden Städten und ihren Kaufmannschaften verdichtet und über weite Teile des Reichs ausgeweitet hatten. Dies und der Umstand, daß Bamberg sich dank seiner günstigen Lage an der Regnitzmündung bald zum Main-Rhein-Hafen der schnell expandierenden

---

[1] Staatsarchiv Bamberg, B 21, Nr. 1, fol. 136 v., Abschrift von Barbarossas Privileg vom 13. März 1163, 13. Jhd.; Mon. Boic. 31 a S. 416 Nr. 221; Nürnberger Urkundenbuch (NUB) Nr. 72; zur Deutung vgl. Hektor Ammann, Nürnbergs wirtschaftliche Stellung im Spätmittelalter. Nürnberger Forschungen Bd. 13/1970, hier insbes. S. 17, 20—44, 36 f.; Franz Michael Ress, Geschichte und wirtschaftliche Bedeutung der oberpfälzischen Eisenindustrie von den Anfängen bis zur Zeit des 30jährigen Krieges. Verhandl. d. hist. Ver. von Oberpfalz und Regensburg 91/1950, S. 125 ff.

[2] Wolfgang von Stromer, Bernardus Teotonicus und die Geschäftsbeziehungen zwischen den deutschen Ostalpen und Venedig vor Gründung des Fondaco dei Tedeschi. In: Grazer Forschungen zur Wirtschafts- und Sozialgeschichte 3/1978, S. 1—15, S. 9 f.

Nürnberger Wirtschaft entwickelte, mögen zwar Hauptursachen für eine starke Verflechtung der Unternehmen und Unternehmerfamilien beider Städte in der Folgezeit geworden sein — während doch Amberg gegenüber beiden eine ziemliche Selbständigkeit zu wahren vermochte[3]. Aber noch fand ich keine plausible Deutung dafür, daß sich trotz der erwähnten Chancen nur selten und verstreut in den einstigen Wirtschaftszentren und Hauptetappen der Fernhandelswege Mitteleuropas und Oberitaliens Nachrichten über Bamberger Kaufleute finden — und wenn, dann meist nur in Abhängigkeit oder im Gefolge von Nürnberger Unternehmen.

Der erste in Venedig nachweisbare Kaufmann aus Nürnberg, Marquart Tockler 1331, stammt zwar zweifellos aus der Bamberger Schultheißenfamilie, sein Geschäft am Rialto wird jedoch von der Forschung der Firma der Nürnberger Behaim zugerechnet. Eine Tocklerin war schon die zweite Frau des ersten in Nürnberg ca. 1242/54 nachweisbaren Stromeir, Cunradus S. de Swabach, Urgroßvater des Chronisten Ulman S. Ulmans Vatersbruder Ulrich d. J. genannt am Zotenberg, 1348/49 führend im Aufruhr-Rat gegen Karl IV., dann dessen Berater und Finanzier, hatte in erster Ehe *dez Purkaymers von Babenberg tohter, der sein swager waz und sein swester het* — eine Doppelallianz mit entsprechenden Kapitalverflechtungen[4]. Konnubien und gemeinsame Geschäfte zwischen den Rats- und Unternehmerfamilien beider Städte, ein Wechsel von der einen zur anderen oder Verzweigung in beiden sind nicht selten, wofür u. a. die Haller-Münzmeister, Kammermeister, Lemmel, Löffelholz, Tintner oder Zollner Beispiele liefern[5]. Oft ist es nicht zu klären, ob ein Vorfall einem Bamberger Kaufmann oder einem aus der Nürnberger Familie Pobenberger zuzurechnen ist. Das gilt selbst für spektakuläre Vorgänge, wie z. B. die Überweisung von 42 800 fl. der Stadt Lucca über Venedig an Karl IV. für ihre Befreiung vom Pisaner Joch 1369 unter Beteiligung von Marco Manndil (Mendel) de Norimbergho, Johanne Pirchimario de Norinbergho, Henricho de Panberch mercatoribus Alemannis de Venecia[6].

---

[3] AMANN, a.a.O., S. 28 f., S. 211—214; WILHELM NEUKAM, Wege und Organisation des Bamberger Handels vor 1400, in: Jahrbuch für fränkische Landesforschung (JFLF) 14/1954, S. 97—139, S. 102, 106 ff.; NUB S. 9 Nr. 14. Die zwischen 1125 und 1139 von Bischof Ottos *oeconomicus* Rudolf für eine Pommermission auf dem Jahrmarkt (nundinae) von Halle vorgenommenen Textilkäufe und Rudolfs Ungarnfahrt ca. 1131—39, von der er Gold, kostbare Gewändern und Gefäße heimbrachte, die NEUKAM S. 110 erwähnt, fanden anscheinend keine Nachfolge.

[4] HENRY SIMONSFELD, Der Fondaco dei Tedeschi in Venedig und die deutsch-venetianischen Handelsbeziehungen, Stuttgart 1887, Bd. II, S. 74 nach G. W. K. LOCHNER, Geschichte der Reichsstadt Nürnberg zur Zeit Kaiser Karls IV., Nürnberg 1873, S. 161; ULMAN STROMEIR, Püchel von mein geslecht und von abtentewr, hrsg. v. KARL HEGEL, Die Chroniken der deutschen Städte I, Leipzig 1862, S. 61 Z. 4, S. 62 Z. 25—27; ausweislich ihres Wappens handelte es sich nicht um die aus Lauingen stammenden Pirckheimer, sondern die Bamberger Burgheimer, Stromer-Archiv Grünsberg, Hs. Bd. 20, Wappenbuch Georg Stromeirs von 1425 ff., fol. 5 r und 8 v. Die Tockler als die bedeutendsten Bamberger Kaufleute 1302 Juli 28 und schon 1265 als Stifter des Bamberger Katharinenspitals, bei NEUKAM, a.a.O., S. 105, 117, 125.

[5] HELMUTH FRHR. HALLER V. HALLERSTEIN, Die Haller zu Bamberg und Nürnberg, in: Beitr. d. Hist. Vereins Bamberg (BHVB) 96/1957—58, 1959, S. 102—169; HERBERT E. LEMMEL, lemmlein filii, Studien zur Geschichte der Familie Lemmel-Lämmel, Fürth 1975; W. v. STROMER, Das Schriftwesen der Nürnberger Wirtschaft . . ., in: Beiträge zur Wirtschaftsgeschichte Nürnbergs Bd. II/1967, S. 751—799, S. 789 f. (zu Tintner).

[6] ARNOLD ESCH, Das Archiv eines Lucchesischen Kaufmanns an der Kurie 1376—1387, in: Zeitschrift für Historische Forschung (ZHF) 2/1975, S. 129—171, S. 132 Anm. 8 (Henrichus de Panberg, Venedig 1369). Zahlreiche Einträge betr. Pobenberger von Nbg. in den Handelsbüchern der Soranzo in Venedig 1406—36.

III. Für den oberdeutschen Handel mit Ostmitteleuropa brachte der Umstand enorme Vorteile, daß ab 1311 die Dynastie der Luxemburger in Böhmen und Mähren und dadurch auch sukzessive in den schlesischen Teilherzogtümern, ab 1387 auch in den Ländern der Stephanskrone zur Herrschaft gelangte und zugleich drei Menschenalter lang 1347—1437 die deutsche Königskrone und Kaiserkrone trug. Zahlreiche Privilegien der Könige von Böhmen, Ungarn und Polen bahnten ab 1335, 1357, 1365 zuvorderst den Nürnbergern, in ihrem Gefolge jedoch auch Kaufleuten, Montanunternehmern und -experten und Künstlern aus dem übrigen östlichen Oberdeutschland die Wege in die Donau-, Sudeten- und Karpatenländer. Den Nürnbergern Friedrich Stromeir, Hermann und Wenzel Schatz folgte 1363—67 der Bamberger Günther Tockler als Notar in die Kanzlei Karls IV. in Prag[7]. Seit 1380 waren die maßgeblichen Männer in der Kanzlei König Wenzels der Bamberger Propst Konrad von Geisenheim und seit 1384 als Hofkanzler der Bamberger Bischof Lamprecht von Brun (1374—98), der schon seit 1364 Karl IV. und Wenzel als secretarius gedient hatte. Propst Geisenheim erwirkte 1366 bei König Ludwig dem Großen von Ungarn (1342—82), daß den Bambergern die selben Handelsvergünstigungen gewährt wurden, wie 1336—65 den Kaufleuten von Brünn, Prag und Nürnberg.

Lamprecht war der Wirtschaftsfachmann unter den deutschen Reichsbischöfen seiner Zeit. Er sammelte Erfahrungen auf diesem Feld, seitdem er 1359 Rat Herzog Rudolfs IV. von Österreich, 1361 Kollektor der Camera apostolica für vier deutsche Kirchenprovinzen und 1363—64 Bischof von Brixen war. Diese Aufgaben brachten ihn in häufige Berührung und die des Kollektors notwendig zu einem Zusammenspiel mit den großen oberdeutschen Bank- und Handelshäusern. Vermutlich verdankten der Nördlinger Conrad Zingel und der Bamberger Johannes Münzmeister ihre Karrieren Geisenheim und Bischof Lamprecht, Zingel zum Hofgerichtsschreiber, Münzmeister zu König Wenzels *Oberstem Schreiber*, wo sie wie vor ihnen die Schatz, Ammann von Wendelstein oder Eisvogel als „Lobbyisten" der oberdeutschen Firmen wirkten[8].

Wieweit Bischof Lamprecht schon in die ersten Maßnahmen eingeschaltet war, die in einem Zusammenspiel zwischen Karl IV. und oberdeutschen Handelshäusern zur systematischen Ansiedlung und Gründung von Baumwoll-Gewerben in schließlich (bis 1400) rund 30 Orten Mitteleuropas führten, kann man nur vermuten. Sicher jedoch ist seine Leistung die Gründung des Baumwoll-Barchent-Gewerbes in der bambergischen Exklave in Oberösterreich, Kirchdorf an der Krems. Zur Anlieferung der Baumwolle und zum Fernvertrieb des Barchents bedurfte es erfahrener Kaufleute. Ich konnte leider kein Zeugnis dafür finden, ob Bamberger daran beteiligt waren, während ein Indiz der Nürnberger Firma Haller eine solche Rolle zuweist. Lamprechts Nachfolger auf dem Bischofsstuhl mußten nämlich zur Begleichung von Schulden 1424—41 Jacob Haller ihre Einkünfte aus Kirchdorf überlassen[9].

---

[7] W. v. STROMER, Fränkische und schwäbische Unternehmer in den Donau- und Karpatenländern im Zeitalter der Luxemburger 1347—1437. In: JFLF 31/1971, S. 355—365; PAUL SCHÖFFEL, Nürnberger in Kanzleidiensten Karls IV. in: Mitt. d. Verf. f. Gesch. Nürnberg (MVGN) 22/1934, S. 47—68; Reg. Boic. 9/1841, S. 162; HANS DIETER LEMMEL, Die Bamberger Lemmel in Böhmen und Ungarn 1364—1475. In: lemlein filii S. 37—77, S. 41.

[8] W. v. STROMER, Fränkische Unternehmer S. 361; ders., Die Gründung der Baumwollindustrie in Mitteleuropa, Wirtschaftspolitik im Spätmittelalter. Stuttgart 1978, S. 47 f., 51—54; ders., Der kaiserliche Kaufmann, Wirtschaftspolitik unter Karl IV., in: Kaiser Karl IV., Staatsmann und Mäzen, hrsg. v. FERDINAND SEIBT, München 1978, S. 63—73, S. 66; NEUKAM, Bamberger Handel S. 121 ff.

[9] JOSEF KALLBRUNNER, Zur Geschichte der Barchentweberei in Österreich im 15. und 16. Jahrhundert. In: Vierteljahrschrift für Sozial- und Wirtschaftsgeschichte (VSWG) 23/1930, S. 76—93,

Die Verbindung zu ihren einflußreichen Landsleuten in der königlichen Kanzlei trug offenbar wesentlich zur erstaunlichen Karriere verschiedener Angehöriger der Bamberg-Nürnberger Familie Lemmel bei. Markgraf Jobst von Mähren etwa schuldete Nicolaus Lemmel 11 Schock Groschen, der dafür 1401 in Prag goldene Pfänder verwertete. Bis zum Hussitensturm war ein Hans Lemmel einer der 13 Schöffen von Kuttenberg, dem Zentrum des Bergbaus und der Münzprägung Böhmens. Am Anfang der Laufbahn des Mathias Lemmel, die ihn von Prag nach Ofen und in den engsten Mitarbeiterkreis König Sigismunds führte, steht 1396 eine Forderung, die er gegen Johannes Kirchen, *des romischen kunigs hofschreiber* hatte. Von 1417 an, bezeugt bis 1426, war Mathias Lemmel Schatzmeister König Sigismunds, den er vom Konstanzer Konzil aus auf seinen Reisen weit durch Europa begleitete[10]. Zur Familie gehörten vermutlich auch Claus und Ulrich L. 1434, der eine in der Bergverwaltung der Silberbergstadt Schemnitz, der andere *gesworner purger des rats der stat Ofen*. Dort bezeugt ein monumentaler Grabstein aus der einstigen Krönungskirche *hix est sepultus honorabilis Heinricus dictus Melmeyster de Babenberga, qui obyt feria . . . ante festum sti. Pauli kathedra reqes. anno dni. MCCCCI*. 1427 war ein Conradus Melmeister Ratsherr von Ofen[11].

Zu Prag, am 28. Oktober 1437, übertrug Kaiser Sigismund *Eberhard Cliber, civis de Bamberga, maiestatis nostri familiaris,* für ein Darlehen von 2600 fl. das Kammergrafen- und Münzmeisteramt für die Gold- und Silberprägung von Schmölnitz und die Gefälle der Edel- und Buntmetall-Bergwerke des Kaschauer Reviers für 2 Jahre. Klieber war Bamberger Bürgermeister und mehrfach mit den Lemmel versippt. Schon 1431 hatte er Kg. Sigismund 1000 fl. geliehen. In Ungarn gehört er in eine Reihe von Exponenten des Oberdeutschen Großkapitals, die, beginnend mit dem großen Wirtschaftspolitiker Marcus von Nürnberg von Sigismunds Regierungsantritt 1387 an, die Kammergrafenämter der wichtigsten Bergbauzentren und Münzstätten im ungarischen Erzgebirge und Siebenbürgen einnehmen. Sie schießt 1440 mit dem Kaschauer Kammergrafen Hans Cammermeister aus einer Bamberger, auch in Nürnberg verzweigten Familie[12]. In diese Reihe gehört auch Hans Lemmel. Er stieg vom Hermannstädter Kammergrafen 1439 unter König Albrecht auf zum Sachsengrafen und Königsrichter der Siebenbürger Sachsen, ein Amt, das er auch zur Zeit der Thronwirren und bis zum Tod von Ladislaus Posthumus 1455 behaupten konnte. Unter Hunyadi als Gubernator war Hans Lemmel auch 1447—49 Kapitän der Städte des Komitats Sarosch, eines wichtigen Bergbaureviers[13]. Um schließlich in solche Ämter zu gelangen, um sich dort zu behaupten und um über solche Entfernungen Nachrichten- und Geschäftsverbindungen aufrechtzuerhalten, bedurfte es ungewöhnlicher Eigenschaften und einer langen Vorge-

---

S. 78—82; Verpfändung der Kirchdorfer Gefälle an Jacob Haller 1424 u. 1427 (—1441) Frhrl. v. Haller'sches Familienarchiv, Schloß Großgründlach (Nürnberg), Urk. (Kopie) Linz, 1441 Nov. 20.

[10] H. D. LEMMEL, Die Lemmel in Böhmen S. 42—48.

[11] W. v. STROMER, Fränkische Unternehmer S. 360; Staatsarchiv Budapest, Urk. DL. 11944 (1427).

[12] WENZEL GUSTÁV, Magyarország Bányászattánaz kritikai törtenete (Kritische Geschichte des ungarischen Bergbaus), Budapest 1880, S. 359—361 Beilage H 1; H. D. LEMMEL S. 49 f.; HORVATH TIBOR ANTAL und HUSZAR LAJOS, Kamaragrófok a közepkorban (Die Kammergrafen im Mittelalter). In: Numizmatikai Közlöny 54—55/Budapest 1956, S. 21—35, S. 28; W. v. STROMER, Fränkische Unternehmer S. 363 f.; ders., Die ausländischen Kammergrafen der Stephanskrone unter den Königen aus den Häusern Anjou, Luxemburg, und Habsburg, Exponenten des Großkapitals. In: Hamburger Beiträge zur Numismatik 27—29/1973—75 (1982!), S. 85—106, S. 97.

[13] W. v. STROMER, Kammergrafen S. 9 f., Anm. 26; ders., Baumwollindustrie S. 112; H. D. LEMMEL, S. 49—61, 74—77, Regesten 1—20.

schichte, wovon uns nur spurenhaft winzige Bruchteile überliefert sind. Sicher war es wichtig, einen Familien- und Firmen-Clan mit Beziehungen, Einfluß und Kapitalmacht hinter sich zu haben, zu Hause sich in öffentlichen Ämtern ausgezeichnet zu haben, Berufs- und Welterfahrung zu besitzen. Darüber hinaus jedoch mußte man über ungewöhnliche Willenskraft und Gesundheit verfügen, um die Strapazen und Anforderungen dieser Aufgaben zu meistern, charakterliche und fachliche Qualitäten haben, die weit über das übliche hinaushoben.

IV. Mit Hermannstadt hatten die Oberdeutschen die Pforte zu den Schwarzmeerländern erreicht, wohin sich die Kaufleute der Siebenbürger Sachsen-Städte den Handel weitgehend reserviert hatten[14]. Doch schon 1402, am 24. Juni (Joh. bapt.), finden wir in der Stadt Sereth in der Moldau *Conradus/filius/Ottonis de Weysmeyn Babenbergensis diocesis, auctoritate imperiali publicus notarius*. Er beurkundete den im Dominikanerkloster versammelten Ratsgeschworenen und einigen Bürgern der Stadt Zeugenaussagen über Wunderheilungen, die dort 1391 stattgefunden hatten. Sie waren von einem dem Kloster gehörigen linnenen Kelchtuch ausgegangen, das ein Pater Janitor von seiner Pilgerreise zu den Heiligen Städten Palästinas heimgebracht hatte[15].

Auch die Geschäfte des Bamberger Kaufmanns Brun Tyntener mit Hannos Walluch von der Walachey, die am 11. Mai 1409 in Breslau durch den dortigen Faktor des Nürnberger Montan-Konzerns Kamerer & Seiler, Fritze Regeler, verglichen wurden, setzen längerfristige Geschäftsbeziehungen über den Karpatensaum nach Osten voraus. Nicht nur schuldete Brun Tintner dem Walluch 24 Schock Groschen, wofür er bis zum 19. November 1409 (St. Elisabeth) 24 Gulden an Meister Heinrich den Goldschmied zu Prag zu zahlen versprach und 18 1/2 Mark auf Johann Baptist 1410 (Juni 24), wohl zu Breslau. Sondern Tintner und Walluch vereinbarten, sich einander friedlich zu *furdern, dienen und hantlangen*. Tintner gehörte einer Bamberger Kaufmannsfamilie an, aus der schon 1350/52 ein Werner Tintner eine Handelsgesellschaft leitete, die anscheinend in Nürnberg ihren Geschäftssitz hatte. Dort wurde 1399 auch ein Fritz Tintner unter den „Ehrbaren" eingebürgert und ging 1400—03 ein Hermann Tintner dem Handwerk eines Messingschlägers nach, einem Zulieferergewerbe der dort eben im Entstehen begriffenen Drahtmühlen-Industrie. Von einem Hans Dintner ist uns — ein seltener Glücksfund — ein Geschäftsbuch aus Bamberg für die Jahre 1402—07 überliefert. Es verzeichnet Wollehandel en gros nach Nürnberg, von eigenen Schafen und solchen des Herren von Giech, und Handel mit Wolltuchen en gros und en detail, u. a. mit solchen aus Brabant und vom Mittelrhein, die er auf den Frankfurter Messen einkaufte, *rotes von Prussel, swarz und rot duch von Dewern* (= Düren), *rotes von Arskat, swarzes und grünes von Sant Draut, rotes von Mechel, rotes und swarz von Paporten*, daneben wesentlich billigeres Tuch von Seligenstadt und Lorch[16].

---

[14] OTTO FRITZ JICKELI, Der Handel der Siebenbürger Sachsen bis zur Schlacht von Mohatsch (diss. phil. Heidelberg), Hermannstadt 1912; SIGISMUND PAUL PACH, Die Verkehrsroute des Levantehandels nach Siebenbürgen und Ungarn zur Zeit der Könige Ludwig von Anjou und Sigismund von Luxemburg, in: Europäische Stadtgeschichte in Mittelalter und früher Neuzeit, ed. WERNER MÄGDEFRAU, Weimar 1979, S. 60—91.

[15] ALEKSANDER CZOLOWSKI, Sprawy woloskie w Polsce, in: Kwartalnik Historyczny, Lemberg, 5/1891, S. 569—598, das Dokument von 1402 Juni 24 S. 594—598; HUGO WECZERKA, Das mittelalterliche und frühneuzeitliche Deutschtum im Fürstentum Moldau, München 1960, S. 159 f.

[16] Stadtarchiv Breslau, G 5, 17, Liber signaturarum de anno 1409, pag. 38, zwei Einträge vom selben Tag, *sonnabend vor voc. Jocund.*; W. v. STROMER, Nürnberg-Breslauer Wirtschaftsbeziehungen im Spätmittelalter, in: JFLF 34—35/1975, S. 1079—1100, S. 1088 f. Anm. 44; ders., Schriftwesen (wie Anm. 5), S. 789 f. Das Geschäftsbuch Dintners im Familienarchiv der Freiherren Löffelholz auf Colberg, Depot im Stadtav. Nürnberg, Hs. Nr. 39, fol. 104 ff.

B.

I. Im Dienst einer Nürnberger Fernhandelsfirma gelangte ein Kaufmann aus dem Bambergischen, Hans Tilmann aus Großenbuch bei Neunkirchen am Brand, nach Lemberg und Lublin und über das Schwarzmeer nach Konstantinopel. Von seinen abenteuerlichen Handelsfahrten und deren Ergebnissen erfahren wir durch Bemühungen von vielen Seiten um seinen großen Nachlaß, als er — vor Sommer 1445 — in Pera, der Handelskolonie Genuas am Goldenen Horn visavis der griechischen Kaiserstadt, unversehens den Tod gefunden hatte. Einzelne Nachrichten aus diesem für die deutsche Wirtschaftsgeschichte des Spätmittelalters sensationellen Vorgang haben immer wieder die Aufmerksamkeit von Forschern auf sich gezogen. Ihre Würdigung fiel dabei recht unterschiedlich aus, da die jeweils mitgeteilten Umstände isoliert von ihren Rahmenbedingungen betrachtet wurden[17]. Forscher wie ALOYS SCHULTE anno 1900 und FRANZ BASTIAN 1929 und 1944 sahen jedoch eine Parallele zum einzigen, damals bekannten Vorgang vergleichbarer Art, ULMAN STROMEIRS Nachrichten in seinem *Püchel von meim geslecht und von abenteur* über Handel mit Lemberg und Tana (Asow am Don)[18]. Diese Parallele war kaum ein Zufall. Lienhard Reutheimer nämlich, in dessen Gesellschaft mit Hans Gartner und Andreas Rudolf Tilmann in Ostmitteleuropa und am Schwarzmeer diente, war in den zwanziger Jahren des 15. Jahrhunderts zusammen mit seinem Schwager Hans Gruber als *diener und gesellen*, d. h. Faktoren der Gesellschaft von Georg Stromeir & Hans Ortlieb in Schlesien und Polen tätig gewesen. Als Georg Stromeir, Ulmans Sohn, durch betrügerischen Bankerott Ortliebs 1434 in Konkurs ging, übernahmen Reutheimer und Gruber die Leitung von Nachfolgefirmen. Sie fingen wesentliche Teile der bisherigen Geschäftsbereiche und viele der bisherigen Mitarbeiter auf, darunter auch die Söhne der ehemaligen Firmenchefs. Diesem Kreis entstammte in Reutheimers Gesellschaft Hans Gartner, vermutlich auch Rudolf, vielleicht auch Hans Tilmann. Rudolf aus Nürnbergs Gewerbe-Vorstadt Wöhrd gehörte dort zu einer Familie, der die Erfindung des mechanischen Drahtzugs zugeschrieben wird. Tatsächlich übernahm die der Reuthheimer-Gesellschaft weiterhin eng verbundene Gruberfirma aus dem Konkurs der Stromeir & Ortlieb deren Juniorchef Andreas Stromeir und einige Drahtziehmühlen[19].

---

[17] ALOYS SCHULTE, Geschichte des mittelalterlichen Handels und Verkehrs zwischen Westdeutschland und Italien mit Ausnahme von Venedig. 2 Bde. Leipzig 1900, I S. 549, II S. 164, Regest Nr. 269; Monumenta Leopoliensia historica, ex archivo civitatis, Tom IV, Liber iudicii civilis 1441—1448, edid. ALEXANDER CZOLOWSKI et FRANCISCUS JAWORSKI, Leopolis-Lwow 1921, S. 200, 208, 257 Nr. 1557, 1642, 2219 a; LUCJA CHAREWICZOWA, Handel średniowiecznego Lwowa (Der Handel des mittelalterlichen Lemberg), Studja nad historija kultury w Polsce, Tom I, Lwow 1927, S. 54 und 100; RUDOLF KUMMER, Aus der Geschichte des bayerischen Orienthandels, München 1927, S. 26; ders., Nürnbergs Anteil am Orienthandel im 13. bis zum 16. Jahrhundert. In: Fränkische Heimat 16/1935—37, S. 82—84; FRANZ BASTIAN, Die Legende vom Donauhandel, in: VSWG 22/1929, S. 289—330, 315—319; ders., Das Runtingerbuch 1383—1407 und verwandte Material zum Regensburger-Südostdeutschen Handel und Münzwesen, 3 Bde., Regensburg, I/1944 S. 165; HANS CONRAD PEYER, Leinwandgewerbe und Fernhandel der Stadt St. Gallen von den Anfängen bis 1520, 2 Bde., I S. 166 Regest 371; JACQUES HEERS, Gênes au XVe siècle. Activité économique et problémes sociaux. Affaires et gens d'affaires XXIV, Paris 1961, S. 444; WERNER SCHNYDER, Handel und Verkehr über die Bündener Pässe im Mittelalter zwischen Deutschland, der Schweiz und Oberitalien, 2 Bde., I, Zürich 1973, S. 272 Regest 351.

[18] ULMAN STROMEIR, Püchel fol. 31 r., Chron. d. dt. Städte I S. 103.

[19] W. v. STROMER, Die Nürnberger Handelsgesellschaft Gruber-Podmer-Stromer im 15. Jahrhundert. Nürnberger Forschungen 7/1963, passim, insbes. S. 14, 54, 57 f., 74, 81; ders., Die Guldenmund, Fernhändler, Metallurgen, Buchdrucker. In: Festschrift für Hektor Amman, Wiesbaden 1965, S. 353—361; ders., Innovationen und Wachstum im Spätmittelalter: Die Erfindung der Drahtmühle als Stimulator. In: Technikgeschichte 44/1977, S. 89—121, S. 99 f.

Die abenteuerliche Geschichte der Reutheimer-Firma, die den Tod ihres Gründers (1460) noch um ein gutes Jahrzehnt überdauerte, wäre aus einer ungewöhnlichen Fülle von über ganz Europa verstreuten Zeugnissen noch zu schreiben. Ihre Geschäfte spannten sich nämlich von Perpignan und Brügge bis Danzig, Thorn und Posen, Lublin und Lemberg, von dort — vermutlich über Moncastro (Akkerman) — nach Pera und Genua, mit Hauptgeliegern in Breslau und Krakau. Entsprechend weitgefächert waren der Warenkatalog und die sonstigen geschäftlichen und gewerblichen Aktivitäten der Firma: Gewürze, Drogen, Farben, Seide und Baumwolle aus der Levante, Tuche aus Brabant, Görlitz und Polen, Leinen und Barchent aus Schwaben, Wachs und Pelze aus Osteuropa, Schießpulver, Schwefel und Salpeter, Pretiosen. Papier, Draht und Metall kamen vermutlich von der Nürnberger Schwesterfirma. Die Gesellschaft betrieb quer durch Europa Wechselgeschäfte und besorgte in Ostmitteleuropa den Transfer von Kollektorien des Basler Konzils und der Camera apostolica[20].

II. Es fehlen uns vorläufig Nachrichten darüber, wann und wie Hans Tilmann in den Dienst der Nürnberger Fernhandelsgesellschaft gelangte. Jedoch sind dazu einige plausible Rückschlüsse möglich, wie auch darüber, was ihn für seine Funktionen an den extremen Außenbastionen in Lemberg, Lublin und Pera qualifizierte. Es war nicht ungewöhnlich, daß die Handelsfirmen ihr Personal aus dem weiten Umland der Exportgewerbestädte rekrutierten, die Nürnberger bevorzugt von dort, wo sich Begabungen in den Familien ihrer Hintersassen auf dem Lande oder im Personal ihrer „Industriebetriebe" zeigten, d. h. den Wasserkraftwerken mit Eisenhämmern, Loh-, Säge- und Drahtmühlen. Reutheimers Familie und vermutlich er selbst war in dem Oberpfälzer Kleinstädtchen Berching zu Hause und in Deining bei Neumarkt begütert[21]. Laut den erst nach seinem Tod einsetzenden Quellen war Tilmann im Dorf Großenbuch bei Neunkirchen am Brand geboren, wo auch 1448—51 seine Mutter Elsbeth lebte und einen Hof besaß. Quellen aus dem einstigen Bambergischen Augustiner-Chorherrnstift zu Neunkirchen am Brand beanspruchen 1448 Els Tilmannin als *hindersessin hinder dem Goczhaws zw Newnkirchen* und damit unausgesprochen auch deren schon als in Pera *(Bera)* verstorben genannten Sohn Hans. Sie führen jedoch 1451 auch an, daß er *in den landen zw Reußen vnd Krichen Hans von Nurnberg genant* war[22]. Dagegen behaupten die aus Nürnberg stammenden Nachrichten, 1448 im April—Mai, Elisabeth T. *de Grossenpuch* sei *in unser herrschaft und gepiet wonhafft* und sei Nürnberger Bürgerin, ebenso 1451, wo damit auch Nürnberger Erbrecht geltend gemacht wird. Offenbar sollte dies die Durchsetzung der Ansprüche erleichtern, denn es handelt sich um Schreiben nach Lublin, Lemberg, Pera, Konstantinopel und Genua, wo die mächtige Reichsstadt nicht nur durchaus ein Begriff war, sondern auch dank ihrer Handelsbeziehungen einen gewissen Einfluß ausüben und Rücksicht erwarten konnte, anders als das damals schon im Abstieg begriffene Chorherrnstift an einem obskuren Marktflecken. Das letzte für Genua bestimmte Nürnberger Dokument bezeichnet 1458 nämlich Elisabeth

---

[20] A. SCHULTE, Handel I S. 545 Anm. 1; WILHELM ALTMANN, Acta Nicolai Gramis, Urkunden und Aktenstücke betreffend die Beziehungen Schlesiens zum Baseler Konzil. Breslau 1890, S. 61, 153—155 u. a.; zahlreiche Nachrichten über die Gesellschaft Reutheimer-Gartner-Rudolf(-Gundelmundel-Zeringer) bei Hektor Ammann, Die Diesbach-Watt-Gesellschaft, ein Beitrag zur Handelsgeschichte des 15. Jahrhunderts, St. Gallen 1928, im umfangreichen Regesten-Anhang, und im Codex Diplomaticus Lusatiae Superioris II, herausge. v. RICHARD JECHT, Görlitz 1900—03.

[21] CHRISTA SCHAPER, Die Hirschvogel. Nürnberger Forschungen 18/1973, S. 32.

[22] Staatsarchiv Bamberg, B 113 Nr. 4 (Neunkirchen), fol. 5 r/v., 1447 Febr. 24 (St. Mathias des zwelfpoten) und fol. 12 r./v., 1451 Juli 30 (freitag n. Jacobstag). Für die Hinweise auf die Neunkirchener Quellen bin ich Herrn Studiendirektor Horst Miekisch/Bamberg sehr dankbar.

und ihren verstorbenen Mann Hans T. *de villa Grossenbuch sub limitibus ecclesie parroch. monasterii in Neunkirchen* ...[23]

Von den ungeheuren Problemen der Distanz und unterschiedlicher Kulturen, Sprachen, Rechtsordnungen und politischer Verhältnisse ganz abgesehen, war der Erbfall dadurch kompliziert, daß der in Pera Verstorbene von den Neunkirchnern und Nürnbergern zwar als der *filius unicus et legitimus dum vixit dicte domine Elizabeth* bezeichnet wurde, er jedoch in Lemberg eine Frau Agnes hinterlassen hatte, Stieftochter des Olbrecht von Allen von Lublin, der 1445 für sie Erbansprüche geltend machte. Dazu kam, daß dort als erbberechtigt ein angeblicher (Halb)Bruder, Conrad Swarm pellifex in Ribischew (Hrubieschow zwischen Lublin und Lemberg) auftrat, der seine Ziele auch in Pera und Genua hartnäckig verfolgte. Die Vorgänge gewinnen noch an Spannung, wenn wir auch diesen Personenkreis und Tilmanns Nachfolger in der Firma auf jenen Außenposten, Conrad Geußmolk/Gensmolk, gleich in die Betrachtung einbeziehen[24].

III. Angehörige der in Orten im Umgriff Neunkirchens beheimateten Familie Tilmann erscheinen seit 1418 in Kontakt mit Nürnberg, zunächst als Klageparteien vor dem kaiserlichen Landgericht des Burggraftums: 1418 Contz T. aus Kleinsendelbach, 1430 Crafft T. zu Neu/n/kirchen und Concz T. zu Sendelbach, letzterer wiederum 1435 zu Kleinsendelbach. Auf der Nördlinger Messe des Jahres 1448 hatte im Gewandhaus ein Martin Dilman von Nürnberg als *waydgarner* einen Stand gemietet, d. h. ein Händler mit dem Farbstoff Waid, dem „deutschen Indigo", oder Hersteller und Händler von waidblau gefärbtem Garn. Martin T. muß ein höchst vielseitiger Mann gewesen sein. 1449 nämlich erwarb er in Nürnberg Vollbürger-Recht mit der auf das eineinhalbfach erhöhten Einbürgerungsgebühr von 3 fl. und der eigentümlichen Berufsbezeichnung *allerley*. 1459 wurde ihm vom Rat für ein Jahr und widerruflich *vergündt, das handtwerck des gesmeyds ... zu arbeiten*. Er war also *geschickt zu allerlei hantierung und kaufmannschaft*, wie offenbar sein Verwandter in Lemberg-Lublin-Pera[25].

Dessen Nachfolger in der Firma, Geußmolk, betraut mit der Führung der Nachlaßverfahren in Ostpolen, am Goldenen Horn und in Genua, entstammte einer Familie, die in Nürnberg seit 1358 im Gewerbe der Lederer bezeugt ist, d. h. als Fachleute für die Verarbeitung von Häuten. Angesichts der Bedeutung des Handels mit Fellen, Häuten und Pelzen gerade an den Außenposten des mitteleuropäischen Handels zu den Waldgebieten Osteuropas und den Weiderevieren der für den transkontinentalen Ochsentreck bestimmten Rinder in Podolien, der Moldau und Walachei brachte diese Herkunft für Geußmolk sicher eine wichtige Qualifikation[26]. Herman Geusmolks Besitz

---

[23] A. Schulte, a.a.O., Werner Schnyder, a.a.O., Staatsarchiv Nürnberg, Nürnberger Briefbücher Bd. 19 fol. 26 v., 35 r./v. (1448 Apr. 29, Apr. 21, Mai 4).

[24] Wie Anm. 23 und Monumenta Leopoliensia wie Anm. 17.

[25] Staatsarchiv Nürnberg (STAN), Rep. 119 a, Protokolle des kaiserl. Landgerichts Nürnberg, Bd. 202 fol. 195 r., 203 fol. 238 r., 113 unpaginiert (1430 f. 4. p. Valentini); Rep. 52 b, Amts- und Standbuch (ASTB) 304, Meister- und Neubürgerbuch 1430 ff., fol. 187 v.; Rep. 61, Ratsbuch 1 b, fol. 364 r.; Stadtarchiv Nördlingen, Meßstandsregister für 1448 fol. 50 r.; zum Begriff des *allerley* vgl. W. v. Stromer, Ein Wirtschaftsprojekt des deutschen Königs Siegmund. In: VSWG 51/1964, S. 374—382, S. 379; ders., Gesellschaft Gruber, S. 52 Anm. 214.

[26] Charlotte Scheffler-Erhard, Alt-Nürnberger Namenbuch. Nürnberger Forschungen 5/1959, S. 129 (Gensmolk, lederer); STAN 258, Ämterbüchlein 1357/58, fol. 108 r., Fritz Geusmolk, lederer, ebenso ASTB 302, für 1363 fol. 29 r., 303 fol. 24 b/25 a (Herman u. Petzold Gensmolken, 1370), AStB 281 Losungsliste für 1405, fol. 12 r., ebenso 282 für 1430 fol. 11 v. und 283 für 1433 fol. 14 v.; Internationaler Ochsenhandel der frühen Neuzeit 1350—1750, hrsg. Ekkehard Westermann, Beiträge zur Wirtschaftsgeschichte Bd. 9, Stuttgart 1979, S. 171—195.

eines Anwesens in *Krewinkel* (Grauwinkel bei Hiltpoltstein) 1381 gibt vielleicht einen Fingerzeig auf die einstige Herkunft der Familie und zeigt einen gewissen Wohlstand an, der sich im Lauf der Jahrzehnte mehrte. 1419 nämlich finden wir zwei Angehörige der Familie im Weinhandel und im Sommersemester 1441 werden zugleich an der Universität Leipzig immatrikuliert *Georgius Pernolt et Henricus Gensmolk de Nurenberga.* Dies Zweigespann verdient Aufmerksamkeit. Georg Pernolt und sein ihm im SS 1432 als Leipziger Studiosus vorausgegangener Bruder Heinrich waren Söhne und Enkel von Albrecht und Conrad Pernolt/Bernold. Ersterer war 1427—42 Betriebsleiter der Stromeir-Gruber'schen Drahtmühle zu Nürnberg „am Sand". Der andere, Gold- und Silberschmied, war als Faktor des Handelshauses Stromeir 1362—75 in Mailand, 1374 jedoch auch in Como, Pavia, Venedig und Brabant, 1384 in Prag. Von den beiden Brüdern brachte es Geusmolks Studiengenosse 1468, 1485/86 und 1501/02 dreimal zum Rektor der Universität Basel, Heinrich zum Magister und 1460 zum Rektor in Leipzig[27]. Conrad Bernolds Nachfolger als Stromeir-Faktor in Mailand war 1394—1400 der Nürnberger Fritz Sendelbach. In Sendelbach besaß Ulman Stromeirs Witwe Agnes, geb. Groland, 1411—12 einen Bauernhof, den sie dem Hl. Geistspital vermachte, und in Kleinsendelbach besaß der in leitenden Diensten der Nürnberger Fernhandels- und Montankonzerne vielfach in Geschäften zwischen Polen-Ungarn-Böhmen-Venedig und der Lombardei bezeugte Conrad Grau ein Gut, wie 1442—43 ein Streit um seinen Nachlaß ergibt[28]. In Sendelbach aber saßen 1418—35 die Tilmann. So gab es allein schon dadurch reichlich Anknüpfungschancen für einen jungen Mann, der sich in die weite Welt hinaus wagen wollte, und dafür die besten Voraussetzungen in dafür besonders geeigneten Gewerben — Metall- und Lederhandwerke — als Warenkunde für Fernhandel erwerben konnte.

Dies läßt uns den konkurrierenden Bewerber um Hans Tilmanns Erbe in Betracht ziehen, den pellifex Conrad Swarm. Wie konnte er es sich leisten, jahrelang um die halbe Welt von Lemberg über Pera bis Genua seine Erbansprüche als angeblicher (Halb)Bruder T's zu verfolgen, wenn daran gar nichts gewesen sein sollte und er dafür nicht sehr erhebliche Mittel aufs Spiel setzen konnte. Offenbar saß auch er in Hrubieschow auf einem weit nach Osten vorgeschobenen Außenposten für ein kapitalkräftiges Unternehmen. Dort konnte er sachkundig und günstig die aus den Wäldern Ostpolens und Rußlands kommenden Lieferungen an den im westlichen Europa und in den Mittelmeerländern hochbegehrten Edelpelze erwerben und für die weitere Veredelung — in den Rauchwarenzentren Breslau, Leipzig und Nürnberg — vorbearbeiten. Auf der Hauptetappe des Weges dorthin, in Krakau, begegnen wir 1433 Hans (Hannus) Swarm von Nürnberg in Geschäften mit seinem Landsmann Jakob Eichelberger als Vertreter

---

[27] Zwei Güter des Hermann Geusmolk/Gensmolk 1381 verbrannt, davon eines zu Krewinkel: WERNER SCHULTHEISS, Die Acht-, Verbots- und Fehdebücher Nürnbergs, Nbg. 1959, S. 132 nr. 1029 (und S. 104 nr. 849); StAN, Rep. 54, Stadtrechnung. Großes Register Bd. 3, fol. 36 r., Bußen für Wein-Höchstpreis-Überschreitung:4 lb 4 ß 8 hl vom Gensmolcken, 2 lb 15 ß vom Peter Gensmolcken . . .; Georg Erler, Die Matrikel der Universität Leipzig, Bd. I, Leipzig 1895, S. 106, 134 und 221; zu Pernolt/Bernold vgl. W. v. STROMER, Oberdeutsche Hochfinanz 1350—1450, 3 Bde., Wiesbaden 1970, I S. 61—71, 105, 165, II S. 384.

[28] Fritz Sendelbach als Stromeir-Faktor in Mailand, vgl. STROMER, Hochfinanz I S. 79 ff., 211, III 497; Conrad Grau, ebd., I S. 117, 121 f., 131—137; Hof der Agnes Stromeir in Sendelbach (bei Hersbruck oder bei Neunkirchen?) und des weiland Conz Grau (Graw) in Kleinsendelbach: Archiv der Freiherren Stromer von Reichenbach auf Burg Grünsberg, Bayer. Archivinventare Heft 33 u. 34, bearb. v. MATHIAS THIEL, Neustadt a. d. Aisch 1972, H. 33 S. 70, 72, 98, Urkunden Nr. 136, 139, 191.

des Jorg Horn von Nürnberg[29]. Hans Swarm verzeichnet das Nürnberger Ämterbüchlein von 1400—04 unter den geschworenen Meistern der Goldschmiede, und das Meisterverzeichnis von 1370—1429 führt unter den Goldschmieden *Hanse goltsmid gener Swarm*. Die Stadtrechnung von 1380 verbucht Bußgelder wegen einer metallurgischen Manipulation *von dez ersaigten gelts wegen*, wobei aus den umlaufenden Silbermünzen diejenigen mit mehr Silbergehalt ausgelesen wurden. Von Erhart Frumann dem Wechsler fielen 39 lb 12 ß, von Hanse goltsmid 6 lb 18 ß und von Hanse Swarm 27 lb an. Die saftige Buße spricht für eine große Menge Silber, das durch Hans Swarms Hände gegangen war[30].

Diese Übereinstimmung der Qualifikationen von Conrad und Hans Swarm als pellifex, Goldschmied und Metallurge mit denen der Tilmanns und ihrer Partner, Geußmolk und Pernolt, als *allerley,* Juweliere, Lederer, Gold- und Silberschmiede und Metallurgen (Leiter der Drahtmühle) schließt sie alle in einem relativ kleinen und unvermeidlich untereinander in engerer Berührung stehenden Kreis ungewöhnlicher und vielseitiger Spezialisten zusammen. Wie konnte sich da Swarm als (Halb)Bruder und Erbe Tilmanns aufspielen? Mehr als 3 Jahre konnte er darüber prozessieren, ohne schnell als Betrüger entlarvt und den dafür drohenden, brutalen Strafen ausgesetzt zu werden. Zwischen Nürnberg und Lemberg funktionierte die Verständigung über solche Vorfälle durchaus, wie z. B. eine Nachricht von 1425 aus dem Umkreis der Gruber & Stromeir-Gesellschaft zeigt[31]. Ein (Halb)Bruder von Vaters seiten konnte Swarm nicht sein. Aber wiewohl mehrfach versichert wird, Hans Tilmann sei der einzige und legitime Sohn von Elisabeth T. — deren Geburtsname wir nicht wissen — und eines verstorbenen Hans T., könnte Swarm nicht ein Kind aus einer früheren Ehe der Elisabeth mit einem aus der Goldschmiedesippe Swarm sein, oder ein außereheliches Kind der Elisabeth? Eigenartigerweise behauptet nämlich ein Schreiben Nürnbergs an die Stadt Lemberg vom 29. April 1448, Swarm habe einen Bevollmächtigten zu den Nürnberger Erbprätendenten gesandt und sich mit diesen *mit einander veraynet . . . dieselben ding nicht mehr* (zu) *hindern,* nämlich den gesamten Nachlaß Tilmanns zunächst nach Lemberg zu bringen. Ohne irgendeinen Schein von Rechtsanspruch Swarms war das kaum denkbar[32].

---

[29] Jorg Horn trieb Geschäfte bis Barcelona, wo er 1419 als Safrankäufer nachzuweisen ist, während Eichelberger mehrfach in Preßburg (Bratislava) für seine Gesellschaft tätig war. Hinzu kommen große Tuchgeschäfte mit der Firma Mendel von Nürnberg 1431, die laut Marquart Mendels Buch der Hantierung durch domzilierte Eigenwechsel der Horn & Eichelberger auf Venedig beglichen wurden. Aus einer Folge von Nachrichten aus Preßburg der Jahre 1444—49 schloß ich, daß diese Gesellschaft eine Tochter- oder Strohmannfirma von Conrad Paumgartner-Peter Harstorfer & Co. war, damals die Superreichen in Nürnberg. Staatsarchiv Krakau, Consularia Cracoviensia Bd. 428, pag. 320, Eintrag von 1433 Juli 31 (f.6.p. Jacobi) für Eichelberger-Horn-Swarm; W. v. STROMER, Oberdeutsche Unternehmen im Handel mit der Iberischen Halbinsel im 14. und 15. Jahrhundert. In: Fremde Kaufleute auf der Iberischen Halbinsel, hrsg. v. HERMANN KELLENBENZ, Köln-Wien 1970, S. 156—175, S. 165 f., 169, 174 Anm. 42; ders., Fränkische Unternehmer (wie Anm. 7) S. 359 Anm. 14.
[30] StAN, Ämterbüchlein von 1400—04, Eintrag 57, Goldschmiede; AStB 303, fol. 48 v.; Stadtrechng. großes Register I fol. 4 r.; WILHELM BIEBINGER und WILHELM NEUKAM, Quellen zur Handelsgeschichte der Stadt Nürnberg seit 1400, Veröff. d. Ges. f. Fränkische Geschichte X/2, 1. Liefer. Erlangen 1934, S. 52 nr. 56; Bastian, Runtingerbuch III/1943, S. 143; STROMER, Hochfinanz I, S. 123 ff. Anm. IV 116.
[31] W. v. STROMER, Gesellschaft Gruber S. 157 Beilage 1, und S. 38.
[32] StAN, Briefbuch 19 fol. 26 v., Brief an Bürgermeister und Rat der Stadt Lemberg, 1448 Apr. 29 (fer. 2. p. voc. Jocund.).

IV. Eine Erklärung von Hans Tilmanns Mutter und Verwandten vom 30. Juli 1451, festgehalten im Kopialbuch des Stifts Neunkirchen, daß er *in den landen zu Reüßen vnd Krichen Hans von Nürnberg genannt* war, ermöglicht die sichere Zuweisung einiger Lemberger Dokumente. Dort protokollierte das Stadtgericht am 28. Juli 1445, *Olbrecht von Allen von Lublin, als eyn machtsman Agnetis seyner stiftochter, etwen Hannus Norenbergirs efraw, der yenst dem Mere vorstgaden* (verstorben) *ist, het vorbas mechtig gemacht Austen Bruch allir schulde* (Forderungen) *vnd sachen desselbin Norenbergirs, dorynne czu tuen vnd czu lossin sam her selbir*[33]. Am 23. August 1447 trug der Lubliner Kaufmann Mertin Cropp *vor gehegter bank* des Lemberger Gerichts vor, er habe 39 ungarische gulden minus 1 firdung (38³/₄ fl.) an *her Hannus Norenbergern* gegeben, damit dieser sie *Procopen von Nicklas Sneyders wegen* auszahle. Es handelte sich dabei um eine Zahlung, die Cropp/Krop schon lange vorher — laut eines Lemberger Gerichtsprotokolls vom 20. Oktober 1445 — für Niclas Sneyder an Procop hätte leisten sollen, damals 29 Mark böhmischer Groschen. Offenbar war Tilmann-Nürnberger der Vertrauensmann der Beteiligten und ihr Geschäftsfreund gewesen. Martin Procop ist in den Lemberger Quellen oft genannt und dabei u. a. als *scherer* bezeichnet, d. h. als Tuchscherer, der anspruchsvollste Beruf in der Tuchveredelung in aller Regel Textil-Verleger und Groß- und Fernhändler mit (Woll-)Tuchen. Niclas Syneyder gehörte zu den führenden Fernkaufleuten Lembergs und ist mehrfach in großen Pfeffergeschäften bezeugt[34]. Angesichts des Warensortiments und der Aktivitäten von Tilmanns Firma, der Reutheimer-Gartner-Rudolf-Gesellschaft, ist kaum zu zweifeln, daß der Vertrieb nordwesteuropäischer Qualitätstuche und die Besorgungen von Pfeffer und anderen Gewürzen und Drogen der Levante via Pera-Moncastro zu seinen Hauptaufgaben gehörten.

Dadurch ist ihm eine weitere Geschäftsnachricht aus Lemberg zuzuordnen. Am 17. Oktober 1442 quittierte dort Tilmanns Schwiegervater, Herr Albrecht von Allen, Bürger von Lublin, dem Lemberger Großkaufmann Clemens von Cadan d. j. 40 Schock gr. und 20 gr., *alles gute bemesche groschen,* die dieser Ritcher vom Birke von Torun schuldete. Von Allen legitimierte sich durch eine Vollmacht Birkes, die dieser ihm vor Rat und Schöffen von Thorn erteilt hatte. Cadan nun war Hauptteilhaber einer Handelsgesellschaft von Lemberger und Breslauer Kaufleuten — Zinrich und Zornberg — die zwischen 1407 und 1472 eine führende Rolle im Schwarzmeerhandel spielten und dabei unvermeidlich oft mit den Oberdeutschen kooperierten, meist jedoch mit ihnen und den Genuesen heftig konkurrierten[35]. Durch die Beziehung zu Thorn weist sich van Allen als ein Glied der dortigen Ratsfamilie aus, der Nicolaus Copernicus von Mut-

---

[33] StABg, B 113 Nr. 4 fol. 12 r./v.; Stadtarchiv Lemberg, Liber iudicii civilis 1441—1448, Judicium quarta feria post Jacobi 1445, Druck: Monumenta Leopolsiensia historica, Tom. IV, Leopolis-Lwow 1921, S. 200 Regest 1557.

[34] Mon Leopol. IV S. 257 mit 208, Reg. 2219 a und 1642, *Judicium bannitum feria quarta infra octave assumptionis* (Marie) *1447* und *Jud. bann. fer. 4 post Luce 1445; Martin Procop, scherer Reg.* 858, Pfeffergeschäfte Niclas Sneyders Reg. 198, 762.

[35] Mon. Leopol. IV Reg. 752, 1442 crastino Galli 1442; zu den Schwarzmeergeschäften von Clemens von Kadan, Nicolaus Zindrich/Zinreich und Nicol. Zornberg (mit Galata-Pera, Brussa, Kaffa, Sudak, der Walachei u. a. vgl. Mon. Leop. II S. 45 nr. 147, IV Nr. 513, 995; JAN NISTOR, Die auswärtigen Handelsbeziehungen der Moldau im 14.—16. Jahrhundert, Gotha 1911, S. 31, 34, 173, 186 f.; NICOLAUS JORGA, Notes et Extraits pour servir à l'Historie des Croisades au XVe siècle, Vol. III, Paris 1902, S. 209; HUGO WECZERKA, Herkunft und Volkszugehörigkeit der Lemberger Neubürger im 15. Jhd., in: Zeitschrift für Ostforschung 4/1955, S. 506—530, S. 510; W. v. STROMER, König Siegmunds Gesandte in den Orient. In: Festschrift für Hermann Heimpel, Bd. 2, Göttingen 1972, S. 591, 609, 608.

tersseite her entstammt[36]. Den Umständen nach gab es eine langwährende Verbindung zwischen den Lebenskreisen und Geschäftsinteressen der in den Karpatenländern und am Schwarmeer engagierten Familien und Firmen Thorns und Nürnbergs:

Der Thorner Großkaufmann Jan Falbrecht war 1427—31 Kammergraf der Goldbergbaustadt Kremnitz, 1428 Münzmeister von Kronstadt im Burzenland und 1431 oberster „Kupfergraf" Ungarns. Er spielte eng mit den Oberdeutschen im Kupferbergbau der Zips und bei König Siegmunds Schwarzmeer-Projekten zusammen. Er war Großoheim von Nicolaus Copernicus, der in Falbrechts einstigem Haus in Thorn in der Annengasse geboren wurde. Der Reutheimer-Gesellschafter Hans Gartner/Gertner, 1454—58 Rathsherr in Breslau, wurde 1460—66 Schöffe in Krakau. Sein Sohn Bartholomeus heiratete Katharina Kopernik, die Schwester des Astronomen. In Thorn am Ring gehörten die Häuser links und rechts vom Haus der Koperniks 1486—96 Reutheimers Neffen Ludwig Gruber d. J.[37] In den folgenden Erbstreitigkeiten erscheinen Ansprüche von Hans Tilmanns Witwe Agnes nicht mehr. Vielleicht hatte sie sich abfinden lassen, wozu — wie sich ergibt — der Nachlaß in Lemberg-Lublin wohl ausreichen konnte. Nach Nürnberger Recht, falls dieses, wie von Tilmanns Verwandten behauptet, anzuwenden war, hatte eine kinderlose Witwe grundsätzlich nur Anspruch auf Herausgabe des von ihr eingebrachten Gutes und der „Widerlage" ihres Mannes gegen ihre Morgengabe sowie auf den Hausrat.

V. Mit merkwürdiger Verspätung rührte sich — erst ab Februar 1447 bezeugt — die fränkische Verwandtschaft. Die Vorgänge und Formulierungen lassen vermuten, daß ihr Anspruch als Universalerben geltend gemacht und vorgeschoben werden mußte, weil der private Nachlaß des Kaufmanns nicht eindeutig von den Vermögensbestandteilen seiner Firma zu trennen war. Es ging um Waren, Forderungen, Transportmittel und die Ausstattung der Kontore an den Geliegern in Lublin, Lemberg und vielleicht sogar Pera. Dabei handelte es sich bei Firmen vom Rang der Reutheimer & Rudolf um kostbare Dinge, die teils den Notwendigkeiten des Geschäftsbetriebs dienten und teils der Repräsentation der Firma und der Werbung für sie. Ein Bild davon geben z. B. die bekannten Darstellungen von Kaufmannskontoren der Fugger oder der Danziger Giese im Londoner Stalhof oder die Bezeichnung der *Kammer* der Mendel von Nürnberg im Fondaco dei Tedeschi als *das Paradies*. Unentbehrlich waren Schreibpult und Schreibzeug, Geschäftsbücher und -papiere und ihre Ablagen, Petschaften und Leuchter, Grobwaagen z. B. für Wolle und Baumwolle, feinere Waagen für Wachs, Pökelfleisch, Dörrfisch, Feinwaagen für Gewürze und Drogen, Streichnadeln und Goldwaagen für Münzen und Edelmetall, jeweils mit ihren geeichten Gewichtssätzen, Ellenstäbe, Emballagen aller Art. Angesichts der konkurrierenden Stapelrechte von Breslau, Krakau, Thorn und Lemberg und den vielen Diskriminierungen fremder Kaufleute, der Repressalien gegen sie in den politischen und wirtschaftlichen Auseinandersetzungen im öst-

---

[36] LEOPOLD PROWE, Nicolaus Coppernicus, 2 Bde., Berlin 1883—84 (Reprint Berlin 1967); Stadtarchiv Thorn, Liber iud. IX. 3 pag 113; JOHANNES PAPRITZ, Die Nachfahrentafel des Lukas Watzenrode, Kopernikus-Forschungen, Deutschland und der Osten Bd. 22, Berlin 1943, S. 132—142 m. Tafel, S. 136.

[37] W. v. STROMER, Nürnberg-Breslauer Handel S. 1097; ders. König Siegmunds Gesandte S. 607; ders. Die ausländischen Kammergrafen, wie Anm. 12, S. 85—106, S. 95 f.; ders. Wassersnot und Wasserkünste im Bergbau des Mittelalters und der Frühen Neuzeit. In: EKKEHARD WESTERMANN (Herausgeber), Mitteleuropäische Montanwirtschaft vom 12. bis 17. Jahrhundert. Der Anschnitt, Sonderband 1984 (erscheint demnächst), Anm. 56; BERND ULRICH HUCKER, Der Köln-Soester Fernhändler Johann von Lunen und die Hansischen Gesellschaften Falbrecht & Co. und v. d. Hosen & Co., in: Soest, Stadt-Territorium-Reich, hrsg. v. GERHARD KÖHN, Soest 1981, S. 383—421, hier S. 390—394; Stadtarchiv Thorn Liber iud. IX. 4 pag. 167.

lichen Europa, und um fiskalischen Zugriffen auszuweichen, konnte oder wollte die Reutheimer & Rudolf Gesellschaft ihre Ansprüche nicht direkt geltend machen, während sich private Erbansprüche eher durchsetzen ließen.

Els Tilmannin von Großenbuch hatte als *hindersessin* des Stifts Neunkirchen diesem ihr ganzes Vermögen an liegender und fahrender Habe in den Landgerichten Nürnberg und Auerbach, geschätzt auf 300 fl. Wert, gegen eine Leibrente in Form lebenslangen Unterhalts aufgegeben. Dazu gehörte auch ihr Erbrecht (erbliches Nutzungseigentum) an ihrem Hof zu Großenbuch, dessen Obereigentümer und Grundherr das Stift war[38]. In diese Vermögenszession wurde Els Erbanspruch einbegriffen gegenüber ihrem *leiplichen sun . . . mit namen Hans Tilman, der dan in frombde landt komen gewesen ist vnd sein handlung gehabt hat in der stat zw Bera* (Pera), *die dann den Gennern* (Genuesen) *zugehort*. Dort sei der Nachlaß vom Rat sichergestellt *(vnderwunden)* worden, bis sich ein berechtigter Erbe melde. Am 24. Februar 1447 erklärte Els Tilmann vor dem Nürnberger Stadtgericht ausdrücklich die Abtretung ihrer Ansprüche auf den Nachlaß gegenüber Propst Jacob von Neunkirchen. Da aber diesem und dem Kapitel die Eintreibung *etwas ungelegen, zu ferr* (fern) *und bekümmerlichen* schien, verglich man sich durch Vermittlung der Nürnberger Unternehmer Hans Tucher und Peter Motter mit Endres Rudolf von Nürnberg, *der dan sein hanttierung an der selben gegend hat*, nämlich am Pontus und den Meerengen[39]. Rudolf solle versuchen, den Nachlaß einzubringen, der hälftig zwischen ihm und dem Stift geteilt werden solle. Was nicht als Bargeld zu transferieren sei, dürfe Rudolf in *pfenigwert und kaufmanschacz* anlegen, bei dessen Verwertung Propst und Stift hälftig an Gewinn und Verlust teilhabe. Über die Verteilung von *kost und zerung* entschieden die beiden Vermittler unwiderruflich nach billigem Ermessen, gleich ob das Unternehmen Erfolg habe oder völlig fehlschlage.

Der Kampf um die fette Beute kam nun auf volle Touren. Zwischen Nürnberg, Lemberg und Lublin eilten Boten hin und her, als Conrad Swarm, *kursner/pellifex* in *Hindischaw alias Rubischaw in Ruthenia* als angeblicher Bruder Tilmanns Anspruch auf den Nachlaß erhob. Wie erwähnt, erzielte sein Bevollmächtigter *(gewalt)* im Frühjahr 1448 in Nürnberg mit den *vnseren die in der obgemelten sache gewant sein* einen Stillhalte-Vergleich. Els Thilmanin (sic!) erteilte am 21. April 1448 vor dem Nürnberger Schultheiß, Ritter Wernher von Parsberg, Vollmacht für Conrad Geußmolken, *familiaris Andree Rudolffs, mercatoris*, den Nachlaß ihres Sohnes *in regia et civitate Constantinopoli, Pera, Loblin et Leinburg* beizutreiben, und zwar *immobilia, mobilia, res alias, sive in auro, argento, clenodiis, moneta, mercanciis*. Der Nürnberger Rat unterstützte die Mission Geussmolks, Diener und Geschäftsführer A. Rudolffs, durch ausführliche Schreiben an Bürgermeister und Rat von Lemberg *vnsern besundern herren und guten freunden* vom 29. April und am 4. Mai 1448 an die Consules von Pera, *amicis precipue venerandis*, sowie an *N. regni Grecorum imperatorem* und an König Kasimir von Polen, *duci Litwagie ac comiti Russie*[40].

Das Schreiben Nürnbergs an den griechischen Kaiser — dessen Namen der Protokollant im Briefkonzept nur mit *N*. einzusetzen wußte — trägt vor, daß Thilman *cum mer-*

---

[38] StABbg., A 137 L 266 (Neunkirchener Urkunden) Nr. 81, 84, 86 von 1447, 1448 Juli 3 und Sept. 4; frdl. Hinweis von Herrn Studiendirektor Miekisch.

[39] Zu Propst Jacob Tammendorfer (1444—65) und generell zur Geschichte des Stifts vgl. HORST MIEKISCH, Abriß zur Geschichte des Augustinerchorherrenstifts in Neunkirchen a. Br., in: Weihfest in Neunkirchen am Brand, Neunkirchen 1978, S. 42—49, s. 46; StABbg, B 113 Nr. 4 fol. 5 r./v., Nurmberg 1447 an sant Mathias tag des Zwelpfpoten.

[40] StAN, Briefbuch 19 fol. 26 v., 1448 fer. 2 p. voc. Jocund.; fol. 35 r., 1448 sabb. 21. April; fol. 35 v./36 r., datum die 4 mensis May 1448; erwähnt bei Kummer und Bastian (wie Anm. 17).

canciis ad . . . Constantinopolim et Pere mare navigando transfretasset und dorthin lange Jahre gehandelt habe[41].

Diesen Schreiben und Geußmolks Bemühungen war offenbar wenigstens ein Teilerfolg beschieden. Es kam so viel herein, daß Andreas Rudolf durch Zahlung eines leider nicht bezifferten Betrags die Ansprüche des Stifts und der Tilmannschen Verwandten abfinden konnte, wie Propst Jacob und Dechant Heinrich, Elspet Dilman (sic!) zu Großenbuch und Herman Herdegen zu Neunkirchen mit Frau Cristein am 30. Juli 1451 bestätigten. Die noch offenen Forderungen und Rechte stünden nunmehr Rudolf alleine zu. Doch verpflichteten sie sich, ihm auf jede Weise dabei förderlich zu sein und dazu auch — hälftig auf ihre Kosten — Empfehlungsschreiben der fränkischen Markgrafen, Johann und Albrecht, und von Bischof Anton (von Rotenhan, 1431—59) von Bamberg zu besorgen. Die Vereinbarung wird von Propst und Kapitel und, auf Bitte der Els Tilmann und der Herdegen — deren Verwandtschaftsverhältnis zu den Tilmanns nicht angegeben ist — von Lorenz Kreß (von Nürnberg) als Richter von Neunkirchen sowie von den Nürnberger Kaufleuten Peter Motter, Linhart Reutheimer, Jorg Lengenfelder und Fridrich Rŭel besiegelt[42].

Vermutlich war es Tilmanns Nachlaß in Lemberg (und Lublin), aus dem das Stift Neunkirchen und die fränkischen Verwandten abgefunden werden konnten, vielleicht mit einem Betrag in der Größenordnung wie jene 300 fl., auf die 1448 das Vermögen seiner Mutter geschätzt worden war. In den Besitz der viel größeren Hinterlassenschaft in Pera war dagegen Rudolfs Emissär Geußmolk noch nicht gelangt, wie ein Beschluß-Protokoll des Dogen und der Anzianen von Genua vom 13. September 1451 ergibt. Dort war Geußmolk mit Vollmachten und Attesten für Elisabeth Tilmann über ihre alleinige Erbberechtigung, ausgestellt und beglaubigt vom Notar Heinrich Gerung, vom Abt Georg von St. Egidien, von Schultheiß Ritter Parsberg, Stadtrichter Johannes Moschidel (Motschidler), Schöffen und Rat von Nürnberg aufgetreten. Er hatte in Pera den von Podestà und Anzianen sichergestellten Nachlaß in Empfang nehmen wollen, der an Waren, Geld und Forderungen *extimationis ducatorum sex milium Venetorum et ultra* wert sei[43]. Dieser phantastische Betrag von 6000 Dukaten (nach heutiger Kaufkraft der DM mit mindestens 500 zu multiplizieren) war sicher nicht nur Privatvermögen des einstigen Neunkirchner Stifts-Hintersassen, sondern überwiegend das Ergebnis der erfolgreichen, für die Reutheimer & Rudolf-Gesellschaft am Schwarzmeer und Goldenen Horn durchgeführten Geschäfte. Ihn (wieder) zu erlangen oder zu verlieren oder doch überlang entbehren zu müssen, mußte für die Firma schicksalhaft sein.

Der Podestà von Pera jedoch hatte Geußmolk die Herausgabe des Nachlasses und Informationen über die Schuldner und noch ausstehenden Forderungen Tilmanns verweigert. Dort war ihm nämlich wieder ein Bevollmächtigter Martinus jenes Conrad

---

[41] Johannes VIII. Palaiologes (1423—48) war angesichts seiner Rolle auf dem Unionskonzil von Ferrara-Florenz und den Verbindungen und Interessen der Nürnberger Bank- und Handelshäuser, die der Camera apostolica als Kollektoren oder der Medicibank als Agentur dienten, in der Nürnberger Oberschicht sicher ein Begriff. Vielleicht wurde dort im Mai schon mit seinem bevorstehenden Ableben (am 31. Okt. 1448) und entsprechend langer Laufzeit des Briefes gerechnet?

[42] StABbg, B 113 Nr. 4 fol. 12 r./v., sine loco (Nürnberg oder Neunkirchen?), 1451 freitag nach Jacobstag.

[43] Archivio di Stato Genova (ASG), Diversorum Communis Janue, Filza no. 19/3030, Atto no. 304, die lune 13 Septembris 1451; die Daten der Vollmachten, Atteste und Literae patentes der Nürnberger Instanzen sind nicht in das umfangreiche Protokoll aufgenommen. Kurzregest bei Heers und Schnyder (wie Anm. 17). Das Protokoll verstümmelt den Namen Geußmolks zu *Genßmocl*.

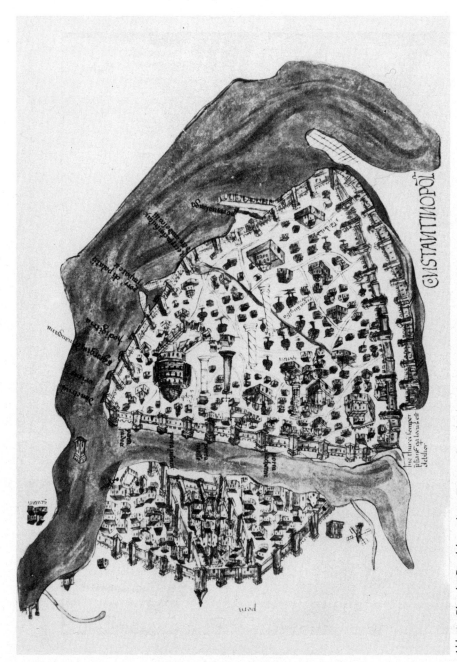

Abb. 1 Plan des Buodelmonti von Konstantinopel 1420, aus Hans F. Helmolt's Weltgeschichte, Bd. V, Leipzig-Wien 1905, nach S. 836. Orig. Nationalbibliothek Paris, Cod. Lat. 4825 fol. 37.

Abb. 2 Pera nach Plünderung durch die Osmanen vor 1453 (?). Federskizze von Paolo Santini im Anschluß an seine Kopie von Mariano Taccola, Derebus militaribus. Paris, Bibliothèque Nationale, Codex Latinus 7239, fol. 111 v.

Swarm⁴⁴ in die Quere gekommen, der fälschlich von sich behauptete, Johannes Tilmanns Bruder zu sein. Auf Grund der nunmehr vorgelegten Dokumente, die seine Rechte und den Sachverhalt bestätigten, beantragte Geußmolks Genueser Anwalt, Bertho Baxadonus, den Podestà und die Anzianen Peras zur Ausfolgung der sichergestellten Habe Tilmanns und Benennung der Schuldner anzuweisen. Der Doge (Petrus de Campo Fregoso, 1450—58 Mai) und die Anzianen Genuas jedoch überwiesen das Verfahren zur Stellungnahme an das für Pera und die südlichen Schwarzmeerkolonien zuständige Officium provisionis Romanie.

C.

I. Die Sache war noch nicht erledigt, als Konstantinopel nach monatelanger Belagerung am 29. Mai 1453 in die Hände der Türken fiel, im Stich gelassen von der abendländischen Christenheit, von Genua und Venedig. Einige genuesische und zahlreiche venetianische, katalanische und perotische Kaufleute und Schiffsbesatzungen hatten sich allerdings heldenmütig an der Verteidigung der dem Untergang geweihten Hauptstadt beteiligt, in der sie und ihre Vorfahren über Jahrhunderte so viele Vorteile genossen hatten. Pera selbst jedoch unter dem Genueser Podestà Angelo Giovanni Lomellino schloß seine Tore, deren Schlüssel er dem Sultan übersandte und um *bonam pacem* bat. So blieb Pera zwar im wesentlichen verschont, den Peroten wurde von Mechmed dem Eroberer ihr Vermögen, Weiterbetrieb ihrer Geschäfte und ihr christlicher Glaube zugesichert, jedoch als türkische Untertanen unter einem türkischen Beamten und veranlagt zur Kopfsteuer. Immerhin bekamen die aus Pera geflüchteten Genuesen und Venetianer noch 3 Monate Frist, ihre zurückgelassene Habe dort abzuholen; danach sollte sie dem Sultan verfallen sein⁴⁵.

Einen Monat nach dem Fall Konstantinopels aber erteilte Kaiser Friedrich III. in Graz am 29. Juni 1453 den Minoritenbrüdern Franciscus Schefftersheimer de Nuremberga und Johannes de Bamberga de conventu urbis Constantinopolitane, die ihn in Sachen ihres Klosters und Ordens aufgesucht hatten, freies Geleit und ein Empfehlungsschreiben an den griechischen Kaiser. Dessen Fall und Tod war in Graz also noch nicht bekannt. Bemerkenswert jedoch ist, daß der Vorgang im Reichsregister mit der Überschrift bezeichnet ist *Litera passus pro ambasatoribus ad princpem Turcorum*. Angesichts der regelmäßig guten und dichten Beziehungen zwischen Handelshäusern und Bettelorden spielten Tilmann, Rudolf und Geußmolk mit ihren Landsleuten im Minoritenkloster am Goldenen Horn zweifellos eng zusammen⁴⁶.

II. Andreas Rudolf geriet in Vermögensverfall. Zu lange hatte sich durch den Nachlaßstreit der Rückfluß der Firmengelder und -waren aus Pera verzögert. Hinzu kamen vermutlich weitere Verluste durch die türkische Okkupation Peras und den im weiten fränkischen Umland spielenden ersten Markgrafenkrieg zwischen Nürnberg und Albrecht Achilles von Ansbach 1449—52. Noch am 21. November 1454 hatte Rudolf für sich und seine Habe vom Markgrafen einen Schirm- und Schutzbrief erkauft. Am

---

⁴⁴ *quia comparuit quondam Martinus assertus procurator cuiusdam Conradi Siram* (sic, = Swarm). Martinus könnte vielleicht Tilmanns 1447 genannter Geschäftspartner Mertein Crop/Kropp von Lublin sein.

⁴⁵ WILHELM HEYD, Geschichte des Levantehandels im Mittelalter, Bd. 2, Stuttgart 1879 (Repr. Hildesheim-New York 1971), S. 302—312, 389—402; HEINRICH KRETSCHMAYR, Geschichte von Venedig, 3 Bde, II, Gotha 1920, S. 359—363.

⁴⁶ Haus-, Hof- und Staatsarchiv Wien, Reichsregister P, fol. 151 r./v., *Dat. Gretz, vices. nona die mens. Junii 1453*; in: Deutsche Reichstagsakten Bd. 19, Teil 1, hg. v. HELMUT WEIGEL und HENNY GRÜNEISEN, Göttingen 1969, S. 19 f.

14. Januar 1455 vollstreckten seine Gläubiger Hans Volkmeir und Genossen (Peter Pfinzing, Wilhelm Rummel und Hans Imhof) wegen 1700 fl. Landwährung Schulden in sein Vermögen. Rudolfs wertvolles Eckhaus am Obstmarkt in Nürnberg wurde *gespent* und für 800 fl verwertet, ebenso sein Hof zu Brandt samt 3 Weihern für 700 fl. In Rudolfs Güter und Weiher zu Brandt, Nachbardorf zum Heimatort der Tilmanns, und in alle seine Habe im Landgericht Sulzbach wurde am 4. August 1456 durch diese Gläubiger zusätzlich wegen 500 fl. Verzugsschaden vollstreckt[47]. Damit schied Rudolf aus der Reutheimer-Gesellschaft aus. An seiner Stelle erscheinen seit Oktober 1457 der aus der Steirischen Eisenbergbaustadt Zeiring nach Nürnberg zugezogene Andreas Zeringer und der einstige Repräsentant der Diesbach-Watt-Gesellschaft von Bern-St. Gallen-Nürnberg in Ostmitteleuropa, der großartige Kunz Guldenmund[48].

Die Nachlaßangelegenheit Tilmann jedoch war durch die Ereignisse in Pera noch nicht aus der Welt. Am 6. April 1457 waren die Anzianen Genuas wiederum mit ihr befaßt und beschlossen, erneut auf einen Bevollmächtigten der Elisabeth Tilmann zu warten. Am 16. November dieses Jahres wurde eine Beratung von sechs Doctores juris zur Sache angeordnet. Im Mai 1458 geriet Genua unter französische Herrschaft. Lienhard Reutheimer gab nicht auf. Am 16. Dezember stellte er in Nürnberg durch den Notar Heinrich Gerung eine Vollmacht als Procurator der Elisabeth Tilmann für den Sankt Galler Othmar Sleypffer (Schleifer), *Magne societatis in Ravensburg negociorum gestorem et factorem,* aus. Der in Genua höchst angesehene Faktor der Großen Ravensburger Handelsgesellschaft solle dort wegen eines zwischen Reutheimer und den Anzianen noch offenen Streitpunkts *de rebus, bonis, pecuniarum summis ac aliis ... per quondam Johannem Tilmannum ..., in civitate Pera regni Grecie defuncti, post mortem eius relictis* suchen sich zu vergleichen (*ad concordandum*). Vermutlich führte Schleifers Vermittlung endlich zum Erfolg; denn fortan erfahren wir nichts mehr von dieser Sache[49].

III. Die Geschäfte der Reutheimer-Firma wurde in den folgenden Jahren in Genua und mit Caffa von Gesellen und Faktoren aus der Familie Zeringer wahrgenommen, die wir weiterhin auch in Polen und bald in Antwerpen antreffen[50]. Dort erteilte auch am 25. Mai 1468 Henrice Ruytemeer von Nürnberg — Lienhards Reutheimers Sohn — seinem Landsmann Coenraede Craft Vollmacht. Er liefert uns damit ein Indiz, daß der

---

[47] StAN, Rep. 134, Nr. 2, Gemeinbuch Markgraf Albrechts, fol. 139 r., Donnerstag nach Elisabeth anno 54, *Endres Rudolfs versprechbrief;* Stadtbibliothek Nürnberg, Hs. Amb. 173 2°, fol. 183 v.—184 r. *1455 Eritag vor Anthoni, 1456 Mitwoch nach Lorenzi;* „nach Volkamer-Briefbuch pag. 110".

[48] StAN, Briefbuch 27 fol. 197 v., 1457 Okt. 4., Eritag nach Michaelstag, Andres Zeringer, Concz Guldenmundel und Mitgesellen: HEKTOR AMMANN, Die Diesbach-Watt-Gesellschaft, Regesten Nr. 193, 195 u. a. m.; W. v. STROMER, Die Guldenmund, Fernhändler, Metallurgen, Buchdrucker, S. 353 ff.

[49] H. C. PEYER, W. SCHNYDER wie Anm. 17; ALOYS SCHULTE, Gesch. d. ma. Handels, II, S. 164 Anm. 1 und Regest 269; in den genannten drei Werken viele weitere Nachrichten über die bedeutende Rolle Othmar Schleifers in Genua, dazu bei A. SCHULTE, Die Geschichte der Großen Ravensburger Handelsgesellschaft 1380—1530, 3 Bde., Stuttgart-Berlin 1923.

[50] Betr. Zeringer vgl. W. SCHNYDER, Bündener Pässe (wie Anm. 17), S. 65, Regesten Nr. 525, 532a, 565, 635b, 653, 681, 682, 766, 971 (Genua 1474—98); HEKTOR AMMANN, Diesbach-Watt-Gesellschaft Regest 203; A. Schulte, Gesch. d. Handels, S. 93 Regest 173; Antwerpisches Archivienblad Bd. 19/1930, S. 337 (1461 Jan. 10); Stadtav. Frankfurt/M., Schöffenbuch für 14171 fol. 60 (im 2. Weltkrieg verbrannt; Auszüge HEKTOR AMMANNS); Staatsav. Krakau, Consularia 429 pag. 176, 229 f., 313, 406 f., 599, 685, 701; Scabinalia 7 pag. 265 f., 285, 312, Scab. 8 p. 102, 309, 313; Staatav. Posen, Acta Radz. II pag. 32 ff., Nr. 1222 (1473 Febr. 3.); Staatav. Breslau, G 5, Libri signaturarum 42/1458 pag. 71, 48/1470 p. 105, 148, 51/1473 p. 39, 92, 52/1474 p. 40, 54/1476 p. 38 ff.

oberdeutsche Handel zu den Meerengen mit der Verwandlung des Schwarzmeers in ein türkisches Mare nostro noch nicht erloschen war, wenn auch darüber Nachrichten spärlich werden. Der Nürnberger Patrizier Lazarus Holzschuher notierte nämlich in seiner zuverlässigen *Beschreibung der 1511 lebenden Personen und Familien* der Ehrbaren und des Patriziats, . . . *dye Krafft: Hanns Krafft wannt* (wohnt) *der Zeit zw Konstantynoppel.* Vermutlich waren die Verbindungen auch in der Zwischenzeit aufrechterhalten worden. Kunz Guldenmundel dürfte den Weg von seinem Arbeitsfeld in Ostmitteleuropa über das Schwarze Meer und die Meerengen nach Genua durchmessen haben, bis er sich in Neapel als einer der Hauptetappen dieser Route niederließ. Dort übte er 1477—87 die neue Schwarze Kunst des Buchdrucks aus[51].

Die Beziehungen von Kaufleuten aus dem Bambergischen nach Ostmitteleuropa und zum Schwarzmeer zeigen sich somit als eingebettet in einen Oberdeutschen Handel in jene Bereiche, der in Nürnberg sein Zentrum hatte und sich über vier Generationen verfolgen läßt. Hans Tilmann und Mitglieder der Familie Lemmel nahmen daran jedoch einen besonders erfolgreichen Anteil. Über die erstaunlichen geschäftlichen Leistungen hinaus spielten sie als Kulturmittler eine bedeutende Rolle und erfüllten gewichtige gesellschaftliche und politische Funktionen an den Orten ihres Wirkens[52].

---

[51] Stadtarchiv Antwerpen, Schöffenbuch 73 für 1468, fol. 43 r./v.; Staatsbibliothek Bamberg, Mscr. J. H. hist. 62, Lazarus Holzschuhers Beschreibung . . . 1511, ergänzt durch Veit Holzschuher 1562, fol. 184 r. Dort fol. 177 r. Nachrichten über Jörg und Fritz Holzschuher, die beide mit Töchtern des einstigen Reutheimer-Gesellen Hans Gartner verheiratet waren, fol. 178 v. zu Reinhart und Ludwig Stromer zu Hermannstadt, Hans Stromer zu Klausenburg. STROMER, Die Guldenmund S. 356 ff., HERMANN KELLENBENZ, Handelsverbindungen zwischen Mitteleuropa und Istanbul über Venedig in der ersten Hälfte des 16. Jahrhunderts. In: Studi Veneziani 9/1967 S. 193—199.

[52] W. v. STROMER, Deutsch-pontischer Handel im Spätmittelalter über die Schwarzmeer-Kolonien Genuas. (Erscheint in:) Bulgaria Pontica II, Nessebar 1985 (Kongressakten von Nessebar 1982).

DIE FRÄNKISCHE VORGESCHICHTE DES ERSTEN REICHSGESETZES GEGEN WEINVERFÄLSCHUNG

von

D. Scheler

> Vor vsz, loszt man den wyn nüm bliben
> Grosz falscheyt dut man mit jm triben
> Salpeter, schwebel, dottenbeyn
> Weydesch, senff, milch, vil krut vnreyn,
> Stost man zum puncten jn das fasz
> Die schwangern frowen drincken das
> Das sie vor zyt genesen dick
> Vnd sehen eyn ellend anblick,
> Vil kranckheyt springen ouch dar vsz
> Das mancher fert jns gernerhusz[1]

Diese Verse aus dem 1494 erschienenen *Narrenschiff* des damals in Basel lehrenden Juristen Sebastian Brant fassen die Praxis der Weinverfälschung und ihre schlimmsten Folgen durchaus zutreffend zusammen. Seine Formulierungen lassen sich in vielen zeitgenössischen Verordnungen gegen dieses Übel fast wörtlich wiederfinden, freilich mit dem Unterschied, daß sie nicht das Totenbein — wie auf dem zugehörigen Holzschnitt der Erstausgabe suggeriert —, sondern den Schwefel für den gefährlichsten Zusatz halten. Man könnte das 15. Jahrhundert etwas pointiert das Jahrhundert der Weinskandale im Reich nennen. Nach der Aufdeckung spektakulärer Weinverfälschungen in Köln[2], Straßburg[3], Nürnberg und Esslingen[4], die zum Teil mit drakonischen Strafen geahndet werden, werden immer detailliertere Verbote von den Städten erlassen. Vielleicht schon 1457 in Franken, 1472 am Oberrhein[5] und 1482 wieder in Franken geht man zu regionalen Verordnungen über. Mit dem Reichskonvent in Rothenburg o. T. 1487[6] wird die Regelung auf die Reichsebene verlagert und findet ihren vorläufigen Abschluß mit dem Erlaß des Freiburger Reichstagsabschieds gegen die Weinverfälschung (1498), dem ersten deutschen Lebensmittelgesetz.[7] Skandale und Abwehrmaßnahmen finden eine

---

Abkürzungen: StAN = Bayerisches Staatsarchiv Nürnberg; Nbg. = Bestand Reichsstadt Nürnberg; Rep. = Repertorium. — StadtAW = Stadtarchiv Würzburg; RP = Ratsprotokoll. — StaW = Bayerisches Staatsarchiv Würzburg; L. d. f. = Liber diversarum formarum.

[1] S. Brant, Narrenschiff, 102, 13—22 (hg. v. F. Zarncke, Leipzig 1854, S. 97).
[2] L. Ennen, Geschichte der Stadt Köln, 3, Köln 1869, S. 744 f.
[3] M. Barth, Der Rebbau des Elsaß und die Absatzgebiete seines Weines, Straßburg 1958, S. 320 f.
[4] E. Salzmann, Weinbau und Weinhandel in der Reichsstadt Eßlingen, Stuttgart 1930, S. 174 ff.
[5] J. Hatt, Une ville du 15e siècle: Strasbourg, Strasbourg 1929, S. 310, 465 ff.
[6] J. Ph. Datt, Volumen rerum Germanicarum novum sive de pace imperii publica libri V, Ulm 1698, S. 635 f. = J. J. Müller, Reichstagstheatrum, 2, Jena 1713, S. 151 ff.
[7] RTA, Mittlere Reihe, 6, hg. v. H. Gollwitzer, Göttingen 1979, Nr. 103, S. 705 ff.

breite öffentliche Resonanz. Heinrich Wittenwiller, Sebastian Brant und Thomas Murner am Oberrhein, die Meistersinger Hans Folz und Kuntz Has und der gelehrte Humanist Conrad Celtis in der Reichsstadt Nürnberg greifen das Thema publizistisch auf.[8]

Dieses etwas abseitige, den Zeitgenossen aber so wichtige Thema heute zu untersuchen, verspricht nicht nur Aufschlüsse über die Vorgeschichte der Reichspolizeiordnungen des 16. Jahrhunderts, sondern auch über Produktion, Vermarktung und Konsum des spätmittelalterlichen Durchschnittsweins, über den man im Gegensatz zu den im Fernhandel vertriebenen Spitzenweinen noch wenig weiß. Von der für die Verbraucher in den Städten erschwinglichen Mengenproduktion aber hing das Wohl und Wehe der Masse der Häcker und Zwischenhändler in jener Phase der größten Ausdehnung des Weinanbaus im Reich ab. Wie beim Versuch der Aufklärung von Skandalen üblich, erwies sich das Material als zu umfangreich, um auf einmal aufgearbeitet werden zu können. Deshalb beschränken sich die folgenden Ausführungen auf die 80er Jahre des 15. Jahrhunderts, einen Zeitraum, in dem sich die fränkische Vorgeschichte des Reichsabschieds von 1498 schon nach einer Teilauswertung der Archive der Reichsstadt Nürnberg und der Stadt und des Hochstifts Würzburg deutlich erkennen läßt. Denn — um das Ergebnis vorwegzunehmen — die Reichsgesetzgebung ist das Werk des Nürnberger Rats gegen den Widerstand des vom Weinmarkt der Stadt weitgehend abhängigen Weinbaus und Weinhandels in Franken, vor allem im Hochstift Würzburg.

Schon der älteren Literatur waren wörtliche Übereinstimmungen des Rothenburger Abschieds von 1487 mit der fränkischen Ordnung von 1482 aufgefallen, ohne daß man einen eindeutigen Zusammenhang zwischen beiden hergestellt hätte.[9] Bei näherem Hinsehen zeigt sich jedoch nicht nur, daß der spätere Text bis in die Formulierungen auf dem früheren beruht, sondern auch dessen Abhängigkeit von den entsprechenden Nürnberger Satzungen des 15. Jahrhunderts[10], die deshalb zunächst zu betrachten sind. — Den Ausgangspunkt der späteren Gesetzgebung bildet die 1439 entstandene Nürnberger Ordnung gegen *die schädlichen und bösen Weingemächte* (Weinzusätze), die erste systematische Zusammenfassung und Erweiterung der je nach Bedarf getroffenen Detailregelungen des 14. Jahrhunderts.[11] Sie richtet sich gegen die wachsende Mißachtung der älteren Verbote der Weinfälschung durch Bürger und durch Fremde, die den Nürnberger Weinmarkt besuchen, und verbietet unausgegorenen, verfälschten und gepantschten Wein. Verbotene Zusätze sind gebrannter Wein, Waidasche, Senf, Senfkörner, Speck und Milch, d. h. Mittel, mit denen man die Gärung verhindern, den Wein schönen und umgefallenen wieder aufrichten kann. Betont wird auch das Verbot von Wein *der auff der biet oder geleger genötet*[12] (genötigt) wurde, d. h. dessen Gärung man in der offenen Bütte oder im Faß verhindert hatte. Erstmals wird unter Berufung auf ärztliche Gutachten die Verhinderung von Gesundheitsschäden, insbesondere von Frühgeburten und Unfruchtbarkeit zum Ziel der Maßnahmen gemacht. Die Ordnung wird fünfmal auf dem Weinmarkt und vom Rathaus verkündet. Dies ist wichtig, denn

---

[8] F. v. BASSERMANN-JORDAN, Geschichte des Weinbaus, 1, Frankfurt/M., 1923, S. 625 ff. — A. DORSCH, Die Echtheit des Weines in den mittelalterlichen Stadtrechten und im alten deutschen Reichsrecht, Jur. Diss. (masch.), Erlangen 1946, S. 76 f.

[9] BASSERMANN-JORDAN (wie Anm. 8), S. 627 A. 2.

[10] Nürnberger Polizeiordnungen aus dem 13. bis 15. Jahrhundert, hg. v. J. BAADER, Stuttgart 1861, S. 241 ff.

[11] BAADER (wie Anm. 10), S. 258 ff. — Die Datierung ergibt sich aus der Übereinstimmung der Ausführungsbestimmungen mit den Rechnungseintragungen von 1439 für fünfmaliges Verkünden und Kundschafterdienst wegen Weinzusätzen auf der Frankfurter Messe bei P. SANDER, Die reichsstädtische Haushaltung Nürnbergs, Leipzig 1902, S. 443 f., 581.

[12] BAADER (wie Anm. 10), S. 259.

Unkenntnis schützt insbesondere den Fremden in der Regel vor Strafe.[13] Außerdem werden nicht näher beschriebene Personen bestellt, die in und außerhalb der Stadt die Beobachtung der Gebote überwachen sollen. Tatsächlich schickt der Rat 1439 Kundschafter auf die Frankfurter Messe, die in Erfahrung bringen sollen, ob und welche Nünrberger Kaufleute dort neuen Wein mit unerlaubten Zusätzen versehen.[14]

Ein Ratserlaß aus der Mitte des 15. Jahrhunderts setzt dagegen die Kontrolle nicht beim Weinmarkt, sondern beim Weinschank in der Stadt an, indem er heunischen und fränkischen Schankwein — darunter sind in diesem Fall nicht Herkunftsbezeichnungen, sondern die traditionellen Qualitätsstufen des Konsumweins zu verstehen — in drei Güteklassen einteilt. Jedes angestochene Faß wird von den Weinkiesern, nachdem sie die Reinheit des Weines überprüft haben, entsprechend klassifiziert, *geweist*. Solcher Wein darf teurer als der normale nicht geweiste Wein ausgeschenkt werden, für den ein niedrigerer Einheitspreis festgesetzt ist.[15] Diese Maßnahme verbindet die Kontrolle von Weinverfälschungen geschickt mit dem Gewinninteresse der Weinschenken.

Einen weiteren Schritt in Richtung auf einen neuen Typ von Ordnungen, in denen positive Regelungsvorschriften die Verbote in den Hintergrund drängen, stellt die Verordnung gegen das übermäßige Schwefeln ebenfalls aus der Mitte des Jahrhunderts dar. Sie reagiert auf *eyn newe beschwerde und gefarliche schedliche listigkayt*, die in der Stadt und in den umgebenden Territorien aufgekommen ist und zu unmäßigem und deshalb gesundheitsschädlichem Schwefeln zu *bereytung und enthalltung irer wein*[16], also zur Haltbarmachung und zum Schönen, geführt hat. Es werden genaue Vorschriften über den Ausbau des Weins mit Angabe von Höchstwerten der zulässigen Beigaben gemacht und den Weinkiesern eingeschärft, solche Weine nicht zu weisen und ihre Besitzer dem Rat anzuzeigen. Diese Schwefelungsvorschriften gehen in eine etwa 1465 erlassene umfassende neue Ordnung ein, die noch präzisere Vorschriften zur Weinbehandlung macht.[17] Um ordentliche Vergärung zu erreichen, wird guter Füllwein verlangt und jeglicher Zusatz bis zum Dreikönigstag verboten. Danach sind im Bedarfsfall zum Haltbarmachen und Schönen Höchstmengen von Ton und Milch als Zusatz erlaubt. Solange der Wein mit solchen Zusätzen noch auf der Hefe liegt, darf er nicht verkauft oder ausgeschenkt werden. Verschnitt ist nur innerhalb derselben Sorte eines Herkunftsgebiets zugelassen. Ähnlich detailliert sind die Schwefelvorschriften. Zum Haltbarmachen wird das Räuchern der Fässer mit einem Lot Schwefel pro Fuder (rund 15 Gramm auf rund 8,72 Hektoliter) erlaubt. Damit diese Höchstmenge nicht überschritten wird, ist späteres Schwefeln des Weins oder Umfüllen in bereits geschwefelte Fässer untersagt. Jeder weitere Zusatz ist verboten, ebenso das Vermischen mit dem in der Ordnung von 1439 genannten verfälschten oder genötigten Wein. Zu diesen Zusätzen zählt auch die sogenannte *schmyr*. Eine Ausnahme wird zugelassen: Dem *Sackwein*, d. h. umgeschlagenem und durchgeseihtem Wein[18], der natürlich mehr Schö-

---

[13] H. KNAPP, Das alte Nürnberger Kriminalrecht, Berlin 1896, S. 15 f.

[14] SANDER (wie Anm. 11), S. 581.

[15] W. GRÖNERT, Die Entwicklung des Gaststättenrechts in der Freien Reichsstadt Nürnberg seit dem 14. Jahrhundert, Jur. Diss. Erlangen-Nürnberg, 1967, S. 30 ff.

[16] StAN, Nbg., Amts- u. Standbücher, 231, f. 149^r—149^v. — Datierung nach BAADER (wie Anm. 10), S. 261 A. 2.

[17] BAADER (wie Anm. 10), S. 260 ff. — Die Ordnung muß nach der Schwefel- und der Weisungssatzung, beide aus der Mitte des Jahrhunderts, und vor 1482/1487, entstanden sein, da noch keine Weinversucher genannt sind. Sie ist die einzige umfassende Ordnung zwischen 1439 und 1497 (Baader, 257 f.) und dürfte deshalb mit der Ordnung identisch sein, die der Rat 1466 (I 6) dem Bischof von Bamberg übersendet (StAN, Nbg., Rep. 61 a, 31, f. CXCIII^{a-b}).

[18] E. ALANNE, Die deutsche Weinbauterminologie in althochdeutscher und mittelhochdeutscher Zeit, Phil. Diss., Helsinki 1950, S. 161.

nungsmittel benötigt, darf Milch über die erlaubte Höchstmenge hinaus zugesetzt werden. Die Bestimmungen gelten für Einheimische wie für Fremde und sollen den schon 1439 ärztlich konstatierten Gesundheitsschäden vorbeugen. Die vorgesehenen Strafen sind hart: Man schlägt den Fässern den Boden aus, schüttet den verfälschten Wein in die Pegnitz und verlangt 1 Gulden Strafe von jedem Eimer Wein, d. h. in einem guten Weinjahr wie 1482 3/4 bis 2/3 des Warenwerts.[19] Die Regelungen dieser Ordnung sind praxisnah, aber in ihren Anforderungen recht rigoros, wie noch zu zeigen sein wird.

Zum Corpus der Nürnberger Satzungen, die der überregionalen Regelung von 1482 vorausgehen, gehört schließlich noch eine Einschärfung der Verbote, die vor oder nach der eben dargestellten Regelung ergangen sein kann. Sie sieht in dem *schwefell süssweyn, den man schmyr nennt*, die schlimmste Weinverfälschung und befiehlt den Weinkiesern erneut, nur vollständig vergorene Weine zu weisen, *unangesehen das die rösch und nit süss sein*.[20] Hier wird neben dem Haltbarmachen und Schönen eine dritte wichtige Anwendungsmöglichkeit des Schwefels sichtbar, nämlich die Gärung früh zu unterbrechen und auf diese Weise einen süßen Wein zu erhalten, den man in kleinen Mengen unbehandeltem Wein zur Geschmacksverbesserung zusetzen kann.

Die Ordnung von 1465, die vermutlich auf die zunehmende — notwendige — Weinverbesserung nach drei schlechten Herbsten reagierte[21], war wohl zunächst nicht als städtische, sondern als überterritoriale Regelung konzipiert. Diesem Zweck dienten ergebnislos verlaufene Verhandlungen mit fränkischen Territorialherren in Windsheim, von denen man in einem Brief des Nürnberger Rats an den Bischof von Bamberg 1466 erfährt, mit dem diesem die neue Ordnung, die Nürnberg nun allein erlassen hat, mit der Bitte übersandt wird, sie seinen Untertanen, die den Nürnberger Weinmarkt besuchen, bekanntzumachen.[22] Es war dies der zweite Vorstoß Nürnbergs. Denn schon 1457 war zwischen der Reichsstadt, Würzburg, Bamberg und dem Markgrafen über eine solche Tagung verhandelt worden.[23] Dieses Ausgreifen über die Stadt hinaus lag in der Natur der Sache: Da die Verfälschung schon bei der Mostbehandlung begann, genügte es nicht, den eigenen Weinmarkt zu kontrollieren. Man mußte auch den Produzenten vor Ort erreichen.

Vermutlich hat Nürnberg die neue Ordnung auch dem Würzburger Bischof zugestellt bzw. in der Folgezeit in ihrem Sinn interveniert, denn 1468 kommt vom Oberrat der Stadt, dem im 15. Jahrhundert zunehmend wichtiger werdenden Regierungsorgan des Bischofs in seiner Residenz, die Aufforderung an den Rat, die *Weingemächte*, vor allem das Unterziehen von *gesotten und notwein* zu verbieten.[24] Genau dies untersagte auch die Nürnberger Ordnung.[25] Im selben Jahr belegt eine Auseinandersetzung vor dem Rat um Weine, die in Nürnberg *verschlagen* wurden, daß die angekündigten Konfiskationen auf dem Weinmarkt durchgeführt wurden.[26]

Wie empfindlich man im Hochstift auf Nürnberger Maßnahmen reagierte, zeigen die Jahre 1473—75. Die Würzburger Ratsprotokolle verzeichnen mehrfach Proteste gegen das *Setzen* des Frankenweins und die Verfolgung der *Gemächte* in Nürnberg.[27] Höhe-

---

[19] Die Chroniken der deutschen Städte, 10, hg. v. K. Hegel, Leipzig 1872, S. 368.
[20] Baader (wie Anm. 10), S. 263 f. — Sie setzt die Ordnung von 1465 voraus und erwähnt Weinversucher (seit 1487) noch nicht.
[21] Bassermann-Jordan (wie Anm. 8) 2, S. 971. — Chroniken (wie Anm. 19) 10, S. 283, 286.
[22] StAN, Nbg., Rep. 61 a, 31, f. CXCIII^{a-b}.
[23] StAN, Nbg., Rep. 61 a, 27, f. 211^v—212^r.
[24] StadtAW, RP 5, f. 112^v.
[25] Baader (wie Anm. 10), S. 259.
[26] StadtAW, RP 5, f. 118^v.
[27] StadtAW, RP 5, f. 248^v, 256^r, 257^r, 285^v.

punkt ist das Auftreten einer Abordnung hochstiftischer Städte und Dörfer, darunter Ochsenfurt und Iphofen, 1475 vor dem Stadtrat, um dessen Hilfe man bei einem erneuten Vorstoß gegen die Nürnberger Maßnahmen beim Landesherrn bittet. Dies sei dringlich, da *die meyste narung des franckenlands sei des wein wachs*.[28] Die Proteste, die sich auf Preisfestsetzung und damit verbundene Verfälschungskontrolle beziehen, dürften ihre Ursache in verschärften Verordnungen über das Weisen und die Höchstpreise gehabt haben.[29]

Wenn bei den Vorgängen der 60er und 70er Jahre das Konfliktszenario nur in Umrissen sichtbar wird, so läßt es sich im folgenden Jahrzehnt klar erkennen. 1482 — nach zwei schlechten Weinjahren[30] — bringt Nürnberg erneut Verhandlungen mit den weinbauenden Nachbarterritorien in Gang. Offensichtlich war die politische Vorbedingung dafür die Beilegung des Pfaffensteuerstreits zwischen den Hochstiften und dem Markgrafen[31], denn noch am Tag des Neustädter Vertrags nimmt Nürnberg entsprechende Kontakte mit den Bamberger und Würzburger Gesandten in Neustadt a. d. Aisch auf. Die Stadt und die drei Territorialherren einigen sich auf einen Tag in Mainbernheim am 23. August.[32] Offenbar auf Aufforderung des Dompropstes entsendet auch der Rat der Stadt Würzburg den Bürgermeister und ein weiteres Ratsmitglied zur Tagung und trägt ihnen auf, sich um die Abschaffung des schon in den 70er Jahren kritisierten *Setzens* der Frankenweine in Nürnberg zu bemühen und, falls es zu einem Verbot der Weinzusätze kommen sollte, dafür zu sorgen, daß es generell, *allenthalb durch das lant*, gelten sollte.[33] Die wichtigste Figur der Würzburger Gesandtschaft dürfte der Dompropst Kilian von Bibra gewesen sein, der nicht nur als Hauptzehntherr, der den Lesebeginn festsetzte, die Oberaufsicht über den Weinbau in der Würzburger Gemarkung besaß[34], sondern auch der Reichsstadt Nürnberg verpflichtet war, die ihn regelmäßig unter den Soldempfängern für Beratung in ihren Rechnungen führte.[35] In Mainbernheim konnten die hochrangigen Nürnberger Gesandten, der Losunger Ruprecht Haller und der Ältere Herr Niclas Groelant mit ihren Berichten über die gesundheitsschädlichen Folgen der Weinverfälschung — sie sprachen von 81 Todesfällen, *frauen und kinder on taufe* — die Versammlung offensichtlich beeindrucken.[36] Jedenfalls geht das aus dem Bericht der Würzburger Ratsgesandten hervor, auf den hin der gesamte Rat ihnen die Vollmacht zur Zustimmung auf den nächsten Tag in Windsheim erteilte, obwohl von einem Erfolg in der Frage des *Setzens* nicht die Rede war. Sie machten jedoch die generelle Geltung des Verbots zur Vorbedingung, *nicht das fürsten, graven, epte oder prelaten solttenn gefreyet durchslipffen und die armen die not leiden*.[37] Aber erst auf einem dritten Tag in Kitzingen, an dem auf Nürnberger Seite Niclas Groelant und Sebolt Rietter[38]

---

[28] StadtAW, RP 5, f. 285ᵛ.

[29] BAADER (wie Anm. 10), S. 249 f., 250 ff.

[30] BASSERMANN-JORDAN (wie Anm. 8) 2, S. 972. — Die Ratschronik der Stadt Würzburg, hg. v. W. ENGEL, Würzburg 1950, S. 41 Nr. 129, S. 42 f. Nr. 133.

[31] Germania sacra, NF 13: Das Bistum Würzburg, T. 3, bearb. v. A. WENDEHORST, Berlin 1978, S. 30.

[32] StAN, Nbg., Rep. 61 a, 38, f. L; Rep. 60 a, f. 7ᵇ.

[33] StadtAW, RP 5, f. 490ʳ.

[34] W. LUTZ, Die Geschichte des Weinbaues in Würzburg, Würzburg 1965, S. 88 f.

[35] StAN, Nbg., Rep. 54, 181, f. 19ʳ, 44ʳ, 68ʳ, 93ʳ, 118ᵛ, 142ᵛ. — S. ZEISSNER, Dr. Kilian von Bibra, Dompropst von Würzburg, Mainfr. Jb. 2 (1950), S. 104.

[36] StadtAW, RP 5, f. 490ᵛ.

[37] StadtAW, RP 5, f. 491ʳ.

[38] StAN, Nbg., Rep. 60 a., 148, f. 2.

teilnahmen, kam es am 30. September zur Verabschiedung der Ordnung.[39] Sie folgt in ihren entscheidenden Partien weitgehend wörtlich den Nürnberger Vorschriften von 1465. Wie diese versteht sie sich als eine Maßnahme der Gesundheitsfürsorge und regelt deshalb genau Vergärung und Schwefeln. Neu ist, daß unter denjenigen, denen das Füllen mit Milch verboten wird, auch die Fuhrleute erwähnt werden, und daß zum Probieren der Weine beim Verkauf nur noch undurchsichtige Gefäße anstelle von Gläsern verwendet werden dürfen. Da noch viel *gemachter* Wein aus dem Vorjahr vorhanden ist und *dem gemeynen mann, auch andernn, die die wein haben, daran gelegen ist*, wird in einer Übergangsbestimmung gestattet, diesen ohne weitere Zusätze unter die neuen Weine zu mischen.[40] Eingefügt wird eine genaue Liste von Weinen, die diesen Vorschriften nicht unterliegen. Es handelt sich um Würzweine (Alant-, Salbei-, Wermutwein u. ä.), Beerweine, Spänwein und Südweine (Malvasier, Reinfall u. a.). Während die Vorschriften nur präzisiert werden, wird die Kontrolle grundsätzlich neu organisiert. Die Vertragspartner sollen besondere Weinprobierer in ihren Herrschaftsbereich bestellen und dafür sorgen, daß auf deren Anzeige hin durch ihre Vorgesetzten oder, wo diese versagen, durch die Herrschaft selbst die vorgesehene Bestrafung erfolgt. Aus einer nicht zur Veröffentlichung bestimmten Zusatzabmachung geht außerdem hervor, daß die für den Nürnberger Weinmarkt zu bestellenden Weinprobierer nicht nur dem Rat, sondern auch dazu abgeordneten Gesandten der Vertragspartner den Amtseid zu leisten haben.[41] Der Vertrag soll solange, wie die vier Herrschaften keine neue gemeinsame Ordnung beschließen, in Kraft bleiben und kann frühestens nach einem Jahr gekündigt werden. Er gilt für die drei fränkischen Territorien und die Reichsstadt, soll aber auch den wichtigsten Weinbau und Weinhandel treibenden Landesherrschaften und Städten in Franken, Schwaben und am Oberrhein bekanntgemacht werden.

Diese Ordnung von 1482 ist noch ein Stück praxisnäher als ihre Vorlage von 1465. Mit dem Verbot der Weinprobe in Gläsern will sie der offensichtlichen Überbewertung der optischen Eigenschaften des Weins durch den Abnehmer begegnen und damit schon im Vorfeld der Weinbereitung den Anreiz zu übermäßiger Schönung beseitigen. Ebenso wichtig waren die Ausnahmeregelungen für die süßen Importweine aus dem Mittelmeerraum und die verbreiteten Würzweine, wenn man unnötigen Widerstand gegen die Ordnung vermeiden wollte. Würzweine, die man durch Zusatz von Kräutern, Weinbeeren oder Spänen gewann, galten zu einem guten Teil als gesundheitsfördernd und boten außerdem die Möglichkeit, minderwertigen Most oder Wein zu verwerten. So konnte man für Alantwein den gerbsäurearmen Vorlauf, der beim Keltern zunächst entsteht, verwenden, Beerwein eignete sich zur Verwertung übriggebliebenen Schankweins, und Spänwein war ein Mittel, aus zähem abgestandenem Wein durch Beigabe von Buchenspänen wieder ein wohlschmeckendes Getränk zu machen.[42] Die Würzweine waren vor allem wegen ihres Geschmacks nicht nur in den Klöstern des 11. Jahrhunderts[43], sondern auch im späten Mittelalter beliebt, wie ein Brief von 1482, dem Jahr des Kitzinger Abschieds zeigt. In ihm verspricht der wegen einer Affäre mit einer Klarissin ins Würzburger Franziskanerkloster strafversetzte Guardian Jodocus Wind sei-

---

[39] Vollständiger Text mit Zusatzprotokoll in sprachlich modernisierter Fassung (mit einzelnen Auslassungen) in: Kitzinger Chronik des Friedrich Bernbeck, hg. v. L. BACHMANN, Kitzingen 1899, S. 61 ff. — Zeitgenössische Überlieferung ohne Zusatzprotokoll (in Form eines Erlasses des Bischofs Rudolf von Scherenberg): StAW, L. d. f. 14, S. 184—186.

[40] BERNBECK (wie Anm. 39), S. 64. — StAW, L. d. f. 14, S. 186.

[41] BERNBECK (wie Anm. 39), S. 65.

[42] J. RASCH, Das Weinbuch, Nachdruck der Ausgabe um 1580, Dortmund 1981, 3. Teil, s. v. Alantwein, Beerwein; 4. Teil, s. v. Spanwein.

[43] G. ZIMMERMANN, Ordensleben und Lebensstandard, Münster 1973, S. 69 ff.

ner geistlichen Freundin, ihr demnächst ein Fäßchen Salbeiwein von 50 Maß (ca. 25 Liter) zu senden, da sie Wermutwein, von dem er jeden Morgen nüchtern *ain güten trünck* nehme, nicht möge.[44] Auch die Nürnberger Bestimmung des 15. Jahrhunderts, daß Alant- und Salbeiwein nicht zu einem höheren als dem vom Rat für Frankenwein festgesetzten Preis verkauft werden dürften, spricht für ihre Beliebtheit.[45] Schließlich erscheinen auch die Bestimmungen über die neuen Kontrollen der Weinverfälschung realistisch. Man trifft nicht nur Bestimmungen für den Fall, daß Anzeigen der einzusetzenden Weinprobierer von den zuständigen Amtleuten nicht verfolgt werden, sondern geht offensichtlich auch davon aus, daß diese neuen Weinbeseher zuerst und vor allem auf dem Nürnberger Weinmarkt eingesetzt werden. Daß sie ihren Amtseid auch auf die Territorialherren ablegen müssen, obwohl die Ahndung von Verstößen in Nürnberg nur beim Rat liegt, dient wohl dazu, im Fall der Bestrafung Regreßverfahren Betroffener aus den Territorien möglichst zu unterbinden.

Nürnberg versendet entsprechend der Absprache am 7. Oktober die Ordnungen an die Reichsstädte Straßburg, Esslingen, Rothenburg o. T., Schwäbisch Hall, Heilbronn, Windsheim und Schweinfurt.[46] Heilbronn, dessen Antwort erhalten ist, teilt mit, daß es Weinverfälschung seit langem verboten habe und verfolge, jedoch Fälschung während des Transports nicht verhindern könne.[47] Gleichzeitig wird in Würzburg der Kitzinger Abschied als landesherrliche Ordnung erlassen — aber nicht verkündet.[48] Die Erklärung dafür liefern die Würzburger Ratsprotokolle. Sie verzeichnen unter dem 7. Oktober den Vortrag eines Abgesandten der Stadt Kitzingen, der um Rat beim Vorgehen gegen die Ordnung, die er *swere und unleidlichenn* nennt, *damit auch gemeiner mann geschmehet und geschatzt, und der prelat und adel des müssig genn würde und also glawbe würde, der sach uf geringe leut gesetzt.* Man antwortet ihm ausweichend — und wider besseres Wissen, denn an den Beratungen in Kitzingen waren zwei Ratsmitglieder beteiligt —, daß man den Inhalt der Ordnung nicht kenne, sondern ihn erst von den bischöflichen Räten erfahren wolle.[49] Neun Tage später erklärt der Rat den Viertelmeistern, den von der Bürgerschaft gewählten Vertretern der Stadtteile, daß er wie die von Kitzingen in der Ordnung eine Schädigung *der gantzen lantschaft* sehe und *deßhalben ... in teglicher arbeyt gegen der herrschaft darwider* stehe.[50] Damit hatte er offensichtlich Erfolg, denn Würzburg und die Markgrafschaft versuchen mit Nürnberg noch einmal über die Ordnung zu verhandeln. Die Reichsstadt winkt jedoch ab.[51] Wie man aus einem späteren Schreiben erfährt, wurde die Ordnung offensichtlich von keinem der beteiligten Landesherren in Kraft gesetzt, so daß Nürnberg auch die vorgesehenen Weinprobierer auf seinem Markt nicht bestellte.[52]

Der Versuch einer überregionalen Kontrolle der Weinverfälschung scheiterte im Falle Würzburg offensichtlich nicht am guten Willen des Landesherrn oder der Würzburger Bürgermeister, sondern am Widerstand der Betroffenen, d. h. vermutlich der

---

[44] Deutsche Privatbriefe des Mittelalters, 2, hg. v. G. STEINHAUSEN, Berlin 1907, S. 69 Nr. 69.
[45] BAADER (wie Anm. 10), S. 250.
[46] StAN, Nbg., Rep. 61 a, 38, Bl. LXXV'.
[47] Urkundenbuch der Stadt Heilbronn, 2, bearb. v. M. v. RAUCH, Stuttgart 1913, S. 281 Nr. 1347.
[48] Vermerk am Ende der Ordnung: *Item dits gebote ist also durch die fürsten beslossen wordenn aber in unnsers gnedigen herrn von Witzpurgs lande und gebiete nicht verbotenn sunder also verhalten plieben* (StAW, L. d. f. 14, S. 186).
[49] StadtAW, RP 5, f. 493ʳ.
[50] StadtAW, RP 5, f. 495ʳ.
[51] StAN, Nbg., Rep. 60 a., 149, f. 9.
[52] StAN, Nbg., Rep. 61 a, 39, 145 (1485 VIII 2).

Weinhändler, der Wirte, die Weinhandel betreiben und der Häcker, soweit sie politisch Druck auf ihre Stadträte ausüben konnten. Der immer wieder auftauchende Vorwurf, die Ordnung treffe nur den gemeinen Mann, der im Vertragstext selbst keine Stütze findet, wird wohl nicht ganz unbegründet gewesen sein. Vermutlich bezog er sich auf die Erfahrungen, die man bisher mit der Nürnberger Praxis der Strafverfolgung von Weinfälschern gemacht hatte. In jedem Fall passen sie in das Klima zunehmenden Mißtrauens gegen die Obrigkeit und privilegierten Stände, dem man in fränkischen Quellen des späten 15. Jahrhunderts immer wieder begegnet.[53]

Auch ein erneuter Versuch, zu einer Abmachung gegen Weinverfälschung zu kommen, den Nürnberg 1485 unternimmt, schlägt fehl. Während Würzburg und Bamberg abwartend reagieren[54], muß sich Nürnberg aus der markgräflichen Kanzlei den Vorwurf gefallen lassen, daß die Weinverfälschungen in der Reichsstadt erfunden worden seien; eine Behauptung, die der Rat mit Hinweis auf seine strengen Gesetze und seine konsequente Überwachung zurückweist und seinerseits gegen die Untertanen des Markgrafen erhebt.[55]

Zwei Jahre später, 1487, schlägt Nürnberg einen anderen Weg ein. In diesem Jahr residiert Friedrich III. von März bis Dezember in der Stadt.[56] Nach der Beendigung des Reichstags (Mitte März bis Ende Juni), auf dem die Weinfälschungen kein Thema sind[57], erreicht der Rat im August vom Kaiser ein knappes Generalreskript, das Weinverfälschungen pauschal verbietet.[58] Damit nicht genug: Zwei führende Köpfe des Stadtregiments, der Losunger Niclas Groß und der Feldhauptmann Ulman Stromer, die den Rat in diesem Jahr gegenüber dem Kaiser vertreten, setzen nach einem vorbereitenden Tag in Dinkelsbühl die Einberufung eines Reichskonvents nach Rothenburg o. d. Tauber durch. Die Kosten und den Aufwand für die Versendung der Einladungen und später auch der Mandate übernimmt die Stadt.[59] Diese Versammlung ist nun nicht etwa ein Reichstag im kleinen, sondern eine regionale Einung auf kaiserliche Einladung hin. Der Kreis der — von Nürnberg — Eingeladenen entspricht formal dem, dem 1482 der Kitzinger Abschied zugestellt werden sollte: Territorien und Reichsstädte in Franken, Schwaben und im Elsaß. Tatsächlich aber liegt der Schwerpunkt auf dem Gebiet um Main und Tauber, vor allem auf dem Hochstift Würzburg, aus dem nicht nur der Landesherr, sondern auch das Kapitel und die Stadt eingeladen werden und teilnehmen.[60] Die Entsprechung zum Haupteinzugsgebiet des in Nürnberg konsumierten Weins liegt auf der Hand.

Abgesehen von der Auslassung der Bestimmungen über das Füllen und Verfälschen mit Milch und dem Wegfall der Übergangsbestimmungen für nicht der neuen Norm entsprechendem Wein ist die Rothenburger Ordnung, die am 1. Oktober 1487 verabschiedet wird, eine weitgehend wörtliche Wiederholung der Vereinbarung von 1482.[61] In einigen Punkten bedeutet sie aber auch eine Verschärfung. So wenn beim Vermi-

---

[53] Vgl. R. Endres, Zur sozialökonomischen Lage und sozialpsychischen Einstellung des „Gemeinen Mannes", Geschichte und Gesellschaft, SH. 1, 1975, S. 70 ff.
[54] StAN, Nbg., Rep. 61 a, 39, f. 131ʳ (1485 VI 23), f. 131ᵛ—132ʳ (VI 25), f. 145ʳ (VIII 2).
[55] StAN, Nbg., Rep. 61 a., 39, f. 134ʳ (VI 28).
[56] Chroniken (wie Anm. 19) 5, S. 490, 497.
[57] Bei J. Janssen, Frankfurts Reichskorrespondenz von 1376—1519, 2, Freiburg/Br. 1872, S. 451 ff. findet sich kein Hinweis auf diese Frage.
[58] Datt (wie Anm. 6), S. 635 (1487 VIII 6).
[59] StAN, Nbg., Rep. 60 a, 215, S. 1. — Rep. 54, 20, f. 141ᵛ.
[60] Datt (wie Anm. 6), S. 636 = Müller (wie Anm. 6), S. 151.
[61] Datt (wie Anm. 6), S. 635 f. = Müller (wie Anm. 6), S. 151 ff. — Auch StAN, Ansbach, Rep. 132, 17, f. 113ʳ—115ᵛ.

schungsverbot der gefeuerte Notwein ausdrücklich erwähnt und um das Verbot des Verschnitts von Würz- und Südweinen erweitert wird und wenn die Erwähnung von Ton, Milch und Eiweiß als erlaubter Schönungsmittel entfällt. Aber auch die Anzeigepflicht und die Strafen werden verschärft und durch ein kaiserliches Durchführungsgebot an Landesherren und Städte unter Strafandrohung abgesichert. Die Ordnung soll sechs Jahre in Kraft bleiben. — Nürnberg hat seine Interessen voll durchgesetzt und die Realisierungschance der Bestimmungen erhöht. Es besitzt nun sozusagen einen reichsrechtlich gesicherten Rahmen einer Weinbehandlungskontrolle vor allem in Franken.

Mit Blick auf den bevorstehenden Herbst macht sich der Rat unverzüglich an die praktische Umsetzung des neugewonnenen Anspruchs. Zwischen Oktober 1487 und Januar 1488 werden in der Stadt nicht nur die vorgesehenen Weinversucher eingestellt, wird nicht nur das Mandat mehrfach ausgerufen, sondern auch eine Verordnung erlassen, die die Visitation der in Nürnberger Kellern eingelagerten Möste befiehlt.[62] Dann wendet sich Nürnberg an die damals noch in seinem Pfandbesitz befindlichen fränkischen Städte Mainbernheim und Heidingsfeld und ordnet die strikte Einhaltung des Rothenburger Abschieds an.[63] Das Hauptinteresse aber gilt Würzburg, wo sich Ulman Stromer deshalb in der zweiten Oktoberhälfte eine Woche lang aufhält[64] und wo bereits am 17. Oktober das kaiserliche Mandat vom Fürstbischof als landesherrliche Ordnung erlassen wird.[65]

Aber wie 1482 stößt auch jetzt die kaiserliche Verordnung im Hochstift auf Widerstand. Die Empörung richtet sich vor allem gegen die Verkündung des Abschieds zu einem Zeitpunkt, zu dem die behandelten Möste bereits verkauft waren, und gegen den sofortigen Vollzug des Mandats auf dem Nürnberger Weinmarkt, der zu Beschlagnahmungen und Bestrafungen führt. Die daraus resultierenden Verluste und Schadenersatzforderungen geben den Anstoß zur Zusammenstellung eines Beschwerdekatalogs, den die betroffenen Städte und Dörfer des Landes dem Würzburger Stadtrat mit der Bitte vortragen, sie in ihrem Anliegen beim Landesherrn zu unterstützen. Sie betrachten das Mandat als eine harte Belastung und kritisieren das gezielte Vorgehen Nürnbergs gegen den Frankenwein: Dort erkenne man nicht nur die Qualitätskontrolle der hochstiftischen Weinorte nicht an, sondern schreibe auch allein für den Frankenwein Preise vor und ergreife allein gegen ihn Sanktionen. Beklagt wird auch die Praxis auswärtiger Weinhändler, den Wein gegen den Willen der Produzenten mit Süßwein zu verziehen. Als man dies nämlich in Frickenhausen Händlern als unerlaubt untersagt habe, hätten sie die Prozedur einfach auf den Feldern vor dem Ort vorgenommen. Schließlich werden auch die übertriebenen Weinbereitungsvorschriften kritisiert: Der Wein komme eben in unterschiedlichen Qualitäten von der Kelter, *hieß eins ein vorlawf, eins ein mitteltruck, eins ein nachtruck,* und jede Qualität hätte ihre Vorteile vor der anderen. Man wehrt sich auch gegen das Verbot der gefeuerten Weine und von Milch und Ton als unschädlicher Schönungsmittel.[66] Der Vorstoß hat Erfolg. Bischof, Domkapitel, die Stadt Würzburg und die Landschaft werfen Nürnberg eine überharte Auslegung des Mandats vor, worauf die Reichsstadt ihre Praxis mit dem darin enthaltenen Durchführungsgebot rechtfertigt.[67] Auch ein gemeinsamer Tag im Januar 1488 zwischen einer Würzburger Delegation, zu der auch Mitglieder des Stadtrats gehören,

---

[62] StAN, Nbg., Rep. 60 a, 216, S. 6. — Rep. 61 a, 40, f. 121ᵛ—122ʳ (1488 I 9).
[63] StAN, Nbg., Rep. 61 a, 40, f. 98ᵛ, f. 104ʳ—104ᵛ, f. 116ᵛ—117ʳ.
[64] StAN, Nbg., Rep. 54, 20, f. 142ʳ.
[65] StAW, L. d. f. 16, S. 75—77. — Danach in StadtAW, Ratsbuch 7, f. 110ʳ—112ʳ.
[66] StadtAW, RP 6, 172ᵛ.
[67] StAN, Nbg., Rep. 61 a, 40, f. 121ᵛ—122ʳ.

und einer markgräflichen in Ansbach, der später in Nürnberg fortgesetzt wird, bringt, soweit sich das aus der Würzburger Praxis erkennen läßt, kein Abrücken von der harten Linie.[68] Im Gegenteil: Der Würzburger Stadtrat ersucht den Bischof um die Bestellung von Weinbesehern und stimmt sogar zunächst — in Übereinstimmung mit der Nürnberger Praxis — einer Visitation der Keller in der Stadt zu, ändert aber dann seinen Beschluß und schlägt die Einsetzung von Besehern vor, die nur auf Wunsch von Käufer oder Verkäufer tätig werden können.[69]

Angesichts der immer laxeren Handhabung der Ordnung bleibt die Reichsstadt auch 1488 bei ihrer Linie. Sie beauftragt Ulrich Stromer, der sich mit dem Nürnberger Aufgebot auf dem Rückmarsch von niederländischen Zug zur Befreiung Maximilians bei Friedrich III. in Köln aufhält, die Einschärfung und Einhaltung des Rothenburger Abschieds beim Kaiser zu erreichen.[70] Der Rat wartet allerdings das kaiserliche Mandat, das erst Ende Oktober ergeht[71], nicht ab, sondern wendet sich rechtzeitig vor Beginn der großen Weinmärkte an die fränkischen Landesherren und einzelne Städte des Hochstifts Würzburg mit der Warnung vor Übertretung des Gebots.[72] Tatsächlich schärft der Würzburger Landesherr die Beachtung des Mandats ein und unterstreicht dabei die Verpflichtung zur Bestellung von besonderen Besehern.[73]

1489 zeigt der Rothenburger Abschied auch im Neckarraum Wirkung. Hans Schühlin, wahrscheinlich ein Beamter des kaiserlichen Fiskals, visitiert — gedeckt durch ein Mandat — die Weine in Esslingen, dem Mittelpunkt des Neckarweinhandels, und befindet sie als verfälscht, woraus ein Rechtsstreit entsteht, der bis vor das Reichskammergericht gelangt.[74] 1490 erfolgt eine ebensolche Korrektur der Weine durch den kaiserlichen Fiskal und seine Amtleute in Heilbronn.[75]

Auf die letzte Etappe im Kampf um die Durchsetzung des Weinverfälschungsverbots bis zum Reichstagsabschied *wider die schädlichen Weingemächte* in Freiburg 1498[76], an dem Nürnberg führend beteiligt war[77], und der mit der weitgehenden Übernahme des Rothenburger Abschieds letztlich Nürnberger Satzungen zum Reichsrecht machte, soll hier nicht mehr eingegangen werden. Auch die publizistische Reaktion in der Stadt selbst, deren Höhepunkt die Invektiven gegen die Weinfälscher in der *Norimberga* des Conrad Celtis (1495) sind[78], bleibt hier unberücksichtigt. Statt dessen soll der Versuch gemacht werden, zu erklären, warum führende Männer des Nürnberger Stadtregiments sich so ausdauernd und hartnäckig um ein Problem kümmerten, das auf Reichstagen bestenfalls zu den Nebenhändeln gezählt hätte, und warum sie im Hochstift Würzburg ebenso hartnäckigen Widerstand entgegengesetzt bekamen.

Für Nürnberg ist die Antwort einfach. Es ging dem Rat, wie er selbst immer wieder betonte, tatsächlich um die Fürsorge für die Gesundheit der Bevölkerung. Qualitätskontrolle mit Blick auf den Fernhandel oder Politik im Interesse des Nürnberger Wein-

---

[68] StadtAW, Rechnung 9211, S. 213 f. — RP 6, f. 175ᵛ, 178ᵛ.
[69] StadtAW, RP 6, f. 178ᵛ, 181ʳ.
[70] StAN, Nbg., Rep. 61 a, 40, f. 184ʳ (1488 VII 22).
[71] DATT (wie Anm. 6), S. 636 f. (X 28).
[72] StAN, Nbg., Rep. 61 a, 40, f. 204ᵛ: Hochstifte Bamberg, Würzburg, Markgrafschaft, Städte Kitzingen, Iphofen, Ochsenfurt, Heidingsfeld und Würzburg.
[73] StAW, L. d. f. 16, S. 77 (1488 X 22).
[74] SALZMANN (wie Anm. 4), S. 174 ff.
[75] Urkundenbuch Heilbronn (wie Anm. 47), 2, S. 385 Nr. 1463c.
[76] RTA, M. R., 6, S. 705 ff., Nr. 103.
[77] RTA, M. R., 6, S. 577, Nr. 124.
[78] A. WERMINGHOFF, Conrad Celtis und sein Buch über Nürnberg, Freiburg/Br. 1921, S. 196 f.

handels sind offensichtlich nicht mit im Spiel, wie die Regelungen für den Weinmarkt zeigen.

Danach zu schließen war dieser Markt nicht vom Fernhandel mit Exportweinen aus dem Elsaß, vom Rhein, aus Österreich, aus Südtirol und dem Mittelmeergebiet beherrscht, sondern vom Franken- und Neckarwein.[79] Zwar gilt für beide gemeinsam der niedrigste Ungeldsatz, aber nur der Frankenwein wird *gesetzt*, d. h. im Ausschank der städtischen Preisregulierung unterworfen.[80] Diese Vorrangstellung belegen auch die städtischen Hauswirtsabrechnungen über Weinkäufe, in denen der Frankenwein weitaus an der Spitze steht.[81] Es ist der „klassische" Konsumwein der Stadt und ihres Umlands.

Ziel aller Vorschriften, die der Rat für den Weinmarkt erläßt, ist die reichliche Versorgung der Stadt mit preiswertem und gutem Wein. Deshalb wird die Tätigkeit der Weinhandeltreibenden, vor allem der wohlhabenden Weinschenken[82], von denen es am Ende des 15. Jahrhunderts über 100 gibt[83], überwacht. Um Preistreibereien zu verhindern, kontrolliert man nicht nur die Einhaltung der Höchstpreise, sondern versucht auch massenhaften Aufkauf unter Umgehung des Marktes zu verhindern, wie er etwa über die „Fürleihe" möglich ist. Denn Wein, der durch Bevorschussung des Produzenten als Schuldwein in den Besitz des Gläubigers überging, konnte direkt in dessen Keller eingelegt werden. Diese Praxis war besonders im Weinbau verbreitet, dessen nicht seltene Mißernten die Erzeuger immer wieder nötigten, Vorschüsse zu nehmen, und damit den Händlern die Möglichkeit boten, sich die Erträge noch vor der Bildung des neuen Weinpreises im Herbst zu sichern.[84] Wie gängig diese Art des Vorkaufs in Nürnberg war, zeigt ein um 1401 ergangenes Verbot der Beleihung des Weins in Franken, das 128 Weinschenken beschwören müssen.[85] Die auf diese Weise eintretende Verknappung des Angebots auf dem Markt mußte zu Teuerungen führen, die sich durch Preistaxen für den Schankwein kaum steuern ließen. Denn da ein unrealistischer Höchstpreis zu einer weiteren Verknappung des Angebots geführt hätte, folgten die obrigkeitlichen Schankpreise gewöhnlich verhältnismäßig elastisch den im Laufe eines Jahres stark schwankenden Marktpreisen.[86]

An niedrigen Marktpreisen mußte der Rat auch deshalb größtes Interesse haben, weil er selbst den Schankwein durch Aufschlag des Ungelds noch verteuerte. Am Ende des 15. Jahrhunderts war das Ungeld, eine Wein- und Bierkonsumsteuer, der wichtigste Einnahmeposten des Nürnberger Stadthaushalts. Die Losung, die Einkommenssteuer, die man nach Selbsteinschätzung erlegte, brachte zwischen 1470 und 1490 im Durch-

---

[79] H. AMMANN, Die wirtschaftliche Stellung der Reichsstadt Nürnberg im Spätmittelalter, Nürnberg 1970, S. 190 ff.
[80] Satzungsbücher und Satzungen der Reichsstadt Nürnberg im 14. Jahrhundert, 1. Lief., bearb. v. W. SCHULTHEISS, Nürnberg 1965, S. 310 (158 b), 269 (40).
[81] Z. B. StAN, Nbg., Rep. 54 I, 284 (1487); 526 (1494).
[82] GROENERT (wie Anm. 15), S. 18 ff. — M. TOCH, Die Nürnberger Mittelschichten, Nürnberg 1978, S. 104 ff.
[83] KUNTZ HAS, *Eyn new gedicht der loblichen stat Nürmberg von dem regiment, gebot und satzung eyns erbern weysen Rats*, V. 224 (ed. K. A. BARACK,, Ein Lobgedicht auf Nürnberg aus dem Jahre 1490 von dem Meistersinger Kuntz Haß, Zs. f. dt. Kulturgesch. 3 [1858], S. 390). — Aber 1401 werden schon 128 namentlich aufgezählt (vgl. Anm. 85).
[84] B. KUSKE, Die Entstehung der Kreditwirtschaft und des Kapitalverkehrs, in: DERS., Köln, der Rhein und das Reich, Köln 1956, S. 75 f.
[85] Quellen zur Handelsgeschichte der Stadt Nürnberg, bearb. v. W. BIEBINGER u. W. NEUKAM, 1, 1, Erlangen 1934, Nr. 70, S. 64 f.
[86] GROENERT (wie Anm. 15), S. 25.

schnitt nur ³/₄ des Ertrags des Ungelds.[87] Diese einseitige Belastung der kleinen Einkommen machte die Getränkesteuer ausgesprochen unpopulär. Selbst der Meistersinger Kuntz Has, der in seinem Lobgedicht sonst nur die Einrichtungen der Stadt rühmt, übt an diesem Punkt deutliche Kritik.[88] Den vielfältigen Versuchen, vor allem durch die Weinschenken, das Ungeld zu umgehen, setzte man eine immer schärfere Überwachung des Marktes und der Keller entgegen. Wie in anderen Städten übernahmen die Beamten des Weinmarkts zunehmend Funktionen der Steuerüberwachung.[89] Es ist bezeichnend, daß die Ungeldordnung, die im 15. Jahrhundert gilt, auf einen Visierer zurückgeht, dessen Namen noch späte Nürnberger Chroniken mit einer Verwünschung begleiten.[90] Der Getränkekonsum in der Stadt war beträchtlich. Man hat für 1470/71 einen durchschnittlichen Pro-Kopf-Verbrauch an Wein und Bier von 280 l pro Jahr errechnet, eine nicht unwahrscheinliche Zahl.[91] Allerdings betrug — wenn diese Berechnungen zutreffen — der Anteil des Weins 1470/71 mit 62,5 l nur ein knappes Viertel der Gesamtmenge. Bei etwa 25 000 Einwohnern bedeutete dies immerhin noch einen Jahresbedarf von ca. 15 000 hl Wein.[92] Diese Zahlen lassen vermuten, daß Wein kein Getränk der Unterschichten war.

Auch die Kontrolle der Qualität des Weins wird man, obwohl sie unmittelbar mit der Besteuerung nichts zu tun hat, im Zusammenhang mit dem Ungeld sehen müssen. Denn wenn man es schon als Belastung der vermögensschwächeren Schichten empfand, so mußte verungelteter Wein, der auch noch die Gesundheit der Konsumenten in hohem Maße gefährdete, die Unzufriedenheit mit der Besteuerungspraxis des Rats erheblich verstärken. Dem entgegenzuwirken, wird kein unwichtiges Motiv des Nürnberger Vorgehens gegen Weinverfälschung gewesen sein. Dabei war es die medizinisch richtige Reaktion, auf die Todesfälle von 1482 mit strengen Verboten gegen Zusätze vorzugehen, denn die zeitgenössischen diätetischen Vorschriften für Schwangere verlangten einen Wein, der *lauter, weiß und on alle gemächt* sein sollte.[93]

Obwohl die Nürnberger Ratsherren diese Begründung vortrugen, und obwohl sie von den Würzburger Ratsherren weitergegeben wurde, verfing sie bei den Produzenten und Händlern im Hochstift nicht. Ihr Widerstand erklärt sich aus den Strukturen der mainfränkischen Weinbauregion und ihrer Abhängigkeit von Nürnberg. Während die anderen fränkischen Städte an Main und Tauber in der Regel einen ausreichenden Weinbau zur Eigenversorgung besaßen und sich deshalb selbst gegen die Einfuhr von Wein aus den nächstgelegenen Dörfern sperrten[94], hatte Nürnberg als weitaus größte Stadt Frankens nur unbedeutenden Weinbau in nächster Umgebung und war damit der ideale Markt für die Weinüberschüsse Mainfrankens. Diese Verflechtung dürfte bis in

---

[87] SANDER (wie Anm. 11), S. 229, 237, 785 T. XII.
[88] KUNTZ HAS (wie Anm. 83), V. 203 ff. (S. 389 f.).
[89] GROENERT (wie Anm. 15), S. 20 ff. — SANDER (wie Anm. 11), S. 238 f.
[90] E. REICKE, Geschichte der Reichsstadt Nürnberg, Nürnberg 1896, S. 113.
[91] W. SCHULTHEISS, Brauwesen und Braurecht in Nürnberg bis zum Beginn des 19. Jahrhunderts, Nürnberg 1978, S. 145 ff. — Auf einen Pro-Kopf-Verbrauch von 250 l kommt U. DIRLMEIER, Untersuchungen zu Einkommensverhältnissen und Lebenshaltungskosten in oberdeutschen Städten des Spätmittelalters, Heidelberg 1978, S. 326 f.
[92] SCHULTHEISS (wie Anm. 91), S. 145, 148.
[93] Das Frauenbüchlein des Ortolff von Bayerland gedruckt vor 1500, hg. v. G. KLEIN, München 1910, S. 5. — Ortolff war 1339 als Arzt in Würzburg tätig: K. FIGALA, Mainfränkische Zeitgenossen *Ortolfs von Baierland,* Naturwiss. Diss. München 1969, S. 31.
[94] K. MEYER, Die Entwicklung des Weinhandels in Kitzingen/a. M., Diss. (masch.), Würzburg 1923/24, S. 35 f. — K. TRÜDINGER, Stadt und Kirche im spätmittelalterlichen Würzburg, Stuttgart 1978, S. 37.

den Beginn des 13. Jahrhunderts zurückreichen, denn die Nürnberger Satzungen aus dem beginnenden 14. Jahrhundert setzen sie bereits voraus.[95] Welchen Umfang nürnbergischer Weinbergsbesitz und Kapital im fränkischen Weinbau um 1400 erreicht hatte, zeigen die oben erwähnten Fürleiheverbote. Was schon der Streit um den Guldenzoll, gegen den niemand so heftig opponierte wie Nürnberg[96], erwiesen hatte, bestätigte sich beim Vorgehen des Rats gegen Weinfälschungen: Ausfuhrregion und Importmarkt waren so aufeinander angewiesen, daß jede Maßnahme im Zusammenhang mit dem Weinabsatz, selbst wenn sie nicht allein auf die Gegenseite zielte, doch diese zunächst und zuerst traf. In diesem Abhängigkeitsverhältnis sahen sich die fränkischen Weinorte als die schwächeren, wie ihre Klagen über die reichsstädtische Reglementierung des fränkischen Weinabsatzes 1473/75 und 1487 zeigen. Und sie waren es wahrscheinlich auch, denn während Nürnberg bei einer Drosselung der fränkischen Weinausfuhr etwa verstärkt auf die Einfuhr von Neckarweinen hätte zurückgreifen können, mußte eine Sperrung des Nürnberger Weinmarkts im Hochstift zu großen Absatzschwierigkeiten führen.

Daß die Weinbaustädte in den Reinheitsanforderungen der Reichsstadt eine ebenso gravierende Benachteiligung erblickten wie bei der Höchstpreisfestsetzung, läßt vermuten, daß sie in der Regel ihren Wein verbesserten und wahrscheinlich darauf angewiesen waren. Es lassen sich einige Gründe für eine generelle Tendenz zur Weinverbesserung in dieser Region anführen. Da ist zum einen die klimatisch ungünstige Ausdehnung der Anbaufläche — so ließ der Nürnberger Rat auch Wein in Rannungen in der Vorrhön aufkaufen[97] —, die sich in schwachen Weinjahren negativ auf die Qualität auswirken mußte. Zudem galt beispielsweise der Wein von Würzburg im 14. Jahrhundert als wenig haltbar. Gottfried von Franken, der wahrscheinlich selbst aus der Stadt stammte und als Verfasser eines Handbuchs für Obst- und Weinbau Fachmann war, behauptet von diesen Weinen, *das si lichlichin osmakhaft werdin*, und beklagt, daß man zur Abhilfe die Fässer mit Pech begoß und Weine aus solchen Fässern Kopfweh und Trunkenheit verursachten. Deswegen mochte er die Würzburger Weine nicht.[98] Schließlich dürfte auch die Besitz- und Betriebsstruktur des fränkischen Weinbaus Anlaß zu stärkerer Weinbehandlung gegeben haben. Soweit man bisher sehen kann, standen auch in den Weinstädten und -dörfern am Main den wenigen großen Besitzungen in der Hand von Klerus, Adel, Weinhändlern, Wirten und großen Weinbauern die große Zahl der Klein- und Kleinstbetriebe der einfachen Häcker gegenüber.[99] Mit keinem oder nur wenig Ackerland ausgestattet, mußten sie Grundnahrungsmittel zukaufen[100], die sie offenbar nicht selten erst aus dem Ertrag des nächsten Herbstes bezahlen konnten.[101] Der aus Aub stammende Johannes Böhm hebt in seiner 1520 erschienenen Beschreibung Frankens hervor, daß die Häcker aus Armut ihren Wein verkaufen und selbst Wasser trin-

---

[95] AMMANN (wie Anm. 79), S. 190.
[96] H. HOFFMANN, Würzburgs Handel und Gewerbe im Mittelalter, Kallmünz 1940, S. 115 ff.
[97] StAN, Nbg., Rep. 54 a I, 284, f. 96r (1487).
[98] G. EIS, Gottfrieds Pelzbuch, München 1944, c. 49, S. 136.
[99] I. BÁTORI, Die Besitzverhältnisse der Bürgerschaft im 16. Jahrhundert, in: DIES. u. E. WEYRAUCH, Die bürgerliche Elite der Stadt Kitzingen, Stuttgart 1982, S. 116 f. – K. TISOWSKY, Häcker und Bauern in den Weinbaugemeinden am Schwanberg, Frankfurt/M. 1957, S. 45 (Iphofen).
[100] TISOWSKY, ebd.
[101] 1525 klagen die Rothenburger Häcker, daß ihnen der Rat nach der Lese schlechte Preise für ihren Wein diktiert: *das mir den wein mussen geben, wie sie wöllen, ... und mir sein arm lewt und haben daruff gessen und borgt biß uff den herbst, darnach wollen die schuldiger bezalt sein* (THOMAS ZWEIFEL, Rotenburg an der Tauber im Bauernkrieg, in: Quellen zur Geschichte des Bauernkriegs aus Rotenburg an der Tauber, hg. v. F. L. BAUMANN, Stuttgart 1878, S. 130).

ken.¹⁰² Ihr Ertrag konnte leicht geschmälert werden, wenn Zehntherr oder Gemeinde den Lesetermin spät ansetzten; weshalb späte Weinlesen in den Städten Anlaß zu Aufruhr sein konnten.¹⁰³ Außerdem war der Häcker in der Regel auf die Benutzung der Herren- oder der Gemeindekeltern angewiesen, was zu längerem Lagern der gelesenen Trauben und damit zu Qualitätsverlusten führen konnte.¹⁰⁴ Es mußte ihm deshalb daran liegen, den Most vollständig auszunutzen und eine schlechte Weinqualität zu verbessern. Da er den Most wegen seiner Zahlungsverpflichtungen und fehlender Faßkapazität — wie dies bis zur Entstehung der Winzergenossenschaften im vergangenen Jahrhundert noch vielfach der Fall war — frühzeitig verkaufen mußte, konzentrierte sich seine Weinbehandlung auf die Gärung. Für Aufkäufer solcher Weine und Kleinbesitzer, die ihren Most selbst ausbauten, bot dann das Schönen nach dem ersten Abstich die nächste Möglichkeit, der Weinqualität nachzuhelfen. Wahrscheinlich zielen die Übergangsbestimmungen des Kitzinger Abschieds (1482) auf diese Gruppe, wenn sie davon sprechen, daß der gemeine Mann noch viel Wein mit verbotenen Zusätzen im Keller habe.

Ein besonderes Problem bedeutete der frühe Transport der Möste, der — wenn auch aus entgegengesetzten Gründen — sowohl im Interesse der Produzenten wie der Aufkäufer lag. Einen Hinweis auf Umfang, Bedeutung und Regelmäßigkeit dieser Mosttransporte in der Hauptsaison des Nürnberger Weinmarkts geben die städtischen Rechnungen, die als festen Ausgabeposten zu den Spätherbst- und Frühwinterterminen des Markts die Bezahlung kleiner Reitertrupps *gen Franken, als die Geschirre auf den Weinmarkt . . . auf- und niedergingen,* zum Schutz der Straßen verzeichnen.¹⁰⁵ Bedenkt man, daß die Lesetermine spät lagen — am Ende des 15. Jahrhunderts in Würzburg gewöhnlich im Oktober, gelegentlich auch im November¹⁰⁶ — und daß die Gärung in kalten Kellern, von denen man wohl ausgehen muß¹⁰⁷, vier bis sechs Wochen dauert¹⁰⁸, der nürnbergische Geleitschutz aber regelmäßig in die Zeit von Anfang November bis Mitte Dezember fällt, so bedeutet das, daß die Möste noch vor beendigter stiller Gärung transportiert wurden. Durch die heftige Bewegung setzte die Gärung wieder ein, was nicht nur den Zwang zu ständigem Füllen bedeutete, sondern in der Regel auch erheblichen Qualitätsverlust.¹⁰⁹ Als Füllwein dürfte gewöhnlich der beim Keltern zuerst abtropfende Vorlauf verwendet worden sein¹¹⁰, eine Praxis, die die Nürnberger Ordnungen nicht mehr zuließen. Vermutlich deshalb betonen die würzburgischen Städte und Dörfer in ihren Beschwerden von 1487, daß Vorlauf, Mitteldruck und Nachdruck ihre je eigenen Qualitäten besäßen. Am besten war diesem Transportproblem zu begegnen, wenn sich die Gärung beschleunigen ließ. Ein gängiges Verfahren, das nicht nur am Mittelrhein geübt wurde, war das Feuern. Zu diesem Zweck wurden etwa in Backhäusern die leeren Fässer in zwei Reihen gegenüber niedergelegt, dazwischen Holzkoh-

---

¹⁰² E. L. SCHMIDT, Johannes Bohemus, Das deutsche Volk (1520), Wiss. Beilage z. Jahresbericht des Kgl. Luisen-Gymnasiums zu Berlin, Berlin 1910, S. 38.
¹⁰³ BASSERMANN-JORDAN (wie Anm. 8) 1, S. 560 ff. — TRÜDINGER (wie Anm. 94), S. 36 A. 47 (Aufruhrgefahr wegen spätem Lesetermin 1501).
¹⁰⁴ J. HÖRTER, Der rheinländische Weinbau nach theoretisch-praktischen Grundsätzen für denkende Ökonomen, 2, Trier 1824, S. 168.
¹⁰⁵ SANDER (wie Anm. 11), S. 491 f.
¹⁰⁶ Ratschronik (wie Anm. 30), S. 44 (138), 61 (187), 63 (190 a), 64 (194).
¹⁰⁷ HÖRTER (wie Anm. 104), S. 159 f.
¹⁰⁸ K. LAMPRECHT, Deutsches Wirtschaftsleben im Mittelalter, 1, 1, Leipzig 1886, S. 583: Dauer der Gärung mit Nachgärung: 6—12 Wochen.
¹⁰⁹ HÖRTER (wie Anm. 104), S. 168.
¹¹⁰ DERS., 4, Koblenz 1827, S. 139.

lefeuer angezündet, der Most eingefüllt und der Raum verschlossen. Auf diese Weise konnte die Gärung in drei Tagen abgeschlossen sein. Schon wenige Tage später ließen sich die Weine problemlos transportieren.[111] Nicht nur Kölner Kaufleute bedienten sich dieses Verfahrens, als sie im schlechten Weinjahr 1481 Wein in Franken kauften und *ihr vil zu Karlstatt fewern* ließen[112], sondern auch die einheimischen Händler und Produzenten, wie ihre Beschwerden 1487 beweisen. Von gefeuertem Wein ist zwar Notwein oder gesottener Wein zu unterscheiden, denn dabei geht es darum, die Gärung zu verhindern und dem Wein möglichst viel Süße zu belassen[113], aber die Nürnberger Ordnungen betrachteten beides als *Nötigen* des Weins und untersagten wie der Rothenburger Abschied, der beide Arten deutlich unterscheidet, ihre Vermischung mit anderem Wein. In der Tat dürfte die Bereitung von Notwein, den schon Weinbereitungsvorschriften des 14. Jahrhunderts zum Unterziehen empfehlen[114], ein nicht unbeliebtes Verfahren gewesen sein, um in schlechten Jahren den Wein nicht zu sauer werden zu lassen. Neben dem Feuern wird zu Beginn des 16. Jahrhunderts auch das Aufbrennen der Fässer mit Schwefelschnitten, die man unter Zusatz von Kräutern herstellte, empfohlen, ein Verfahren, das bewirken soll, daß der Wein süß bleibt, in drei Tagen abklärt und transportfähig wird.[115] Es ist nicht auszuschließen, daß die Händler, die — wie 1487 berichtet wird — bei Frickenhausen reinem Wein Süßwein zusetzen, damit denselben Effekt erreichen wollten. Denn Schwefelsüßwein, der entstand, wenn man durch starken Schwefelzusatz die Gärung des Mostes verhinderte, erfüllte als Beimischung in kleinen Mengen denselben Zweck wie das Einbrennen mit Schwefel.[116]

Daß auch die Nürnberger Aufkäufer des Mostes angesichts dieser Produktions- und Transportbedingungen dazu neigen konnten, den neuen Wein in ihren Kellern weiterzubehandeln, zu schönen und zu verbessern, ist deshalb nicht ganz unverständlich. Wahrscheinlich kam für die Weinschenken ein weiterer Anreiz dazu. Denn wenn der Rat einschärfen mußte, nur gut vergorene Weine zu weisen, *unangesehen, daß di rösch und nit süß sein,* und wenn er festsetzen mußte, Salbei- und Wermutwein nicht teurer zu verkaufen als Frankenwein, dann spricht das dafür, daß der Verbraucher süßen Wein bevorzugte. Dies unterschied offensichtlich den gemeinen Mann nicht vom Rat, von Adel und Klerus, bei denen die schweren Süßweine als der feinste Tropfen galten.

Wenn auch unter solchen Bedingungen schon im 14. Jahrhundert gesundheitsschädliche Weinbehandlung existierte und bekämpft wurde, so scheint sie doch mit der Vergrößerung der Anbauflächen, die bis ins beginnende 16. Jahrhundert anhält, und der Entdeckung des Schwefels häufiger und gefährlicher geworden zu sein. Vielleicht ist der Schwefel zunächst nur ein neues Mittel zum Einbrennen der Fässer gewesen, das das bis dahin übliche Verfahren mit Holzkohle ablöste.[117] Augenscheinlich hat man aber sehr rasch entdeckt, daß sich Schwefel nicht nur zum Einbrennen der Fässer eignet, sondern auch zum Aufbrennen des Weins, d. h. Einbringen des Mosts auf die Schwefeldämpfe im Faß, um damit die volle Vergärung zu verhindern, und daß er sich weiterhin zur Versüßung und Konservierung angezapfter Weine und schließlich zur Herstellung des schon erwähnten Süßweins verwenden läßt.[118] Daß ein solches „Universalmittel" hoch-

---

[111] DERS., 2, S. 156 ff.
[112] Ratschronik (wie Anm. 30), S. 42 (133).
[113] BASSERMANN-JORDAN (wie Anm. 8), 1, S. 437 f.
[114] EIS (wie Anm. 98), c. 58, S. 140.
[115] Rechenbüchlein des Weinkaufs, Köln 1562, f. 12ᵛ.
[116] HÖRTER (wie Anm. 104) 4, S. 126 f.
[117] LAMPRECHT (wie Anm. 108).
[118] HÖRTER (wie Anm. 104) 4, S. 123 ff.

dosiert gesundheitsschädlich war, liegt auf der Hand. Dies um so mehr, als bei der breiten Anwendungsmöglichkeit dieses Mittels sich Schwefelzugaben in verschiedenen Stadien der Weinbehandlung summieren konnten und ein und derselbe Wein unter Umständen viermal verschiedenen Formen der Schwefelung ausgesetzt war. Es war deshalb durchaus praxisgerecht, wenn der Nürnberger Rat in seinen späteren Ordnungen nicht nur die Schwefelhöchstmenge festlegte, sondern auch alle anderen Möglichkeiten, die zu einer Steigerung des Schwefelanteils führen konnten, durch sein Verbot auszuschließen suchte. Auf diese Weise wurden aus Verfälschungsverboten allmählich Weinbehandlungsanleitungen. Allerdings war die Höchstmengenvorschrift rigoros. Ein Lot Schwefel pro Fuder würde nur ein Viertel der heute für Diabetikerwein zulässigen Höchstmenge an schwefliger Säure bedeuten.[119] Noch härter mußte aber Erzeuger und Händler das Kumulierungsverbot von Zusätzen treffen. Denn darunter fielen nun auch so gängige und für unbedenklich gehaltene Verfahren wie das Feuern des Weins.[120]

Es lag in der Logik der Sache, daß beide Seiten hartnäckig blieben. Die Folge waren Schwierigkeiten bei der Durchsetzung des Verbots. Was die Ordnung bewirkte, läßt sich schwer sagen. Auf der einen Seite zeigen die Kellervisitationen, die in Nürnberg, Esslingen und Heilbronn durchgeführt und in Würzburg versucht wurden, eine rasche und wirkungsvolle Umsetzung in die Praxis. Auf der anderen Seite sprechen der Widerstand im Hochstift Würzburg, die Ausnahmen, die Nürnberg im Einzelfall machen mußte[121], seine Klagen über den Zustand des Weinmarktes[122] und vor allem sein Versuch, die Rothenburger Ordnung zum Reichstagsabschied zu erheben, eher für die Undurchführbarkeit der Bestimmungen. Darin muß kein Widerspruch liegen. Denn kurzfristiger Erfolg und langfristige Wirkungslosigkeit schließen sich nicht notwendig aus. Erst eine Untersuchung der Beziehungen zwischen der Reichsstadt und den fränkischen Weinbauregionen bis zum Ende des 16. Jahrhunderts wird ein abschließendes Urteil über die Auswirkungen der Nürnberger Ordnungen ermöglichen. Schon 1962 hat WILHELM ABEL die auffällige Parallelität des Rückgangs des Weinbaus in Iphofen und des Anstiegs des Bierkonsums in Nürnberg nach der Mitte des 16. Jahrhunderts festgestellt und sie mit dem Anstieg der Getreidepreise in Zusammenhang gebracht.[123] Es wäre ebenso interessant zu fragen, ob nicht die Nürnberger Weinmarktpolitik, besonders die Reinheitsvorschriften, hier ebenfalls eine Rolle spielten. Denn es ist nicht auszuschließen, daß der hier wesentlich früher als am Oberrhein und in Schwaben einsetzende Rückgang der Rebfläche durch die veränderten Nürnberger Konsumgewohnheiten beschleunigt wurde. Die Ursache dafür aber könnte auch eine erfolgreiche Kontrolle der Qualität des Frankenweins auf dem Nürnberger Markt gewesen sein; mit der paradoxen Folge, daß die kleinen Häcker ihren Wein in Nürnberg nicht mehr verkaufen konnten und die Nürnberger den angebotenen nicht mehr trinken wollten.

---

[119] Gestattet sind 200 mg pro Liter schweflige Säure (W. SCHÖN — E. LEMPERLE, Badische Weinfibel, Freiburg 1977, S. 56), die Nürnberger Ordnung (15 g auf 872 l) ließ umgerechnet nur 44 mg pro Liter zu.

[120] So noch HÖRTER (wie Anm. 104) 2, S. 159.

[121] Noch nach dem Kitzinger Abschied (1482) gestattet der Rat den Fuhrleuten, die Wein aus Franken in die Stadt bringen, das eigentlich verbotene Füllen der Fässer mit Wasser (StAN, Nbg., Rep. 60 a, 149, S. 9).

[122] Den Auftrag an Antoni Tetzel, auf dem Freiburger Reichstag einen Abschied zu erreichen zu versuchen (RTA, M. R., 6, S. 577, Nr. 124) begründet der Rat damit, *daß die pösen und schedlichen gemecht der wein amm weinmarckt ... ser und ubermessig einprechen* (StAN, Nbg., Rep. 61 a, 44, f. 206ʳ).

[123] W. ABEL, Geschichte der deutschen Landwirtschaft, 2. Aufl., Stuttgart 1967, S. 180 ff.

ANIMADVERTENS ET PERPENDENS HOMINIS BREVEM VITAM . . .

Das Testament des Nürnberger Vikars Heinrich Fuchs aus dem Jahr 1504

von

Franz Machilek

Im wissenschaftlichen Werk des Gelehrten, dem diese Festschrift zum 60. Geburtstag gewidmet ist, bilden Untersuchungen zur Geschichte der Frömmigkeit und der Sachkultur zwei Schwerpunkte der Forschung. Es lag nahe, dies bei der Wahl des Themas für einen Festschriftbeitrag zu berücksichtigen und auf eine Quelle zurückzugreifen, deren Behandlung einen Beitrag zur Geschichte der Frömmigkeit und Sachkultur zugleich ermöglichte. Ausgewählt wurde das Testament des an der Kapelle des Siechkobels St. Johannis vor den Toren der Reichsstadt Nürnberg wirkenden Vikars Heinrich Fuchs aus dem Jahr 1504, das einen guten Einblick in die Lebensverhältnisse eines Nürnberger Vikars zu Ausgang des Mittelalters vermittelt. Das in diesem Jahr in Nürnberg gefeierte Jubiläum der ersten Erwähnung des Siechkobels vor 750 Jahren bot für die Untersuchung einen zusätzlichen Anreiz.[1]

Das am 3. August 1504 vor dem kaiserlichen Notar Konrad Heinfogel errichtete und am 8. August des gleichen Jahres durch Heinfogel eröffnete Originaltestament findet sich heute in dem in der derzeitigen Form im 19. Jahrhundert gebildeten Selekt *Testamente und Verlassenschaften* im Staatsarchiv Bamberg unter der Signatur Rep. A 50 L. 906 Nr. 202.[2] Im Hinblick auf die zur Entstehungszeit des Testaments bereits weit fortgeschrittene Praxis der Genehmigung der Klerikertestamente durch den Bamberger Bischof bzw. dessen Beauftragten kann die Herkunft des Stückes aus dem alten bischöflichen Archiv als sicher gelten.[3] Auf einer Reihe von Testamenten des Selekts finden

---

[1] In den Anmerkungen werden folgende Sigel und Anmerkungen verwendet:
BHVB   Bericht des Historischen Vereins Bamberg.
MABKD III   Mittelalterliche Bibliothekskataloge Deutschlands und der Schweiz, Bd. III, bearb. v. Paul Ruf, München 1932—1962.
MABKÖ N I   Mittelalterliche Bibliothekskataloge Österreichs, Nachtrag zu Bd. I. Niederösterreich: Bücherverzeichnisse in Korneuburger, Tullner und Wiener Neustädter Testamenten, bearb. v. Paul Uiblein, Wien-Köln-Graz 1969.
MVGN   Mitteilungen des Vereins für Geschichte der Stadt Nürnberg.
StAB   Staatsarchiv Bamberg.
StAN   Staatsarchiv Nürnberg.
Tot. I—III   Nürnberger Totengeläutbücher, Bd. I, St. Sebald 1439—1517, Bd. II, St. Lorenz 1454—1517, Bd. III, St. Sebald 1517—1572, bearb. v. Helene Burger, Neustadt a. d.Aisch 1961, 1967, 1972.
VL²   Die deutsche Literatur des Mittelalters. Verfasserlexikon, hrsg. v. Kurt Ruh, Bd. 1 ff., Berlin-New York ²1978 ff.

[2] Es zählt zu den zeitlich frühesten Stücken dieses Selekts; von insgesamt rund 860 Nummern stammen 4 (= knapp 0,5%) aus dem 15. und 159 (= 18,5%) aus dem 16. Jahrhundert. — Zum StAB und seinen Beständen: Minerva-Handbücher. Archive im deutschsprachigen Raum, Bd. 1, Berlin ²1974, S. 58—61; Staatsarchiv Bamberg (Kurzführer der staatl. Archive Bayerns 4), München o. J.

[3] Zur bischöflichen Praxis allgemein: Josef Hollweck, Das Testament des Geistlichen nach kirchlichem und weltlichem Recht, Mainz 1901, S. 14; Friedrich Merzbacher, Das Testaments-

sich auch noch weithin gleichlautende Admissionsvermerke der jeweiligen Generalvikare der Bamberger Bischöfe.⁴ Innerhalb des Selekts ist das Testament des Heinrich Fuchs das zeitlich früheste, aber nicht das einzige eines in Nürnberg wirkenden Geistlichen. Die Zahl solcher Nürnberger Testamente im Selekt ist wegen des frühen Übergangs der Reichsstadt Nürnberg zur Reformation zwar gering, nichtsdestoweniger bilden aber gerade diese Stücke eine wichtige Ergänzung zu dem in Nürnberg selbst vorhandenen reichen Fundus an Testamenten.⁵

---

recht des Corpus Juris Canonici, Österr. Archiv für Kirchenrecht 19 (1968) S. 289—307, hier S. 299; HANS LASSMANN, Die Testamente der Bamberger Fürstbischöfe von Albrecht Graf von Wertheim bis Johann Gottfried von Aschhausen (1398—1622),108. BHVB (1972), S. 203—362, hier S. 236. — Zur Funktion des Domdekans bzw. des Generalvikars in *causis testamentariis* vgl. auch HEINRICH STRAUB, Die geistliche Gerichtsbarkeit des Domdekans im alten Bistum Bamberg von den Anfängen bis zum Ende des 16. Jahrhunderts. Eine rechtsgeschichtliche Untersuchung, München 1957, S. 179 f., 184, 186. — Zum alten bischöflichen Archiv: CHRISTIAN HÄUTLE, Das ehemals fürstbischöflich Bambergische Archiv, Archivalische Zeitschrift 14 = N. F. 1 (1890) S. 106—146.

⁴ So trägt z. B. das undatierte eigenhändige Testament des Johannes Werner, Chorherrn am Kollegiatstift St. Stephan zu Bamberg, das sich gleichfalls im Selekt befindet (A 50 L. 908 Nr. 711) den Admissionsvermerk des Erhard Balckmacher, Generalvikars des Bamberger Bischofs Georg Schenk von Limpurg, vom 1. Dezember 1512. Das am 30. April 1521 errichtete Testament des Sebald Lobmeier, Benefiziaten am Maria Magdalenaaltar zu St. Klara in Nürnberg und Beichtvaters der Augustiner-Chorfrauen zu Pillenreuth (StAB, A 50 L. 904 Nr. 427), trägt einen Admissionsvermerk des Georg von Egloffstein, Generalvikars des Bischofs Weigand von Redwitz, vom 23. März 1525. Der Bamberger Chorherr Johannes Werner (zu ihm JOHANNES KIST, Die Matrikel der Geistlichkeit des Bistums Bamberg 1400—1556, Würzburg 1965, Nr. 6567) ist nicht identisch mit dem noch zu nennenden gleichnamigen Benefiziaten bei St. Johannis vor Nürnberg (zu ihm KIST, Nr. 6570). Zu Lobmeier: KIST, Nr. 3979. Bei ihm ist die Überlieferungslage außerordentlich günstig; neben seinem Testament ist auch das am 20. März 1525 errichtete Nachlaßinventar erhalten: StAN, Rst. Nürnberg, Kloster St. Klara, Akten und Bände, Nr. 13, Prod. ad 3. Eine Edition der beiden Quellen ist geplant.

⁵ Testamente (Einzeltestamente, Sammlungen, Testamentenbücher) und Nachlaßinventare finden sich sowohl in den reichsstädtischen Beständen beim StAN, hier insbes. in dem Bestand Rst. Nürnberg, Stadtgericht, Testamente (Rep. 78), als auch beim Stadtarchiv Nürnberg, hier in besonderen im Bestand Stadtgericht (Rep. B 14), sowie in der chronologischen Urkundenreihe. Bisher liegt weder eine Zusammenstellung des vorhandenen Materials, noch eine zusammenfassende Darstellung des Testamentswesens in der Reichsstadt Nürnberg vor. Ganz bzw. auszugsweise wurden u. a. einige Testamente mit Büchervermächtnissen veröffentlicht in den MABKD III (Franz Pirckheimer 1449, S. 796—797; Jörg Vorster 1450, S. 856; Hermann Schedel 1485, S. 799—802). Zum Testamentsrecht in Nürnberg vorerst: A. PURUCKER, Das Testamentsrecht der Nürnberger Reformation, Diss. jur. Masch. Erlangen 1949. — Zur Auswertung einzelner Nürnberger Testamente und verwandter Quellen für die Frömmigkeitsgeschichte: FRANZ MACHILEK, Magister Jobst Krell, Vikar bei St. Lorenz in Nürnberg († 1483), MVGN 59 (1972) S. 85—104, hier S. 95—103; GERHARD HIRSCHMANN, Kunz Horn († 1517), ein Nürnberger Großhändler und Frühkapitalist, in: Wirtschaftskräfte und Wirtschaftswege. Festschrift für Hermann Kellenbenz, hrsg. v. JÜRGEN SCHNEIDER, Bd. 1, Stuttgart 1978, S. 557—580, hier S. 574—578. — Für den vorliegenden Beitrag allgemein wichtig: AHASVER VON BRANDT, Mittelalterliche Bürgertestamente. Neu erschlossene Quellen zur Geschichte der materiellen und geistigen Kultur (Sitzungsberichte der Heidelberger Akad. d. Wiss., Phil.-hist. Kl., Jg. 1973, 3. Abh.), Heidelberg 1973 (hier S. 9 zur Zahl der älteren Nürnberger Testamente); GABRIELE SCHULTZ, Testamente des späten Mittelalters aus dem Mittelrheingebiet. Eine Untersuchung in rechts- und kulturgeschichtlicher Hinsicht, Mainz 1976; GERHARD JARITZ, Die realienkundliche Aussage der sogenannten „Wiener Testamentsbücher", in: Das Leben in der Stadt des Mittelalters (Sitzungsberichte der Österr. Akad. der Wiss., Phil.-hist. Kl. Bd. 325), Wien 1977, S. 171—190; ders., Zur Sachkultur österreichischer Klöster des Spätmittelalters, in: Klösterliche Sachkultur des Spätmittelalters (ebd. Bd. 367), Wien

Zum Leben und Wirken des Heinrich Fuchs lassen sich neben dem Testament nur einige wenige eindeutige Belege aus den Quellen anführen. Offen ist die Frage nach seiner Herkunft.[6] Wohl zu Recht auf ihn bezogen wurde der Eintrag eines Heinrich Fuchs von Nürnberg in die Matrikel der Universität Basel zum Sommersemester 1470.[7] Daraus kann auf ein Geburtsjahr bald nach 1450 geschlossen werden.[8] Am 9. März 1500 erscheint Heinrich Fuchs in einem von Friedrich Rosendorn in Nürnberg ausgefertigten Notariatsinstrument über die Regelung des elterlichen Erbes für den Bamberger Kleriker Friedrich Hebenstreit aus der Vorstadt Wöhrd zusammen mit Johannes Engelmair aus Schwabach, Vikar am Johannesaltar der St. Sebaldskirche in Nürnberg, als Zeuge; Fuchs hatte zu diesem Zeitpunkt bereits das Benefizium an der St. Johanniskapelle vor den Mauern Nürnbergs inne.[9] Die Namen des Mitzeugen und des aus Wöhrd stammenden Klerikers erlauben einen ersten Rückschluß auf den Bekanntenkreis des Heinrich Fuchs.[10] Bald nach dem zwischen 3. und 8. August 1504 offenbar plötzlich eingetretenen Tod wurde bei den beiden Nürnberger Pfarrkirchen St. Sebald und St. Lorenz für ihn geläutet: Im Totengeläutbuch von St. Sebald steht sein Name unter den 47 Toten, für die zwischen 29. Mai und 18. September 1504 geläutet wurde, ungefähr in der Mitte; nach dem Totengeläutbuch von St. Lorenz wurde hier am Montag nach St. Laurentius, d. h. am 12. August, für ihn geläutet.[11] Zwischen Ausfertigung und Eröffnung des Testaments lagen nur wenige Tage. Heinrich Fuchs hat das Testament möglicherweise zu einem Zeitpunkt errichtet, als er sein Ende selbst schon nahe fühlte. Die in der Überschrift des vorliegenden Beitrags verwendete Formulierung der Arenga über das Motiv der Errichtung des Testaments entspricht den auch sonst in Testamentsarengen

---

1980, S. 147—168, hier S. 164—166; JACQUES CHIFFOLEAU, La comptatibilité de l'au-delà. Les hommes, la mort et la religion dans la région d'Avignon à la fin du Moyen Age (vers 1320 — vers 1480), Rom 1980; PHILIPPE ARIÈS, Studien zur Geschichte des Todes im Abendland, München 1981, S. 79—83; HARTMUT BOOCKMANN, Leben und Sterben im mittelalterlichen Göttingen. Über ein Testament des 15. Jahrhunderts, Göttinger Jahrbuch 31 (1983) S. 73—94.

[6] Hier wäre u. a. zu überprüfen, ob der im Anniversarienbuch des Nürnberger Dominikanerinnenklosters St. Katharina zusammen mit seinen Eltern (Konrad und Margarete Fuchs) genannte Michel Fuchs (vgl. ANDREW LEE, Materialien zum geistigen Leben des späten fünfzehnten Jahrhunderts im Sankt Katharinenkloster zu Nürnberg, Diss. Heidelberg 1969, S. 299) mit dem im Testament des Heinrich Fuchs von 1504 genannten Michel Fuchs identisch ist.

[7] KIST, Nr. 1864.

[8] Zum Ansatz des Geburtsjahres vgl. u. a. FRANZ MACHILEK, Dr. Friedrich Schön von Nürnberg. Ein Theologe und Büchersammler des 15. Jahrhunderts, MVGN 65 (1978) S. 124—150, hier S. 127, Anm. 9 (mit weiterer Literatur).

[9] Archiv des Erzbistums Bamberg, Rep. I, Tischtitel 1, U 997. — Hebenstreit: KIST, Nr. 2458. Er verstarb 1522 als Vikar von St. Sebald: Tot. II, Nr. 480. — Engelmair († 1507): KIST, Nr. 1395 (hier fälschlich als Engelmann). Über ihn und seinen Bücherbesitz: FRANZ MACHILEK, Bohemikale Handschriften in der Schwabacher Kirchenbibliothek, Bohemia-Jahrbuch 15 (1974) S. 427—439, hier S. 430.

[10] Die Bedeutung der Zeugenreihen zur Erhellung der „Bekanntschaft" einer Person wird neuerdings in der Forschung besonders hervorgehoben; vgl. z. B. HIRSCHMANN, Kunz Horn, S. 574.

[11] Tot. I, Nr. 5143; II, Nr. 3978. — 1504 war ein Seuchenjahr für Nürnberg, was den raschen Tod des Heinrich Fuchs herbeigeführt haben könnte. Vgl. zu den Seuchenjahren die Einleitung zu Tot. I, S. XIII.

vorkommenden Formulierungen.[12] Krankheit und Tod waren dem an einem Siechkobel wirkenden Geistlichen durchaus vertraute Ereignisse des menschlichen Daseins.[13]

Die Wirkungsstätte des Heinrich Fuchs war der älteste der vier Siechköbel vor den Toren Nürnbergs. Das vermutlich durch den Deutschen Orden eingerichtete Leprosenhaus an der Würzburg-Frankfurter Straße wird anläßlich einer Schenkung König Heinrichs, des Sohnes Friedrichs II., für den Deutschen Orden erstmals urkundlich erwähnt.[14] Schon 1238 ist von dem Plan der Errichtung einer Kapelle und eines Friedhofs die Rede, doch muß dieser Plan nicht sofort realisiert worden sein. St. Johannes der Täufer als Patron des Siechkobels und der Siechkobelkapelle ist erstmals für das Jahr 1307 belegt.[15] Aufnahme in den Siechkobel fanden in der ältesten Zeit wohl Männer und Frauen, spätestens seit Beginn des 14. Jahrhunderts nur noch Frauen. Dementsprechend wurde die ursprünglich bruderschaftliche Organisationsform seitdem durch eine den klösterlichen Schwesterngemeinschaften ähnliche Organisationsform abgelöst. Gleichzeitig gewann der Nürnberger Rat durch die Einsetzung städtischer Pfleger zunehmenden Einfluß auf die Verwaltung des Leprosenhauses. Das Pfründesystem, seit Ende des 14. Jahrhunderts in Einzelfällen nachweisbar, scheint bei der Aufnahme in das Spital in der Folgezeit stets eine nachgeordnete Rolle gespielt zu haben.[16]

Auf Grund einer Stiftung der Königin Elisabeth, der Gemahlin Albrechts I., aus dem Jahr 1307 hatte ein Vikar des Pfarrers von St. Sebald bei St. Johannis wöchentlich einmal eine Messe zu lesen.[17] Ungeklärt ist bislang, wann und durch wen das später durch Heinrich Fuchs versehene Benefizium an der Johanniskapelle gestiftet wurde. Das Recht auf Verleihung dieser Pfründe stand nach den Stiftungsbestimmungen dem Pfarrer (seit 1477 Propst) von St. Sebald zu.[18] Gemäß den Stiftungsbestimmungen hatte der

---

[12] Zum Gedanken der Vergänglichkeit in Testamentsarengen: HEINRICH FICHTENAU, Arenga. Spätantike und Mittelalter im Spiegel von Urkundenformeln, Graz-Köln 1957, S. 127 ff. Gute Vergleichsbeispiele aus der Zeit des Heinrich Fuchs bieten die beiden oben angeführten Testamente des Johannes Werner in Bamberg und des Sebald Lobmeier in Nürnberg.

[13] Zu Gedanken über Leben und Tod in Nürnberg um 1500: FRANZ MACHILEK, Krankheit, Alter und Tod in der Dichtung des Hans Sachs, in: Kat. Hans Sachs und die Meistersinger in ihrer Zeit, Nürnberg 1981, S. 39—45.

[14] Nürnberger Urkundenbuch, Nürnberg 1959, Nr. 260. — Zum Siechkobel St. Johannis: INGRID BUSSE, Der Siechkobel St. Johannis vor Nürnberg (1234 bis 1807), Nürnberg 1974, hier S. 28; Kat. Vom Siechkobel zur Vorstadt. 750 Jahre St. Johannis 1234—1984, bearb. v. GUSTI SCHNEIDER-HILLER (Ausstellungskataloge des Stadtarchivs Nürnberg 43), Nürnberg 1984. — Allgemein zu den Leprosenhäusern: SIEGFRIED REICKE, Das deutsche Spital und sein Recht im Mittelalter, Bd. 1, Stuttgart 1932, S. 310—326; Die Leproserie — Ort der Leprosenisolierung, Stätte der Aussätzigenbetreuung — Rechtsstatus — Wirtschaftsform — Baugestalt, in: Kat. Aussatz — Lepra — Hansen-Krankheit. Ein Menschheitsproblem im Wandel, München-Ingolstadt 1982, S. 86—120; Kat. Das Hospital im späten Mittelalter, bearb. von WERNER MORITZ, Marburg 1983, 94 f.

[15] BUSSE, S. 36 f. — REICKE, Das deutsche Spital 1, S. 317, wies darauf hin, daß die Leprosenhäuser Kapellen vielfach erst lange nach der Gründung erhielten. Dieser Auffassung schloß sich auf Grund des Innsbrucker Quellenmaterials auch HANS HERMANN LENTZE an: Stadt und Kirche im mittelalterlichen Innsbruck, in: ders., Studia Wiltinensia, Innsbruck 1964, S. 95—148, hier S. 114.

[16] BUSSE, S. 32 ff., 55, 58 ff.

[17] Ebd., S. 37, 73.

[18] BUSSE, S. 74. Die Stiftung erfolgte jedenfalls vor 1421, wie sich aus dem Eintrag im Steuerregister der Diözese Bamberg von 1421 ergibt: ERICH FRHR. V. GUTTENBERG — ALFRED WENDEHORST, Das Bistum Bamberg, T. 2: Die Pfarrorganisation (Germania Sacra II/1,2), Berlin 1966, S. 284. — Aus dem Jahr 1473 liegen die Urkunden über die Resignation des Kaplans Johannes Nerger zu Händen des Dr. Johann Lochner, Pfarrers zu St. Sebald, die durch Lochner vorgenom-

Benefiziat während der Woche jeweils drei Messen zu lesen.[19] Die Messe am Sonntag sollte von einem Vikar von St. Sebald gelesen werden.[20]

Die Johanniskapelle wurde im Lauf der Zeit mehrfach vergrößert. 1382 wurden Chor und Hochaltar geweiht[21], 1395 das Langhaus und der erweiterte Friedhof. 1440 erhielten zwei weitere Altäre, 1447 die Sakristei und der darin errichtete Sakristeialtar die Weihe.[22] Rechtlich blieb die Kapelle bis in den Beginn des 19. Jahrhunderts hinein Filiale der Pfarrkirche St. Sebald.[23]

Das Aussehen der Kapelle und ihrer näheren Umgebung zur Zeit des Heinrich Fuchs hält das um 1494 entstandene Aquarell *Sant Johans kirchen* Albrecht Dürers fest.[24] Das früher in der Kunsthalle Bremen aufbewahrte Blatt ist seit dem Zweiten Weltkrieg verschollen. Dürer hat auf der rechten Bildhälfte den von der hohen Silhouette der Johanniskapelle beherrschten, von einer Mauer umfriedeten Siechkobelbezirk dargestellt, auf der linken die geschlossene Gartenhauszeile an der Straße zur Stadt, die sich im Kern bis heute erhalten hat. Auf dem Aquarell ist rechts hinter der Kapelle das mächtige Halbwalmgebäude des eigentlichen Spitals zu erkennen, links vom Chor der Kapelle das große Pfründehaus samt den dazugehörigen kleineren Gebäuden. Östlich davon, im Bild links, befand sich zu Dürers Zeit die Kapelle St. Stephan, die Vorgängerin der 1513 errichteten Heilig Grab-Kapelle (Holzschuherkapelle).[25] Das Hohe Kreuz außerhalb der Umfriedungsmauer unweit des Pfründehauses, zu dessen Füßen Dürer zwei kniende Gestalten gezeichnet hat, war erst kurz zuvor (1490) dort aufgestellt worden.[26]

Über Ausstattung und Einkünfte der St. Johannispfründe sowie über die gottesdienstlichen Verpflichtungen des Benefiziaten in der Zeit des Heinrich Fuchs bzw. seines Nachfolgers, des Mathematikers und Astronomen Johannes Werner (1508—1522)[27], geben das von Ulrich Starck während seiner Amtszeit als Pfleger

---

mene Präsentation des Paul Brogdorf als Nachfolger Nergers an den Bamberger Bischof und die Installation Brogdorfs durch Gumpert Fabri als Beauftragten des Bamberger Generalvikars vor: StAN, Rst. Nürnberg, Stadt- und Landalmosenamt, Urk. 162—164; Busse, S. 73 f. — 1477 wurde die Pfarrei St. Sebald zugleich mit St. Lorenz zur Propstei erhoben: Joseph Kraus, Die Stadt Nürnberg in ihren Beziehungen zur Römischen Kurie während des Mittelalters, MVGN 41 (1950) S. 1—154, hier S. 73.

[19] Busse, S. 74.
[20] Ebd., S. 76.
[21] Wilhelm Deinhardt, Dedicationes Bambergenses. Weihenotizen und -urkunden aus dem mittelalterlichen Bistum Bamberg, Freiburg 1936, Nr. 76 b (vgl. aber auch ebd. Nr. 71); Busse, S. 39. — Günther P. Fehring — Anton Ress, Die Stadt Nürnberg (Bayerische Kunstdenkmale), bearb. v. Wilhelm Schwemmer, München ²1977, S. 411; Die Inschriften der Friedhöfe St. Johannis, St. Rochus und Wöhrd zu Nürnberg, ges. u. bearb. v. Peter Zahn, München 1972, S. VIII.
[22] Busse, S. 77 f.
[23] Ebd., S. 39.
[24] Fridolin Dressler, Nürnbergisch-fränkische Landschaften bei Albrecht Dürer. Ein Verzeichnis sicher bestimmbarer Darstellungen, MVGN 50 (1960) S. 258—270, hier S. 264; Fritz Schnelbögl, Das Nürnberg Albrecht Dürers, in: Albrecht Dürers Umwelt Festschrift zum 500. Geburtstag Albrecht Dürers am 21. Mai 1971, Nürnberg 1971, S. 56—77, hier S. 70 f. (mit Farbabb.).
[25] Fehring — Ress, S. 416 f.; Die Inschriften der Friedhöfe St. Johannis..., S. VIII f.
[26] Die ehedem an dem Kreuz angebrachte Tafel mit Versinschrift heute im Innern der Aussegnungshalle des Johannisfriedhofes: Die Inschriften der Friedhöfe St. Johannis..., Nr. 6.
[27] Hans Kressel, Hans Werner. Der gelehrte Pfarrherr von St. Johannis, der Freund und wissenschaftliche Lehrmeister Dürers, MVGN 52 (1963/64) S. 287—304; Kurt Pilz, 600 Jahre Astronomie in Nürnberg, Nürnberg 1977, S. 132—148; künftig: Franz Machilek, Werner, Jo-

(1495—1510) angelegte Salbuch des Siechkobels und ein Verzeichnis der Nürnberger Predigerpfründen aus dem Jahr 1511 Auskunft.[28] Einzelne Rückschlüsse erlaubt auch eine von Johannes Werner um 1518 zusammengestellte Pfründebeschreibung.[29] Nach Ausweis des Verzeichnisses von 1511 gehörten zur Pfründe: das Pfründehaus samt drei kleinen Zinshäuschen, einer Stallung und einem Baumgarten von eineinhalb Morgen, ein Gut in Haag (LK Roth), ein Gut in Pahres (LK Neustadt a. d. Aisch) und drei Güter in Pfaffenhofen (LK Roth). An Naturalien standen dem Benefiziaten jährlich 18 Simra Korn, $1^{5/6}$ Simra Hafer, 50 Eier, 72 Käse, $10^{2/3}$ Fastnachthühner und 12 Herbsthühner zu. Dazu erhielt er aus den drei Zinshäuschen jährlich 5 fl. Für das Lesen der von Königin Elisabeth gestifteten Messe hatte der Pfleger des Siechkobels jährlich 12 lb (alt) Heller an ihn zu bezahlen.[30] Hatte Heinrich Fuchs während der Woche insgesamt nur die drei bereits genannten Messen zu lesen, so stieg die Zahl bald nach seinem Tod durch Neustiftung bzw. Aufstockung einer älteren Meßstiftung auf insgesamt acht an.[31] Johannes Werner gibt in seiner Pfründebeschreibung an, daß er zusätzlich zu den gestifteten Messen auch die Sonntagsmesse las, da keiner der Vikare von St. Sebald dieser Verpflichtung nachkam, und daß er dafür vom Pfleger des Siechkobels eine Summe von 12 lb jährlich ausbezahlt erhielt.[32] Über die besonderen kirchlichen Festfeiern in St. Johannis im Lauf des Kirchenjahres, vor allem an den Johannistagen, am Kirchweihfest und an Fronleinam, sowie über die an diesen Tagen üblichen Zuweisungen für den daran beteiligten bzw. dabei anwesenden Klerus, für die Chorschüler von St. Sebald und die Insassen des Siechkobels gewähren die im Salbuch Ulrich Starcks aufgezeichneten Ordnungen und Gewohnheiten aus dem Jahr 1495 Einblick.[33]

Im Vergleich zu anderen Nürnberger Pfründestiftungen lag die Dotation der St. Johannispfründe etwa auf dem Durchschnittswert.[34] Sie hat jedenfalls dem Benefiziaten

---

hann, in: The Collected Works of Erasmus. Bibliographical Register, ed. PETER G. BIETENHOLZ, Toronto, voraussichtlich 1984.

[28] Salbuch: Stadtarchiv Nürnberg, Wohltätigkeitsstiftungen (Rep. D 15), J VI 4; ausgewertet von BUSSE in Teil 2, Abschnitt I u. II ihrer Arbeit (S. 27—87). — Verzeichnis 1511: Stadtarchiv Nürnberg, Amberger-Sammlung, Nr. 476, fol. 183 ff. BUSSE, S. 75 f. — Eine Liste der Siechkobelpfleger im Salbuch (D 15, J VI 4), fol. 70 f. BUSSE, S. 35 f., 178 f. — Zu Ulrich Starck auch WILHELM G. NEUKAM, Ulrich Starck, ein Nürnberger Großhändler und Unternehmer († 1478), in: Beiträge zur Wirtschaftsgeschichte Nürnbergs, Bd. 1, Nürnberg 1967, S. 177—220, hier S. 181.

[29] StAN, Rst. Nürnberg, D-Laden-Akten, Nr. 1892. Vgl. BUSSE, S. 76; KRESSEL, S. 303 f.

[30] BUSSE, S. 75 f.

[31] Ebd., S. 76 f. — Als Stifter werden genannt: Philipp Maisenhaimer und Hans Kleberger, beide Vormünder des Hans Talner, sowie Elsbeth Starck, die Schwester des Ulrich Starck, 1505; Hans Starck, 1508 (durch Aufstocken der Stiftung einer Katharina Binn aus Worbis aus dem Jahr 1455). Die Stiftung von 1505 auch erwähnt in der Fortsetzung der Chronik des HEINRICH DEICHSLER: Die Chroniken der deutschen Städte, Bd. 11 (Nürnberg Bd. 5), Leipzig 1874, S. 545—706, hier S. 692.

[32] KRESSEL, S. 304; BUSSE, S. 76.

[33] Ausgewertet von BUSSE, S. 67—72. — KARL SCHLEMMER, Gottesdienst und Frömmigkeit in der Reichsstadt Nürnberg am Vorabend der Reformation, Würzburg 1980, geht auf die Gottesdienste in St. Johannis nicht ein.

[34] JOHANN WINKLER, Der Güterbesitz der Nürnberger Kirchenstiftungen unter der Verwaltung des Landalmosenamtes im 16. Jahrhundert, MVGN 47 (1956) S. 160—296 (St. Johannis hier S. 177). Nach BOOCKMANN, S. 76, betrugen zu Ende des 15. Jahrhunderts die jährlichen Einkünfte aus einer mittleren städtischen Pfarrpfründe etwa 40 fl. Zum Auskommen einer kleinen Familie reichten etwa 15 fl knapp aus. Allgemein zum Einkommen aus Klerikerpfründen: ULF DIRLMEIER, Untersuchungen zu Einkommensverhältnissen und Lebenshaltungskosten in oberdeutschen Städten des Spätmittelalters (Mitte 14. bis Anfang 16. Jahrhundert), Heidelberg 1978, S. 75—82.

ermöglicht, ein gehobenen Ansprüchen entsprechendes Leben zu führen, wie gerade am Testament des Heinrich Fuchs abgelesen werden kann.

Den rechtlichen Rahmen für die Errichtung des Testaments bildeten die durch Bischof Heinrich III. Groß von Trockau auf der Bamberger Synode im Frühjahr 1491 erlassenen und gegenüber älteren Statuten in Bamberg und in anderen Diözesen großzügiger gefaßten Testierbestimmungen für den Weltklerus. Diese sahen ausdrücklich vor, daß Weltgeistliche nicht nur zugunsten kirchlicher Institutionen und Personen, sondern auch zugunsten weltlicher Personen *(circa pia loca et personas ecclesiasticas vel seculares)* letztwillig frei verfügen dürften.[35] In herkömmlicher Weise stand dem Bamberger Bischof bei Vermächtnissen der Kleriker ein Pflichtteil, die sog. Quote, zu.[36]

Das Testament des Heinrich Fuchs beginnt in der üblichen Form der Klerikertestamente mit Invocatio, Intitulatio, Arenga und Promulgatio.[37]

An der Spitze des dispositiven Teils des Testaments steht der Wunsch des Heinrich Fuchs, seinen Leib nach seinem Tod an einem von seinen Testamentariern zu bestimmenden Platz in der Johanniskapelle als dem Ort seiner Bepfründung zu bestatten. Zugleich empfiehlt Fuchs seine Seele, die er oft durch Fehler befleckt habe, Gott dem Allerhöchsten.[38] Vor den Bestimmungen über die Feier des Totenoffiziums, Begräbnisses und Totengedächtnisses ist die Verpflichtung zur Abführung der Quote an den Bamberger Bischof in den Text eingeschoben.[39] Die Angaben über die Feier des Jahrtags, des Siebenten und Dreißigsten entsprechen den auch sonst üblichen Bestimmungen.[40] Alle an der Totenvesper teilnehmenden Geistlichen und die seinen Konduct begleitenden Geistlichen, Lehrer und Schüler von St. Sebald sollen Präsenzgelder erhalten.[41] Der Wunsch nach der Teilnahme des Sebalder Klerus ist besonders hervorgehoben. Am Jahrtag, am Siebenten und am Dreißigsten soll allen Kranken im Siechkobel St. Johannis, dem Hofmeister und seiner *familia* sowie allen, die um das Pfründehaus in seiner Nähe gewohnt haben, d. h. wohl den Bewohnern der Zinshäuschen, je ein Maß Wein und eine Semmel zukommen.[42]

---

[35] L. Cl. Schmitt, Die Bamberger Synoden, 14. BHVB (1851) S. 1—223; die Statuten von 1491 hier S. 91—184 (Tit. 25 *De testamentis et executoribus eorundem* S. 119—121). Die Statuten der Bamberger Synode von 1431 ebd., S. 48—85 (*De testamentis* S. 82). Lassmann, S. 236. Allgemein zur Testierfreiheit der Kleriker ebd., S. 229 ff.; Merzbacher, S. 297 ff.

[36] Sie wird anderwärts auch als *quarta mortuariorum (legatorum), ferto (ferdo)* bezeichnet. Hollweck, S. 14; Lassmann, S. 236. — In vergleichbarer Weise stand Stiften und Klöstern von Vermächtnissen die kurz vor dem Tod oder in der Krankheit eines Testators gemacht wurden, eine kanonische Quart *(canonica portio)* zu: Hans Hermann Lentze, Begräbnis und Jahrtag im mittelalterlichen Wien, Zeitschrift der Savigny-Stiftung für Rechtsgeschichte, Kan. Abt. 36 (1950), S. 328—364, hier S. 338; ders., Stadt und Kirche im mittelalterlichen Innsbruck, S. 106, 108, 113 f., 123 f. — Die Quote wird u. a. im Testament des Bamberger Chorherrn Johannes Werner (vgl. Anm. 2) ausdrücklich angesprochen.

[37] Georg Bemel, Tractatus ad formulam Testamenti, Frankfurt a. M. 1587 (vorhanden u. a. in der Archivalien-Sammlung des Historischen Vereins Bamberg im Stadtarchiv Bamberg, Rep. 2/1, Bände und Rechnungen Teil I, X. Varia Nr. 438).

[38] Das Anempfehlen der Seele an Gott geht in vielen Testamenten den Bestimmungen über das Begräbnis voraus; vgl. Bemel, S. 20 f.; Lassmann, S. 271 f.

[39] Die Höhe ist mit 4 fl angegeben.

[40] Vgl. z. B. Hirschmann, S. 577.

[41] Zu der mit der Antiphon *Placebo* beginnenden Totenvesper: Ludwig Ruland, Geschichte der kirchlichen Leichenfeier, Regensburg 1901, S. 192.

[42] Beispiele derartiger, anderwärts als *offene Spenden* bezeichneter Zuwendungen an Spitalinsassen z. B. bei Hans Hermann Lentze, Pitanz und Pfründe im mittelalterlichen Wilten, in: ders., Studia Wiltinensia, S. 37—50, hier S. 46, 48; ders., Stadt und Kirche im mittelalterlichen Innsbruck, S. 113, 117, 127.

Die Verfügungen zu frommen Zwecken sind von jenen zugunsten weltlicher Vermächtnisnehmer, im besonderen von Angehörigen seiner Familie und von ihm verbundenen anderen Personen, nicht streng getrennt.[43] Die Reihe der Verfügungen zu frommen Zwecken beginnt mit einem Legat in Höhe von 5 fl zu einer Sonderzuweisung (Pitanz) für den ganzen Konvent des Benediktinerklosters St. Egidien zu Nürnberg.[44]

Eine Summe von 25 fl sollte nach dem Willen des Heinrich Fuchs einer von der Nürnberger Kaufmannsfamilie Ketzel geplanten Stiftung eines neuen Benefiziums zufließen für den Fall, daß die Fundation tatsächlich in Kraft getreten sei. Für den Fall, daß die Stiftung nicht zustande käme, soll das Geld den Armen gegeben werden. Neben dem Bargeld dachte Fuchs dem geplanten Benefizium weiterhin zwei silberne Becher und acht Löffel mit silbernen Griffen zur Anfertigung eines Kelches zu.[45] Sollten trotz aller Voraussicht Becher und Löffel dazu nicht ausreichen, soll das Fehlende von seinem Geld dazugenommen werden. Gleichfalls dem Benefizium zugedacht hatte Fuchs sein silbernes Pacifikale[46] und seine schwarze Tunika aus Satin, die zu einem einfachen Meßgewand umgearbeitet werden soll. Stiftungen von besseren Gewändern aus dem profanen Bereich zur Herstellung sakraler Gewänder begegnen in den Quellen häufig.[47] Besonders bedeutsam ist das von Fuchs dem Benefizium zugedachte Bücherlegat;

---

[43] A. v. BRANDT hat an den „Normaltestamenten" eine üblicherweise eingehaltene Dreiteilung der Empfängergruppen beobachtet: 1. Verfügungen *ad pias causas*, 2. Verfügungen zugunsten der nächsten Angehörigen, 3. Legate zugunsten anderer Personen oder Institutionen (S. 17 f.).

[44] Stiftungen zur Pitanz des Konvents von St. Egidien waren vielfach mit Seelgerätstiftungen verbunden; sie sind verzeichnet im Jahrtagsverzeichnis des Klosters aus dem Ende des 15. Jahrhunderts: Staatsbibliothek Bamberg, J. H. Msc. hist. 21. Hier z. B. fol. 26' eine Pitanzstiftung Hermann Schedels; zu einer weiteren darin überlieferten Pitanzstiftung des Friedrich Schön: FRANZ MACHILEK, Dr. Friedrich Schön von Nürnberg. Ein Theologe und Büchersammler des 15. Jahrhunderts, MVGN 65 (1978) S. 124—150, hier S. 142. — Über das Institut der Pitanz allgemein: WERNER OGRIS, Die Konventualenpfründe im mittelalterlichen Kloster, Österreichisches Archiv für Kirchenrecht 13 (1962) S. 104—142, hier S. 123 f.; FRANZ MACHILEK, Zur Rechts- und Reformgeschichte der Benediktiner-Abtei Blaubeuren, Historisches Jahrbuch 87 (1967) S. 373—391, hier S. 389 f.; JARITZ, Zur Sachkultur österreichischer Klöster, S. 154 f. — Eine eingehende neuere Spezialuntersuchung über Pitanzen in einem Zisterzienserkloster: HERMANN WATZL, Über Pitanzen und Reichnisse für den Konvent des Klosters Heiligenkreuz 1431, Analecta Cisterciensia 34 (1978) S. 40—147. — Über Pitanzstiftungen an das Nürnberger Frauenbrüderkloster: KARL ULRICH, Das ehemalige Karmelitenkloster zu Nürnberg, MVGN 66 (1979) S. 1—110, hier S. 44.

[45] Löffel mit silbernen Griffen z. B. auch genannt in einem Verzeichnis von Stiftungen an das Wiener Schottenkloster aus der Mitte des 15. Jahrhunderts: JARITZ, Zur Sachkultur österreichischer Klöster, S. 164; im Benediktinerkloster Michelsberg zu Bamberg: GERD ZIMMERMANN, Ein Bamberger Klosterinventar von 1483—86 als Quelle zur Sachkultur des Spätmittelalters, in: Klösterliche Sachkultur (wie Anm. 5), S. 225—245, hier S. 235 (Löffel aus Buchsbaumholz mit silbernen Griffen). Sebald Lobmeier hinterließ 17 mit Silber beschlagene Löffel (Nachlaßinventar wie Anm. 4).

[46] Paxtäfelchen, mit dem der Friedensgruß weitergegeben wurde: JOSEPH BRAUN, Das christliche Altargerät in seinem Sinn und in seiner Entwicklung, München 1932. — Die im Schatzverzeichnis von St. Lorenz in Nürnberg enthaltene Aufstellung über den Bestand an Paxtafeln bei SCHLEMMER, S. 155 f. — Zu weiteren Nürnberger Paxtafeln: HEINRICH KOHLHAUSSEN, Nürnberger Goldschmiedekunst des Mittelalters und der Dürerzeit 1240 bis 1540, Berlin 1968 (Reg.).

[47] Vgl. z. B. JARITZ, Die realienkundliche Aussage, S. 186; ders., Zur Sachkultur österreichischer Klöster, S. 164; BOOCKMANN, S. 88, 92. — Zur Priestergewandung im Spätmittelalter allgemein: MARTHA BRINGEMEIER, Priester- und Gelehrtenkleidung, Münster 1974, S. 39 f.

Fuchs gehört durch seinen Bücherbesitz neben zahlreichen anderen Vikaren zur Reihe der als Büchersammler ausgezeichneten Geistlichen in der Reichsstadt Nürnberg.[48]

An der Spitze der dem Benefizium zugedachten Bücher steht ein neues papierenes Missale für das Bistum Bamberg — in Frage kommt einer der in der Regierungszeit des Bischofs Heinrich Groß von Trockau angefertigten Missaldrucke von 1490, 1491 oder 1499[49] —, ein zweiteiliges, in einen Band gebundenes Brevier — wohl die Oktavausgabe des Bamberger Breviers von 1498/99[50] —, eine Bibel, eine Predigtsammlung und ein Sentenzenbuch, das *Rationale divinorum officiorum* des Wilhelm Durand, das als liturgisches Handbuch in zahllosen Handschriften und seit 1459 auch im Druck außerordentlich weit verbreitet war[51], weiter das Altväterbuch sowie die *Lampertica historia*, worunter wohl der Druck der *Legenda sanctorum s. Lombardica historica* zu verstehen sein dürfte.[52]

Nur fünf Monate nach Errichtung des Testaments des Heinrich Fuchs stiftete der Nürnberger Kaufmann Sebald Ketzel d. Ä. am 2. Januar 1505 beim Heilig Geist-Spital ein neues Benefizium und stattete dieses mit einem Haus am äußeren Spitalkirchhof und einem Zins von 25 fl jährlich aus einem bei der Reichsstadt Schweinfurt angelegten Kapital von 650 fl aus.[53] Mit großer Wahrscheinlichkeit hat Sebald Ketzel beim Zinskauf auch die von Fuchs gestifteten 25 fl mit verwendet.

Das Testament des Heinrich Fuchs enthält neben der Zuweisung der auf Grund der Titelangaben wenigstens einigermaßen sicher bestimmbaren Bücher an das neu zu errichtende Benefizium noch an zwei weiteren Stellen Verfügungen über Bücher: Für Konrad Meninger (Memminger), Vikar zu St. Lorenz, war ein Buch im Wert von 1 fl bestimmt; alle übrigen Bücher sollen der Geistlichkeit zum allgemeinen Nutzen dienen, was wohl als Stiftung zugunsten einer der Nürnberger Kirchenbibliotheken zu verstehen ist.[54] Meninger war seit 1494 als *altarista minor* am Marienaltar zu St. Lorenz bepfründet und verstarb 1514 im Besitz dieser Pfründe.[55]

---

[48] Beispiele bei MACHILEK, Magister Jobst Krell, S. 95—102. — In der Fenitzerbibliothek im Landeskirchlichen Archiv Nürnberg befinden sich zahlreiche Bücher mit Schenkungsvermerken St. Lorenzer Vikare an die Lorenzer Kirchenbibliothek, z. B. des Georg Hollfelder gen. Fladenpeck (Fen. IV 2º 460), Nikolaus Tinctoris (Fen. IV 2º 590). Von Georg Hollfelder gen. Fladenpeck liegt ein Band für die Lorenzer Kirchenbibliothek heute auch in der Stadtbibliothek Nürnberg (Jur. 561.2º). — Im StAN findet sich unter den Testamenten u. a. auch das des Georg Prenner, ewigen Altaristen der Mittelmesse des Nikolausaltares bei St. Lorenz, vom 6. September 1521 mit Nachrichten über Bücher (Rst. Nürnberg, Testamente, Nr. 862 a). — Die Kirchenbibliothek von St. Lorenz verdient noch eine eigene Untersuchung. Wegen des Fehlens eines Bücherverzeichnisses aus der zweiten Hälfte des 15. Jahrhunderts wurde ihre Bedeutung bisher unterschätzt. Es gibt allerdings zahlreiche Hinweise auf ihre Bestände. Einen wertvollen Hinweis auf eine Bücherrevision im Jahr 1458 gibt der Revisionsvermerk auf dem Deckel des Inventars der St. Lorenzkirche von 1421 (StAN, Rst. Nürnberg, Losungsamt, Akten, S I L 130 Nr. 6).

[49] FERDINAND GELDNER, Die Buchdruckerkunst im alten Bamberg 1458/59 bis 1519, Bamberg 1964, S. 43, 92 (1490, 1491); S. 68, 93 (1499).

[50] Ebd., S. 68, 93.

[51] GEORG STEER, Durandus, Wilhelm, in: VL² 2, 1980, Sp. 245—247.

[52] Basel, bei Nikolaus Kesler, 1486. Ein solcher Druck war auch im Besitz des Lorenzer Vikars Johann Zapfenmacher; vgl. MACHILEK, Magister Jobst Krell, S. 99, Anm. 122.

[53] THEODOR AIGN, Die Ketzel. Ein Nürnberger Handelsherren- und Jerusalempilgergeschlecht, Neustadt a. d. Aisch 1961, S. 24 mit S. 132, Anm. 50.

[54] Vergleichbar z. B. die im Testament des Spitalvikars Johann von Helb in Ebern im Baunachgrund enthaltenen Bestimmungen. Johann von Helb stellte seine 64 Bände umfassende Bibliothek der Priesterbruderschaft an der Baunach zur Verfügung: FRANZ MACHILEK, Die Bibliothek der Kapelle zu Unserer Lieben Frau in Windsheim um die Mitte des 15. Jahrhunderts, Würzburger

Am Schluß der Stiftungen zu frommen Zwecken stehen Legate zugunsten der Bäckerbruderschaft am Heilig Geist-Spital[56] sowie für die Hausarmen und die Kranken in den beiden Nürnberger Spitälern zu St. Elisabeth und zum Heiligen Geist.

Die Serie der Legate zugunsten weltlicher Nachlaßnehmer beginnt mit einem Legat an Michael Fuchs, den Bruder des Testators. Die ihm zugedachten 25 fl sollen, falls er zum Zeitpunkt der Testamentseröffnung nicht mehr am Leben ist, den Armen zufallen.[57] Der Bruder soll außerdem die bessere Tunika Heinrichs und andere Kleidungsstücke erhalten.

Enge persönliche Beziehungen scheint Heinrich Fuchs zu der zu den ehrbaren Geschlechtern in Nürnberg zählenden Familie des Sebald Ketzel d. Ä. gehabt zu haben, wofür vor allem seine Zuwendungen zur geplanten Ketzelschen Pfründestiftung sprechen. Damit er von ihm auch nach seinem Tod im Gedächtnis behalten werde, vermachte Fuchs Sebald Ketzel zur Mehrung seiner Kleinodien 10 fl. Des weiteren sollen Sebalds d. Ä. Söhne Michael († 1505) und Sebald d. J. († 1530) sowie Lukas Ketzel d. J. († nach 1514) je ein Geldgeschenk erhalten. Alle drei waren als Kaufleute tätig; die beiden Brüder gehörten zudem als Genannte zum Größeren Rat der Reichsstadt Nürnberg und waren hier auch als Jerusalempilger bekannt.[58]

Bei zwei weiteren im Testament bedachten Personen sind die Verbindungen zum Testator ausdrücklich näher bezeichnet. Leonhard Vetzer wird von Fuchs als Freund bezeichnet; ihm sind außer einer Geldsumme zwei Leinenkleider sowie verschiedene ältere Kleidungsstücke zugedacht. Katharina Schuster, die Fuchs in seiner Krankheit beigestanden ist, soll 2 fl sowie alle seine Hühner und den Hahn erhalten. Legate für Haushälterinnen oder Pflegerinnen finden sich auch sonst in Klerikertestamenten.[59] Verhältnismäßig selten kommen Verfügungen über Nutztiere vor.[60]

Diözesangeschichtsblätter 32 (1970) S. 161—170, hier S. 169, Anm. 34. — Bestimmungen über Weitergabe von Büchern an arme Geistliche in Klerikertestamenten: MABKÖ N I, Nr. 31, S. 33; Nr. 40, S. 40; Nr. 85, S. 64. — Über Bücherstiftungen an Kirchenbibliotheken in Franken durch am Ort bepfründete oder aus dem Ort stammende Geistliche: FRANZ MACHILEK, Bohemikale Handschriften in der Schwabacher Kirchenbibliothek, S. 428—430.

[55] KIST, Nr. 8284; StAN, Rst. Nürnberg, D-Laden-Akten, Nr. 1770; Tot. I, Nr. 6151; II, Nr. 4899.

[56] Das Bruderschaftswesen hat sich infolge des nach dem Aufstand von 1348 erlassenen Verbündnisverbots in Nürnberg nur in losen Formen entwickelt. Dazu insgesamt: SCHLEMMER, S. 342—345. Ansätze zur Bildung einer Bruderschaft der Goldschmiede wurden schon 1410 durch den Rat unterbunden: FRANZ MACHILEK, Dedicationes sancti Sebaldi, in: 600 Jahre Ostchor St. Sebald 1379—1979, hrsg. v. HELMUT BAIER, Neustadt a. d. Aisch 1979, S. 143—159, hier S. 154. Speziell zur Bruderschaft beim Karmelitenkloster, insbesondere der Messerer: ULRICH, S. 74—77. Zur Bruderschaft beim Egidienkloster: Staatsbibliothek Bamberg, J. H. Msc. hist. 21, fol. 37.

[57] 1543 verstarb ein Schreiner namens Michael Fuchs (Tot. III, Nr. 2753), der zeitlich gerade noch mit Heinrichs Bruder identisch sein könnte.

[58] Zu ihnen: AIGN, S. 124 f. — Die Beziehungen der Familie Ketzel zur Johanniskapelle haben sich in der Folgezeit noch verstärkt. Georg II. Ketzel († 1533) und sein Sohn Georg III. († 1560) waren Pfleger dieser Kapelle (Aign, S. 75, 78, 122, 126). Aus der Zeit um 1515 stammt die Ketzel-Gedächtnistafel an der Johanniskirche (ebd. S. 66, 75—78).

[59] So z. B. im Testament des Bamberger Chorherrn Johannes Werner (wie oben Anm. 4): *Item 5 fl lego et assigno Anne Bischoffyn care mee, si mecum permanserit ad extremum vite mee.*

[60] Einige Beispiele bei JARITZ, Die realienkundliche Aussage, S. 54, Anm. 55. — Über den großen Nutzviehbestand der Pfarrei Hof gibt das Inventar von 1520 Aufschluß: StAB, C 2, Nr. 2080, fol. 18—23, hier fol. 22'—23. Hof war allerdings eine der reichsten Pfarreien des Bistums Bamberg; vgl. FRANZ MACHILEK, Markgraf Friedrich von Brandenburg-Ansbach, Dompropst zu Würzburg (1497—1536), in: Fränkische Lebensbilder Bd. 11, Neustadt a. d. Aisch 1984, S. 101—139, hier S. 103.

Von den durch das Testament sonst noch bedachten Personen lassen sich die verschiedenen Mitglieder der Familie Vetzer über Leonhard Vetzer in den Freundeskreis des Heinrich Fuchs einordnen. Bei Anna Knopf, die das *faulpettlein,* dazu die vier besseren Sitzkissen und 2 fl erhalten soll, sowie Margarete Wentzel, der 4 fl und zwei Leinenkleider zugedacht waren, könnte es sich um Insassinnen des Siechkobels gehandelt haben, denen Fuchs in besonderer Weise verbunden war.

Sollten nach Ausrichtung des Testaments noch Geld oder Gegenstände von ihm übriggeblieben sein, sollten diese durch die Testamentarier zur Feier des Anniversariums verwendet werden.

Als Testamentarier bestimmte Fuchs die Ewigvikare Hermann Peck, Stephan Jauchensteiner und Johannes Geiger und sah für jeden als Entschädigung für seine Mühe 6 fl als Legat vor. Der hier auftretende Personenkreis ist zur engeren Bekanntschaft des Testators zu zählen. Peck, zunächst Benefiziat am Heilig Geist-Spital, dann Frühmesser in Heroldsberg, war 1504 Inhaber der St. Jakobsvikarie bei St. Sebald und verstarb 1522 im Alter von 85 Jahren.[61] Jauchensteiner, Leipziger Bakkalar der Künste, war 1504 Inhaber der Haller-Pfründe bei St. Sebald und verstarb 1535 als Chorherr bei St. Stephan in Bamberg.[62] Er erscheint 1525 als einer der Testamentsexekutoren des Sebald Lobmeier.[63] Geiger war 1504 Vikar am Heilig Geist-Spital, und hatte 1512/13 die St. Annapfründe bei St. Lorenz inne; er ist 1516 verstorben.[64]

Fuchs schließt das Testament mit dem Widerruf früher von ihm getroffener testamentarischer Verfügungen sowie einer allgemeinen Salvationsformel.[65]

Das Testament wurde im Pfründehaus von St. Johannis vor Konrad Heinfogel als Notar in Anwesenheit der drei Testamentarier und zweier hinzugezogener Zeugen — des Sebalder Vikars Hans Cur (Kurr) und des nicht näher bestimmbaren Priesters Andreas Pessel — errichtet, verschlossen und durch Heinfogel mit Unterschrift und Siegel bekräftigt. Auch die bei diesem Akt beteiligten Personen einschließlich des Notars hatten das besondere Vertrauen des Heinrich Fuchs.[66] Der aus Nürnberg stammende Heinfogel war 1480 zum Priester geweiht worden. Er ist 1496 als Magister artium und Propst der Nürnberger Marienkapelle belegt. Im Jahr 1500 erhielt er das Benefizium am Stephansaltar zu St. Lorenz und verstarb 1517 als Vikar des Andreasaltars derselben Kirche. Der Schüler des Astronomen Bernhard Walther genoß in den Jahren um 1500 wegen seiner mathematischen, astronomischen und literarischen Kenntnisse im Nürnberger Humanistenkreis hohes Ansehen. Besondere Freundschaft verband ihn mit Johannes Werner, Johannes Stabius und Albrecht Dürer. Der Globusmacher Johannes Schöner in Bamberg rühmte in seiner *Luculentissima quaedam terrae totius descriptio* die Verdienste Heinfogels um die geographischen Studien in einem Zug mit jenen Willibald Pirckheimers, Johannes Werners und Erhard Etzlaubs.[67] Eine Reihe der von Hein-

---

[61] KIST, Nr. 293 u. Erg.; Tot. III, Nr. 461.
[62] KIST, Nr. 2978.
[63] StAN, Rst. Nürnberg, Kloster St. Klara, Akten und Bände, Nr. 13, Prod. ad 3.
[64] KIST, Nr. 1950; FRIEDHELM BRUSNIAK, Conrad Rein (ca. 1475—1522) — Schulmeister und Komponist, Wiesbaden 1980, S. 327; Tot. I, Nr. 6331.
[65] Zur Revokation: BEMEL, S. 26; LASSMANN, S. 270.
[66] Cur (Kurr) ist 1521 verstorben: Tot. III, Nr. 363.
[67] KIST, Nr. 2553; StAN, Rst. Nürnberg, Briefbücher, Nr. 46, fol. 243 (1500); desgl., Stadt- und Landalmosenamt, Urkunden, Nr. 266 (1517); PILZ, S. 148—154; GEORG STEER, Heinfogel, Konrad, in: VL² 3, 1981, Sp. 654—657; FRANZ MACHILEK, Kartographie, Welt- und Landesbeschreibung in Nürnberg um 1500, in: Landesbeschreibungen Mitteleuropas vom 15. bis 17. Jahrhundert, hrsg. v. HANS-BERND HARDER, Köln-Wien 1983, S. 1—12, hier S. 6.

fogel testamentarisch der Kirchenbibliothek von St. Lorenz vermachten Bücher sind über die Fenitzerbibliothek erhalten geblieben.[68]

Die Eröffnung des Testaments durch Heinfogel im Beisein der Testamentarier und der geladenen Zeugen erfolgte im Haus des verstorbenen Testators. Die Siebenzahl der Zeugen entsprach dem üblichen römisch-rechtlichen Verfahren.[69] Mit der Eröffnung wurden die Absichten des Testators über seine zeitlichen Güter öffentlich bekannt, wurde sein letzter Wille rechtskräftig.

Das hier vorgestellte Testament gibt in unmittelbarer Weise Einblick in die Lebensverhältnisse, die Frömmigkeitshaltung, die geistigen Interessen und den sozialen Umkreis eines niederen Geistlichen in Nürnberg an der Wende vom 15. zum 16. Jahrhundert. Die Tatsache, daß die in Testamenten enthaltenen Aussagen oft wenig spektakulären als vielmehr durchschnittlichen Charakter haben, macht den besonderen Wert und Reiz dieser Quellen aus.

Anhang[70]

Testament des Heinrich Fuchs von Nürnberg, Benefiziaten an der Kapelle St. Johannis vor Nürnberg, vom 3. August 1504. Mit Beglaubigungsvermerk des kaiserlichen Notars Konrad Heinfogel vom gleichen Tag und Eröffnungsvermerk Heinfogels vom 8. August 1504.

Staatsarchiv Bamberg: A 50 L. 906 Nr. 202.

Orig. Pap., Doppelblatt (32,5 × 21,5 cm). Mit aufgedrücktem Siegel (unter Papier) und 2 Unterschriften des kaiserlichen Notars Konrad Heinfogel. Fadenreste einer ursprünglichen Einheftung des Stückes.

In nomine sancte et individue Trinitatis amen. Ego Heinricus Fuchs de Nurmberga pro tunc ecclesie sancti Johannis extra muros perpetuus vicarius animadvertens et perpendens[a] hominis brevem vitam, hominem morti deditum, horam vero eius[b] incertam, unde intestatus decedere nolens, sed de bonis et rebus michi a Deo collatis disponere et testari volens, ordinem etiam rebus et bonis meis relinquendis dare cupiens, quare omnibus melioribus iure, via et ordine quibus melius possum et valeo testamentum, codicillum sive ultimam meam voluntatem facio, dispono, ordino sive condo in hunc videlicet qui sequitur modum:

---

[68] Landeskirchliches Archiv Nürnberg, Bibliothek, Fen. IV 2° 546 und 547; jeweils mit dem Vermerk: *Ad bibliothecam divi* (bzw. *sancti*) *Laurencii . . . ex donatione* (bzw. *ex testamento*) *magistri Conradi Hainfogel vicarii ibidem* (bzw. *ecclesie sancti Laurencii*) *obiit 1517 Februarii 18.*

[69] Zur Siebenzahl der Zeugen: LASSMANN, S. 246 f. — Nennung von 7 Zeugen z. B. in dem von HIRSCHMANN, S. 574, analysierten Testament des Kunz Horn. — Zu den einzelnen Zeugen: Hayn (Hyn): KIST, Nr. 2528; HELMUT FRHR. HALLER VON HALLERSTEIN — ERNST EICHHORN, Das Pilgrimspital zum Heiligen Kreuz vor Nürnberg, Geschichte und Kunstdenkmäler, Nürnberg 1969, S. 24, Anm. 176, 34 f., 39, 82. — Per: KIST, Nr. 6989. — Teuerlein: BRUSNIAK, S. 331. — Jung: KIST, Nr. 3084; BRUSNIAK, S. 325 f.; Tot. III, Nr. 583. — Arnolt: BRUSNIAK, S. 331.

[70] Die Edition folgt im wesentlichen den Richtlinien für die äußere Textgestaltung bei Herausgabe von Quellen zur neueren deutschen Geschichte von JOHANNES SCHULTZE, zuletzt in: Richtlinien für die Edition landesgeschichtlicher Quellen, hrsg. v. WALTER HEINEMEYER, Marburg-Köln 1978, S. 25—36. — Für liebenswürdige Hilfe bei diesem Aufsatz sei auch an dieser Stelle den Herren Dr. Karl-Eugelhardt Klaar (Nürnberg), Pfarrer Georg Kuhr (szt. Nürnberg, jetzt Neuendettelsau), Dr. Bruno Neundorfer (Bamberg), Prof. Dr. Hermann Reifenberg (Bamberg) und Dr. Hans Jürgen Wunschel (Bamberg) herzlich gedankt.

[a] Orig. perpendes.
[b] Orig. eus.

Item inprimis, cum hanc egrediar carnem, volo ut corpus meum ecclesiastice tradatur sepulture et in capella sancti Johannis, in qua prebendatus fui, tumuletur in loco iuxta voluntatem testamentariorum meorum. Animam vero meam Altissimo, qui eam dedit, quamvis sepyssime pollui criminibus et excessibus misericorditer suscipiendam committo atque devoveo.

Item domino meo reverendissimo episcopo Babenbergensi quottam suam solitam et consuetam videlicet 4 fl rh lego.

Item cum pulsu et exequiis servetur iuxta consuetudinem hactenus introductam inter sacerdotes quod stabit ad voluntatem[c] *testamentariorum meorum cum tot missis quot haberi possunt in septimo et tricesimo, ut in primo fiet peractio, volo etiam quod Placebo detur omnibus sacerdotibus supervenientibus ad exequias videlicet 15 d.*

Item volo ut in conductione funeris ad locum sepulture omnes sacerdotes ecclesie sancti Sebaldi sint presentes cum rectore scolarium et cuilibet dentur 15 d, domino et magistro duplum, et cuilibet scolari detur 1 d.

Item lego ad monasterium sancti Egidii 5 fl ad pietantiam pro toto conventu.

Item lego domino Michaeli fratri meo 25 fl rh, si saltem fuerit repertus in vita; si secus dentur pauperibus iuxta voluntatem testamentariorum meorum, insuper eidem fratri meo lego tunicam meam meliorem, etiam certas camisias ac togas ad beneplacitum testamentariorum meorum.

Item Sebaldo Keczel seniori lego 10 fl rh pro clenodio, ut mei memoriam habeat.

Item filio suo Michaeli Keczel 5 fl rh.

Item Sebaldo Keczel filio supradicti Sebaldi 5 fl rh.

Item si predicti Ketzel prout intendunt erigere novum beneficium, si producunt in effectum ad hoc lego 25 fl rh. Si vero non fundabunt dentur pauperibus.

Item lego etiam ad predictum beneficium erigendum 2 picarios argenteos et 8 coclearia cum manubriis argenteis pro calice. Et in casu quo non sufficerent picarii et coclearia prout presumitur fiat addicio sufficiens de peccunia mea.

Item pacificale meum argenteum lego ad beneficium prefatum.

Item etiam lego ad prefatum beneficium Missale novum papireum secundum rubricam Bambergensem, cum hoc textum Biblie, Thesaurum novum de tempore et de sanctis, Sentenciam angelicam, Racionale divinorum, Vitas patrum, Lamperticam historiam, 2 libros horarum in parvo volumine secundum rubricam Bambergensem.

Item ad idem beneficium erigendum lego tunicam meam nigram vulgariter satin ad casulam cum omnibus attinenciis ad integrum ornatum simplicem.

Item lego Anne Knopffin das faulpettlein et meliores cussinos scamnales 4 et 2 fl rh, ut mei memoriam habeat.

Item iuniori Luce Ketzel lego 4 fl rh.

Item domino Conrado Meninger vicario ecclesie sancti Laurentii librum valentem [1] fl.

Item lego in primo, septimo et tricesimo cuilibet infirmo ad sanctum Johannem, similiter dem hofmeister cum familia mensuram vini et semellam pro [1] d similiter omnibus michi cohabitantibus circa domum meam prebendalem mensuram vini et semellam[d].

Item lego amico meo Leonardo Vetzer 4 fl, 2 lintheamina et aliqua antiqua vestimenta ad beneplacitum executorum.

Item lego Margarethe Wentzlin etiam 4 fl duo paria lintheaminum.

Item lego Agneti prefati Vetzers sorori etiam 4 fl.

Item lego relictis duobus pueris Ulrici Vetzer cuilibet 3 fl rh.

---

[c] Orig. volutatem.
[d] Orig. davor gestrichen: sel.

Item lego omnes libros meos prius non legatos honestis sacerdotibus pro usu^e ad vitam eorum.

Item lego Katherine Schusterin, que michi assistenciam in infirmitate fecit, 2 fl et omnes gallinas cum gallo.

Item expeditis singulis legatis supradictis si tunc numerus aliquis ex peccunia vel rebus superest et excrescit volo, quod testamentarii mei apud se conservant de quibus singulis annis quam diu durabunt ad diem obitus mei aniversarium in capella sancti Johannis peragi procurent.

Item lego etiam ad fraternitatem pistorum in Novo Hospitali 4 fl rh.

Item lego pauperibus domesticis 8 fl rh et infirmis in ambobus hospitalibus 2 fl rh.

Item pro testamentariis sive huius ultime voluntatis mee sive testamenti executoribus assumo^f, deputo et constituo honorabiles amicissimosque meos confratres et fautores dominos Hermannum Peck et Steffanum Jauchensteiner, ambos tunc in ecclesia sancti Sebaldi perpetuos vicarios, et Johannem Geyger, perpetuum vicarium in Novo Hospitali, quibus plenariam et omnimodam do potestatem et concedo quatenus ad statim post mortem meam ipsi se de bonis et rebus meis intromittant, ac iuxta tenorem presentis testamenti sive ultime voluntatis mee, ac prout alias eis melius expedire visum fuerit, disponant, faciant et exequantur, prout eis plene confido ac in eos fiduciam gero. Quos etiam ultra quam facultates mee se extendunt teneri minime neque obligatos in quoquam esse volo, et pro laboribus et fatigiis predictorum meorum executorum lego cuilibet 6 fl rh et committo eis, ut in execucione predicta suam faciant diligentiam, sicut de hac in finali iudicio respondere volunt et habent altissimo Domino. Et lego confratribus meis qui mecum fuerunt in tabula 1 fl pro collacione.

Insuper revoco, casso, irrito et annullo omnia et singula testamenta, codicillos et voluntates quoscumque per me hactenus usque in hunc diem superioribus temporibus factos et facta cassaque irrita et revocata esse volo, protestor etiam et volo, quod si presens testamentum non valeat aut valere posset iure testamenti quatenus tamen valeat valere poterit et debeat iure codicilli seu cuiuscumque alterius ultime voluntatis quo melius et validius possit. Reservo michi etiam potestatem et auctoritatem presens testamentum sive ultimam meam voluntatem in toto vel in parte revocandi, alterandi, variandi et aliud seu alia faciendi, dum et quotiens michi placuerit et expedierit.

Bestätigungsvermerk des Notars vom 3. August 1504

Anno domini millesimo quingentesimo *quarto, indiccione septima die Saturni, tercia mensis Augusti, hora vespertina vel quasi pontificatus sanctissimi etc. Julii pape secundi anno eius primo honorabilis dominus Henricus Fuchs vicarius ad sanctum Johannem Nurmberge extra muros Bambergensis diocesis hanc presentem cartam sub signeto suo solito clausam de manu alterius fideliter ut asseruit scriptam in medium obtulit in vim testamenti seu ultime voluntatis sue cum protestacione si non vigore testamenti saltem vigore codicilli valeret etc. Dans suis executoribus in dictis carta scriptis ut asseruit omnem facultatem exequendi post mortem suam iuxta vim et continentiam etc. et alias cum solitis et consuetis protestationibus etc. Acta sunt hec in domo dicti domini Henrici Fuchs testatoris pro tunc solite sue residencie presentibus ibidem honorabilibus viris et dominis Caspar Hyn, Johanne Per, Andrea Pessell, Johanne Tewerlein, Waltasar Jung, Lauren-*

---

^e Orig. davor gestrichen: ut.
^f Orig. assummo.

cio Vollant et Johanne Arnolt ad beatam Virginem et Novo Hospitali prebendatis testibus ad hoc specialiter vocatis et rogatis etc.

Conradus Heinfogel
clericus Bambergensis diocesis
imperiali auctoritate notarius
in fidem scripsit et subscripsit.

Eröffnungsvermerk des Notars vom 8. August 1504

Anno indiccione pontificatu quibus retro etc. die vero Jovis octava mensis Augusti hora vespertina vel quasi honorabiles viri et domini Hermannus Peck, Steffanus Jauchensteyner et Johannes Geyger asserti domini Henrici Fuchs testamentarii presens testamentum clausum, sigillatum et in nulla eius parte suspectum, coram me notario et testibus infra scriptis cum ea protestacione quod non velint se nisi quantum res testatoris relicte extenderent intromittere et non alias exponendo contradiderunt aperiendum, quod cum ita compertum est mox et in instanti testamentum per me notarium fuit apertum. Acta sunt hec in domo dicti domini testatoris presentibus ibidem honorabilibus viris et dominis Johanne Cur et Andrea Pessell presbiteris etc. testibus ad premissa vocatis et rogatis.

Conradus Heinfogell
notarius subscripsit.

RECHTSGESCHICHTLICHE BEMERKUNGEN ZU BAMBERGER RELIGIOSEN-TESTAMENTEN DES FRÜHEN 19. JAHRHUNDERTS

von

MEINRAD BRACHS

Die Säkularisation und ihre Auswirkungen auf die Ordensleute

Der Reichsdeputationshauptschluß (RDHS) vom 25. Februar 1803[1], der infolge des zwischen Frankreich und dem Deutschen Reich 1801 zu Luneville geschlossenen Friedensvertrages gefaßt wurde, zeitigte wohl als augenfälligste Erscheinung eine Umgestaltung der europäischen Landkarte. Die durch den Verlust der linksrheinischen Gebietsteile des deutschen Reiches zugesprochenen Entschädigungen wurden durch eine Säkularisation der geistlichen Reichsstände erreicht, die das Ende zahlreicher Fürstbistümer sowie reichsunmittelbarer Stifte und Klöster bedeutete.

Dieses Schicksal hatte auch das Hochstift Bamberg zu erdulden, das dem Kurfürsten von Pfalzbaiern als Entschädigung für abgetretene linksrheinische Gebiete zugeteilt wurde[2], wie auch das Vermögen aller bestehenden Klöster[3] in Stadt und Umland.[4] Obwohl der RDHS erst durch die kaiserliche Ratifikation am 24. März 1803 Rechtskraft erhielt, nahm Kurpfalzbaiern schon am 3./4. September 1802 das Bistum Bamberg durch den Einmarsch bayerischer Truppen mit den Zivilkommissären von Hompesch und von Asbeck in Besitz.[5]

So groß dieser Verlust geistlicher Regierungsmacht auch für die katholische Kirche war, traf die Säkularisation innerhalb der Kirche am härtesten die Klöster und beeinflußte die Schicksale ihrer Insassen grundlegend.

Zuerst wurde es Ende des Jahres 1802 den Klöstern durch das Verbot der Aufnahme von Novizen unmöglich gemacht, Nachwuchs heranzuziehen[6], der schließlich auch zur Versorgung der altgewordenen Mitglieder notwendig war.

Dann sprach § 35 RDHS sämtliches Klostervermögen der *freien und vollen Disposition der... Landesherren* zu.

Deshalb wurde, Bamberg betreffend, durch Erlaß des Kurfürstlichen General-Landeskommissariats in Franken zu Würzburg vom 7. Januar 1803 eine *Kurfürstliche Specialkommission in Administrativangelegenheiten der Stifter und Klöster errichtet.*[7]

Bei der nach § 42 RDHS von den Bischöfen einzuholenden Zustimmung zur Auflösung der Nonnenklöster handelte es sich mitunter nur um eine lästige Beeinträchtigung dieser Kommission, wie ein Beispiel noch zeigen wird.

---

[1] DÖLLINGER, 1. Bd., S. 123 ff.

[2] § 2 RDHS.

[3] Einzige Ausnahme in Bamberg waren die Englischen Fräulein: Schreiben d. kurfürstl. General-Landeskommissariats an das Geistl. Vikariat in Bamberg v. 18. 2. 1803, Staatsarchiv Bamberg (StAB) Rep. K 202 Nr. 14 und KIST, S. 131.

[4] § 35 RDHS.

[5] Alt-Bbg., Jhg. 1906, S. 34. Nach KIST, S. 130, wurde am 1. 9. 1802 die Bambergische Landesgrenze überschritten und am 6. 11. die Hauptstadt besetzt. Jahrbücher, S. 587, nennt als Besetzungsdatum den 30. 8. 1802. SCHEGLMANN, 3. Bd., 1. Hälfte, S. 64 bzw. 1. Bd., S. 244.

[6] SCHEGLMANN, 3. Bd., 1. H., S. 65: Verordnung (VO) v. 14. 12. 1802.

[7] Staatsarchiv Bamberg (StAB), Rep. K 202, Nr. 1, 2.

Zunächst wurde auf kurfürstliche Anordnung vom 2. April 1803 den Stiftern und Klöstern die unmittelbare Verwaltung ihres Vermögens entzogen.[8] Damit verloren die Orden ihre materielle Existenzgrundlage; den Ordensleuten wurde für ihren Unterhalt geringe Barbeträge ausgesetzt.[9] Durch die in der Folgezeit vorgenommene Schließung der Häuser wurden sie auch ihrer Heimat beraubt.

Zur Übernahme aller Bibliotheken, Naturalien- und Kunstsammlungen der aufgehobenen Klöster und Stifte im Bamberger Territorium wurde im Mai/Juni 1803 eine Kommission gebildet, welcher neben anderen der ehemalige Bamberger Dominikanermönch Pius Brunnquell angehörte[10], auf dessen Testament unten eingegangen werden wird.

Neben der Aussetzung von Pensionen zu ihrem Lebensunterhalt[11] wurden den Mönchen und Nonnen von Staats wegen bürgerliche Rechte zuerkannt, derer sie als Ordensangehörige bisher nicht bedurften und die ihnen nach freiwilligem Verzicht durch Ablegung der Ordensgelübde vom Kirchenrecht auch nicht mehr zugestanden wurden. Dazu gehörte die Fähigkeit, Eigentum zu besitzen und Testamente zu errichten.[12] Bei der Zubilligung dieser Rechte handelte es sich keineswegs um einen Akt der Großzügigkeit des neuen Landesherrn, sondern, da ein tiefgehender Eingriff staatlicher Gewalt in das Kirchenrecht, um ein Zeichen der Aufhebung des klösterlichen Standes. In das Gott und den Ordensoberen gelobte Versprechen der Armut mischt sich ein weltlicher Regent, der durch die Verleihung von Rechten den Pakt anderer aufzulösen und durch die Gleichbehandlung in der Bürgerlichkeit den Wegfall von Sonderstellungen geistlicher Personen zu dokumentieren versucht.

Kurz nach der Säkularisation kommen die ersten Testamente Exreligioser in den Rechtsverkehr, die der ehemaligen Mönche meist als die späterer Weltpriester, die Testamente der gewesenen Nonnen errichtet wie von jeder anderen rechtsfähigen Bürgersfrau.

Einfluß des Ordensrechts auf die Testierfähigkeit

Bevor Einzelheiten aus einigen Testamenten säkularisierter Bamberger Ordensleute geschildert werden, soll die Rechtssituation der Testatoren vor, während und nach der Säkularisation umrissen werden.

Dabei ist zunächst das Kirchenrecht zu betrachten.[13]

Die Ordensmitgliedschaft (status regularis) wird im engeren Sinne mit der Profeß erworben[14], dem Gelöbnis zur Beobachtung der drei evangelischen Räte — Armut, Keuschheit, Gehorsam.[15] Fast ein Jahrtausend lang bedeuteten die Tonsur und das Anlegen des Ordenskleides die stillschweigende Ablegung der Gelübde, bis sich ab dem

---

[8] StAB, a.a.O., Nr. 3.

[9] Z. B. für jede Nonne des Hl. Grab-Klosters zwischen 1 fl. 15 kr. und 45 kr., bei längerem Zusammenleben nur noch 45 kr. ohne Ausnahme, vgl. GRANDINGER, S. 195.

[10] SCHEGLMANN, a.a.O., S. 66.

[11] § 51 RDHS; DÖLLINGER, 8. Bd., S. 801.

[12] VO v. 17. 11. 1803, BRBl. S. 997.

[13] Im folgenden handelt es sich um eine allgemeine Darstellung eines Teils des kanonischen Rechts. Auf mögliche Abweichungen z. B. durch die in den Bamberger Ordenshäusern der Testatoren geltenden Konstitutionen wird, soweit nötig, später im Text hingewiesen.

[14] PERMANEDER, 1. Bd., S. 380. In Orden werden feierliche Gelübde abgelegt (im Gegensatz dazu Kongregationen und einfache Gelübde), Kanon 488 n. 2, Jone S. 388/389.

[15] Kanon 487 c, d, Jone S. 387; PERMANEDER, a.a.O.; KAPS, S. 75.

12. Jahrhundert das ausdrückliche und zeremonielle Versprechen der vota entwikkelte.[16] Nicht von Anfang an waren Religiose durch die Ablegung der Gelübde testierunfähig. So ergingen im 5. Jahrhundert Bestimmungen, die das Vermögen eines Mönches erst nach dessen Tod dem Kloster anheimfallen ließen, jedoch nur, wenn er nicht darüber testiert und auch sonst keine nach gesetzlicher Regelung erbberechtigten Personen (Intestaterbfolge) hinterlassen hatte. Zu dieser Zeit werden auch die Testamente von Nonnen ausdrücklich für gültig erklärt, wenn sie zugunsten ihrer Klöster oder zu wohltätigen Zwecken errichtet worden waren.[18]

Zu einer Art Gewohnheitsrecht entwickelte sich dieser spätere Übergang des Vermögens zunächst schon bei Eintritt in das Kloster, und in Verbindung mit dem abgelegten Gehorsamsgelübde war dann auch die freie Äußerung eines letzten Willens nicht mehr möglich.

Ein ausdrückliches Testierverbot erließ erst Papst Gregor VII. (1073—1085)[19], der vormalige kluniazensische Mönch Hildebrand, der als konservativer Reformer des Mönchtums wirkte.[20]

Fortan war die völlige Vermögenslosigkeit eines Religiosen eine juristische Wirkung der feierlichen Profeß bzw. dem votum paupertatis (Armutsgelübde). Innerhalb der letzten 60 Tage vor Ablegung der feierlichen Gelübde hatte der Novize auf sein gesamtes Vermögen zu verzichten[21], danach sollte die Gültigkeit des Verzichts auch mit zivilrechtlicher Wirkung herbeigeführt werden.[22] Damit war der Regulare nicht nur ohne Besitz, er konnte solchen für sich auch nicht mehr erwerben oder ererben, und er war testierunfähig geworden.[23] Jeder Vermögenszuwachs, jeder Rechtserwerb geschah in der Zukunft nur noch für das Kloster bzw. für die Provinz oder den Orden, unabhängig vom Willen des Religiosen, aber auch des Gebers.[24] Bei einem nichteigentumsfähi-

---

[16] KAPS, S. 75/76, mit dem Hinweis, daß auch die Unterscheidung in vota simplicia und vota solemnia erst im Laufe der Jahrhunderte entstand.

[17] JONE, S. 391: Nach Kanon 488 n. 7 sind Religiose Personen, die in einer Ordensgenossenschaft hl. (meint feierliche im Gegensatz zu einfachen) Gelübde abgelegt haben. Auch die übrigen gebrauchten Bezeichnungen: Regulare, Kongregation, Orden(-sgemeinschaft), sind hier erläutert und setzen in der Abhandlung immer vota solemina voraus.

[18] KAPS, S. 81.

[19] DERS., S. 83.

[20] RÖSSLER, 1. Bd., S. 939/940.

[21] Kanon 581 § 1, JONE S. 509; PERMANEDER, 1. Bd., S. 382.

[22] Kanon 581 § 2, JONE S. 510; HANSTEIN, S. 163.

[23] PERMANEDER, 1. Bd., S. 380 ff.; SÄGMÜLLER, S. 742. Die kirchenrechtliche Bestimmung befindet sich in Kapitel 2, 25. Sitzung des Konzils von Trient, STAPF, S. 52. Anders behandelt das Kirchenrecht Professe mit einfachen Gelübden, die in dieser Abhandlung jedoch nicht als Testatoren erscheinen; vgl. JONE, a.a.O. Diese beinhalten im allgemeinen Vermögens- und Erwerbsfähigkeit. Auch der oben erwähnte Verzicht auf das Vermögen entfällt, damit dieses bei einem eventuellen Ausscheiden wieder zur Verfügung steht. Der Regulare in der Kongregation hat lediglich auf die Nutznießung seines Vermögens zu verzichten und dessen Verwaltung an beliebig zu übertragen (HANSTEIN, S. 161), er muß(!) vor Ablegung der Profeß ein Testament errichten (Kanon 569, JONE, S. 496), in dem das Kloster nicht zum Erben eingesetzt werden muß (HANSTEIN, S. 143, 144, 157 ff.). Dieses Testament, das auch für den Fall der Vermögenslosigkeit zu errichten wäre, weil Vermögensanfall ja nicht ausgeschlossen ist, behält auch nach der Erklärung der einfachen Gelübde seine Wirkung bei und könnte auch abgeändert werden (HANSTEIN, S. 157 ff.).

[24] Kanon 582 n. 1, JONE, S. 510; HANSTEIN, S. 163; PERMANEDER, 1. Bd., S. 383; SÄGMÜLLER, S. 741/742; KAPS, S. 76 ff.

gen Orden erwarb der apostolische Stuhl das Eigentum oder Recht.[25] Ein nach dem kanonischen Recht im Probestadium zwischen zeitlicher und ewiger feierlicher Profeß gültig errichtetes Testament[26] verlor mit Ablegung der vota solemnia seine Wirkung.[27]

Die bisher aufgezeigte kirchenrechtliche Wirkung des Armutsgelübdes gilt auch für die Frauenorden, die im Anschluß an die respektiven Männergründungen als sogenannte Zweite Orden entstanden.[28] Hatten Frauen die vota solemnia abgelegt, unterwarfen sie sich ebenfalls der nur damit verbundenen Verpflichtung zur klösterlichen Armut[29] und wurden als Nonnen bezeichnet.[30] Zur Beachtung strengster Klausur — mit wenigen Ausnahmen durfte ohne Genehmigung des Papstes niemand ein Frauenkloster betreten, noch durfte, außer in Notfällen, die Nonne ihr Kloster verlassen[31] — kommt eine weitere, nur von Frauen beim Eintritt in ein Kloster zu beachtende Verpflichtung: die Mitgift. Da sie vermögensrechtlichen Bezug hat, soll sie kurz umrissen werden.

Die Postulantin hat die Mitgift bei Aufnahme in das Kloster mitzubringen und in Geld, Wertpapieren, eventuell in Naturalausstattung zu erlegen, auch Grundstücke können eingebracht werden.[32] Das Erfordernis der Mitgift entwickelte sich aus der immer schlechter werdenden wirtschaftlichen Lage vieler Frauenklöster im 16. Jahrhundert. Außerdem war sie wegen der strengen Klausur und für den Eventualfall des Wiederaustritts zur Bestreitung des Lebensunterhalts nötig. Sie ist nach der ersten Profeß gewinnbringend anzulegen und wird vom Kloster verwaltet.[33] Mit dem Tode der Nonne fällt das Eigentum über die Mitgift dem Kloster endgültig anheim. So wird einerseits mangels Verfügungsgewalt der Nonne dem votum paupertatis nicht zuwidergehandelt, andererseits bleibt die etwa erforderliche Rückübereignung bis zum Ableben der Klosterfrau durchführbar.[34]

---

[25] Kanon 582 n. 2, JONE, S. 511. Die im 13. Jh. aufkommenden Mendicanten-Orden schlugen eine neue Richtung klösterlichen Lebens durch Verpflichtung zur strengsten Armut ein (PERMANEDER, 1. Bd., S. 372), die allerdings durch Gewohnheitsrechte und päpstliche Privilegien gemildert wurde (KAPS, S. 98; HANSTEIN, S. 163), so daß diese Wirkung z. Zt. der Säkularisation noch zutraf für die Franziskaner der strengen Observanz und die Kapuziner (SÄGMÜLLER, S. 742).

[26] Solche Testamente konnten, mußten aber nicht errichtet werden, es sei denn, die Ordens-Konstitutionen schrieben dies vor (HANSTEIN, S. 160).

[27] JONE, Anm. zu Kanon 569 § 3, S. 496; SÄGMÜLLER, S. 741 (Anm. 9).

[28] SCHÖNSTEINER, S. 21.

[29] PERMANEDER, 1. Bd., S. 380.

[30] Auch Klosterfrauen, (Sancti-)Moniales. (Diese Bezeichnung findet sich bei den Einträgen in den Sterbematrikeln der Erblasserinnen.) Kanon 488 n. 7, JONE, S. 392; SCHÖNSTEINER, S. 37; WESEMANN, S. 81. Im Gegensatz zu Schwestern, die nur einfache Gelübde abgelegt haben (JONE, a.a.O.). Um letztere handelt es sich auch bei den in Fußnote 3 erwähnten Englischen Fräulein. Die Frauenkongregationen, denen von Papst Pius V. (1566—1572) (JEDIN, 4. Bd., S. 522: Dominikaner, Inquisitions-Eiferer, der mit strengem Pontifikat Reformdekrete von Trient zur Durchführung bringen wollte) 1566 die Neuaufnahme von Mitgliedern zwar untersagt wurde, die dann im 17. Jh. wiedererstanden, brauchen wegen der andersgearteten Rechtswirksamkeit hinsichtlich errichteter Testamente ebenfalls nicht abgehandelt werden (WESEMANN, a.a.O.; SÄGMÜLLER, S. 730/731).

[31] Kanones 600, 601, JONE, S. 529 ff.; PERMANEDER, 1. Bd., S. 396.

[32] Kanones 547 ff., JONE, S. 478 ff.; STADTMÜLLER, S. 41. Die Höhe ist von den Partikularrechten abhängig, so hat z. B. die Nonne mehr einzubringen als die Schwester, die Chorschwester mehr als die Laienschwester. Ein ganzer oder teilweiser Erlaß bedürfte der Erlaubnis des Hl. Stuhls.

[33] SCHÖNSTEINER, S. 296.

[34] JONE, S. 480, 1. Anm. zu Kanon 548 und Kanon 551, S. 481.

Rechtslage der Ordensleute nach der bürgerlichen Gesetzgebung

Alle diese Bestimmungen des Kirchenrechts bzw. deren Ergebnisse hinsichtlich der Eigentums- und Testierfähigkeit von Religiosen hatten in die staatlichen Gesetze Eingang gefunden oder wurden von der profanen Gesetzgebung anerkannt. Gleichfalls nach bürgerlichem Recht war der Ordensregulare nicht in der Lage, ein gültiges Testament zu errichten.[35] Ab dem 14./15. Jahrhundert, durch die sogenannte Rezeption[36] des römisch-kanonischen Rechts, war diese Rechtswirkung in Deutschland gemeines Recht[37] geworden.[38] Aber auch Landesrechte kannten, zum Teil schon früher, diese Rechtsfolge. Teilweise galt der Religiose durch die Ablegung der Gelübde als bürgerlich tot[39], und sogar seine eigene (passive) Beerbung konnte auf diesen Zeitpunkt abgestellt sein.[40] Auch das Bayerische Landrecht bestimmte: *1mo kann regulariter jeder von dem Seinigen testieren, der nicht ... durch besonderes Verbott daran gehindert ist. Das Verbott stehet ... endlich ... Religiosen nach abgelegter Profession entgegen*[41] und behandelte den Mönch als aus dem bürgerlichen Rechtsverkehr verschwunden, wie es durch das versprochene Armutsgelübde die erbrechtlichen Beziehungen zwischen ihm und seinen Verwandten als zerrissen ansah.[42]

Auch eine Einsetzung zum Testamentserben war nicht mehr zugelassen.[43]

Natürlich konnte das in Bamberg geltende Recht, das vom Kirchenrecht stark beeinflußt war, weil es in einem Territorium galt, das seit Jahrhunderten unter geistlicher Regierung stand, keine andere Regelung zulassen. Diese Konsequenz der Ordensgelübde war im Recht des Hochstifts so selbstverständlich, daß es keiner weiteren Vorschrift zu deren Anwendung im Zivilrecht mehr bedurfte.[44] Das Testierverbot des kanonischen Rechts war praktisch gesetzliche Bestimmung des Bamberger Landrechts.

Andere Vorschriften galten dagegen in bezug auf die Testierfähigkeit der Weltgeistlichen, deren kurzer Erwähnung es gleichfalls bedarf, weil viele Mönche, soweit es nicht Laienbrüder waren, durch die Säkularisation diesem Stand angehörten.[45]

---

[35] PERMANEDER, S. 441.

[36] Durch den Gedanken der deutschen Könige, Rechtsnachfolger der römischen Kaiser zu sein, wurde das römisch-kanonische Recht mit zur Grundlage von Rechtsprechung und Verwaltung, fand Eingang in Rechtsbücher und Gerichte, SCHRÖDER, S. 783/784.

[37] Das gemeine Recht fand überall dort Anwendung, wo keine partikularrechtliche Bestimmung als lex specialis durchgriff — *Stadtrecht bricht Landrecht, Landrecht bricht gemein Recht* — oder wo von solcher ausdrücklich als anwendbar erklärt, SCHRÖDER, S. 197. Auch die Bestimmungen des Bamberger Landrechts wirkten vor dem gemeinen (gebietsweise auch preußischen Land-) Recht, vgl. PFEILSCHIFTER, Einleitung, S. XX.

[38] KAPS, S. 85.

[39] SÄGMÜLLER, S. 744, unter Hinweis auf Sachsen- und Schwabenspiegel.

[40] KAPS, S. 99/100.

[41] Cod. Max. (wie A. 43), 3. Teil, 3. Kap. § 3, S. 45 und dazu KREITTMAYR, 3. Teil, 3. Kap. § 3, S. 266/267, auch S. 275, der den Religiosen gleichsetzt mit *unter vätterlicher Gewalt stehende Kinder*, dem ... *weil er nicht mehr sui juris ist, mithin weder nolle noch velle mehr hat ..., ad causas pias sowenig als profanas zu testieren erlaubt* ist.

[42] DÜRRSCHMIDT, S. 20/21.

[43] Cod. Max. 3. T. 3. Kap. § 3, S. 45 in Verbindung mit 3. T. 1. Kap. § 3, S. 2, ausdrücklich zumindest für die nicht vermögensfähigen Mendicanten, da bei den anderen ja vom einzelnen für den Orden erworben und ererbt werden konnte.

[44] STAPF, S. 51/52 und führt noch unter Hinweis auf das Instructionale Bambergense an: *Alle jene, welche nicht als Erben eingesetzt werden können, sind auch größtentheils nicht fähig, Testamente zu machen*, S. 123.

[45] Bei den anderen Pensionisten verblieb es bei den für Bürgerliche geltenden Bestimmungen.

Der Weltklerus konnte von jeher auch letztwillig verfügen[46], allerdings nur über das sogenannte Patrimonialvermögen, in zumindest ursprünglichem Gegensatz zum Benefizialvermögen[47], über das im Laufe der Zeit unterschiedlich entweder gar nicht, dann nur *ad causas pias,* schließlich frei testiert werden durfte.[48] Die ersten dahingehenden Vorschriften finden sich im 4. Jahrhundert.[49] Die frühmittelalterlichen Testiervorschriften führten dazu, daß unter den germanischen Völkern zunächst nur der Klerus, nicht aber die Laien letztwillig verfügen durften[50], weil die Geistlichen sich nicht dem germanischen Recht, das eine Testierfähigkeit nicht kannte, unterworfen fühlten, sondern diese Freiheiten des römischen Rechts und des Kirchenrechts für sich in Anspruch nahmen.[51] Als dann nach und nach dem Volk, anfangs jedoch ebenfalls nur zu frommen Zwecken, zu testieren gestattet wurde, entwickelte sich die Gesetzgebung, Rechtsprechung und gerichtliche Erkenntnis in bezug auf Testamente zu einer fast ausschließlichen Angelegenheit des Kirchenrechts und der geistlichen Gerichte[52] bis zum Jahre 1803. Ebenso kam als Intestaterbe des Vermögens eines ohne letztwillige Verfügung verstorbenen Geistlichen der zuständige bischöfliche Fiskus zum Zuge.[53]

Die Testamentsvorschriften nach dem Bamberger Landrecht

In diese Rechtslage und das gesamte Nachlaßrecht, insbesondere bezüglich geistlicher Personen, wurde durch Säkularisationsbestimmungen, also jetzt Gesetze eines profanen Staates, tief eingegriffen und die geistliche Gesetzgebungskompetenz insgesamt maßgeblichen Einschränkungen unterworfen. Bereits am 6. Oktober 1802 wurde der Geistliche Rat als kirchenrechtliche Behörde aufgelöst[54] und dem Ordinariat die Gesetzgebung in weltlichen Angelegenheiten praktisch verboten. Dort wo sie weiter ausgeübt werden konnte, durften *keine Gesetze oder Verordnungen der Ordinariate ... ohne Unsere* (kurfürstliche) *Einsicht und Genehmigung publiziert werden und*

---

[46] Sägmüller, S. 790; Kaps, S. 33; Permaneder, S. 571.

[47] Vermögen nichtkirchlichen Ursprungs, z. B. aus Verträgen, Schenkungen, Erbschaften — Vermögen, das durch die geistliche Stellung erworben wurde.

[48] Kaps, S. 37; Stapf, S. 56 mit ausführlicher Darstellung der fortschreitenden Aufweichung dieses Verbotes bis zur Testierfreiheit; Permaneder, S. 570, 635, mit Hinweis auf die Entwicklung aller Testamentssachen als kirchliche (Gesetzgebungs-)Angelegenheiten; Sägmüller, a.a.O., jedoch mit der Einschränkung, daß diözesan unterschiedlich auch das Benefizialvermögen testamentarisch vererbt werden konnte, wenn wenigstens nur über einen Teil ein Vermächtnis zu mildtätigen Zwecken ausgesetzt wurde. Vgl. auch Stapf, S. 62 ff.

[49] Kaps, S. 26. Die Vorschrift der Synode von Antiochia über die Testierbefugnis der Bischöfe wurde erst ab einem Jh. später auch auf Priester und andere Kleriker ausgedehnt, weil diese wegen ihrer untergeordneten Stellung gar keinen Zugriff auf das Kirchenvermögen hatten und Mißbräuche damit ausgeschlossen waren.

[50] Permaneder, a.a.O.

[51] Schröder, S. 754.

[52] Permaneder, a.a.O.; nach Lehrbuch, S. 190/191, erkannte u. a. in Testamentssachen das Gericht in I. Instanz unter Vorsitz des Domdechanten, in II. Instanz ein Gericht beim bischöflichen Vikariat. Gegen dessen Sprüche war Berufung nach Rom möglich.

[53] Stapf, S. 62; Kaps, S. 35; Permaneder, S. 444. Davon zu unterscheiden ist jedoch das sog. Spolienrecht, ein Aneignungsrecht des Vermögens nach dem Tod eines Klerikers. Dieses wurde von Päpsten, Königen, Grundherren, Mitbrüdern untereinander, vorgesetzten Geistlichen gegenüber dem unterstellten Klerikat, aber auch von Untergebenen, z. B. dem Nachlaß ihrer Bischöfe gegenüber geltend gemacht. Nach Sägmüller, S. 791/792, wurde das Spolienrecht bis ins 16. Jh. ausgeübt, braucht hier also nicht weiter abgehandelt zu werden.

[54] Alt-Bbg., Jhg. 1906, S. 128.

die Ordinariate sind gehalten, nach erlangter landesfürstlicher Bestätigung im Eingange der Ausschreibungen solcher Verordnungen allezeit der landesfürstlichen Bestätigung Erwähnung zu thun. Dies bestimmte die *Höchst-landesherrliche Verordnung* vom 7. Mai 1804 (BRBl. S. 509 ff.)[55], die auch Veranlassung sah, wiederholt darauf hinzuweisen, daß *in Sterbefällen der Geistlichkeit* ausschließlich die weltliche Gerichtsbarkeit Erkenntnisse zu treffen habe.

Diese standen aber bisher nach dem Bamberger Landrecht (BLR) vom 9. November 1769 (§ 12 S. 56; §§ 1, 3, 4 S. 57—59) in Testamentssachen fast allgemein dem geistlichen Rat zu. Ihm waren alle Testamente zur Bestätigung einzusenden[56], jedoch mit Ausnahme der sogenannten gerichtlichen. Die Bestätigung diente mehr der formalrechtlichen Würdigung, die noch kein eigentliches Verlassenschaftsverfahren bildete, sondern nur über die Gültigkeit der Verfügung von Todes wegen befand (BLR § 6 S. 59). Daß der gesamte zweite Titel der Testamentsvorschriften des BLR (S. 57 ff.) dieser Bestätigung gilt, läßt deren Bedeutung erkennen. Zudem wurde bestraft, wer gegen die dazu bestimmte Einsendungspflicht verstieß. War der Zuwiderhandelnde selbst im Testament bedacht, ging er des Ausgesetzten verlustig; hatte ein Unbeteiligter das Testament in Verwahrung, wurde die Nichtablieferung mit einer Geldstrafe geahndet.[57]

Der weltliche Richter hatte nach § 7 BLR (S. 59/60) lediglich dann zu entscheiden, wenn Streitigkeiten *bey einen innerlichen Testaments-Fehler* oder *von deren innerlicher Gültigkeit und Beschaffenheit* (der Testamente) zu klären waren.

Überraschend ist die Vielzahl der damals im Hochstift Bamberg möglichen Testamentsformen.[58] Diese ergibt sich auch aus der Notwendigkeit heraus, dem Bildungsstand aller Bevölkerungsschichten angepaßt, jedem Untertan die Möglichkeit zur Errichtung seines letzten Willens einzuräumen. So kam es, daß bei fast jeder Testamentsart die Form eingeführt wurde, die auf einen des Schreibens unkundigen Testator zugeschnitten war. Nichts war naheliegender, als für die Abgabe einer (mündlichen) Erklärung des letzten Willens die Gegenwart von Zeugen vorzuschreiben. Die Errichtung eines Protokolls war nicht einmal immer wesentliches Erfordernis.[59]

---

[55] SCHEGLMANN, 3. Bd., 1. H., S. 67, erwähnt die erneute VO vom 20. 6. 1806, mit der das bischöfliche Ordinariat wiederum darauf hingewiesen wurde, daß alle seine Bekanntmachungen auf *höchste Genehmigung* beschränkt seien.

[56] VOPP Ziff. 7; STAPF, S. 207; SÄGMÜLLER, S. 659, bezeichnen die Testamentssachen als ausschließlich den Kirchengerichten übertragene Angelegenheiten, jedoch weist das BLR dem weltlichen Richter gewisse Rechtsakte zu.

[57] Diese betrug nach VOPP, a.a.O., 50 rh. Goldgulden, nach BLR § 3, S. 58, 40 fl. rh. Bei der unterschiedlichen Strafzumessung handelt es sich nicht um eine Herabsetzung, sondern die Angleichung an den Wertverlust des Goldguldens. 1 Gulden rheinisch (fl. rh.) = 60 Kreuzer (kr. oder xr.); 1 Gulden fränkisch (fl. fr.) = 1,25 fl. rh. Es ist sicher interessant, bei bestimmten Vorschriften mit dem heute geltenden Erbrecht Vergleiche anzustellen. So besteht nach wie vor eine Testamentsablieferungspflicht nach § 2359 BGB und eine Strafbarkeitsbestimmung im Falle der Zuwiderhandlung im Strafgesetzbuch, § 274 Nr. 1.

[58] Neben den Gesetzestexten, die sich im BLR S. 51 und der VOPP finden, wird noch auf die systematische Zusammenstellung der Testamente verwiesen, STAPF, S. 169 ff.

[59] STAPF, S. 190. In Gegenüberstellung zum heutigen Recht ist zu bemerken, daß es neben den in der Praxis weit untergeordneten Nottestamenten, §§ 2249—2252 BGB, die zum Teil ebenfalls in Anwesenheit von Zeugen erklärt werden können, zur Wirksamkeit jedoch immer protokolliert sein müssen und die beim Sterbefall nicht älter als drei Monate nach Beendigung der Notlage sein dürfen, nur noch zwei ordentliche Testamentsformen möglich sind: Das öffentliche Testament ist von einem Notar zu beurkunden, § 2232 BGB, das privatschriftliche ist vom Testator eigenhändig zu schreiben und zu unterschreiben, § 2247 BGB. Seit 1970 ist die Errichtung eines Testaments bei Gericht nicht mehr möglich.

Das Bamberger Landrecht kannte privilegierte und nichtprivilegierte Testamente.[60]

Für die Erstgenannten war es zur Rechtsgültigkeit nicht erforderlich, daß alle vorgeschriebenen Förmlichkeiten eingehalten wurden, oder es waren solche überhaupt nicht angeordnet. Die zum Teil nur für Ausnahmesituationen, sowohl durch die Verordnung des Bischofs Peter Philipp von Dernbach (1672—1683) vom 20. Juni 1681 (VOPP)[62] als auch durch das BLR[63] geschaffenen Testierformen müssen hier nicht aufgezählt werden. Erwähnt sei aus der VOPP nur das Testament *zu gefährlichen Pest-Zeiten (welche die Götliche Allmacht von uns Vätterlich abwenden wolle)*. Die gewährten Privilegien bestanden auch bezüglich der Zeugen. Ausnahmsweise konnten auch Frauen und Religiose zur Bestätigung der Pest-Testamente hinzugezogen werden. Nachdem in § 9 das BLR (S. 55) für das später noch eingehender zu besprechende Pfarrer-Testament vorschreibt, daß die Zeugen *ohnverwerfliche Leut, ... männlichen Geschlechts* sein müssen, und dabei durchaus von Bedeutung war, *was Stands und Geschlechts diese auch seyn mögen* (VOPP Ziffer 5), ist davon auszugehen, daß für alle anderen Testamente — und fast immer konnten oder mußten sogar Zeugen anwesend sein — weder Frauen noch Religiose brauchbares Zeugnis ablegen konnten.

Kaum anschaulicher hätte die bürgerlich-rechtliche Bedeutungslosigkeit der Religiosen exemplifiziert werden können; sie sind nicht nur unfähig, gewisse Rechte aktiv wahrzunehmen, sie sind auch ungeeignet, ihre Wahrnehmungen in das allgemeine Rechtsleben zur Dokumentation der Position anderer einfließen zu lassen, wohingegen Frauen trotz ihrer mangelnden Gleichberechtigung in diesem Zusammenhang wenigstens ohne weiteres letztwillig disponieren konnten.

Einleuchtend ist beim Pest-Testament die Verminderung der Anzahl der Zeugen wegen der drohenden Ansteckungsgefahr.[64]

Bei den nichtprivilegierten Testamenten, zu deren Rechtswirksamkeit alle vom Gesetz bestimmten Erfordernisse beachtet sein mußten, ist zu unterscheiden zwischen gerichtlichen und außergerichtlichen.

Für die gerichtlichen Testamente — BLR § 1 Nr. 2, 3 (S. 51) — bestimmt die Vorschrift, §§ 4, 5 (S. 52/53), daß diese entweder vor Gericht errichtet oder fertiggestellt diesem übergeben werden konnten. Die gerichtlichen, auch öffentlichen letztwilligen Verfügungen, die bei Gericht erklärt wurden, erforderten höchstpersönliche Willenserklärung dem zuständigen Gremium gegenüber. Dieses Gremium, bei dem statt eines Richters auch *Burgermeistere und Rath in Städten* und bei *unsere(n) ohnmittelbare(n)*

---

[60] Diese Unterscheidung trifft auch WEBER, S. 733 ff. bzw. 722 ff., während in der Besprechung der Testamente bei SPIES, S. 1 ff., und PFEILSCHIFTER nicht unterschieden und auf die Rechtslage bis zum Erlaß der jeweiligen ändernden staatlichen Verordnungen (kaum) mehr eingegangen wird.

[61] Die Einschränkung hinsichtlich der Gültigkeit etlicher Testamente nach der VOPP bei SPIES, S. 2, spricht nicht nur gegen die bei ihm erwähnte conträre Auffassung von WEBER, sie dürfte auch durch weiterführende nachlaßrechtliche Gesetzgebung der geistlichen Regierung widerlegt sein, die immer wieder auf die Testamentsformen der VOPP Bezug nimmt, z. B. die Instruktion für die Pfarrer v. 1. 7. 1785 (s. u.), ohne Ausnahmen zu erwähnen.

[62] Archiv des Erzbistums Bamberg (AEB) Rep. I/I, 1301 Nr. 4, hier einschlägig Ziff. 5, 6.

[63] BLR, Vorrede zum Ersten Anhang „Von Testamenten und anderen letzten Willen", S. 50, worin auch zum Ausdruck kommt, daß die Bestimmungen der VOPP durch das BLR insoweit aufgehoben werden, als sie diesem entgegenstehen, vgl. SPIES, S. 2.

[64] Das nach dem gemeinen Recht errichtete Pest-Testament ging in dieser Gefahrenvoraussicht noch weiter und erließ die Notwendigkeit der gleichzeitigen Anwesenheit aller Testamentszeugen, so WEBER, S. 735.

[65] STAPF, S. 171/172.

Fürstl. Gerichts-Stellen . . . bei einer solchen gerichtlichen Testaments-Errichtung jedesmalen Unser vorgesetzter Ober- oder Unter-Beamte dabey anwesend seyn solle, wurde durch königliches Reskript vom 12. November 1816[65] in seiner Besetzung — außer dem Richter und dem Schreiber — um die nach dem BLR nötigen *zwey Gerichts-Beysitzere oder Schöpfen* oder *zwey andere ehrliche Männer* reduziert.

Von dem über den erklärten letzten Willen verfaßten Protokoll war dem Testierer eine Abschrift auszuhändigen, die bei etwaigem Verlust das Original ersetzen konnte.

Die Hinterlegung eines bereits errichteten Testaments, das handgeschrieben, nur unterschrieben, für einen Schreibunkundigen auch von einem Dritten im Auftrag — mit oder ohne zwei weitere Zeugen — gefertigt sein konnte (BLR § 1 Nr. 3, S. 51), durfte auch von einem Dritten bei Gericht vorgenommen werden, worüber ebenfalls eine Niederschrift anzufertigen war.

Besonders zu erwähnen ist hier, daß es dem Erblasser freigestellt war, das geistliche oder aber auch das weltliche Gericht anzugehen; auch eine ausschließliche örtliche Zuständigkeit war nicht bestimmt. Der gewünschte Rechtsvorgang konnte sowohl im Gerichtsgebäude, der Richterwohnung als auch im Hause eines etwa erkrankten Testierwilligen erfolgen.[66]

So selbstverständlich der Richter auf die Vermeidung von Fehlern, Unklarheiten und Irrtümern hinzuweisen hatte, sowenig hatte er sich ungefragt in die eigentliche Willenserklärung einzumischen oder den Testator zu beeinflussen (BLR §§ 6, 7 S. 54/55).

Oben war bereits die Rede davon, daß die gerichtlichen Testamente wegen dieser Eigenschaft von der Bestätigung durch das bischöfliche Vikariat ausgenommen waren (BLR § 8, S. 60).

Ausdrücklich der Bestätigung bedurften aber nach dem BLR die nichtprivilegierten außergerichtlichen Testamente (§§ 3, 4 S. 58/59).

Darunter fiel ein Testament, das das Bamberger Landrecht aus dem gemeinen Recht übernahm[67], das Sieben-Zeugen-Testament (§ 1 Nr. 1, S. 51; § 3 S. 52; VOPP Ziffer 1). Die Erklärung des letzten Willens konnte den Zeugen gegenüber mündlich erklärt oder schriftlich zur Bezeugung (durch Unterschrift und Siegel) vorgelegt werden. Auch bei der schriftlichen Errichtungsart war eine Modifikation für Schreibunkundige vorgesehen.[68]

Eine nur im Hochstift Bamberg geltende besondere Testierform

Die zweite Variante der nichtprivilegierten außergerichtlichen Testamente war die im Fürstbistum Bamberg hauptsächlich gebräuchliche: Das vor dem Pfarrer und zwei Zeugen zu errichtende Testament, das schon die VOPP, Ziffer 1, als *dem uralten hiesigen Gebrauch nach* bezeichnete. Auch die später abzuhandelnden Testamente sind auf diese Art errichtet worden. Die gesetzlichen Bestimmungen hierzu enthält das BLR in § 1 Nr. 4, S. 51/52; §§ 8—12 S. 55—57; § 3 ff. S. 58 ff.

Der Ursprung der Gültigkeit geht auf Papst Alexander III. (1159—1181)[69] und eine entsprechende Aussage in liber eXtra, Kapitel 10, *de testibus*, zurück, die ihrerseits in der Heiligen Schrift (Deuteronomion 19,15; Matthäus 18,16)[70] wurzelt. Nach der No-

---

[66] Auch heute besteht bei der Errichtung eines Testaments keine örtliche Gebundenheit.
[67] S. o. FN 37.
[68] Einzelheiten zum 7-Zeugen-Testament bei STAPF, S. 174 ff., und WEBER, S. 722 ff.
[69] Papst Alexander III. betrieb seine starke Förderung des Kirchenrechts auch in Versuchen, das Papsttum vom deutschen Kaiser zu lösen, vgl. RÖSSLER, 1. Bd., S. 70.
[70] Über Einzelheiten der kirchenrechtlichen Bestimmungen — erwähnt im Zusammenhang mit der Testierfähigkeit Geistlicher — KAPS, Einleitung, S. 19—22; vgl. WEBER, S. 727, unrichtig *de*

tariatsordnung Kaiser Maximilians I. (1493—1519) auf dem Reichstag zu Köln 1512[71] entwickelt sich das Pfarrer-Testament zu einem Relikt im deutschen Reichsgebiet, das selbst in den katholischen Landesteilen außer Übung und Geltung kommt. Lediglich im Hochstift Bamberg, und da mit der im BLR (§ 12 S. 56) formulierten Einschränkung der Zugehörigkeit zum Bamberger Ordinariat, konnte auf diese Weise testiert werden, nicht also z. B. in den früher zum Bistum Würzburg gehörenden, im Hochstiftsgebiet gelegenen Pfarreien. Dieser Wirkungsausschluß wurde auch von Staats wegen durch Säkularisationsbestimmung ausdrücklich beibehalten.[73]

Einen zähen, ergiebigen Streit konnten die Juristen seinerzeit darüber führen, ob es möglich gewesen wäre, vor einem protestantischen Pfarrer innerhalb des Diözesangebiets oder als protestantischer Bamberger Untertan vor einem katholischen Pfarrer zu testieren.[74]

Außer dem biblischen Entstehungsgedanken, der päpstlichen Sanktionierung, der geschichtlichen Entwicklung über römisches und Kirchenrecht und dem Sonderstatus gegenüber kaiserlicher Gesetzgebung, kann der fortdauernde Usus dieser Testamentserrichtungsform durchaus mit sinnvoller Praktikabilität erklärt werden. Der Pfarrer hatte einen guten Teil seiner seelsorgerlichen Tätigkeit mit der Betreuung seiner Pfarrkinder an deren Kranken- und Sterbebetten zu absolvieren, in einer Situation, in der der darniederliegende Christ nicht nur mit seinem Gott, sondern auch seiner Welt ins reine kommen, also auch seine familiären und vermögensrechtlichen Belange geklärt wissen wollte — durch die Errichtung einer letztwilligen Verfügung. Dazu bot sich an, dem zur Seelentröstung anwesenden Pfarrer, der noch dazu mit dem Kranken verwandtschaftlich nicht verbunden war, eine juristische Mission zu erteilen. Alle oder doch die meisten der in dieser Lage dem Testierwilligen beistehenden Familienangehörigen schieden für diese Funktion aus, sei es aus persönlicher Anteilnahme oder aus rechtlichen Gründen, wenn sie zum Kreis der Erben gehören sollten und damit nicht einmal als Testamentszeugen zugelassen waren.[75] Hinzu kommt die wohl über dem Bevölkerungsdurchschnitt liegende Bildungsstufe des Pfarrers. Mit Sicherheit war er des Schreibens kundig, abgesehen davon, daß in ihrem Befinden viele seiner zu versehenden Pfarrkinder körperlich nicht mehr in der Verfassung zum Schreiben gewesen sein dürften.

Aber auch für den voll im Leben stehenden Menschen bestand Grund, vor dem Pfarrer zu testieren. Derartige Erklärungen mußten einer Person des Vertrauens anheimgegeben werden. Wem man intimste Geheimnisse durch die Verpflichtung zur Beichtverschwiegenheit anvertrauen konnte, dessen Diskretion durfte man auch angesichts des Wissens um seinen letzten Willen versichert sein.

Testamentis. Die genannten Bibelstellen lauten: *Es soll kein einzelner Zeuge ... auftreten ... sondern im Mund zweier oder dreier Zeugen soll die Sache bestehen.* und *... nimm noch einen oder zwei andere hinzu, damit durch die Aussage zweier oder dreier Zeugen alles festgestellt werde.*

[71] WEBER, a.a.O.

[73] VO v. 19. 1. 1809, BRBl. S. 133; mit Erklärung dieses Geltungsunterschiedes nach BLR: WEBER, S. 728/729.

[74] Zwar leuchtet hinsichtlich des evangelischen Pfarrers die ablehnende Meinung SPIES', S. 9 ff., mit einer Aufzählung aller dafür nicht in Frage kommenden Ortschaften bzw. Pfarreien, besonders wegen des Erfordernisses der Ordinariatszugehörigkeit ein, aber ein gegenteiliges Appelations-(Berufungs-)gerichtsurteil, an dem er dann auch kräftig Schelte übt, steht dieser Ansicht entgegen (es bestand auch tatsächlich eine Unterordnung der evangelischen Pfarreien). Und auch der zweite Fall der protestantischen Erblasserin dürfte damals überwiegend bejaht worden sein, so WEBER, S. 727.

[75] STAPF, S. 177, 180, sowohl zum Gedanken der verschiedenen Rollen des Pfarrers als auch zur erwähnten Zeugnisunfähigkeit.

Aber nachdem guter Wille allein nicht ausreichte und ein Testament weitreichende persönliche und familiäre, juristische und wirtschaftliche Folgen haben konnte, sah sich die *hochfürstlich-geistliche Regierung* gehalten, am 1. Juli 1785[76] *Ex Consilio Ecclesiastico* eine *Instruction Für die Pfarrer, Kapläne, Cooperatoren, und übrigen Seelsorger im Hochstifte Bamberg, nach der sie sich in vorkommenden Testaments-Sachen zu verhalten haben* herauszugeben.[77]

Hier sei erwähnt, daß unter dem Pfarrer, der das Testament entgegennehmen konnte, jeder Weltgeistliche zu verstehen war, der mit der Seelsorge in irgendeiner Form betraut war (BLR § 8 S. 55).

Art und Umfang der Tätigkeit, die der Pfarrer vorzunehmen hatte, bestimmte der Testiermodus des Erblassers.

Hatte der Geistliche ein bereits vom Erblasser eventuell nur unterschrieben oder einem Dritten in dessen Auftrag schriftlich verfestigtes Testament zu *solennisieren,* hatten er und die Zeugen mittels Unterschrift, gegebenenfalls auch Siegel, zu bestätigen, daß in der vorgelegten Schrift die letztwillige Verfügung enthalten sei.

Die mündlich vorgetragenen Anordnungen über die Regelung der Verlassenschaft hatte der Pfarrer, nachdem er sie bei Gegenwart der Zeugen vernommen hatte, jedoch nicht gegen drohende Unwirksamkeit, baldmöglichst niederzuschreiben.[78]

Oblag die Verwahrung des Testaments dem Pfarrer, hatte dieser einen Eintrag in das zu führende Register zu fertigen und dem Testierer eine Art Hinterlegungsschein zu erteilen, oder die Urkunde war ihm auszuhändigen (BLR § 11 S. 56).[79]

Im übrigen war der Pfarrer denselben Verpflichtungen, aber auch Einschränkungen hinsichtlich der Anleitung und Beeinflussung des Erblassers unterworfen wie der Richter (BLR § 10 S. 56).

Ansonsten hatte die Testamentserrichtung unter gleichzeitiger Anwesenheit von Testator, Pfarrer und beiden Zeugen zu geschehen.

Daß die Zeugen Männer sein mußten, ist bereits gesagt worden; sie mußten zur Testamentserrichtung *besonders ersucht werden.* Eine darauf gerichtete Willenserklärung vor dem zufällig anwesenden Personenkreis hätte keine wirksame Testamentserrichtung bedeuten können.[80]

---

[76] WEBER, S. 732 u. a. datiert unrichtig: „1786".
[77] AEB, Rep. I/I, 1301 Nr. 4. Darin enthalten sind nicht nur die förmlichen Anweisungen, die der Titel erwarten läßt, sondern neben der Anordnung, die bestehenden Einsendungs- und Bestätigungsbestimmungen auch bei Testamenten über geringe Nachlässe zu befolgen, Vorschriften über die vom Pfarrer zu erhebenden Gebühren — z. B. 1 fl. 36 kr. fr. für die Testamentserrichtung — und über die Führung eines Testamentsregisters auch materiellrechtliche Nachlaßvorschriften über die bereits damals möglichen Haftungsbeschränkungen des Erben. Dazu gehörte auch die Errichtung eines Inventars (*cum beneficio legis et inventarii* die Erbschaft annehmen), die auch dem heutigen Erbrecht noch geläufig ist, §§ 1993 ff. BGB. Außerdem bestand die Möglichkeit bei Existenz von Nachlaßgläubigern, sich ein Jahr lang zu überlegen *(beneficium jus deliberandi),* ob die Erbschaft angenommen werden könne oder wolle, STAPF, S. 216—218, etwa vergleichbar mit der heute geltenden 6wöchigen Ausschlagungsfrist, § 1944 BGB.
[78] Hier sieht STAPF, S. 190/191, die o. im Text vor FN 59 schon angedeutete Möglichkeit einer mündlichen Verfügung von Todes wegen, die auch ohne Protokollierung rechtlichen Bestand und Wirksamkeit haben konnte.
[79] Einzelheiten in allem Umfang bei STAPF, S. 176 ff., der bis zur Reihenfolge der Vermächtnisse und Anbringung des Siegels rät, im übrigen Formulierungshinweise erteilt — *Bey der Erbeinsetzung brauche man das Wort Erbe . . . Es wäre fehlerhaft, wenn man sich bey der Erbeinsetzung des Ausdruckes: Vermachen bedienen wollte* —, die bei Beachtung noch heute fast alle Testamentsauslegungen und -streitigkeiten verhindern würden.
[80] So Beispiele bei STAPF, S. 179.

Als Zeugen war eine Reihe von Personen sowohl aus natürlichen (Minderjährigkeit, geistige und körperliche Beeinträchtigung u. a.) als auch juristischen Gründen (des Zeugnisses für unfähig Erklärte, Erben, Frauen) unbrauchbar, also mit Ausnahmen wiederum solche Personen, die selbst nicht testieren konnten.[81]

Bestimmungen für die Testamente Weltgeistlicher

Es wurde bereits erwähnt, daß der Weltklerus nicht diesen Beschränkungen unterworfen war. Im Gegenteil, für das Bistum Bamberg datiert die älteste Kapitulation über die Testierfähigkeit der Geistlichen vom Jahre 1400[82], die letztmals vor der Säkularisation durch die VOPP bestätigt und ergänzt wurde. Zudem enthält die VOPP in Ziffer 2—4 Testamentserrichtungsvarianten und -kompetenzen, die nur von und nur für Geistliche Anwendung fanden. Zusammen mit den Testamentsformen des BLR, dessen Gültigkeit auch für Geistliche in der Einleitung zu den Testamentssachen, S. 50 sowie in § 5, S. 53 und § 8, S. 60, ausdrücklich bestimmt wurde, hatte der Weltpriester sieben Möglichkeiten, ein Testament zu errichten.[83] Wurde von diesem Recht in irgendeiner Form Gebrauch gemacht, so war dafür eine Taxe von 12 fl. fr. an den Bischof bzw. den geistlichen Rat zu zahlen.[84]

Säkularisationsbestimmungen zum Erb- und Testamentsrecht

Als 1803 die Regierung des Hochstifts Bamberg von Kurpfalzbayern abgelöst wurde, ist das Testamentserrichtungsrecht keinem Geistlichen beschnitten, sondern vielmehr bestätigt worden. Es wurde vom weltlichen (!) Regenten der Geistlichkeit die *volle Freiheit verliehen, über ihr gesamtes Vermögen zu disponieren*.[85] Dieses Schreiben des Kurfürstlichen Fränkischen General-Landeskommissariats vom 15. Oktober 1803[86] betonte aber auch gleichzeitig, daß es sich dabei lediglich um einen weltlichen Gegenstand handelt, also keine Zuständigkeit eines geistlichen Gerichts mehr gegeben und eine bischöfliche (!) Bestätigung nicht mehr erforderlich ist.

Während noch kurze Zeit die Bestätigung von der kurfürstlichen Landesdirektion zu erteilen war[87], wurde sie mit mehreren Verordnungen sowohl für die Geistlichkeit als auch für die Laien abgeschafft. Die Geistlichen betreffen die Bestimmungen vom

---

[81] Die einzelnen Schilderungen der Testier- bzw. Zeugnisunfähigkeit finden sich bei STAPF, S. 21 ff. bzw. S. 178—180. Wer nach heutigem Recht testierfähig ist, bestimmt § 2229 BGB.

[82] KAPS, S. 64 (mit einem Hinweis auf WEBER, Darstellung des BLR, Bbg. 1807, die nicht zur Verfügung stand, aber praktisch überarbeitete Grundlage zu der hier angeführten WEBERschen Darstellung der sämmtlichen Provinzial- und Statutarrechte bildete, WEBER, 1. Teil, S. I—IV; XXXI.) WEBER, S. 739, Anm. a) mit Abdruck eines Auszugs.

[83] Vgl. STAPF, S. 178; WEBER, S. 744/745. Diese Vorrechte gegenüber den Bürgern bestanden bis zum sog. Religionsedikt (v. 26. 5. 1818, BRBl. S. 150 ff., hier §§ 63, 64 hinsichtlich der Aufhebung), konnten aber von den in den Weltpriesterstand übergetretenen Exreligiosen nicht in Anspruch genommen werden.

[84] WEBER, S. 739. Daß allgemein eine Gebühr von Geistlichen, die ein Testament verfaßten, zu entrichten war, vgl. PERMANEDER, S. 573; SÄGMÜLLER, S. 791; KAPS, S. 52.

[85] STAPF verweist auf die VO v. 25. 2. 1807, BRBl. S. 442, meint jedoch 9. 3. 1807.

[86] AEB, Rep. I/I, 1301, Nr. 3.

[87] Schreiben dieser Behörde vom 3. 6. 1803, AEB, a.a.O.

13. November 1803 und 5. Dezember 1803; im allgemeinen gilt die Bekanntmachung vom 21. November 1803.[88]

Das Schreiben vom 15. Oktober 1803 und die Verordnung vom 13. November 1803 deuten schon an, was mit den Gesetzen vom 18. November 1803, vom 7. Mai 1804 und schließlich vom 26. Mai 1818[89], dem *Edict über die äußeren Rechts-Verhältnisse der Einwohner des Königreichs Bayern, in Beziehung auf Religion und kirchliche Gesellschaften* endgültig bestimmt wurde: Die Nachlaßangelegenheiten Geistlicher sind allein der Rechtsprechung der ordentlichen, also staatlichen Gerichte vorbehalten. Daran hat sich bis heute nichts mehr geändert[90], mit u. a. der Folge, daß nun auch kirchenrechtlich einhellig die Ansicht vertreten wird, daß Personen, die diesem Recht unterworfen sind, nach staatlichen Gesetzen zu testieren haben.[91]

Lediglich hinsichtlich der Sakralgerätschaften von Priestern waren Ausnahmen, wenn man so will, noch Privilegien verfügt: Bei der Obsignatur (Versiegelung) des Nachlasses eines Geistlichen waren die Gegenstände auszunehmen und dem Nachfolger im Amt oder einem Vertreter des geistlichen Gerichts auszuhändigen, die zum Vollzug *der geistlichen Verrichtungen* erforderlich sind.[92]

Unangetastet blieb aber das Bamberger Landrecht[93], wobei hinsichtlich der Vorschriften für die Errichtung von Testamenten mehrmals bestätigt wurde, daß insbesondere die Möglichkeit der Errichtung von Pfarrer-Testamenten weiterbesteht.[94] Diese Regelung galt noch für das gesamte Jahrhundert bis zur Einführung des bürgerlichen Gesetzbuchs (BGB) am 1. Januar 1900.[95]

Sondervorschriften die Ordensleute betreffend

Von entscheidendem Einfluß auf die Rechtslage der Nachlaß-Vorschriften, verbunden mit einer völligen Außerachtlassung, Übergehung und Außerkraftsetzung der entsprechenden kirchenrechtlichen Bestimmungen aber war die *Höchst-Landesherrliche Verordnung: Die Eigenthums- und Erbfähigkeit der Religiosen betreffend* vom 17. November 1803 (BRBl. S. 997 ff.). Mit ihr wurden alle *bestehende*(n) *Verordnungen gegen die Eigenthums- und Erbfähigkeit der Klosterleute und Regular-Personen . . . für aufgehoben* erklärt, so daß alle Religiosen, auch die, die nicht in den Weltpriesterstand übertraten, *von der Zeit der wirklich erfolgten Auflösung der respektiven Klostergemeinden, oder des mit Unserer landesfürstlichen Bewilligung erfolgten Austrittes . . . über ihr gleich anfangs von Uns als solches anerkanntes Privatgut (deposita, peculien*

---

[88] 13. 11. 1803: BRBl. S. 955; 5. 12. 1803: RBl. f. d. Kurbaierischen Fürstenthümer in Franken; 21. 11. 1803: dto. S. 320. Stapf wendet die VO v. 5. 12. 1803 allgemein an, weil bestimmt ist, daß *niemand* zur Einsendung angehalten sein soll; der betreffende Personenkreis wird eingangs jedoch festgestellt: *die . . . letzten Willens-Verordnungen geistlicher Personen . . .*

[89] 18. 11. 1803: BRBl. S. 956 ff.; 7. 5. 1804: BRBl. S. 509 ff.; 26. 5. 1818: BRBl. S. 149 ff.

[90] Die Anerkennung der Festschreibung war schon im Konkordat zwischen dem Hl. Stuhl und dem Königreich Bayern von 1817, Art. 12 c, erfolgt.

[91] Sägmüller, S. 791; Kaps, S. 134; Kanon 1301 § 1, Jone 2. Bd., S. 452.

[92] So die VO d. Kurfürstl. Fränk. General-Landeskomm. v. 23. 8. 1803, Döllinger, 8. Bd., 1. T., S. 151, wieder mit Zuständigkeitsbestimmung der ordentlichen Gerichtsbarkeit (Kurfürstl. Hofgerichte) sowie VO v. 18. 11. 1803, BRBl. S. 956 ff.

[93] Weber, 1. Teil, S. XX/XXI.

[94] So Schreiben vom 3. 6. 1803, VO vom 21. 11. 1803, bereits erwähnt.

[95] Roth, 3. Bd., S. 69, Anm. 15, S. 70, Anm. 22 und dazu auch Pfeilschifter, S. 157/158, der gegen Roth die Auffassung vertritt, daß es sich um ein Privattestament handelt, das auch nach dem Notariatsgesetz von 1861 weitererrichtet werden kann.

u. s. w.) oder über ihr in der Folge außer dem Kloster gesetzmäßig erworbenes Vermögen . . . unter Lebenden und von Todes wegen verfügen, also auch Testamente errichten oder ohne solche vererben konnten.

Ausgenommen von dieser Testierbefugnis waren nach Ziffer 8 der Verordnung nur die *Individuen,* die weiter in Klöstern oder Zentralkonventen zusammenlebten. Ausdrücklich für anwendbar erklärt wird dieses Gesetz für die Nonnen, wobei in Ziffer 6 sogar erneut auf die Bedingung zur bischöflichen Zustimmung zur Auflösung der Frauenklöster gemäß § 42 RDHS hingewiesen wird.

Für das Fürstentum Bamberg sah sich die — inzwischen königliche — Administration genötigt, unter dem 9. März 1807 (BRBl. S. 442 ff.) eine diese gesamten Rechtsänderungen zusammenfassende Bestimmung zu erlassen, worin die Eigentums- und Testierfähigkeit aller Weltgeistlichen und Exkonventualen ausnahmslos über das Patrimonial- und das Benefizialvermögen festgestellt und die Bestätigung des geistlichen Gerichts über die letztwilligen Verfügungen (der Geistlichen) für aufgehoben erklärt wird.[96]

Über die darin erwähnten Verordnungen hinaus wird auch das bisherige *mit dem reinen Hirtenamte unverträgliche fiskalische Successions-Recht der Bischöfe in den Verlassenschaftssachen der ohne Testament verstorbenen Geistlichen* geändert in die Intestaterbfolge nach verwandtschaftlichen Beziehungen bzw. letztlich des Staatsfiskus.[97]

Obwohl die Ziffer 4 der Verordnung vom 17. November 1803 keine Zweifel daran läßt, daß den Religiosen nicht der geringste Anspruch am Vermögen, den Forderungen und Rechten ihrer ehemaligen Klöster zusteht, also z. B. den Nonnen nicht einmal an der von ihnen selbst — unter völlig anderen rechtlichen Voraussetzungen — eingebrachten Mitgift[98], konnte die eine oder andere Summe aus der zustehenden Pension[99] erübrigt oder sonstige Habe hinterlassen werden.

Dispensation von den Gelübden und kirchenrechtliche Testiererlaubnis

Nun waren allerdings den trotz vollzogener Säkularisation und aufgelöster Klöster sich nach wie vor an ihre Gelübde gebunden fühlenden Religiosen die Bestimmungen des neuen Landesherrn allein nicht ausreichend Rechts- und schon gar nicht Gewissensgrundlage, diese jüngst zugesprochene Eigentums- und Testierfähigkeit nur ex jure civili zu gebrauchen. Die Bindung an die klösterlichen Versprechen, die aus religiöser Überzeugung abgelegt worden waren, konnte nicht von jener — weltlichen — Seite ge-

---

[96] Auch die noch zu besprechenden Testamente vor dem 9. 3. 1807 verstorbener Erblasser sind weder vom geistlichen Gericht bestätigt noch eröffnet, noch sonst darüber erkannt worden. Auf die Einhaltung der bereits vorher ergangenen allgemeinen Vorschriften und der damit begründeten Kompetenzen haben die staatlichen Behörden offensichtlich größten Wert gelegt. Zur veränderten Rechtslage auch PERMANEDER, S. 574.

[97] Auch nach heute geltendem Recht ist letztlich gesetzlicher Erbe der Fiskus (des Freistaats Bayern), § 1964 BGB.

[98] StAB, Rep. K 202, Nr. 824, enthält die abschlägige Antwort auf die Bitte der ehemaligen Laienschwester Thekla Klietsch von St. Klara, ihr die Summe von 300 fl. fr. zu überlassen, die sie aus ihrem Erbteil als Mitgift eingebracht hat und die vom Kloster an ihre Schwester gegen Zinszahlung verliehen wurde. Hins. des Klosters z. Hl. Grab: § 9 des Vortrags des Säkularisations-Referenten Stenglein an die kurfürstl. Landesdir., worin er sich dagegen ausspricht, *den entlassenen Frauen die Herausgabe ihres Eingebrachten zu bewilligen.*

[99] Über die Pensionen § 51 ff. RDHS; DÖLLINGER 1. Teil, S. 798 ff.; wegen der jeweiligen Höhen VO v. 12. 6. 1804, DÖLLINGER, a.a.O., S. 801.

löst werden, von der man sich bereits zurückgezogen hatte und in deren Bereiche man nur durch äußeren Zwang zurückgeworfen wurde.

Erforderlich war mithin eine Lösung von den Gelübden, und zwar von seiten der Kirche, weil sie über das Gott versprochene Gelübde als dessen Repräsentantin zu befinden hatte. Natürlich war diese Dispens sowohl moralisches Verlangen als auch kirchenrechtliche Vorschrift.

Zwar ist die zur Testamentserrichtung erforderliche Befreiung vom votum paupertatis den Religiosen zunächst nicht so allgemein erteilt worden, wie ihnen die neuen Staatsgesetze diese Befugnisse zusprachen, jedoch war man sehr geneigt, auf Nachsuchen einzelner Professen Dispensation vom Armutsgelübde und Testierindulte zu erteilen.[100] Schließlich mußte man den neuen Verhältnissen zwangsläufig Rechnung tragen, auch um die Schicksale der Betroffenen zu erleichtern. Die vom Papst ausgesprochene oder wenigstens (auch stillschweigend) geduldete Säkularisation war eines der wenigen Ereignisse, die den Austritt aus dem Orden nach abgelegter Profeß zur Folge hatten.[101] Der Säkularisierte war zwar kein Mitglied der Ordensgemeinschaft mehr, aber das damals geltende Kirchenrecht verband damit nicht ohne weiteres die Dispensation von den Gelübden.[102] Die Befreiung von den klösterlichen Pflichten konnten weder die Ordensoberen noch die Bischöfe gewähren. Dem Papst allein war die Dispensationsgewalt von den vota solemnia auch dann vorbehalten, wenn ansonsten den Bischöfen die Jurisdiktion über die Frauenklöster übertragen war.[103]

Daß sich die von der Säkularisation betroffenen Religiosen der gesamten Rechtslage bewußt waren, darf zumindest bei vielen bezweifelt werden. Schließlich brachen die sich überstürzenden Ereignisse entgegen aller bis zuletzt währender Hoffnungen mit einer von den Betroffenen nicht im Äußersten befürchteten Vehemenz über sie und ihr bis dahin in geregelten Bahnen und einer ganz anderen Welt verlaufendes Klosterleben herein, so daß zu einer Besinnung in dieser Richtung gar keine Zeit blieb, da existenzielle Probleme vordringlich gelöst werden mußten. Aber auch der kirchlichen Administration war es nicht möglich, sofort der geänderten Lage in jeder Beziehung Rechnung zu tragen. Der Hl. Stuhl, dem häufig auch andere rechtliche Entscheidungen vorbehalten waren, konnte meist nicht direkt angegangen werden, er war weit entfernt und dazu von der geänderten Situation nicht im eigenen Staatswesen direkt beeinträchtigt.

So konnte erstmals in einem Beschluß vom 24. April 1823 das Erzbischöfliche Ordinariat Bamberg den Dekanaten der Diözese zur Unterrichtung des entsprechenden Personenkreises mitteilen, daß Papst Leo XII. (1823—1829) den Erzbischof generell (!) bevollmächtigt habe, alle *Religiosen der aufgehobenen Klöster beiderlei Geschlechts, die in Hinsicht auf ihr noch nicht aufgelöstes Gelübde der Armut weder Vermögen erwerben noch testieren können, von der Verbindlichkeit dieses Ordensgelübdes ... zu dispensieren.*[104] Nach der Audienz vom 17. März 1826 sandte Kardinal Pacca, der Sekretär der

---

[100] STAPF, S. 54.
[101] PERMANEDER 1. Bd., S. 380, SÄGMÜLLER, S. 747, KAPS, S. 108.
[102] JONE, S. 565, Anm. zu Kanon 640 § 2.
[103] Kanon 638, JONE S. 562, 563; KAPS, S. 88 ff.; SÄGMÜLLER S., 637/638, 746/747: *Ohne päpstliches Indult kann ... (der Religiose) kein Vermögen besitzen, über Erworbenes nicht testieren, kein Säkularbenefiz erhalten,* unter Berufung auf Papst Gregor XIII. (1572—1585), dazu auch KAPS, S. 107, FN 426. Lange nach der Säkularisation erneut bestätigt durch S.C.Ep. et Reg. (Hl. Kongregation für die Bischöfe und Regularen) v. 4. 1. 1862. Bezüglich der bischöflichen Jurisdiktion über die Frauenklöster SÄGMÜLLER, S. 752.
[104] AEB, Rep. II/143, Nr. 4. Die Erhebung zum Erzbistum erfolgte durch das Konkordat von 1817, Art. 2. Der erste Erzbischof war Joseph von Stubenberg (1818 bzw. 1821—1824), nachdem seit 1808 Sedisvakanz bestand.

Hl. Kongregation der Bischöfe und Regularen, erneut ein apostolisches Schreiben in diesem Sinne nach Bamberg, in dem den Ordensleuten *bis zur Wiederherstellung der Klöster erlaubt wird, Erbschaften und Legate anzunehmen und solche zu verfügen,* jedoch unter Beachtung der kanonischen Regeln.[105]

Bischöfliche Mitteilungen bei Auflösungen und Austritten

Die vorher, meist bei Auflösung der jeweiligen Klöster an ihre Mitglieder gegebenen Weisungen waren demgegenüber wesentlich unbestimmter, insbesondere hinsichtlich des Armutsgelübdes.[106] Während der letzte Bamberger Fürstbischof Christoph Franz von Buseck (1795—1805) auf seine Anfrage vom 8. Januar 1803 noch dahin unterrichtet wurde und unterrichtete, der Papst würde wegen der Möglichkeiten *zu erwerben und zu disponieren* den Gesuchen einzelner entgegensehen, wurde nach der Audienz des apostolischen Sekretärs bei seiner Heiligkeit am 5. August 1803 bereits abgeschwächt und allgemein formuliert, daß bei allen Entbindungen und Erleichterungen von den Ordensregeln das Wesen des Armutsgelübdes, den Umständen angemessen, beibehalten werden möge.[107] Auf die Nonnen wurde in dieser apostolischen Mitteilung speziell eingegangen. Darauf basierten dann die Anweisungen des bischöflichen Vikariats, die den Klosterfrauen bei Austritt aus den Klöstern bzw. bei deren Aufhebung zugegangen sind.

Daß entsprechende Mitteilungen an die später als Testatoren zu nennenden Mönche nicht aufgefunden werden konnten, wird wohl damit erklärbar, daß ihre Klöster ohne weiteres aufgelöst werden durften und die zuständigen staatlichen Stellen auch unverzüglich ans Werk gingen, während wegen der nach § 42 RDHS erforderlichen Einwilligung des Diözesanbischofs bei dessen Administration ein bürokratischer Vorgang geschaffen werden mußte, der archiviert wurde.

Einzelheiten zur Auflösung der Frauenklöster

Hinsichtlich der Auflösung der Klöster der nachmaligen Erblasserinnen ist auf folgende Einzelheiten einzugehen: Durch den Vikariats-Beschluß vom 30. Juli 1803 wird den Insassinnen des aufgelösten Klosters St. Klara in Bamberg erlaubt, das Kloster zu verlassen, das Ordenskleid abzulegen und weltliche Kleidung zu tragen. Betont wird, daß das Nutzungsrecht der ausgesetzten Pension ohne Verstoß gegen das Armutsgelübde in Anspruch genommen werden kann.[108] Die Dispensierung war nötig, weil die Klarissen strenge Armut gelobt hatten und es nicht allgemein, sondern nur einzelnen Zweigen erlaubt war, in Gemeinschaft Einkünfte zu haben.[109]

Das Kloster wird von den Nonnen dann am 13. August 1803, dem Tag nach dem letzten Ordensfest verlassen.[110] Vorher wurde dem Vikariat von der kurfürstlichen Landesdirektion mitgeteilt, daß sämtliche Klosterfrauen von St. Klara gegenüber der

---

[105] AEB, a.a.O.
[106] Das Keuschheitsgelübde wird immer ausdrücklich als weiterbestehend bezeichnet, und das Gehorsamsgelübde war, der geänderten Situation angepaßt, dem Bischof gegenüber zu beachten.
[107] AEB a.a.O.
[108] AEB, Rep. I/II, 176.
[109] Helyot, 7. Bd., S. 211 ff., S. 225; zu dem Zweig, der nicht einmal Gemeinschaftseinkünfte haben durfte, den sogen. Urbanistinnen, S. 229, gehörten die Bamberger Nonnen von St. Klara jedoch nicht.
[110] Alt-Bbg., Jhg. 1900, S. 201; 1901, S. 182; 1906, S. 163.

zuständigen Kommission am 27. April 1803 die Auflösung des Klosters „gewünscht" hätten. Nach der Vikariatssitzung vom 16. Juli 1803 ergeht am 20. Juli 1803 eine *Hochfürstliche Entschließung,* in der der Fürstbischof zwar rügt, nicht direkt von der kurfürstlichen Landesdirektion um seine Zustimmung angegangen worden zu sein, teilt aber mit: *Doch seze ich mich über diese Förmlichkeit für diesmal hinweg* und erteilt die unausweichliche bischöfliche Einwilligung zur Auflösung des Klosters. Zwar sah der Bischof nicht wie die Landesdirektion im *Genius des Zeitalters* die Grundlage zur Auflösung des Klosters St. Klara, willigte aber dennoch ein, angesichts der Tatsache, *daß die Nonnen einstimmig ihre Auflösung sollen verlangt haben, weil dadurch der Endzweck des Instituts bei der dermaligen Stimmung der Individuen nicht mehr erreicht werden* wird.[111]

Weniger rasch verlief die Auflösung des Klosters der Dominikanerinnen zum Hl. Grab, da die Nonnen erst innerhalb von drei Jahren austraten. Zwar mußten sofort zwei Novizinnen den Schleier ablegen[112], doch bestand die erste Gruppe der Austretenden aus nur fünf Ordensfrauen, da der Bischof sich mit Schreiben vom 6. Juli 1803 der von der kurfürstlichen Landesdirektion am 17. März 1803 geforderten Auflösung des Klosters widersetzte. Diesen fünf Nonnen wurde vom Vikariat am 29. August 1803 die Austrittserlaubnis erteilt, mit Dekret vom 24. März 1806 stimmte dann das Vikariat unter Bischof Georg Karl von Fechenbach (1805—1808, Koadjutor bereits seit 1800) der vollständigen Dissolution von Hl. Grab zu. Beide Male wurde auf die Unbeschadetheit des Armutsgelübdes durch den Gebrauch der ausgesetzten Staatspensionen hingewiesen.[113]

Obwohl auch die Dominikanerinnen in großer Armut lebten[114], genossen die Klosterfrauen vom Hl. Grab ein nicht ganz unumstrittenes Privatvermögen, das Peculium, da eine dahingehende Reform im Jahre 1429 in Bamberg nie vollzogen wurde. Das Peculium, z. B. Zinsen vorbehaltener Kapitalien, der Genuß — heute Nießbrauch — von Schenkungen an Grund und Boden, wurde von den Säkularisationsgesetzen ausdrücklich anerkannt und als vererbbar bezeichnet.[115]

Auslegung der Berechtigung zum Gebrauch der Pensionen

In dieser persönlich, geistlich, materiell, rechtlich und kanonisch schwierigen Situation muß den Testatorinnen, denen das absolute päpstliche Testierungsindult (noch) nicht bekannt war, die Erlaubnis, über ihre Staatspensionen disponieren zu dürfen, aus-

---

[111] AEB a.a.O.
[112] GRANDINGER, S. 214.
[113] AEB, Rep. I/II, 182; GRANDINGER, S. 223, 229. Bei dem Datum 24. 3. 1803 in Alt-Bbg., Jhg. 1906, S. 155/156 muß es sich um einen Druckfehler handeln. Das hier wörtlich zitierte Dekret ist gleichlautend mit dem im AEB genannten vom 24. 3. 1806. Nach Ziff. 8 d. VO v. 17. 11. 1803 konnten weiter im Kloster verbleibende Nonnen solange nicht testieren. Vor der endgültigen Auflösung waren mehrere Gruppen ausgetreten.
[114] HELYOT, 3. Bd., S. 289.
[115] VO v. 17. 11. 1803, Ziff. 2. Über die Peculien in Hl. Grab, GRANDINGER, S. 186, 314, 460 ff. — auch mit Erwähnung der offensichtlich zum Teil nicht unbeträchtlichen Depositen, die ebenfalls in der gen. Vorschrift als Privatvermögen anerkannt wurden. Das Peculium wurde im 18. Jh. nach GRANDINGER vielfach zum Erwerb feinerer Lebensmittel, Naschereien etc., verwendet, Überschüsse flossen in das Depositen-Vermögen. Heute vielleicht als Taschengeld qualifizierbar.
Zum kirchenrechtlichen Aspekt der Peculien, die zwar meist hinsichtlich der Armutsgelübde wenigstens als unerwünscht bezeichnet, andererseits aber zumindest als Gewohnheitsrecht anerkannt wurden, KAPS, S. 79; SÄGMÜLLER, S. 741; Kanon 594 § 2, JONE, S. 524.

reichende Beruhigung des Gewissens gewesen sein, darüber auch letztwillig verfügen zu können. Nicht nur, daß kaum anderes Vermögen angefallen sein dürfte — sowohl die staatliche wie die kirchenrechtliche Gesetzgebung lassen die Testamentserrichtung nur über Vermögen zu, das nach der zugestandenen Testierfähigkeit erworben wurde —, auch die meist aus den Klöstern mitgebrachte bewegliche Habe, die anderweitig als nicht verwertbar übrigblieb, war durchweg von geringem Wert. Auffälligerweise wird auch in keiner der vor 1825 errichteten letztwilligen Verfügung eine Testiererlaubnis durch den Hl. Stuhl erwähnt, wohingegen dem Landesherrn für seine diesbezügliche Gesetzgebung Dank ausgesprochen wird. Zwar ist die Erwähnung des päpstlichen Indults im Testament weder staats- noch kirchenrechtlich erforderlich[116], genauso überflüssig aber war die Erwähnung der Rechtsverleihung durch den weltlichen Regenten, die aber dennoch häufig den Religiosentestamenten vorangestellt ist. Daraus darf wohl geschlossen werden, daß der Papst vor den erwähnten Zeitpunkten dem Bischof von Bamberg keine Dispensationsgewalt für die diesem unterstellten Exreligiosen übertragen hat, die Betroffenen aber die bischöfliche Rechtsverleihung zur Testamentserrichtung als ausreichend betrachteten.

Die einzelnen Testamente

a) Nonnen des Dominikanerinnenklosters zum Hl. Grab

Der Beschreibung der einzelnen Testamente sei noch eine kurze Erwähnung des Verfahrens über den geringen Nachlaß der am 17. Juni 1806 verstorbenen ehemaligen Hl. Grab-Klosterfrau Rosa Lurz vorangestellt.[117] Die Verstorbene hinterließ nicht nur kein Testament, sie war auch testierunfähig, wird sie doch schon im Visitationsprotokoll vom 2. April 1802 als *seid längeren Jahren verblödete 69jährige Schwester* bezeichnet und im Vikariatsbeschluß vom 19. August 1805 ihre Unfähigkeit festgestellt, über ihre Pension zu disponieren.[118] Die Erblasserin war daher auch auf die Unterstützung ihrer Mitschwester Katharina Traut angewiesen, mit der sie im Steinweg zusammenlebte, wo sie auch verstarb. Im Zuge des eingetretenen Intestaterbfolge-Verfahrens mußten die Erben öffentlich aufgefordert werden, sich beim Verlassenschaftsgericht zu melden.[119]

Diese Maßnahme war nicht erforderlich im Nachlaßverfahren der früheren Nonne des Hl. Grab-Klosters Ludovika Marx. Sie wurde am 6. Juli 1727 in Bamberg geboren. Die Eltern waren der Bughofer Wirt Johann Konrad Marx und dessen Ehefrau Anna Dorothea, geb. Popp.[120] Die bürgerlich Anna Maria Benannte trat mit 22 Jahren in das Kloster ein und scheint später eine allseits respektierte „Seniorin" und „Jubilarin"

---

[116] Kaps, S. 89.
[117] StAB, Rep. K 100/2, Nr. 6445.
[118] Nach Grandinger, S. 172 ff., handelte es sich dabei um die einzige Visitation durch den Fürstbischof seit Bestehen des Klosters.
Zur Testierunfähigkeit wegen Geistesgebrechen vgl. Stapf, S. 20—25. AEB, I/II, 182.
[119] Bamberger Intelligenzblatt 1806, Nr. 49, S. 333; Nr. 50, S. 341; Bamberger Zeitung vom 28. 6., 3. und 7. 7. 1806.
[120] AEB, Geburtmatrikel Ob.Pfarre, S. 126. Nachdem L. Marx im Visitationsprotokoll 1802 als 77 Jahre alt beschrieben wird, AEB, Rep. I/II, 179, Nr. 3, wäre das Geburtsdatum der Tochter Susanne derselben Eltern, die insgesamt 15 Kinder hatten, am 18. 4. 1724, Geburtmatrikel Ob. Pfarre, S. 45, naheliegender. Bei Susanne ist jedoch in der Röttinger-Kartei, Stadtarchiv Bamberg (StdAB), ein Heiratsvermerk 12. 9. 1752 beigeschrieben.

gewesen zu sein.[121] Sie fungierte ehedem als Novizenmeisterin und Subpriorin und sowohl gegenüber der Visitations- als auch der Auflösungskommission trat sie als energische Beschwerdeführerin bzw. Bittstellerin auf. Obwohl den Schwestern für den Fall der Anzeige anläßlich der Visitation Exkommunikation vom Beichtvater (!) angedroht wurde, fand sie den Mut, sich wegen dessen und des Kloster-Ökonoms Verbrauch an Vorräten aus Klosterküche und -keller zu beklagen.[122] Zu diesem Zeitpunkt verfügte Ludovika Marx über ein Peculium von 300 fl. und ein Vitalitium (Zehrgeld vom Kloster) von 32 fl., das auch von den Säkularisationsbehörden anerkannt, später aber nicht mehr bezahlt wurde. Als sie mit der ersten Gruppe von Nonnen aus dem Kloster austrat, erhielt sie neben der Pension von täglich 1 fl. 15 kr., einmalig 20 fl.[123] Sie verstarb am 5. Januar 1805[124] im Hause des Registrators Kröner, dessen Dienstboten, den Schwestern Margarethe und Anna Bach, sie wegen derer Verdienste um sie, ihre Kleidung vermacht.

In ihrem mit religiöser Segnungsformel beginnenden Testament[125], das sie nur drei Tage vor ihrem Tode vor dem Kaplan der Ob. Pfarre, Franz Fracassini, den Zeugen Joseph Sebastian Düring, ehemaliger Domvikar, und Joseph Heinrich Krainer, vormaliger geheimer Kanzleiregistrator, errichtet hat, verfügt sie nach dem von ihren beiden Haupterbinnen gefertigten Nachlaßverzeichnis über einen Wert von 500 fl. rh. Allerdings bestand nur ein Barvermögen von 100 fl., wovon sie ein Geldvermächtnis von einer Karolin ihrer Schwester Johanna, Benediktiner-Ordensfrau zu St. Afra in Würzburg, aussetzt.[126]

Ebenfalls mit je 100 fl. wurden jeweils Kleidung, Weiß- und Bettzeug sowie Haushaltsgeräte veranschlagt. Von ihren beiden Erbinnen konnte jedoch nur die gleichzeitig aus dem Konvent mit ausgetretene Subpriorin Vinzentia P(B)leyer die Nachlaßverhandlung wahrnehmen und das Nachlaßverzeichnis beschwören.

Die andere Miterbin, Agnes Scheubl, ebenfalls zu den ersten Ausgetretenen gehörend, lag krank darnieder und starb bereits am 10. Januar 1805, im Alter von 55 Jahren.[127] Ihr Testament hat sie erst an ihrem Todestag auf dem Sterbebett F. Fracassini, dem Exzisterzienser Dominikus Kalb und einem Joseph Lehner anvertraut.[128] Den von der Mitschwester Ludovika angefallenen Erbanteil vermacht sie wiederum der Chorschwester Vinzentia, die damit Alleinerbin des Marxschen Nachlasses wird. Neben den Auflagen für die Leichenkosten, Hl. Messen für ihr Seelenheil, sind aus ihrem Nachlaß, den sie drei *Geschwistrigen* vererbt, noch erwähnenswert *16 alte und sehr alte Gebethbücher ohne Werth*, eine Holzkommode, *worin ein Jesukindlein samt einigen Altarverzierungen* sowie ein Kreuzpartikel und ein Kruzifix mit einem Partikel. Ihr Nachlaß wird mit 337 fl. 19 kr. veranschlagt, daraus sind 39 fl. 55½ kr. Gerichtskosten zu zahlen, womit über ein Drittel der Barschaft von 94 fl. 18 kr. rh. verbraucht ist.

---

[121] Bezeichnung für die am längsten im Kloster lebende Nonne bzw. nach 50. Jubelprofeß.

[122] GRANDINGER, S. 174 ff., 483. Beim Ökonom handelte es sich um P. Wilhelm Zetti, der Beichtvater dürfte wahrscheinlich P. Andreas Emmert, Vikariats-Dekret vom 26. 8. 1802, AEB, Rep. I/II, 179, Nr. 3, 12, vielleicht auch P. Christoph Boser, WACHTER, Nr. 1011, alle Dominikaner, gewesen sein.

[123] GRANDINGER, S. 186, 314, 460 ff., 467—469; Alt-Bbg., Jhg. 1906, S. 157.

[124] AEB, Sterbematrikel Ob. Pfarre S. 213. Auch die darin enthaltene Altersangabe von 80 Jahren läßt als Geburtsdatum den 18. 4. 1724 eher vermuten.

[125] StAB, Rep. K 100/2 Nr. 6454. Bei den Religiosen-Testamenten befindet sich häufig die gleichlautende Eingangsformel. Ansonsten entspricht der Wortlaut oft den Mustern bei STAPF, S. 340 ff.

[126] Eine Karolin (Karldor) entspricht 11 fl. rh.

[127] AEB, Rep. I/II, 179, Nr. 3, danach stammte sie aus Gerolzhofen.

[128] StAB, Rep. K 100/2 Nr. 6461.

Als letztes Testament einer Hl. Grab-Nonne soll auf das der Dominika Stöser eingegangen werden. Sie ist als jüngstes von 9 Kindern des Büttners Johannes Michael Stöser und dessen Ehefrau Eva Barbara, geb. Kauer, am 7. Januar 1755 geboren.[129] Am 22. August 1805 wurde sie vom noch verbliebenen Konvent zur letzten Priorin des Hl. Grab-Klosters gewählt, am 2. September vom geistlichen Vikariat und am 6. September von der Landesdirektion bestätigt. Ihr stand ein Vitalitium von 20 fl. zu.[130] Wohl auf ihre Veranlassung erwarb ihr Bruder Friedrich Stöser auf der mit Dekret der Landesdirektion vom 23. Juni 1803 angeordneten Versteigerung des Klostervermögens eine silbern-vergoldete Monstranz mit mehreren guten Perlen und 6 goldenen Ringen für 90 fl. sowie 6 silberne Engel und eine Krone vom Tabernakel für 239 fl.[131]

Der das Testament[132] am 29. April 1811 aufnehmende Pfarrer war Andreas Groß von St. Gangolph, für dessen *Hausarme* sie 25 fl. rh. und für Anschaffung von Tuch für die Kirche 11 fl. Legat aussetzt. Die Zeugen waren der Beichtvater, Andreas Emmert, und Heinrich Herd.

Von den 15 Vermächtnissen zu insgesamt 587 fl. Bargeld soll noch das für ihren Bruder Friedrich in Höhe von 200 fl. und das für den Testaments-Exekutor, Pater Emmert, genannt sein, der ihre Standuhr bekommt.

Ihr Gesamtvermögen kann nicht beziffert werden, weil aus ihrem Testamtent nicht hervorgeht, was sie ihrer Haupterbin, der bereits erwähnten Katharina Traut[133], als Dank für geleistete Krankenpflege hinterläßt und ein Verzeichnis nicht erhalten ist.

Am 3. Juni 1812, abends, verstirbt Dominika Stöser an *Schleimschlag* in ihrer Wohnung im II. Distrikt, Nr. 980, jetzt Ob. Königstraße 53.[134]

b) Mönche des Dominikanerklosters in Bamberg

Schon am 18. Januar 1804 war der letzte Ökonom des Klosters zum Hl. Grab, der ehemalige Dominikanerpater Wilhelm Zetti verstorben, der erst vier Monate zuvor in den Weltpriesterstand übergetreten war. Aus seinem Testament vom 11. Januar 1804[135] kann geschlossen werden, daß er mit den vormaligen Konfratres, dem früheren Prior Christoph Boser und Pater Andreas Emmert, die beide auch als Testamentszeugen fungieren, zusammengelebt hat. Stadt-Pfarrer Gallus Ignaz Limmer von St. Martin, Bamberg, beurkundete das Testament. Bei Auflösung des Klosters im Dezember 1803[136], das als Kaserne für bayerische Musketiere requiriert wurde[137], erhielten die Konventualen eine relativ geringe Pension von 175 fl. fr. Aus diesen Einkünften kann Wilhelm Zetti einen Nachlaß von 440 fl. erübrigen und über einen Schuldschein für ein verliehenes Darlehen verfügen. Sein Testaments-Vollstrecker ist Christoph Boser, als Erbinnen bestimmt er zwei Nichten, die dem schwarzen Schaf der Familie, dem Bruder der einen, je ein Legat von 20 fl. auszuzahlen haben, falls dieser, zur Zeit unbekannten Aufenthalts, *innerhalb 1/4 Jahres ab Testaments-Eröffnung ungezwungen wieder auftaucht*. 30 fl. setzt er seinen früheren Ordensbrüdern für das Lesen Hl. Messen à 20 kr.

---

[129] AEB, Geburtsmatrikel St. Martin, S. 278.
[130] GRANDINGER, S. 686.
[131] GRANDINGER, S. 200/201. Pater Emmert ersteigerte einen silbernen Kelch für 38 fl.
[132] StdAB, HV, Rep. 3, Nr. 834.
[133] Katharina Traut verstarb als letzte der Dominikanerinnen zum Hl. Grab, so Alt-Bbg., Jhg. 1898/99, S. 71.
[134] AEB, Sterbematrikel St. Gangolph, S. 61.
[135] StAB, Rep. K 100/2, Nr. 6416.
[136] BHVB 105 (1969), S. 566—569.
[137] Alt-Bbg., Jhg. 1900, S. 195.

aus. Verbunden ist er aber auch seinen Hl. Grab-Klosterfrauen, denen er zwei Jahre zuvor einmal Anlaß zur Beschwerde gegeben hatte. *Zu einiger Ergötzlichkeit* erhalten die Nonnen eine Karolin.

Einen Nachlaß von 700 fl. 49 kr. Bargeld hinterließ der am 12. Februar 1805 verstorbene, in Neunkirchen am Brand geborene Desiderius Merkel. Der Dominikaner-Laienbruder, um auch auf die Hinterlassenschaft eines ehemaligen Angehörigen dieses Klosterstandes einzugehen, erhält ebenfalls eine Pension von 175 fl. fr. Aus dem Kloster erwirbt er 13 Kirchengeräte und das Muttergottes-Bild[138], worüber jedoch im Testament nicht verfügt wird. Dieses erwähnt eingangs, daß allen ehemaligen Mitgliedern aufgelöster Klöster vom Kurfürsten Testiererlaubnis erteilt wurde, es wird am 8. Januar 1805 vor dem Kaplan von St. Martin, Florian Hofmann, Pater Pius Brunnquell und Balthasar Füglein als Zeugen, errichtet. An Vermächtnissen sind ausgesetzt: *für jeden hier wohnenden Dominikaner-Pater* 4 fl., mit der Auflage, sechs Hl. Messen für das Seelenheil des Erblassers zu lesen, und 2 fl. zugunsten der Bürger-Sodalität. Der Magd bei den *Kirchheimer'ischen Jungfrauen,* den Inhaberinnen der Garküche am Grünen Markt[139], legiert er einige Textilien. Zu Erben bestimmt er seine Geschwister, von denen die beiden ledigen ein Voraus-Vermächtnis von je 5 fl. erhalten.

Der letzte aus dem Dominikaner-Kloster stammende Testator war der Exprior Pius Brunnquell.[140] Geboren war der als Jakob Getaufte am 23. Mai 1752, als Sohn des Schneiders Thomas Brunnquell und seiner Frau Margaretha Frank, im heutigen Anwesen Generalsgasse 1.[141] Er studierte an der Universität Bamberg Theologie, ist seit 24. Juli 1770 Konventuale und wurde am 30. Juni 1775 ordiniert.[142] Aus dem Kloster 1802 und endgültig am 28. Februar 1803 ausgetreten unter Verzicht auf die Staatspension gegen Überlassung der Zinsen aus 375 fl. eingebrachten Gutes und 50 fl. Kleidergeld[143], betätigte er sich als Gelehrter und Hilfsgeistlicher bei St. Martin in Bamberg.[144] Die Mitarbeit in der Bibliotheks-Kommission ermöglichte ihm die Sammlung einer eigenen aus über 4000 Bänden bestehenden Bibliothek, die er im August 1822 dem Domkapitel schenkte.[145] Das wohl herausragendste Werk, die aus der Dominikanerkloster-Bibliothek stammende „Straßburger Bibel" von 1466 überließ er als einziges der königlichen Bibliothek.[146] Darüber hinaus ist sein Nachlaß beachtlich. Über diesen verfügt er mit Testament vom 20. Juli 1825 vor dem Pfarramtsverweser Georg Greim und den Kaplänen Franz Joseph Pentowsky und Johann Pflaum, alle St.

---

[138] BHVB 105 (1969), S. 572.

[139] Dto; nach Alt-Bbg., Jhg. 1901, S. 283, befand sich die Garküche an der Ecke Grüner Markt — Franz-Ludwig-Straße.

[140] Alt-Bbg., Jhg. 1906, S. 141, der letzte; nach BHVB 105 (1969), S. 558, der vorletzte Prior des Klosters.

[141] AEB, Geburtsmatrikel St. Martin, S. 237. Geboren in St. Georgi-Viertel, III. Hauptmannschaft, Nr. 85, nach *Anschlag-Tabell und Specification . . . sämtlicher . . . geistlichen als weltlichen Gebäuden,* Bamberg 1776; später Nr. 115 = Generalsgasse 1, lt. Adressbuch der Stadt Bamberg, Bamberg, 1878. Bei Röttinger, StdAB, ist der Mädchenname der Mutter mit May angegeben. Im Testament werden auch Stiefgeschwister namens Frank erwähnt.

[142] StdAB, Röttinger-Kartei; WACHTER, Nr. 1207.

[143] BHVB 105 (1969), S. 571.

[144] Eine Aufzählung der von P. Brunnquell verfaßten wissenschaftlichen Schriften findet sich im 1. Pantheon, S. 121—124 und bei Scheglmann, 3. Bd., 2. H., S. 767—769.

[145] 2. Pantheon, 2. Teil, S. 17; WOLF, S. 31.

[146] BHVB, WACHTER, WOLF, je a.a.O. Die erste in Straßburg gedruckte deutsche Bibel, eine Inkunabel mit zugebundener Handschrift (Armenbibel) und wertvollem Lederschnitt-Einband, befindet sich in der Staatsbibliothek Bamberg (StBB), Bibl. 148.

Martin, sowie mit zwei eigenhändigen nicht-solennisierten Nachträgen vom 20. Mai und 17. August 1828.[147]

Pius Brunnquell erwähnt als einziger aller Testatoren nach der Einleitungsformel ausdrücklich *von Sr. Heiligkeit dem römischen Papste relaxationem voti paupertatis* erhalten zu haben, empfiehlt sich seinem Erlöser, trifft Anordnungen für die Exequien und Meßstipendien und bedenkt jeden ehemaligen Konfrater und Laienbruder.

Haupterben werden sein Vetter Georg Wildhirt und dessen Frau, die Tochter seines Stiefbruders Konrad Frank, denen verboten wird, das *falcidische Viertel* abzuziehen.

An sich konnte ein Erblasser nur über drei Viertel seines Nachlasses in Form von Vermächtnissen verfügen. War dem Erben weniger als ein Viertel hinterlassen, konnten die Legate anteilig gekürzt werden.[148]

Die *Armen Anverwanden und Guten Freunden betreff.* werden Geldvermächtnisse von 2200 fl., einige Karoline, Kleider, Heiligenbilder, Gemälde und sonstige Gegenstände ausgesetzt. Davon sind erwähnenswert unter anderen Reliquien die des hl. Thomas von Aquin und das Portrait des letzten Langheimer Abtes Candidus Hemmerlein (1791—1803), welches dem Inspektor des Naturalien-Kabinetts, Dionysius Linder, zukommt[149], wie auch zwei auf Kupfer gemalte Landschaften von Boemel. Pius Brunnquell besaß auch einen, in seinem Testament nicht näher beschriebenen Altar, der ursprünglich dem Konfrater Andreas Emmert zukommen sollte. Ihm, dem ernannten Exekutor, sind legiert: *die Stokuhr von Labinger*, der silberne Kelch, die Meßbücher und die restlichen nichtverteilten Paramente. Solche muß der Erblasser in stattlicher Anzahl, wohl aus der vormaligen Klosterausstattung, besessen haben.

Einen Ornat mit Chormantel erhält St. Martin, Bamberg, die damals noch nicht errichtete Kirche und Kuratie Fürth — heute zu Unserer Lieben Frau — einen weiteren ohne Chormantel.

Die Adelgundis-Kapelle auf dem Staffelberg bekommt ein blaugeblümtes Feiertags-Meßgewand und eine Albe mit Filetspitzen. Im selben Umfang werden die Rothenburger Kirche im Dekanat „Gebsattel" und die Kulmbacher Kirche mit einem grünen mit Goldborten besetzten bzw. einem rot-silberstoffenem Meßgewand und dem zweiten Chorrock bedacht. An frommen Legaten in Geld gehen an das *Armen-Institut* 550 fl., wovon 50 fl. für die Armen Schulkinder der St. Martinspfarrei zur Anschaffung von Büchern auszugeben sind; an die vier Stadtpfarrer je 50 fl. und an den protestantischen Pfarrer 25 fl. zur Unterstützung Bedürftiger; die *Hausarmen* erhalten vom Testamentsvollstrecker zu verteilende 150 fl.; sowie je 100 fl. die Vereine *für Kranke und für verunglückte Bürger*, das Haus der Unheilbaren und die hiesige Irrenanstalt. Die bei der *Königl. Baier. Staats-Schulden-Tilgungs-Special-Kassa* angelegten Kapitale zu 1000 fl. erhalten das *Kranke Gesellen Institut* und zu 3460 fl. das *Krankenhausspital* und das *Kranken-Dienstbothen-Institut*. Diese beiden Institutionen haben sich auch die nichtbezifferte, selbst geerbte Hypothek zu teilen, die auf dem Haus lastet, in dem P. Brunnquell seine Wohnung hatte und das der *Stadträthin Roppelt* gehörte. In diesem Anwesen im I. Distrikt, Nr. 170, heute Kesslerstraße 2, stirbt er am 28. August 1828.[150]

---

[147] StdAB, HV, Rep. 3, Nr. 839.

[148] STAPF, S. 142, 145 ff.

[149] Möglicherweise identisch mit dem im Besitz des HV, Rep. 21/2 Nr. 181, befindlichen, das als Leihgabe an die Universität Bamberg gegeben, im Dienstzimmer des Kanzlers aufgehängt ist. Eventuell hat Jäck das Bild von Linder erworben und mit seiner Sammlung dem HV übereignet, vgl. BHVB 2 (1838) Bericht über die Vereinstätigkeit S. 55, Nr. 81.

[150] AEB, Sterbematrikel St. Martin, S. 306, vermerkt genau: 28. früh 1/23. Daher datieren StdAB, Röttinger-Kartei; WACHTER, Nr. 1207, 29. August 1828; BVHB 105 (1969), S. 571, allerdings 27. Juni 1828.

c) Ein vormaliger Langheimer Zisterzienser-Pater

Den Tod ereilte schon am 29. April 1806 im Haus Judengasse 2, dem damaligen Wirtshaus „Zum blauen Löwen", in Bamberg, den früheren Langheimer Zisterzienser-Mönch Dominikus Kalb im Alter von 60 Jahren. Bei Abfassung des Testaments am 7. August 1805 waren anwesend: Pfarrer Andreas Augustin Schellenberger und die Kapläne Fracassini und Georg Leicht, Ob. Pfarre.[151]

An die Pfarrei legiert er seine Meßgerätschaften, mit der Auflage, sie an Langheimer Geistliche auszuleihen und stiftet 20 fl. fr. für Hl. Messen à 24 kr. Ansonsten bedenkt er die Magd seiner Schwester, das *Arme Dienstbothen-Institut* und seinen Bruder Joseph, ehemaligen Kapuziner-Pater in Bamberg, dem jährlich 50 fl. bis zum Erhalt einer Pfarrei zugesprochen werden, dann endlich 1000 fl. und seine Bibliothek. Von dieser wird im Nachlaßverzeichnis vermerkt, daß sie beim Klosterbrand am 7./8. Mai 1802 beschädigt wurde. Sein übriges Erbe von insgesamt 6705 fl. 21 kr. rh., darunter 5850 fl. außenstehende Kapitalien, bestimmt er seinen Schwestern Margaretha und Dominika Kalb. Letztgenannte konnte die Erbschaft allerdings nicht mehr antreten.

d) Die letzte Äbtissin des St. Klara-Klosters

Dominika Kalb, bis zur Auflösung des St. Klara-Klosters in Bamberg dessen Äbtissin, verstarb bereits am 10. Februar 1806 und wurde zwei Tage später nach einem musikalischen Amt auf dem Friedhof beim St. Antoni-Siechhof auf dem Kaulberg in ihrem Ordenshabit beigesetzt.[152] Die Bambergerin, mit bürgerlichen Vornamen Anna Maria, wurde ihren Eltern, Schustermeister unter'm Stephansberg, Michael und Margaretha Kalb am 20. August 1751 geboren.[153] 1768 in das Klarissen-Kloster eingetreten, wurde ihr am 4. November 1800 die Wahl zur Äbtissin angetragen. Als solche wurde sie bei Auflösung des Klosters mit der relativ hohen Sustentation von 800 fl. jährlich wegen des bedeutenden Umfangs des Klostervermögens pensioniert.[154]

Auch der einzige nachweisbar aus ihrem Besitz stammende, heute noch vorhandene Gegenstand befand sich nicht mehr in ihrem Nachlaß, sondern ging als Säkularisationsgut von der Kloster- an die Staatsbibliothek Bamberg: ein im Jahre 1783 unter Verwendung von Schablonen selbst angefertigtes Vesperbuch.[155] Eher gering war ihr Nachlaß von 574 fl. rh., mit lediglich 397 fl. 13 kr. Bargeld.

Auch ihre Behausung muß bescheiden gewesen sein. Aus dem Nachlaßakt geht hervor, daß ihr Zimmer lediglich mit zwei Kommoden für ihre Habseligkeiten, *einer Bettstatt und einem Lehnsessel* sowie *einige(n) Heilig-Bilder(n) vom geringem Werthe und einem etwas besseren Gemählde einer Nonne* eingerichtet war, das im Verfahrensgang nicht einmal versiegelt werden konnte, weil es ein Durchgangszimmer zur Wohnung ihrer Schwester bildete. Diese Schwester, Margaretha, und der Bruder Dominikus werden die Erben.

Das Testament ist am gleichen Tage, 7. August 1805, vor denselben Urkundspersonen, sicher in gemeinsamer Sitzung mit dem Bruder Dominikus, errichtet worden. Der Bruder Joseph Kalb, zur Zeit des Sterbefalls Kurat in Leutzendorf bei Ebern, erhält ein Legat von 20 fl. fr. für 20 zu lesende Messen; Dominikus hat für 25 fl. fr. Messen à

---

[151] StAB, Rep. K 100/2, Nr. 6431.
[152] AEB, Sterbematrikel Ob. Pfarre, S. 223; BHVB 41 (1879), S. 86. Der Friedhof befand sich neben der heutigen Laurenti-Kapelle.
[153] AEB, Geburtsmatrikel Ob. Pfarre, S. 405.
[154] BHVB 41 (1879), S. 86; Alt-Bbg., Jhg. 1900, S. 202; Jhg. 1901, S. 182.
[155] BVHB 41 (1879), S. 84; StBB, RB MSC 172.

24 kr. rh. zu feiern. Auch *jede gewesene Klosterfrau aus meiner ehemaligen Gemeinde* bekommt einen Kronenthaler zum Angedenken und mit der Bitte, der Verschiedenen im Gebete zu gedenken.

Noch 24 Klosterfrauen sind in den Genuß der letzten Fürsorglichkeit ihrer früheren Äbtissin Dominika Kalb gekommen.

Schlußfolgerung

Seit der Säkularisation sind die damals erlassenen Gesetze, die Erb- und Testierfähigkeit der Geistlichen und Religiosen betreffend, in ihrer Tendenz bis heute im deutschen Erbrecht aufrechterhalten geblieben.

Die gesetzliche Erbfolge, die Testamente und die Nachlaßverfahren blieben ausschließlich der Staatsgesetzgebung unterworfen.

Die Kanones der Kirche und die Konstitutionen der Orden und Klöster können seither nur noch den Umfang der Vermögen und die letztwilligen Intentionen der geistlichen Testatoren beeinflussen.

Literaturverzeichnis

Alt-Bamberg, Rückblicke auf Bambergs Vergangenheit, Beilage zum „Bamberger Tagblatt", Bamberg, 1897—1915 (Alt-Bbg.).

Bamberger Landrecht, Des Kayserlichen Hochstifts, und Fürstenthums Bamberg verfaßtes Land-Recht. Desselben Erster Haupt-Theil von Civil- oder sogenannten Bürgerlichen Sachen handelnd., Bamberg 1769 (BLR).

Churfürstlich-pfalzbaierisches Regierungs- und Intelligenzblatt, München 1800—1801, unter Abänderung des Titels:

1802—1805 Churpfalzbaierisches Regierungsblatt

1806—1817 Königlich Baierisches Regierungsblatt

1818—1820 Allgemeines Intelligenzblatt für das Königreich Bayern

1821—1825 Regierungs- und Intelligenzblatt für das Königreich Bayern

1826—1873 Regierungsblatt für das Königreich Bayern (BRBl).

Codex Maximilianeus Bavaricus Civilis oder neu — verbessert — und ergänzt Chur-Bayrisches Landrecht, München 1759 (Cod. Max).

DÖLLINGER, GEORG (Hrsg.), fortgeführt von STRAUSS, FRIEDRICH FRHR. VON (Hrsg.), Sammlung der im Gebiete der inneren Staatsverwaltung des Königreichs Bayern bestehenden Verordnungen, 35 Bde., München 1835 ff. (DÖLLINGER, ohne weitere Angabe 8. Bd.).

DÜRRSCHMIDT, HEINRICH, Die klösterlichen Genossenschaften in Bayern, Nördlingen 1875 (DÜRRSCHMIDT).

GRANDINGER, JOHANNES, Kirche und Kloster zum Hl. Grab in Bamberg, handgeschriebene, unveröffentlichte Hauschronik, Bamberg 1935 ff. (GRANDINGER).

HANSTEIN, HONORIUS, Ordensrecht, 2. Aufl., bearb. v. SCHÄFER ODILO, Paderborn 1958 (HANSTEIN).

HELYOT, HIPPOLYT, Ausführliche Geschichte aller geistlichen und weltlichen Klöster und Ritterorden, deutsche Ausgabe, 8 Bde., Leipzig 1753 ff. (HELYOT).

HORN, GUSTAV, FRHR. VON, Das Clarissen-Kloster zu Bamberg. Mit einem Grundrisse der Klostergebäude und einer Abbildung des Grabsteines der Stifterin des Klosters in: BHVB 41 (1879).

JÄCK, HEINRICH JOACHIM, Bambergische Jahrbücher, Bamberg 1829 ff. (Jahrbücher).

Pantheon der Literaten und Künstler Bambergs, Bamberg 1812—1815 (1. Pantheon).

Zweites Pantheon, Bamberg 2/1844 (2. Pantheon).

Lehrbuch der Geschichte Bambergs vom Jahre 1007 bis auf unsere Zeiten, Erlangen 2/1820 (Lehrbuch).

JEDIN, HUBERT (Hrsg.), Handbuch der Rechtsgeschichte, 7 Bde., Freiburg, Basel, Wien 1962 ff. (JEDIN).
JONE, HERIBERT, Gesetzbuch des kanonischen Rechts, 3 Bde., Paderborn 1939/1940 (JONE, ohne Angabe immer 1. Bd.).
KAPS, JOHANNES, Das Testamentsrecht der Weltgeistlichen und Ordenspersonen, Buchenhain vor München 1958 (KAPS).
KIST, JOHANNES, Fürst- und Erzbistum Bamberg, Bamberg 1962 (KIST).
KREITTMAYR, WIGULAEUS XAVERIUS ALOYSIUS, FRHR. VON OFFENSTETTEN, Anmerkungen über den Codicem Maximilianeum Bavaricum Civilem, 5 Bde., 1 Indexbd., München 1759—1768 (KREITTMAYR).
PASCHKE, HANS, Das Dominikanerkloster zu Bamberg und seine Umwelt in: BHVB 105 (1969).
PERMANEDER, MICHAEL, Handbuch des gemeingültigen katholischen Kirchenrechts, mit steter Berücksichtigung der die äußeren Seiten der katholischen Kirche berührenden Landes-Verordnungen der deutschen Bundesstaaten insbesondere Bayerns, 2 Bde., Landshut 1846 (PERMANEDER, ohne Angabe immer 2. Bd.).
PFEILSCHIFTER, ANTON, Das Bamberger Landrecht, München 1898 (PFEILSCHIFTER).
RÖSSLER, HELLMUTH, FRANZ, GÜNTHER, Bearb.: BOSL, KARL, FRANZ, G., HOFMANN, HANNS HUBERT, Biographisches Wörterbuch zur Deutschen Geschichte, 3 Bde., München 2/1973—1975 (RÖSSLER).
ROTH, PAUL VON, Bayrisches Civilrecht, 3 Bde., Tübingen 2/1881—1898 (ROTH).
SÄGMÜLLER, JOHANN BAPTIST, Lehrbuch des katholischen Kirchenrechts, Freiburg 1900 (SÄGMÜLLER).
SCHEGLMANN, ALFONS MARIA, Geschichte der Säkularisation im rechtsrheinischen Bayern, 3 Bde., Regensburg 1905—1908 (SCHEGLMANN).
SCHÖNSTEINER, FERDINAND, Grundriß des Ordensrechts, Wien 1930 (SCHÖNSTEINER).
SCHRÖDER, RICHARD, Lehrbuch der deutschen Rechtsgeschichte, Leipzig 1894 (SCHRÖDER).
SPIES FERDINAND VON, Handbuch des Bamberger Provincialrechts, Bamberg 1838 (SPIES).
STADTMÜLLER, RAPHAEL MARIA, Das neue Ordensrecht, Dülmen i. W. 1919 (STADTMÜLLER).
STAPF, FRANZ, Theoretischer und praktischer Unterricht von Testamenten und andern letztwilligen Verfügungen nach dem Bambergischen Provinzialrechte und den königlich Baierischen landesherrlichen Verordnungen mit steter Hinsicht auf die Gesetze des gemeinen Rechtes. Erster Versuch eines Kommentars über das Instructionale Bambergense de testamentis et testamentorum factione, Bamberg 1819 (STAPF).
WACHTER, FRIEDRICH, General-Personal-Schematismus der Erzdiözese Bamberg, Bamberg 1908 (WACHTER).
WEBER, GEORG MICHAEL, RITTER VON, (Hrsg.), Darstellung der sämmtlichen Provinzial- und Statuar-Rechte des Königreichs Bayern, 5 Bde., Augsburg 1838—1844 (WEBER, ohne Angabe immer 1. Bd., 2. Teil).
WESEMANN, PAUL, Die Anfänge des Amtes der Generaloberin, München 1954 (WESEMANN).
WOLF, IRMGARD, Die Säkularisierung der Stifts- und Klosterbibliotheken im Gebiet des Erzbistums Bamberg, ungedruckte Dissertation, Erlangen 1952 (WOLF).

LANDGERICHT, DISTRIKTSGEMEINDE, LANDKREIS

von

Franz Bittner

Grundbegriffe zur Verwaltungsgeschichte:

Landgericht

1. 1802—1862 *Landgericht älterer Ordnung*, staatliche Verwaltungsbehörde der Unterstufe (heute *Landratsamt*) und Gericht der ersten Instanz (heute *Amtsgericht*)
2. 1862—1879 *Landgericht älterer Ordnung* nur noch als Gericht (heute *Amtsgericht*)
3. seit 1879 *Landgericht jüngerer Ordnung*, Gericht der zweiten Instanz; früher *Bezirksgericht*

Distrikt

1. bis 1862 *Distriktsverwaltungsbehörde*, Sammelbezeichnung für die Landgerichte und die Magistrate der kreisunmittelbaren Städte als Organ der inneren Staatsverwaltung
2. 1862—1938 sind *Distriktsverwaltungsbehörden* die *Bezirksämter* und die Magistrate der kreisunmittelbaren Städte
3. 1818—1852 *Distriktsgemeinden*, kommunale Zweckverbände im Zuständigkeitsbereich eines Landgerichts älterer Ordnung
4. 1852—1927 *Distriktsgemeinden*, kommunale Selbstverwaltungskörperschaften; Vertretungsorgan: *Distriktsrat*

Bezirk

1. 1862—1938 Zuständigkeitsbereich des *Bezirksamtes* als staatlicher Behörde der Unterstufe *(Bezirksamtsbezirk)*, meist bestehend aus dem Gebiet mehrerer *Distriktsgemeinden* (ehemalige Landgerichte älterer Ordnung); heute *Landratsamt*
2. seit 1919 Kommunale Selbstverwaltungskörperschaft (heute *Landkreis*) mit einem aus allgemeinen Wahlen hervorgegangenen *Bezirkstag* (heute Kreistag). Seit 1927 war der Bezirksamtsvorstand gesetzlicher Vorsitzender des Bezirkstages
3. seit 1938 *Regierungsbezirk*, Zuständigkeitsbereich der (Bezirks-)*Regierung* als staatlicher Verwaltungsbehörde der Mittelstufe (früher *Kreis*). Behördenvorstand ist der *Regierungspräsident*

Landrat

1. 1829—1919 Kollegium zur bürgerschaftlichen Mitwirkung beim Regierungspräsidenten; seit 1852 kommunales Vertretungsorgan der *Kreisgemeinde* (heute *Bezirkstag*)
2. 1938—1953 Der *Landrat des Kreises* als personalisierte Behördenbezeichnung (früher *Bezirksamt*, heute *Landratsamt*)

3. seit 1938   Vorstand des *Landratsamtes* als einheitlicher Staats- und Kreisbehörde (früher Bezirksamtsvorstand, meist Bezirks(ober)amtmann); zunächst als Staatsbeamter, seit 1953 unmittelbar gewähltes Organ der Selbstverwaltungskörperschaft *Landkreis*

Kreis

1. 1808—1938   Staatliche Verwaltungsbehörde der Mittelstufe (heute *Regierungsbezirk*)
2. seit 1938   *Landkreis*, staatliche Verwaltungsbehörde der Unterstufe (früher *Bezirk*(samtsbezirk)

Rentamt

bis 1919   heute *Finanzamt*[1]

Die traditionelle Gliederung der Geschichte in Altertum, Mittelalter und Neuzeit kann heute nur mühsam auf Grund der Überlieferung (Handschriften, Buchdruck, Staatsakten) aufrecht erhalten werden. Reformation und Dreißigjähriger Krieg haben die politischen und sozialen Strukturen des Mittelalters erschüttert, doch nicht aufgehoben. Eine Rundreise zu den Kirchen, Gedenkkapellen und Bildstöcken im Landkreis Bamberg beweist, wie eng Glaube und Leben noch gegen Ende des 18. Jahrhunderts verflochten waren, ja der Barock in Franken nicht nur eine Kultur des Adels, sondern eine echte Volkskultur formte. Die Ereignisse zwischen der Französischen Revolution (1789) und dem Wiener Kongreß (1814/15) bedeuten Umbruch und Neuorientierung in Herrschaftsform und Alltagsleben. Zurecht wird für Bayern die Regierungszeit des Königs Max I. Joseph (1799—1825) als Ursprung und Voraussetzung des modernen Bayern betrachtet. Maximilian Graf von Montgelas, der unvergleichliche bayerische Politiker und Staatsmann, verwandelte den wittelsbachischen Patrimonialstaat in ein Staatswesen um, dem der Kurfürst und spätere König als „erster Diener" untergeordnet wurde. Die Wohlfahrt der gesamten Untertanenschaft, nicht mehr des Staatsoberhauptes, war Ziel der Politik. Für Montgelas und seine gleichgesinnten Mitarbeiter war die Vernunft die allein verbindliche Norm. Staatsaufbau und Verwaltung, ebenso die Außenpolitik, wurden auf den Nutzen der Gesamtheit ausgerichtet. Dieser schroffe, geschichtsfeindliche Rationalismus hatte kein Verständnis für regionale Obrigkeiten und Patronatsrechte mit langer Tradition. Ein straffer Zentralismus wurde durchgesetzt, die Verwaltung bürokratisch (hierarchisch gegliedertes Beamtentum, Entscheidung und Verantwortung der Behördenleiter) organisiert. Die Bedeutung der Umwälzungen, deren Ergebnisse heute unser Leben bestimmen, wurde schon von den Zeitgenossen, erst recht von den unmittelbaren Nachfahren erkannt. *Vierzig Jahre vulkanischer Erschütterungen haben jede alte Tradition entwurzelt; die Sitte von ehemals steht nicht mehr aufrecht, des Neuen ist kaum der Geschäftsmann kundig, weil der lebendige Strom ununterbrochener Schöpfungen, der ewig fortsprudelnde Verordnungsborn nothwendiger Weise viele übertäubt, noch mehrere des Nachdenkens, des Sichfestsetzens entwöhnt hat... Mit der Kenntnis der Normen mangelt aber auch die Prämisse des Vollzugs, es mangelt der Sinn für die Gesetzlichkeit, dieses höchsten Palladiums des Staatenlebens,*

---

[1] Angelehnt an: H. H. HOFMANN/H. HEMMERICH, Unterfranken. Geschichte seiner Verwaltungsstrukturen seit dem Ende des Alten Reiches 1814 bis 1980, Würzburg 1981.

und die Wirkungen dieses Mangels liegen klar vor Augen (Fürst von Oettingen-Wallerstein in der 1. Kammer der versammelten Stände des Königreiches, 1831).[2]

Die Regierungsblätter enthalten etwa 6000 Verordnungen, und die doppelte Anzahl blieb ungedruckt. Erst durch die Verfassung von 1818 gewinnt die Gesetzgebung eine maßgebliche Grundlage.

Auch die Industrialisierung macht sich bemerkbar. In dem Bericht eines unbekannten bayerischen Beamten wird ein modern anmutendes Beispiel aus dem Jahre 1803 angeführt. Der Berichterstatter, ein Aufklärer im Sinne Montgelas', schreibt nach einigen Bemerkungen über die Schönheit des Bamberger Landes und den guten, offenen und munteren Charakter der Bevölkerung: *Wenn sie unter sich zusammenstossen, mag es heftig zugehen, und wo Leidenschaften einmal aufgeregt sind, werden sie auch mit unglaublicher Leidenschaft fortgesetzt. Ein Beispiel ist die Anlage einer Glashütte in der Nähe der Stadt. Dieser Gegenstand, dessen Erledigung auf der einfachen Frage beruht: ist die erforderliche Feuerung mit Steinkohle schädlich? und die keine Instanz als jene der Polizey (Verwaltung) haben kann, ist bei allen Ober- und Unterbehörden, und bei den Reichsgerichten anhängig, und wird mit wahrem Factions-Geiste betrieben, während das Gebäude — aufgeschlagen nicht gedeket werden darf und der Fürst sich selbst wundert, daß es nicht gedekt wird.*[3]

Am 1. September 1802 rückten bayerische Truppen in das Hochstift Bamberg ein, am 28. November wurde das bayerische Wappen an den Toren Bambergs angeschlagen, am Tag darauf verzichtete Fürstbischof Franz von Buseck auf die weltliche Regierung. Schon am 22. November hatte Kurfürst Max Joseph einen Generalkommissar ernannt, Johann Wilhelm Freiherrn von Hompesch. Aus den Bistümern Bamberg, Würzburg, der Abtei Ebrach, Teilen des Bistums Eichstätt und den fränkischen Reichsstädten wurde 1803 die Provinz Franken gebildet.

Zunächst organisierte Kurbayern die Mittelbehörden. In Bamberg und Würzburg entstanden *Landesdirektionen*, als Justizbehörde wurde in Bamberg und Würzburg je ein *Hofgericht* eingesetzt; Bamberg erhielt dazu eine *Oberste Justizstelle*. Am 16. November 1804 wurde das ehemalige Fürstentum Bamberg in drei *Landkommissariats-Distrikte*, 20 *Landgerichte* und 20 *Rentämter* gegliedert. Auf dem Gebiet des heutigen Landkreises Bamberg formierte man folgende Landgerichte und Rentämter: 1. das Landgericht *Bamberg am rechten Regnitzufer* (später Bamberg I), 2. *Bamberg am linken Regnitzufer* (später Bamberg II), 3. *Hallstadt* (aufgelöst 1813), 4. *Scheßlitz*, 5. *Burgebrach*, 6. *Ebrach* (aufgelöst 1812)[4], 7. Teile des Landgerichts *Gleusdorf*, das seit dem 24. Juni 1840 die Bezeichnung *Baunach* trägt, 8. Teile des geplanten Landgerichts *Schlüsselfeld*, das nach der Abtrennung vom Großherzogtum Würzburg dem Rezatkreis (Mittelfranken) zugeteilt wurde (3. September 1810).

Bei der Gliederung des Königreiches in Kreise (*Allerhöchste Verordnung* vom 21. Juni 1808) werden, wie schon bei der Bildung der Landgerichte, als Grundsätze angegeben: möglichst gleiche Kreise mit natürlichen Grenzen, nahe gelegene Verwaltungsbehörden; Bezirke, die durch lange Überlieferung und natürliche Beschaffenheit

---

[2] G. Döllinger, Sammlung der im Gebiet der inneren Staats-Verwaltung des Königreichs Bayern bestehenden Verordnungen aus amtlichen Quellen geschöpft und systematisch geordnet 1835 ff., Bd. 1, S. V.

[3] M. Renner, Regierung, Wirtschaft und Finanzen des kaiserlichen Hochstifts Bamberg im Urteil der bayerischen Verwaltung 1803, in: Jahrbuch für fränkische Landesforschung 26 (1966), S. 307.

[4] H. Weiss, Stadt- und Landkreis Bamberg, München 1974 (Historischer Atlas von Bayern, Teil Franken, Reihe I, Heft 21), S. 200, 203.

des Landes verbunden sind, sollen erhalten bleiben. Größere Sprengel sollen die Verwaltung vereinfachen.

Geht man von der territorialen Einteilung aus, so waren die Landgerichte älterer Ordnung die Vorläufer der heutigen Landkreise. Der Ursprung der Selbstverwaltung liegt in der Distriktsgemeinde.

Am 24. März 1802 erließ Kurfürst Max Joseph das Gesetz *die Einrichtung der Landgerichte betreffend.*[5] Die Einleitung läßt die Motive erkennen:

In der vollkommenen Ueberzeugung, daß die gute Besetzung und Einrichtung derjenigen Aemter und Stellen, welchen die unmittelbare Vollziehung der landesfürstlichen Verordnungen übertragen ist, zu den nothwendigsten Bedingungen gehört, unter welchen Unsere Regierungsgrundsätze dem Lande den Nutzen und Wohlstand verschaffen können, welchen sie bezwecken, und mit dem nämlichen Bestreben, welches schon die vorige Regierung bestimmt hat, durch Besoldung der Beamten und Abstellung der Schergen die Aemter von den vorzüglichsten Gebrechen reinigen zu wollen, haben Wir nach vorausgegangener reifer Ueberlegung der dabey eintretenden Verhältnisse und Vernehmung Unseres geheimen Staatsraths für nothwendig gefunden, in der Besetzung und Besoldung der Beamten, dann der äußern und innern Form der Landgerichte, und in der Behandlung der ihnen bisher unzertheilt übertragenen Verwaltungsgeschäfte wesentliche Veränderungen eintreten zu lassen, wovon Wir hiemit Unserer General-Landesdirektion die Grundzüge im Allgemeinen eröffnen, um danach die Einrichtung im Einzelnen bey allen Landgerichten nach der Ordnung, welche Wir durch nachfolgende Reskripte bestimmen werden, vorzunehmen und auszuführen.

Die Einteilung des Kurfürstentums in Landgerichte soll verbessert werden (... *besser und verhältnismäßiger zu begränzen* ...). Kleinere Landgerichte werden aufgelöst, ... *wo nicht besondere Rücksichten wegen zu weiter Entfernung der Unterthanen von dem Sitze des Landgerichts oder die Aufsicht auf die Landesgränzen eine Ausnahme erfordern* ... *und* ... *bey den zu weit ausgedehnten Landgerichten durch Abtrennung ganzer Gerichtsgebiethe eine mehrere Gleichheit und Ebenmaaß nach jedesmaliger Erforderniß der Lokalumstände hergestellt werden solle.* Sollten sich für die Bevölkerung allzu weite Entfernungen zu den Gerichtssitzen ergeben, so seien unter den Landgerichten Gebiete umzulegen (§ I).

Der Landrichter verwaltet die Justiz- und Polizeygeschäfte (Verwaltung), ein Rentbeamter hat die Einnahme und Verrechnung der Staatsgefälle als Aufgabe. Es folgen nähere Bestimmungen über die Abrechnung von Gebühren und Taxen, über das Erlegen und Bescheinigen der Depositen durch das Landgericht, die Ablieferung an das Rentamt, die Bestätigung und Besiegelung von Kontrakten, über die *Errichtung der Briefe* unter Vorbehalt der Grundgerechtigkeitsbriefe über *Unsere Urbare*(n) *Güter*. Bei *Kirchengeschäften* besorgt der Landrichter die landesfürstlichen Rechte circa Sacra, die *Kirchenpolizey*, verwaltet die Güter der Geistlichen, deren Nachlässe, das Kirchenbaukonkurrenzwesen (Umlagen), mit Ausnahme des Baues selbst und der Verrechnung hierüber, das Schulwesen (*mit Ausnahme des ökonomischen Theils*). Dem Rentbeamten obliegen alle Kircheneinnahmen und Grundgülten, die Errichtung aller grundherrlichen Briefe, das Nachlaßwesen an den grundherrlichen Gaben, die Zehendverstiftungen, die Aufsicht über die Kirchenwaldungen sowie die Verrechnung und Bestreitung aller Einnahmen und Ausgaben (§ II, 6).

Das Landgericht führt die Aufsicht über Wege, Straßen und Brücken *(als ein vorzüglicher Zweig der Landespolizey)*. Um *Straßen- und Wassergebäude*, die von der Staatskasse gebaut und unterhalten werden, hat sich der Rentbeamte zu kümmern, doch das

---

[5] Churpfalzbairisches Regierungsblatt 1802, Sp. 196 ff. u. 211 ff.

Landgericht trägt die Mitverantwortung für ihren Zustand und muß *Konkurrenzen* (Umlagen) *und Frohnen* der Untertanen aufbieten (§ II, 7).

Landgericht und Rentamt sind von einander unabhängig. Allerdings hat das Landgericht jedes Vierteljahr eine Revision durchzuführen *(Kasse- und Materialsturz);* andererseits muß der Rentbeamte die *Verhörs-, Brief- und Inventurprotokolle* mit den *Sportelregistern, Straf- und Monatsverzeichnissen* vergleichen und *sofort hat ein jeder das darüber abgehaltene Protokoll an die vorgesetzte Landesdirektion einzusenden.*

Jedes Landgericht besteht aus einem Landrichter, einem Aktuar und dem nötigen Schreibpersonal. Voraussetzung für das Amt des Landrichters ist der Abschluß der Studien der *Rechts- und Polizeywissenschaften* an einer inländischen Hochschule, die Tätigkeit als Aktuar an einem Landgericht, eine Prüfung bei der betreffenden Landesdirektion nach einer Prüfungsordnung *mit Beyziehung einiger Justizräthe.* Vom Aktuar werden die gleichen Qualifikationen verlangt wie vom Landrichter, da er bei dessen Verhinderung sein Stellvertreter ist. Der Aktuar wird vom Landesherrn selbst ernannt ... *und dabey* (werden Wir) *diejenigen Individuen vorziehen, welche sich auf der hohen Schule durch ihre sittliche und wissenschaftliche Bildung am meisten ausgezeichnet, und in Gerichtsgeschäften hinreichend geübt haben* ... Er tritt an die Stelle der bisherigen Gerichtsschreiber und ist unter der Aufsicht des Landrichters für die Ordnung und Aufbewahrung der Akten in der Registratur zuständig — bei der gewaltigen Verordnungsflut der Zeit keine leichte Aufgabe (§ III, 1—3).

Zum Rentamt gehören der Rentbeamte und das Schreibpersonal. Der Leiter braucht Rechtswissenschaft nicht studiert zu haben, doch werden Juristen anderen Bewerbern vorgezogen (§ IV). Auch der Rentbeamte muß von der Landesdirektion geprüft und verpflichtet werden.

Das Gesetz versprach eine ausreichende Besoldung und verbot die Annahme von Sporteln (Geschenke, eigene Gebühren) und Taxen. Der Landrichter erhielt ein Fixum und eine Zulage nach der Zahl der Familien, die seiner Gerichtsbarkeit unterstanden. Ihm werden freie Wohnung, 36 Klafter Holz, 24 Scheffel Hafer und Reisediäten in *Partheysachen* gewährt. Der Aktuar mußte sich mit einem Drittel begnügen. Ein Viertel der Landrichterbesoldung (Gehalt und Zulage) stand für das Schreibpersonal zur Verfügung. Der Landrichter sollte das Schreibpersonal in seine Wohnung aufnehmen und dem Aktuar ein eigenes Wohnzimmer einräumen. Jedes Landgericht darf zwei Prokuratoren (Rechtsvertreter) zulassen, die von den *Partheyen* bezahlt werden.

Jedes Landgericht muß entweder eine *Frohnveste* errichten oder nach besonderen Bestimmungen ausbauen. Ein einfacher Schutz für die Gefangenen wird eingeführt: *Dieselbe* (= Frohnfeste) *muß theils zur Verwahrung, theils zur Bestrafung verschiedene von einander abgesönderte Behältnisse enthalten, in welchen die Gefangenen weder durch Feuchtigkeit, üblen Geruch, Kälte, noch durch andere Beschwernisse an ihrer Gesundheit Schaden leiden. Aus dieser Ursache sollen keine unterirdische, — und keine solche Gefängnisse statt finden, worinn der Gefangene sich nicht aufrichten, oder das Tageslicht nicht sehen, oder keine mäßige Bewegung durch Auf- oder Niedergehen machen kann.* Doch die Gefängnisse müssen *mit festen Mauern, eisernen Stangen und guten Schlössern wohl verwahrt* sein, und niemand darf mit den Gefangenen, die Gefangenen dürfen nicht miteinander sprechen können (§ IX).

Die Pflichten der Gerichtsdiener bestehen in der Verwaltung der Frohnfeste, der Anzeige und Verhaftung der *Uebeltäter,* der Aufbewahrung, Verpflegung und dem Transport von Gefangenen, ferner in der Vollziehung der Strafen, *welche nicht an das Leben gehen.*

Die Tätigkeit der Gerichte in kleineren Gemeinden wird zugunsten der *Dorfsführer* eingeschränkt. Schon 1784 war bestimmt worden, daß in den Dörfern zwei Führer oder

Obleute — einer, womöglich beide, sollten lesen und schreiben können — gewählt werden. Nun sollten die Gemeinden die Dorfsführer vorschlagen, der Landrichter sie ernennen und verpflichten. Größere Gemeinden sollten eigene Dorfsführer haben, kleinere Gemeinden gemeinschaftlich Dorfsführer stellen. Die Dorfsführer waren für Wege, Mühlen und Feuersicherheit verantwortlich, mußten für Sicherheit, Reinlichkeit, Ruhe und Ordnung in den Gemeinden sorgen, Streitigkeiten gütlich beilegen, die Ortsarmen beschäftigen und für allgemeine Aufgaben eine Geldumlage, die dem Rentamt gemeldet werden mußte, einheben. Mißstände *(Gebrechen)*, die nicht aus eigener Kraft beseitigt werden konnten, waren dem Landrichter zu melden. Als Belohnung erhielt der Dorfsführer eine Aufwandsentschädigung. Die Landrichter sind verpflichtet, die Dorfsführer streng zu beaufsichtigen, *ob sie ihren Verpflichtungen nachkommen, und ihre Stelle nicht zu Privatabsichten mißbrauchen* (§§ XIV—XVI).

Das Gesetz über die Landgerichte ist ganz im Sinne Montgelas' formuliert. Die Einleitung nimmt Gedanken des Ansbacher Mémoire für Max Joseph (30. September 1796)[6] auf: Reform der Beamtenschaft, bürokratische Verfassung. Befähigung und Kompetenz, ausreichende Besoldung und Altersversorgung, Rechtsschutz vor Entlassung, nicht mehr die Gnade des Landesherrn sollten für das Beamtentum maßgebend sein. Montgelas ließ die Mitwirkung der Bevölkerung, im Mémoire gefordert, um sie am Staatsleben zu interessieren, wieder fallen. So erhält der Landrichter eine große Machtfülle und repräsentiert die Staatsgewalt auf dem Lande.

Die Entwicklung ging stürmisch weiter. Der letzte entscheidende Schritt zur Zerstörung des Heiligen Römischen Reiches war die Rheinbundakte vom 2. Juli 1806 (Artikel 1: *Die Staaten der Verbündeten werden auf ewig von dem Territorium des deutschen Reiches getrennt und unter sich durch eine besondere Confoederation unter dem Namen „Rheinische Bundesstaaten" vereinigt.*). Die Verkündigung der Rheinbundakte und ein Ultimatum Napoleons zwangen Kaiser Franz I., die Krone niederzulegen. Ein Jahrtausend europäischer Entwicklung war damit beendet. Die Aufhebung des fränkischen Kreiskonvents (1806) und seine Liquidierung (1808) schlossen eine 300jährige Form der territorialen Zusammenarbeit ab.

Die Unterwerfung der Reichsritterschaft (Proklamation am 9. Oktober 1803) in der Absicht, ein einheitliches, geschlossenes Territorium zu erzwingen, begann mit der Säkularisation. In einem Tagesbefehl des Marschalls Berthier, Chef des Stabes der französischen Armee, befahl Napoleon seinen Befehlshabern und Militärbehörden, Bayern, Württemberg und Baden bei der Besitznahme der Güter der Reichsritterschaft zu unterstützen. Gleichzeitig garantierte er den drei Herrschern dieser Länder die volle Souveränität (19. Dezember 1805).

Die Verfassung vom 1. Mai 1808[7] faßt die Tendenzen des Staatsaufbaus zusammen:

Alle besonderen Verfassungen, Privilegien, Erbämter und Landschaftliche Corporationen der einzelnen Provinzen sind aufgehoben. Das ganze Königreich wird durch eine Nationalrepräsentation vertreten, nach gleichen Gesetzen gerichtet und nach gleichen Grundsätzen verwaltet. Dem zu Folge soll ein und dasselbe Steuersistem für das ganze Königreich seyn . . . (Titel 1, § II).

Die Leibeigenschaft wird da, wo sie noch besteht, aufgehoben (T. 1, § III).

Ohne Rücksicht auf die bisher bestandene Eintheilung in Provinzen, wird das ganze Königreich in möglichst gleiche Kreise, und so viel thunlich, nach natürlichen Gränzen, getheilt (T. 1, § IV).

---

[6] E. Weiss, Montgelas 1759—1799, München 1971, S. 266—287
[7] Kgl. bayerisches Regierungsblatt (RBl), 1808, Sp. 2789—2797.

Das Adel behält seine gutsherrlichen Rechte. Er bildet keinen besonderen Teil der geplanten Nationalrepräsentation und besitzt kein ausschließliches Recht auf Staatsämter, Staatswürden und Staatspfründen. Dies gilt auch für die Geistlichkeit, doch wird der Schutz kirchlichen Eigentums zugesichert. Die Verfassung verkündet Sicherheit der Person, des Eigentums, vollkommene Gewissensfreiheit und Pressefreiheit, eingeschränkt durch die Verordnungen von 1799, 1803 und 1806.

Ein starker Impuls für die Entwicklung der Verwaltung des sprunghaft vergrößerten Bayern ging vom Finanzwesen aus. Viel Geld benötigte der Staat: für alte Schulden, den Neuaufbau, vor allem für die schweren Kriegslasten, die Napoleon dem verbündeten Bayern aufbürdete. So erging am 26. September 1808 nach altbayerischem Vorbild das *Edikt über die Fassionen* (Steuererklärungen) *für das Steuerprovisorium* auch für Bamberg.[8] Nach dem *Organischen* (ergänzenden) *Edikt über die Bildung der Gemeinden* vom 24. August 1808 sollten die Steuerdistrikte die Grundlage der Gemeindebildung sein. Die uralten Pfarreien, die Schulsprengel und die Grenzen der bäuerlichen Wirtschaftsgemeinde sollten sich mit dem Steuerdistrikt decken. Im Jahre 1811 war das Landgericht Bamberg I in 35, Bamberg II (mit der Stadt Bamberg) in 39, Burgebrach in 20, Ebrach in 14, Hallstadt in 15 und Scheßlitz in 22 Steuerdistrikte unterteilt. Das Gesetz hatte nur eine geringe Wirkung. Die Bevölkerung blieb meist beim Gewohnten und hielt sich an die alten Gewalten. Die Intention des Ediktes, aus einer unübersehbaren Fülle von Stadt- und Marktverfassungen nach französischem Vorbild eine zentralistisch strukturierte Gemeinde zu formen, wurde erst ein Jahrzehnt später verwirklicht. Montgelas wünschte keine Selbstverwaltung, sondern die Behörden sollten die Kenntnis der örtlichen Verhältnisse nützen. Zwei kurfürstliche Verordnungen (31. Dezember 1802 und 20. März 1806)[9] hatten die überlieferte Selbstverwaltung der Gemeinden aufgehoben. Nur staatlich geprüfte Richterbeamte durften die Gerichtsbarkeit ausüben, die Polizeigewalt in den „Haupt- und Residenzstädten" wurde auf staatliche Polizeidirektionen übertragen, 1806 die Polizeibefugnisse der kleineren Städte und Märkte den Landgerichten zugeteilt. Mehrere Verordnungen führten zur staatlichen Vormundschaft über das Gemeindevermögen.

Nach 1810 beginnen die ersten, vom Gesetz legitimierten Zusammenschlüsse von Gemeinden mit bescheidener Selbstverwaltung. Die Allgemeine Verordnung, *die besonderen Umlagen für die Gemeinde-Bedürfnisse betreffend* (6. Februar 1812)[10], vom König und von Montgelas unterzeichnet, räumte den Gemeinden eine regionale Zusammenarbeit ein und hebt die streng gemeindliche Bindung von Umlagen auf. Bezirksumlagen (mehrere Gemeinden) dienen 1. der Einrichtung und Unterhaltung der Armenanstalten, 2. *der Anschaffung und Unterhaltung grosser und kostbarer Feuer-Löschmaschinen, welche nicht jede einzelne Gemeinde besizen kann, deren Vervielfältigung aber, besonders auf dem platten Lande als nothwendig erkannt wird*, 3. *der Herstellung und Unterhaltung der Vicinal-Straßen, den Bauten und Arbeiten an Brücken und Flüssen, soweit diese Gegenstände das Interesse mehrere Gemeinden zugleich umfassen* (Art. 5).

Die Gliederung der Umlagen erfolgt nach Gerichtsbezirken. *Jede mit einer Polizeidirektion oder einem Polizei-Kommissariate besetzte Stadt, jedes Landgericht, und jedes Herrschaftsgericht bildet* hinsichtlich der Umlagen *einen selbständigen und geschlossenen Bezirk* (Art. 23).

---

[8] H. Weiss (wie Anm. 4), S. 202. RBl 1808, Sp. 2315 ff.
[9] RBl 1803 Sp. 8, RBl 1806 Sp. 129.
[10] RBl 1812 Sp. 321 ff.

Für die Wasser- Brücken- und Strassenbau-Arbeiten . . . werden die Umlage-Bezirke in jedem einzelnen Falle nach dem Herkommen oder sonstigen rechtlichen Verhältnissen, oder nach dem Umfange des aus jenen Arbeiten für jede einzelne Gemeinde hervorgehenden Interesse, besonders bestimmt; jedoch soll kein solcher Bezirk den Umkreis von drei Stunden überschreiten. Für Fachgebiete (Kirchen, Schulen, Gesundheitswesen, Bauten) sind die zuständigen Experten zu hören. Für die bäuerliche Bevölkerung bis heute wichtig: Die Umlagen sollen nur dann in Geld stattfinden als der jeweilige Zweck nicht durch gemeinsame Arbeit erreicht werden kann, oder das erforderliche Maß von Arbeit zu drückend wird. Die Umlagepflichtigkeit wird genau geregelt.

Die General-, Kreis- und Stadtkommissariate prüfen die Umlageberechnungen und melden sie auf Formblättern dem geheimen Staatsministerium des Innern. Bei der Berechnung der Umlage wird die Gemeinde zu Sorgfalt und Sparsamkeit ermahnt, damit *der Unterthan so viel wie nur möglich geschont werde.* Für Bezirksumlagen wird eine eigene Kasse bei Land- und Herrschaftsgerichten gebildet. Diese Gerichte führen die unmittelbare Aufsicht über die örtlichen Umlagen; für Bezirksumlagen haben die General-, Kreis- und Stadtkommissariate das Recht der Einsicht, Prüfung und Erinnerung. Schon 1816 durften mehrere Gemeinden zusammen Vertreter bestellen, doch erst die Verfassung von 1818 gab den Gemeindeverbänden eine halbwegs sichere Grundlage.

Die allgemeinen Ziele der Verfassung vom 26. Mai 1818 sind in der Einleitung formuliert: *Freyheit der Gewissen, und gewissenhafte Scheidung und Schützung dessen, was des Staates und der Kirche ist; Freyheit der Meinungen, mit gesetzlichen Beschränkungen gegen den Mißbrauch; Gleiches Recht der Eingebornen zu allen Graden des Staatsdienstes und zu allen Bezeichnungen des Verdienstes; Gleiche Berufung zur Pflicht und Ehre der Waffen; Gleichheit der Gesetze und vor dem Gesetze; Unpartheylichkeit und Unaufhaltbarkeit der Rechtspflege; Gleichheit der Belegung und Pflichtigkeit ihrer Leistung; Ordnung durch alle Theile des Staats-Haushaltes, rechtlicher Schutz des Staats-Credits, und gesicherte Verwendung der dafür bestimmten Mittel; Wiederbelebung der Gemeinde-Körper durch die Wiedergabe der Verwaltung der ihr Wohl zunächst berührenden Angelegenheiten; eine Standschaft — hervorgehend aus allen Klassen der im Staat ansässigen Staatsbürger, — mit den Rechten des Beyrathes, der Zustimmung, der Willigung, der Wünsche, und der Beschwerdeführung wegen verletzter verfassungsmäßiger Rechte — berufen, um in öffentlichen Versammlungen die Weisheit der Berathung zu verstärken, ohne die Kraft der Regierung zu schwächen; Endlich eine Gewähr der Verfassung, sichernd gegen willkürlichen Wechsel, aber nicht hindernd das Fortschreiten zum Besten nach geprüften Erfahrungen.*[11]

Das kurz vorher erlassene *Revidirte Gemeindeedikt* vom 17. Mai 1818[12] enthält für Gemeindezusammenschlüsse folgende Passage:

Da in besonderen Fällen, z. B.

a) *zur Herstellung und Unterhaltung wichtiger Vicinal-Straßen, ingleichen der Ufer- und Wasser-Bauten, wenn sie den Communen obliegen, und durch die Bezirke mehrerer Gemeinden gehen;*
b) *zur Anschaffung von kostspieligen Feuerlösch-Maschinen;*
c) *zur Unterhaltung der Landärzte und Hebammen;*
d) *zur Armenpflege durch zweckmäßige Armenanstalten;*

---

[11] GBl 1818, S. 101 ff.
[12] GBl 1818, S. 49.

e) *bey Militär-Einquartirungen, Kriegsfuhren und Kriegslieferungen etc. das Zusammenwirken mehrerer Gemeinden erfordert wird, und manche ähnliche polizeyliche und sonstige politische und financielle Zwecke in der Verwaltung des Staates ohne eine Vereinigung mehrerer Gemeinden entweder gar nicht oder nur unvollkommen erreicht werden können, so behalten Wir Uns vor, für solche gemeinsame Zwecke mehrere nahe gelegene Gemeinden in eine Distriktsgemeinde künftighin zu vereinigen (§ 7).*[13]

Dieser Artikel, dessen wichtigste Bestimmungen sich schon im Umlagengesetz von 1812 finden, ist die Grundlage der Gemeinschaftsaufgaben in allen folgenden Gesetzen. Die Bezeichnung Distriktsgemeinde tritt hier zum ersten Mal auf. Die Distriktsgemeinde von 1818 war nicht rechtsfähig und keine ständige Einrichtung. Über ihren Bestand entschieden die Behörden nach freiem Ermessen; hatten sie ihren Zweck erreicht, so wurden sie aufgelöst. Das Gemeindeumlagegesetz von 1819 formulierte im Artikel VII die Zahlung von Distriktsumlagen und das Gesetz über die Behandlung der Distriktsumlagen (11. September 1825) gab den Vereinigungen der *zum Concurrenz-Distrikt* (Zweckverband) *vorläufig bestimmten Gemeinden* ein Mitspracherecht bei Umlagen in *Distriktsversammlungen*. Diesen Gemeindeverbänden wurde ein Teil der Kriegslasten aus der Zeit Napoleons aufgebürdet.

Ein Hindernis für den Zusammenschluß von Gemeinden waren die Patrimonialgerichte, da sich Gemeinden, die dem königlichen Landrichter unterstanden, und Gemeinden, die gutsherrlicher Gerichtsbarkeit unterworfen waren, nicht zusammenschließen durften. Bei der Gemeindebildung 1818 waren in den Landgerichten Bamberg I und Bamberg II nur Ruralgemeinden (Gegensatz: magistratische Gemeinde) formiert worden. Hallstadt ließ sich freiwillig als Ruralgemeinde einstufen; im Landgericht Burgebrach wurde nur Burgebrach als *Markt* eingeordnet. Der Markt Burgwindheim zählte als Ruralgemeinde, Scheßlitz erhielt den Rang einer Stadt 3. Klasse.[14]

Die bayerische Distriktsgemeinde erfüllte ihren Zweck nur unvollkommen. Das Revolutionsjahr 1848 hatte die Einheitlichkeit der Bezirksorganisation durch die Aufhebung der Patriomonialgerichtsbarkeit hergestellt, in der Abgeordnetenkammer wurde mehr Selbstverwaltung gefordert und zahlreiche Flugschriften propagierten die Mitwirkung der Bürger. Auf einem Gesetzentwurf von 1851 fußend wurde das *Gesetz, die Distriktsräte betreffend* erlassen (18. Mai 1852)[15]. Auf diesem Gesetz beruhte die kommunale Arbeit sieben Jahrzehnte. Es wird vielfach als Ursprung der heutigen Landkreise als Selbstverwaltungsorgane angesehen.

Bestand: *Jeder Amtsbezirk einer Distriktsverwaltungsbehörde... bildet eine Distrikts-Gemeinde und in einem jeden derselben besteht als Vertreter dieser Korporation ein Distriktsrath.* — Bei der Vereinigung mehrerer Verwaltungsbezirke (Landgerichte) konnte jeder Bezirk als Distriktsgemeinde mit eigener Vertretung fortbestehen.

Der Wirkungskreis wird genau umschrieben:

a) Prüfung und Feststellung des jährlichen Voranschlages (Etats) aller Distriktsausgaben
b) Beantragung und Verteilung der Distriktsumlagen
c) Prüfung (Anerkennung oder Beanstandung) der Distriktskassa-Rechnung und Rechnungen aller Distriktsanstalten

---

[13] Der Artikel erweitert das Umlagengesetz von 1812 nur um c) und e).
[14] H. WEISS (wie Anm. 4), S. 220.
[15] GBl 1851/52, Sp. 12, 245 ff.

d) Aufnahme von Krediten
e) Erwerb und Verkauf von Realitäten oder nutzbaren Rechten der Distriktsgemeinde
f) Beantragung und Einrichtung von Anstalten (soweit nicht schon gesetzlich erforderlich) aus Distriktsmitteln
g) Abgabe von Gutachten über die Verwaltung und Wohlfahrt des Distrikts auf Veranlassung der Kreisregierung
h) Einsicht in die Verwaltung von Stiftungen, die keiner Religionsgemeinschaft unterstehen
i) Anträge und Beschwerden über *Gebrechen der Verwaltung*.

Der Distriktsrat versammelt sich in der Regel einmal jährlich unter dem Vorsitz und der Leitung des Distriktsverwaltungsbeamten oder des Stellvertreters (Art. 12). Zur Beschlußfähigkeit müssen zwei Drittel der Mitglieder anwesend sein. Beschlüsse werden mit Stimmenmehrheit gefaßt. Zur Wahl der Distriktsvertreter in den Landrat (heute Bezirkstag) werden zwei Distriktsräte eines Regierungsbezirkes zu einem Wahlkörper vereinigt. Unter der Leitung eines Verwaltungsbeamten, der von der Kreisregierung berufen wird, konnte ein Abgeordneter mit absoluter Mehrheit in den Landrat gewählt werden. Für seinen Ersatzmann ist ein getrennter Wahlgang vorgeschrieben. Der Großgrundbesitz, die Kirchen und Universitäten erhalten Sonderrechte (Art. 3).

Für die Distriktslasten gelten folgende Vorschriften (Art. 27):

a) Jede Distriktsgemeinde ist verbunden, alle Leistungen zu bestreiten, welche ihr nach Gesetz, besonderen Rechtstiteln oder in Folge der Beschlüsse des Distriktsrathes obliegen;
b) als gesetzliche Distriktslasten sollen angesehen werden
1. die Verzinsung und Tilgung der Distriktsgemeinde-Schulden;
2. die Ergänzung des Grundstockvermögens der Distriktsgemeinde;
3. die Unterhaltung bestehender oder künftig neu entstehender Distriktsanstalten;
4. die Anlegung und Unterhaltung der Distriktsstraßen;
5. die Beschaffung und Erhaltung der zum gemeinsamen Gebrauche bestimmten Feuerlöschmaschinen;
6. die Kosten des Unterrichtes der Schülerinnen der Entbindungskunst;
7. die Unterhaltsbeiträge für die nach Maßgabe der jeweiligen Gesetze oder Verordnungen angestellten Thierärzte. (Art. 27)

Über die Art der Erfüllung dieser Verbindlichkeiten beschließt der Distriktsrat. Der Distriktsrat wählt aus seiner Mitte einen Ausschuß, um die Effizienz der Verwaltung zu erhöhen. Der Distriktsausschuß hat folgende Aufgaben:

a) die Verwaltung des Vermögens der Distriktsgemeinde zu leiten und die Distriktsgemeinde in jenen Fällen zu vertreten, welche nicht zur Zuständigkeit des Distriktrates verwiesen sind;
b) die Aufsicht über die Distriktsanstalten;
c) Verrechnungs- und Zahlungsanweisungen durch den Vorstand an den Distriktskassierer zu erlassen;
d) die Vorberatung und Vorbereitung aller Gegenstände für den Distriktsrat;
e) Revision der Rechnung des Distriktskassiers und der Distriktsanstalten;
f) die Aufstellung des jährlichen Bedarfsvoranschlages mit allen technischen Erhebungen (*Sodann mit dem vollständigen Repartitionsentwurfe* (Verteilung) *der Distriktsumlagen zu begleiten*);
g) die Aufstellung des Distriktskassiers bei unvorhergesehenem Ausscheiden.

Zur Bestreitung der Distriktsbedürfnisse standen Mittel zur Verfügung

a) *aus den Nutzungen des Distrikts-Gemeindevermögens, welches jedoch im Grundstocke ungeschmälert erhalten werden soll;*

b) *aus den auf Gesetz oder besonderen Rechtstiteln beruhenden Leistungen des Staates, der Stiftungen, der Gemeinden oder anderer juristischer oder physischer Personen;*

c) *aus den freiwilligen Zuschüssen von Staats- oder Kreisfonds, oder von den aus der Unternehmung zunächst Vorteil ziehenden Gemeinden und Privaten*
zu schöpfen und in Ermangelung oder bei Unzureichenheit dieser Quellen durch Distriktsumlagen zu decken. (Art. 30)

Verhältnismäßig spät führte Bayern die vollständige Trennung von Justiz und Verwaltung durch. Schon das Gesetz vom 10. November 1861 *(die Gerichtsverfassung betreffend)*, das die Gerichtsinstanzen neu gliedert, verkündet die Erfüllung dieser alten Forderung. Von Nizza aus erging am 24. Februar 1862 die *Königliche Allerhöchste Verordnung die Einrichtung der Distrikts-Verwaltungs-Behörden betreffend.*[16] Diese Verordnung trennt Justiz und Verwaltung auf der Ebene der Landgerichte, oder modern gesprochen, das Amtsgericht wird aus dem Landratsamt ausgegliedert. Sie vereinigte meist zwei Landgerichte (ä. O.), teilte das Königreich in Bezirke auf und legte für ein Jahrhundert — mit geringen Änderungen — die Landkreise fest.

Wir haben Uns in Ausführung der Trennung der Rechtspflege von der Verwaltung bewogen gefunden, bezüglich der Einrichtung der Districtsverwaltungsbehörden nach Vernehmung Unseres Staatsrathes zu verordnen, was folgt:

§ 1 *Die Regierungsbezirke diesseits des Rheins werden . . . in Verwaltungs-Districte eingetheilt. Für jeden der Districte wird ein Bezirksamt als Verwaltungs-Behörde bestellt. Ausgenommen werden die einer Kreisregierung unmittelbar untergeordneten Städte. Die Bezirksämter sind den Kreisregierungen unmittelbar untergeordnet.*

Jedes Bezirksamt hat einen Bezirksamtmann als Leiter und in der Regel einen Bezirksassessor. Der Bezirksamtmann engagiert das nötige Schreibpersonal und verpflichtet es eidlich. *Er ist für die Wahl tüchtiger und wohlbeleumdeter Persönlichkeiten verantwortlich.* Jedes Bezirksamt erhielt einen Bezirksdiener *(durch Allerhöchste Ernennung).* Bezirksamtmann, Bezirksassessor und Bezirksdiener tragen Uniform.

Bei der Organisation wird die Struktur der Landgerichte auf die Bezirksämter übertragen. *Der Wirkungskreis der Bezirksämter umfaßt im Allgemeinen alle Geschäftszweige, welche bisher der Zuständigkeit der Landgerichte als Districtsverwaltungsbehörden überwiesen waren* (§ 10). *Der Bezirksamtmann leitet die Geschäfte unter seiner ausschließlichen persönlichen Verantwortlichkeit.*

Bei wichtigen Vorfällen hat er sich sofort an Ort und Stelle zu begeben. *Ohne ausdrückliche Genehmigung der Kreisregierung darf er sich nicht über 24 Stunden aus seinem Amtsbezirke entfernen.*

Der Bezirksassessor ist dem Bezirksamtmann untergeordnet. Er ist Stellvertreter mit eigener Verantwortlichkeit. *Er darf ohne Urlaub oder Auftrag sich nicht aus dem Amtsbezirke entfernen* (§ 12). Der Bezirksamtmann ist verpflichtet, seinen Amtsbezirk zu bereisen, Kontakt zu den Gemeinden zu halten und die Durchführung der Verordnungen zu kontrollieren. Er hat für eine pünktliche und schnelle Erledigung der Amtsgeschäfte zu sorgen. Vorladungen dürfen nur mit Angabe der Veranlassung ergehen. *Im amtlichen Verkehre hat er ein wohlwollendes Verfahren zu bethätigen und darüber zu wachen, daß Gleiches auch von allen seinen Untergebenen geschehe* (§ 14). Die Verord-

---

[16] GBl 1862, Sp. 410 ff.; H. WEISS (wie Anm. 4), S. 224 f.

nung trat am 1. Juli 1862 in den Bezirken diesseits des Rheins (heutiges Bayern) in Kraft.

Für das Bezirksamt Bamberg I wurden in dieser Verordnung die Landgerichte Bamberg I und Scheßlitz, für das Bezirksamt Bamberg II die Landgerichte Bamberg II und Burgebrach zusammengelegt. Baunach gehörte zum Bezirksamt Ebern, Schlüsselfeld zu Höchstadt/Aisch. Die Finanzverwaltung blieb Aufgabe der Rentämter.

Bei der Vereinigung der Landgerichte zu einem Bezirksamt konnten nach dem Gesetz über die Distriktsräte (28. Mai 1852) die alten Distriktsgemeinden mit ihren Distriktsräten erhalten bleiben (Art. 1, Abs. 1). Die Landgerichte auf dem Gebiet des heutigen Landkreises sprachen sich *für die unbedingte Erhaltung ihrer Selbständigkeit als Distriktsgemeinde mit besonderer Vertretung aus*. Betrachtet man die Vermögensverhältnisse (1853/54) der Landgerichte Bamberg I, II, Burgebrach und Scheßlitz, so weist keines ein rentierliches (ertragreiches) Distriktsvermögen auf, nur Bamberg ein unrentierliches von 86 Gulden. Die Einnahmen von 1852 betrugen bei Bamberg I 231 fl., Bamberg II 416 fl., Scheßlitz 895 fl.; für Burgebrach fehlen die Angaben. — Diese Landgerichte gehörten zu den Bezirken mit dem höchsten Steueraufkommen in Oberfranken (Bamberg I: 20 837 fl., Bamberg II: 18 891 fl., Burgebrach 18 310 fl., Scheßlitz: 23 897 fl.). Keines der vier Landgerichte hatte Schulden. Im Landgericht Bamberg I bestand eine Distriktshilfskasse, Bamberg II, Burgebrach und Scheßlitz besaßen keine Distriktsanstalten.

Die Organisation zu Bezirksämtern brachte Schwierigkeiten, wie sie uns auch heute vertraut sind. Der Distriktsrat Burgebrach lehnte die Vereinigung mit Bamberg II vorläufig (im Text unterstrichen) ab. Man wolle erst den weiteren Verlauf der *Organisations-Angelegenheit* abwarten. Burgebrach scheue die Kosten für die vielen Distriktsstraßen im Landgericht Bamberg II und wegen der ganz armen Gemeinden Sassanfahrt mit Köttmannsdorf, Lisberg, Hartlanden, Wildensorg usw. Auch der Distriktsrat Bamberg II lehnte ab, *indem viele Mitglieder es gewissermaßen als Schimpf und Herabwürdigung ansahen, wenn der diesseitige District zur Verschmelzung mit Burgebrach sich bereit erklären, Burgebrach aber bei der bevorstehenden Districtsversammlung die im Voraus bekannte Ablehnung dieser Vereinigung aussprechen würde*.[17]

Der erste Weltkrieg (1914—1918) stürzte mit der Niederlage des Deutschen Reiches die Monarchie. Die Revolution von 1918 veränderte das Staatsleben und die Verwaltung grundlegend. Unter turbulenten Ereignissen entstand das Gesetz über die Selbstverwaltung vom 22. Mai 1919.[18] Am 7. April 1919 wurde die Räterepublik in München ausgerufen, die Regierung des Mehrheitssozialisten Hoffmann flüchtete nach Bamberg. In der Fürstbischöflichen Residenz beschloß der Ministerrat ohne Landtag das Selbstverwaltungsgesetz. Einheitlichkeit, klare Kompetenzen und Selbstverwaltung waren die Ziele des Gesetzes.

An Stelle der Bezeichnungen Distriktsgemeinde, Distriktsrat, Distriktsausschuß, Distriktsratsmitglied treten die Bezeichnungen Bezirk, Bezirkstag, Bezirksausschuß, Bezirksvertreter; an Stelle der Bezeichnungen Kreisgemeinde, Landrat, Landratsausschuß, Landratsmitglied treten die Bezeichnungen Kreis, Kreistag, Kreisausschuß, Kreisvertreter (Art. 1).

Die Wahlperiode dauerte fünf Jahre. Die Zahl der Bezirksvertreter wurde auf ein Drittel der bisherigen Gemeindevertreter festgesetzt. Mit Wirkung vom 1. Januar 1920

---

[17] Bericht des Landgerichts Bamberg II an die Kreisregierung Oberfranken vom 26. April 1862, Staatsarchiv Bamberg, Rep. G I Nr. 7237.
[18] Gesetz- und Verordnungsblatt 1919, S. 239 ff.

werden die zu einem Bezirksamte gehörigen Bezirke zu einem Bezirksamt vereinigt. Entscheidend, und deshalb häufig zitiert, ist der Artikel 12: *Die Gemeinden, die Bezirke, die Kreise sind Körperschaften des öffentlichen Rechts mit dem Rechte der Selbstverwaltung nach Maßgabe der Gesetze. Sie können Rechte erwerben und Verbindlichkeiten eingehen.* Diese Formulierung stimmt mit dem Artikel 1 der Gemeindeordnung vom 29. April 1869 überein.

Als allgemeiner Sinn gilt: *Aufgabe der Gemeinden, Bezirke und Kreise ist die Pflege des geistigen, sittlichen und wirtschaftlichen Wohles der Einwohner und deren Erziehung zur Gemeinschaft des ganzen Volkes.* Die Staatsaufsicht über die Bezirke führte die Regierung (Kreis), Kammer des Innern, unter der obersten Leitung des Staatsministeriums des Innern (Art. 15). Die Aufsichtsbehörde hatte die Genehmigung zu erteilen: 1. bei der Ausleihung von Geldern unter Abweichung von *bestehenden Rechtsvorschriften oder an Mitglieder der Verwaltung der Gemeinden des Bezirkes ..., 2. zur Veräußerung oder wesentlichen Veränderung von Gebäuden oder sonstigen unbeweglichen oder beweglichen Gegenständen von künstlerischem oder geschichtlichem Wert.*

Die Kontrolle über die Finanzen wird gelockert: Die Aufsichtsbehörde kann von der Rechnungsprüfung absehen. Der Bezirkstag wählt aus seiner Mitte nach den Grundsätzen des Verhältniswahlrechts einen Ausschuß von 5—7 Mitgliedern und ebenso viele Ersatzmänner. Den Vorsitzenden, den Schriftführer und für beide einen Stellvertreter wählt der Ausschuß selbst.

Der Bezirkstag regelt den Geschäftsgang durch eine Geschäftsordnung (Art. 19). Für besondere Aufgaben können Sonderausschüsse gebildet werden (Schulwesen u. a.).

Zum Wirkungskreis des Bezirkes gehören alle Angelegenheiten, die Rechte und Verbindlichkeiten des Bezirkes ... betreffen, insbesondere

a) *die Prüfung und Feststellung des jährlichen Voranschlags aller Einnahmen und Ausgaben,*
b) *die Festsetzung des Umlagenbedarfs,*
c) *die Prüfung und Anerkennung oder Beanstandung der Rechnungen der Bezirkskasse, der Bezirksanstalten und der vom Bezirke verwalteten Stiftungen,*
d) *die Aufnahme von Anlehen zur Bestreitung außerordentlicher Bedürfnisse und die Festsetzung eines Tilgungsplanes,*
e) *die Erwerbung und Veräußerung von Grundstücken oder Rechten an einem Grundstück des Bezirkes sowie die Belastung eines Grundstückes mit einem solchen Recht,*
f) *die Errichtung, Veränderung und Aufhebung der Anstalten und Einrichtungen des Bezirkes sowie die Erlassung von Satzungen für die Verwaltung dieser Anstalten und Einrichtungen (Art. 21).*

Der Bezirksausschuß vertritt den Bezirk nach außen. Er ist beschlußfähig, wenn mehr als die Hälfte der Mitglieder anwesend ist. Pflichten des Ausschusses sind:

a) *die Verwaltung des Vermögens zu teilen,*
b) *die Aufsicht über die Anstalten des Bezirkes ... zu führen,*
c) *alle an den Bezirkstag ... zu bringenden Gegenstände vorzubereiten und vorzuberaten,*
d) *Rechnungen des Bezirkes ... vor der Vorlage an den Bezirkstag ... zu prüfen,*
e) *den jährlichen Voranschlag herzustellen, den zur Erhebung bestimmten Hundertsatz der Bezirksumlage ... zu berechnen (Art. 22).*

Der Bezirksausschuß kann in verschiedenen Verwaltungsangelegenheiten an die Stelle der Bezirkspolizei treten. Ihm sind übertragen:

a) *Erlaß bezirkspolizeilicher Vorschriften ...,*
b) *Polizeiliche Eingriffe in die persönliche Freiheit* (Besserungsnachhaft, Polizeiaufsicht, Verwahrung gemeingefährlicher Geisteskranker),
c) *Festsetzung von Baulinien,*
d) *Heimatschutz und Denkmalpflege,*
e) *Bildung und Änderung der Kehr- und Wasenmeisterbezirke* (Abdeckerbezirk), *Festsetzung der Impforte, Begutachtung hinsichtlich der Standesamtsbezirke,*
f) *Verleihung von Kaminkehrbezirken,*
g) *Beschlußfassung bei Dienststrafentsetzung der Bürgermeister, der Stadt- oder Gemeinderatsmitglieder, der Ortspfleger und Ortsausschußmitglieder,*
h) *allgemeine Richtlinien über die Verleihung von Wirtschaftskonzessionen und die polizeiliche Bewilligung von Tanzmusiken und zur Veranstaltung sonstiger Lustbarkeiten und Schaustellungen, soweit nicht Verordnungen und ministerielle Vorschriften vorliegen,*
i) *die Aufsicht über die Innungen, ...*
k) *die Regelung der Sonntagsruhe, ...*
l) *Arbeitsschutz nach der Reichsgewerbeordnung,*
m) *Verweigerung der Ausstellung von Führerscheinen, Zurücknahme der Fahrerlaubnis gemäß Reichsgesetz vom 3. Mai 1909 über den Verkehr mit Kraftfahrzeugen.*

Der Bezirksausschuß soll die freiwillige Bildung von Zweckverbänden fördern (gemeinsame Gemeindeschreiber, Rechner, Einnehmer, gemeinschaftliche Wegeunterhaltung, gemeinschaftliche Einrichtungen für das Schulwesen, die Volksbildung, das Wohnungswesen, Feuerlöschwesen u. a.).

Gemeinden können sich zu Zweckverbänden zusammenschließen. Ein Zweckverband kann bei mangelndem Interesse vom Bezirksausschuß gebildet werden (Art. 26).

Das Staatsministerium des Innern erließ am 14. Juni 1919 die Vollzugsanweisung. Wegen der bedrängten Zeitumstände wurden die Bestimmungen des Selbstverwaltungsgesetzes für Gemeinden, Bezirke und Kreise zusammengefaßt. Die neuen Grundsätze galten auch für die alten Gesetze, und im Artikel 1 wurde als Regel vorgegeben, daß dem neuen Gesetz widersprechende Vorschriften nicht mehr gelten sollten. Die Auslegung des Gesetzes stützt sich auf seinen Wortlaut. Hilfsmittel wie die öffentliche Beratung in der Volksvertretung, gibt es nicht. Zudem fehlt die Begründung, die einen genauen Einblick in die Motive der Regierung Hoffmann geben könnte. Da die Volksvertretung das Gesetz wegen der schwierigen und unübersichtlichen Lage im Lande nicht behandeln konnte, nahm man später kleine Berichtigungen vor und erließ eine Reihe von Vollzugsvorschriften.

Die Bezirksordnung vom 17. Oktober 1927[19], gleichzeitig mit der Gemeindeordnung und Kreisordnung erlassen, bringt die lange Entwicklung zum Abschluß. Der Artikel 1 wiederholt das Recht auf Selbstverwaltung in der gleichen Formulierung wie das Gesetz vom 22. Mai 1919. Der Wirkungskreis wird genauer als in den früheren Gesetzen über Gemeindezusammenschlüsse und Distriktsgemeinden beschrieben, wobei zu den alten Aufgaben neue zugewiesen werden (s. folgend 3, 4, 5, 6). *Der Bezirk ist verpflichtet:*

1. *die Anstalten, Unternehmungen und Einrichtungen sowie die Straßen und Brücken des Bezirks zu unterhalten,*

---

[19] GVBl 1927, S. 239 ff.

2. Straßen zu übernehmen und herzustellen, die bestimmt oder geeignet sind, einen über die nachbarliche Verbindung einzelner Gemeinden erheblich hinausgehenden Verkehr zu vermitteln,
3. die nötigen Sicherheitsvorrichtungen, Wegweiser und Warnungstafeln an den Straßen und Brücken des Bezirks herzustellen und zu unterhalten,
4. Bezirkskrankenhäuser zu errichten, soweit nicht für die erforderliche Krankenhauspflege auf andere Weise gesorgt ist oder gesorgt werden kann,
5. den Aufwand für Anstalten, Unternehmungen und Einrichtungen des Staates zu leisten, der dem Bezirke nach Vereinbarung obliegt oder bei Inkrafttreten dieses Gesetzes von ihm getragen wird, ferner den Aufwand, den der Bezirk für diese Zwecke künftig übernehmen wird,
6. einen Bezirksbaumeister und einen Bezirkskassenverwalter zu bestellen,
7. die Kosten der Ausbildung der Hebammen zu bestreiten, . . .
8. die für den gemeinsamen Gebrauch notwendigen Feuerlöschgeräte zu beschaffen und zu unterhalten,
9. die Aufgaben zu erfüllen, die ihm durch andere Gesetze auferlegt sind oder künftig auferlegt werden,
10. seinen persönlichen und sachlichen Aufwand zu bestreiten, soweit er nicht vom Staate oder anderweitig getragen wird (Art. 2).

Der Bezirk ist, wenn die Erfüllung der Pflichtaufgaben (s. Art. 2) gewährleistet ist, berechtigt, freiwillige Leistungen für solche Unternehmungen und Einrichtungen aufzuwenden, deren Durchführung der einzelnen Gemeinde unmöglich oder nur mit besonderen Schwierigkeiten möglich ist (Art. 3).

Der Bezirk wird vom Bezirkstag und vom Bezirksausschuß verwaltet, soweit nicht das Bezirksamt zuständig ist (Art. 4). Die Mitglieder des Bezirkstages werden in allgemeiner, gleicher, unmittelbarer, geheimer Wahl nach dem Verhältniswahlrecht auf die Dauer von fünf Jahren gewählt (Art. 7). Dem Bezirkstag ist die Beschlußfassung über folgende Angelegenheiten vorbehalten:

1. Festsetzung des Voranschlags,
2. Feststellung der Jahresrechnungen über die Verwaltung des Bezirks und der vom Bezirke verwalteten Stiftungen,
3. Aufstellung der Grundsätze, nach denen das Vermögen des Bezirks zu verwalten ist,
4. Erhebung öffentlich-rechtlicher Abgaben für den Bezirk,
5. Festsetzung und Änderung der Satzungen der Anstalten und sonstigen Einrichtungen des Bezirks, Festsetzung der Gebühren und sonstigen Vergütungen für die Benützung,
7. Veräußerung und Belastung von Liegenschaften, die zum Grundstockvermögen des Bezirks oder der vom Bezirke verwalteten Stiftungen gehören,
8. Errichtung oder Aufhebung von Anstalten, Unternehmungen und Einrichtungen des Bezirks,
9. Aufnahme von Anleihen und Übernahme von Bürgschaften,
10. freiwillige Leistungen nach Artikel 3 (s. S. 561, Z. 20),
11. die Höhe der Entschädigung der Mitglieder des Bezirkstages, des Bezirksausschusses und der besonderen Ausschüsse sowie Art und Höhe der Vergütung der Reisekosten,
12. Zahl, Besoldung und sonstige Anstellungsbedingungen der Beamten und Angestellten des Bezirks (Art. 21).

Der Artikel 34 regelt die Staatsaufsicht. Der Bezirk bedarf der Genehmigung der Staatsaufsichtsbehörde:

1. *zur Ausleihung und Anlegung von Geldern unter Abweichung von den für Gemeinden gegebenen Vorschriften,*
2. *zur Errichtung von Sparkassen und Banken, ferner zur Errichtung neuer und zum Weiterbetriebe bestehender Zweig- und Annahmestellen inner- und außerhalb des Bezirks,*
3. *zur Errichtung und zum Betriebe von Erwerbsunternehmungen oder zu erheblicher Beteiligung an solchen sowie zu Einrichtungen, die die Versorgung der Bevölkerung mit Gegenständen des täglichen Bedarfs bezwecken,*
4. *zur Belastung von Grundstücken mit einer Hypothek, Grundschuld oder Rentenschuld . . .,*
5. *zur Aufhebung oder wesentlichen Veränderung der Anstalten, Einrichtungen, Straßen und Brücken des Bezirks,*
6. *zur Veräußerung oder wesentlichen Änderungen solcher Gebäude und sonstiger unbeweglicher oder beweglicher Gegenstände aus älterer Zeit, deren Erhaltung wegen ihres geschichtlichen, wissenschaftlichen oder Altertumswertes für die Allgemeinheit von Bedeutung ist, zur Veräußerung oder wesentlichen Veränderung von schutzwürdigen Naturgebilden und zu allen Maßnahmen am Bezirkseigentum, die ein schutzwürdiges Orts- oder Landschaftsbild wesentlich verändern.*

Vor Änderung im Bestand eines Bezirks ist in wichtigen Fällen der Bezirkstag, im übrigen der Bezirksausschuß zu hören (Art. 40). Das Distriktsratsgesetz vom 28. Mai 1852 wurde durch den Artikel 47 aufgehoben. Das Gesetz trat am 1. April 1928 in Kraft. Es überdauerte mit einigen Einschränkungen die Zeit der nationalsozialistischen Staatsführung und bildet die Grundlage der Landkreisordnung von 1952.

Die englisch-französische Aufklärung und der aus ihr hervorgegangene Konstitutionalismus beherrschte das deutsche und bayerische Verfassungsleben während des 19. Jahrhunderts. Frankreich war wie im ritterlich-höfischen Mittelalter, während des Absolutismus und zu Beginn der Revolution von 1789 das bewunderte Vorbild. Die Idee der Mitwirkung des Volkes in Regierung und Verwaltung setzt sich nach heftigen Kämpfen durch, durch Vorwärtsdrängen gefördert, durch Rückschläge aufgehalten. Überblickt man die Geschichte des bayerischen Verfassungslebens und die Verwaltungsgeschichte, so erweisen sie sich als fortschreitende Demokratisierung des Staates. Vom autoritären Landrichter und von den Gemeindeverbänden unter einer strengen Staatskuratel bis zur Körperschaft öffentlichen Rechts mit Selbstverwaltung war ein langer und mühevoller Weg zurückzulegen.

Zeittafel

1799—1825	Max Joseph, 1799 Kurfürst von Pfalz und Bayern, 1806 König von Bayern
1799—1802	Zweiter Koalitionskrieg
1801	Friede von Lunéville
1802	(24. 3.) Gesetz, die Einrichtung der Landgerichte betreffend
	(1. 9.) Bayerische Truppen rücken in das Hochstift Bamberg ein
	(29. 11.) Resignation des Fürstbischofs Franz v. Buseck
1803	Provinz Franken (Bistümer Bamberg, Würzburg, Abtei Ebrach, Teile des Bistums Eichstätt)
	(20. 5.) Landesdirektion in Bamberg

1804	(16. 11.) Aufteilung des Hochstifts Bamberg in drei Landeskommissariate, 20 Landgerichte und 20 Rentämter
1805	Dritter Koalitionskrieg (Dreikaiserschlacht bei Austerlitz)
	(19. 10.) Tagesbefehl des Marschalls Berthier an Befehlshaber und Militärbehörden, Bayern bei der Besitznahme der Reichsritterschaftlichen Güter zu unterstützen
	(26. 12.) Friede von Preßburg
1806	(1. 1.) Bayern wird Königreich
	(2. 7.) Rheinbundakte
	Vierter Koalitionskrieg (Preußen)
1808	(1. 5.) Konstitution
	(21. 6.) Gliederung des Königreichs in Kreise (Vorläufer der Regierungsbezirke)
	(24. 8.) Organisches Edikt über die Bildung der Gemeinden
	(26. 9.) Edikt über die Steuerfassionen für das Steuerprovisorium
1809	Fünfter Koalitionskrieg
1812	(6. 2.) Allgemeine Verordnung, die besonderen Umlagen für die Gemeinde-Bedürfnisse betreffend, Krieg Napoleons gegen Rußland
1814/15	Wiener Kongreß
1818	(17. 5.) Revidiertes Gemeindeedikt
	(26. 5.) Verfassung
1825—1848	König Ludwig I.
1848	Unruhen; Reformgesetzgebung
1848—1864	König Maximilian II
1852	(18. 5.) Gesetz, die Distriktsräte betreffend
1861	(10. 11.) Gesetz, die Gerichtsverfassung betreffend (Trennung von Justiz und Verwaltung)
1862	(24. 2.) Allerhöchste Verordnung, die Einrichtung der Distrikts-Verwaltungs-Behörden betreffend (Gliederung des Königreiches in Bezirke); Trennung von Justiz und Verwaltung
1864—1886	König Ludwig II.
1866	Krieg an der Seite Österreichs gegen Preußen
1871	(18. 1.) Kaiserproklamation in Versailles
1914—1918	Erster Weltkrieg
1919	(7. 4.) Räterepublik in München
	(22. 5.) Selbstverwaltungsgesetz
1927	(17. 10.) Bezirksordnung
1929	Vereinigung der Bezirksämter Bamberg I und Bamberg II

BAMBERG 1802—1803

Stadtverwaltung zwischen Hochstift und Kurfürstentum

von

ROBERT ZINK

Die gründliche Veränderung der politischen Landkarte nach der Französischen Revolution und den Ereignissen in ihrem Gefolge und die besitzrechtlichen Entwicklungen haben vorrangig das Interesse der Forschung beansprucht, ungeachtet der Tatsache, daß die Folgen dieses Erdrutsches auf der unteren Ebene der Verwaltung am unmittelbarsten spürbar waren und ebenso einschneidend wirkten.

Als Bayern im Pariser Vertrag vom 24. August 1801, der der Abtretung des linken Rheinufers an Frankreich im Frieden von Lunéville vom 9. Februar 1801 folgte, eine generelle Zusage Napoleons für eine volle Entschädigung der linksrheinischen Verluste erreichte[1], war damit de facto auch das Urteil über das Schicksal der fränkischen Hochstifte gesprochen. Strategischem Kalkül war es primär zuzuschreiben, daß diese geistlichen Territorien dem Kurfürsten von Bayern überlassen wurden, der gegen Österreich ebenso wie gegen Preußen einsetzbar war. Damit sahen sich die jahrelangen Bemühungen der Zollern, um eine Arrondierung ihrer fränkischen Markgrafschaften getäuscht[2].

Innenpolitisch war Bayern seit 1799 mit dem Regierungsantritt Kurfürst Max IV. Josephs aus der Linie Pfalz-Zweibrücken — wie zuvor bereits andere führende deutsche Staaten — in eine Phase grundlegender verwaltungsorganisatorischer Veränderungen getreten. Ausgehend von ersten Reformansätzen unter den Kurfürsten Max III. Joseph (1745—1777) und Karl Theodor (1777—1799), die insbesondere auf die Einrichtung neuer Behörden zum Zwecke wirtschafts- und militärpolitischer Verbesserungen abzielten[3], war es seit 1799 vor allem Maximilian Graf von Montgelas (1759—1838)[4], dem

---

[1] Zuletzt allgemein EBERHARD WEIS: Die Begründung des modernen bayerischen Staates unter König Max I. (1799—1825), in: Handbuch der bayerischen Geschichte, hg. von MAX SPINDLER, Bd. 4, S. 3 ff.), München ²1979; ders.: Das neue Bayern — Max I. Joseph, Montgelas und die Entstehung und Ausgestaltung des Königreichs 1799—1825, in: Wittelsbach und Bayern, Band 3: Krone und Verfassung. König Max I. Joseph und der neue Staat, hg. von HUBERT GLASER, München, Zürich 1980; ders.: Bayern und Frankreich in der Zeit des ersten Konsulats und des Ersten Empire (1799—1815), in: Historische Zeitschrift 237, 1983, S. 559 ff.; KARL MÖCKL: Der moderne bayerische Staat (Dokumente zur Geschichte von Staat und Gesellschaft, hg. von Karl Bosl, Abt. III Teil 1), München 1979.

[2] Zum Briefwechsel zwischen Fürstbischof Franz Ludwig von Erthal und dem preußischen Minister Hardenberg 1794 vgl. KARL THEODOR HEIGEL: Zur Geschichte der Säkularisation des Hochstifts Bamberg, in: Bericht des Historischen Vereins Bamberg 53, 1891; vgl. auch RUDOLF ENDRES: Die Eingliederung Frankens in den neuen bayerischen Staat, in: Wittelsbach und Bayern, Band 3: Krone und Verfassung. König Max I. Joseph und der neue Staat, hg. von HUBERT GLASER, München, Zürich 1980.

[3] Dazu EDUARD ROSENTHAL: Geschichte des Gerichtswesens und der Verwaltungsorganisation Baierns, 2 Bde., Würzburg 1889—1906; vgl. auch den einschlägigen Abschnitt von DIETER ALBRECHT im Handbuch der bayerischen Geschichte, hg. von MAX SPINDLER, Bd. 2, S. 581 ff., München ²1977.

es aufgrund seiner exzellenten Kenntnisse und seines nie erlahmenden Einsatzes gelang, eine völlige Reorganisation des bayerischen Behördenapparates durchzuführen. Abbau der Staatsverschuldung, Abschaffung der Ungleichbehandlung in rechtlicher und finanzieller Sicht, Beseitigung der Günstlingswirtschaft und der Verschleuderung von öffentlichem Eigentum, sowie die Hebung der Qualifikation der Beamten stellten sich als vordringliche Aufgaben. Bereits im „Ansbacher Mémoire" 1796 hatte Montgelas — damals politischer Berater des geflüchteten Herzogs von Pfalz-Zweibrücken — den künftigen Kurs des neuen Kurfürsten formuliert[5]. Zu den wichtigsten dieser Veränderungen zählten dabei die Maßnahmen im Bereich der Zentral- und Mittelbehörden[6]. Nach preußischem Vorbild wurde eine Generallandesdirektion errichtet, in der die Aufgaben der 1779 gegründeten Oberen Landesregierung mit ihren umfangreichen Kompetenzen auf den Gebieten der inneren Verwaltung, der Polizei und der Finanzen, zusammen mit den Zuständigkeiten anderer aufgelöster Oberbehörden konzentriert wurden. Mit der Organisation des Geheimen Staats- und Konferenzministeriums, das in 4 Fachdepartments gegliedert war, hielt im gleichen Jahr das Realprinzip, d. h. die Abgrenzung der Geschäftsbereiche nach Materien, nicht mehr nach Regionen, seinen Einzug in die bayerische Verwaltung. Unterhalb dieser zentralen Ebene hatten die Regierungen in München, Burghausen, Landshut, Straubing, Amberg und Neuburg ein sehr starkes Element der Verwaltungskonzentration gebildet. Durch die Errichtung der — partiell auch Aufgaben einer Mittelbehörde wahrnehmenden — Generallandesdirektion und der Landesdirektionen in Amberg und Neuburg, sowie der Umwandlungen der Regierungen in Hofgerichte wurde in Bayern erstmals die Trennung von Justiz und Verwaltung, wie sie von den Staatstheoretikern der Aufklärung John Locke (1632—1704) und Montesquieu (1689—1755) gefordert worden war, durchgeführt.

Während aber die Organisation der unteren Behörden erst nach 1800 in Angriff genommen wurde, gelang es Montgelas durch eine Reihe von Einzelmaßnahmen, die Effizienz der Verwaltung zu steigern. Dazu zählte die Erhebung von Statistiken, die ständige Kontrolle der Beamten und Verbesserungen in deren Ausbildung, sowie die Ablösung ihrer Beteiligung an den Sporteln und Taxen durch eine regelmäßige Besoldung.

Angesichts einer verhältnismäßig bescheidenen Einwohnerzahl von 150—195 000 Menschen war das Hochstift Bamberg mit ca. 65 Quadratmeilen in nicht weniger als 54 Vogteiämter, 24 Kastenämter, 46 Steuerämter, 29 Zentämter und eine Reihe weiterer Außenämter eingeteilt[7]. Dabei war den Zentämtern die gesamte Hochgerichtsbarkeit, zeitweise auch nur die Untersuchung, Verkündigung und Vollstreckung der Urteile, überlassen, während die Niedergerichtsbarkeit durch die Vogteiämter ausgeübt wurde. Die Verwaltung der Gefälle, Zinsen und der grundherrschaftlichen Rechte des Hochstifts lag bei den Kastenämtern, die Einhebung der direkten Steuern und das militärische Einquartierungswesen waren Aufgabe der Steuerämter. Trotz einiger Reformansätze gelang es aber bis zum Ende des Alten Reiches nicht, eine funktionsgerechte Trennung der verschiedenartigen Materien bei den Außenämtern zu erreichen. Bildeten die personelle Übersetzung der Ämter, die Trennung von Amt und Einkünften mit schlechter Qualifikation der Verweser und des Personals und die Besoldung aus den

---

[4] EBERHARD WEIS: Montgelas 1759—1799. Zwischen Revolution und Reform, München 1971.

[5] Ders.: Montgelas' innenpolitisches Reformprogramm. Das Ansbacher Mémoire für den Herzog vom 30. 9. 1796, in: Zeitschrift für bayer. Landesgeschichte 33, 1970, S. 218 ff.

[6] Neuerdings zusammenfassend Handbuch der bayerischen Ämter, Gemeinden und Gerichte, hg. von WILHELM VOLKERT, München 1983; Neue Gesetz- und Verordnungen-Sammlung für das Königreich Bayern, Anhangband, hg. von KARL WEBER, München 1894.

[7] JOHANN BAPTIST ROPPELT: Historische und topographische Beschreibung des Kaiserlichen Hochstifts und Fürstenthums Bamberg, Nürnberg 1801, S. 19 f.

Sporteln und Taxen bereits hohe Hürden für eine Neuorganisation, so machten die mediaten Ämter des Domkapitels, des Dompropstes und der Klöster, und nicht zuletzt die Gebiete der Reichsritterschaft eine auf Effizienz abzielende Verwaltungsreform vollends unmöglich.

Auch die Oberbehörden des Hochstifts — eine Mittelinstanz existierte nicht — entsprachen noch weitgehend den Bedürfnissen des 16. Jahrhunderts. Hofkanzlei, Geheime Staatskonferenz, Regierung mit Hofgericht, Hofkammer und Obereinnahme und einige andere Stellen waren in ihren Zuständigkeiten nur unzureichend gegeneinander abgegrenzt, so daß Kompetenzstreitigkeiten an der Tagesordnung waren. Zwar hatte man im 18. Jahrhundert durch die Bildung von Spezial-Kommissionen versucht, den neuen Aufgaben des Staates gerecht zu werden[8]; Reformmaßnahmen hatten in allen Territorien immer zuerst die Zentralbehörden betroffen und auf diesem Weg zum Erfolg geführt. Dies gelang in Bamberg wegen der spezifischen Situation dieses geistlichen Staates und wegen des Versagens der Landesherren in Fragen der Verwaltungsorganisation und wegen ihrer Unfähigkeit, Erfordernisse der Zeit zu erkennen und die sich daraus ergebenden Konsequenzen in die Tat umzusetzen, nicht.

Die zivile Inbesitznahme der Fürstentümer in Franken am 22. November 1802 versetzte die bayerischen Behörden in die Lage, die als unzureichend erkannte Verwaltungsgliederung in den Hochstiften neu zu organisieren und den für das Kurfürstentum geltenden Prinzipien anzugleichen. Vorerst wurde freilich das weitgehende Fortbestehen der früheren Einrichtungen unter der Aufsicht und Leitung des General-Commissärs Johann Wilhelm von Hompesch verfügt[9].

Mit einem Reskript *Die Organisation der fränkischen Fürstenthümer betr.* vom 23. April 1803 wurden neue Wege beschritten. Präsident der Landesdirektionen in Würzburg und Bamberg wurde der Graf von Thürheim, gleichzeitig übernahm er die Funktion eines außerordentlichen Generalkommissär[10]. Durch die wenig später erlassene Bekanntmachung vom 9. Mai wurden die bisher provisorisch arbeitenden, ehemals hochstiftischen Kollegien aufgelöst. An ihre Stelle traten eine Oberste Justizstelle in Bamberg, Hofgerichte und Landesdirektionen in Würzburg und Bamberg[11]. Damit war die Verwaltung der der anderen bayerischen Provinzen gleichgeordnet. Justiz und Verwaltung waren im mittleren Behördenbereich getrennt.

Mit dem Erreichen dieses Organisationsgrades bot sich nun die Möglichkeit auch der Angleichung der Stadtverwaltungen aller fränkischen Residenzstädte an die in Altbay-

---

[8] Vgl. WILHELM NEUKAM: Territorium und Staat der Bischöfe von Bamberg und seine Außenbehörden, in: Bericht des Historischen Vereins Bamberg 88, 1948 (hier S. 18 ff.); MICHEL HOFMANN: Die Außenbehörden des Hochstifts Bamberg und der Markgrafschaft Bayreuth, in: Jahrbuch für fränkische Landesforschung 3, 1937 (hier S. 58 ff.); zu den Klagen über die Organisation des Hochstifts vgl. MICHAEL RENNER: Regierung, Wirtschaft und Finanzen des Kaiserlichen Hochstifts Bamberg im Urteil der bayerischen Verwaltung, in: Jahrbuch für fränkische Landesforschung 26, 1966, S. 307 ff.; Regierungsblatt für die churbayerischen Fürstenthümer in Franken vom 6. Januar 1803, S. 3 f.; vgl. auch den Bericht des russischen Majors VON TANNENBERG: Die Zustände der Fürstbistümer Würzburg und Bamberg zu Anfang dieses Jahrhunderts, Bamberg 1803; vgl. auch HANS HUBERT HOFMANN: ... sollen bayerisch werden. Die politische Erkundung des Majors von Ribaupierre durch Franken und Schwaben im Frühjahr 1802, Kallmünz 1954.

[9] Zu den Ereignissen im Hochstift Bamberg vgl. WILHELM NEUKAM: Der Übergang des Hochstifts Bamberg an die Krone Bayern 1802/03, in: Bayern, Staat und Kirche, Land und Reich, Festschrift Wilhelm Winkler, München 1958; ders.: (wie Anm. 8), Anhang.

[10] Regierungsblatt Franken (wie Anm. 8), S. 85.

[11] Regierungsblatt Franken (wie Anm. 8), S. 89 ff.; zur personellen Besetzung vgl. Regierungsblatt Franken (wie Anm. 8), S. 93 ff. (abgedruckt in: Alt-Franken 1932, S. 69 ff.).

ern gültige Regelung. Dort hatten die Montgelasschen Konzentrations- und Zentralisierungsbestrebungen zu einer Ausschaltung der durch Privilegien bestätigten Selbstverwaltung an den Regierungssitzen geführt[12].

Übernahme der hochstiftischen Stadtverwaltung 1802

Die Verwaltung der Stadt Bamberg hatte lange unter der rechtlichen und wirtschaftlichen Trennung von Stadtgericht und Immunitäten gelitten. Selbst die Höhepunkte der Auseinandersetzung im Immunitätenstreit 1430—1440 und im Bauernkrieg 1525 hatten zu keinen grundsätzlichen verfassungsrechtlichen Veränderungen, geschweige denn zu Verbesserungen im Sinne der Bürger geführt. Erst als unter dem Einfluß des Absolutismus die Mitregierung des Domkapitels hinfällig wurde und 1750 erstmals die Neuorganisation der Stadtverfassung unter teilweiser Einbeziehung der Immunitätsbezirke gelang, war damit eine einheitliche Verwaltung möglich geworden[13].

Nach der Inbesitznahme des Hochstifts Bamberg bis zur Neuordnung der städtischen Verwaltung, die der Einrichtung der Staatsverwaltung folgte, galt die Stadtverfassung von 1750 — mit geringen Modifikationen im Bereich der Appellationsinstanzen und der Ernennungsbehörden — unverändert weiter[14].

Einflußreichstes Amt in der Stadt war das des Vizedoms, des vormaligen (Ober-)Schultheißen, dessen Ernennung aufgrund seiner Funktion als Stellvertreter des Stadtherrn zusammen mit der des Unterschultheißen unmittelbar vom Bischof vorgenommen wurde[15]. Die Stellen des Gerichtsaktuars und des Obergerichtsknechts besetzte der Landesherr auf Vorschlag der Regierung, während die Ernennung eines weiteren Gerichtsknechts dem Vizedom allein zustand.

Entscheidungen traf der Vizedom in erster Instanz, Appellationsinstanz war das neu errichtete kurfürstliche Hofgericht. Er richtete in Zivilangelegenheiten über alle Fälle, in denen Personen beteiligt waren, die keine Bürger waren oder nicht im Schutz der Stadt standen, insbesondere Juden, Fremde und Dienstboten. Seine polizeiliche Kom-

---

[12] Verordnung, die Verbesserung der magistratischen Verfassungen betreffend, vom 31. Dezember 1802 (Churbaierisches Regierungsblatt 1803, Sp. 8 ff.); Befehl an die Magistrate und Einwohner von München, Landshut, Ingolstadt, Straubing und Burghausen, die Verbesserung der magistratischen Verfassungen betreffend (Churbairisches Regierungsblatt 1803, Sp. 211 ff.); MAX SEYDEL: Bayerisches Staatsrecht, Bd. 1, Freiburg 1887, S. 240 ff.

[13] Umfassend dargestellt in einem unveröffentlichten Gutachten des Kreisarchivsekretärs Schneiderwind (Stadtarchiv Bamberg [künftig Stadt AB], Rep. C 1, Nr. 3); zum Vorgang vgl. ALWIN REINDL: Die vier Immunitäten des Domkapitels zu Bamberg, in: Bericht des Historischen Vereins Bamberg 105, 1969 (hier S. 271 ff.).

[14] Die Bestandaufnahme ist Teil der archivischen Vorarbeiten über die städtische Verwaltung im 19. Jahrhundert; wegen einer gleichzeitig laufenden Untersuchung über die mittelalterliche und frühneuzeitliche Verwaltung wird hier auf eine Darstellung der Verhältnisse vor 1750/1802 verzichtet (vgl. dazu ISOLDE MAIERHÖFER: Bambergs verfassungstopographische Entwicklung vom 15. bis zum 18. Jahrhundert, in: Städteforschung A 1, Köln 1976, S. 146 ff., hier S. 160 f.); die Ergebnisse von ANTON SCHUSTER: Die Umgestaltung des Stadtrathes und die Neuorganisation der churfürstlichen Gerichte und Aemter zu Bamberg. In: Alt-Bamberg 3, 1900, S. 225 ff., sind unvollständig und teilweise unrichtig dargestellt; zum Personal bis 1803 vgl. ders.: Der Stadtrat in der hochfüstlichen Residenzstadt Bamberg, in: Alt-Bamberg 12, 1912/13, S. 15 ff.).

[15] Die folgenden Angaben über die vorläufige Verwaltungsstruktur in der Stadt nach der Übernahme durch Bayern enstammen — soweit nicht anders angegeben — den Beilagen (Bayerisches Hauptstaatsarchiv München [künftig BHStA], MF 57 145) zum Bericht der Landesdirektion an den Kurfürsten über die Organisation des Magistrats und der untergeordneten Gerichtsstellen (BHStA, MInn 25 845; Abschriften in StadtAB, Rep. C 1, Nr. 1 und ebd. Nr. 3).

petenz, d. h. die Gesamtheit seiner Verwaltungsfunktionen, erstreckte sich ausnahmslos auf alle Gegenstände, die die Erhaltung öffentlicher Ruhe und Sicherheit und die Beachtung der guten Sitten und Ehrbarkeit betrafen. Er führte Aufsicht über Qualität und Preisgestaltung bei Lebensmitteln und über die Sicherstellung der Versorgung.

In dieser Behörde war die gesamte Aufsicht über die Zünfte konzentriert. Neben dem gerichtlichen Entscheidungsrecht bei strittigen Aufnahmen von Handwerksmeistern in der Stadt und in den benachbarten Orten und bei Aufdingen und Freisprechen der Lehrjungen standen dem Vizedom grundsätzlich die Untersuchung und Entscheidung in allen Handwerksstreitigkeiten zu. Ihm war die Vorerhebung bei Meisterrechtsverleihungen übertragen, über deren Ergebnis er — zusammen mit einem Gutachten über die Meisterprobe und die Meisterfähigkeit — an die höhere Polizeibehörde berichtete. Die ihm überlassene Oberaufsicht über die Rechnungslegung der Zünfte, zu der auch ein Deputierter des Rats zugezogen wurde, betraf meist Einnahmen aus der Verleihung der Meisterrechte und die Meisterauflagsgelder; nur die Bäcker, die ein Kapital von einigen Tausend Gulden besaßen, und die Rotgerber, Tuchmacher und Fischer, die jeweils Mietzins aus einem eigenen Haus in Anschlag brachten, verfügten über größeres Vermögen. Die Übertragung des Vorsitzes im Stadtrat bot die Gewähr, daß die Interessen des Stadtherrn eingehalten und die Grenzen der Zuständigkeit durch den Rat beachtet wurden.

Dem Stadtrat waren nach einer Phase immer stärkerer Entmachtung durch das Organisationsdekret vom 14. April 1750 wesentliche Zuständigkeiten des aufgelösten Stadtgerichts in der Altstadt im Bereich der Zivilrechtspflege zugewiesen worden. Er bestand aus einem Präsidenten in der Person des Vizedoms, aus vier Bürgermeistern, einem Konsulenten, einem Syndicus und 20 Stadträten. Die Bürgermeister wurden jeweils aus einer vom Stadtrat aufgestellten, 3 Namen umfassenden Vorschlagsliste vom Landesherrn bestimmt und verpflichtet. Jedem war eines der 1750 neugebildeten Stadtviertel zugewiesen; der für den Wohnort des Beklagten zuständige Bürgermeister konnte in Fällen unter 50 fl. Streitwert und bei geringfügigen Polizeifreveln, soweit Rechtsfragen nicht umstritten waren, selbständig entscheiden. Alle anderen Fälle im Geschäftsbereich des Stadtmagistrats blieben dem Gesamtrat vorbehalten und wurden in den zwei wöchentlichen Sitzungen behandelt. Deren Leitung übernahm in wechselndem Turnus jeweils ein Vierteljahr — in Gegenwart des Präsidenten — der amtierende Bürgermeister, dem dabei das Recht der Stimmenkollation und im Falle der Stimmengleichheit die Entscheidung zukam, bei Wahlen führte er 2 Stimmen. Darüber hinaus war ihm die Aufbewahrung und Führung des kleinen Stadtsiegels anvertraut.

Der Konsulent nahm die Geschäfte für den gesamten Rat wahr, obwohl seine Ernennung durch den Landesherrn ohne Beteiligung der städtischen Gremien zustande kam. Zu seinen Befugnissen gehörte die Leitung aller Justiz- und Polizeisachen, ihr Vortrag bei den Ratssitzungen und die Formulierung der Entschließungen. Ihm allein standen Entwurf und Ausfertigung aller Berichte, Schreiben, Atteste, Hypotheken-, Kautions-, Kauf- und Geburtsbriefe sowie der Eheverträge zu.

Zu den Dienstpflichten des Syndikus, den der Landesherr aus einer Vorschlagsliste des Stadtrats ernannte, gehörte die Besorgung aller Angelegenheiten, die nicht zur Justiz- oder Polizeiverwaltung zählten. Insbesondere war er für die Prozeßführung des Magistrats und die Kämmereikasse verantwortlich, ebenso für die Rechnungsrevision der einzelnen Pflegen. Da die Funktionen des Konsulenten und des Syndikus gewöhnlich in Personalunion verbunden waren, führte der Inhaber dieser Stellen auch 2 Stimmen.

Die Ernennung der Stadträte, die zur Anwesenheit bei den zwei wöchentlichen Ratssitzungen verpflichtet waren, erfolgte durch den Bischof nach vorheriger Wahl im Rat.

Ausgenommen von diesem Verfahren waren zwei Mitglieder des Gremiums, die vom Domkapitel ernannt und besoldet wurden und die keine zusätzlichen Aufgaben, wie etwa die Verwaltung einzelner Pflegen oder Beteiligung an Deputationen, zu übernehmen hatten. Durch die 9 ältesten Stadträte wurden jährlich vier Ratsmitglieder zu Unterbürgermeistern gewählt, deren hauptsächliche Aufgabe darin bestand, den Bürgermeistern *zu Handen* [zu] *gehen*.

Das subalterne Personal bestand aus einem vom Magistrat ernannten Vormundschreiber, der bei gerichtlichen Teilungen und in Vormundschaftsangelegenheiten des Stadtrats mitzuwirken hatte. Er fertigte die Vormundschaftsrechnungen, die von dem für den Wohnort der Eltern des Mündels zuständigen Bürgermeister in Gegenwart der anderen Bürgermeister und des Konsulenten revidiert wurden. Der Stadtrat ernannte auch den Ratsdiener und die vier Gerichtsdiener; dagegen wurden zwei Stellen für Aktuare, die ihr Einkommen aus Trinkgeldern bestreiten mußten, durch den Konsulenten allein besetzt.

Die Gerichtsbarkeit, die der Rat erstinstanzlich ausübte — von ihr ging der Rechtszug an das Hofgericht —, erstreckte sich in Zivilsachen in einer unsystematischen Vermischung von persönlicher und sachlicher Gerichtszugehörigkeit auf alle Stadtbürger und deren Kinder, soweit sie keinen privilegierten Gerichtsstand genossen; eingeschlossen waren auch die im Stadtbereich gelegenen Häuser der bischöflichen Dienerschaft, sofern diese nicht das Bürgerrecht hatten oder Schutzverwandte des Rats waren. Darüber hinaus umfaßte die Zuständigkeit des Rats alle bürgerlichen Häuser und die Fluren des Otto- und Georgen-Viertels.

In Polizeiangelegenheiten war der Rat für die Aufnahme der Bürger und Schutzverwandten verantwortlich, er übte die Aufsicht über das Bauwesen aus und bestimmte die Lebensmitteltaxen; daneben führte er die Aufsicht über die Bevorratung und die Ausfuhr von Getreide, sowie über Längen-, Raum- und Gewichtsmaße in der Stadt. Der Rat konnte auch die Straßenreinigung besorgen, die Gassenhauptleute, Nachtwächter und Aufseher (Stadtmesser) anstellen und die Beitreibung der Feuerkassekuranzbeiträge veranlassen. Auch die beiden Gemeinden in der Weide und in der Siechengasse — letztere hatte bestimmte Hüterechte und das Recht auf Einzugsgelder von Fremden — waren dem Gerichtsstand des Bürgermeisters des Otto-Viertels unterworfen, während für die Bewohner des Zinkenwörths die Verwaltung des Georgen-Viertels zuständig war und für den Mühlwörth der Bürgermeister des gleichen Viertels als Richter fungierte. Verblieben war dem Rat auch die Bestellung und Vergütung der Pfleger der gesamten Stiftungen und die Ausstellung von Hypothekenbriefen für bürgerliche Häuser. Insgesamt stand dem Stadtrat in Polizeiangelegenheiten aber nur eine konkurrierende Gerichtsbarkeit zu, allein die Zweckmäßigkeit bestimmte — nach der Einschätzung der bayerischen Behörden — die Zuständigkeit.

Eine Vielzahl von Einzelregelungen ergänzte diese grundsätzlichen Bestimmungen. So war der Rat durch einen Deputierten an der Rechnungskontrolle der landesherrlichen Obereinnahme und des Umgeldamts beteiligt, zur Rechnungsabhörung des Extrabauamts wurden die vier Bürgermeister und der Syndikus zugezogen. Darüber hinaus war die Stadt zur Besetzung verschiedener Stellen befugt: denen des Hausvaters im Kurhaus und im Siechhof, zweier Hebammen, zweier Marktdiener und dreier Stadtknechte, des Turmwächters bei St. Martin, der Leichenbitter, Totengräber, Taxatoren und Mesner, schließlich des Stadtbauschreibers. Im kirchlichen Bereich hatte der Rat das Patronatsrecht an sieben Benefizien und setzte die Kirchendiener in den beiden Pfarrkirchen und in der Judenkapelle. In finanziellen Angelegenheiten verfügte der Magistrat uneingeschränkt über die Nachsteuer bei Vermögensexportationen in allen Vierteln, über die Judenschutzgelder und über Vertragsgelder, die von Adeligen in bürgerlichen Häusern, soweit es sich nicht um fürstliche Räte handelte, eingezogen wurden. Selbstverständlich standen der Stadt auch alle Strafgelder zu, die Bürgermeister und Rat verhängten, und am Ungeld, einer landesherrlichen Verbrauchssteuer, hatte die Stadt einen Anteil. Daneben betrieb die Stadt den Kranen („Kranichrecht") in eigener Regie und erhob für die Benutzung Gebühren nach selbstgesetzten Tarifen. Bis zum Tode Bischof Franz Ludwig von Erthals war auch die Überwachung der Feuersicherheit in das Ermessen des Rats gestellt gewesen, dieses Recht wurde nach 1795 jedoch nicht mehr eingeräumt.

Unbestritten Gemeindeangelegenheit war die Verwaltung der Stadtkämmerei-Güter und der Stadtkasse einschließlich der Revision der Administrationsrechnungen, bevor diese zur kurfürstlichen Regierung eingeschickt wurden. Auch die Aufsicht über die städtischen Anstalten und Stiftungen war dem Rat übertragen. Dagegen verfügte der Magistrat nur noch über das fragmentarische Recht, zur Rechnungsabhörung der Zünfte durch den Vizedom einen Deputierten bestimmen zu können. Die Befugnis, zusammen mit dem Vizedom den Handwerksordnungen zustimmen zu dürfen und damit beträchtlichen Einfluß auf die Zünfte zu nehmen, hatte der Rat bereits zu Beginn der Neuzeit an den Vizedom verloren.

Zum Vollzug seiner Rechte hatte der Rat einzelne städtische Ämter und Pflegen gebildet. Dem Bauhof kam dabei aufgrund der weitreichenden Bedeutung des städtischen Bauwesens allgemein eine besondere Rolle zu. Sein Personal bestand aus einem Stadtbauamtsadministrator, einem Schreiber, einem Diener und zwei Fuhrknechten. Die Ernennung des Administrators war dem Landesherrn vorbehalten, der die Auswahl aus einer 3 Personen umfassenden Vorschlagsliste des Magistrats traf, während der Schreiber und einer der Fuhrknechte vom Magistrat bestellt wurden und die Ernennung des Dieners und des zweiten Fuhrknechts zu den Rechten des Administrators zählte. Zu seinen Aufgaben zählte die Verwaltung des gesamten Bauhofs, in dieser Eigenschaft war der Administrator auch Mitglied der landesherrlichen Baukommission, in der der Schreiber als Kontrolleur fungierte. Den Fuhrknechten war die Versorgung der Pferde und die Abwicklung aller Transporte übertragen, während dem Bauhofsdiener die Aufsicht über die Baumaterialien zustand. Seit der Mitte des 17. Jahrhunderts beschränkte sich die Zuständigkeit des Stadtbauamts im Burgershof auf Reparaturen an den städtischen Gebäuden, auf den Unterhalt und Betrieb des Kranen und die städtischen Meßbuden sowie auf die Anschaffung und den Unterhalt von Geräten zur Feuerbekämpfung. Der Ankauf der Pferde wurde gleichfalls von ihm besorgt.

Neben dem Stadtbauamt bestand als weitere Stelle mit Zuständigkeiten im Baubereich das Extrabauamt, das 1656 aufgrund der unzureichenden finanziellen Ausstattung des Stadtbauamts errichtet worden war. Als Einnahmen waren ihm der Fleischakzis und das Ungeld, die dem Landesherrn zustanden, überlassen, mit der Bestimmung gesonderter Rechnungslegung vor der fürstlichen Obereinnahme in Anwesenheit der Bürgermeister und des Syndikus. Bei einem Defizit wurde ein Zuschuß aus der Landschaftskasse gewährt. Die Verwaltung wurde durch den Administrator und den Schreiber des städtischen Bauamts wahrgenommen, die für diese erweiterte Funktion einer besonderen Einweisung durch den Landesherrn bedurften. Sehr umfangreich gestalteten sich die Aufgaben des Extrabauamtes. Ihm waren die Baumaßnahmen an den Stadtmauern und Stadttoren, an den öffentlichen Brunnen, Kanälen und Wasserleitungen, Wachthäusern, Brücken und Stegen übertragen, ebenso die Pflasterarbeiten und der Unterhalt der Wasserbauten. Zu seinen Aufgaben zählten auch Neubau und Bauunterhalt der Schulen, des Schieß- und des Schlachthauses und der Scharfrichterwohnung. Aus den Mitteln des Extrabauamts wurden ferner das Holz für städtische Bedienstete, das Futter der Pferde einschließlich der zugehörigen Wägen und Geschirre, sowie ein

Teil der Löschinstrumente beschafft und die Kosten für die Reinigung der Feuergassen und der Schulplätze beglichen.

Die Stadtwochenstube war als zentrale Finanzstelle mit der Einhebung der städtischen Steuern, insbesondere des Wochengelds, beauftragt, während die Einnahmen des Wachtamts aus den Wachtgeldern und einigen Kapitalzinsen zur Deckung der Ausgaben für die Nachtwächter und für bürgerliche Aufzüge an bestimmten Feiertagen Verwendung fanden. Für die Hopfenschau, das Marktamt und das Bierkiesamt waren eigene Deputierte mit der Verpflichtung zu eigener Rechnungslegung aufgestellt. Daneben stand noch eine Reihe von Pflegen, durch die der Stadtrat seine Aufsichtsrechte über die Stiftungen[16] wahrnahm. Nach außen trat dabei die Weg- und Stegpflege besonders in Erscheinung, aus deren Vermögen die Straßenbaukosten vom Jungfernbrunnen bis zur Roten Marter bei Gaustadt bestritten wurden.

In den früheren Immunitätsgemeinden der Stifte[17] war zwar die Ablösung der geistlichen Richter erfolgt, es war jedoch, trotz Einbeziehung selbständiger Gemeinden, noch keine völlige Übereinstimmung der Verwaltungsorganisation mit den im Bereich des Stadtrats geltenden Verhältnissen erreicht, insbesondere waren diese Gebiete noch nicht in die Verwaltung der Stadtviertel integriert.

Von geringen Ausnahmen abgesehen waren die Zustände in den Gerichtsbezirken der ehemaligen Immunitäten St. Stephan, mit den Gassenhauptmannschaften des Oberen und des Unteren Stephansberges, St. Jakob, bestehend aus den Hauptmannschaften Matern, Oberer und Unterer Jakobsberg unter Einschluß der Materner und Jakobiter Gemeinde, und St. Gangolf einschließlich der Wunderburg identisch. Die Gerichtsbarkeit über die Höfe der Kanoniker, die Häuser der Vikare sowie die Kirchen- und Schulgebäude, einschließlich aller darin wohnender Personen geistlichen und weltlichen Standes, verblieb in der Hand des jeweiligen Stiftsdekans. Die weltlichen Gerichte, die neben einem vom Landesherrn ernannten Richter noch aus einem vom Richter angenommenen Gerichtsaktuar und einem von der Landesregierung aufgestellten Gerichtsdiener bestanden, entschieden in allen vogteilichen Angelegenheiten in erster Instanz; Appellationen gingen an das Hofgericht. Sie waren zivilrechtlich zuständig für alle persönlichen Klagen gegen Einwohner des jeweiligen Bezirks, soweit diese nicht Universitätsangehörige, Geistliche oder Bedienstete des Landesherrn waren oder der Militärgerichtshoheit unterstanden. Ihnen waren auch die Entscheidungen in dinglichen Klagen gegen Eigentümer von Immobilien innerhalb des Gerichtsbereichs oder der zugehörigen Flur übertragen. Insgesamt besaßen die Richter uneingeschränkte Befugnisse in Sachen der Gemeinde- und Flurherrschaft und hinsichtlich der Aufführung des Kirchweihplanes.

Im Polizeibereich waren die Kompetenzen dieser Gerichte stark eingeschränkt. So war ihnen zwar die Publikation der Polizeiverordnungen und die Untersuchung und Bestrafung der angezeigten Polizeifrevel überlassen, aber nur soweit diese nicht dem Vizedomamt als Zunftrichteramt oder der militärischen Gerichtsbarkeit bei Soldaten und deren Familien vorbehalten waren.

Weitgehend nur Aufsichtsfunktion und damit faktisch nur begrenzte Möglichkeiten zur Gestaltung des öffentlichen Lebens hatten die Richter im Bereich der Selbstverwal-

---

[16] Reiches Almosen, Kinder-Seelhaus, St. Antoni-Siechhoffabrik und Antoni-Stiftung, Kuchelmeisterei, Bürgertrinkstube, Frauen-Siechhof, Vereinigte Spitäler, U. .L. Frau-Siechhof, Inneres und Äußeres Kurhaus, Obere Pfarrkirche, Schwesternhaus bei St. Martin, Marien-Kapelle, St. Martins-Pfarrfabrik, Dienstbotenstiftung, St. Martha-Seelhaus, Königsberger Geschäftspflege und Gottfried von Aschhausen-Stiftung (Stadt AB, Rep. B 4, Nr. 148).

[17] Zu Einzelheiten zuletzt ALWIN REINDL (wie Anm. 13).

tung. Sie führten die Oberaufsicht über die Verwaltung des Gemeindevermögens und bestätigten die von den Einwohnern gewählten Gemeindevorsteher. Bei Vererbung und Verkauf von Gemeindeplätzen, der Aufnahme von Schulden und der Belastung von Gemeindelehen führten sie die gerichtliche Untersuchung und durften über die Genehmigung entscheiden, während sie bei den im Wege der Versteigerung vorgenommenen Verpachtungen von Gemeinderealitäten nur zur Protokollführung beigezogen wurden. Daneben hatten sie die Ablegung der Gemeinderechnung zu veranlassen und diese auch abzuhören.

Für den Gerichtsbezirk St. Gangolph bestand insofern eine Ausnahme, als dem Richter auch die Untersuchung und Aburteilung von Zoll- und Wegdefraudationen zustand.

Die sachliche Zuständigkeit des Kaulberger Gerichtsbezirks entsprach der der anderen früheren Immunitätsgerichte. Größere Unterschiede gab es nur im personellen Bereich, wo die Funktion des Richters in Personalunion verbunden war mit dem Amt des Bürgermeisters des Kunigunden-Viertels, der für diese Aufgabe freilich der förmlichen landesherrlichen Bestätigung bedurfte. Da er in dieser erweiterten Funktion auch die Nachsteuer und Strafgelder zu verrechnen hatte, war er — wie die anderen Richter — auf die Hofkammer verpflichtet. Der Gerichtsdiener wurde vom Magistrat angestellt; er bezog zu seiner üblichen Besoldung aus den Gerichtsgebühren einen zusätzlichen Betrag aus den Schutzverwandtengeldern der Kaulberger Gemeindekasse und aus der Kuchelmeistereipflege des Magistrats. Eine Abweichung gegenüber den anderen Nebengerichten bedeutete die Beteiligung des Stadtkonsulenten an der Rechtspflege, der gegen Beteiligung an den Gebühren in zivilrechtlichen Verfahren partizipierte.

Das Gericht auf dem Michelsberg erstreckte sich in seinem zivilrechtlichen Wirkungskreis auf alle dort eingesessenen Untertanen und auf die zum Kloster gehörige Flur. In Polizeiangelegenheiten war es zuständig für die Untersuchung und Erkenntnis bei Handwerksmißbräuchen, Taxübertretungen der Bäcker, Melber, Bierbrauer und Metzger sowie für Vergehen der Wirte. Bei der Verwaltung des Gemeindevermögens führte das Gericht die Oberaufsicht, soweit sich diese aus den Befugnissen der Gemeindeherrschaft ableiten ließ. Das Personal bestand aus einem Konsulenten, einem Sekretär, einem Registrator, einem Kanzlisten und einem Kanzleidiener, die alle vom Abt des Klosters ernannt wurden

Gegenüber dem landesherrlichen Zentamt bestand eine gewisse Selbständigkeit darin, daß der Michelsberger Kanzlei das Recht der Verhaftung, des Verhörs und der Auslieferung zustand; die Stadtzentbefugnisse beschränkten sich dagegen auf die vier hohen Rügen. Ein erweiterter Wirkungskreis der Kanzlei war Folge der Doppelfunktion als erstinstanzliche Vogteistelle für alle im Gerichtsbezirk eingesessenen vogteibaren Untertanen und als Appellationsinstanz in allen bürgerlichen Rechtssachen für die Klosterämter auf dem Land; der Rechtszug ging von der Kanzlei an die kurfürstliche Regierung und weiter an die Reichsgerichte.

Neben diesen früheren Immunitätsgerichten verfügte auch das dompropsteiliche Mühlenamt über Gerichtsbefugnisse im Stadtgebiet. Sie bezogen sich auf alle bürgerlichen Polizei-, Zivil- und Zunftangelegenheiten der Müller, die am linken Regnitzarm in einem weitgehend abgeschlossenen Bezirk wohnten; in Zentfällen bestand sogar das Recht der Verhaftung und des Verhörs. Die ursprüngliche Berufungsmöglichkeit an die Dompropsteiadministration und dann an das fürstliche Hofgericht war nach der bayerischen Inbesitznahme nicht neu geregelt worden. Das Personal bestand aus dem vom Domkapitel bestellten Dompropsteikastner als Mühlenamtmann und dem Dompropsteiregistrator als Schreiber, dessen Anstellung durch die Dompropstei erfolgte.

Eine Sonderstellung nahm innerhalb der Behörden in der Stadt Bamberg die Selbstverwaltung der jüdischen Gemeinde ein, die auch die jüdischen Glaubensgenossen in den Orten des Hochstifts und der ritterschaftlichen Territorien einschloß[18]. Das Rabbineramt war zuständig für alle persönlichen Klagen der Juden untereinander, aber auch für die Ausstellung von Bestätigungen, Inventuren, Teilungen und Festsetzung von Vormündern. Das Personal des Amts bestand aus einem Rabbiner und zwei Unterrabbinern, die von 18 Deputierten aus Stadt und Land gewählt wurden. Die Bezahlung des Rabbiners erfolgte aus den Gerichtssporteln und einem festen Betrag aus der Judenschaftskasse, der in gleicher Höhe auch den beiden Unterrabbinern zustand. Die Bestreitung der Unkosten und eines Neujahrsgeldes als jährliches Geschenk an den Landesherrn erfolgte zu gleichen Teilen durch die Juden des Hochstifts und der Ritterschaft. An den Neujahrsgeldern für das Personal der landesherrlichen Dikasterien beteiligten sich die Juden der Ritterschaft dagegen nur mit einem Höchstbetrag von 80 fl., bei sonstigen Zahlungen an die Judenkasse wegen der Aufschlagsfreiheit mit maximal 250 fl. An der Tilgung und der Zinszahlung für die Schulden der Judengemeinde in Höhe von etwa 30 000 fl. im Jahre 1803[19], die aus Abgaben an das ehemalige Domkapitel aus Anlaß früherer Bischofswahlen resultierten, waren die 600 ritterschaftlichen Judenhaushaltungen nicht beteiligt. Nur die 200 hochstiftischen Judenfamilien trugen durch ein Schatzungsgeld zum Schuldendienst bei, das alle 3 Jahre eingehoben wurde. Zur Einziehung aller Abgaben war ein Kassier aus den Reihen der Juden bestimmt, der darüber Rechnung legen und diese von drei Gemeindedeputierten abhören lassen mußte. Zur Einhebung der Schutzgelder in der Stadt Bamberg war ein eigener Kassier aufgestellt, der alle Beträge an das Zahlamt abzuliefern hatte.

Die Befugnisse des Rabbiners in strittigen Angelegenheiten beschränkten sich auf Fälle bis zu einem Streitwert von 5 Reichstalern; für Auseinandersetzungen, deren Streitwert diesen Betrag überstieg, bedurfte es der Beiziehung der beiden Unterrabbiner, soweit sich die gegnerischen Parteien nicht anders einigten. Das Rabbineramt entschied in erster Instanz. Berufungen gingen — auch bei Beteiligung der Juden aus ritterschaftlichen Territorien — an die Regierung.

Bis zur Neuorganisation der landesherrlichen Behörden in Franken bestanden in Bamberg weitere Stellen, denen gewisse Kompetenzen über Einwohner der Stadt zukamen. So war das Landgericht für die minderjährigen Kinder verstorbener Hochstiftsbeamter zuständig und das Ober- und Hofmarschallamt erkannte über Hofbedienstete in der Stadt. Mit der Auflösung des Landgerichts und der Hofstäbe gingen ihre Befugnisse an das kurfürstliche Hofgericht und an die anderen zuständigen Stellen über. Nur ein eigenes Zentamt blieb erhalten, das weiterhin in strafrechtlichen Angelegenheiten in der Stadt die Untersuchung zu führen und die darüber aufgenommenen Protokolle dem Hofgericht zur rechtlichen Erkenntnis zuzuleiten hatte.

Neuorganisation der Stadtverwaltung 1803

Die Verhältnisse in der Stadtverwaltung Bamberg, wie sie nach der Inbesitznahme des Hochstifts vorgefunden wurden, erregten bei den bayerischen Behörden äußerstes Mißfallen[20], so daß auch die Angleichung an die neue Provinzialverwaltung nur vor-

---

[18] Widerstand zeigte sich z. B. im Redwitzschen Territorium, wo sich der Konsulent Frauenholtz Befugnisse in bürgerlichen Angelegenheiten der Juden anmaßte.
[19] Die Judengemeinde in Bamberg verfügte in diesem Jahr nur über eine eigene Judenschule.
[20] Vgl. MICHAEL RENNER (wie Anm. 8); vgl. dazu auch die Begründung des Antrags des Auswärtigen Ministerialdepartments vom 26. September 1803 (BHStA, MInn 25 854; Abschrift in StadtAB, Rep. C 1, Nr. 2).

übergehend Bestand haben konnte. In einem Schreiben an das Ministerial-Finanz-Departement vom 28. November 1803[21] schilderte Montgelas die Situation lapidar und schonungslos: *Die Stadt Bamberg stellte in jeder Hinsicht ein trauriges Beyspiel der Desorganisation vor* ... Die Bedenken richteten sich aber nicht nur gegen die Grundstruktur, sondern auch gegen die Art der Handhabung. Ungerechtfertigte Einnahmen von Ratsmitgliedern ohne entsprechende Gegenleistung, Begünstigung verwandter und verschwägerter Personen und Unzulänglichkeiten der Rechnungslegung mußten bei den reformfreudigen, aufgeklärten bayerischen Beamten im Zusammenhang mit mangelhaften Einkünften bei beträchtlichen Ausgaben ernste Zweifel an der Rechtmäßigkeit und Effizienz der Verwaltung aufkommen lassen. Das Ziel, auch die Stadtverwaltungen *staatszweckmäßig*[22] einzurichten, konnte auch auf Zustimmung aus Kreisen der Bevölkerung rechnen.

Auch die Notwendigkeit einer Vereinheitlichung der Strukturen in den Entschädigungs- und den Erblanden legte Veränderungen nahe, wie u. a. im Schreiben des Auswärtigen Ministerial-Departments an die Bamberger Landesdirektion vom 28. 11. 1803 sogar als ausschließliche Ursache für die Neuorganisation argumentiert wurde[23]. Eine erhebliche Schrittmacherfunktion für die Wege der Neuorganisation in den fränkischen Residenzen kam den zentralistischen Tendenzen in den altbayerischen Regierungsstädten zu, die die völlige Auflösung der auf Privilegien beruhenden Selbstverwaltung zur Folge hatte. In einer an die altbayerischen Haupt- und Regierungsstädte gerichteten Anweisung der Generallandesdirektion vom 31. Dezember 1802 wurde die Reorganisation der städtischen Verwaltungen mitgeteilt. Ein Befehl an die Städte München, Landshut, Ingolstadt, Straubing und Burghausen vom 4. Mai 1803 grenzte die Zuständigkeiten der neugeschaffenen Behörden in den Städten voneinander ab[24].

Nachdem in Franken die Organisation der Landesdirektionen im Mai 1803 abgeschlossen worden war, bestanden — dem zeitlichen Ablauf in Altbayern folgend — die politischen und technischen Voraussetzungen für die Neuorganisation der Verwaltung in den ehemaligen Regierungsstädten[25]. Auf Antrag des Auswärtigen Ministerialdepartments vom 26. September 1803[26] billigte die Geheime Staatskonferenz am 17. 12. 1803 die Vorschläge der Landesdirektion über die Organisation der Stadtverwaltung, die dort im August/September 1803 vorberaten worden waren[27]. Mit dieser Genehmigung konnten dann die bereits in Altbayern eingeführten städtischen Organisationsformen zum 1. Januar 1804 in Bamberg eingeführt werden[28]. Eine aktive Beteiligung der städtischen Gremien war dabei nicht festzustellen; die Aktivität des Stadtrats beschränkte

---

[21] BHStA, MF 57 145.
[22] Vgl. Befehl vom 4. Mai 1803 (wie Anm. 8), Sp. 290.
[23] BHStA, MF 57 145; dazu Entwurf ebd., MInn 25 854.
[24] Wie Anm. 12.
[25] Eine personelle Umbesetzung im Generalkommissariat hatte zu einer Verzögerung der Neuorganisation geführt (vgl. den Bericht der Landesdirektion vom 6. Sept. 1803, in: BHStA, MInn 25 854; Abschrift in StadtAB, Rep. C 1, Nr. 1 und ebd., Nr. 3 fol. 135 ff.).
[26] BHStA, MInn 25 854; Abschrift in StadtAB, Rep. C 1, Nr. 2
[27] Verhandlungen über das Stadtgericht (27. Aug. 1803), die Polizeidirektion (30. Aug. 1803) und den Stadtmagistrat mit Kämmerei (6. Sept. 1803) in BHStA, MInn 25 854; zusammengefaßt im Bericht die Landesdirektion (wie Anm. 25).
[28] Der Genehmigungsentwurf für die Neuorganisation durch das Auswärtige Ministerialdepartment an die Landesdirektion datiert bereits vom 28. Nov. 1803 (BHStA, MInn 25 854); Mitteilung der Landesdirektion an Bürgermeister und Rat, vom 12., 16. und 31. Dezember 1803 (StadtAB, Rep. C 1, Nr. 3 fol. 1 ff.; ebd., Rep. C 1, Nr. 4; ebd., Rep. C 30, Nr. 1; ebd., HV Rep. 3, Nr. 1108); Druck in Regierungsblatt (wie Anm. 8) S. 336 ff.

sich in dieser Zeit vielmehr auf die Bemühungen, Einquartierungen in die Häuser seiner Mitglieder zu verhindern[29]. An die Stelle der zahlreichen städtischen Ämter und Pflegen traten das Stadtgericht, der Verwaltungsrat und die Polizeidirektion.

Das Stadtgericht Bamberg ersetzte alle bisherigen städtischen Gerichtsstellen. Es war erkennende Stelle in 1. Instanz, Berufungen gingen an das Hofgericht. Die richterliche Unabhängigkeit, die nur im Gesetz und in den Weisungen der Oberen Justizstelle ihre Grenzen hatte, war zum Prinzip erhoben. Die Zuständigkeit des Gerichts erstreckte sich mit geringen Ausnahmen auf alle Einwohner der Stadt und der zugehörigen Flur, sie schloß auch die Rechtsprechung über Personen ohne Bürgerrecht ein und umfaßte alle persönlichen und realen Klagen. Nur Personen mit gefreitem Gerichtsstand und *ausgezeichnete* Fremde unterstanden in persönlichen Klagen dem Hofgericht direkt; daneben bestand das Rabbineramt in seinen ursprünglichen Grenzen weiter. Das Stadtgericht übernahm auch die Führung der Hypothekenbücher, das Depositen- und Vormundschaftswesen sowie die Wahrnehmung der Rechte der ehemaligen Gemeinden. Seine Befugnisse in strafrechtlichen Angelegenheiten beschränkten sich auf die Untersuchung und erste Erkenntnis, während in Rechtsmittelverfahren dem Hofgericht die Entscheidung zustand. Eine beträchtliche Kompetenzerweiterung gegenüber den früheren städtischen Gerichtsstellen erbrachte die Auflösung des Konsistoriums, von dem die Untersuchung und Entscheidung *ihrer Natur nach weltlicher Gegenstände*, z. B. Klagen wegen Sponsalien, Deflorationen und einfacher Ehebrüche, an das Stadtgericht übergingen. Die einstweilige Einsetzung des Stadtgerichts als protestantisches Ehegericht für den Stadtbereich Bamberg steigerte dessen Bedeutung abermals.

Die verbliebenen städtischen Selbstverwaltungsrechte, insbesondere soweit diese das Vermögen der einzelnen Ämter und Gemeinden betrafen, wurden bei einem Verwaltungsrat als Magistrat im engeren Sinne zusammengefaßt. Zu diesem Zweck vereinigte man sämtliche Vermögen der Gemeinden mit dem der Stadt, alle Lehensbefugnisse gingen auf die neue Stelle über. Das zuvor unbeschränkte Recht zur Aufnahme von Bürgern und Beisassen fand nun durch die notwendige Zustimmung der Polizeidirektion eine Einschränkung; gleichzeitig wurde die Unterscheidung von kleinem und großem Bürgerrecht aufgehoben. Einengend wirkte auch die Bestellung der Stiftungspfleger durch die Landesdirektion, wobei dem Verwaltungsrat nurmehr ein beschränktes Vorschlagsrecht zustand. Ungeschmälert blieb das grundsätzliche Recht zur Erhebung von Gefällen in der Stadt und den ehemaligen Gemeinden sowie das Selbstergänzungsrecht des Verwaltungsrats mit indirekter Beteiligung der Bürgerschaft. Teilbefugnisse verblieben dem das Selbstergänzungsrecht des Verwaltungsrats mit indirekter Beteiligung der Bürgerschaft. Teilbefugnisse verblieben dem Magistrat an dem Präsentationsrecht für die Pfarreien und Benefizien und an dem Vorschlagsrecht für die Schullehrer. Eine Generalklausel überließ ferner dem neuen Magistrat alle Befugnisse, die bereits der frühere Rat ausgeübt hatte, soweit jetzt nicht andere Bestimmungen getroffen worden sind. Zur Durchführung der Rechte stand dem Verwaltungsrat die Einrichtung einer Stadtkanzlei und einer Registratur zu; den von ihr ausgefertigten Schriftstücken wurde öffentlicher Glaube zuerkannt.

Als Kontrollorgan wurde dem Verwaltungsrat ein kurfürstlicher Kommissär beigegeben, der gleichzeitig die neu geschaffene Funktion des Polizeidirektors wahrnahm. Zu seinen Aufgaben als Aufsichtsorgan zählte der Vorsitz bei allen Ratsversammlungen und die Zustimmung zu allen Beschlüssen dieses Gremiums als Voraussetzung für deren Rechtskraft.

---

[29] Vgl. dazu Staatsarchiv Bamberg, K 3, A I 59.

Der Verwaltungsrat bestand aus 2 Bürgermeistern, 8 Verwaltungsräten, dem Stadtkämmerer, dem Bauinspektor, einem Kassier, einem Rechnungskommissär und verschiedenen untergeordneten Funktionen.

Die Kompetenzen des ehemaligen Stadtrates, sofern es sich um Verwaltungsangelegenheiten handelte, wurden weitgehend auf die Polizeidirektion übertragen, die daneben jedoch auch Befugnisse des Vizedomamtes übernahm. In unmittelbarer Unterstellung unter die Landesdirektion — partiell auch unter die Justizbehörden — war der Polizeidirektion die Beteiligung an der Aufnahme von Bürgern und Schutzverwandten übertragen. Allein verantwortlich war sie für alle Angelegenheiten der Zünfte und des Gewerbes, damit auch für die Kontrolle von Maßen und Gewichten und für das Markt- und Schrannenwesen, einschließlich der Bestrafung einschlägiger Vergehen. Die Abhörung der Zunftrechnungen und der Entwurf von Viktualientaxen, die zur Genehmigung der Landesdirektion vorgelegt werden mußten, machten einen Teil dieser Aufgaben aus. Ferner unterstand ihr die Baupolizei, soweit diese nicht — wie in Fällen der Servitutsstreitigkeiten — zur Kompetenz der Justizbehörden rechnete, mit der Zuständigkeit auf den Gebieten der Stadtverschönerung, der Reinlichkeit und der Bequemlichkeit. Zu den weitreichendsten Kompetenzen gehörte die Sicherheitsverwaltung gegenüber Personen und Gesellschaften und die Durchsetzung von Zucht, Ordnung und Sittlichkeit in der Stadt. Die dazu notwendige Auswahl der 24 Polizeisoldaten und der 4 Distrikts-Kommissäre stand dem Polizeidirektor zu, der für deren Handlungen jederzeit die volle Verantwortung trug. Gegen ihre im summarischen Verfahren gefaßten Entschlüsse gab es keine Berufung an ein Gericht.

Die wenig detaillierte Funktionsbeschreibung der Polizeidirektion bot ein weites Feld für Interpretationen. In Zweifelsfällen sollte der Stadtkommissär entscheiden, wobei die Tendenz der Entscheidungen durch die Personalunion von Polizeidirektor und Stadtkommissär nicht zweifelhaft sein konnte. Die Argumentation der Landesdirektion, daß eine solche Verbindung die Basis für eine Kooperation zwischen Staat und Gemeinde sei, ist dabei in ihr Gegenteil verkehrt. Unabhängigkeit, eines der Reformziele, bedeutete in diesem Zusammenhang die weitgehende Entmachtung der städtischen Gremien. Diese Wirkung wurde durch die Anweisung an die örtlichen Militärbehörden zur Mitwirkung bei der Erhaltung der öffentlichen Sicherheit noch verstärkt.

Mit der Neuorganisation der Verwaltung der Stadt Bamberg war hier die Trennung von Justiz und Verwaltung durchgeführt, die auf der unteren Ebene der übrigen Staatsverwaltung erst 1862 durch die Errichtung der Bezirksämter erfolgte. Die Mißstände in der städtischen Verwaltung und ihre Unzulänglichkeiten im Sinne der Aufklärung waren binnen Jahresfrist beseitigt worden. Die dabei getroffenen vereinheitlichenden Maßnahmen prägten bereits eine Reihe von Elementen der Verwaltung, die — verstärkt in der Montgelas-Ära, in vielen Bereichen aber noch weit darüber hinaus — für die Verwaltungsstruktur Bayerns im 19. Jahrhundert typisch geworden ist: Zentralisation der öffentlichen Verwaltungsaufgaben in der unmittelbaren Staatverwaltung, damit Verzicht auf Beteiligung der Bürger an Verwaltungsentscheidungen, und strenge staatliche Aufsicht auch über die Restbereiche der Selbstverwaltung kommunaler Gemeinschaften. Die beabsichtigte Vereinfachung der Verwaltung wurde dagegen sehr schnell von der expansiven Staatsorganisation eingeholt.

VOM FÜRSTBISCHÖFLICHEN ZUM ERZBISCHÖFLICHEN ARCHIV

von

Bruno Neundorfer

Das Archiv des Erzbistums Bamberg ist das Zentralarchiv für die kirchliche Oberbehörde. Es spiegelt in seinem Aufbau die Struktur der diözesanen Verwaltung wider, wie sie sich seit dem Ende der fürstbischöflich-hochstiftischen Zeit und der kirchlichen Neuordnung in Bayern nach der Säkularisation bzw. nach dem Konkordat von 1817 entwickelt hat. Es sind seitdem bedeutende Archivgruppen erwachsen, die im wesentlichen wie folgt gegliedert sind:
1. Archiv der Erzbischöfe
2. Archiv des Metropolitankapitels
3. Archiv des Generalvikariates
4. Archiv des Ordinariates
5. Archiv des Offizialates

Daneben werden umfangreiche Depots betreut, wie z. B. die Matrikeln aus den Pfarreien bis etwa 1875, zahlreiche Archive nicht mehr besetzter Pfarreien u. a. Auch bedeutsame Sammlungen und Dokumentationen (z. B. Nachlässe, Fotos, Zeitungsausschnitte usw.) sind erwachsen bzw. im Entstehen.

Aus der fürstbischöflichen Zeit hat sich ein bedeutsamer Bestand erhalten, der gemeinhin als das Archiv des ehemaligen Generalvikariates bezeichnet wird und deswegen nicht der Beschlagnahme bei der Säkularisation unterworfen war.

Dieser Archivbestand, der in einem eigenen Repertorium erschlossen ist, bildet die Grundlage und den Kern des heutigen Archivs. Seiner Entstehung soll nachgegangen werden.

Das Archiv des Fürstbistums Bamberg war bei der Aufhebung des Hochstiftes und dessen Übergang an das Kurfürstentum Baiern kein einheitliches Gebilde.

Es gab eine ganze Reihe von registratur- und archivbildenden Behördengliedern. Deren geschichtliche Entwicklung kann hier nicht dargestellt werden, wohl aber sollen die einzelnen Archive und deren Träger genannt werden.[1]

Das Archiv des Domkapitels

Das älteste Archiv war das Archiv des Domkapitels. Es war das wichtigste Archiv, denn in ihm waren alle jene Urkunden und Rechtsbeweise verwahrt, die von Beginn des Bistums an sorgsam verwaltet und im Segerer verwahrt wurden. Es war ursprünglich

---

[1] Zur Geschichte der ehemaligen Bamberger Archive ist noch immer zu verweisen auf:
Hautle Chr., Das ehemals fürstbischöfliche Archiv Bamberg (Archivalische Zeitschrift, NF, Bd. 1, S. 107 ff.), München 1890.
Seber J., Das Königliche Bayerische Kreisarchiv Bamberg und sein Neubau (Archivalische Zeitschrift, NF, Bd. 15, München 1908, S. 161—234). — Zitiert: Seber, Kreisarchiv.
Guttenberg E. Fr. v.: Das Bistum Bamberg, 1. Teil (Germ. Sacra II, 1.) Berlin 1937, S. 15 ff.
Straub H., Die Geistliche Gerichtsbarkeit des Domdekans im Alten Bistum Bamberg von den Anfängen bis zum Ende des 16. Jahrhunderts (München. Theol. Studien III, 9) München 1957. —
Real-Schematismus des Erzbistums Bamberg, Bd. I, Bamberg 1960, S. 38 ff.

das einzige und gemeinsame Archiv des Bistums, um dessen Besitz die Bischöfe und das Domkapitel jahrhundertelang miteinander gerungen hatten. Dazu kamen laufende Verwaltungsakten des Domkapitels, wie z. B. die domkapitelschen Rezeßbücher. Das Archiv des Domkapitels bestand bis 1803. Der ältere Teil war bis zu dieser Zeit im Segerer untergebracht, die jüngeren Akten waren im Kapitelshaus aufgestellt.[2]

Die Beschlagnahme des domkapitelschen Archives erfolgte schnell und plötzlich. So schreibt der ehemalige fürstbischöfliche und nun kurfürstliche Archivar Österreicher am 29. April 1803:

Der Herr geheime Rat Steinlein eröffnete mir gestern abend den Beschluß des kurfürstlichen Generalkommissariats, daß das Archiv und die Registratur des Domkapitels auf der Stelle ins Archiv gebracht werden sollten, wobei derselbe meinte, daß wegen der Eile die Akten auf treue Hand und die schon geleisteten Pflichten übergeben werden sollten.

Ich nehme aber doch Bedenken hierbei, weil ein jeder Staatsbeamter wegen Übernahme der Akten, seine Pflichten ungeachtet sich dennoch ausweisen muß . . .!!![3]

Das Archiv der bischöflichen Kanzlei (Fürstbischöfliches Archiv)

Dieses Archiv war als zweiter Archivbestand seit dem 13. Jahrhundert entstanden. Es war ein reines Verwaltungsarchiv, in dem sich die Tätigkeit der Fürstbischöfe sowohl in ihrer Eigenschaft als Oberhirten der Diözese wie auch als Landesherren niedergeschlagen hatte. So entstanden die Archive des „Geistlichen Staates" und des „Weltlichen Staates".

1. Das Archiv des Weltlichen Staates

Das Archiv des „Weltlichen Staates" ist ab 1803 eingefordert worden. Im Gegensatz zum Archiv des Domkapitels wurde das Archiv „des Weltlichen Staates" jedoch nicht geschlossen beschlagnahmt, sondern in Einzelheiten übernommen.

Am 20. Januar 1803 wurde an das Geistliche Vikariat in Bamberg ein Schreiben der Kurfürstlichen Regierung abgesandt, mit dem die Auflösung des Archivs begann.

Damit über den Erwerb aller Bestandteile des ehemaligen Hochstifts Bamberg ein vollständiges Verzeichnis gefertigt werden kann, hat die Kurfürstliche Regierung den Spezialauftrag des Kurfürstlichen Generalkommissariates erhalten, aus sämtlichen Archiven und Registraturen des Fürstbistums Bamberg die treffenden und hierher Bezug habenden Urkunden zu sammeln — auch eine geschichtliche Darstellung derselben und einen alphabetischen Index fertigen und anher einsenden zu lassen.[4]

Dies war ca. 5 Monate nach der Inbesitznahme der fürstbischöflichen Haupt- und Residenzstadt Bamberg durch das Kurfürstliche Baiern und etwa einen Monat vor dem Inkrafttreten des Reichsdeputationshauptschlusses, in dessen § 2 dem Kurfürsten von Pfalzbaiern u. a. auch das Bistum Bamberg zugesprochen worden war.[5]

---

[2] HAUTLE, Fürstbischöfll. Archiv S. 162 ff.
SEBER, Kreisarchiv S. 162 f. — GUTTENBERG, Germ. Sacra, S. 15 ff. — Realschematismus S. 38.
[3] Staatsarchiv Bamberg, H. II, Ae 5.
[4] Archiv des Erzbistums Bamberg (= zitiert AEB), Akten des Erzb. Ordinariats, Generalia ab 1803 (noch nicht repertorisierter Bestand, zitiert Generalia): Aktenübergabe an die Kurfürstliche Landesdirektion 1803—1812, Nr. 16.6.
[5] H. H. HOFMANN, Franken seit dem Ende des Alten Reiches (Hist. Atlas von Bayern, Teil Franken, Reihe II, Heft 2), München 1955, S. 45 ff.

Die Auslieferung der Urkunden aus den Archiven erfolgte nicht durch eine veröffentlichte kurfürstliche Verordnung. Es war eine Verwaltungsmaßnahme, die offensichtlich rechtlich begründet war in der kurfürstlichen Verordnung vom 26. Juni 1799, die Einrichtung der Archive und Registraturen im Kurfürstentum betreffend.[6] Sie wurde nun auf die neuerworbenen Gebiete ausgedehnt.

Das Geistliche Vikariat veröffentlichte bereits am 31. Januar durch ein Circulare an *sämtliche Pfarrer, Benefiziaten, Pfleger, sowohl dahier als auf dem Lande* die Aufforderung des kurfürstlichen Generallandeskommissariats vom 20. Januar 1803 in gleicher Formulierung.[7]

Sobald als möglich sollten die angeforderten Urkunden in *von Zeit zu Zeit teilbaren Lieferungen* überstellt werden.

Am 3. Februar fordert das Kurfürstliche General-Landeskommissariat Franken mit Sitz in Würzburg Aufschluß über die milden Stiftungen, mit Ausnahme der Stifte und Klöster. Auch dies wird ohne Widerspruch unter dem 7. Februar 1803 an die entsprechenden Behörden weitergegeben.[8]

Am 5. März droht die kurfürstl. Regierung in Bamberg eine schärfere Verordnung an, da die Erwerbsurkunden des Fürstbistums Bamberg noch immer nicht abgeliefert worden waren. Schließlich wird ein Fachmann und Sachkenner, nämlich der ehemalige Hofrat und nunmehrige kurfürstliche Oberregistrator Eder beauftragt, alle Akten, die für die *Berufsgeschäfte der kurfürstlichen Landesdirektion* wichtig sind, einzuziehen.[9]

Das fürstbischöfliche Archiv ist nicht als gesamter Archivkörper beschlagnahmt worden. Fast ein Jahrzehnt lang wurden aus ihm Aktenteile und Aktengruppen, oft auch nur orts- und sachbezogene Vorgänge, eingefordert. Die Übergabe der Archivalien wurde in der Regel in geordneten Formen und mit Verzeichnis und Quittung durchgeführt.

Das Archiv der fürstbischöflichen Kabinettskanzlei ist der jüngste Teil dieses Archivs, es war als Teilarchiv des „Weltlichen Staates" erst um 1690 entstanden.[10] Seine Bestände setzten sich einerseits aus den Hofkammer-, Hofrats-, Syndikats- und Münzakten und andererseits aus den Reichstags- und Kreistagsakten zusammen. Letzteres wurde deshalb auch als Kreisarchiv bezeichnet. Diese Bestände, sie wurden auch als Geheimregistratur bezeichnet, waren bis zur Aufhebung des Hochstifts in der Alten Hofhaltung untergebracht. Die Bestände kamen geschlossen in die provisorischen Archivmagazine der Neuen Residenz.

Die abzugebenden Urkunden und Akten wurden in der Residenz gesammelt. Dort waren schon 1805 vorhanden: Reichstags- und Kreistagsakten, Landgerichtsakten, Hofmarschallamtsbücherei, Landesdirektionsakten, Hofgerichtsakten in den Kellern.[11] Daraus geht hervor, daß auch die Geheime Kabinettskanzlei geschlossen und insgesamt beschlagnahmt und in die Neue Residenz überführt worden war. Die Urkunden, die

---

[6] K. WEBER, Neue Gesetz- und Verordnungssammlung für das Königreich Bayern, Bd. 1, Nördlingen 1880, S. 42 ff.: Verordnung vom 26. Juni 1799, die Einrichtung der Archive und Registraturen betreffend. In Art. I. heißt es dort, daß alle bisherigen Archive in drei neue Archivglieder einzubringen seien, die als Haus-, Staats- und Landesarchiv bezeichnet würden. Demnach wurden in den neuerworbenen Gebieten Landesarchive eingerichtet. Die weitere Regulierung erfolgt durch die Verordnung vom 21. April 1812, Weber a.a.O., Bd. 1, S. 391 ff.

[7] AEB, Generalia, Aktenübergabe 16.6.
[8] AEB, Generalia, Aktenübergabe 16.6.
[9] AEB, Generalia, Aktenübergabe 16.6.
[10] SEBER, Kreisarchiv S. 166.
[11] Staatsarchiv Bamberg, H II. 170.

domkapitelschen Akten und die Rezeßbücher, die fürstbischöflichen Akten usw. waren in Zimmern der Residenz verwahrt.

Wegen des großen Platzmangels wurde im gleichen Jahr der Vermerk gemacht, das künftige Archiv im ehemaligen Karmelitenkloster einzurichten.[12] Es kam nicht dazu. Vielmehr verblieb das neuentstandene Kreisarchiv Bamberg rund 100 Jahre in der Residenz bis zum Archivbau an der Hainstraße im Jahre 1905.[13]

2. Das Archiv des Geistlichen Staates

An der Spitze des Geistlichen Staates stand als Präsident ein *Vicarius Generalis in Spiritualibus,* also der Generalvikar.

Der Verwaltungsniederschlag des Generalvikariates ist erst erwachsen, seit auch die Bamberger Bischöfe Generalvikare eingesetzt haben.[14] Die Entstehung des Amtes ist in der häufigen Abwesenheit der Bischöfe von ihren Diözesen zu sehen.[15] Seit dem 13./14. Jahrhundert bildete sich der Brauch aus, daß der Bischof für die Zeit seiner Abwesenheit einen Stellvertreter ernannte, der für die geistlichen Belange als Vikar zuständig war. Dieses Stellvertreteramt während der Abwesenheit wurde bald als Generalvikariat zur Dauereinrichtung. Der Generalvikar galt als alter-ego des Bischofs, der von diesem frei ernannt wurde, jederzeit aber auch absetzbar war und mit dem Tode des Bischofs sein Amt verlor.

Der Generalvikar war demnach seit dem Bestehen dieses Amtes der besondere Vertraute des Bischofs. Sein Wirkungsbereich aber konnte sich nur auf das Gebiet der geistlichen Jurisdiktion, also auf das Diözesangebiet erstrecken. Gegenüber der viel weiter ausgreifenden landesherrlichen Gewalt des Bischofs war die Stellvertreterfunktion des Generalvikars — auch gegenüber der hochstiftischen Verwaltung — deutlich eingeschränkt.

Über das Amt des Generalvikars, wie übrigens auch des zweiten, dem Bischof unmittelbar in der Ausübung der geistlichen Gewalt zugeordneten geistlichen Amt, dem Offizialat, liegen für Bamberg noch keine ausführlichen Untersuchungen vor.

Unter Fürstbischof Friedrich I. von Hohenlohe (1344—1352) jedenfalls wurde der erste für Bamberg nachweisbare Generalvikar ernannt. Es war der Vetter des Bischofs, Domdekan Friedrich v. Hohenlohe, der 1346 erstmals als Generalvikar urkundet.[16]

Bis zur Säkularisation waren die Generalvikare zumeist gleichzeitig Mitglieder des Domkapitels.[17]

In einem Schreiben der königl. Landesdirektion vom 3. Februar 1806, durch das — wieder einmal — weitere Akten der ehemaligen fürstbischöflichen Verwaltung gefordert wurden, ist — soweit ersichtlich — zum erstenmal eine klare Definition für jenes Archivgut gegeben, das weiterhin in der Verfügung des Vikariates bleiben konnte. Es heißt dort, daß alle Regierungsgeschäfte nunmehr durch die königliche Landesdirektion ausgeübt werden, mithin diese auch das Recht habe, alle hierzu vorhandenen Akten einzufordern, *mit Ausnahme der eigentlichen bischöflichen und geistlichen* Geschäfte, die auch weiterhin beim Vikariat verbleiben.[18] Das Archiv des Vikariats verblieb zunächst

---

[12] Staatsarchiv Bamberg, H II. 170.
[13] SEBER, Kreisarchiv S. 161 ff.
[14] Entwicklungsgeschichtlich früher sind natürlich auch im Bistum Bamberg die Archidiakone als wichtige Funktionsträger der bischöflichen Verwaltung anzusehen, wahrscheinlich schon seit der 2. H. des 11. Jahrhunderts. Vergl. hierzu STRAUB, Gerichtsbarkeit S. 98 ff.
[15] STRAUB S. 246 ff.
[16] STRAUB S. 247 ff.
[17] Vgl. F. WACHTER, Generalpersonalschemat. des Erzbistums Bamberg, Bamberg 1907, S. 577.
[18] AEB, Generalia, Aktenübergabe 16.6.

offensichtlich ebenfalls in der Residenz. Dies geht ohne Zweifel aus dem durch ein Schreiben bekundeten Auszug aus den bisherigen Räumen hervor, den man besser einen Hinauswurf nennen muß:

Der Auszug seiner Registratur (Vikariat) *aus der Residenz war sehr stürmisch; er mußte binnen 24 Stunden geschehen. Der Landesdirektionsrath Schneidawind drohte die Akten zum Fenster hinauswerfen zu lassen, wenn sie nicht alsbald weggeschafft würden.*

Alles geriet dadurch in Unordnung. Man hat noch jetzt damit zu tun, daß die Akten und Urkunden ordentlich registriert werden. Der würdige Generalvikar von Hutten besoldet aus seinem Säckel einen Menschen, um jenes Geschäft zu vollenden.[19]

Damit war die endgültige Trennung des geistlichen Archivs von den anderen Archivteilen vollzogen. Das eigenständige Leben des neuen Archives begann.

Diese Aussage ist, soweit sich im Augenblick übersehen läßt, die „Geburtsurkunde" des Archivs des Vikariats und des später wiedererrichteten neuen Erzbistums Bamberg.

Über diese Unterbringung des Archivs, wie überhaupt des Geistlichen Vikariates ist nur wenig nachzuweisen. Sicher jedenfalls ist, daß die bisherigen Verwaltungsgebäude nicht mehr zur Verfügung standen. Es waren dies für die bischöfliche und geistliche Verwaltung die Alte Hofhaltung und die Residenz; das Domkapitel hatte seine Verwaltung im Kapitelshaus.

Eine nicht datierte und auch nicht durch Unterschrift gekennzeichnete Notiz, die offensichtlich erst nach 1821 aufgeschrieben wurde, bringt den sonst nicht zu belegenden Hinweis, daß bereits 1802, nach der Inbesitznahme der bisherigen *Localitäten der Regierung* durch die kurfürstliche Landesdirektion das Generalvikariat in den Weihbischofshof verlegt worden war.[20] Dies war der Ostflügel des Priesterseminarbaues (heute Rathaus am Maxplatz). Dieses Gebäude war das einzige große kirchliche Haus, das nicht säkularisiert worden war. Der Hinweis, daß das Generalvikariat *nebst Registratur* dorthin verlegt worden war, kann nur so verstanden werden, daß das Archiv, das wie noch zu zeigen sein wird, mit der Registratur gleichzusetzen ist, seit dem Hinauswurf aus der Residenz seit 1811 ebenfalls im Weihbischofshof untergebracht war.

Das Aktenvolumen dieser Registratur ist genau bekannt. Es war jener Teil des fürstbischöflichen Archivs und der Registratur, das der Beschlagnahmeaktion der Zeit von 1803—1810 entgangen war. Es waren jene Akten und Urkunden, die seitens der geistlichen Registratoren nicht abgeliefert worden waren.[21]

---

[19] Staatsarchiv Bamberg, H. II. Ae 6.

[20] AEB, Rep. 2, Nr. 2090/6 (vgl. Anm. 21).

[21] Die ersten Versuche zu einer Neuordnung der beim Vikariat verbliebenen Urkunden und Akten erfolgte schon bald nach dem Auszug aus der Residenz. Aus dieser Zeit war ein Verzeichnis vorhanden. Es ist nicht mehr auffindbar. Wohl aber ist bekannt, daß Generalvikar v. Hutten bereits wieder einen Registrator ernannt hatte.
Im ersten Schematismus des Bistums Bamberg vom Jahre 1811 ist bereits ein Registrator aufgeführt, daneben auch Kanzleipersonal (vgl. Anm. 35). Hier ist auch noch auf eine nicht datierte und gekennzeichnete Notiz zu verweisen, die um 1821 vermutlich von dem Registrator Joh. Helmsauer geschrieben wurde: *Notizen zu einem nicht mehr vorhandenen Plan über die Einrichtung der neuen Registratur.* (AEB, Rep. 2, Metropolitankapitel, Nr. 2090/6).
Joh. Helmsauer, geb. 5. November 1753, als Registrator 1805 angestellt (vgl. Schematismus der Diözesan-Geistlichkeit des Erzbistums Bamberg 1820, S. 17).

Das Archiv des Erzbistums

Die Neuordnung der kirchlichen Verhältnisse in Bayern erfolgte nach einer langen Übergangsphase durch das Konkordat von 1817. Die Neuumschreibung der Diözesen war in der Circumskriptionsbulle von 1818 festgelegt.[22]

Im Konkordat wurde auch das Archiv erwähnt. Im Art. IV heißt es: *Für die erzbischöfliche und bischöfliche Curie, für das Kapitel und das Archiv werden Seine Majestät ein geeignetes Gebäude bestimmen.*[23]

Dieses Gebäude war in Bamberg das ehemalige Kapitelshaus. Gemäß Überweisungsprotokoll vom 12./13. und 16. November wurde *Das ehemalige Kapitelshaus, dermal zum Geschäftslokal des Erzbistums bestimmt . . .*[24]

Damit war auch für das Archiv eine neue Heimstatt gegeben. Bis zur Einrichtung des neuen Aktenmagazines im diözesaneigenen Gebäude, Domplatz 2, im weitläufigen Kellergeschoß der ehemaligen Eyb'schen Kurie, war das Archiv in drei Räumen des Kapitelshauses über mehr als 150 Jahre untergebracht.[25]

Schon bald nach der Übersiedlung in das neue Gebäude erhielt das Archiv einen bedeutsamen Zuwachs an Akten und Urkunden aus der Zeit vor der Säkularisation, und zwar durch Aktenabgaben des Würzburger Ordinariates.

Die Würzburger Aktenabgaben:

Am 6. März 1823 ersuchte das Erzbischöfliche Ordinariat in Bamberg — es nannte sich Geistliches Ratskollegium — das bischöfliche Ordinariat in Würzburg um Aufklärung über die Patronatsrechte der ehedem zu Würzburg gehörigen Pfarreien.

Mit diesem Schreiben forderte das Bamberger Ordinariat von der benachbarten Kirchenbehörde in Würzburg die Herausgabe der Akten jener Pfarreien der alten Würzburger Diözese, die in der Zeit zwischen 1808—1810 unter die geistliche Jurisdiktion Bambergs gestellt worden waren.

Die Abgrenzungen zwischen dem Königreich Bayern und dem Großherzogtum Würzburg führten unmittelbar auch zu Differenzen zwischen den beiden Diözesen Bamberg und Würzburg.[26] Denn ein breiter Streifen des westlichen Hochstifts Bamberg gehörte diözesan zum Bistum Würzburg.[27]

---

[22] Zum Konkordat von 1817 — Conventio inter Sanctissimum Dominum Pium VII, Summum Pontificem et Majestatem Suam Maximilianum Josephi Bavariae Regis — sei verwiesen auf *A. Geiger*, Das bayerische Konkordat vom 5. Juni 1817, Regensburg 1918. — Zur Cirkumskriptionsbulle Dei ac Domini nostri J. Chr. vom 1. 4. 1818 sei verwiesen auf *J. Wenner*, Reichskonkordat und Länderkonkordate, 7. Aufl., 1964. —
Erst durch die königliche Erklärung von Tegernsee vom 15. Sept. 1821 wurde der Vollzug des Konkordats und die Veröffentlichung der Circumskriptionsbulle durchgeführt. Nun konnten auch in den Diözesen die neuen kirchlichen Rechtsverhältnisse in Kraft treten. In Bamberg wurde die Verkündigung der Cirkumskription in feierlicher Form auf einen Sonntag im September 1821 festgelegt. Die dazu eingeladenen staatlichen Vertreter blieben den Festlichkeiten fern.

[23] Der Art. IV des Konkordates wurde im Konkordat von 1924 unverändert übernommen und ist noch heute Grundlage für die zur Nutzung durch die Kirchenbehörde überlassenen Gebäude.

[24] AEB, Rep. 2, Metropolitankapitel, Nr. 2330. Grundlage ist das Überweisungsprotokoll vom 12., 13., 16. November 1821.

[25] Im Jahre 1975 hat das Archiv des Erzbistums Bamberg die neueingerichteten Magazinräume im Kellergeschoß des Anwesens Domplatz 2 bezogen.

[26] Mit dem Frieden von Preßburg vom 26. Dez. 1805 begann die Geschichte des Großherzogtums Würzburg. Gemäß Art. XI. erhielt der Kurfürst von Salzburg und ehemalige Großherzog von Toscana das Fürstentum Würzburg (vgl. H. H. Hofmann, Franken am Ende des Alten Reiches, S. 52 f.).

Am 7. September 1808 erließ Papst Pius VII. ein vom Bayer. König Maximilian Joseph erwirktes Breve, wonach *jener Teil der Diözese Würzburg, welcher sich bisher* (seit 1803) *über die königlich-bayerischen Lande in Franken erstreckt hatte, an die Diözese Bamberg und das dortige Generalvikariat überwiesen werden sollte.*[28] Unter dem 3. November 1808 wurde diese amtliche Diözesangrenzänderung mit einer vom König genehmigten *Instruktion für den Curat- und übrigen der vormals würzburgischen, nun an die Diözese Bamberg überwiesenen Klerus* veröffentlicht.[29] Auch das päpstliche Breve von 1808 gab zu verschiedenen Auslegungen immer wieder Veranlassung.

Der Staatsvertrag vom 26. Mai 1810, durch den jahrelang strittige Grenzfragen endgültig gelöst werden konnten, zeigte noch einmal das unendliche und kaum mehr überschaubare, selbst für die handelnden Personen vielfach nicht erklärbare Hin und Her, ja Durcheinander. Durch die neue Grenzlinie wurden wechselseitig Pfarreien und Filialen abgetreten und ausgetauscht. Verschiedene Orte, die durch das Breve von 1808 provisorisch dem Bistum Bamberg zugewiesen worden waren, kamen nun wieder zum Großherzogtum und umgekehrt. Das brachte viel Unsicherheit und auch manches menschliche Problem.[30]

Und doch hat dieses Staatsgebilde neue Grenzen bewirkt und hinterlassen, Menschen verloren ihre staatliche Heimat, ihre kirchliche Zuordnung, Verträge wurden geschlossen, in feierlicher Form und in ihren Folgen bis heute fortwirkend.

Und schließlich wurden im Zuge dieser Maßnahmen Verwaltungsunterlagen von alten Institutionen an neue gegeben, Akten und Urkunden wurden ausgetauscht, neu-

---

Hier muß besonders auf die dadurch entstehende Grenzproblematik zwischen den beiden Diözesen Bamberg und Würzburg verwiesen werden.

[27] Eine der frühen vom Jubilar an der Universität Würzburg betreuten wissenschaftlichen Arbeiten befaßte sich mit den Grenzproblemen zwischen den beiden fränkischen Diözesen, nämlich: KARLHEINZ FRÜHMORGEN, Entstehung und Besonderheiten der neuen Diözesangrenze zwischen Bamberg und Würzburg (99. BHVB 1963), Bamberg 1963, S. 359—405.

Zur Erinnerung daran, aber mehr noch im Gedenken an vielfältige persönliche und wissenschaftliche wechselseitige Beziehungen des Jubilars mit dem Verfasser, zwischen den Städten Bamberg und Würzburg wie auch der beiden Diözesen seit 1951, in Dankbarkeit auch an den gemeinsamen akademischen Lehrer Prof. Dr. Otto Meyer, ist diese kleine archivgeschichtliche Untersuchung zu verstehen — ist sie doch ebenfalls ein Zeugnis bambergisch-würzburgischer Geschichte.

[28] Der Inhalt dieses Breve wurde in einem *Publicandum an sämtliche Dechante, Pfarrer, Kapläne, Curaten, Benefiziaten, Vorsteher der Klöster und den übrigen vormals zur Diözese Würzburg gehörigen Klerus in den Königlichen Baierischen Landen in Franken* durch den Präsidenten des Generalvikariats des Bistums Bamberg, J. C. Freiherr von Hutten unter dem 03. November 1808 veröffentlicht (AEB, Generalia, Diözesangrenze, Nr. 39,5).

[29] AEB, Generalia, Diözesangrenze Nr. 39,5.

Hier handelt es sich um eine Dienstanweisung an den neuen Klerus in der Diözese Bamberg, aber auch um eine Pastoralanweisung.

In einem Schreiben vom 18. Dezember 1808 an das Bamberger Vikariat nimmt das Generalvikariat des Bistums Würzburg Stellung zur Neufestlegung der Diözesangrenze durch das päpstliche Breve vom 7. September 1807. Mit der Anrede *Hoch- und Hochehrwürdege, Wohlgeborene und Hochgelehrte, Hochgeehrte und besonders liebe Herren und Freunde* werden die Bamberger Herren auf den provisorischen Charakter der Grenzziehung hingewiesen: *Da diese ganz provisorische Einrichtung unter den gegenwärtigen Verhältnissen unvermeidlich war, so hätte wohl dieser Teil unserer Diözese kein besseres Los treffen können, als zu jenseitiger Diözöse, mit welcher er die engste Verbindung und Gemeinschaft oder doch Verwandtschaft in den Einrichtungen von jeher hatte, überwiesen zu werden.*

(AEB Generalia, Diözesangrenze, Würzburger Pfarreien Nr. 39.5)

[30] Es gab zahlreiche Gesuche um Versetzungen in die alte Heimatdiözesen, sowohl von Bamberg nach Würzburg wie umgekehrt. Vgl. hierzu u. a. AEB, Generalia, Würzburger Pfarreien 39.5.

geordnet und neu zugewiesen — und blieben deswegen in unserer Zeit erhalten oder gingen deswegen verloren.

So war das Großherzogtum Würzburg, der jüngste und kleinste Staat der napoleonischen Zeit, ein Staat mit einer fast nie vorhandenen und auch nur in wenigen Ereignissen erkennbaren Geschichte — aber in seinem Umfeld mit bedeutsamer Hinterlassenschaft.

Die Aktenabgabe von der Würzburger Oberbehörde war ausgelöst worden durch den Streit um das landesherrliche Besetzungsrecht und die bischöfliche Collation in den Pfarreien.

Schon im August und September 1803 ergingen an den außerordentlichen Kommissär und Präsidenten in Franken Weisungen, wonach besonders auf die Wahrung der nun dem Kurfürsten zustehenden Patronatsrechte in allen jenen Pfarreien zu achten sei, auf denen kein ius patronatus Laicale privatum beruhe.[31]

Es ist nicht möglich, diesen damit anhebenden, sich über die Jahrzehnte hinziehenden Streit um das landesherrliche Patronat und die bischöfliche Collatur hier im einzelnen zu verfolgen.

Der erste Abschnitt dieser Auseinandersetzungen ist dadurch gekennzeichnet, daß der Kurfürst bzw. der König grundsätzlich für alle jene Pfarreien das Patronatsrecht beanspruchte, die vor der Säkularisation durch den Bischof ausgeübt wurden. Die Besonderheit dieses Streites lag darin, daß in langen gegeneinander gerichteten Gutachten und Stellungnahmen vor allem darüber Auseinandersetzungen stattfanden, ob der Bischof in den einzelnen dargestellten Fällen als princeps oder als episcopus das Patronatsrecht ausgeübt hatte. Zusammengefaßt lassen sich die gegenseitigen Standpunkte kurz so bezeichnen, daß die landesherrliche Seite eben genau zwischen den staatlichen bzw. bischöflichen Handlungen unterschied, die geistliche Seite hingegen argumentierte, daß der Bischof bei der Ausübung des Patronats grundsätzlich nur als episcopus handeln konnte, weil es dabei ja letztlich nur um pastorale Anliegen ging. Besonders interessant dabei ist vor allem die geistliche Meinung, daß auch in den zahlreichen Mischverhältnissen, also z. B. bei verschiedenen territorialen und geistlichen Zugehörigkeiten, in jedem Falle ein episcopus bei der Besetzung von Pfarrstellen und Benefizien tätig war.[32]

In Art. XI des Konkordats wird das Patronatsrecht ausdrücklich erwähnt und dabei gesetzliche Vorschriften über den Gebrauch des vornehmsten im Patronat enthaltenen Vorrechts, nämlich der Präsentation der Geistlichen, erlassen.[33]

---

[31] AEB, Generalia, Gutachten des bischöflichen Vikariats... *für das allgemeine landesherrliche Patronatsrecht*... 1803, Nr. 39.5.

[32] AEB, Generalia, Die Einteilung der Diözesen, dann die Würzburger Überweisung der Pfarreien an Bamberg und Collationsrechte hierauf, 1807—1818, Nr. 39.5.

[33] *Der König von Bayern wird auf alle Pfarreien, Curat- und einfache Beneficien präsentiren, auf welche Seine Vorfahren die Herzoge und Churfürsten aus giltigem Patronats-Rechte, es mag sich dieses nun auf Dotation, Fundation oder Bauführung gründen, präsentird haben.*

Außerdem werden Seine Majestät zu allen jenen Beneficien präsentiren, zu welchen geistliche Corporationen, die gegenwärtig nicht mehr bestehen, präsentirten.

Die Unterthanen Seiner Majestät, welche sich im rechtmäßigen Besitze des Patronatrechts nach obigen Titeln befinden, werden ferner zu den Pfarreien, Curat- und einfachen Beneficien, die unter ihrem Patronatsrechte stehen, präsentiren.

Die Erzbischöfe und Bischöfe aber werden den präsentirten Geistlichen, wenn sie die erforderlichen Eigenschaften besitzen, nach vorgängiger Prüfung über Wissenschaft und Sitten, welche die Bischöfe selbst vorzunehmen haben, wenn es sich um Pfarreien oder Curat-Beneficien handelt, die canonische Einsetzung ertheilen.

Uebrigens muß die Präsentation zu allen diesen Beneficien innerhalb der nach den canonischen Vorschriften bestimmten Zeit geschehen, außerdem werden sie frei von den Erzbischöfen vergeben werden.

Doch erst nach dem Inkrafttreten des Konkordats kam es zu Ausführungsbestimmungen. In einem Allerhöchsten Rescript vom 20. Dezember 1821 wird den Kreisregierungen aufgetragen, *eine strenge Revision der Recherchen über die Patronatsverhältnisse bei allen Pfarreien und Benefizien, welche ehemals die Fürstbischöfe besetzt haben, unverzüglich vorzunehmen . . .*[34]

Noch immer scheint hier von Seite des Staates der seit 1803 vertretene Grundsatz vorzuherrschen, daß staatliche bzw. territoriale Zugehörigkeit für die Ausübung des Patronats vorherrschend sein müsse.

Diese Auseinandersetzung, die die hochinteressanten wechselseitigen Gutachten, Stellungnahmen, Darlegungen der Rechtspositionen u. a. — z. B. in den diözesan bzw. hochstiftischen Mischgebieten hinsichtlich des Handelns der Bischöfe als Landesherren bzw. Diözesanbischöfe oder der Mitwirkung der Domkapitel bei Besetzung von Oberpfarreien und in vielen anderen Fällen — auslösten, führten dazu, daß Bamberg die Akten der nunmehr bambergischen Pfarreien vom Ordinariat Würzburg anforderte.

Wie für den Umfang der Diözese war dies auch für das neue Archiv ein bedeutsamer Aktenbestand. Zu den im Jahr 1811 in dem Gebiet des Bamberger Generalvikariates vorhandenen 127 Pfarreien und 8 Kuratien mit 154 599 Bewohnern waren immerhin 43 Pfarreien und 5 Kuratien mit 45 270 Einwohnern dazugekommen. Dementsprechend waren auch nun anfallende Aktenabgaben sehr umfangreich.[35]

Der Schriftwechsel, der sich auf Grund Bamberger Forderungen am 6. März 1823 entwickelte, ist archivgeschichtlich von hohem Interesse, weil sich daraus viele Kenntnisse und Rückschlüsse auf den Zustand des Würzburger Archivs gewinnen lassen, der — angesichts der oben geschilderten Aktionen — auch für Bamberger Verhältnisse anzunehmen ist.[36]

Ohne Zögern machte man sich in Würzburg an die Zusammenstellung der Akten. Doch zeigte es sich, wie nach Bamberg berichtet wurde, daß man — wie auch in Bamberg — über die Rechtsverhältnisse mancher Pfarrei bisher keine genauen Kenntnisse hatte.[37] Die Ausscheidung der Akten wurde *mit Ernst* betrieben, doch wirkten verschiedene mißliche Umstände zusammen, die eine schnelle Erledigung verhinderten, z. B. die *Unordnung, in welche die Akten bei einem früheren überschnellen Auszug gekommen waren, die Beengtheit des neuen Lokals, in welchem sehr viele Akten gar nicht aufgestellt werden konnten, das Zerstreutliegen derselben an vielen Plätzen, das gleichzeitige Ausscheiden der badischen Akten, die ganz kleine Zahl zugeteilter Personen, diese und noch mehrere Umstände waren daran hinderlich, daß bei der fraglichen Arbeit jene Fortschritte bis jetzt nicht errungen werden konnten, welche das bischöfliche Ordinariat selbst gewünscht hat . . .!*[38]

Alle übrigen Pfarreien, Curat- und einfachen Beneficien, welche die vorigen Bischöfe der nunmehrigen acht Kirchen in Bayern frei besetzt haben, werden von den Erzbischöfen und Bischöfen an Personen, die von Seiner Majestät genehmigt werden, frei vergeben.

(Vgl. G. DÖLLINGER, Sammlung der im Gebiete der inneren Staatsverwaltung des Königreiche Bayern bestehenden Verordnungen Bd. 8, Abt. VIII, Religion und Cultus enthaltend, München 1838, S. 281 f.)

[34] Allerhöchste Entschließung, die bischöflichen Collationsrechte betreffend (K. WEBER, Neue Gesetz- und Verordnungssammlung Bd. 2, 1882, S. 69 ff.).

[35] Vergl. Schematismus der Geistlichkeit des Bistums Bamberg, 1813, S. 70 ff: Verzeichnis der Pfarreien, Curatien, Kaplaneien, Cooperatoren und Benefizien des vormals würzburgischen, nun an Bamberg überwiesenen Diözesananteils.
In einer Ministerialentschließung vom 13. April 1812 wird auf den ersten Bamberger Schematismus für das Jahr 1811 als mustergültiges Beispiel verwiesen (vgl. K. WEBER, Gesetz- und Verordnungssammlung Bd. 1, 1880, S. 389 f.).

[36] AEB, Generalia, Würzburger Aktenabgabe Nr. 16.3.

[37] AEB, Generalia ab 1803, Würzburger Aktenabgabe Nr. 16.3.

Ende November 1823 kamen schließlich per Fuhrmann die ersten drei Kisten in Bamberg an.[39] Im Juni 1825 wurden *weitere aufgefundene Akten* überstellt.[40] Im Jahre 1843 sind wieder zwei Kisten bereitgestellt, die sich zur *Extradition* eignen[41], 1857 wurden Akten ausgetauscht zwischen Rottenburg und Bamberg, und schließlich wird von Bamberg noch einmal 1893 um evtl. noch in Würzburg vorhandene Akten gebeten.[42]

Diese Aktenübergaben, Verschiebungen und Tauschaktionen können hier im einzelnen nicht nachvollzogen werden, obwohl sie äußerst interessante und aufschlußreiche Aspekte zur Archivgeschichte und die Überwindung vieler Schwierigkeiten, bis die Ordnungssysteme einigermaßen funktionierten, ausweisen.

Die Grundlegung einer geordneten Schriftgutverwaltung gelang schließlich dem Erzbischöflichen Registrator und späteren Generalvikar und Weihbischof Dr. Adam Senger. Er veranlaßte eine nach den damaligen Maßstäben trefflich gegliederte Neuordnung dieser Registratur nach General- und Spezialakten, und er war es auch, der das sogenannte *Schlund'sche Repertorium* förderte, das den Aktenbestand des ehemaligen Fürstbischöflichen Generalvikariates wie auch der Würzburger Aktenabgabe (also das eigentliche Archiv seiner Zeit) aufzeichnete[43].

---

[38] AEB, Generalia ab 1803, Würzburger Aktenabgabe Nr. 16.3.

[39] AEB, Generalia ab 1803, Würzburger Aktenabgabe Nr. 16.3. Das Ordinariat Würzburg teilte dem Bamberger Geistlichen Ratskollegium mit, daß die erbetenen Akten übersandt werden, und zwar: *1. jene, die vermöge der verehrlichen Zuschrift vom 17. April namentlich abverlangt worden sind, 2. solche, die zwar nicht namentlich abverlangt worden sind, aber entschieden bambergische Pfarreien betreffen.* Das Ordinariat Würzburg will weiterhin die bei der anstehenden Ordnung des Archivs, das dringend eine neue Einrichtung brauche, noch anfallenden Akten nach Bamberg übersenden.
Am 29. November 1823 kamen 3 Kisten mit der Bezeichnung G.R.C.B. (= Geistl. Rats-Collegium Bamberg) mit den Bezeichnungen I, II und III in Bamberg an. Dompropst v. Lerchenfeld bestätigt dies mit Dank und der Versicherung, *der vollkommenen Bereitwilligkeit zu jedem Gegendienst.*

[40] AEB, Generalia ab 1803, Würzburger Aktenabgabe Nr. 16.3. Übersandt wurden diesmal u. a. Kapitelsakten von Iphofen, Schlüsselfeld, Visitationsakten des ehemaligen Klosters Banz und zahlreiche Pfarreiakten. Auch für diese Sendung, die wiederum durch einen Fuhrmann Memmel erfolgte, bedankte sich Dompropst v. Lerchenfeld am 30. Juni 1825.

[41] AEB, Generalia ab 1803, Würzburger Aktenabgabe Nr. 16.3. Auf Listen sind 43 Nummern mit Aktenbetreffen verzeichnet, die Bamberger Pfarreien betreffen.

[42] AEB, Generalia ab 1803, Würzburger Aktenabgabe Nr. 16.4. Am 22. April 1857 teilt das Ordinariat Rottenburg an Bamberg mit, daß bei einer Durchsicht des Archivs in Rottenburg Akten gefunden wurden, die aus Würzburg übersandt worden waren, aber nach Bamberg gehören.
Am 7. Dezember 1893 sucht Bamberg noch in Würzburg befindliche Akten der Kuratie Oberelldorf (Pfarrei Seßlach) (AEB, Generalia, Würzburger Aktenabgaben Nr. 16.5).

[43] Johann Schlund, geb. 30. 3. 1874 in Ebelsbach (Diözese Würzburg), ordiniert 1. 8. 1897, zuletzt Pfarrer in Breitengüßbach vom 1. 6. 1916 bis zu seinem Tode am 28. 2. 1942. Im Jahr 1928 hat Geistl. Rat Schlund das mit seinem Namen verbundene *Repertorium über das Ezbischöfliche Archiv in Bamberg* vorgelegt. Es ist bis heute das unentbehrliche Findbuch über jenen Teil des Archivs des Erzbistums Bamberg, das die Urkunden und Akten der Zeit vor 1803 umfaßt.
Weihbischof Dr. Adam Senger, der als Domvikar und Registrator schon 1891—1899 um das Archiv und die Registratur bemüht war, war der Initiator. Er schrieb am 26. April 1928 an Geistl. Rat Schlund: *Eu. Hochwürden haben in gut dreijähriger unverdrossener Arbeit die reichen Bestände des ehemaligen domkapitel'schen und nunmehrigen Erzb. Ordinariats-Archivs übersichtlich geordnet und damit seine Benutzung erst ermöglicht. Nunmehr haben sie auch noch das meisterhaft angelegte „Repertorium" vollendet, wodurch jederzeit die Archivbestände festgestellt und die einzelnen Urkunden ohne Zeitaufwand herausgenommen werden können. Damit ist das Ordinariats-Archiv vollends gebrauchsfähig eingerichtet.* AEB, Generalia ab 1803, Archiv, Nr. 25.1.

JÜDISCHE SACHKULTUR AUF DEM LANDE

Der Nachlaß des Mosche Wolf aus Reckendorf

von

Karl H. Mistele

Franken ist eine der deutschen Landschaften, die einen recht beachtlichen jüdischen Bevölkerungsanteil hatte, der zu einem guten Teil auf dem Lande lebte und innerhalb der bäuerlichen Bevölkerung eine bedeutende wirtschaftliche Funktion hatte. Der jüdische Viehhändler war eine Gestalt, ohne die ein Viehmarkt an Attraktivität eingebüßt hätte.

Dieses fränkische Judentum unterschied sich nicht nur von der nichtjüdischen Bevölkerung durch Religion und Brauchtum im weitesten Sinne, sondern hatte auch im jüdischen Rahmen eine gewisse Sonderstellung. Diese deutete sich durch einige Besonderheiten im Kultus an.[1]

So selbstverständlich die Existenz dieser Leute war, so wenig wußte (und weiß) man über das Leben, das eigentliche Leben dieser Gemeinschaft. Ihre Sonderstellung am Rande der Gesellschaft (und nicht einmal der sogenannten ‚guten')[2] trug dazu bei, daß sie in den Akten bis in das 19. Jahrhundert hinein nur relativ selten und nur in Konfliktfällen erscheinen. Und auch dann sind es Quellen, die von nichtjüdischer Seite stammen. Eigentlich jüdisches Schriftgut ist selten, und wenn es erhalten ist, sperrt es sich dem leichten Zugang, da es meist in der nur mühsam zu lesenden aschkenasischen Kursive, in jiddischer oder hebräischer Sprache, geschrieben wurde. Auch in der Zeit, als diese Überlieferung noch existierte (der 9. und 10. November 1938 hat sie großenteils vernichtet), wurde sie nur selten für die Geschichtsschreibung benützt oder gar ediert.

Einer der seltenen Fälle, in denen man sich auch dieser Quellen bediente, betrifft Reckendorf. Dort entstand zu Beginn unseres Jahrhunderts eine Geschichte der jüdischen Gemeinde, die auf der archivalischen Überlieferung beruhte, wie sie zu dieser Zeit in der Registratur noch vorhanden war. Neben einer Darstellung der Gemeindegeschichte bringt der Verfasser eine Anzahl von Schriftstücken in Transskription, eine Auswahl, die ahnen läßt, was durch Dummheit und Barbarei verlorengegangen ist.[3]

Die jüdischen Gemeinden auf dem Lande lebten in einer eigenen Sprachwelt[4], die Landjuden sprachen unter sich, wie aus der spärlichen schriftlichen Überlieferung, aus Briefen und den von Pfeifer edierten Reckendorfer Akten hervorgeht, ein bis zu einem gewissen Grade ‚frankonisiertes' Westjiddisch. Von einem „Leben im deutschen Sprachgefühl" aber darf man wohl nicht sprechen; eine Teilnahme am deutschen Geistesleben

---

[1] Ulrich Gerhardt, Jüdisches Leben im jüdischen Ritual. Studien und Beobachtungen 1902—1933. Heidelberg 1980 (= Studia Delitzschiana N. F. 1).

[2] Zur sozialen Lage der fränkischen Landjuden neuerdings Ernst Schubert, Arme Leute, Bettler und Gauner im Franken des 18. Jahrhunderts. Neustadt/A. 1983.

[3] S. Pfeifer, Kulturgeschichtliche Bilder aus dem jüdischen Gemeindeleben zu Reckendorf. Bamberg o. J.

[4] Jakob Toury, Die Sprache als Problem der jüdischen Einordnung in den deutschen Kulturraum. Tel-Aviv 1982 (= Jahrbuch des Instituts für deutsche Geschichte, Beiheft 4).

war für einen Juden des 18. Jahrhunderts nicht ohne weiteres möglich und auch nicht erstrebt — sieht man von Ausnahmen wie Moses Mendelssohn oder Salomon Maimon ab. Was einen gebildeten Juden in Franken im 18. Jahrhundert ausmachte, war nicht die Kenntnis der deutschen und französischen Literatur und Philosophie, sondern, wie eh und je, Tora- und Talmudwissen. Dafür sorgte ein seit Jahrhunderten existierendes eigenes Schul- und Hochschulwesen.

Trotzdem aber scheint es keine große Sprachbarriere zwischen der christlichen und der jüdischen Bevölkerung gegeben zu haben, wofür die zahlreichen Frankonismen in der jüdischen Überlieferung einerseits und die jiddischen Sprachreste im Fränkischen andererseits sprechen. Noch in den dreißiger Jahren des 20. Jahrhunderts pflegten sich nichtjüdische Metzger und jüdische Viehhändler in einer Lingua Franca zu verständigen, die sich von der durch das bayerische Schulwesen verbreiteten Schriftsprache erheblich unterschied.

Die Krise des fränkischen Landjudentums setzte bereits im 19. Jahrhundert ein, als durch die Lockerung der Niederlassungsbeschränkungen die Landflucht, der Zuzug in die Städte und das Streben nach „bürgerlichen Berufen" ermöglicht wurde. An den Bevölkerungszahlen, wie sie in den statistischen Jahrbüchern veröffentlicht wurden, läßt sich die fortschreitende „Auszehrung" des Landjudentums ablesen.

Mit Aktenfunden jüdischer Herkunft brauchen wir nicht mehr zu rechnen — gelegentlich aber geben auch Akten nichtjüdischer Provenienz Einblicke in das Alltagsleben. Dann nämlich, wenn sich die Obrigkeit aus irgendeinem, für die Juden meist nicht besonders angenehmen Grund veranlaßt sah, „jüdische Sachen" zu behandeln.

Wegen der auf den Juden lastenden Niederlassungsbeschränkungen finden wir jüdische Gemeinden vor allem in ritterschaftlichen oder gemischtherrischen Dörfern. Reich an „Judenakten" ist zum Beispiel das Archiv des Rittergutes Gereuth, das im ausgehenden 18. Jahrhundert den Herren von Greiffenklau gehörte. Unter deren Herrschaft standen auch die „Judendörfer" Memmelsdorf/Ufr. und Reckendorf — letzteres in gemeinschaftlichem Besitz mit dem Stift St. Stephan in Bamberg. Geldnot der adeligen Herrschaften machte diese geneigt, die Niederlassung von Judenfamilien zu dulden oder gar zu fördern. Die teilweise strittigen Rechte der Greiffenklau und des Stiftes St. Stephan taten ein übriges: Unter so unklaren Verhältnissen war der jüdische Zuzug nach Reckendorf im ausgehenden 17. Jahrhundert recht beachtlich. 1768 lebten in Reckendorf 52 jüdische Familien und drei Witwen, schon 1732 wurde eine Synagoge erbaut und schließlich 1764 die Genehmigung zur Anlage eines eigenen Friedhofs am Lußberg erwirkt. Bis dahin wurden die Reckendorfer Juden auf dem Friedhof bei Ebern begraben.

Durch die erwähnten Akten der Gutsverwaltung Gereuth erfahren wir einiges über das jüdische Leben in den Dörfern, allerdings nur recht begrenzt, denn diese Akten behandeln naturgemäß nur Dinge, die die Herrschaft selbst betrafen. Meist sind das Fragen des Judenschutzes, oder besser: der daraus zu ziehenden Gelder. Hin und wieder erscheinen auch Angelegenheiten aus dem religiösen Bereich: Auf diese Weise ist der Baukontrakt für die Synagoge in Memmelsdorf überliefert, da die Herrschaft um Bauholz angegangen wurde. Auch die Verhandlungen um die Einrichtung des Friedhofs bei Reckendorf kennen wir aus derartigen Akten.

Sehr selten erfahren wir aus dieser Überlieferung Dinge aus dem eigentlich jüdischen Leben, denn Rechtsgeschäfte und Streitigkeiten zwischen Juden erreichten in der Regel die Verwaltung des Grundherrn nicht, da Angelegenheiten dieser Art von altersher vor dem rabbinischen Gericht geregelt wurden. Doch es kam vor, daß Gemeindeglieder dieser Sitte zuwiderhandelten, und diesen seltenen Fällen verdanken wir unsere bescheidene Kenntnis vom jüdischen Alltag in Franken. Ein solcher Fall ist der Streit um den Nachlaß des 1761 gestorbenen Mosche Wolf aus Reckendorf.[5] Welche Rolle Mosche Wolf in der Gemeinde spielte, wird aus den Akten nicht deutlich, und auch PFEIFER schweigt sich über ihn aus. Zu den Gemeindearmen aber gehörte er auf keinen Fall, denn er betrieb offensichtlich Handelsgeschäfte und lieh Kapitalien aus, vermutlich auf der Basis der Pfandleihe. Wie alt er wurde, wissen wir nicht. Begraben wurde er wohl auf dem Friedhof bei Ebern.

Nach seinem Tod kam es wegen seines Nachlasses zu Streitigkeiten, die erstaunlicherweise nicht durch den hierfür zuständigen Rabbiner in Bamberg beigelegt, sondern dem herrschaftlichen Gericht in Gereuth zur Entscheidung vorgelegt wurden. Im Verlauf dieser Verhandlungen sind die erwähnten Akten entstanden, darunter auch ein Inventar des Mobiliarnachlasses. Der greiffenklauische Amtmann auf Gereuth scheint sich der Inventarisierung nicht besonders gern unterzogen zu haben, denn für ihn war das ein Agieren in sachlich, religiös und sprachlich ungewohnter Umgebung. Und das ist das Ergebnis seiner Bemühungen:

Unterthäniger bericht puncto der Jud Mosch Wolffischen verlassenschaft de 27ten April 1762

Hochwürdiger, hochwohlgebohrner Reichs Freyherr, gnädiger und hochgebietender Herr!

Der juden rabbiner zu Bamberg ist zwar auf mein an ihn erlassenes requisitions schreiben auf Reckendorf nicht gekommen, deme ohngeachtet hab ich dem hohen befehl gemäß auf den 19ten dieses als anberaumter tagfahrt mich dahier verfüget, und hab nicht nur einige herrschaftliche decreta puncto der begehrten commission, handlohn und nachsteuer der gesamten judenschafft publiciret, sondern auch die Mosch Wolffische hinterlassenschafft in ein inventarium zu bringen angefangen, welches hie angeschlossen lieget. So hab auch das handelsbuch[6] zu hand genommen und verdeutschen lassen wollen. Es haben aber die 2 juden miteinander darüber disputiret und ein gewasch gemacht, daß nicht fortfahren können, indeme nun das buch 9 jahre enthaltet und noch sehr viele andere papiere vorhanden, daß ich wohl etliche wochen mich zu Reckendorff würde aufhalten müßen, als hab alles dieses nebst dem silber in den kasten wieder verschlossen und verpetschiret und bin den 21ten abends wieder nach Gereuth gegangen, maßen es viele kosten machet, wie die specification am ende zeiget, welche ich biß auf des schultheissen und ambtsdieners zu Reckendorff 2 fl 24 kr außgeleget, was mir aber für diaten zu entrichten, geruh Euer Hochwürden und Gnaden per decretum zu bestimmen, damit selbige mich aller kosten halber befriedige. Anbei will um die hohe gnad unterthänig bitten, diese obschon geld eintragende commission mir abzunehmen, dann das sitzen zu Reckendorff bey so theurer zeit verursachet große kosten, und hab ich bey meinen amtierungen ohnehin noch zu schaffen um den receß wohl zu liquidiren, woran mir um meiner crediten wegen am meisten und fordersamst gelegen. Will man das buch und die schrifften denen juden allein nicht überlassen zu verteutschen, welche zwar viel größere jura alß ein beamter nehmen, so könnte herr amtsverweser die sachen auf Gereuth bringen und zur erspahrung der kosten allda verteutschen lassen, um den statum activ- et passivum zu formiren. Er kann hierinnen keine passion vorwalten lassen, indeme er das hebräische nicht versteht, sondern schreiben muß, was die juden ihme daher sagen.

---

[5] Staatsarchiv Bamberg G 52 n. A 1480.

[6] Vermutlich handelt es sich bei dem hier genannten „Handelsbuch" um ein Schuldbuch über die von Mosche Wolf ausgeliehenen Kapitalien und eingenommenen Pfänder. Ein Parallelstück hierzu, aus Ebermannstadt, besitzt das Staatsarchiv Bamberg unter der Signatur A 245 I n. 143.

Inventarium deren mobilien des zu Reckendorf verstorbenen juden Moses Wolfen.
Actum Reckendorf in dem sterbhaus den 19ten Aprilis 1762. Praesentes: Anton Will, herrschaftlicher schultheiß. Hora Wolf des verstorbenen[a)]

Isac Bendet, schames oder judendiener, dann des verstorbenen witib Bela und der alldasige amtsdiener.

Wurde vermög und zur schuldigen folg-leistung hohen herrschaftlichen befehls die inventur der Mosch Wolffischen verlassenschaft heut dato vorgenommen, ohnerachtet der hierzu schriftlich requirirte rabbiner zu Bamberg sich nicht eingefunden, und zwar wurde eine trisur in der stuben-cammer recognitis a praetore in margine nominato sigillis eröfnet und das handels-buch herauß genommen, um solches von den neben besagten juden verteutschen zu lassen; dieweil es aber von anno 1753 angefangen, somit viele zeit darzu erforderlich, hat man selbes wieder reponiert biß auf ander zeit und die mobilien aufgezeichnet, wie folget:

An zinn

28 stück alte und neue zinnerne telller, an gewicht gegen	36 lb
4 dito alte gegen	4 lb
1 klein suppenschüßlein nebst ein blätlein incirca	1½ lb
1 dito und 4 große mit 9 blatten	30 lb
1 thee kännlein und zuckerschachtel	1 lb
2 kannen, gegen	3 lb
5 kannen, gegen	15 lb
1 handbecken mit gießfaß, gegen	15 lb
Summa incirca	105 lb

An kupfer geschirr

2 kaffe kessel, gegen	3 lb
5 schalethäfen[7], gegen	18 lb
1 kessel mit 1 pfannen, gegen	5 lb
Summa	26 lb

An messing

1 sabbath-ampel
1 kleine waag
2 kessel
2 pfannen und 1 diegel
2 dito bleyene wandleuchter

	22 lb

---

[7] schalet, tscholent = Sabbatgericht aus Fleisch, Bohnen und Graupen, in festverschlossenem Topf (= Schalethafen) im Backofen gegart.

[a)] vielleicht zu ergänzen: *sohn*

An silber

3 becher verguldet ad	28 loth
1 dito stengel becher	7 loth
1 becher	8¹/₂ loth
1 kleiner leuchter, 1 salzfaß,	
1 löffel, 3 büchßlein	27 loth
alte knöpf nebst ein büchslein	12 loth

Mehr an silber

24 stück corallen, ein wolfszahn und ein schreckstein, item ein blutstein in silber gefasset.
1 paar messer und gabel mit silbernen schalen, dann
sollen nach der wittib aussag an silber versetzet worden sein:
1 satz-becher, 4 löffel gegen 12 loth schwer der judenschafft zu Reckendorff,
4 dito becher und 1 schalen für 70 fl rheinisch an Callmann Nathan von Bruck,
die taß[8] und jad[9], etliche und 90 loth schwer für 100 fl rheinisch dem Hayum Fleckann in Bamberg.

An beth-werck und weiß zeuch:

5 feder beth — die übrige 5 sollen dem pupillen Wolff Koppel, ein jungen von 11 jahren, gehörig seyn —

2 kopf küßen mit verschieden überzug,
8 weiße leilach,
1 roth gestreifte beth-zich,
7 weiße kopff küßen zichen,
9 handtücher,
8 tisch tücher.

An büchern[10]

Mächen Abraham	in folio
Max Ormen	
Toreß Joseph Magiden	
Berißscholem	
Deschuweß Isac Levi	
Jawer Dryre	
Medresch	
Naphtali sewa rockin	
Lechensonn	
Jalket ruweyot	
Medure baßre	
Menaureß hamors	
Ramben chumesch	
3 stück tefileß	in quart
6 stück mischnereyser	
Ynrasche chumesch	

---

[8] taß = hebr. „Platte", silbernes Zierschild, das an die Stäbe der Torarolle gehängt wird (Toraschild).
[9] jad = hebr. „Hand", Zeiger zum Deuten auf den Toratext.
[10] Zum Kapitel „An büchern" s. u.

1 paar kleine maxsauren
Barheitif
Dreysig verschiedene bücher in halben quart.

Ein vorhang und ein cranz von blauem stoff, worin ein rother sammet eingenehet, zu den zehn gebott.

Ich bitte um gnedige resolution und bin mit schuldigster submission

Euer hochwürden und Graf
unterthänig gehorsamster Johann Valentin Guttwill

Gereuth, den 27ten April 1762
...

Das also ist das Inventar des Nachlasses, das Johann Valentin Guttwill — wohl nicht ohne gelegentliches Seufzen ob der lästigen Aufgabe — erstellt hat: ein für ländliche Verhältnisse des 18. Jahrhunderts etwas ungewöhnlicher Nachlaß. Es fällt die Menge an Metallgerät auf, viel Zinngeschirr ist dabei, daneben auch „typisch Jüdisches", die Sabbatlampen zum Beispiel und die Schalethäfen. Auch die silbernen Becher gehören dazu, es dürften wohl Kidduschbecher für die häusliche Sabbatfeier und für den Sederabend sein. Daß ein Toraschild und ein silberner Toraweiser, ebenso ein blauer Vorhang für einen Toraschrein zur Normalausstattung eines jüdischen Haushalts auf dem Land gehörten, ist kaum anzunehmen; sie haben wohl eher mit dem Beruf des Hausherren — gegen Pfänder Geld auszuleihen — zu tun. Die hohe Wertschätzung des Bettzeugs, speziell der Federbetten, läßt sich auch an zeitgenössischen Inventarien „christlicher" Haushalte beobachten.

Auffallend aber — für uns wenigstens — ist die Tatsache, daß der Nachlaß etwa 50 Bücher enthält: Nachlässe des 18. Jahrhunderts von Nichtjuden auf dem Land erwähnen kaum Bücher in nennenswerter Anzahl, es sei denn, es handelt sich um den Nachlaß eines Theologen oder Juristen. Im jüdischen Rahmen hingegen ist der Buchbesitz nicht erstaunlich, denn auch Juden in den elendesten Verhältnissen konnten lesen und schreiben, hatten in der Regel darüber hinaus auch eine recht beachtliche Torakenntnis und kannten sich in den wichtigsten Kommentaren aus. Und dies einfach deshalb, weil das „Anderssein" der Juden derartige Kenntnisse notwendig machte.

Leider aber wirkt sich die mehrmals eingestandene Unkenntnis des Hebräischen gerade hier störend aus: Johann Valentin Guttwill mußte sich nicht nur das *Handelsbuch* übersetzen, sondern jeden einzelnen Buchtitel von den erwähnten zwei Juden vorlesen lassen. Er schrieb sie dann nach Gehör in das Inventar. Die Buchtitel und die Namen der Autoren sind auf diese Weise mehrfach verunstaltet worden, einmal durch das Diktat und dann noch durch die Eigenheiten der fränkischen Phonetik. Dazu mag kommen, daß die beiden „Mitarbeiter" es offensichtlich für unnötig hielten, dem herrschaftlichen Beamten, der von allem keine Ahnung hatte, eine einwandfreie Bibliographie zu liefern. So steht zum Beispiel im Inventar *Medure baßre:* das wäre in korrekter Form Mahadura bathra — und das heißt letzte Ausgabe! Die Frage, nicht zu lösen, ist nur: die letzte Ausgabe wovon? Auf diese Weise geriet also eine Auflagenangabe von einem Titelblatt als Buchtitel in das Inventar! Der Versuch, die Buchtitel zu identifizieren, muß in vielen Fällen Versuch bleiben.[11]

---

[11] Zu danken habe ich Landesrabbiner Prof. Dr. Roth, Frankfurt/M. für die Verifizierung der Buchtitel in sprachlicher Hinsicht und der Stadt- und Universitätsbibliothek Frankfurt/M. für bibliographische Hilfe.

Die Aufzählung der Bücher im Nachlaß wird eröffnet mit dem Titel *Mächen Abraham:* es ist das Buch Magen Awraham von Awraham Abele ben Chaijim Levi Gumbiner, 1635 bis 1683. Dieses Buch, Der Schild Abrahams, enthält Glossen und Kommentare zum Schulchan Aruch des Josef Karo und war — als Erläuterung zu einer ganz wichtigen Gesetzessammlung — weit verbreitet. Vielleicht handelt es sich hier um den Dyhernfurther Druck von 1692, der aus der bedeutenden Druckerei des Sabbatai Baß kam.

Max Ormen, auch *Maxsauren* sind Machsorim, Gebetbücher zu den Festtagen im Jahreslauf. Sie sind — als weitverbreitete Spezies — im Folio- und im Quartformat vorhanden.

Toreß Josef Magiden könnte die 1725 in Wilhermsdorf gedruckten „Torat Josef" meinen, verfaßt von dem 1681 verstorbenen Jossel ben Joschua Moses von Frankfurt, der bis zu seinem Tode Richter (dajan) in Fürth gewesen war. Die Torat Josef enthalten Homilien und masoretische Erklärungen der Tora, Probleme der Textvokalisierung und Wortbedeutung also.[12]

Unklar ist der Titel *Deschuweß Isac Levi,* was nach einer sprachlichen Korrektur als „Teschuwot Jizchak Levi" gelesen werden könnte. Teschuwot sind „Responsen", Rechtsgutachten rabbinischer Autoritäten in solchen Fragen, die im Talmud nicht angesprochen werden. Eine wichtige Literatur zur Interpretation von Bibel-, Mischna- und Talmudstellen. Aber welches Werk verbirgt sich hinter dem Buchtitel im Inventar wirklich? Vielleicht die Teschuwot des Jizchak ben Jaakob Alfassi aus Fes in Marokko, der von 1013 bis 1103 lebte und ein berühmter Talmudist und Responsenautor war.

Noch mehr Schwierigkeiten macht der Titel *Beriß scholem,* weil es mehrere Bücher mit dieser Bezeichnung — sie wäre zu berichtigen in Berit schalom, „Der Friedensbund" — gibt. 1718 erschien bei J. Kölner in Frankfurt ein Druck dieses Titels, er enthält Homilien zu Toratexten.

Medresch bezeichnet sicher einen Midrasch — aber es gibt eine ganze Reihe von Werken, die als „Midrasch" erscheinen; sicher aber handelt es sich hier um ein Buch mit Auslegungen biblischer Bücher in lehrhafter Form.

Jalket Ruweyot ist der als „Jalkut Re'ubeni" („Re'ubens Tasche") bekannte mystisch-haggadische Kommentar zum Pentateuch von Re'uben ben Hoschke, der im letzten Drittel des 17. Jahrhunderts in Prag ein bekannter und gefeierter Kabbalist gewesen ist. Sein Buch erfreute sich — wohl wegen der kabbalistischen Bezüge — großer Beliebtheit, die zu einer ganzen Reihe von Auflagen geführt hat. Eine Ausgabe erschien 1681 in der Wilhermsdorfer Druckerei.

Bei *Menaures hamors* muß man an das Buch Menorat ha maor (Der Leuchter) des Jizchak Aboab des Älteren denken, eines Verfassers, der im 13. Jahrhundert in Spanien lebte. Das Buch bringt religiös-ethisch erbauliche Texte und wurde nach seinem ersten Erscheinen im Druck (1514 in Istanbul) wieder und wieder nachgedruckt. Eine deutsche Ausgabe erschien 1844 und 1848 in Krotoschin unter dem Titel *Licht verbreitender Leuchter, eine moralisch-religiöse und erbauliche Lektüre für Jung und Alt.*

Tefilleß, in dreifacher Ausführung im Nachlaß vorhanden, sind „Tefillot", Gebetbücher, etwa wie der *Sefer tefillot mi kol ha schana . . . ke minhag ha aschkenasim* (Gebetbuch für das ganze Jahr . . . nach dem Brauch der aschkenasischen Gemeinden) — einen Druck von 1656 besitzt die Staatsbibliothek Bamberg.

Ramben chumesch meint einen Pentateuch mit dem Kommentar des Ramban; das ist die Kurzform für Rabbi Mosche ben Nachman (= Nachmanides), der von 1195 bis 1270 lebte und die meiste Zeit seines Lebens in Gerona in Spanien verbrachte. Drei

---

[12] Encyclopedia Judaica, Vol. 10, col. 231 f.

Jahre vor seinem Tod zog er nach Palästina. Durch seine Vermittlung soll der Sohar, eine der Grundlagenschriften der Kabbala, in Europa bekanntgeworden sein. Auch bei *Ynrasche chumesch* handelt es sich um einen Pentateuch mit einem Kommentar, diesmal aber mit den berühmt gewordenen Auslegungen des Raschi, des Rabbi Schlomo ben Jizchak aus Troyes.

Mischnereyser dürfte wohl eine Ausgabe der Mischna sein, vermutlich die 1714—1715 in Wilhermsdorf gedruckte sechsbändige Ausgabe in Quart — und genau dies wird im Inventar vermerkt: 6 *Mischnereyser in Quart.* Ob *Barheytif* als Ba'er hetew zu lesen ist und vielleicht aramäische Worterklärungen meint — wer weiß es?

Das ist eine kleine Auswahl von Titeln aus der gut 50 Bände umfassenden Bibliothek des Mosche Wolf aus Reckendorf. Die wenigen, hier identifizierten Titel geben bestimmt kein Bild des Gesamtbestandes, aber diese Titelauswahl zeigt doch die Richtung, in der man den Schwerpunkt zu suchen hat. Es sind alles Bücher, die sich mit jüdischer Religion oder der Gesetzesauslegung befassen. Das Inventar eines längst in alle Winde zerstreuten Nachlasses gibt einen kleinen Einblick in die geistige Welt einer am Rande der damaligen Gesellschaft lebenden Bevölkerung. Man vermißt vielleicht das, was man als „Literatur" in unserem Sinne bezeichnen könnte. Abgesehen davon, daß ja 30 Bücher nur summarisch, ohne Titelangabe angeführt werden und somit ein ganz erheblicher Teil der Sammlung überhaupt nicht faßbar wird, ist es um die Kenntnis der weltlichen jüdischen Literatur schlecht bestellt. Was auf den hebräischen Buchmarkt kam, war religiöses Schrifttum im weitesten Sinne. Natürlich gab es auch andere Literatur, aber die erschien in jüdisch-deutscher Sprache, eben in der Sonderspache der Juden. Leider sind solche Titel nicht unter den aufgeführten!

Noch etwas anderes wäre zu erwähnen: es gab in Franken einen gut organisierten jüdischen Buchmarkt und vor allem ein angesehenes Buchgewerbe — Fürth und Sulzbach wären hier zu erwähnen. Oben wurde bemerkt, daß es von einzelnen Titeln Drucke gäbe, die in Wilhermsdorf gedruckt wurden. Es handelt sich dabei um Wilhermsdorf bei Langenzenn, das den Hohenlohe gehörte und eine jüdische Gemeinde hatte. Zweimal, im 17. und im 18. Jahrhundert, gab es eine hebräische Druckerei an diesem Ort, der deshalb in der jüdisch-fränkischen Geschichte eine besondere Rolle spielte. Die erste Druckerei wurde 1669 von Isaak Kohen ben Jehuda Löw Jüdel aus Prag gegründet. Die Zustimmung der Ortsherrschaft wurde wohl durch den Umstand erleichtert, daß der Graf sich von der Anwesenheit einer Druckerei einen besseren Absatz der Produkte seiner Papiermühle erhoffte. Bemerkenswert ist die Tatsache, daß sich unter dem Personal der ersten Druckerei auch die Tochter Isaak Kohens, mit Namen Rechel, befand. Sie arbeitete als Schriftsetzerin, zuerst in Wilhermsdorf, dann, nach dem Eingehen dieser ersten Druckerei, an der berühmten Sulzbacher Druckerei und später an einer der Fürther Offizinen. Eine zweite hebräische Buchdruckerei entstand in Wilhermsdorf im Jahre 1706 unter Hirsch ben Chajim aus Fürth, die bis in die dreißiger Jahre des 18. Jahrhunderts bestand und dann nach Fürth übersiedelte.[13]

Die Tücken dieser Untersuchung eines jüdischen Nachlasses lagen vor allem auf bibliographischem Gebiet; daneben aber steht eine jüdische Volkskunde Frankens noch an den Anfängen. Vielleicht fühlt sich die Volkskunde- und Sachkulturforschung angesprochen, bei Archivstudien auf jüdische Nachlässe zu achten und auf diese Weise die Überlieferung dieses Teils der fränkischen Bevölkerung zu verbessern.

---

[13] Vgl. hierzu J. S. Ersch und J. G. Gruber, Allgemeine Encyklopädie der Wissenschaften und Kunst. Leipzig 1851, Stw. ‚Jüdische Typographie', 2. Sekt. 28.

EIN BAMBERGER PROMOTIONSPROGRAMM MIT STADTANSICHT VON 1658

von

BERNHARD SCHEMMEL

Gerd Zimmermann hat sich schon in seiner ersten Bamberger Zeit, noch bei Otto Meyer, auch mit Bambergischer Graphik beschäftigt. So mag ihm die Widmung einer Bamberg-Ansicht willkommen sein, die sich auf einem Bamberger Promotionsprogramm von 1658 findet und somit zugleich die Verbindung zu seiner jetzigen Wirkungsstätte herstellt, der Universität Bamberg.

Das Blatt konnte 1983 von der Staatsbibliothek Bamberg erworben werden.[1] Es ist das erste künstlerisch ausgestaltete Bamberger philosophische Promotionsprogramm.[2] Nur ein Thesenblatt von 1654 zeigt früher eine sehr geringe Bamberg-Ansicht.[3] Ansonsten bieten derartige, gewöhnlich in Augsburg geschaffene Bilder selten einen direkten bildlichen Bezug zu Bamberg.[4] Es überwiegt der symbolische Beziehungsrahmen, der Elemente der Emblemkunst verwendet.

Das abgebildete Blatt mißt 650 × 475 mm, die Kupferplatte ist 555 mm hoch und 408 mm breit. Das Kupfer wurde nach Zeichnung von J. Amling (Signatur links unten: *I: Amling. m. D. delin.*) gestochen wohl von Mathäus Küsel (1629—1681)[5] in Augsburg (Signatur rechts unten: *M. Küsell sculps.*).

Das Kupfer konnte mehrere Jahre verwendet werden. Die Platte spart zwischen drei begrenzenden bzw. teilenden Bäumen zwei hochrechteckige Flächen aus, damit die jeweils wechselnden Namen und Texte als zwei Kolumnen im Typendruck auf das Blatt gedruckt werden konnten. Die beiden äußeren begrenzenden Bäume, zwei Palmen, „wurzeln" in zwei verzierten Podesten mit Figuren; zwischen ihnen die Bamberg-Ansicht in einer mit Blumen und Früchten umwundenen Kartusche (55 × 185 mm) im unteren Bereich des Blattes. Über den Baumwipfeln mit Wappen finden sich in hügeliger Landschaft mit Weingärten Darstellungen der Altenburg und des Michelsbergs mit St. Getreu.

Das Blatt ist zugleich eine Art Jubiläumsdarstellung zum zehnjährigen Bestehen der Bamberger Akademie mit besonderer Hervorhebung des Jesuitenordens, der sie trägt. Daher findet sich im Sockel rechts unten das IHS-Zeichen (und zwar zweimal, einmal — seitenrichtig — in einem Spiegel mit der Umschrift: *Sola Relucet*). Daneben, zu Füßen eines Engels mit Aeskulap-Stab (Schriftband: *Illa movet*) ein aufgerolltes Blatt mit

---

[1] Staatsbibliothek Bamberg, GM 80/1658, 1. — Auf der Rückseite in der Schrift Martin von Reiders ein Vermerk, wonach das Blatt 1833 in Nürnberg für 36 Kreuzer gekauft wurde.

[2] HEINRICH WEBER: Geschichte der gelehrten Schulen im Hochstift Bamberg von 1007—1803. BHVB 42 (1880) — 44 (1882), hier 42 (1880) S. 214 f. mit kurzer Beschreibung der Einladung, die ihm demnach vorgelegen haben muß.

[3] Staatsbibliothek Bamberg, GM 80/1654, 3 (Nicolaus Otto).

[4] Die Aussage bezieht sich auf das in der Staatsbibliothek Bamberg verwahrte Material, einschließlich der Promotionsbilder des Historischen Vereins. — Das bekannte Schabkunstblatt mit der Bamberger Seesbrücke von 1752 hat zuletzt Bruno Müller im Fränkischen Sonntag vom 27. 6. 1981 beschrieben, ein anderes, bisher unbekanntes Blatt von 1725 derselbe BHVB 118 (1982) S. 155—158. — In Augsburg besteht ein Forschungsvorhaben „Die graphischen Thesenblätter des 16.—18. Jahrhunderts in Augsburg".

[5] THIEME/BECKER 22 (1928) S. 73—75.

Zahlen, am Anfang *1648*, dann *1614*, am Ende *1658*. Als Pendant, auf der anderen Seite der Bamberg-Ansicht, ein aufgeschlagenes Buch mit dem Lobpreis auf die Vollendung *TE / DEVM // lav/damus*, dazu ein Engel, der *Haec docet* in ein aufgeschlagenes Buch schreibt.

Das Wappen des Fürstbischofs Johann Gottfried von Aschhausen findet sich links oben *(Fundamenta dedit)*, weil dieser den Jesuitenorden 1612 nach Bamberg berufen hat. Die Gründung der Akademie erfolgte 1648 unter Fürstbischof Melchior Otto Voit von Salzburg, dessen Wappen rechts oben steht *(Perfecit)*. Die Mitte nimmt das Wappen des regierenden Fürstbischofs Philipp Valentin Voit von Rieneck ein: Hochstiftslöwe und Familienwappen in Lorbeerkranz mit dem Schriftband *Seruat utrumque*, bekrönt von einem Adler, der eine Kugel mit den Tierkreiszeichen trägt *(Soloque Poloque;* seitlich davon ein Vogel auf einem Baum und *Sublima posco* sowie die Sonne und *Natura & Arte)*.

Es verwundert nicht, den beiden Bistumspatronen Bambergs zu begegnen, Heinrich und Kunigunde, während des dritten, Ottos, nicht gedacht wird, obwohl die Akademie ihn sonst durchaus gern in Anspruch nimmt. Der jugendliche, gekrönte Kaiser Heinrich II. steht links außen, in Rüstung, mit Szepter und Reichsapfel *(Et Marte / Et Arte // S. Henricus Imperator / Patronus Bambergensium;* auf dem Sockel zu seinen Füßen bei einer Orgel *Ars vitam Inspirat)*. Seine Gemahlin Kunigunde ist als Pendant rechts dargestellt, ebenfalls gekrönt, mit Lilie und Taube in den Händen *(Et Virgo / Et Coniunx // S. Cunegundis Imperatrix / Patrona Bambergensium)*.

Die Bamberg-Ansicht zeigt Inselstadt und Berggebiet von Osten. Altenburg und Michelsberg erheben sich auf steilen Bergkegeln dominierend auf den Seiten der Bergstadt. St. Stephan, die Obere Pfarrkirche, die beiden Türme der Karmelitenkirche St. Theodor, der Dom und St. Jakob sind deutlich auszumachen. Rechts vom Dom die Neue Hofhaltung im damaligen Bauzustand mit Eckturm[6], darunter die Elisabethkirche. Im Vordergrund des Bildes die Stadtmauer mit dem Langgaß- und dem Riegeltor. Stärker akzentuiert sind links das Geyerswörthschloß und rechts Alt-St. Martin (links daneben das Jesuitenkolleg).

Die Ansicht wurde in allen Details, aber etwas vergröbernd, kopiert bei dem Bamberger Ratskalender für das Jahr 1676 (nach altem und neuem Stil), gedruckt durch Johann Jakob Immel, verlegt bei Johann Petter Sommer.[7] Ihr vergleicht sich im übrigen am ehesten ein Kupfer dieser Zeit, mit dem Wappen des Fürstbischofs Philipp Valentin Voit von Rieneck, auf dem die Kirchen und öffentlichen Gebäude aus der Vogelschau dargestellt sind.[8] Die hier abgebildete Bamberg-Ansicht bereichert also unsere Kenntnis der Stadtvedute der Zeit nach dem Dreißigjährigen Krieg.

Die Mitte des Promotionsblattes bildet der Stamm eines Lorbeerbaums, gewissermaßen die tragende Säule des Studiums, mit verbildlichten Devisen. In der Mitte eine Zielscheibe *(Ratio direxit)*, unten ein Kompaß *(Tempora/Seruat)*, oben ein Hahn mit Trompete *(Cura vigil.)*. Unter dem Wappen des regierenden Fürstbischofs, im Gezweig des Lorbeerbaums, steht in einer Kartusche der Name des Promotors, des Professors Jo-

---

[6] So noch auf einem Kupfer von 1712, obwohl zu dieser Zeit die Neue Residenz im heutigen Bauzustand längst fertiggestellt war; vgl. HANSWERNFRIED MUTH: Die Ansichten und Pläne der Stadt Bamberg vom Ausgang des 15. Jahrhunderts bis zur Mitte des 19. Jahrhunderts. BHVB 96 (1959) Nr. 38 (Staatsbibliothek Bamberg V B 42a).

[7] Dieses Blatt von 1676 ist detailliert beschrieben von Muth (wie Anm. 6) Nr. 26; abgebildet bei HANSWERNFRIED MUTH: Aigentliche Abbildung der Statt Bamberg. Ansichten von Bamberg aus vier Jahrhunderten ausgewählt und erläutert. Bamberg 1957. S. 42 (H. V. G. 10/32).

[8] Staatsbibliothek Bamberg, V B 38b.

Abb. 1 Bamberger Promotionsprogramm von 1658 (Staatsbibliothek Bamberg, GM 80/1658, 1; Foto: Staatsbibliothek Bamberg, Lichtbildstelle, Alfons Steber).

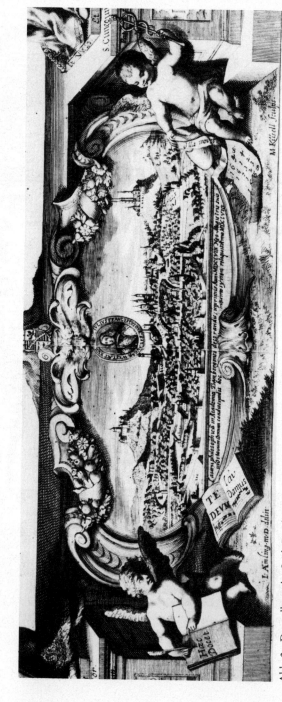

Abb. 2 Darstellung der Stadt Bamberg und des Herzogs Julius Franz von Sachsen-Lauenburg auf einem Bamberger Promotionsprogramm von 1658 (Staatsbibliothek Bamberg, GM 80/1658, 1; Foto: Staatsbibliothek Bamberg, Lichtbildstelle, Alfons Steber).

hannes Schütz S. J. (1614—1661).⁹ Dieser war der Kursleiter und hatte die Studenten während des dreijährigen philosophischen Studiums, gewissermaßen des „Grundstudiums", durch die Klassen geführt und schied nun als Emeritus aus (gewöhnlich wurden solche Professoren in die theologische Fakultät versetzt).

Die Promotion fand für Baccalaurei und Magistri immer gemeinsam Anfang Juli statt.¹⁰ Da das Datum in diesem Fall, der 10. Juli 1658, wie die Angaben zum Promotor, gestochen ist, entstand das Kupfer tatsächlich erst 1658. Für eine spätere Wiederverwendung durch einen anderen Promotor war dieser Eintrag nicht brauchbar. Man hat daher, wie ein fragmentarisch in der Staatsbibliothek Bamberg erhaltener späterer Abdruck von 1664 beweist, das Schriftfeld aus dem Kupfer herausgesägt und das Blatt auch an dieser Stelle im Typendruck bedruckt.¹¹ Ob weitere Veränderungen an dem Kupfer vorgenommen wurden, läßt sich nicht feststellen, da der untere Teil des Blattes von 1664 nicht erhalten ist.

Im linken Schriftfeld stehen die Namen der Magistri. Ihnen sind im Kupfer zwei Engel zugeordnet mit den Insignien der zu erlangenden Würde: einer mit einem Ring im Lorbeerkranz *(Gloria Doctorum)*, ein anderer mit dem (blauen) Barett und der Epomis, dem Schultermäntelchen *(Hic rite teguntor)*. Den rechts gedruckten Namen der Baccalaurei entsprechen ein Engel mit Palmkranz *(Flectuntur in Orbem)* und ein anderer mit Winkel und Stab *(Restat apex)*. Das Baccalaureat, freiwillig wie das Magisterium, war der in der Mitte des philosophischen Studiums zu erringende akademische Grad, das Magisterium stand am Ende.

Auf die förmliche Auszeichnung nimmt auch die Unterschrift unter der Bamberg-Ansicht Bezug: *Lauru philosophicâ in Academia Bambergensi decorandis; inprimis Anni MDCLVIII Neo Magistris suis / in Octavum Annum condiscipulis hoc memento[?] synon reliquit Anno MDCLVIII.* Wer hier mit Sinon verglichen wird, der die Griechen in Troja aus dem Hölzernen Pferd herausließ, ist in einem Oval innerhalb der Ansichtenkartusche dargestellt: IVLIVS FRANCISCVS DVX SAX. ANGAR. WEST. AET. XVII.

Es handelt sich um Julius Franz, Herzog von Sachsen, Engern und Westfalen, seit 1666 Herzog von Sachsen-Lauenburg (16. 9. 1641—29. 9. 1689). Sein Wappen befindet sich über dem Brustbild, aber außerhalb der Kartusche, am Fuß des Lorbeerbaums. Der Vater, Julius Heinrich (9. 5. 1586—20. 9. 1665), war katholisch geworden. Julius Franz, ebenfalls katholisch, hatte sich am 28. 2. 1655 an der Bamberger Akademie immatrikuliert¹², nachdem er hier bereits das Gymnasium mit seinen fünf Klassen (Infima Grammatica; Media Grammatica; Suprema Grammatica, auch Syntaxis genannt; Poetica, auch Humanitas, Parnassus genannt; Rhetorica, auch Eloquentia genannt) durchlaufen hatte.¹³ Es folgte nun der Besuch der Akademie mit den drei philosophischen Klassen (Logik oder Philosophia rationalis, Physik oder Philosophia naturalis und Metaphysik

---

⁹ Daten zu Schütz bei HERBERT GERL S. J.: Catalogus Generalis Provinciae S. J. ad Rhenum Superiorem 1626—1773. München 1963/1964. S. 139. — Nach WILHELM HESS: Die Matrikel der Akademie und Universität Bamberg. 2 Teile. Bamberg 1923 und Aschaffenburg 1924. Nr. 153 am 17. 5. 1649 immatrikuliert, nach WEBER BHVB 44 (1882) S. 613 für die Zeit von 1655/1656 bis 1657/1658 als Professor in der philosophischen Fakultät belegt für Logik, Physik und Metaphysik. — Thesenverteidigung unter SCHÜTZ: WEBER in BHVB 42 (1880) S. 211. — Vgl. unten zu Anm. 20.

¹⁰ Das Verfahren ist bei WEBER BHVB 42 (1880) S. 209—211 und 44 (1882) S. 653—659 dargestellt.

¹¹ Staatsbibliothek Bamberg, GM 80/1664, 1 (Promotor: Valentinus Walther).

¹² HESS (wie Anm. 9) Nr. 428.

¹³ WEBER BHVB 42 (1880) S. 112 f.

oder Philosophia supranaturalis, mit Ethik); von daher erklärt sich auch die obige Angabe der acht Jahre. Am 9. 7. 1657 erhielt er das Magisterium, wobei er *die laurea peregregie eximieque verdient* habe.[14] Am Fest der Unschuldigen Kinder, dem 28. 12. wohl 1657, verließ er auf den Ruf seines Vaters die Bamberger Akademie. *Es folgte ihm der Ruf des ausgebreiteten Wissens, großer Sittenreinheit und eines gewissenhaften Eifers in Uebung seiner katholischen Pflichten. Der Fürstbischof und die Stadt erwiesen ihm öffentliche Ehre; die academische Jugend gab ihm eine musicalisch-poetische Abschiedsfeier von einer auf dem Markte aufgeschlagenen Bühne aus.*[15] Der Siebzehnjährige ließ, um sich erkenntlich zu zeigen, die Kupferplatte *(novus et elegans typus*[16]*)* auf eigene Kosten anfertigen.

Auf der Seite der Baccalaurei sind insgesamt 33 Namen aufgeführt, auf der der Magistri 29; sie lassen sich sämtlich in der Matrikel nachweisen, und zwar in der Zeit von 1655 bis 1658. Da auch 1658 Eingeschriebene die Magisterwürde erhielten, muß ein Wechsel der Hochschule angenommen werden. Im einzelnen handelt es sich um folgende Einträge der Matrikel[17]: 433, 447, 456, 458, 460, 462, 464, 465, 467, 472, 474, 476 (12 313), 478, 532, 534, 535, 536, 537, 538, 546, 654, 655, 656, 657, 658, 659, 675, 680, 686 (Magistri) und 437, 438, 461, 468, 484, 493, 495, 497, 498, 499, 503, 508, 509, 510, 512, 518, 542, 543, 544, 565, 598, 599, 601, 602, 603, 653, 660, 661, 662, 663, 674, 681, 685 (Baccalaurei).

Die Herkunftsorte, die die gesamte Matrikel natürlich besser, weil vollständig spiegelt, sind bemerkenswert weit gestreut. Neben Bambergern und Studierenden aus dem Hochstift finden sich solche aus dem übrigen katholischen Franken einschließlich des Fuldischen. Vertreten sind u. a. aber auch die Oberpfalz, die Pfalz, das Erfurtische, das Eichsfeld, das Elsaß, Jülich, Maastricht, Korneuburg und das Bambergische Wolfsburg in Kärnten.

Die ersten sechs Namen jeder Spalte, das sind die besten Kandidaten, sind in Versalien gedruckt, die folgenden in Kapitälchen. Die Anordnung der Namen erfolgt nicht nach dem Alphabet, sondern in leistungsmäßiger Rangfolge. Adelige (Nr. 433, 437, 438 und 685) sind nach den Bürgerlichen herausgehoben, gegebenenfalls mit Hinweis darauf, daß sie zur Gruppe der Ersten gehören.

In der Textabfolge stehen bei den Magistri anschließend die beiden von einem anderen Professor gestellten Inauguralquästionen für die Kandidaten des Magisteriums.[18] Es folgen bei beiden Gruppen je ein von einem Rhetor (Nr. 532 und 565)[19] verfaßtes Gedicht zu Ehren der Baccalaurei und Magistri. Bei der Promotion wurden größere Gedichte zu Ehren der Graduierten (und des Promotors[20]) verteilt.[21]

---

[14] WEBER BHVB 42 (1880) S. 213 f.
[15] WEBER BHVB 42 (1880) S. 113.
[16] WEBER BHVB 42 (1880) S. 214 f.
[17] HESS (wie Anm. 9).
[18] WILHELM HESS: Die philosophischen Inauguralquästionen an der ehemaligen Akademie zu Bamberg. Zeitschrift für katholische Theologie 53 (1929) S. 111—128.
[19] HESS (wie Anm. 9). Die Rhetoren und Poeten gehörten als oberste Klassen des Gymnasiums formell bereits zur Akademie und durften sich in die Matrikel einzeichnen.
[20] Promotionsgedichte sicher am 10. Juli 1658, dem Termin der hier abgebildeten Promotionseinladung, unter JOHANNES SCHÜTZ S. J.: Staatsbibliothek Bamberg GM 80/1658, 2.
[21] Die Angaben zum Studium nach WEBER und HESS; Dokumente zur Geschichte der alten Universität Bamberg konnten vom 16.—20. 11. 1977 in der Staatsbibliothek ausgestellt werden (Faltblatt).

DIE ELISABETH KRAUSS'SCHE STUDIENSTIFTUNG IN NÜRNBERG (1639—1923)

von

RUDOLF ENDRES

„Chancengleichheit", „soziale Durchlässigkeit", „Mobilisierung von Bildungsreserven" oder andererseits „Bildung als Standesprivileg" sind zwar Schlagwörter und Argumente der modernen bildungspolitischen Diskussion, doch die Phänomene und Probleme der Bildungssoziologie sind schon alt. Dabei sind die Aufstiegsmöglichkeiten für Begabungen aus den sozialen Unterschichten und vom Lande für den Bereich der katholischen Kirche bekannt[1], für die evangelisch-lutherische Kirche dagegen erst in Ansätzen erforscht, obwohl gerade hier die Pfarrerbücher wertvolle Unterlagen bieten.[2] Nur wenig Beachtung für die Frage nach der sozialen Herkunft und den Aufstieg von Begabungen haben bisher die zahlreichen Studienstiftungen gefunden. Es gibt kaum systematische Untersuchungen über die Effizienz solcher Bildungseinrichtungen, und noch kaum jemand hat sich eingehender dafür interessiert, was aus den geförderten Stipendiaten später geworden ist oder welche Bedeutung einer Studienstiftung insgesamt im Rahmen des Bildungswesens einer Stadt oder eines Territoriums zukam.[3]

Am Beispiel der Elisabeth Krauß'schen Stiftung, die in Nürnberg im Jahre 1639 gegründet wurde, soll die Rolle und Funktion einer Studienstiftung im Bildungssystem und für die Elitenbildung der Reichsstadt untersucht werden. Dabei soll zunächst aufgezeigt werden, welches Schicksal und welchen Wandel die Studienstiftung im Laufe der Zeit erfahren hat. Dann aber soll vor allem nachgefragt werden, aus welchen Bevölkerungsschichten die Stipendiaten hauptsächlich kamen, welchen Lebensweg sie nahmen und welchen Anteil sie an der Führungsschicht der Reichsstadt hatten, so daß abschließend geklärt werden kann, ob und wie sich die Stiftung bewährt hat.

Elisabeth Krauß wurde 1569 als Tochter des Bauern Hans Streit in Bronn am Berg bei Fürth geboren und in Zirndorf getauft. Bereits mit 10 Jahren mußte sie das Elternhaus verlassen und sich als Hausmädchen verdingen. Relativ spät, 1598, heiratete sie den Kaufmann Conrad Krauß, den Sohn eines Kitzinger Rates, der offensichtlich in Nürnberg geschäftlichen Erfolg hatte und zu Geld kam. Weniger Glück hatte das Ehepaar mit seinen Kindern. Ein Sohn Johann verstarb bereits nach 14 Tagen, und die ein-

---

[1] Vgl. E. KRAUSEN, Aufstiegsmöglichkeiten für soziale Unterschichten, in: Gesellschaftliche Unterschichten in den südwestdeutschen Städten, hrsg. von E. MASCHKE und J. SYDOW, 1967, S. 161—169; Ders., Die Herkunft der bayerischen Prälaten des 17. und 18. Jahrhunderts, in: Zeitschrift für bayer. Landesgeschichte 27, 1964, S. 259—285.

[2] Siehe B. KLAUS, Soziale Herkunft und theologische Bildung lutherischer Pfarrer der reformatorischen Frühzeit, in: Zeitschrift für Kirchengeschichte 80, 1969, S. 22—49. Zur Sozialgeschichte des Pfarrerstandes generell vgl. K. W. DAHM, Beruf: Pfarrer, 1971.

[3] Für das Institut der *12 Chorales* oder Stipendiaten am Heilig-Geist-Spital in Nürnberg im 16. Jahrhundert hat dies vorbildlich geleistet F. BRUSNIAK, Conrad Rein (ca. 1475—1522) — Schulmeister und Komponist, 1980; Ders., Nürnberger Schülerlisten des 16. Jahrhunderts als musik-, schul- und sozialgeschichtliche Quellen, in: Mitteilungen des Vereins für Geschichte der Stadt Nürnberg (= MVGN) 69, 1982, 1—109, bes. S. 85—88; ferner F. KRAUTWURST, Anmerkungen zu den Chorales des Nürnberger Heiliggeistspitals im ersten Viertel des 16. Jahrhunderts, in: MVGN 68, 1981, S. 122—129.

zige Tochter Elisabeth fand mit 21 Jahren den Tod. Der allein verbliebene Sohn Conrad studierte und wollte Prediger werden, doch verstarb auch er in den Wirren des Dreißigjährigen Krieges, gerade 30 Jahre alt. Schließlich wurde am 28. Januar 1632 auch noch der Vater Conrad Krauß von einer Seuche hinweggerafft.[4]

Die Witwe Elisabeth Krauß, allein und ohne Erben, entschloß sich, ihr beträchtliches Vermögen als mildtätige Stiftung zum Wohle der Allgemeinheit zu hinterlassen. In ihrem umfangreichen Testament begründete sie ihren Entschluß und den Zweck der Stiftung: *daß sie nämlich den, durch die Gnade des Höchsten bescheerten Seegen, hinwiederumb mehrentheils Gott dem Allmächtigen zu schuldigstem Danck und Ehren, zur Fortpflanzung und Erhaltung seines Göttlichen Worts, auch den Evangelischen Kirchen und Schulen benebens der nothdürfftigen Armuth, zu Hülff und Trost, anzuwenden gedachte.*[5]

Als Stiftungsvermögen hinterlegte Elisabeth Krauß auf der Nürnberger Losungsstube 79 000 fl. Davon sollten gleich nach ihrem Tod 16 425 fl an eine ganze Reihe namentlich genannter Personen und Einrichtungen verteilt werden, als Dank für geleistete Hilfe und Unterstützung.[6] Die restlichen 62 575 fl sollten als Conrad-Krauß'sche Stiftung eingebracht und zu 3% jährlich verzinst werden. Der jährliche Zinsertrag der Stiftung in Höhe von 1877$^{1/4}$ fl sollte nach dem Willen der Stifterin verschiedenen Zwecken zugeführt werden:

1. 1200 als Studienstiftung für 12 Stipendiaten;
2. 100 fl sollten jeweils am Conrads-Tag (26. November) an den 4 Nürnberger Lateinschulen verteilt werden;
3. 100 fl sollten von den Predigern der 4 Hauptkirchen an arme Kirchen-Schuldiener bzw. deren Witwen verteilt werden;
4. 100 fl sollten stets am Conrads-Tag an 200 alte Männer ausgeteilt werden;
5. 100 fl am Elisabeths-Tag (19. November) an 200 arme Frauen;
6. 100 fl sollten jährlich am Elisabeths-Tag an arme Pfründner und Kranke im Neuen Spital verteilt werden;
7. 50 fl sollten in Cadolzburg an Hausarme und 12 fl an den Pfarrer und Gotteshauspfleger ausgeteilt werden.
8. Die Mieten aus zwei Häusern, die ebenfalls in die Stiftung eingebracht wurden, sollten am Johannistag (24. Juni) zu einem Festessen für die Waisen- und Findelkinder im Findelhaus verwendet werden.[7]

Bezüglich der uns hier allein interessierenden Studienstiftung bestimmte das Testament genauer, daß die 1200 fl jährlich an 12 begabte, aber vermögenslose Studenten verteilt werden sollten, damit sie an einer *reingläubigen Hohen Schule,* wie in Altdorf oder an einer evangelischen Universität, studieren könnten. Bestimmt waren die Stipendien für 10 Theologiestudenten und für 2 angehende Juristen, die vorzugsweise Söhne aus den *edlen Geschlechtern der Reichsstadt* sein sollten. Die 10 Theologiestudenten sollten vor allem Nürnberger Bürgerfamilien entstammen, konnten aber auch *Ausländer* sein, wobei Bewerber aus dem ansbachischen Cadolzburg, zu dem Elisabeth Krauß offensichtlich besondere Beziehungen hatte, bevorzugt werden sollten. Die Höhe des Stipendiums wurde festgelegt auf 50 fl im ersten Studienjahr, 75 fl im zweiten und jeweils 100

---

[4] Stadtarchiv Nürnberg — Krauß'sches Archiv U.St. 1/72 Kr. fo 14—17.
[5] Ebd. fo 18; das Testament nochmals im Stadtarchiv Nürnberg U. Z. V. 2922.
[6] Siehe auch die gedruckte Leichenpredigt für Elisabeth Krauß, gestorben 5. 4. 1639, von Diakon Johann Jakob Rüd bei St. Lorenz gehalten. Stadtarchiv Nürnberg A 412.009/78.
[7] Stadtarchiv Nürnberg-Krauß'sches Archiv U. St. 1/72 Kr. fo 19.

fl im Jahr bis zum Abschluß des Studiums. Mit 100 fl im Jahr konnte man als Unverheirateter durchaus leben, denn das Existenzminimum lag in Nürnberg um 1700 bei 60—70 fl.[8]

Um wirklich begabte und auch würdige arme Studenten herauszufinden, die in den Genuß des Stipendiums gelangen sollten, setzte die Stifterin zugleich fest, daß eine strenge Auswahl der Bewerber durch den Kirchenpfleger[9] und die 4 Prediger zu St. Sebald, St. Lorenz, St. Egidien und zum Neuen Spital vorgenommen werden mußte, die auch weiterhin die Studienleistungen der einzelnen Kandidaten zu überwachen hatten. Falls besonders erfolgreiche Stipendiaten ihr Studium zur Erlangung des Magister- oder gar des Doktorgrades fortsetzen sollten, so sollte ihr Stipendium entsprechend verlängert werden. Nach Abschluß ihres Studiums mußten die Stipendiaten zunächst der Reichsstadt Nürnberg ihre Dienste anbieten und zur Verfügung stellen. Nur mit Genehmigung des Rates konnten sie, falls sie nicht gebraucht wurden, außerhalb der Reichsstadt ihren Weg suchen und ihre Karriere machen.

Die sog. *Executores* der Stiftung, die die Auswahl der Stipendiaten trafen, ihre Studienleistungen überprüften und vierteljährlich die Stipendien ausbezahlten[10], wurden für ihre Mühe mit jährlich 50 fl entlohnt. Außerdem wurde von der Stiftung ein kostbarer Band angelegt, in dem die gemalten Porträts aller Kirchenpfleger und Executoren aufgenommen wurden, bzw. seit der zweiten Hälfte des 19. Jahrhunderts deren Photographien. Das letzte Porträt stammt von Adolph Müller, Fabrikbesitzer und kgl. Handelsrichter, aus dem Jahre 1904.[11]

Die Stiftung erfuhr im Laufe der Zeit einige Veränderungen, ohne daß zunächst jedoch der ursprüngliche Stiftungszweck in wesentlichen Punkten davon betroffen wurde. So erbrachte das Stiftungsvermögen bald höhere Zinsen, als die Ausgaben betrugen. Die Überschüsse wurden an die Stadtkasse, an die Losungsstube, abgeführt, was sicher nicht im Sinne der Stifterin war. Nur ein geringer Teil der Überschüsse wurde zur Vergrößerung des Stiftungsvermögens verwendet. So betrug im Jahre 1791/92 das Stiftungsvermögen 78 749 fl, von denen 60 000 fl fest auf der Losungsstube angelegt und 15 000 anderweitig ausgeliehen waren. Insgesamt erbrachte jetzt das Stiftungsvermögen einen jährlichen Zinsertrag von 2587 fl, gegenüber den ursprünglichen 1877 1/4 fl, wovon aber nur 965 fl für die Studienstiftung verwendet wurden und nicht, wie im Testament verfügt, 1200 fl. Allerdings wurden dafür in den Notjahren am Ende der reichsstädtischen Zeit mehr Arme aus den Stiftungsgeldern unterstützt. So erhielten 395 arme Frauen und 144 arme Männer Unterstützung und im Spital 159 Kranke. Auch wurden an den 4 Lateinschulen insgesamt 233 Essensportionen ausgeteilt, und zwar in St. Sebald 82 Portionen, in St. Lorenz 62, im Spital 60 und in Jakob 29.[12]

---

[8] Nach E. WIEST, Die Entwicklung des Nürnberger Gewerbes zwischen 1648 und 1806, 1968, S. 117.

[9] Zum Aufgabenbereich des Kirchenpflegers gehörte die Sorge um den Nachwuchs von Predigern und Schulmännern. Siehe N. MÜLLER, Beiträge zum Briefwechsel des ältern Hieronymus Baumgärtner und seiner Familie, in: MVGN 10, 1893, S. 242 f.

[10] Ausbezahlt wurde, gegen Quittung, an Laurentii (10. 8.), an Allerheiligen (1. 11.), an Lichtmeß (2. 2.) und an Walburgis (1. 5.).

[11] Stadtarchiv Nürnberg — Krauß'sches Archiv U. St. 1/72 Kr.

[12] Stadtarchiv Nürnberg KUSt Nr. 2689 — Kraußische Stiftungsrechnung Nr. 152. Es war in Nürnberg allgemein üblich, daß am Ende des Alten Reiches Stiftungseinkünfte, die ursprünglich zu Kultuszwecken gestiftet waren, für Wohltätigkeitszwecke verwendet wurden. Vgl. J. W. HILPERT, Geschichte der Entstehung und Fortbildung des protestantischen Kirchen-Vermögens der Stadt Nürnberg, 1848, S. 51.

Nicht zu übersehen ist aber auch, daß die Verwalter der Stiftung es verstanden haben, ebenfalls am wachsenden Reichtum der Stiftung zu partizipieren. So erhielten am Ende der reichsstädtischen Zeit die 4 Executoren jährlich 72 fl bzw. sogar 100 fl als Aufwandsentschädigung, also doppelt soviel wie im Testament verfügt. Dazu kamen noch je 3 fl für die Rechnungsabnahme, für die der Scholarch sogar mit 24 fl entschädigt wurde und der Kirchenpfleger mit einem silbervergoldeten Becher von 34 fl Wert. Außerdem hatte sich der Brauch eines „Herrenmahls" am Johannistag eingebürgert. Daran nahmen der Kirchenpfleger, der Scholarch und die 4 Prediger teil, alle jeweils mit ihren Frauen, sowie der Schaffer und noch 2 oder 3 andere Personen, die mit der Stiftung näher zu tun hatten. Das opulente Herrenmahl zu Lasten der Stiftung kostete nur geringfügig weniger als die Mahlzeit für die vielen Waisen- und Findelkinder am gleichen Tag.[13]

Mit dem Ende der reichsstädtischen Freiheit und dem Übergang Nürnbergs an das Königreich Bayern 1806 konfiszierte die bayerische Regierung, neben vielen anderen, auch das Vermögen der Krauß'schen Stiftung und ließ es durch Administratoren verwalten, wobei allerdings offensichtlich sowohl die karitativen Maßnahmen wie auch die Studienstiftung eingestellt wurden. Mit der bayerischen Konstitution und dem Gemeindeedikt von 1818 fiel die Verwaltung des Stiftungsvermögens an den Magistrat der Stadt Nürnberg[14], der auch erstmals eigenverantwortlich Stipendien vergab. Daraufhin beschwerten sich die Prediger der 4 Hauptkirchen als die vom Testament eingesetzten Executoren bei der kgl. Regierung in Ansbach über das Vorgehen des Rates. Durch kgl. Rescript vom 11. Juni 1823 mußte der Rat schließlich die Verwaltung der Elisabeth Krauß'schen Stiftung, *dem Sinne der Stiftungsurkunde gemäß,* wieder an die 4 Prediger zurückgeben.[15]

Gegen dieses Rescript aber klagte der Magistrat vor dem Zivilgericht in Ansbach, da er unbedingt die Aufsicht über die Studienstiftung der Kirche entziehen und unter städtische Regie bringen wollte. Doch das Gericht in Ansbach verwarf durch Entscheidung vom 4. Juli 1832 und vom 28. Februar 1834 den Einspruch des Rates, der sich daraufhin sogar an die 3. Instanz wandte und dort endgültig am 13. August 1836 abgewiesen wurde. Durch Gerichtsbeschluß gezwungen, mußte der Magistrat am 11. November 1838 das Vermögen der Elisabeth Krauß'schen Stiftung an die Stiftungs-Executoren zurückgeben, verstand es aber, die Übergabe bis zum 26. März 1840 hinauszuzögern. Dabei erstattete der Magistrat aber nicht 86 944 fl, die das Stiftungsvermögen auswies, sondern nur 73 294 fl, so daß die Stiftung einen Verlust von 13 649 fl hinnehmen mußte. Auch hatte der Magistrat inzwischen die beiden Häuser der Stiftung in der Königsstraße für 4860 fl verkauft, deren Einnahmen ursprünglich dem Findelhaus zugedacht gewesen waren.[16]

---

[13] Die Findelkindermahlzeit kostete 216 fl, das Herrenmahl 183 fl. Stadtarchiv Nürnberg — Kraußische Stiftungsrechnung Nr. 152. Vgl. auch J. F. ROTH, Jährliches Freudenfest der Findlinge in Nürnberg, in: Neuer Teutscher Merkur 1808, S. 190; E. MUMMENHOFF, Das Findel- und Waisenhaus zu Nürnberg orts-, kultur- und wirtschaftsgeschichtlich, in: MVGN 21, 1915, S. 57—336 und 22, 1918, S. 3—146.

[14] Siehe W. SCHWEMMER, Die Schulden der Reichsstadt Nürnberg und ihre Übernahme durch den bayerischen Staat, 1967, S. 24—29; H. LIERMANN, Handbuch des Stiftungsrechts, 1963, S. 218 ff., bes. S. 254—258; P. FRIES, Das Nürnberger Stiftungswesen vom Ende der reichsstädtischen Zeit bis zur Verwaltung der Stiftungen durch den Magistrat, Diss. Erlangen 1963.

[15] Stadtarchiv Nürnberg — Krauß'sche Stiftung. Rechnung über die Einnahmen und Ausgaben der Krauß'schen Unterrichtsstiftung für 1839/40.

[16] Ebd.

Mit der Rückgabe des Stiftungsvermögens aber konnten die kirchlichen Verwalter wieder Stipendien aus der Elisabeth Krauß'schen Studienstiftung vergeben, wodurch schon so vielen begabten armen Nürnbergern ein Studium ermöglicht worden war.

Denn bereits der Rechenschaftsbericht anläßlich der 100-Jahr-Feier des Bestehens der Studienstiftung weist eine erstaunliche Effizienz aus. Insgesamt wurden in den ersten 100 Jahren der Stiftung 50 Jura-Studenten aus dem Nürnberger Patriziat und 252 Theologie-Studenten gefördert, darunter 14 aus Cadolzburg. 2—4 Stipendiaten wurden in der Regel jährlich neu aufgenommen bzw. verließen nach Studienabschluß die Stiftung.[17]

Unter den Studenten für Rechtswissenschaften aus den Nürnberger Geschlechtern, die zur Krauß'schen Studienstiftung gehörten, waren etwa Georg Paul Pömer und Christoph Albrecht Pömer, Benedikt Tetzel und Gottfried Engelhardt Holzschuher, Wolf Albrecht Stromer und Johann Paul Ebner, Hieronymus Scheurl und Johann Jakob Tetzel, Georg Christoph Geuder und Johann Georg von Imhoff sowie Wilhelm von Peller und Christoph Jakob Wilhelm von Haller.[18] Alle Nürnberger Geschlechter nahmen die Stiftung in Anspruch und ließen jeweils 2 ihrer Söhne mit Hilfe der Stipendien studieren. Dabei mußten sich offensichtlich die patrizischen Kandidaten nicht der üblichen strengen Aufnahmeprüfung unterziehen. Sie mußten nur warten, bis einer der beiden Stipendienplätze frei wurde, denn mehr als die zwei testamentarisch verfügten Stipendien konnten sie nicht beanspruchen.[19]

Seit etwa der Mitte des 18. Jahrhunderts wurden aber auch zunehmend Bürgersöhne, die Jura studierten, gefördert und auch bereits einige Medizinstudenten, wie etwa Georg Andreas Riederer, Johann Christoph Friedrich Harles und Johann Albrecht Wieß. Im Jahr 1790 waren unter den 12 Stipendiaten sogar 3 Mediziner, dazu 2 patrizische und 2 bürgerliche Juristen, so daß die Theologen bereits in der Minderzahl waren.[20] Die Studienstiftung hatte sich also an den Akademikerbedarf in der Reichsstadt angepaßt.

Entschieden interessanter als die Stipendiaten für Rechtswissenschaft aber sind die Theologie-Stipendiaten. Bezüglich ihrer sozialen Herkunft läßt sich feststellen, daß in den ersten hundert Jahren der Studienstiftung 21% der Stipendiaten Pfarrerssöhne waren, die dann selbst auch wieder Pfarrer geworden sind. Dabei nahm deutlich die Zahl der Pfarrerssöhne zu, je weiter die Stiftung fortschritt. Waren unter den ersten 50 Stipendiaten nur 6 Pfarrerssöhne, so sind unter den nächsten 50 Stipendiaten schon 16 Söhne aus Pfarrersfamilien zu finden, und ihre Zahl nahm im Verlauf des 18. Jahrhunderts sogar noch zu[21], wenn auch nicht der hohe Anteil an den Stipendien wie in den kleineren Reichsstädten erreicht wurde. So nahmen schließlich in Rothenburg die Pfarrerssöhne fast drei Viertel der Stipendien für sich in Anspruch.[22]

---

[17] Stadtarchiv Nürnberg Av 32.4⁰ — Siehe Anhang.
[18] Stadtarchiv Nürnberg K XIV Nr. 21 — KUSt Nr. 2689 — KUSt Nr. 901—903. Die Namen der Jurastudenten aus den patrizischen Geschlechtern wurden nicht in die Jubiläums-Schrift aufgenommen und mußten deshalb in den Rechnungsbelegen ausfindig gemacht werden.
[19] So wurde dem jungen Georg Friedrich Pömer die nächst freiwerdende Stelle von den Executoren versprochen, und er erhielt sie auch für die Jahre 1693—1697. Als er ausschied, folgte ihm Christoph Andreas Harsdörfer. Stadtarchiv Nürnberg KUSt Nr. 902.
[20] Ebd.
[21] Entnommen der Aufstellung zur 100-Jahr-Feier — siehe Anhang.
[22] W. BAUER, Die Reichsstadt Rothenburg und ihre Lateinschule, 1979, S. 222—255; R. ENDRES, Die Bedeutung des lateinischen und deutschen Schulwesens für die Entwicklung der fränkischen Reichsstädte des Spätmittelalters und der Frühen Neuzeit, in: Schulgeschichte im Zusammenhang der Kulturgeschichte, hrsg. vom BAYERISCHEN NATIONALMUSEUM, 1984.

In Nürnberg war dagegen stets der Anteil der Söhne aus der Handwerkerschaft und den niederen städtischen Ämtern in der Studienstiftung auffallend hoch. So finden wir als Väter der Stipendiaten Schneider, Hutmacher, Pfragner, Rotgerber, Kupferschmiede, Hafner, Wirte, Zeugmacher, Bäcker, Kürschner, Brauer, Brillenmacher, Schuhmacher, Leinenweber, Schreiner, Güterbestätter, Buchbinder, Goldarbeiter, Buchdrucker, Kanzleiboten, Gerichtsschreiber und Waagmeister. Für diese Bevölkerungsschicht war offensichtlich ein akademisches Studium besonders attraktiv. Mit Hilfe des ausreichenden Stipendiums konnten ihre begabten Söhne studieren und den sozialen Aufstieg in den angesehenen Pfarrerstand schaffen, der ihnen aufgrund der beschränkten Vermögensverhältnisse des Vaters ansonsten verwehrt gewesen wäre. Gerade die Gruppe der kleinen Gewerbetreibenden, Handwerker und niederen städtischen Beamten, die es meist zu einem bescheidenen Vermögen gebracht hatten, litten besonders unter dem Gefühl relativer sozialer Benachteiligung, „relative deprivation". Sie waren besonders motiviert, zu ihrem gewissen wirtschaftlichen Erfolg auch noch den sozialen Aufstieg zu schaffen, wenn nicht für sich selbst, dann doch wenigstens für ihre Nachkommen. Der beste Weg hierfür war ein akademisches Studium, denn ein Pfarrer oder Jurist in der Familie hob das öffentliche Ansehen. Ermöglicht wurde das Studium für den begabten Nachwuchs aber meist erst durch ein hart erkämpftes Stipendium.[23]

Seit dem Vorherrschen der bürgerlichen Kultur gerade in den Reichsstädten bildete die Schicht der Handwerker und Gewerbetreibenden wohl die kulturell fruchtbarste Gruppe. Schon vor der Reformation stammten rund zwei Drittel der Geistlichen aus Handwerkerfamilien, woran sich auch in den ersten Generationen der lutherischen Pfarrer nichts änderte.[24] Erst langsam bildeten sich die bekannten evangelischen Pfarrersfamilien oder -dynastien heraus, die in wachsendem Maße die Studienstiftungen dazu nutzten, um dem eigenen Nachwuchs das teure Theologiestudium zu ermöglichen.

Verfolgt man den beruflichen Werdegang der Stipendiaten, so muß man mit nur wenigen Einschränkungen feststellen, daß sich die Studienstiftung bewährt hat. Von den Stipendiaten der ersten hundert Jahre wurden 40% Pfarrer in Nürnberg und weitere 22% Pfarrer auf dem Nürnberger Land. Rund 2 Drittel der Stipendiaten traten also, wie es dem Willen der Stifterin entsprach, in den Dienst der Nürnberger Kirche, die mit Hilfe der Studienstiftung einen großen Teil ihres geistlichen Nachwuchses decken konnte, insbesondere für die intellektuell anspruchsvollsten Ämter. So vermerkte die Festschrift zur 100-Jahr-Feier der Stiftung, daß alle 4 Prediger und Executoren der Stiftung ehemalige Stipendiaten wären. Weitere 10% der Stipendiaten fanden ihre Lebenserfüllung als Rektoren oder Conrektoren an einer der Nürnberger Lateinschulen, wobei die Lateinschule bei St. Lorenz besonders bevorzugt wurde.[25]

Rund 10% der Stipendiaten suchten und fanden außerhalb der Reichsstadt Nürnberg ihre Karriere, nachdem sie für die reichsstädtischen Dienste nicht gebraucht wurden. So praktizierte z. B. Johann Molitor, der 1653 in die Stiftung aufgenommen worden war,

---

[23] Vgl. R. Endres, Sozial- und Bildungsstrukturen fränkischer Reichsstädte im Spätmittelalter und in der Frühen Neuzeit, in: Literatur in der Stadt, hrsg. von H. Brunner, 1982, S. 37—73. In Schweinfurt z. B. entstammten 31% der Stipendiaten dem Handwerkerstand. M. Mahr, Bildungs- und Sozialstruktur der Reichsstadt Schweinfurt (Mainfränkische Studien 20), 1978, S. 95.

[24] B. Klaus, Soziale Herkunft und theologische Bildung (wie Anm. 2); R. Endres, Das Schulwesen in Franken im ausgehenden Mittelalter, in: Studien zum städtischen Bildungswesen des späten Mittelalters und der frühen Neuzeit, hrsg. von B. Moeller, H. Patze, K. Stackmann, 1983, S. 173—214.

[25] Entnommen der Aufstellung zur 100-Jahr-Feier — siehe Anhang.

als Mediziner in Venedig. Johann David Hirn ging als Theologe nach Schleswig, und Wolf Achatius Jaquet, Stipendiat seit 1670, wurde Stiftsprediger in Camin. Leonhard Christoph Sturm beendete sein Leben als angesehener Mathematiker in Mecklenburg, und Leonhard Christoph Riederer wurde als Hofmeister nach Dresden berufen. Nach Dresden wechselte auch Bernhard Walther Marperger, der 1701 in die Stiftung aufgenommen worden war. Er wirkte seit 1724 am sächsischen Hof als Hofprediger und wurde schließlich sogar zum Konsistorialrat ernannt. Bis nach Stockholm verschlug es Johann Jakob Leibnitz, seit 1671 Stipendiat, der nach Konflikten mit dem Rat Nürnberg verließ und in Stockholm die Betreuung der dortigen deutschen Gemeinde übernahm. Auch der Theologe Johann Michael Lang, Stipendiat des Jahrgangs 1686, überwarf sich mit dem orthodoxen Nürnberger Rat und bat 1709 um seine Entlassung, woraufhin ihn König Friedrich I. von Brandenburg-Preußen als Pastor nach Prenzlau in der Uckermarck berief.[26]

Von der Pfarrersfamilie Feuerlein wurden gleich mehrere Mitglieder Stipendiaten der Krauß'schen Studienstiftung. Johann Conrad Feuerlein wurde als erster 1679 in die Stiftung aufgenommen. Er unternahm 1681—83 eine Reise durch Holland und bis nach England und wurde nach Abschluß seines Studiums Prediger an St. Egidien und St. Sebald. Seit 1706 wirkte er als Superintendent in der Reichsstadt Nördlingen, wo er sich als Gründer des dortigen Waisenhauses nachhaltige Verdienste erwarb. Sein jüngerer Bruder Friedrich wurde 1686 ebenfalls Stipendiat und war nach dem Studium in Altdorf und Jena als Diakon im Heilig-Geist-Spital tätig. Sein Sohn Conrad Friedrich wiederum wurde 1711 in die Studienstiftung aufgenommen. Er unternahm wie sein Onkel eine längere Reise durch Norddeutschland und Holland, wirkte in Nürnberg als Vikar und Prediger und wechselte schließlich 1739 an die Universität Altdorf als Professor für orientalische Sprachen.[27]

Überhaupt war der Anteil der ehemaligen Stipendiaten der Krauß'schen Studienstiftung an der Professorenschaft der reichsstädtischen Universität Altdorf auffallend hoch. In Altdorf hatten die Stipendiaten in der Regel ihr Studium begonnen, dann ein oder zwei Semester auswärts studiert, meist in Wittenberg, Leipzig, Jena und später Halle, um schließlich an ihrer Heimatuniversität in Altdorf als Lehrer und Forscher zu wirken.[27a]

Bereits einer der ersten Stipendiaten, der Kürschnersohn Lucas Friedrich Reinhard, wurde Theologieprofessor in Altdorf[28], und bald folgte ihm Magnus Daniel Omeiß, der 1674 als Professor für Beredsamkeit, Moral und Poesie nach Altdorf berufen wurde. Als Verfasser einer *Gründlichen Auflage zur teutschen accuraten Reim- und Dichtkunst* war er, wie auch sein Konstipendiat und Professor für Geschichte Simon Bornmeister, Mitglied des Pegnesischen Blumenordens, den Omeiß sogar bis 1697 leitete. Eine wichtige Rolle im Pegnesischen Blumenorden spielte auch der ehemalige Stipendiat und Professor der Griechischen Sprache in Altdorf Johann August Dietelmair, der Herausgeber des sog. *Englischen Bibelwerkes.*[29]

---

[26] ADB 17, S. 601.
[27] Siehe M. SIMON, Nürnbergisches Pfarrerbuch. Die evangelisch-lutherische Geistlichkeit der Reichsstadt Nürnberg und ihres Gebietes 1524—1806 (Einzelarbeiten aus der Kirchengeschichte Bayerns 41), 1965, Nr. 330—333; ADB 6, S. 754 f.
[27a] Da die Theologische Fakultät in Altdorf erst 1696/97 das Promotionsrecht verliehen erhielt, waren die Studenten, die eine akademische Laufbahn anstrebten, zunächst sogar gezwungen, auswärts ihren Abschluß zu machen.
[28] SIMON, Nürnbergisches Pfarrerbuch, Nr. 1082; ADB 28, S. 66.
[29] Ebd., Nr. 224; ADB 3, S. 176; ADB 24, S. 347; J. HERDEGEN, Historische Nachricht von des löblichen Hirten- und Blumen-Ordens an der Pegnitz, Nürnberg 1744.

Stipendiaten der Krauß'schen Studienstiftung waren unter vielen anderen auch der Physiker Johann Heinrich Müller, der Erbauer der Altdorfer Sternwarte, und der bekannte Optiker, Chemiker und Astronom Christoph Jakob Glaser.[30] In die Stiftung aufgenommen wurde 1692 auch Nikolaus Hieronymus Gundling, der nach dem Studium in Halle zum Dr. juris promovierte, eine Professur in Altdorf ausschlug und seit 1707 als Professor für Beredsamkeit und Naturrecht in Halle lehrte, wo er auch zum Konsistorialrat und Preußischen Geheimrat ernannt wurde. Er war der Hauptvertreter der berühmten Halleschen staatsrechtlichen Schule und ohne Zweifel einer der erfolgreichsten Stipendiaten der Krauß'schen Studienstiftung.[31] Weitere herausragende Stipendiaten waren im 18. Jahrhundert die Historiker Christoph Gottlieb Murr und Johann Ferdinand Roth sowie der Landesdirektionsrat Wolfgang Friedrich Lochner.[32]

Im Gegensatz zu Gundling folgte Johann Saubertus, der 6 Jahre nach seinem Bruder Adolf in die Stiftung aufgenommen wurde, dem Ruf auf eine Professur in Altdorf, nachdem er zuvor lange Jahre für Herzog August von Braunschweig-Wolfenbüttel Übersetzungsarbeiten ausgeführt hatte. Andreas Unglenck, der Sohn eines Schneiders und Stipendiat seit 1656, mußte dagegen den Ruf an die Universität Altdorf *wegen Gebrechen* ablehnen und beendete sein Leben als Prediger in Nürnberg.[33]

Aber nicht immer hatte die Stiftung Glück mit ihren Stipendiaten, und nicht immer erfüllten diese die Ansprüche und Erwartungen der Stiftungs-Executoren. Als Beispiel sei hier Johann Philipp Pfeiffer herausgegriffen, der 1667 in die Stiftung aufgenommen wurde und sich an den Universitäten Altdorf und Königsberg vor allem dem Studium des Griechischen widmete. Bereits 1669 stieg er zum Professor für Griechisch in Königsberg auf und wurde zugleich zum Churfürstlichen Bibliothekar ernannt. Als ihm aber in Königsberg ein theologischer Lehrstuhl übertragen werden sollte, kam es bei seiner Antrittsvorlesung zu einem öffentlichen Skandal, der damit endete, daß er mit seiner Familie zum Katholizismus konvertierte.[34] Auch sei darauf verwiesen, daß bei der 100-Jahr-Feier der Stiftung nicht mehr der Lebensweg von allen Stipendiaten bekannt war oder vielleicht auch — wegen Scheiterns — bewußt verschwiegen worden ist.

Daß die Krauß'sche Studienstiftung auch noch nach ihrer Wiedereinrichtung und Verwaltung durch die 4 Prediger an den Nürnberger Hauptkirchen im Jahre 1840 Begabungen zu erfassen und angemessen zu fördern in der Lage war, zeigen allein die willkürlich herausgegriffenen Namen einiger weniger Stipendiaten. So gehörten zur Stiftung neben den Juristen Emil von Stromer und Adolf von Geuder aus den alten Nürnberger Geschlechtern etwa auch der Theologiestudent Hermann Bezzel aus Ansbach, der spätere Rektor von Neuendettelsau und Präsident des Oberkonsistoriums, sowie der Erlanger Professorensohn Hans von Raumer, der Jura studierte und 1848/49 zum jüngsten Mitglied der Frankfurter Nationalversammlung wurde.[35] Denn der Kreis der Interessenten an der Stiftung und der zu fördernden Spitzenbegabungen wurde jetzt

---

[30] ADB 22, S. 583.
[31] NDB 7, S. 318.
[32] Stadtarchiv Nürnberg-KUSt. Nr. 903.
[33] SIMON, Nürnbergisches Pfarrerbuch, Nr. 1169—1171 und 1433; G. A. WILL-CHR. K. NOPITSCH, Nürnbergisches Gelehrtenlexikon 3, S. 468. CHRISTIAN KONRAD NOPITSCH war seit 1783 selbst Mitglied der Krauß'schen Studienstiftung.
[34] WILL-NOPITSCH, Nürnbergisches Gelehrtenlexikon 3, S. 148; A. KRAUS, Der Beitrag Frankens zur Entwicklung der Wissenschaften, in: Handbuch der bayerischen Geschichte, hrsg. von M. SPINDLER, III/1, 1971, S. 608.
[35] Stadtarchiv Nürnberg — Krauß'sche Unterrichtsstiftung. Zu Hans von Raumer siehe H. VON RAUMER, Die Geschichte der Familie von Raumer, 1975, S. 149—155, und zu Hermann Bezzel siehe G. SPERL, Hermann von Bezzel, in: Lebensläufe aus Franken 2, 1922, S. 29—40.

über die Grenzen Nürnbergs hinaus praktisch auf ganz Bayern ausgedehnt. Damit hatte die Stiftung ihre ursprünglich exklusive Bedeutung für die Elitenbildung Nürnbergs aufgegeben, wenn auch noch immer die Stipendiaten aus Nürnberg in der Mehrzahl waren, die hauptsächlich in Erlangen Theologie studierten, aber auch Rechtswissenschaften und Medizin.

Es bedeutete daher zweifelsohne einen schweren Verlust für das Nürnberger Bildungswesen und insbesondere für die Nachwuchsförderung und die Aufstiegschancen für Begabungen aus den Unterschichten, als während der Inflation nach dem Ersten Weltkrieg die Studienstiftung neben vielen anderen eingestellt wurde. Das Ende der traditionsreichen und verdienstvollen Krauß'schen Studienstiftung, die so viele herausragende Persönlichkeiten in Kirche, Wissenschaft und Verwaltung gefördert und hervorgebracht hatte, meldete mit dürren Worten der Verwaltungsbericht der Stadt Nürnberg für 1922/23: *Durch die fortschreitende Geldentwertung ist es unmöglich geworden, die einzelnen Stiftungen nach ihren besonderen Zwecken auszurichten; auch die gesonderte Verwaltung der einzelnen Stiftungen ist nicht mehr durchführbar. Der Stadtrat hat daher am 4. Oktober 1922 beschlossen, die Sonderverwaltung der Stiftungen aufzuheben, die Stiftungen soweit als möglich zu gemeinsamer Verwaltung zusammenzulegen und das Erträgnis der Stiftungen dem Wohlfahrtsamt zu überweisen. Bis zum Schluß des Rechnungsjahres 1922/23 sind 42 Stiftungen zu gemeinsamer Verwaltung zusammengelegt worden.*[36] Einen Ersatz für die eingezogene Studienstiftung hat Nürnberg bis auf den heutigen Tag nicht eingerichtet.

ANHANG

Kraußisches hundertjähriges Jubel-Fest, Das ist: Danckbares Ehren-Gedachtnuß, der von der Erbarn Viel= Ehr= und Tugendreichen Frauen Elisabeth, des Erbarn und Wolfürnehmen Conrad Krausens, Handelsmanns alhie, hinterlassenen Wittib, vor hundert Jahren testamentlich vermachten / und so gleich in Übung gebrachten, ganz ungemeinen loblichen Stifftung. Bestehend, Theils in historischen umstandlichen Berichten / von Verfassung und Beschaffenheit der Stifftung selbst; Theils in Beschreibung und vollstandiger Beyfugung / was vor / und an dem gewohnlichen Stifftungs-Tag / Johannis des Tauffers / zu schuldigen Angedencken ist veranstaltet worden. GOTT zu Ehren / der Seel. Frau Stiffterin zu Ruhm / auch frommen beguterten Personen zur Ermunterung und Befolgung.[37]

Verzeichnuß derer Stipendiaten

A. *Welche die Juristische Stipendia genossen / sind an der Zahl funffzig*
B. *Cadolsburger und etliche andere Fremde sind an der Zahl vierzehen.*
C. *Die Studiosi Theologiae welche in Nürnbergische Kirchen oder Schulen befördert worden; oder sonst auswärtige wichtige Bedienstungen erhalten haben.*

— Umlaute sind als äöü geschrieben.
— Namensangaben in Klammern sind Varianten aus: MATTHIAS SIMON, Nürnbergisches Pfarrerbuch. Die evangelisch-lutherische Geistlichkeit der Reichsstadt Nürnberg und ihres Gebietes 1524—1806. Nürnberg, 1965. — Sie sollen das Auffinden der Genannten erleichtern.

---

[36] Stadtarchiv Nürnberg — Verwaltungsbericht 1922/23.
[37] Stadtarchiv Nürnberg Av 32.4°.

Verzeichnis der Stipendiaten
(nur Theologen und nicht vollständig):

1640	Balthasar Seiffert	starb	als Diaconus bey St. Egidien
	Hieronymus Geilinger		als Pfarrer zu Berbach und Neuhof
1641	Lucas Friedrich Reinhard		als Prof. Theol. und Diac. zu Altdorff
1642	Johann Carl Stephani		als Diac. bey St. Sebald
	Johann Ludwig Hagendorn		als Diac. bey St. Egidien
	Cornelius Bruno		als Pfarrer zu Eybach
1643	Johann Sauer		als Diac. bey St. Lorentzen
	Sebald Schnell		als Inspector Alumnorum et Oeconom zu Altdorff
1648	Jacob Volland (Boland)		als Diac. bey St. Lorentzen
	Simon Bornmeister		als Rector bey St. Sebald und Histor. Prof. Publ.
	Georg Ott		als Diac. bey St. Egidien
	Wolff Jacob Linck (Link)		als Senior bey St. Egidien
1650	Adolf Saubertus (Saubert)		als Prediger bey St. Egidien
	Christoph Waldmann		als Collega Gymnasii
1651	Johann Gräf		als Senior bey St. Sebald
1653	Johann Ludwig Faber		als Collega Gymnasii
	Hieronymus Lentz (Lenz)		als Vicarius zu Hilpoltstein
	Johann Molitor		in Venedig als Doct. Medicinae
1655	Johann Ehe		als Inspector Alumn. et Oecon. zu Altdorff
	Johann Wilhelm Reinsberger (Reinsperger)		als Pfarrer zu Leimburg
1656	Christoph Gottfried König		als Pfarrer zu Pezenstein
	Johann Saubertus (Saubert)		als D. Theol. P. P. Primarius und Pastor zu Altdorff
	Andreas Unglenck (Unglenk)		als Prediger bey St. Lorentzen und Prof. Publ.
1658	Tobias Schwer		als Pfarrer zu Gustenfelden und Regelsbach
	Wolff Jacob Steyrer		als Diac. bey St. Jacob
1660	Wolff Örtel		als Pfarrer zu Lonerstadt
1661	Adam Fleischmann		als Pfarrer zu Kornburg
1662	Paulus Barth		als Diac. bey St. Sebald
	Christoph Riederer		als Diac. bey St. Egidien
1664	Magnus Daniel Omeiß		als Prof. Publ. Philos zu Altdorff
	Johann Schramm		als Pfarrer zu St. Leonhard
1666	Johann David Hirn		als Diac. bey unserer Frauen
1666	Nikolaus Nothhelffer		als D. Theol. und Superintendens in Schleßwig
	Georg Nissel		als Pfarrer zu Poppenreut
	Johann Christoph Hackspann (Hackspan)		als Vicarius allhier
1667	Johann Philipp Pfeiffer		D. Theol. und Profess. Graecae Linguae zu Königsberg in Preussen als ein Pontificius

1668	Wolffgang Duscher	als Conrector emeritus bey St. Lorentzen
1669	Veit Müller	als Schul-Collega bey St. Lorentz
1670	Wolff Achatius Jaquet	als Stiffts-Prediger zu Camin
	Georg Schultheiß	Schul-Collega bey St. Lorentzen
1671	Georg Paul Rötenbeck	als Prof. Publ. Philos zu Altdorff
	Hieronymus Müller	als Diac. bey St. Egidien
	Johann Jakob Leibnitz	Diac bey St. Sebald als D. Theol. und Prediger der teutschen Gemeine in Stockholm
	Johann Christoph Pflugbeil	als Pfarrer zu Walckersbrunn
1673	Melchior Stör	als Schaffer bey St. Sebald
	Georg Michahelles	als Diac. bey St. Sebald
1675	Samuel Faber	als Rector Gymnasii
1676	Johann Walther	als Pfarrer zu Pommelsbrunn
1677	Johann Schubart	als Pfarrer bey St. Johannis
1678	Johann Conrad Hagendorn	als Rector bey St. Lorentzen
	Nicolaus Hemmersam	als Pfarrer zu Lauff
1679	Cornelius Marci	als Pfarrer zu Feucht
	Johann Conrad Feuerlein	ging von der Predigerstelle bey St. Egidien nach Nördlingen, starb daselbst als Superint.
1680	Balthasar Seiffert (Seuffert)	als Pfarrer zu Velden
	Adam Kentz	als Pfarrer zu Eybach
1681	Michael Böheim (Beheim)	als Pfarrer zu Alfeld
1682	Johann Justin Arnschwanger	als Schaffer bey St. Lorentzen
	Johann Carl Freund	als Collega der Schul bey St. Lorentzen
1683	Michael Becker	als Pfarrer zu Eltersdorff
	Conrad Höger	als Senior bey St. Egidien
1684	Johann Ulrich Hafner	als Diac. bey St. Sebald
	Georg Wolff Carbach	als Schaffer bey St. Lorentzen
	Andreas Seinsheimer	als Diac. im neuen Spital
1685	Esaias Joachim Öder	als Diac. bey St. Jakob
1686	Friedrich Feuerlein	als Diac. im neuen Spital
1686	Johann Michael Lang	D. Theol. et Prof. Publ. auch Kirchendiener zu Altdorff, gieng von dar nach Prentzlau, starb daselbst
	Andreas Christian Eschenbach	als Diac. zu unserer Frauen und Prof. Publ.
1688	David Büttel	als Pfarrer zu Krafftshof
	Christoph Jacob Glaser	als Schaffer bey St. Sebald
1689	Georg Christoph Geuder	als Diac. zu Lauff
	Johann Christoph Hauer	als Diac. bey St. Lorentzen
	Johann Paul Stoy	als Schaffer bey St. Lorentzen
1690	Johann Philipp Kramer (Cramer)	als Pfarrer zu Rüsselbach
1691	Leonhard Christoph Sturm	als Mathematicus in Mecklenburg
	Justinus Wetzel	als Prediger bey St. Lorentzen
	Leonhard Christoph Riederer	Conrector Gymnasii als Hofmeister in Dresden

1692	Nicolaus Hieronymus Gundling		als geheimder Rath und JCTus in Hall
	Gustav Philipp Mörl	lebt	noch als Prediger bei St. Sebald
1693	Balthasar Bloß	starb	als Pfarrer zu Kirchensittenbach
	Augustus Alberti		als Schaffer bey St. Lorentzen
	Leonhard Lochner		als Diac. zu Herrspruck
	Johann Georg Reßler		als Diac. bey St. Jacob
	Joachim Negelein	lebt	noch als Prediger bey St. Lorentzen
1695	Johann Jacob Vogel	starb	als Pfarrer zu Wöhrd
1696	Johann Heinrich Müller		als Prof. Publ. Philos. zu Altdorff
	Andreas Bauriedel	lebt	noch als Diac. bey St. Egidien
1697	Andreas Rinder	starb	als Pfarrer zu Mögeldorff
	Michael Martin Nuhan (Nuhann)	lebt	noch als Pfarrer zu Petzenstein
1698	Wolff Moritz Böhmer	starb	als Pfarrer zu St. Jobst
	Johann Georg Riederer	lebt	noch als Pfarrer zu Eybach
1699	Christian Sonntag		noch als Pfarrer zu Kornburg
1701	Georg Winter	starb	als Pfarrer zu Lonnerstadt
	Bernhard Walther Marperger	lebt	noch, ehemaliger Prediger bey St. Egidien, jetzo Theol. D. und Ober-Hof-Prediger in Dresden
	Johann David Degen		noch als Diac. bey St. Egidien
	Johann Ulrich Stör	starb	als Diac. bey St. Lorentzen
1702	Wolffgang Schmid		als Pfarrer zu Krafftshoff
	Johann Kahlhard (Kalhardt)		als Conrector bey St. Lorentzen
	Conrad Graf		als Diac. bey St. Sebald
	Leonhard Würffel (Würfel)	lebt	noch als Rector bey St. Lorentzen
1703	Andreas Gottlieb Amberger		noch als Diac. in Lauff
1705	Leonhard Popp	starb	als Pfarrer zu Feucht
	Nicolaus Häcker	lebt	noch als Prediger bey St. Jacob
1706	Johann Rößner		noch als Diac zu unserer Frauen
	Johann Conrad Lobherr		noch als Collega Gymnasii
	Johann Jacob Pfitzer		noch als Prediger bey St. Egidien und S. S. Theol. D.
	Magnus Melchior Schultz (Schulz)	starb	als Diac. in Fürth
1707	Michael Michahelles	lebt	noch als Pfarrer bey St. Johannis
	Andreas Georg Wiedmann		noch als Conrector bey St. Lorentzen
	Johann Michael Weiß	starb	als Diac. und Sen. bey St. Lorentzen
1710	Johann Conrad Zeltner		als Pfarrer zu Altenthann
	Johann Thomas Beck		als Pfarrer zu Gründlach
1711	Georg Christoph Muntz	lebt	noch als Rector in Saalfeld, vorher Rector Gymnasii allhier
	Johann Paul Schneider		noch als Diac. zu Herrspruck
	Johann Müller		noch als Diac. bey St. Sebald
	Conrad Friedrich Feuerlein		noch als Prediger zu unserer Frauen
	Georg Friedrich Wülfer	starb	als Diac. zu Fürth
	Johann Georg Mayer (Maier)	lebt	noch als Diac. bey St. Sebald
1712	Christoph Bezzel		noch als Pfarrer in Wöhrd
1713	Ambrosius Scheumäder		noch als Pfarrer zu Eltersdorf
1714	Johann Herdegen		noch als Prediger im neuen Spital

1715	Johann Conrad Beck		noch als Diac. und Sen. bey St. Lorentzen
	Georg Butzewinckel (Butzewinkel)		noch als Diac. im neuen Spital
	Johann Carl Böheim (Beheim)	starb	als Diac. bey St. Sebald
	Johann Andreas Rumpler	lebt	noch als Pfarrer zu Immelsdorff
	Veit Hieronymus Regenfuß		noch Diac. bey St. Jacob
1717	Johann Dübel		noch als Pfarrer zu Rüsselbach
	Georg Heinrich Meck		noch als Diac im neuen Spital
1718	Johann Oßwald	starb	als Pfarrer zu Lonnerstadt
1719	Johann Reinbath	lebt	noch als Pfarrer zu Feucht
	Johann Mayer		noch als Diac. bey St. Lorentzen
	Johann Conrad Spörl		noch als Diac. bey St. Sebald
	Johann Paul Müller	starb	als Pfarrer zu Velden
	Conrad Hahn	lebt	noch als Collega der Schul bey St. Lorentzen
1721	Matthäus Birckner (Birkner)		noch als Vicarius Ministerii allhier
1721	Johann Friedrich Stoy	lebt	noch als Diac. bey St. Sebald
	Johann Balthasar Starck		noch auswärtig in Pfarr-Diensten
1723	Jobst Christoph Kettwig		noch als Hypodidascalus bey St. Lorentzen
	Andreas Götz		noch als Collega bey St. Sebald
1725	Georg Martin Raidel		noch als Diac. bey St. Sebald
1726	Johann Paul Röder		noch als Rector Gymnasii
	Johann Jacob Fleischmann		noch als Pfarrer zu Lonnerstadt
1727	Carl Christian Hirsch		noch als Pfarrer zu Michelbach und Veitsbrunn
	Friedrich Matthäus Lufft (Luft)		noch als Diac. zu Fürth
	Paulus Burger		noch als Diac. in Herrspruck
	Johann Albrecht Vogel		noch als Pfarrer zu St. Jobst
1729	Johann Adam Strobel	starb	als Pfarrer in Beringersdorf
	Michael Lang	lebt	noch als Diac. zu Kirchensittenbach
	Johann Ulrich Tresenreuter		noch als Director Gymnasii zu Coburg, vorhero Inspector Alumnorum zu Altdorff
	Christoph Gottlieb Glaß		noch als Pfarrer zu Velden
	Johann Christoph Roße		noch als Vicarius Ministerii
1731	Johann Gottlieb Örtel		noch als Pfarrer zu Rötenbach
	Volkmar Daniel Stör		noch als Pfarrer zu Walkersbrunn

Die Theologiestudenten, die noch auf eine freie Stelle warten oder auf Universitäten sich befinden:

1722	Johann Helfreich Wilder
1723	Hermann Bosch
	Johann Matthias Ebersberger
1725	Gottlieb Negelein
1727	Johann Christoph Andreas Herdegen

1730 Cornelius Kramer
 Alexander Hartlieb
 David Faber
1733 Michael Christian Hirsch
 Wolff Moritz Mayer
 Johann Friedrich Lauterbach
 Christoph Michael Kellner
 Paulus Hön
 Johann Christoph Rieß
 Christoph Carl Riedner
 Carl Benedict Vigitill
1734 Paulus Georg Buntzel
1735 Johann Caspar Schröck
 Andreas Reheberger (Rehberger)
 Nicolaus Schwäbel
1736 Johann Carl Fleischmann
 Johann Sebastian Rentz
 Johann Thomas Gahn
1737 Johann Augustin Dietelmair
 Johann Wilhelm Nuhan
 Johann Wilhelm Röder
 Caspar Gottlieb Rucker
 Siegmund Jacob Seyfried
 Heinrich Maximilian Kohles
1738 Bernhard Jacob Degen
 Magnus Riederer.

„GEMEINNÜTZIGE" HISTORISCHE BILDUNG DURCH LESEBÜCHER UM 1800

von

Elisabeth Roth

Das Zeitalter der Spätaufklärung mit seinem Impetus zur Verbesserung der Volksbildung durch Schulen und seinen Anregungen zu Lesegesellschaften in Stadt und Land bezog auch historische Unterrichtung breiter Bevölkerungskreise mit ein und zwar durch Kapitel über „Geschichte der Deutschen" in allgemein bildenden Lesebüchern und durch spezielle Werke für den Regionalbereich. Das „Allgemeine Lesebuch für den Bürger und Landmann", herausgegeben von dem Erlanger Theologen Georg Friedrich Seiler (1733—1807), fand ab 1790 in über 20 Auflagen weite Verbreitung und nur geringfügig veränderte Bearbeitungen für katholische Bürger und Landleute.[1] Über den Inhalt dieser umfangreichen Kompendien, bestehend aus Sittenlehre und Sachbuch, unterrichtet ein eigener Beitrag der Verfasserin in der Festschrift für Jakob Lehmann.[2]

In unserem Zusammenhang soll der Abschnitt „Geschichte der Deutschen" analysiert werden als Beispiel beginnender historischer Unterrichtung von Schülern und Er-

---

Für Unterstützung bei der Beschaffung der vorwiegend älteren Literatur danke ich besonders Bibliotheksoberamtsrätin Maria Günther, Universitätsbibliothek Würzburg, sowie Bibliotheksamtmann Irmgard Hofmann und Bibliotheksoberrat Dr. Bernhard Schemmel von der Staatsbibliothek Bamberg.

[1] Seiler, Friedrich: Allgemeines Lesebuch für den Bürger und Landmann vornehmlich zum Gebrauch in Stadt- und Landschulen. 1. u. 2. Auflage Erlangen 1790. Das Werk fand in evangelischen Landen auch über Franken hinaus rasch Verbreitung, so z. B. in der bayerischen Enklave Ortenburg, wo der Pfarrer bereits 1791 die Anschaffung für Schüler empfiehlt und methodische Hinweise zur Benützung gibt. Die Mitteilung über Ortenburg verdanke ich cand. phil. Wilfried Hartlieb, Neuburg/Inn.

Zu den Auflagen der Bibelanstalt vgl.:

Jordahn, Ottfried: Georg Friedrich Seilers Beitrag zur praktischen Theologie der kirchlichen Aufklärung. Nürnberg 1970, S. 17/18. Der erste anonyme Nachdruck des Seilerschen Lesebuches auf katholischer Seite erschien bereits 1791, nicht wie bei Jordahn vermerkt 1804. Titel: Allgemeines Lesebuch für katholische Bürger und Landleute für Stadt- und Landschulen eingerichtet von einem katholischen Geistlichen in Franken. Bamberg 1791. Die zeitweise Überlassung dieser Ausgabe verdanke ich Herrn Rektor a. D. Ludwig Seyler, Bamberg.

Für die Untersuchung wurden außer den genannten folgende Ausgaben des „Allgemeinen Lesebuches" eingesehen:

Allgemeines Lesebuch für katholische Bürger und Landleute für Stadt- und Landschulen eingerichtet von einem katholischen Geistlichen in Franken. Bamberg und Wirzburg 1804. Reprint Paderborn 1980.

Allgemeines Lesebuch für den Bürger und Landmann vornehmlich zum Gebrauch in protestantischen Stadt- und Landschulen. Neuerdings verbessert und bearbeitet von Dr. H. E. G. Paulus und Prof. Konrad Mannert. Bamberg und Würzburg 1809.

Allgemeines Lesebuch für den Bürger und Landmann vornehmlich zum Gebrauch in katholischen Stadt- und Landschulen. Neuerdings verbessert und bearbeitet von Wilhelm Friedrich, Lehrer und Cantor an der katholischen Gemeinde zu Erlangen. Erlangen 1822.

[2] Roth, Elisabeth: Volksbildung durch Lesebücher im Zeitalter der Aufklärung. In: Literatur Sprache Unterricht. Festschrift für Jakob Lehmann zum 65. Geburtstag. Bamberg 1984, S. 85—93.

wachsenen, ohne die Intention übertriebener patriotischer Erziehung, wie sie vereinzelte zeitgenössische und vor allem spätere Lesebücher des 19. Jahrhunderts kennzeichnet.³ Ein zweiter ausführlicherer Teil stellt das „Gemeinnützige Lesebuch für die Bayreuthische Vaterlandsgeschichte" von 1796/97 vor, das wir JOHANN HEINRICH SCHERBER, damals Rektor der Schule zu Kirchenlamitz, verdanken.

I.

Im „Allgemeinbildenden Lesebuch" wird die „Geschichte der Deutschen" auf knapp 34 Seiten abgehandelt, während die „Erdbeschreibung" rund 100 Seiten umfaßt. Allerdings bereichern die Geographie häufig auch historische Fakten, so z. B. über Herrschaftsverhältnisse, die jeweils auf den aktuellen Stand zu bringen in diesen Umbruchsjahrzehnten bei Neuauflagen einige Mühe kostete.

Die beiden ersten Kapitel in der „Geschichte der Deutschen" enthalten Zustände und Hauptereignisse von der Zeit um Christi Geburt bis in die unmittelbare Gegenwart des jeweiligen Bearbeiters. Zunächst werden Kenntnisse vermittelt über verschiedene germanische Völkerschaften auf deutschem Boden, deren Wanderungen, ihrem Zusammentreffen mit den Römern, den Begräbnissitten und dem Rechtsgebaren. Bei der Begegnung mit dem Christentum nennt der Verfasser die wichtigsten Glaubensboten und weist auf die gelehrte Bildung in den Klöstern hin, ebenso auf Karls d. Gr. Verdienste um Errichtung von Schulen, *damit der geistliche Stand geschicktere Leute bekäme* und um die Anwendung der deutschen Sprache im öffentlichen Rechtswesen anstelle *der damals verdorbenen lateinischen und andern alten Sprachen*. (S. 507).⁴ Im Zusammenhang mit den Schreibschulen in den Klöstern kommt der eine gründliche Volksbildung und die Rangerhöhung der deutschen Sprache erstrebende Autor noch einmal auf das Lateinische zu sprechen. Die Geistlichen hätten sich zwar *größere Kenntnisse gesammelt; aber da sie meistens alles in lateinischer Sprache schrieben und damals noch keine Druckereyen waren: so hatte das Volk nicht den gewünschten Nutzen davon. Es blieb vielmehr in großer Unwissenheit und eben daher kam es, daß Ungerechtigkeit, Schwelgerey, Unzucht und andere Laster unter demselben so sehr herrschten* (S. 508). Deutlich vernehmbar ist die Grundhaltung des pädagogischen Säkulums, durch mehr Wissen zugleich ethisch wertvollere Menschen zu bilden.

Die „Geschichte der Deutschen" fand Berücksichtigung in den allgemeinbildenden Lesebüchern, damit die Zeitgenossen zu erkennen vermöchten, *wie sie anjetzt als Bürger und Ackersleute weit glücklicher als ihre Vorfahren sind*⁵, so die Begründung des unbekannten katholischen Bearbeiters von Seilers Vorlage. Trotz solcher fortschrittsgläubiger Vorbemerkung läßt sich im Text keine tendenziöse Ausrichtung konstatieren. Das bis heute unausrottbare, törichte Wort vom „dunklen Mittelalter" aus dem Munde derer, die es sich nicht zu erhellen vermögen, taucht nicht andeutungsweise auf. Ein

---

³ BÜNGER, FERDINAND: Entwicklungsgeschichte des Volksschullesebuches. Leipzig 1898. Er führt als Vorläufer an: „Vaterländisches Lesebuch für Land- und Soldatenschulen", Berlin 1799 und rühmt, daß es erfüllt sei *von einer herzerwärmenden Preußen- und Hohenzollernliebe* (S. 222). Lesebücher im Dienste patriotischer Erziehung beginnen nach BÜNGER Ende der 20er Jahre des 19. Jahrhunderts (S. 337 f.).

⁴ Die in Klammer stehenden Seitenzahlen nach den Zitaten beziehen sich in diesem ersten Abschnitt auf die Ausgabe des „Allgemeinen Lesebuches für katholische Bürger und Landleute", Bamberg 1804, Reprint Paderborn 1980.

⁵ Vorrede zu: „Allgemeines Lesebuch für katholische Bürger und Landleute für Stadt- und Landschulen eingerichtet von einem katholischen Geistlichen in Franken. Bamberg 1791, S. 4 und gleichlautend in späteren Auflagen.

weiterer bezeichnender Grundtenor dieser volksbildenden Geschichtsdarstellung ist die möglichst objektive Betrachtung mit nur gelegentlicher Wertung von Ereignissen, ja in konfessionellen Fragen eine Toleranz bis zur Selbstverleugnung; so erscheint z. B. der Name Martin Luther weder in den evangelischen noch in den katholischen Ausgaben dieser „Allgemein bildenden Lesebücher". Die berechtigte Kritik an den Zuständen vor der Reformation entbehrt boshafter Polemik. Nur sehr allgemein kommentiert der Verfasser: *In Deutschland kam es wegen daselbst entstandener Uneinigkeiten in Religionssachen sogar zu höchst langwierigen und blutigen Kriegen.* Als Übel bezeichnet er den *Haß der verschiedenen Religionsverwandten, der Katholiken und Protestanten in Deutschland* (S. 509). Der 30jährige Krieg ist ihm kein Anlaß zum Ausmalen von Grausamkeiten, wie er insgesamt jede Sensationsschilderung vermeidet. Offenbar traute man dem „Bürger und Landmann" eigenes Urteils- und Vorstellungsvermögen zu — sehr im Gegensatz zu mancher bis heute „der Masse" angebotenen Verbrauchsliteratur. Für die jüngste Vergangenheit, die Französische Revolution und die darauffolgenden Kriege verzichtet auch der Anonymus der katholischen Ausgabe von 1804 auf Polarisierung, entwirft kein Freund-Feind-Bild, spricht zwar von den Schrecken und Verwüstungen, von Drangsalen und Gefahren, doch klagt er nicht an, sondern konstatiert: *Mehrere der schönsten deutschen Provinzen kamen an die neue französische Republik, und fast alle Länder, die zuvor geistliche Fürsten hatten, wurden nun an weltliche Regenten zur Entschädigung für ihren Verlust und Kriegsschaden abgetreten* (S. 512). Der Name Napoleon wird nicht erwähnt, wohl aber Prinz Carl, der *allgeliebte Bruder unseres regierenden Kaisers . . . der den vordringenden Feind mit Macht zurückgetrieben* (S. 512). Des Erzherzogs Sieg in und bei Würzburg über die Franzosen am 3. September 1796 hatte die Zeitgenossen stark beeindruckt.

Von wenigen Ausnahmen abgesehen stellen Autor und Bearbeiter des „Allgemeinen Lesebuches" die Geschichte des deutschen Reiches mehr faktenorientiert als personenbezogen dar. Von den Ländern ist bezeichnenderweise nur Preußen erwähnt und zwar in den Lesebuchausgaben vor und nach der Einverleibung der Markgrafschaften Ansbach und Bayreuth. In Friedrich II., *jetzt der Große mit Recht genannt,* sieht auch der katholische Herausgeber von 1804 *das Muster aller Regenten in Deutschland* (S. 512), so das Ideal der Aufklärungsepoche kurz charakterisierend. Den Fürsten seiner Gegenwart, die er nicht mit Namen nennt, bescheinigt er etwas zu pauschal *rastlosen Eifer, den Wohlstand ihrer Unterthanen wieder herzustellen,* und zwar durch *vortreffliche Anstalten zur Aufklärung, zur Verbesserung des Gottesdienstes und des Schulwesens, zur Unterstützung der Armen und Nothleidenden, zur Aufnahme der Gewerbe und des bürgerlichen Wohlstandes* (S. 512). Mit solch positivem Grundakkord endet der sehr prägnante geschichtliche Überblick.

Im 3. und 4. Kapitel der „Geschichte der Deutschen" wendet sich der Verfasser unmittelbar dem Adressatenkreis zu, was die Überschriften bereits zum Ausdruck bringen: *Wie die deutschen Bürger und Bauern in ihren gegenwärtigen Zustand gekommen sind, und wie sie es unter ihren Regenten so gut haben.* Diesen Ansatz von Gesellschaftsgeschichte mit der Suggestion fortschreitender Verbesserung verbindet der Autor mit staatsbürgerlicher Erziehung auch im letzten Kapitel: *„Die billigen Vorrechte der Regenten".* Das Synonym „recht und billig" im Sinne von richtig und angemessen — heute nur noch gelegentlich als Redensart angewandt — kann als Grundtenor gerade der beiden Schlußkapitel herausgelesen werden. Abgesehen von den Darlegungen über die Leibeigenschaft, beschreibt der Verfasser die Entstehung der Stände stark harmonisierend: des Adels, der Bürgerschaft und des Bauerntums; er sieht die jährliche Steuer der *Unterthanen . . . in der Natur gegründet, gerecht und billig* (S. 516).

Doch beschränkt der Autor seine Betrachtung nicht auf den Dreiständestaat; als zwei weitere wichtige Stände in Deutschland nennt er den der Gelehrten und den der Soldaten. In welchem Lichte eine breite Bevölkerung die Bedeutung der verschiedenen Wissenschaften sehen sollte, mag der folgende Abschnitt zeigen: *Denn die Gottesgelehrten unterrichten solche Männer, die Pfarrer und Schullehrer werden konnten; die Rechtsgelehrten legten die Streithändel der uneinigen Parteyen bey, und halfen dazu den Frieden aufrecht zu erhalten; die Aerzte erhalten vielen Menschen das Leben, und sind die besten Rathgeber in Krankheiten und andern körperlichen Uebeln. Die Weltweisen untersuchen die natürlichen Dinge, befördern die Ausbreitung nützlicher Kenntnisse und guter Sitten. Die Mathematiker beobachten den Lauf der Sonne, des Mondes und der übrigen Sterne, sie messen Felder, Wiesen und ganze Länder aus, damit man sie gehörig schätzen, theilen, und Streitigkeiten, die darüber entstehen, ausmachen kann. Sehr viele, höchst nützliche Erfindungen hat man diesen Gelehrten zu danken; und was wüßten wir von den Begebenheiten der vorigen Zeiten, wenn nicht die Geschichtschreiber in Jahrbüchern und Historien das Wichtigste davon aufgezeichnet hätten? Deswegen haben die Kaiser dem gelehrten Stande fast gleiche Freyheiten und Vorrechte wie dem Adel gegeben: um viele gute Köpfe zu ermuntern, sich auf die Wissenschaften zu legen, und immer mehr Aufklärung und Glückseligkeit unter den Menschen zu verbreiten* (S. 517).

Der Gelehrte steht hier als Philanthrop par exellence auf hohem Piedestal im Dienste der beiden Programmworte eines bildungsoptimistischen Zeitalters: Aufklärung und Glückseligkeit. Dies zeigt sich auch in der Zusammenfassung, wo „Ehre und Vorzüge" jedes Standes noch einmal vor Augen geführt werden; zu denen, die *mit Weisheit das Land beherrschen* gehören neben Adel und Regenten auch die Gelehrten. Gemeinsam mit den Bürgern sind auch Künstler erwähnt, beide *arbeiten für die Bequemlichkeit und das Vergnügen* (S. 519). Den Bauersmann nennt der Autor *einen der allerwichtigsten und ehrwürdigsten Stände* nicht nur mit der üblichen Begründung, daß er für Nahrung und Trank sorge, sondern auch weil er *die meisten Soldaten zur Vertheidigung des Vaterlandes* gibt (S. 519). Was zeitgenössische Lesebücher zur Sittenlehre[6] in aller Ausführlichkeit darlegen, bringt der Verfasser des „Allgemeinen Lesebuches" auf die Formel, *daß christliche Obrigkeiten wie Väter der Unterthanen anzusehen, und dankbar zu verehren sind* (S. 520). Vorrechte und Pflichten der Regenten betrachtet der Autor meist in Relation zu den hieraus erwachsenen Abgaben und Steuern, die *von christlichen Unterthanen mit der größten Bereitwilligkeit entrichtet werden sollen* (S. 521). Die biblische Begründung mit Matthäus 22 und dem Römerbrief 13 kann bei einem Theologen als Verfasser nicht fehlen.

Historische Unterrichtung in den „Allgemeinen Lesebüchern" soll zwar das individuelle Bildungsniveau heben, dient jedoch zugleich der Vermittlung einer Staatsbürgerkunde, die den Untertan nicht durch Befehl, sondern durch Einsicht in die Notwendigkeit zu erziehen trachtet.

---

[6] Das in katholischen Landesteilen Frankens bis zu Beginn des 19. Jahrhunderts am weitesten verbreitete Lesebuch zur Sittenlehre: Regel-mäsiges Les Buch. Oder: Christliche Sitten-Lehre zur Les-Uebung für die Schul-Kinder des Hoch-Stifts Würzburg und Herzogtums Franken. Bamberg 1782. Das Werk erfuhr sehr abwertende Kritik von einem streitbaren Aufklärer im Würzburger Land, der anonym die Schrift erscheinen ließ: „Über herrschende Volksaufklärung und über den Zustand der Volksschulen in Franken mit besonderer Rücksicht auf das platte Land". Würzburg 1803. Mehrere Indizien sprechen dafür, daß der Verfasser ANDREAS RIEL ist, der später Schulreferent des Untermainkreises war, was jedoch in anderem Zusammenhang zu erörtern wäre.

II.

Regionalgeschichte bis hin zur Ortsmonographie erlebt derzeit eine kaum gekannte Aktualisierungsphase. Sie legt nahe, nach Wurzeln einer Historiographie zu suchen, die, ebenfalls auf Breitenwirkung bedacht, neben den Herrschaftsverhältnissen auch das Volksleben berücksichtigt. Bei Wahrung wissenschaftlicher Zuverlässigkeit den allgemein interessierten Bürgern des Bayreuthischen Vaterlandes Geschichte vertraut zu machen, war die Absicht von JOHANN HEINRICH SCHERBER (1759—1837). Der Lebensweg dieses auf Volksbildung bedachten Landeshistorikers und Lesebuchverfassers begann in dem damals berühmten Bergstädtchen Goldkronach, wo er 1759 als Sohn eines Obersteigers geboren wurde.

Erste Bildung vermittelt ihm der dortige Kantor; vom 10.—17. Lebensjahr ist er Alumnus im Lyzeum zu Wunsiedel, besucht anschließend die Universität Jena, wo er Philosophie und Jurisprudenz studiert. Der Wechsel an die Universität Erlangen 1778 ist auch bald mit dem Studienwechsel zur Theologie verbunden, wozu ihn der damals weithin gerühmte Georg Friedrich Seiler bewog. Man darf annehmen, daß die Verbindung auch nach Scherbers Weggang aus Erlangen 1781 erhalten blieb und des akademischen Lehrers Vorbild als Verfasser des frühesten „Allgemeinen Lesebuches" in Franken zur Nachahmung animierte. Fünfeinhalb Jahre lebt Scherber als Privatlehrer auf dem Fröbershammer bei Bischofsgrün, wird 1787 zum Rektor der Schule in Kirchenlamitz ernannt, wo er bis 1801 tätig ist. Erst mit 45 Jahren erreicht er mit der Berufung auf eine Pfarrstelle sein Lebensziel, wirkt zunächst in Bischofsgrün, später in Berg bei Hof, wo er 1837 stirbt.[7]

Die äußeren Lebensstationen dürfen als zeittypisch in evangelischen Landesteilen erkannt werden: der Weg des jungen Theologen vom Hauslehrer zum Schulmeister oder Rektor einer Lateinschule, die in kleinen Städten die sog. „Teutsche" oder „niedere" Schule miteinschloß. Als Rektor der städtischen Schule von Kirchenlamitz verfaßt Scherber 1793 sein erstes Werk: „Real-Nachrichten vom Rectorate bei der Marktschule zu Kirchenlamitz nebst einigen allgemeinen, die Verfassung dieser Landschule betreffenden Bemerkungen"[8] und bietet damit eine der wichtigsten Quellen nordostoberfränkischer Schulgeschichte. Voll berechtigtem Stolz vermerkt der Chronist außer dem Amtstitel Rektor seine Mitgliedschaft in der „Gesellschaft für die Aufklärung vaterländischer Geschichte, Sitten und Rechte", die, geleitet von dem Superintendenten Wunderlich, seit 1784 für rund zwei Jahrzehnte in Wunsiedel bestand, damit wohl die früheste historische Vereinigung Frankens darstellt. Als Mitglied dieser Gesellschaft und gefördert von dem als Gönner und Freund verehrten Vorsitzenden Wunderlich veröffentlicht Scherber 1796/97 sein Hauptwerk mit dem Titel: „Gemeinnütziges Lesebuch für die Bayreuthische Vaterlandsgeschichte".[9] Den Titel begründend, führt er in der Vorrede aus, daß *das Werkchen* zum Gebrauch für die *werthesten Landsleute* bestimmt sei, die *von den merkwürdigsten Veränderungen des Vaterlandes wenig oder doch nicht so*

---

[7] LIPPERT, FR.: Geschichte der Volksschule Kirchenlamitz 1530—1810. In: AO 26, 1917, S. 1—50. Der Verfasser nennt die wichtigsten Lebensdaten Scherbers, jedoch ist das Todesdatum dort falsch. Scherber starb am 15. 6. 1837 (Auskunft des Evangelischen Pfarramtes Berg, dem herzlich gedankt sei).

[8] Die „Real-Nachrichten" befinden sich als Manuskript im Evangelischen Pfarramt Kirchenlamitz, das freundlicherweise Einblick gewährte. Für Hinweise zum Schrifttum Scherbers sei Heimatpfleger Dieter Arzberger, Selb, gedankt.

[9] Das Manuskript „Gemeinnütziges Lesebuch für die Bayreuthische Vaterlandsgeschichte" besitzt das Archiv des Historischen Vereins von Oberfranken, Bayreuth. Gedruckt wurde das aus zwei Teilen bestehende Werk bei Bergmann in Hof 1796 und 1797.

viel wissen, als sich für einen gebildeten Bürger desselben zu wissen geziemet (I, S. VII/VIII).[10] Im Titel „Lesebuch" übernimmt der Verfasser die im Entstehungsjahrzehnt weit verbreitete Bezeichnung zur Unterrichtung von Schülern und Erwachsenen.[11] Im Unterschied zum „Allgemeinen Lesebuch" seines akademischen Lehrers Seiler schreibt der Kirchenlamitzer Rektor ein fachspezifisches und auf das Bayreuthische Vaterland beschränktes Lesebuch.

Die beiden Oktavbände bestehen aus insgesamt 500 Seiten Text einschließlich Schriftenverzeichnis sowie einem ausführlichen Register und Subskriptionslisten. Sein Werk widmet der Verfasser *dem Königlich Preußischen Ober-Bergrath Herrn von Humboldt.* Der Naturforscher Alexander von Humboldt (1769—1859) verwaltete fünf Jahre von Goldkronach aus, dem Geburtsort Scherbers, das Bergwesen der 1792 preußisch gewordenen fränkischen Landesteile. Der Titel „Gemeinnütziges Lesebuch" deutet als Adressatenkreis Bildungswillige aller Stände an, was die abgedruckte Liste der Subskribenten voll bestätigt — eine Versammlung von Adel und Geistlichkeit, Juristen und Verwaltungsangehörigen, Lehrern und Studierenden, Bauern, Handwerksmeistern und Kaufleuten. Da um diese Zeit nicht allzu häufig solche Subskribentenlisten von leseeifrigen Geschichtsfreunden hierzulande erhalten sind, sei die Berufsstruktur kurz analysiert.[12] Von den insgesamt 433 festen Bestellern sind allein 173 Juristen, Skribenten oder sonst in der Verwaltung Tätige, ihnen folgen 47 Geistliche; die nächst stärkste Gruppe stellen die 43 Handwerks- und Hammermeister dar, verstärkt um einen Hammerherren; Lehrer (Professor, Kantor, Schulmeister, Organist) sind 32mal verzeichnet, die 17 „Candidaten" können teils den Geistlichen, teils den Lehrern zugeordnet werden, da die Schule, wie erwähnt, namentlich in evangelischen Gebieten, häufig eine Zwischenstation zum Pfarramt bedeutete. Der Adel der Markgrafschaft ist mit 23 Persönlichkeiten vertreten, darunter die bekanntesten Familien wie Egloffstein, Feilitsch, Künsberg, Reitzenstein, Waldenfels teils mehrfach. Einige von ihnen gehören dem höheren Offiziersstand an. Insgesamt 14 Studierende und 2 Gymnasiasten zeigen das Interesse der Jugend. Besteller in den größeren Städten sind 26 Kaufleute sowie 12 Ärzte und 2 Apotheker. Hinter 10 Subskribenten steht der Zusatz *Der schönen Wissenschaft Beflissener.* Seltene Berufsbezeichnungen, wie z. B. Chaussee-Aufseher oder Billiadeur tragen 6 Namen. An Bibliotheken in Wunsiedel wurden 2 Exemplare des Werkes geliefert. Verzeichnet sind schließlich 5 Bauersleute und ebenso viele Gastwirte sowie der Stadtmusikus von Kulmbach. Kein Beruf ist bei 13 Persönlichkeiten angegeben.

Die Übersicht läßt erkennen, daß die von Amts wegen mit Volksbildung Betrauten, die Geistlichen und Lehrer, zugleich Kollegen des Verfassers, gegenüber denen in Verwaltung Tätigen und auf Eigenbildung Bedachten keineswegs dominieren. Nicht uninteressant ist auch die regionale Herkunft der Subskribenten: An der Spitze steht mit 75 Bestellern Wunsiedel, darauf folgt mit 50 die Universitätsstadt Erlangen, in Kulmbach

---

[10] Die in Klammer stehenden Seitenzahlen beziehen sich in diesem zweiten Abschnitt auf die mit I oder II gekennzeichneten Bände des „Gemeinnützigen Lesebuches".

[11] Vgl. die zahlreichen Titel bei: HEINZIUS, WILHELM: Allgemeines Bücherlexikon oder vollständiges Alphabetisches Verzeichniß der von 1700 bis zu Ende 1810 erschienenen Bücher, welche in Deutschland und in den durch Sprache und Literatur damit verwandten Ländern gedruckt worden sind. Leipzig 1812, Stichwort Lesebuch.

[12] Auch seiner Publikation: Umsichten auf dem Ochsenkopf am Fichtelberge. Kulmbach 1811, stellt JOHANN HEINRICH SCHERBER, damals Pfarrer in Bischofsgrün, ebenfalls eine Subskriptionsliste voraus, die verglichen mit der des Lesebuches eine geographisch breitere Streuung, vor allem im Unterland um Neustadt an der Aisch, zeigt. Zur allgemeinen kulturhistorischen Bedeutung von Subskriptionslisten: NARR, DIETER: Vom Quellenwert der Subskribtenlisten. In: Württembergisch Franken 50, 1966, S. 159—168.

subskribieren 35, in Bayreuth 24, das von Kirchenlamitz um 2 übertroffen wird. Die persönliche Bekanntschaft des Autors wirkt sich hier wie im Fröbershammer (5) oder in Goldkronach (3) ebenso aus, wie im zuerst genannten und offenbar historisch besonders interessierten Wunsiedel. Kleinere Städte wie Münchberg und Marktleuthen sind mit 20 bzw. 19 Bestellern recht gut repräsentiert. Zahlreiche Orte von Naila bis Creußen, von Himmelkron bis Arzberg lassen die breite Streuung des Interesses erkennen. Daß sich mit der Fabrikantin Riedlinn in Münchberg nur eine Dame unter den über 400 Subskribenten des Lesebuches befindet, kann um diese Zeit kaum überraschen, wo es auch hierzulande noch einflußreiche Stimmen gab, denen Schulbildung des weiblichen Geschlechts unnötig, ja geradezu sittenwidrig erschien: *Was die Mädchen betrifft, o' ich möchte keines heyrathen, das lesen und schreiben kann. Wissen sie das, so wissen sie auch . . .* In solcher Weise äußert sich 1796 im Erscheinungsjahr des Scherberschen Lesebuches der Bayreuther Regierungsrat Wipprecht.[13]

Eine ausführlichere Analyse der Subskribentenlisten böte mit Namen und spezialisierteren Berufsangaben zweifellos manch örtlicher Überlieferung noch wertvolle Hinweise, auch als Quelle der Lesekultur am Ende des 18. Jahrhunderts ist die von Johann Heinrich Scherber mitgeteilte Bezieherliste seines im Selbstverlag erschienenen Werkes nicht unbedeutend.

Dem Lehrer galt als oberste unterrichtliche Maxime, *daß in der öffentlichen Schule . . . nichts anderes getrieben werden können noch dürfe, als der allgemeinnützigste und unentbehrlichste Unterricht im Lesen — Gedrucktes und Geschriebenes*. Bei aller Plage mit dem Buchstabieren und Syllabieren weist Scherber dem Lesen höchste Priorität zu: *Und doch ist und bleibt das Lesen das erste und nothwendigste Stück in dem Erkenntnißkreise des gemeinen Mannes, der Grund und der Schlüssel zu allen seinen übrigen zu erwerbenden Kenntnißen*.[14] Als seine Lebensaufgabe sieht er neben den Berufspflichten als Lehrer und Pfarrer die Vermittlung der Landesgeschichte, die brauchbare Quellen und Materialien für den Unterricht und die Selbstbildung liefere. Die Beschränkung auf die Region rechtfertigt der Schulmann mit didaktischer Begründung: *Bei der Geographie, hält man es für die zweckmäßigste Methode, von dem Vaterlande aus, den Erkenntnißkreis des Schülers zu erweitern: sollte dieser Grundsatz nicht auch für die Geschichte anwendbar sein?* (I, S. IX/X).

An einigen Themenkreisen seien der Inhalt des „Gemeinnützigen Lesebuches für die Bayreuthische Vaterlandsgeschichte" sowie die Auffassung und Darstellungsart Scherbers verdeutlicht. Wie die Inhaltsangabe erkennen läßt, gliedert der Verfasser ab dem *Dritten Zeitraum* (1215) nach den Landesherren, den Burggrafen und später den Markgrafen, betont so die Priorität der Dynastengeschichte, ohne jedoch die des Volkes zu vernachlässigen. Sehr ausführlichen Darlegungen über die Hohenzollerschen Burg-

---

[13] Zitat bei BRUCKMEIER, FRANZ: Die deutsche Schule Bayreuths im 18. Jahrhundert. Diss. Erlangen 1931. Forchheim 1932, S. 97. Was die drei Punkte zu bedeuten haben, erhellt eine zeitgenössische Aussage von 1772: Schreiben sei bei den Jungfrauen ein *vehiculum zur Lüderlichkeit* (zitiert bei ENGELSING, ROLF: Analphabetentum und Lektüre. Stuttgart 1973, S. 87). Ein früher, mit dem Bayreuther Text gleichlautender Beleg vom Jahr 1771 findet sich im 70. Beitrag „Über die Erziehung der Kinder auf dem Lande", abgedruckt im 2. Band der „Patriotischen Phantasien" des Osnabrücker Staatsmannes und Journalisten JUSTUS MÖSER (1720—1794). Ob es dem „ungenannten Verfasser" damit ernst oder Scherz gewesen sei, läßt Möser in einer Stellungnahme offen und ermuntert zum Widerspruch. (Justus Mösers Sämtliche Werke, bearbeitet von LUDWIG SCHIRMEYER unter Mitwirkung von WERNER KOHLSCHMIDT, Bd. 5: Patriotische Phantasien II, Oldenburg/Berlin 1945, S. 262—264; Bd. 8: Den Patriotischen Phantasien verwandte Aufsätze 1755—1772, Oldenburg/Hamburg 1956, S. 281/2).

[14] Real-Nachrichten S. 65/66.

grafen folgen kurze Angaben über die Andechs-Meranier und ihre Erben sowie die Vögte von Weida und andere Adelsgeschlechter des Landes wie die Sparneck oder Schauenstein; bei kaum einem vergißt Scherber die Beschreibung des Wappens, auch nicht bei den Städten, namentlich bei denen, die den Zollernschild ihrem redenden Wappen hinzufügten, wie Münchberg oder Goldkronach. Die Besitzveränderungen der Burggrafen im Land oberhalb und unterhalb des Gebirges nehmen einen beachtlichen Raum ein, ebenso Funktion und Name der burggräflichen Ministerialen.

Jeden Landesherrn stellt Scherber in seinen Haupteigenschaften und Leistungen vor. Welchem Tun seine Zuneigung gilt, wird deutlich bei der Charakterisierung des Markgrafen Johann der Alchymist (1440—1457): *Wider die Gewohnheit seiner Zeit, hatte Johann der Alchymist ein größeres Wohlgefallen an den Wissenschaften, als am Kriege, und liebte die beglückende Stille des Friedens mehr, als das Getümmel verderblicher Fehden* (II, S. 20). Großen Wert legt der Autor darauf, am Ende eines Kapitels jeweils die gesamte Dynastenfamilie vorzustellen mit ihren ehelichen Verbindungen, was besonders ausführlich bei dem Markgrafen Christian und den Nebenlinien des Bayreuthischen Hauses geschieht. Der Verfasser verschweigt nicht den Subsidienvertrag von 1777, in dem Markgraf Alexander Landeskinder an England verkaufte, *um dieselben in dem damaligen Amerikanischen Kriege zu gebrauchen*, spricht auch davon, daß *Ströme von Thränen flossen* beim Abmarsch der Mitbürger von Bayreuth, meint jedoch, mancher sei seinem Glück entgegengegangen und die Heimkehrenden hätten nützliche Erfahrungen bereichert (II, S. 290). Den Abschluß von Scherbers Lesebuch bildet der Übergang des Landes an Preußen mit devoter Verbeugung vor den neuen Herren, den *unsterblichen Werken* des Staats- und Finanzministers Karl August Freiherr von Hardenberg und der preußischen Regierung, die *preiswürdigst den Anfang genommen* habe (II, S. 291/292).

Das Erleiden der Geschichte läßt Scherber durch eindringliche Schilderungen nacherleben. Den Aufstand der Bauern und einiger mit ihnen sympathisierenden Handwerkern in den Städten verabscheut er nicht weniger als die *schärfsten Executionen* beim grausamen Strafgericht. Fast zu ausführlich gerät der Abschnitt über die wetterwendische Bündnispolitik des Albrecht Alcibiades und seine verheerenden Streifzüge. Bei der Schilderung des Bundesständischen Krieges findet sich auch die Nachricht: *Der Bischof von Bamberg und sein Domkapitel flüchteten, weil Deutschlands größtes Dorf, das von Mauern entblößte Bamberg, keine Sicherheit weiter versprach, nach Forchheim* (II, S. 137). Verständlicherweise geißelt er die *übertriebene Rachsucht* der Bundesstände und erinnert an die Situation der Bevölkerung, wie sie Kriege bis in unsere Lebenszeit erleiden mußte: *Vor der Wuth des racheschnaubenden Feindes hatten sich ganze Ortschaften in die Wälder geflüchtet. Einzelne Familien lagen verborgen an abgelegenen Örtern und rangen verzweiflungsvoll mit Elend und Hunger.* Zuflucht fanden einige in der Oberpfalz oder im Coburgischen (II, S. 151 und 147). Die Bündnispolitik und der Verlauf des 30jährigen Krieges nehmen in Scherbers Lesebuch breiten Raum ein, doch beachtet er neben den Akteuren in beiden Lagern sowie *den eben so unbarmherzig zuschlagenden Schweden wie Kaiserlichen* besonders auch die Leiden der Untertanen, deren *Jammerstand* er ebenso eindringlich schildert wie den noch lange währenden Sittenverfall.

Dem von neuerer Geschichtsdidaktik wieder entdeckten erzählenden Unterrichtsstil[15] bieten gerade diese Abschnitte bedenkenswerte Anregungen. Nur ein paar Sätze

---

[15] TOCHA, MICHAEL: Zur Theorie und Praxis narrativer Darstellungsformen mit besonderer Berücksichtigung der Geschichtserzählung. In: Geschichtsdidaktik 3/79, S. 209 ff. Erste kritische Betrachtung zur Tatsache, daß die Geschichtserzählung wieder verstärkt im Geschichtsunterricht

seien zitiert: *Freund oder Feind, dieß war jetzt einerley. Von jedem wurde der Einwohner beraubt, feindlich behandelt... Die Menschen waren auf einer beständigen Flucht... In manchem Ort war keine lebendige Seele mehr vorhanden... Auch die Wälder gewährten keine Sicherheit mehr, da der Feind sie mit Hunden zu durchhetzen anfing... Groß war der Mangel an Menschen, noch größer an Zug- und Anspannvieh. Wollte man ja etwas säen, so mußten sich die Leute selbst in die Pflüge spannen und doch wurde es nachher von den Feinden wieder verheert, geraubt... Das Verlangen nach Frieden war brennend bey den Soldaten wie bei den Unterthanen* (II, S. 191/92). Der beeindruckende Erzähler erwacht in Scherber insbesondere bei der Schilderung menschlicher Not, so auch beim Durchzug der über 800 Salzburger Emigranten im April 1731. Er verweist als Quelle seiner Kenntnisse auf die Schrift: „Die selige Einkehr in der Hauptstadt Culmbach des Volkes Gottes... Culmbach 1732" und führt einen Vers des Abschiedsliedes der Salzburger an:

Ihr Schwaben und ihr Franken,
Wir können nimmer danken,
Wie ihr uns habt bewirth,
Vergelts euch Gott mit Segen. (II, S. 247)

Berücksichtigung der Bildungsgeschichte ist für den Lehrer Scherber charakteristisch. Die *ersten deutlichen Spuren von gemeinnützigen Lehranstalten* sieht er seit der Mitte des 15. Jahrhunderts, erwähnt die Lateinschulen zu Hof, Wunsiedel und Bayreuth. Daß der Adel des Landes und angesehene Bürger um die gleiche Zeit ihre Söhne auf die Universitäten schickten, nimmt er zum Anlaß, auf die Latinisierung der Familiennamen hinzuweisen, weil man sich von den *nicht-studierten Verwandten unterscheiden* wollte. Als gelehrte Landsleute der Humanistenzeit nennt er den Staatsmann Friedrich Sesselmann aus Kulmbach, den Theologen und Bücherfreund Andreas Friesner aus Wunsiedel, dessen Andenken eine Tafel an der alten Lateinschule ehrt, sowie den wohl ersten Historiker des Voigtlandes Lindner oder Linturius aus Münchberg (II, S. 24/25).

Vom Schulwesen bevorzugt Scherber die Gymnasien der Hauptstädte, rühmt das 1543 gegründete Albertinum zu Hof: *Diese Schule wurde eine sehr brauchbare Werkstädte für das Vaterland bey dem damals gesunkenen Schulwesen* (II, S. 153). Das Gymnasium hätten auch ältere Schüler besucht, *von denen manche schon beweibt waren, auch öfter ohne eine höhere Schule weiter bezogen zu haben, sogleich zu geistlichen Ämtern befördert worden sind.* Aus diesen und den folgenden Zeilen klingt wohl auch die persönliche Enttäuschung mit, daß man ihm, dem studierten Theologen eine solche Stellung bisher vorenthielt, und er kritisiert zu Recht: *Diejenigen jungen Gelehrten, welche sich zu dem mühevollen Geschäfte des Unterrichtens gebrauchen ließen, werden nicht für beständig, sondern wie Dienstknechte nur auf gewisse Jahre gegen einen verabredeten Lohn angestellt. Auf diese Weise mußten die Schulen sinken* (II, S. 153).

Initiativen der Markgrafen zur Gründung höherer Lehranstalten erwähnt Scherber fast immer, so Georg Friedrichs (1557—1603) Bedeutung für die Fürstenschule zu Heilsbronn oder die Errichtung des Gymnasiums in Bayreuth 1664 durch Christian Ernst (1655—1712). Scherber nennt es eine Pflanzschule für künftige Religions- und Schullehrer, deren Lehrplan *selbst den Forderungen unseres pädagogischen Jahrhun-*

---

verwendet wird. *Die Geschichtserzählung handelt von Menschen und Ereignissen. Menschen erscheinen in ihr als Handelnde und Leidende. Besonders das Betroffensein einzelner Menschen durch die Geschichte ist ihr Thema. Es erzeugt Betroffenheit beim Hörer und löst auf diese Weise sachliches Interesse wie wertende Urteile aus,* S. 220. Den Hinweis verdanke ich Herrn Kollegen Wolfgang Protzner.

derts größtenteils entspricht (II, S. 214). Allerdings kritisiert der Lesebuchautor auch, daß man die im Lande bereits vorhandenen Schulen nicht verbessert habe. Bei der Darstellung der Regierungszeit des Markgrafen Friedrich (1735—1763) würdigt der Chronist eingehend Errichtung und Verlegung der Universität, *die einzige Zierde, welche den burggräflichen Landen noch zu mangeln schien* (II, S. 250), erwähnt die von 1756—1763 bestehende Maler- und Zeichenakademie in der Residenzstadt.

Im Unterschied zu den Bildungseinrichtungen sucht man in dem geschichtlichen Lesebuch fast vergebens nach bildkünstlerischen Zeugnissen des Landes. Nur kurz erwähnt sind der Wiederaufbau der Plassenburg oder die in Bayreuth neu errichteten oder verschönerten öffentlichen Gebäude. Scherbers Begeisterung erwacht erst bei der Schilderung der Bauten des Hochbarocks, die das Markgrafenpaar Friedrich und Wilhelmine in und um Bayreuth errichten ließen.

Große Aufmerksamkeit schenkt Scherber der Wirtschafts- und Sozialgeschichte. Als Sohn eines Obersteigers aus Goldkronach gilt der Entwicklung des Bergwesens seine besondere Zuneigung. Er verfolgt es von den Erzwäschern entlang der Bäche ins Gebirge bis zum Bau von Gängen und Flözen, hebt die Privilegien hervor, die das obergebirgische Land bereits im Mittelalter erhielt, so, daß Burggraf Friedrich sich 1323 von Ludwig dem Baiern das Recht geben ließ, in seinem Lande Gold- und Silbergruben zu öffnen und besitzen zu dürfen. *Gold-, Silber- und Kupferwerke aber zwischen Plassenburg, Schorgast und Münchberg, nahm er vom Kaiser zu Lehen* (I, S. 130/31). 1328 und 1355 wurden die Privilegien auf alle Metalle erweitert.

Ab der zweiten Hälfte des 14. Jahrhunderts setzt der Verfasser die Blüte des Bergbaues an. *Ein glücklicher Erfolg krönte die Versuche, und nun machte man Anstalt zum Bergbau im Großen. So geschah dies zuerst im Main am Zoppatenberg oberhalb Berneck, wo sich die berühmte Gold- und Fürstenzeche auftat, welche zu den Zeiten dieses Fürsten, nach Abzug alles Aufwands, wöchentlich 2400. Rheinische Goldgulden, Ausbeute gegeben haben soll. Dieß gab Veranlassung zu der Erbauung des Bergstädtchens Goldkronach (1365), in welcher Gegend bis dahin, bloß drey einzelne Höfe angebaut waren ... Die Bergarbeiter erhielten stattliche Befreyungen ... Freyheiten ... welche die königliche Bergstadt Iglau in Böhmen hatte; außerdem sollte es die der Stadt Culmbach genießen* (I, S. 176/177). Mehrere Orte mit ertragreichen „Fundgruben" in der zweiten Hälfte des 15. Jahrhunderts zählt der Verfasser auf, so z. B. um Rehau, Lichtenberg, Dürrenweid, Tröstau, Nemmersdorf, Helmbrechts, dazu die Zechen „Wilder Mann" und „Reicher König Salomon" bei Naila. Zur Gründung der Goldmühle bei Goldkronach habe man Fachleute aus Böhmen herangeholt.

Von Walen = Welschen oder Venedigern beim Bergbau verlautet in Scherbers Lesebuch nichts, im Unterschied zur Sagenüberlieferung des Fichtelgebirges.[16] Nur indirekt erfährt man etwas über frühe Glasmacher, da Kohlenbrennen, Pechscharren und Glasmachen schon um 1330 die Wälder dezimiert habe, so daß in einer Waldordnung ein siebenjähriges Verbot erging und Aufforstung befohlen wurde.

Weinbau im Mittelalter belegt der Lesebuchverfasser mit der Nachricht von 1376, die von jährlich drei Fuder Wein spricht, der an der Plassenburg und in Burghaig wuchs und den das Klarakloster zu Hof geliefert bekam.[17] Auch auf die Zeidelweide geht

---

[16] ZAPF, L.: Der Sagenkreis des Fichtelgebirges. Bayreuth 2. Aufl. 1912, S. 107. SCHERBER, JOHANN HEINRICH: Umsichten auf dem Ochsenkopf am Fichtelberge. Kulmbach 1811, S. 15/16. In diesem späteren Werk weist der Verfasser als Pfarrer von Bischofsgrün jedoch auf die *Wahlen, Welsche* und ihre *Geheimnißbücher* hin.

[17] Vgl. auch SCHERBER, JOHANN HEINRICH: „Über den alten Weinbau bei und um Culmbach". In: AO 1835, S. 64—66.

Scherber ein und vergißt nicht, die sprachlichen Spuren dieses Erwerbszweiges zu nennen, wie den Ortsnamen Biengarten oder den Personennamen Zeidler. Doch auch die rechtliche Seite berücksichtigt er, weist auf die Zeidelordnung von 1350 hin oder auf das Zeidelgericht zu Weißenstadt. Zu den sich um die Mitte des 15. Jahrhunderts regenden Gewerbe zählt er: Tuchmacherei, Bierbrauerei[18] und die Herstellung von Blechzinn-Geräten. Als neuer Zweig belebte die Färberei die Wirtschaft zu Wunsiedel in der zweiten Hälfte des 17. Jahrhunderts. Um diese Zeit hatte man Perlenmuscheln von großem Wert in verschiedenen Bächen zur Reife gebracht, so im *Grünabach bei Rehau, in der Ölsnitz bey Berneck und nun seit 1782 auch in der Lamitz* (II, S. 218/219), was Scherber als Kirchenlamitzer Rektor unmittelbar erlebte.

Von den sozialen Institutionen des Spätmittelalters hebt der Lesebuchautor berechtigterweise das Hospital zu Wunsiedel hervor mit seinem berühmten Stifter Sigmund Wann. Dem von dem Hofprediger Silchmüller in den 30er Jahren des 18. Jahrhunderts initiierten Waisenhaus mit Armenschule zu Bayreuth gedenkt er ebenfalls mit lobenden Worten. Ein auffallendes Merkmal Scherberscher Geschichtsschreibung ist die Berücksichtigung von Randgruppen der Gesellschaft, vornehmlich der Juden, deren Schicksal den aufgeklärten Philanthropen zu objektiver Beurteilung bewegt, wie der folgende Auszug belegt:

Diese Nation, welche auf ihrer Flucht aus den morgenländischen Gegenden . . . auch herüber nach Deutschland gekommen war, hatte sich auch in unserm Franken häufig eingefunden, dahin die Handelsstädte Nürnberg, Forchheim und Bamberg sie lockten. Mit dem wucherlichen Handel, den sie trieben, fielen sie dem gemeinen Mann beschwerlich, und die Geistlichkeit war ihnen ohnehin nicht gut. Um ihn aber noch mehr gegen sie aufzubringen, gab man ihnen allerhand Greuelthaten, als ob sie Brunnen vergifteten, Christenknaben kreutzigten, Hostien zu abergläubischen Mitteln gebrauchten, u. drgl. Schuld. Alle Landplagen, alle Unglücksfälle, welche sich ereigneten, wurden auf ihre Rechnung geschrieben. Daher betrachtete man sie als Leute, die gar nicht werth wären, auf Gottes Erdboden geduldet zu werden, und erlaubte sich gegen sie die schrecklichsten Mißhandlungen . . . Um nun diese Unglücklichen vor blinder Pöbelwuth zu schützen, nahmen sich die Kaiser iherer besonders an, doch so, daß sie dieselben zugleich, als ihre leibeigenen Knechte betrachten . . . Nur dem Kaiser waren sie mit Abgaben verpflichtet, und kein Fürst durfte sie, ohne besondere Bewilligung, in sein Land aufnehmen. Da sie damals den Handel, fast noch ganz allein in Händen hatten, so gab es unter ihnen wohlhabende Leute, von welchen ein Fürst selbst bißweilen Geld aufnahm. Auf diese Weise hatten auch die Burggrafen, von mehreren Juden, wovon auch Einige schon zu Bayreuth und an andern burggräflichen Orten wohnten, Geld entlehnt. Allein, wegen der uneingeschränkten Gewalt, deren sich die Kaiser über die Juden anmaßten, erklärte K. Ludwig, nachher auch K. Karl IV., alle Schuldforderungen, welche die Juden an die burggräflichen Brüder hatten, für völlig null und nichtig. Sodann wurde ihnen von Karl IV. auch erlaubt, Juden in ihr Land aufzunehmen und zu schützen. Seitdem wurden die burggräflichen Orte damit fast überschwemmt. Kein größeres Dorf, geschweige denn eine Stadt blieb ihrer entlediget, bis endlich hierüber gewisse Verordnungen und Einrichtungen getroffen wurden (I, S. 143—145).

Über das Auftreten der Zigeuner im obergebirgischen Fürstentum seit dem 15. Jahrhundert gibt der Kirchenlamitzer Rektor ebenfalls Kunde. Er nennt sie *ein Volk, wel-*

---

[18] Im Aufsatz: „Über Umgelds- und Bierbrauereiwesen". In: AO 1829, S. 81—88 klärt Scherber den Begriff Umgeld für Steuer, weist hin, daß sich die Bezeichnung *Bieraufschlag* nicht durchsetzte; die erste Spur der Bierbrauerei fand er 1346 *im Amtsbezirk Weißenstadt auf der Feste Rudolphstein, welche damals noch dem Kloster Waldsassen zuständig war* (S. 85).

ches unserm Vaterlande, durch seine diebische und unnütze Lebensart, über drey hundert Jahre beschwerlich fiel, und den schädlichsten, zum Theil noch fort wuchernden, Aberglauben ausstreute . . . Ihre Lebensart war frey und ungebunden; ihre Beschäftigung Musik, Wahrsagen, Kartenschlagen . . . In ihrem Anzuge vereinigten sie übel zusammenhängende Kleidungsstücke der Pracht und Dürftigkeit, und neben ihrer eigenen Sprache, bedienten sie sich der Landessprache in einer verdorbenen Mundart. Im dreyßigjährigen Krieg fiengen sie an, auf der Soldaten Schlag, Raub und Gealttthätigkeit zu verüben. Seitdem ergriff man zur Ausrottung dieses Gesindels die gewaltsamsten Mittel. Am Löstenbach bey Weißenstadt, wurde 1632 eine Rotte von 20 Menschen, jämmerlich niedergemacht. Die Erwachsenen wurden mit Zaunpfählen niedergeschlagen, die Kinder steckte man lebendig in die Sümpfe. Zu Berneck im Aug. 1724. sind ihrer funfzehen, die man in einem Wald aufgehoben hatte, zugleich an Einer Eiche aufgehangen worden. Durch solche Vorkehrungen so wohl, als auch mittels des damals errichteten Zucht- und Arbeitshauses zu St. Georgen, wurde man endlich dieser Gäste los (I, S. 199—200/201).

Glaubensvorstellungen des Volkes und religiöse Auseinandersetzungen finden in Scherber einen um Objektivität bemühten Geschichtsschreiber. Beginnend mit den Göttern der Germanen und Slaven, *dem Heidenthum unserer Vorfahren und deren Gebräuchen*, spricht er ausführlich über die Druiden und den Drudenfuß, das Pentagramm, das man *wie bey den Christen das Kreuz, als ein besonderes Hülfs- und Glückszeichen betrachtete, weßwegen manche einfältige Landleute noch jetzt die Thüren der Ställe, und die Schenkwirthe ihre Häuser mit diesem Zeichen kenntlich zu machen pflegen* (I, S. 28). In der *Anhänglichkeit an väterliche Religion und Sitten* sowie in der harten, lieblosen Art der auf Unterordnung dringenden Geistlichkeit sieht der Theologe Scherber die Haupthindernisse bei der Einführung des Christentums, das sich im Oberland erst mit der Gründung des Bistums Bamberg wirklich ausgebreitet habe und hebt vor allem das Verdienst der *Fürsten aus dem Hause Meran* hervor.

Die kirchlichen Verhältnisse des Mittelalters mit den Pfarrkirchen und Kapellen, Oberpfarrern und Kaplänen werden am Beispiel von St. Lorenz in Hof nur erwähnt. Scherber meint, manche Ortschaften hätten nur äußerlich ein christliches Ansehen erhalten, das Heidentum habe man *in christliche Namen verhüllt, fortgesetzt* (I, S. 38). Etwas genauere Nachrichten gibt er über die 13 Klöster des Landes, wozu er auch diejenigen der Markgrafschaft Ansbach rechnet und Heilsbronn mit seinen Kunst- und Bibliotheksschätzen rühmt. Im Kapitel über Nürnberg scheint es ihm wichtig, die Stadtwerdung mit dem Stadtpatron in Verbindung zu bringen: *Wenigstens geschieht Nürnbergs als einer Stadt nicht früher Erwähnung, als im eilften Jahrhundert, zu der Zeit, da der Ruf von dem Clausner Sebald, der in den dortigen Wäldern ein beschauliches, und bis zum Bejammern Verläugnungsvolles Leben führe, laut zu werden begann* (I, S. 49).

Um die Mitte des 13. Jahrhunderts sei *das Christenthum allenthalben vollkommen ausgebreitet* gewesen, *ja man hatte auch schon die Gebräuche des Papstthums lieb gewonnen.* (I, S. 124). In diesem Zusammenhang erfährt der Leser vornehmlich Nachrichten über Klostergründungen in Frauenaurach, Birkenfeld, Schlüsselau; Himmelkron war in Verbindung mit den Grafen von Orlamünde bereits vorher genannt. In sachlicher Darstellung berichtet Scherber hiervon, auch von dem spätesten, um 1514 gegründeten Franziskanerkloster St. Jobst bei Allersdorf. Als einen *wunderthätigen Ort für Kranke und Elende* (II, S. 84) bezeichnet ihn der Lesebuchverfasser und nennt als weitere Wallfahrtsstätten, von denen Heilung oder Gesunderhaltung erwartet wurde: den Rupprechtsbrunnen bei Obernsees, den Konradsberg bei Wunsiedel sowie die St. Georgen- und Helenenquelle bei Emtmannsberg. Im Unterschied zu manchen katholischen und evangelischen Aufklärern polemisiert Scherber nicht, sondern stellt nur fest, *man wallfahrtete zu wunderthätigen Gnadenbildern, oder bekannten Wunderquellen, dergleichen es bey uns mehrere gegeben hat* (II, S. 26). Als besonderes Beispiel führt er noch an: Als 1495 zu Bayreuth die Pest wütete, zog eine feierliche Prozession nach *Mangersreuth, wo eine berühmte Kapelle der Jungfrau Maria war, dahin man sich in allerley Nöthen für die Menschen und das Vieh zu wenden pflegte* (II, S. 66).[19]

Dem nationalen und religiösen Grundanliegen der Hussiten sucht der Verfasser in seinem Lesebuch gerecht zu werden. Er nennt sie *mutige Krieger* unter ihrem *tapferen Anführer* Ziška, welche *zu den Waffen gegriffen hatten, um das treulose grausame Verfahren* des Konstanzer Konzils zu rächen gegen *einen berühmten und von den Böhmen geschätzten Gottesgelehrten, den Johann Huß*. Doch nicht verschwiegen werden die schlimmen Leiden, die *entsetzlichen Grausamkeiten an Vornehmen, wie am gemeinen Mann. Am meisten wurden mißhandelt die Mönche und Nonnen. Diese marterten sie bald auf dem Eise mit kaltem Wasser zu todt, bald warf man sie lebendig in das Feuer*. Verwüstungen durch *Schwert, Feuer und Plünderung* trafen Städte und Ortschaften, die ihrer *ehrwürdigsten Denkmale* in Kirchen und Burgen beraubt wurden (II, S. 9—11).

Mit spürbarer innerer Anteilnahme und ausführlicher Genauigkeit schildert Scherber die einzelnen Phasen der Reformation, jedoch ohne eigentliche Glaubensfragen zu erörtern. Auf Ablaßkrämerei durch Theologen oder Barfüßermönche in Hof und Wunsiedel um 1490 weist er ebenso hin, wie auf den Widerstand gegen solchen Mißbrauch durch den Hofer Pfarrverweser Dietrich Morung, den er einen *ersten Herold der Reformation* nennt (II, S. 64). Vom Sittenverfall der Priesterschaft an dieser Wendezeit gibt der Chronist nur kurz Nachricht, um so ausführlicher widmet er sich der Verbreitung von Luthers Lehre in den *dazu vollkommen vorbereiteten burggräflichen Landen* (II, S. 93) und hebt den *vorzüglichen Eifer* Georgs des Frommen für die evangelische Lehre hervor, ebenso seine *unerschütterliche Standhaftigkeit* bei der Übergabe der Augsburger Konfession, so daß ihm auch der *Ehrenname eines Bekenners* zukomme (II, S. 111/112). Als besonders verdienstvolle Prediger der neuen Lehre nennt Scherber u. a. Kaspar Loener in Hof, Johannes Eck in Kulmbach, Georg Schmalzing in Bayreuth, Adrian von Rabenstein in Wunsiedel. *In diesen wie in mehreren Kirchen wurde Luthers Lehre öffentlich vorgetragen, man las die Messe deutsch, taufte deutsch, empfing das h. Abendmal in beyderley Gestalt* (II, S. 95), hält Scherber als innerkirchliche Hauptkennzeichen fest.

Für volkskundliche Einzelaspekte ist dieses vaterländische Lesebuch Bayreuths eine rechte Fundgrube. In ihm darf selbstverständlich nicht die Sage der Gräfin von Orlamünde[20] fehlen, deren Inhalt Scherber nur kurz wiedergibt mit der Variante, Albrecht der Schöne, den die verwitwete Gräfin gern zum Gatten gehabt hätte und um dessentwillen sie ihre beiden Kinder tötete, habe der *Heuchlerinn statt des burggräflichen Ehebettes, ein immerwährendes Gefängnis zu Hof anweisen lassen* (I, S. 159). Das Lesebuch enthält Hinweise auf historische *Volkslieder* wie dem von der tapferen Verteidigung Wunsiedels 1462 im Kampf gegen Böhmen; der Chronist nennt Hans Nürnberger als Verfasser des Liedes, doch teilt er hier wie in anderen Beispielen leider den Text nicht mit.

Außer den bereits genannten für die Frömmigkeitsgeschichte wichtigen Hinweisen zu einstigen Wallfahrtsorten liefert Scherber aufschlußreiche Einzelheiten zu Alltag

---

[19] Ausführlicher: SCHERBER, JOHANN HEINRICH: Der Heiligenort in den Steeben bei Mangersreuth. In: AO 1836, S. 116—118. In diesem Aufsatz wird sowohl die Bayreuthische wie die Kulmbachische Wallfahrt in Pestnot erwähnt.

[20] Der Sage liege ein *historischer Mythus* zugrunde, um *ein politisches Unrecht zu verschleyern* meint Scherber in dem Aufsatz: „Über die letzten Orlamündischen Wittwen auf Plassenburg und Berneck". In: AO 1829, S. 51—57.

und Festtag der Bewohner. Eine brauchbare Quelle zum Vergleich verschiedener Preise im 15. Jahrhundert gewährt auch etwas Einblick in Eß- und Trinkgewohnheiten. Man trank Wein, Bier und Meth. Eine Kanne des einfachen Landweines kostete 5 Pfennig, Bier 3 Pfennig, ein Laib Brot 5—7 Pfennig, 10 Eier 1 Pfennig, 1 Pfund Pfeffer 30 Pfennig, um nur einige Beispiele zu nennen. Wer nach dem Läuten der Bierglocke, die die Polizeistunde verkündete, noch im Wirtshaus blieb, mußte 7½ Pfennig Strafe zahlen, der Wirt das Doppelte. Gleicher Strafe verfielen Besucher der Rockenstuben. Wichtig für den Alltag der Menschen, besonders in konfessionell gemischten Gegenden, war die endlich 1700 erfolgte Vereinheitlichung der Kalender, um die sich im Bayreuthischen D. Jacob Ellrodt aus Kulmbach besonders bemühte. Der Lesebuchautor erwähnt sie ebenso wie die Vereinheitlichung der Geldberechnung oder des Holzmaßes innerhalb des Landes in den Jahren 1666/1667. Um diese Zeit seien bereits die ersten Kartoffeln in der Gegend von Wunsiedel angebaut worden, berichtet Scherber. Vom *Lieblingsgetränke unserer Zeiten*, dem Kaffee, notiert er die erste Nachricht 1733 (II, S. 237). Auch der Kleidung und ihrem Wandel schenkt der Lesebuchautor seine Aufmerksamkeit. Die Nachahmung *buntscheckiger Moden* aus Frankreich um 1500 prangert er an und beschreibt sie als *mannichfärbige, an beyden Seiten offene, mit bunter Seide ausgenähte, kurze Röcke und Mäntel, die kaum den Brustlatz bedeckten; erhabene Gesperre und Ringe an den Kleidern, lange Messer mit silbernen Scheiden, güldene Fingerreife, Brusttücher mit Gold, Silber und Perlen geziert . . . gefärbte Schuhe . . . silberne Halsringe und Ketten* (II, S. 82, 83) — man sieht deutlich die modisch-geckenhafte Darstellung von Pharisäern oder Edelleuten im Unterschied zu den in schlichte Gewänder gehüllten Heiligenfiguren in Kreuzigungsdarstellungen des 15. Jahrhunderts. Den *ehrbaren Leuten* waren diese Abweichungen . . . *äußerst anstößig* (II, S. 83), schreibt der Chronist. Tracht ist für ihn Kennzeichen von Stand und Beruf: Sich einer *Kleidung wider den Stand anzumassen, war Verbrechen* und *bunte Farben trug kein ehrbarer Mann*, bemerkt Scherber. Als bis in seine Gegenwart wirksame positive Beispiele führt er an: *Der Habit der Bergleute, die Kleidungsart der Wunsiedler Hospitalbrüder, die Tracht der Mistelgauer Bauern und Bäuerinnen etc. zeigen noch einzelne Muster von den Moden dieser Volksklassen* (II, S. 26).

Die allgemeine Feststellung, daß jeder Stand, jeder Ort seine eigene Festlichkeit habe, belegt der Chronist durch einige wenige Beispiele, nennt den Adelstanz der Voigtländischen Ritterschaft am Laurenzitag in Hof (10. August)[21]. Da Laurentius der Patron der Altstadtkirche ist, gehörte diese Feierlichkeit wohl einst zum Patronziniumstag der Pfarrei. Wenn von öffentlichen Umzügen der Handwerker zu Jahrtagen die Rede ist, dann geschah dies zweifellos auch am Festtag des jeweiligen Patrons. An künstlichen Tänzen zählt Scherber auf: *der Reiftanz, der Wollenbogentanz, Latern-Schwert-stroherne Mannstanz etc.* (II, S. 28), wohl Belege für Tänze der Büttner, Tuchmacher, sowie Umzüge im Jahreslauf z. B. Wilder Mann oder Strohbär zur Fastnacht. Im Unterschied zu manch eiferndem Aufklärer, der dem Volke Feier- und Festtage zu dezimieren oder zu verbieten trachtete, sieht Scherber die Bedeutung der weltlichen Kirchweihfeste in der Stiftung und Erneuerung von Bekanntschaften oder Freundschaften, was bis heute gültig blieb.

---

[21] Im Beitrag „Tanzwesen" (AO 1829, S. 89—93) bringt SCHERBER Belege für Dudelsack und Fiedel als Instrumente am Ende des 16. Jahrhunderts. Während des 30jährigen Krieges ließ der Markgraf Christian Mummenschanz und possenhafte Tänze an Fastnacht verbieten, *die züchtigen Schwert-, Reif- und anderen Tänze zur ehrbaren Leibesübung und Ergötzlichkeit blieben erlaubt*, d. h. die Handwerker durften ihre Bräuche aufrechterhalten, wozu schon Martin Luther in Wittenberg ermuntert hatte.

Woher nahm der Kirchenlamitzer Rektor seine Kenntnisse? Jedem Kapitel fügt er eine Kurzangabe der benutzten Schriften an, deren genaue Titel zu kennen er voraussetzt oder den Weiterforschenden zu eruieren veranlaßt. Zu den häufiger genannten Werken gehören z. B.:

FALCKENSTEIN, J. H. VON: Antiquitates et memorabilia Nordgaviae veteris oder Nordgauische Alterthümer und Merkwürdigkeiten, aufgesucht in beiden Fürstenthümern des Burggrafenthums Nürnberg, 4 Teile, Schwabach 1734—43.

LONGOLIUS, P. D.: Sichere Nachrichten von Brandenburg-Culmbach, oder dem Fürstenthum des Burggrafthums Nürnberg, oberhalb Gebirgs. Hof 1751—1762, 10 Teile in 5 Bänden. Ferner Untersuchungen des Longolius zur Geschichte des Hofer Gymnasiums, sowie

Lebens-Geschichte und Abbildungen derer Durchlauchtigsten Herren Marggrafen Brandenburgischen Geblüts, so seit Wiederherstellung der reinen evangelischen Lehre die Lande oberhalb des Gebürges . . . beherrschet haben. Hof 1736.

SPIEß, J. JA.: Der brandenburgischen historischen Münzbelustigungen 1.—5. Teil, Ansbach 1768—1771.

Ferner orientiert sich der Verfasser an Zeitschriftenaufsätzen wie den im „Journal von und für Franken" erschienenen. Darüber hinaus benutzt er jedoch eine Vielzahl ungedruckter Archivalien wie Pfarrbücher und Manuskripte von Stadtchroniken, so von Selb oder Weißenstadt, vor allem die berühmte Hofer Chronik des Enoch Widmann. In seinem Lesebuch sieht sich Scherber nicht als forschenden Landeshistoriker, sondern als Vermittler gesicherter Kenntnisse. Bescheiden erklärt er in der Vorrede, daß *man neue Aufklärungen, urkundliche aus Archiven gezogene Nachrichten, politische Reflexionen, statistische Nachrichten, oder was sonst den Gelehrten oder Staatsmann interessiert, hier vergebens erwarte* (I, S. VIII).

Aufgrund vielseitiger historischer Thematik und weitgespannter Interessen, die auch *merkwürdige Begebenheiten* des Volkslebens einbezieht, gelang dem Kirchenlamitzer Schulmeister seine Absicht, ein Buch *zur angenehmen und nützlichen Unterhaltung* seiner Mitbürger zu schreiben. Der Intention eines „gemeinnützigen Lesebuches" folgend, wählt der Autor einen für jedermann verständlichen erzählenden Stil, stellt häufig durch realistische Schilderungen die Ereignisse dar von der Besiedlung des Landes bis zur Übernahme der preußischen Herrschaft. Verse unterbrechen seine Prosa an Geschehnissen, die den Chronisten offensichtlich innerlich bewegten, so bei den Begräbnissitten der heidnischen Vorfahren (I, S. 31), bei der Darstellung der Kreuzzüge (I, S. 83/84) an der Nahtstelle zwischen Burggrafentum und Markgrafschaft (I, S. 203), angesichts des Schicksals von Dietrich Morung, als dieser *Herold der Reformation* nach langjähriger Haft die Freiheit erhielt (II, S. 68), beim Tod des Markgrafen Georg Friedrich Karl (II, S. 249, 250), in Bewunderung von Sanspareil (II, S. 258/59), aus Sympathie für Markgraf Friedrich Christians Anhänglichkeit an seinen Geburtsort Weferlingen. Vier Verszeilen beschließen das Werk eines Mannes, der Kleines wie Großes beachtet und die Zeitenwende erkennt:

Du winkst, Allmächtiger, wenn hier dem Baum
Ein Blüthenblatt entweht;
Du winkst, wenn dort im umgemeß'nen Raum
Ein Weltsystem vergeht! (II, S. 292)

Exkurs und Nachwort

JOHANN HEINRICH SCHERBER blieb der Geschichtsschreibung seines Bayreuthischen Vaterlandes treu bis zum Lebensende. Außer dem erwähnten Erstlingswerk, der Kirchenlamitzer Schulchronik von 1793, in der er sich auch manchen Ärger von der Seele schrieb, bedeutete wohl das Verfassen des Lesebuches 1796/97 auch eine gewisse Flucht aus dem Schulalltag.[22] Zu intensiverer, eigener Forschung und deren Veröffentlichung ließ ihm offenbar die Tätigkeit als Pfarrer mehr Zeit, wie zahlreiche Beiträge im Archiv für Oberfranken ab 1828 beweisen, der letzte erschien posthum 1838.[23] Auf einige dieser Aufsätze wurde quasi als Stoffergänzung, in den Anmerkungen dieser Lesebuch-Analyse hingewiesen.

Scherbers Überzeugung von der Bildungsfähigkeit des sogenannten einfachen Volkes durch Bücher und seine lebenslange Hinwendung zur historischen Wissenschaft erhält ihren besonderen Akzent in der Biographie: Leben und Selbstbildungsgeschichte des Gelehrten Bauers, NICOLAUS SCHMIDT, sonst KÜNZEL benannt zu Rodenacker im Voigtlande. Ein Beitrag zu der Gelehrten- und Sittengeschichte des 17. Jahrhunderts. Als Exkurs sei erlaubt, diese Schrift vorzustellen: Das 142 Seiten umfassende Oktavbändchen erschien 1832 in Schleiz: *Zum zweihundertjährigen Andenken an den Ausbruch des dreißigjährigen Krieges im Voigtlande im Jahre 1632*, wie der Verfasser auf dem Titelblatt zusätzlich vermerkt. Vor dem Hintergrund des Zeitgeschehens entwickelt der als Pfarrer in Berg, also unweit der Heimat des gelehrten Bauern wirkende Scherber dessen außergewöhnliches Lebensbild. Als Unterlage dienten ihm teils Aufzeichnungen von Schmidt-Künzel selbst, ferner Aussagen von Zeitgenossen, doch auch kritische Beurteiler späterer Jahrzehnte.

Von einem Hüterjungen seines Vaters erlernt der kleine Nicolaus die Anfangsgründe des Lesens und eignet sich in wenigen Jahren durch Selbstunterricht eine Fertigkeit im Lesen und Schreiben mehrerer Sprachen an. Er dehnt seinen Wissensdurst aus auf *Natur-, Stern- und Witterungskunde*, auf Geographie und Tonkunst. Hilfen boten dem jungen bildungshungrigen Bauern belesene Adelsleute in seiner Umgebung wie die Waldenrode und Waldenfels oder Rektoren des Gymnasiums zu Hof, wie Medler und Otto. Ein solcher Autodidakt erregte das Interesse gelehrter Zeitgenossen und auch der Fürstenhöfe. So kam SCHMIDT-KÜNZEL nach Weimar zu Herzog Ernst, durfte sich Bücher auswählen und *mit heim nehmen auf dem Schiebekarren* (S. 62). Bäuerlich wie sein Äußeres waren Transportmittel und Bibliothek. *Der Büchersaal ... war die Scheune. Hier war seine Freude, sein Reichthum, seine Welt* (S. 69).

Doch als der Krieg das Voigtland 1640 besonders schlimm heimsuchte, lagerte ein Regiment Kroaten im Ort, *darunter die Marketender, eitel Juden und Zigeuner, jene mir alle meine hebräischen Bibeln und Bücher, wie auch meine besten orientalischen Bücher und Schriften, deren über 600 Stück gewesen, mit weggenommen* (S. 70), schreibt KÜNZEL in seiner Selbstbiographie. Doch wie Gelehrte unserer Lebenszeit nach dem Verlust aller Habe an Büchern und Manuskripten während des Zweiten Weltkrieges nicht verzweifelten, sondern neu den Dienst an ihrer Wissenschaft aufnah-

---

[22] Denn SCHERBER klagt in der Schulchronik über sein Tagwerk: *Hier vereinigen sich alle Beschwerden und Unannehmlichkeiten, die bei anderen Beschäftigungen freier Menschen einzeln angetroffen werden ... Diese Art der Arbeit stumpft die Kräfte des Geistes und die Schärfe der Sinne ab, macht allmählig gefühllos gegen das Edlere.* (Real-Nachrichten S. 79).

[23] „Beiträge zur älteren Geschichte von Oberfranken und namentlich zur Bayreuthischen Alterthumsgeschichte". In: AO 1838, S. 1—41. Bei diesem Aufsatz wie bei einigen Schriften SCHERBERS, einschließlich des Lesebuches, muß bedacht werden, daß manche mitgeteilten Fakten von der Forschung überholt und vor allem zahlreiche Ortsnamendeutungen unzutreffend sind.

men, so auch der gelehrte Bauer im Voigtland. Ohne durch sein Studieren einen anderen Status erwerben zu wollen, sucht er weiterhin die Verbindung mit Wissenschaftlern seiner Zeit. Bereits im Jahr 1642 begibt er sich, empfohlen vom Hofer Superintendenten Theubelius, nach Nürnberg, trifft sich mit dem angesehenen Hauptprediger von St. Sebald und Bibliothekar Michael Dilherr, der ihn *mit einem Schubkarren orientalischer Bücher* beschenkte. Ab der Nürnberger Reise erhielt SCHMIDT-KÜNZEL den Titel: *„Der gelehrte Bauer."* An seiner *Standesbeharrlichkeit,* wie sie Scherber treffend benennt, hält er trotz mancher Mißgunst seiner ländlichen Umwelt fest, läßt sich nicht weglocken etwa an eine Schule, obgleich er in Dresden und Gera sein Können zeigen durfte und wollte.

Den Autodidakten SCHMIDT-KÜNZEL drängte es offensichtlich stärker zur Bereicherung seines Wissens als zu dessen Weitergabe; vielleicht mögen ihn auch die ungewissen Kriegszeiten bewogen haben, der Sicherheit seiner wenn auch stets gefährdeten dörflichen Existenz treu zu bleiben. Erst nach dem Ende des 30jährigen Krieges, als die völlige Zerstörung seines Besitzes und eine inzwischen gewachsene, in Not lebende Familie ihm Gelderwerb nahelegten, folgt er dem Rat von Freunden und wird ein Kalendermacher. Die Computistik, die Wissenschaft von der Zeitrechnung, hatte in den Jahrzehnten eine besondere Bedeutung für das Volk, namentlich in gemischt konfessionellen Gebieten. Den von Papst Gregor XIII. 1582 revidierten Kalender erkannten die Neugläubigen nicht an und feierten z. B. die Hochfeste des Jahres 10 Tage später, ein Usus, der hierzulande bis 1700 dauerte. Welchen Mittelweg der Bauer auf Rodenacker vorschlug, müßte noch an den von ihm edierten Kalendern überprüft werden. Seine Kenntnisse in Geschichte, Geographie und fremden Sprachen konnte er verwerten, ebenso die volksläufigen wie Wetter- oder Gesundheitsregeln. Daß neben Astronomie auch die Astrologie diese frühen Kalender anziehend machte, kann nicht verwundern.

Den geheimen Wissenschaften wie Handlesen war der gelehrte Bauer ebenso zugetan wie er auch das „Wetterhorn" zum Verscheuchen des Gewitters blies, ein Ersatz für das Wetterläuten in Orten, wo es keine Glocken gab, ein Brauch, der vielerorts als papistischer Aberglaube offiziell abgetan wurde, doch keineswegs verschwand. Ihn seit der Aufklärung in katholischen Landen abzuschaffen, gelang auch nur allmählich. Seine occulten Neigungen brachten dem gelehrten Bauern die Verurteilung mißtrauischer Zeitgenossen, die ihn als vom bösen Geist besessen wähnten, und späterer vernunftgläubiger Betrachter, die die Lebensumstände seiner Erdenjahre zu wenig beachteten. Beiden gegenüber nimmt der Historiker Johann Heinrich Scherber seinen gelehrten Bauern in Schutz, der den Neid seiner Standesgenossen zu ertragen hatte und sich nicht anmaßte, einer höheren Gesellschaftsschicht angehören zu wollen. Trotz Bibliothek, Studierzimmer und Sternwarte kann der Biograph von SCHMIDT-KÜNZEL sagen: *Alles blieb in seinem Haushalten in der wohl geregelten bäuerlichen Ordnung* (S. 127).

JOHANN HEINRICH SCHERBER im Rahmen dieser Festschrift vorzustellen, hat seinen Beweggrund in einigen Gemeinsamkeiten mit dem Jubilar. Beide verbindet ein breites Interessenspektrum, das auch volkskundliche Aspekte einschließt, ferner die Freude an der Wiedergabe erworbener Kenntnisse in Rede und Schrift, die Erforschung von Frankens Vergangenheit und die aktive Tätigkeit in landesgeschichtlichen Vereinigungen. Historikern wie Gerd Zimmermann verdanken wir das unbeirrbare Festhalten an dem zeitlos gültigen Bildungswert der Geschichtswissenschaft. Auch während der 60er und 70er Jahre unseres Jahrhunderts half er die Kontinuität wahren, als die „Gebildeten unter ihren Verächtern" auf Distanz gingen, um ein berühmtes Wort Schleiermachers über die Religion auf die Geschichte zu übertragen.[24]

---

[24] Der Philosoph und Theologe FRIEDRICH SCHLEIERMACHER (1768—1834) veröffentlichte 1799 die Schrift: „Über die Religion, Reden an die Gebildeten unter ihren Verächtern".

Das Verzeichnis von *Johann Heinrich Scherbers* Manuskripten und Veröffentlichungen soll die Kenntnis über diesen frühen oberfränkischen Geschichtsschreiber vermehren und einige Schriften auch als volkskundliche Quelle erkennen lassen.

Manuskripte:

Real-Nachrichten vom Rectorate bey der Marktschule zu Kirchenlamitz nebst einigen allgemeinen, die Verfassung dieser Landschule betreffenden Bemerkungen. Kirchenlamitz 1793.
Gemeinnütziges Lesebuch für die Bayreuthische Vaterlandsgeschichte. Im Archiv des Historischen Vereins Oberfranken in Bayreuth.

Veröffentlichungen:

Gemeinnütziges Lesebuch für die Bayreuthische Vaterlandsgeschichte. Bd. 1 gedruckt bei Bergmann, Hof 1796; Bd. 2 ebenda 1797.
Einige ältere Nachrichten von heißen und trocknen Jahren in unsern Gegenden. In: Wunsiedler Wochenblatt, Nr. 34, 16. Aug. 1800.
Eintrittsfeier in das neue Jahrhundert. In: Wunsiedler Wochenblatt, 1800, Nr. nicht bekannt.
Umsichten auf dem Ochsenkopf am Fichtelberge. Gedruckt bei Spindler, Kulmbach 1811.
Andeutungen über die geschichtliche Merkwürdigkeit des Ortes Altenplos bei Bayreuth. In: AO 1828, S. 67—69.
Ueber die letzten Orlamündischen Wittwen auf Plassenburg und Berneck. In: AO 1829, S. 51—57.
Gerettetes Denkmal der Mahlerkunst vom J. 1304. In: AO 1829, S. 58—61.
Ueber Umgelds- und Bierbrauerei-Wesen. In: AO 1829, S. 81—88.
Tanzwesen. In: AO 1829, S. 89—93.
Gewinnst-Spiele. In: AO 1829, S. 94—96.
Beiträge zur Alterthums-Geschichte der Gegend und Stadt Bayreuth. In: AO 1830, S. 1—36.
Leben und Selbstbildungsgeschichte des Gelehrten Bauers, Nicolaus Schmidt, sonst Künzel benannt zu Rodenacker im Voigtlande. Beitrag zu der Gelehrten- und Sittengeschichte des 17. Jahrhunderts. Gedruckt bei Reitzenstein, Schleiz 1832.
Muthmaßliche Altersbestimmungen vor Einführung der Taufregister. In: AO 1834, S. 97—99.
Einzug des Römischen Königs Joseph I. und seiner Gemahlin zu Wunsiedel im Jahr 1702. In: AO 1834, S. 99—103.
Über den alten Weinbau bei und um Culmbach. In: AO 1835, S. 64—66.
Über die Verfassung der Stadt-Obrigkeiten in den ältern Zeiten. In: AO 1836, S. 80—88.
Der Heiligenort in den Steeben bei Mangersreuth. In: AO 1836, S. 116—118.
Beiträge zur älteren Geschichte von Oberfranken, und namentlich zur Bayreuthischen Alterthumsgeschichte. In: AO 1838, S. 1—41.

DIE ERLANGER UNIVERSITÄTSMATRIKEL ALS HERALDISCHE QUELLE

von

WERNER GOEZ

Bezüglich der systematischen Erfassung der wappenkundlichen Überlieferung ist man in Deutschland seit nahezu einem halben Jahrhundert kaum nennenswert über den verbesserungs- und ergänzungsbedürftigen, lediglich dem Spätmittelalter gewidmeten Katalog von BERCHEM, GALBREATH und HUPP[1] hinausgekommen. Vollends mangelt es an jeglicher Übersicht über die reichen heraldischen Quellen aus der frühen Neuzeit. Man möchte vermuten, daß diese Forschungslücke mit dem verlegerischen Riesenerfolg des SIEBMACHER'schen Wappenbuchs[2] zusammenhängt, welches das Interesse des Amateurs in der Regel befriedigte, manchen Fachheraldiker eher entmutigte als zu umfänglichen Sammelarbeiten anspornte und jedenfalls entsprechende Bemühungen minder dringlich erscheinen ließ. Bedauerlich ist der Sachverhalt ohne Zweifel, namentlich angesichts des Fehlens von kritischen Fundnachweisen in den allermeisten gedruckten Wappenkatalogen. So mag hier als Baustein zu einer noch zu erstellenden heraldischen Quellenkunde — dem Jubilar zu Ehren, dessen seit 1969 alljährlich im Rahmen der „Altfränkischen Bilder und Wappenkalender"[3] erschienenen Beiträge inzwischen ein ebenso anmutiges wie didaktisch geschicktes Hilfsmittel der fränkischen Adelsheraldik und Geschlechterkunde darstellen[4] — auf eine nicht unbedeutende Quelle zum frühneuzeitlichen Wappenwesen hingewiesen werden, die bislang unbeachtet blieb und überdies dem gleichen landschaftlichen Raum entstammt, dessen historischer Erhellung die Arbeit von Gerd Zimmermann in besonderer Weise gilt: die älteste Matrikel der 1743 gegründeten Universität Erlangen.[5]

Auch einige andere Universitätsmatrikeln enthalten Wappenbilder, obgleich derartige Illustrationen im ganzen eher als Ausnahmen zu bezeichnen sind.[6] Zu Recht berühmt sind die Miniaturen in den Basler Einschreibbüchern.[7] In diesen finden sich — als eigenständige Darstellungen, als Bestandteile ganzseitiger Genre-Bilder oder im Kontext von Initialen- und Randleistenschmuck — nicht weniger als 99 Wappen von Universitätsrektoren aus der Zeit zwischen 1460 und 1759; sie bilden einen kostbaren

---

[1] EGON VON BERCHEM, DONALD LINDSAY GALBREATH, OTTO HUPP, Die Wappenbücher des deutschen Mittelalters, in: dies., Beiträge zur Geschichte der Heraldik, überarbeitet von Kurt Mayer, Berlin 1939, ND Neustadt/Aisch 1972.

[2] Erstmals in zwei Bänden Nürnberg 1605 und 1609, inzwischen in mehrfacher, starker Überarbeitung 9. Aufl. Neustadt/Aisch 1970 ff.

[3] Seit 1965 jährlich vier fränkische Adelswappen mit Blasonierung und Kurzinformation über die Familie enthaltend, bis 1968 aus der Feder von MICHEL HOFMANN, seither von GERD ZIMMERMANN.

[4] Vgl. dazu auch EUGEN SCHÖLER, Historische Familienwappen in Franken, 2. Aufl. Neustadt/Aisch 1982.

[5] Anstelle einer modernen Matrikel-Edition vgl. KARL WAGNER, Register zur Matrikel der Universität Erlangen 1743—1843, München und Leipzig 1918.

[6] Beispielsweise fehlen sie in den Matrikeln der Erlangen nahegelegenen Universität Altdorf völlig.

[7] PAUL LEONHARD GANZ, Die Miniaturen der Basler Universitätsmatrikel, Basel und Stuttgart 1960.

Längsschnitt durch 300 Jahre heraldischer Stilgeschichte. Manche dieser Miniaturen sind graphische Meisterwerke und entstammen der Hand hochbedeutender Künstler.[8] Nicht dem kunsthistorischen Rang nach, wohl aber in der Sache gibt es einige Parallelen. So enthält die Matrikel der 1582 durch Fürstbischof Julius Echter von Mespelbrunn neubegründeten Universität Würzburg eine Anzahl Wappenbilder von Rektoren aus der Barockzeit.[9] Die heraldisch wichtigste, jedoch in dieser Hinsicht leider noch keineswegs erschlossene, nicht einmal durch eine listenmäßige Übersicht der Wappen dokumentierte Universitätsmatrikel entstand in Erfurt; die Einschreibbücher der 1392 gestifteten, 1816 aufgelösten Hochschule bringen von 1420 an die heraldischen Embleme von Rektoren, jedoch überdies auch diejenigen zahlreicher Studenten unterschiedlichen Standes.[10] Das war sonst nicht üblich. Diesbezüglich bildet neben Erfurt die Erlanger Matrikel eine Ausnahme vom allgemeinen Usus, allerdings nur für einen beschränkten Zeitraum: das erste halbe Jahrhundert des Bestehens dieser fränkischen Hochschule.

Die Erlanger Universitätsbibliothek[11] verwahrt zehn Immatrikulationsbücher aus dem Zeitraum von der Gründung 1743[12] bis zum Jahr 1851. Anfangs wurden fünf dieser Verzeichnisse mit jeweils unterschiedlicher Zweckbestimmung parallel geführt. Es waren dies: die Matrikel der fürstlichen Studierenden bis 1806; die Matrikel der gräflichen und adligen Studenten 1742—1800; die „bürgerliche" Matrikel 1742—1800; die Matrikel der Heilgehilfen und Bader 1743—1812; die Matrikel der immatrikulierten Künstler, Maler, Papiermacher usw. 1746—1806.[13] Nur die beiden erstgenannten Bände enthalten eine Anzahl Wappendarstellungen aus der Zeit von 1742 bis 1798, und zwar nicht weniger als 111. Später wurden keine heraldischen Miniaturen mehr aufgenommen; insofern liegt hier — anders als in Basel und Erfurt — anstelle eines Überblicks über den stilistischen Wandel durch mehrere Jahrhunderte ein äußerst homogenes, aber gerade darin schätzbares Material vor. Es handelt sich dabei ausschließlich um die Wappen adliger Kommilitonen; Bürgerwappen kommen nicht vor, und anders als an den zuvor genannten Hochschulen hat man in Erlangen auch die Wappen der Prorektoren — Rector magnificus war jeweils der Landesherr höchst persönlich — nicht in die Immatrikulationsbücher eingetragen.

Bereits die äußere Anlage der unterschiedlich geführten Matrikeln läßt erkennen, wo heraldische Miniaturen von Amts wegen vorgesehen und — entsprechend dem Selbstverständnis der Markgrafen und der Vorgeschichte ihrer Universitätsgründung in Gestalt der Erlanger und Bayreuther Ritterakademie[14] — besonders erwünscht waren. Die

---

[8] U. a. Hans Holbein d. J. und Martin Schongauer; Künstlerübersicht bei GANZ a.a.O., S. 257.

[9] Es sind im ganzen 94 Wappenbildseiten aus der Zeit von 1582 bis 1846, jeweils für den Fürstbischof als Rector perpetuus und für den amtierenden Rector magnificus. Vgl. Altfränk. Bilder 1963 mit zwei Abbildungsbeispielen aus dem 18. Jahrhundert.

[10] Vgl. HERMANN WEISSENBORN, Die Akten der Erfurter Universität 1 und 2, Geschichtsquellen der Provinz Sachsen VIII, 1—2, Halle 1881 und 1884. In jedem dieser beiden Matrikelbände gibt freilich der Herausgeber nur jeweils 8 Beispiele auf 4 Tafeln in Nachzeichnung.

[11] Für stets gewährte Hilfe danke ich den Damen und Herren der Erlanger Universitätsbibliothek verbindlichst, insbesondere Frau Dr. A. Rößler von der Handschriftenabteilung.

[12] GERHARD PFEIFFER, Gründung und Gründer der Universität Erlangen, in: Festschrift Hans Liermann, Erlangen 1964.

[13] Zu den künstlerisch-technischen Bestrebungen, die dem Universitätsverständnis des 19. Jahrhunderts fremd waren, aber in der Gegenwart wieder manche Entsprechungen in Form von Neuentwicklungen finden, vgl. zusammenfassend LAETITIA BOEHM, in: Max Spindler (Hg.), Handbuch der Bayerischen Geschichte III, 1, München 1971, S. 663 ff.

[14] Es hängt mit der Gründungsgeschichte Erlangens und der erwähnten Traditionsnachfolge zusammen, daß die zweite und dritte Matrikel bereits vor der offiziellen Eröffnung 1743 begonnen wurden, nämlich 1742.

Namen der bürgerlichen Studenten trug man in der üblichen Listenform ohne Zwischenabstände ein, nicht anders als diejenigen der akademisch auszubildenden Heilgehilfen, Künstler und Spezialhandwerker. Dagegen reservierte man für Studierende aus fürstlichem und reichsgräflichem Hause, auf deren — wenngleich meist nur kurzfristige — Universitätszugehörigkeit aus Gründen der Reputation der neuen Hochschule besonderer Wert gelegt wurde und die man bisweilen unter speziellen Ehrenbezeugungen immatrikulierte,[15] jeweils eine volle Buchseite, so daß unter der Einschreibung reichlich Platz für eine aufwendige Wappendarstellung vorhanden war. Es waren freilich zwischen 1772 und 1806 lediglich zwölf Prinzen, die in Erlangen das Studium aufnahmen; nur drei — aus zwei Fürstenhäusern stammend — ließen ihre Wappen in das Immatrikulationsbuch eintragen. Bei den Grafen zählte man bis 1800 sechsunddreißig Immatrikulationen aus vierundzwanzig Familien, mit ganzen sechs Wappeneintragungen. Die Masse der Wappenminiaturen entfiel auf den freiherrlichen Adel (568 Immatrikulationen, 103 Wappen). Für die Einschreibung dieser Studentengruppe begnügte man sich allerdings mit jeweils einer halben Seite, was sich mehrfach als zu eng dimensioniert erwies; überdies wurde das Schema des Immatrikulationseintrages gegen Ende des Jahrhunderts immer wieder durchbrochen.

Die Inkonsequenz mochte damit zusammenhängen, daß sich herausstellte: Die Mehrzahl unter den fürstlichen, gräflichen und freiherrlichen Studenten verzichtete darauf, ihre Wappen in die Matrikel aufnehmen zu lassen. Ersichtlich wurde das Anliegen der Universitätsleitung von Zeit zu Zeit neu eingeschärft; dann häuften sich die Wappen zu wahren „heraldischen Nestern". Aber bald trat die Sache wieder in den Hintergrund. Über die Motive vermag man nur Mutmaßungen anzustellen. Vielleicht bestanden in manchem Unterlassungsfall sogar materielle Gründe: In der Regel ist die Akkuratesse der Wappenbilder so erstaunlich, die stilistische Übereinstimmung ganzer Miniaturgruppen eines eng begrenzten Zeitraumes so stringent, daß man an Lupenmalerei von Berufskünstlern denken muß, welche sich ihre Arbeit gewiß möglichst teuer bezahlen ließen. Die Darstellungen sind jeweils in Deckfarbe — seltener in Wasserfarbe — auf Zeichenpapier ausgeführt, das nachträglich beschnitten und in die Matrikel eingeklebt wurde. In keinem einzigen Fall wurden die farbigen Bilder unmittelbar in die Einschreibbücher gemalt. Drei Wappen sind mit dem Silberstift (oder Bleistift) ausgeführt.[16] Einige wenige, ganz besonders roh ausgeführte Miniaturen sind kaum anders zu erklären, als daß die Wappenträger jeweils selber diese Stümpereien anfertigten.[17] Aber es gab unter den Kommilitonen aus dem Freiherrnstand, welche ihre Wappen einleimen ließen, auch einige künstlerische Talente, die mit viel Geschick eigenhändig zeichneten und ihr Werk sogar selbstbewußt signierten.[18] Zwei Studenten lieferten heraldisch gestaltete Visitenkarten ihrer Väter ab.[19] Wenn im Laufe der Zeit mehrere Mitglieder der gleichen Familie das Studium in Erlangen aufnahmen, wurde in der Regel nur ein einziges Mal eine heraldische Miniatur hergestellt und eingeklebt.[20]

Ein Sonderfall ist eigens zu erwähnen: Viermal wurde ein Wappen in Gestalt eines roten Lackabdrucks des Siegelringes in der Matrikel angebracht.[21] Man möchte vermu-

---

[15] So wurde Leopold Maximilian Julius Erbprinz von Braunschweig-Lüneburg anläßlich der Einschreibung am 5. 12. 1772 vom amtierenden Prorektor G. F. Seiler das Amt des Prorektors für einige Tage übergeben: Karl Wagner a.a.O., S. 289 Anm. 12.
[16] Gage, Gonzenbach, Miller.
[17] Am ärgsten: Künssberg.
[18] Berenger de Beaufain, Breitenbauch.
[19] Gravenreuth, Herttenstein.
[20] Ausnahmen: Crailsheim, Egloffstein, Seckendorff.
[21] Braunschweig-Lüneburg, Gemmingen, Poelnitz, Seckendorff.

ten, daß es sich hierbei um die beliebten pro-forma-Inskriptionen auf der Kavaliersreise handelte, bei der man sich nur kurz am Hochschulort aufhielt, um ihn ebenso rasch wieder zu verlassen. Die langwierige Bestellung einer Wappenminiatur im Atelier eines Künstlers, die genaue Blasonierung und Überprüfung nach Lieferung mochte den hochgeborenen Jungherren zu zeitraubend erschienen sein. Mit Siegellack ließ sich da schneller arbeiten.

Solche Ungeduld, Indolenz und mangelndes Interesse mögen die Hauptschuld daran tragen, daß die Wappenfolge der beiden Erlanger Immatrikulationsbücher so lückenhaft blieb. Trotzdem ist ihr Quellenwert beachtlich. Denn der spezielle Vorzug dieser heraldischen Sonderüberlieferung von genau 111 — nach Abzug der drei Doppeleintragungen: 108 — Adelswappen des 18. Jahrhunderts besteht darin, daß jedes einzelne von ihnen durch den zeitlich fixierten Eintrag der Immatrikulation in seinem So-Sein genau datierbar und ganz bestimmten Individuen zuzuordnen ist. Die Erlanger Wappenbilder gehen im ganzen und im Detail auf die Wappenträger selbst zurück; bestenfalls mochte der Hofmeister, der den Jungherrn von Stand an die Universität begleitete, die Herstellung angeordnet und überwacht haben: ohne Zweifel mit noch höherer Genauigkeit als der Wappenträger selber. Was ein Ehrenalbum der markgräflichen Universitätsgründung hatte werden sollen und nur unvollkommen wurde, kann dem Ästheten zur künstlerischen Erbauung, dem Heraldiker und dem Historiker aber zur wertvollen Quelle seiner Forschung dienen. Und dies um so mehr, als der Erhaltungszustand als schlechterdings hervorragend zu bezeichnen ist.

Katalog der Wappeneintragungen

Die Katalogisierung erfolgt alphabetisch, getrennt nach den drei Standesgruppen, wie sie die Matrikeln unterscheiden. Wo nicht anders angegeben, handelt es sich um Deckfarben- (resp. Wasserfarben-)Malerei. Die Herkunftsangaben nach der Matrikel bzw. nach Karl Wagner, Register zur Matrikel der Universität Erlangen 1743—1843, München-Berlin 1918. Das Einschreibjahr ermöglicht die Auffindung. Bei fränkischen Wappen — diese Zuordnung wurde großzügig vorgenommen und nicht auf moderne Verwaltungsgrenzen radiziert — wird mit Sch verwiesen auf EUGEN SCHÖLER, Historische Familienwappen in Franken, ²Neustadt/Aisch 1982, Tafelteil, mit AFB auf: Altfränkische Bilder und Wappenkalender, Wappenseiten bis 1968 bearbeitet von MICHEL HOFMANN, seit 1969 von GERD ZIMMERMANN. Wenn nicht anders vermerkt, handelt es sich um Vollwappen mit Decken, Helm und Kleinod; Mehrzahl von Helmen wird eigens vermerkt. Eine ausführliche Blasonierung und kritische Bestandsaufnahme kann hier schon aus Raumgründen nicht vorgelegt werden.

Fürstliche Studierende
Braunschweig-Lüneburg   1772   Lackabdruck
Schwarzburg-Sondershausen   1783[1]

Gräfliche Studierende
Brockdorff (Schleswig-Holstein)   1769[2]

---

[1] Herald. Prachtstück mit 2 wilden Männern als Wappenhaltern und 6 Helmen, Wappen über schmalem Schildfuß dreifach gespalten und einfach geteilt, die Schnittpunkte mit 3 Herzschilden belegt.
[2] Freiherrnkrone.

Giech (Franken)	1786	Sch 138,7[3]
Hohenlohe-Langenburg-Gleichen (Franken)	1767	Sch 81,3 AFB 1965[4]
Löwenstein-Wertheim (Franken)	1796	AFB 1965[5]
Ortenburg (Baiern, Franken)	1798	Sch 26,7 AFB 1966[6]
Sayn-Hohenstein-Wittgenstein (Rheinland)	1758[7]	

Freiherrliche Studierende

Aufsess (Franken)	1773	Sch 50,8 AFB 1969
Ausin (Franken, Hofdienst)	1776	
Baldinger (Ulm)	1757	
Berenger de Beaufain (Franken, Hofdienst)	1788[8]	
Besserer von Thalfingen (Ulm)	1757	
Bibra (Franken)	1762	Sch 105,5 AFB 1967[9]
Bose (Sachsen)	1750	
Bothmer (Niedersachsen, Franken)	1786	Sch 133,7 AFB 1981[10]
Breitenbauch (Thüringen)	1783[11]	
Bünau (Sachsen, Franken)	1746	Sch 84,2[12]
Bussche (Niedersachsen)	1749	
Calc(k)um gen. Lohausen (Niederrhein)	1747	
Calisius von Calisch und Birotz (Ungarn)	1746	Stahlstich[13]
Constant de Rebecque (Lausanne)	1782[14]	
Crailsheim (Franken)	1746 u. 1781	Sch 2,6 AFB 1971
Crousaz (Lausanne)	1785[15]	
Curti(sch) (Darmstadt)	1759	
Dobeneck (Franken)	1786	Sch 151,1[16]
Eckbrecht von Dürckheim (Oberrhein, Franken)	1747[17]	
Egloffstein (Franken)	1753 u. 1782	Sch 85,3 AFB 1970
Emminghaus gen. Frederking (Niederrhein)	1794[18]	
Endter (Nürnberg)	1755	Sch 69,9
Erckert (Franken)	1773	

---

[3] 4 Helme, Schild zweifach geteilt und gespalten; Sch 138,7 als Mittelfeld.
[4] 3 Helme, Schild geviert mit Herzschild; Sch 81,3 in den Feldern 1 und 4.
[5] Schild zweifach gespalten und vierfach geteilt vor Hermelin und unter Fürstenhut.
[6] 5 Helme, Schild über gespaltenem Schildfuß zweimal gespalten und einmal geteilt.
[7] Herald. Prachtstück mit zwei Löwen als Wappenhaltern und 4 Helmen.
[8] Herald. Prachtstück mit zwei Löwen als Wappenhaltern und Adelskrone; vom Wappenträger selbst gezeichnet und signiert.
[9] Abweichend gezeichnetes Bild: statt des Bibers steigender silb. Löwe in Blau mit gold. Stern zwischen den Vorderpranken.
[10] Herald. Prachtstück mit zwei Wölfen als Wappenhaltern und 3 Helmen; Schild zweimal gespalten und geteilt, Sch 133,7 als Mittelfeld.
[11] Vom Wappenträger selber gezeichnet und signiert.
[12] 2 Helme, abhangendes Ordenskreuz.
[13] Dekoration mit Architekturruinen um Kartusche.
[14] Adelskrone; Devise: in arduis constans.
[15] 1 Adler seitlich als Wappenhalter.
[16] Von Sch 151,1 stark abweichende, modische Hutform im Wappen.
[17] 2 Helme; von Sch 137,4 abweichendes Wappen. Ob richtig eingeklebt?
[18] 4 Helme; als Einheit gezeichnetes Doppelwappen, jeweils geviert, mit Herzschild im rechten Schild.

Falkenhausen (Franken)	1777	Sch 64,7 AFB 1979
Fametzin (Rußland)	1784	
Furtenbach (Franken)	1759	Sch 18,5[19]
Gage (England)	1783	Silberstiftzeichnung[20]
Gemmingen (Schwaben, Franken)	1774	Lackabdruck Sch 5,6 AFB 1971
Gonzenbach (Schweiz)	1789	Silberstiftzeichnung
Gravenreuth (Oberpfalz, Franken)	1788	Visitenkarte Sch 108,12
Hannenheim (Siebenbürgen)	1769	
Heistermann (Franken)	1769	
Herrmansfeldt (Siebenbürgen)	1763	
Herttenstein (Augsburg)	1770	Visitenkarte
Hettersdorf (Franken)	1790	
Issendorf (Niedersachsen)	1766	
Keipf (Regensburg)	1748[21]	
Kiesenwetter (Lausitz)	1748	
Kleudgen (Franken)	1788	
Köpff (Augsburg)	1758	
Krafft von Dellmensingen (Ulm)	1787	
Künssberg (Franken)	1782	Sch 21,4 AFB 1980[22]
Lauterbach (Franken)	1744	
Lehsten (Mecklenburg)	1763	
Lindenfels (Oberpfalz, Franken)	1757	Sch 33,9
Lith	1786	
Löwenfeld (Hessen)	1766[23]	
Löwenwolde (Livland)	1769[24]	
Loys (Lausanne)	1762[25]	
Lüttich (Öttingen, Schwaben)	1745[26]	
Maemmingen (Regensburg)	1757	
Mandelsloh (Thüringen)	1747	
Manteuffel gen. Zoege (Livland)	1746	
Miller (Schottland)	1788	Silberstiftzeichnung[27]
Montperny (Baiern)	1770[28]	
Müller (Nürnberg)	1754[29]	
Mylius (Stuttgart)	1770[30]	

---

[19] 2 Helme; geviert: Felder 1 und 4: Sch 18,5; Felder 2 und 3: silb. Schwan in Gold.
[20] Statt des Helmes: Widder mit gold. Gehörn. Devise: courage sans peur.
[21] „Das Wappen des Herrn von Keipf ist aus Versehen vis à vis nach des Herrn Baron Christian von Revenfelds Namen eingeleimt worden."
[22] 3 Helme. Geviert mit Herzschild: Sch 21,4 in schlechter Zeichnung. Die Felder 1 und 4: steigender blauer Löwe in Gold mit abwärtsgekehrtem Pfeil in den Vorderpranken; Felder 2 und 3: desgleichen golden in Rot.
[23] 2 Helme.
[24] Herald. Prachtstück mit Löwe und Adler als Wappenhalter; 1 Freiherrnkrone, 1 Helm.
[25] 1 Greif seitlich als Wappenhalter.
[26] Kartusche unter Adelskrone.
[27] Devise: manent optima coelo.
[28] Herald. Prachtstück mit 2 Einhörnern als Wappenhaltern und Grafenkrone (!).
[29] Einfach geteilt, unten gespalten: gold. Löwe in Blau über 1/2 silb. Lilie in Rot bzw. 1/2 roten Rad in Silber.
[30] 2 Helme.

Ochsenstein	1746[31]	
Ölhafen von Schöllenbach (Nürnberg)	1782	Sch 117,1[32]
Örtel von Dewitz (Sachsen)	1754	
Örtel (Nürnberg)	1772	Sch 18,2[33]
Ompteda (Niedersachsen)	1788	
Poelnitz (Sachsen, Franken)	1774	Lackabdruck[34]
Ploto (Franken)	1789	Sch 47,3[35]
Radvansky von Radvan (Ungarn)	1750[36]	
Redwitz (Franken)	1742	Sch 18,7
Reitzenstein (Franken)	1781	Sch 15,11 AFB 1973
Revenfeldt (Schleswig-Holstein)	1748	
Riedesel (Franken)	1758	Sch 104,8[37]
Rosen (Livland)	1769[38]	
Rotenhan (Franken)	1769	Sch 28,7 AFB 1969[39]
Rüdt von Collenberg (Franken)	1772	Sch 90,5 AFB 1970
Saldern (Schleswig-Holstein)	1746	
Salis-Soglio (Graubünden)	1762[40]	
Schad (Ulm)	1760[41]	
Schaden (Wallerstein, Schwaben)	1770	
Schenk von Geyern (Franken)	1758	Sch 1,3 AFB 1980
Schermar (Ulm)	1779	
Schilling von Canstatt (Baden, Franken)	1782	
Schnurbein (Augsburg)	1762	
Schwartzenau (Hessen)	1770	
Seckendorff (Franken)	1752 u. 1774	der 2. Eintrag als Lackabdruck Sch 41,2 AFB 1972
Seefried von Buttenheim (Franken)	1781	Sch 117,9 AFB 1974
Seutter von Lötzen (Ulm)	1757	
Sichart von Sichartshofen (Franken)	1745	Sch 111,11[42]
Souville de Bardonanche (Lothringen)	1758[43]	
Spiegel von Pickelsheim (Westfalen)	1789	
Stetten (Augsburg)	1784	
Teuffel von Birkensee (Franken)	1772	Sch 109,11
Vazemskoy (Rußland)	1784[44]	

---

[31] Adelskrone.
[32] Falsch eingeklebt zu 1781 Nov. 24 anstatt zu 1782 Okt. 9. 2 Helme; Wappen geviert; Felder 1 und 4: Sch 117,1; Felder 2 und 3: schwarz. Adlerflug in Gold über silb. Ring in Rot.
[33] Geviert: Felder 1 und 4: silb. Lilie in Blau; Felder 2 und 3: Sch 18,2.
[34] Wappenbild abweichend von Sch 23,1 und AFB 1969.
[35] Sch 47,3 seitenverkehrt.
[36] Adelskrone über dem Helm schwebend.
[37] 2 Helme. Gegenüber Sch 104,8 abweichend gezeichneter Herzschild: 3 silb. Türme (1.2) in Schwarz.
[38] 2 Helme.
[39] Sch 28,7 = AFB 1969 seitenverkehrt.
[40] Grafenkrone; 1 Löwe seitlich als Wappenhalter.
[41] 2 Helme.
[42] 2 Helme. Wappen geviert mit Herzschild: Sch 111,11.
[43] Herald. Prachtstück mit 2 Greifen als Wappenhaltern und Adelskrone.
[44] Wappen vor Hermelinmantel und unter Fürstenhut.

Vockel (Sachsen) 1751[45]
Völderndorff und Waradein (Österr., Franken) 1776[46]
Wachter (Memmingen) 1757
Wahler (Nürnberg) 1766 Sch 71,2
Wersebe (Bremen) 1766
Windheim (Franken) 1751[47]
Winkler (Nürnberg) 1752 Sch 118,9
Wolffskeel von Reichenberg (Franken) 1781 Sch 112,8 AFB 1968[48]
Wülcknitz (Anhalt) 1788
Zerbst (Anhalt, Waldeck) 1754

---

[45] Herald. Prachtstück mit 2 Adlern als Wappenhaltern, Grafenkrone und 3 Helmen.
[46] 3 Helme; Wappen abweichend von Sch 10,6. Ob richtig eingeklebt?
[47] Sohn des damaligen Prorektors? Wappen abweichend von Sch 88,2. Ob richtig eingeklebt?
[48] Wappenbild nicht als Mohr gezeichnet.

DIE BRUDERSCHAFT ZU DEN ‚HOCH HEILIGSTEN FÜNFF WUNDEN ... JESU CHRISTI' BEI ST. MARTIN — EIN BEITRAG ZUM BRUDERSCHAFTSWESEN DER STADT BAMBERG

von

WERNER SCHARRER

Bruderschaften gehören zu den kirchlichen Vereinen, sie sind *formell errichtete Körperschaften, die Werke der Frömmigkeit und Nächstenliebe ausführen, dabei aber zur Mehrung des öffentlichen Kultes beitragen (C. 707 § 2 und C. 708 CIC)*[1]. Dieser öffentliche Kult kann durch Veranstaltung und Beteiligung an Prozessionen und Wallfahrten, Lesung und Anhörung von Messen, Abhalten eigener Andachten etc. gefördert werden. Das entscheidende Unterschiedskriterium zu den frommen Vereinen und dem Dritten Orden ist die Förderung des amtlichen Gottesdienstes. Diese durch das Bruderschaftswesen des 19. Jahrhunderts wesentlich geprägte Beschreibung der Bruderschaften im kirchlichen Verständnis gibt erstmals im Jahre 1917 der Codex Iuris Canonici im Rahmen des kirchlichen Vereinsrechts. Die mittelalterlichen Bruderschaften, worunter auch die Fünf-Wunden-Bruderschaft noch zu rechnen ist, waren im Gegensatz dazu keine offiziellen Einrichtungen der Kirche. Sie entstanden als selbständige Vereinigungen durch Initiative Gläubiger und bestanden neben den offiziellen kirchlichen Einrichtungen (Kaplanei, Pfarrei). *Erst allmählich gelang es den kirchlichen Oberen ihre Forderung nach Aufsicht über diese Vereinigungen und nach Bestätigung der Statuten durchzusetzen und sie damit in den kirchlichen Organismus zu integrieren*[2].

Im kirchlichen Leben der Gegenwart spielen Bruderschaften eine untergeordnete Rolle. Frömmigkeitswandel, Neuorientierung in kirchlicher Pastoral, vor allem aber die tiefgreifenden Veränderungen unserer Gesellschaft, gerade in den vergangenen vier Dezenien, haben ihnen die Existenzgrundlage entzogen. So bemühen sich Kirchengeschichte, Volkskunde und Sozial- und Wirtschaftsgeschichte vermehrt um die Erforschung des Bruderschaftswesens in Stadt und Region.

An dieser Stelle sei die geschichtliche Entwicklung, das Brauchtum und die dabei verwendeten Kultobjekte der Fünf-Wunden-Bruderschaft vorgestellt.

Die Andacht zu den fünf Wunden Christi erscheint im iroschottischen Mönchtum (9. Jahrhundert) zum ersten Mal mit den vorwiegenden Motiven von Reue und Buße. Einen ersten Höhepunkt erfährt die Fünf-Wunden-Verehrung in der mittelalterlichen Mystik (Bernhard von Clairvaux, Hildegard von Bingen, Brigitta von Schweden). In den Stundenbüchern des 14. und 15. Jahrhunderts sind Gebete zu Ehren der fünf Wunden zu finden; ebenso war es üblich, zum Abendläuten fünf Vaterunser zu Ehren der fünf Wunden zu beten. Von dieser Andachtsübung erwartete man sich einen besonderen Schutz vor Hungersnot, Pest, Tod und auch Hilfe für die armen Seelen.[3] Als Vorbild für die ikonographische Darstellung der fünf Wunden galten in der Kunst vielfach

---

[1] BEIL, JOSEF: Das kirchliche Vereinsrecht nach dem Codex Juris Canonici mit einem staatskirchenrechtlichen Anhang, Paderborn 1932, S. 96.
[2] REMLING, LUDWIG: Spätmittelalterliche Bruderschaften im Landkreis Kitzingen, in: Jahrbuch des Landkreises Kitzingen 1981, Münsterschwarzach 1981, S. 66.
[3] Vgl. WAGNER, GEORG: Barockzeitlicher Passionskult in Westfalen, Münster 1967, s. v. ‚Fünfwundenandacht', S. 282.

die vier Paradiesesströme mit dem Lebensquell im Garten Eden. Das Mittelalter zählte die Wunden zu den *arma Christi;* sie sind häufig mit ihnen dargestellt, bilden aber zugleich einen eigenen Betrachtungsgegenstand. Die Fülle einzelner Passionsereignisse wie das Ganze konzentriert sich im Andachtsbild der fünf Wunden. *Ihre Herauslösung aus der Person Christi, die sie für den Blick gleichsam ‚ausblendet', macht sie zum Konzentrat, intensiver und schlagkräftiger in der Wirkung als das Bild der Figur, zugleich aber zum Zeichen der Erlösung*[4](Abb. 1). Seit dem Ende des 15. Jahrhunderts begann man, das durchstochene Herz und die durchbohrten Hände und Füße Jesu auf Wappenschilde zu malen und sie in Rosenkränze einzufügen. Auch Fünf-Wunden-Kreuze und -Bildstöcke sind Zeugnisse dieser Sonderform der Frömmigkeit.

In den fränkischen Raum fand die Fünf-Wunden-Verehrung Einzug im Zusammenhang mit der Heilig-Blut-Verehrung. Als seit dem Spätmittelalter bekannteste Kultstätten sind hier zu nennen: Iphofen, Walldürn und Burgwindheim. Alle drei Orte brachten Wallfahrten hervor; Bruderschaften wurden dort gegründet, um der Gnadenstätte Förderung angedeihen zu lassen. Ebenfalls eine Wallfahrt war es, die in Burgkunstadt am 22. Februar 1682 zur Gründung einer Fünf-Wunden-Bruderschaft führte. In diesem Zusammenhang findet sich im Pfarrarchiv St. Heinrich und Kunigunde das früheste Dokument, auf welchem die Bamberger Fünf-Wunden-Bruderschaft erwähnt ist. Fürstbischof Peter Philipp von Dernbach (1672—1683) erteilt am 7. Januar 1681 der Bruderschaft in Burgkunstadt ‚Approbation' und die Order, sie habe sich in die *in unserer St. Martins Pfarrkirchen alhier florirende, H: Fünff Wunden = Bruderschafft, einzuführen, und zugleich selbn alda incorporiren zulassen*[5]. Offenbar wurde die Zusammenlegung beider Bruderschaften wegen der doch sehr weiten geographischen Entfernung bald aufgegeben, da am 22. Februar 1682 die Fünf-Wunden-Bruderschaft in Burgkunstadt ihre eigenständige Gründung vollzog.

Schon längst gab es an der Pfarrkirche (Alt-) St. Martin kirchliche Bruderschaften[6], als im Jahre 1509 die Fünf-Wunden-Bruderschaft dort errichtet wurde. *Wer dieselbe gegründet, unter welchen Umständen sie entstanden, kann nicht angegeben werden, da die Statuten, Briefe der Bruderschaft im Markgräflichen Kriege [1552 und 1553] verloren gegangen sind*[7]. Sie dürfte sich bereits damals über die ganze Pfarrei ausgedehnt haben, obgleich *die görtner gahr eiferig jeder Zeit gewesen sein*[8], wie es in der Bruderschaftsordnung von 1693 heißt. Die Einleitung dieser Ordnung bringt zum Ausdruck, daß der *vhralte(n) bruderschafft der aller heiligsten fünff wunden unsers einigen erlösers vndt seligmachers Jesu Christy* vor *vnerdencklichen iahren* an die 300 Brüder und Schwestern einverleibt gewesen seien; durch den Markgräflerkrieg sei *der alte eiffer beij vielen gesuncken.* Doch nicht nur der Krieg dürfte den Bestand so dezimiert haben, sondern auch Auswirkungen der Reformation.

Um die Andacht *zu solcher allerheiligsten bruderschafft wider herfür zugrünen und zu wachsen*[9] zu lassen, gaben sich Vorstandschaft sowie die 83 Mitglieder im Jahre 1642

---

[4] SUCKALE, ROBERT: Arma Christi. Überlegungen zur Zeichenhaftigkeit mittelalterlicher Andachtsbilder, in: Städel-Jahrbuch 6 (1977), S. 189.

[5] PfA Burgkunstadt Nr. I.B.7.: *Die Bruderschaft von den Hochheil. 5 wunden betreffend welche 1681 hier eingeführt worden.*

[6] Z. B. Krämer-Bruderschaft (1438); Engel- oder Fronleichnam-Bruderschaft (1439); Jakobus-Bruderschaft (1496).

[7] Archiv des Gärtner- und Häckermuseums (AGHM): *Notizen über die fünf Wunden Bruderschaft vormals bei St. Martin, nun bei St. Gangolph in Bamberg* (Handschriftlich 1862 oder 1863), S. 1 = *Geschichtliche Notizen.*

[8] AGHM: *Fünf Wunden Bruderschaftsordnung von 1693*, S. 80 = *Bruderschaftsordnung.*

[9] Ebd., S. 2 r u. v.

neue Statuten. Obwohl es in den Folgejahren um die Bruderschaft (quellenmäßig) still wird, war sie bestimmt nicht untätig. So erbat man sich bei Papst Innozenz XI. einen Ablaß, welcher am 30. September 1684 gewährt wurde und für alle Zeiten dauern sollte (praesentibus perpetuis futuris temporibus valituris). Das 1695 neu angelegte Einschreibbuch[10] weist neben den aus dem älteren Verzeichnis übertragenen 135 Mitgliedern unter dem 27. Februar noch sechs Neuzugänge auf. Die meisten Mitglieder gehörten der Gärtnerzunft an. Aber auch Männer aus dem geistlichen Stande ließen sich der Bruderschaft einverleiben. Nicht ohne Stolz präsentiert das Einschreibbuch Namen und Titel dieser Mitbrüder[11]. Dem Generalvikar und Weihbischof Friedrich Förner († 1630) folgen Dekane, Canoniker, Chorherren und Geistliche. Um Mißverständnissen zu begegnen, sei hier ausdrücklich betont, daß die Bruderschaft keine Männergesellschaft war, sondern zu jeder Zeit Frauen und Mädchen jeglichen Standes Aufnahme fanden. Eine „ledige Dienstmagd" z. B. gehörte ebenso zur Fünf-Wunden-Bruderschaft, wie eine „Frau Hofbauräthin" oder „Frau Stadträthin" und „Apothekerin" (1783). Die soziale Schichtung bietet bei den Männern dasselbe Bild. Soweit genannt, finden sich Berufe wie z. B. Tagelöhner, Apothekergesell, Dachdecker, Kutscher, Lehrer, Wachszieher, Universitätsbuchdrucker, Wirt, Schreinermeister, Gärtner und -meister nebeneinander. Ab dem Jahr 1780 sind neben Namen und Beruf manchmal nähere Wohnungsangaben verzeichnet, so: *Siechengasse, beij der Seesbrücke, beim hl. Grabe, in der Weide, im Steinweg, Frauengasse, in der Wunderburg, beim steinernen Tor, Mittelgasse, beim viereimrigen Brunnen.* Diese wenigen Straßennamen, die übrigens sehr gut den Pfarrsprengel von St. Martin eingrenzen, lassen erkennen, daß die „Brüder und Schwestern" über die ganze Bürgerstadt verteilt, mit Schwerpunkt Gärtner- und Ackerbürgerland, wohnten.

Das von der Kirche besonders im 18. Jahrhundert geförderte Bruderschaftswesen führte auch bei der Fünf-Wunden-Bruderschaft zum stetigen Ansteigen ihrer Mitgliedszahlen. Nach dem erwähnten Einschreibbuch traten der Bruderschaft als Mitglieder bei:

Vom Jahre 1696 bis zum Jahre 1700	13 Mitglieder
Vom Jahre 1700 bis zum Jahre 1750	510 Mitglieder
Vom Jahre 1750 bis zum Jahre 1760	132 Mitglieder
Vom Jahre 1760 bis zum Jahre 1770	174 Mitglieder
Vom Jahre 1770 bis zum Jahre 1780	219 Mitglieder
Vom Jahre 1780 bis zum Jahre 1790	158 Mitglieder
Vom Jahre 1790 bis zum Jahre 1800	118 Mitglieder
Vom Jahre 1800 bis zum Jahre 1806	82 Mitglieder
110	1406

---

[10] AGHM: *1695. Ein schreib buch der brütter vndt Schwester der heiligen 5 wuden Jesu Christi = Einschreibbuch.*

[11] Ebd., S. 3 r u. v.: *Friedrich Fornerus ss. Theologie Dr. Suffragmeus Bambergensis vicarius in spiritualibus Generalis; Johannes Murman ss Theologie Dr. Decanus S. Gangolf; Abrahamus Schrepffer Decretorum Docdor Canonicus S. Gangolfi; Johannes Hartman Canonicus S. Gangolf; Nydhardus Gamper Decanus † 10. 6. 1661; Johannes Molckner Canonicus S. Jakobi und fürstl. Bamb. Geistl. Rat; Johann Christoph Geyer. Chorherr und Oberrichter des Urban-Stifts bei S. Gangolf a. d. 1678; Petrus Kummer, Canonicus und Senior des Urbanstifts bei St. Gangolf hat sich auch in dieser Bruderschaft einverleiben lassen. Sonntag Reminiscere genant in der fasten a. d. 1668; Johann Ludwig Ringer Dr. d. Theologie, Canoniog u. Dekan St. Gangolf fürstl. Bamb. Fiscal hat sich einverleiben lassen am Sonntag Reminiscere 18. Febr. 1674.*

In diese wohlgeordneten Verhältnisse griff die Säkularisation mit einschneidenden Veränderungen im kirchlichen Bereich ein. Besonders die Umwandlung von Stiftskirchen in Pfarrkirchen erforderte eine Neugestaltung der Pfarrsprengel und Bürgerdistrikte. So wurde unter anderem für den II. Distrikt, der nahezu ganz zur alten Pfarrei St. Martin gehörte, in der ehemaligen Stiftskirche St. Gangolf eine neue Pfarrei errichtet, welche am 1. Januar 1806 ins Leben trat.

Nach Auflösung der Pfarrei (Alt-) St. Martin teilte man die beiden Bruderschaften der hl. Anna und der hl. fünf Wunden dieser Pfarrei zu. St. Gangolf ist seit dieser Zeit für beide Vereine Bruderschaftskirche. Waren bisher die Gärtner schon immer als relativ große Gruppe innerhalb der Bruderschaft vertreten, wurden sie nun zum tragenden Element. Allein in den Jahren 1805/06 waren unter den 39 neu in die Bruderschaft Aufgenommenen 1/3 Gärtnermeister und Gärtner. Dieser ‚Trend' hielt unvermindert an, selbst als die Bruderschaft im Laufe der Jahrzehnte aufgrund Erstarkens bürgerlichen und kirchlichen Vereinswesens immer weniger allgemeinen Zuspruch erfuhr. Schließlich lagen ab 1850 die Geschicke der Bruderschaft ausschließlich in Händen der Gärtner. Diese bildeten, wie einem Verzeichnis von *Vorsteher der Bruderschaft*[13] und dem Protokollbuch[13] zu entnehmen ist, eigentlich bis in die späten dreißiger Jahre unseres Jahrhunderts die Vorstandschaft. Um den Mitgliedsbestand zu erhalten, machten es sich die Gärtnermeister gegen Ende des 19. Jahrhunderts zur Tradition, daß beim Ableben des Vaters dessen Sohn, oder ein anderer Gärtnersohn, in die Bruderschaft eintreten solle. Verständlicherweise wandten sich die Junggärtner aber auch zunehmend ihren berufsspezifischen Standesorganisationen zu, so daß mit Anlegen eines Mitgliedsverzeichnisses, das von 1862—1872 geführt wurde, die Frauen deutlich in der Überzahl waren. Letzte Eintragungen im Mitgliederverzeichnis (1872) und Protokollbuch (1937) der Fünf-Wunden-Bruderschaft könnten glauben lassen, die Bruderschaft existiere nicht mehr, bzw. sei zum Aussterben verurteilt. Erfreulicherweise traten im Februar 1981 elf junge Männer der Bruderschaft neu bei und frischten damit den Bestand von nur noch fünf Bruderschaftsmitglieder auf; der Erhalt ist damit auch für die Zukunft garantiert.

Wie alle Jahre werden an den Prozessionstagen die Figur des Heilands mit den fünf Wunden, Pyramide und Stäbe von andächtigen Männern durch die Straßen der Bamberger Innenstadt getragen. Nur wird dies immer weniger als Zeichen innerer Verpflichtung als Mitglied der Bruderschaft zu verstehen sein, als vielmehr Zeichen von Traditionspflege — einer Tradition, welche es sich zu erhalten lohnt!

An der Spitze des Vereins standen vier Mitglieder *(Vierer)*, ihnen zur Seite gegeben war ein Ausschuß von zehn Männern *(Zehner)*. Zu den Aufgaben der Vierer gehörte die Aufsicht über die Bruderschaft, sie legten Rechnung ab und ordneten alles an. In wichtigeren Fällen wurden die Zehner, ja die ganze Bruderschaft zu Rate gezogen.[14] Im Brehmwirtshaus im Steinweg, heute Mohrenpeter in der Königstraße, war *seit unvordenklichen Zeiten* eine Stube für die Bruderschaft angemietet. Diese Stube diente als Versammlungsort und zur Aufbewahrung des Inventars. In ihr traf man sich regelmäßig und an gewissen Tagen wurde von den Brüdern gezecht; Stubenknecht und zwei Stubenmeister, die aus den Mitgliedern gewählt wurden, mußten dabei *was Erlichen Sachen zustehet dem Jungsten so woll als den eltesten bruder* (15, S. 6r) aufwarten (Abb. 2). Die älteste erhaltene Bruderschaftsordnung, welche Hans Förster 1693 schreiben ließ, enthält Verhaltensmaßregelungen für das Leben auf der Stube. So soll ein jeder

---

[12] *Geschichtliche Notizen*, S. 8.
[13] Beides enthalten in: *Geschichtliche Notizen*.
[14] Vgl. ebd., S. 2.

wenn die Bruderschaft sich in der Goldfasten zur Rechnungsabhör oder zu einem anderen Gebot versammelt, sein Gewehr, Dolch, ... Beil oder andere Waffen vor der Stubenthür den Stubenwarte abgeben. Wer bei der Zeche mit seinem Nachbarn Streit bekommt oder im Verlauf einer Auseinandersetzung *mit der Faust, Kandel, Gläsern, Krausen oder anderen Waffen zucken würde,* dessen Bestrafung soll bei den Vierern und der ganzen Bruderschaft stehen. Wird jemand geschlagen, ob Blut fließt oder nicht, solcher Frevel soll der hochgeehrten Obrigkeit zur Bestrafung vorbehalten sein.[15] Anfang des 18. Jahrhunderts scheinen die Zechen nach den Geboten aufgehört zu haben. (In der umgeschriebenen Bruderschaftsordnung von 1695 schon ist von Zechen nicht mehr die Rede. Sie beschränkt sich nur noch auf drei Punkte:

1. Alle Tage 5 Vaterunser, fünf englische Gruß samt dem Glaubensbekenntnis zu Ehren der hl. fünf Wunden Christi zu beten.
2. Teilnahme am Begräbnis jedes Bruders und jeder Schwester.
3. Am Sonntag Reminiscere ist der Einschreibtermin, am Sonntag Misericordia feiert die Bruderschaft ihr Fest.)

Deswegen verkaufte man im Jahre 1716 die zinnernen Kandel um 6 fl (vgl. Anm. 44). Von den Zinsen dieses kleinen Kapitals sollte jährlich am Titularfest eine hl. Messe für die verstorbenen Gutthäter gelesen werden. Ob die Bruderschaft Kapitalien besaß, kann nicht angegeben werden, doch liegt die Vermutung nahe, da es heißt, im Markgräflichen Krieg seien Briefe (wahrscheinlich Schuldbriefe) verlorengegangen. Nach den vorhandenen Akten bestanden die Einkünfte der Bruderschaft zuerst nur aus den jährlichen Gaben, die ein jedes Mitglied am Sonntag Reminiscere entrichtete. An diesem Tag mußte sich jeder Bruder und jede Schwester zwischen 11 und 12 Uhr auf der Bruderschaftsstube einfinden und seinen Quartalsbeitrag von 12 Pfennigen zahlen, den die Vierer in Auflagbücher eintrugen. Außerdem wurde von den Vierern Kassenbericht gegeben und Neuaufnahmen durchgeführt. Als wichtigster Geldbeschaffungsfaktor taucht in den Rechnungen des 19. und 20. Jahrhunderts immer häufiger das Mittragen der Fünf-Wunden-Stäbchen bei Beerdigungen auf. An Kapitalien besaß die Bruderschaft 100 fl, welche dem Gärtnermeister Johann Gunzelmann verliehen wurden. Durch Testament vermachte am 22. September 1845 die Frau Oberappelationsrathswitwe Margarethe Geyer der Bruderschaft 300 fl — die Zinsen sollten der Bestreitung der Gottesdienste zukommen. Von diesem Geld, am 17. Dezember 1845 vom Testaments-Exekutor Herrn Stadtpfarrer Leppert ausbezahlt, wurden von der Bruderschaft am 16. März 1846 3½% Staatsobligationen erworben.

Beim Eintritt des neuen Mitglieds mußte von diesem eine beliebige Gabe in die Büchse für Wachs gegeben werden. Gab ein Mitglied bei seinem Eintritt einen fränkischen Gulden, war er in Zukunft von allen Beiträgen befreit.

Mit der örtlichen Veränderung trat nach der Säkularisation auch eine strukturelle ein. Die Vorstandschaft wurde nicht mehr von den Vierern gebildet. An deren Stelle traten die Zehner, welche unter sich einen Vorsteher wählten. Diesem oblag es, Rechnung zu besorgen, neue Mitglieder einzuschreiben und mit Gutachten der Zehner das Notwendige für den Verein anzuschaffen. Im Jahre 1905 gab es wieder eine Änderung der Statuten. An der Spitze der Bruderschaft stand jetzt als geistlicher Präses der jeweilige Stadtpfarrer von St. Gangolf oder ein von ihm beauftragter Stadtkaplan. Von diesem wurden die Mitgliederversammlungen anberaumt; ihm stand die Aufnahme neuer Mitglieder zu, indem er sie in das Bruderschaftsbuch einschrieb und ihnen gedruckte Aufnahmezettel mit den Statuten und dem Verzeichnis der Ablässe aushändigte. Ein Ausschuß

---

[15] Vgl. *Bruderschaftsordnung,* S. 5 v—7 r.

von zehn Mitgliedern, welche die weltlichen Angelegenheiten zu besorgen hatten, stand dem Präses zur Seite.[16] Die Herbergstube befand sich wie früher beim Brehmwirt in der Königstraße, dem früheren Steinweg; drei Gulden Mietlohn wurden diesem dafür jährlich bezahlt. Keine Änderung gab es im Hinblick auf die zwei Hauptgebote der Bruderschaft. Am Sonntag Reminiscere wird Rechnung abgehört und am zweiten Sonntag nach Ostern (Misericordia domini) wird das Titularfest gefeiert. An diesen Tagen wurden neue Mitglieder, *sie seien männlich oder weiblich, verheirathet oder ledig, von der Stadt oder vom Lande, aufgenommen.*[17] Der Zweck der Bruderschaft ist im Religiösen zu finden, denn die Brüder und Schwestern verpflichten sich:

— Von jeder Gotteslästerung und allen schändlichen Lastern sich gänzlich zu enthalten.
— Die allerheiligsten fünf Wunden und das bittere Leiden und Sterben unseres Herrn Jesu Christi besonders zu ehren und daher täglich zur beliebigen Stunde fünf Vaterunser, fünf Ave Maria und das Glaubensbekenntnis mit Andacht zu beten.

Die Teilnahme an kirchlichen Feiern ist für die Bruderschaft verpflichtend. Diese Feiern reichen von Taufe[18a] bis zum Begräbnis eines Mitbruders oder einer Mitschwester[18b], ja selbst über den Tod hinaus blieb man seiner im steten Gedenken. So gedachte die Bruderschaft jährlich am Titularfest in einem feierlichen Amt ihrer verstorbenen Brüder und Schwestern. Für Amt, Predigt und Musik zahlte man dabei im vergangenen Jahrhundert 7 fl 6 Kr; der Pfarrer, so heißt es, hat auf sein Honorar Verzicht geleistet. *Das Bruderschaftsbild, der Fünfwundenheiland, war auf der rechten Seite des Chorbogens (neben dem nun beseitigten Marienaltar im Querschiff) aufgestellt und mit Kerzen und Blumen geschmückt. Beim Festgottesdienst nahmen die Kapitulare der Bruderschaft im Chorgestühl der Kirche Platz und führten einen dreimaligen Opfergang durch. Sie begaben sich durch die zu diesem Zweck geöffneten Seitentüren des Hochaltars in den Raum hinter dem Hochaltar, wo sie ein Geldopfer in ein dort aufgestelltes Körbchen legten. Offenbar geht dieser Brauch auf die Zeit zurück, in der Naturalien geopfert und hinter dem Hochaltar niedergelegt wurden. Später — vielleicht Ende der sechziger Jahre — kam es einmal vor, daß die Opfergaben in zu beiden Seiten des Hochaltars aufgestellten Körbchen eingelegt wurden.*[19] In den dreißiger Jahren wurde der Festgottesdienst auch vom Kirchenchor St. Gangolf musikalisch ausgestaltet. Ein Pressebericht im Bamberger Volksblatt vom 6. Mai 1935, Nr. 103, S. 3 enthält nähere Einzelheiten: *In St. Gangolf wurde das Fest Kreuzauffindung und das Titularfest der Fünf-Wunden-Bruderschaft feierlich begangen. Die Festpredigt hielt Kaplan Völker. Das Hochamt umrahmte der Pfarrkirchenchor unter Leitung von Oberinspektor Lederer mit prächtigen Gesängen. Zur Aufführung kamen das „Pange lingua" von Goller, die mehrstimmige Messe „Salve Regina" von Stehle und das „Tantum ergo" von Goller. Beim Auszug der Bruderschaft aus der Kirche spielte Chorrektor und Organist Montag die Improvisationen von C. Kister.*

---

[16] AGHM: *Aufnahme-Urkunde für Förtsch, Bamberg 8. April 1937:* Vgl. § 3 der Bruderschaft-Statuten vom Jahre 1905.

[17] *Geschichtliche Notizen*, S. 10.

[18] a) vgl. *Bruderschaftsordnung*, S. 5 v: *... bedarf ein Bruder oder eine Schwester der Taufkerzen und der Flaschen, so sollen ihm dieselben umsonst geliehen werden ...* b) vgl. ebd., S. 5 r.: *... der Stubenknecht hat die Brüder und Schwestern zum Begräbnis einzuladen und diese sollen für die abgeleibte Seele Gott fleißig bitten. Bei dem Begräbnis müssen die großen Kerzen gebraucht werden, auch sollen die 5 Stäbe vor oder hinter der Bahre, und der Leichnam von den Brüdern getragen werden ...*

[19] Frdl. Hinweis von Herrn Lothar Braun, Bamberg.

Einen besonderen Stellenwert im geistig-religiösen Brauchtum hatte die Teilnahme am Begräbnis eines Mitbruders oder einer Mitschwester. Starb ein Mitglied der Bruderschaft, so sollte *demselben von dem Stubenknecht fürgehenkt werden*, d. h. sein Ableben sollte allen angezeigt werden. Waren vor der Säkularisation die Verstorbenen vor allem mit Bahrtuch und Kerzen von den Mitbrüdern zur letzten Ruhe geleitet worden, änderte sich dies nach Anschaffung der neuen Fünf-Wunden-Stäbchen. Diese führten anfangs bei Leichenbegängnissen der Mitglieder Knaben unentgeltlich neben dem Sarg mit sich. Im 19. Jahrhundert konnte auf Anforderung „jede Leiche" von der Bruderschaft zu Grabe geleitet werden; die anfallenden Kosten von 1 fl 45 Kr waren dabei eine wichtige Einnahmequelle für die Bruderschaftskasse. Als im Jahre 1836 von der Stadt Bamberg die Leichengebühren neu festgesetzt, von der Königlichen Regierung von Oberfranken und dem Erzbischöflichen Ordinariat bestätigt wurden, so durfte in der Folgezeit nur noch ein Gulden für das Mittragen der Stäbchen, wenn es verlangt wurde, verrechnet werden.

Die Vorsteher beschwerten sich darauf in den folgenden Jahren beim Stadtmagistrat, bei der Königlichen Regierung und beim Ordinariat. Sie baten sogar darum, noch einen Gulden mehr für Wachs, also 2 fl, zur allgemeinen Kostendeckung fordern zu dürfen:

1. *Haben wir beij jeder Leiche, mit dem Stäbchen folgende Auslagen:*
   a) Jedem Knaben 6 kr.
   b) dem Diener für die Besorgung 15 kr.
   c) der Leichenbitterin für Ansagen oder für ihren Gang 6 kr.
   d) 1 fl. — ... für die 5 weißen Tafelkerzen auf den Stäbchen, die vor der Leiche, beij der Tumba brennen, und nicht selten, beij großer Wärme oder Zugluft, ganz verschmelzen. Diese Auslagen betragen 1 fl. 51 kr. — ohne etwas für die Erhaltung der Stäbchen selbst in Ansatz gebracht zu haben, wofür 9 kr. gewiß nicht zu viel seijn möchten, daher in Sa: 2 fl. — .. billig wären.
2. *Alle Freunde oder Anverwandte der verstorbenen Mitglieder der Bruderschaft, wie einer außer derselben haben bisher 1 fl. 45. kr. ohne Widerrede gezahlt, und nach Belieben jedem Knaben noch 5—6 kr. gegeben; besonders wenn diese die neuen Hand-Stäbchen hatten.*
3. *Gehört die Auslage für das Mittragen dieser besagten Stäbchen zu den nicht gewöhnlichen Leichengebühren, welche Jeder nach Belieben verlangen oder weglassen kann, wenn das Mittragen doch verlangt werden sollte, so würden wir, ohne Genehmigung unserer Bitte, allzeit in Schaden versetzt werden*[20]

Das Ordinariat antwortete der Bruderschaft am 31. August 1837 daß, *wenn bei Leichen und Condukten das verlangte Mittragen für den Verein ein Nachteil wäre, derselbe nicht gehalten sein, darauf einzugehen.* Ebenso wie das Ordinariat war die Königliche Regierung nicht zu bewegen, an der neuen Taxe eine Änderung vorzunehmen. Sie berechnete die Kosten so:

15 kr	dem Vereinsdiener
15 kr	den 5 Knaben
6 kr	der Leichenfrau
24 kr	für Wachs
Sa 1 fl	

---

[20] AGHM: Schreiben an den *Hochverehrlichen Stadtmagistrat* vom 12. August 1837; Petitionsgesuche gleichen Inhalts an das *Hochwürdig-Erzbischöfliche Ordinariat* (22. August 1837) und an die *Königliche Regierung des Obermainkreises* (7. Oktober 1837).

Nach vorangigem Benehmen und *im Einverständnisse mit dem erzbischöflichen Ordinariate* teilte die Königliche Regierung dem Magistrat in Bamberg am 8. Februar 1838 mit, daß es *beij der ausgesprochenen Abminderung der Gebühren von 1 fl. 45 kr. auf einen Gulden für die Fünf-Wunden-Bruderschaft sein Verbleiben behält.* Den Vorstehern sei dies mit dem Hinweis zu eröffnen, daß, *wie die geistliche Stelle ausdrücklich erklärt hat,* durch Weglassen der Stäbe *weder die kirchliche Feyer noch die allgemeine Auferbauung etwas verlieren würde*[21]. Ein in dieser Sache erneuter Vorstoß, den die Bruderschaft am 23. Oktober 1839 bei Stadtmagistrat und Regierung versuchte, blieb auch diesmal ohne Erfolg. Obwohl die Fünf-Wunden-Bruderschaft sich in den folgenden Jahrzehnten um ihren Bestand sorgen mußte, brauchte sie bei diesem Dienst, der sich in der Bamberger Bevölkerung großer Beliebtheit erfreute, wenigstens keine finanziellen Einbußen hinnehmen. Neben der Fünf-Wunden-Bruderschaft waren gleichzeitig noch zwei Bruderschaften (Marianische Bürgersodalität und St. Jakobus-Bruderschaft) als eine Art Beerdigungsverein tätig. Als am 10. Dezember 1925 durch den Bamberger Stadtrat das Leichenfahnengeld für die drei Bruderschaften festgesetzt wurde, verzichtete man auf das Mittragen der Fünf-Wunden-Stäbchen und einigte sich für die Zukunft auf die Benutzung einer Fahne. Das städtische Fahnengeld in Höhe von 50,— RM sollte zur Entlohnung des Fahnenträgers (20,— RM monatlich), Bestreitung des Sachbedarfs, Rückzahlung eines Darlehens an die Stadt verwendet, übriggebliebenes Geld an die Bruderschaft zu gleichen Teilen verteilt werden (vgl. Anm. 30). Heute begleitet die Fünf-Wunden-Bruderschaft nur noch die Beerdigungen ihrer Mitglieder.

Neben den schon erwähnten Hauptgottesdiensten an den Sonntagen Misericordia domini und Reminiscere ließ die Bruderschaft alle Quartal zwei hl. Messen und jährlich am 19. September ein Totenamt in St. Martin, wo zu bestimmten heiligen Zeiten auch die große Leuchte mit sechs Röhren angezündet werden sollte, für die verstorbenen Mitglieder abhalten. Nach der Säkularisation wurden von der Fünf-Wunden-Bruderschaft außer dem Titularfest noch folgende Gottesdienste besorgt:

— den Jahrtag für die verstorbenen Mitglieder am Ende der Marien dreissigst (13. September). In dieser Woche wurden zwei Messen für die Verstorbenen gelesen. Jahrtag und Messen wurden dem Pfarrer und den Bediensteten mit 2 fl vergütet;
— eine hl. Messe für die verstorbene Barbara Schüblin;
— alle Quartale zwei hl. Messen für die verstorbenen Mitglieder. Für jede Messe zahlte die Bruderschaft dem Pfarrer, *welcher aber zur Annahme nicht verpflichtet ist,* 18 kr.

Diesen Messen folgte noch eine Fülle von Andachtsübungen, welche die Brüder und Schwestern erfüllen mußten, um der im Ablaß-Breve des Papstes im Jahre 1684 erteilten Gnaden teilhaftig zu werden. So kann das neu aufgenommene Mitglied am Tage der Einschreibung einen vollkommenen Ablaß erlangen, wenn er würdig beichtet und die heilige Kommunion empfängt.

Alle Brüder und Schwestern können in Todesgefahr, wenn sie würdig beichten und communizieren, oder wenn dieses nicht geschehen könnte, den heiligsten Namen Jesus mit wahrer Reue über ihre Sünden aussprechen, oder wenigstens im Herzen mit Andacht anrufen, einen vollkommenen Ablaß erlangen.

Allen Brüdern und Schwestern, welche nach reumüthiger Beicht und empfangener Hl. Communion die Brüderschaftskirche am zweiten Sonntag nach Ostern, als am Titularfeste andächtig besuchen, und da für die Einigkeit der christlichen Fürsten, für Aus-

---

[21] AGHM: *Urteil der königlichen Regierung von Oberfranken vom 8. Februar 1838 gerichtet an den Magistrat in Bamberg, Leichengebühren betreffend.*

rottung der Ketzereien und für die Erhöhung der katholischen Kirche zu Gott beten, wird ein vollkommener Ablaß zu Theil.

Allen Brüdern und Schwestern, welche würdig gebeichtet und die Hl. Communion empfangen haben und die Brüderschaftskirche an den vier Quatembersonntagen: Reminiscere, Trinitatis, Crucis und Adventus besuchen und daselbst mit Andacht beten, wird ein Ablaß von 7 Jahren und 7 Quadragenen (280 Tagen) verliehen und zwar an jedem der genannten Sonntage.

Welche Brüder und Schwestern den Hl. Messen in der Brüderschaftskirche beiwohnen, oder bei den Versammlungen der Brüderschaft gegenwärtig sind, oder die Armen beherbergen, oder unter Feinden Frieden stiften, oder die Todten zum Grabe geleiten, oder den Prozessionen beiwohnen oder das Hochwürdigste, wenn es zu Kranken getragen wird, begleiten, oder 5 Vaterunser und 5 Ave Maria für die Seelen der verstorbenen Brüder und Schwestern beten, oder Irrende belehren, oder sonst ein Liebeswerk üben, diese erhalten für jedes der genannten guten Werke 60 Tage Ablaß[22].

Frühestes Zeugnis für Beteiligung der Fünf-Wunden-Bruderschaft an Prozessionen gibt die Bruderschaftsordnung von 1693, wo angeführt ist, die Bruderschaft solle auf Begehren an den beiden Prozessionen bei St. Martins-Pfarrkirchen und St. Gangolf Stift mit ihren Fahnen, Stäben und Kerzen erscheinen, dort dem Gottesdienst fleißig beiwohnen, beichten und kommunizieren. Im Jahr 1719 wurde bestimmt, daß jährlich am Titularfest alle Mitglieder der Fünf-Wunden-Bruderschaft in feierlicher Prozession von der Bruderschaftsstube nach St. Martin ziehen sollten. Dies geschah am 30. April des gleichen Jahres zum erstenmal[23]. Dieser Brauch blieb in modifzierter Form bis in die Gegenwart hinein erhalten. Da eine Bruderschaftsstube heute nicht mehr benötigt wird, findet auch keine Prozession statt, nur dem Gottesdienst wohnen die Mitglieder im Chorgestühl von St. Gangolf bei.

Die Fünf-Wunden-Bruderschaft ist heute aus dem Gesamtbild Bamberger Prozessionen nicht mehr wegzudenken. Sei es, daß sie, wie früher bei der Heinrichs-Prozession, bekränzten Hauptes die Kleine und Große Fronleichnamsprozession mit ihrem geschmückten Bild des Fünf-Wunden-Heilands, ihren Stäben und der Pyramide begleiten (Abb. 3), oder als geschlossene Gruppe an Sebastianiprozession und Flurumgang teilnehmen — die Frömmigkeit des Bamberger Gärtnerstandes drückt sich nirgendwo deutlicher aus; HANS TRAUTMANN denkt über *Unä Bamberger Gärtner* zurecht:

> Denn wos a rechtä Gärtnä is,
> der kennt aa a Gäbet,
> wal ohna Herrgott a Gamüs
> draun Feld net wachsn tät.[24]

Strenge Ahndung erfolgte, wenn Mitglieder der Bruderschaft die bestehenden Ordnungen nicht einhielten. Die Gebote waren eindeutig formuliert, ebenso die Sanktionen für Übertretungen — sie bestanden immer aus der Gabe einer bestimmten Menge Wachs (in der Regel ½ Pfund). Dieses Wachs benötigte man für die Herstellung von Kerzen, welche als Altarbeleuchtung bei der Feier der Gottesdienste sowie bei Beerdigungen Verwendung fanden (Abb. 4, 5).

Über teilweise mehrere Jahrhunderte hinweg haben sich bis in unsere Zeit Gegenstände, welche die Fünf-Wunden-Bruderschaft bei ihren religiösen Handlungen ge-

---

[22] *Geschichtliche Notizen*, S. 4—6; vgl. AGHM: *Aufnahmeformular 19. Jh.*
[23] Vgl. *Einschreibbuch*, S. 5 r.
[24] TRAUTMANN, HANS: Unä Bamberger Gärtner, in: GERHARD C. KRISCHKER (Hg.): ich bin halt do däham, Bamberger Mundartreihe 1, Bamberg 1976, S. 15.

brauchte, erhalten; sie sind fast vollständig als Leihgaben dem Verein Gärtner- und Häckermuseum übergeben[25].

In den Schauräumen des Museums fallen die Prozessionsstäbe der Bruderschaft am deutlichsten auf. Obwohl barock im Aussehen, sind sie doch ein Werk des 19. Jahrhunderts. Zehn Jahre hatte die Bruderschaft für diese Anschaffung gespart, um, wie auch die anderen Bruderschaften und Vereine, bei Prozessionen Kerzenstäbe mittragen zu können. Dem Kostenvertrag vom 26. Juni 1862 kann entnommen werden, daß zuerst vier große und zwei kleine Stäbe von der Bruderschaft bei der Vergolder-Familie Morgenroth für 140 fl in Auftrag gegeben wurden; sie sollten bis Ostern 1863 fertiggestellt sein. Von der Qualität der ausgeführten Stäbe offenbar überzeugt, bestellte man für 34 fl noch zusätzlich zwei kleine dazu[26]. So besitzt die Fünf-Wunden-Bruderschaft seit 1863 vier große und vier kleine Prozessionsstäbe, welche am Schaft durch Blumen- und Rankenwerk reich verziert sind. In den Kapitelen der Stäbe sind im Strahlenkranz plastisch die Wunden Jesu dargestellt (Große Stäbe: zwei Hände, zwei Füße; kleine Stäbe: zwei Herzen, außerdem Jesus und Maria).

Ebenso bei Prozessionen, vor allem aber bei Begräbnisfeiern fanden die Fünf-Wunden-Stäbchen Verwendung. Von den Knaben, die sie dabei trugen, scherzhaft *Muggnbatscher* genannt, weisen die Stäbchen (es gibt davon 10 Stück) oberhalb des gedrechselten Handlaufs ein bemaltes (Wappen-)Schildchen auf, dessen blauer Grund die fünf Wunden ikonographisch zeigt. Schon seit 1905 bei Beerdigungen nicht mehr in Gebrauch, wurde am 16. Dezember 1906 auf einer Ausschußsitzung beschlossen, daß für die Zukunft die kleinen Handstäbchen wegfallen sollen.[27] Wenn vor Anschaffung neuer Prozessionsstäbe im Jahr 1863 bereits fünf Stäbe für die Leichenfeierlichkeiten vorhanden waren[28], könnte es vielleicht eine dieser Stangen sein, welche den Weg ins Museum gefunden hat. Die plastische Darstellung der fünf Wunden, die — drastisch mit Hilfe von gebogenem Draht — in eine Arkanthusschale ‚bluten‘, deuten auf die Entstehung im 18. Jahrhundert hin. Leider schweigen sich die vorhandenen Archivalien diesbezüglich gründlich aus.

Das Bild (Statue) des Fünf-Wunden-Heilands hat sehr große Ähnlichkeit mit Eccehomo-Darstellungen in der bildenden Kunst. Christus, auf dem Haupte die Dornenkrone, zeigt dem Betrachter seine Wundmale, während ein Engel, einen Pokal in Händen haltend, das Blut aus der Seitenwunde einfängt. In welcher Zeit diese Figur entstanden ist, konnte aufgrund vorliegender Archivalien nicht herausgefunden werden — sie dürfte aber in die Frühzeit des 19. Jahrhunderts einzuordnen sein.

Bis zum 2. November 1836 war die Statue auf der Herbergsstube im Brehmswirtshaus untergebracht. . . . *nach höflichem Ersuchen von Seiten der Vorsteher der hl. fünf Wunden Bruderschaft* wurde das Bild dann abermals zur Aufbewahrung an die Pfarrkirche zu Unserer Lieben Frau und St. Gangolf übergeben, wo es zuerst in der Göttlich-Hilf-Kapelle unter einem Glaskasten Aufstellung fand[29]. Ein Tragstuhl dient bei längeren Wartezeiten während der Prozession dazu, die Statue auch einmal abzusetzen.

Die älteste erhalten gebliebene Fahne der Fünf-Wunden-Bruderschaft stammt aus dem Jahr 1730. Das Wesen der Bruderschaft wird auf ihren Abbildungen ikonogra-

---

[25] Alle angeführten Gegenstände mit Ausnahme der Statue (Bild) des Fünf-Wunden-Heilands (in St. Gangolf, Annakapelle) befinden sich in den Schauräumen des Museums.
[26] AGHM: *Kostenvertrag über 174 fl zur Anschaffung der Prozessionsstäbe bei Fa. Franz und Georg Morgenroth (26. Juni 1862; 18. April 1863).*
[27] Vgl. *Geschichtliche Notizen*, S. 18 u. 21.
[28] Vgl. ebd., S. 11.
[29] AGHM: *Aufbewahrungsvertrag von Gegenständen der Bruderschaft mit dem Pfarramt St. Gangolph (2. November 1836).*

phisch wiedergegeben, wenn die eine Seite den Blick wie auf eine Weltbühne freigibt; eingerahmt vom Schweißtuch der hl. Veronika (oben) und einem Engelskopf, über dem drei Nägel auf die Wundmale hinweisen (unten), in der Mitte die Wundmale. Verbundenheit mit den Armen Seelen im Fegefeuer dokumentiert die Rückseite der Fahne. Sehnsüchtig flehend blicken sie aus dem lodernden Fegfeuer empor, wo sich ihnen — von Engeln umgeben — die Erlösung in der Symbolik von Pokal und Hostie (Passion Christi) zeigt.

Im Vertrag, den die drei Bruderschaften in Sachen gemeinschaftliche Benützung der Leichenfahne schlossen, heißt es u. a.: *Die neuangeschaffte Fahne mit den Zeichen der fünf Wunden ist gemeinsames Eigentum der drei Bruderschaften. Nach Abnützung dieser Fahne sollen auch die beiden anderen Bruderschaften zu ihrem Rechte kommen und zwar so, daß entweder eine Jakobusfahne, später eine Marianische Fahne zur Verwendung kommt oder daß eine Fahne gewählt wird, die nicht mehr ausschließlich die Zeichen einer einzigen Bruderschaft trägt, wie es gegenwärtig bei der Fünfwundenfahne der Fall ist*[30]. Das Protokollbuch hält fest, daß im April des Jahres 1928 eine neue kirchliche Fünf-Wunden-Fahne von den Geschwistern Kunigunde Katharina und Andreas Rost angeschafft worden ist[31]. Verfertigt wurde die Fahne von den Dominikanerinnen im hl. Grab. Schon weit leuchten im Strahlenkranz die hl. fünf Wunden, wenn die Fahne bei kirchlichen Festen der Bruderschaft vorangetragen wird. Die Fahnen-Rückseite zeigt die in Bamberg als „Masterbild" bekannte Darstellung „Christus als Gärtner und Maria Magdalena" (vgl. die Prozessionsfigur der Oberen Gärtner).

Laut Erwähnung in den geschichtlichen Notizen[32] besitzt die Bruderschaft auch zwei Votivbilder. Diese wurden in die neue Fahne eingearbeitet, zeigen also die eben beschriebenen Darstellungen[33].

Allein 22 Prozessionskränze verschiedener Größe beherbergt das Gärtner- und Häkkermuseum von der Fünf-Wunden-Bruderschaft. An einem Lederkranz ist künstliches Blattwerk mit künstlichen Blumen, deren Blüten von farbigen Glasperlen gestaltet sind, befestigt. Zur Neuanschaffung von Kränzen wurden oft Spenden durch Mitglieder gemacht. Im Jahr 1863 z. B. gaben Margarethe Laufer und Margarethe Reinfelder je 2 fl zur Deckung der Kosten für vier Kränze, die 10 fl 30 kr kosteten[34]. In Besitz der Bruderschaft befindet sich weiterhin eine Paramententafel (Pyramide), welche zusammen mit Stäben und Fünf-Wunden-Heiland bei Prozessionen mitgetragen wird. Auf dieser mit rotem Samt bespannten und goldener Einfassung versehenen Holztafel, deren Oberkante von den gerundeten Ecken nach unten geschwungen verläuft, um dann in der Mitte spitz zusammenzutreffen, sind 52 Münzen, 6 Medaillen, 4 Medaillons und — in der Mitte — ein Kreuz, sowie die in Silberblech getriebenen Attribute der Bruderschaft: zwei Herzen, zwei Hände, zwei Füße, angebracht. Der Zweck der Pyramide besteht darin, ein für alle sichtbares Zeugnis für die Opferbereitschaft der Bruderschaftsmitglieder zu geben; vor allem die Münzen sind als zur Schau gestelltes Opfergeld zu

---

[30] AGHM: *Vertrag über Benutzung einer Leichenfahne für die drei Bruderschaften (27. Dezember 1925).* Da die Fahne als neu angeschafft bezeichnet wird, kann die alte Fahne von 1730 nicht in Betracht gezogen werden — die neue Fahne wurde erst 1928 gestiftet. Tatsache ist, daß in der alten Friedhofskapelle (Gönningerkapelle) eine schwarze Fahne mit Aufschrift St. Jakobus-Bruderschaft hängt und diese Totenfahne auch von der Fünf-Wunden-Bruderschaft benutzt wurde und wird!

[31] Vgl. *Geschichtliche Notizen*, S. 21.

[32] Ebd., S. 11.

[33] Die Bilder sind laut frdl. Mitteilung des Landesamtes für Denkmalpflege (Frau Restauratorin Herrmann) eindeutig älter als die Fahne!

[34] Vgl. *Geschichtliche Notizen*, S. 15.

verstehen. Der größte Teil der Geldstücke stammt aus dem 19. Jahrhundert. Der Anteil von Großmünzen ist dabei geringer als der von Kleinmünzen, was soziologisch bedingt ist. Die Spender gehörten einer Bevölkerungsschicht an, die mit ihrem Geld ganz anders rechnen mußten als wir heute; für sie war ein kleiner Geldbetrag schon ein großes Opfer.

Durch Befestigen der Münzen und Medaillen an der Holztafel, durch „Anöhren" (Anlöten von Ösen), haben diese ihren numismatischen Wert weitgehend verloren, ihren metallischen Wert dagegen — die meisten Münzen sind aus Silber — bis heute erhalten; auf 40 fl Wert jedenfalls schätzte man die Pyramide bereits 1860[35]. Der Weg der Münzen läßt sich über Volksfrömmigkeit, Handelsreisen, aber auch Privatreisen erfassen. Auf die aus Sachsen stammende älteste Münze, ein unter Kurfürst Friedrich August in Dresden 1776 geprägter 2/3 Reichstaler, sei hier besonders hingewiesen; dessen Vorhandensein können zusammen mit einem anderen sächsischen Geldstück auf wirtschaftliche Verbindungen schon in so früher Zeit schließen lassen. Intensiver Warenaustausch — das zeigt die große Münzzahl — bestanden später auch mit Österreich/Ungarn, Bayern und dem benachbarten Bistum Würzburg. Ein Zeichen für die bei den Gärtnern ausgeprägte Frömmigkeit und Marienverehrung ist die große Anzahl von Münzen, die zur Wiedererrichtung der Mariensäule in München (Patrona Bavariae) geprägt wurden. Selbst die auf anderen Münzen dargestellte Gottesmutter wird sehr häufig mit dieser Schauseite an die Pyramide angebracht. Medaillen mit Bildnissen von Heiligen (Hl. Franz Xaver, Ignatius von Loyola, Hl. Nepomuk) und Erinnerungsmedaillen von abgeleisteten Wallfahrten weisen auf tiefempfundene Frömmigkeit der Bruderschaftsmitglieder.

Als Aufbewahrungsort für Kerzen und Schriftstücke diente der Fünf-Wunden-Bruderschaft eine Truhe[36]. Der Truhenkasten selbst ruht auf vier Kugelfüßen, die Seiten der Truhe sind mit Furnierhölzern (Nußbaumholz) und Schmuckschilde (Profilstäbe von Nußbaum) belegt. Die Vorderansicht der Truhe zeigt als Intarsien (Föhrenholz) wiederum die fünf Wunden und ist auf das Jahr 1705 datiert. Der Deckel (mit Beschlägen am Truhenkasten befestigt) trägt einen Aufsatz mit Schiebekasten. In diesem Kästchen lag vermutlich der Schlüssel zum Schloß der Truhe — das Schloß ist erhalten geblieben.

Außer heute noch vorhandenen Gegenständen besaß die Bruderschaft natürlich auch Sachgüter, die zum täglichen Gebrauch bestimmt waren; andere wiederum wurden im Laufe der Zeit nicht mehr benötigt und wurden deshalb verkauft oder abgeschafft, wieder andere gingen verloren. Aus all diesen Gründen sind manche Gegenstände der Bruderschaft nur noch archivalisch nachweisbar. Zum täglichen Gebrauch wurden z. B. 1863 für die Herbergsstube zwölf neue Handtücher mit Spitzen und Bändern im Wert von 9 fl angeschafft[37]. Vermutlich dem Verschleiß unterlagen Bahrtuch, Leuchter in St. Martin[38], der Verschlag für Prozessionsstäbe (1863 für 7 fl 20 kr angeschafft)[37], Schärpe (1886—15 M)[39], Teppich für den Tragstuhl (1888 von den Gärtnermeistern Lorenz Burgis, Sebastian Rost, Joseph Ekenweber und Andreas Rost[39] gestiftet) und der Hut für den Leichenfahnenträger (1905—10 M)[40]. Abgeschafft — und zwar einstimmig[41] —

---

[35] Ebd., S. 12.
[36] Diese Truhe konnte vom Verfasser 1981 ausfindig gemacht werden; sie ist nach gründlicher Renovierung und Restaurierung (Wurmbefall, fehlende Furnierteile, Schloß und Eisenteile stark verrostet) im Museum ausgestellt.
[37] Vgl. *Geschichtliche Notizen*, S. 15.
[38] Ebd., S. 3.
[39] Ebd., S. 16.
[40] Ebd., S. 19.
[41] Ebd., S. 21.

wurden am 16. Dezember 1909 in einer von Seiten des Präses der Bruderschaft anberaumten Ausschußsitzung die altherkömmlichen Mäntel der Zehner, durch die noch acht Jahre vorher die Bruderschaft als *uraltes religiöses Wahrzeichen der Stadt Bamberg . . . sichtbar aber auch bei Prozessionen durch die den Baldachin tragenden Männer mit ihren eigenthümlichen Mänteln . . .*.[42] charakterisiert wurden. Die Mäntel sind heute ebenso wenig mehr vorhanden wie die in den Jahren 1886 und 1896[43] gekauften zehn Mäntel für die Buben bei den Leichenfeierlichkeiten.

Bereits am Anfang des 18. Jahrhunderts (1716) wurden für 6 fl die 14 zinnernen Kannen verkauft[44], da das Zechen auf der Herbergsstube offenbar aufgehört hatte. Von den zwei kupfernen Flaschen[44] (Weihwasserbehältnis für Taufen?) dagegen fehlt jede Spur. Die in diesem Abschnitt aufgelisteten fehlenden Gegenstände sollen zum Gesamtbild nur beisteuern — keinesfalls soll der Blick davon abgelenkt werden, daß die Fünf-Wunden-Bruderschaft auf einen recht vollständigen und geordneten Bestand ihrer Sachgüter blicken kann. Leider verlorengegangen ist ein Bild (Darstellung der hl. fünf Wunden) in vergoldetem Rahmen, das am 2. November 1836 zur Aufbewahrung in die St. Gangolfskirche kam und dort auf dem Hochaltar oberhalb des Tabernakels Aufstellung fand[29].

Ebenso verhält es sich mit Behältnissen und Laden[45], in denen vielleicht Wachs oder Kerzen aufbewahrt waren.

Wie ein Resumée erkennen läßt, gelang es der Bruderschaft alle Zeiten hindurch das kirchliche Leben mit zu prägen. Die Mitglieder konnten weder durch Kriege noch durch reformatorische Maßnahmen entscheidend dezimiert werden, selbst die Säkularisation änderte nichts daran. Erst das ab der Mitte des 19. Jahrhunderts erstarkende weltliche und kirchliche Vereinswesen führte zu Veränderung und Verlagerung vieler Aktivitäten innerhalb der Bürgerschaft; diese Entwicklung verstärkte sich im aufgeklärten 20. Jahrhundert.

Dennoch: Der Fortbestand der Bruderschaft ist zunächst gesichert. Wenn an den Fronleichnamstagen die Fünf-Wunden-Bruderschaft das festlich geschmückte Bild ihres Heilands, davor die Pyramidentafel — beides flankiert von Kerzenstäben — durch die Straßen Bambergs trägt, soll dies von den Gläubigen immer wieder so verstanden werden, wie schon ANTON ECKERT 1924 dichtete:

Ihr Wunden fünf von Stift und Speer,
Wir sind der Bund zu eurer Ehr'!
Komm allen doch von uns zugut,
Du Quell daraus, o Heilandsblut![46]

---

[42] SCHUSTER, ANTON (Hg.): Bamberger Taschenbuch IV, Bamberg 1901, s. v. Fünfwundenbruderschaft, S. 271.

[43] Vgl. *Geschichtliche Notizen*, S. 16 u. 17.

[44] Ebd., S. 6.

[45] Vgl. ebd., S. 11.

[46] ECKERT, ANTON: Die St. Heinrichs-Prozession in Bamberg — Zug der alten Bruderschaften und Handwerkerzünfte, Bamberg 1924, S. 6.

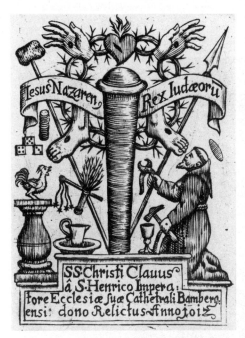

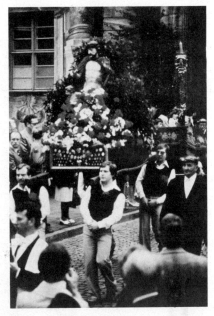

Abb. 1: Arma Christi.
(Aus: *„Trostreiches Weingärtlein ... zu sonderm Trost deß Hochw: Sacraments: und der H. H. &. Wunden in der Hochlöblichen S. Martini Pfarrkirchen zu Bamberg versamblet, Bamberg 1674"* — Staatsbibliothek Bbg., R.B.Th.lit.d.40, S. 62/63) — Foto: Lichtbildstelle, A. Steber.

Abb. 3: Die Fünf-Wunden-Bruderschaft bei der Bamberger Fronleichnamsprozession.
Photo: J. Oßwald

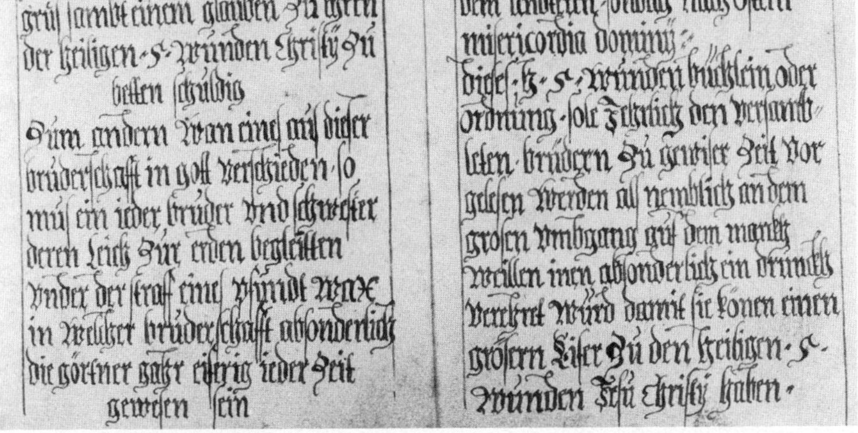
den heiligen dag in güten flor vndt
auff nehmen ist in dieser haben die brüder
vnd schwester weiters kein andere
satzungen als erstlich das sie alle dag
5· vatter vnser vnd so vihl englische
grüs sambt einem glauben zu ehren
der heiligen ·5· wunden Christy zu
betten schuldig
Zum andern wan eines aus dieser
bruderschafft in gott verschieden ·so
mus ein ieder bruder vnd schwester
deren Leich zur erden begleitten
vnder der straff eines pfundt wax
in welcher bruderschafft absonderlich
die görtner gahr eifrig ieder zeit
gewesen sein

drüken pflegt man in diese heilige
bruderschafft an zu nehmen vnd ein
zu schreiben an dem sondag in der
fasten ·Reminiscere genandt ihr vor
nehmstes fest aber würdt gehalten an
dem anderen sondag nach ostern
misericordia domini
dieses ·h· 5· wunden büchlein oder
ordnung ·sole Jehrlich den versamb
leten brüdern zu gewiser zeit vor
gelesen werden als nemblich an dem
grosen vmbgang auf dem marckh
weillen inen absonderlich ein drunckh
verehret würd damit sie konen einen
grosern Eifer zu den heiligen ·5·
wunden Jesu Christy haben·

Abb. 2: Aus der Bruderschaftsordnung von 1693.
Photo: Verf.

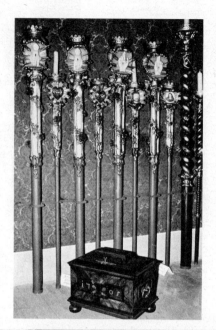

Abb. 4 u. 5: Blick in die Schauräume des Gärtner- und Häckermuseums mit Gegenständen der Fünf-Wunden-Bruderschaft.
Photo: Verf.

DIE ANFÄNGE DER HISTORISCHEN VEREINE IN FRANKEN

von

Siegfried Wenisch

Inhaltsübersicht

Vorbemerkung 655

I. Grundlegende Maßnahmen im Jahre 1827 656
   1. Die Weisungen des Königs 656
   2. Die Vereinsgründung in Bayreuth 658
   3. Der Vorschlag des Ritters von Lang 659

II. Die Gründungswelle 1830/31 659
   1. Die Gründung des Historischen Vereins im Rezatkreis 659
   2. Erste Reaktionen 661
   3. Die Reise des Königs durch den Obermainkreis 662
   4. Rivalität zwischen Bayreuth und Bamberg 663
   5. Last not least: Die Entstehung des Historischen Vereins im Untermainkreis 666

Schlußbemerkung 668

Abkürzungen und Sigel 669

Vorbemerkung

Alle in der Zeit König Ludwigs I. als Kreisvereine — der damalige *Kreis* entspricht dem jetzigen Regierungsbezirk — konzipierten historischen Vereine in Ober-, Mittel- und Unterfranken konnten vor wenigen Jahren die 150-Jahr-Feiern ihrer Gründung begehen. Die Jubiläen haben auch zu einer weiteren Erforschung der Geschichte dieser Zusammenschlüsse von *Geschichts- und Kunstfreunden* geführt, und die Ergebnisse haben sich in Ausstellungen, Festvorträgen und Publikationen niedergeschlagen.[1] Die äl-

---

[1] Rudolf Endres, Mittelfranken und sein Historischer Verein — Festvortrag zum 150jährigen Vereinsjubiläum am 18. Oktober 1980, in: JHVM 89 (1977/1981), S. 1 ff. — Bernhard Schemmel u. a., 150 Jahre Historischer Verein Bamberg — Dokumente aus den Sammlungen, in: 116. BHVB (1980), S. 9 ff. Otto Meyer, Wirken für die Geschichte — Festvortrag zum 150jährigen Jubiläum des Historischen Vereines Bamberg 1980, in: 117. BHVB (1981), S. 7 ff. — Erwin Herrmann, 150 Jahre Historischer Verein für Oberfranken zu Bayreuth, in: AO 56 (1976), S. 9 ff. — Otto Meyer, *Nicht die Asche sammeln, sondern das Feuer hüten* — Festvortrag in der Jubiläumsfeier [zu Würzburg] am 23. Mai 1981, in: MJ 33 (1981), S. 20 ff. Siegfried Wenisch, Zur Ausstellung „1831—1981. Der Historische Verein von Unterfranken und Aschaffenburg. Ein Rückblick auf Werden und Wirken in 150 Jahren" in der Otto-Richter-Halle in Würzburg, in: MJ 33 (1981), S. 45 ff.

tere Literatur², in vielen Fällen ebenfalls zu den Vereinsjubiläen entstanden, ist hierdurch nicht ganz entbehrlich geworden, weil in ihr gerade zur Frühgeschichte manches überliefert ist, was in neueren Darstellungen nicht immer wieder gebracht werden kann. Bei der Beschäftigung mit den Anfängen der historischen Vereine in Franken ist festzustellen, daß trotz aller Bemühungen doch noch einige nicht unwichtige Detailfragen offengeblieben und teilweise Berichtigungen und Ergänzungen nötig sind, vor allem weil des öfteren nicht bis zu den Primärquellen zurückgegriffen wurde. Ich habe mich bemüht, bisher wenig benutztes oder ganz unbekanntes Material zu finden, nicht nur im Schriftgut der zuständigen Behörden, sondern auch in den Verwaltungsakten der historischen Vereine selbst.³ Besonders dankbar bin ich, daß mir sogar Auskünfte aus den in der Bayerischen Staatsbibliothek (München) liegenden Tagebüchern König Ludwigs I. gegeben wurden.⁴

Franken hatte bei der Entstehung der bayerischen historischen Vereine eine Vorreiterfunktion neben dem König.⁵ Dieser, selbst Neubayer und der Pflege des fränkischen Geschichtsbewußtseins keineswegs abgeneigt, mußte gleichwohl die Interessen des Gesamtstaates vertreten, weshalb seine Initiativen in dieser Beziehung selbstverständlich zunächst auf sein ganzes Königreich gerichtet waren.

I. Grundlegende Maßnahmen im Jahre 1827

1. Die Weisungen des Königs

Gleich nach dem Regierungsantritt König Ludwigs I. im Jahre 1825 wurde auch die Denkmalpflege intensiviert. Eine der einschlägigen Anordnungen muß wegen ihrer Bedeutung und Zukunftsträchtigkeit besonders hervorgehoben werden. Es ist dies das Kabinettsreskript vom 29. Mai 1827⁶, von der Villa Colombella bei Perugia aus erlassen, das als *die Geburtsurkunde der amtlichen Denkmalpflege in Bayern und der historischen Vereine*⁷ gilt. Selbstverständlich erregte es großes Aufsehen, daß sich ein Herrscher kraft seines Amtes so engagiert für die Erforschung, Bewahrung und Inventarisierung der *architektonischen, plastischen und anderen Denkmale* einsetzte⁸, und die Be-

---

² Sie wird nach Tunlichkeit jeweils bei den einschlägigen Abschnitten angeführt.

³ In Betracht kamen das Bayer. Hauptstaatsarchiv einschließlich Geheimes Hausarchiv, die Staatsarchive in Nürnberg (dort auch das Schriftgut des HV für Mittelfranken), Bamberg und Würzburg (dort auch das Schriftgut des HV für Unterfranken), die Stadtarchive Bamberg (dort Schriftgut des HV Bamberg) und Bayreuth (für ergänzende Unterlagen; der HV Bayreuth verwahrt sein Schriftgut noch selbst, doch enthält dieses kein Material aus der Anfangszeit).

⁴ Der Dank gilt nicht nur Herrn Generaldirektor Dr. Fridolin Dreßler, sondern auch S. K. H. Herzog Albrecht von Bayern für die Zustimmung zur Auskunftserteilung.

⁵ Zur Geschichte der historischen Vereine in Bayern allgemein: HERMANN HEIMPEL, Über Organisationsformen historischer Forschung in Deutschland, in: HZ 189 (1959), S. 139 ff., besonders S. 201 ff.; GERTRUD STETTER, Die Entwicklung der Historischen Vereine in Bayern bis zur Mitte des 19. Jahrhunderts, phil. Diss. München 1963; MAX SPINDLER, Die historischen Vereine, in: Handbuch der bayerischen Geschichte, IV/1, 1974, S. 132 f.

⁶ BayHStA MK 14444; Entwurf: GHA NL Ludwig I. 48/5/31²¹. — Druck: G. DÖLLINGER, Sammlung der im Gebiete der inneren Staatsverwaltung des Königreichs Bayern bestehenden Verordnungen, 9. Bd. (1838), S. 45 f.; STETTER (wie Anm. 5), S. 82.

⁷ SPINDLER (wie Anm. 5), S. 132.

⁸ *Die Allerhöchste Verfügung aus Villa Colombella vom 29 May 1827 über die Erhaltung römischer und mittelalterlicher Überreste, Denkmale und Kunstwerke hat wie so manche andere, vaterländische Wissenschaft und Kunst fördernde Verfügung Seiner Majestät des Königs die Aufmerk-*

hörden beeilten sich, den königlichen Willen zu erfüllen und nicht zuletzt den *Geschichts- und Kunstfreunden* kundzutun.⁹ Allerdings muß auch gesagt werden, daß von Vereinsgründungen direkt keine Rede ist; erst im Laufe der folgenden Entwicklung erkannte man zunehmend die Bedeutung des Erlasses als Startsignal für die Gründung der historischen Vereine.¹⁰

Die Entstehungsgeschichte der Verfügung ist bekannt.¹¹ Den Reskripts-Entwurf lieferte Eduard von Schenk, der Vorstand der Kirchen- und Schulsektion des Innenministeriums. Dieser hatte schon am 11. April 1827 — zusammen mit dem in dieser Zeit häufig als Berater herangezogenen Josef von Hormayr — ein umfassendes Gutachten in gleicher Sache geliefert gehabt, das wiederum die vom König erbetene Stellungnahme zu einer Eingabe des pensionierten Vorstands des Reichsarchivs, Franz Joseph Ritter von Samet, vom 23. März darstellte.

Ganz am Anfang stand also die *Bitte des quieszirten Direktors von Sammet, wegen Herstellung einer historisch-topographischen Beschreibung der bayerischen Kunstdenkmale betr.*¹² Sie war im Wortlaut bisher nahezu unbekannt.¹³ Man mußte glauben, was Schenk in seinem Gutachten geschrieben hatte: *Das Gesuch des von Sammet scheint einer besondern Unterstützung von Seite Euerer Koeniglichen Majestaet oder des Staats keineswegs würdig, da aus der Bittschrift selbst hervorgeht, wie dunkel und verworren sich das Vorhaben einer Herausgabe der bayerischen Kunstdenkmale im Kopf des Bittstellers gestalte.* Die Lektüre ergibt, daß diese Worte entschieden zu hart sind und schon einsichtig wird, was er wollte: nämlich unter Zugrundelegung seiner großen Kunstblättersammlung ein bayerisches Kunstdenkmäler-Inventar erarbeiten. Wichtig für unser

---

samkeit des ganzen gebildeten Deutschlands auf sich gezogen. — Die Frankfurter Gesellschaft [gemeint ist die Gesellschaft für ältere deutsche Geschichtskunde] *und sehr viele der Vaterlandskunde und namentlich dem vaterländischen Alterthume sich widmende Provinzialvereine haben derselben rühmend und dankbar erwähnt und sie häufig wörtlich als Vorbild nachgeahmt* ... (BayHStA MK 14444, 7. Mai 1829). Vgl. Karl Theodor Heigel, Ludwig I. als Freund der Geschichte (Historische Vorträge und Studien, 3. Folge), München 1887, S. 330, und Spindler (wie Anm. 5), S. 132.

⁹ Das Kabinettsreskript wurde den Kreisregierungen abschriftlich mitgeteilt (BayHStA MK 14444, 26. Juni); weitere Abschriften erreichten z. B. auch die Stadtmagistrate (Leo Günther, Karl Gottfried Scharold, in: Lebensläufe aus Franken 4. Bd., 1930, S. 344).

¹⁰ Deutlich z. B. in einem Schreiben des Innenministers an die Akademie der Wissenschaften ausgedrückt: *Dem Impulse des allerhöchsten Reskripts aus Villa Colombella vom 29ᵗᵉⁿ Mai 1927 folgend, entstanden und entstehen historische Vereine auf allen Punkten der Monarchie* (BayHStA MK 15786, 6. Sept. 1835), und noch eindeutiger in einem königlichen Erlaß: *Schon bei Gründung der historischen Vereine (29ᵗᵉⁿ Mai 1827) war Unser Wunsch* ... (ebd., 16. Okt. 1835; Döllinger [wie Anm. 6], S. 113; Stetter [wie Anm. 5], S. 88). Die Geschichtsvereine selbst übernahmen diese offizielle Interpretation teilweise erst mit einiger Verzögerung.

¹¹ Einzelheiten bei Stetter (wie Anm. 5), S. 26 und 80 ff. (Dokumentenanhang).

¹² Gutachten und Reskripts-Entwurf befinden sich im Akt GHA NL Ludwig I. 48/5/31²¹. Die Eingabe Samets ist in diesem Archivale nicht enthalten und war auch sonst nicht zu finden. Glücklicherweise sind aber in seinem Personalakt zwei fast gleichlautende Konzepte des Schreibens erhalten geblieben (BayHStA Generaldirektion der Staatlichen Archive Bayerns P-Akt Samet). Obwohl der zweite Entwurf das Datum 23. März 1827 trägt, ist laut Expeditionsvermerk das Schreiben schon am 22. März ausgelaufen.

¹³ Als Quelle herangezogen — in anderem Zusammenhang als hier — bis jetzt nur bei Walter Jaroschka, Reichsarchivar Franz Joseph von Samet (1758—1828), in: Mitteilungen für die Archivpflege in Bayern, Sonderheft 8, München 1972, S. 24 f. — Jaroschka, der die unbestreitbare berufliche Leistung Samets erstmals gründlich würdigt, hat auch das Verdienst, einseitigen, sehr negativen Darstellungen seines Charakters in jüngeren Untersuchungen (siehe z. B. Stetter [wie Anm. 5], S. 26) entgegenzuwirken.

Thema ist aber vor allem: Samet, der wußte, daß dieses große Forschungsprojekt die Kräfte eines einzelnen übersteigen würde, wollte sogar einen Verein gründen. Als Name schlug er vor: *Gesellschaftlicher Verein zur historisch-topographischen Beschreibung der in Baiern vorhandenen alten und neuen Kunstdenkmale.*

Zweifellos drückten sich Schenk, Hormayr und der König präziser aus; wichtig für die Folgeentwicklung war vor allem die Erwähnung der historischen Denkmäler neben den Kunstdenkmälern. Trotzdem ist festzuhalten, daß der Reichsarchivar von Samet den Stein ins Rollen gebracht hat und er allein in dieser frühen Zeit schon von einem *Verein* sprach.

Samet wollte seinen Verein in München gründen, und er sollte für ganz Bayern zuständig sein. Etwa zur gleichen Zeit schritt man — unabhängig von den Vorgängen in der Landeshauptstadt und der Villa Colombella — im fränkischen Gebiet schon zur Tat: Bayreuther *Freunde der vaterländischen Geschichte und Alterthumskunde* gründeten einen historischen Provinzialverein.

2. Die Vereinsgründung in Bayreuth

Am 31. März 1827, ehe man noch in Bayern an Errichtung von historischen Vereinen ernstlich dachte, wurde in Bayreuth ein historischer Verein . . . für Bayreuthische Geschichte und Alterthumskunde gegründet, verkündete selbstbewußt der Mitbegründer, führende Kopf und Vorstand dieser Gesellschaft, Bayreuths Bürgermeister Erhard Christian Hagen[14] auf einer Tagung im Jahre 1832.[15] Mit seiner Behauptung, daß der Bayreuther Verein der erste in Bayern gewesen sei, hat er recht; denn andere frühe Gründungen ähnlicher Gesellschaften im Königreich waren rein lokaler oder amtlicher Art.[16] Ziemlich ausgereift und daher nahtlos in die zukünftige Entwicklung passend war vor allem das umfassende Sammlungsprogramm; in dieser Beziehung wie auch in der klaren Formulierung des Zweckes der Vereinsgründung — *Erforschung, Sammlung und Bearbeitung* — übertrifft Hagen — er hatte die Statuten, als *Einladung an die Freunde der vaterländischen Geschichte und Alterthumskunde* bezeichnet, formuliert — sogar noch das sensationelle Kabinettsreskript des Königs.[17] Allerdings, gerade die Anordnung des Monarchen beweist doch, daß man auch andernorts ähnliche Gedanken hatte, daß andere Aktivitäten zumindest in die gleiche Richtung wiesen. Und wenn wir schon die oben erwähnten ähnlichen Gesellschaften nicht gelten lassen wollen, so dürfen wir auf jeden Fall die Vorschläge des Ritters von Lang nicht vergessen, auf die ich im nächsten Abschnitt eingehen werde. Wenn man diese Einschränkungen vornimmt, also die Denkarbeit der anderen nicht unterschlägt, bleibt immer noch die stolze Feststellung übrig: Ernst gemacht hat man in dieser frühen Zeit mit der Gründung eines Provinzialvereins nur in Bayreuth, weshalb diese Gesellschaft auch schon im Jahre 1977 zu Recht ihr 150jähriges Gründungsjubiläum begehen konnte, drei bis vier Jahre vor ihren Schwestervereinen im übrigen Franken.

In Bayern einen Provinzialverein zu gründen war also ein Novum bzw. Fortschritt. Nicht ganz zum Zeitgeist paßte lediglich der Bereich seines Wirkens; denn er beschränkte sich bewußt auf das Territorium des früheren Markgraftums Bayreuth.

---

[14] Er wurde erst im Jahre 1837 in den Adelsstand erhoben: WILHELM MÜLLER, Erhard Christian von Hagen, in: AO 47 (1967), S. 383.

[15] Vortrag für die erste General-Versammlung der historischen Vereine für den Obermainkreis, gehalten am 3. September 1832 auf der alten Burg Zwernitz, in: AO 2/1 (1834), S. 122.

[16] HEIMPEL (wie Anm. 5), S. 202 f.; vgl. STETTER (wie Anm. 5), S. 20 f.

[17] Die *Einladung* ist abgedruckt in: AO 1/1 (1828), S. VII ff.; Bericht über die Entstehung, Fortbildung und gegenwärtige Lage des historischen Vereins von Oberfranken zu Bayreuth, Bayreuth 1842, S. 71 ff.; AO 56 (1976), S. 19 ff.

3. Der Vorschlag des Ritters von Lang

Karl Heinrich Ritter von Lang[18], früherer Reichsarchivdirektor in München und Regierungsdirektor in Ansbach, seit 1817 pensioniert, veröffentlichte in eben diesem denkwürdigen Jahr 1827 in der Zeitschrift *Hermes* einen Artikel, betitelt *Allgemeine Uebersicht der neuesten baierischen Geschichtsliteratur*[19]. Zum Schluß äußerte er nachdrücklich einen *Wunsch: daß nämlich, weil die Urkunden und Denkmale überall auf dem Boden, den sie betreffen, am deutlichsten verstanden werden und den meisten Reiz geben, also für jede Provinz ein eigenes historisches Museum gegründet werden möchte.* Ausgehend von den Musealvereinen in Österreich — Johanneum in Graz für die Steiermark, Ferdinandeum in Innsbruck für Tirol und Vorarlberg usw. —, regte er an, auch in Bayern ähnliche *Institute* zu gründen. Neben konkreten Anweisungen zur Sammlungstätigkeit finden wir bei ihm auch genaue Ausführungen zur inneren Organisation. Als Mitglieder wünschte er sich vor allem Beamte und Geistliche. Besonders wichtig ist, daß er mit den *Provinzen* keine historischen Herrschaftsgebiete meinte, sondern die modernen Verwaltungsbezirke der mittleren Ebene, die Kreise; in diesem Rahmen schien ihm für die Vereine die beste Wirkungsmöglichkeit gegeben zu sein.[20] Damit war auch eine weitgehende Übereinstimmung mit den Vorstellungen König Ludwigs I. erreicht, da ja auch dieser für die Verwirklichung seiner Pläne hauptsächlich auf die Kreisregierungen angewiesen war.

II. Die Gründungswelle 1830/31

1. Die Gründung des Historischen Vereins im Rezatkreis

Nach diesen Vorarbeiten war der Boden genügend vorbereitet und die Hoffnung groß, in Bayern bald eine flächendeckende Organisation von historischen Vereinen zu erhalten. Die Blicke richteten sich zunächst in der Hauptsache auf Ritter von Lang selbst, der aufgrund seines im Jahre 1827 geäußerten Vorschlags, seiner Berufserfahrung und seines Rufes als Historiker als der kompetenteste Mann galt.[21] Er hatte 1829 wieder ein öffentliches Amt übernommen und fungierte als Präsident des Landrates im Rezatkreis, was ihn natürlich in besonders enge Verbindung mit dem Regierungspräsidenten Arnold von Mieg brachte.[22]

Lang erarbeitete einen *Plan zu einem historischen Verein des Rezat-Kreises*[23], in dem er Aufgaben, Ziele und Organisation der Gesellschaft klar und deutlich umriß. Sein frü-

---

[18] Über ihn zuletzt: HEINRICH VON MOSCH, Karl Heinrich Ritter von Lang, geboren zu Balgheim im Ries, in: JHVM 89 (1977/81), S. 119 ff.

[19] *Hermes oder Kritisches Jahrbuch der Literatur* 29 (1827), S. 181 ff.

[20] Vgl. hierzu auch seine Kritik am Bayreuther Verein in einem Brief vom 25. Mai 1828: *daß der Umfang des Fürstenthums Bayreuth für diesen Zweck einen zu kleinen Kreis bilde, und daß die Staatsregierung dieß Unternehmen wohl auch nicht sehr begünstigen werde, indem man solche fortgepflanzte Absonderung nicht lieben könne.* Zitiert nach: E(RHARD) C(HRISTIAN) VON HAGEN, Rede zur Eröffnung der Feier des fünfundzwanzigjährigen Jubiläums des im Jahre 1827 zu Bayreuth gegründeten historischen Vereins von Oberfranken, gehalten in der am 5. Mai 1852 stattgefundenen General-Versammlung, Bayreuth 1852, S. 11.

[21] Vgl. z. B. StadtAB HV Rep. 5, Nr. IV/1 *(Entwurf für den historischen Kreisverein zu Bamberg): Herr von Lang wurde gemahnet, Hand an das Werk zu legen.*

[22] PETER PIERER VON ESCH, Der bayerische Landrat 1829—1848, Selbstverlag des Historischen Vereins für Mittelfranken o. J. [1961], S. 37 ff.

[23] Entwurf: StN HV Nr. 070. Druck (mit Vorbemerkung) in: JVHM 1 (1830), S. 1 ff., *Das Inland* 1830, S. 513 f., 518 ff.; (separat): BayHStA MK 11830; StadtAB HV Rep. 5, Nr. IV/1, Beilage zur *Ankündigung für einen geschichtlichen Verein des Obermainkreises* vom 28. Juni 1830.

herer Vorschlag wurde in einigen Punkten modifiziert. Geschickt stellte er jetzt eine Verbindung mit den Absichten des Königs her: *Es ist die erleuchtete Absicht Sr. Königlichen Majestät und Ihr erklärter fester Wille, . . . daß nicht nur die Alterthümer einer jeden Gegend, sey es in den Denkmälern der Kunst, oder der Schrift, oder der mündlichen Ueberlieferung, gesichert und aufbewahrt bleiben, sondern auch für ein richtiges Erkenntnis und Verständnis derselben gesorgt werden möge.*[24] Während er 1827 noch geschrieben hatte: *Da die Gesellschaft keine politische oder mit Amtsgewalt versehen ist, so hat sie auch in der Regel keine Staatsbeamten . . . an der Spitze*[25], war er jetzt damit einverstanden, daß für das leitende Gremium, den Ausschuß, *jederzeit einer der Vorstände der obersten Kreisstellen vorzüglich einzuladen wäre.*[26]

Unter Zugrundelegung dieses *Plans* als Satzung wurden sich Regierungspräsident von Mieg und Ritter von Lang einig, am 1. Januar 1830 einen Historischen Verein für den Rezatkreis ins Leben zu rufen. Es ist etwas schwierig, die Anteile beider an der Gründung gerecht abzuwägen. Selbstverständlich muß man den Ritter von Lang als die Seele des Ganzen bezeichnen, und auch dem Regierungspräsidenten lag es sicherlich fern, seinen Initiativen etwas in den Weg zu legen. Er kann die konstituierende Versammlung am 1. Januar in Ansbach auch *organisiert* haben.[27] Aus dem Gründungsprotokoll[28] geht allerdings eindeutig hervor, daß Herr von Mieg die Einladung vorgenommen hatte, daß die Versammlung in seinem *Geschäftslokal* stattfand und daß er nach einem kurzen Vortrag auch die Formalitäten leitete. Es geht also viel zu weit, Herrn von Lang schlichtweg als *Begründer des Vereins*[29] zu bezeichnen; er war allenfalls *eigentlicher Gründer*[30] oder Mitbegründer[31]. An der Tatsache, daß beim Gründungsakt selbst der Regierungspräsident die Zügel in der Hand hatte, läßt sich nicht rütteln. Wir haben hier eine Parallele zum Würzburger Verein, bei dem auch immer wieder Scharold als Gründer betrachtet wird, obwohl der Regierungspräsident allein in der entscheidenden Stunde die Leitungsfunktion innehatte.[32]

Kurz nach der *Urversammlung* in Ansbach fand am 11. Februar eine ebensolche in Nürnberg, im *Saal des Museums,* statt.[33] Auch sie wurde von Regierungspräsident von Mieg geleitet, der auch die einleitenden Worte sprach. Der einzige Unterschied gegenüber der Ansbacher Versammlung war nur, daß hier Herr von Lang auch einen Vortrag halten durfte.

Eine weitere Klarstellung muß bezüglich der Anzahl der Gründungsmitglieder vorgenommen werden. Noch in der neuesten Literatur wird behauptet, am 1. Januar 1830 hätten sich in Ansbach 33 Herren versammelt.[34] Nun ist es zwar verständlich, daß man besonders viele *Männer der ersten Stunde* haben möchte, Tatsache ist aber: An dem genannten Tag waren nicht mehr als 11 Herren anwesend.[35] Appellationsgerichtspräsi-

---

[24] § 1.
[25] *Hermes* (wie Anm. 19), S. 227.
[26] § 4.
[27] ENDRES (wie Anm. 1), S. 6: *. . . ein von Lang organisiertes Treffen.*
[28] StN HV Nr. 150/1.
[29] So z. B. HERMANN SCHREIBMÜLLER, Zur Geschichte des Historischen Vereins für Mittelfranken, in: JVHM 66 (1930), S. VI.
[30] So z. B. VON MOSCH (wie Anm. 18), S. 128.
[31] Vgl. ADOLF BAYER, Karl Heinrich Ritter von Lang, Geschichtsforscher und Verwaltungsbeamter 1764—1835, in: Lebensläufe aus Franken 3. Bd., Würzburg 1927, S. 346.
[32] Siehe S. 667.
[33] Hierzu und zum Folgenden: StN HV Nr. 150/1.
[34] ENDRES (wie Anm. 1), S. 6.
[35] Hierzu und zum Folgenden: StN HV Nr. 150/1.

dent von Feuerbach, Regierungsdirektor Ritter von Bever und Stadtpfarrer Schnizlein waren an der Teilnahme verhindert; sie unterzeichneten das Protokoll nachträglich: am 3. Januar von Feuerbach und von Bever, am 4. Januar Schnizlein (er behauptete sogar, nicht eingeladen worden zu sein!).

Unter diesen 14 Gründungsmitgliedern in der Kreishauptstadt befand sich nicht Bürgermeister Endres von Ansbach.[36] Er erscheint erst in der dem ersten Jahresbericht beigegebenen Mitgliederliste[37], in der 111 Herren genannt sind, *welche sowohl bei den zwei ersten Versammlungen erschienen, als durch dieselben zu gleichberechtigten Mittheilungen eingeladen und aufgenommen wurden*[38].

An der Nürnberger Versammlung am 11. Februar nahmen 19 Herren teil. Die Gesamtzahl der Gründungsmitglieder in Ansbach und in Nürnberg betrug also 33 (hier erscheint diese Zahl wieder, die aber nicht für Ansbach allein in Anspruch genommen werden darf!).

Im ersten, aus vier Herren bestehenden Vereinsausschuß war neben Ritter von Lang auch Regierungspräsident von Mieg vertreten. Oben wurde erörtert, wer als Gründer des Ansbacher Historischen Vereins anzusehen sei, und wir haben gesehen, daß der Regierungspräsident entgegen der bisherigen Ansicht der Hauptakteur gewesen ist; hier ist nun einer weiteren Legende im umgekehrten Fall entgegenzutreten, nämlich daß Herr von Mieg von Anfang an der Vereinsvorsitzende gewesen sei[39]. Es gab bis über die Mitte des Jahrhunderts hinweg überhaupt keinen *Vorsitzenden*[40]; der Regierungspräsident hatte kraft seiner Stellung und Persönlichkeit allenfalls einen Ehrenvorsitz. Da Ritter von Lang und Herr von Mieg beide im Verein besonders aktiv waren, kann man vielleicht sagen, daß dieser damals von *zwei Autoritäten*[41] geleitet wurde.

2. Erste Reaktionen

In Ansbach war man sich bewußt, mit der Gründung des ersten historischen Kreisvereins in Bayern eine Pioniertat vollbracht zu haben. Ritter von Lang selbst forderte dazu auf, die Idee auch in anderen Kreisen zu verwirklichen.[42] Bahnbrechend war dann insbesondere die Veröffentlichung der Nachricht über die Gründung des Rezatkreisvereins und der gleichzeitige Abdruck der Satzung in der Zeitung *Das Inland* vom 8. und 9./10. Mai 1830.[43]

Unter Berufung auf das *Vorbild des bereits im Rezatkreise bestehenden Vereines* kündigte bereits in der übernächsten Nummer des *Inlands* vom 13. Mai Herr v. Freyberg die Bildung eines Historischen Vereins für den Isarkreis an.[44]

Ebenfalls am 13. Mai reagierte auch das Innenministerium in München. Seit 1828 wurde es von Eduard von Schenk geleitet, der — wie wir gesehen haben[45] — 1827 schon

---

[36] ENDRES (wie Anm. 1), S. 7, hält ihn für einen Teilnehmer an der Urversammlung am 1. Januar 1830 in Ansbach.
[37] JVHM 1 (1830), S. 6 f.
[38] Ebd., S. 6.
[39] So z. B. ENDRES (wie Anm. 1), S. 6.
[40] Der Terminus wird z. B. auch in allen JVHM dieser Zeit nicht verwendet.
[41] JULIUS MEYER, Vorbericht, in: JVHM 47 (1900), S. II.
[42] PAUL OESTERREICHER, Geschichte der Burg und des Rittergutes Rabenstein, Bamberg 1830, S. V: ... *Ritter von Lang hatte sogleich nach Bildung des Retzatvereines Nachricht gegeben und zu einem Gleichen aufgemuntert.*
[43] *Das Inland* 1830, S. 513 f., 518 ff.
[44] Ebd., S. 529.
[45] Siehe S. 657.

maßgeblich (allerdings noch in untergeordneter Position) an der Entstehung des Kabinettsbefehls aus der Villa Colombella beteiligt gewesen war. Der Minister richtete jetzt ein Schreiben an sämtliche Regierungspräsidien in Bayern (der Rezatkreis war selbstverständlich ausgenommen). Auch er berief sich auf den im *Inland* erschienenen Artikel, stellte aber nun erstmals[46] eine direkte Verbindung zum Kabinettsbefehl von 1827 her: *Das Präsidium wird aus den Nummern 127 und 128 des Inlandes vom 8. und 9. May die Grundzüge des im Rezatkreise gegründeten historischen Vereins ersehen haben, der die in dem allerhöchsten Cabinets-Befehle aus Villa Colombella vom 29. Mai 1827 ausgesprochene Willensmeinung auf eine eben so umfassende als praktische Weise zu verwirklichen strebt. — Die Nachahmung dieß geschichtlichen Vereines in allen Kreisen des Königreiches und hiedurch Vorbereitung von Spezialgeschichten und kräftige Förderung des Nationalgeistes sind gewiß hoechst wünschenswerth. — In dieser Voraussetzung wünscht man eine umständliche Aeußerung des Regierungs-Präsidiums, in welcher Weise und unter welchen Modalitäten derselbe historische Verein auch in dem seiner Leitung anvertrauten Kreise ins Leben gerufen werden könne?*[47] Berichtspflicht war schon immer ein probates Mittel, Beamte unter Druck zu setzen.

3. Die Reise des Königs durch den Obermainkreis

Der König, der an der ganzen Entwicklung regen Anteil nahm und z. B. auch *Das Inland* las[48], entschloß sich nun, auch persönlich vor Ort die Angelegenheit voranzutreiben. Er nahm die schon länger geplante Reise in den Obermainkreis[49] zum Anlaß, dort die Initialzündung auszulösen.

Da dieser Besuch so wichtig war und eine *dramatische Entwicklung*[50] einleitete, ist es einigermaßen verwunderlich, daß er in der bisherigen Literatur so kurz behandelt, ja öfters nicht einmal der Erwähnung für wert befunden wird.

Der König hielt sich zunächst vom 21. Juni abends bis zum 23. Juni morgens in der Kreishauptstadt Bayreuth auf.[51] Im Rahmen seines Besuchsprogramms bekam er auch *das Antiquarium über die aus altteutschen Grabhügeln ausgegrabenen Merkwürdigkeiten von Bronze*[52] des Bayreuther Geschichtsvereins zu sehen. Bei allem Lob für die bisher in der Kreishauptstadt geleistete geschichts- und denkmalpflegerische Arbeit

---

[46] Spätere Belege siehe Anm. 10.

[47] Nur die Ausfertigung für das Regierungspräsidium des Obermainkreises konnte ich ermitteln: StB Reg. v. Ofr. Präsid. Regist. Rep. K 3, Nr. 1144¹. — Entwurf: BayHStA MK 15786. — Druck: STETTER (wie Anm. 5), S. 84.

[48] Siehe z. B. Eintrag im Tagebuch König Ludwigs I. (Staatsbibliothek München) zum 24. Juni 1830.

[49] Man erwartete ihn schon im Jahre 1829 (StB Reg. v. Ofr. Präsid. Regist. Rep. K 3, Nr. 92; vgl. HELLMUT KUNSTMANN, Die Burgen der östlichen Fränkischen Schweiz [= Veröffentlichungen der Gesellschaft für Fränk. Gesch., IX. Reihe, 20. Bd.], Würzburg 1965, S. 207 f.). — Zu den Vorbereitungen und zur Durchführung der Reise im Jahre 1830 siehe den angegebenen Akt K 3 Nr. 92 und die Schilderungen im *Inland* 1830 (S. 711 f., 726, 729 f., 734, 738, 741 f.), bei AUGUST SIEGHARDT (Der Besuch König Ludwigs I. auf der Burg Rabenstein, in: Das Bayerland 21/1910, S. 448—450, 464—466) und GEORG KRAUSS (Die Oberfränkische Geschichte, 1981, S. 98 ff.).

[50] STETTER (wie Anm. 5), S. 36.

[51] Der Aufenthalt wird auch dokumentiert in der *Chronik der Kreis-Hauptstadt Bayreuth von der Magistratischen Verfassung 1818 bis 1841*, III. Heft, verfaßt Mitte des 19. Jh.s (StadtABay C 3). — MÜLLER (wie Anm. 14), S. 385, der die Anwesenheit des Königspaares in Bayreuth auf 24. bis 26. Juni legt, ist einer Verwechslung der Kreishauptstadt mit Bamberg zum Opfer gefallen.

[52] HAGEN (wie Anm. 20), S. 11.

vergaß er doch nicht, Bürgermeister Hagen gegenüber darauf hinzuweisen, *daß die Gründung eines Kreis-Vereines wünschenswerth wäre*. Diese Äußerung, die Hagen erst später bekanntgab[53], erklärt die nachfolgende rasche Reaktion des Bayreuther Vereins.

Am 23. Juni erfolgte die Weiterreise in die Fränkische Schweiz.[54] Der Hauptaufenthalt war auf der Burg Rabenstein, wo die königlichen Majestäten beim Schloßherrn Franz Erwein Graf von Schönborn[55] einkehrten. Dort äußerte der König wieder seinen Wunsch, daß ein Historischer Verein für den Obermainkreis gegründet werden solle.[56] Diese Nachricht brachte, wie der Bamberger Archivar Paul Oesterreicher überliefert hat, Freiherr Hans von Aufseß in die Domstadt.[57] Daß auch Oesterreicher an der Reise durch die Fränkische Schweiz teilgenommen habe[58], läßt sich quellenmäßig nicht belegen.[59]

Vom 24. bis zum 26. Juni hielten sich die Majestäten dann in Bamberg auf, nachdem sie im Seinsheimschen Schloß in Pretzfeld übernachtet hatten und ehe sie nach Bad Brückenau weiterreisten. Sicherlich nutzte er auch hier jede passende Gelegenheit, um für seine Idee zu werben.[60]

4. Rivalität zwischen Bayreuth und Bamberg

Wohlberechnet hatte König Ludwig I. also die maßgebenden Leute im Obermainkreis angesprochen und sie direkt zur Gründung eines Kreisvereins aufgefordert. Er wollte nur anregen und die Angelegenheit vorantreiben, ohne sich auf bestimmte Persönlichkeiten festzulegen. Auf diese Weise erreichte er, daß mehrere glaubten, vom Monarchen persönlich beauftragt zu sein, die Initiative zu ergreifen.

Wo würde der neue Verein für die ganze Provinz entstehen? In Bayreuth, der alten Markgrafenstadt, jetzt Kreishauptstadt, wo sich bereits seit 1827 ein Verein mit ähnlicher Zielsetzung befand, oder in Bamberg, dem Sitz des staatlichen Archivs des Obermainkreises mit Bamberger und Bayreuther Archivalien sowie wichtiger Bibliotheken, in dem es auch immerhin schon einen Kunstverein gab? Anders als im Rezat- und Untermainkreis, wo ebenfalls eine Doppelpoligkeit bestand (Ansbach/Nürnberg, Würzburg/Aschaffenburg), war hier auch ein konfessioneller Gegensatz gegeben.

Die Führungsrolle fiel in Bayreuth Bürgermeister Hagen, in Bamberg dem Archivar Oesterreicher[61] zu. Bereits einen Tag nach der Abreise des Königs, am 27. Juni, schrieb Oesterreicher an Hagen: *Eure Wohlgeborne haben auf meinen zweimaligen Antrag*[62],

---

[53] HAGEN (wie Anm. 15), S. 122.
[54] SIEGHARDT (wie Anm. 49) hat diesem Teil der Reise eine spezielle Studie gewidmet.
[55] *Hans von Schönborn* bei KRAUSS (wie Anm. 49), S. 99, ist ein Lesefehler.
[56] OESTERREICHER (wie Anm. 42), S. VI; 1. BHVB (1834), S. 10.
[57] OESTERREICHER (wie Anm. 42), S. VI f. — Die Teilnahme des Freiherrn von Aufseß an der Reise durch die Fränkische Schweiz wird eindeutig bewiesen durch einen Eintrag König Ludwigs I. in seinem Tagebuch (Staatsbibliothek München) zum 23. Juni 1830.
[58] So EVA KUNZMANN, Zur Geschichte des Historischen Vereins für Oberfranken, in: AO 51 (1971), S. 235.
[59] OESTERREICHER (wie Anm. 42), S. 64, passierte das Mißgeschick, ein falsches Datum für den Besuch der königlichen Majestäten in der Fränkischen Schweiz anzugeben; die Sache wäre weniger peinlich, wenn er in der auch dem Monarchen übersandten Schrift nicht so emphatisch geäußert hätte: *Der 23. Julius (!) 1830 wird dem historischen Vereine zum steten Andenken seyn.*
[60] Vgl. 1. BHVB (1834), S. 4, und 24. BHVB (1860/61), S. VII.
[61] Zu Paul Oesterreicher siehe FRIEDRICH LEITSCHUH, in: Allgemeine Deutsche Biographie, Bd. 24 (1887), S. 518 ff.
[62] Das geschah *vor einigen Wochen* bzw. *zu Anfang des Jahres* (StadtAB HV Rep. 5, Nr. IV/1, Schreiben Oesterreichers an Hagen vom 2. Juli 1830 bzw. *Entwurf für den historischen Kreisverein zu Bamberg*).

die Wirkung Ihres Vereines auf den ganzen Obermainkreis auszudehnen, noch keine Erklärung abgegeben. Hiermit wird jetzt nicht länger zu zaudern seyn; denn seine Majestät der König haben Sich für einen historischen Kreisverein allergnädigst ausgesprochen . . . Belieben Sie nun, Ihre Erklärung binnen längstens 8 Tagen mir zu schreiben, ob und wie von Ihrer Seite der Beitritt zu einem Kreisvereine Statt finden werde. Die Unterzeichnung dafür ist schon eröffnet . . .[63]

Nun überschnitten sich aber die Ereignisse. Hagen, der — nicht zuletzt wegen der königlichen Äußerung ihm gegenüber, von der Oesterreicher wohl nichts wußte[64] — schon seine Vorbereitungen getroffen hatte, erklärte laut neuer, dem Rezatkreis-Verein angeglichener Statuten[65] am 28. Juni die Bayreuther Gesellschaft zum Kreisverein.[66] In seinem Schreiben vom 29. Juni an Oesterreicher betonte er, daß die Ausdehnung auf den ganzen Obermainkreis *mit Genehmigung der . . . Königlichen Kreis-Regierung* erfolgt sei.[67]

Inzwischen hatte aber der Bamberger Archivar schon seine *Ankündigung für einen geschichtlichen Verein des Obermainkreises* erlassen (28. Juni).[68] Ihren Willen, als Mitglieder beizutreten, bekundeten unterschriftlich 20 Geschichts- und Kunstfreunde mit Einschluß Oesterreichers.[69] Dieser berief sich darauf, daß er als Vorstand des vereinigten bambergischen und bayreuthischen Archivs verpflichtet sei, den königlichen Willen zum Vollzug zu bringen. *Seine Majestät der König haben die günstigsten Gesinnungen für Bamberg zu äußern geruhet . . . Der Verein für die baireutische Geschichte hat die Grundlage davon gemacht. Unterzeichneter hat denselben gleichfalls aufgefordert, sich dem allgemeinen Vereine des Kreises anzuschließen, worüber dann besonders mit ihm verhandelt werden müßte.*

Am 2. Juli schrieb der Archivar an den Bürgermeister[70], nachdem er dessen Brief vom 29. Juni empfangen hatte: *Die Nachricht, daß der baireutische Geschichtsverein sich in einen allgemeinen des ganzen Kreises verwandelt habe, wozu ich schon vor einigen Wochen den Antrag gestellt hatte, freute mich sowohl als meine Herren Bundesverwandten besonders . . . Die beiden Vereine zu Baireut und Bamberg können nun, in stäter Verbindung miteinander, leisten, was möglich ist. Die hiesigen Mitglieder müssen aber darauf beharren, daß Bamberg wie Nürnberg in dem Rezatkreise seine eigene Urversammlung und sein eigenes Konservatorium habe. Die Mitglieder haben erkläret, daß sie dasjenige, was sie für das Konservatorium nun hergeben oder anschaffen, nicht einige Meilen weit hinwegschicken werden, um es entweder gar nicht, oder nur mit großen Kosten und Mühe wieder zu sehen und zu benützen . . .* Hagen solle *diese Umstände* der Regierung unterbreiten, um auch hierfür die *hohe Genehmigung zu erlangen.* Der Bürgermeister zog es aber vor, sich vorläufig in Schweigen zu hüllen.

---

[63] StadtAB HV Rep. 5, Nr. IV/1.

[64] Siehe S. 663.

[65] Abgedruckt in: Bericht über die Entstehung, Fortbildung und gegenwärtige Lage des historischen Vereins von Oberfranken zu Bayreuth, Bayreuth 1842, S. 77 f. — Eine wesentliche Neuerung war, daß die Vereinsleitung in die Hände eines *Vorstands* gegeben wurde.

[66] *Bekanntmachung* abgedruckt ebd., S. 75 f.

[67] StadtAB HV Rep. 5, Nr. IV/1. In der *Bekanntmachung* (siehe Anm. 66) heißt es in abgeschwächter Form, daß die Konstituierung *unter Autorität der Königlichen Regierung des Obermainkreises* erfolgt sei (S. 76).

[68] StadtAB HV Rep. 5, Nr. IV/1.

[69] Auf der *Ankündigung* selbst haben neben Oesterreicher 9, auf einem besonderen Blatt — ebenfalls vom 28. Juni datiert — 10 Personen unterzeichnet. Die Namen sind im 1. BHVB (1834), S. 5, und im 24. BHVB (1860/61), S. VII, veröffentlicht.

[70] StadtAB HV Rep. 5, Nr. IV/1.

Am 8. Juli fand im Pfarrhaus zu U. L. F. auf dem Kaulberg in der Wohnung des Geistlichen Rats Schellenberger und auf seine Einladung hin[71] die konstituierende Sitzung des Historischen Vereins Bamberg statt.[72] Anwesend waren 17 der Herren, die ihre Bereitschaft zum Beitritt erklärt hatten.[73] Im Gründungsprotokoll heißt es: *Die unterz. Mitglieder erklären hiemit, daß sie einen historischen Verein bilden wollen.*

1. Plan und Zweck wird nach dem Inhalt des bereits vorhandenen Planes des Anspacher Vereins angenommen; — u. H. Hofrath u. Archivar Oestreicher zur Verfassung der Statuten beauftragt, welche bis zum 22. July nachmittags entworfen u. der Versammlung vorgelegt werden sollen. —

2. An eben diesem Tag soll ein Vorstand mit 2 Beisitzern und ein Conservator erwählt werden.

3. Sey hievon die k. Regierung in Kenntniß zu setzen, u. der Antrag eines gemeinschaftlichen Zusammenwirkens mit dem ähnl. Verein in Baireuth zu machen, . . .[74]

Regierungspräsident Constantin Ludwig Frhr. von Welden sah jetzt schon den Zeitpunkt für gekommen, dem Innenministerium auf den Erlaß vom 13. Mai[75] Antwort zu geben. Aus seinem Bericht vom 12. Juli[76] geht hervor, daß er sich über die bis ins Persönliche reichenden Ursachen des Tauziehens zwischen Bayreuth und Bamberg im klaren war, aber den Bambergern allein die Schuld zuschob. Wenn er auch den Bayreuther Verein favorisierte — den Bamberger bezeichnete er nur als *Lokal-Verein* —, hielt er doch die Entwicklung — anders als Hagen in seinem Schreiben vom 29. Juni[77] — noch nicht für abgeschlossen, sondern sprach seine Hoffnung aus, daß ein *Kreis-Verein* sich bilde. — Der Innenminister antwortete schon am 25. Juli.[78] Die Gewichte auf beide Seiten verteilend, mahnte er: *Es wird nur noch ein Gegenstand der Aufmerksamkeit des k. Präsidiums seyn, die . . . kleinlichen Persönlichkeiten zwischen den Literatoren Bambergs und Baireuths immer mehr abzuschleifen, . . .*

Inzwischen hatte am 22. Juli die zweite Sitzung in Bamberg stattgefunden[79]; denn man ließ sich dort nicht irremachen. Die Satzung wurde genehmigt.[80] Sie entsprach in vielem derjenigen des Rezatkreises. Eine wesentliche Abweichung war allerdings, daß auch hier — wie es schon kurz vorher in Bayreuth geschehen war[81] — an die Spitze des Vereins ein *Vorstand* gestellt wurde. Eine jährliche Versammlung sollte — anders als in Ansbach und Bayreuth — nicht stattfinden, *besonders da unser Verein keine Wande-*

---

[71] 1. BHVB (1834), S. 6.
[72] Protokoll: StadtAB HV Rep. 5, Nr. III/1.
[73] Nur der Maler Rupprecht ist auf den Schriftstücken des 28. Juni noch nicht zu finden. — Die Namen der Persönlichkeiten, die das Gründungsprotokoll unterschrieben haben, sind veröffentlicht bei SCHEMMEL (wie Anm. 1), S. 20 f.
[74] Die Mitteilung an die Kreisregierung erfolgte noch am gleichen Tag; sie wurde dort am 10. Juli präsentiert (StB Reg. v. Ofr., K. d. I., Rep. K 3 — F VIII, Nr. 40).
[75] Siehe S. 661 f.
[76] BayHStA MK 11833.
[77] Siehe S. 664.
[78] StB Reg. v. Ofr. Präsid. Regist. Rep. K 3, Nr. 1144¹.
[79] Protokoll: StadtAB HV Rep. 5, Nr. III/1.
[80] Druck der Satzung: 2. BHVB (1838), S. VII ff. Dies ist bereits die zweite Fassung. Die erste, viel umfangreichere Fassung *(Entwurf für den historischen Kreisverein zu Bamberg)* befindet sich im Akt StadtAB HV Rep. 5, Nr. IV/1 (Konzept und Reinschrift). — Hierzu und zum Folgenden vgl. vor allem OTTO MEYER, Zur Geschichte der Satzung des Historischen Vereins Bamberg, in: 92. BHVB (1952/53), S. XXXVII.
[81] Siehe Anm. 65.

rungen zu auswärtigen Bibliotheken machen muß.[82] Dagegen wurde eine jährliche gemeinschaftliche Mitgliederversammlung der beiden Vereine vorgeschlagen.[83] Die seit 1827 in Bayreuth herausgegebene Zeitschrift *Archiv für Bayreuthische Geschichte und Alterthumskunde* war als gemeinschaftliches Vereinsorgan vorgesehen. Als Vorstand wurde Appellationsgerichtspräsident Graf von Lamberg, als Sekretär Oesterreicher gewählt. Da die Satzung nur als Entwurf betrachtet wurde, erfolgte zunächst keine Übersendung an die Regierung und an den Bayreuther Verein; am 19. August wurden Herrn Hagen lediglich die wichtigsten Punkte mitgeteilt.[84]

Nachdem am 15. September 1830 schon eine vorläufige Übereinkunft zwischen den beiden Vereinen in Bayreuth und Bamberg erzielt worden war[85], kam es am 5. Februar 1831[86] zu einer endgültigen Regelung für die Anfangszeit: *Beide Versammlungen haben beschlossen, daß zur Erreichung des gemeinschaftlichen Zweckes zwei historische Vereine zu Bayreuth und Bamberg bestehen sollen ... Jeder dieser Vereine wählt sich seinen eigenen Ausschuß ... Alljährlich soll einmal ... eine General-Versammlung von Mitgliedern beider Vereine gehalten ... werden ... Als Central- und Vereinigungs-Punkt für beide Vereine dient eine unter dem Titel: Archiv für Geschichte und Alterthumskunde des Obermainkreises herauszugebende Zeitschrift ... Die Redaktion des historischen Archivs bleibt in Bayreuth ...*[87]

Damit war die Grundlegung abgeschlossen. Aus dem Wettstreit war gemeinsames Wirken geworden. Daß die engere Zusammenarbeit dann auf die Dauer doch nicht durchzuhalten war, steht auf einem anderen Blatt. Wichtig in diesem Zusammenhang ist aber noch: Oesterreicher, der *eigenwillige Gelehrte*[88] und eifersüchtige Hüter seiner Archivbestände[89], der so großen Anteil an der Entstehung des Historischen Vereins Bamberg hatte, schied aufgrund von persönlichen Differenzen bereits im Sommer 1831 aus der Gesellschaft aus![90] Sein Kontrahent Hagen in Bayreuth aber leitete den dortigen Verein noch jahrzehntelang.

5. Last not least: Die Entstehung des Historischen Vereins im Untermainkreis

Am längsten dauerte der Gründungsvorgang bei den fränkischen Vereinen in Würzburg. Dafür war aber dort das Ergebnis dann auch besonders ausgereift.

Sowohl das Kabinettsreskript aus der Villa Colombella vom 29. Mai 1827 als auch der Ministerialerlaß vom 13. Mai 1830 waren auf fruchtbaren Boden gefallen.[91] Beide Male war Legationsrat Dr. Carl Gottfried Scharold[92], ein rühriger Mann, wissenschaft-

---

[82] Erste Fassung (siehe Anm. 80), § 3. — Die Bemerkung über die *Wanderungen* bezieht sich auf den Rezatkreisverein, der jährliche Zusammenkünfte jeweils an Orten mit großen Bibliotheken vorgesehen hatte (*Plan* [siehe Anm. 23], § 5).

[83] Ebd. — Endgültige Abmachung hierüber am 5. 2. 1831 *(Gemeinschaftliche Satzungen für die beiden historischen Vereine zu Bayreuth u. Bamberg)*; abgedruckt: 2. BHVB (1838), S. XI f. — Die Versammlungen fanden von 1832 (vgl. Anm. 15) bis 1857 (vgl. MEYER, wie Anm. 80) statt.

[84] StadtAB HV Rep. 5, Nr. IV/1.

[85] Bericht ... (wie Anm. 65), S. 82 f.

[86] 1. BHVB (1834), S. 14.

[87] 2. BHVB (1838), S. XI f.; vgl. 1. BHVB (1834), S. 14 f.

[88] MEYER, Festvortrag Bamberg (siehe Anm. 1), S. 18.

[89] Hierzu vor allem ANTON DÜRRWAECHTER, Wege und Ziele des Historischen Vereins Bamberg, Bamberg 1907, S. 9 ff.

[90] Ebd., S. 9.

[91] LEO GÜNTHER, Würzburger Chronik, 3. Bd., Würzburg 1925, S. 709 ff. u. 743; GÜNTHER (wie Anm. 9), S. 344 f.

[92] GÜNTHER (wie Anm. 9), S. 340 ff.

licher und feuilletonistischer Schriftsteller, auch Zeitungsherausgeber, maßgebend an den Ereignissen beteiligt.

Kurz nach dem Eintreffen des oben genannten Ministerialerlasses vom 13. Mai 1830 schrieb er in der von ihm selbst herausgegebenen Zeitung *Der Postbote aus Franken*[93] am 24. Juni selbstbewußt: *. . . es werden demnach in Kürze die für Würzburg und Aschaffenburg bestimmten „historischen Urversammlungen" sich als förmlich konstituirt aussprechen, . . .*[94]

Am 10. Juli fand dann unter Vorsitz des Regierungspräsidenten Dr. Maximilian Freiherr von Zu-Rhein[95] die erste vorbereitende Sitzung statt, an der 17 Herren teilnahmen.[96] Das erste Sitzungsprotokoll stammt vom 12. November 1830.[97] Der Regierungspräsident war *Vortragender*, Scharold Protokollführer. Wie bei den sonstigen fränkischen Vereinen wurde bei der Beratung über die Statuten die Satzung des Rezatkreisvereins zugrundegelegt, von der mehrere Druckexemplare am 10. Juli verteilt worden waren. In die Diskussion einbezogen wurden hier jetzt aber auch die am 29. Juni 1830 veröffentlichten Statuten des Isarkreisvereins[98], die man in Bayreuth und Bamberg aus zeitlichen Gründen nicht mehr hatte berücksichtigen können. Ein auf die Statuten des Isarkreisvereins zurückgehendes Novum war vor allem, daß beschlossen wurde, einen Vereinsausschuß aus zwölf Mitgliedern — nicht wie sonst aus vier — zu bilden.[99] Herr Legationsrat Scharold, der neben Professor Berks[100] einen Statuten-Entwurf geliefert hatte[101], wurde beauftragt, eine redigierte Fassung der Satzung herzustellen.

Hierauf wurde die Satzung zunächst den Aschaffenburger Geschichtsfreunden zur Kenntnis gebracht. Diese erklärten am 24. Dezember, *daß sie es nicht zweckmäßig fänden, einen eigenen Verein für Aschaffenburg oder für das ehemalige Fürstenthum dieses Namens zu bilden, sondern wünschten, sich dem in Würzburg errichteten Vereine anzuschließen;* außerdem billigten sie voll und ganz die Vereins-Statuten.[102]

Nun war der große Augenblick gekommen. Am 22. Januar 1831 wurde im *Kreisregierungs-Präsidial-Zimmer* im Borgiasbau der Universität (jetzt: Neubaustraße) die Satzung von *sämmtlichen anwesenden Mitgliedern . . . genehmigt* und damit der Verein *förmlich konstituirt*.[103] Regierungspräsident Zu-Rhein, der die Veranstaltung leitete, wählte man zum Direktor, den Protokollführer Scharold zum Sekretär und Konservator. Anwesend waren, wie bei der ersten Sitzung am 10. Juli, wieder 17 Herren[104].

---

[93] Sie erschien nur wenige Jahre, nämlich von 1827—1831 (GÜNTHER [wie Anm. 9], S. 343 f.).

[94] *Der Postbote aus Franken* 1830, S. 692. Vgl. GÜNTHER (wie Anm. 9), S. 345, GÜNTHER (wie Anm. 91), S. 743.

[95] ALOIS ALZHEIMER, Maximilian Frhr. von Zu Rhein, in: Die Kgl. Bayer. Staatsminister der Justiz in der Zeit von 1818 bis 1918, hrsg. vom Staatsministerium der Justiz, I. Teil (1818—1854), München 1931, S. 229 ff.

[96] *Der Postbote aus Franken* vom 12. Juli 1830 (S. 763); vgl. GÜNTHER (wie Anm. 9), S. 345; GÜNTHER (wie Anm. 91), S. 743.

[97] StW HV Sitzungsprotokolle 1830—1836.

[98] *Das Inland* 1830, S. 723 ff.

[99] Vorgeschlagen hatte man *etwa 8 bis 10* und *10 bis 12* Mitglieder; in den Statuten des Isarkreisvereins (§ 8) heißt es, daß der Ausschuß *wenigstens aus 12 Mitgliedern* bestehen solle. Man hatte sich also auf einen runden Mittelwert geeinigt.

[100] Prof. Berks war weder bei dieser noch bei der nächsten Sitzung am 22. Januar persönlich anwesend; er wurde aber als Gründungsmitglied geführt.

[101] Nur Scharolds Entwurf ist dem Sitzungsprotokoll beigefügt.

[102] StW HV Sitzungsprotokolle 1830—1836, 22. 1. 1831.

[103] Ebd.

[104] Namenslisten sind nur für den 12. 11. 1830 und den 22. 1. 1831 überliefert, da am 10. 7. 1830 kein Protokoll geführt wurde. An der Sitzung am 12. 11. 1830 nahmen 18 Herren teil. Am ent-

Am 24. Januar 1831 schon wurde im *Postboten aus Franken*[105], am 22. Februar im Intelligenzblatt für den Unter-Mainkreis[106] die Konstituierung des Vereins bekanntgegeben. Im Intelligenzblatt ist zusätzlich ein *Alphabetisches Verzeichniß der jetzigen Vereins-Mitglieder*[107] abgedruckt, das 28 Namen, also alle Gründungsmitglieder, enthält. Unter diesen waren auch acht Aschaffenburger Herren.

Am 13. Mai 1831 — genau ein Jahr nach dem Erlaß des Innenministeriums — wurde die Vereinsgründung auch nach München gemeldet.[108] In seiner Antwort vom 29. Mai tadelte Eduard von Schenk mit keinem Wort die Verzögerung, er bestätigte sogar förmlich die Statuten und erklärte, daß diese *den früheren Vereins-Satzungen in vielen Stükken analog, in andern noch zweckmäßiger* seien.[109] Beeindruckt dürfte ihn vor allem haben, daß hier über das Sammeln und Aufbewahren, Benützen und Bearbeiten des Materials, aber auch die Vereinsleitung besonders klare Bestimmungen getroffen worden waren und daß außerdem durch den Zwölfer-Ausschuß eine besonders effektive Arbeit zu erwarten war.[110]

Schlußbemerkung

So war die Gründungsphase der historischen Vereine in Franken zu einem wirkungsvollen und zukunftsträchtigen Abschluß gelangt. In wenigen Jahren war ein Werk geschaffen worden, das die Zeiten überdauerte und heute wie eh und je reiche Früchte trägt. Die Männer, die damals den Geist der Zeit erkannten und tatkräftig handelten, haben bewiesen, daß es möglich ist, Großes zu schaffen, wenn private Initiative und amtliche Aktivitäten, von der gleichen Idee beseelt, zusammenwirken, daß nicht einmal persönliche Interessen und Eitelkeiten ein solches auf festen Fundamenten errichtetes Gebäude zum Einsturz bringen können. Freilich — auch der Anteil König Ludwigs ist nicht hoch genug einzuschätzen. In der Anfangszeit seiner Regierung brachte er es noch meisterhaft fertig, durch geschicktes Taktieren seinem königlichen Willen Geltung zu verschaffen.

Die fränkischen Historiker, die aus der Einsicht, der Arbeitsleistung und dem Weitblick der Organisatoren der historischen Vereine vor 150 Jahren so vielfältigen Nutzen zogen und ziehen, haben allen Grund, diesen Männern dankbar zu sein.

---

scheidenden Tag, dem 22. 1. 1831, fehlten ausgerechnet zwei ganz wichtige Persönlichkeiten: der betagte Domkapitular Prof. Dr. Franz Oberthür, der schon am 30. August 1831 starb, und der Regierungsrat Graf v. Giech, später Regierungspräsident von Mittelfranken und als solcher eng mit dem dortigen Historischen Verein verbunden. Die Zahl 17 ergibt sich, weil den beiden Abgängen ein Zugang, nämlich Prof. Friedreich, gegenübersteht.

[105] GÜNTHER (wie Anm. 91), S. 743.
[106] S. 410 f.
[107] Auch abgedruckt bei WENISCH (wie Anm. 1), S. 49 f.
[108] BayHStA MK 11838 a.
[109] Ebd.
[110] Die Statuten sind abgedruckt in: AU 1. Bd. 1. H. (1832), S. 141 ff., und MJ 33 (1981), S. 50 ff.

Abkürzungen und Sigel

AO	Archiv für Geschichte von Oberfranken (einschließlich Archiv für Bayreuthische Geschichte und Alterthumskunde und Archiv für Geschichte und Alterthumskunde des Ober-Main-Kreises)
AU	Archiv des Historischen Vereins von Unterfranken und Aschaffenburg (jetzt: MJ)
BayHStA	Bayerisches Hauptstaatsarchiv
BHVB	Berichte des Historischen Vereins Bamberg
GHA	Geheimes Hausarchiv (= Abt. III des Bayerischen Hauptstaatsarchivs)
HV	Historischer Verein
HZ	Historische Zeitschrift
JVHM	Jahrbuch (Jahresberichte) des Historischen Vereins für Mittelfranken
MJ	Mainfränkisches Jahrbuch für Geschichte und Kunst
StadtAB	Stadtarchiv Bamberg
StadtABay	Stadtarchiv Bayreuth
StB	Staatsarchiv Bamberg
StN	Staatsarchiv Nürnberg
StW	Staatsarchiv Würzburg

ZUR GESCHICHTE DER ORGELN DER EBRACHER KLOSTERKIRCHE

von

Wolfgang Wiemer

Die Erneuerung der barocken Hauptorgel der Ebracher Abteikirche 1984 bietet den geeigneten Anlaß, sich wieder mit der Orgelgeschichte dieser Kirche zu befassen. Dies erscheint um so lohnender, als besonders eigene Forschungen der letzten Jahre[1] unsere Kenntnisse über diese Orgeln seit den grundlegenden Veröffentlichungen von Jäger, Wernsdörfer sowie Fischer und Wohnhaas[2] wesentlich erweitert haben.[3]

Unsichere Anfänge

Die Anfänge der Ebracher Orgelgeschichte liegen im Dunkel: Der Zisterzienserorden hatte in seiner asketischen Kunstauffassung ursprünglich den Gebrauch dieses Instrumentes untersagt; man kann daher davon ausgehen, daß es zumindest im 13./14. Jahrhundert in der Klosterkirche keine Orgel gab. Als schließlich 1486 das Ordenskapitel in Citeaux das Orgelverbot allgemein aufhob, wurde dieses ohnehin nicht mehr strikt befolgt — manche Klöster, z. B. Heilsbronn, hatten sich bereits vorher eine Ausnahmegenehmigung zur Aufstellung einer Orgel geben lassen. Aus Ebrach sind jedoch im 15. Jahrhundert weder eine solche Genehmigung noch irgendwelche andere Nachrichten über das Vorhandensein von Orgeln bekannt.[4] Falls Ebrach tatsächlich vor dem Bauernkrieg ein solches Instrument besaß, wurde es jedenfalls 1525 — als die Innenausstattung der Kirche von den aufständischen Bauern ausgeplündert und das Chorgestühl durch Brand vernichtet wurde — mit zerstört.

---

[1] In Zusammenarbeit mit O. Dickau und M. Meyer im Rahmen des von der Deutschen Forschungsgemeinschaft unterstützten Forschungsvorhabens „Klosterkirche Ebrach" (Wi 165/15). Unser besonderer Dank gilt den Vorständen und Mitarbeitern der Staatsarchive Bamberg (StAB) und Würzburg (StAW) für ihre großzügige Hilfe.

[2] J. Jäger, Die Klosterkirche zu Ebrach, Würzburg 1903. — B. Wernsdörfer, Die Orgel in der Ebracher Klosterkirche, Festschrift zur 800-Jahrfeier der ehemaligen Cistercienser-Abtei Ebrach (Hrsg. H. Burkard), Heimatblätter des HVB 1927/28, S. 51—53. — H. Fischer, Der Mainfränkische Orgelbau bis zur Säkularisation, Acta organologica 2, Berlin, 1968, S. 101—204. — H. Fischer und T. Wohnhaas, Bamberger Orgelbauer der Barockzeit, 117. BHVB, 1981, S. 93—126. — Auf den älteren Arbeiten aufbauend, ferner: H. Dennerlein, Die Musikpflege im Zisterzienserkloster Ebrach, Festschrift Ebrach 1127—1977 (Hrsg. G. Zimmermann), Volkach, 1977, S. 219—241.

[3] Die folgenden Quellenangaben beziehen sich jeweils auf die Original- bzw. älteste bekannte Quelle. Sekundärzitate — z. B. in den späteren Chroniken — sind in der Regel nicht angegeben.

[4] Hier wirkt sich besonders erschwerend aus, daß der Rechnungs- und Aktenbestand des Klosters im Bauernkrieg weitgehend vernichtet wurde. Auch aus den späteren Jahrhunderten sind die wichtigsten Quellen (Rechnungsbücher und Künstlerverträge) nur mit Lücken von Jahren bis Jahrzehnten erhalten. Um so bedauerlicher ist, daß alle Chroniken sich nur marginal mit den Orgeln (wie überhaupt mit der klösterlichen Musikpflege) befassen. So erwähnt z. B. Agricola die südliche Chororgel nur als topographischen Hinweis zur Lokalisation der Heiligenbilder an den Kirchenwänden, die Orgelempore lediglich als Posten einer Zählung der Türen und Gewölbe der Kirche.

Chororgeln im 16./17. Jahrhundert

Das erste greifbare Dokument der Ebracher Orgelgeschichte ist eine Quittung vom 6. 2. 1553[5], in der ein *Michael Rudinger von Ochsenfurt, gewesener Organist zu Munster Ebrach* bestätigt, daß er seine Dienstbesoldung für das Jahr 1552 vollständig erhalten und keine Forderung mehr zu stellen habe. Rudinger hatte demnach die Organistenstelle in Ebrach aufgegeben[6]; die Existenz einer solchen Stelle beweist nicht nur das Vorhandensein zumindest einer Orgel bereits im Jahre 1552, sondern läßt auch schließen, daß das Kloster (das nach dem Bauernkrieg noch unter erheblichem Personalmangel litt) zunächst nicht genügend orgelkundige Konventsmitglieder hatte, die den Orgeldienst hätten versehen können.

Genaueres über die Orgeln erfahren wir dann aus den Protokollen der Visitation des Klosters durch den Würzburger Fürstbischof Melchior Zobel im Februar 1556. Eine der (infolge der Hintergründe dieser Visitation meist provokativ formulierten) Fragen, die dem Prior Johannes Koch laut dessen handschriftlicher Aufstellung[7] von den bischöflichen Räten über den Zustand des Klosters gestellt wurden, war *warumb der Appt das Neue gebeu über den Chor lassen machen*, worauf der Prior antwortete *es sind zwey kleine Orgelin darauff*. Die Kirche war demnach bei der Wiederherstellung nach dem Bauernkrieg mit zwei Chororgeln ausgestattet worden, die sich offenbar — ähnlich der heutigen Anordnung — im östlichen Langhausjoch oberhalb des bereits 1535 wiederhergestellten[8] Chorgestühls befanden. Möglicherweise waren diese Orgelarbeiten bei der Visitation noch nicht abgeschlossen, da laut Baurechnung für 1557[9] in diesem Jahr über mehrere Monate Zahlungen an einen Orgelmacher geleistet wurden. In der folgenden Zeit finden sich in den Rechnungsbüchern des Klosters bis hin zur Säkularisation, jährlich oder in mehrjährigen Abständen wiederkehrend, Ausgaben für Stimmung und Reparatur von Orgeln.[10]

Abt Leonhard Rosa (er regierte 1563—1591) ließ dann 1569, wie P. Joseph Agricola in seiner ca. 1660/61 verfaßten Chronik berichtet, von dem Heidingsfelder Orgelbauer Mathias Eckstein[11] in der Kirche eine neue Orgel zusammen mit einem zusätzlichen kleineren Werk (Positiv)[12] aufstellen. In den Rechnungen für 1569/70 sind dementsprechend *200 fl für den Orgelmacher* sowie *87 fl für 6 Zentner Zinn zur Orgel* ausgewiesen[13]. Die Vermutung Wernsdörfers trifft sicher zu, daß es sich — wie auch bei späteren Orgelanschaffungen — bei der vergleichsweise geringen Zahlung an den Orgelbauer lediglich um Arbeitslohn handelte, während Materialien und Hilfskräfte vom Kloster ge-

---

[5] StAW, Rep. A 190, Nr. 178.

[6] Nachträglich kam es noch zwischen Rudinger und dem Kloster zu einer mehrjährigen Kontroverse über angebliche Schadenersatzforderungen, die ich an anderer Stelle (Der Steigerwald, 4. Jahrg. Nr. 1, 1984, S. 239—242) dargestellt habe.

[7] StAW, Rep. D 8, Fasz. 212.

[8] Chronik des J. Agricola, StAW, Rep. D 7, Nr. 16/II, S. 276.

[9] StAW, Rep. A 236/II, Nr. 2557.

[10] Diese Belege werden im folgenden nur dann dokumentiert, wenn sich daraus besondere Hinweise auf die Orgelausstattung ergeben. Die unspezifizierten Angaben der jeweiligen Orgelzahl in diesen Rechnungen sind mit Vorsicht zu bewerten, da sie keineswegs immer die Gesamtzahl der in der Kirche oder im Kloster vorhandenen Instrumente wiedergeben.

[11] StAW, Rep. D 7, Nr. 16/IV, Bl. 10 v.

[12] StAW, Rep. D 7, Nr. 16/II, S. 299: (Abt Leonhard Rosa) *... transtulit in hunc, quem videmus, locum et de novo fieri curavit amplissimum et sonatissimum organum cum 8 follibus, et positivo, quod adhuc geminius huiusque ad maius in tanta paucitate personarum solatium non restaurari.*

[13] StAW, Rep. A 236/II, Nr. 69.

stellt wurden. Der Orgelstandort wurde bei dieser Neuanschaffung verlegt.[12] Das Werk, das sich offenbar noch zur Zeit Agricolas am ursprünglichen Aufstellungsort befand, wird von ihm als groß und volltönend gerühmt. Den genauen Standort gibt er allerdings nicht an; es bleibt unklar, ob es sich bei dem Hauptwerk um die südliche Chororgel handelt (die er an anderer Stelle erwähnt, s. u.), und ob das Positiv vom Hauptwerk getrennt war und so möglicherweise als zweite Chororgel diente.

Abt Hieronymus Hölein (1591—1615) ließ im folgenden Jahrhundert den Chor umbauen, wobei er das Chorgestühl von seinem traditionellen Platz im östlichen Langhausjoch nach Westen in das Presbyterium verlagerte und durch einen *oberen Chor* (offenbar Emporen) ergänzte. Ob der Orgelstandort mit verändert und dementsprechende Verlegungen bzw. Neuanschaffungen vorgenommen wurden, ist nicht überliefert. Daß Orgelarbeiten anfielen, deuten Eintragungen im Rechnungsbuch des Kastenamtes Bamberg für das Jahr 1608 an[14], wonach ein *Orgelmacher Predigerordens anhier zu verrichten* sowie ein Fuhrknecht *des Orgelmachers Zeug* ins Kloster zu fahren hatte.

Im 30jährigen Krieg wurde die Abtei mehrfach geplündert, im Mai 1633 dabei — wie aus einer Schadensliste in den Memoiren des Abtes Johannes Dressel (1618—1637) hervorgeht — auch der Pfeifenbestand *der Orgel* requiriert.[15] Abt Petrus Scherenberger (1646—1658), der nach dem Krieg die durch Kontributionen hoch verschuldete Abtei zu renovieren begann, mißfiel diese Choranordnung Abt Höleins; er stellte den früheren Zustand des Chores wieder her und wollte auch noch *die Orgel* renovieren, starb aber über diesem Vorsatz.[16]

Agricola, der in seiner Kirchenbeschreibung den Zustand der unmittelbar folgenden Jahre festhält, geht dabei leider nicht eigens auf die Orgeln ein; er erwähnt nur beiläufig eine Orgel auf der Südseite des Chors sowie ein Orgelgewölbe[17], das vermutlich zu dieser Orgel gehörte (s. u.). Es läßt sich aus seinen Mitteilungen nicht eindeutig entscheiden, ob die Kirche damals tatsächlich nur diese eine (Chor-)Orgel besaß oder ob er (wie vielleicht auch Abt Dressel in seiner Schadensliste[15]) die andere Orgel überging — sei es, weil sie als Kleinorgel (etwa das Positiv von 1569) unerheblich erschien, oder weil sie infolge der Kriegs- und Nachkriegsverhältnisse nicht mehr im Gebrauch war.[18] Jedenfalls besaß spätestens ab Rechnungsjahr 1660/61 das Kloster insgesamt wieder drei, die Kirche demnach zumindest zwei Orgeln, wie eine Eintragung in den Prälatenrechnungen, *7 fl 6 batzen dem Orgelmacher zu Arnstein von ein positiv und 2 orgel zu stimmen*, ausweist.[19]

---

[14] StAW, Rep. A 236/II, Nr. 4108; als Mitteilung von I. Stumpf z. T. fehlerhaft veröffentlicht bei *Dennerlein*, a.a.O.

[15] UBW, M.ch.q. 149, S. 95: *Für die Pfeifen, so aus der Orgell hinwegkommen, umb 240 fl angeschlagen Nr. 26:* F. Hüttner, Memoiren des Zisterzienserabtes Dressel von Ebrach aus den Jahren 1631—1635, Studien u. Mitteilungen a. d. Benediktiner- u. Zisterzienserorden, 27 (1906), S. 376.

[16] StAW, Rep. D 7, Nr. 16/II, S. 409; Wernsdörfer, a.a.O. gibt irrtümlich an, diese Reparatur habe stattgefunden.

[17] StAW, Rep. D 7, Nr. 16/II, S. 397, sowie Nr. 16/I, S. 492; nach Agricolas Zählung wies die Kirche noch ein weiteres (Treppen-)Gewölbe auf, das zum Dormitoriumsaufgang gehörte.

[18] Für diese Interpretation spricht der Nachsatz der in Anm. 12 wiedergegebenen Orgelnotiz.

[19] StAW, Rep. A 236/II, Nr. 160. Eine dieser Orgeln stand möglicherweise in der sog. Fuchskapelle, der Seelsorgekirche des Klosters, nahe dem Torhaus der Würzburger Straße; für die Abteikirche bleiben dann immer noch 2 Orgeln. Das Positiv in der letzteren Kapelle wird in den Rechnungen ausdrücklich erstmals 1717, ein Organist bereits 1625/28 (StAWi Rep. 236/II, Nr. 9725) genannt. Für das (auch aus liturgischen Gründen wenig wahrscheinliche) Vorkommen von Orgeln in anderen Kapellen des Klosters — etwa der Abtskapelle, Sepulturkapelle oder Krankenhauskapelle — gibt es keine Anhaltspunkte.

Der Nachfolger Abt Scherenbergers, Abt Alberich Degen (1658—1686), schaffte dann, wie wir in der Chronik Agricolas durch einen Nachtrag anderer Hand zur Geschichte dieses Abtes erfahren[20], 1669 für 3000 Gulden eine neue Orgel an. Der Name des Orgelbauers ist nicht überliefert; aus den Rechnungen geht lediglich hervor, daß er von 1669 bis 1671 unter Mithilfe seines Bruders sowie eines Gesellen an dem Werk arbeitete.[21] Wie E. Fürstenwerth, der Chronist des späten 18. Jahrhunderts, bestätigt, handelt es sich um das gleiche Werk, das 1704 auf die neue Orgelempore übertragen wurde und dort bis zum Ersatz durch die Seuffert-Orgel in Gebrauch war.[22] Aus dem Kontrakt für die Übertragung (s. u.) geht hervor, daß diese Orgel 18 Register besaß und ursprünglich auf dem *alten Gewölbe* stand. Einen Schlüssel für dessen Lokalisation bietet der von J. L. Dietzenhofer 1686 aufgenommene Grundriß der Südhälfte der Kirche, der sich in den Entwürfen dieses Architekten zum Neubau der Klostergebäude erhalten hat.[23] Wie aus diesem Grundriß zu ersehen ist, hatte die Kirche damals noch keine Westempore; jedoch befand sich unter der Südarkade des ersten Langhausjoches eine massive Empore für die südliche Chororgel (Epistelorgel), die in das Seitenschiff vorkragte, und zu der — wie noch heute (jedoch nicht am Vierungs-, sondern am zweiten Langhauspfeiler) — eine steinerne Wendeltreppe emporführte. In der vom Grundriß nicht erfaßten Nordhälfte der Kirche kommt als weiterer Orgelstandpunkt zwar noch die gegenüberliegende (Evangelien-)Seite des Mönchchors infrage; nach den Quellen ist jedoch unwahrscheinlich, daß im 17. Jahrhundert beide Chorseiten gleichermaßen zur Aufnahme relativ großer Orgeln ausgestattet waren. Es ist daher anzunehmen, daß das *große Orgelwerk* von 1669 zu der im Plan ausgewiesenen südlichen Empore gehörte (die vielleicht noch mit dem bei Agricola erwähnten Orgelgewölbe identisch war).

Für die neue Orgel wurde dann mit einem nicht namentlich genannten *Orgelmacher zu Würzburg* ein Wartungsvertrag geschlossen und im Rechnungsjahr 1675/76 eine erste Quartalszahlung von 1 fl. 12.—. geleistet.[24]

1694 wurde ferner von Abt Ludwig Ludwig (1686—1696) ein *neues Orgelwercklein für den Chor* angeschafft. Diese Kleinorgel ist — falls die obige Lokalisation der großen Chororgel zutrifft — der nördlichen Chorhälfte zuzuordnen (wo sich vermutlich ebenfalls eine entsprechende Vorgängerorgel befunden hatte). Der Vertrag hat sich erhalten[25]: Lieferant war *Herr Johann Georg Götz, Orgelmacher und Bildhauer in Bamberg* (laut seiner Unterschrift *bei St. Gangolph*). Die Disposition dieses Positivs be-

---

[20] StAW, Rep. D 7, Nr. 16/II, S. 430: (Abt Alberich Degen) . . . *1669 incoepit convocare magistrum cum famulis suis pro organo novo ex puro stagno faciendo quod ad 3000 fl constitit.*

[21] StAW, Rep. A 236/II, Nr. 1569 (Weinrechnung 1669/70) *1 fud. 4 Eym. — dem Orgelmacher und seinem Bruder*; Nr. 1570 (1670/71): *2 fud. 2 eym. 32 maß dem orgelmacher, seinem Bruder und gesellen*; ähnlich Nr. 1571 (1671/72) und Nr. 1671 (Januar/Februar 1671), dazu vereinzelte Einträge über Materialien zur Orgel Nr. 469 (1669/70) und Nr. 1570 (1670/71). FISCHER und WOHNHAAS, a.a.O., S. 104, schreiben die Orgel dem Kulmbacher Orgelbauer Tretscher zu.

[22] Memorabilia Abbatiae Ebracensis des P. ENGELBERT FÜRSTENWERTH, Pfarrarchiv Ebrach, S. 627; zahlreiche Auszüge aus dieser Chronik veröffentlicht bei J. JÄGER, Series abbatum et religiosarum monasterii Ebracensis, a tempore 1126 beati Adami I abbatis, usque ad annum 1803, CistChron 14, (1902), S. 129 ff.

[23] UBW, DELIN I/1, mehrere Blätter, z. T. abgebildet bei T. KORTH, Leonhard Dientzenhofers Ebracher Architektur, Festschrift Ebrach 1127—1977 (Hrsg. G. ZIMMERMANN), Volkach, 1977, S. 259—344.

[24] StAW, Rep. 236/II, Nr. 475, mit der Bemerkung: *NB, Ist ihme 6 Reichsthlr Versprochen worden das Jahr durch alle fehler der Orgel zu Corrigieren, und solche durchzugehen, und soll er alle Jahr 4 mahl im Closter Kommen.*

[25] StAW, Rep. D 8, Nr. 488, Blatt 191—195.

stand aus 6 Registern (Principal 8', Viola da Gamba 8', Oktav 4', Quint 3', Superoktav 2' und Mixtur 3fach); das Honorar betrug 200 fränkische Gulden. Die Baurechnungen des Jahres 1694 weisen in Übereinstimmung damit *30 fl accordirtermaßen für den Chor zum Orgelwerck* aus[26].

1696 wurde schließlich mit dem *Ehrngeachten und Kunsterfahrnen Herrn Adam Philipp Schleichen, Burgern und Orgelmachern in Würzburg* ein Wartungsvertrag[27] geschlossen: Schleich soll *all Jahr zweymahl und zwar erstlich im frühling, das andermahl aber kurz vor dem Fest Sancti Bernhardi anhero ins Closter kommen, das Groß- und Kleine Orgelwerckh durchgehen, und was darinnen schadhafft oder reparirens nothig sein wird, verfertigen, stimmen, corrigiren, die Blaßbälg ausbeßern und alles in guten standt sezen*. Als Sonderleistung soll er *vorhero die kleine Orgel um einen absonderlichen Lohn stimmen, und für dießes erstmahl 2 neue pfeuffen in daß quintatön register des großen werckhs auf seine eigene Spesen machen; künftig aber alles, was zu reparirung derer zweyen wercker haubtsächlich neues zumachen ist, das löbl. Closter herbeyschaffen und zu zahlen schuldig sein solle*. Das Kloster verpflichtet sich dafür zu einer jährlichen Pauschale von 2 Reichstalern und 1 Malter Korn. Zahlungen sind bis zum Jahre 1701 vermerkt.

Damit besaß Ebrach gegen Ende des 17. Jahrhunderts wieder eine neue Orgelausstattung mit Chororgeln, die offenbar bis dahin Tradition waren.

Große Orgel und Chororgeln im 18. Jahrhundert

Das 18. Jahrhundert, dessen großzügigere Kunstauffassung vor allem im schloßartigen Neubau der Klostergebäude zum Ausdruck kommt, erweiterte auch die Orgelausstattung der Kirche: Abt Paulus Baumann (1704—1714) ließ das alte Chorgestühl durch ein neues ersetzen[28] und vermutlich auch — im ersten Jahr seiner Regierung — an der Westwand des Langhauses die große Empore errichten[29], die neben einer Orgel auch Chor und Orchester Raum bot und damit die äußere Grundlage für die Kirchenmusik dieses Jahrhunderts schuf. Am 4. Juli 1704 schloß dann der Abt einen Vertrag mit dem *Kunsterfahrnen Herrn Adam Phillip Schleich, Orgelmachern zu Bamberg* über die Transferierung eines Orgelwerkes *wie es anitzo* auf dem *alten Gewölbe* zu sehen — nach obigem die südliche Chororgel von 1669 — auf die neue Empore[30]. Der Vertrag ist sehr detailliert abgefaßt: Schleich soll das Orgelgehäuse entwerfen und dessen Ausführung durch Bildhauer und Schreiner leiten, und zwar so, *daß der Stern, durch welchen der Kirchen das mehreste licht eingebracht wird, gantz und gar nicht verbauet werdte*. Beim Neuaufbau der Orgel sollen von den 18 Registern zwei (Schalmei und Posaune)

---

[26] StAW, Rep. A 236/II, Nr. 2759.

[27] StAW, Rep. D 8, Nr. 488, Blatt 243—244.

[28] FÜRSTENWERTH, S. 639. Das Chorgestühl aus dem Anfang des 18. Jahrhunderts war aus Nußbaumholz, mit Schnitzwerk und Figuren geziert und schloß an der Langhausseite mit zwei Altären ab.

[29] Belege für die Errichtung der Empore sind nicht erhalten, doch spricht die Bezeichnung *neues Orgelgewölbe* in den Verträgen von 1704 für diese Annahme. Die Rechnungseintragung von 1718 (fl) 4.—.— *das orgelwerck in Choro Abbatili zu zerlegen und auszuputzen* (StAW, Rep. A 236/II, Nr. 2718) kann sich entweder auf die Chororgel der Abtsseite des Chorgestühls oder auf die Orgel der Westempore beziehen; letztere erhielt an der Stirnwand des Seitenschiffs einen direkten Zugang von den abteilichen Gemächern (vor Errichtung der Empore gewährte, wie die Entwürfe Dientzenhofers ausweisen, hier lediglich ein Fenster Einblick in die Kirche). Für einen zusätzlichen eigenen *Abtschor* gibt es keinerlei Hinweise.

[30] StAW, Rep. D 8, Nr. 488, Bl. 245—249. Es handelt sich um denselben Orgelbauer wie 1696, der inzwischen von Würzburg nach Bamberg übersiedelt war.

entfernt und durch drei neue (Viola da Gamba 8′, Gedackt 8′ und Nazart) ergänzt werden, außerdem der Prospekt *weilen nun das Neue werckh nach der Proportion des Orgelgewelbens viel weider werden muß* 24 neue Prinzipalpfeifen erhalten. Nur erstere werden mit der zugehörigen Windlade in der Werkstatt in Bamberg gefertigt, letztere im Kloster gegossen. *Das Clavier wie es im alten werckh gefundten wird, also solle es wiederumb in den Neuen werckh mit seinen Semitonis eingerichtet, und darbey im Cornet-thon gestimbt werden.* Das Kloster stellt die Materialien (wobei das Zinn der alten Pfeifen wiederzuverwenden und durch Wägung mit dem Zinn der beiden neuen Register zu verrechnen ist), fertigt die Gießlade für die in Ebrach herzustellenden Pfeifen, übernimmt den Werkzeug- und Materialtransport, stellt Bildhauer, Schreiner, Zimmerleute und Handlanger für Abbruch und Neuaufbau. Als Logis erhalten der Orgelbauer und seine Gehilfen *ein geraumes Zimmer . . ., worinnen drey hofelbanckh zu seinen Diensten stehen sollen, worinnen sie auch, sowohl er Herr Orgelmacher sambt denen seinigen, arbeiten, speissen und schlaffen können,* als Verköstigung der Orgelmacher *die Convents Kost, und an statt der Collation will er zu nachts mit warmen speissen versehen sein, auch alle tag ein weisses leble brod, dann mittags und nachts 1 maas Conventswein,* die Gehilfen *die gewöhnliche Schreiners Kost, auch für jede persohn die wochen 2 schwarze leb brodt.* Die Entlohnung beträgt — neben 6 Talern Leihkauf — 200 Taler und 15 Simra Korn, 18 Simra Hafer sowie für die Gesellen ein Trinkgeld beim Abschied; als Zahlungsweise sollen 80 Gulden bei Vertragsschluß, 80 weitere nach Leistung der Hälfte der Arbeiten und die letzten 80 fällig werden *so alles zu solcher perfection gelanget, das ohne einige hindernuss ein solches werckh wiederumb kan zum dienst Gottes gebraucht werden.* Wie aus der beiliegenden Zahlungsliste hervorgeht, erfolgte die Schlußzahlung (einschließlich Trinkgeld *für sein sohn undt gesellen*) am 6. August 1705.

Im Anschluß an diesen Vertrag wurde am 28. August 1704 ein Vertrag mit dem *Edlen und Kunsterfahrnen herrn Sebastian Degler Bildhauern zu Bamberg* geschlossen[31], *das er alle bildhauerey so zu ausstaffirung der Neuen Orgel gehörig, allermaßen deme ihme vorgezeigten Orgelmachers abries gemees, mit einen schönen laub, Englen, Engelsköpffen, Fruchtbüschln, Capitälern, auch alles und Jedes wie es Nahmen haben mag so zu diesem werckh an seiner arbeit zu thun ist, fleisig verfertige.* Degler, der die Teile in seiner Bamberger Werkstatt fertigen und auch das Lindenholz dazu liefern soll, erhält 70 Taler und 6 Simra Korn; die Schlußzahlung erfolgte am 16. 7. 1705, die Auslieferung des Korns (nach der Ernte) am 5. September dieses Jahres.

Im Februar 1705 war dann der Wiederaufbau des Orgelwerkes soweit fortgeschritten, daß der Abt an den *Wohledlen undt Kunsterfahrnen Herrn Johann Paulo Codoman vornehmen Mahlern in Kitzingen* die Vergoldung der Prospektpfeifen vergeben konnte[32]: Er soll *. . . alle pfeuffen, so beyleuffig in 90 stuckh bestehen, deren mund oder labialia durch und durch mit einen Proportionirlichen Fratzen von guten Ducaten golt, dann an denen grössern pfeuffen in der mitte wie es in deß herrn Orgelmachers abries zu sehen, mit einen saubern laub, gleichfalls von guten Ducaten golt ausstaffiren.* Der Maler erhält dafür — neben 1 Speciestaler Leihkauf — 32 Taler und 3 Malter Korn und stellt alle Materialien, während das Kloster ihn und seinen Gehilfen *bei währenter Fassung . . . mit einer ehrlichen Kost und liegerstatt* versorgt. Schließlich folgte am 5. April 1705 der Anschlußvertrag mit dem gleichen Maler zur Ausmalung und Vergoldung des Orgelgehäuses[33]: Codoman erhält nochmals 6 Taler Leihkauf, 200 fränkische Gulden

---

[31] StAW, Rep. D 8, Nr. 488, Bl. 237—238.
[32] StAW, Rep. D 8, Nr. 488, Bl. 250—251.
[33] StAW, Rep. D 8, Nr. 488, Bl. 239—242. Nach FISCHER und WOHNHAAS, a.a.O., S. 104, ist ein vereinzelter Rest der Dekoration Deglers im Prospekt von 1743 erhalten geblieben.

und 2 Malter Korn. Der detaillierten Aufzählung der Einzelposten ist zu entnehmen, daß das Gehäuse von einem Gebälk mit Wappen, Engeln und Fruchtgehängen gekrönt wurde, seine Gesamterscheinung also bereits die Grundzüge der nachfolgenden Version von 1743 aufwies. Die Abschlußzahlung vom 22. 9. 1705 stellt zugleich das Datum der Fertigstellung der gesamten Hauptorgel dar.

Über Arbeiten an den Chororgeln — die wahrscheinlich durch die Neukonzeption des Chorgestühls sowie den Ersatz der auf die Hauptempore übertragenen südlichen Chororgel notwendig wurden — besitzen wir aus dieser Zeit keine Nachrichten. Rechnungseintragungen von 1732, denen zufolge *die 3 Orgel* gestimmt wurden und *der Würzburger Orgelmacher 3 neue Register in die große Orgel* lieferte[34], legen den Schluß nahe, daß die Kirche neben der Hauptorgel wieder 2 Chororgeln besaß, die Epistelorgel also inzwischen ein neues Werk erhalten hatte. 1738 hatte die Kirche jedenfalls mit Sicherheit neben der Hauptorgel wieder 2 Chororgeln, wie aus einer Beschreibung in der 1738 gedruckten Klosterchronik Brevis Notitia hervorgeht.[35]

Unter Abt Hieronymus Held (1741—1773) erfolgte schließlich die letzte vollständige Erneuerung der Orgelausstattung. Den Beginn bildete die Hauptorgel: 1742 wurden zwar laut Rechnungsbuch noch dem *Herrn Seuffert Hoforgelmacher 3 Gulden 3 Batzen die* (alte) *Orgel zu stimmen*, dann aber 60 Gulden *eidem in Abschlag 500 fl die grosse Orgel accordmässig herzustellen, lauth darüber errichteten accordes dato 27. Junii* bezahlt.[36] Der Vertrag ist nicht erhalten, doch ist kaum zu zweifeln, daß es sich bei diesem Rechnungsbetrag wieder nur um den eigentlichen Arbeitslohn handelte, während Material- und Nebenkosten getrennt verrechnet wurden. So erklärt sich auch die Angabe J. U. Sponsels, eines *Hochfürstlich-Brandenburgisch-Anspach-Bayreuthischen Superintendenten und Pastors in Burgbernheim* in seiner 1771 erschienenen *Orgelhistorie*[37], daß diese Orgel 3000 Reichstaler gekostet habe. Sponsel hat auch ihre Disposition überliefert: Sie umfaßte 32 klingende Register mit einem Hauptwerk (Principal weiter Mensur 8', Quintatön 8', Flauto 8', Piffaro 8', Octava 4', Gemshorn 4', Quinta 3', Flûte Traversière 8' und 4', Super Octava 2', Cymbel dreyfach von Gamben Intonation, Cornet 4fach, Mixtur 6fach), einem Oberwerk (Principal enger Mensur 8', Copula oder große Hohlflöte 8', Salcional 8', Piffaro 8', Viola da Gamba 8', Nassat 3', Fugara 4', Octava 4', Flageolet 2', Super Octava 2', Quinta 1¹/²', Mixtur 5fach) sowie einem Pedal (Principal Bass, ins Gesicht 16', Violon Bass 16', Octav Bass 8', Super Octav Bass 4', Quint Bass 6', Viola da Gamba Bass 8', Mixtur Bass 6fach, Posaunen Bass 16'). Das Werk besaß 8 Bälge und war *so erbauet, daß die zwey Manualklavier von der Orgel abgesondert sind, und der Organist im Spielen die Orgel auf dem Rucken hat*. Wie Fürstenwerth berichtet, steuerte das Kloster als Material für die Orgelpfeifen einen Großteil des zinnernen Trinkgeschirrs des Refektoriums bei, das dann durch Glasgeschirr ersetzt wurde.[38] Das Orgelwerk war bereits 1743 vollständig geliefert, da Seuffert laut Rechnungsbuch in diesem Jahr 440 Gulden *als Rest für die große Orgel* sowie *fl 9.5.— Gratial für seine 4 Gesellen und Jungen* erhielt.[39] Gleichzeitig lie-

---

[34] StAW, Rep. A 236/II, Nr. 932; vielleicht handelt es sich bei diesem Orgelbauer bereits um Seuffert.

[35] Brevis Notitia Monasterii B. V. M. Ebracensis, Rom 1738, S. 28: *Ipsa Ecclesia instructa est organis tribus, quorum duo supra Chorum Monachorum pro sublevamine Cantus Choralis; majus vero supra introitum primarium Ecclesiae mirae resonantiae collocatum est.*

[36] StAW, Rep. A 236/II, Nr. 943.

[37] Johann Ulrich Sponsel, Orgelhistorie, Nürnberg: Georg Peter Monath, 1771, S. 129—134.

[38] Fürstenwerth, S. 627.

[39] StAW, Rep. 236/II, Nr. 944.

ferte, wie das Rechnungsbuch dieses Jahres ausweist, Seuffert für 72 Gulden eine neue Orgel in die Fuchsenkapelle.[40] Die Bildhauerarbeiten des Orgelgehäuses wurden im gleichen Jahr an den Wiesentheider Bildhauer Guthmann vergeben.[41] [42] Der Würzburger Hofschreiner lieferte den Spieltisch.[43] Die Vergolderarbeiten wurden — ebenfalls noch im Jahre 1743 — durch den Volkacher Maler Johann Baptist Pirringer ausgeführt.[44] Damit war die äußere Gestalt der Orgel, so wie sie sich noch heute darbietet, vollendet (Abb. 1).

Zehn Jahre später, 1753, ließ Abt Hieronymus schließlich eine der beiden Chororgeln, 1759 oder 1760 auch die andere erneuern. Der Erbauer beider Werke war Johann Christian Köhler aus Frankfurt/Main, wie Sponsel[37] und Fürstenwerth[45] übereinstimmend berichten. In den erhaltenen Rechnungen (leider sind gerade die Jahrgänge 1759/60 verloren) ist allerdings nur das erstere Werk greifbar[46]: 1753 werden fl 1316.11.1 ausgewiesen für *die neuhe orgel dem orgelmacher, dem bildhauer, und für porto und fracht das werck hieher zu bringen, samt discretion* sowie 16.4.— fl *discretion dem Hrn. Köhler ferner für ein Instrument so hieher verehrt worden*. Außerdem werden im gleichen Jahr 80 fl für *Zimmermannsarbeit an der Chororgel*[47] sowie kleinere Beträge für das Einlegen einer Mauer unter der alten Orgel und das Gerüst für die Blasbälge notiert[46]. Da es sich hierbei unzweifelhaft um eine der Chororgeln handelt, muß zumindest eines der bei Sponsel angegebenen Erwerbungsjahre falsch sein: Nach ihm wurde die größere, zweimanualige Chororgel, *welche sehr künstlich an eine steinerne Säule gebauet ist,* 1759 für 2100 rheinische Gulden, die kleinere einmanualige 1760 für 800 rheinische Gulden erbaut. Geht man davon aus, daß die von Sponsel angegebenen (Gesamt-)Kosten etwa zutreffen, so paßt der Rechnungsbetrag von 1753 am besten zu dem zweimanualigen Werk; das einmanualige wäre dann mit der nach Sponsel 1760 angeschafften Orgel gleichzusetzen.

Sponsel teilt auch die Disposition dieser Orgeln mit; sie bestand bei der ersteren aus 21 klingenden Registern, verteilt auf Hauptwerk (Principal 8′, Rohrflöte 8′, Salcional 8′, Viola da gamba 8′, Octava 4′, Flûte d'Amour 4′, Super Octava 2′, Sesquialtera

---

[40] StAW Rep. 236/II, Nr. 944: (fl) 72.—.— *oder 60 Rthr, dann 3.6.— Discretion H. hofforgelmacher seuffert für die Orgel in capella ad portam 2. Febr.* Der letzte Nachweis der Tätigkeit Seufferts in Ebrach findet sich im Rechnungsbuch für 1748 (fl) *14.6.— die große orgel, Chor orgel und capell orgel durchaus zu stimmen Hrn. Seuffert bezahlt* (StAW, Rep. 236/II, Nr. 949).

[41] StAW, Rep. 236/II, Nr. 2643: (Herrn Guthmann Bildhauern von Wiesendheyd) ... (fl) 24.—.—, *dan 1.9.— leykauf eidem für die zwey grose Engel und Wappen ober der grosen Orgel* ... 89.—.— *eidem für alle Bildhauerarbeit an der grossen orgel laut Manuals, wo alleß specifice zu finden.*

[42] StAW, Rep. 236/II, Nr. 2763: (fl) *1.9.— Hrn. Guthman Bildhauer leykauf für 2 auf die große orgel a 7 schuh hoch mit zweyen großen Wappen Rmi.D.et Mnry. herzustellenden Englen a 12 fl einen, 15. Martÿ ... 12.—.— Hrn. Guthman ut supra in Abschlag 29. April ... 12.—.— eidem alß rest für die ut supra ... 20.—.— Hrn. Guthman für 12 gantze Lesena auf die beystiel der orgel den 29. Maÿ ... 5.—.— eidem für einen aufsatz und 2 Capitäl also den 18. Juny ... 64.—.— für die übrige bildhauerarbeit an der orgel alß 17 stuck ober denen pfeuffen, 2 große urnis, 46 flammen, 110 schuh glöcklein, der verzogenen nahmen Rmi mit 3 fehlstücken(?), und 15 stuck an der gallerÿ- ... Eidem ut supra vergnügt 24. 9 br.*

[43] StAW, Rep. 236/II, Nr. 2643: (fl) *32.12.— für den orgel tisch und gantzer brücken andreß hofschreinerß gesellen.*

[44] StAW, Rep. 236/II, Nr. 944: (fl) *285.20.— für die große orgel zu vergulden Johann Pabtist Piringer zu volckhach.*

[45] Fürstenwerth, S. 657.

[46] StAW, Rep. 236/II, Nr. 954.

[47] StAW, Rep. 236/II, Nr. 2653.

Abb. 1: Die große Orgel der Westempore. Photo: W. Wiemer

Abb. 2: Die südliche Chororgel (Epistelorgel). Photo: W. Wiemer

zweyfach, Cornet vierfach, Mixtura fünffach, Trompet discant und Baß), Oberwerk (Hohlflöte 8', Flûte Traversière 8', Viola da Gamba 8', Krumhorn 8', Vox humana 8', Fugara 4' Flageolet 2', Tremulant) und Pedal (Sub Bass 16', Violon Bass 8', Super Octav Bass 4'). Die kleinere Orgel hatte 14 klingende Register mit einem Manual (Principal 8', Bordun 8', Gemshorn 8', Flauto Italica 8', Salcional 8', Duiflöt 4', Octava 4', Quinta 3', Super Octava 2', Mixtura fünffach, Chalumeau Discant und Baß, Fagotto 16', Copula) und Pedal (Sub Bass 16', Violon Bass 8').

Einen letzten Umbau erfuhren die Chororgeln unter Abt Wilhelm Roßhirt (1773—1791), als 1776—1791 das gesamte Innere der Kirche von Materno Bossi im Stil des Frühklassizismus umgestaltet wurde. Dieser Umbau betraf im wesentlichen wohl nur die Gehäuse: Die Prospekte wurden sehr wirksam als Bekrönungen in das neue, von Bossi entworfene und von J. P. Wagner mit bildlichem Schmuck ausgestattete[48] Chorgestühl einbezogen; das Wappen des Abtes Hieronymus Held, mit dem die Epistelorgel abschließt, erinnert an den Urheber dieser Werke (Abb. 2). Das neue Chorgestühl — und mit ihm vermutlich die Orgeln in ihrer endgültigen Fassung — wurde nach der Notiz Fürstenwerths 1785 aufgestellt[28]. Möglicherweise tauschten dabei die Orgeln ihre Standorte: Die zweimanualige Orgel befindet sich heute auf der (nördlichen) Evangelienseite, die einmanualige auf der (südlichen) Epistelseite; zur letzteren führt eine steinerne Wendeltreppe empor. Nach Sponsels Orgelbeschreibung von 1771 besaß jedoch umgekehrt die zweimanualige Orgel eine Schneckenstiege. Falls diese Mitteilung Sponsels zutrifft, ergeben sich zwei Erklärungsmöglichkeiten, zwischen denen nicht mehr sicher entschieden werden kann: Entweder befand sich die zweimanualige Orgel damals (wie heute) auf der Nordseite und besaß ebenfalls eine solche Wendeltreppe, die dann bei dieser Renovation der 80er Jahre beseitigt wurde (heute existiert dort kein derartiger Aufgang), oder diese Orgel stand ursprünglich — in der Nachfolge der *großen* Chororgel des 17. Jahrhunderts — auf der Südseite und wurde aus unbekannten Gründen bei der Neuausstattung auf die Nordseite, die ursprüngliche Evangelienorgel entsprechend auf die Südseite verlegt.

Noch einmal erscheinen die Orgeln im Ausgabenheft von 1793 mit 320 fl *für 6 neue blasbälg zu stellen und die 3 orgel auszubutzen*[49], dann schließt das Kapitel der klösterlichen Orgelgeschichte.

Die drei Orgeln der Pfarrkirche im 19./20. Jahrhundert

Nach der Aufhebung der Abtei 1803 durch die Säkularisation wurde aus der ehemaligen Klosterkirche die Pfarrkirche des nun in kommunale Eigenständigkeit überführten Ortes Ebrach. Die bisherige Seelsorgekirche für die weltliche Einwohnerschaft des Klosters, die Fuchsenkapelle, wurde verkauft, größtenteils abgerissen und zu einem Backhaus umgebaut.[50] Die Umwidmung der Abtei- zur Pfarrkirche war einerseits entscheidend für die Rettung dieses großartigen Bauwerks vor möglichem Abbruch, brachte aber andererseits der anfänglich kleinen Gemeinde, für deren gottesdienstliche Bedürfnisse die Kirche weit überproportioniert war, das ständige Problem der Instandhaltung. Zwar übernahm der bayerische Staat — soweit die Kirchenstiftung dazu nicht in der Lage war — letztlich die Baupflicht, im Einzelfall jedoch erst nach langem Papierkrieg zwischen Pfarramt und den zuständigen Behörden.

---

[48] Vgl. H. P. Trenschel; Die kirchlichen Werke des Würzburger Hofbildhauers Johann Peter Wagner, Würzburg 1968, S. 258.
[49] StAW, Rep. 236/II, Nr. 993.
[50] Das Schicksal der Seuffert-Orgel dieser Kapelle ist unbekannt.

Periodisch wiederkehrende Reparaturen erforderten vor allem die Orgeln. Da drei Orgeln für den gemeindlichen Gottesdienst nicht gebraucht wurden — ihre Erhaltung lediglich als Kulturdenkmal war im 19. Jahrhundert, das sich zudem vom barocken Klangideal abgewandt hatte, keineswegs selbstverständlich —, konzentrierten sich die Bemühungen des Pfarramtes zunächst darauf, wenigstens die Hauptorgel und eine Chororgel spielbar zu erhalten. Dafür bedurfte es gegenüber der geldgebenden Behörde praktischer Begründungen. So lesen wir denn im Gutachten des Bamberger Musik-Seminarlehrers Fuchs zum Kostenvoranschlag des Nürnberger Orgelbauers Bittner für die Reparatur der Hauptorgel und der zweimanualigen Evangelienorgel vom 6. 4. 1873[51]: *Wohl genüge für die Kirchengemeinde Ebrach die große Orgel, wenn dieses Werk selbst bei den zartern Registern nicht durchgehend weite Mensur hätte und derhalb für den Volksgesang zu stark wäre. — Ebenso würde eine der beiden Seitenorgeln für die kirchlichen Zwecke ausreichen, wenn Platz vorhanden wäre, wo die Musiker bei Aufführung von musikalischen Messen sich aufstellen könnten. Da dies bei keiner der beiden Seitenorgeln der Fall ist, so ist hiezu die Hauptorgel unbedingt nothwendig. Da aber die Hauptorgel wieder zur Begleitung des Kirchengesanges zu stark ist, so ist Bedürfnis daß zu diesem Zwecke eine der beiden Seitenorgeln unterhalten werde und ist hiezu die auf der linken Seite der Kirche stehende die geeignete. Die Unterhaltung einer dritten Orgel ist unnöthig.* In der Tat gelang es mit wiederholten Reparaturen (u. a. 1825, 1834, 1857[52], 1873/75[51], 1881[53]), die Hauptorgel und eine Chororgel über das ganze 19. Jahrhundert mehr oder minder spielfähig zu halten. Gegen Ende dieses Jahrhunderts begann sich jedoch die Ansicht durchzusetzen, eine befriedigende Lösung des Orgelproblems sei nur zu erreichen, wenn die reparaturanfällige, schwer zu spielende, auch in ihrem Klangbild den Erfordernissen der Zeit nicht mehr genügende Hauptorgel durch ein modernes Werk ersetzt werde.

1892 erstellte die Orgelbaufirma Steinmeyer auf Anregung der Kirchenverwaltung ein entsprechendes Gutachten.[54] Es bezeichnet die Orgel als *ein altes Werk, das unter die besten Orgelwerke der damaligen Zeit* zu zählen sei; es sei nun aber in den meisten Teilen defekt, wegen der Anlage der Klaviaturen sowie der schwerfälligen Traktur schwierig zu spielen und außerdem im Tonumfang ungenügend. Wegen dieser letzteren grundsätzlichen Mängel komme eine Reparatur nicht in Frage, sondern nur ein vollständiger Umbau in Gestalt eines neuen Werks, in dem allerdings der größte Teil der alten Zinnpfeifen wieder Verwendung finden könne. Dem Gutachten legte die Firma ein Angebot bei, das zum Preise von 11 960 Mark ein komplettes, pneumatisch gesteuertes Werk mit 34 klingenden Registern vorsah, bestehend aus Manual I (Principal 16′, Principal 8′, Tibia 8′, Gedackt 8′, Viola da Gamba 8′, Dolce 8′, Gemshorn 8′, Cornett 8′

---

[51] StAB, Rep. G II/2, Nr. 14814. Der Kostenvoranschlag Bittners vom 27. 6. 1872 bezieht sich auf die Reparatur der Hauptorgel sowie der Evangelienorgel und enthält auch die damaligen Dispositionen dieser beiden Orgeln, die bei einigen Registern von den Angaben SPONSELS 1771 abweichen. Der Vorschlag Bittners, die Stimmung der großen Orgel liege einen halben Ton höher als die (inzwischen durch Regierungserlaß zur Norm erklärte) französische Normalstimmung und müsse entsprechend herabgesetzt werden, wurde vom Gutachter Fuchs abgelehnt, da die Orgel bereits diese Stimmung besitze. Den Zuschlag erhielt 1873 zunächst nicht Bittner, sondern der Bamberger Orgelbauer Wiedemann (Erbauer der Orgel in St. Rochus), der ein billigeres Angebot abgegeben hatte. Wiedemann führte den Auftrag jedoch so schleppend durch, daß ihm die Arbeiten schließlich entzogen wurden, die dann Bittner 1875 beendete.

[52] StAB, Rep. K 213, Nr. 733. Aus diesen Akten Auszüge bei TH. HAAS, Chronik der Marktgemeinde Ebrach, 1969, S. 322.

[53] StAB, Rep. G II/2, Nr. 14814. Diese Reparatur konnte besonders preiswert durch einen im Gefängnis einsitzenden Orgelbauer durchgeführt werden.

[54] StAB, Rep. G II/2, Nr. 14814, ausführlich zitiert bei JÄGER, a.a.O., 1903, S. 94.

2—5fach, Trompete 8′, Octav 4′, Gedackt 4′, Salicet 4′, Quint 2²/₃′, Octav 2′, Mixtur 2′ 4—5fach), Manual II als Schwellwerk (Geigenprincipal 8′, Bourdon 16′, Hohlflöte 8′, Lieblichgedeckt 8′, Salicional 8′, Aeoline 8′, Vox celeste 8′, Clarinett 8′, Principal 4′, Traversflöte 4′, Progressivharmonica 2²/₃′) sowie Pedal (Principalbaß 16′, Violon 16′, Subbaß 16′, Posaune 16′, Quintabaß 10²/₃′, Oktavbaß 8′, Violoncello 8′, Octav 4′). Der Voranschlag gibt auch an, in welcher Weise die übernommenen alten Pfeifen auf die neuen Register zu verteilen seien; durch zusätzliche Veränderung dieser Pfeifen sowie ihre Ergänzung durch neue mußte sich dabei das Klangbild der betreffenden Register — wie das der gesamten Orgel — erheblich verändern. Der Umbau wurde nach Überwindung der großen Finanzierungsschwierigkeiten schließlich 1902 unter Pfarrer Dürbeck verwirklicht, die neue Hauptorgel am 8. 10. 1902 eingeweiht. Auch wurde die Evangelienorgel nochmals repariert, in der Folgezeit jedoch — vermutlich infolge der Konkurrenz der neuen Hauptorgel mit ihren größeren, modernen Klangmöglichkeiten — immer weniger genutzt. 1927 wurden die Chororgeln bereits als nicht mehr spielbar bzw. unbenutzt charakterisiert.[55]

Erst nach dem Zweiten Weltkrieg, unter dem Eindruck der Verluste an historischen Instrumenten und der inzwischen stattgefundenen Renaissance der Wertschätzung barocken Orgelklanges, wurde erkannt, welche Schätze die Ebracher Kirche in Gestalt ihrer alten Orgelwerke barg. Die Wiederauferstehung begann 1953 unter Pfarrer Ruckdeschel mit der (von der Fa. Steinmeyer durchgeführten) Restaurierung der beiden Chororgeln, die nach Jahrzehnten des Schweigens im Festkonzert vom 13. 6. 1954 wieder zu erklingen begannen. Den intensiven Bemühungen des derzeitigen (selbst orgelkundigen) Ebracher Pfarrers Komnick ist es zu danken, daß 1984 diese Entwicklung mit der neuen Hauptorgel (der Fa. Eisenbarth, Passau) ihren konsequenten Abschluß findet: In dieser Orgel — die das Werk von 1902 ersetzt — wird einerseits das Werk von 1742/43 auf der Basis des erhaltenen originalen Pfeifenbestandes und der zitierten Quellen rekonstruiert, die Orgel Seufferts damit wieder in ihrer ursprünglichen Disposition spielbar. Andererseits wird dieser barocke Teil durch zusätzliche, auf eigenen Manualen verfügbare Register so erweitert, daß der Klangkörper nicht nur den Anforderungen der barocken, sondern auch der romantischen und modernen Orgelmusik zu genügen vermag.

Die neue Orgel besitzt insgesamt 56 klingende Register auf 4 Manualen, und zwar das barocke Hauptwerk (Principal 8′, Quintatön 8′, Flauto 8′, Biffara 8′, Octava 4′, Gemshorn 4′, Flûte traversière 2fach 4′, Quinta 3′, Super Octava 2′, Mixtura 5fach 2′, Cornett 4fach 1³/₄′, Cymbel 3fach ½′), das barocke Oberwerk (Pricipal 8′, Copula oder Große Hohlflöte 8′, Salcional 8′, Biffara 8′, Viola da Gamba 8′, Fugara 4′, Octava 4′, Nassat 3′, Flageolet 2′, Super Octava 2′, Quinta 1½′, Mixtura 4fach 1½′), ein neues Schwellwerk (Schwegel 16′, Principal 8′, Flûte harmonique 8′, Rohrbordun 8′, Vox Coelestis 2fach 8′, Octav 4′, Flûte octaviante 4′, Rohrquinte 2²/₃′, Terz 1³/₅′, Waldflöte 2′, Sifflöte 1′, Mixtur 6fach 2²/₃′, Trichterdulcian 16′, Trompete 8′,Hauptbois 8′, Clarinette 8′, Tremulant), ein Bombardenwerk (Trompeta real 8′, Clarin 4′, Clarin 2′/16′, Cornett 2—5fach 8′, Obertöne 4fach 1′) sowie das Pedal mit einem barocken Teil (Principal Baß 16′, Violon Baß 16′, Octav Baß 8′, Quint Baß 6′, Super Octav Baß 4′, Viola da Gamba Baß 8′ + 4′, Mixtur Baß 6fach 2′, Posaunenbaß 16′) und ergänzenden neuen Registern (Untersatz 32′, Subbaß 16′, Gedackt Baß 16′).

Mit diesem Werk erhält die Ebracher Kirche nicht nur ihre reiche barocke Orgelsubstanz vollständig zurück, sondern darüber hinaus ein anspruchsvolles Konzertinstrument, das der Weiterentwicklung der Ebracher Musikpflege durch Konzerte und Schallplattenaufnahmen neue Möglichkeiten eröffnet.

---

[55] WERNSDÖRFER, a.a.O.

OTTO KUNKEL
14. 7. 1895—18. 2. 1984

Nachruf

von

HANS JAKOB und BRUNO MÜLLER

Als die Süddeutsche Zeitung in München am 24. Februar 1984 die Nachricht verbreitete, daß der *Pionier der Prähistorie Otto Kunkel* am 12. 2. 1984 im Alter von 89 Jahren in München gestorben sei, ergriff alle Freunde und Mitarbeiter dieses geistreichen und vornehmen Gelehrten große innere Anteilnahme. Die F. A. Z. hob den Rang des Verstorbenen in ihrer Nachricht vom 25. 2. 1984 dadurch hervor, daß sie in der Überschrift die Worte *Der Prähistoriker* im Fettdruck hervorhob. Mit Dr. phil. OTTO KUNKEL, Honorarprofessor für Vor- und Frühgeschichte an der Universität in München und ehemaligem Direktor der Prähistorischen Staatssammlung am gleichen Ort ist ein bedeutender deutscher Archäologe und Museumsfachmann aus dem Leben geschieden.

Der Historische Verein Bamberg hat sein Mitglied schon 1953 wegen seiner Verdienste um die Vorgeschichtsforschung in Oberfranken und um die prähistorische Sammlung des Bamberger Geschichtsvereins zu seinem Ehrenmitglied ernannt.

Otto Kunkel hatte den äußerst turbulenten Jahren seiner Zeit entsprechend ein recht bewegtes Leben.

Am 14. Juli 1895 wurde er in Grünberg in Hessen als Sohn des Oberreallehrers Karl Kunkel und Elise, geb. Jöckel, geboren. Er besuchte das Gymnasium und anschließend die Universität in Gießen. 1914 meldete er sich freiwillig zum Kriegsdienst. 1916 schied er wegen einer schweren Verwundung, die er bereits 1914 erlitten hatte, aus dem Heeresdienst aus. 1918 bestand er das Staatsexamen für das höhere Lehramt und 1922 wurde er zum Dr. phil. promoviert mit der Doktorarbeit über Mäander in den Ur- und frühgeschichtlichen Kulturen Europas.

1926 erschien seine erste größere Veröffentlichung über seine seit 1910 in Gießen begonnenen prähistorischen Studien: „Oberhessens vorgeschichtliche Altertümer", ein umfangreiches, reich illustriertes Werk, das von der Römisch-Germanischen Kommission des Deutschen Archäologischen Instituts mit Unterstützung der Notgemeinschaft der Deutschen Wissenschaft in Marburg herausgegeben wurde.

1924 wurde Dr. Kunkel als Studienrat nach Stettin versetzt, wo er zunächst als ehrenamtlicher, ab 1927 als hauptamtlicher Direktor des Provinzialmuseums Pommerscher Altertümer tätig war. 1931 erschien die „Pommersche Vorgeschichte in Bildern". 1934 konnte unter seiner Leitung das Museum durch einen Umbau und Anbau erweitert und eine Schau- und Studiensammlung eingerichtet werden.

Von Stettin aus leitete er ab 1932 die Grabung der wickingerzeitlichen Siedlung Vineta bei Wollin, deren Ergebnisse auf seine archäologischen Fähigkeiten aufmerksam machten.

Dr. Kunkel wurde zum Vertrauensmann für Kulturgeschichte, Bodenaltertümer und Leiter des Landesamtes für Denkmalpflege und Vorgeschichte in Pommern und zum Museumspfleger von ganz Pommern bestimmt. Das Museum in Stettin galt als modernstes deutsches Vorgeschichtsmuseum. Durch seine freundliche und verständnisvolle Menschenführung gelang es ihm, viele ehrenamtliche Helfer für die Vorgeschichtsforschung in Pommern zu gewinnen. Die Prähistorie in Pommern blühte auf. Zahlreiche Veröffentlichungen in Fachzeitschriften erschienen aus seiner Feder.

Dem von den damaligen Machthabern ausgelösten Germanenrummel trat er mit sachlicher Wissenschaftlichkeit und Zurückhaltung entgegen.

Der Kriegsbeginn 1939 begann seine bisher so erfolgreiche Tätigkeit einzuschränken. Aber er konnte die Fundbestände und das Archiv des Museums durch vorausschauende Verlagerung vor Zerstörung retten.

Nichts ist so bezeichnend, schreibt KURT BÖHNER, *für seine kluge und gewissenhafte Art, wie der offene Brief, den er in deutscher, französischer und russischer Sprache auf seinem Schreibtisch hinterlegte, ehe er 1945 das Museum verlassen mußte: Das ist ein kulturgeschichtliches Museum. Bitte sofort einen Posten vor das Gebäude stellen, um Plünderungen zu verhüten. In der anliegenden Liste sind alle 28 Orte in Pommern aufgeführt, in die weiteres wertvolles Museumsgut, gut verpackt ausgelagert wurde. Bitte auch dort sofort Nachforschungen anstellen und die Kisten nach Stettin zurückschaffen.* (H. J. EGGERS, Baltische Studien N. F. 51, 1968, S. 11 ff.)

In den Jahren 1945—47 war Dr. Kunkel zunächst als Gutssekretär in Mecklenburg beschäftigt.

1948 wurde er zum Hauptkonservator der Zweigstelle von (Gesamt) Franken für Vor- und Frühgeschichte des Bayr. Landesamtes für Denkmalpflege in Würzburg ernannt. Als Leiter dieses Amtes (1948—1953) hatte Otto Kunkel auch den Regierungsbezirk Oberfranken zu betreuen. Durch seinen engen Kontakt zum 1. Vorsitzenden des Historischen Vereins Bamberg, Herrn Prof. Dr. OTTO MEYER, war es ihm auf Grund seines konzilianten, hilfsbereiten und unbürokratischen Wesens in kurzer Zeit möglich, ehrenamtliche Mitarbeiter aus den Reihen des Bamberger Geschichtsvereins, sowie auch sonst Freunde der Archäologie zu gewinnen und diese für die Anliegen der Prähistorie derart zu begeistern und dem Verein als Mitglieder zuzuführen, so daß die 60iger Jahre als ein Meilenstein in der Entdeckung und Erforschung neuer Fundplätze aus allen Perioden der Vor- und Frühgeschichte Oberfrankens angesehen werden müssen.

Dr. Kunkel war kein Archäologe, der selbstherrlich nur auf sein Fachgebiet schaute, sondern er hatte es stets als seine Pflicht erachtet, auch die Belange und Erkenntnisse der einschlägigen Nachbarwissenschaften bei seiner Forschungsarbeit zu berücksichtigen, wodurch er zum Vorkämpfer einer multidisziplinären Archäologie wurde. Als solcher nahm er auch die Flurnamenkunde, Sagenforschung und die mündliche Tradition im Sinne eines P. GOESSLER und W. KEINATH durchaus ernst, wodurch letztlich die wissenschaftliche Erforschung der Jungfernhöhle bei Tiefenellern initiiert wurde. Ihre Ausgrabung im Jahr 1952 bedeutete die Krönung seines Schaffens als Prähistoriker im Bamberger Raum, da ihm hierdurch der erste Nachweis einer bandkeramischen Kultstätte auf dem fränkischen Jura aus der Zeit um 3000 v. Chr. gelang. Seine Publikation hierüber im Jahre 1955 verschaffte ihm internationale Anerkennung bei seinen Fachkollegen.

Das weltweite Ansehen Kunkels hatte seinen Grund aber nicht nur in dem singulären Grabungsbefund von Tiefenellern, sondern auch darin, daß er erstmals eine Ausgrabung unter Einschaltung aller in Frage kommenden Fachdisziplinen, wie Orts- und Siedlungsgeschichte, Anthropologie, Medizin, Geologie und Paläozoologie beispielhaft durchführte. Er hat dabei ferner als erster Archäologe in Bayern die Phosphatmethode eingesetzt, mit deren Hilfe die zum anthropophagen Höhlenkult gehörende neolithische Siedlung auf der Wüstung Hohenellern lokalisiert werden konnte. Eine ebenfalls von ihm veranlaßte Phosphatkartierung der bei der Jungfernhöhle im „Hofbauernholz" befindlichen großen, wohl keltischen Ringwallanlage harrt noch der archäologischen Auswertung.

Alle Grabungsfunde von Tiefenellern wurden in der Prähistorischen Staatssammlung in München in mühevoller Arbeit gezeichnet und restauriert (über 30 Tongefäße!) und dann dem Historischen Verein Bamberg für seine bedeutende prähistorische Sammlung im Historischen Museum der Stadt Bamberg zur dauernden Aufbewahrung und Ausstellung übergeben, wo sie als der große Augenblick in der Vorgeschichtsforschung Oberfrankens des 20. Jahrhunderts die uneingeschränkte Bewunderung und Beachtung von Fachleuten und Laien finden. 1953—1960 leitete er als Direktor die prähistorische Staatssammlung München.

1961 wurde Otto Kunkel zum Honorarprofessor für Vor- und Frühgeschichte an der Universität in München ernannt. Den bayerischen Verdienstorden erhielt er 1962.

Als Höhepunkt seiner richtungsweisenden Tätigkeit als Museumsfachmann ist die von ihm in München veranstaltete Sonderausstellung von Ausgrabungsfunden der Keltenstadt Manching (1960/64) und die Neuaufstellung der Römischen Sammlung in Kempten und Augsburg (1965/66) anzusehen, wo er noch einmal *seine ganze Kunst und Erfahrung als Museumsmann zeigen konnte.*

Es war ihm ein Hauptanliegen, wie er schrieb, *daß jedes Museum zuerst eine wissenschaftliche Forschungsanstalt sein muß, bevor es seinen Bildungsauftrag recht erfüllen kann. Die Vorgeschichtsfunde sollten dem Museumsbesucher dargestellt werden als Exponenten einstiger Gegenwart, als Zeugen, Zeugnisse und Signale spannungsgeladener Zustände politischer, wirtschaftlicher und sozialer Wandlungen weltweiten Ausmaßes.*

Dem Verwaltungsrat des Römisch-Germanischen Zentralmuseums in Mainz gehörte Otto Kunkel als langjähriges Mitglied an. Nach seiner Pensionierung lebte Prof. Kunkel mit seiner Frau in München. Er unternahm 1960—1983 Studienreisen nach Italien (bes. Südtirol), Österreich, Frankreich, Indien, Spanien und in die USA, und fuhr mit der transsibirischen Eisenbahn zweimal zum Baikalsee. Die Korrespondenz mit seinen Freunden ließ er nie abreißen. Es war ein Genuß, seine gescheiten Briefe zu lesen. In Tiefenellern erinnern sich die Grabungsarbeiter bis zum heutigen Tag des Professors, der so viel Verständnis für seine Mitarbeiter und deren Flüchtlingsschicksale aufbrachte. Kunkel hat seine Kontakte mit Franken und mit seinen Freunden in Bamberg bis zu seinem Tode gepflegt. Sein Persönlichkeitswert als Mensch, den große Bescheidenheit und Einfachheit auszeichnete, und der als Wissenschaftler von Rang in seinem Urteil und in der Deutung seiner Grabungsfunde Zurückhaltung übte, lassen ihn uns als einen hervorragenden und verdienstvollen Archäologen, fortschrittlichen Museumsfachmann und überaus liebenswerten Menschen in der Zeit des schwierigen Neubeginns nach dem Kriege unvergessen sein. Wir werden seinem letzten Wunsche gemäß ihm ein freundliches Andenken im Historischen Verein Bamberg bewahren.

Literatur:

Otto Kunkel, Oberhessens vorgeschichtliche Altertümer. Marburg 1926.

Otto Kunkel, Pommersche Vorgeschichte in Bildern. 1931.

Otto Kunkel, Die Jungfernhöhle bei Tiefenellern. Eine neolithische Kultstätte auf dem Fränkischen Jura bei Bamberg. Mit Beiträgen von Konrad Arneth, Gisela Asmus, Florian Heller, Hans Jakob, Oskar Kuhn und Bruno Müller. (= Band 5 der Münchner Beiträge zur Vor- und Frühgeschichte... herausgegeben von Joachim Werner).

Kurt Böhner, Widmung (an Otto Kunkel). Im: Jahrbuch des Römisch-Germanischen Zentralmuseums in Mainz 1968, 13. Jahrgang 1966. (Festschrift für Otto Kunkel) S. XI—XXIV.

Kürschner's Deutscher Gelehrten-Kalender. Berlin-New York 1980, S. 66 (Kunkel, Otto).

Rudolf F. Reiser, Pionier der Prähistorie Otto Kunkel starb 89jährig. In: Süddeutsche Zeitung München, Nr. 46 v. 24. 2. 1984.

F. A. Z., Der Prähistoriker Otto Kunkel gestorben. In: F. A. Z. Nr. 48 vom 25. 2. 1984, S. 23.

H. J. und B. M.: Er erforschte die Jungfernhöhle. Der Archäologe Otto Kunkel ist in München gestorben. In: Fränkischer Tag Bamberg vom 28. 2. 84, Nr. 49. S. 9.

Heinrich Listmann, In memoriam Prof. Dr. Otto Kunkel. In: Grünberger Anzeiger vom 8. 3. 1984, 3 Seiten (mit Abb.).

R. v. R., Professor Otto Kunkel gestorben. In: Die Pommersche Zeitung vom 10. 3. 1984.

Das umfangreiche Publikationsverzeichnis von Otto Kunkel (ohne Aufsätze in Zeitungen und Zeitungsbeilagen) ist im Jahrbuch des Römisch-Germanischen Zentralmuseums Mainz, 13. Jahrgang 1966, auf Seite XV—XXIV aufgeführt nebst Würdigung seines Lebens und Wirkens.

Dr. Otto Kunkel

BERICHT ÜBER DIE VEREINSTÄTIGKEIT
IM GESCHÄFTSJAHR 1983

I. Mitgliederbewegung

Der Verein betrauert den Tod seiner Mitglieder

Dr. Konrad Arneth, Gymnasialprofessor a. D. (1922, Ehrenmitglied 1958) † 9. 7. 1983
Ferdinand Dassler, Optikermeister (1974) † 23. 7. 1983
Hans Geßner, Oberbaudirektor a. D. (1953) † 5. 8. 1983
Leonhard Geßner, Gartenbaudirektor a. D. (1978) † 10. 9. 1983
Dr. habil. Joachim Hotz, Museumsdirektor (1963) † 21. 10. 1983
Hermann Hundt, Ingenieur (Stifter 1952) † 29. 12. 1982
Ludwig Klauer, Schuhmachermeister (1965) † 13. 10. 1983
Hans Lindner, Oberlehrer a. D. (1960) † 12. 8. 1983
Dr. Lothar Niederstrasser, Facharzt (1963) † 6. 3. 1983
Friedrich Pfau, Verwaltungsangestellter i. R. (1950) † 15. 12. 1982
Dr. Reinhardt Reinhardt, Landarzt, Heiligenstadt (1953) † 13. 10. 1983
Ernst Adolf Riepenhausen, Oberlandesgerichtsrat a. D., Horn-Bad Meinberg (1958) † 18. 4. 1983
Raymund Schwarz, Gymnasialprofessor a. D. (1959) † 28. 8. 1983

Durch Austritt zum 31. 12. 1983 sind 11 Mitglieder aus dem Verein ausgeschieden. Ein weiteres Mitglied ist durch Ausschluß gemäß Ausschußbeschluß vom 22. 1. 1982 ausgeschieden (bisher nicht berücksichtigt).

Als neue Mitglieder dürfen wir begrüßen:

Anna Altstötter, Hausfrau
Dr. Christian Behrendt, Oberarzt
Marlene Besold, Studentin, Eckental
Rüdiger Beyer, Wiss. Mitarbeiter, Oberhaid
Max Blauberger, Oberstudienrat
Dieter Brückner, Studienrat z. A.
Irene Diller, Studentin
Lioba Dormann, Hausfrau
Maximilian Dorsch, Lehrer
Dr. Ursula Finster-Hotz, Archäologin
Alma Frank, Hausfrau, Forchheim
Dr. Peter Friedrich, Universitätsprofessor
Jörg Hähnel, Kaufmann (Wiederbeitritt)
Matthäus Heil, Student
Christine Horn, Studentin, Staffelstein
Barbara Kett, Hausfrau
Artur Kutz, Kaufmann
Maria Manowski, Sozialpädagogin, Sassanfahrt
Maria Memmel, Krankenschwester
Dr. Therese von Mengershausen, Nervenärztin

Dr. Hubert Metzner, prakt. Arzt
Walter Milutzki, Archivangestellter
Dorothea Möhle, Rentnerin, Eggolsheim
Rosemarie Mönnikes, Apothekerin, Waischenfeld
Lorenz Müller, Amtsinspektor
Hiltrud Potrykus, Hausfrau
Christa Reinhardt, Heiligenstadt
Henning Schröder, Korrektor
Mariliese Schwarz, Hausfrau
Peter Sem, Kaufmann
Bernd Steigerwald, Lehrer, Memmelsdorf/Ofr.
Peter Süß, stud. phil.
Dr. Josef Weber, Offizialats-Auditor
Gisela Weidner, Studentin
Heinz Weidner, Notar
Lydia Wörner, Lehrerin a. D.
Karl Heinz Zeck, Fahrlehrer
Markt Gößweinstein

Mitgliederstand

Stand vom 1. 1. 1983		860
Zugänge 1983		+ 38
Abgänge 1983: Ableben	13	
Austritt	11	
Ausschluß	1	
insgesamt		−25
Ätand vom 31. 12. 1983		873

Bei der 154. Jahresmitgliederversammlung am 18. 2. 1983 wurden für langjährige Mitgliedschaft geehrt:

Für 70jährige Mitgliedschaft (seit 1913):
    Staatsarchiv Nürnberg

Für 50jährige Mitgliedschaft (seit 1933):
    Bäuerlein Pankraz, Geistlicher Rat, Stadtpfarrer a. D., Bamberg

Für 25jährige Mitgliedschaft (seit 1958):
    Baumann Michael, Rektor, Bamberg
    Dr. Beck Hans, Zahnarzt, Bamberg
    Burmeister Martha, Handelsstudienrätin a. D., Bamberg
    Dörr Karl, Musiker, Bamberg
    Gareis Hilmar, Studiendirektor, Bamberg
    Graupner Otto, Konditormeister, Bamberg
    Hums Josef, Baumeister, Bamberg
    Hundt Max, Syndicus, Wien
    Dr. Lemmel Herbert, Privatgelehrter, Fürth/Bayern
    Dr. Leupold Hermann, Senatspräsident a. D., Bamberg

Dr. Mathieu Theodor, Altoberbürgermeister, Bamberg
Meißner Norbert, Studiendirektor, Bamberg
Reeg Hans, Schneidermeister, Hollfeld
Dr. Regus Friedrich, Facharzt, Bamberg
Dr. Reinhardt Ruth, prakt. Ärztin
Riepenhausen Ernst Adolf, Oberlandesgerichtsrat a. D., Horn-Bad Meinberg
Sack Werner, Dipl.-Physiker, Bamberg
Schneibel Gerhard, Dipl.-Kaufmann, Bamberg
Titus Renate, Verwaltungsangestellte, Bamberg
Werner Andreas, Werkmeister i. R., Schney
Wieban Heinz, Verkehrsdirektor i. R., Bamberg
C. C. Buchners Verlag, Bamberg
Erzbischöfliches Priesterseminar Bamberg
Landkreis Bamberg
Stadt Ebermannstadt
Markt Ebrach
Stadt Hollfeld
Stadt Staffelstein

II. Verwaltung

Vorstands- und Ausschußsitzungen fanden am 28. 1., 15. 4., 8. 7. und 13. 10. 1983 statt.

Veränderungen in Vorstand und Ausschuß ergaben sich im Berichtszeitraum nicht.

Vorstand und Ausschuß setzten sich wie folgt zusammen:

1. Vorstandschaft

Prof. Dr. Gerd Zimmermann, Universitätsprofessor (1. Vorsitzender)
Dr. Franz Bittner, Studiendirektor a. D. (2. Vorsitzender)
Lothar Braun, Richter am Oberlandesgericht (Schriftführer)
Herbert Staudt, Sparkassenvorstandsvorsitzender (Schatzmeister)

2. Ausschuß

Dr. Lothar Bauer, Oberstudienrat a. D.
Meinrad Brachs, Rechtspfleger
Dr. Karin Dengler-Schreiber, Historikerin
Otto Dreßler, Spark.-Amtmann
Dr. Karl Heinz Mistele, Archivoberrat
Dr. Bruno Müller, Allgemeinarzt i. R.
Prof. Dr. Elisabeth Roth, Universitätsprofessorin
Dr. Bernhard Schemmel, Bibliotheksoberrat
Gerhard Schneibel, Dipl.-Kaufmann
Dr. Heinrich Straub, Generalvikar
Hans Weich, Stadtamtmann a. D.
Dr. Georg Wirth, Abteilungsleiter
Dr. Robert Zink, Städt. Archivrat

III. Veranstaltungen

- 21. 1. Vortrag von Prof. Dr. Robert Suckale:
  Die Hofkunst Kaiser Ludwigs des Bayern
- 8. 2. Vortrag von Dr. Jürg Schneider:
  Stadtkernforschung in der Zürcher Altstadt
- 18. 2. Jahresmitgliederversammlung mit Kurzvortrag von Studiendirektor Norbert G. Meißner:
  Die Gesellschaft Harmonie — ein alter Bamberger Verein
- 18. 3. Vortrag von Archivoberrat Dr. Karl-Heinz Mistele:
  Fränkische Dorfsynagogen — Anregungen für die Ortsforschung
- 29. 4. Akad. Rat Dr. Rainer Elkar:
  Wandernde Gesellen in Süddeutschland im 18. und 19. Jahrhundert
- 14. 5. Studienfahrt nach Schloß Eyrichshof und Rentweinsdorf sowie zur Burg Lichtenstein
- 23. 6. Vortrag von Dr. Dr. Lech Zimowski:
  Bamberger Siedler und Siedlungen im Posener Land an der Wende vom 18. zum 19. Jahrhundert
- 2. 7. Studienfahrt nach Gaibach und Zeilitzheim
- 18. 9. Studienfahrt nach Thurnau, Obernsees, Mistelgau, Lindenhardt und Trockau
- 2. 10. Konzert der Capella antiqua Bambergensis zur Ausstellung
  Musik bildlich
- 7. 10. Führung von Archivdirektor Dr. Franz Machilek:
  Ausstellung *Oberfranken im Bild alter Karten*
- 22. 10. Studienfahrt zum Staffelberg und nach Staffelstein
- 18. 11. Vortrag von Akad. Rat Dr. Werner Blessing:
  Politik 1918—1933 im Bamberger Raum — Zur Geschichte der Weimarer Republik in Oberfranken
- 2. 12. Vortrag von Kunsthistoriker Dr. Kurt Ruppert:
  Malerei der Reformationszeit — Beispiele aus der Altdeutschen Galerie in Bamberg

IV. Bibliothek und Tauschverkehr

Als Tauschstelle des Historischen Vereins Bamberg hat die Staatsbibliothek Bamberg im Jahr 1983 den Tauschverkehr mit 178 Partnern (gleiche Anzahl wie 1982) abgewickelt. Gemäß den Richtlinien der Deutschen Bibliotheks-Statistik haben wir ab 1983 die in Ost-Berlin und der DDR sitzenden Tauschpartner und deren Publikationen zum Ausland gezählt. Somit ergeben sich 125 deutsche und 53 ausländische Tauschpartner.

Für den 118. HV-Bericht 1982, den die Tauschpartner Anfang 1983 geliefert bekamen, konnten 269 Druckschriften (205 deutsche und 64 ausländische) und 1 Blatt Graphik als Gegengabe verbucht werden (1982: 309 + 2 Graphiken). Für DM 1681, 55 wurden 72 Bände gebunden (durchschnittlicher Stückpreis DM 23,35).

Tauschadresse: Staatsbibliothek Bamberg, Domplatz 8, 8600 Bamberg

(Dr. Karin Dengler-Schreiber)

V. Museum und Sammlungen

1. Historisches Museum

Das Historische Museum der Stadt Bamberg, in welchem ein Teil der Vereinssammlungen ausgestellt ist, wurde im Jahr 1983 von 21 709 Personen, im Rahmen der

Dombergführungen von weiteren 11 550 Personen, insgesamt also von 33 259 Personen besucht.

Für die Ausstellung des Staatsarchivs Bamberg „Oberfranken im Bild alter Karten" im Historischen Museum wurden vom Verein zwei kolorierte Federzeichnungen von Peter Zweidler mit Darstellungen der Ämter Schmachtenberg 1598 und Forchheim 1602 als Leihgaben zur Verfügung gestellt (Katalog-Nummern 25 und 26).

2. Geschenke

Prokurist a. D. Martin Hartmann, Bamberg, schenkte dem Verein ein Stickmustertuch aus dem Jahre 1684 und den Schlüssel eines beim Brand der Alten Maut 1945 vernichteten Barockschranks.

3. Ankauf

Aus dem Bamberger Antiquariatshandel wurde eine Pergamenturkunde des Domherrn und Propsteiverwesers des Stifts St. Gangolf zu Bamberg Georg von Stiebar als Vertreter des Propstes Dr. Eberhard Cadmer wegen Überlassung des lehenbaren Hofs zu Pichendorf des Wilhelm von Wiesenthau zu Peulendorf, den Heinz Leich bebaut, an das Spital zu Hollfeld für 500 fl. vom 5. Dezember 1499 mit den anhängenden Wachssiegeln des Ausstellers und des Stifts St. Gangolf erworben (HV. Rep. 1 Nr. 1502). Die Mittel zum Ankauf wurden dem Verein zur Verfügung gestellt.

4. Restaurierungen

Von Restaurator Peter Pracher in Würzburg wurden drei spätgotische Tafelgemälde aus den Vereinssammlungen restauriert (eines davon auf Kosten der Stadt Bamberg):
    Erprobung des wahren Kreuzes (HV. Rep. 21/2 Nr. 96)
    Einzug des Kaisers Konstantin (HV. Rep. 21/2 Nr. 97)
    Beweinung Christi (HV. Rep. 21/2 Nr. 99)
Ltd. Restauratorin Hannelore Herrmann setzte eine Oberfränkische Trachtenpuppe (HV. Rep. 21/2 Nr. 1182) instand. Diese wurde zusammen mit einer weiteren Puppe (Nr. 1181), einem Mangelbrett (Nr. 618) und einer Petroleumlampe (Nr. 1192) dem Verein Gärtner- und Häckermuseum Bamberg e. V. zur Ausstellung im Museum dieses Vereins leihweise überlassen (Leihvertrag unter 7.).

Das unter 2. aufgeführte Stickmustertuch wurde von Restauratorin Katharina Knefelkamp auf eine Unterlage montiert.

5. Inventarisierungsmaßnahmen

Die im Vorjahr von der Staatsbibliothek Bamberg repertorisierte Andachtsliteratur wurde in passende Mappen eingelegt.

6. Faksimiledrucke/Kupferstiche

Als neue Faksimiledrucke wurden eine Kreidelithographie mit dem Gasthaus zum Goldenen Adler in Bamberg, gezeichnet von Lorenz Kaim und lithographiert von O. Th. Thalmann, sowie eine Bamberg-Ansicht von Osten, gezeichnet und lithographiert von F. Mayr, herausgegeben. Die Vorlagen hierzu wurden von Vereinsmitgliedern bereitwillig zur Verfügung gestellt. Beide Drucke wurden zusammen mit Restbeständen älterer Faksimiledrucke und Kupferstiche den Mitgliedern und Freunden des Vereins zum Kauf angeboten.

7. Leihgaben

Leihvertrag mit dem Verein Gärtner- und Häckermuseum Bamberg e. V. vom 3. November 1983.

Bamberg, den 3. November 1983

Leihvertrag

Zwischen dem Historischen Verein Bamberg e. V. (HVB) und dem Verein Gärtner- und Häcker-Museum Bamberg e. V. (GHM):

A. Der HVB, vertreten durch seinen 1. Vorsitzenden Prof. Dr. Gerd Zimmermann, überläßt dem GHM, vertreten durch dessen 1. Vorsitzenden Hans Mayer und dessen Geschäftsführer Heribert Gebert, folgende Gegenstände zur Ausstellung im Gärtner- und Häcker-Museum Bamberg als Leihgaben:

1. Mangelbrett mit blaugrün eingelassener Kerbschnitzerei (drei Sterne mit jeweils sechs Strahlen und stilisierter Blume), auf dem Brett ein kleiner runder Holzknauf
   Länge 62 cm, Breite 10,5 cm bis 13 cm
   HV. Rep. 21/2, Nr. 618
2. Petroleumlampe, Jugendstil, Ständer aus Metall, Petroleumbehälter hellblaues Glas, Lampenschirm weißes Glas, Höhe 54 cm
   HV. Rep. 21/2, Nr. 1192
3. Puppe, Wachskopf, Gliedmaßen aus Porzellan, bekleidet mit Rockschürze und spitzenbesetzter Bluse, geflochtener Haarkranz, Länge 45 cm
   HV. Rep. 21/2, Nr. 1181
4. Oberfränkische Trachtenpuppe (um 1880), Perücke aus echtem Haar, Lederschuhe, Baumwollunterkleider, Woll- und Seidenoberkleider, Metallkettchen, Körbchen, Länge 70 cm
   HV. Rep. 21/2, Nr. 1182

B. Der GHM verpflichtet sich, die überlassenen Gegenstände nicht an Orte zu verbringen oder dort zu belassen, welche ihre Erhaltung gefährden könnten, und ferner die unter 4. aufgeführte Puppe durch Anbringung eines sichtbaren Schildchens mit der Aufschrift: „Leihgabe des Historischen Vereins Bamberg" als Eigentum des HVB auszuweisen.

Der HVB verpflichtet sich, die unter 4. aufgeführte Puppe auf eigene Kosten fachgerecht restaurieren zu lassen.

Die Überlassung der Gegenstände erfolgt auf die Dauer von fünf Jahren, die am Tage des Vertragsschlusses anlaufen. Sollte der Vertrag nicht sechs Monate vor Ablauf der Frist von einem Vertragsteil gekündigt werden, so gilt er unter Aufrechterhaltung der Kündigungsfrist von sechs Monaten um ein weiteres Jahr verlängert. Bei der Rückgabe der Gegenstände an den HVB erwachsen diesem keine Kosten.

C. Im übrigen gelten für diesen Leihvertrag die Bestimmungen der §§ 598 bis 606 BGB.

Für den Historischen Verein Bamberg e. V.:	*Für den Verein Gärtner- und Häcker-Museum Bamberg e. V.:*
L. S. gez. Gerd Zimmermann 1. Vorsitzender	gez. Hans Mayer, 1. Vorsitzender gez. Heribert Gebert, Geschäftsführer

VI. Vor- und frühgeschichtliche Abteilung

1. Allgemeines

Die Sammlungsbestände haben sich 1983 durch Neuzugänge erheblich erhöht; so mußten unter unveränderten Arbeitsbedingungen Zugänge von 16 Fundplätzen erfaßt und katalogreif verarbeitet werden. Abgehalten konnten wieder zwei Sprechabende mit Fundvorlagen werden, und jedesmal war Herr Oberkonservator Dr. Abels vom LfD Bamberg sehr willkommener Gast.

Im Oktober gab Dr. Abels auf dem Staffelberg Mitgliedern und Interessierten unter seiner Führung Gelegenheit, Stand und Ergebnisse der bisherigen Ausgrabungen kennenzulernen.

2. Fundzugänge

Altenkunstadt, Lkr. Lichtenfels: Silberschmuck und weitere Bestattungsreste, die 1982 anläßlich des Einbaus einer Fußbodenheizung im Chor der Pfarrkirche vom LfD. Bamberg geborgen wurden.

Giechburg, Gde. Scheßlitz, Lkr. Bamberg: mittelalterliche, z. T. verzierte Gefäßscherben, die K. Schrott 1970 an der NO-Seite der Burg gefunden hatte.

Gügel, Gde. Scheßlitz, Lkr. Bamberg: spätbronzezeitliche Gefäßreste und Arbeitsabfälle aus Hornstein; vor vielen Jahren bei wiederholten Begehungen von H. Mauer aufgelesen.

Hallstatt, Lkr. Bamberg: 1978 Reste mittelalterlicher Tongefäße und einzelner Hornsteinabschlag von K. Schrott auf dem Gelände der Wüstung „Leubendorf" aufgelesen.

Kirchehrenbach, Lkr. Forchheim: viele Tonscherben von Gefäßen und einzelner Erzbrocken aus der frühen Eisenzeit; vor Jahren von K. Ebitsch auf der Plateausenke der Ehrenbürg gesammelt.

Kösten, Lkr. Lichtenfels: Abschlagklingen und Arbeitsabfälle aus weißem bis schwarzem Hornstein und einzelne Klinge mit Nutzbucht; 1981 von F. Götz auf dem bekannten vorneolithischen Fundgelände gesammelt.

Memmelsdorf, Lkr. Bamberg: spätbronzezeitliche und eisenzeitliche Gefäßreste; vor einigen Jahren von M. Dimitrache auf dem Gelände von Schloß Seehof geborgen.

Schrautershof, Gde. Scheßlitz, Lkr. Bamberg: auf dem O-Teil des Giechburgplateaus; um 1956 bei wiederholten Begehungen Lesefunde von H. Mauer von der Jungsteinzeit bis zur Römischen Kaiserzeit — unter ihnen Gefäßreste von der Jungsteinzeit bis zur Römischen Kaiserzeit, darunter auch Sigillatascherben; Arbeitsabfall aus Hornstein und Amphibolit, Hüttenlehmbrocken und 2 Spinnwirtel. K. Schrott konnte 1970 an der NW-Seite jungsteinzeitlichen Siedlungsnachlaß, darunter auch Gefäßreste aufsammeln.

Stübig, Lkr. Bamberg: auf der Flur „Rother Stein" bei den beiden Kletterfelsen; 1958 konnte H. Mauer jungsteinzeitlichen bis eisenzeitlichen Nachlaß bergen: darunter auch Zähne einer jugendlichen Person und ein Flachbeilfragment.

Unterleinleiter, Lkr. Forchheim: 1979 Lesefunde der Jungsteinzeit, der späten Bronzezeit bis zur Eisenzeit; geborgen von M. Geyer auf der Flur „Reuterbrunn".

Wattendorf, Lkr. Bamberg: um 1962 fand K. Schrott im Ackerland am N- und O-Rand zahlreiche Bruchstücke mittelalterlicher Gebrauchsgefäße; um die gleiche Zeit konnte er in der Flur „Hochstatt-Schneidergasse" jungsteinzeitlichen Nachlaß aus Stein und aus Ton bergen.

In der Flur „Am Herdweg" vor 1970 wohl hallstattzeitliche Lesefunde von K. Schrott; neben Gefäßresten auch menschliche Knochen.

Von der Flur „Breites Holz": um 1970 als Lesefunde Hornsteinabfälle und Gefäßreste aus schwarzem bis rotem Ton von K. Schrott.

Aus der Flur um den „Motzenstein": vor 1978 von K. Schrott wiederholt aufgelesener Nachlaß aus der Jungsteinzeit und jüngere Fundstücke; darunter auch Gefäßscherben und Spinnwirtel.

Wichsenstein, Gde. Gößweinstein, Lkr. Forchheim: von der Grabung des LfD Bamberg auf dem verschleiften hallstattzeitlichen Gräberfeld in der Flur „Vogelhüll".

Aus den Gräbern 1, 2, 3 u. 5: Bruchstücke von Beigabengefäßen; einige mit Graphitüberzug.

3. Berichtigung

Der Fundort des im Bericht 117 S. 375 unter „Zaugendorf" zugegangenen mittelalterlichen Tongefäßes ist auf Saugendorf richtigzustellen.

(Hans Weich)

VII. Kassenbericht 1983

I. EINNAHMEN

1. Beiträge der Mitglieder (einschl. Spenden) . . . . DM 36 286,50
2. Zuschüsse (erhalten) . . . . DM 13 350,—
3. Veranstaltungen . . . . DM 2 725,41
4. Verkauf von Druckerzeugnissen . . . . DM 3 808,25
5. Verkauf von Kunstdrucken . . . . DM 8 681,70
6. Zinsen . . . . DM 280,71

DM 65 132,57

+ Kassenbestand am 1. 1. 1983 . . . . DM 7 516,23

DM 72 648,80

II. AUSGABEN

1. Druckkosten und Versand des Jahresberichtes
    a) Restzahlung für 1982 (118. Bericht)   DM   8 605,74
    b) Zahlungen für 1983 (119. Bericht)   DM 36 449,40   DM 45 055,14
2. Buchankauf und Buchbindung . . . . DM 363,—
3. Veranstaltungskosten . . . . DM 3 169,47
4. Verwaltungskosten . . . . DM 2 929,84
5. Beiträge an Vereine . . . . DM 337,30
6. Restaurierungen . . . . DM 5 454,27
7. Sammlungen . . . . DM 3 139,66
8. Aufwendungen für Kunstdrucke . . . . DM 3 664,95
9. Gebühren . . . . DM 405,50
10. Zinsen . . . . DM —,69
11. Zuschüsse (gegeben) . . . . DM 500,—
12. Ehrungen . . . . DM 100,—

DM 65 119,82

III. ABGLEICHUNG

Summe der Einnahmen	DM 72 648,80
Summe der Ausgaben	DM 65 119,82
Sollbestand am 31. 12. 1983	DM 7 528,98
Girokonto-Nr. 96 966 bei Kreissparkasse Bamberg	DM 248,59
Sparkonto-Nr. 811042530 bei Kreissparkasse Bamberg	DM 7 141,72
PSchKto-Nr. 13224-853 bei PSchA Nürnberg	DM 138,67
Istbestand am 31. 12. 1983	DM 7 528,98

Bamberg, 31. 12. 1983

gez. H. Staudt
(Schatzmeister)

BERICHTIGUNG

In der Miszelle: H. E. LEMMEL, ZUR GENETISCHEN KONTINUITÄT DES MITTELALTERLICHEN ADELS, BHVB 119 (1983), S. 65—69, muß es S. 67, 4. Zeile oben, heißen: ... *biogenetische Grundgesetz Haeckels* (nicht Darwins).

Verzeichnis der Mitarbeiter an BHVB 120

Abels, Björn-Uwe, Dr. phil., Wiesenstr. 3, 8608 Memmeldorf
Andrian-Warburg, Klaus Frhr v., Dr. phil., Schönfeldstr. 3 (Staatsarchiv), 8000 München 22
Arens, Fritz, Prof. Dr. phil., In den Gärten 11, 6500 Mainz-Bretzenheim
Arnold, Klaus, Prof. Dr. phil., von-Melle-Park 6 (Hist. Seminar), 2000 Hamburg 13
Becker, Hans, Prof. Dr. phil, Ringstr. 40a, 8521 Uttenreuth
Bittner, Franz, Dr. phil., Babenbergerring 28, 8600 Bamberg
Blessing, Werner K., Dr. phil., Kaipershof 14, 8600 Bamberg
Brachs, Meinrad, Babenbergerring 82, 8600 Bamberg
Braun, Lothar, Mattenheimerstr. 16, 8600 Bamberg
Brod, Walter, Dr. med., Gerbrunner Weg 5, 8700 Würzburg
Denzler, Georg, Prof. Dr., Seestr. 34, 8036 Breitbrunn/Ammersee
Endres, Rudolf, Prof. Dr. phil., an den Hornwiesen 10, 8520 Buckenhof
Goez, Werner, Prof. Dr. phil., Kochstr. 4 (Hist. Institut), 8520 Erlangen
Guth, Klaus, Prof. Dr. phil., Greiffenbergstr. 35, 8600 Bamberg
Herrmann, Axel, Dr. phil., Enoch-Widman-Str. 96, 8670 Hof
Hucker, Bernd Ulrich, Priv.-Dozent Dr. phil., Am Weidenufer 25, 8600 Bamberg
Jakob, Hans, Dr. phil. nat., Hoher Weg 9, 8602 Litzendorf
Jaritz, Gerhard, Dr. phil, Körnermarkt 13 (Institut f. Mittelalterliche Realienkunde Österreichs), A-3500 Krems/D.
Klein, Peter K., Priv.-Dozent, Dr. phil., Am Kranen 12, 8600 Bamberg
Knefelkamp, Ulrich, Dr. phil., Am Luitpoldhain 1, 8600 Bamberg
Knefelkamp-Müllerschön, Katharina, Am Luitpoldhain 1, 8600 Bamberg
Korth, Thomas, Dr. phil., Michaelsberg 6, 8600 Bamberg
Kremer, Dominikus, Adolf-Kolping-Str. 12, 8600 Bamberg
Krenig, Ernst Günther, Dr. phil., Karl-Straub-Str. 9, 8700 Würzburg
Krimm, Stefan, Dr. phil., Jahnhöhe 49, 8068 Hettenshausen
Machilek, Franz, Dr. phil., Hohenstauferstr. 10, 8600 Bamberg
Mahr, Michael, Dr. phil., Hermelinsteig 15, 8480 Weiden i. d. Opf.
Meyer, Otto, Prof. Dr. phil., Neubaustr. 64 A, 8700 Würzburg
Miekisch, Horst, Sommerleite 12, 8602 Stegaurach
Mistele, Karl H., Dr. phil, Hohensteinstr. 20, 8608 Memmelsdorf
Müller, Bruno, Dr. med., Heinrichsdamm 41 a, 8600 Bamberg
Neundorfer, Bruno, Dr. phil., Auf dem Lerchenbühl 12, 8600 Bamberg
Pfeiffer, Gerhard, Prof. Dr. phil., Schnepfenreuther Weg 15, 8500 Nürnberg
Prieger, Hans Georg, Schönbornstr. 10, 8600 Bamberg
Reifenberg, Hermann, Prof. Dr. theol., Kunigundendamm 64, 8600 Bamberg
Roth, Elisabeth, Prof. Dr. phil, Eichendorffstr. 49, 8600 Bamberg
Sage, Walter, Prof. Dr. phil., Erlenweg 8, 8600 Bamberg
Scharrer, Werner, Schwabenweg 6, 8969 Dietmannsried
Scheler. Dieter, Dr. phil., Universitätsstr. 1 (Ruhr-Universität), 4630 Bochum
Schemmel, Bernhard, Dr. phil., Ottostr. 15, 8600 Bamberg
Schönhoven, Klaus, Priv.-Dozent Dr. phil., Stöckachstr. 43, 8702 Eisingen
Steidle, Hans, Lengfelderstr. 57, 8700 Würzburg
Stromer, Wolfgang v., Prof. Dr. Dr. rer. pol. habil., Burg Grünsberg, 8503 Altdorf
Suckale, Robert, Prof. Dr. phil., Greiffenbergstr. 39, 8600 Bamberg
Wendehorst, Alfred, Prof. Dr. phil., Kochstr. 4 (Zentralinstitut f. Fränk. Landeskunde), 8520 Erlangen

Wenisch, Siegfried, Dr. phil., Lortzingstr. 45, 8700 Würzburg
Weth, Ludwig, Dr. phil., Fährdammstr. 12, 8722 Grafenrheinfeld
Wiemer, Wolfgang, Prof. Dr. med., Langeheide 1, 4300 Essen 16 (Werden)
Zeißner, Werner, Dr. phil., Babenbergerring 63, 8600 Bamberg
Zink, Robert, Dr. phil., Franz-Ludwig-Str. 7c (Stadtarchiv), 8600 Bamberg

Inhalt

Franz Bittner: Zum Geleit 5
Irmgard Hofmann: Verzeichnis der Veröffentlichungen von Gerd Zimmermann 7

Vor- und Frühgeschichte

Björn-Uwe Abels: Zur Eisenzeit in Oberfranken 13
Hans Jakob: Die Wüstungen des frühmittelalterlichen Herrschaftsgutes Döringstadt/Ofr. 49

Mittelalterliche und neuzeitliche Geschichte

Walter Sage: Notuntersuchungen im Bereich der ehemaligen Martinskirche zu Bamberg im Jahr 1969 61
Bernd Ulrich Hucker: Otto IV. in Bamberg 79
Klaus Arnold: Reichsherold und Reichsreform. Georg Rixner und die sog. Reformation Kaiser Friedrichs III. 91
Klaus Guth: Daniel Cramers *Pommerische Chronica* von 1602 111
Alfred Wendehorst: Der karolingische Königshof Iphofen 121
Klaus Frhr. von Andrian-Werburg: Leutein von Gengenbach — eine Karriere in der spätmittelalterlichen Bamberger Bischofskanzlei 127
Dominikus Kremer: Eine unbekannte Urkunde aus Bamberg aus dem Jahre 1425 137
Otto Meyer: *Eine kleine Bamberger Chronica* 145
Werner Zeissner: Das Hochstift Bamberg und der Wiener Vertrag von 1558 . 155
Michael Mahr: Beziehungen des Bamberger Rats zur Reichskanzlei — Anmerkungen zu einem Schreiben Caspar Schlicks während des Immunitätenstreits 171
Horst Miekisch: Der Bamberger (vormals Neunkirchner) Hof in Nürnberg . 183
Hans Georg Prieger: Die Herrschaft Gereuth im Wandel der Zeiten . . 199
Ulrich Knefelkamp: Die Städte Würzburg, Bamberg und Nürnberg — vergleichende Studien zu Aufbau und Verlust zentraler Funktionen in Mittelalter und Neuzeit 205
Hans Becker: Die Koppelgemarkung Osing — ein agrarhistorisches Relikt und seine Probleme 225

Namenkunde

Gerhard Pfeiffer: Ortsnamengebung und Heiligenverehrung in Franken . 237
Stefan Krimm: Namenskundliche Aspekte der Erforschung vorindustrieller Glashütten 253

Neueste Geschichte

Werner K. Blessing: Die Feier als Kundgebung — Ein Aspekt der „politischen Kultur" der Weimarer Republik 269
Klaus Schönhoven: Die NSDAP im Dorf — Die Gleichschaltung der Gemeinden im Bezirksamt Bamberg 1933 285

HANS STEIDLE: Diskriminierung und Emigration – Das Schicksal der Würzburger jüdischen Apothekerfamilie Nußbaum vor und während des III. Reiches 299
ERNST GÜNTHER KRENIG: Generalleutnant Karl Freiherr von Thüngen – Offizier und Gegner Hitlers 313

KIRCHENGESCHICHTE

GERHARD JARITZ: Ebrach und Rain in Spätmittelalter und früher Neuzeit . . 323
AXEL HERRMANN: Der Deutsche Orden in Nürnberg zur Reformationszeit . 341
GEORG DENZLER: Der Ebracher Zisterziensermönch Eyring als Weihbischof von Bamberg († ca. 1432) 357
LUDWIG WETH: Geschichte von Pfarrei und Kirche in Grafenrheinfeld . . . 363
LOTHAR BRAUN: Von der Stiftspfarrei zur Stadtpfarrei St. Gangolf in Bamberg 371
HERMANN REIFENBERG: Die Verwendung der deutschen Sprache beim Gottesdienst in der Diözese Bamberg im 19. und zu Beginn des 20. Jahrhunderts . 399

KUNSTGESCHICHTE

PETER K. KLEIN: Zu einigen Reichenauer Handschriften Heinrichs II. für Bamberg 417
ROBERT SUCKALE: Hans Pleydenwurff in Bamberg 423
KATHARINA KNEFELKAMP-MÜLLERSCHÖN: Ein Nürnberger Stickmustertuch des 17. Jahrhunderts 439
WALTER M. BROD: Eine Allegorie auf den Frieden. Ein bisher unbekannter Kupferstich aus der Regierungszeit des Fürstbischofs Friedrich Karl von Schönborn (1729–1746) 441
THOMAS KORTH: Zur Entstehungsgeschichte des Schlosses Tambach – Methodisches zur Baugeschichtsforschung 445
FRITZ ARENS: Das Grabmal des Weihbischofs Heinrich Joseph von Nitschke in St. Gangolf zu Bamberg 457
BRUNO MÜLLER: Bamberger Exlibris 463

WIRTSCHAFTSGESCHICHTE

WOLFGANG FRHR. VON STROMER: Hans Tilmann. Kaufleute in Ostmitteleuropa und am Schwarzmeer 471
DIETER SCHELER: Die fränkische Vorgeschichte des ersten Reichsgesetzes gegen Weinfälschung 489

RECHTS- UND VERWALTUNGSGESCHICHTE

FRANZ MACHILEK: *animadvertens et perpendens nominis brevem vitam* . . . Das Testament des Nürnberger Vikars Heinrich Fuchs aus dem Jahr 1504 . . 505
MEINRAD BRACHS: Rechtsgeschichtliche Bemerkungen zu Bamberger Religiosen-Testamenten des frühen 19. Jahrhunderts 521
FRANZ BITTNER: Landgericht, Distriktgemeinde, Landkreis 547
ROBERT ZINK: Bamberg 1802–1803. Stadtverwaltung zwischen Hochstift und Kurfürstentum 565
BRUNO NEUNDORFER: Vom Fürstbischöflichen zum Erzbischöflichen Archiv . 579
KARL H. MISTELE: Jüdische Sachkultur auf dem Lande. Der Nachlaß des Mosche Wolf aus Reckendorf 589

BILDUNGSGESCHICHTE

BERNHARD SCHEMMEL: Ein Bamberger Promotionsprogramm mit Stadtansicht von 1658 597
RUDOLF ENDRES: Die Elisabeth Krauß'sche Studienstiftung in Nürnberg (1639–1923) 601
ELISABETH ROTH: „Gemeinnützige" historische Bildung durch Lesebücher um 1800 615

VARIA

WERNER GOEZ: Die Erlanger Universitätsmatrikel als heraldische Quelle . . 633
WERNER SCHARRER: Die Bruderschaft zu den „Hoch heiligsten fünff Wunden Jesu Christi" bei St. Martin. Ein Beitrag zum Bruderschaftswesen in Bamberg 651
SIEGFRIED WENISCH: Die Anfänge der Historischen Vereine in Franken . . . 655
WOLFGANG WIEMER: Zur Geschichte der Orgeln in der Ebracher Klosterkirche 671

ANGELEGENHEITEN DES HVB

HANS JAKOB/BRUNO MÜLLER: Otto Kunkel. Nachruf 683
Bericht über die Vereinstätigkeit im Geschäftsjahr 1983 687
Kassenbericht 1983 694
Berichtigung 695
Verzeichnis der Mitarbeiter an BHVB 120 696
Inhaltsverzeichnis 698